Verhandlungen

des

Vierunddreißigsten Deutschen Juristentags

(Köln)

Herausgegeben

von

dem Schriftführer-Amt der ständigen Deputation

Zweiter Band

(Stenographischer Bericht)

Berlin und Leipzig 1927

Walter de Gruyter & Co.

vormals G. J. Göschen'sche Verlagshandlung — J. Guttentag, Verlagsbuchhandlung — Georg Reimer — Karl J. Trübner — Veit & Comp.

Verhandlungen

des

Vierunddreißigsten Deutschen Juristentags

zu Köln

vom 12. bis 15. September 1926.

Herausgegeben

von

dem Schriftführer-Amt der ständigen Deputation

Zweiter Band

(Stenographischer Bericht).

Berlin und Leipzig 1927.

Walter de Gruyter & Co.

vormals G. J. Göschen'sche Verlagshandlung — J. Guttentag, Verlagsbuchhandlung — Georg Reimer — Karl J. Trübner — Veit & Comp.

Inhaltsverzeichnis.

	Seite
Erste Plenarsitzung	1— 30
Ansprache des Vorsitzenden Geh. Justizrat Prof. D. Dr. Kahl	1— 8
Begrüßungsansprachen	8— 23
Antwort des Vorsitzenden	23— 29
Bekanntgabe der Tagesordnung	29— 30
Feier zur Erinnerung an Franz Klein	30— 46
Gedenkrede der Geh. Justizrat Prof. Dr. Rießer	30— 45
Schlußwort des stellv. Vorsitzenden Handelsgerichtspräsident Dr. Engel	45— 46
Vortrag des Reichsgerichtspräsidenten Dr. Simons über das Thema: Der völkerrechtliche Inhalt des neuen Strafgesetzentwurfs	46— 68
Erste Sitzung der I. Abteilung (für öffentliches Recht)	63—129
Verhandlungen über das Thema: Empfiehlt sich eine Abänderung der Bestimmungen über parlamentarische Untersuchungsausschüsse, um den ungestörten Verlauf des Strafverfahrens und die Unabhängigkeit des Richtertums sicherzustellen?	
Leitsätze des Berichterstatters Prof. Dr. Erwin Jacobi	69— 73
Vortrag des Berichterstatters	73—108
Diskussion	108—179
Schlußwort des Berichterstatters	179—185
Abstimmung	185—192
Beschlüsse der Abteilung	192
Zweite Sitzung der I. Abteilung	193—288
Verhandlungen über das Thema: Empfiehlt es sich, die Zuständigkeit des Staatsgerichtshofs auf andere als die im Art. 19, Abs. 1 RVerf. bezeichneten Verfassungsstreitigkeiten auszudehnen?	
Leitsätze der Berichterstatter Geh. Justizrat Prof. Dr. Anschütz und Ministerialrat Dr. Mende	193—196
Vortrag des Berichterstatters Geh. Justizrat Prof. Dr. Anschütz	196—212
Vortrag des Berichterstatters Ministerialrat Dr. Mende	213—235
Diskussion	235—273
Schlußworte der Berichterstatter	273—287
Abstimmung und Beschlüsse der Abteilung	288
Erste Sitzung der II. Abteilung (für Strafrecht)	289—351
Verhandlungen über das Thema: Gegenwärtiger und künftiger Stand des Auslieferungsrechts	
Leitsätze des Gutachters Ministerialrat Dr. Mettgenberg	289—290

Seite

Leitsätze des Berichterstatters Prof. Dr. Kraus 291
Vortrag des Berichterstatters Prof. Dr. Walker . . . . 291—302
Vortrag des Berichterstatters Prof. Dr. Kraus . . . . 302—338
Diskussion . . . . 338—349
Abstimmung 349
Beschlüsse der Abteilung . . . . 350—351

Zweite Sitzung der II. Abteilung . . . . 352—419
Verhandlungen über das Thema:
Empfiehlt sich die Aufnahme der im § 71 des neuen Strafgesetzentwurfs enthaltenen Bestimmung, inhalts deren an Stelle von Zuchthaus oder Gefängnis „Einschließung" treten soll, wenn der Täter sich zu der Tat auf Grund seiner sittlichen, religiösen oder politischen Überzeugung für verpflichtet hielt?
Leitsätze des Berichterstatters Prof. Dr. Radbruch . . . . 352—353
Leitsätze des Berichterstatters Prof. Dr. Kohlrausch . . . . . . 353—354
Vortrag des Berichterstatters Prof. Dr. Radbruch . . . . 354—373
Vortrag des Berichterstatters Prof. Dr. Kohlrausch 374
Diskussion . . . . 374—412
Schlußworte der Berichterstatter. . . . . 413—416
Abstimmung . . . . 416—419
Beschlüsse der Abteilung 419

Erste Sitzung der III. Abteilung (für bürgerliches Recht). . . . . 420—515
Verhandlungen über das Thema:
Empfiehlt es sich, im Zusammenhang mit der kommenden Strafrechtsreform die Vorschriften des bürgerlichen Rechts über Schuldfähigkeit, Schuld und Ausschluß der Rechtswidrigkeit zu ändern?
Leitsätze des Berichterstatters Prof. Dr. J. Goldschmidt . . . . 420—424
Leitsätze des Berichterstatters Ministerialrat Prof. Dr. Kadecka . 424—425
Vortrag des Berichterstatters Prof. Dr. J. Goldschmidt . . . . 426—459
Vortrag des Berichterstatters Ministerialrat Prof. Dr. Kadecka . 459—484
Diskussion . . . . 484—508
Schlußworte der Berichterstatter. . . . . 508—512
Abstimmung und Beschlüsse der Abteilung . . . . 512—515

Zweite Sitzung der III. Abteilung . . . . 516—610
Verhandlungen über das Thema:
Welche Hauptgrundsätze sind für die Neuregelung des Schiedsgerichtswesens zu empfehlen?
Leitsätze der Berichterstatter Prof. Dr. Nußbaum und Senatspräsident i. R. Prof. Dr. Wieruszowski . . . . 516—518
Vortrag des Berichterstatters Prof. Dr. Nußbaum . . . . 518—531
Vortrag des Berichterstatters Senatspräsident i. R. Prof. Dr. Wieruszowski . . . . 532—552

	Seite
Diskussion	552—605
Schlußwort des Berichterstatters Senatspräsident i. R. Prof. Dr. Wieruszowski	605—607
Abstimmung und Beschlüsse der Abteilung	607—610
Erste Sitzung der IV. Abteilung (für Wirtschafts- und Steuerrecht)	611—797
Verhandlungen über das Thema: Soll bei einer künftigen Reform des Aktienrechts eine Annäherung an das englisch-amerikanische Recht in grundlegenden Fragen stattfinden?	
Leitsätze des Berichterstatters Justizrat Pinner	611—613
Leitsätze des Berichterstatters Dr. Solmssen	613—614
Leitsätze des Berichterstatters Geh. Justizrat Prof. Dr. Ernst Heymann	614—615
Vortrag des Berichterstatters Justizrat Pinner	615—678
Vortrag des Berichterstatters Dr. Solmssen	678—742
Vortrag des Berichterstatters Geh. Justizrat Prof. Dr. Ernst Heymann	742—753
Diskussion	753—790
Schlußworte der Berichterstatter	790—796
Abstimmung	797
Beschlüsse der Abteilung	797—798
Zweite Sitzung der IV. Abteilung	799—863
Verhandlungen über das Thema: Inwieweit haftet ein Berufsverein der Arbeitgeber oder Arbeitnehmer für unzulässige Kampfhandlungen, und welche Änderungen des deutschen Rechts sind hier, zugleich unter Beachtung ausländischer Vorbilder, empfehlenswert?	
Leitsätze des Berichterstatters Rechtsanwalt Prof. Dr. Sinzheimer	799—800
Leitsätze des Berichterstatters Syndikus und Privatdozent Dr. Nikisch	800
Vortrag des Berichterstatters Prof. Dr. Sinzheimer	800—823
Vortrag des Berichterstatters Dr. Nikisch	823—843
Diskussion	843—855
Schlußworte der Berichterstatter	855—860
Abstimmung	860—863
Beschlüsse der Abteilung	863
Zweite Plenarsitzung	864—897
Mitteilungen des Vorsitzenden	864—866
Statutenänderung	866
Berichte über die Verhandlungen der Abteilungen	867—890
Kassenbericht	890—891
Wahl der Mitglieder der Ständigen Deputation	891—893
Schlußworte	893—897

Erste Plenarsitzung
des vierunddreißigsten deutschen Juristentags
am
Sonntag, den 12. September 1926
im
großen Saale des Gürzenich in Köln.

Senatspräsident Prof. Dr. Wieruszowski eröffnet die Versammlung im Auftrage der Ständigen Deputation und schlägt vor, zum Vorsitzenden des Juristentags Herrn Geh. Justizrat Prof. D. Dr. Kahl-Berlin, den Vorsitzenden der beiden letzten Juristentage, zu wählen. Die Versammlung beschließt durch Zuruf in diesem Sinne. Geh. Justizrat Prof. D. Dr. Kahl übernimmt den Vorsitz mit folgenden Worten:

Hochverehrte Kollegen! Durch Ihren ehrenden Zuruf haben Sie mich zum dritten Male zur Leitung des deutschen Juristentages berufen. Mit aufrichtigen Dank für Ihr fortgesetztes Vertrauen erkläre ich die Annahme der Wahl, freilich mit Rücksicht auf die beiden 7 in meiner Lebenszahl nicht ohne einige Bedenken. Aber die Ständige Deputation hat schon vor längerer Zeit meinen Einwand des Greisenalters mit liebenswürdigster Rücksichtslosigkeit zurückgewiesen; ich will ihn also auch heute nicht wiederholen, sondern will recht und schlecht auch mit geringer gewordenen Kräften versuchen, meiner Pflicht in gerechter und würdiger Leitung Ihrer Verhandlungen zu genügen. Dazu erbitte ich mir Ihrer aller Mitwirkung. Denn der Erfolg, das Gelingen, hängt nicht von einem Einzelnen ab, sondern von dem Geiste, der im Ganzen lebt. Dieser Geist kann kein anderer sein als der feste Entschluß und ehrliche Wille jeden Teilnehmers, nach bestem Wissen und Gewissen mitzuarbeiten am Wiederaufbau oder am Neubau unseres Rechtes mit der vollen Wucht der persönlichen Überzeugung, aber allezeit in vornehmer und ritterlicher Achtung des Gegners, niemals pessimistisch, sondern in fester Zuversicht, in unerschütterlichem, in ungebrochenem Glauben an die Zukunft unseres Vaterlandes. Im Zeichen eines solchen Geistes will ich Ihrem Vertrauen entsprechen und erkläre hiermit den 34. Deutschen, den 2. Kölner Juristentag für eröffnet.

Meine erste Aufgabe ist, das Präsidium zu vervollständigen. Die in Heidelberg beschlossenen Satzungen geben mir Recht und Pflicht, vier stellvertretende Vorsitzende und zwei bis vier Schriftführer zu ernennen. In Übereinstimmung mit der Ständigen Deputation und den beteiligten Herren selbst erlaube ich mir folgende Herren zu bitten, die Ämter des stellvertretenden Vorsitzenden zu übernehmen: Herrn Oberlandesgerichtspräsidenten Reichartz-Köln, Herrn Handelsgerichtspräsidenten Dr. Engel-Wien, Seine Spektabilität den Herrn Dekan der Juristischen Fakultät in Bonn, Geh. Justizrat Dr. Landsberg, und den Vorsitzenden der Anwaltskammer des Oberlandesgerichtsbezirks Köln, Herrn Rechtsanwalt Dr. Custodis. Ich bitte die Herren, an meiner Seite Platz zu nehmen, ferner zu meiner Unterstützung den Schriftführer der Ständigen Deputation, Herrn Geh. Justizrat Dr. Heinitz-Berlin. Ferner richte ich das Ersuchen, das Schriftführeramt für die beiden Plenarsitzungen zu übernehmen, an die Herren Rechtsanwalt Dr. Ernst Wolff-Berlin, den Schatzmeister der Ständigen Deputation, Landgerichtsrat Dr. Kölschbach-Köln, Rechtsanwalt Dr. Gaul-Köln und — mit einem besonderen Akzent, den ich gleich erklären werde, — Gerichtsassessor Reiff-Köln, dessen Vater, der jetzige Oberlandesgerichtspräsident a. D., bereits auf dem 1. Kölner Juristentag das Amt eines Schriftführers inne gehabt hat. Ich kenne die drei letztgenannten Herren noch nicht persönlich, begrüße sie aber kollegial und bitte zwei von ihnen, hier an der Tafel Platz zu nehmen, um heute ihres Amtes zu walten.

Damit ist die Versammlung satzungsgemäß konstituiert, und ich darf mich nun für ermächtigt halten, im Namen des Juristentages selbst das Wort zu nehmen und zunächst den Stimmungen der Stunde Ausdruck zu geben. Da steht im Vordergrund: Wir tagen in Köln! Was ich in meiner Schlußansprache von Heidelberg als Möglichkeit und Hoffnung auszusprechen mir erlaubte, daß es uns vielleicht vergönnt sein möchte, das nächste Mal unter den Glocken des Kölner Domes in der befreiten Stadt zusammenzutreten, hat sich am heutigen Sonntage schön erfüllt. Schon an dieser Stelle danke ich dem Herrn Oberbürgermeister Dr. Adenauer und durch ihn der Stadt Köln für die freundliche Einladung und die reizende, gastliche Aufnahme in der Stadt. Mit tiefer Bewegung grüßt der deutsche Juristentag in der Stadt Köln das ganze rheinische Land. Das Erste, was sich auf die Lippen legt, ist unermeßlicher Dank für die Treue in schwerster Zeit. Jedem Einzelnen gilt dieser Dank für alle Opfer, alle Leiden, alle Selbstverleugnung, alle Tapferkeit in sieben Jahren der Fremdherrschaft und oft der Demütigung. Aber über die Lebensschicksale Einzelner hinaus hat diese deutsche Treue als sittliche Einheit und Größe das Deutschtum überhaupt gerettet; denn ohne sie wäre das Reich zusammengebrochen und stünden wir heute einer Gott weiß wie gearteten Zersplitterung deutschen Landes gegenüber.

Das Zweite, was über die Lippen muß, ist ein inniger Gruß an die Deutschen in den noch besetzten Gebieten des Rheines und der Saar und damit in Verbindung eine feierliche Verwahrung und ein ernster Appell, nicht im Namen der auswärtigen Politik, die uns nicht anbefohlen ist, sondern im Namen des ewigen heiligen Rechtes selbst, daß endlich das Recht zu seinem Rechte kommt, daß der Einklang hergestellt werde zwischen den noch tatsächlich aufrecht erhaltenen Machtansprüchen und dem Geiste der Versöhnung, der Gerechtigkeit und des Friedens, in welchem angeblich die weitere Entwicklung der Weltgeschichte sich vollziehen soll. Dieser Geist kann sich nicht auswirken, solange es noch deutsche Strafkolonien gibt. Darin sind wir einig, und das muß ausgesprochen werden in einer Stunde, von der ab gerechnet vor kurzer Zeit Deutschland der Völkergemeinschaft selbst den Dienst erwiesen hat, sich ihr auch organisch anzuschließen.

Und das Dritte endlich selbstverständlich, aber in feierlicher Stunde nicht zu unterdrücken: das Gelöbnis, daß der deutsche Juristentag alle Zeit Schildhalter sein wird für Freiheit und für Recht, und daß er den Brüdern und Schwestern allüberall in der Diaspora Treue und Dankbarkeit halten und bewahren wird in guter und böser Zeit; und darum Köln und in ihm dem rheinischen Lande den ersten Gruß des Juristentages!

Der Zugkraft des Ortes, an dem wir tagen dürfen, entspricht die erfreuliche Zahl der Teilnehmer an unserer diesmaligen Tagung. Alle vom deutschen In- und Auslande seien aufs herzlichste willkommen. Möge auch dieser Juristentag seinen doppelten Zweck lebendig- wissenschaftllichen Meinungsaustausches und persönlich-freundschaftlichen Verkehrs in reichem Maße erfüllen.

Es gereicht mir zur besonderen Ehre und Freude, in der Lage zu sein, eine große Anzahl von amtlich deputierten Gästen auf diesem Juristentag willkommen zu heißen. Wenn ich sie hernach namentlich willkommen heiße, so beabsichtige ich damit nicht einen Eingriff in das demokratische Grundgesetz der Gleichheit aller, worauf man in den Rheinlanden ein ganz besonderes Gewicht legt; ich will damit vielmehr nur die geschichtlich gewordene Bedeutung des deutschen Juristentages selbst ausdrücklich hervorgehoben haben. Daß wir hier Vertreter der

Justizverwaltung des Reiches und der Länder oder anderer hoher Körperschaften oder besonders im öffentlichen Leben stehende Einzelpersönlichkeiten namentlich begrüßen, hat nicht dekorativen Sinn und Zweck, sondern ist der Ausdruck der Tatsache einer unendlich weitgespannten Geisteseinheit, eines gemeinschaftlichen Willens zum Dienste des Rechtes, einer lebendigen Wechselwirkung von Theorie und Praxis, von Wissenschaft und Leben. Die Bekundung der Tatsache dieser Geisteseinheit, dieses Zusammenhaltes war in den 66 Lebensjahren des deutschen Juristentages alle Zeit — ich möchte sagen — der überlieferte Glanz dieser seiner Eröffnungssitzung, und daher heiße ich mit besonderem Dank für die Abordnung und für das Erscheinen besonders willkommen die nachfolgenden Herren — Artikel 109 Absatz 2 der Reichsverfassung hat sich leider noch nicht soweit ausgewirkt, daß ich in der Lage wäre, auch die Frauen, und dann natürlich mit besonderer Zärtlichkeit, als amtlich Deputierte im Deutschen Juristentag zu begrüßen — ich begrüße also die Herren und stelle sie hiermit der Versammlung vor, mit der Vorbemerkung, daß Herr Reichskanzler Dr. Marx und der Herr Oberpräsident der Rheinprovinz Dr. Fuchs in freundlichen Schreiben ihre Abwesenheit entschuldigt und bedauert haben:

vom Reichsministerium der Justiz:

Reichsjustizminister Dr. Bell, Staatssekretär Dr. Joël, Ministerialdirektor Dr. Bumke, Ministerialdirigent Prof. Dr. Schlegelberger, Geh. Regierungsrat Dr. Volkmar, Min.-Räte Quassowski, Mende und Mettgenberg;

vom Reichswirtschaftsministerium:

Ministerialdirigent Geh. Regierungsrat Dr. Reichardt;

vom Reichsarbeitsministerium:

Min.-Rat Gaßner, Oberreg.-Rat Goldschmidt, Reg.-Rat Joachim.

vom Preußischen Justizministerium

wollte erscheinen Staatssekretär Fritze, der aber leider durch einen Unfall seiner Gemahlin verhindert ist. Statt dessen sind erschienen: Ministerialdirektor Huber; Min.-Räte Dr. Kuhnt und Schäfer.

Ferner hat das Justizministerium abgeordnet die Herren:

Oberlandesgerichtspräsident Greiff-Breslau, Reichartz-Köln und Schollen-Düsseldorf, die Generalstaatsanwälte Dr. Schneider-Neuenburg-Düsseldorf und Dr. Hansen-Kiel, den Präsidenten des Strafvollzugsamtes Groß-Köln und den Landgerichtsdirektor Dr. Breitenstein-Hildesheim;

vom Preußischen Ministerium d. Innern:
Min.=Rat Dr. Badt.

vom Preußischen Kultusministerium:
Min.=Rat Prof. Dr. Windelband;

von dem Bayerischen Justizministerium:
Min.=Räte Duern und Sauerländer;

vom Württembergischen Justizministerium:
Justizminister Beyerle, Ministerialdirektor Letzgus und Min.=Rat Heintzeler;

vom Sächsischen Justizministerium:
Min.=Räte Hüttner, Adolf und Rauschenbach;

von dem Bayerischen Justiz ministerium:
Ministerialrat Götz und Generalstaatsanwalt Dr. Hafner;

vom Mecklenburg=Schwerinschen Justizministerium:
Oberjustizrat Dr. Josephi;

vom Thüringischen Justizministerium:
Justizminister Leutheußer und Ministerialreferent Oberreg.=Rat Wrede;

von der Senatskommission für die Justizverwaltung in Hamburg:
deren Vorstand Nöldecke, Senator Dr. de Chapeaurouge, Reg.=Direktor Dr. Meyer;

von der Justizkommission des Senats in Bremen:
Senator Hobelmann und Staatsrat Dr. Fricke;

von der Justizkommission des Senats in Lübeck:
Staatsrat Dr. Lange und als Vertreter der Richterschaft: Landgerichtspräsident Dr. Oemler;

vom Preußischen Handelsministerium:
Min.=Dir. Bail, Min.=Rat Dr. Flatow;

von der Justizabteilung des Bundeskanzleramtes in Wien:
Sektionsschef Dr. Herrmann und Min.=Rat Prof. Dr. Kadecka.

von der Ständigen Vertretetung des Deutschen Juristentages in der Tschechoslowakei:
deren Präsident Prof. Dr. Mayr=Harting, Vorstandsmitglied Rechtsanwalt Dr. Karl Fuchs und Min.=Rat=Vizesekretär Dr. Wohrisek, sowie Universitätsprofessor Schranil.

von der Universität Köln:

in Stellvertretung Sr. Magnifizenz den Prorektor Prof. Dr. Heinrich Lehmann, ferner den Prodekan Prof. Dr. Haymann;

endlich von der Univ. Bonn:

Se. Spektabilität den Dekan der Juristischen Fakultät Geh. Justizrat Prof. Dr. Landsberg.

Ich heiße alle diese Herren herzlich in unserem Kreise willkommen und darf anschließend daran noch die Mitteilung machen, daß entsprechend einer alten Übung, nun aber den staatsrechtlichen Verhältnissen angepaßt, die Ständige Deputation heute morgen bereits den Deutschen Herrn Reichspräsidenten und den Österreichischen Herrn Bundespräsidenten in besonderen Telegrammen herzlich und ehrerbietig begrüßt hat. Ich halte mich von der Versammlung für ermächtigt, daß ich auch an unsere hochverehrten Ehrenmitglieder, Se. Exzellenz den Herrn früheren Württembergischen Justizminister Dr. Schmidlin und Herrn Geh. Justizrat Prof. Dr. Enneccerus, treue Grüße vom Juristentag sende; sie sind selbst verhindert, hier teilzunehmen.

Endlich noch fordern nicht bloß die Sitte, sondern auch das Herzensbedürfnis, daß wir in dieser Sitzung der Toten gedenken. Es wird ihrer eine große Zahl sein; ich kenne nicht alle, aber alle sollen in unser Gedächtnis eingeschlossen sein. An den Gräbern zweier Häupter aber, glänzend erhellt, kann der Deutsche Juristentag unmöglich schweigend vorübergehen. Am Ostersonntag, dem 4. April 1926, ist Adolf Wach im 83. Lebensjahre, unmittelbar darauf am 6. April Franz Klein im fast vollendeten 72. Lebensjahre gestorben.

Franz Klein war seit dem unvergeßlichen Innsbrucker Juristentag von 1904 Mitglied der Ständigen Deputation, in allen diesen Jahren eine seiner treibenden geistigen Kräfte, die Verkörperung des unlöslichen Zusammenhanges der österreichischen und der deutschen Juristenwelt, einer von denen, die niemals fehlten. Zuletzt haben wir ihn im Jahre 1921 in Bamberg persönlich gesehen —, damals freilich schon als einem durch das Unglück des Vaterlandes fast gebrochenen Mann. Noch von Heidelberg aus haben wir vor 2 Jahren Grüße gewechselt, und dann hat ihn schwere Erkrankung je länger, je mehr in der Einsamkeit gehalten. Wir aber wollen sein Gedächtnis laut preisen. Ich erlaube mir, die Versammlung zu der morgen, Montag früh, pünktlich 9 Uhr hier in diesem Saale stattfindenden Trauerfeier einzuladen. Das Mitglied der Ständigen Deputation, Herr Geh. Justizrat Prof. Dr. Rießer, zweiter Präsident des Deutschen Reichstags, wird der Person und dem Lebenswerk des heimgegangenen Freundes Worte des Gedächtnisses weihen.

Nicht so eng persönlich mit uns verbunden war Adolf Wach. Er war unser treues Mitglied und hat dem Juristentag ausgezeichnete Gutachten erstattet. Die Teilnahme an seinen Versammlungen lag ihm nicht. Aber er war einer der Ersten unserer Rechtswissenschaft. Dem deutschen Juristentag lag kein Problem des Zivilprozesses, keine Frage der Strafrechtsreform vor, bei deren Behandlung er nicht seines Geistes Hauch und Kraft verspürt hätte. So bleibt auch er dauernd der unsere. Daß ich länger als ein Menschenalter in enger, treuer Freundschaft ihm verbunden sein durfte, rechne ich als einen köstlichen Gewinn meines Lebens. Kein Jurist wird hier in diesem Saale sein, der nicht von ihm auch geistig empfangen und gelernt hätte. Tausende von Schülern hat er begeistert und in die Tiefen und auf die Höhen der Rechtswissenschaft geführt. An zwei Höhepunkten seines Lebens durfte ich ihn in der Öffentlichkeit feiern und begrüßen: an seinem 70. Geburtstage, lange zurückliegend, am 11. September 1913, und zu seinem diamantenen Dr.-Jubiläum am 16. November 1925. Was ich aus dieser Lebensarbeit wissenschaftlich schöpfen und schürfen durfte, das ist hier nicht zu wiederholen; aber zusammenfassend darf ich sagen: Wachs Volkstümlichkeit, nicht bloß in der deutschen Juristenwelt, beruhte darauf, daß er keiner juristischen Disziplin ausschließlich, sondern in Wahrheit der ganzen Rechtswissenschaft angehörte und daß er hinwiederum auf den besonderen Gebieten, die er nach Neigung und Begabung angebaut hat, anerkannter Meister und Führer geworden ist. Es war seine besondere Begabung, über aller Feinarbeit auf einzelnen Gebieten des Rechtssystems niemals den Zusammenhang zu verlieren mit dem ganzen Großen; vom Rechtssatz in die Tiefe zu gehen zur geschichtlichen und begrifflichen Rechtsidee, über Formen und Formeln hinaus zu führen zur Einheit des Geistes. Bei der bevorstehenden Strafrechtsreform werden wir ihn besonders schmerzlich vermissen. Die Kritik, die er noch im April 1925 in der Deutschen Juristenzeitung veröffentlicht hat an dem allgemeinen Teil des neuen Entwurfes, wird wie eine Art Leitfaden für den Gesetzgeber sein können. So ist es denn selbstverständlich: wir halten Adolf Wachs Gedächtnis in treuer Verehrung und Dankbarkeit lebendig! Nun ersuche ich die Versammlunlg, zu seiner Ehre sich von den Sitzen zu erheben. (Die Versammlung erhebt sich.) Ich stelle fest, daß das geschehen ist, und danke Ihnen.

Bevor ich nun unsere wissenschaftlichen Dispositionen zur Sprache bringen kann, namentlich die Arbeit der Abteilungen, habe ich noch dem Wunsche einiger verehrter Gäste zu entsprechen, die sich zum Wort gemeldet haben, um freundlicherweise ihrerseits dem Juristentag einen Gruß zu sprechen. Im Auftrage der Ständigen Deputation werde ich also an die verehrten Gäste die Aufforderung richten, das Wort zu kurzer Ansprache — im Interesse der Ökonomie und der Zeit — zu nehmen. Es sind neun an der Zahl, und ich bitte jetzt schon um die Erlaubnis, daß ich dann den verehrten Herren Rednern gemeinsam den Dank der Versammlung aussprechen darf. Ich erlaube mir nun, die verehrten Herren zum Wort zu bitten und ersuche zunächst Herrn Oberbürgermeister Dr. Adenauer, das Wort zu nehmen.

Oberbürgermeister Dr. Adenauer-Köln:

Meine hochverehrten Damen und Herren! Den 34. Deutschen Juristentag heiße ich mit warmem Herzen in den Mauern unserer Stadt willkommen! Zahlreich sind sie hierher geeilt aus allen Gauen des deutschen Vaterlandes und aus unserem Bruderlande Österreich, das doch wieder ganz zu uns kommen muß. Sie sind hierher geeilt nicht unserer Stadt, auch nicht den Aufgaben, die Sie zu lösen haben, allein zuliebe. Sie sind hierher geeilt, wie Ihr verehrter Präsident soeben ausgeführt hat, aus Liebe zum Rhein, aus Liebe zum heiligen deutschen Strome; Sie sind hierher geeilt, um mit Ihren rheinischen Brüdern und Schwestern nach den langen Jahren der Bedrückung, die wir erlebt haben, wieder einige Tage zusammen zu verleben. Dafür weiß Ihnen die Metropole des Rheinlandes, dafür weiß Ihnen das ganze Rheinland den herzlichsten Dank.

Sie, meine verehrten Herren, sind Diener des Rechtes, Sie sind Diener der Gerechtigkeit. Eine große, eine schwere, eine verantwortungsvolle Aufgabe schon in ruhigen, gesicherten, gleichmäßig dahingehenden Zeiten; eine Aufgabe, doppelt schwer und doppelt verantwortungsvoll in Zeiten politischer und wirtschaftlicher Umwälzungen wie der unsrigen.

Ein Verbrechen am Volke, ein Verbrechen an der Nation begeht der Diener des Rechtes, der sich nicht vollständig und absolut freihält von parteipolitischer Einstellung bei Ausübung seines hohen Amtes. Aber auch der begeht ein Verbrechen am Staate, am Volke, an seiner Nation, der bedauerliche Einzelfälle, die Gott sei Dank Einzelfälle sind und nach meiner Überzeugung auch Einzelfälle bleiben werden, der solche Einzelfälle verallgemeinert, um das Vertrauen des Volkes auf die Rechtssicherheit zu stören. Recht und Gerechtigkeit, eine unantastbare, allen politischen Einflüssen entzogenen Rechtspflege, unerschütterliches Vertrauen des Volkes auf die Rechtssicherheit, das ist und das bleibt das notwendige Fundament eines jeden Staatswesens.

Der Deutsche Juristentag ist vor nunmehr fast 7 Jahrzehnten ins Leben gerufen worden, um der politischen Einheit des damals in viele Staaten zerfallenen deutschen Volkes die Wege zu ebnen. Heute sind wir politisch geeint; aber innerlich sind wir durch gegenseitiges Mißtrauen, durch Klassenhaß, durch das Mißtrauen gegenüber dem Staat innerlich zerrissener als je; zerrissener als damals, da wir die politische Einheit noch nicht errungen hatten. Möge der deutsche Juristenstand und der Deutsche Juristentag durch sachlichen und weisen, dem Nutzen des ganzen Volkes dienenden Einfluß auf die Gesetzgebung, durch Pflege und Stärkung des Sinnes für Recht und Billigkeit jetzt die Wege ebnen zur inneren Einheit des deutschen Volkes. Das ist mein Wunsch für den 34. Deutschen Juristentag!

Reichsminister der Justiz und Minister für die besetzten Gebiete Dr. Bell:

Hochverehrte Festteilnehmer! Gestatten Sie mir, daß ich als Reichsminister der Justiz, zugleich im Auftrage des leider durch dringliche Amtsgeschäfte ferngehaltenen Herrn Reichskanzlers und der Reichsregierung, dem Deutschen Juristentage die herzlichsten Wünsche für seine Arbeiten ausspreche und hiermit den aufrichtigen Dank verbinde für die freundlichen Begrüßungsworte des verehrungswürdigen und hochverdienten Herrn Vorsitzenden.

Weit über das Rheinland hinaus hat die Kunde, daß Köln als heuriger Tagungsort erwählt werde, in deutschen Landen ein lebhaftes Echo gefunden, und Sie werden es mir als Rheinländer nachfühlen, mit welch freudiger Stimmung mich der Gedanke erfüllt, gerade hier in der rheinischen Metropole der Dolmetsch der Empfindungen und Wünsche des Reichsjustizministeriums sein zu dürfen. Denkwürdiger Befreiungsfeier machtvoller Glockenklang in jener unvergeßlichen Nacht war zugleich würdiges Vorspiel deutscher Juristentagung. Eherne Glocken läuteten deutsche Freiheit und deutsches Recht ein. Besondere Genugtuung erfüllt den Reichsminister der Justiz, in Köln nicht mehr zuständig zu sein als Reichsminister für die besetzten Gebiete.

Von hoher Warte überschaut der Deutsche Juristentag der deutschen Justiz brennende Gegenwartsfragen und Rechtsprobleme. Wissenschaft und Praxis vereinigen sich hier zum Lebensbund, durchdrungen von dem Bestreben, über der gewaltigen Fülle weittragender Einzelprobleme das erhabenste Ziel der Verwirklichung der Gerechtigkeit zu erreichen und den alten Rechtsspruch wahr zu machen: „salus publica suprema lex esto." Just vor einem Jahrhundert, als Preußen und die übrigen deutschen Länder unter den verheerenden Wirkungen der napoleonischen Kriege schwer litten, erörterte der berühmte Rechtslehrer von Savigny in einer dazumal epochemachenden Schrift die grundlegende Frage nach dem Berufe der damaligen Zeit zur Gesetzgebung. Dieses Grundproblem heute nochmals aufzuwerfen, hieße die bedeutsamen Zeichen der Zeit mißverstehen und verkennen. Wollen wir der nationalen Wiedergeburt unseres Volkes und dem Wiederaufbau unseres Vaterlandes zielbewußt und wirksam dienen, dann müssen wir über alle Hemmungen und Erschwernisse hinweg tatkräftig auch der Reform des deutschen Rechts dienen. Für diese Reformarbeit müssen die ewigen Sittengesetze, die unwandelbar wie die Sterne sind und nicht dem Wechsel der Tagesanschauungen und Zeitströmungen sich unterwerfen lassen, als feste und unerschütterliche Grundlage dienen. Gesetzgebung und Rechtsprechung dürfen kein Fremdkörper im Volksorganismus sein, sondern müssen tief im Volksbewußtsein wurzeln und gesunder Volksanschauung entsprechen. Rechtsentwicklung und Rechtsreform müssen unlösbar Bestandteil des großen deutschen Wiederaufbauprogramms sein. Von einem großen Zuge muß das gesamte Reformwerk der Rechtsentwicklung beherrscht sein. Die durch Krieg und Kriegswirkungen verursachte Hypertrophie der Gesetzgebung muß tunlichster Vereinfachung in den Grundgedanken und Zusammenfassung in den Zweckbestimmungen den Platz räumen. Dabei dürfen Rechtsfindung und Rechtsprechung der Fortentwicklung in Staat und Gesellschaft, Wirtschaft und Sozialleben nicht nachhinken, sondern müssen mit ihnen in gleichem Schritt marschieren. Von staatspolitischer, wirtschaftlicher und sozialer Fortentwicklung sollen auch die auf den verschiedensten zivil- und strafrechtlichen Gebieten gelagerten Reformwerke durchdrungen sein, die jetzt in Vorbereitung sind und der möglichst baldigen Verabschiedung entgegengeführt werden sollen.

Die für eine Begrüßungsansprache zur Verfügung stehende kurze Zeit vergönnt es mir zu meinem Bedauern nicht, mich an dieser Stelle einzeln mit den zur Erörterung unserer heurigen Tagung gestellten

Problemen und den im Gange befindlichen Reformarbeiten zu beschäftigen. Des Reichsjustizministeriums inniger Wunsch geht dahin, daß auch diese Tagung ihren Traditionen getreu mit sachlicher Gründlichkeit die bedeutsamen Rechtsfragen behandeln möge. Nur einige wichtige Verhandlungsgegenstände möchte ich herausgreifen.

Zunächst mag es dem Vorsitzenden eines parlamentarischen Kriegsuntersuchungsausschusses erlaubt sein, ein kurzes Wort zu diesem Verhandlungsgegenstand der Untersuchungsausschüsse zu sagen. Für deutsche Verhältnisse ist bekanntlich durch die Weimarer Reichsverfassung eine vollständig neue Einrichtung durch Festlegung parlamentarischer Untersuchungsausschüsse geschaffen worden. Unverkennbar steckt diese Einrichtung noch in den Kinderschuhen, und sie ist wahrlich auch von Kinderkrankheiten nicht verschont geblieben. Gründliche Forschung und sachkundige Aussprache werden es sich angelegen sein lassen, Fehler der Vergangenheit und Mängel der Auswirkung durch praktische Besserungsvorschläge auszugleichen. Vornehmlich gilt es hierbei, Licht und Schatten gerecht zu verteilen und, ohne das Kind mit dem Bade auszuschütten, bei den in die Strafrechtspflege eingreifenden Untersuchungsausschüssen Gefahrzonen in Zukunft sorgsam zu vermeiden.

Der zweite Gegenstand betrifft die Frage der Reform des Aktienrechts. Die Arbeiten sind im Gange und sollen unter Verwertung der Erfahrungen des Auslandes mit aller Beschleunigung durchgeführt werden, da wir keinesfalls hinter den berechtigten Anforderungen von Wirtschaft und Verkehr zurückstehen wollen.

Der dritte Punkt, den ich kurz herausheben möchte, betrifft die Strafrechtsreform. Die Reform des Strafrechts ist in vollem Gange, so daß bereits zu Beginn des kommenden Monats der Reichsrat an die mündliche Beratung des ihm vorgelegten Entwurfs herangehen wird. Wir werden alles daran setzen, daß nicht nur im Reichsrat, sondern demnächst auch im Reichstag die Beratungen mit möglichster Beschleunigung so durchgeführt werden, daß eine die außerordentliche Schwierigkeit des Stoffes und die Fülle der auszugleichenden Gegensätze befriedigende und für das Volksganze ersprießliche Lösung gefunden werde.

In gleichem Zusammenhang sind unter den Reformarbeiten die Regelung eines durchgreifenden Ehrenschutzes und die Revision des Strafprozeßrechts sowie die Erledigung des den Stufenstrafvollzug festlegenden Strafvollzugsgesetzes herauszuheben. Neuregelung der Untersuchungshaft und darüber hinaus der Voruntersuchung wird sich auch mit dem besonders wichtigen und zeitgemäßen Thema der Kriminalpsychologie und der kriminellen Vorbildung und Ausbildung der für die Voruntersuchung zuständigen Organe zu beschäftigen haben. Dabei gilt es, unter Auswertung aller kriminellen Erfahrungen und Heranziehung kriminalistisch geschulter Kräfte im Interesse gerechter Strafrechtspflege klare Richtlinien zu schaffen und einheitliches wie zielbewußtes Zusammenwirken herbeizuführen. Sicherung der Strafrechtszwecke bedeutet zugleich nachdrückliche Wahrung und Schutz berechtigter Interessen der Angeschuldigten.

Die Männer der Wissenschaft und der Praxis, die sich hier vereinigen zu vorbildlicher Gemeinschaftsarbeit im Dienste des Volksganzen, stehen infolge der neuzeitlichen Entwicklung vor neuen gewaltigen Aufgaben. Soll die Wissenschaft befruchtend auf die Praxis wirken, so darf sie die dauernde Fühlung mit dem Leben nicht verlieren. Die Praxis aber darf nimmer vergessen, daß sie auf der Rechtswissenschaft beruht. Dieser Kreislauf des Blutes zwischen Wissenschaft und Praxis ist es, der den Volksorganismus und das Rechtsleben gesund erhält. Wo sich Störungen dieses Blutumlaufs zeigen, muß es vereinter Kraft von Wissenschaft und Praxis gelingen, den Gesundungsprozeß durchzusetzen.

Tiefer Schmerz erfüllt alle an der Rechtspflege beteiligten Organe angesichts der Vertrauenskrise, die unsere Rechtspflege bedroht. Aus lebhaften und zum Teil leidenschaftlichen Erörterungen klingt der Ruf: Das Recht in Not! Alle Mann an Bord! — Wenn diese Sorge berechtigt ist, wenn Wunden am Rechtskörper zu heilen sind, so liegen hier Aufgaben, an deren Lösung jeder deutsche Jurist sein Bestes setzen soll. Im vaterländischen Interesse gebietet sich aber die beschwörende Mahnung, bei aller Kritik den Boden der Sachlichkeit nicht zu verlassen und sich vor verallgemeinernden Schlußfolgerungen zu hüten. Verhängnisvolle Ungerechtigkeit würde es vor allem sein, den deutschen Richterstand für Verfehlungen und Mißgriffe einzelner, die uns mit ernster Sorge erfüllen, verantwortlich zu machen. Mit Freude haben wir es daher auch begrüßt, daß die Organisationen des deutschen Richterstandes den Richtern dringend ans Herz gelegt haben, rückhaltlose Selbstzucht und Selbstkritik zu üben und dadurch zur Festigung des Vertrauens in unsere Rechtspflege beizutragen. In die Gewissensfreiheit der deutschen Richter darf nicht eingegriffen werden. Vor ihre Unabhängigkeit werden wir uns nach wie vor schützend stellen. Denn wir wissen alle, daß den deutschen Richtern ihre Unabhängigkeit nicht als einseitiges Vorrecht gewährt ist, sondern als Mittel zur Erfüllung ihrer höchsten richterlichen Aufgabe, nämlich des gleichmäßigen Schutzes aller Staatsbürger und der unparteiischen und gerechten Rechtspflege. Treue Hingabe zum Staat und zur Reichsverfassung muß den Richter, der im Namen des Staats Recht spricht, an erster Stelle auszeichnen und ihm die Staatsverbundenheit zur Gewissenspflicht machen. Vergegenwärtigt sich der deutsche Richter, was wir zuversichtlich erwarten, bei allen seinen Amtshandlungen und vornehmlich bei der Strafrechtspflege, daß ihm der Volksgenosse und der Mitmensch gegenübersteht, dann wird seine gerechte und unparteiische Rechtsprechung das Vertrauen aller Volksschichten finden. In der Brust des deutschen Richters liegen die Schicksalssterne der deutschen Justiz. Alle Organe der deutschen Rechtspflege, namentlich Richter und Staatsanwälte, nicht minder aber die Rechtsanwaltschaft, aus der auch ich hervorgegangen bin und deren Bedeutung für die Rechtspflege mir daher voll bewußt ist, müssen in edlem Wetteifer und freudiger Gemeinschaftsarbeit dem deutschen Rechte dienen. Mit gesundem lebenskräftigem Optimismus, mit klarer Erkenntnis der Lebensverhältnisse und der Staatsentwicklung werden wir vorwärtskommen.

Ein Gedanke allgemeinpolitischer Natur darf hier angeschlossen werden: Deutschlands vorgestern vollzogener Eintritt in den Völkerbund wird auch vom Standpunkt der Pflege und der Fortentwicklung des Rechts, vor allem des öffentlichen und internationalen Rechts, sowie der friedlichen Rechtsverständigung der Nationen als wesentlicher Fortschritt angesprochen werden dürfen.

Der deutschen Juristentagung bedeutungsvolle Arbeiten sollen dazu beitragen, daß sich Gesetz und Rechte nicht mehr, wie es das Dichterwort für die Vergangenheit aussprach, wie eine ewige Krankheit fortschleppen. Vernunft soll ihren Sinn behalten auch im Rechtsleben, in der Rechtsfindung und Rechtsentwicklung; Rechtswohltat soll nicht zur Plage werden, sondern ihren Zweck des nationalen, wirtschaftlichen und sozialen Volksaufstiegs erfüllen. Unsere Parole soll lauten — und das sei auch die Losung des Juristentages —: Wir müssen ringen um die Seele des Volkes!

So glaube ich der Hoffnung Ausdruck geben zu sollen, daß unsere von dem Interesse und der tätigen Mitwirkung aller Stände und Volksschichten begleiteten vaterländischen Reformarbeiten auf allen Gebieten des Rechtslebens lebenskräftige Form und Gestalt annehmen werden. Möge sich diese Hoffnung erfüllen! Dann wird die kommende

Generation, der unsere Arbeit gilt und unsere Opferkraft, ein Wort unseres größten Dichters sich umformen dürfen: „Wohl Dir, daß Du ein Enkel bist!"

Ministerialdirektor Huber (Berlin):

Meine sehr geehrten Damen und Herren! Mit besonders freundlichen und zu Herzen gehenden Worten hat der allverehrte und allbeliebte Präsident des Juristentages auch der Vertreter der deutschen Länder gedacht. Namens der preußischen Regierung, besonders namens des preußischen Justizministers spreche ich Ihnen, hochverehrter Herr Geheimrat, meinen herzlichen Dank für diese freundliche Begrüßung aus. Ich habe außerdem auch die Pflicht, im Namen der deutschen Länder, die ziemlich alle hier vertreten sind, diesen Dank auszusprechen. Welchen Wert die deutschen Länderregierungen den Verhandlungen des Juristentages beilegen, das bitte ich Sie zu ermessen aus der großen Zahl der Vertreter, die hierher entsandt worden sind. Wir Ländervertreter sind gern und freudig nach Köln gekommen. Zunächst gern nach Köln. Denn welches deutsche Herz wird nicht höher schlagen, wenn der Kölner Dom vor ihm aufsteigt, den der Reichsjustizminister so schön genannt hat das Wahrzeichen des deutschen Rheins und der deutschen Kultur. Wir sind auch deshalb gern zu Ihrer Tagung gekommen, weil wir wissen, daß wir aus Ihren Verhandlungen sehr viel lernen können. Wenn ich einen Blick werfe auf die Männer, die sich als Gutachter und Berichterstatter vorstellen, scheint es mir fast unbescheiden, wenn ich Ihrer Tagung einen glücklichen Verlauf wünsche. Neben der sachlichen und wissenschaftlichen Ausbeute, die mit Bestimmtheit von dieser Tagung zu erwarten ist, erhoffen wir noch einen anderen Erfolg. Niemand, der es gut meint mit der deutschen Rechtspflege, und der es gut meint mit dem deutschen Volke, kann an der Frage vorübergehen, die alle beschäftigt: ist das Vertrauen des Volkes zur deutschen Justiz erschüttert und was kann zur Stärkung geschehen? Wie sehr alle Juristen diese Frage beschäftigt, das ersehen Sie daraus, daß sie berührt worden ist von Herrn Oberbürgermeister Dr. Adenauer und ebenso durch den Herrn Reichsjustizminister. Ich glaube, trotzdem diese Stätte nicht verlassen zu sollen, ohne Ihnen die Versicherung zu geben, daß die Justizverwaltung der Länder keine höhere Pflicht kennt als die Mitarbeit zur Stärkung des Vertrauens des deutschen Volkes zur Rechtspflege. Unter den Versammlungen, die in glücklichster Weise Theorie und Praxis verbinden, steht wohl an erster Stelle der Deutsche Juristentag.

Wenn Theoretiker und Praktiker von so hervorragender Bedeutung wie hier zusammenkommen, dann muß auf alle Fälle auch das mit beitragen zur Stärkung des Vertrauens. Wir glauben, daß durch die Fühlungnahme von Theoretikern und Praktikern und die Aussprache mit ihnen viel geschehen kann, damit das Vertrauen des Volkes zur Justiz gestärkt werde. So hoffen wir, daß die Verhandlungen dieser Tagung dazu beitragen, daß wir dem Ziele näher kommen, das der Jurist und Dichter Herbert Eulenberg so schön bezeichnet hat:

„Denn der Staat ist am besten aufgebaut,
wo jeder seinem Richter traut."

Ministerialrat Professor Dr. Kadecka-Wien:

Meine sehr verehrten Damen und Herren! Der österreichische Vizekanzler hat mich hierher gesandt, dem 34. Deutschen Juristentag die Grüße Österreichs zu überbringen. Er dankt den Worten, die der Vorsitzende Österreich gewidmet hat, und bedauert es, daß er durch Arbeiten verhindert ist, persönlich zu erscheinen und die Sympathie zum Ausdruck zu bringen, die wir für die Verhandlungen des Deutschen Juristentages hegen. Wir erblicken in ihm den ältesten Träger und Förderer des uns so teuren Rechtsangleichungsgedankens. Wir erhoffen von ihm tatkräftige Unterstützung, die Gesetzesvorlagen, die uns beschäftigen, durch die Klippen der parlamentarischen Beratungen zu steuern. Wir schöpfen aus ihm die gleiche Tatkraft und Ausdauer, mit denen er die Probleme ergreift. Wir begrüßen es mit besonderer Freude, daß der Deutsche Juristentag in Köln abgehalten wird. Vielleicht nicht, weil wir an der Donau den Rhein und die Rheinländer in unsere Herzen eingeschlossen haben, auch nicht, weil Wien mit der Stadt Köln so viele Ähnlichkeiten verbindet, sondern weil ein deutscher Juristentag in Köln nach den letzten Ereignissen des letzten Lustrums nicht bloß ein Freudentag für die deutschen Juristen ist, sondern ein Freudentag für das Deutsche Reich und für die deutsche Nation. Wir nehmen an dieser Freude von ganzem Herzen Anteil, wir wünschen dem Juristentag guten Verlauf und den Beratungen besten Erfolg.

Oberlandesgerichtspräsident Reichartz-Köln:

Eminenz! Meine hochverehrten Damen und Herren! Unser allverehrter Präsident hat in der Eröffnungsansprache eines Wortes gedacht, das er vor zwei Jahren in Heidelberg ausgesprochen hat: „Es wäre wunderbar, wenn wir uns das nächste Mal unter den Klängen der

Glocken des Kölner Domes versammeln könnten!“ Wir vom Rhein jauchzten auf vor Freude, aber wir waren auch in banger Sorge, weil uns damals noch die Besatzung drückte. Wir waren überzeugt, daß wir das gute Recht hatten zu verlangen, vor dieser Tagung von der fremden Besatzung entbunden zu werden. Auf der anderen Seite waren wir mit Dank erfüllt über das Mitgefühl, das alle deutsche Juristen mit den Leiden der Besatzung empfanden. Wir waren damals mit Sorge erfüllt bei dem Gedanken, ob zu dieser Tagung die Ausländer von Köln fort seien. Die Sorge von damals ist von uns gewichen. Freilich ist noch nicht allüberall der Rhein frei. Heute können wir uns aber freuen, daß der Juristentag in unserem lieben alten Köln tagt. Ich begrüße den Juristentag im Namen aller deutschen Juristen am Rhein, mögen sie in freien Berufen als Anwälte, Industrielle, Kaufleute, mögen sie als Beamte des Reiches, des Staates, der Kommunalverwaltungen oder als Notare tätig sein. Damit meine ich auch die deutschen Juristen des Saargebietes, das ich heute besonders erwähnen muß. Es gereicht mir zur großen Freude, daß der Oberlandesgerichtspräsident von Saarbrücken mit mehreren Herren hierher gekommen ist, die Wünsche der Herren an der Saar zu übermitteln.

35 Jahre sind vergangen, seit der Deutsche Juristentag zum ersten Mal an dieser Stelle sich versammelt hat. Es war eine außerordentlich schwere und harte Zeit. Damals stand unser junges Reich in der Zeit der wirtschaftlichen Blüte. Heute befinden wir uns in der Zeit des Aufbaues nach den Jahren des Unglücks. Damals hatte noch jedes Land sein eigenes Recht. Hier am Rhein galt dreifaches Recht. Wir erfreuen uns jetzt eines gemeinschaftlichen deutschen bürgerlichen Rechts. Heute befinden wir uns in der Vorbereitung zu einer Erneuerung der Strafgesetzgebung. Dies macht sich auch in den Vortragsthemen geltend, die damals und heute die Beratungsgegenstände bilden. Wenn wir heute nach 35 Jahren auf diese Themen zurückblicken, dann meinen wir: was waren das unwichtige Fragen! Doch jetzt dringen die Themen der überaus wichtigen Fragen des Strafrechts, des Staatsrechts, des Völkerrechts tief ein in die politische und in die Weltanschauung des einzelnen. Der damalige Juristentag war von Erfolg gekrönt. Er hat dazu beigetragen, daß wenige Jahre später das neue bürgerliche Recht eingeführt wurde. Nicht alle rheinischen Juristen haben dem bürgerlichen Gesetzbuch mit besonderer Freude entgegengesehen. Wir hingen damals an unserem rheinischen Recht, weil es viel mehr den germani-

schen Rechtsgedanken in sich verkörperte als andere Rechte in Deutschland. Wir liebten unser rheinisches Recht, nicht weil es auf fremdem Boden geschaffen war, sondern weil wir es in hartem, langjährigem Kampfe gegen das zweifellos rückständigere Allgemeine Bürgerliche Recht für die Preußischen Staaten erhalten hatten, weil es einfacher, leichter und klarer war, und weil es hier in selbständiger, eigener Rechtsprechung weiter entwickelt war. Aber als dann das Bürgerliche Gesetzbuch eingeführt war, waren wir alle zufrieden damit, und wir sind heute glücklich, daß wir uns alle eines einheitlichen bürgerlichen Rechts erfreuen. Wo es noch Mängel hat, wollen wir sie beseitigen. Damals haben die Verhandlungen vollen Erfolg gehabt. Von Herzen wünsche ich im Namen der rheinischen Juristen, daß auch diesmal die Verhandlungen von Erfolg gekrönt sein mögen zum Wohle unseres gesamten deutschen Vaterlandes und damit zum Wohle unserer geliebten Westmark, solange hier am Rhein deutsche Männer deutsches Recht pflegen, und das heißt, so Gott will, für alle Zeiten.

Prof. Dr. Heinrich Lehmannn-Köln:

Hochverehrte Anwesende! Als Vertreter des verhinderten Rektors der Universität, Seiner Magnifizenz des Herrn Professors Dr. Stier-Somlo, zugleich als früherer Rektor der Universität, entbiete ich dem 34. Deutschen Juristentag die herzlichsten Willkommensgrüße der Universität Köln.

Als 1891 die deutsche Juristenschaft zum ersten Male in Köln tagte, war nur die Bonner Alma Mater und ihre hochberühmte Juristenfakultät imstande, an der Tagung teilzunehmen. Die alte Kölner Universität, nach der Heidelberger die älteste des Deutschen Reiches, hatte 1798 ihre Tore schließen müssen, als ihre Professoren den Eid der Treue gegen die französische Republik, der ihnen durch Dekret vom 9. Fruktidor des Jahres V abverlangt wurde, verweigert hatten. Als eine wunderbare Fügung betrachten wir es, daß die Kölner Hochschule wiederum zu einer Zeit der Besatzung der Rheinlande durch fremde Mächte aus ihrem 100jährigen Schlafe neu erstehen durfte und sich neben der Pflege der übernommenen Disziplin mit frischem Eifer den neuen Aufgaben widmen durfte, die die ungeahnte wirtschaftliche und soziale Entwicklung Deutschlands und der Welt mit sich gebracht haben. So ist denn bei diesem zweiten Deutschen Juristentag, der in dem Schatten der Domtürme tagt, auch wieder eine ortsansässige Universität in der Lage, sich zu der Schar derer zu gesellen, die den deutschen Juristen bei Eröffnung ihrer Tagung Grüße und Wünsche darbringen.

Die neu entstandene Universität Köln nimmt als Mithüterin des rheinisch-deutschen Geisteslebens aufrichtigen Anteil an Ihrer Tagung. Denn sie weiß, daß die geistigen Güter in einer Volksgemeinschaft nur gedeihen können, wenn nicht bloß deren wirtschaftliche Lage gesund ist, sondern auch ihr rechtliches Gefüge gefestigt ist.

Nicht minder sind wir Dozenten und Studenten der Alma Mater Coloniensis uns in der Zeit der Besetzung und den Jahren der Prüfung bewußt geworden, wie groß die Bedeutung eines arteigenen einheitlichen deutschen Rechts für das Gefühl völkischer Verbundenheit und die völkische Widerstandskraft überhaupt ist. Als für uns die Befreiungsstunde von der Willkür der Ordonnanzen und der Fremdherrschaft schlug, da war es einer der erhebendsten Gedanken, nicht bloß für den freiheitliebenden Burschen, sondern auch für den weitgehender Lehrfreiheit gewohnten deutschen Hochschullehrer, daß er sich sagen konnte: Nun atmen wir wieder die reine, ungetrübte Luft unseres angestammten deutschen Rechts.

Und so freut sich denn unsere ganze Alma Mater aufrichtig, daß der deutsche Juristentag das Bedürfnis empfunden hat, die Verbundenheit der gesamten deutschen Juristenschaft mit dem rheinisch-deutschen Geistes- und Rechtsleben dadurch zu bekunden, daß er seine erste Tagung nach der teilweisen Befreiung der Rheinlande in unserer rheinischen Hauptstadt angesetzt hat.

Die Universität Köln, die als Großstadt-Universität neuartiger Prägung der Pflege der Wirtschafts- und Sozialwissenschaften und des Wirtschafts- und Sozialrechts eine erhöhte Aufmerksamkeit widmet, begrüßt eben deshalb den diesjährigen Juristentag ganz besonders freudig. Denn wie selten eines, zeigt das diesjährige Programm ein fortschrittliches Gepräge und beweist, daß die deutsche Juristenschaft ihre besten Kräfte einsetzt, um die Rechtsordnung den veränderten wirtschaftlichen und sozialen Verhältnissen anzupassen. Mein Wunsch geht dahin, daß die bedeutsamen Fragen Ihrer Tagung einer Lösung entgegengeführt werden, die den Geist eines billigen und harmonischen Ausgleichs zwischen den widerstreitenden sozialen Gruppen und Bedürfnissen atmet — jenen Geist des Ausgleichs, der allein die Gerechtigkeit der Norm und damit auch die Achtung der auf ihr beruhenden richterlichen Entscheidung verbürgt. Wenn das gelingen sollte, dann wird die deutsche Juristenschaft, was an ihr liegt, dazu beigetragen haben, daß wir nach der Wiedergewinnung des äußeren Friedens und dem Wegfall der feindlichen Besatzungen auch das kostbarste Gut wiedergewinnen, das allein einen neuen Aufstieg des deutschen Volkes zu gewährleisten vermag, den inneren, den sozialen Frieden. Denn nur wo die positive Rechtsordnung auch als das Recht der Gerechtigkeit empfunden wird, kann die edelste Frucht des Rechts gedeihen, das ist der soziale Frieden.

Prof. Dr. Franz Haymann-Köln:

Hochverehrte Damen und Herren! Im Namen der rechtswissenschaftlichen Fakultät der Universität Köln habe ich die Ehre, Ihnen zu Ihrer diesjährigen Tagung in Köln herzlichen Willkommen zu entbieten. Der Deutsche Juristentag verdankt sein hohes Ansehen dem Umstand, daß er ein Parlament von Fachleuten ist, das ohne Zerrissenheit durch Parteien und Parteiprogramme Männer aus allen Zweigen der Praxis und der Theorie zur gemeinsamen Beratung wichtiger Gesetzgebungsfragen vereint. Dieser geistige Austausch der verschiedenen Berufserfahrungen und Fachkenntnisse kommt nicht nur der sachlichen Beratung der Gegenstände zugute, sondern er fördert auch das wechselseitige Verständnis und das gute Einvernehmen der verschiedenen juristischen Berufsstände. Was ein harmonisches Zusammenarbeiten von Richtern und Staatsanwälten mit der Anwaltschaft für die Förderung der praktischen Aufgaben der Rechtspflege bedeutet, habe ich als alter Richter tausendfach erfahren und brauche ich Ihnen kaum auseinanderzusetzen. Aber als ein Jurist, der erst nach einer vieljährigen praktischen Richtertätigkeit ausschließlich zur Theorie und zum juristischen Lehrberuf übergewandert ist, möchte ich heute als Vertreter der Kölner Rechtslehrer doch besonders darauf hinweisen, welchen Wert wir Kölner juristischen Theoretiker auf eine enge Fühlungnahme mit den Männern der Praxis legen. Natürlich verdankt unsere so ganz junge Fakultät einen Teil ihrer Erfolge, die sie schon heute kaum sechs Jahre nach ihrer Gründung in Preußen gleich hinter Berlin an Studentenzahl rangieren läßt, dem Umstand, daß wir hier im Herzen des Rheinlandes in dieser ehrwürdigen und ewig jungen Metropole gelegen sind, die jetzt befreit von dem Druck fremdländischer Besatzung unter der genialen Führung unseres hochverehrten Oberbürgermeisters Dr. Adenauer, in dem unsere Fakultät noch ganz besonders ihren Ehrendoktor verehrt, einer neuen Zeit der Blüte und des Aufschwungs in wirtschaftlicher und kultureller Hinsicht entgegensieht, aber vielleicht auch dem weiteren Umstand, daß wir den modernen Bedürfnissen des Rechtslebens in unserem Lehrplan besonders Rechnung tragen. Sie können das schon daraus ermessen, daß die in der Nachkriegsentwicklung besonders wichtig gewordenen Fächer des Handels- und Arbeitsrechts bei uns von jeweils drei Ordinarien gepflegt werden, daß wir dem Steuerrecht und internationalen Recht besondere Aufmerksamkeit schenken, daß kriminalistische Ausbildung, für deren Einzug an die Universität Rechtsanwalt Dr. Alsberg erst vor wenigen Tagen in einem interessanten Aufsatz über die Psychologie des Haftbefehls in der Frankfurter Zeitung eingetreten ist, bei uns in jedem Semester von unserem Kollegen Professor Dr. Bohne unter großer Anteilnahme der Studierenden gelesen wird, daß wir dem völkerverbindenden und darum jetzt besonders beachteten und allseitig in dem europäisch-amerikanischen Kulturkreis gepflegten Fach der Rechts- und Sozialphilosophie die gebührende Pflege zuteil werden lassen, ja, daß sogar das römische Recht, das mancher modernistische Heißsporn am liebsten in die Rumpelkammer oder — wie neuerdings der temperamentvolle Ernst Fuchs — in ein Altertumsmuseum verbannen möchte, bei uns von einem altgedienten Praktiker betrieben wird, der freilich dieses Recht nicht mit der Brille des stubengelehrten Philologen, sondern mit dem in einer langen Rechtspraxis geschulten Auge des Zivilrechtlers betrachtet, wie es m. E. betrachtet werden muß, weil es nicht das Werk stubengelehrter Professoren, sondern das der genialsten Praktiker gewesen ist, die die Welt je gesehen hat.

Ja, meine Damen und Herren, wir sind in all unseren Gliedern eine moderne Rechtsfakultät, und darum suchen wir die Fühlung mit der Praxis; denn wir wissen, daß wir in erster Linie künftige Praktiker heranzubilden haben und daß wir daher diese Praxis selbst, nicht nur gleichsam ihren Vorhof, genau kennen müssen, um die pädagogisch richtigen Mittel zu wählen, die zu diesem Ziele hinführen. Wir wissen ferner, daß nur der in der Praxis bewanderte Rechtslehrer in der Lage ist, seine Vorlesungen und Übungen durch anregende lebensprühende Beispiele zu würzen, anstatt weltfremde Fälle für sein Praktikum aus Büchern zu entnehmen oder in der weltabgelegenen Studierstube zu ersinnen. Und schließlich wissen wir, daß nur, wer das praktische Rechtsleben kennt, die gedankliche Tragweite einer Rechtsnorm sich und anderen klar zu machen weiß und einen zweifelhaften Gesetzestext nach den Zwecken auszulegen vermag, die der Regelsetzende in diesem Rechtsleben mit seiner Regel verwirklichen will

Aus all diesen Gründen ist die Forderung grundsätzlich berechtigt, daß der Lehrer des Rechts nicht nur die juristischen Staatsprüfungen bestanden, sondern womöglich auch nachher in der Praxis verantwortlich als Anwalt oder Richter oder Verwaltungsmann gearbeitet hat. Dann freilich werden sich die Wege grundsätzlich trennen müssen: hier zur Praxis, dort zur Theorie, so sehr es auch grundsätzlich zu begrüßen ist, wenn noch später der Theoretiker im Nebenamt in der Praxis mitarbeitet oder ein theoretisch verdienter Praktiker ein akademisches Lehramt übernimmt oder wenigstens als Honorarius seine reiche Erfahrung den Studierenden zur Verfügung stellt.

Freudig begrüßen wir Kölner Theoretiker des Rechts, die wir in unserer Fakultät auch hochangesehene Praktiker, drei hervorragende Mitglieder des hiesigen Oberlandesgerichts und zwei vom allgemeinen Vertrauen getragene Rechtsanwälte, zu den unseren zählen dürfen, daß uns die diesjährige Tagung in unserm lieben Köln Gelegenheit gibt, nicht bloß mit den Kollegen unserer Schwesterfakultäten, sondern auch mit den Praktikern aus allen Gauen deutscher Zunge zu gemeinsamer Beratung wichtiger Rechtsfragen und zu geistigem Austausch zusammenzukommen. In dieser Gesinnung wünscht die Kölner Rechtsfakultät, hochverehrte Damen und Herren, Ihren Beratungen reichen Erfolg.

Professor Dr. Landsberg-Bonn:

Im Namen meiner Fakultät habe ich die Ehre, diese Versammlung herzlich und — was heute nicht schwer fällt — wärmstens zu begrüßen. Ich darf diese Begrüßung auch im Namen meiner Gesamtuniversität aussprechen und ich darf den Dank dafür, daß ich hier zu Worte gelassen bin, und meinen besonderen Dank dafür, daß ich an den Präsidententisch gezogen worden bin, damit verbinden. Beide Ehrungen gelten — wie ich mir dessen lebhaft bewußt bin — nicht meiner bescheidenen Persönlichkeit, sondern meiner Fakultät, wie ich bestimmt annehmen darf. Daß auch die Bonner Fakultät auf dem Kölner Juristentag, während eine eigene Kölner Alma Mater besteht, ergänzend neben den Organen der Kölner Universität zugezogen wird, wird sich aus mehr als einem Grunde rechtfertigen lassen. Einerseits aus der örtlichen Nähe, andererseits daraus, daß zahlreiche hier anwesende Juristen Schüler unserer Fakultät sind, was in dem Maße naturgemäß für Köln nicht zutreffen kann. Wenn ich diese erlauchte Versammlung überblicke und mich an alte Zeiten erinnere, so könnte ich vielfach temporis ratione habita glauben, an der alten Stelle zu stehen. Daß das für die Kölner

Fakultät in demselben Maße noch nicht zutrifft, ist zeitlich selbstverständlich. Jedenfalls ist es für uns Bonner eine besondere Befriedigung, die deutsche Juristenwelt hier begrüßen zu dürfen. Fürchten Sie nicht, daß, wie es heute bei rechtsgeschichtlichen Betrachtungen üblich ist, ich neben das von dem verehrten Herrn Vorredner entworfene Bild der Kölner Fakultät das der meinigen zum Vergleich an die Wand werfen werde. Gestatten Sie mir vielmehr, nur eins zu sagen: als die Universität Bonn vor mehr als hundert Jahren gegründet wurde, geschah es, um ein Bollwerk Deutschlands und Preußens in dem neu gewonnenen Rheinland zu sein. Dieser Aufgabe — ich glaube, es sagen zu dürfen — ist unsere Universität und ihre juristische Fakultät mit dem Aufgebot aller Kräfte gerecht geworden, auch in solchen Zeiten, in denen es nach rheinischen Verhältnissen nicht immer ganz leicht gefallen ist. So ist bei uns immer auch wacker am Rechte gearbeitet worden. Und auch heute dürfen wir in Anspruch nehmen wie sämtliche deutsche Universitäten, daß wir unser volles Streben dafür einsetzen, mit den Aufgaben des Lebens und der wirtschaftlichen Entwicklung fortzuschreiten. Wenn soeben von maßgebender Stelle an Savigny und seine Leugnung des Berufs seiner Zeit für die Gesetzgebung gemahnt worden ist, so darf der Historiker der Rechtswissenschaft wohl noch bemerken, daß dies eben nur für seine Zeit galt, und daß er heute gewiß anderer Anschauung gewesen wäre. Unsere Aufgabe ist es, unsere Hörer zu tüchtigen Juristen auszubilden und mit der Praxis Hand in Hand zu gehen, wie wir auch das feste Vertrauen haben, daß diese unter Vermeidung aller Auswüchse und Gehässigkeiten den Weg des Rechts stets beschreiten werden zum Wohle und Gedeihen unseres deutschen Vaterlandes und des deutschen Rechts. Das walte Gott! In diesem Sinne wünsche ich dieser Tagung Heil und Gedeihen.

Prof. Dr. Mayr-Harting-Prag:

Hochansehnliche Versammlung! Die geschichtliche Wandlung der letzten Jahre, die wir alle wohl oder übel als gegebene Tatsache hinnehmen müssen, haben uns Juristen der Tschechoslowakei aus Brüdern zu Vettern der reichsdeutschen Juristen gemacht. Aber das Gefühl engster Zusammengehörigkeit aller deutschen Juristen ist eher stärker als schwächer geworden; denn der Verlust läßt ja in der Regel erst den vollen Wert des Verlorenen erkennen und würdigen. Allerdings sind wir tschechischen Juristen deutscher Zunge und deutschen Stammes unbescheiden genug, zu glauben, daß man auch uns im Reich nicht gleichgültig gegenübersteht, und daß man die alte Freundschaft weiter pflegt ohne Rücksicht darauf, daß politische Zufälligkeiten die Grenzen ziehen. Als Vorsitzender der ständigen Vertretung der deutschen Juristen in der Tschechoslowakei bin ich beauftragt, dem älteren Bruder oder Vetter die gebührende Ehrung und Achtung zu entbieten. Wir begrüßen die Tagung, deren äußerer Glanz durch den inneren Wert ihrer Arbeit übertroffen werden wird. Durch gemeinsame Tradition aufs engste verbunden, der segensreichen Befruchtung eingedenk, die deutsche Wissenschaft unserem Wirken so oft gewährte, haben wir tschechischen Juristen deutscher Zunge uns stets bemüht, auch unsererseits zur Förderung der Wissenschaft und der Rechtsfindung nach besten Kräften beizutragen. Wir beglückwünschen Sie, daß Sie nach Jahren der Trübsal, des Kummers und der Sorge hier an den Ufern des wieder befreiten heiligen Stromes sich versammeln können, um zu arbeiten für deutsches Recht. In diesem Sinne begrüßen wir Deutschlands Juristen, das deutsche Kleinod, das ehrwürdige heilige Köln.

Geh. Justizrat Prof. Dr. Kahl:

Sämtlichen Rednern sage ich aufrichtigen und herzlichen Dank für die freundliche Gesinnung, die Sie dem heutigen Juristentag wiederum entgegengebracht haben. Sie soll uns ein Ansporn sein, daß der Juristentag wirklich Volk und Staat den Dienst weiter leiste, der von einer Gesamtvertretung der deutschen Juristen erwartet werden muß. Daß dieser Dienst am Recht an Schwere und Verantwortlichkeit sich ungewöhnlich gesteigert hat, bedarf kaum der näheren Begründung. Es liegt an der durch die vielen vorangegangenen Katastrophen herbeigeführten Rechtserschütterung, es liegt an der Vielheit und Kompliziertheit der neuen Rechtsprobleme, die in unsere Welt eingetreten sind, und den neu zu steckenden Rechtszielen, über welche die Meinungen so weit auseinandergehen. Um uns aus solcher schwierigen Lage mit hinauszuführen zur Sammlung, zur Festigkeit, zur Konsolidierung, zur Einheit, zur Klarheit, ist auch mit eine, nicht durch die Satzung, aber durch den Sinn der Zeit, durch das Verlangen und das Wohl des Volkes, durch Geistesgeschichte und Wesen des Juristentages ihm gestellte Aufgabe. Bei solchem Streben sich von der Mitarbeit und dem Verständnis aller Berufe aus Reich, aus Ländern, aus Gemeinden, aus Wissenschaft, aus Praxis, aus Inland und Ausland getragen wissen zu dürfen, das ist für den deutschen Juristentag, so darf ich in seinem Namen sagen, eine Ehre und eine Stärkung, die wir mit Dankbarkeit quittieren.

Darf ich dem allgemeinen Dank noch einige Worte hinzufügen nach den besonderen Beziehungen der einzelnen Redner oder Rednergruppen zum Juristentag, so danke ich zunächst dem hochverehrten Oberhaupte der Stadt, Herrn Oberbürgermeister Dr. Adenauer, für seine, wie immer nach seiner Art, von Herzen kommenden und zu Herzen gehenden Worte. Ich spreche nicht wiederholt von den vaterländischen Werten, die uns die Stadt Köln geschenkt hat durch ihre Einladung und Aufnahme hier. Sie werden der Grundton unserer ganzen gehobenen Stimmung während der kommenden Tage sein; diese vaterländischen Töne werden noch oft anklingen, und wir werden sie mit hinausnehmen als eine herrliche Erinnerung. Es liegt mir an dieser Stelle daran, den persönlichen Dank an den verehrten Herrn Oberbürgermeister alsbald zu erweitern und auszudehnen auf die etwa 150 Männer und Frauen, die sich zu Orts-, Fest- und Geschäftsausschuß zusammengeschlossen haben, um — ich muß sagen, in wahrhaft rührender Weise — für die Vorbereitung unserer Tagung Sorge zu tragen und den Erfolg glanzvoll sicher zu stellen; Juristen aller Stufen und Organisationen, hohe Würdenträger aus Kirche und Staat, und auch das Laienprinzip hat sich, wie überhaupt im Rechte, hier außerordentlich wohltätig gezeigt. Allen diesen Verehrten möchte ich sagen: Sie werden inzwischen inne geworden sein, daß es nicht immer ein reiner Genuß ist, einem derartigen Ausschuß anzugehören. Aber um so mehr sagen wir Ihnen unsern herzlichen Dank, und ich weiß gewiß, es wird niemanden verletzen, wenn ich aus der Zahl dieser vielen neben dem Herren Vorsitzenden und Oberbürgermeister Dr. Adenauer besonders hervorhebe die Namen Wieruszowski und Bönner; denn das waren die Herren, die zwischen der Stadt Köln und der Ständigen Deputation Vermittler waren und sich außerordentlich bemüht haben, allen etwa auftauchenden Gefahren der geistigen Überanstrengung, Überarbeitung oder Überlastung möglichst viel Terrain abzugraben zugunsten der Freude und des rheinischen Frohsinns. Auch das war eine alte Sitte des Juristentages, daß bei dem Schlußfestmahl ein besonders volltönendes Hoch auf den jeweiligen Ortsausschuß in allen seinen Gliederungen ausgebracht worden ist. An die Stelle dieses Schlußfestmahles ist der Plan einer schönen Rheinfahrt getreten. Ich weiß nicht, ob die Wogen des Rheines und der Begeisterung gestatten werden, dann noch dieser alten Gepflogenheit in gebührender Weise nachzukommen, das läßt sich heute nicht übersehen. Meinerseits ein Hoch auf den Ortsausschuß an dieser Stelle auszubringen, bin ich nicht in der Lage, weil der Ortsausschuß mir nicht das dazu erforderliche Handwerkszeug am Präsidententisch zur Verfügung gestellt hat; aber vorsorglich bitte ich, meinen jetzt an alle diese Männer und Frauen ausdrücklich wiederholten Dank im Sinne und in der Sprache des bürgerlichen Gesetzbuches „so anzusehen", als ob dieses volltönende Hoch wirklich ausgebracht worden wäre.

Einen ernsten Ton muß ich nun freilich zu gewinnen suchen, wenn ich meinen Dank insbesondere richte an die Vertreter der Justizverwaltungen aus dem Reiche und aus den Ländern. Denn hier öffnen sich die Abgründe der gemeinsamen Sorgen um das Recht unserer Zeit; hier auch die tiefsten Aufgaben des Deutschen Juristentages. Ich kann ja unmöglich auf die Fülle der Gedanken erschöpfend zurückkommen, die die verehrten Herren in ihren geistvollen Ansprachen der Versammlung vorgelegt haben. Alles gruppiert sich um die zwei Zentren: Gesetzgebung und Rechtspflege.

Die freiberatende Mitwirkung am Gang der Gesetzgebung ist ja sozusagen die stiftungsgemäße Aufgabe des Deutschen Juristentages, und auch die diesmaligen Themata sind alle auf diesen Zweck zugeschnitten. Es ist hingewiesen worden auf die Kluft der Zeiten zwischen heute und dem ersten Kölner Juristentag. Damals handelte es sich noch um das werdende bürgerliche Recht, um Rechtspflege in unseren Schutzgebieten; es mochte gewesen sein, was es wollte: alles vollzog sich damals im Unterbewußtsein eines ruhigen, zielbewußten organischen Ganges der Gesetzgebung. Wie anders heute! Welche Unrast, vielfach welche Hetze! Ich komme gewiß nicht in die Gefahr, meine eigene bescheidene Mitwirkung an der Reichsgesetzgebung im Reichstag mit der objektiven Ehrenpflicht, die mir hier obliegt, zu vermengen, aber ich glaube, es sind vielleicht noch nicht alle Vorwürfe gegen den Reichsgesetzgeber in dem Maße begründet, als sie ausgesprochen werden. Wie oft schon haben wir große Gesetzeswerke nicht begonnen oder begonnene wieder fallen lassen wegen einsetzender großer politischer Katastrophen, oder weil plötzlich wichtigere Gesetze in den Vordergrund geschoben worden sind. Aber trotzdem schließe ich mich dem Wunsche von Herzen an, daß es dem Reichsgesetzgeber gelingen möge, wieder unter Ausscheidung von bloßer Gelegenheitsgesetzgebung jenen großen, organischen, einheitlichen Zug der Gesetzgebung zu gewinnen.

Mit ganz besonderem Dank nimmt der Juristentag Kenntnis von den Mitteilungen, die der Herr Reichsjustizminister über verschiedene gesetzgeberische Reformen uns vorgelegt hat, und mir liegt es ganz naturgemäß, daß ich unter diesen wiederum herausgreife und mit besonderer Dankbarkeit begrüße die Frage der Strafrechtsreform. Das liegt mir deshalb nahe, weil der Deutsche Juristentag seit 1902 ununterbrochen an dieser Reform mit der allergrößten Wärme, ja Begeisterung mitgearbeitet hat, und es ist wohl keiner unter den zahlreichen Entwürfen seit 1909, 1911, 1913, 1919, 1922 und 1925, in dem sich nicht da oder dort Spuren seiner Mitwirkung am Gang der Gesetzgebung finden. Besonders dankbar sind wir für die — ich darf wohl so sagen — für die Zusage der Beschleunigung dieser Reform. Denn das ist allerdings meine Überzeugung: sollte der nächste Juristentag, voraussichtlich 1928, tagen, ohne daß das neue deutsche Strafgesetzbuch zum Abschluß gekommen ist, so befürchte ich: es ist auf lange und unbestimmte Zeit vertagt!

Ein bestimmender Einfluß auf das andere, auf die Mitwirkung in der Rechtsanwendung, **Rechtspflege**, liegt ja natürlich der Zuständigkeit des Juristentages vollkommen fern. Gleichwohl muß ich ein Wort auch darüber sprechen, meinerseits nicht in Inanspruchnahme einer formalen Zuständigkeit, sondern kraft der höheren Gewalt, der höheren Autorität des Gewissens. Ich würde glauben, des Vertrauens nicht würdig zu sein, das Sie mir geschenkt haben, wenn ich kein Echo geben wollte auf die Ausführungen, die darüber der Herr Oberbürgermeister und der Herr Reichsjustizminister gemacht haben. Es wäre eine Feigheit, wollte der Juristentag selbst nun seinerseits schweigen von der größten Sorge, die alle Juristen bewegt und mit ihnen, man kann fast sagen, das ganze teilnehmende deutsche Volk überhaupt: von der Krisis der Rechtspflege oder, wie der Herr Reichsjustizminister es genannt hat „Vertrauenskrise der Rechtspflege". Daß ich hier nicht einzelne Fälle nenne oder hervorzerre in dieser Feierstunde, versteht sich ganz von selbst. Aber wir dürfen uns nicht darüber täuschen: mit den Mitteln der Gesetzgebung ist hier wenig zu leisten; vielleicht einiges zurecht zu richten, aber eigentliche Erfolge sind nicht zu erzielen. Auf den Geist kommt es an, auf den guten Willen zum Recht! Ich übe Kritik nach keiner Seite, das darf ich nicht; das will ich nicht. Aber das muß ich sagen und mit anderen Worten wiederholen, was da ausgesprochen worden ist: Weg mit aller Art von Parteipolitik, die in irgendeiner Weise, unmittelbar oder mittelbar, mit irgendeinem Dienste auf irgendeiner Stufe der Justiz oder Verwaltung mit der Rechtspflege als solcher zusammenhängt. Wie sollte wohl eine Gesamtvertretung der deutschen Juristen nicht in schwerer Verantwortlichkeit mit dafür Sorge tragen, daß der reine Geist von Recht und Gerechtigkeit Gemeingut aller unserer Standesgenossen sei! Daher nehme ich für den Deutschen Juristentag ein Recht und eine Pflicht in Anspruch, in dieser Zeitlage mahnend, bittend, warnend seine Stimme zu richten an alle, die es angeht, alle Kräfte daran zu setzen, um das Vertrauen ins Recht und in die Rechtsprechung als kostbarstes Kulturgut, das uns geblieben ist und nicht genommen werden darf, wieder zu beleben und zu festigen. Was im einzelnen dabei zu tun, was im einzelnen zu unterlassen ist, das weiß jeder. Auf der einen Seite sittliche Selbstzucht in Erfüllung jeder Pflicht gegenüber dem Staat, wie er durch die unerbittlichen Notwendigkeiten der Geschichte uns vorgelegt worden ist. Ob er dir lieb oder leid ist, das kommt für den heiligen Imperativ der Pflicht überhaupt nicht in Betracht. Auf der anderen Seite zwar rücksichtsloses Aufdecken wirklicher Fehler und Schäden, aber alles dieses im Geiste der Wahrheit und der Gerechtigkeit; mit der erforderlichen Achtung auch vor der im einzelnen Falle etwa abweichenden Überzeugung des Richters, auf welche Achtung er Anspruch hat und für welche Achtung die Vermutung spricht; und alles ohne politischen Haß, ohne Voreingenommenheit und, wie es hier schon gesagt worden, ohne Verallgemeinerung im Geiste der Wahrheit, im Geiste der Gerechtigkeit. Ich führe das alles nicht näher aus; ein Teil davon richtet sich auch an die Presse. Aber es durfte schon die erste Stunde des Kölner Juristentages nicht vorübergegangen sein ohne einen lebhaften Weckruf an das Rechtsgewissen des ganzen deutschen Volkes.

Kurzen und herzlichen Dank noch meinen verehrten Kollegen aus der Kölner und der Bonner Universität und Fakultät, in deren geschichtlichen Rangstreit einzumischen ich meinerseits mich wohl hüten werde. Die Teilnahme dieser verehrten Kollegen ist für den Deutschen Juristentag von unschätzbarem Werte; denn die Rechtswissenschaft ist eine der beiden Hauptströme und Kraftquellen, aus denen wir unsere Nahrung ziehen. Die Beteiligung der Rechtslehrer an der Arbeit des Juristentages war immer eine große. Aus der Vergangenheit brauche ich ja nur zu erinnern an Gneist, Wächter, Brunner, Gierke und viele andere. Daß der Zuzug der Rechtslehrer, nicht bloß aus den Universitäten, an denen wir jeweils tagen, sondern allgemein ein recht starker werde, ist mein inniger Wunsch, mein dringender Wunsch! Ich verkenne gewisse Hemmungen keineswegs, z. B. die fortschreitende Dezentralisation in wissenschaftlich-juristische Fachvereinigungen. Neben die alte internationale kriminalistische Vereinigung sind solche für das Strafrecht, für Zivilprozeß und andere Rechtszweige getreten. Das ist alles aufs höchste zu begrüßen; aber ich weiß mich mit allen diesen Kollegen darin eins: über alledem steht die Einheit der Rechtswissenschaft, die wir hier pflegen wollen; und eben deren Zentralkräfte der legislativen Arbeit des Juristentages zuzuführen und zu erhalten, ist eine der Grundbedingungen für die Erfolge der Zukunft des Juristentages. Außerdem schulden gerade wir akademischen Lehrer dieser Zukunft einen gemeinsamen, den höchsten Dienst: in der Erziehung der Jugend zu wahren Jüngern des Rechts sollen wir das Juristengeschlecht stellen, das dann wiederum eine seiner Zeit würdige und vollendete Gesamtdarstellung des deutschen Juristenstandes werden soll. Darum herzlichen Dank für die uns so wertvolle Verbundenheit! Ich kann nicht schließen ohne persönliche Note. Sieben glückliche Jahre habe ich mit dem verehrten Herrn Landsberg gemeinschaftlich in Bonn an der dortigen herrlichen Hochschule verlebt, und ich freue mich, daß der Zufall es fügt, daß ich der alten Kollegialität und Freundschaft hier in der Öffentlichkeit einen neuen, persönlichen Ausdruck zu geben in der Lage bin.

Schließlich noch treuen Gruß den Herren aus Österreich und der Tschechoslowakei. Die Österreicher haben den ganzen Lebensweg des Juristentages von 1860 an mit uns zurückgelegt; niemals unterbrochen durch irgendwelche weltpolitische Katastrophe, und so soll es bleiben! In welches staats- oder völkerrechtliche Verhältnis der Gang der Weltpolitik uns einst noch setzen werde, das wissen wir nicht. Wohl aber, daß die Macht keiner Weltpolitik so stark sein kann, daß sie eine tausendjährige Kultur-, Geistes- und Rechtsgemeinschaft zu zerreißen in der Lage wäre. Wir freuen uns ungemein, wenn die Zeit kommt — und ich wiederhole: Gott gebe, daß sie bald komme —, wo wir auch den äußerlichen Ausdruck dieser erweiterten Rechtsgemeinschaft in der Einheit eines allgemeinen deutschen Strafgesetzbuchs finden werden. Ich sage Ihnen, meine österreichischen Freunde: gehe es, wie es wolle, wir bleiben die alten, in Treue stets miteinander verbunden.

Jünger sind die Beziehungen zu den deutschen Juristen in der Tschechoslowakei. Aber wir haben die dargebotene Bruderhand mit Freuden ergriffen, und wir halten sie fest. Mein lieber Freund Mayr-Harting: nicht Vetternschaft, sondern Brüderschaft! Um die handelt es sich hier, und die halten wir fest; und wir werden es auch fernerhin als ein wichtiges und wesentliches Anliegen für uns betrachten, die gemeinsamen Rechtsgedanken zu pflegen. Seien Sie überzeugt, Ihre Kämpfe, Ihren Leidensweg verfolgen wir nicht bloß mit dem lebhaftesten Interesse, sondern mit der lebendigsten inneren Teilnahme. Wir geben Ihnen, verehrte Freunde aus der Tschechoslowakei, den Wunsch mit, daß vor allem das dortige Deutschtum selbst diejenige Einigkeit und feste Geschlossenheit gewinnen möge, die notwendig ist, um des Segens und Gewinnes teilhaftig zu werden: in unitate robur. Damit will ich schließen. Ich bezeuge nochmals im Auftrage des ganzen Juristentages allen hochverehrten Gästen, die uns so freundlich begrüßt haben, den allerherzlichsten Dank. —

Ich bitte noch um eine Viertelstunde Gehör für die, die mitarbeiten wollen. Zunächst hätte ich noch weiter zu danken für eine große Anzahl von Festgaben. Die Übersicht ist noch nicht vollständig; ich behalte mir daher vor, darauf zurückzukommen. Eins aber muß ich jetzt schon erwähnen: die Festgabe der deutschen Juristenzeitung von Herrn Dr. Otto Liebmann. Ich bin ihm gegenüber in einer gewissen Zaghaftigkeit und Verlegenheit; denn er hat sie mir gewidmet, was ich nicht verdient habe. Er hat mich außerdem zum Präsidenten ernannt, ehe die Versammlung das getan hat. Welches Schicksal hätte diese Auflage erleben müssen, wenn die Versammlung mich heute nicht gewählt hätte! Aber die Widmung an mich betrachte ich als Untertitel; Obertitel ist der Juristentag selbst. Und ich weiß mich nach dem reichen Inhalt, der theoretischen Würdigung unsere Themata, mit ihnen eins, wenn ich sage: Herr Dr. Otto Liebmann hat durch diese Nummer seinen zahlreichen Verdiensten um die Rechtswissenschaft ein neues Verdienst hinzufügt.

Nach einigen geschäftlichen Mitteilungen über das weitere Programm der Tagung, insbesondere über die Abteilungssitzungen und die ihnen vorangehenden Vorträge des Geh. Justizrats Prof. Dr. Rießer in memoriam Franz Klein und des Reichsgerichtspräsidenten Dr. Simons über den völkerrechtlichen Inhalt des Deutschen Strafgesetzbuchs, beruft der Vorsitzende:

1. die Versammlung der von den Abteilungen zu wählenden Vertrauensmänner, denen die Feststellung der in der Plenarversammlung vorzuschlagenden Liste der Mitglieder der Ständigen Deputation obliegt, auf Mittwoch, den 15. September, vormittags 9 Uhr,

2. die zweite Plenarversammlung auf Mittwoch, den 15. September, vormittags 10 Uhr.

Um 7^{45} nachmittags wird die erste Plenarversammlung geschlossen.

Die am 13. September 1926, 9 Uhr, stattfindende Feier

zur Erinnerung an Franz Klein

wird vom stellvertretenden Vorsitzenden Handelsgerichtspräsidenten Dr. Engel-Wien mit folgender Ansprache eröffnet:

Meine Damen und Herren! Unser verehrter Präsident, Herr Geheimrat Kahl, hatte die Güte, mir den Vorsitz der heutigen Versammlung zu übertragen.

Ich bin mir bewußt, daß diese Auszeichnung nicht meiner bescheidenen Person gilt, sondern dem Umstand, daß ich Österreicher bin und daß die heutige Versammlung dem Andenken eines großen Österreichers gewidmet ist.

Mit aufrichtigen Dank an Herrn Geheimrat Kahl für die meinen Landsleuten erwiesene zarte Aufmerksamkeit übernehme ich hiemit den Vorsitz, erkläre die Versammlung für eröffnet und erteile dem Herrn Präsidenten Geheimrat Dr. Rießer das Wort zur Gedenkrede auf Franz Klein.

Geh. Justizrat Prof. Dr. Rießer-Berlin, Vizepräsident des Deutschen Reichstags:

Der Deutsche Juristentag trauert um einen Großen. Franz Klein, der von 1892 ab unseren Verhandlungen vielfach Weihe und Glanz verlieh, der 22 Jahre lang uns in nie wankender Treue als Mitglied der Ständigen Deputation mit Rat und Tat zur Seite stand, ist unserem Kreise und der Welt am 6. April 1926 durch den Tod entrissen worden. Wir ringen nach Worten, um unserer einmütigen Trauer Ausdruck zu geben und wissen doch, daß bei solchem Verluste die Sprache nur eine armselige Krücke für den Ausdruck der Empfindung ist.

Präsident Dr. Fr. Engel erinnert in einer schönen Abhandlung anläßlich des 70. Geburtstages Kleins an die bitteren Worte, die Klein auf dem Innsbrucker Juristentage von 1904 anläßlich schwerer Widerstände sprach, welche er dort und schon vorher auf dem Berliner Juristentag von 1902 gegen seine Ansichten in der Kartellfrage gefunden hatte: er sei nicht gerne Jurist und seinerzeit gegen seinen Willen in die juristische Laufbahn hineingekommen. Seine Abneigung richtete sich aber sicherlich in erster Linie gegen die zu Beginn seines Studiums noch sehr vorherrschenden Formal- und Nur-Juristen, denen er sich nicht anreihen wollte und die er mit Recht aus dem Tempel zu verjagen wünschte, den er für die Rechtswissenschaft, die Rechtslehre und die Rechtsprechung der Zukunft mit rastlosem Eifer zu errichten suchte und für dessen Aufbau und Ausbau er kämpfte bis zum letzten Atemzug.

Wir alle verehrten und liebten diesen edlen Mann, den Dr. Edm. Benedict als den „größten lebenden österreichischen Juristen" bezeichnete, während der vormalige Minister Prof. Dr. Jos. Redlich erklärte, daß Klein und Baernreiter „in ihren so stark ausgeprägten Individualitäten das österreichische Deutschtum in seiner höchsten geistigen und moralischen Vollendung verkörpert" hätten. Uns war er der Deutsche schlechthin, welcher dem ganzen Deutschtum zur Ehre gereichte und der gerade wegen der heißen Liebe zu seinem Geburtslande die engste Verbindung mit dem Deutschen Reiche als eine Naturnotwendigkeit ansah.

In unseren Kreis trat er so ein, wie ihn Edm. Benedict schilderte: „mit federndem Gang, den dunkelen feurigen Augen, der hohen, hellen Stirn, mit der klaren Bestimmtheit seiner Rede", der für jeden, der ihm gegenübertrat, etwas Faszinierendes und Überwältigendes hatte und mit dem zu reden „ein Fest des Geistes" war. Hatte man sein Wirken verfolgt und hatte man das Glück, ihm näher zu treten, so verstärkte und vertiefte sich der erste Eindruck.

Vor uns stand ein Mann von hinreißender Liebenswürdigkeit und von starkem Temperament, von genialer Intuition und schöpferischer Kraft, von eisernem Willen und stärkstem Können, der ein entschieden organisatorisches Talent und ein fast untrügliches Fingerspitzengefühl für das praktisch Erreichbare und Durchführbare besaß; ein unermüdlicher Arbeiter, der überall zu Hause und dem nichts Menschliches fremd war; ein begeisterter und begeisternder Lehrer der Jugend, der er stets hohe Ziele wies und große Aufgaben stellte; ein überaus vielseitiger Gelehrter von höchster Kultur, der sich schon auf dem Gymnasium und dann auf der Universität eingehend mit Geschichte, Literatur, Ästhetik, Kunst und Kunstgeschichte, mit Nationalökonomie, Psychologie und Soziologie beschäftigt hatte; ein Mann, der sein Leben lang treu blieb seinen Freunden und seinen Idealen und der in eiserner Selbstdisziplin im praktischen Leben und bei seinem gesetzgeberischen Wirken ein weises Maßhalten sich zur Pflicht gemacht hat und so schrittweise auch zum Staatsmann wurde und zum genialen Führer seines Volkes.

Seinen Lebenslauf möchte ich kurz skizzieren: Geboren zu Wien am 24. April 1854 als Sohn eines mittleren Beamten, wurde er nach dessen frühem Tode von einer überaus klugen und energischen Mutter erzogen, die bis zu ihrem Tode (1905) bei dem sie verehrenden Sohne wohnte. Nachdem er (von 1872 ab) in Wien studiert hatte, legte er dort (1876) sein juristisches Doktorexamen ab, war 2 Jahre (1876—1878) Rechtspraktikant und Auskultant, dann 8 Jahre (1878 bis 1886) Konzipient bei einem Advokaten und absolvierte 1886 die Richter- und Advokatenprüfung.

Schon ein Jahr zuvor (1885) wurde er Privatdozent an der Wiener Universität für österr. Zivilprozeß (demnächst auch für römisches Recht), etwas später (1887—1896) auch Professor an der Orientalischen Akademie in Wien für Zivilprozeß, Handels- und Wechselrecht, daneben, wohl des Auskommens halber, Kanzleidirektor an der Wiener Universität.

Im Jahre 1891, wo er außerordentlicher Professor wurde, ist er auf Grund seiner Schrift: Pro futuro vom Justizminister Grafen Schönborn als Ministerialsekretär in das Justizministerium berufen worden, wo er, ein Jahr darauf zum Sektionsrat befördert, die berühmt gewordenen Entwürfe der Jurisdiktionsnorm[1]), der Zivilprozeßordnung[2]) und der Exekutionsordnung[3]) ausarbeitete, die noch 1892 dem Abgeordnetenhause vorgelegt wurden und nach langen parlamentarischen Schwierigkeiten am 1. Januar 1898 in Kraft traten. Inzwischen (1895) war Klein zum Sektionschef und im gleichen Jahre zum ordentlichen Professor an der Universität befördert worden.

Im Jahre 1905 zum Leiter des Justizministeriums, 1906 zum Justizminister ernannt, blieb er in dieser Stellung bis 1908, wo das ganze Kabinett Dr. Beck zurücktrat. In dieser Zeit angestrengter

---

[1]) Entwurf eines Gesetzes über die Ausübung der Gerichtsbarkeit und die Zuständigkeit der ordentlichen Gerichte in bürgerlichen Rechtssachen.

[2]) Entwurf eines Gesetzes über das gerichtliche Verfahren in bürgerlichen Rechtsstreitigkeiten.

[3]) Entwurf eines Gesetzes über das Exekutions- und Sicherungsverfahren.

Arbeit im Justizministerium und in dessen Leitung sorgte er namentlich mit fieberhaftem Eifer für die praktische Durchführung der ZPO. und ihrer Nebengesetze.

Seiner Initiative im Justizministerium entsprang aber auch, ohne jede gesetzliche Grundlage und Vorarbeit, die Regelung der Kinder- und Jugendfürsorge nebst Schaffung von Waisenräten, Jugendstrafrichtern und Jugendfürsorgetagen; ferner, um nur das wichtigste zu erwähnen, die gesetzliche Ordnung der Wohnungsfrage auf der Grundlage des Erbbaurechts, auf der dann das Baugesetz vom 26. April 1912 entstand, welches den Bau von Kleinwohnungen ermöglichte. Alles dies soziale Taten ersten Ranges, auf Grund deren ihm seine Vaterstadt Wien am 24. April 1924, dem 70. Geburtstag Kleins, das Ehrenbürgerrecht verlieh. Daneben sei nur gedacht des Entwurfs eines Scheckgesetzes und des Gesetzes betreffend Gesellschaften mit beschränkter Haftung, der Mitwirkung an der Revision des BGB. und seines persönlichen Vorsitzes in der Kommission zur Schaffung eines neuen Strafgesetzbuchs (Juli 1907 bis 26. September 1908), deren Vorschläge in einer Reihe wichtiger Fragen[4]) in den Entwurf des jetzt dem deutschen Reichsrat vorliegenden gemeinsamen deutschen und österreichischen Strafgesetzbuchs übergegangen sind.

Von 1908 bis zu seinem Tode, also 18 Jahre lang, blieb Klein ohne leitende Stellung, mit Ausnahme einer nochmaligen Tätigkeit als Justizminister im Kabinett Koerber, die nicht ganz 7 Wochen dauerte, und der niederdrückenden Tätigkeit als erstes sachverständiges Mitglied der Delegation nach St. Germain in Stellvertretung des offiziellen Leiters, Staatskanzlers Dr. Renner, im Mai 1919 zum erzwungenen Abschluß jenes sogenannten „Friedensvertrages", der ein mißgestalteter Zwillingsbruder des Deutschland durch Gewalt aufgezwungenen Kriegsverlängerungsdiktats von Versailles war.

[4]) Es handelt sich dabei (nach fr. Mitteilung amtlicher österreichischer Kreise) im wesentlichen um die Anerkennung des Weltrechtprinzips; die Beschränkung des Notwehrrechts auf die angemessene Verteidigung; die Gleichstellung der Ideal- und der Realkonkurrenz; die Abgrenzung von Mord und Totschlag; die Strafdrohung gegen die Verleitung zum Selbstmord; die Beschränkung des Diebstahlbegriffs auf die Wegnahme in Bereicherungsabsicht; die Strafdrohung gegen die Veruntreuung und gegen die fahrlässige Hehlerei; die Formulierung der psychologischen Kriterien in der Definition der Zurechnungsfähigkeit in der Bestimmung über den Ausschluß der Zufallshaftung und in der Betrugsdefinition.

Eine aktive politische Rolle hat Klein nicht mehr gespielt; bei den Wahlen zur Nationalversammlung im Jahre 1919 blieb er mit 60 Stimmen in der Minderheit; der damals neu begründeten „Bürgerlichen demokratischen Partei", die ihn als Kandidaten aufstellte, gehörte er ebensowenig an wie der sozialdemokratischen, mit der er aber manche Berührungspunkte hatte und deren Führern, insbesondere Otto Bauer, Seitz und Dr. Renner, er persönlich nahestand. Er ist von 1919 ab lediglich als Privatmann für seine großen Gedanken tätig gewesen, namentlich als Vorsitzender der Wiener Juristischen Gesellschaft, als Leiter der Bewegung für Rechtsannäherung und Rechtseinheit der mitteleuropäischen Staaten, als Vorsitzender der Wiener Hochschulkurse und der Österr.-Deutschen Arbeitsgemeinschaft, als Präsident der Österreichischen Jugendfürsorge und durch seinen 1923 im Druck erschienenen, dem Wirtschaftlichen Komitee des Völkerbundes erstatteten Bericht über die Vereinheitlichung des Wechsels und der Orderanweisung. Es mag diese Zeit gewesen sein, von der berichtet wird, daß er sich im wesentlichen durch Rechtsgutachten seinen Unterhalt verdienen mußte.

Bei der hier zunächst sich aufwerfenden Frage, wie es möglich war, daß ein Mann wie Klein fast 18 Jahre lang trotz allem, was er geleistet hatte, von leitenden Stellungen ausgeschlossen blieb, ist von angesehener österreichischer Seite (Chefredakteur Dr. Ernst Benedikt) die Schuld wohl mit Recht dem „Mißtrauen gegen das Talent", dem „Haß gegen die Persönlichkeit" mit dem Zusatze zugeschrieben worden: „Natürlich, bequem war Klein nicht, . . . er war keiner, der sich der Verschwörung des Schweigens leichthin unterworfen hätte." — Er war in der Tat zu groß, als daß ihn die Kleinen auf die Dauer neben sich oder gar über sich dulden konnten, zu sehr vorwärtsstürmender Neuerer, wo er Veraltetes und Morsches sah und stand zu sehr grundsätzlich außerhalb der Parteistraße, um sich vor den Parteiwagen spannen oder von der Parteiclique begönnern oder gar ins Schlepptau nehmen zu lassen.

Gewiß, Franz Klein, einer der liebenswürdigsten Menschen im Verkehr, war, wo es die Sache und seine Überzeugung galt, nicht immer bequem, nicht den Vorgesetzten, nicht den Untergebenen, nicht den Richtern und auch nicht den Rechtsanwälten gegenüber, die nach dem Erscheinen der ZPO. erst nach und nach aus der Oppositionsstellung heraustraten, aber mit der Zeit, ebenso wie die Richter, meist seine begeisterten Anhänger wurden. In der Diskussion konnte Klein unter Umständen Gegnern sehr schroff entgegentreten, namentlich dann, wenn er bei ihnen andere als rein sachliche Gründe glaubte annehmen zu dürfen. „Wir können", rief er in Innsbruck aus, „die Wahrheit nicht anders ermitteln, als daß wir uns gegenseitig belehren", er müsse allerdings, fügte er hinzu, befürchten, daß auf der Gegenseite „der Wunsch nach Belehrung überhaupt nicht vorhanden" sei. Und mit äußerstem Nachdruck fügte er hinzu: „Entspricht die . . . gewonnene Rechtsüberzeugung einzelnen wirtschaftlichen Interessen oder Interessengruppen nicht, dann bedauern wir es, doch das darf für uns kein Grund sein, unsere Rechtsüberzeugung zu ändern und es ist noch weniger ein Grund, den Juristentag immer von neuem der „peinlichen Frage" zu unterwerfen und ihn solange zu torquieren und zu sekkieren, bis endlich vielleicht doch eine profitabelere Rechtsüberzeugung herauskommt!"

Es wird unerläßlich sein, daß der Deutsche Juristentag, der eine wissenschaftliche Vereinigung ist und bleiben muß, und der daher auch seinerseits alle Probleme „in der abstrakten und reinen Sphäre der Wissenschaft zu untersuchen hat", in seinem ganzen zukünftigen Verfahren und Verhalten diese scharfen Worte Kleins nie außer Augen läßt.

Klein lebte und kämpfte in der Begeisterung für Recht und Gerechtigkeit, aber er verwahrte sich in einem wundervollen Briefe vom 17. März 1894 an seine vertraute Freundin, Frau Ottilie Friedländer (Wien), dagegen, daß etwa bei ihm die Begeisterung, die „Inspiration", das Primäre sei, ja auch nur sein dürfe.

„Wer", so schreibt er, „auf die Inspiration wartet, der verbummelt. Er muß die Inspiration zwingen, beschwören, die Beschwörungsformel aber lautet: ehrlich, ständig und stark nach einem Ziel arbeiten. Zuerst und vielleicht lange wird die Arbeit schwer und fruchtlos sein. Das ist das Stadium, wo die kleinen Menschen abfallen, den Erfolg verspielen. Dann wird dem zähen Arbeiter ein erster Schimmer aufleuchten und beim ersten Strahle bleibt's nicht lange: näher und näher, immer rascher und voller erhebt sich das Gestirn, es beginnt die Seele warm zu werden, zu glühen; los löst sich aus dem ehernen Mutterboden endlich der siegende Gedanke, die beglückende Frucht. Sie wird meines Wissens und meiner Lebenserfahrung nach stets nur dem emsigen

Arbeiter voll zuteil. . . . Die widerstrebenden Neigungen, die zerflatternden, die uns immer ins End- und Grenzlose, ins Nichts locken, zusammenzuzwingen, ohne das geht's einmal m. E. nicht. Im Anfang ist die Tat und die Tat wird Geist: so beginnt mein Buch Genesis."

Diese rastlose opferwillige Arbeit wandte Klein in hervorragendem Maße seiner ersten großen gesetzgeberischen Arbeit zu, der am 1. Januar 1898 zugleich mit der Exekutionsordnung in Kraft getretenen österreichischen ZPO., deren Erscheinen er durch eine Reihe von Schriften und Vorträgen vorbereitete und deren Durchführung er durch ähnlich rastlose und mühevolle Arbeit (Kurse, Schriften, Vorträge, Flugblätter, Instruktionen) bis in alle Einzelheiten selbst überwachte.

Man hat sich begreiflicherweise vielfach lebhaft darüber gewundert, wie es möglich gewesen sei, daß ein gesetzgeberisches Werk, welches, wie die ZPO., lediglich dem bis dahin meist als untergeordneter Teil der Gesetzgebung angesehenen Verfahren gewidmet war, einen solchen Ruhm erwerben, einen solchen Siegeslauf durch die Welt antreten konnte, oder, anders ausgedrückt, darüber, „daß eine Reform auf einem formalen Gebiete zum grundsätzlichen Ausgangspunkte einer Erneuerung des gesamten Rechtslebens" gemacht werden konnte [5]), wie es tatsächlich hier in einem hohen Maße der Fall war.

Die Antwort kann nur dahin lauten: Auch das Heer der überall mächtigen gewerbs- und gewohnheitsmäßigen Zweifler wurde sich nach dem Inkrafttreten der ZPO. und nach schrittweiser Überwindung starker, zum Teil schroffer wissenschaftlicher Gegensätze, darüber klar, daß hier ein Meister auch den spröden Stoff des Verfahrens so gestaltet habe, daß er aus dem Stein Funken, aus dem Felsen in der Wüste belebendes Wasser hatte herauslocken können; daß hier ein neuer Geist eingezogen sei, der früher oder später seine neuen Gedanken auch in der materiellen Gesetzgebung verwirklichen werde. Diese neuen Gedanken aber wurden in der ZPO. mit rücksichtsloser Energie durchgeführt, insbesondere in den Grundsätzen, welche eine rasche Erledigung des Prozesses und die Feststellung der materiellen Wahrheit gewährleisteten, so in dem Grundsatze der Mündlichkeit, die aber, wie Engel mit Recht sagt, von einem

---

[5]) So das „Geleitwort" der Wiener Juristischen Gesellschaft, der Schriftleitung der Juristischen Blätter und der Schriftleitung der Gerichts-Zeitung anläßlich des 70. Geburtstages von Franz Klein (24. April 1924).

„Mündlichkeits*fanatismus*“ weit entfernt war; in dem Grundsatze der *richterlichen Leitung des Verfahrens*, der endlich einmal den Richter die Parteien und die Parteien den Richter sehen ließ [6]), und in den Grundsätzen der *Unmittelbarkeit* und der *freien Beweiswürdigung*, die dem Richter die ihm gebührende würdige Stellung anwiesen. Eine frische belebende Luft wehte in diesem Gesetze, das erfüllt war von nationalem und sozialem, liberalem und freiheitlichem Geist und untrügliche Kunde gab von der plastischen und schöpferischen Gestaltungskraft des Verfassers.

So war in der Tat eine neue Zeit auf dem *ganzen* Gebiete der Gesetzgebung durch dieses Gesetz angebrochen, auf dessen Schwelle unsichtbar die Trostesworte für die Armen, die Abhängigen und Bedrückten, die Mühseligen und Beladenen eingegraben zu sein schienen: *Hoffet Ihr, die Ihr hier eintretet!* —

Die Begeisterung, die Klein nach dem Briefe, den ich zitierte, als aus der *Arbeit* geboren ansieht, wußte er persönlich in seinen Schriften und vor allem durch die unwiderstehliche Kraft und Gewalt seiner Reden zu erwecken, die er im Parlament, an der Universität, vor dem Deutschen Juristentage und in zahlreichen anderen Organisationen und Korporationen zur Werbung für seine Gedanken und Ziele gehalten hat. Es war eine Beredsamkeit selten gehörter, vielleicht einziger Art. Oft beginnend mit leisen Tönen, die dem harmonischen Klingen silberner Glöckchen glichen und dann crescendo bis zum fortissimo hinaufsteigend, die atemlos lauschenden Hörer ergreifend, packend und mit sich reißend wie das Brausen und Dröhnen gewaltiger Kirchenglocken, welche die Menschen sammeln und zu sich heranziehen, mahnen, beschwören und erheben. Niemand, der Kleins große Rede zur Kartellfrage auf dem DJT. in Innsbruck gehört hat, wird sie je vergessen, weil sie neben der klassischen Form der Rede zugleich der nicht zu übertreffende leidenschaftliche Ausdruck eines von seinem Gegenstand erfüllten, von der Richtigkeit und Notwendigkeit seiner Ziele ehrlich überzeugten, mit allen Waffen des Wissens, der praktischen Erfahrung, des gesetzgeberischen Könnens und der höchsten Kultur menschlichen Geistes aus-

[6]) Die amtlichen „Erläuternden Bemerkungen“ zum Entwurf der Zivilprozeßordnung (688 der Beilagen zu den stenograph. Protokollen des Abgeordnetenhauses XI. Session 1893 S. 185—326) sprechen auf S. 186 von der „gegenseitigen *künstlichen Absonderung* des erkennenden Richters und der verhandelnden Parteien.“

gerüsteten Kämpfers war. Diese Rede, der nicht nur, wie das Protokoll sagt, brausender Beifall, sondern minutenlanger Jubel folgte, hat dann auch in der mit großer Mehrheit erfolgten Zustimmung der Versammlung zu den Anträgen des Redners ihren fast selbstverständlichen Ausdruck gefunden. Wie er aber sprach, so schrieb er auch; seine Reden wie seine Schriften sind formvollendete Kunstwerke, erfüllt von lebensbejahendem Optimismus, und nur, als er lange von jeder Einwirkung auf die Gesetzgebung ausgeschlossen war, erschien er manchmal verstimmt und niedergedrückt. Wo er nicht schöpferisch tätig sein konnte, war er nicht er selbst.

Haben wir so in großen Zügen versucht, das Wesen und den Lebensgang Kleins zu schildern sowie an Hand seines eigenen brieflichen Bekenntnisses über sein Verhältnis zu Arbeit und Inspiration auch einen Blick in die Werkstätte seines Geistes zu tun, so haben wir nunmehr, ohne hier auf seine Schriften und Reden im einzelnen näher, geschweige denn kritisch, eingehen zu können, in Kürze die Grundgedanken zu entwickeln, von denen er als Gesetzgeber, Gelehrter und Staatsmann ausging und die sich wie ein roter Faden durch seine sämtlichen Schriften und Reden ziehen. Wir können dabei zunächst wieder bei der Innsbrucker Rede bleiben:

„Es war kein leichter Kampf", führte Klein dort aus, „und keine leichte Aufgabe, uns von der stark formalen, logisch-dialektischen Methode, nach der wir größtenteils noch unterrichtet und ausgebildet wurden, zu emanzipieren, unseren Blick von allen scholastischen Beengungen frei zu machen für das moderne wirtschaftliche Leben, für die sozialen Forderungen und unsere Wissenschaft, unser wissenschaftliches Denken zu befähigen, ... sich vom ganzen Strom des sozialen Seins durchdringen, befruchten zu lassen. So schwer es war, zur Ehre und zum Stolz der jüngeren Generation sei es gesagt: sie hat diese schwere Entwicklung mit Erfolg durchgemacht, sie hat den Kampf gewonnen. Die universale Auffassung dringt vor, der Zusammenhang von Recht und Gesellschaft wird immer klarer eingesehen und macht sich bei wissenschaftlichen Arbeiten in der Fragestellung, in den leitenden Gesichtspunkten, in der Ausdehnung des Untersuchungsgebiets, in allen Gedankengängen geltend. . . Aus diesem Ideenkreise heraus sind die Kartelle beurteilt worden, nicht von formalen Juristen der alten Schule, unter deren Pflege das Recht zu etwas Lebensfeindlichem geworden ist. Wir sind uns dessen bewußt geblieben, was dem Leben gebührt und daß das Recht, wenn es Recht sein und bleiben soll, vor allem lebensgemäß sein muß."

An dieser Rede und an anderen Reden Kleins ist aber nicht allein seine glühende Beredsamkeit und nicht der einzelne Fall, dem sie galt, das Bedeutsame. Es ist vielmehr die von dieser Beredsamkeit getragene Überzeugung, daß eine neue Zeit in der Rechtsauffassung und in der Rechtslehre, der er sich selbst von 1885 ab an der Wiener Universität und dann an der Orientalischen Akademie in Wien mit so vielem Ernst und so ehrlicher Begeisterung gewidmet hatte, angebrochen sei und zum Siege gelangen müsse. Niemand, der über große, die Nation bewegende Fragen spricht oder schreibt, kann nach meiner Überzeugung als wahrer Redner oder Schriftsteller anerkannt werden, wenn er nicht wenigstens versucht, durch sein Wort auch erzieherisch zu wirken und die Gewissen seiner Hörer aufzurütteln. Ein solcher Redner und Schriftsteller von Gottes Gnaden ist Klein gewesen, ein hochsinniger Erzieher der deutschen Jugend zur erhabensten Auffassung vom Rechte der Gegenwart und der Zukunft, ein Pfadfinder und Wegweiser für die tastenden Schritte nach Erkenntnis ringender Menschen, ein Aufrüttler aller derer, die auch aus nationalen Gründen eine bessere und größere Zukunft des Vaterlands vorbereiten, also im reinen und großen Sinne Deutsche sein wollen.

In der Innsbrucker Rede Kleins kommt aber zugleich zum Vorschein, was in erster Linie die Eigenart und das Ziel seiner rednerischen und schriftstellerischen Tätigkeit gewesen ist, das, was in seinen zahlreichen Reden und Schriften, in der Wahl der Themata sowohl wie in der Durchführung der hochgestellten Aufgaben in die Erscheinung trat.

Schon der berühmte Lehrer des Handelsrechts an der Berliner Universität, Levin Goldschmidt, hatte auf dem Gebiete des Verkehrsrechts jene Methode, die Klein als „formale, logisch dialektische" verwarf, als eine „dogmatische Isolierungsmethode" scharf abgelehnt, während sie der in kristallklarer Darstellung des geltenden Rechts unübertreffliche, große Rechtslehrer Thöl mit den scharfen Worten verteidigt hatte:

> „Ich wollte nichts anderes darstellen als das geltende Recht und eben ohne Erwähnung der Gegenwart und Zukunft, ohne Erwähnung der Verkehrsströmungen und Verkehrsbedürfnisse .... Mir kam es darauf an, das geltende Recht, den

Inhalt des Handelsgesetzbuches vorzuführen, und zwar im systematischen Zusammenhang ...."

Es ist Goldschmidts großes Verdienst, neben der dogmatischen auch die wirtschaftliche und die geschichtlich-exegetische und induktive Richtung in der Wissenschaft des Verkehrsrechts zu Ehren gebracht, also auch die wirtschaftlichen Gesetze klar herausgearbeitet zu haben, „nach denen der Wille des Verkehrstreibenden sich bestimmt". Er verstand es aber zugleich, auch „die geschichtlichen Grundlagen unseres geltenden Rechts aufzudecken, also dem gegenwärtigen Rechtszustand eine sichere Basis zu gewähren" und überdies der „Gesetzgebung, Rechtsprechung und Literatur aller auf gleicher Kulturstufe stehenden handeltreibenden Nationen" die ihr gebührende Beachtung zu sichern, was er dann selbst in der leider unvollendet gebliebenen „Universalgeschichte des Handelsrechts" mit Meisterschaft durchgeführt hat.

Franz Klein ist für das ganze Gebiet des Rechts auch über diese Grundlinien bewußt hinausgegangen. Die Grundgedanken, von denen er sich leiten ließ, sind wohl am klarsten, außer in der eben wörtlich zitierten Stelle seiner Innsbrucker Rede, in den Schriften dargelegt:

„Die neueren Entwicklungen in Verfassung und Recht der Aktiengesellschaft" (1904, Wien, Manz),

„Die wirtschaftlichen und sozialen Grundlagen des Rechts der Erwerbsgesellschaften" (1914, Berlin, Franz Vahlen)

und in dem in Anlage und Durchführung hervorragenden, eine besonders große Fülle von Erscheinungsformen des täglichen Lebens meisternden Werke

„Das Organisationswesen der Gegenwart" (1913, Berlin, Franz Vahlen).

Klein betrachtete das Recht und insbesondere alle Gesetzgebungsprobleme, mit denen er sich ja besonders zu beschäftigen hatte, „im Zusammenhange mit allem andern .... was auf der Welt und in den Menschen vorgeht" (Vorwort zur Schrift „Die neueren Entwicklungen usw."). Was Rechtens ist und was Recht werden soll, kann nach ihm, wenn wir die Summe seiner Ansichten ziehen, in einer Zeit, wie die gegenwärtige, in der „alles im Flusse ist", nur von dem verstanden und gestaltet werden, der insbesondere die sozialen Forderungen der Zeit und der Nation in ihren verschiedenen Schichten vom Standpunkte auch des Psychologen, des Soziologen und des

Nationalökonomen aus zu erkennen und zu würdigen versteht. Der moderne Jurist muß, um die großen Aufgaben erfüllen zu können, die ihm als Gesetzgeber, als Richter, als Rechtslehrer oder als Rechtsanwalt obliegen, alle diese Kenntnisse und Eigenschaften in sich vereinigen. Er muß den Pulsschlag der Gegenwart zu fühlen verstehen und sich klar darüber sein, daß sich, worauf Klein nachdrücklich hinweist (Die wirtschaftlichen und sozialen Grundlagen usw. S. 14), auch die Rechtsordnung wandelt und wandeln muß, wenn „die verkehrstechnischen, verkehrspolitischen, wirtschaftlichen, sozialen, ideologischen Grundlagen wechseln", da das Recht „allen Luftdruckschwankungen in der gesellschaftlichen Atmosphäre einer Zeit unterworfen ist."

„Es verhält sich", so sagt Klein an anderer Stelle (S. 58 eod.) „in der Gegenwart Recht und Leben nicht anders wie in der Geschichte. Beide lagern nicht wie zwei ruhende Massen nebeneinander, sondern zwischen ihnen ist unaufhörlich Bewegung und Austausch. Hier Leben und Wirtschaft mit ihren tausendfachen Tätigkeiten, Anregungen und Wünschen, dem ewigen Planen und Denken, Umformen, Neuern und Besserhabenwollen, dort das Recht, das mit seinen mächtigen Imperativen das gärende Leben richten und ordnen will, in letzter Linie aber doch mehr defensiv ist und der urwüchsigen Vitalität des gesellschaftlichen Getriebes nichts ähnlich Überwältigendes entgegenzustellen hat. Daraus entstehen Gegensätze über Gegensätze."

Klein hat die Probe auf die praktische Anwendbarkeit seiner Anschauungen sowohl in seinen Vorlesungen gemacht, wo er der Jugend „statt kahler Säze das agierende Recht in seiner realen Existenz" veranschaulichte, als auch in seinen tief eindringenden Untersuchungen über die wirtschaftlichen und sozialen Grundlagen des Rechts der Erwerbsgesellschaften und über die unendlich mannigfaltigen, wechselnden und vielfach verschlungenen Formen des „Organisationswesens der Gegenwart". In letzterem Buche, das im wesentlichen auf Analyse und Kritik verzichtet, hat er den ersten umfassenden Versuch unternommen, zunächst „in das verwirrende und überströmende Material System und Ordnung zu bringen" (Vorwort des Buches). Seine Erfahrungen dabei hat er in den wundervollen Worten plastisch zum Ausdruck gebracht (Die wirtschaftlichen und sozialen Grundlagen S. 89):

„Von einem vollen Überblick über die oft so rätselhaften Verflechtungen alles Menschlichen und Geistigen in den Sitten und Rechtsnormen sind wir noch ferne, doch aus jeder Untersuchung, die um ein noch so kleines dem Lichte entgegenführen kann, nimmt man jedenfalls die Anregung mit, bei der Behandlung von Rechtsfragen über die Paragraphen hinaus ins volle Menschenleben zu blicken, die Rechtsnormen sozusagen en plein air, in dem hellen Lichte anzusehen, das aus allen Teilen des sozialen Seins auf sie fällt. Erst in dieser Bestrahlung heben sie sich zu ihrer ganzen Größe und Weite empor, erweisen sich als Emanationen der tiefsten Innerlichkeit der Gesellschaft, und es erscheint der Gesetzgeber als ein Bildhauer, der in der Art Rodins ein Stück des rohen Steinblocks in schönen Verhältnissen zu einer vielsagenden Gestalt ausmeißelt und glättet, die als Kunstwerk aus dem Marmor herauswächst und doch ein Teil davon bleibt."

In diesen poetischen Worten sind zugleich die hohen Ziele angedeutet, die Franz Klein nicht nur den Richtern und Rechtsanwälten steckte, deren Stellung er selbst schon in der österreichischen ZPO. durch die Verhandlungsleitung und die freie richterliche Beweiswürdigung einerseits und durch die Mündlichkeit des Verfahrens andererseits gehoben hatte, sondern allen Juristen gesteckt hat, welche das Glück haben, für die höchsten Güter des Staats sorgen und eintreten zu dürfen, für das Recht und die Gerechtigkeit. Bei der Bewältigung dieser Aufgaben darf und wird der moderne Jurist, wie ihm Klein zuruft, dann „nicht straucheln und sich nicht verirren, wenn er dessen eingedenk ist, daß dem Rechte als soziale Ordnung nichts von dem fremd sein darf, was die Gesellschaft materiell und geistig bewegt, und wenn er selbst davon so viel als er vermag auch in sich aufnimmt und zu einem Teile seiner Persönlichkeit macht." (Die wirtschaftlichen und sozialen Grundlagen, Schlußsatz.)

Wir kommen zum letzten schweren Abschnitt des Kleinschen Lebens. Ich erwähnte schon den amtlichen Auftrag an Klein vom Jahre 1919, in Stellvertretung des offiziellen Leiters, Staatskanzlers Dr. Renner, als erster Sachverständiger die tatsächliche Leitung der sogenannten Friedensdelegation nach St. Germain zu übernehmen. Es ist bekannt, daß die Entente in St. Germain sowohl wie in Versailles den Delegierten nicht nur jede kontradiktorische Verhandlung, die man feierlich und öffentlich zugesagt hatte, sondern sogar fast jede Berührung mit der Außenwelt durch eine demütigende Absperrung unmöglich machte, als ob es sich um wilde Tiere oder darum handele, zu verhindern, daß die schon durch diese Absperrung zu Verbrechern gestempelten Vertreter der besiegten Staaten etwa durch Kassiber sich mit anderen über ihre Haltung verständigen könnten.

In einem Briefe an seine vertraute Freundin vom 24. Juni 1919 schreibt Klein:

„Der Friede, der gestern (in Versailles) geschlossen wurde und der uns drohende schafft keinen wahren Frieden. So erbärmlich[7]), nach allem, was uns angetan wurde, sich zur Liebe der Gegner zu bekennen und dies als unsere Pflicht zu predigen, halte ich nicht für richtig. Unsere Feinde können dies nicht erwarten und wollen es gar nicht ... „Allen Gewalten zum Trotz sich erhalten", dieses Goethewort müßte nun Millionen Menschen ... unwillkürlich die Faust ballen und den Entschluß straffen ... Das soll auch meine letzten Jahre ausfüllen, nichts anderes, einer der hoffentlich zahlreichen Prediger und Organisatoren des entwürdigten deutschen Volkes zu sein, dem Stolz des Siegers den Stolz des Wiedererhebers gegenüberzustellen ... Es muß sich aber ein Kern von Vorwärtswollern, von Aufbau- und Veredelungsmenschen bilden und alles, was geschichtlich notwendig ist, ist noch immer und überall zur rechten Zeit erstanden."

Zu diesen geschichtlichen Notwendigkeiten, für die Klein in der Tat bis in die letzten bewußten Tage seines irdischen Daseins in Wort und Schrift rastlos und opferwillig kämpfte, rechnete er in erster Linie die Revision der von Haß und Vernichtungssucht erfüllten Diktate von St. Germain und Versailles, welche Wirtschaft und Finanzen von ganz Europa in ein Hospital verwandelt haben. Insbesondere rechnete er dazu die Aufhebung der Bestimmungen, durch welche man die endgültige Vereinigung der beiden durch Sprache, Tradition, Wirtschaft, Recht und Kultur gleich siamesischen Zwillingen zusammengewachsenen Völker Österreichs und Deutschlands an die einstimmige Genehmigung des Völkerbundsrates gebunden[8]), also vorläufig bei Fortbestand der politischen Lage, tatsächlich ausgeschlossen hat.

Klein hat den furchtbaren Zusammenbruch und die schimpfliche Behandlung der Besiegten zwar überstanden, aber nicht überwunden,

---

7) Der Ausdruck lautet noch kräftiger.

8) Art. 88 des Friedensdiktats von St. Germain.

obwohl er gerade in den letzten Jahren seines Lebens mit verdreifachtem, fast fieberhaftem Eifer das Programm durchführte, welches er sich, wie wir sahen, selbst zur Pflicht gemacht hatte. „Ach, ich bin des Treibens müde", diese erschütternden Dichterworte, die bei seiner Bestattung gesungen wurden, mögen in seinen letzten Lebensjahren der Ausdruck seiner Empfindungen gewesen sein.

Im November 1923 — im Juli hatte er noch eine eingehende Untersuchung über „Geldrechtliche Probleme der Stabilisierung" geschrieben[9]) — raubte ihm ein Schlaganfall für Wochen Bewußtsein, Sprache und Bewegungsfreiheit; die rührende, opferwillige Pflege seiner vertrautesten Freunde konnte zwar im Jahre 1924 eine Besserung seines Zustandes herbeiführen, die ihm gestattete, am 24. April 1924 seinen 70. Geburtstag, an dem er zum Ehrenbürger seiner Vaterstadt ernannt wurde, im engsten Kreise bewußt zu begehen. Aber jede Hoffnung auf Wiederherstellung oder auch nur auf dauernde Besserung, für die alles eingesetzt wurde, was möglich war, erwies sich als trügerisch. Im Sommer 1925 trat wieder eine Verschlechterung ein, am 13. Oktober 1925 begann eine völlige, selten unterbrochene Umnachtung des Geistes, bis er nach langem Siechtum im Hause seiner treuen Freunde und Pfleger, des Senatspräsidenten Dr. Friedländer und seiner Gemahlin, am 6. April 1926 die einst so hellen Augen schloß und die Stimme für ewig schwieg, die so viele belebt, begeistert und zu lichten Höhen emporgehoben hatte.

Wie man in Österreich angesichts seines Todes mit den stolzen Dichterworten: „Er war unser" den Schmerz zu übertönen suchte, so ist im Deutschen Reiche die aus aller Herzen kommende Trauer auf den gleichen Ton gestimmt.

Aber er *war* nicht nur, er *ist* unser, denn er starb uns nicht, sondern er *lebt* in und unter uns. Der Glanz seines Namens, das Vorbild seines Wesens und Wirkens *bleibt* uns als Ansporn zur Nacheiferung, als Mahnung zu weiterem Fortschreiten in den Bahnen dieses Helden der Arbeit und Pflichterfüllung, dieses Apostels der Vaterlandsliebe, der Treue und der Gerechtigkeit; er erhellt die Nacht, die sich über unser armes daniederliegendes Volk gesenkt hat und verbürgt das Kommen des Tages, der uns die Befreiung bringt.

---

[9]) Schriften des Vereins für Sozialpolitik Bd. 164 I. Teil (Valutafrage und öffentliche Finanzen in Deutschland) S. 41—75.

Das Licht seiner Augen ist erloschen, aber das Leuchten seiner Lebensarbeit nicht; seine beredte Stimme ist verstummt, aber das tapfere Wort nicht, das er sprach.

Wir waren glücklich, da wir ihn besaßen, sind glücklich, daß wir ihn besitzen und danken ihm aus tiefstem Herzen für den Segen, der von ihm ausgeht. —

Handelsgerichtspräsident Dr. Engel-Wien:

Meine Damen und Herren! Wir alle stehen unter dem mächtigen Eindruck, den die Ausführungen des Herrn Geheimrats Rießer in uns hervorgerufen haben. Er hat es verstanden, in meisterhafter Weise das Bild Franz Kleins zu entwerfen und eine Würdigung seines Lebens und Schaffens zu geben, die der Bedeutung dieser einzigartigen Persönlichkeit in jeder Beziehung gerecht wird. Er hat es aber auch verstanden, warme Herzenstöne anzuschlagen und uns dadurch in der Tiefe der Seele ergriffen und gerührt. Möge er für diese wahrhaft würdige Ehrung des großen Toten unsern innigsten Dank entgegennehmen!

Franz Klein verdient auch in der Tat, daß wir ihn ehren. Denn er war nicht nur ein Jurist ersten Ranges, ein großer, überragender Geist, ein edler, reiner Mensch, sondern auch ein der deutschen Geistes- und Rechtsgemeinschaft treu ergebener Mann. Durch viele Jahrzehnte hat er bei keinem Deutschen Juristentage gefehlt, auf vielen von ihnen durch seinen Geist, sein Wissen, seine Rednergabe geglänzt und so dem österreichischen Namen zu hohen Ehren verholfen.

Und wie er dachte und fühlte, so denken und fühlen auch wir deutschen Juristen aus Österreich. Auch wir bekennen uns, gleich unserm dahingeschiedenen edeln Führer und Meister, zu treuer Liebe zu unserm deutschen Volkstum, das wir mit der Muttermilch eingesogen und das wir in jahrhundertelangen Kämpfen und Leiden bewahrt und behütet haben. Diese Zugehörigkeit zum deutschen Volke — das teure Erbstück unserer Ahnen —, wir wollen sie auch in Zukunft festhalten, aber nicht *nur* festhalten, sondern durch Vertiefung der deutschen Rechts- und Geistesgemeinschaft noch inniger gestalten, bis der Tag gekommen sein wird, da wir beglückt werden ausrufen können: *Ein* Volk, *ein* Recht, *ein* Reich!

Dieser Tag der Auferstehung deutschen Geistes, er wird auch ein Tag der Auferstehung für den verklärten Geist Franz Kleins sein, der nichts sehnlicher herbeiwünschte als die möglichst nahe Verbindung der beiden deutschen Brüderreiche. Dessen wollen wir jetzt eingedenk sein in dieser ernsten Stunde, da die Manen des großen Toten uns feierlich umschweben.

Ich erkläre die Versammlung für geschlossen.

Am 14. September 1926, 9 Uhr, hielt der Präsident des Reichsgerichts Dr. W. Simons-Leipzig einen Vortrag über das Thema:

Der völkerrechtliche Inhalt des neuen Strafgesetzentwurfs.

Er führte Folgendes aus:

Auf der Tagungsordnung der heurigen ordentlichen Pfingstversammlung der Deutschen Gesellschaft für Völkerrecht stand auch das Thema: Der völkerrechtliche Inhalt des neuen Strafgesetzentwurfs. Da ich lange und schwere Jahre meines Lebens der Praxis des Völkerrechts gewidmet habe und gerade im vergangenen Frühjahr den Entschluß faßte, zur Praxis des Strafrechts zurückzukehren, so war mir das Thema besonders interessant; ich begann, mich oberflächlich mit ihm zu beschäftigen und freute mich auf die Verhandlungen in Wiesbaden, aus denen ich viel zu lernen hoffte. Dieses Interesse und diese Hoffnung bestimmten mich auch, unserm verehrten Führer und Meister, Herrn Geheimrat Kahl, das gleiche Thema für meinen Vorschlag auf dem Deutschen Juristentag vorzuschlagen, als es dem bekannten unwiderstehlichen Zauber seiner Persönlichkeit gelungen war, meine ursprüngliche vorsichtige Absage in eine leichtsinnige Zusage ze verwandeln.

Der Leichtsinn hat sich in doppelter Hinsicht bestraft. Erstens war bei der Wiesbadener Tagung der Völkerrechtsgesellschaft, wie gewöhnlich auf solchen Tagungen, die Speisekarte so umfangreich, daß schließlich keine Zeit mehr blieb, das leckere Nachgericht aufzutischen, auf das ich mich gefreut hatte. Mit der Hoffnung auf fach- und sachkundige Belehrung wurde ich also enttäuscht; ich mußte mich ohne Führer auf die Gipfelhöhen der Rechtsbegriffe wagen, die mein Thema beherrschen. Ich bitte deshalb die Kenner der Materie, die unter meinen Zuhörern sind, im Voraus um Entschuldigung, wenn ich den richtigen Weg verfehle.

Aber die eingehende Beschäftigung mit dem völkerrechtlichen Inhalt des neuen Strafgesetzentwurfs brachte mir eine neue Enttäuschung: mehr und mehr gelangte ich zu der Überzeugung, daß der Entwurf überhaupt keinen völkerrechtlichen Inhalt hat. Streng genommen kann und will er ihn nicht haben. Er kann ihn nicht haben: denn Völkerrecht regelt nach der klassischen, heute allerdings mehr und mehr ins Wanken gekommenen Lehre nur die Rechtsverhältnisse zwischen Staaten; das deutsche Strafgesetz hat es aber nur mit den Rechtsverhältnissen zwischen den Organen der deutschen Justizhoheit und den delinquierenden Einzelpersonen zu tun, mögen diese nun Inländer oder Ausländer sein. Aus diesem Grunde zählen ja viele Rechtslehrer, so die herrschende französische Schule und unter den Deutschen eine so hohe Autorität wie v. Bar, das internationale Strafrecht mit dem internationalen Privatrecht zusammen zur Lehre von der Statutenkollision, dem „conflit des lois", im Gegensatz zum Völkerrecht. Auch die §§ 4—6 des Entwurfs, die Regeln über die räumliche Geltung der Strafgesetze, haben danach keinen völkerrechtlichen Inhalt, sind vielmehr lediglich nationale Grenznormen, die einseitig den Umfang des deutschen Strafverfolgungs- und Bestrafungsanspruchs im Verhältnis der Staatsgewalt zum Verdächtigen und zum Täter bestimmen. Irgend eine Verpflichtung gegenüber einer anderen Staatsgewalt, diese Grenzen nicht zu überschreiten, oder umgekehrt deren Strafverfolgungs- und Bestrafungsanspruch bei analogen Tatbeständen entsprechend anzuerkennen, kann in dem nationalen Gesetz als solchem nicht enthalten sein.

Der Entwurf will aber auch offenbar gar keinen völkerrechtlichen Inhalt haben. Die Verfasser haben es ausdrücklich abgelehnt, auch nur die Reflexwirkungen, die seine Bestimmungen auf völkerrechtliche Beziehungen haben müssen, ausdrücklich in ihr Werk aufzunehmen. Wo eine solche Beziehung durch unsere Landesgesetzgebung notwendig berücksichtigt werden muß, hat man derartige Bestimmungen sorgfältig aus dem bisherigen Strafgesetzbuch ausgemerzt und einer anderen Rechtsquelle zugewiesen. Die Begründung gibt dafür verschiedene Beispiele. Man vergleiche die Bemerkungen über die Anwendbarkeit des Legalitätsprinzips bei Auslandsvergehen im allgemeinen oder bei den auf deutschen Schiffen oder Luftfahrzeugen außerhalb der Reichsgrenzen begangenen Delikten im besonderen. Dabei fällt auf, daß die Begründung wegen des allgemeinen Grundsatzes auf die künftige Strafprozeßordnung, wegen der besonderen Fälle der deutschen Schiffe und Luftfahrzeuge auf das künftige Einführungsgesetz vertröstet. Auch die Frage der

Antragsvergehen wird in allen mehr formalen Beziehungen der Strafprozeßordnung überlassen. Der Antrag als Strafbarkeitsvoraussetzung, im Entwurf als Verlangen des Verletzten bezeichnet, spielt bekanntlich gerade in völkerrechtlichen Beziehungen eine wichtige Rolle. Die Begründung zum Entwurf übergeht diesen Punkt zwar nicht mit Stillschweigen; aber man wird kaum sagen können, daß sie seine völkerrechtliche Bedeutung ausschöpft. Der Satz der allgemeinen Begründung, daß bei einigen Straftaten das öffentliche Interesse hinter dem Privatinteresse völlig zurücktrete, trifft natürlich bei einer Störung der Beziehungen zum Ausland nicht zu. Aber auch was zum 5. Abschnitt des besonderen Teils, der solche Delikte behandelt, einleitend bemerkt wird, klingt nicht überzeugend. „Das Erfordernis des Verlangens der ausländischen Regierung für die Strafbarkeit der Tat entspreche dem Grundgedanken, auf dem die Vorschriften des Abschnitts beruhen," — mehr wird nicht gesagt. Nun ist aber der Grundgedanke so formuliert, daß das Reich in der Lage sein müsse, Umtrieben, die seine Beziehungen zum Ausland beeinträchtigen können, mit den Mitteln des Strafrechts entgegenzutreten. Inwieweit dieses eigene Interesse des Reichs wegfällt, wenn es an einem Antrag des ausländischen Staates mangelt, ist nicht ohne weiteres klar. Der Entwurf weicht hier von dem geltenden Strafrecht durch Verallgemeinerung der Antragsbedürftigkeit ab, während vielleicht eine entgegengesetzte Modifikation angezeigt erscheinen könnte. Die Begründung zu § 114 befaßt sich dann nur noch mit der Frage, ob und weshalb die Gegenseitigkeit gefordert werden muß, obwohl die Frage des Antrags hier besonderer Erwägung nach Inhalt und Form wert gewesen wäre.

Noch weniger geht der Entwurf auf die Frage der Auslieferung ein. Ich lasse hier dahingestellt, ob die Auslieferung staatsrechtlich als Ausfluß eines eigenen Strafverfolgungs- und Bestrafungsspruchs des ausliefernden Staates gegen den Auszuliefernden oder als Betätigung stellvertretenden Strafrechts im Wege der Rechtshilfe aufzufassen ist — das letztere scheint mir näher zu liegen —; jedenfalls ist die Auslieferung eine Staatsfunktion, die mit dem Strafrecht auf das innigste zusammenhängt, die dessen völkerrechtliche Seite am deutlichsten dokumentiert. Trotzdem befleißigt sich auch auf diesem Gebiete der Entwurf denkbar größter Enthaltsamkeit. Das Palladium des Reichsangehörigen gegenüber fremdstaatlichen Strafansprüchen, der § 9 des geltenden RStGB.s, ist nicht wieder aufgenommen; man begnügt sich, in der Begründung auf Art. 112 Abs. 3 der RVerf. zu verweisen, der das Verbot der

Auslieferung Deutscher an eine fremde Staatsgewalt zum Grundgesetz gemacht hat. Auffallend ist hier, daß der Entwurf bei zwei anderen Grundgesetzen strafrechtlichen Inhalts die Wiederholung für angezeigt hält: den beiden nahe verwandten Prinzipien, daß Strafgesetze nicht zurückwirken und daß die Tat, um bestraft werden zu können, vor ihrer Begehung gesetzlich für strafbar erklärt worden sein muß. Für beide Grundgesetze (die übrigens im Hinblick auf Gebietsabtretungen auch völkerrechtlich bedeutsam sind) wiederholt der Entwurf, in leichter Änderung des geltenden Strafgesetzbuchs, den Wortlaut des Art. 116 der RVerf. Dagegen wird der Art. 112 Abs. 3 nicht nur nicht wiederholt, sondern es wird wegen des ganzen Gebietes der Auslieferungsfragen auf das künftige Reichsauslieferungsgesetz verwiesen, dessen Entwurf jetzt dem Reichsrat vorliegt.

Bei alledem konnten sich die Verfasser des Entwurfs der Notwendigkeit nicht entziehen, die Auslieferung wenigstens an einer Stelle negativ zu erwähnen: da, wo die stellvertretende Strafverfolgung des im Inland gefaßten ausländischen Auslandstäters behandelt wird, richtiger gesagt, wo die Geltung der deutschen Strafgesetze für solche Taten festgestellt wird, die ein Ausländer im Ausland begangen hat. Die Geltung tritt — abgesehen von den sogen. Weltverbrechen — dann ein, wenn die Tat nach den Gesetzen des Tatorts strafbar ist, wenn der Täter im Inland betroffen wird und wenn er, obwohl die Auslieferung an das Ausland zulässig wäre, nicht ausgeliefert wird. Diese negative Voraussetzung ist die einzige Bestimmung des Entwurfs, wo die Auslieferung erwähnt wird.

Wenn sich auch solche Zurückhaltung aus der Absicht erklärt, ein besonderes Auslieferungsgesetz vorzulegen, so bleibt sie doch für den Charakter des Entwurfs bezeichnend. Auch bei einer anderen Maßnahme, die unmittelbar völkerrechtliche Folgen nach sich zieht, nämlich der Reichsverweisung, hat man diese Folgen geflissentlich unberührt gelassen. Die Reichsverweisung spielt im Entwurf eine große Rolle. Sie wird im allgemeinen Teil § 53 gegen jeden Ausländer für zulässig erklärt, der zu mindestens einem Jahre Freiheitsstrafe verurteilt wird oder gegen den auf gewisse Sicherungs- oder Besserungsmaßnahmen erkannt ist; im letzten Fall kann die Reichsverweisung an Stelle der Maßnahmen treten. Im besonderen Teil finden sich dann noch eine Reihe von Bestimmungen, die auch ohne jene allgemeinen Voraussetzungen die Reichsverweisung von Ausländern zulassen: so bei Hochverrat (§ 88), bei Landesverrat (§ 97), bei Angriffen gegen verfassungsmäßige Körperschaften (§ 101), bei Störung der Beziehungen zum Ausland (§ 115), bei Angriffen gegen die Wehrmacht oder die Volkskraft (§ 120), bei Glücksspiel (§ 327) und endlich bei gemeinschädlichem Verhalten (§ 384), d. h. bei Bettel, bandenmäßiger Landstreicherei und gewohnheits- oder gewerbsmäßiger Unzucht, also bei gewissen Übertretungen, deren Täter einem Arbeitshaus überwiesen werden können. Es kann hier neben oder an Stelle der Überweisung an ein Arbeitshaus die Reichsverweisung erfolgen. Wie die Reichsverweisung vor sich geht, läßt der Entwurf offen; das Gericht muß sie nur zulassen, entweder ausdrücklich bei Verbrechen und Vergehen (§ 53 Abs. 1), oder mittelbar durch Anordnung von Besserungs- und Sicherungsmaßnahmen bei Verbrechen und Vergehen (§ 53 Abs. 3) sowie durch Überweisung an ein Arbeitshaus bei Übertretungen (§ 384 Satz 1). Die Reichsverweisung selbst ist dann Sache der zuständigen Behörde; welche Behörde zuständig ist und in welcher Weise sie die Verweisung im Verkehr mit den zuständigen Auslandsbehörden nötigenfalls zwangsweise durchsetzt, bleibt der Regelung durch andere, zunächst durch landesrechtliche Normen überlassen. Nicht der Entwurf, wohl aber die Begründung gibt hierfür die Anweisung: „Die Verweisung wird für unbestimmte Zeit ausgesprochen und kann von der Verwaltungsbehörde aufgehoben werden, wenn der Verwiesene für die öffentliche Sicherheit nicht mehr gefährlich ist.“ Ob durch diesen Satz, den die Verfasser des Entwurfs aus der Eigenschaft der Reichsverweisung als Sicherungsmaßregel herleiten, die Landesgesetzgebung verhindert ist, ihren zuständigen Behörden die Verweisung auf Zeit mit anschließender bedingter Rückkehrerlaubnis vorzuschreiben, ist mir zweifelhaft; eine solche Maßregel kann sich empfehlen, wenn der Wegfall der Gefährlichkeit des Ausgewiesenen glaubhaft, aber nicht nachweisbar ist. Im Entwurf selbst finden wir dann wieder Bestimmungen über den Bannbruch (Verweisungsbruch); er ist, im Gegensatz zum geltenden Recht, durch § 157 zum Vergehen gestempelt. Die Strafe dieses Vergehens soll nach der Begründung zu § 157 nur eintreten, wenn die Reichsverweisung vom Richter neben einer Strafe ausdrücklich zugelassen ist; sie würde also bei einer Reichsverweisung, die von der zuständigen Verwaltungsbehörde neben oder an Stelle einer Sicherungs- oder Besserungsmaßregel gemäß § 53 Abs. 3, § 384 S. 1 angeordnet worden ist, nicht verhängt werden können. Das wäre höchst unzweckmäßig und scheint mir aus dem Wortlaut des § 157 nicht zu folgen; denn auch jene letzterwähnten Anordnungen der Verwaltungsbehörden erfolgen auf Grund eines gerichtlichen Urteils, nur daß nicht der Richter ausdrücklich im Einzelfall, sondern das Gesetz allgemein die Zulässigkeit ausspricht. Für diese Auffassung läßt sich die Begründung selbst ins Feld führen; zu der zweiten Folge eines Bruchs der Reichsverweisung, nämlich der Nachholung derjenigen Besserungs- oder Sicherungsmaßregel, an deren Stelle sie getreten ist (§ 53 Abs. 3 S. 2; § 384 S. 2), wird nämlich bemerkt: der drohende Vollzug der Maßregel habe die erwünschte Nebenwirkung, den Verwiesenen energischer, als es die Strafe des § 157 für sich allein vermöge, von der Rückkehr abzuhalten; hier wird also — mit Recht — angenommen, daß die Strafe auch den Bruch solcher, vom Richter nicht ausdrücklich zugelassenen Verweisungen bedroht.

Alle diese Bestimmungen greifen tief in das Fremdenrecht und damit in die völkerrechtlichen Beziehungen des Reiches ein; jeder Niederlassungsvertrag, den das Reich geschlossen hat und schließen wird, muß auf seine Vereinbarkeit mit ihnen nachgeprüft werden. Die Verfasser des Entwurfs nehmen nicht Bezug auf eine reichsgesetzliche Regelung des Fremdenrechts noch auf die Artikel der Reichsverfassung, die in dieses Gebiet einschlagen; aber sie gehen offenbar von einer im echten Sinne liberalen Auffassung des Fremdenrechts aus. Sie halten es für nötig, den § 53, wie folgt, zu begründen: es könne auf die Möglichkeit nicht verzichtet werden, straffällige Ausländer aus dem Reichsgebiete zu verweisen; die Sicherung der eigenen Bürger müsse dem Gesetzgeber höher stehen als das wirtschaftliche Fortkommen straffälliger und gemeingefährlicher Ausländer. Ob mit dieser Begründung schon alle Motive für die Reichsverweisung gedeckt sind, darauf werde ich noch zurückkommen; zu billigen ist jedenfalls das Streben des Entwurfs, die Rechtsstellung des Fremden durch eine Regelung der Reichsverweisung zu sichern, die insofern abschließend sein soll, als sie die Anordnung der Verwaltungsbehörde ausnahmslos von einem richterlichen Urteil abhängig macht. Ja, der Rechtsschutz der straffälligen und gemeingefährlichen Ausländer geht noch weiter: die gerichtlich ausgesprochene Sicherungsmaßregel, an deren Stelle die Reichsverweisung getreten ist, kann beim Bannbruch nicht ohne nochmalige Bestätigung des Gerichts nachgeholt werden, wenn seit der Zeit, da sie anfangs hätte vollzogen werden müssen, ein Zeitraum von drei Jahren oder mehr verstrichen ist; denn in so langer Zeit könnte ja die Gemeingefährlichkeit und das Sicherungsbedürfnis weggefallen sein.

Trotz dieser eingehenden Behandlung der Reichsverweisung bleibt es dabei: an all den Punkten, wo der Entwurf das Völkerrecht streift, beim Auslands- und Ausländerdelikt, beim Opportunitätsprinzip, beim Antragsdelikt, bei der Auslieferung, bei der Ausweisung sucht er ängstlich jede nähere Berührung mit ihm zu vermeiden. Das ist ja in der Natur des nationalen Strafgesetzes begründet. Wie weit auch der Staat über den Kreis seiner Angehörigen hinaus die Geltung der Verbots- und Gebotsnormen erstrecken mag, die in seinen Strafgesetzen enthalten sind, — diese Strafgesetze selbst richten sich doch immer an seine eigenen Strafjustizbehörden, und der deutsche Richter kann gegen einen Übeltäter keinen anderen Strafanspruch feststellen und vollstrecken, als den sich die deutsche Staatshoheit selber beilegt. Auch nach § 6 Abs. 1 Nr. 2 des Entwurfs, der den schon erwähnten Fall der Strafbarkeit eines Ausländers wegen einer Auslandstat mangels an sich zulässiger Auslieferung behandelt, also auch im Falle stellvertretender Strafjustiz, ist es ein deutscher Strafanspruch, der durchgeführt wird; der Entwurf sagt das ausdrücklich durch die vom jetzigen Strafkodex etwas abweichende Fassung: es gelten für diesen Fall die deutschen Strafgesetze. Freilich wird der stellvertretende Charakter der Strafjustiz dadurch anerkannt, daß die Strafbarkeit der Tat in Deutschland von ihrer Strafbarkeit nach den Gesetzen des ausländischen Tatorts abhängig gemacht wird; aber es handelt sich dabei um eine autonome, nicht um eine vertragsmäßige oder heteronome Stellvertretung, um einen deutschen, nicht um einen fremden staatlichen Strafanspruch.

Meines Erachtens vermag an diesem streng autonomen, sozusagen nationalistischen Charakter des Entwurfs auch der Umstand nichts zu ändern, daß nach Art. 4 der Reichsverfassung anerkannte Normen des Völkerrechts als bindender Bestandteil des deutschen Reichsrechts gelten. Obwohl es zweifellos derartige Normen gibt, die den Grundsätzen des Entwurfs (dem ausdrücklichen des § 4 Abs. 1 und dem implicite aus Art. 112 der Reichsverfassung übernommen) direkt widersprechen, hat sich der Entwurf mit diesem Widerspruch nicht auseinandergesetzt. Er erwähnt ihn gar nicht. Es ist vielmehr nach der Begründung klar, daß die Verfasser als Quelle der gesetzlichen Strafbarkeitsbestimmung, von der die Bestrafung einer Tat durch den deutschen Richter abhängt (§ 1 des Entwurfs), immer eine ausdrückliche Entschließung des deutschen Gesetzgebers angenommen haben. Ihm wird die Aufgabe überlassen, sich mit der Reichsverfassung wie mit den völkerrechtlichen Verpflichtungen des Reichs abzufinden. Wie weit der Entwurf selbst im Einzelnen auf diese Aufgabe Rücksicht genommen hat, ist eine andere Frage.

Denn ohne Rücksicht auf das Völkerrecht, auf die internationalen Bindungen der Staatshoheit, kann natürlich auch der autonomste, der nationalste Strafgesetzentwurf nicht aufgestellt werden. Negativ nimmt der Entwurf, ohne es freilich ausdrücklich zu sagen, auf das Völkerrecht in § 20 Rücksicht. Der Paragraph bestimmt:

> „Eine strafbare Handlung liegt nicht vor, wenn die Rechtswidrigkeit der Tat durch das öffentliche oder bürgerliche Recht ausgeschlossen ist."

Unter dem öffentlichen Recht ist auch das Völkerrecht zu verstehen. Die Begründung stellt dies zu den Vorschriften über die räumliche Geltung der Strafgesetze mit folgenden Worten fest:

> „Daß eine Tat nicht strafbar ist, wenn sie nach den Grundsätzen des Völkerrechts nicht rechtswidrig ist, ergibt sich aus § 20 des Entwurfs in Verbindung mit Art. 4 der Reichsverfassung."

Aber auch positiv lassen sich zahlreiche Bestimmungen des Entwurfs nachweisen, die erst im Hinblick auf völkerrechtliche Verhältnisse ihre volle Bedeutung erlangen. Diesen Rücksichten des Entwurfs auf das Völkerrecht, diesen Rückwirkungen des Völkerrechts auf den Entwurf will ich nun nachzugehen versuchen. Dabei muß ich aber vorausschicken, daß ich den Begriff des Völkerrechts weiter fasse, als es gemeinhin geschieht, daß ich darunter das begreifen möchte, was der Franzose „droit international public" nennt, und zwar einschließlich des internationalen Strafrechts und des internationalen Verwaltungsrechts, die von der französischen Doktrin vielfach noch unter dem Stichwort „conflit des lois" mit dem droit international privé verbunden werden. Der Begriff des Völkerrechts als der Gesamtheit der Regeln für die Rechtsbeziehungen zwischen den Staaten und nur den Staaten und ebenso der Begriff der Staatssouveränität als der absoluten Autonomie der Völkerrechtspersönlichkeit haben viel von der krystallenen Härte und Klarheit eingebüßt, die ihnen in der klassischen Rechtsschule eigneten; wie die Staatssouveränität nach innen und nach außen mehr und mehr beschränkt wird — die Mitglieder des Völkerbundes lernen beides aus Erfahrung —, so treten immer neue völkerrechtliche Gebilde auf, die unmittelbare Beziehungen zwischen

Staaten und nichtstaatlichen Gemeinschaften oder Einzelpersonen schaffen. Ich denke dabei weniger an unausgeführte Projekte, wie den internationalen Prisengerichtshof der Haager Friedenskonferenz von 1907 oder den internationalen Strafgerichtshof der International Law Association von 1926, als an wirksame Rechtsgebilde wie die Schutzansprüche der Minderheiten nach den Minoritätenverträgen von 1919 und dem Genfer Abkommen zwischen Deutschland und Polen von 1922 oder wie die Kompetenzen der Gemischten Schiedsgerichte des Versailler Vertrags. So läßt sich auch das internationale Strafrecht, das gesetzlich zunächst nur als Teil des nationalen Strafrechts erscheint, übernational fassen und ins Völkerrecht eingliedern. In der Tat wird der nationale Gesetzgeber, wenn er seine Normen für die Behandlung internationaler Strafgesetz-Konflikte aufstellt, den kategorischen Imperativ Kants befolgen müssen: handle so, daß die Maxime deines Handelns zur Grundlage eines allgemeinen Gesetzes dienen kann; mit anderen Worten: stelle nur solche Normen auf, mit denen du dich einverstanden erklären könntest, wenn sie auch von den andern Staaten in Konfliktsfällen dir gegenüber befolgt würden. Es handelt sich dabei um einen billigen und gerechten internationalen Ausgleich der Kompetenzen, der nur auf dem Boden des Völkerrechts, auf Grund übernationaler Erwägungen zutreffend gefunden werden kann. Für die Gesetzeskollisionen des internationalen Privatrechts hat das Zitelmann m. E. mit zwingender Klarheit dargelegt; es gilt aber auch für das internationale Strafrecht.

Freilich, wenn man auch im Völkerrecht nichts anderes sieht als die Summe der Regeln für internationalen Verkehr, die ein Staat sich autonom oder durch Vertragsschluß selber gibt, wenn man also keine übernationale Rechtsquelle anerkennt, so ist die Zitelmannsche Formel nur eine Tautologie; internationale Konfliktsnorm und völkerrechtlicher Ausgleich sind dann nur verschiedene Ausdrücke für die nationale Lösung eines internationalen Problems. Ich halte diese Auffassung, die für den Richter einen justizpolitischen Wert haben mag, wissenschaftlich und gesetzgeberisch für falsch. Die zivilisierte Menschheit ist kein Haufe souveräner und autonomer Staaten, sondern eine rechtlich und tatsächlich eng verbundene Völkergemeinschaft mit einer ungeheuern Solidarität des Tuns und des Leidens; Aufgabe der Rechtswissenschaft und der Gesetzgebung ist es, auf dem Gebiete der Verbrecherbekämpfung die Gesetze dieser Solidarität und die gerechten und zweckmäßigsten Formen der Mitarbeit verschiedener Staaten zu erkennen und zur Anwendung zu bringen. Jede Gemeinschaft wird ja Quell eines Rechts, das etwas anderes und mehr ist als die Summe der Rechtswillen aller einzelnen Mitglieder, auch wenn dieses Recht nicht durch Versammlungsbeschlüsse formuliert wird.

Der völkerrechtliche Ausgleich, von dem ich spreche, ist eine Art strafrechtlicher Kompetenzregelung. Damit meine ich nicht die Regelung der Zuständigkeit des einzelnen Gerichts nach den bekannten Kriterien des Tatorts, des Erfolgs, des Wohnsitzes des Täters, seiner Ergreifung usw., sondern die Regelung der Zuständigkeit zwischen den einzelnen Staatsgewalten, die wegen derselben Tat gegen denselben Täter einen Strafanspruch erheben. Natürlich kann die erste Kompetenzfrage in die zweite übergehen, und eine wirklich internationale Regelung der zweiten ist ohne eine Verständigung über die erste ebensowenig möglich wie etwa ein allgemeines internationales Privatrechtsabkommen sich errichten läßt auf der Basis des Art. 14 des Code civil oder ein allgemeines internationales Staatsangehörigkeitsabkommen auf der Basis der Kumulierung des jus sanguinis und des jus soli, die manche imperialistischen und militärischen Mächte lieben. Auch hier gilt das Wort des Dichters: wenn du nehmen willst, so gib.

Für den Ausgleich mehrfacher staatshoheitlicher Strafansprüche bieten sich bekanntlich sehr verschiedene Gesichtspunkte nebeneinander an. Der nächstliegende ist der der Territorialhoheit; jeder Staat muß für sich das Recht in Anspruch nehmen, eine von ihm für strafbar erklärte Handlung am Täter zu strafen, wenn sie auf seinem Gebiet begangen wird. Wie weit sein Gebiet reicht, welche Orte im Raum als sein Gebiet gelten, das sind Fragen des Völkerrechts, die ein Staat nicht einseitig beantworten kann, die er zum mindesten im Sinne des Völkerrechts beantworten muß, wenn er nicht Stoff zu Konflikten mit andern Staaten häufen will. Ebenso ist es eine Frage des Völkerrechts, inwieweit innerhalb des anerkannten Hoheitsgebiets eines Staats Handlungen, die er an sich für strafbar erklärt hat, für ihn keinen eigenen Strafanspruch erzeugen, wenn sie unter bestimmten Umständen begangen werden, die mit der Ausübung einer fremden Staatshoheit zusammenhängen. Auf die völkerrechtliche Seite der grenzüberschreitenden Distanz- oder Dauerdelikte will ich hier nicht eingehen.

Der deutsche Entwurf geht vom Territorialprinzip aus. Der § 4 bestimmt: die deutschen Strafgesetze gelten für Taten, die im Inland begangen werden. Nach dem klaren Wortlaut dieses Satzes kann die Reichsgewalt für solche Taten andere Strafgesetze als deutsche nicht anerkennen. Dieser Satz ist völkerrechtlich, mindestens zur Zeit, nicht haltbar. Nach dem Rheinlandabkommen vom 28. Juni 1919 können im besetzten Gebiet, also im Inland, fremde Militärgerichte über Straftaten deutscher Zivilpersonen gegen Angehörige der Besatzungstruppen nach Strafgesetzen aburteilen, die keineswegs immer deutsche Strafgesetze sind; und nach dem Versailler Vertrag hat im Saargebiet, also gleichfalls im Inland, eine Kommission des Völkerbundes mit der Regierungsgewalt auch die Befugnis erhalten, für dieses deutsche Reichsgebiet Strafgesetze zu erlassen, die man nicht als deutsche Strafgesetze bezeichnen kann. Hoffentlich wirkt der Eintritt Deutschlands in den Völkerbund dahin, daß derartige Widersprüche zu dem neuen Strafgesetzentwurf verschwinden, noch ehe der Entwurf Gesetz wird, jedenfalls ehe die im Versailler Vertrag vorgesehenen Fristen ablaufen.

Zweifelhaft ist mir eine andere Kollision von Strafansprüchen. Es gibt ja Straftaten, die im Inland begangen werden, deren Auswirkung sich aber gegen das Ausland richtet; ich erwähnte schon diese Grenzüberschreitungsdelikte. Bei ihnen wird ein doppelter Strafanspruch erzeugt: ein inländischer und ein ausländischer. Die deutsche Staatshoheit wird den Täter nach deutschen Strafgesetzen bestrafen, aber nichts dagegen sagen können, daß die ausländische ihn nach ihren Gesetzen bestraft. Kommt die ausländische der deutschen zuvor, so wird nach § 7 des Entwurfs, wie schon nach § 7 des geltenden StrGB.s, die im Ausland verbüßte Strafe auf die im Inland verhängte angerechnet. Die Frage, unter welchen Voraussetzungen in derartigen Fällen die Strafverfolgung im Inland unterbleiben kann oder muß, eine Frage, die in § 5 Nr. 1 des geltenden Rechts berührt wurde, hat der Entwurf der künftigen Strafprozeßordnung überlassen. Die weitere Frage, ob der Täter dem ausländischen Staat, dessen Strafanspruch an sich anerkannt werden muß und dessen Angehöriger der Täter ist, ausgeliefert werden darf, obwohl der inländische Strafanspruch schon konsumiert ist, gehört nach dem System des Entwurfs in das Auslieferungsgesetz. Der Fall könnte z. B. praktisch werden, wenn ein Holländer in Deutschland, d. h. diesseits der Grenze, einen Rheindamm durchsticht und dadurch eine gemeingefährliche Überschwemmung in Holland herbeiführt.

Schwieriger wird die Lage, wenn derartige Taten von der inländischen Staatshoheit unter einem anderen Gesichtspunkt bestraft werden als von der ausländischen. Dazu gehören alle Straffälle des

5. Abschnitts des besonderen Teils. Die Störungen der Beziehungen zum Ausland enthalten sämtlich, neben dieser Verletzung eines politischen Reichsinteresses, einen Angriff gegen den Bestand, die Vertretung, die Hoheitszeichen eines ausländischen Staats, einen Angriff, der, wenn er gegen das Reich oder ein deutsches Land gerichtet gewesen wäre, als solcher zu bestrafen sein würde. Nach der Begründung hat denn auch der deutsche Richter die Qualifikation dieser Angriffe nach den entsprechenden deutschen Strafgesetzen festzustellen; bestrafen darf er sie aber nicht gemäß dieser Qualifikation, sondern auf Grund der teils milderen, teils strengeren Strafen des 5. Abschnitts. Soll das bedeuten, daß völkerrechtlich die deutsche Staatshoheit den originären Strafanspruch des angegriffenen ausländischen Staates nicht anerkennt? Soll eine Strafe, die der Täter, des Angriffs wegen, im Ausland erlitten hat, auf die der Störung wegen im Inland erlittene Strafe angerechnet werden? Darf der Täter wegen der im Inland als Störung der politischen Beziehungen bestraften Tat dem Ausland zur Strafverfolgung wegen des Angriffs ausgeliefert werden? Der Entwurf gibt darauf keine Antwort. Die letzte Frage wird, da es sich um politische Vergehen handelt, vom künftigen Auslieferungsgesetz wohl verneinend entschieden werden.

Konkurrierende Strafansprüche des Inlands und des Auslands können ferner entstehen aus der Erweiterung, die § 4 Abs. 2 des Entwurfs dem Territorialprinzip gibt; nach ihm gelten deutsche Schiffe und Luftfahrzeuge als Inland, gleichviel wo sie sich befinden. Denn dieser Satz ist in seiner Allgemeinheit eine kühne Neuerung, die noch keineswegs mit den Strafrechtsnormen der sämtlichen, für See- und Luftschiffahrt maßgebenden Nationen in Einklang steht. Er ist von vornherein dahin einzuschränken, daß es sich bei dem Wort „deutsch“ nicht etwa um deutsches Privateigentum, sondern um die öffentlich-rechtliche Eigenschaft des Schiffs oder Luftfahrzeugs handelt, die deutsche Flagge führen zu dürfen, was eine nach deutschem Recht ordnungsmäßige Bemannung und Leitung der Fahrzeuge voraussetzt. Aber auch solche Fahrzeuge unterliegen, sobald sie sich im Hoheitsgebiet eines andern Staates befinden, je nach den Umständen einer stärkeren oder schwächeren Strafgewalt dieses Staates, der sie sich völkerrechtlich nicht entziehen können. Während jene Staatsgewalt gegen das passierende Schiff im Küstenmeer, gegen das fliegende Luftfahrzeug im Raum oberhalb des Territoriums nur ausnahmsweise einen Strafanspruch erheben kann, wenn nämlich gewisse, den Verkehr in diesen Gebieten regelnde Normen verletzt werden, die jene Staatsgewalt völkerrechtsgemäß erlassen hat, so nimmt fast jeder Staat gegenüber den an Land gekommenen Fahrzeugen eine allgemeine Strafgewalt in Anspruch, von der nur Ausnahmen in verschiedenem Umfang zugelassen werden. Deshalb kann es leicht vorkommen, daß sich wegen der Durchführung des deutschen und des ausländischen Strafanspruchs in solchen Fällen Konflikte erheben; für ihre Lösung gibt der Entwurf keinen Fingerzeig. Die Begründung sagt zwar: „wer sich einem deutschen Schiffe oder Luftfahrzeug anvertraut, muß überall unter dem Schutz der deutschen Strafgesetze stehen"; aber sie verkennt auch nicht die Gefahren, die mit dem Widerspiel dieses Gedankens verbunden sind, nämlich mit dem Grundsatz: „wer sich auf ein deutsches Schiff oder Luftfahrzeug begibt, stellt sich unter deutsche Strafgewalt". Die Verfasser des Entwurfs sehen voraus, daß neben den deutschen Strafanspruch ausländische treten können, die den Vorrang vor dem deutschen behaupten; unter welchen Voraussetzungen ein solcher Vorrang deutscherseits anzuerkennen ist, diese völkerrechtliche Frage lassen sie absichtlich offen. Die Begründung sagt hierzu: „ob ein Ausländer, der auf einem deutschen Schiffe oder Luftfahrzeuge außerhalb der Grenzen des Reichs eine nach deutschem Recht strafbare Handlung begangen hat, einem ausländischen Staate zur Aburteilung ausgeliefert werden darf, wird durch die Vorschrift des § 4 Abs. 2 nicht entschieden". Eine solche Möglichkeit wird aber durch das Auslieferungsgesetz geschaffen werden müssen, wenn nicht deutsche Schiffe in fremden Häfen unter Umständen den größten Schwierigkeiten ausgesetzt werden sollen. Denn schwerlich wird sich der Staat, in dessen Hafen ein deutsches Schiff eingelaufen ist, mit der Aussicht auf eine Strafverfolgung in Deutschland abfinden lassen, wenn einer seiner eigenen Staatsangehörigen auf dem Schiffe eine nach den Gesetzen des Hafenstaats strafbare, seine Rechtsgüter bedrohende Tat begangen hat. Ein solcher Staat wird die Auslieferung, wenn sie nicht freiwillig geschieht, dem Kapitän des Schiffes gegenüber erzwingen. Umgekehrt wird der Kapitän selbst oft ein Interesse daran haben, die ausländische Staatsgewalt zur Repression von Freveltaten schwererer Art heranzuziehen, die an Bord seines Schiffes, sogar von Deutschen, begangen sind, wenn ihm selbst die nötigen Sicherungs- und Strafmittel nicht zur Verfügung stehen. In den Handels-, Schiffahrts- und Konsularverträgen des Reichs wird eine solche Rechtshilfe der ausländischen Hafenbehörden oftmals unter Zusicherung der Gegenseitigkeit ausbedungen. Dabei versteht es sich von selbst, daß jede derartige Ausübung fremder Strafgewalt, die nur auf Antrag des deutschen Kapitäns oder Konsuls erfolgt, eine rein stellvertretende ist und vor der deutschen zurücktreten muß, soweit nicht der ausländische Staat aus Gründen seines eigenen Auslieferungsrechts, also z. B. wenn es sich um einen ihm angehörigen Täter oder eine auch seine Rechtsgüter verletzende Tat handelt, auf der Durchführung des eigenen Strafanspruchs besteht. Das Entsprechende gilt erst recht für Luftfahrzeuge.

Der deutsche Gesetzgeber wird sorgfältig prüfen müssen, ob er in solchen Fällen den deutschen Strafanspruch, insbesondere Ausländern gegenüber, unbedingt durchgeführt sehen oder unter das Opportunitätsprinzip stellen will. Ich habe schon vorhin darauf aufmerksam gemacht, daß der Entwurf gerade hier die Frage des Verfolgungszwanges offen läßt und daß die Begründung die Antwort nicht, wie sonst, der künftigen Strafprozeßordnung, sondern dem künftigen Einführungsgesetz zum Strafgesetzbuch überläßt. Ich halte die Zerreißung der Materie schon aus praktischen Gründen nicht für glücklich; auf die theoretische Seite der Sache komme ich noch zurück. Jedenfalls wäre m. E. die Anwendung des Legalitätsprinzips hier vom Übel.

Die bisherigen Betrachtungen galten dem Begriff der Territorialhoheit als dem Grundgedanken für den Ausgleich konkurrierender Strafansprüche verschiedener Staaten; sie berührten aber schon an mehreren Punkten andere Verteilungsgrundlagen, in erster Linie den Begriff der Staatsangehörigkeit des Verletzten und des Täters. Die Staatsangehörigkeit des Verletzten, das sogenannte passive Personalprinzip, wird zwar nicht ausdrücklich von der Begründung angerufen, es macht sich aber doch an einzelnen Stellen des Entwurfs geltend. So wenn § 5 Ziff. 2 des Entwurfs die deutschen Strafgesetze unabhängig von den Gesetzen des Tatorts für strafbare Handlungen gelten läßt, die jemand gegen den Träger eines deutschen Amtes während der Ausübung seines Amtes oder in Beziehung auf sein Amt begeht. Hier verbindet sich mit dem Angriff auf den deutschen Staatsangehörigen (meist wird es sich um einen solchen handeln) der Angriff auf den Vertreter der Staatshoheit, ein Akt, den kein Staat, der auf sich hält, ungeahndet lassen darf. Sonst verwirft der Entwurf, m. E. mit Recht, die grundsätzliche Anwendung des passiven Personalprinzips, nach dem, wie einer seiner kompetentesten Beurteiler sagt, jeder Deutsche seinen deutschen Strafrechtsschutz auf der ganzen Welt mit sich herumschleppt; eine solche Überspannung des Nationalitätsbegriffs, die vielleicht dem altgermanischen Personalrecht der Völkerwanderungszeit entsprechen möchte, steht mit dem heutigen Begriff der staatlichen Landeshoheit und der Völkerrechtsgemeinschaft nicht mehr im Einklang.

Dennoch ist der Grundsatz für die Anwendung der Bestimmungen des Entwurfs nicht ohne Bedeutung. Es wird entscheidend sein für den Umfang, in dem das Reich von den Möglichkeiten Gebrauch macht, die ihm § 6 Abs. 1 Ziff. 1 und § 6 Abs. 2 gewähren. Nach § 6 Abs. 1 Ziff. 1 gelten, abgesehen von Weltverbrechen, die deutschen Strafgesetze für Taten, die im Ausland begangen sind, auch dann, wenn der Täter zur Zeit der Tat Ausländer war, später im Inland betroffen und trotz zulässiger Auslieferung nicht ausgeliefert wird. Ich habe die Vorschrift schon bei der Auslieferungsfrage im allgemeinen besprochen. Hier handelt es sich um die Erwägungen, aus denen die Auslieferung verweigert werden könnte. Das wird in erster Linie dann der Fall sein, wenn sich die Tat gegen einen Deutschen gerichtet hat und der Verletzte Anspruch auf den Schutz des Reichs besitzt. Derselbe Gesichtspunkt kommt für die Anwendung des § 6 Abs. 2 in Betracht. Der Abs. 2 bestimmt, daß für die in Abs. 1 erwähnten Straftaten die deutschen Gesetze ohne weiteres gelten, wenn die Tat in einem Gebiete begangen ist, das überhaupt keiner Staatsgewalt untersteht. Die Vorschrift wird gleichfalls in erster Linie praktisch werden, wenn der durch die Tat Verletzte ein Deutscher war und der Täter nachträglich in den Bereich der deutschen Strafgewalt gerät. Die Vorschrift, die der bisherigen Rechtsübung entspricht, ist von Prof. Mendelssohn-Bartholdy in seiner Kritik des allgemeinen Teils des Entwurfs mißbilligt worden. Er geht zwar auch davon aus, daß gemäß § 8 die künftige Strafprozeßordnung für die hier besprochenen Fälle den Verfolgungszwang ausschließen wird; er hat aber so großes Mißtrauen gegen die deutschen Strafverfolgungsbehörden, daß er lieber auf die Strafbarkeit solcher Taten ganz verzichtet, als daß er den Täter dem Übereifer eines politisch eingestellten Staatsanwalts ausgeliefert sähe. Mendelssohn-Bartholdy meint, wer sich in Niemandsland begebe oder einer Expedition ins Innere Afrikas anschließe, könne nicht erwarten, daß für die Gefahren, die ihm dabei drohen, das Reich seine Strafgewalt mobil mache. Ich bin durchaus anderer Ansicht; ich halte einen solchen Strafschutz für ganz unentbehrlich. Es wäre nicht zu ertragen, wenn der Mann, der einen Deutschen auf einer herrenlosen Insel oder im Gebiet einer wilden Völkerschaft erschlagen hat, in Deutschland frei herumgehen und die Hinterbliebenen seines Opfers verlachen dürfte. Aus diesem Grunde, der ausgesprochenermaßen überhaupt für die Erweiterung des geltenden Rechts auf diesem Gebiete bestimmend war, begrüße ich durchaus die im § 6 enthaltene Fortbildung und Klarstellung unseres internationalen Strafrechts.

Viel deutlicher als das passive Personalitätsprinzip ist das aktive im Entwurf vertreten. In der Tat richten sich ja die Normen, die der Staat durch seine Strafsanktionen als Verbote und Gebote erläßt, in erster Linie an diejenigen, die seiner Hoheit am unmittelbarsten unterworfen sind, an seine Angehörigen. Dadurch, daß die Staatsangehörigen die Staatsgrenzen verlassen, hört für sie begrifflich die persönliche Geltung jener Normen nicht auf; sie beginnt aber mit der territorialen Geltung der Normen anderer Staatsgewalten zu kollidieren. Deshalb tritt nach dem Entwurf, um den Ausgleich zwischen dem Personal- und dem Territorialprinzip zu ermöglichen, die Geltung der deutschen Strafgesetze insoweit zurück, als der deutsche Täter wegen einer Auslandstat in Deutschland nur gestraft werden kann, sofern die Tat auch nach den Gesetzen des Tatorts strafbar ist. Ich nehme an, daß die künftige Strafprozeßordnung auch für derartige Taten von Deutschen das Opportunitätsprinzip gelten lassen wird, um sich nicht mit Strafverfolgungen zu belasten, für die es (abgesehen von der Person des Täters) an jedem deutschen Rechtsschutzinteresse fehlt.

Anders behandelt der Entwurf mit Recht die Auslandstaten solcher Deutscher, die eine amtliche Eigenschaft deutschen Rechts in das Ausland mitnehmen. § 5 bestimmt, daß die deutschen Strafgesetze unabhängig von den Gesetzen des Tatorts für strafbare Handlungen gelten, die jemand als Träger eines deutschen Amtes im Ausland begeht. Nach Wortlaut und Absicht der Vorschrift ist sie auch auf Ausländer, die ein deutsches Amt bekleiden und dieses Amt im Ausland durch eine strafbare Handlung entehren, ohne weiteres anzuwenden; in solchen Fällen wird wohl das Opportunitätsprinzip allzu weitgehende und völkerrechtlich oder politisch bedenkliche Folgerungen aus dem an sich begründeten Strafanspruch des Reichs abbiegen müssen.

Der Grundsatz des jetzigen § 9 StGB., der in die Reichsverfassung übergegangen und im neuen Entwurf nicht wiederholt worden ist, daß kein Deutscher einer ausländischen Macht zur Strafverfolgung ausgeliefert werden darf, ist eigentlich nur das Gegenstück zu der Auffassung, daß für die Handlungen von Reichsangehörigen in der ganzen Welt die deutschen Strafgesetze in erster Linie maßgebend sind.

Müßte das Reich die Priorität eines ausländischen Strafanspruchs gegen seinen Angehörigen wegen einer Auslandstat anerkennen, so könnte es die Auslieferung nicht verweigern. Da es sie verweigert, da es die Tat nach deutschen Gesetzen bestraft, erscheint die Voraussetzung der deutschen Strafbarkeit, nämlich die Strafbarkeit nach den Gesetzen des Tatorts, auch über den Kreis der sogenannten Weltverbrechen hinaus in manchen Fällen bedenklich, wo es sich um strafrechtliche Beziehungen zwischen einem deutschen Täter und einem deutschen Verletzten handelt. Übrigens bekenne ich mich als Ketzer gegenüber dem Dogma von der Nichtauslieferbarkeit von Staatsangehörigen; es ist gut und nützlich, ja notwendig für die Gegenwart, die die Sanktionsartikel des Versailler Vertrages noch nicht vergessen kann und nicht vergessen darf; es kann aber und sollte vielleicht durch künftige völkerrechtliche Entwicklungen überholt werden, wie es durch die Reichsgründung zwischen den deutschen Ländern überholt worden ist.

Neben dem territorialen und dem persönlichen Gesichtspunkt kommt für die internationale Bestimmung der Strafrechtskompetenzen, für den Ausgleich konkurrierender Strafansprüche mehrerer Staaten auch der Gesichtspunkt der staatlichen Zugehörigkeit der durch die Straftat angegriffenen Rechtsgüter in Betracht. Soweit diese Rechtsgüter in dem Leben, der Gesundheit, der Ehre, der Freiheit, dem Familienstand und dem Vermögen von Einzelpersonen bestehen, deckt sich dieser Gesichtspunkt mit dem der passiven Personalität, erscheint er deshalb nur in dem beschränkten Umfange berechtigt, den ich bei der Besprechung des Personalprinzips glaubte anerkennen zu müssen. Aber darüber hinaus gibt es nationale Rechtsgüter, die auch gegen Auslandstaten und Auslandstäter durch den nationalen Strafanspruch geschützt werden müssen, ohne Rücksicht darauf, ob sie auch durch die Strafgesetze des Tatorts geschützt sind. Das erkennt der Entwurf in § 5 Ziff. 1 und 3 an. Hiernach gelten ohne solche Voraussetzung die deutschen Strafgesetze für folgende im Ausland begangene Taten: Hochverrat und Landesverrat gegen das Reich oder eines der Länder, Vergehen gegen die Wehrmacht oder die Volkskraft und Meineid in einem Verfahren, das bei einer deutschen Behörde anhängig ist. Bei dieser Liste ist dreierlei anzumerken: erstens, daß sie mir nicht vollständig erscheint. Denn es ist z. B. nicht einzusehen, weshalb nicht auch gewisse Angriffe gegen verfassungsmäßige Körperschaften des Reichs oder der Länder, die sehr wohl im Ausland oder vom Ausland aus möglich sind, in die Liste des § 6 hineingezogen werden sollen — ich denke dabei an den Fall, daß ein im Ausland befindliches deutsches Parlaments- oder Regierungsmitglied verhindert wird, zur Ausübung seiner Befugnisse rechtzeitig ins Inland zurückzukehren, oder an die im Ausland verübte Beschimpfung oder Verleumdung des dort befindlichen Reichsoberhaupts. Die letztere ist nach dem Entwurf nicht als solche strafbar, wenn das Gesetz des Tatorts sie nicht gleichfalls unter eine besondere Strafdrohung stellt, wie der Entwurf es in § 111 gegenüber ausländischen Staatsoberhäuptern, wenn auch unter einer anderen ratio legis, im entsprechenden Falle tut. Es ist ferner nicht einzusehen, weshalb wir die Beschimpfung der Farben und die Verletzung von Hoheitszeichen des Reichs oder eines Landes, also schwere Angriffe auf das Rechtsgut deutscher Staatsehre, nur als Inlandsverbrechen strafen, während wir ähnliche Handlungen, die gegen die ausländische Staatsehre im Inlande gerichtet werden, als Angriff auf ein deutsches Rechtsgut, nämlich auf unsere guten Beziehungen zum Ausland, in Strafe nehmen. Es ist nicht einzusehen, weshalb wir nicht die Verletzung der deutschen Neutralität durch Deutsche, weshalb wir nicht neben dem Meineid, der in einem deutschen Verfahren geleistet wird, auch andere Angriffe gegen die deutsche Rechtspflege, wo und von wem sie unternommen werden, nach deutschen Gesetzen strafbar machen, ohne Rücksicht auf das Strafgesetz des Tatorts. Es ist schließlich nicht einzusehen, weshalb nicht die Fälschung deutscher Staatsurkunden, ja die in §§ 358 und 359 des Entwurfs als Übertretungen bezeichneten Delikte, nämlich unbefugte Führung deutscher Reichs- oder Länderwappen, Titel, Würden, Berufskleidungen, Amtszeichen, Orden und Ehrenzeichen unter § 5 subsumiert werden sollen, da diese Handlungen gerade im Ausland völkerrechtlich und politisch besonders gefährlich sind, dort aber, wie die Begründung selbst hervorhebt, vielfach überhaupt nicht unter Strafandrohung stehen.

Zweitens ist zu bemerken, daß der Entwurf das Prinzip des Schutzes deutscher Rechtsgüter m. E. zu schematisch anwendet. Das Prinzip kommt, wie wir sahen, im wesentlichen nur bei Hoheitsrechten, Staatsinteressen, öffentlichen Rechtsgütern in Betracht. Da scheint es mir doch nicht nur ein Unterschied der Begleitumstände, der bei der Strafzumessung zu berücksichtigen wäre, sondern ein wesentlicher Unterschied im Tatbestand selbst zu sein, ob der Angriff gegen solche Rechtsgüter von einem Deutschen oder einem Ausländer ausgeht. Verrat im eigentlichen Sinn, sei es Hochverrat oder Landesverrat, kann man nur gegen den Staat begehen, dem man Treue schuldig ist, nur gegen das Land, das man Vaterland nennt. Angreifen und verletzen kann man auch das fremde Land, den fremden Staat, und man darf sich dann nicht wundern, wenn dessen Macht mit scharfer Strafe reagiert; aber die Qualifikation als Verräter könnte man sich verbitten. Das geltende Strafgesetz ist in diesem Punkt differenzierter als der Entwurf. Für derartige Verletzungen inländischer öffentlicher Rechtsgüter, die im Ausland vor sich gehen, würde ich die Unterscheidung vorschlagen, daß sie gegen Deutsche unbedingt, gegen Ausländer nach Opportunität bestraft werden.

Damit bin ich bei der dritten Bemerkung angelangt. Hoheitsrechte und öffentliche Rechte des Reichs sind im Ausland, wo ihnen nicht die deutsche Exekutive schützend zur Seite steht, nicht nur, wie andere deutsche Rechtsgüter, leichter verletzlich als im Inland, ihre Verletzung ist auch naturgemäß geeignet, schwere internationale Verwickelungen herbeizuführen. Deshalb wird in jedem Fall einer solchen Verletzung zu prüfen sein, ob ihre strafrechtliche Ahndung durch deutsche Gerichte und nach deutschen Gesetzen nicht Konflikte mit dem Ausland herbeiführen würde, die in einem höheren Allgemeininteresse vermieden werden sollten. Ich bin durchaus nicht der Meinung, daß man jedem solchen Konflikt ausweichen sollte; im Gegenteil, auf keinem Gebiet gilt stärker als auf dem der nationalen öffentlichen Rechtsgüter das Wort des Dichters: „Was bringt zu Ehren? Sich wehren!" Aber wenn man sich wehrt, muß man das in solchen Fällen nicht nur aus der Einstellung der inländischen Justizpflege, sondern zugleich aus dem Gesichtswinkel der Außenpolitik tun.

Ich komme nun nach den Anknüpfungspunkten des nationalen Territoriums, der aktiven und passiven nationalen Personalität, des nationalen Rechtsguts zu dem Gesichtspunkt der allgemeinen Strafbarkeit der Tat wegen ihrer rechtlichen und moralischen Qualifikation, die dem Reich völkerrechtlich einen Strafanspruch verleiht, ohne Rücksicht darauf, ob die Tat im Inland oder im Ausland, von einem Inländer oder einem Ausländer, gegen ein inländisches oder ein ausländisches Rechtsgut begangen ist und welche Gesetze am Orte der Tat gelten. Es sind dies die eigentlichen Weltverbrechen. Wenn man alle nach § 5 des Entwurfs zu behandelnden Straftaten als Weltverbrechen bezeichnet, so ist das m. E. irreführend. Der Umstand, daß die deutsche Staatsgewalt gewisse Reate, weil sie sich durch sie besonders schwer verletzt fühlt, nach den eigenen Gesetzen straft, ist ein rein nationaler Gesichtspunkt, den kein anderer Staat zu beachten braucht; zum internationalen Delikt wird die Tat erst dadurch, daß sie von der ganzen Völkerrechtsgemeinschaft als an sich strafbar anerkannt wird, sei es ausdrücklich durch Vertrag oder durch allgemeine Übung. Als solche Weltverbrechen führt der Entwurf zwei Kategorien auf: die Falschmünzerei und den Frauen- und Kinderhandel. Bei der Falschmünzerei unterscheidet der Entwurf, ebenso wie bei der Urkundenfälschung, nicht zwischen inländischen und ausländischen Geldzeichen; aber im Gegensatz zur Urkundenfälschung macht er die Falschmünzerei zum Weltverbrechen. Die Begründung bemerkt, daß diese Einreihung keiner Rechtfertigung bedürfe; sie liegt in dem gemeinsamen Interesse aller Kulturstaaten an einem sicheren Münzwesen, in jenem Interesse, das uns die Kriegs- und Nachkriegszeit so grausam deutlich gemacht hat. Für den Frauen- und Kinderhandel bezieht sich die Begründung auch auf internationale Rechtsquellen, nämlich auf das internationale Übereinkommen zur Bekämpfung des Mädchenhandels vom 4. Mai 1910 und auf die internationale Übereinkunft zur Unterdrückung des Frauen- und Kinderhandels vom 30. September 1921. Sie gibt zu, daß der Entwurf nicht erschöpfend ist. Die Beispiele für weitere Weltverbrechen entnimmt sie teils deutschen Spezialgesetzen, die grundsätzlich neben dem Strafgesetzbuch in Kraft bleiben sollen, teils Ausführungsgesetzen zu internationalen Übereinkommen, wie dem Gesetz über die Bestrafung des Sklavenraubes und des Sklavenhandels vom 28. Juli 1875, das den völkerrechtlichen Verpflichtungen der Teilnehmer an der Antisklavereikonferenz entspricht. Nur diese letzten Fälle sind Beispiele echter Weltverbrechen; bei den andern Fällen handelt es sich m. E. nur um einen gesteigerten Schutz allgemeiner deutscher Rechtsgüter, wie beim Flaggengesetz, beim Spionagegesetz und beim Republikschutzgesetz. Ob das gleiche auch beim Sprengstoffgesetz zutrifft, kann fraglich erscheinen. Jedenfalls wird sich für das deutsche Strafrecht die Kategorie der echten Weltverbrechen nach Deutschlands Eintritt in den Völkerbund vermehren; ihre Ausdehnung auf den verbotenen Opiumhandel und die Verbreitung unzüchtiger Schriften steht, wie ich annehme, unmittelbar bevor.

Wie diese Übersicht über die verschiedenen Anknüpfungspunkte für die Kompetenzverteilung zwischen den Strafansprüchen verschiedener Staaten ergibt, konnte der Entwurf das Ideal, das von neueren

Vertretern des internationalen Strafrechts aufgestellt wird, nämlich nur einen, für alle Staaten gültigen Anknüpfungspunkt zu sanktionieren, aus zwingenden sachlichen Gründen nicht erfüllen. Solange es Staaten mit widerstreitenden Interessen gibt, d. h. so lange es selbständige Staaten und ein internationales Strafrecht gibt, wird kein auf seine Sicherheit und Würde bedachter Staat mit nur einem Anknüpfungspunkt, z. B. dem der Territorialhoheit am Tatort, auskommen können, wird keiner den Schutz seiner Staatsrechte und der Rechte seiner Angehörigen im Ausland vertrauensvoll ganz den ausländischen Staaten überlassen. Aber wie das Reich schon jetzt fremdstaatliche Strafansprüche, sei es durch Rechtshilfe, sei es durch Übernahme der Strafverfolgung, stellvertretend unter Anwendung eigener Gesetze durchführt, so darf man vielleicht als Entwicklungsrichtung der internationalen Strafrechtspflege ein immer engeres und vertrauensvolleres Zusammenarbeiten der Staaten in der Bekämpfung des Verbrechens erwarten, an Stelle der bisherigen und mißtrauischen Ausdehnung der eigenen Kompetenz. Wird doch auch das Verbrechertum immer internationaler!

Jeder Staat, der seine internationalen Strafrechtsnormen kodifizieren will, muß sich dreierlei fragen: Was will ich strafen? Was darf ich strafen? Was soll ich strafen? Auf die erste Frage muß er die Antwort im nationalen Recht suchen, auf die zweite und dritte im Völkerrecht. Der Staat will, abstrakt genommen, immer die Taten strafen, die der organisierte Volkswille, das Gesetz, für an sich strafbar erklärt hat, wie er andererseits überhaupt nicht, auch nicht als Stellvertreter eines fremden Strafanspruchs, eine Tat strafen will, die der Volkswille für berechtigt oder unbedenklich erklärt. Der Staat darf, wie wir gesehen haben, eine Tat nicht strafen, die völkerrechtlich als nicht rechtswidrig betrachtet werden muß; er darf aber auch aus völkerrechtlichen Gründen, nämlich wegen des Grundsatzes der Selbständigkeit und Gleichberechtigung der Staaten, keinen Strafanspruch verfolgen, der in die strafrechtliche Machtsphäre eines anderen Staates eingreift, es sei denn, daß er zur Gewährung des Gegenrechts bereit ist. Endlich soll der Staat, auch ohne ein besonderes nationales Schutzinteresse, jede Tat strafen, deren Bestrafung durch das anerkannte Interesse der ganzen Völkerrechtsgemeinschaft an zusammenwirkender Verbrechensbekämpfung oder durch besondere internationale Verpflichtungen erfordert wird.

Wenn der Staat sich über diese drei Fragen klar werden will, muß er zu jeder die Unterfragen stellen: ist die Durchführung des

Strafanspruchs unbedingt geboten? Oder kann ich aus Zweckmäßigkeitsgründen davon absehen? Oder ist sie abhängig von dem Strafwillen des Verletzten? Das gilt selbst von den völkerrechtlich vorgeschriebenen Strafansprüchen; denn hier tritt vielfach eine Kumulation ein, bei der es angezeigt erscheinen kann, einem anderen Staat bei Durchführung des Strafanspruchs den Vorrang zu lassen. Meines Erachtens sind alle diese Haupt- und Unterfragen im Strafgesetz selbst zu beantworten, nicht in Verfahrens- oder Aus- und Einführungsnormen. Weder der Strafantrag noch die Zweckmäßigkeitserwägung gehören in eine Strafprozeßordnung; sie sind nicht Voraussetzungen des Verfahrens, sondern Qualifikationen des Strafanspruchs. Schon aus diesem theoretischen Grunde halte ich den § 8 des Entwurfs für keine Verbesserung des Strafgesetzbuchs.

Übrigens ist der Staat weder im nationalen noch im internationalen Strafrecht in der Wahl zwischen Legalitäts- und Opportunitätsprinzip frei. Da, wo es sich um strafbare Verletzung von Privatrechten handelt, deren Vergeltung der Staat dem Verletzten aus der Hand genommen hat, kann er die Strafe zwar von dem Willen des Verletzten abhängig machen; ist aber der Wille erklärt, so muß die Strafe erfolgen. Ähnlich liegt es in dem Fall, daß der Staat einem anderen Staat die Auslieferung, die an sich zulässig wäre, weigert; hier muß m. E. stellvertretend gestraft werden.

Handelt es sich dagegen um Hoheitsrechte oder Organisationsinteressen des Staats, so besteht an sich kein rechtliches Bedenken, die Strafbarkeit ihrer Verletzung von Zweckmäßigkeitsgründen abhängig zu machen, wie dies im internationalen Strafrecht von alters her üblich war.

Zum Schluß meiner Ausführungen, in denen ich versucht habe, den völkerrechtlichen Hintergrund für die deutschrechtlichen Normen darzustellen, die der Entwurf zum internationalen Strafrecht in Vorschlag bringt, möchte ich auf die Tatsache aufmerksam machen, daß der neue Entwurf des deutschen Strafgesetzbuchs einem völkerrechtlichen Vorgang seine Entstehung verdankt. Seine Vorlage an die gesetzgebenden Körperschaften des Reichs beruht auf einem internationalen Regierungsabkommen, einer Vereinbarung der Justizverwaltungen von Deutschland und Österreich. Der österreichischen Mitwirkung verdankt der Entwurf unter anderem die dankenswerte Erweiterung der Strafbarkeit von Auslandstaten, die der § 6 Abs. 1 Nr. 2 enthält und über die ich berichtet habe. Wenn ich gegen einzelne Bestimmungen des Entwurfs kritische Bedenken zu äußern gewagt habe, so bin ich doch tief davon durchdrungen, daß er im Ganzen ein treffliches Gesetzgebungswerk ist und daß es viel wichtiger erscheint, das Werk in Deutschland und Österreich übereinstimmend anzunehmen, als es hier so und dort anders zu verbessern. Ich bin mir meiner Inkompetenz in dieser schwierigen Materie viel zu sehr bewußt, als daß ich Ihnen hier mehr gegeben zu haben glaube als persönliche Gedanken zu den völkerrechtlichen Entwicklungstendenzen des internationalen Strafrechts. Dem Entwurf aber wünsche ich baldige Verabschiedung in den Parlamenten an der Spree und an der Donau. Wie Österreich das erste und einzige Land war, dessen Strafgesetze, wenn auch nur auf einem Spezialgebiet, für deutsche Gerichte unmittelbar durch Reichsgesetz für verbindlich erklärt worden sind — ich denke an das Reichsgesetz vom 9. Juni 1895, betr. die Ausführung des mit Österreich abgeschlossenen Zollkartells —, so wird dann Österreich das erste Land sein, mit dem das Reich eine materielle Strafrechtsgemeinschaft eingeht. Für die beiden Staaten bedeutet die Rechtsgemeinschaft das Pfand für eine weitere Entwicklung, deren Ziele gestern bei dem großartigen Festbankett der Stadt Köln in so kraftvollen und klaren Worten bezeichnet worden sind, daß ich sie hier nicht zu wiederholen brauche.

Erste Sitzung der ersten Abteilung
(für öffentliches Recht)

am

Montag, den 13. September 1926.

Auf Vorschlag des Geh. Justizrats Prof. Dr. Anschütz-Heidelberg wählte die Versammlung zum Vorsitzenden der I. Abteilung Herrn Geh. Justizrat Dr. Triepel-Berlin, der den Vorsitz übernahm und als Stellvertreter des Vorsitzenden die Herren Oberlandesgerichtspräsident Dr. Schollen-Düsseldorf und Prof. Dr. Kulisch-Innsbruck, als Schriftführer die Herren Landgerichtsrat Dr. Unverdruß-Köln und Rechtsanwalt Dr. Söhling-Köln vorschlug. Die Versammlung stimmte diesen Vorschlägen zu.

Sodann wurde in die Verhandlung über das Thema:

> Empfiehlt sich eine Abänderung der Bestimmungen über parlamentarische Untersuchungsausschüsse, um den ungestörten Verlauf des Strafverfahrens und die Unabhängigkeit des Richtertums sicherzustellen?

eingetreten.

Zu dem Thema lagen folgende Leitsätze des Berichterstatters Prof. Dr. Erwin Jacobi-Leipzig vor:

I. Verfassungsmäßige Aufgabe der parlamentarischen Untersuchungsausschüsse ist die Feststellung tatsächlicher Vorgänge durch Beweiserhebung zwecks Vorbereitung einer innerhalb der allgemeinen Zuständigkeit des Parlaments gelegenen Beschlußfassung auf dem Gebiete der Gesetzgebung, der Verwaltung oder etwaiger dem Parlament eingeräumter rechtsprechender Funktionen.

II. Eine innerhalb dieser verfassungsmäßigen Schranken sich haltende Tätigkeit parlamentarischer Untersuchungsausschüsse bedeutet keinen Eingriff in die Unabhängigkeit der Justiz, weder einen Eingriff in die Art der Entscheidung noch in die „Garantien" der richterlichen Unabhängigkeit.

III. Wohl aber kann die verfassungsmäßige Tätigkeit der Untersuchungsausschüsse zu schweren Störungen des gerichtlichen Verfahrens, besonders des Strafverfahrens, führen. Das gilt nicht so sehr für die Bildung einer vorgefaßten Meinung beim Richter, als für die mögliche Beeinflussung der Strafverfolgungsbehörden, für die Gefahr einer Verfälschung des Beweismaterials, einer Verschleppung des Verfahrens sowie einer abgeschwächten Wirkung des Urteils.

IV. Nicht die einzige, aber die hauptsächlichste Ursache dieser bedenklichen Kollisionen zwischen parlamentarischer Untersuchung und Strafverfahren ist die den Untersuchungsausschüssen eingeräumte Befugnis, unter sinngemäßer Anwendung der Vorschriften der Strafprozeßordnung Beweise zu erheben, insbesondere Zeugen und Sachverständige zu vereidigen.

V. Zur Beseitigung jener Gefahren ist es notwendig, die tiefe sachliche Verschiedenheit von parlamentarischer Untersuchung und Strafverfahren auch institutionell so stark wie möglich herauszuarbeiten.

1. Ein unbedingter zeitlicher Vorrang des Gerichtsverfahrens vor dem parlamentarischem Untersuchungsverfahren würde zwar die meisten (nicht alle) Gefahren für das Strafverfahren beseitigen, aber das parlamentarische Untersuchungsverfahren in einer mit seinem Zweck unvereinbaren Weise einschränken. Deshalb können nicht befürwortet werden Verfassungsbestimmungen wie Art. 19 der Danziger Verfassung: „Die Untersuchungsausschüsse dürfen in ein schwebendes gerichtliches oder Disziplinarverfahren nicht eingreifen" oder deutlicher Antrag Rosenberg (S. 28 des Gutachtens): „Die parlamentarische Untersuchung eines Verbrechens oder Vergehens (richtiger: der Tatsachen, die den Tatbestand eines Verbrechens oder Vergehens bilden) darf erst beginnen, wenn das gerichtliche Strafverfahren beendigt ist."
2. Der Weg, durch veränderte Zusammensetzung der Ausschüsse und Einräumung eines Ablehnungsrechts wegen Befangenheit die parlamentarischen Untersuchungsausschüsse mehr einem Gericht anzuähneln, ist nicht gangbar; er würde den Gegensatz zwischen Strafverfahren und parlamentarischen Untersuchungen verwischen, statt ihn zu vertiefen.
3. Dagegen ist unter dem Gesichtspunkt einer vernünftigen Ordnung der staatlichen Funktionen eine ernsthafte Nachprüfung erforderlich, ob für parlamentarische Untersuchungsausschüsse die selbständige eidliche

Vernehmung von Zeugen und Sachverständigen unentbehrlich ist und ob es nicht wenigstens angängig erscheint, die Untersuchungsausschüsse wegen eidlicher Vernehmungen auf die Rechtshilfe der Gerichte zu verweisen.

4. Auch wenn die bisherigen Befugnisse der parlamentarischen Untersuchungsausschüsse nicht geschmälert werden sollen, so darf ihre Beweiserhebung jedenfalls nicht durch bloße Verweisung auf eine sinngemäße Anwendung der Strafprozeßordnung geregelt bleiben, was der Verschiedenheit gerichtlicher und parlamentarischer Untersuchung widerspricht.

Vielmehr muß zum Schutz des reichsrechtlich geregelten Gerichtsverfahrens ein besonderes **Reichsgesetz über das Verfahren der parlamentarischen Untersuchungsausschüsse** des Reichstags wie der Landtage verlangt werden, das folgende Punkte rechtssatzmäßig festlegt:

a) Die Untersuchungsausschüsse sind an die ihnen vom Parlament zur Untersuchung überwiesenen Fragen gebunden und zu eigenmächtiger Ausdehnung der Untersuchung nicht berechtigt. Sie sind verpflichtet, die ihnen vom Parlament bei ihrer Einsetzung oder später bezeichneten Beweise zu erheben. Innerhalb dieser Grenzen entscheiden sie selbst mit Stimmenmehrheit über den Fortgang des Verfahrens. Sie sind berechtigt, ihr Verfahren bis zur Erledigung eines anhängigen Strafverfahrens auszusetzen.

b) Die Vorsitzenden der Ausschüsse leiten die Verhandlungen und handhaben die parlamentarische Ordnungsgewalt gegenüber Abgeordneten und Regierungsvertretern. Gegenüber sonstigen Personen stehen ihnen im einzelnen festzulegende Rechte der Sitzungspolizei zu.

c) Die Beratungen der Untersuchungsausschüsse sind geheim. Den Mitgliedern der Untersuchungsausschüsse ist nicht gestattet, vor der Berichterstattung des Ausschusses an das Parlament öffentliche Mitteilungen über den Verlauf und die Ergebnisse der Untersuchung zu machen. Die Untersuchungsausschüsse sind berechtigt, für bestimmte Mitteilungen die Vertraulichkeit zu beschließen und sie von der Preßberichterstattung auszuschalten.

d) Die Untersuchungsausschüsse sind berechtigt, vernommene Zeugen und Sachverständige nachträglich zu vereidigen. Personen, die mit Bezug auf die festzustellenden Tatsachen der Verdacht einer strafbaren Handlung oder eines Dienstvergehens trifft, dürfen ihre Aussage verweigern; sie müssen über dieses Aussageverweigerungsrecht belehrt werden und sind, wenn sie gleichwohl aussagen, nicht zu vereidigen. Im übrigen ist der Beweis durch Zeugen und Sachverständige im einzelnen entsprechend den Vorschriften der Strafprozeßordnung zu regeln, jedoch mit der Besonderheit, daß bei Geltendmachung der Aussagebeschränkungen für öffentliche Beamte (StPO. §§ 54, 76) die betreffende Regierung verpflichtet wird, ihre Gründe dem Ausschuß in vertraulicher Beratung darzulegen. Die Vernehmung von Mitgliedern eines Gerichts über die gerichtliche Beratung und Abstimmung ist ausdrücklich für unzulässig zu erklären.

e) Jedes Mitglied eines Untersuchungsausschusses sowie jeder Regierungsvertreter kann eine von dem Vorsitzenden oder einem Mitglied des Ausschusses an Zeugen oder Sachverständigen gerichtete Frage als unzulässig beanstanden mit der Folge, daß der Ausschuß über die Zulässigkeit der Frage Beschluß fassen muß.

f) Die Vorlegung von Akten an die Untersuchungsausschüsse durch Behörden oder öffentliche Beamte hat zu unterbleiben, wenn die oberste Dienstbehörde erklärt, daß das Bekanntwerden des Inhalts dieser Akten dem Wohle des Reichs oder eines deutschen Landes Nachteil bereiten würde. Die Gründe dafür sind dem Ausschuß in vertraulicher Beratung darzulegen. Die zuständige oberste Justizverwaltungsbehörde des Reichs oder eines Landes ist berechtigt, die Vorlegung gerichtlicher Akten zur Vermeidung einer Verschleppung des gerichtlichen Verfahrens auf Zeit zu verweigern.

g) Dem Untersuchungsausschuß eines Landtags gegenüber sind die Reichsbehörden und die Behörden eines anderen deutschen Landes zur Vorlegung von Akten und Erteilung amtlicher Auskünfte nicht verpflichtet.

h) Zur Anordnung von Verhaftungen, Durchsuchungen und Beschlagnahmen sind Untersuchungsausschüsse nicht berechtigt. Die Rechte, die sich aus dem Zeugniszwangsverfahren und der Sitzungspolizei ergeben, bleiben unberührt.

VI. Zur Vermeidung von Kompetenzüberschreitungen bei parlamentarischen Untersuchungen ist durch die G e s c h ä f t s o r d n u n g e n d e r P a r l a m e n t e vorzuschreiben, daß der Gegenstand der parlamentarischen Untersuchung in dem Antrag auf Einsetzung eines Untersuchungsausschusses genau bezeichnet und abgegrenzt werden muß, daß der Antrag unbeschadet der Minderheitsrechte in einem Ausschuß unter Zuziehung der Regierung vorzuberaten und dem Plenum zur Beschlußfassung vorzulegen ist.

Gegen den Parlamentsbeschluß auf Einsetzung oder Ablehnung eines Untersuchungsausschusses sowie gegen Kompetenzüberschreitungen eines eingesetzten Untersuchungsausschusses muß die Möglichkeit eines Rechtsschutzverfahrens im Reich in gleicher Weise eröffnet werden, wie sie in den Ländern in Gestalt der Austragung eines Verfassungsstreites vor dem Staatsgerichtshof des Landes oder des Reiches schon nach geltendem Recht besteht.

Prof. Dr. Erwin Jacobi führte dazu aus:

Meine Damen und Herren!

Der 6. Deutsche Richtertag 1925 in Augsburg hat folgenden Beschluß gefaßt:

„Von der Notwendigkeit der Aufrechterhaltung einer reinlichen Rechtspflege durchdrungen, erhebt der Deutsche Richtertag lebhaften Widerspruch gegen die Tätigkeit der parlamentarischen Untersuchungsausschüsse neben dem ordentlichen Strafverfahren. Eine solche Ausdehnung der parlamentarischen Untersuchung dient nicht der objektiven Wahrheitsforschung; sie bedeutet die parteiische Durchkreuzung der Wahrheitsermittlung durch die unparteiische Rechtspflege."

Eine so entschiedene Kundgebung von so maßgeblicher Stelle, ein solcher Notschrei der Strafjustiz, dem sich viele gewichtige Einzelstimmen angeschlossen haben, muß die ganze deutsche Juristenwelt alarmieren, — und es ist nur selbstverständlich, daß sich jetzt der Deutsche Juristentag die Frage vorlegt:

„Empfiehlt sich eine Abänderung der Bestimmungen über parlamentarische Untersuchungsausschüsse, um den ungestörten Verlauf des Strafverfahrens und die Unabhängigkeit des Richtertums sicherzustellen?"

Zwei ausgezeichnete Gutachten von Reichsgerichtsrat Rosenberg und Rechtsanwalt Dr. Alsberg liegen vor, die die Frage unter Heranziehung des gesamten Materials behandeln und dabei den für eine fruchtbare Diskussion so wichtigen Vorzug haben, daß sie, wenn auch nicht in allen Beziehungen, so doch in einem ganz wesentlichen Punkte gegensätzlich gerichtet sind.

Beide Gutachten gehen übereinstimmend von der offensichtlich auch für die Fragestellung des Deutschen Juristentages maßgeblichen Auffassung aus, daß es sich hier nicht darum handeln kann, einer allgemeinen parlamentsfeindlichen Einstellung oder auch nur einer Gegnerschaft gegen parlamentarische Untersuchungsrechte überhaupt Worte zu leihen. Gewiß, manche Staaten kommen ohne Parlamente und manche Parlamente kommen ohne die verfassungsmäßige Einrichtung von Untersuchungsausschüssen aus, in Deutschland allerdings nur Bremen und Lübeck (zu der Aufzählung bei Rosenberg S. 3 Anm. 1 sind noch Hessen, Verf. Art. 36a seit Gesetz vom 4. November 1924, Lippe Verf. Art. 9 Abs. 2, Schaumburg-Lippe Verf. Art. 9 Abs. 2 hinzuzufügen), von den ausländischen Staaten aber vor allem die Schweiz. Diese Fragen können jedoch in der Tat von uns nicht aufgerollt und von einem Juristentag nicht entschieden werden; wir müssen uns hüten, sie bewußt oder unbewußt auf unsere Stellungnahme einwirken zu lassen. Unsere Aufgabe kann nur sein, auf dem Boden der Anerkennung parlamentarischer Untersuchungsrechte nach Wegen zur Vermeidung von Kollisionen mit der Justiz, besonders mit dem Strafverfahren zu suchen. Einen solchen Weg findet Rosenberg in einem Zusatz zu den Verfassungsbestimmungen über Untersuchungsausschüsse, durch den die parlamentarische Untersuchung eines Verbrechens oder Vergehens verboten wird, bevor das gerichtliche Strafverfahren beendigt ist. Rosenberg begegnet sich hier mit dem von Rießer, Heinze, Kahl und Gen. eingebrachten Entwurf eines Gesetzes zur Abänderung des Art. 34 der RVerf., Reichstagsdrucks. Nr. 2050 v. 11. März 1926, der neben anderem auch eine Bestimmung dieses Inhalts aufweist, sowie mit den Ausführungen Stier-Somlos, Jur. W. 1926, S. 2142. Das Gutachten Alsberg lehnt diesen Weg ab und sucht die Lösung in verschiedenen Vorschriften, die das Verfahren der Untersuchungsausschüsse einengen sollen. Ministerialdirektor Dr. Falck, Voss. Zeitg. 1926 Nr. 36, endlich vertritt die Meinung, daß eine Änderung der bestehenden Bestimmungen überhaupt nicht notwendig sei.

Ehe wir hierzu Stellung nehmen können, müssen wir uns vergegenwärtigen, inwiefern es überhaupt zu Kollisionen zwischen parlamentarischer Untersuchung und Strafverfahren kommen kann, welche Gefahren es sind, die der Strafjustiz aus der parlamentarischen Untersuchung erwachsen.

I. Für die Untersuchungsausschüsse des Reichstags nach Art. 34 RVerf. gilt ebenso wie für die Untersuchungsausschüsse der Länder, deren Verfassungen sich zum Teil wörtlich an Art. 34 anschließen, zum Teil in Einzelheiten abweichen, dasselbe wie für jeden Parlamentsausschuß, daß der Ausschuß Beschlüsse des Parlaments vorzubereiten hat, Hilfsorgan des Parlaments ist (Entsch. d. StGH., RGZ. Bd. 104, S. 430). Die Besonderheit der Untersuchungsausschüsse gegenüber sonstigen Parlamentsausschüssen liegt nur darin, daß sie zwecks Vorbereitung der Parlamentsbeschlüsse das Recht haben, in öffentlicher Verhandlung Beweise zu erheben.

Man könnte infolgedessen meinen, daß, gerade weil es sich nur um Vorbereitung von Beschlüssen innerhalb der allgemeinen Parlamentszuständigkeit handelt, ein Konflikt mit der Justiz, besonders mit der Strafjustiz für die Untersuchungsausschüsse ebensowenig in Frage komme wie für das Parlament selbst. Zwar ist das moderne Parlament nicht auf die Gesetzgebung beschränkt, es hat auch Verwaltungsaufgaben und zum Teil sogar rechtsprechende Funktionen, wie in Deutschland vereinzelt als Wahlprüfungsinstanz, und demgemäß kann sich auch die Tätigkeit der Untersuchungsausschüsse beziehen auf die Gesetzgebung, sogen. Gesetzgebungsenquêten, auf die Verwaltung, sogen. Verwaltungsenquêten, und auf jene Einzelfälle der Rechtsprechung, hier z. B. als Wahlenquêten. Aber ein Konflikt mit der Justiz erscheint ausgeschlossen, da es niemals Aufgabe des Parlaments ist, Justizakte, Straf- oder Zivilurteile zu erlassen. Nur im Wege grober Kompetenzüberschreitung, also unter Verfassungsverletzung, könnte das Parlament und damit auch der parlamentarische Untersuchungsausschuß eine derartige Funktion an sich reißen.

In der Tat spielen nun Kompetenzüberschreitungen der Untersuchungsausschüsse in dem Konflikt mit der Strafjustiz eine Rolle, und wir werden uns mit ihnen zu beschäftigen haben (s. unter VI). Das Entscheidende ist aber, daß auch ohne Kompetenzüberschreitung bei durchaus verfassungsmäßiger Tätigkeit eines Untersuchungsausschusses Kollisionen mit dem Strafverfahren entstehen. Hier liegt der Kern der Schwierigkeiten, dem wir uns in erster Linie zuzuwenden haben.

II. Allerdings ein Eingriff in die Unabhängigkeit der Justiz kann von einem innerhalb der Schranken der Verfassung sich haltenden Untersuchungsausschuß **nicht** ausgehen. Die Unabhängigkeit der Justiz, wie sie in Art. 102—105 RVerf. gewährleistet ist, hat einen doppelten Inhalt: Verbot jedes Eingriffs in die Art der Entscheidung (Unabhängigkeit der Rechtsprechungsfunktion) und Sicherung einer persönlich unabhängigen Stellung des Richters (persönliche Unabhängigkeit des Funktionärs der Rechtsprechung).

1. **Die Unabhängigkeit der Rechtspflegefunktion** bedeutet, daß die Tätigkeit zur Aufrechterhaltung der Rechtsordnung nur an die Rechtsordnung selbst gebunden ist, „nur dem Gesetz unterworfen", wie es Art. 102 RVerf. formuliert. Jeder Eingriff in die Art der Entscheidung, jeder sogen. Machtspruch, ist unzulässig, nichtig, gleichgültig von wem er ausgeht und in welcher Form er erfolgt. Die Reichsverfassung hebt in Art. 105 besonders hervor, daß niemand seinem gesetzlichen Richter entzogen werden darf, sei es, daß überhaupt Verweigerung der Rechtshilfe anbefohlen wird, sei es, daß die Sache besonderen Kommissionen, Ausnahmegerichten überwiesen wird, sei es, daß der Träger der Staatsgewalt, das Staatsoberhaupt oder überhaupt ein anderes Staatsorgan als der Richter entscheidet. Aber ebenso ist selbstverständlich mit Art. 102 RVerf. auch ausgeschlossen ein ausdrücklicher Befehl, eine Verordnung an den Richter über die Art seiner Entscheidung. Wie die alte Kabinettsjustiz und Ministerialjustiz, die § 175 der Frankf. Verfassung vom 28. März 1849 ausdrücklich für unstatthaft erklärte, ist heute auch **jede Art von Parlamentsjustiz ausgeschlossen**. Der Richter ist an andere als ordnungsmäßig publizierte Gesetzesbeschlüsse des Parlaments nicht gebunden. Es fragt sich sogar, ob der Richter dem in Form des Gesetzes ergehenden Spezialbefehl unterworfen ist (hierzu **Carl Schmitt**, Unabhängigkeit der Richter usw., Berlin und Leipzig 1926), jedenfalls ist ein nicht in Gesetzesform ergangener Parlamentsbeschluß oder der bloße Beschluß eines parlamentarischen Untersuchungsausschusses für ihn völlig unbeachtlich. Bei der Beratung der Reichsverfassung hat der Antrag Dr. **Cohn**, daß dem Reichstag die Oberaufsicht über die Rechtsprechung (später berichtigt in Rechtspflege) zugewiesen werden solle — was übrigens wörtlich dem Art. 85 Ziff. 11 der Schweizer Bundesverfassung entspricht — den Regierungsvertretern **Preuß** und v. **Zweigert** Gelegenheit gegeben, aufs schärfste gegen alle „Parlamentsjustiz" und gegen „das Revolutionstribunal als dauernde Einrichtung des Rechtsstaates" — zu polemisieren (die Zitate bei **Rosenberg** S. 11).

Nach alledem kann keine Rede davon sein, daß die Einsetzung eines parlamentarischen Untersuchungsausschusses etwa den Sinn haben könne, das Strafgericht zu ersetzen oder dem Richter eine Entscheidung zu diktieren.

Nun wird man einwenden, daß der Richter doch unwillkürlich durch die Feststellungen eines parlamentarischen Untersuchungsausschusses beeinflußt werden könne. Das ist richtig, gilt aber ebenso für Erörterungen eines Rechtsfalls in der Öffentlichkeit, in der Presse, in der Wissenschaft. Auch die dem Hauptverfahren vorausgehende Kenntnisnahme von der Anklageschrift und den Ermittelungsergebnissen der Staatsanwaltschaft oder des Untersuchungsrichters kann auf den Richter wirken. Die Akten eines anderen gerichtlichen Verfahrens, das sich mit demselben Tatbestand befaßt hat, können vorliegen (Beispiele bei Rosenberg S. 13 f.). Alles das sind aber keine rechtlich maßgeblichen Beeinflussungen, keine Eingriffe in die Art der Entscheidung. Es ist Sache des guten Richters trotz aller solcher Einwirkungen sein Urteil frei, nur nach dem Gesetze zu finden.

Mehr Bedenken kann schon der verfassungsmäßig immerhin zulässige Fall erregen, daß ein Parlament bei der Kontrolle der Justizverwaltung einen Untersuchungsausschuß zur Feststellung von Mißständen bei der Rechtsprechung einsetzt, vielleicht nur um Gesetzeslücken oder Gesetzesfehler aufzudecken, vielleicht aber auch, um eine Reform der Richterausbildung oder ein disziplinarisches Einschreiten zu veranlassen. Hier wäre es denkbar, daß der Untersuchungsausschuß der Entscheidung der einzelnen Rechtsfälle nachginge, die Art des Prozessierens im Einzelfalle erörterte und schließlich sich darüber ausspräche, ob seiner Ansicht nach die Rechtsfälle richtig oder nicht richtig behandelt und entschieden seien. Aber man muß sich vor Augen halten, daß eine solche Kritik vom Parlament auch ohne Untersuchungsausschuß, etwa gelegentlich der Beratung des Justizetats oder im Anschluß an eine Petition wegen mangelhafter Rechtspflege geübt werden kann, daß sie — oft in den bedauerlichsten Formen — in der Presse fortgesetzt begegnet und daß auch die Wissenschaft ihre Stellung zu den Urteilen nimmt. Ausschlaggebend bleibt, daß ein maßgeblicher Befehl über die Art der Entscheidung dem Richter auch von einem solchen Ausschuß zur Untersuchung der Justizverwaltung nicht erteilt werden kann. Ein Parlamentsbeschluß, der unmittelbar oder mittelbar maßgebliche Grundsätze für die Rechtsanwendung der Richter anders als in der Form der

Gesetze aufstellen würde, wäre unverbindlich, ein Untersuchungsausschuß, der diese Tendenzen verfolgte, schon nach geltendem Recht verfassungswidrig.

Gegenüber einem durch die parlamentarische Untersuchung veranlaßten disziplinarischen Einschreiten aber stehen dem Richter die „Garantien" der persönlichen Unabhängigkeit zur Seite, die das zweite Element der Unabhängigkeit der Justiz ausmachen.

2. Die persönliche Unabhängigkeit des Funktionärs der Rechtsprechung, des „Richters der ordentlichen Gerichtsbarkeit", ist die notwendige Ergänzung zur Unabhängigkeit der Justizfunktion. Der Ausschluß des Machtspruchs, das Verbot des Spezialbefehls hat nur dann einen Sinn, wenn der Richter sich nicht in einer persönlich abhängigen Stellung befindet. Denn andernfalls ist ein Machtspruch gar nicht nötig, da der Richter ohnehin den Wünschen maßgeblicher Stellen sich gefügig erweisen wird, wie es Tocqueville einmal formuliert hat: „Was liegt daran, daß man ihn zwingen kann, wenn man tausend Mittel hat, ihn zu gewinnen?"

Die persönliche Unabhängigkeit des Justizfunktionärs ist heute durch Art. 104 RVerf., §§ 6—9 GVG. gewährleistet: Ernennung auf Lebenszeit, festes Gehalt, Rechtsweg für vermögensrechtliche Ansprüche, Unversetzbarkeit, Amtsenthebung und Versetzung in den Ruhestand nur aus gesetzlichen Gründen und unter gesetzlichen Formen, dazu die allgemeinen Beamtengarantien der wohlerworbenen Rechte und der Vereinigungsfreiheit in Art. 129, 130 RVerf.

Es bedarf keiner Ausführung, daß diese persönlichen Garantien auch für die Untersuchungsausschüsse völlig unangreifbar sind; sie können hierauf in keiner Weise einwirken. Ob die Garantien genügen, um den Richter wirklich unabhängig, unabhängig auch gegenüber dem Parlament und seinen Untersuchungsausschüssen, nur nach dem Gesetz seine Entscheidung finden zu lassen, ist eine andere, aber allgemeinere Frage, die nicht nur das Verhältnis zu den parlamentarischen Untersuchungsausschüssen betrifft. Wenn beispielsweise ein stärkerer Schutz des Richters gegen Verunglimpfungen seiner Rechtsprechung, wenn eine Heraushebung des Richters aus dem allgemeinen Beamtenrecht gefordert wird, so sind das Fragen, die nicht nur im Verhältnis zu den parlamentarischen Untersuchungen behandelt werden können.

Auf einen Punkt möchte ich allerdings hinweisen, in dem meines Erachtens die persönliche Unabhängigkeit des Richters heute offensichtlich ungenügend garantiert ist, das ist seine wirtschaftliche Stellung. Dem Richter ist zwar festes Gehalt und der Rechtsweg für den Gehaltsanspruch, aber nichts rücksichtlich der Höhe des Gehalts gewährleistet. Nun ist es zwar vielleicht übertrieben, wenn man gesagt hat: Unabhängig ist nur, wer nicht mehr avancieren kann. Aber jedenfalls ist dem Mann seine Unabhängigkeit nicht garantiert, der, um ein halbwegs seinem Stande gemäßes Leben führen zu können, avancieren muß und der bei der Abfassung eines „nicht genehmen" Urteils vor der Frage steht, ob er sich damit nicht seine Beförderungsaussichten verdirbt und sich zu einem lebenslänglichen engbrüstigen Schreiberdasein verurteilt.

Wer allen Anstürmen der öffentlichen Meinung, der öffentlichen Kritik, der Kritik des Parlamentes der Untersuchungsausschüsse, der Vorgesetzten zum Trotz nur nach dem Gesetz und seinem Gewissen handeln soll, der muß eine lebenswürdige Lebensstellung haben, so daß er auf alle Beförderungsaussichten verzichten kann. Wie das zu erreichen ist, gehört nicht in den Rahmen unserer Erörterung.

Wir haben nur abschließend festzustellen, daß die verfassungsmäßige Tätigkeit eines Untersuchungsausschusses zu Eingriffen in die gesetzliche Unabhängigkeit der Justiz nicht führen kann.

III. Wenn die verfassungsmäßige Tätigkeit der Untersuchungsausschüsse eine „Gefahr für die Strafrechtspflege" (Reichstagsabgeordneter Dr. Wunderlich auf dem Augsburger Richtertage 1925) bedeutet, so hat das seinen Grund in anderem. Die Untersuchungsausschüsse können, unbeschadet der Unabhängigkeit der Gerichte, das Strafverfahren in ganz empfindlicher Weise stören, weil sie sich zum Teil mit denselben Tatbeständen beschäftigen, die dem Strafverfahren zu Grunde liegen.

Das Gebiet, wo sich eine derartige Konkurrenz geltend macht, ist in erster Linie die Verwaltungsenquête in Gestalt der von Alsberg sogenannten Skandalenquête, wo es sich darum handelt, gelegentlich der parlamentarischen Verwaltungskontrolle Mißstände, Verfehlungen in der Verwaltung aufzudecken, damit im Anschluß daran das persönliche oder sachliche System verbessert werde („wenn die Gesetzlichkeit oder Lauterkeit von Regierungs- oder Verwaltungsmaßnahmen angezweifelt wird"; Vorentwurf zur Verf. d. Deutschen Reichs vom 3. Januar 1919 § 47). Hier wird die parlamentarische Untersuchung sich jedenfalls ganz regelmäßig — was man bei Wahl- und Gesetzgebungsenquêten nicht sagen kann — mit Tatbeständen befassen, die gleichzeitig strafbare Handlungen oder Dienstvergehen darstellen. Als

Beispiele für Verwaltungsenquêten, die wegen ihrer Kollision mit Strafverfahren besonders die Kritik herausgefordert haben, seien genannt:

Der Staatsbankuntersuchungsausschuß des Preußischen Landtags zur Prüfung der Frage,

„ob und inwieweit bei der Gewährung der Staatsbankkredite an die Kutisker-, Barmat- und Michaelkonzerne politische Momente oder unlautere Beeinflussungen mitgewirkt und im öffentlichen Leben stehende, besonders auch beamtete Personen, sich direkt oder indirekt Vorteile verschafft haben (Drucksachen des Preußischen Landtags, 2. Wahlperiode, 1. Tagung, Nr. 58).

Der Landespfandbrief-Untersuchungsausschuß des Preußischen Landtags, der gemäß folgendem Antrag Schreiber und Genossen (Drucksachen des Preußischen Landtags, 2. Wahlperiode, 1. Tagung Nr. 170) mit dem Abänderungsantrag Leid und Genossen (Drucksachen Nr. 172) eingesetzt worden ist:

Der Leiter der Preußischen Landespfandbriefanstalt, der frühere Geh. Regierungsrat Nehring, hat seinen Posten mit Verzicht auf die ihm zustehende Pension aufgegeben. Nach Pressemitteilungen liegt der Grund für diesen ungewöhnlichen Vorgang darin, daß die Landespfandbriefanstalt, deren Aufgabe es sein sollte, Mittel für den Wohnungsbau flüssig zu machen, mehrere Milionen Mark für eine Terrainspekulation, an der die Herren von Zitzewitz und von Etzdorf beteiligt sein sollen, zur Verfügung gestellt und hierbei erhebliche Verluste erlitten hat.

Gemäß Art. 25 der Preußischen Verfassung wird ein Untersuchungsausschuß von 29 Mitgliedern zur Untersuchung der vorgekommenen Unregelmäßigkeiten eingesetzt.

Der Höfle-Ausschuß des Preußischen Landtags zur Prüfung der Frage,

ob und inwieweit in dem Strafverfahren gegen den verstorbenen Reichsminister a. D. Dr. Höfle, insbesondere bei Anordnung, Aufrechterhaltung und Durchführung der Untersuchungshaft Pflichtwidrigkeiten oder durch den Untersuchungszweck nicht gebotene Härten von Beamten oder mit einzelnen Funktionen betrauten Personen vorgekommen sind, welche den Tod des Reichsministers a. D. Dr. Höfle unmittelbar oder mittelbar herbeigeführt oder beschleunigt haben (Drucksachen des Preußischen Landtags, 2. Wahlperiode, 1. Tagung Nr. 528).

1. Ein Nebeneinander von parlamentarischer Untersuchung und Strafverfahren hat schon das Bedenkliche daß sich dadurch beim Richter eine vorgefaßte Meinung bilden kann. Der Richter erhält auf diese Weise von vornherein einen Rechtsfall unter einer bestimmten Anschauungsweise unterbreitet; er sieht sich vielleicht einer durch die parlamentarische Untersuchung gebildeten festen öffentlichen Meinung mit all ihrer Suggestivkraft gegenüber, Wenn das auch keinen Eingriff in die Unabhängigkeit des Richters bedeutet, so ist es doch andererseits gewiß nicht gleichgültig.

Freilich muß man vor Augen behalten, daß sich die öffentliche Meinung auch ohne parlamentarische Untersuchung beispielsweise in Presseerörterungen bilden kann. Auch sonst fehlt es, wie im Vorstehenden erörtert, nicht an Möglichkeiten, einem beeinflußbaren Richter eine bestimmte Auffassung zu suggerieren. Alles das darf den guten Richter nicht hindern, sich doch bei seiner Behandlung und Entscheidung des Falles seine Ansicht neu zu bilden. Das gerade ist die Kunst, die wir von ihm verlangen, für die er geschult ist und die unsere Rechtsordnung bei ihm voraussetzt.

Denn das moderne Strafprozeßrecht geht nicht davon aus, daß der Richter in völliger Unbefangenheit ohne jede vorherige Kenntnis von der Prozeßsache an ihre Entscheidung herantreten müsse. Der Satz judex non secundum suam concientiam verbietet dem Richter nur, seine eigene Sachkenntnis zu verwerten als Sicherung gegen parteiische und käufliche Richter (vgl. Richard Schmidt, Die außergerichtlichen Wahrnehmungen des Prozeßrichters, Leipzig 1892); er bedeutet nicht, daß der Richter wie ein unbeschriebenes Blatt an die Sache herantreten müßte. Wohin ein solches Verlangen führen würde, zeigt eine Schilderung, die Mark Twain in seinen Reisebildern von den Schwurgerichten in Nevada gibt, bei denen zeitweilig jenes Erfordernis der gänzlichen Unwissenheit von dem zu behandelnden Fall für Geschworene gegolten zu haben scheint: „In unserem Jahrhundert der Zeitungen und Telegraphen", resumiert Mark Twain, „schloß man hierdurch von vornherein jeden gebildeten, rechtschaffenen und verständigen Mann von der Geschworenenbank aus und machte die Schwurgerichte oft zu einem traurigen Possenspiel."

Dazu hat der Richter seine Wissenschaft, seine Kunst und seine gesetzliche Unabhängigkeit, um sich nicht beeinflussen zu lassen. Er muß fest genug sein, um trotz allem sein Urteil selbständig, nur nach dem Gesetz zu fällen.

2. Das liegt aber anders schon bei den Strafverfolgungsbehörden. Sie sind nicht unabhängig gestellt, sondern ihren Vorgesetzten, in letzter Instanz dem Justizministerium, auch in ihren Entscheidungen zur Sache gehorsampflichtig. Es liegt nahe, daß die vom Vertrauen des Parlaments abhängige Spitze der Justizverwaltung sich durch die Verhandlungen eines parlamentarischen Untersuchungsausschusses bestimmen läßt, der Strafverfolgungsbehörde Anweisungen auf Einleitung von Ermittlungen, auf Erhebung der Anklage oder — was vielleicht das Bedenklichere ist — auf Nichteinleitung von Ermittelungen, auf Einstellung des Verfahrens zu geben. Solchen Anweisungen kann sich die Strafverfolgungsbehörde nicht entziehen, und so entsteht die Gefahr, daß die Staatsanwaltschaft Direktiven hinsichtlich des Strafverfahrens erhält, die nicht durch den Stand der Sache, sondern durch die Haltung eines parlamentarischen Untersuchungsausschusses bestimmt sind.

3. Die größte Gefährdung, die sich für ein Strafverfahren aus einer parallel geführten parlamentarischen Untersuchung über dieselben Tatbestände ergeben kann, liegt aber wohl zweifellos in der sehr naheliegenden Verfälschung des Beweismaterials. Das ist es, was der 6. Deutsche Richtertag die „parteiische Durchkreuzung der Wahrheitsermittlung durch die unparteiische Rechtspflege" nennt und was mit der von Müller-Meiningen wiedergegebenen Äußerung aus dem Volke gemeint ist, „daß man durch ein solches excessives parlamentarisches Untersuchungsverfahren auch die Lumpen im eigenen Lager decken könne."

Die Untersuchungsausschüsse vernehmen Zeugen und Sachverständige, die auch im Strafverfahren angehört werden müssen. Jeder Richter weiß, von wie großer Bedeutung es ist, wie ein Zeuge oder Sachverständiger bei der ersten Vernehmung angefaßt wird. Das, was einmal ausgesagt und protokollarisch festgehalten ist, wird den Aussagenden auch bei späteren Vernehmungen bestimmen, und es gehört schon großes Geschick dazu, um auch nur Mißverständnisse, die bei der ersten Vernehmung unterlaufen sind, bei einer späteren Vernehmung aufzuklären. Und nun erhalten Staatsanwalt, Untersuchungsrichter und erkennender Richter im Strafverfahren Zeugen und Sachverständige, die bereits vom parlamentarischen Untersuchungsausschuß und zwar in aller Regel in voller Öffentlichkeit vernommen sind, die inzwischen vielleicht auch von den Aussagen der Beschuldigten und der übrigen Zeugen vor dem Untersuchungsausschuß als Zuhörer oder durch die Zeitungen

Kenntnis erhalten haben. Der besondere Einfluß, den vor allem der Untersuchungsrichter durch seine nichtöffentliche Vernehmung, durch die vertrauliche Erörterung der Sache nehmen kann, ist damit selbstverständlich von vornherein verloren. Die zuerst in voller Öffentlichkeit vor dem Untersuchungsausschuß vernommenen Zeugen werden hier mit der Wahrheit zurückhalten, und bei einer späteren, nichtöffentlichen Vernehmung durch den Untersuchungsrichter sind sie bereits festgelegt.

Verhängnisvoll ist weiter die Möglichkeit, daß die späteren Beschuldigten eines Strafverfahrens vorher als Zeugen über die kritischen Tatbestände durch den Untersuchungsausschuß vernommen werden, wie es schon wiederholt praktisch geworden ist. Geständnisse, die der Angeschuldigte, wäre er zuerst in der geheimen Voruntersuchung vernommen worden, vielleicht gemacht hätte, wird er als Auskunftsperson vor dem öffentlichen Untersuchungsausschuß schwerlich abgeben; vielmehr wird er sich hier auf eine unwahre Sachdarstellung festlegen und nachher aller Fragekunst eines Richters spotten. Mit Recht wird auch auf die Zwangslage hingewiesen, in die der vom Untersuchungsausschuß als Zeuge vernommene Delinquent gerät: Vor dem Untersuchungsausschuß hat dieser „Zeuge" nicht das allgemeine Aussageverweigerungsrecht eines Beschuldigten im Strafverfahren. Er kann höchstens unter Berufung auf § 55 StPO. geltend machen, daß die Beantwortung der Fragen ihm selbst oder einem nahen Angehörigen die Gefahr strafgerichtlicher Verfolgung zuziehen würde. Er wird es nur zu häufig vorziehen, zu lügen, statt durch die Berufung auf jenen Paragraphen gegen sich selbst Material zu liefern. Welche unwürdige Situation ergibt sich dann, wenn der künftige Beschuldigte vom Untersuchungsausschuß im Hinblick auf die mögliche Vereidigung zur Wahrheit ermahnt wird! Gewiß wird ein vorsichtig arbeitender Untersuchungsausschuß Fragen, die sich auf die Feststellung der individuellen strafrechtlichen Schuld beziehen, tunlichst vermeiden, da es darauf für seine Zwecke in den meisten Fällen nicht so sehr ankommen wird, wie auf den objektiven Tatbestand. Aber beides hängt zusammen, und nicht jeder Untersuchungsausschuß wird die Grenze wahren können oder wollen.

Denkbar und tatsächlich auch schon vorgekommen ist weiter, daß der Untersuchungsausschuß Staatsanwalt und Untersuchungsrichter des Strafverfahrens als Zeugen über den bisherigen Gang des Strafverfahrens, über ihre Maßnahmen und Ansichten vernimmt (Preußischer Staatsbankuntersuchungsausschuß, hierzu Wunderlich D. J. Z. 1926, Spalte 1261). Dadurch ergibt sich die groteske Situation, daß die Leiter des schwebenden Strafverfahrens neben den Beschuldigten und Zeugen dieses Verfahrens vernommen werden, sofern hier nicht von dem Recht des § 54 StPO. ein energischer Gebrauch gemacht wird. Ähnliche Bedenken ergeben sich gegenüber der Möglichkeit, daß der Untersuchungsausschuß die Akten des laufenden Strafprozesses einfordert und öffentlich verliest; ob die Justizverwaltung das Recht hat, unter Berufung auf § 96 StPO. die Akten zu verweigern, ist mehr als zweifelhaft (s. u. S. 101).

All das bietet Gelegenheit zu Kollusionen, die das Strafverfahren schließlich vereiteln können oder, wie Rosenberg es richtiger ausdrückt: Kollusionen sind gar nicht mehr nötig. Die Angaben von Mittätern und Teilnehmern, die Aussagen von Belastungs- und Entlastungszeugen, die Ergebnisse des bisherigen Strafverfahrens werden von selbst dem eigentlichen Schuldigen bekannt.

Gewiß ist Alsberg zuzugeben, daß eine solche Verdunkelungsgefahr ebenso erwachsen kann, wenn sich ein Strafverfahren aus einem Disziplinarverfahren oder einem zivilprozessualen Verfahren entwickelt oder wenn beide nebenher laufen; aber die Gefahr bei den Skandalenquêten muß doch höher eingeschätzt werden, weil sie hier typisch ist.

4. Gegenüber diesen Bedenken mögen die mehr formalen zurücktreten, daß die parlamentarische Untersuchung die Geheimhaltung des Standes der Voruntersuchung, soweit unser Recht sie überhaupt anerkennt, gefährdet, daß Akten, deren Einsicht der Untersuchungsrichter dem Verteidiger wegen Gefährdung des Untersuchungszwecks verweigert, durch die Verhandlungen des Untersuchungsausschusses öffentlich bekannt werden können, daß möglicherweise die Anklageschrift oder andere amtliche Schriftstücke eines Strafprozesses auf dem Umweg über das parlamentarische Untersuchungsverfahren trotz §§ 17, 18 Preßgesetzes schon vor der Kundgabe in der öffentlichen Verhandlung oder vor Beendigung des Verfahrens in die Presse gelangen.

5. Von Bedeutung ist aber wieder, daß durch Einforderung der Akten eines laufenden Strafprozesses seitens eines Untersuchungsausschusses das Strafverfahren auf lange Zeit unterbrochen und so verschleppt werden kann. Zwar scheinen sich Richter und Untersuchungsausschuß bisher immer verständigt zu haben, daß aber auch hier sich Möglichkeiten für ernste Konflikte ergeben, ist zweifellos.

6. Noch bedenklicher ist schließlich der Einfluß, den eine parlamentarische Untersuchung in der Richtung auf eine abgeschwächte Wir-

kung des Urteils äußern kann. Durch die Behandlung eines Tatbestandes im Untersuchungsausschuß kann die öffentliche Meinung aufgewühlt werden und eine vorgefaßte Ansicht entstehen, der gegenüber ein abweichendes Urteil einen schweren Stand hat. Gewiß fällt der Untersuchungsausschuß kein Strafurteil, aber er gibt seine Meinung ausdrücklich oder stillschweigend über den Tatbestand und möglicherweise auch über seine strafrechtliche Beurteilung zu erkennen, und so kann sich ein scheinbarer oder wirklicher Widerspruch zwischen den Ergebnissen der parlamentarischen Untersuchung und des Gerichtsverfahrens herausstellen, der die Autorität des Urteils untergräbt. Die Gefahr wird vervielfältigt, wenn sich Mitglieder des Untersuchungsausschusses nicht scheuen, schon vor dem offiziellen Bericht des Ausschusses an das Haus ihre Kenntnisse von dem Enquêteverfahren durch Zeitungsartikel und Broschüren parteipolitisch auszunutzen, wie das leider wiederholt geschehen ist. (Belege bei Rosenberg S. 15 f., Alsberg S. 375.)

IV. Es muß auffallen, daß derartige Kollisionen in der vorrevolutionären Rechtspraxis nicht in Erscheinung getreten sind, obwohl es auch da schon parlamentarische Untersuchungskommissionen und Enquêten gab. Nach Art. 82 der Preuß. Verf. vom 30. Januar 1850 hat jede Kammer die Befugnis „behufs ihrer Information Kommissionen zur Untersuchung von Tatsachen zu ernennen." Die Reichsverfassung von 1871 enthielt zwar keine ausdrücklichen Bestimmungen über das Enquêterecht. Gleichwohl war es zutreffend, daß der Reichstag geschäftsordnungsmäßig auch Sonderausschüsse zu seiner Information über einzelne zu seiner Zuständigkeit gehörige Frage einsetzen konnte, wie das vor allem Laband (D. J. Z. 1913 Spalte 604) vertreten hat. Zu Konflikten mit der Justiz ist es nie gekommen, nicht nur, weil von der Einsetzung solcher Kommissionen nur ein äußerst sparsamer Gebrauch gemacht worden ist — die im Anschluß an die Kruppschen Prozesse wegen Bestechung von Militärpersonen zur Erlangung von Nachrichten über die Rüstungen gebildete „Rüstungskommission" war vom Reichskanzler, allerdings unter Zuziehung von Reichstagsmitgliedern gebildet — sondern weil die Preußischen Landtags- und erst recht die Reichstagskommissionen auf Mitteilungen beschränkt waren, die ihnen freiwillig gemacht wurden. Sie durften Privatpersonen, wie Behörden um Auskunft angehen, diese waren aber nicht verpflichtet, dem Folge zu leisten (Anschütz in Kohlers Rechtsenzyklopädie, 7. Auflage, Bd. 4, S. 145).

Der entscheidende Gegensatz zwischen altem und neuem Enquêterecht besteht — abgesehen von der Frage des Minderheitenschutzes — in dem Recht der nachrevolutionären Untersuchungsausschüsse, ohne Vermittlung der Regierung unter sinngemäßer Anwendung der StPO. Beweise zu erheben oder durch Behörden erheben zu lassen. Diese selbständigen obrigkeitlichen Befugnisse, vor allem das Recht, Zeugen und Sachverständige eidlich zu vernehmen, führen die Kollisionen mit dem Strafverfahren herbei. Die Vernehmung derselben Zeugen über dieselben Tatbestände wie im Strafprozeß, die Vernehmung der Beschuldigten, des Staatsanwalts und des Untersuchungsrichters vor dem Untersuchungsausschuß sind es, die möglicherweise das Beweismaterial verfälschen und die Wirkung des Urteils untergraben.

V. Das letztere wird man zu berücksichtigen haben, wenn man nunmehr der Frage näher tritt, wie eine Abhilfe für die unzweifelhaft vorhandenen Gefährdungen des Strafverfahrens durch die parlamentarischen Untersuchungsausschüsse zu finden ist. Auszugehen ist dabei davon, daß auch in den Fällen der für uns besonders wichtigen Skandalenquêten parlamentarische Untersuchung und Strafverfahren durchaus verschiedene staatliche Funktionen sind, die sachlich vollständig disparate Zwecke verfolgen: hier Vorbereitung eines Parlamentsbeschlusses über allgemeine Verwaltungsmaßnahmen, dort Verfolgung und Aburteilung eines einzelnen Bürgers wegen einer strafbaren Handlung. Die Kollisionen entstehen gewissermaßen nur zufällig dadurch, daß beide Verfahren sich möglicherweise mit denselben Tatbeständen befassen und über sie Beweise erheben müssen. Daraus folgt, daß die Gefahren dieses Zusammentreffens umso geringer werden, je entschiedener man die Grundverschiedenheit beider Verfahren betont und auch institutionell zum Ausdruck bringt. Es muß sinnfällig werden, daß es sich in einem Falle um etwas absolut anderes als im anderen handelt.

1. Das Gutachten Rosenberg will einen anderen Weg einschlagen: dem Strafverfahren soll der unbedingte zeitliche Vorrang vor dem parlamentarischen Untersuchungsverfahren eingeräumt werden.

Es entspricht das dem, was in der Danziger Verfassung bereits geltendes Recht geworden ist, allerdings in einer nicht unbedenklichen Formulierung:

„Die Untersuchungsausschüsse dürfen in ein schwebendes gerichtliches oder Disziplinarverfahren nicht eingreifen“ (Danziger Verf. Art. 19).

Damit ist offenbar nicht nur das selbstverständliche Verbot eines wirklichen „Eingriffs“ in das Gerichtsverfahren im Sinne der oben erörterten Machtsprüche gemeint, sondern man will zum Ausdruck bringen, daß im Falle der Einleitung eines gerichtlichen Verfahrens die parlamentarische Untersuchung bis zur Beendigung dieses Verfahrens ausgesetzt werden muß. (Vgl. Loening, Untersuchungsausschüsse, Danziger Zeitung v. 1. März 1921 Nr. 87). Die Einfügung dieser Bestimmung in die Danziger Verfassung erklärt sich so, daß der erste Entwurf Sahm überhaupt keine Untersuchungsausschüsse vorsah, daß dann der Gegenentwurf der sozialdemokratischen Fraktion und der Entwurf des Verf.-Ausschusses auf Untersuchungsausschüsse nach dem Muster von Art. 34 RVerf. zukamen und daß man sich schließlich auf die Untersuchungsausschüsse mit gewissen Einschränkungen einigte.

Das Gutachten Rosenberg bringt S. 28 denselben Gedanken weit schärfer zum Ausdruck, wenn es eine Verfassungsbestimmung verlangt,

„daß die parlamentarische Untersuchung eines Verbrechens oder Vergehens erst beginnen darf, wenn das gerichtliche Strafverfahren beendet ist“;

es wäre vielleicht nur, um dem Irrtum vorzubeugen, als ob die Untersuchungsausschüsse Verbrechen und Vergehen im Sinne eines Strafverfahrens zu untersuchen hätten, empfehlenswerter, zu formulieren:

„daß die parlamentarische Untersuchung der Tatsachen, die den Tatbestand eines Verbrechens oder Vergehens bilden, erst beginnen darf, wenn das gerichtliche Strafverfahren beendigt ist“.

Der Beendigung eines solchen Verfahrens soll nach Rosenberg der Fall gleichgestellt werden, „daß die Weiterführung eines gerichtlichen Strafverfahrens durch Tod, Flucht, Geisteskrankheit eines Beschuldigten, durch Amnestie oder ähnliche Ursachen unmöglich geworden ist“.

Noch deutlicher ist die Fassung in dem oben erwähnten Antrag Rießer-Heinze-Kahl u. Gen. (Reichstagsdrucks. Nr. 2050), wo als Absatz 2 des Art. 34 die Bestimmung beantragt wird:

„Das Verfahren ist auszusetzen, wenn bei oder nach seiner Eröffnung wegen des gleichen Tatbestands ein Untersuchungs- oder Strafverfahren anhängig ist oder wird, bis dasselbe rechtskräftig erledigt ist.“

Mit einer solchen Bestimmung wäre in der Tat das Nebeneinander gerichtlicher und parlamentarischer Untersuchungen beseitigt und die oben entwickelte Kollusions- und Verschleppungsgefahr für das Strafverfahren behoben; nicht so die Gefahr einer abgeschwächten Urteilswirkung, denn diese ergibt sich auch dann, wenn die parlamentarische Untersuchung dem gerichtlichen Verfahren folgt und nachträglich als eine Art Oberinstanz das Urteil desavouiert.

Nun wird man sich in einfach gelagerten Fällen den Gang gewiß sehr gut so vorstellen können, daß der parlamentarische Untersuchungsausschuß, wenn bei seiner Einsetzung bereits ein einschlägiges Strafverfahren schwebt oder ein solches später eingeleitet wird, mit seiner Arbeit bis zur Beendigung des Strafverfahrens wartet und dann die Akten einfordert, die möglicherweise bereits alle wünschenswerte Aufklärung enthalten. Das ist aber eben nur bei einfach gelagerten Fällen angängig, für die vielleicht auch schon eine Interpellation an die Regierung genügen würde. Wenn es sich darum handelt, ob in den Schulen die Kinder geprügelt werden, wird man mit Ruhe die gerichtlichen Erhebungen wegen Körperverletzung abwarten können. Wenn aber im Anschluß an einen politischen Skandal Klarheit darüber verschafft werden soll, ob man das persönliche oder sachliche System eines Verwaltungszweiges ändern muß, so kann der die Parlamentsentscheidung vorbereitende Untersuchungsausschuß mit seinen Arbeiten nicht jahrelang warten, bis alle aus dem Skandal sich ergebenden Untersuchungen im Strafverfahren rechtskräftig erledigt sind. Das wäre gleichbedeutend mit dem Verzicht auf die parlamentarische Untersuchung gerade in den Fällen, für die sie in erster Linie berufen ist.

Es ist ja nicht so, wie vielfach im Anschluß an die verfehlte Praxis mancher bisherigen parlamentarischen Untersuchungen angenommen wird, daß parlamentarische Enquête und Strafverfahren dieselben Aufgaben hätten und daß infolgedessen gar nichts versäumt wäre, wenn die parlamentarische Untersuchung vorläufig ruht und inzwischen Staatsanwalt und Gericht ihres Amtes walten. Das trifft für das Verhältnis des Strafverfahrens zum Disziplinarverfahren oder zur Ministeranklage zu, und insofern haben § 77 Reichsbeamtenges., sowie der eigenartige § 10 Staatsgerichtshofges. ihren guten Sinn. Das gilt aber nicht für das Verhältnis von Strafverfahren und parlamentarischer Untersuchung.

Bei der parlamentarischen Untersuchung handelt es sich gar nicht darum, den einzelnen Fall bis in alle für eine Bestrafung entscheidenden Tatbestandsmerkmale zu klären, für sie genügt es regelmäßig, wenn im allgemeinen „Mißstände" festgestellt werden, eine Feststellung, die wieder dem an die Anklage gebundenen Gericht versagt ist. Auf Grund solcher allgemeiner Feststellungen wird der Untersuchungsausschuß bereits in der Lage sein, an das Parlament zu berichten und Vorschläge wegen Verbesserung der Verwaltung zu machen. Er kann also viel schneller arbeiten als ein Gericht, das gegen den Einzelnen vorgeht und mit allen Rechtsschutzgarantien Schuld und Nichtschuld im Einzelfall feststellt. Müßte die parlamentarische Untersuchung erst die Erledigung aller dieser Verfahren abwarten, so würde es dann für die nötige Verwaltungsreform gewiß zu spät sein.

Man bedenke auch, daß auf diese Weise gerade die erfolgreich arbeitenden Untersuchungsausschüsse nicht zum Ziele kommen würden, denn ihre Aufdeckung von Mißständen würde immer neuen Anlaß zur Einleitung von Strafverfahren geben, und der Ausschuß müßte immer wieder sein Verfahren einstellen. Man braucht noch gar nicht einmal an die Möglichkeit zu denken, die Wunderlich (D. J. Z. 1926 Sp. 1263) andeutet, daß dann ein Strafverfahren auch mit dem ausgesprochenen Zweck eingeleitet werden könnte, das parlamentarische Untersuchungsverfahren lahmzulegen — um zu erkennen, daß eine Bestimmung des von Rosenberg vorgeschlagenen Inhalts im Grunde auf eine Verneinung der parlamentarischen Untersuchung herauskommt.

Rosenberg glaubt, daß das öffentliche Interesse kaum jemals so dringend sein werde, um nicht das Strafverfahren abwarten zu können, schlimmstenfalls solle lieber dann zu einer Amnestie oder zur Einsetzung von Ausnahmegerichten geschritten werden. Ich kann mich diesen Ausführungen nicht anschließen. Auch im Recht Englands, der Union und Frankreichs ist ein zeitlicher Vorrang des Gerichtsverfahrens vor der parlamentarischen Untersuchung nicht vorgesehen (vgl. die Nachweisungen bei Alsberg S. 359 ff., denen noch Duguit, Droit constituionel, Bd. 4, 2. Aufl. 1924. S. 394 ff. beigefügt werden kann; der Fall der Strafanstalten von Neu-Kaledonien, wo das Parlament die Einsetzung des Untersuchungsausschusses ablehnte, lag so, daß der Antragsteller für die Kommission den Auftrag verlangte, unter strafrechtlichen Gesichtspunkten die Gesetzwidrigkeiten zu untersuchen, die von Beamten begangen waren, nur so erklärt sich die Ablehnung).

2. Kommt der erste Vorschlag Rosenbergs mehr oder weniger auf eine Unterdrückung des parlamentarischen Untersuchungsverfahrens zu Gunsten des Strafverfahrens heraus, so bewegen sich andere, ergänzende Vorschläge seines Gutachtens in der Richtung einer möglichsten Annäherung der Untersuchungsausschüsse und ihres Verfahrens an die Strafjustiz, um auf diese Weise den Erhebungen der Untersuchungsausschüsse doch einigermaßen dieselben Qualitäten zu sichern, wie sie die Strafgerichte haben, und damit ihrer Betätigung das für den Strafprozeß Gefährliche zu nehmen.

Die Ausschüsse, deren Zusammensetzung durch die Geschäftsordnungen der Parlamente parteimäßig bestimmt wird und die oft sehr stark (bis zu 29 Mitgliedern) besetzt sind, wobei die Mitglieder noch im Laufe der Untersuchung wechseln können, sollen mit möglichst wenig Personen, tunlichst mit Juristen, besetzt werden, vielleicht sogar unter Heranziehung von Nichtparlamentariern, unter denen auch wieder in erster Linie Richter gemeint sind.

Bei Untersuchungen, die ihre Spitze gegen bestimmte Personen richten, sollen diese einzelne Mitglieder des Ausschusses aus persönlichen Gründen wegen Besorgnis der Befangenheit ablehnen können, eine Forderung, die auch von anderer Seite unterstützt wird (vgl. Rosenberg S. 18).

Empfohlen wird weiter die Einrichtung einer Art Voruntersuchung nach dem Muster des in erster Linie der Entlastung der Ausschüsse dienenden § 31 der Geschäftsordnung für die Hamburger Bürgerschaft:

> „Der Ausschuß kann zur Vorbereitung der öffentlichen Beweiserhebung eine Voruntersuchung durch einen zum Richteramt befähigten Rechtsgelehrten anordnen."

Auch diese Vorschläge scheinen mir bewußt oder unbewußt von der irrigen Anschauung getragen zu sein, daß parlamentarische Untersuchung und Strafverfahren eigentlich dasselbe tun. Damit wird das parlamentarische Untersuchungsverfahren in seinem innersten Wesen verkehrt; jene Vorschläge würden es gerade zu dem machen, was es nicht sein soll, zu einem Konkurrenten des Strafverfahrens. Die Aufgabe der Untersuchungsausschüsse ist eine politische, denn sie haben Parlamentsbeschlüsse vorzubereiten und zu diesem Zweck Erhebungen zu machen. Gerichtliche Feststellungen liegen ihnen nicht ob. Es ist deshalb auch unberechtigt, wenn den Ausschüssen die parteimäßige Einstellung ihrer Mitglieder zum Vorwurf gemacht wird. Es sollen hier die Tatbestände von den verschiedenen Parteiseiten aus aufgehellt werden, um so die politische Entschließung des Parlaments vorzubereiten. Ganz anders das vom Prinzip der Gerechtigkeit gegen den Einzelnen beherrschte Strafverfahren.

Wie eingangs dargelegt, muß das Ziel gerade sein, den Anschein zu vermeiden, als ob es sich bei den parlamentarischen Untersuchungsausschüssen um gerichtliche Feststellungen handle; es muß betont werden, daß das parlamentarische Enquêteverfahren etwas ganz anderes bedeutet, daß eine Feststellung dort und eine Feststellung hier ein durchaus verschiedenes Gewicht hat; es darf also gerade nicht Besetzung und Verfahren der Untersuchungsausschüsse der Justiz angeähnelt werden.

3. Wohl aber erscheint es mir unter den zuletzt hervorgekehrten Gesichtspunkten sehr ernsthafter Erwägung würdig, ob man nicht auf dem Wege der Verfassungsänderung dem Untersuchungsausschusse das Recht der eidlichen Vernehmung von Zeugen und Sachverständigen wieder nehmen sollte. Hier liegt, wie oben ausgeführt, die eigentliche Ursache für die Kollision zwischen parlamentarischer Untersuchung und Gerichtsverfahren. Die oben unter III aufgezählten Störungen des Strafverfahrens würden sämtlich in Wegfall kommen oder wenigstens erheblich vermindert werden, wenn den Untersuchungsausschüssen zwar das Recht bliebe, Zeugen und Sachverständige zu hören, wenn ihnen aber das äußerste Mittel der Wahrheitserforschung, die Vereidung, versagt würde.

Damit würde sinnfällig zum Ausdruck kommen, daß es sich bei den parlamentarischen Untersuchungen nur um politische „Ermittelungen", „Erhebungen" handelt, während die Feststellung der materiellen Wahrheit mit den äußersten staatlichen Mitteln, aber auch mit allen Garantien der Gerechtigkeit erst im Strafprozeß erfolgt, wo über schuldig oder nichtschuldig, Bestrafung oder Freisprechung des einzelnen Menschen entschieden wird.

Es ist bezeichnend, daß gerade die Frage der eidlichen Vernehmung sich in der Entwicklung des Enquêterechts der verschiedensten Staaten als wichtiger, zum Teil heftig umstrittener Punkt heraushebt und daß diese Befugnis nicht etwa als etwas Selbstverständliches behandelt worden ist.

In England hat sich das Recht des Oberhauses zur eidlichen Vernehmung zwanglos aus dessen gerichtlichen Funktionen entwickelt. Zur Übertragung des Rechts auf ein Komitee des Oberhauses wurde aber ein ausdrückliches Gesetz für notwendig erachtet, das 1858 erging. Das Unterhaus erhielt wieder durch ein besonderes Gesetz erst 1871 das Recht, selbst oder durch ein select committee Zeugen eidlich zu vernehmen. Die select committees des einen wie des anderen Hauses bedürfen aber in jedem Einzelfalle der besonderen Ermächtigung, wenn ihnen das Recht der eidlichen Zeugenvernehmung zustehen soll — eine Ermächtigung, von der nur in wichtigen Fällen und sehr sparsam Gebrauch gemacht wird (May, Treatise on the law privileges, London 1879, S. 384 ff., 395 ff., 406 ff.; Erich Kaufmann, Untersuchungsausschuß und Staatsgerichtshof S. 28; Hatschek, Englisches Staatsrecht Bd. I, S. 414; Fromageot, Etude sur les pouvoirs des commissions politiques d'enquêtes en Angleterre; Bull. de la Société de législ. comparée 22, 1892/93, S. 165 ff.).

In den Vereinigten Staaten beschäftigt sich, was Alsberg S. 349 übersieht, ein ganzes Kaitel der Revised Statutes von 1875 (Title II chap. 7) mit den Kongreßuntersuchungen (congressional investigations), und das Recht der investigating committees auf Zeugenvereidigung wird hier ausdrücklich festgelegt (sec. 101—104). Gleichwohl hat die Frage wiederholt zu Zusammenstößen unter dem Gesichtspunkt der Gewaltenteilung und zu Entscheidungen des höchsten Gerichtshofs Anlaß gegeben (vgl. U. S. Reports Wheaton, Bd. 6 S. 204; U. S. Reports Bd. 103 S. 168; Bd. 243 S. 521; Ann. législ. étrang. Bd. 17 S. 843; Fromageot a. a. O. S. 177 f.).

In Frankreich hat sich das Enquêterecht des Parlaments im Anschluß an die Julirevolution von 1830 nach englischem Vorbild für jede Kammer ohne besondere Bestimmungen in der Verfassung, in Gesetzen oder der Geschäftsordnung entwickelt. Die übliche Begründung lautet: „ce droit tient à la nature des choses" (Hello, Du régime constitutionel, 3. Aufl., Bd. 2, S. 118 f.). Noch heute wird ausgeführt, daß das Enquêterecht selbstverständlich notwendig sei, um die Gesetzgebungszuständigkeit und Verwaltungskontrolle ausüben zu können: pour exercer utilement ces choses, elles doivent pouvoir s' éclairer et s' éclairer comme elles l'entendent (Esmein, Droit const. Bd. 2, 1921, S. 468; vgl. auch Duguit, droit const. 2. Aufl., 1924, Bd. 4, S. 390 ff.).

Dieses selbstverständliche Enquêterecht umfaßte aber nicht das Recht der eidlichen Vernehmung. Als die Ausschüsse die Befugnis zur eidlichen Zeugenvernehmung und zum Zeugniszwangsverfahren — wegen der Unfruchtbarkeit einer vorher angeordneten Untersuchung über den Fall Rochette — erhalten sollten, wurde dafür ein besonderes Gesetz für erforderlich erachtet, das unter dem 23. März 1914 ergangen ist (Wortlaut bei Esmein a. a. O. S. 470). Auch dieses französische Spezialgesetz über die Zeugenvernehmung der parlamentarischen Untersuchungskommissionen verlangt, daß ein ausdrücklicher Kammerbeschluß der einzelnen Untersuchungskommission das Recht der eidlichen Vernehmung und des Zeugniszwangs beilegt.

Das Gesetz ist nicht nur im Senat (Sitzung vom 20. März 1914), sondern auch in der Wissenschaft auf den größten Widerstand gestoßen. Man spricht von der Übertragung richterlicher Gewalten an die Untersuchungsausschüsse, von einer Negation der Gewaltenteilung; man betont bezeichnenderweise erst jetzt die Gefahr, die für das Strafverfahren entsteht: une source de confusion et d'anarchie; man rät, von dem Gesetz einen höchst sparsamen Gebrauch zu machen und jene Rechte niemals einer Kommission parallel mit einem Gerichtsverfahren beizulegen; wolle eine Kammer anders verfahren, so solle das Ministerium die Kabinettsfrage stellen (vgl. Bonnard, Les pouvoirs judiciaires des commissions d'enquête parlementaire, Rev. dr. publ. 1914, S. 386; Duguit Bd. 4, S. 397 ff.). Noch 1925 ist, wie Alsberg S. 376 feststellt, in einem Prozesse ein Gutachten der Pariser Juristenfakultät ergangen, das das Gesetz von 1914 wegen Verstoßes gegen das Prinzip der Gewaltenteilung für ungültig erklärt — eine Meinung, der sich allerdings das erkennende Gericht und die Literatur nicht angeschlossen haben.

Auch die deutsche Entwicklung beweist, daß man in dem Recht der Parlamentsausschüsse zu eidlichen Vernehmungen etwas Besonderes und nicht Unbedenkliches erkannt hat. Bei der Einführung des Enquêterechts im Frankfurter Parlament von 1848 sah die von Robert von Mohl ausgearbeitete Geschäftsordnung (§ 24) vor, daß die Versammlung einem Ausschuß das Recht einräumen könne, Zeugen und Sachverständige zu vernehmen. Das bedeutete aber nach der eigenen Stellungnahme der Nationalversammlung nicht das Recht zu eidlicher Vernehmung; diese sei Sache der Gerichte (Hatschek, Deutsches und Preußisches Staatsrecht, Bd. 1 S. 605).

In Preußen erhielt gleichzeitig die Charte Waldeck einen Artikel 73, wonach die von den Kammern eingesetzten Untersuchungsausschüsse das Recht haben sollten, Zeugen eidlich zu vernehmen. Dabei findet sich aber der bezeichnende Zusatz: „unter Mitwirkung richterlicher Beamten"; und in die oktroierte Verfassung ist dann das Recht der eidlichen Zeugenvernehmung nicht aufgenommen worden.

Auch nach der Revolution von 1918 zeigt sich anfangs noch ein gewisses Zögern bei der Übertragung der eidlichen Vernehmung an die parlamentarischen Untersuchungsausschüsse. Es dürfte nicht allenthalben bekannt sein, daß bei den „Verhandlungen im Reichsamt des Innern über die Grundzüge des der Verfassunggebenden Deutschen Nationalversammlung vorzulegenden Verfassungsentwurfs vom 9.—12. Dezember 1918" der damalige Staatssekretär Preuß erklärt hat, er habe in seinem vor der Revolution verfaßten Verfassungsreform-Entwurf folgende Bestimmung vorgeschlagen:

> „Reichstag wie Reichsrat haben die Befugnis, Kommissionen zur Untersuchung von Tatsachen zu ernennen mit dem Rechte, unter Mitwirkung richterlicher Beamten Zeugen eidlich zu vernehmen, die Reichs- und Staatsbehörden zu requirieren, deren Akten einzusehen, auch öffentlich kontradiktorisch zu verhandeln."

Erst später ist bei der Verfassungsberatung das Gefühl für die Besonderheit der eidlichen Vernehmung zurückgetreten, und so haben wir heute in Deutschland den Rechtszustand, daß jeder — auf Antrag einer Minorität obligatorische! — Untersuchungsausschuß ohne weiteres das Recht der eidlichen Vernehmung hat, was die parlamentarischen Staaten England und Frankreich nicht anerkennen und beispielsweise auch Österreich seinen parlamentarischen Untersuchungsausschüssen nicht einräumt (Art. 53 Bundesverf.-Ges.).

Man kann hiergegen freilich in Deutschland noch weniger als in Frankreich das Prinzip der Gewaltenteilung anrufen. Heute ist bei uns den gesetzgebenden Körperschaften wie den ordentlichen Gerichten wie den Verwaltungsbehörden jede der drei Funktionen: Aufstellung von Rechtssätzen, Rechtsprechung, Verwaltung — wenn auch in verschiedenem Umfange — zugewiesen; und auch bei eidlichen Vernehmungen bedeutet die Tätigkeit der Untersuchungsausschüsse noch keine Rechtsprechung. Auch das von Binding formulierte Prinzip der inneren Einheitlichkeit der staatlichen Aktion, das von Alsberg S. 332, 351 herangezogen wird, erweist sich, wie Alsberg zugibt, nicht als durchschlagend, eben weil parlamentarische Untersuchung und Strafverfahren verschiedene Aktionen sind, die sich nur gegenständlich berühren.

Im Sinne einer vernünftigen Ordnung der staatlichen Funktionen dürfte es aber zweifellos gelegen sein, daß zur Vermeidung von Widersprüchen im Interesse der Staatsautorität die Feststellung von Tatsachen mit dem äußersten Mittel der eidlichen Vernehmung möglichst bei einer Stelle konzentriert wird, die dafür besonders geeignet und geschult ist, und das sind in erster Linie die Gerichte. Gewiß kommen eidliche Vernehmungen nach unserem Recht auch bei anderen Stellen vor, aber keine ist damit so regelmäßig beschäftigt und so dafür eingerichtet, wie das Gericht. Insofern hat Lewald recht, wenn er (Archiv. f. öffentl. Recht N. F. Bd. 5, 1923, S. 269 ff., 312) die eidliche Vernehmung eine gerichtsorganisatorische Machtbefugnis nennt. Man wird also fragen dürfen, ob die Ausstattung mit dieser gerichtsorganisatorischen Befugnis für die parlamentarischen Untersuchungsausschüsse wirklich unentbehrlich ist.

Hier ist zu bedenken, daß die Untersuchungsausschüsse auf das Allgemeine gerichtete Feststellungen von Mißständen zwecks Durchführung allgemeiner Reformen vorzunehmen haben, daß es sich bei ihnen nicht um das Wohl und Wehe des Einzelnen handelt. Man sollte also meinen, daß ihnen diese allgemeinen Feststellungen auch ohne Eideszwang möglich sein müßten. Haben doch manche Untersuchungsausschüsse ohnehin schon ihre Zeugen nur als Auskunftspersonen behandelt und von einer Vereidigung abgesehen (Alsberg S. 342). Eine Schranke ist den Untersuchungsausschüssen schon durch die Verfassung gezogen, die für die Strafgerichte nicht besteht: die unbedingte Wahrung des Brief-, Post-, Telegraphen- und Fernsprechgeheimnisses. Sollte sich da nicht noch die zweite Einschränkung durchführen lassen, daß die Untersuchungsausschüsse keine Eide abnehmen dürfen?

Nun wird man einwenden, daß doch England, die Vereinigten Staaten und Frankreich gerade dazu gekommen seien, den parlamentarischen Untersuchungsausschüssen die Zeugenvereidigung ausdrücklich zur Verfügung zu stellen. Darauf ist zu antworten, daß eine Parallele zwischen Deutschland und England hier überhaupt nicht gezogen werden kann, weil das englische Parlament in seiner vollkommen souveränen Stellung für das englische Staatsrecht eine ganz andere Bedeutung hat, als die deutschen Volksvertretungen für das Reich und die

Länder. Auch in den Vereinigten Staaten liegt die Sache besonders wegen der Selbständigkeit der Regierung gegenüber dem Parlament. In Frankreich aber handelt es sich bei dem Gesetz von 1914 im Grunde viel mehr um das Zeugniszwangsverfahren, als um die Vereidigung. Ein solcher Erscheinungszwang, eine solche Zwangsgestellung mag auch in Deutschland ruhig den parlamentarischen Untersuchungsausschüssen verbleiben, nur das Recht der eidlichen Vernehmung soll ihnen genommen werden.

Glaubt ein Untersuchungsausschuß ohne eidliche Vernehmung nicht zum Ziele gelangen zu können, so mag man ihm das Recht einräumen, ein Gericht um die eidliche Vernehmung zu ersuchen. Die Untersuchungsausschüsse können schon heute so verfahren; die Änderung besteht nur darin, daß sie in Zukunft so verfahren müssen, um zu einer eidlichen Vernehmung zu gelangen. Dann wären die Untersuchungsausschüsse so gestellt, wie heute die Staatsanwaltschaft bei ihrem Ermittlungsverfahren nach §§ 161 ff. StPO., und man sollte meinen, daß das doch auch für die Zwecke des Parlaments genügen müßte.

Hält man diesen Weg nicht für gangbar, so empfiehlt sich wenigstens eine Verfassungsänderung in der Richtung, daß nicht jeder Untersuchungsausschuß ipso iure das Recht zur eidlichen Vernehmung hat, sondern daß ihm dieses Recht jeweils erst durch einen besonderen Parlamentsbeschluß zugebilligt werden muß.

4. Wie auch die Stellungnahme zu diesen Vorschlägen ausfällt, sie genügen allein noch nicht, um das Strafverfahren vor Störungen durch die parlamentarischen Untersuchungen zu schützen. Denn eine eigene Beweiserhebung durch die parlamentarischen Untersuchungsausschüsse bleibt auf jeden Fall bestehen. Der bisherige Rechtszustand aber, daß diese Beweiserhebung bloß durch die Verweisung auf eine sinngemäße Anwendung der StPO. geregelt wird, ist untragbar. Er widerspricht unmittelbar der oben begründeten Forderung, daß man parlamentarische Untersuchung und Strafverfahren soweit wie möglich auseinanderrücken muß, und hat denn auch praktisch die größten Schwierigkeiten bei der Durchführung gezeitigt.

Man kann die Ordnung des Verfahrens auch nicht der Geschäftsordnung der einzelnen Parlamente überlassen, nicht nur weil diese sich der Sache bisher nicht genügend angenommen haben, sondern weil das reichsrechtlich geregelte Gerichtsverfahren einen rechtssatzmäßigen Schutz durch ein Reichsgesetz verlangt, das auch für die Untersuchungsausschüsse der Länder maßgebend ist.

So ergibt sich die Notwendigkeit eines Reichsgesetzes über das Verfahren der parlamentarischen Untersuchungsausschüsse, ein Gedanke, den Max Weber bereits bei den Verfassungsberatungen vom 9.—12. Dezember 1918 gestreift hat. Dieses Reichsgesetz hat die Aufgabe, unter Verwertung der bisherigen Erfahrungen und unter vorsichtiger Heranziehung auch des ausländischen Rechts in sorgfältiger Kleinarbeit den Schädigungen entgegenzuwirken, die das bisherige ungeregelte Verfahren der parlamentarischen Untersuchungsausschüsse für das Strafverfahren gezeitigt hat. Hierbei kann man in weitem Maße auf die Vorschläge des Gutachtens von Alsberg, mit denen in einzelnen Fragen auch das Gutachten Rosenberg übereinstimmt, zurückgreifen.

a) Zunächst handelt es sich darum, eine stärkere Bindung der Untersuchungsausschüsse an das Parlament vorzusehen, damit die Enquêten sich nicht ins Uferlose verlieren und Dinge einbezogen werden, die mit dem Gegenstand der Untersuchung nichts zu tun haben (Beispiele für solche Mißbräuche bei Rosenberg S. 17). Es muß festgelegt werden, daß der Ausschuß das vom Parlament fixierte Thema der Untersuchung nicht überschreiten darf und daß er andererseits verpflichtet ist, die vom Parlament ausdrücklich bezeichneten Beweise zu erheben. Innerhalb dieser Grenzen soll der Ausschuß dann selbst über den Fortgang oder den Abschluß des Verfahrens beschließen. Vielleicht kann man noch mit dem Entwurf Rießer-Heinze-Kahl eine Bestimmung des Inhalts aufnehmen:

> „Die gemäß Art. 34 eingesetzten Untersuchungsausschüsse berichten dem Reichstag über das Ergebnis ihrer Untersuchung",

obgleich das eigentlich eine Selbstverständlichkeit ist.

Zur Vermeidung von Zweifeln ist dem Untersuchungsausschuß das Recht sicherzustellen — nicht die Pflicht aufzuerlegen — sein Verfahren bis zum Abschluß eines anhängigen oder anhängig werdenden Strafverfahrens auszusetzen.

c) Ist so dem Ausschuß mit Stimmenmehrheit die Entscheidung über den Fortgang des Verfahrens übertragen, so ist dagegen — zur Vermeidung gelegentlich aufgetretener Ansprüche der Beisitzer — die formelle Verhandlungsleitung dem Vorsitzenden des Ausschusses zu sichern, unbeschadet des Fragerechts der Beisitzer, über das noch gehandelt wird (s. unter e).

Dem Vorsitzenden sollen dabei nicht nur nach dem allgemeinen Recht der Parlamentsausschüsse die Mittel der parlamentarischen Disziplin gegenüber den Abgeordneten und den Regierungsvertretern zustehen, sondern es sind ihm bisher oft empfindlich vermißte Befugnisse der Sitzungspolizei gegenüber sonstigen Personen einzuräumen, damit er hier nicht nur auf das Hausrecht und die Selbstverteidigung der öffentlichen Verwaltung angewiesen ist. Die Einzelausgestaltung dieser Sitzungspolizei kann im Anschluß an GVG. § 178 ff. erfolgen, freilich mit notwendigen Abweichungen, die sich aus der Tatsache ergeben, daß der Untersuchungsausschuß kein Gericht ist.

c) An der bisherigen grundsätzlichen Öffentlichkeit der Beweiserhebung ist gerade wegen der politischen Eigenschaft der parlamentarischen Untersuchung festzuhalten; man könnte höchstens erwägen, ob nicht der Ausschluß der Öffentlichkeit schon mit einfacher Mehrheit möglich sein soll, wie das der Entwurf Rießer-Heinze-Kahl vorschlägt.

Dagegen ist die nach Art. 34 RVerf. in Verbindung mit § 34 Reichstagsgesch.-O. schon als geltendes Recht anzusprechende Nichtöffentlichkeit der Beratungen des Untersuchungsausschusses — über die zu machenden Feststellungen, über die Berichte und Vorschläge an das Parlament usw. — durch ausdrückliche Bestimmungen festzulegen. Im ausländischen Recht ist das, soweit überhaupt eine öffentliche Beweiserhebung stattfindet, ganz allgemein durchgeführt. Demnach sind aber in dem Satze des Entwurfs Rießer-Heinze-Kahl:

> „Die Öffentlichkeit der Verhandlungen und Beweiserhebungen kann auf Beschluß der Mehrheit des Untersuchungsausschusses ausgeschlossen werden"

die Worte: „Verhandlungen und" zu streichen.

Durch besondere Bestimmung ist nach englischem Vorbild den Mitgliedern der Untersuchungsausschüsse zu verbieten, vor der Berichterstattung des Ausschusses an das Parlament ihre Kenntnisse über Verlauf und Ergebnisse des Untersuchungsverfahrens in der Öffentlichkeit zu verwerten, damit die als eine der Hauptgefahren erkannte politische Aufwühlung der öffentlichen Meinung eingedämmt wird.

Selbstverständlich bleibt dem Untersuchungsausschusse die bisherige geschäftsordnungsmäßige Möglichkeit, für bestimmte Mitteilungen die Vertraulichkeit zu beschließen und sie von der Preßberichterstattung auszuschalten (Reichstags-Gesch. O. § 34 Abs. 2).

d) Besonders wichtig ist die nähere Regelung der Zeugen- und Sachverständigenvernehmung.

Sofern es bei dem Recht der eidlichen Vernehmung durch den Untersuchungsausschuß bleibt, muß ausgesprochen werden, daß der Untersuchungsausschuß nicht zur Vereidigung verpflichtet ist, daß er darüber, ähnlich wie das Wahlprüfungsgericht nach § 9 Abs. 3 der Wahlprüfungs-O. vom 8. 10. 20 (RGBl. S. 1773), nach freiem Ermessen entscheidet. Als Form der Vereidigung ist der Nacheid vorzuschreiben; da beim parlamentarischen Untersuchungsausschuß jedes Vorverfahren fehlt, würde sonst die gleich zu behandelnde Sonderstellung für die im Laufe der Untersuchung verdächtigten Personen illusorisch werden. Für diese muß nämlich das allgemeine Aussageverweigerungsrecht, das ihnen praktisch schon zugestanden worden ist, gesetzlich festgelegt werden; parallel dazu ist ein Verbot ihrer Vereidigung auszusprechen.

Im übrigen kann die Einzelregelung ähnlich wie im Strafprozeß erfolgen. Wie bereits oben erwähnt, ist auch bei Wegfall der eidlichen Vernehmung ein Zeugniszwangsverfahren notwendig. Die aus dem Strafprozeß bekannten Aussageverweigerungsrechte und Aussagebeschränkungen sind zu übernehmen. Für die Vermeidung der Kollisionen zwischen Straf- und Enquêteverfahren wird vor allem eine dem § 54 der StPO. entsprechende Bestimmung bedeutsam werden, wonach öffentliche Beamte über Umstände, auf die sich ihre Pflicht zur Amtsverschwiegenheit bezieht, nur mit Genehmigung der Dienstbehörde vernommen werden dürfen. Auch wenn die Genehmigung nur versagt werden kann, falls die Ablegung des Zeugnisses dem Wohle des Reichs oder eines deutschen Landes Nachteil bereiten würde, hat die Regierung es doch in der Hand, einer schädlichen Vernehmung von Staatsanwälten, Untersuchungsrichtern, möglicherweise gar erkennenden Richtern während schwebenden Verfahrens entgegenzutreten. Sie muß nur trotz ihrer parlamentarischen Verantwortlichkeit dem Parlament gegenüber fest bleiben, das eine solche Frage kaum zur Kabinettsfrage machen wird. Auch in der bisherigen Praxis ist bereits während schwebenden Strafverfahrens die Genehmigung zur Aussage verweigert oder nur soweit erteilt worden, als der Zweck einer schwebenden Untersuchung nicht durch die Aussage gefährdet werde (Alsberg S. 379). Verstimmungen und Konflikten kann entsprechend dem Vorschlag Alsbergs dadurch vorgebeugt werden, daß der Regierung die Pflicht auferlegt wird, dem Ausschuß die Gründe der Verweigerung darzulegen.

Um alle Zweifel auszuschließen ist die selbstverständlich ohnehin geltende Bestimmung aufzunehmen, daß Mitglieder eines Gerichts über die gerichtliche Beratung und Abstimmung nicht vernommen werden dürfen.

Dagegen möchte ich mich für die von Alsberg S. 377 befürwortete besondere Immunität für die Auskunftspersonen der Untersuchungsausschüsse nicht einsetzen, obgleich sie im ausländischen Recht vielfach anerkannt ist. Die amerikanischen Bestimmungen über diesen gesetzlichen Zeugenschutz lauten:

> „Kein Zeugnis, das von einem Zeugen vor einem der beiden Häuser oder vor einem Ausschuß eines der beiden Häuser abgegeben worden ist, soll als Beweismaterial in irgend einem Strafverfahren gegen ihn vor irgend einem Gericht verwendet werden, ausgenommen in einer Anklage wegen eines mit solchem Zeugnis begangenen Meineids" (Revised Statutes sec. 859).

Natürlich erledigt sich damit auch das oben erwähnte allgemeine Aussageverweigerungsrecht eines Verdächtigen (Rev. St. sec. 103).

Gewiß wird durch diesen gesetzlichen Zeugenschutz auch gleichzeitig wieder das Nebeneinander von parlamentarischer Untersuchung und Strafverfahren eingeschränkt. Mir scheint aber, daß eine solche Privilegierung unserem Rechtsempfinden nicht entspricht; sie müßte dann auch, wie in Frankreich, ebenso für die Zeugen eines Strafprozesses eingeführt werden.

e) Besondere Mißstände haben sich bei der Zeugen- und Sachverständigenvernehmung aus dem Fragerecht der Beisitzer ergeben, und zwar auch wieder gerade im Verhältnis zum Strafverfahren, da einzelne Ausschußmitglieder das Fragerecht benutzt haben, um die Glaubwürdigkeit unbequemer Zeugen herabzusetzen. (Beispiele in beiden Gutachten, besonders bei Rosenberg S. 17.) Hier schließe ich mich dem Vorschlag Alsbergs an, es zwar bei dem Fragerecht der Beisitzer zu belassen, aber eine Beschränkung dadurch einzuführen, daß jede, sei es vom Vorsitzenden, sei es von einem Beisitzer an Zeugen oder Sachverständige gerichtete Frage von jedem Mitglied des Untersuchungsausschusses und — das ist besonders wichtig — von jedem anwesenden Regierungsvertreter beanstandet werden kann. Der Ausschuß muß dann über die Zulässigkeit der Frage ausdrücklich Beschluß fassen.

f) Einer genaueren Regelung bedarf auch die bisher unbeschränkte Befugnis zur Akteneinforderung. Da hierfür nach dem Wortlaut des Art. 34 der RVerf., der allerdings im Gegensatz zu manchen Landesverfassungen nicht ganz eindeutig ist, die sinngemäße Anwendung der StPO. nicht gilt, bleibt auch die Beschränkung des § 96 StPO. unanwendbar, wonach eine Pflicht zur Vorlegung der Akten nicht besteht, wenn die oberste Dienstbehörde erklärt, daß das Bekanntwerden des Inhalts der Akten dem Wohle des Reiches oder eines deutschen Landes Nachteil bereiten würde.

Diese empfindliche Lücke muß entsprechend dem Vorschlag Rosenbergs durch eine positive Bestimmung ausgefüllt werden. Die von Alsberg geltend gemachten, auch von Hatschek und Anschütz geteilten Bedenken, daß dann das ganze Untersuchungsverfahren zur Kontrolle der Verwaltung illusorisch werden könnte, sind nicht begründet. Auch im ausländischen Recht finden sich ähnliche Beschränkungen (vgl. Alsberg S. 380 f.). Das Parlament hat es immer noch in der Hand, gegenüber dem die Akten verweigernden Minister die Vertrauensfrage zu stellen. Zur Vermeidung von unnötigen Reibungen soll man auch hier vorschreiben, daß die Gründe für die Verweigerung der Akten dem Ausschuß vertraulich mitzuteilen sind.

Zur Abwehr der Verschleppungsgefahr, die die Einforderung von Gerichtsakten für das Strafverfahren mit sich bringt, ist den Justizverwaltungen noch ein besonderes Recht der Aktenverweigerung auf Zeit einzuräumen. Einem Mißbrauch beugt auch hier die Abhängigkeit der Justizverwaltung vom Parlament vor. Bisher haben sich praktisch die Untersuchungsausschüsse dabei beruhigt, wenn ein Gericht ihnen die Akten mit der Begründung vorenthielt, daß das Strafverfahren vor seinem Abschluß stünde und daß die Akten dann eingesandt werden sollten. Es erscheint mir aber, im Gegensatz zu Alsberg, nicht überflüssig, diese Praxis durch einen Rechtssatz zu sichern.

Der Entwurf Rießer-Heinze-Kahl schlägt folgende Bestimmung vor:

> „Die Vorlegung von Akten, insbesondere von Untersuchungsakten, kann auch nach Beendigung des Verfahrens, in welchem sie angelegt sind, abgelehnt werden, wenn nach Ansicht des Gerichts zwingende Veranlassung zur Geheimhaltung besteht.“

Diese Bestimmung ist einerseits zu eng, weil sie lediglich auf Gerichtsakten zugeschnitten ist und für diese wieder nicht die Verweigerung der Akten wegen Verschleppungsgefahr sichert, und andererseits ist die Klausel „wenn nach Ansicht des Gerichts zwingende Veranlassung zur Geheimhaltung besteht" vielleicht doch zu dehnbar.

g) Im Einklang mit der schon jetzt herrschenden Lehre ist festzulegen, daß ein Landtagsausschuß Vorlegung von Akten und Erteilung amtlicher Auskünfte von Behörden des Reichs oder eines anderen deutschen Landes nicht verlangen kann. Es wird das besonders für die Fälle wichtig, wo mehrere deutsche Parlamente ein Untersuchungsverfahren mit Bezug auf zusammenhängende Tatbestände durchführen. Hier ist den Landesausschüssen von vornherein ein beschränkter Wirkungskreis zuzuweisen und damit auch die Gefahr von Kollisionen mit dem Gerichtsverfahren zu verringern.

Für den Fall, daß mehrere parlamentarische Untersuchungen über dasselbe Thema eröffnet werden, empfiehlt sich vielleicht eine Bestimmung, wie sie der Entwurf Rießer-Heinze-Kahl vorsieht:

> „Sobald ein Untersuchungsausschuß vom Reichstag eingesetzt ist, gelten andere über den gleichen Tatbestand eingesetzte Untersuchungsausschüsse als eingestellt."

Gegen die Fassung ist freilich mancherlei einzuwenden. Der Gebrauch der Fiktion erklärt sich wohl daraus, daß hier das Verhältnis von Reich und Ländern berührt wird, ein Umstand, der überhaupt dieser Bestimmung Schwierigkeiten bereiten dürfte. Deshalb ist es jedenfalls angezeigt, darauf hinzuweisen, daß schon nach geltendem Recht die Befugnisse der auf Grund der Reichsverfassung eingesetzten Untersuchungsausschüsse nicht durch die auf Grund der Landesverfassung eingesetzten Untersuchungsausschüsse durchkreuzt werden können, daß also auch die Behörde des betreffenden Landes zunächst dem Ersuchen des Reichstagsausschusses nachzukommen hat.

h) Zur Vermeidung besonders bedenklicher, wenn auch noch nicht praktisch gewordener Kollisionen erscheint es schließlich notwendig, positiv festzulegen, daß die parlamentarischen Untersuchungsausschüsse niemals zu Verhaftungen, Durchsuchungen und Beschlagnahmen verschreiten dürfen — unbeschadet ihrer aus dem Zeugniszwangsverfahren und der Sitzungspolizei sich ergebenden Befugnisse. Auch das entspricht nur dem nach herrschender Lehrer ohnehin geltenden Rechtszustand.

VI. Die vorgeschlagene rechtssatzmäßige Ordnung des Verfahrens der Untersuchungsausschüsse wird genügen, um der bisherigen ziemlich regellosen Tätigkeit der parlamentarischen Untersuchungen ein Ende zu machen, und damit viele Störungen des Strafverfahrens zu beseitigen oder abzuschwächen. Nun muß aber die bislang zurückgestellte Möglichkeit ins Auge gefaßt werden, daß eine parlamentarische Untersuchung die verfassungsmäßigen Grenzen überschreitet, indem der Untersuchungsausschuß nach Thema oder Verfahren ihm nicht gebührende Zuständigkeiten ausübt.

Durch solche Widerrechtlichkeiten können natürlich ganz andere Störungen des Strafverfahrens eintreten, als sie bisher ins Auge gefaßt worden sind; hier kann es möglicherweise auch zu Eingriffen in die Unabhängigkeit der Gerichte kommen. Wenn auch das letztere noch nicht praktisch geworden ist und sich noch kein Untersuchungsausschuß angemaßt hat, ein Strafurteil zu erlassen oder zu ersetzen, so sind doch gegenüber der Stellung des Themas wie gegenüber dem Verfahren einzelner Untersuchungsausschüsse zum Teil sehr erhebliche verfassungsrechtliche Bedenken geltend gemacht worden. In eine rechtliche Untersuchung der einzelnen Fälle kann hier nicht eingetreten werden, die Meinungen stehen sich zum Teil sehr schroff gegenüber. Abgesehen von den durch den Staatsgerichtshof bereits entschiedenen Fällen sind wegen der Themastellung besonders angegriffen:

a) der von der Nationalversammlung am 20. August 1919 eingesetzte Ausschuß, dessen Aufgabe dahin formuliert war, „durch Erhebung aller Beweise festzustellen:

1. welche Vorgänge zum Ausbruch des Krieges geführt, seine Verlängerung veranlaßt und seinen Verlust herbeigeführt haben, insbesondere:

2. welche Möglichkeiten sich im Verlauf des Krieges geboten haben, zu Friedensbesprechungen zu gelangen, und ob solche Möglichkeiten ohne die erforderliche Sorgfalt behandelt worden sind;

3. ob im Verkehr der politischen Stellen der Reichsleitung unter sich, zwischen der politischen und militärischen Leitung und mit der Volksvertretung oder deren Vertrauensmännern Treue und Glauben gewahrt worden sind;

3. ob in der militärischen und wirtschaftlichen Kriegführung Maßnahmen angeordnet oder geduldet worden sind, die Vorschriften

des Völkerrechts verletzt haben oder über die militärische und wirtschaftliche Notwendigkeit hinaus grausam oder hart waren";

b) der Fememord-Ausschuß des Reichstags,
„der die Femeorganisationen und die mit ihm im Zusammenhang stehenden Fememorde und sonstigen strafbaren Handlungen zu untersuchen hat" (Reichstag 1926, 147. Sitzung vom 23. 1. 1926, Sten. Ber. 5117);

c) der Fememord-Ausschuß des Preußischen Landtags, der
„die Beziehungen zwischen Fememördern, deutschnationalen Abgeordneten und Arbeitgeberverbänden" aufklären soll (Preuß. Landtag, 2. Wahlperiode, 1. Tagung, 120. Sitzung vom 29. 1. 1926 S. 8207);

d) der Hessische Untersuchungsausschuß über den Himmelsbach-Konzern mit dem Auftrag
1. zur Beweiserhebung und Feststellung der Verluste des Hessischen Staates durch den Himmelsbach-Konzern,
2. zur Prüfung
   a) von Schuldfragen,
   b) der Möglichkeit eines Schadenersatzes im gleichen Fall."
   (Drucksachen III. Landtag, 6. Sitzung S. 60.)

Gegen das Verfahren sind verfassungsrechtliche Bedenken erhoben worden beim Reichstagsausschuß zur Prüfung der unhaltbaren Zustände in den Strafanstalten, weil der Ausschuß Strafanstalten der Länder besichtigen wollte (vgl. Rosenberg S. 12); beim Reichstagsausschuß zur Untersuchung der Ursachen des Unglücks von Oppau, weil der Ausschuß auch die Schuldfrage geprüft und verneint hat (Rosenberg S. 13); beim Reichstagsausschuß zur Untersuchung der gegen Reichsminister Dr. Hermes erhobenen Vorwürfe, weil der Ausschuß seine Untersuchung auch auf andere, im Einsetzungsbeschluß nicht angeführte Beschuldigungen des Ministers ausgedehnt hat (Rosenberg, S. 13); beim Preußischen Staatsbank-Ausschuß, weil er, eingesetzt mit dem oben S. 11 wiedergegebenen Thema, seine Untersuchungen darauf ausgedehnt hat, ob Beamte der Staatsanwaltschaft — die Assessoren Caspary und Kußmann — bei der Strafverfolgung der Kreditnehmer Barmat sich kriminell oder disziplinar strafbar gemacht haben (Rosenberg, S. 13).

Als Schutz gegen verfassungswidrige parlamentarische Untersuchungen kommen vor allem zwei Mittel in Betracht, das eine präventiver, das andere repressiver Art.

Mit Recht weist Alsberg S. 367 darauf hin, daß in England, Frankreich, Belgien, Holland weit größere Sicherheiten gegen eine Kompetenzüberschreitung bei der Stellung des Themas für den Untersuchungsausschuß bestehen, weil hier das Thema jeweils der Beschlußfassung im Parlament, oft auch einer vorgängigen Kommissionsberatung unterliegt. In Deutschland hat sich im Anschluß an die Ausgestaltung des Enquêterechts zu einem Minoritätsrecht ein höchst bedenklicher parlamentarischer Brauch entwickelt. Beantragt die erforderliche Zahl von Abgeordneten die Einsetzung eines Untersuchungsausschusses über ein angegebenes Thema, so stellt im Reichstag wie im Preußischen Landtag der Parlamentspräsident nur fest, daß die Voraussetzung eines Fünftels der Abgeordneten erfüllt ist, und erklärt damit den Antrag für angenommen. Eine Beschlußfassung des Parlaments erfolgt nur noch über die Größe des Ausschusses. (Über den gleichen Mißstände in Danzig berichtet Loening, Danziger Zeitung v. 1. 3. 1921, Nr. 87.)

Mit dieser Praxis muß unbedingt gebrochen werden. Ich möchte nicht so weit gehen, wie Alsberg die Abschaffung des ganzen Minoritätsrechts zu erwägen und zur Einsetzung eines Untersuchungsausschusses jeweils Mehrheitsbeschluß zu verlangen. Der parlamentarische Minderheitenschutz ist so notwendig und dabei so schwach entwickelt, daß man keinen Teil desselben aufgeben kann.

Wohl aber muß darauf gedrungen werden, daß durch die Gesch.-O. der Parlamente, vielleicht noch besser durch Reichsgesetz ausdrückliche Bestimmungen über die Einsetzung parlamentarischer Untersuchungsausschüsse getroffen werden. Neben den oben S. 97 ff. behandelten Rechtssätzen über das Verfahren sind Rechtssätze über die Einsetzung der Untersuchungsausschüsse notwendig mit folgendem Inhalt: Der Antrag auf Einsetzung des Untersuchungsausschusses muß die zur Untersuchung gestellten Tatsachen oder Tatsachengruppen genau und übersehbar abgrenzen, wie es der Entwurf Rießer-Heinze-Kahl sogar in der Verfassung mit der etwas knappen Formulierung festlegen will:

> „Untersuchungsausschüsse über einen bestimmt anzugebenden Tatbestand."

Weiter sollte man verlangen, daß in dem Antrag angegeben wird, welcher Art der Parlamentsbeschluß ist, der durch den Untersuchungsausschuß vorbereitet werden soll, um das Parlament zu einer Selbstüberprüfung seiner Kompetenz zu veranlassen.

Durch besondere Vorschrift ist festzulegen, daß der Antrag, unbeschadet der Minderheitsrechte, in einem Ausschuß unter Zuziehung von Regierungsvertretern vorberaten und dann dem Plenum zur Beschlußfassung vorgelegt werden muß, das die Einsetzung wegen Verfassungswidrigkeit ablehnen kann. Sollte es hierbei zu einer Verletzung der Minderheitsrechte kommen, so muß der Rechtsschutz eingreifen, der gleichzeitig das zweite Mittel gegen verfassungswidrig eingesetzte oder verfassungswidrig verfahrende Untersuchungsausschüsse darstellt.

Gegenüber den Untersuchungsausschüssen der Länder ist ein Rechtsschutzverfahren in Gestalt der Entscheidung von Verfassungsstreitigkeiten durch den Staatsgerichtshof des Landes, bei dessen Fehlen durch den Staatsgerichtshof des Reichs nach Art. 19 RVerf. gewährleistet. Für das Reich muß der entsprechende Rechtsschutz erst durch eine Ausdehnung der Zuständigkeit des Reichsstaatsgerichtshofs auf solche Verfassungsstreitigkeiten des Reichs geschaffen werden. Erst damit wird das Strafverfahren gegen Übergriffe der Untersuchungsausschüsse wirklich geschützt sein. Hier mündet unsere Untersuchung aber in das Thema des morgenden Tages ein, und ich kann abbrechen.

Ich möchte jedoch nicht schließen, ohne einem Gedanken Ausdruck zu geben, der gewiß auch Ihnen angesichts unserer Untersuchungen gekommen ist.

Das ganze mühselige judicium finium regundorum zwischen parlamentarischer Untersuchung und Strafprozeß wäre bei einer vernünftigen, taktvollen, wahrhaft politischen Handhabung des Enquêterechts seitens des Parlaments entbehrlich. Wäre das Parlament, d. h. wären die Parteien von dem Gedanken an das Staatsganze getragen, so würden sie auch ohne rechtssatzmäßige Bindung sich hüten, durch ihre Untersuchungen die Justiz zu stören und die Achtung vor ihr zu untergraben. Denn Parlament wie Gerichte sind Organe desselben Ganzen, des Staates; sie müssen ihr Ziel darin sehen, sich gegenseitig zu stärken; das eine müßte der Stolz des andern sein. Dann würde sich von selbst das ergeben, was dem Gutachten Rosenberg vorschwebt, daß eine parlamentarische Untersuchung, sowie die Gefahr besteht, daß sie ein Strafverfahren stört, wenn irgend möglich die Ergebnisse des Strafverfahrens abwartet, ehe sie in ihren Ermittlungen fortschreitet. Rechtssatzmäßig vorschreiben läßt sich das m. E. aus den erörterten Gründen nicht.

Vielleicht ist es nur die Hitze und Unerfahrenheit des Anfangs, sind es nur die „Kinderkrankheiten" der parlamentarischen Enquête, wie es gestern der Herr Reichsjustizminister ausdrückte, die uns den Zusammenstoß zwischen parlamentarischer Untersuchung und Strafverfahren beschert haben. Daß von der parlamentarischen Enquête in diesen ersten Jahren nach der Revolution ein übermäßiger Gebrauch gemacht worden ist, wird heute kaum mehr bestritten. Vielleicht kommen auf Grund der gesammelten Erfahrungen die Parlamente von selbst dazu, in Zukunft die Kollisionen mit dem Strafverfahren zu vermeiden.

Freilich würde das ein festes Vertrauen des Parlaments, d. h. der Parteien, in die Justiz und Achtung vor ihr voraussetzen, und damit sind wir wieder bei der Frage, die sich schon in der gestrigen ersten Plenarversammlung so erschütternd vor uns erhoben hat: bei der „Vertrauenskrise" der deutschen Justiz.

Hier liegt die tiefste Wurzel auch für die Konflikte zwischen parlamentarischer Untersuchung und Gerichtsverfahren. Ihr beizukommen ist die Aufgabe, die allem anderen vorgehen muß. Liegt die Schuld an der Justiz, so wird die Art, wie gestern diese Frage von der Versammlung aufgenommen worden ist, auch den größten Skeptiker davon überzeugen, daß die Deutschen Juristen nicht nur den guten Willen, sondern auch die Kraft haben werden, Mißstände zu beseitigen. Es ist aber auch möglich, daß die Schuld auf der andern Seite, auf der Seite der Parteien liegt, daß es sich um Parteihysterie und nichts anderes handelt. Der Parlamentarismus und die Parteien befinden sich mindestens ebenso wie die Justiz in einer „Vertrauenskrise". Aber auch da ist es an uns, Hilfe zu schaffen. Wir müssen den ehrlichen Versuch machen, die Auswüchse des Parteiwesens zu beseitigen. Vielleicht können wir es noch, indem wir, gerade wir Juristen, statt in bequemem Hochmut beiseite zu stehen, uns alle ganz anders als bisher tätig um die Parteien bemühen. Ich glaube, daß der Deutsche Juristentag nach einem Vorbild nicht zu weit zu suchen braucht. Versuchen wir es, jeder an seiner Stelle, die Parteien über den platten und geschäftsmäßigen Interessentenstandpunkt zu erheben, sie mit dem zu erfüllen, worauf es ankommt: mit dem Gedanken an das Ganze, mit dem Staatsgedanken.

In der sich an den Vortrag des Berichterstatters anschließenden Diskussion führte nach einigen Bemerkungen des Vorsitzenden über die zweckmäßige Gliederung der Diskussion Landgerichtsdirektor Lehmann-Berlin folgendes aus:

Meine Damen und Herren! Wenn Sie mir jetzt gestatten, Ihre Aufmerksamkeit einige, und ich verspreche es wirklich, wenige Minuten in Anspruch zu nehmen, so werden Sie von mir rein theoretische Erörterungen über das zur Verhandlung stehende Thema kaum hören. Alles, was theoretisch über die Sache im wesentlichen wohl gesagt werden konnte, das ist in den Gutachten von Autoritäten wie Rosenberg und Alsberg und in den vortrefflichen mündlichen Ausführungen des Herrn Berichterstatters, die wir soeben gehört haben, enthalten. Dagegen darf ich mir wohl gestatten, aus der Praxis heraus diese Ausführungen zu ergänzen.

Als Verhandlungsleiter erster Instanz in einem Strafverfahren, das sich unmitelbar an die vorherige Verhandlung eines preußischen parlamentarischen Untersuchungsausschusses anschloß, ist es mir ein Bedürfnis und eine Gewissenspflicht, Ihnen die praktischen Erfahrungen bekannt zu geben, die dabei gemacht worden sind; denn nur unmittelbar aus den Erfahrungen heraus, wie die Praxis sie uns bringt, können wir dem einen großen Ziel, dem wir alle nachstreben, gerecht werden. Selbst hier endgültige Schlüsse zu ziehen, lehne ich grundsätzlich ab, zumal die hier zur Erörterung stehende Frage nach meiner Auffassung im wesentlichen eine politische ist. Dagegen sind die Ihnen mitzuteilenden Tatsachen vielleicht doch wertvoll für Sie, und sie mögen als Material dienen, um später eine Grundlage für die Beschlußfassung zu bilden. Es handelte sich bei dem Strafverfahren um die bekannten Vorgänge bei der Preußischen Landespfandbriefanstalt. Der Herr Berichterstatter hat soeben ja schon auf diese Frage hingewiesen; er hat die Anträge verlesen, die im Parlament gestellt sind, und ich darf mich darauf beschränken, objektiv die nötigen Angaben zu machen, die für ein Verständnis der nachfolgenden Ausführungen vielleicht doch notwendig sind. Die Landespfandbriefanstalt ist eine Korporation öffentlichen Rechts, die zur Gewährung von Realkrediten, namentlich für Siedlungszwecke, mit allgemeinen öffentlichen Mitteln gegründet worden ist. Die Anstalt hatte Kredite gewährt, die zu den vereinbarten Terminen nicht zurückgezahlt werden konnten, und der preußische Staat mußte eingreifen. Die Staatsanwaltschaft erachtete in ihrer Anklage den Tatbestand der Untreue sowohl bei den leitenden Beamten als bei den Mitgliedern des Konsortiums neben einer Reihe anderer Straftaten für gegeben, während der Untersuchungsausschuß zu untersuchen hatte, wie es zu der Kreditgewährung gekommen war.

Daß die Kreise des Strafverfahrens und des Untersuchungsausschusses sich vielfach schnitten, brauche ich wohl hier nicht weiter auszuführen. Die Radien der beiden Kreise waren fast die gleichen. Der Untersuchungsausschuß hat aber die Sache nicht nur verhandelt, er hat sie nicht nur öffentlich verhandelt, sondern er hat sie auch veröffentlicht, und zwar in einem Werk, daß 1000 Seiten umfaßt. Wie gestaltete sich nun die Frage in der Praxis? Praktisch war die Sache so, daß, als mir die Akten zur Terminsbestimmung vorgelegt wurden, gleichzeitig dieses Werk des Untersuchungsausschusses von 1000 Seiten mir mit zuging. Meine Herren! Der preußische Fiskus ist außerordentlich sparsam, das weiß jeder, und wenn er mal ein Buch bewilligt und wenn er gar ein Buch von 1000 Seiten mitschickt, dann weiß jeder, daß die maßgebenden Stellen der Ansicht sind, daß das, was in diesem Buche steht, für das Strafverfahren von höchster Bedeutung ist; denn sonst hätten die maßgebenden Stellen dieses Buch nicht gegeben. Das ist aber vielleicht mehr ein argumentum ad hominem. Ich sage jedenfalls, daß eine engste Verknüpfung der Fragen, die im Strafverfahren behandelt wurden, mit denen, die im Untersuchungsausschuß behandelt wurden, bestand.

Wie gestaltete sich nun die Sache in der Verhandlung? Sämtliche Angeklagten hatten das Buch in der Verhandlung auf dem Tisch liegen. Wenn ein Zeuge aufgerufen wurde, konnten sie dann in dem Buch nachsehen und genau feststellen, was gesagt worden war.. Da bin ich aber gar nicht so bedenklich. Ich halte eine weitgehende Loyalität gegenüber den Angeklagten für eine schöne Pflicht des Richters, und ich muß ehrlich sagen, daß ich in dieser Tatsache irgend etwas erheblich Bedenkliches nicht gesehen habe. Aber anders war es mit den Zeugen. Die Zeugen sind nach der Strafprozeßordnung einzeln und in Abwesenheit der später zu vernehmenden Zeugen zu vernehmen. Jeder Zeuge, der in der Verhandlung vernommen worden ist, war schon vor dem parlamentarischen Untersuchungsausschuß vernommen worden; er hatte seine Aussagen schon festgelegt, er hatte sie teilweise beschworen, und infolgedessen konnte doch im Strafverfahren von einer Einhaltung der Bestimmungen, wonach die Zeugen einzeln und unbeeinflußt zu vernehmen waren, nicht mehr die Rede sein. Es ist noch etwas vorgekommen, was mir wenig angebracht schien. Es gibt natürlich vor einem parlamentarischen Untersuchungsausschuß keine Angeklagten. Die Angeklagten im gleichzeitig schwebenden Strafverfahren sind Zeugen. Hier war nun der Vorsitzende des Untersuchungsausschusses, der nach meiner festen Überzeugung das ehrliche Streben nach Objektivität hatte, kein Jurist. Es wäre daher beinahe zu einer Vereidigung der Angeklagten in dem gleichzeitig schwebenden Strafverfahren als Zeugen vor dem Untersuchungsausschuß gekommen. Daß das kein gewünschtes Ergebnis ist, das brauche ich vor dieser Versammlung wohl nicht weiter auszuführen. Auch habe ich mich des Eindrucks nicht erwehren können, daß einzelne der Angeklagten, die als Zeugen vor dem Untersuchungsausschuß vernommen worden sind, im Hinblick auf das schwebende Strafverfahren den Untersuchungsausschuß absichtlich irregeführt haben. Einmal erinnere ich mich genau, als ich einem Angeklagten vorhielt, er habe vor dem Untersuchungsausschuß etwas gänzlich anderes gesagt, erwiderte dieser, er sei ja nicht vereidigt worden und er wäre ja auch nicht verpflichtet, sich in irgend einer Weise selbst zu belasten. Daß das auch für die Ergebnisse, auf die der Untersuchungsausschuß seine Entschließungen später stützt, nicht ganz unbedenklich sein kann, bedarf ebenfalls keiner weiteren Ausführungen. Dann war, was aber nebensächlicher Natur ist, durch die ganz eingehenden Verhandlungen vor dem Untersuchungsausschuß, die viele Wochen gedauert hatten, das Material außerordentlich umfangreich geworden. Es wurde mir vorgeschlagen, ich sollte die ganzen Verhandlungen im Untersuchungsausschuß doch beiseite lassen. Abgesehen davon, daß das nach meiner Auffassung eine zweifellose Mißachtung des parlamentarischen Untersuchungsausschusses bedeutet hätte, mußte ich dabei nicht an Mark Twain sondern an Reuter denken, der da sagt: „In der Fixigkeit war ich ihm über, in der Richtigkeit er mir".

Aber diese Erschwernisse, die vielleicht erheblich mitspielen, sind nicht die Hauptsache. Bedauerlicher schien mir für das — soweit es uns zur Beurteilung vorlag — rein kriminelle Strafverfahren, daß es durch die eingehenden Verhandlungen des Untersuchungsausschusses in die Sphäre des Politischen hineingezogen wurde. Wenn für etwas der Satz gilt: „politisch Lied, ein häßlich Lied," dann gilt er für die Rechtspflege.

Wenn man einen so großen Prozeß leitet, denn bekommt man täglich Schreiben allermöglicher Art, namenlose, nicht namenlose, mit Vorschlägen, mit Beschimpfungen, mit Beleidigungen, kurz alles, wie Sie wollen. Hier hat sich aber die politische Sphäre, wenn ich mich mal so ausdrücken darf, nicht auf diese gewöhnlichen kleinen Dinge beschränkt, sondern auch in der Presse ist ein heftiger Kampf entbrannt. Er hat sich auch auf die politische Einstellung des Gerichts erstreckt. Dabei ist gar nicht berücksichtigt — ich komme später auf die Zusammensetzung des Gerichts noch zurück —, daß ein Gericht mit zwei Berufsrichtern und zwei aus dem Volke gegriffenen Leuten kaum eine einheitliche Weltanschauung haben dürfte. Aber in der Presse steht's, und ich war manchmal sehr erstaunt, was da über meine persönliche politische Einstellung zu lesen war. Ich darf betonen, daß ich es überhaupt als ein ganz außerordentliches Übel empfinde und empfunden habe, wenn über die politische Einstellung eines Vorsitzenden ein Rätselraten in der Presse beginnt. Nun ein Kleines noch. Von durchaus vertrauenswürdiger Seite ist mir mitgeteilt worden, daß Presseangriffe in so großen Prozessen gänzlich unausbleiblich sind. Mir war aufgefallen, daß in Blättern politisch ganz verschiedener Richtung diese Presseangriffe erschienen waren, und mir wurde dabei von vertrauenswürdiger Seite mitgeteilt, einer der Angeklagten hätte diese Presseangriffe veranlaßt und dadurch geglaubt, irgendwelchen Eindruck auf das Gericht zu machen. Ich kann natürlich die Richtigkeit dieser mir gewordenen Mitteilung nicht nachprüfen; ich kann nur dafür einstehen, daß mir die Mitteilung gemacht wurde; aber daß sie gemacht ist, zeigt, daß etwas nicht richtig sein kann. Meine Herren! Herr Professor Jacobi hat gesagt: „Das ist nicht bedenklich, denn der Richter muß ein welt- und lebenserfahrener Mann sein und er muß als Rückgrat keinen Gummibleistift haben, wenn er schreibt, sondern ein aufrechter Mann sein!" Für die Berufsrichter nehme ich das im allgemeinen in Anspruch, aber wir haben ja doch nicht nur Berufsrichter, sondern diese Gerichte, um die es sich hier handelt, waren zusammengesetzt aus zwei Berufsrichtern und zwei Leuten aus dem Volke. Es waren Leute, die sich gewiß ehrlich bemüht haben, dem außerordentlich schwierigen Verhandlungsstoff — schwierig, wie ich dies bisher in meiner Praxis kaum erlebt habe — zu folgen. Und nun zitiere ich nicht mit Herrn Jacobi Mark Twain; sondern ich frage Sie, ob ohne weiteres die Gewähr dafür gegeben ist, daß ein ehrsamer Radmacher und eine ebensolche Stickerin in diesem äußerst schwierigen Bankprozeß die geistige

Kraft haben, um allen Presseangriffen zu begegnen. Es wird allerdings mit vollem Recht darauf hingewiesen, daß Richter sein nicht so sehr eine Sache des Verstandes als eine Sache des Charakters ist. Aber das darf ich auch hier aussprechen: ist denn dadurch, daß die Richter ihre Examina gemacht haben, ohne weiteres gesagt, daß sie die richtigen Charaktere sind, und ist denn ohne weiteres verbürgt, daß zwei Leute, die zum Schöffenamt gekommen sind, den Pressebeeinflussungen charakterlich gewachsen sind? Die Frage stellen heißt vielleicht sie verneinen, und deshalb glaube ich, daß die Gewähr dafür nicht gegeben ist.

Es zeigt sich also, daß das, was Herr Jacobi gesagt hat, nicht ohne weiteres zutreffend ist, jedenfalls soweit die Laienrichter in Frage kommen. Auf Einzelheiten will ich nicht weiter eingehen. Sie haben wohl im großen und ganzen ein Bild der Schwierigkeiten bekommen. Schwierigkeiten sind nach einem alten und schönen Wort dazu da, daß sie überwunden werden. Und nun lassen Sie mich im Anschluß an das Wort, das der Herr Reichsjustizminister gestern abend geprägt hat und das auch schon vom Vorsitzenden zitiert worden ist, dem Wunsche Ausdruck geben, daß durch unsere gemeinsame Arbeit die Schwierigkeiten und Kinderkrankheiten, die einer neuen, aber verfassungsmäßigen Einrichtung anhaften, überwunden werden.

Rechtsanwalt Dr. Kurt Rosenfeld-Berlin:

Meine Damen und Herren! Es ist mir zunächst ein Bedürfnis, Herrn Professor Jacobi zu danken für die ganz besonders gut gewählten und zutreffenden Worte, die er fand, um zu charakterisieren, was eigentlich die Unabhängigkeit deutscher Gerichte bedeutet. Ich kann ihm nur darin zustimmen, daß die Unabhängigkeit der deutschen Gerichte bedeutet: 1. das Verbot jedes Eingriffs in eine richterliche Entscheidung, 2. die Sicherung der persönlichen Unabhängigkeit. Wenn man von dieser Begriffsbestimmung ausgeht, so muß man eigentlich von vornherein die Frage, die gestellt ist, verneinen, die Frage, ob die Untersuchungsausschüsse die Unabhängigkeit des Richtertums beeinträchtigen können. Niemals hat ein Untersuchungsausschuß versucht, in einen Richterspruch einzugreifen, niemals hat ein Untersuchungsausschuß in die persönliche Unabhängigkeit eines Richters einzugreifen versucht. Darum meine ich eigentlich, daß mit dieser Definierung die Tagesordnung als erschöpft angesehen werden könnte, daß die Frage einfach zu verneinen sei. Da ich aber nicht ganz sicher bin, daß ich alle Herren damit bereits überzeugt habe, so möchte ich doch noch einige andere Ausführungen machen.

Im voraus ein Wort zu den Ausführungen des Herrn Landgerichtsdirektors Lehmann. Ich hatte mich gefreut, von ihm zu hören, daß er die Absicht habe, als Praktiker, der von Gerichtsseite aus praktische Erfahrungen mit dem Untersuchungsausschuß hat, seine Erfahrungen mitzuteilen. Aber ich muß gestehen, ich bin äußerst enttäuscht worden. Denn seine Kritik gipfelte doch schließlich weniger in einer Kritik am Untersuchungsausschuß als in einer Kritik daran, daß eine Presse existiert, die den Richter kritisiert, und daran, daß Laien in der Rechtsprechung mitwirken. Es ist hier nicht der Ort für diese Forderungen, die — etwas übertrieben — darauf hinauslaufen, daß man sagen könnte: weg mit der Presse, weg mit den Laien aus der Rechtsprechung!

Nun zur Sache. Die Fragestellung, die uns vorliegt, ist wohl zurückzuführen auf die Möglichkeit, die ich auch keineswegs leugne, daß der Strafanspruch des Staates und der Anspruch des Staates auf Feststellung gewisser Tatbestände in Kollisionen geraten können. Ich gebe gern zu, daß bei der Durchführung beider Ansprüche durchaus Kollisionen möglich sind. Dann würde aber doch die Frage entstehen: welcher Anspruch geht vor? Ist denn überhaupt für einen von diesen beiden Ansprüchen von vornherein das Überwiegen in Anspruch zu nehmen? Meine Damen und Herren, wer vermag zu sagen, daß das Interesse an einer geordneten Rechtspflege immer und unter allen Umständen wichtiger sei als das Interesse an der Feststellung und Beseitigung öffentlicher Mißstände? Jedenfalls kann doch davon keine Rede sein, daß die Durchführung des strafrechtlichen Anspruchs des Staates allen anderen Staatsinteressen ohne weiteres voranzustehen hat. Diejenigen, die diese These aufstellen und die dem Untersuchungsausschuß Rechte nehmen wollen, damit das Strafverfahren unter keinen Umständen beeinträchtigt werden kann, übersehen meines unmaßgeblichen Erachtens, daß nach der Verfassung der deutschen Republik die Staatsgewalt vom Volke ausgeht, daß der Reichstag die Vertretung des Volkes darstellt, und daß bei einer Abwägung der verschiedenen Interessen jedenfalls den vom Reichstage eingesetzten Ausschüssen nicht geringere Gewalt beigelegt werden darf als den Gerichten, deren Mitglieder doch erst von den Ministern ernannt werden, die ihrerseits ihre Stellung auch erst vom Parlament herleiten. Höchste Instanz in der deutschen Republik ist nach der Verfassung das Parlament, auch gegenüber der Regierung und auch gegenüber den Gerichten. Der Untersuchungsausschuß wird in der Regel gegen den Willen der Regierung eingesetzt. Ich glaube, daß mein Kollege Alsberg durchaus recht hat, wenn er in seinem Gutachten darauf aufmerksam gemacht hat, daß gewiß die Strafverfahren nicht gestört werden dürfen, daß aber wichtiger sei das Wohl des Ganzen, das allem voranzugehen hat.

Meine Damen und Herren, wir haben ähnliche Ausführungen auch gestern Abend gehört, und unter diesem Gesichtspunkte, scheint mir, muß die Frage geprüft werden. Aus verschiedenen Äußerungen gegen die Tätigkeit der Untersuchungsausschüsse klingt es aber so heraus, als ob die Untersuchungsausschüsse gar nicht so wichtig, gar nicht so notwendig und in den meisten Fällen sogar höchst überflüssig gewesen wären. Meine Damen und Herren, waren die Untersuchungsausschüsse, in denen wichtige Fragen erörtert worden sind — ich verweise auf die Vorwürfe der politischen Korruption, Mängel der Voruntersuchung und der Bestimmungen über die Verhaftung, Organisationsmängel öffentlicher Kreditanstalten —, nicht mindestens ebenso wichtig wie das Verfahren gegen einzelne Personen, die im Zusammenhang mit den den Unterausschuß beschäftigenden Fragen sich strafbar gemacht haben sollten? Jene Fragen mußten schnell und eingehend geprüft werden; da kam das Gerichtsverfahren zu spät, das ja auch ganz andere Ziele hat; das hat der Herr Berichterstatter heute ganz ausgezeichnet im einzelnen dargelegt. Meine Damen und Herren, das Verfahren gegen Barmat hat heute noch nicht zur mündlichen Verhandlung geführt. Ja, glauben Sie denn, es wäre erträglich gewesen, jahrelang auf die Aufklärung der mit diesem Prozeß zusammenhängenden Mißstände zu warten? Sie müssen wirklich aufhören, die Dinge nur unter dem Gesichtspunkte der Ausübung eines Amtes in einem einzelnen Verfahren zu betrachten, sondern viele von Ihnen, die es bisher nicht getan haben, müssen doch auch einmal an die allgemeinen, den ganzen Staat betreffenden, das ganze Volk angehenden Gesichtspunkte denken. Ich möchte einmal fragen, ob es nicht richtig ist, daß es gerade den Untersuchungsausschüssen zu danken ist, daß die Preußische Staatsbank eine neue Verfassung bekam, daß über die Gewährung von Postkrediten andere Bestimmungen getroffen wurden, daß der Erlaß des Ministers für Volkswohlfahrt, der im Höfle-Ausschuß eine Rolle spielte, abgeändert wurde und daß die Notwendigkeit, Änderungen an den Bestimmungen über Haftbefehle einzuführen, allgemein anerkannt wurde, vom Femeausschuß ganz zu schweigen, der auch bereits heute seine großen Verdienste aufzuweisen hat. Meine Damen und Herren, wenn wir, wie ich annehme, im Oktober im Rechtsausschuß des Reichstags und im November im Plenum des Reichstags ein Gesetz beschließen werden, das die Bestimmungen über die Haftbefehle wesentlich reformiert, das das Recht gibt, mündliche Verhandlungen gegen die Aufrechterhaltung von Haftbefehlen zu beantragen, dann sage ich Ihnen: das wäre niemals durchgesetzt worden ohne den Ausschuß über den Fall Höfle. Wenn allein dieser eine gewaltige Fortschritt durch diesen einen Ausschuß erreicht wird, so möchte ich davor warnen, den Untersuchungsausschüssen über die Verfassungsbestimmungen hinaus Beschränkungen aufzuerlegen.

Man sagt, die Untersuchungsausschüsse seien nicht unparteiisch genug, sie beständen aus den Mitgliedern von Parteien. Meine Damen und Herren, bestehen die Gerichte nicht auch aus den Mitgliedern von Parteien? Ich nehme das Wort feierlichst zurück; ich will lieber sagen: aus Mitgliedern verschiedener Weltanschauung. Wollen Sie bestreiten, daß die Mitglieder des Gerichts meistens verschiedene Weltanschauung haben? Und wollen Sie behaupten, daß Sie in allen Fällen rechtsprechen können, ohne daß Ihre Weltanschauung mitklingt? Glauben Sie, daß Sie sich in allen Fällen von Ihrer Weltanschauung frei machen können? Ich vermag das nicht zu glauben. Gewiß, der Untersuchungsausschuß eines Parlaments enthält alle Parteien. Ich weiß, daß das der Fall ist. Man weiß, welcher Partei die einzelnen Mitglieder angehören. Meine Damen und Herren, wenn ein solcher Ausschuß trotz der Parteigegensätze, die in ihm vorhanden sind, zu einmütigen Beschlüssen kommt, so bin ich überzeugt, daß sie im ganzen deutschen Volke gebilligt werden und daß darauf gerade die Bedeutung vieler Beschlüsse des Untersuchungsausschusses beruht. Es gibt solche Fälle. Ich verweise auf den Ausschuß, der den Zusammenbruch Deutschlands geprüft hat, der unter deutschnationalem Vorsitz getagt und übereinstimmende Beschlüsse in vielen sonst streitigen Punkten gefaßt hat. Ebenso war es auch im Höfle-Ausschuß. Darum bin ich der Meinung, daß die Zugehörigkeit der Ausschußmitglieder zu verschiedenen Parteien nicht nur nicht die Bedeutung der Sprüche des Ausschusses beeinträchtigt, sondern besonders da, wo Einstimmigkeit vorliegt, diese Bedeutung geradezu verstärkt.

Nun habe ich bereits vorhin gesagt, daß ich gar nicht verkenne, daß bei einem Nebeneinanderarbeiten von Gerichten und Untersuchungsausschüssen in der gleichen Frage Konflikte sich ergeben können. Aber ich frage, und das ist die Frage, die gestellt ist: liegt deshalb ein Grund vor, die Verfassungsbestimmungen zu ändern? Verfassungsbestimmungen soll man nicht gar zu schnell ändern, besonders nicht, wenn sie, wie aus dem Gutachten meines Kollegen Alsberg hervorgeht, in Einklang stehen mit den Bestimmungen der meisten anderen Kulturländer, jener Länder, die seit langen Zeiten — wie besonders England — ihre wohlangesehenen Untersuchungsausschüsse haben. Mit Recht sprach Herr Professor Jacobi von den Kinderkrankheiten, die heute zu konstatieren sind. Aber, meine Damen und Herren, Kinderkrankheiten auf diesem Gebiete liegen nicht nur auf Seiten der Untersuchungsausschüsse vor, Kinderkrankheiten liegen auch auf Seiten der Gerichte vor, die auch noch nicht an die Existenz der Untersuchungsausschüsse gewöhnt sind. Deshalb bin ich der Meinung, daß es sicher nicht lange dauern wird, bis die Untersuchungsausschüsse, gestützt auf den Artikel 34, befreit von Kinderkrankheiten, sich als eine durchaus richtige Einrichtung allgemein erweisen.

Ich bin deshalb nicht in der Lage, den Vorschlägen zuzustimmen, die Herr Reichsgerichtsrat Rosenberg gemacht hat, die bereits Herr Professor Jacobi hinreichend widerlegt hat, noch weniger jenem Antrag der Deutschen Volkspartei, der noch hinausgeht über die Bestimmung, die von Rosenberg vorgeschlagen ist, und sogar dahin geht, daß ein Verfahren ausgesetzt werden soll, wenn bei oder nach seiner Eröffnung wegen des gleichen Tatbestandes ein Untersuchungs- oder Strafverfahren anhängig ist oder wird, bis dasselbe rechtskräftig erledigt ist. Also meine Damen und Herren, ein Untersuchungsausschuß ist beantragt, ein Staatsanwalt fängt ein Ermittlungsverfahren an, und das Parlament ist lahmgelegt. Wenn selbst Herr Wunderlich, der den Gerichten ein klein wenig freundlicher gegenübersteht als ich, ausgeführt hat, daß die Möglichkeit nicht von der Hand zu weisen ist, daß ein Untersuchungsverfahren ausgerechnet zu dem Zwecke eingeleitet wird, das bereits anhängige Verfahren eines Untersuchungsausschusses lahmzulegen — und er kennt die Richter doch, wie er meint, besser als ich —, wenn er schon Behörden das zutraut — wenn ich es ausgesprochen hätte, würden Sie, Herr Kollege Wunderlich, wie ich fürchte, sofort Einspruch erhoben haben —, wenn er es schon sagt, mit welcher Gefahr haben wir dann zu rechnen, wenn der Rosenbergsche Vorschlag angenommen wird, ganz zu schweigen von der jeden Tag regulär vorkommenden Möglichkeit, daß sich aus einem Untersuchungsausschuß heraus wirklich die Notwendigkeit ergibt, ein Verfahren einzuleiten, wie es in Bayern geschehen ist, wo, wenn die Zeitungsnachrichten richtig sind, auf Grund der Erörterungen des Untersuchungsausschusses sich die Staatsanwaltschaft veranlaßt sah, ein Verfahren einzuleiten, das nach diesen Vorschlägen die Wirkung gehabt hätte, den Untersuchungsausschuß lahmzulegen.

Ich muß es entschieden ablehnen, diesen Vorschlag anzunehmen. Ich stelle mich in diesem Punkte, wie auch in vielen anderen, auf den Boden der Leitsätze des Herrn Professor Jacobi.

Ich möchte aber jenem Leitsatz widersprechen, den er unter IV aufstellt, in dem er die eidliche Vernehmung von Zeugen beseitigen will. Meine Damen und Herren, der Herr Landgerichtsdirektor Lehmann hat eigentlich Herrn Professor Jacobi widerlegt. Herr Lehmann hat aus seinen Erfahrungen heraus mitgeteilt, ein Zeuge habe vor dem Untersuchungsausschuß falsch ausgesagt und, vor Gericht gefragt: warum?, habe er geantwortet, er sei ja nicht vereidigt worden. (Zuruf: der Angeklagte!) Verzeihung, es handelt sich um den Angeklagten, das habe ich mißverstanden. Ich bitte um Entschuldigung. Aber meine Damen und Herren, das kann gewiß auch praktisch werden in dem Fall eines Zeugen — ich freue mich, Herr Lehmann stimmt mir zu —, der, weil er weiß, der Untersuchungsausschuß vereidigt nicht, falsch aussagt und infolgedessen den Untersuchungsausschuß zu ganz falschen Ergebnissen bringt. Sie ersehen daraus, daß allein schon wegen solcher Möglichkeiten die Richtigkeit der Ergebnisse des Untersuchungsausschusses gefährdet ist. Es kommt aber noch hinzu, daß Sie, wenn sie die Möglichkeit der Vereidigung dem Untersuchungsausschuß nehmen, seinen Feststellungen jede durchschlagende Kraft nehmen. Man wird immer, besonders wenn Richterspruch und Beschluß des Untersuchungsausschusses nicht übereinstimmen, sagen: kein Wunder; der Untersuchungsausschuß konnte nicht vereidigen, das Gericht hat vereidigt, also ist der Richterspruch der richtige. Ich warne Sie also, dem Untersuchungsausschuß das Vereidigungsrecht zu nehmen. Sie sind sonst selbst schuld daran, wenn der Untersuchungsausschuß zu unrichtigen Ergebnissen gelangt.

Einverstanden bin ich mit der Forderung des Herrn Jacobi, daß ein Reichsgesetz zur Durchführung erlassen werden soll, besonders auch mit seinem Vorschlage über die Gewährung des Rechts der Sitzungspolizei. Es geht nicht an, daß jemand, der von dem Untersuchungsausschuß vernommen wird, ihn verhöhnt, weil er weiß, ihm kann nichts passieren.

Aber, meine Damen und Herren, soweit die Vorschläge des Herrn Professor Jacobi sich auf die Minderheitsrechte beziehen — er sagt zwar „unbeschadet der Minderheitsrechte" —, möchte ich doch bitten, diese Vorschläge nicht anzunehmen. Wenn z. B. von ihm unter VI gefordert wird, daß jeder Antrag auf Einsetzung eines Untersuchungsausschusses erst im Ausschuß vorzuberaten und dann dem Plenum zur Beschlußfassung vorzulegen ist, so ist dies doch unvereinbar mit der Bestimmung, daß ein Fünftel des Parlaments den Ausschuß durchsetzen kann. Dann müßten Sie schon dem Ausschuß die Möglichkeit geben, den formulierten Antrag des Fünftels zu berichtigen, zu ändern. Aber dann würden Sie ja die Bestimmung der Verfassung hinten herum beseitigen, und dagegen möchte ich mich doch entschieden wenden.

Ebenso warne ich davor, die Öffentlichkeit einzuschränken. Die Öffentlichkeit ist ja schon durch die Verfassung bis zu einem gewissen Grade beschränkt. Darüber hinauszugehen, halte ich für falsch. Die Öffentlichkeit ist das Wichtigste an dem ganzen Untersuchungsausschuß, in der Begrenzung, die Artikel 34 vorsieht. Darüber hinauszugehen, halte ich, wie gesagt, für falsch.

Ebenso scheint es mir mit der ganzen Konstruktion unvereinbar zu sein, daß Sie unter V 4 e) dem Regierungsvertreter das Recht geben wollen, Fragen als unzulässig zu beanstanden. Das ist ein Ausschuß des Reichstags, der Volksvertretung, in dem die Regierung vertreten sein kann, in dem die Regierung auch durch ihren Vertreter Bedenken vorbringen kann, in dem die Regierung selbst aber kein Recht haben darf, mitzuwirken.

Wichtig ist mir noch ein Punkt, der sich auf die Vorlegung der Akten bezieht. Meine Damen und Herren, auf die unbeschränkte und unbegrenzte Aktenvorlegung kann ein Untersuchungsausschuß unter keinen Umständen verzichten. Das ist die jetzige Gesetzeslage. Darin stimmt Herr Professor Jacobi mit Herrn Kollegen Alsberg durchaus überein. Verfassungsmäßig gibt es heute keine Beschränkung. Es ist nur bedauerlich, daß dieser Standpunkt nicht überall anerkannt wird. Mir ist z. B. aus dem Thüringer Parlament, in dem ein Polizeiuntersuchungsausschuß eingesetzt wurde, bekannt, daß dieser Ausschuß beschloß, Akten des Polizeiamtes in Gotha über Vorfälle bei einer Bestattung und Akten des Ministeriums des Innern über Vorgänge bei einer Straßenkundgebung einzufordern, und daß die Regierung dieses Vorlageersuchen mit der Begründung ablehnte, das Bekanntwerden des Inhalts der Akten würde dem Wohle des Reiches und des Landes Thüringen Nachteil bereiten. Meine Damen und Herren, es ist bedauerlich, in Thüringen allerdings verständlich, daß solche Beschlüsse gefaßt worden sind. Es geht noch darüber hinaus, wenn der Regierungsvertreter, wegen dieses Beschlusses gestellt — ich möchte beinahe sagen, das ist fast nur in Thüringen möglich —, erklärte, diese formelle Erklärung der Regierung genüge, um die Vorlage der Akten zu verweigern. Also nicht einmal die immerhin von Herrn Professor Jacobi vorgeschlagene Notwendigkeit der Begründung für die Ablehnnug der Aktenvorlegung ist in Thüringen nach dem geltenden Gesetz anerkannt worden. Um so notwendiger ist es, daß wir an den Bestimmungen, wie sie hier getroffen sind, nicht rütteln lassen.

Meine Damen und Herren, damit bin ich am Schlusse meiner Ausführungen. Ich habe mir erlaubt, die Vorschläge, die ich eben auch mündlich vorgetragen habe, zu formulieren. Sie gehen einfach auf den Vorschlag hinaus, eine Reihe von Bestimmungen zu streichen. Ich bitte Sie, mir zu gestatten, daß ich sie dem Herrn Vorsitzenden vorlege, und ich bitte Sie, meine Damen und Herren, mit dem Berichterstatter, Herrn Professor Jacobi, und dem Herrn Kollegen Alsberg die Notwendigkeit irgendwelcher Veränderungen der Verfassung zu verneinen und durch ihre Beschlußfassung zum Ausdruck zu bringen: nicht Einschränkung, sondern Ausgestaltung der Rechte der Untersuchungsausschüsse ist die Forderung des Juristentages.

Der Herr Berichterstatter hat zum Schluß seiner Ausführungen über die Vertrauenskrisis in der deutschen Rechtsprechung gesprochen; und er hat zum Teil beherzigenswerte Ausführungen gerade an die deutschen Juristen, an die deutschen Richter vor allen Dingen, gerichtet, Ausführungen, denen ich mich nur anschließen kann. Ich möchte Sie nur vor einem noch warnen: wenn es Ihnen ernst ist, meine Herren Richter, mitzuwirken an der Beseitigung der Vertrauenskrisis, mitzuwirken an der Beseitigung des Mißtrauens, das in den weitesten Teilen des deutschen Volkes gegenüber der Rechtspflege herrscht, dann fassen Sie nicht einen Beschluß auf Verringerung der Befugnisse des Untersuchungsausschusses, der notwendigerweise die Auslegung finden muß, daß die Richter sich schützen wollen vor der Nachprüfung durch einen Untersuchungsausschuß, daß sie sich schützen wollen vor den Beschlüssen parlamentarischer Untersuchungsausschüsse, die ein anderes Ziel verfolgen als die Urteile der Gerichte. Sie würden selber sich Mißdeutungen aussetzen, die ich gerne vermeiden möchte, wenn Sie anders verführen als zum Ausdruck zu bringen: an der Verfassungsbestimmung über die Untersuchungsausschüsse soll nichts geändert werden.

Rechtsanwalt Dr. Alsberg-Berlin:

Meine Damen und Herren! Ich bin bei der Abfassung meines Gutachtens davon ausgegangen, daß der Gutachter genau so wie der Richter über ihm vorgelegte Fragen völlig jeder politischen Anschauung entrückt seine Meinung abzugeben hat. Ich habe mich deshalb wohlweislich gehütet, irgendwie die Frage zu erörtern, ob die Untersuchungsausschüsse als solche wünschenswert sind oder nicht. Wohl habe ich es für nötig erachtet, auf die Rechtseinrichtungen und die Rechtserfahrungen anderer Länder einzugehen, nicht nur unter dem Gesichtspunkt, aus den Erfahrungen und den Institutionen anderer Länder zu lernen, wie man bei uns das Untersuchungsverfahren vor den Untersuchungsausschüssen im einzelnen ausgestalten könnte, sondern auch, um zu lernen, ob nicht dort die Richter in der Lage gewesen sind, unbeeinflußt von Untersuchungsausschüssen ihre Urteile zu fällen. Wenn die historische Entwicklung zeigt, daß in anderen Ländern nicht die Auffassung vertreten wird, daß die Gerichte ihre Aufgabe nicht voll erfüllen können, wenn Untersuchungsausschüsse tagen, dann darf man wohl sagen: was ein französischer, was ein englischer, was ein holländischer Richter kann, das wird sicher der deutsche Richter auch können. Ich widerspreche hier ganz besonders Herrn Landgerichtsdirektor Lehmann, ich widerspreche auch ganz entschieden Herrn Landgerichtsdirektor Wunderlich, dessen Ausführungen auf der Tagung der J. K. V. ich mit großer Begeisterung gehört habe; ich widerspreche auch Herrn Reichsgerichtsrat Rosenberg, den ich aufs höchste verehre, wenn die Auffassung vertreten wird, daß die bisherigen Untersuchungsausschüsse in Deutschland dazu geführt hätten, daß die Richter bei der Erfüllung ihrer Aufgaben irgendwie gehindert worden seien. Meine Damen und Herren, ich gehe noch einen Schritt weiter: ich behaupte sogar, daß das Bild von den beiden Kreisen mit verschiedenen Radien durchaus nicht richtig ist, daß sämtliche Untersuchungsausschüsse Fragen behandelt haben, die für die Entscheidung in Strafverfahren nicht präjudiziell gewesen sind. Man hätte, um die Notwendigkeit von Untersuchungsausschüssen zu erhärten, vielleicht ganz gut getan, dieser Tagung einen Untersuchungsausschuß vorauszuschicken, in dem man diese Frage einmal erörtert hätte. Denn ich muß erklären, er wäre zu einem ganz anderen Ergebnis gekommen, als es vertreten wird.

Meine Damen und Herren, ich will gleich an das Beispiel anknüpfen, das Herr Landgerichtsdirektor Lehmann vorhin hier vorgetragen hat. Herr Landgerichtsdirektor Lehmann war Vorsitzender in diesem Prozeß, und ich habe damals die Verteidigung vor ihm geführt. Ich kann Ihnen erklären, daß ich ein so pflichtvergessener Verteidiger bin, daß ich die tausend Seiten der Untersuchungen des Untersuchungsausschusses vor der Verhandlung überhaupt nicht einmal gelesen habe, und zwar aus einem höchst einfachen Grunde: ich habe mir angesehen, was das Thema des Untersuchungsausschusses gewesen ist, und was das Thema der Gerichtsverhandlung war, und kam zu dem Ergebnis, daß beide Dinge nichts miteinander zu tun hatten. Das, was man für die Vorbereitung der mündlichen Verhandlung wissen muß, steht in den Akten des Untersuchungsrichters, und in denen hat es auch tatsächlich gestanden. Und tatsächlich war auch das Thema bei der Untersuchung ein völlig verschiedenes. Es ist — ich muß Herrn Lehmann berichtigen — in dem Untersuchungsausschuß im Preußischen Landtage die politische Frage behandelt worden, ob Staatsgelder richtig verwaltet worden sind, ob Gelder, die zu Wohnungsbauten bestimmt waren, nicht zu diesem Zwecke verwendet worden sind, und ob die nötigen Garantieen vorhanden sind, um etwas derartiges zu verhüten. Das ist in kurzem der Sinn dessen, was vor dem Untersuchungsausschuß behandelt worden ist, und dasselbe Thema hat sich wiederholt bei Barmat und Kutisker, nur da übertragen auf die Staatsbank. Es ist nun auch noch vor dem Untersuchungsausschuß erörtert worden, ob die Direktoren der Pfandbriefanstalt über diese Gelder in dieser Weise eine Verwendungsverfügung treffen durften, ganz unabhängig von der Frage, ob sie mit dieser Verfügung sich einer Untreue schuldig gemacht haben, nämlich ob sie bewußt zum Nachteil der Landespfandbriefanstalt gehandelt haben. Diese Frage ist vor dem Untersuchungsausschuß nicht erörtert worden; vor allen Dingen konnte sie es auch gar nicht, weil sie in das subjektive Moment hineinging. Es ist noch die Frage der Bestechung erörtert worden, die keine Rolle spielt; sie hatte mit dem Verfahren vor dem Untersuchungsrichter auch nicht das Geringste zu tun. In dem Verfahren vor dem Untersuchungsrichter hatte es sich gehandelt um den Empfang und die Verwendung dieser Gelder. Die Angeklagten waren angeklagt, ausschließlich — und so lautete der Eröffnungsbeschluß —, daß sie den Herrn von Z., der auch in dem Strafverfahren nur als Zeuge aufgetreten ist, betrogen und daß sie vielleicht über die Gelder des Herrn von Z. oder der von ihnen gegründeten Gesellschaft sich einer Untreue schuldig gemacht hätten. In der Hauptverhandlung hat das Gericht noch darauf hingewiesen, daß eventuell ein Betrug gegen die Landespfandbriefanstalt in Frage käme; aber es ist Freisprechung erfolgt. Das ganze Verfahren, das bei Beginn der Hauptverhandlung vorlag, hatte mit dem des Untersuchungsausschusses nichts zu tun.

Und wenn nun des weiteren gesagt wird, wie schädlich Untersuchungsverfahren seien, so muß ich auch hier Punkt für Punkt Herrn Lehmann widersprechen. Es wird gesagt, die Angeklagten hätten in der Verhandlung in dem Buch gelesen, das vor dem Untersuchungsausschuß zustande gekommen ist. Es mag sein, daß einmal ein Angeklagter hineingesehen hat, jedenfalls ist das dann etwas anderes, als was in jedem Strafverfahren vorkommt, wo noch ganz anderes passiert? Wenn die Hauptverhandlung da ist, kann ein Aktenauszug gemacht werden; niemand kann das verwehren, der Angeklagte kann ihn bekommen, und wer hat je behauptet, daß dieser Aktenauszug, enthaltend Aussagen von Zeugen vor dem Untersuchungsrichter, der das juristisch Wesentliche festlegt, das Verfahren erschwert oder stört? Es wird dann gesagt: ja, die Zeugen erfahren nun aber, worum es sich handelt. Erfährt denn nicht ein Zeuge, der von dem Untersuchungsrichter vernommen wird, worum es sich handelt, wird ihm nicht noch wesentlicher das in die Erinnerung hineingebracht, worauf es juristisch ankommt, als von dem Untersuchungsausschuß? Und wenn gesagt wird, infolge dieses 1000 Seiten starken Buches und der Verhandlungen im Untersuchungsausschuß wissen schon die Zeugen, worüber sie vernommen werden? Nein, sie wissen es nicht. In einem Sensationsprozeß wissen die Zeugen, was ausgesagt ist; sie lesen die Zeitungen, und jeder Vorsitzende wird mir bestätigen können, daß es jeden Augenblick vorkommt, daß die Zeugen sagen: wir haben das in der Zeitung gelesen, und der Vorsitzende sagt: das geht Sie nichts an. Daß vor dem Untersuchungsausschuß Angeklagte, weil sie nicht eidlich vernommen worden sind, die Unwahrheit gesagt haben, das ist doch etwas, was vor dem Untersuchungsrichter genau so vorkommt, wie es ein jeder Strafrichter weiß, und wenn gesagt wird, das rein Kriminelle würde in die Sphäre des Politischen gezogen, so muß ich doch entschieden betonen, die Zeitungen haben sich nicht mit diesem Prozeß befaßt wegen des Untersuchungsausschußverfahrens. Nachdem die Sache im Untersuchungsausschuß erörtert worden war, war für die Zeitungen die Sache ausgeschlachtet, der Rahm abgeschöpft; sie haben sich deshalb auch überhaupt nicht mehr um die Sache gekümmert. Die Zeitung war auch diejenige, die den ganzen Prozeß veranlaßt hatte. Es hat eine Zeitung mit

Rücksicht auf diese parlamentarische Affäre gewissermaßen als Gegenoffensive diese Sache in die Öffentlichkeit lanciert, und deshalb haben sich die Zeitungen mit der Sache befaßt; mit dem Untersuchungsausschußverfahren hat das nichts zu tun. Wenn ich das betone, so tue ich es rein aus dem Gesichtspunkte heraus, daß ich sage: wir dürfen uns nicht, wenn wir uns mit einem so wichtigen Thema befassen, durch Argumente verleiten lassen, um zu einer bestimmten Entscheidung zu kommen, die nicht irgendwie gerechtfertigt ist, sondern bei sachgemäßer Erörterung abwegig erscheint. Ich kann auch Herrn Wunderlich in seinen vortrefflichen Ausführungen in der Deutschen Juristenzeitung nicht zustimmen, der der Auffassung ist, daß sich bei der Barmataffäre so etwas abgespielt hat. Ich kenne die Sache und weiß das alles. Was da vorgeworfen wird, hat nichts mit den Dingen im Untersuchungsausschuß nach der kriminellen Seite zu tun. Und selbst, wenn es richtig wäre, wenn vor dem Untersuchungsausschuß solche Dinge erörtert worden wären, sind denn diese Dinge nicht schon vorher in der Voruntersuchung erörtert worden? Glaubt denn wirklich jemand, die Angeklagten hätten aus den Verhandlungen vor dem Untersuchungsausschuß etwas bezüglich der gegen sie gerichteten Anschuldigungen erfahren, was sie bis dahin nicht erfahren hätten? Die Fragestellung im Untersuchungsausschuß kann, wie gerade bisherige Verhandlungsfälle gezeigt haben, durchaus von der im Strafverfahren abweichen.

Allerdings bin ich auch der Auffassung und habe das in meinem Gutachten betont, daß in dieser Beziehung Fehler vorgekommen sind und daß solche Fehler vermieden werden müssen. Man muß sich darüber klar sein, was der Untersuchungsausschuß will, was seine Aufgabe ist, und muß dahin streben, im Untersuchungsausschuß lediglich das Politische zu behandeln und im Strafverfahren das Kriminelle, und ich glaube, daß unser Parlament, wenn die Institution des Untersuchungsausschusses sich bei uns einmal entwickelt hat, auch durchaus in der Lage ist, die Grenzen zu ziehen. Wofür hat denn heute jede Partei Juristen im Parlament, wenn es nicht möglich wäre, in der Beziehung irgendwelche Remeduren, die notwendig sind, zu schaffen? Aus diesem Gesichtspunkte heraus bin ich vielleicht zu meiner Anregung gekommen, die Minoritätsrechte zu beschränken. Ich habe darauf hingewiesen, daß auch andere Länder ein solches Minoritätsrecht, wie wir es ausgebildet haben, tatsächlich nicht besitzen. Man kann Minoritätsrechte anerkennen, ohne damit die Souveränität der Minorität anzuerkennen. Es ist wohl möglich, daß die Minorität das Antragsrecht hat, daß aber dann doch in einem Ausschuß darüber verhandelt wird, und daß insoweit das Recht der Minorität beschränkt wird, als die Minorität über die gesetzlichen Schranken hinwegschreitet. Heute wird das Minoritätsrecht dahin verstärkt, daß noch vor der Antragsformulierung der Antrag angenommen werden muß. Das ist aber etwas, was abänderungsfähig ist, was aber auch abänderungsbedürftig ist. Immerhin möchte ich doch gerade Herrn Professor Jacobi bei seiner Berichterstattung entgegentreten. Er erkennt eine Gefahr nicht, die aus seinem Vorschlag notwendig folgt. Er erkennt bezüglich der Vereidigung der Zeugen nicht, daß, wenn die Frage der Vereidigung abhängig sein soll von dem Beschluß der Mehrheit, man auf diese Weise das Minoritätsantragsrecht natürlich völlig sabotieren könnte.

Aber ich bin ja auch der Auffassung und habe das zum Ausdruck gebracht, daß es nicht richtig ist, die Vereidigung in dem Umfange stattfinden zu lassen, in dem sie heute in Deutschland stattfindet, und daß es naturgemäß ein ganz grober Fehler war, in einzelnen Fällen Personen, die später als Angeklagte auftraten, zu vereidigen. Ich bin auch überzeugt, daß, wenn man sich die Sache überlegt hätte, man das nicht getan hätte und daß eine verständige Anwendung der geltenden Bestimmungen zu diesem Resultat geführt hätte. Ich bin überzeugt, wenn Herr Rosenberg hierüber befragt worden wäre, er würde sicher zu dem Ergebnis gekommen sein, daß so die Bestimmungen des Gesetzes auszulegen sind. Lassen Sie mich Ihnen einmal einen Fall vorführen, der sich in der allerletzten Zeit ereignet hat, und der unter richterlicher Führung sich ereignet hat, ohne daß bisher ein Richter in Deutschland über diesen Punkt gesprochen hätte, obwohl über diese Angelegenheit sehr viel gesprochen und geschrieben worden ist, aus einem falschen Solidaritätsgefühl heraus in Abwehr von Angriffen, bei denen die Richter sich auf die Seite der Angreifer hätte stellen müssen. Der § 59 der Strafprozeßordnung sagt: „Eine Gegenüberstellung mit anderen Zeugen oder mit dem Beschuldigten findet im Vorverfahren nur dann statt, wenn sie ohne Nachteile für die Sache nicht bis zur Hauptverhandlung ausgesetzt werden kann". Ich verweise des ferneren noch auf § 66 Abs. 3. Im Vorverfahren soll die Konfrontation nach Möglichkeit vermieden werden. Vor allem soll im Vorverfahren der Eid nur angewandt werden, wenn man befürchtet, dieses Beweismittels verlustig zu gehen, oder aber den Menschen, der nicht wahrheitsgemäß aussagen will, unter Eid dazu zwingt. Wenn es nun aber vorgekommen ist, daß man eine Frau, angeblich eine Halbblinde, einem Angeschuldigten, und nur ihm und nicht einer Menge von Leuten, aus denen man sich die Zeugen auswählen kann, gegenübergestellt, und wenn man diese Zeugin auf ihre Aussage vereidigt und dadurch die Gefahr heraufbeschwört, daß man diese Zeugin in die Hauptverhandlung kommen läßt und dadurch gewissermaßen ein Präjudiz schafft und den Staatsanwalt zwingt, die Anklage zu erheben? So etwas ist in irgend einem Bierdorf vorgekommen, aber es ist vorgekommen, es hat einen Richter gegeben, der etwas Derartiges gemacht hat. Wollen Sie darum anregen, unseren Richtern müsse die Vereidigung genommen werden, es dürfe nie mehr im Untersuchungsverfahren vereidigt werden?

Aus solchen Einzelfällen gewichtige Schlüsse zu ziehen, ist falsch. Es wäre falsch, irgend einen Schluß auf die Tüchtigkeit und Gewissenhaftigkeit der deutschen Richter zu ziehen, wenn man einen solchen Einzelfall anführen würde. Es ist aber auch ganz falsch, Fehler, die in einem Untersuchungsverfahren vorgekommen sind, nun dafür anzuführen: ihr werdet mit einer solchen Sache nicht fertig. In einem Parlament, in dem hervorragende Juristen sitzen, wird man mit einer solchen Sache fertig. Wenn man hier von der Freiheit der Voruntersuchung spricht und sagt, die Freiheit der Voruntersuchung leide, wenn ein derartiges Untersuchungsverfahren nebenher stattfinde, so muß ich Herrn Professor Jacobi durchaus widersprechen. Die Freiheit der Voruntersuchung ist nicht eine Aktion, auf die wir alle schwören, und nicht eine Aktion, auf die unsere maßgebenden ministeriellen Stellen schwören. Was geschieht denn anders im Hauptverfahren heute, wenn die Ergebnisse einer Voruntersuchung vorliegen? Der Richter kennt doch die Akten, er kennt die Vernehmung der Zeugen. Es kann doch kein Richter behaupten, zu einem anderen Ergebnis zu kommen. Obwohl in der Voruntersuchung ein Jurist das festlegt, was wesentlich ist, erleben wir es doch alle Tage, daß ein Richter in der Hauptverhandlung sagt, der Zeuge könne sich auch so und so ausgedrückt haben. Das ist 50 Jahre möglich gewesen und noch länger, ohne daß wir irgend einen Mangel empfunden haben, und soll auf einmal unmöglich werden, wenn Bücher von 1000 Seiten gedruckt werden. Das sind Dinge, die nichts miteinander zu tun haben. Glauben Sie denn wirklich, daß es ein Justizminister wagen würde, einem Staatsanwalt die Anweisung zu geben, nun keine Strafverfahren einzuleiten als Folge eines gerichtlichen Untersuchungsverfahrens, lediglich aus irgend welchen politischen Anschauungen heraus? Höchstens weil er sich in diesem Untersuchungsverfahren davon überzeugt hat, daß das Strafverfahren keinen Erfolg haben würde. Aber nie wird sich ein Justizminister dem aussetzen, daß er gerade mit Rücksicht auf das Untersuchungsverfahren, in dem kriminelle Sachen zur Sprache gekommen sind, nun seinerseits ein Strafverfahren abbiegen würde.

So komme ich nun zu dem Ergebnis, daß tatsächlich alle Mängel, die vorhanden sind, beseitigt werden können, wenn wir den ernsten Willen haben. Und wir müssen den ernsten Willen haben, und ich sage, nichts wäre falscher in der heutigen Zeit — ich rede dabei nicht vom Standpunkt irgend einer politischen Anschauung aus, die mir völlig fern liegt —, als wenn heute irgend etwas geschähe, um die Untersuchungsausschüsse in Deutschland tot zu machen. Dann würde die oppositionelle Partei immer sagen: jede Verhandlung im Untersuchungsverfahren wird ja unmöglich gemacht durch eine solche Bestimmung, und es würden gerade Wortführer dies immer behaupten, die so und so viele Gläubige in diesem Falle finden. Und haben Sie doch nicht diesen greisenhaften Respekt vor dieser oder jener strafprozessualen Bestimmung! Ist denn gesagt, aus welcher Idee heraus man zu irgend einer Bestimmung gekommen ist? Ich habe eine Entscheidung des ersten Srafsenats gelesen; in dieser Entscheidung steht, daß alle diese Prinzipien zurücktreten müssen hinter dem Prinzip der Wahrheitserforschung, und wenn es einmal nötig ist, die Wahrheit zu erforschen unter Opferung dieses oder jenes Grundsatzes, dann dürfen wir uns nicht dagegen sträuben. Aber wohl ist es falsch, Prinzipien zu überspannen.

Ich komme zum Schluß zur Frage der Unabhängigkeit der Richter. Jedem muß es fern liegen, dieses höchste Gut anzutasten; aber wir müssen uns davor hüten, unter Unabhängigkeit des Richters etwas anderes zu verstehen, als was darunter verstanden werden muß nach der historischen Entwicklung. Unabhängigkeit des Richters ist nicht gleichbedeutend mit Immunität gegen Kritik, und es ist sicher richtig, man kann die hohe Aufgabe des Richters nicht allein erfüllen mit juristischem Wissen und nicht erfüllen lediglich mit praktischen Erfahrungen, man kann diese Aufgabe nur erfüllen, wenn man sich hingibt an alle höheren Ideen; denn nur die Hingabe an diese höheren Ideen kann auch den Richter ablenken von den Widerwärtigkeiten, die seinem Berufe widerfahren und die immer betont worden sind, die nicht nur heute von Professor Jacobi, die auch mit Recht von Herrn Wunderlich in der J. K. V. betont worden sind. Und deshalb stehe ich durchaus auf dem Standpunkt, daß die Kritik gegenüber der richterlichen Rechtspflege ihre Grenzen haben muß, und es wäre besser, man würde mit einer wissenschaftlichen Untersuchung dieser Dinge, die aufgebaut werden müßte auf einer psychologischen Erkenntnis des Wesens des Richtertums, einmal ernst machen, als sich immer von diesen Dingen abzuwenden. Die Frankfurter Zeitung hat neulich anläßlich des Flessa-Prozesses das wunderschöne Wort gebraucht: „Hier ist die Stelle, wo die Kritik gegenüber dem Richter aufhört, hier muß man es der Überzeugung des Richters überlassen." Und so bin ich der Überzeugung, der Begriff der Unabhängigkeit darf nicht überspannt werden, er darf aber auch nicht dazu benutzt werden, zu sagen: wir vertragen keine Kritik. Jeder Mensch, der gewöhnt ist, Kritik zu üben, hört auch die Meinung anderer. Die richterliche Unabhängigkeit, die das zweite Thema der heutigen Fragestellung gewesen ist, müssen wir erfassen, wie sie gedacht ist, wie sie dem Richtertum zur Ehre gereichen kann, und wenn wir sie so erfassen, dann werden wir jede unberechtigte Kritik zurückdrängen können zum Segen und zum Heile des deutschen Richtertums.

Professor Dr. Leidig-Berlin:

Meine Damen und Herren! Wenn als erster Diskussionsredner ein Herr aus der Gerichtspraxis Ihnen Mitteilungen gemacht hat über die Art der Rückwirkung der Verhandlungen der parlamentarischen Untersuchungsausschüsse auf die Strafrechtspflege, so gestatten Sie mir, der ich, wie ja wohl dem einen und anderen in diesem Kreise bekannt ist, Vorsitzender des sogenannten Barmatausschusses in Preußen gewesen bin oder rechtlich noch heute bin, einmal über meine Erfahrungen und Bedenken kurz zu berichten. Ich darf dabei bemerken, daß ich außerparlamentarisch zu Ihnen gehöre, daß mein Professortitel Professor des Rechts ist, ich also die Dinge von beiden Seiten ansehen darf. Hier ist schon mit Recht dargelegt worden in den ausgezeichneten Ausführungen unseres Herrn Referenten, daß es sich bei den beiden Dingen, Strafrechtspflege und parlamentarischer Untersuchungsausschuß, um zwei völlig verschiedene Dinge handelt, die ganz verschiedene Ziele verfolgen. Ich habe, wie ja auch im Gutachten mitgeteilt worden ist, immer wieder als Vorsitzender hervorgehoben: wir sind ein politisches Gremium, haben politische Aufgaben zu erfüllen und haben infolgedessen ganz etwas anderes zu leisten, als der Strafrichter zu erfüllen hat. Es ist richtig, daß die Dinge bis zu einem gewissen Grade ineinander fließen können. Ich glaube aber, das ist keine Eigentümlichkeit der parlamentarischen Untersuchungsausschüsse, das kommt auch im Behördenorganismus ziemlich häufig vor, daß Fragen, die in dem einen Rechtszug zu regeln sind, hineingreifen in einen anderen Rechtszug. Ich erinnere an gleichzeitige Verhandlungen oder Vorwegnahmen im Zivilrecht und Strafrecht, ich erinnere an das Verwaltungsstreitverfahren, wo wir mitunter Tatbestände haben, die in die ordentliche Gerichtsbarkeit hineingreifen.

Für mich hat sich in diesen monatelangen Verhandlungen, die wir dort geführt und schließlich auch zu Ende gebracht haben, zweierlei als ganz besonders schwierig ergeben. Wir sind ein politisches Gremium, fungieren aber als Untersuchungsausschuß, der m. E. eine absolute Notwendigkeit im parlamentarischen System ist, und den Sie aus dem parlamentarischen System nicht herausnehmen dürfen, wenn Sie nicht den Minderheiten eine Befugnis nehmen wollen, die sie in dem Parteien-Hinundher notwendig haben müssen, um schwierige und ernste Dinge, die von einer absoluten Mehrheit vorgenommen werden können, in die Öffentlichkeit zu ziehen. Wenn Sie diesen Minderheitenschutz den Minderheiten nicht nehmen wollen, müssen Sie die Organisation des Untersuchungsausschusses bestehen lassen. Aufgabe jeden Untersuchungsausschusses soll nun sein, objektive Wahrheit festzustellen; der Aufbau der heutigen Untersuchungsausschüsse ist jedoch denkbar ungeeignet, diese Wahrheit herauszufinden. Als der Barmatausschuß seine Verhandlungen aufnahm, da schlugen die politischen Wellen des gegenseitigen Parteihasses so stark gegeneinander, daß es fast keiner Seite möglich war, das herauszufinden, was wahr war; sondern jede Seite versuchte, den parlamentarischen Untersuchungsausschuß dazu zu benutzen, die Öffentlichkeit in ihrem Sinne zu beeinflussen und in ihrem Sinne zu leiten. Und da ist nun der Vorsitzende nach den heutigen Bestimmungen der Reichsverfassung und der Preußischen Verfassung ein Mann, dem Sie wirklich Ihr innigstes Beileid aussprechen können. Ich bin ja selbst mit daran schuld, daß wir diesen unglückselig formulierten Artikel in die Preußische Verfassung übernommen haben. In der Reichsverfassung ist er schon unglücklich formuliert; da ergibt sich aus dem Wortlaut des Artikels eine solche Fülle von Unklarheiten, daß ich den Herren Professoren des öffentlichen Rechts nur sagen kann, meines Erachtens haben sie hier genug Stoff für Doktordissertationen. Es steht in dem Artikel, daß die Strafprozeßordnung sinngemäß angewandt werden soll. Das ist ja auch schon von den Herren Vorrednern hervorgehoben worden. Man weiß aber gar nicht, wie weit diese sinngemäße Anwendung der Strafprozeßordnung gehen kann. Ich habe mich persönlich auf den Standpunkt gestellt, daß ich nicht nur, wie es in der Verfassung steht, die engbegrenzte Regelung über die Beweisaufnahme als sinngemäß betrachte, sondern auch die Voraussetzungen dieser Bestimmungen heranziehe; ich habe indes lebhafte Widerstände im Kreise meiner Kollegen nach der Richtung hin gefunden. Als wir anfingen, habe ich mir gesagt, es ist doch ganz unmöglich, Leute wie Barmat, wie Kutisker, aber auch andere, als Zeugen unter Eid zu vernehmen und womöglich gar — eine Auffassung, die von anderen Herren, beispielsweise einem der Vorsitzenden eines Reichsuntersuchungsausschusses, vertreten wird — zwangsweise zu vereidigen. Ich habe damals mit meinem hochverehrten Kollegen und Freund, Herrn Kahl, über diese Dinge gesprochen. Wir waren uns einig, daß eine Scheidung gemacht werden müsse zwischen Beweisperson und Auskunftsperson. Ich habe diese Auffassung rechtlich nicht durchsetzen können, praktisch habe ich sie ja durchgesetzt. Auch ich bin ganz der Auffassung, wir brauchen ein neues Gesetz, das das ganze Verfahren der Untersuchungsausschüsse regelt. Ich glaube auch, wir müssen uns fragen: ist es möglich, wie es jetzt geschieht, daß die parlamentarischen Untersuchungsausschüsse aufgefaßt werden als ein Ausschuß des Reichstags, des Landtags, der nach Maßgabe der Geschäftsordnung verhandelt, und der nur gewisse besondere Befugnisse bekommen hat, die die anderen Ausschüsse nicht haben? Ich habe in meiner Praxis die Dinge und insbesondere die Befugnisse des Vorsitzenden ziemlich weit ausgedehnt. Ich erinnere mich eines Falles, daß ich einen meiner Beisitzer durch die Polizei hinauswerfen ließ; man kann darüber streiten, ob die Strafprozeßordnung da sinngemäß angewandt war. Ich scheue mich nicht, das hier auszusprechen, trotzdem ich weiß, daß diese Dinge politische Bedenken haben und viele meiner Kollegen sehr scharf dieser Auffassung entgegentreten. Ich glaube, wir werden doch erwägen müssen, dem Gedanken einmal näherzutreten, ob wir nicht bei den Untersuchungsausschüssen selbst den Vorsitzenden nicht aus den parteimäßigen Parlamentariern wählen. Ich glaube ruhig sagen zu können, daß ich mich nach besten Kräften bemüht habe, das Schiff, das in sehr stürmischer See zu Anfang war, nach der richtigen, der objektiven Wahrheit zu leiten; aber, und das werden Sie mir zugeben, es ist für einen Politiker, der parteimäßig eingestellt ist und eingestellt sein muß, ungemein schwierig, nach der Richtung hin sich völlig frei zu machen von der parlamentarischen Situation, wie sie nun einmal besteht, und wenn man einen Kreis von 39 Leuten hat, 38 Leute außer mir, die alle parlamentarisch eingestellt sind, alle politisch an die Dinge herantreten, so sollte es wohl doch richtig sein, daß wenigstens der Vorsitzende aus all diesen Dingen herausgehoben ist. Und dann braucht der Vorsitzende außerdem ein ganz erheblich größeres Maß von Autorität als der Vorsitzende eines gewöhnlichen parlamentarischen Ausschusses, als welcher der Untersuchungsausschuß aufgefaßt wird. Ich persönlich habe mich auf den Standpunkt gestellt — aber auch das ist eine Frage der Doktordissertation —, daß der Vorsitzende des Untersuchungsausschusses all die Rechte hat, die der Präsident des Landtages hat. Man sieht, wie ungemein schwer diese komplizierten Verhandlungen zu leiten sind, wenn nicht klar gesehen wird, wie weit die Befugnisse gehen.

Ich glaube nicht, daß wir den Weg gehen, den Herr Rosenberg vorgeschlagen hat. Ich halte es für unmöglich, dem Parlament die Möglichkeit zur Untersuchung zu nehmen, solange das politische Interesse sich mit einer Sache beschäftigt, zu erklären: du mußt die Dinge laufen lassen, bis die strafrechtliche Untersuchung durch sämtliche Instanzen hindurch in 5 Jahren zu Ende geführt ist. Das ist parlamentarisch und politisch nicht erträglich. Und so liegt es in zahlreichen politischen Streitigkeiten. Ich stimme dem durchaus bei, daß es sich im letzten Grunde um ein gewisses Maß von Takt handelt, nicht über die Grenzen hinauszugreifen, und daß es schwer sein wird, hier manchmal die Entscheidungen zu treffen, die sich tatsächlich nachher in der Praxis durchführen lassen. Ich bemerke übrigens, daß es nicht richtig ist, daß wir in meinem Ausschuß, im Barmatausschuß, Staatsanwalt und Untersuchungsrichter als Zeugen über den Gang des schwebenden Strafverfahrens vernommen haben. Es stimmt auch nicht, daß wir etwa die Herren ersucht hätten, an den Verhandlungen teilzunehmen. Umgekehrt, die Herren ersuchten uns, an den Verhandlungen teilnehmen zu dürfen, wovon meine Kollegen sowohl als auch ich gerne Gebrauch gemacht haben, da die Herren ein gewisses Interesse daran hatten, alle zu sehen, die dort vernommen wurden. Ich möchte also glauben, daß wir über die Entscheidung der Frage, wie wir sie in den großen allgemeinen Ausführungen des Herrn Dr. Alsberg und des Herrn Professor Jacobi gehört haben, nicht hinwegkommen können.

Wir müssen hinzufügen: es müssen starke Änderungen in der Zusammensetzung der Ausschüsse erfolgen. Es ist notwendig, besondere gesetzliche Vorschriften für diese Ausschüsse zu erlassen, und es ist unmöglich, eine Verhandlung, die ja keine Voruntersuchung gehabt hat, vor einem Richterkollegium von 39 Leuten zu führen. Wir müssen dazu kommen, daß die Ausschüsse erheblich kleiner an Zahl sind; auch da liegt eine Schwierigkeit vor, denn es muß jede in Betracht kommende Partei im Reichstag oder Landtag wenigstens durch ein Mitglied vertreten sein, und da wir leider noch zu keinem Zweiparteiensystem gekommen sind, so ergibt sich daraus schon eine ziemlich starke Personenzahl. Wir müssen wieder zu festen Verfahrensvorschriften kommen, und wir müssen zu einer anderen Regelung hinsichtlich des Vorsitzenden kommen.

Nun die Vereidigungen. Ich glaube nicht, daß Sie den Ausschüssen das Recht der Vereidigung nehmen können; wir kommen sonst zu vielfach der objektiven Wahrheit recht fernliegenden Feststellungen. Ich möchte keinen Namen nennen; aber ich kann nur sagen, daß, wenn in dem Ausschuß, den ich geleitet habe, wir nicht zur Vereidigung bestimmter Personen gekommen wären, wir dann eben dabei geblieben wären, was sie uns zuerst, und nicht bei dem, was sie uns zuletzt gesagt haben. Das ist ja auch sehr naturgemäß und liegt nahe. Andererseits muß unter allen Umständen klargestellt werden, daß der Ausschuß nicht jeden zu vereidigen braucht. Sodann stehe ich persönlich allerdings auf dem Standpunkt — das hat ja auch Herr Professor Jacobi hervorgehoben —, daß der Nacheid und nicht der Voreid geleistet wird, schon aus dem Grunde, weil man erst nach der Äußerung sich überhaupt darüber klar werden kann, ob man den Betreffenden vereidigen will oder nicht. Es liegen da große Schwierigkeiten vor. Zu gleicher Zeit sind an demselben Tage dieselben Personen vor dem Untersuchungsausschuß im Reich und vor dem preußischen Untersuchungsausschuß vernommen worden. Ich habe die Betreffenden zunächst nicht vereidigt, sondern erst Wochen später die Vereidigung vorgenommen. Ich bin auch den Weg gegangen — wir hatten stenographische Aufnahme —, daß vor der Vereidigung jedem sein Stenogramm zur Berichtigung vorgelegt wurde. Dieselbe Person war im anderen Ausschuß im wesentlichen auf Grund derselben Aussage vorher vereidigt worden. Es lagen hier tatsächlich nachher gewisse Unstimmigkeiten zwischen den Aussagen vor mir und vor dem Reichsausschuß vor, Unstimmigkeiten, die menschlich ganz begreiflich sind, aber natürlich zu großen Schwierigkeiten führen können.

Meine Herren, nun möchte ich noch auf einen Fall kommen, den ich aufklären möchte, weil uns, dem sog. Barmat-Ausschuß, in den Gutachten — ich glaube, in beiden — ein auch nach meiner Auffassung durchaus berechtigter Vorwurf gemacht wird. Das ist der, daß wir zwei Staatsanwälte, die die Untersuchung in Sachen Kutisker und Barmat geführt hatten, vor den Untersuchungsausschuß gezogen haben. Wir sind damit über die Grenze der uns gesteckten Verhandlungs- oder Tatbestandsaufgabe hinweggegangen. Hier ist allerdings in das Strafverfahren insoweit eingegriffen werden, als auch der Untersuchungsrichter, Herr Landgerichtsrat Schneider, vor dem Untersuchungsausschuß vernommen worden ist. Meine Herren, ich halte mich für verpflichtet, zur Verteidigung sowohl meiner Leitung als des Untersuchungsausschusses selbst zu sagen, daß wir uns alle vollkommen klar darüber waren, daß wir hier über die uns an sich gesteckte Grenze hinweggingen, daß aber diese Erweiterung auf dringenden Wunsch des Herrn Preußischen Justizministers erfolgte. Erst, nachdem ich festgestellt hatte, daß sämtliche im Ausschuß beteiligte Parteien mit dieser Erweiterung einverstanden waren, bin ich dem Wunsche des Herrn Preußischen Justizministers gefolgt. Also hier liegt die Schuld eigentlich nur in geringem Grade bei den Parlamentariern und wohl in viel höherem Grade bei der Justizverwaltung. Aber, meine Herren, gerade hier sehen Sie einen ziemlich klaren Beweis dafür, daß man derartige Dinge nicht auf Eis legen kann. Es wurden gegen die Preußische Justizverwaltung die schwersten Angriffe in der Presse erhoben. Es wurde so dargestellt, als ob im Preußischen Justizministerium eine Bande von bestechlichen und käuflichen Persönlichkeiten säße, die sich zusammengetan hätten, um ein Strafverfahren möglichst zu verdunkeln. Daß der Herr Preußische Justizminister ein lebhaftes Interesse daran hatte, diese Dinge vor einem immerhin autoritativen Gremium möglichst schnell aufzuklären, ist eigentlich menschlich und auch politisch klar. Deshalb sind wir damals diesen Weg gegangen, den ich Ihnen eben schilderte.

Meine Herren, ich fasse zusammen: ich glaube nicht, daß wir sehr viel an den parlamentarischen Untersuchungsausschüssen und ihrem Aufgabenkreise ändern können. Schwierigkeiten sind ja auch nur bei den sog. Skandalausschüssen entstanden. Ich glaube auch, daß das politische Interesse es verlangt, daß schnell gearbeitet wird, und daß wir nicht warten können, bis die strafrechtlichen Verhandlungen zu Ende geführt sind. Ich glaube weiter, daß es rechtlich und menschlich ungemein schwer ist, hier Maßnahmen zu treffen, daß vielmehr hier die Kinderkrankheiten überwunden werden müssen und daß versucht werden muß, mit Takt und Loyalität einen Ausgleich zu finden.

Ich bemerke für den Barmat-Ausschuß, daß in keinem Stadium der Verhandlungen die Herren Untersuchungsrichter und Staatsanwälte, mit denen ich dauernd in Fühlung war, jemals erklärt oder auch nur angedeutet haben, daß in den Kreis der von ihnen geführten Verhandlungen hineingegriffen worden ist. Also, es läßt sich schließlich bei derart heiklen Dingen die Grenze halten. Es gehört dazu guter Wille sowie Loyalität nach allen Richtungen, und es gehört schließlich auch dazu, was einer der Herren Vorredner schon hervorgehoben hat, daß man sich überall klar ist, daß derartige Dinge nicht Parteisache sind, sondern daß hier das Staatsganze und das Staatswohl das Erste und das Letzte sein muß.

Reichsgerichtsrat Dr. Rosenberg-Leipzig:

Die Frage, die uns hier beschäftigt, kann von sehr vielen Standpunkten aus beleuchtet werden und ist auch von verschiedenen Standpunkten aus beleuchtet worden. Ich will hier nur der Vollständigkeit halber den Standpunkt des Staatsanwalts und des Untersuchungsrichters vertreten, der nach meiner Auffassung bei den bisherigen Reden nicht genügend zum Ausdruck gekommen ist. Der Verteidiger hat von der parlamentarischen Untersuchung absolut nichts zu befürchten. Das Verfahren dauert allerdings länger, der Klient sitzt unter Umständen länger; aber seine Aussichten auf Freisprechung steigen bedeutend; denn der Beschuldigte kommt in der parlamentarischen Untersuchung, in der er Zeuge ist, mit anderen Personen in Berührung, kann ihnen Nachrichten übermitteln und Nachrichten von ihnen empfangen. Natürlich gibt es Fälle, in denen auch die parlamentarische Untersuchung dem Beschuldigten nichts nützen kann, z. B. wenn er bei einem Fememord auf frischer Tat ergriffen wird. Aber in zweifelhaften Fällen wird es für den Beschuldigten immer von Vorteil sein, wenn er Gelegenheit hat, mit der Außenwelt in Berührung zu treten.

Dagegen muß der Staatsanwalt und der Untersuchungsrichter fürchten, daß seine Arbeit durch die parlamentarische Untersuchung geschädigt und gestört wird. Alle Garantieen, welche die geltende Strafprozeßordnung gegen Kollusionen bietet, werden durch die Öffentlichkeit des parlamentarischen Verfahrens aufgehoben. Was nützt in solchen Fällen die Sprecherlaubnis, die Briefkontrolle, die Befugnis, den Umfang der Einsicht in die Akten zu bestimmen? Nun sagt man ja allerdings: wenn Schädigungen der gerichtlichen Untersuchung zu befürchten sind, dann können Gerichtsbehörde und Justizverwaltung sich mit dem Untersuchungsausschuß einigen. Das ist allerdings in gewissem Umfange möglich. Allein, kennen denn die Gerichte und Justizbehörden alle Mittel und Wege, die zu Kollusionen benutzt werden, alle Zeichen und Kniffe, die hierbei verwendet werden? Sicherer ist es jedenfalls, überhaupt keine Gelegenheit zu Kollusionen zu geben. Die gerichtliche Voruntersuchung hat nicht den Zweck, neue Tatsachen und Beweismittel vor dem Beschuldigten geheimzuhalten. Im Gegenteil, der Beschuldigte muß über diese neuen Tatsachen und Beweismittel gehört werden; sonst wäre ja die Untersuchung nicht vollständig. Die gerichtliche Untersuchung bedeutet etwas ganz anderes: es sollen die einzelnen Beweiserhebungen ohne Zuziehung der Prozeßbeteiligten erfolgen. Die gerichtliche geheime Voruntersuchung soll verhindern, daß Kollusionen zwischen den Beschuldigten und ihren Helfershelfern stattfinden.

Nun beruft man sich darauf, daß die Entwürfe der neuen Strafprozeßordnung eine Abneigung gegen die geheime Voruntersuchung haben und sie möglicherweise abschaffen wollen. Damit können wir heute nicht rechnen. Wir dürfen nicht Zukunftsmusik treiben; wir müssen uns an die geltende Strafprozeßordnung halten. Im übrigen ist die lex von 1919 oder 1920, die die geheime Voruntersuchung abschaffen wollte, nicht Gesetz geworden; sie ist ja gerade gescheitert an der doktrinären Art, wie sie das Vorverfahren geregelt hatte.

Herr Dr. Alsberg und Herr Dr. Rosenfeld haben Ihnen besonders krasse Fälle anführen wollen, aus denen sich die Notwendigkeit des Nebeneinander von gerichtlicher und parlamentarischer Untersuchung ergeben sollte. Sie sagen, die Preußische Staatsbank sei reformbedürftig, das Verfahren gegen Kutisker hätte noch jahrelang dauern können; so lange konnte man mit der Reform nicht warten, infolgedessen mußte die parlamentarische Untersuchung eingreifen. Ich finde dieses Beispiel nicht durchschlagend. Auch schon vor der Weimarer Verfassung hat es Reformen gegeben, die ohne einen derartigen Untersuchungsausschuß durchgeführt worden sind. Bei Privatbanken, privaten und industriellen Unternehmungen kommt es doch auch vor, daß ohne Untersuchungsausschuß Änderungen in der Organisation getroffen werden, z. B. bei Fusionen, die eine andere organisatorische Einrichtung bedingen. Und schließlich ist die Reform der Staatsbank gar nicht durch die Einrichtung der parlamentarischen Untersuchungsausschüsse beschleunigt worden. Der Untersuchungsausschuß ist im Januar

1925 eingerichtet worden, und die Reform ist im März 1926, also ungefähr 14 Monate später, erfolgt.

Weiter wird gesagt oder ist hier gesagt worden, das schwächere Interesse der Gerichte müsse dem stärkeren Interesse der parlamentarischen Körperschaften weichen. In der Festschrift der Deutschen Juristenzeitung, die uns allen zur Verfügung gestellt worden ist, habe ich gelesen, daß die Gerechtigkeit die Seele des Staates ist, daß ohne Gerechtigkeit kein Friede im Staate sein kann. Das Interesse der Gerichte kann also doch nicht so schwächlich und minderwertig sein, wie es bei diesem Vergleich hingestellt wird.

Wie es mit dem Interesse der Gerichte steht, so steht es auch mit den Rechten derselben. Die Rechte der Gerichte sind staatliche, verfassungsmäßige Rechte. So lange die Verfassung Rechte verleiht, kann man doch nicht von stärkeren oder schwächeren Rechten sprechen. Sonst müßte man auch dazu kommen, das Recht des Reichspräsidenten, des Reichsrats, des Reichswirtschaftsrats usw. als schwächere Rechte gegenüber anderen Rechten zu bezeichnen.

Weiter ist gesagt worden: das Ausland hat diese Einrichtung auch. Ich glaube, daß dieses Argument durchaus nicht durchschlagend ist. Wir brauchen doch nicht alles dem Auslande nachzumachen. Das Ausland kann uns ja etwas nachmachen, sobald es zweckmäßig und vernünftig ist. In Elsaß-Lothringen haben wir erlebt, daß ein großer Teil der deutschen Gesetze viel besser als die neuen französischen Gesetze ist und daß die Bevölkerung an den deutschen Gesetzen hängt.

Nun ist von seiten der einzelnen Vorredner soviel vorgebracht worden, daß man das im einzelnen bei der vorgerückten Zeit nicht eingehend besprechen kann.

Ich wende mich zunächst zu dem, was Herr Professor Jacobi gesagt hat. Ich kann die einzelnen Sätze, die Herr Professor Jacobi hier aufgestellt hat, im großen und ganzen unterschreiben, unter der Voraussetzung, daß mein eigener, weitergehender Vorschlag nicht angenommen wird. Die Sätze des Herrn Professor Jacobi enthalten im wesentlichen eine bedeutende Verbesserung des bestehenden Rechtszustandes. Ich möchte nur eine Ausnahme machen: ich bin durch die Ausführungen des Herrn Professor Leidig soeben davon überzeugt worden, daß es doch nicht möglich ist, dem Untersuchungsausschuß das Vereidigungsrecht zu entziehen.

Herr Rechtsanwalt Alsberg, von dem ich bedaure, daß ich heute nicht Schulter an Schulter mit ihm kämpfen kann, hat hier wieder den Vorschlag gemacht, das Minoritätsrecht zu beschränken. In diesem Punkte bin ich nicht seiner Ansicht. Ich halte das Minoritätsrecht im Gegenteil für einen großen Vorzug der Weimarer Verfassung. In dem Staatsgerichtshof für Verfassungsstreitigkeiten, dem ich seit seiner Begründung angehöre, haben wir fortwährend Sachen, in denen eine Minorität den Schutz des Gerichts gegen das Zusammenwirken von Regierung und Volksvertretung anruft. Wie in diesen Rechtsfragen, so wird es wahrscheinlich auch in vielen Fragen der Praxis sein.

Herr Dr. Rosenfeld hat damit begonnen, daß niemals ein Untersuchungsausschuß an der Unabhängigkeit der Richter irgend etwas geändert habe. Damit ist diese Frage eigentlich erledigt. Ich glaube, daß damit wohl auch eine Garantie für die ungestörte Durchführung des Strafverfahrens gegeben ist.

Ich fasse meine Ausführungen zusammen. Das Verfahren vor dem Untersuchungsausschuß hat zwei Mängel: 1. begründet es die Gefahr von Kollusionen, 2. begründet es die Gefahr der parteipolitischen Ausnutzung. Die Gefahr der Kollusion wird jedenfalls dadurch vermieden, daß das parlamentarische Verfahren zeitlich hinter dem anderen Verfahren, dem gerichtlichen Verfahren, eingeleitet wird. Und die Gefahr der parteipolitischen Ausnutzung wird erheblich gemindert, wenn ebenfalls der parlamentarischen Untersuchung die gerichtliche Untersuchung vorausgeht. Es kann sich einzig und allein um die Frage handeln, ob bei einer derartigen Änderung oder Einrichtung die parlamentarischen Interessen geschädigt werden. Nun haben wir ja einen Antrag an den Reichstag hier vorliegen, der von den erfahrensten Parlamentariern, dem verehrten Präsidenten Kahl, dem Vizepräsidenten des Reichstags Rießer und anderen eingereicht ist. Wenn derartige erfahrene Parlamentarier keine Schädigung der Parlamente befürchten, so brauchen wir Juristen nicht päpstlicher zu sein als der Papst und können uns dem Gutachten dieser erfahrenen Parlamentarier anschließen.

Landgerichtsdirektor Dr. Schetter-Köln:

Meine sehr verehrten Damen und Herren! Gestatten Sie mir als Vorsitzendem eines der jüngsten parlamentarischen Untersuchungsausschüsse, einem Ausschuß, der noch im Anfang seiner Arbeit steckt, aber doch schon Gelegenheit hatte, die Erfahrungen der Vergangenheit sich zu Nutze zu machen, zu dem ausgezeichneten Referat des Herrn Professor Jacobi einige kurze Bemerkungen.

Ich habe es ganz besonders begrüßt, daß Herr Professor Jacobi an die Spitze seiner Ausführungen einen Gedanken gestellt hat, der sich wie ein roter Faden durch sein ganzes Referat hindurchzog, daß nämlich die Aufgaben der parlamentarischen Untersuchungsausschüsse und die Aufgaben der Strafrechtspflege so grundverschieden seien, daß es unmöglich sei, irgendwelche Bestimmungen, die auf die Strafrechtspflege zugeschnitten sind, sei es in ausdrücklicher Anwendung, wie es teilweise durch die Reichsverfassung geschieht, sei es in analoger Anwendung, auf die Verhandlungen der Untersuchungsausschüsse zu erstrecken.

In einem Punkte bin ich mit ihm nicht völlig einer Meinung, trotzdem die Resultate, die er gezogen hat, im wesentlichen auch meiner Überzeugung entsprechen. Er hat insbesondere ausgeführt, inwieweit sowohl die Rechtspflege allgemein als auch die Unabhängigkeit des einzelnen Richters durch die parlamentarischen Untersuchungsausschüsse und ihre Verhandlungen bedroht sei, und hat da mit Recht den einen Teil des Problems ins rechte Licht gerückt. Aber auf der anderen Seite steht nun einmal das Kontrollrecht des Parlaments, und von diesem Standpunkt aus hätte ich gewünscht, daß er noch etwas ausführlicher geworden wäre. Wenn wir nun einmal in einem Volksstaate leben, in dem die Souveränität ausschließlich vom Volke ausgeht und sich im Reichstag und seinen Ausschüssen verkörpert, dann müssen wir auch daraus die notwendige Konsequenz ziehen und dem Parlament ein Kontrollrecht auf allen Gebieten des öffentlichen Lebens einräumen. Wenn wir dieses Kontrollrecht einräumen, müssen wir aber auch Mittel und Wege zeigen, daß dieses Kontrollrecht nicht in einen Versuch mit untauglichen Mitteln ausläuft. So sehr ich alles das unterschreibe, was Herr Professor Jacobi gesagt hat über die Gefahren, die der Rechtspflege drohen, wenn die parlamentarischen Untersuchungsausschüsse sich nicht auf das Gebiet beschränken, das ihnen zugewiesen ist, so sehr möchte ich auf die Gefahren hinweisen, die dem parlamentarischen Kontrollrecht bevorstehen, wenn man die ganze Frage, die hier zur Diskussion steht, zu einseitig unter dem Gesichtspunkte des Schutzes der richterlichen Unabhängigkeit betrachtet. Beide Dinge wollen miteinander ausgeglichen sein: auf der einen Seite das große Problem der richterlichen Unabhängigkeit und der Unabhängigkeit der Rechtspflege, und auf der anderen Seite das parlamentarische Kontrollrecht, das wir so lange nicht beseitigen werden, als wir in einem parlamentarisch regierten Staate leben. Ich glaube, daß in dieser Hinsicht der Vertretertag der preußischen Richter und Staatsanwälte, der kürzlich in Hirschberg tagte, einen ganz richtigen Standpunkt eingenommen hat, wenn er diese beiden Prinzipien, die sich nun einmal gewissermaßen befehdend gegenüberstehen, dahin auszugleichen sucht, daß er in einer Entschließung sagt:

„Der Vertretertag warnt einerseits davor, die verfassungsmäßige Grenze zwischen den Arbeitsgebieten der Volksvertretung und der Rechtsprechung zu verwischen. Die Richter und Staatsanwälte Preußens achten das Recht der Volksvertretung, durch Ausschüsse Angelegenheiten, die der Aufklärung bedürfen, zu untersuchen, erwarten aber andererseits, daß dadurch die ebenfalls verfassungsmäßig gewährleistete ungestörte Ausübung der Rechtspflege keine Beeinträchtigung erleide. Die genaue Einhaltung dieser Grenze ist unerläßlich, um die Sicherheit und Stetigkeit der Rechtsverhältnisse im Volke zu wahren."

Nun erhebt sich die Frage: wie ist es möglich, diese beiden anscheinend extremen Pole so miteinander in Verbindung zu bringen, daß ein Ausgleich möglich ist? Da stehe ich mit dem Herrn Referenten durchaus auf dem Standpunkt, daß dies nur möglich ist durch eine neue gesetzliche Regelung des Rechts der parlamentarischen Untersuchungsausschüsse. Und ich stehe mit ihm auf dem Standpunkt, daß die bisherigen Regelungen in der Reichsverfassung nicht nur unzureichend sind, sondern auch auf einen ganz falschen Weg gewiesen haben, indem man die Strafprozeßordnung auf diese Dinge zur Anwendung brachte. Ich unterstreiche sodann ganz besonders — das beruht auf meiner besonderen Erfahrung als Vorsitzender eines solchen Ausschusses —, daß der Herr Referent die Forderung aufgestellt hat: die Aufgabe eines parlamentarischen Untersuchungsausschusses muß genau formuliert sein. Ich möchte hinzufügen: hier zeigt sich in der Beschränkung erst der Meister. Die bisherigen parlamentarischen Untersuchungsausschüsse haben sich vielfach ins Uferlose verloren, und auch dem Ausschuß, der unter meiner Leitung steht, hat diese Gefahr häufiger gedroht. Ich habe mir immer alle Mühe gegeben, diese Gefahr von ihm abzuwenden, und habe auch dafür großes Verständnis gefunden. Das ist aber nicht möglich, wenn nicht auch hierfür bereits in den grundlegenden Sätzen eine sichere Unterlage geboten wird. Denn solange eine Minorität in der Lage ist, eine Untersuchung durchzusetzen, und solange sie auch infolgedessen ihm jede Aufgabe zuweisen kann, solange ist es nicht möglich, das Gebiet des Untersuchungsausschusses so zu begrenzen, wie es notwendig ist, um wirklich sachliche und nützliche Arbeit zu leisten.

Auch darin stimme ich dem Herrn Referenten bei, daß bei dieser Formulierung des Themas für die Untersuchungsausschüsse von vornherein Rücksicht genommen werden muß auf den Zweck, auf das Endziel, dem Parlament einen Bericht vorzulegen, der mit der Aufgabe in Einklang steht, und der dem Parlament gewisse Vorschläge macht über das, was die Verhandlungen des Ausschusses ergeben haben. Wenn man — um einmal auf den Femeausschuß, dessen Vorsitzender ich bin, zu exemplifizieren — an ein Thema herangeht wie das uns gestellte, das ganz allgemein dahin lautete: „Der Ausschuß soll untersuchen: Fememorde, Femeorganisationen und die damit in Verbindung stehenden strafbaren Handlungen", so ergibt sich von vornherein, daß man dieses Gebiet ins Ungemessene ausdehnen kann. Infolgedessen war die Aufgabe so unklar, daß der Ausschuß erst in eingehenden Erörterungen sich selbst einmal Ziel und Beschränkungen setzen mußte. Nachdem das geschehen war — allerdings unter Berücksichtigung der Tatsache, daß die Minorität, die diesen Ausschuß beantragt hatte, in der Lage war, jederzeit über das Plenum des Reichstags eine Erweiterung seiner Aufgaben herbeizuführen —, kam man erst dazu, tiefer und durchdringender in das Gebiet einzudringen, um dessen Untersuchung es sich eigentlich handeln sollte.

Was nun das Verfahren betrifft, das von den parlamentarischen Untersuchungsausschüssen beobachtet worden ist und das nunmehr, wenn es nach den Wünschen des Herrn Berichterstatters geht, einer gesetzlichen Regelung unterzogen werden soll, so möchte ich auch dazu einiges aus meiner Praxis sagen.

Nicht mit Unrecht hat der Herr Referent die Frage erörtert, ob es überhaupt angängig sei, den parlamentarischen Untersuchungsausschüssen ein Zeugenvernehmungsrecht einzuräumen. Denn wir haben es doch tatsächlich in dem parlamentarischen Ausschuß erlebt, daß, weil es sich nicht überall um juristisch vorgebildete Mitglieder dieses Ausschusses handelte, vielfach Fragen gestellt wurden, die überhaupt keine Fragen waren, die nicht einmal rhetorische Fragen waren, wo die einzelnen Fragenden nur das Bedürfnis hatten, ihre persönliche Meinung zu irgendeiner Tatsache zum Ausdruck zu bringen und nunmehr auf den Zeugen einzuwirken, um irgendeine Antwort von ihm zu erhalten, die er schließlich gar nicht geben konnte, weil er nicht wußte, ob er ja oder nein sagen sollte. Aber wir werden um dieses Vernehmungsrecht nicht herumkommen. Wir müssen aber die Garantieen schaffen, daß sich eben nicht diese Auswüchse ereignen, wie sie bei dem gegenwärtigen System, glaube ich, unvermeidlich sind.

Keine Kollision hat sich bisher in unserem Ausschuß mit der ordentlichen Strafrechtspflege ergeben. Man war sich darüber einig — offenbar aus den Erfahrungen der früheren Untersuchungsausschüsse —, daß es unbedingt notwendig sei, zu vermeiden, irgendwie den staatlichen Strafuntersuchungs- und Vollstreckungsbehörden in den Arm zu fallen. Infolgedessen ist es trotz des ungeheuren Materials, das uns in Gestalt von mehr als 250 Bänden Akten auf der Seele liegt, nicht vorgekommen und wird voraussichtlich auch nicht vorkommen, daß die Strafverfolgungsbehörde mit uns in einen Konflikt gerät; wir hoffen es wenigstens. Ein gewisses Zwischenspiel drohte sich dadurch zu ereignen, daß die Staatsanwaltschaft in München sich genötigt sah, ein bereits früher eingestelltes Verfahren wieder aufzunehmen und nunmehr kurze Zeit in Parallele mit dem Untersuchungsausschuß zu arbeiten, aber doch mit dem Ergebnis, das dieses Verfahren bald zu einem Ende führte.

Die eidliche Vernehmung der Zeugen vor dem Ausschuß wird m. E. auch nicht zu umgehen sein.

Wenn hier gestern schon ausgiebig davon die Rede war, daß das Vertrauen in die Rechtspflege erschüttert sei, so möchte ich dem hinzufügen, daß in einem viel größeren Maße das Vertrauen zu den parlamentarischen Untersuchungsausschüssen untergraben ist. Wenn man, wie es in unserem Ausschuß der Fall war, erleben mußte, daß die vor den Untersuchungsausschuß zitierten Zeugen keinen Anstoß nahmen, offen zu erklären, daß sie selbst ihre eidliche Aussage verletzen würden, wenn es für die Organisation, in der sie nun einmal gelebt hätten, und der sie Treue geschworen hätten, unangenehm sei und von nachteiligen Folgen werden könne, was soll man dann noch sagen über die Autorität, die einem solchen Ausschusse zukommt! Darum kommt es wesentlich darauf an, daß wir die Autorität der Untersuchungsausschüsse, wenn wir sie einmal haben und nicht beseitigen können, dadurch stärken, daß wir nicht Meinungen aufkommen lassen, wie sie vielfach verbreitet sind, daß es für das Publikum nur darauf ankommt, diese Ausschüsse zu mißkreditieren und lächerlich zu machen.

In einem Punkte stimme ich auch nicht mit dem Herrn Referenten überein: was die Vorlage der Akten betrifft. Auch diese Frage hat in unserem Ausschuß bereits einen gewissen Staub aufgewirbelt —

möchte ich fast sagen —, jedenfalls zu Meinungsverschiedenheiten geführt. Das Kontrollrecht des Parlaments kann nach meiner Meinung unter keinen Umständen Halt machen vor der Vorlegung der Akten. Anderseits gebe ich zu, daß sich aus der Aktenvorlage ganz besondere Gefahren ergeben und daß dagegen ein besonderer Schutz geschaffen werden muß. Diese Gefahren liegen nicht nur auf dem Gebiete der Gewährleistung der Unabhängigkeit der Rechtspflege. Sie liegen auch vielfach auf außenpolitischem Gebiete. Infolgedessen muß ein Gegengewicht geschaffen werden gegen den unvermeidlichen Zwang der Behörden, ihre Akten den Untersuchungsausschüssen vorzulegen. Dieses Gegengewicht kann ich nur darin erblicken, daß der Ausschuß mehr als bisher von dem Rechte Gebrauch macht, seine Verhandlungen für vertraulich und geheim zu erklären. Ich glaube, daß ich mich damit auch in Übereinstimmung mit der Auffassung befinde, die die Reichsregierung von diesem Punkte hat, der für die Untersuchungsausschüsse von besonderer Wichtigkeit ist.

Konflikte können und werden sich auch immer wieder ergeben aus der Tatsache der Vernehmung von Beamten vor den Untersuchungsausschüssen. Ob es möglich ist, wie es der Vorschlag des Herrn Referenten will, hier in der Weise einzugreifen, daß dem Beamten ein gewisses weitergehendes Zeugnisverweigerungsrecht eingeräumt wird, diese Frage möchte ich heute noch nicht entscheiden. Aber wenn einmal die Aufgabe eines Untersuchungsausschusses im Einzelfalle darin besteht, gewisse wirkliche oder angebliche Mißbräuche aufzuklären, so wird man gar nicht umhin können, von den Beamten, die in diesen Angelegenheiten Auskunft zu geben haben, auch eine restlose Aufklärung des Sachverhalts zu fordern, ohne der vorgesetzten Behörde die Möglichkeit zu geben, sich auf die Amtsverschwiegenheit zu berufen.

Andererseits betonte der Herr Referent mit Recht — das ist ein Punkt, den ich ganz besonders unterstreichen möchte —, daß die größten Gefahren der parlamentarischen Untersuchungsausschüsse daraus herzuleiten sind, daß sie allzusehr in der Öffentlichkeit tagen, und daß Mitteilungen aus den Akten, die dem Untersuchungsausschuß vorliegen, in die Öffentlichkeit kommen, ehe überhaupt der Untersuchungsausschuß Gelegenheit hat, zu der Sache Stellung zu nehmen. Das ist ein Grundübel. Ich bedaure, daß auch in meinem Ausschuß einzelne Mitglieder das Recht für sich in Anspruch genommen haben, aus Akten, die uns vorliegen, Mitteilungen zu machen, ehe der Ausschuß selbst dazu Stellung genommen hat. Das ist ein Punkt, der nach meiner Meinung unbedingt im Wege der Gesetzgebung klargestellt werden muß, damit hier unter keinen Umständen Möglichkeiten geschaffen werden, durch die Presse Dinge in die Öffentlichkeit zu bringen, die noch nicht der eingehenden Würdigung durch den Ausschuß unterlegen haben, und bei denen mehr oder weniger dem Einzelnen die Möglichkeit gegeben ist, sie parteipolitisch auszunutzen.

Kurz gesagt, meine Herren, der Juristentag wird sich ein Verdienst erwerben, wenn er in gewissen Richtlinien, wie sie hier vorgeschlagen sind, Fingerzeige gibt, wie man diesem außerordentlich delikaten Thema zu Leibe gehen und zu einer Lösung kommen kann, die einerseits der richterlichen Unabhängigkeit das läßt, was ihr gebührt, und andererseits das parlamentarische Kontrollrecht nicht allzusehr beeinträchtigt. Die hier vorgelegten Richtlinien sind, glaube ich, eine geeignete Grundlage für eine Diskussion. Wenn sie einmal in dieser oder in abgeänderter Form angenommen sind und die ganze Angelegenheit zur parlamentarischen Diskussion kommt, so glaube ich, daß es kein Fehler gewesen ist, wenn man das Problem ganz besonders von dem uns Richtern am Herzen liegenden Standpunkt der Unabhängigkeit der Rechtspflege und der persönlichen Unabhängigkeit des Einzelnen angefaßt hat. Die Parteimühle der parlamentarischen Diskussion wird noch allerlei daran zurückschrauben.

Rechtsanwalt Dr. Eckstein-Breslau:

Meine Damen und Herren! Die Angriffe, die nicht nur in Deutschland, sondern auch im Auslande gegen die Tätigkeit der Untersuchungsausschüsse erhoben worden sind, gehen im allgemeinen von dem Gedanken aus, daß durch die Tätigkeit von Untersuchungsausschüssen das Prinzip der Dreiteilung der Gewalten verletzt werde. Ich glaube, daß das Gutachten des Herrn Kollegen Alsberg, der Vortrag des Herrn Berichterstatters und die Diskussion diese Vorwürfe bereits zerstreut haben, und ich glaube, daß diese Vorwürfe bereits widerlegt sind, trotz dessen, was hier Herr Reichsgerichtsrat Rosenberg in der Diskussion gesagt hat. Ich glaube, daß die Angriffe des Herrn Reichsgerichtsrats Rosenberg gegen die Tätigkeit der Untersuchungsausschüsse um so mehr fehlgehen, als es doch wohl jetzt als die allgemeine Ansicht der Rechtswissenschaft bezeichnet werden kann, daß die drei Gewalten nicht nebeneinander geordnet, gleichberechtigt vorhanden sind, sondern — das hat auch das Gutachten des Herrn Kollegen Alsberg deutlich hervorgehoben —, daß die gesetzgebende Gewalt doch ein gewisses

Übergewicht über die verwaltende und rechtsprechende Gewalt hat. Wenn das der Fall ist, dann muß auch der gesetzgebenden Gewalt und ihrem Organ, dem Untersuchungsausschuß, die Möglichkeit der Kontrolle von Verwaltung und Rechtsprechung gegeben werden. Darum handelt es sich bei denjenigen Tatsachen, die der Untersuchungsausschuß feststellen soll.

Ich glaube auch, daß das, was hier Herr Kollege Rosenfeld vorgebracht hat, daß es vorkommen kann, daß die Tätigkeit des Untersuchungsausschusses für das Staatsganze wichtiger ist als die Tätigkeit des Gerichts im einzelnen Strafverfahren, richtig ist, und werde darin bestärkt durch das, was vor mir Herr Landgerichtsdirektor Dr. Schetter gesagt hat. Ich komme in einem Punkte auf seine Ausführungen noch zurück.

In zwei Punkten will nun Herr Professor Jacobi die bisherigen Befugnisse der Untersuchungsausschüsse einschränken. Es handelt sich im wesentlichen um den Punkt V Ziffer 3 und um den Punkt V Ziffer 4 f seiner Thesen.

Zu Punkt V 3 möchte ich Folgendes sagen: solange das deutsche Strafrecht nicht die wahrheitswidrige uneidliche Aussage bestraft, wird ein Untersuchungsausschuß nicht auf die Vereidigung von Zeugen verzichten können. Er hat sonst nicht die Möglichkeit, durch Zeugenbeweis Tatsachen festzustellen. Wenn es sogar vorkommen konnte, daß Gerichtspersonen sich in öffentlicher Gerichtsverhandlung rühmten, den Untersuchungsausschuß an der Nase herumgeführt zu haben, wie es in einem Falle tatsächlich vorgekommen ist, so muß der Untersuchungsausschuß die Möglichkeiten haben, alle Personen, auch solche, die mit ihrer Aussage den Untersuchungsausschuß und das Parlament diskreditieren wollen, zu einer wahrheitsgemäßen Aussage zu zwingen. Wenn ein anderer Zwang, ein ethischer Zwang, auf manche Zeugen offenbar nicht wirkt, dann muß man eben mit der Drohung vor dem Zuchthause arbeiten. Es läßt sich vielleicht erreichen, die Beeidigung der Zeugen in Fortfall zu bringen, wenn der Entwurf des Allgemeinen Deutschen Strafgesetzbuchs Gesetz geworden und auch die wahrheitswidrige uneidliche Aussage unter Strafe gestellt ist. Das ist ein Punkt, über den sich dann diskutieren lassen wird. Vorläufig ist die Sache m. E. indiskutabel.

Es ist m. E. aber auch nicht richtig, was hier Herr Landgerichtsdirektor Lehmann gesagt hat, daß durch die Beweisaufnahme vor dem Untersuchungsausschuß das Bild in der Hauptverhandlung getrübt wird. Das wäre richtig, wenn in der Hauptverhandlung die Beweisaufnahme, vor allen Dingen die Vernehmung der Zeugen, das erste Mal erfolgte. Aber gerade in den großen Prozessen, die auch in ihrem Tatbestande vor dem Untersuchungsausschuß abgehandelt worden sind, ist es doch so gewesen, daß vor der Hauptverhandlung bereits eine große Anzahl von Beweisaufnahmen, von Zeugenvernehmungen stattgefunden hat. Der Zeuge, der in der Hauptverhandlung aufgetreten ist, ist bereits von der Polizei, von dem Ermittlungsrichter vernommen worden. Sie alle wissen, wie insbesondere sehr oft durch die Methode polizeilicher Vernehmungen das Erinnerungsbild des Zeugen getrübt wird. Solange man es nicht abschaffen kann, daß eine außerhalb des Gerichts tätige Behörde, wie die Polizei, auf Zeugen einwirkt, Zeugen vernimmt und das Verfahren vorbereitet, solange besteht kein Recht, den Untersuchungsausschüssen Vorwürfe zu machen, wenn sie ihrerseits, um ihrer Kompetenz, ihrem Aufgabenkreise zu genügen, Beweisaufnahmen veranlassen und Zeugen vernehmen.

Ich glaube auch nicht, daß die These des Herrn Professor Jacobi zu V Ziff. 4f annehmbar ist. Danach soll die Vorlegung von Akten an die Untersuchungsausschüsse durch Behörden oder öffentliche Beamte unterbleiben, wenn die oberste Dienstbehörde erklärt, daß das Bekanntwerden des Inhalts dieser Akten dem Wohle des Reichs oder eines deutschen Landes Nachteil bereiten würde. Meine Damen und Herren, nach der juristischen Konstruktion der Untersuchungsausschüsse und ihrer Funktionen ist diese These m. E. gar nicht denkbar. Es ist hier sowohl im Gutachten von Alsberg wie auch in dem Vortrage bereits wiederholt betont worden, daß die Erzwingung der Einsetzung eines Untersuchungsausschusses ein wichtiges Minoritätsrecht ist. Diesen Schutz der parlamentarischen Minorität vereiteln Sie aber, wenn Sie der Regierung des Reichs oder eines Landes die Möglichkeit geben, die Vorlegung von Akten zu versagen. Gründe dafür lassen sich natürlich immer finden, und die Gründe sind auch im einzelnen gar nicht nachprüfbar. Wenn eine Reichsregierung oder eine Landesregierung es begründen will, daß sie Akten nicht vorlegt, so wird sie es stets begründen können.

Im Anschluß an die Persönlichkeit meines verehrten Herrn Vorredners aber möchte ich das mit einem ganz aktuellen Beispiel illustrieren. Meine Damen und Herren, Sie haben sich alle, namentlich durch die Lektüre der Presse, mit der Tätigkeit der Femeausschüsse beschäftigt. In Verbindung mit der Arbeit der Femeausschüsse ist vielfach der Verdacht und der Vorwurf aufgetaucht, daß die Regierung eines bestimmten deutschen Landes vielleicht sogar amtlich die Fememörder geschützt habe. Nun kann ich mir durchaus denken, daß, wenn ein derartigeer Vorwurf berechtigt ist — was ich einmal unterstellen will; ich persönlich glaube es nicht —, dann die Regierung des betreffenden Landes, wenn von dem Untersuchungsausschuß die Vorlegung der Akten von ihr verlangt wird, erklärt: wir legen die Akten nicht vor; denn die Vorlegung würde dem Interesse unseres Landes durchaus widerstreiten. Die betreffende Regierung könnte mit Recht die Vorlegung der Akten verweigern. Aber ich glaube, daß es nicht nur das Recht der parlamentarischen Minorität verletzen würde, wenn die Akten in einem solchen Falle nicht vorgelegt würden, sondern daß auch das höhere Recht der deutschen Öffentlichkeit und der Gerechtigkeit dadurch Schaden leiden würde, da die Untersuchungsausschüsse dann gerade ihrem Hauptzwecke, der Feststellung von Tatsachen, mitunter auch gegen den Willen einer Regierung, nicht gerecht werden könnten. Ich glaube, daß eventuelle Bedenken, die sich bei der Vorlegung von Akten ergeben, besonders in außenpolitischer Hinsicht, schon aus dem Wege geräumt werden können durch das, was Herr Schetter hier vorgeschlagen hat, durch die Vertraulicherklärung dieses oder jenes Aktenstücks.

Meine Damen und Herren, der verehrte Präsident unserer Tagung, Herr Geheimrat Kahl, der Herr Reichsjustizminister und Herr Oberbürgermeister Dr. Adenauer haben gestern zu Beginn unserer Verhandlungen darauf hingewiesen, daß wir in einer Vertrauenskrise des Rechts leben. Und ich glaube, daß der heutige Verhandlungsgegenstand auch deswegen gewählt worden ist, vielleicht nicht klar durchdacht, aber doch mindestens von dem Empfinden getragen, daß diese Vertrauenskrise des Rechts vielleicht auf die Arbeit der parlamentarischen Untersuchungsausschüsse zurückzuführen ist. Meine Damen und Herren, ich glaube, daß hier klargestellt worden ist, daß parlamentarische Untersuchungsausschüsse und Rechtspflege doch ihrer ganzen Konstruktion und ihrem Aufgabenkreise nach nichts miteinander zu tun haben. Ich glaube ferner, daß man unter Umständen zu einem ganz überraschenden Ergebnis kommen kann, nämlich dem, daß die Vertrauenskrise der Justiz vielleicht gerade durch die Arbeit parlamentarischer Untersuchungsausschüsse behoben werden kann. Ich kann mir denken, daß in einem Einzelfalle oder in mehreren Fällen der Strafverfolgung in der Öffentlichkeit schwere Vorwürfe gegen die Rechtspflege ganz unberechtigterweise auftauchen, und ich kann mir denken, daß, nachdem das Verfahren rechtskräftig abgeschlossen ist, und nachdem ein Untersuchungsausschuß sich mit der Sache beschäftigt hat und denselben Tatsachenstoff von seinem Aufgabenkreise aus untersucht, dieser Untersuchungsausschuß zu denselben tatsächlichen Feststellungen kommt, zu denen das Gericht gekommen ist. Ich kann mir unter diesen Umständen vorstellen, daß gerade die Tätigkeit des Untersuchungsausschusses, der zu denselben Ergebnissen kommt wie das Gericht, das Vertrauen zur Justizpflege nicht untergräbt, sondern stärkt. Wenn es in einem Einzelfalle vielleicht einmal anders ist — ich denke jetzt an den Fall, den Herr Kollege Alsberg vorhin gemeint hat, ohne ihn zu benennen —, wenn in diesem Falle vielleicht ein Untersuchungsausschuß feststellt, daß ein deutscher Richter nicht ganz sachgemäß die Vorschriften der Strafprozeßordnung angewandt hat, so hat, glaube ich, der deutsche Juristenstand und auch der deutsche Richterstand keine Veranlassung, sich schützend vor den einen Richter, der in einem einzelnen Falle unsachgemäß verfahren ist, zu stellen. Ich glaube, daß durch eine derartige Tätigkeit der Untersuchungsausschüsse gerade das Vertrauen zur Rechtspflege gestärkt werden könnte, und zwar deswegen, weil sachlich Punkt für Punkt das untersucht werden müßte, was an Vorwürfen vorgebracht ist, und in Sachlichkeit kann man sich trotz verschiedener parteipolitischer Einstellung immer treffen.

Meine Damen und Herren, von diesem Gedanken aus möchte ich Ihnen im Einverständnis mit einigen anderen Herren, die gleichfalls diese Entschließung unterschrieben haben, eine Entschließung unterbreiten, um deren Abnahme ich bitte, und von deren Durchführung im staatlichen Leben ich eine Behebung der Vertrauenskrise erhoffe. Ich stelle also folgende Entschließung zur Diskussion:

„Parlamentarische Untersuchungsausschüsse sind Organe der Volksvertretung zur Feststellung von Tatsachen auf allen Gebieten staatlichen Lebens. Sie können daher auch zur Lösung der Vertrauenskrise der Rechtspflege beitragen."

Rechtsanwalt Dr. Arthur Wolff-Düsseldorf:

Meine Damen und Herren! Die Frage, um die sich die Diskussion dreht, ist meines Ermessens in erster und letzter Linie eine politische. Daher können wir als Juristen unsere Meinung auch nur immer in bestimmter politischer Richtung vertreten, nämlich in der politischen Richtung, in der wir leben, und in der wir denken. Daß diese Frage eine politische ist, ergibt sich für mich schon aus der Vergangenheit der Untersuchungsausschüsse. Erst in den letzten Zeiten, als sich die Untersuchungsausschüsse in den sog. Skandalprozessen mit Persönlichkeiten beschäftigten, die der Republik in irgend einer Beziehung nahe standen, oder die im politischen Leben auf der äußersten Rechten standen, ist auf einmal ein großer Sturm gegen die Untersuchungsausschüsse gelaufen worden. Ich erinnere mich, daß der Untersuchungsausschuß über die März-Unruhen im Jahre 1921 in Mitteldeutschland weitgehend in alle Dinge, die mit den damaligen Strafverfahren, in denen ich im Westen Verteidiger war, zusammenhingen, eingegriffen hat. Gegen diesen Untersuchungsausschuß ist aber niemals Sturm gelaufen worden.

Es liegt mir fern, von meinem speziellen politischen Standpunkte aus nun in eine Untersuchung der Frage, die hier zur Diskussion steht, einzutreten. Ich möchte nur mit Ihnen die Frage prüfen, ob tatsächlich bis jetzt irgend etwas zu Tage getreten ist, irgend etwas hier verlautbart worden ist, was einen Beweis dafür erbracht hätte, daß die parlamentarischen Untersuchungsausschüsse bis jetzt den ungestörten Verlauf des Strafverfahrens beeinträchtigt oder die Unabhängigkeit des Richtertums irgendwie beeinträchtigt hätten. (Zuruf: Barmat!) Ich komme auf diesen Fall zurück. Ich stimme vollständig den Ausführungen meines Kollegen Rosenfeld zu, daß irgend eine ernstliche Beeinträchtigung eines Strafverfahrens oder irgendein ernster Eingriff in die Unabhängigkeit des Richtertums nicht stattgefunden hat. Die Vernehmung zweier Staatsanwälte im Falle Barmat über die Art und Weise des Vorgehens in diesem Prozesse ist, wie Sie von dem Herrn Vorsitzenden des Barmat-Ausschusses gehört haben, mehr auf Wunsch der höchsten Verwaltungsbehörde als auf Wunsch des Ausschusses geschehen. Auch diese Vernehmung hat sich meines Ermessens vollständig im Rahmen des Artikels 34 der Reichsverfassung gehalten. Sonstige Fälle aber sind hier von keinem einzigen Referenten vorgetragen worden.

Herr Landgerichtsdirektor Lehmann, der in einem solchen Prozesse tätig geworden ist, in dem vorher oder zu gleicher Zeit ein Untersuchungsausschuß tagte, hat mehr von einem anderen Instrument der Beeinflussung gesprochen — wie es nachher von einem Diskussionsredner hervorgehoben worden ist —, nämlich von der Presse. Der Untersuchungsausschuß steht überhaupt meines Ermessens weit zurück hinter den anderen Dingen, die in die Prozesse und in die Unabhängigkeit des Richters eingreifen. Die Gerichte setzen sich heute aus Berufsrichtern und Laienrichtern zusammen. Der Berufsrichter soll objektiv sein; aber er ist, wie Herr Rechtsanwalt Rosenfeld sehr richtig vorgetragen hat, in einer bestimmten Weltanschauung erzogen; er gehört vielleicht auch einer politischen Partei an, und es lassen sich aus keinem Moment des Lebens die Dinge ausscheiden, in denen wir leben, in denen wir erzogen sind, die uns umgeben. Aber denken Sie doch an die vielen Laienrichter, die wir haben, die jeden Abend nach großen Schöffen- oder Schwurgerichtssitzungen in ihrem Kreise bei einem Glas Bier zusammensitzen, wo soundsoviel Freunde auf sie einwirken. Die Gefahr der Einwirkung auf das Urteil von dorther ist eine viel größere, als sie von einem politischen Untersuchungsausschuß ausgehen kann. Und dann die Presse. Die Presse nimmt sich doch heute jedes Prozesses an, der einigermaßen in der Öffentlichkeit Aufsehen erregt. Wenn Sie heute in der linksstehenden und der rechtsstehenden Presse denselben Prozeßbericht lesen — ich erinnere Sie an den Tscheka-Prozeß —, so glauben Sie, daß es sich um zwei ganz verschiedene Prozesse handelt, die sich vor demselben Gericht abgespielt haben. Ich halte die Presse für ein Instrument, das das Urteil des Richters viel wesentlicher beeinflussen kann als der politische Untersuchungsausschuß. Ich erinnere an den Hitler-Prozeß in München. Welche Demonstrationen haben da stattgefunden, wie ist den Richtern gedroht worden: wenn sie zu einer Verurteilung des Angeklagten schritten, müßten sie es mit ihrem Leben büßen! Also die Gefahr, daß der Untersuchungsausschuß irgendwie das Urteil beeinflußt, habe ich tatsächlich in der Vergangenheit noch nicht erlebt, und ich habe auch hier nichts davon gehört.

Ich möchte hier nur einen Fall aus meiner eigenen Praxis anführen. In dem Prozeß Maßloh wegen Hochverrats beantragte die Verteidigung — Rechtsanwalt Rosenfeld und ich —, die Akten des Untersuchungsausschusses von 1921 wegen der Ursachen des Prozesses vortragen zu dürfen. Dieser Beweisantrag wurde abgelehnt. Der Staatsgerichtshof sagte, er erhebe seine Beweise selbst und binde sich an keinerlei Resultate irgendeines parlamentarischen Untersuchungsausschusses. Das war der höchste Gerichtshof des Deutschen Reiches; denn es war ein Teil des Reichsgerichts. (Zuruf: Das ist rechtlich vollkommen falsch!) Wenn das vollkommen falsch ist, dann widerlegen Sie es. Der Staatsgerichtshof war der höchste Gerichtshof des Deutschen Reichs. (Zuruf: Aber kein Teil des Reichsgerichts!) Wenn Sie Wortklaubereien treiben wollen, so sage ich: er ist stets von den Mitgliedern des Reichsgerichts im Vorsitz und durch zwei Beisitzer besetzt gewesen. Insofern besteht ein enger Zusammenhang mit dem Reichsgericht, und die Präsidenten, die dort den Vorsitz gehabt haben, kann man doch nicht den Präsidenten nachstellen, die sonst am Reichsgericht tätig sind.

Es ist dann von einzelnen Gefahren gesprochen worden, die in dem parlamentarischen Untersuchungsausschuß zu Tage getreten sind. Diese Einzelgefahren — ich will auf das Referat des Herrn Berichterstatters zurückkommen — haben Sie auch in anderen Prozessen. Die Zeugen, die im Untersuchungsausschuß eidlich vernommen werden, können nachher angeklagt sein und sind es auch vielfach. Das steht nicht allein da: ich habe soundsoviel Strafprozesse, soundsoviel Landfriedensbruch- und Aufruhrprozesse erlebt, in denen zunächst eine Reihe von späteren Angeklagten als Zeugen vernommen worden sind, ja, als Zeugen zur Ermittelung der Wahrheit eidlich vernommen wurden, während sie nachher auf der Anklagebank saßen, und umgekehrt.

Dann hat der Berichterstatter gesagt: wer als Zeuge vernommen worden ist und in der Öffentlichkeit seine Bekundung gemacht hat, hat sich festgelegt. Wenn er nachher im Gerichtsverfahren als Angeklagter auftritt, so kann er nicht davon abgehen und hält mit der Wahrheit zurück. Ja, das erleben wir doch in den Strafprozessen, daß der Angeklagte, wenn er im Vorverfahren sich irgendwie festgelegt hat, sei es als vernommener Angeklagter oder als vernommener Zeuge, von seinen Aussagen nachher meistens nicht mehr zurückgeht und ihm dann vom Vorsitzenden, wenn er einmal abweichende Erklärungen machen sollte, sogar vorgeworfen wird: Sie haben doch im Vorverfahren das und das ausgesagt.

Dann die Vernehmung von Untersuchungsrichtern und Staatsanwälten, wie sie seitens der Ausschüsse vorgekommen sein soll. Das erleben wir nicht nur in den politischen, sondern auch in den Kriminalprozessen ständig. Ich erinnere nur an die großen Prozesse, die gegen die linksgerichteten Revolutionäre stattgefunden haben. Ich erinnere nur an Herrn Landgerichtsdirektor Jürgens, an Herrn Landgerichtsdirektor Vogt, an die Staatsanwälte aus Mecklenburg, wie die über den Gang des Verfahrens und über die Aussagen der Angeklagten und der Zeugen als Zeugen vernommen worden sind. Diese Gefahr, die der parlamentarische Untersuchungsausschuß speziell haben soll, hat meines Ermessens jeder Strafprozeß. Insbesondere habe ich festgestellt, daß diese Gefahr in jedem politischen Strafprozeß vorhanden ist. Ich vertrete daher die Auffassung, daß diese Punkte, die von dem Herrn Berichterstatter vorgetragen worden sind, um eine Abänderung der gesetzlichen Bestimmungen des Artikels 34 herbeizuführen, in Wirklichkeit nicht eine Grundlage dafür bieten und bieten können, eine Abänderung des Artikels 34 zu veranlassen.

Ich möchte insbesondere noch auf die eidliche Vernehmung der Zeugen in den Untersuchungsausschüssen zu sprechen kommen. Es ist richtig, daß die eidliche Vernehmung eines Zeugen, der später Angeklagter sein kann, immerhin eine unangenehme Tatsache für denjenigen ist, der später angeklagt wird; denn er hat sich vielleicht in bestimmter Weise vor dem parlamentarischen Untersuchungsausschuß eidlich festgelegt. Inwiefern diese Tatsache aber geeignet sein soll, den ungestörten Verlauf des Strafverfahrens zu beeinflussen, das verstehe ich nicht. Das verstehe ich ebensowenig, als wenn dieser Angeklagte oder Zeuge in einem Strafprozeß, eventuell als Zeuge eidlich im Vorverfahren, vernommen worden ist und dann später als Angeklagter auftritt und ihm dann im Strafprozeß vorgehalten wird: Du hast in der Voruntersuchung, wo Du als Zeuge vernommen worden bist, Dich auf diesen Punkt bereits eidlich festgelegt. Es ist für mich kein Unterschied, ob das in einem Untersuchungsausschuß oder in einem Strafprozeßverfahren geschieht. Deswegen braucht man nicht mit der Begründung, den ungestörten Verlauf des Strafverfahrens sicherzustellen, die Bestimmung des Artikels 34 abzuändern.

Eine andere Frage ist es, ob die Rechte und Pflichten des Untersuchungsausschusses, wie sie heute in der Verfassung dargelegt sind, aus anderen Gründen geändert werden können und müssen. Da stimme ich vollständig mit den Herren Vorsitzenden der Untersuchungsausschüsse und auch mit dem Herrn Referenten in folgendem Punkte überein: der Untersuchungsausschuß, insbesondere der Vorsitzende, muß einen weitergehenden Schutz gegen Anpöbeleien und Anrempeleien haben, als es bisher der Fall ist.

Zum Schlusse meiner Ausführungen möchte ich dasjenige betonen, was hier von meinem Kollegen Alsberg und von dem größten Teil der Redner bereits vorgetragen worden ist: das Höchste in der deutschen Republik ist das deutsche Volk. Von ihm geht alle Souveränität aus. Und die Bestimmung des Artikels 34 ist geschaffen worden, damit die Vertretung des deutschen Volkes in allen Dingen, die das Leben des deutschen Volkes berühren, die Wahrheit erforschen kann. Darum darf man nicht daran rütteln. Man darf nicht diese Bestimmung zu Gunsten irgend eines Standes oder einer Berufsvertretung einschränken. Eine solche Bestimmung muß eher erweitert denn beschränkt werden.

Senatspräsident beim Reichsgericht Reichert-Leipzig:

Meine sehr verehrten Damen und Herren! Für mich ist die zur Diskussion gestellte Frage keine politische Frage. Es ist aber selbstverständlich nicht zu verkennen, daß in ihr Momente liegen, die den alten Gegensatz zwischen Recht und Politik — der eigentlich nicht bestehen sollte, aber doch immer wieder auftritt — berühren. Es hat heute früh ein Richter aus der Praxis gesprochen, der einen Prozeß als Vorsitzender zu leiten hatte, nachdem ein Untersuchungsausschuß in der Sache vorher tätig geworden war. Dann hat ein Richter gesprochen, der Vorsitzender eines parlamentarischen Untersuchungsausschusses selbst war. Vielleicht ist es nicht unrichtig, wenn hier auch noch ein Richter das Wort ergreift, der weder aus seiner Praxis noch sonst in der Sache Beziehungen hat. Ich habe — das möchte ich betonen — gar keine Beziehungen zur Politik! — — Nur eine Einschränkung muß ich machen: die ganze Sache scheint mir mit einem Faden angesponnen zu sein, an dessen Einfädelung ich in gewissem Sinne mit beteiligt war. Auf dem letzten Richtertag, der grade vor einem Jahr in Augsburg stattfand, ist gelegentlich eines Themas, das mittelbar mit der Sache der Untersuchungsausschüsse in Zusammenhang geriet, auch die Frage der Gefahren aufgeworfen worden, die durch die Tätigkeit dieser Ausschüsse entstehen können. Es ist zu einer Resolution gekommen, und diese Resolution ist in der Folge Gegenstand von verschiedenen Erörterungen, auch von Angriffen gewesen. Daß wir heute hier über dieses Thema reden, geht also auf diese Entwicklungsreihe zurück. Weil ich so in gewissem Sinne mitbeteiligt bin, möchte ich jetzt zur Klarstellung einiges sagen.

Die Resolution, die damals gefaßt worden ist, kommt mir, um einmal ein technisches Bild zu gebrauchen, so vor, wie wenn ein Photograph, der rasch eine Aufnahme macht, das Objektiv vielleicht nicht ganz genau eingestellt hat. Wenn nämlich ein Photograph das Objektiv etwas unscharf einstellt, so kann es vorkommen, daß vorne besonders große Hände und Füße zu sehen sind, und die wirken dann sehr schauderös. Wenn man sich Zeit dazu läßt und eine zweite Aufnahme macht und dabei das Objektiv an die gehörige Stelle rückt, dann kommt ein natürliches und richtiges Bild heraus. Nun will ich so objektiv sein, ganz ruhig zuzugeben, daß das Objektiv vielleicht etwas zu weit vorgestellt war. Heute handelt es sich darum, von allen Seiten und von allen Gesichtspunkten aus die Frage zu betrachten. Deswegen möchte ich sie zunächst noch einmal im Wortlaut in die Erinnerung rufen. Sie lautet: „Empfiehlt sich eine Abänderung der Bestimmungen über parlamentarische Untersuchungsausschüsse, um den ungestörten Verlauf des Strafverfahrens und die Unabhängigkeit des Richtertums sicherzustellen?"

Meine sehr verehrten Damen und Herren! Wir haben, nach diesem Wortlaut — auch der Juristentag ist souverän, er könnte ja schließlich das Thema erweitern — wohl keine Veranlassung, darüber zu sprechen, ob die Bestimmungen über die parlamentarischen Untersuchungsausschüsse an sich gut oder weniger gut sind, d. h. ob aus den parlamentarischen Kreisen heraus berechtigte Wünsche geltend gemacht worden sind, nach dem Rechten zu sehen und Verbesserungen eintreten zu lassen. Ich würde meinen, daß wir das besser nicht vor unser Forum ziehen. Das ist Sache der parlamentarischen Untersuchungsausschüsse und des Parlaments selbst. Wir haben die Sache bloß unter dem Gesichtspunkte zur Diskussion gestellt, ob der jetzt bestehende Zustand eine Gefährdung eines Strafverfahrens oder der Unabhängigkeit des Richtertums herbeiführt. Wenn man die Frage streng darauf zuschneidet, dann wird man auch von einer uferlosen und allzusehr mit Ranken versehenen Diskussion absehen können.

Ich gehe — um das gleich vorweg zu sagen — auf die Frage der Vertrauenskrise nicht ein. Für mich gibt es eine Vertrauenskrise in dem Sinne nicht. Ich möchte nicht, daß bei einer solchen Gelegenheit wieder die abgeleierte Grammophonplatte der Vertrauenskrise mit hineingespielt. Sie tönt übel und falsch.

Wenn man die Fragen, so wie sie gestellt sind, sich genau ansieht, so sind es eigentlich zwei Dinge: einmal soll die Unabhängigkeit des Richtertums gefährdet sein und zweitens der ungestörte Verlauf des Strafverfahrens. Wenn auch hier durch die Kopula „und" scheinbar etwas Verschiedenes und ein Gegensatz zwischen dem Strafverfahren und der Unabhängigkeit oder der Person der Richter aufgestellt worden ist, so möchte ich doch ganz entschieden dem Herrn Vorredner darin entgegentreten, daß das so beabsichtigt war. Ich glaube nicht, daß der Deutsche Juristentag seine Fragestellung so gemeint hat, daß hier zum Schutze eines Standes oder der Berufsinteressen eines Standes Schutzmaßnahmen getroffen werden sollen. Als wir seinerzeit in Augsburg die Frage aufwarfen, haben wir auch nicht daran gedacht, daß unsere persönliche Stellung, die Sicherheit unserer Stellung, das Angenehme oder Unangenehme unserer Stellung dadurch einen besonderen Schutz bekommen soll. Als deutsche Richter wissen wir: wir haben nichts zu tun als unsere Pflicht und Schuldigkeit, entsprechend den Gesetzen. Wir wollen kein Vorrecht für uns, auch nicht das Vorrecht eines besonderen Schutzes. Es ist schon wiederholt betont worden: die Unabhängigkeit der Richter ist den Richtern nicht um ihrer selbst willen verliehen, sondern lediglich und ausschließlich im Interesse der Gerichtseingesessenen. Ich habe das selbst zum ersten Male unter Verwendung eines französischen Zitats, das ich damals fand, im Jahre 1911 auf dem Richtertage in Dresden öffentlich erklärt.

Was nun die Unabhängigkeit des Richtertums angeht, so halte ich mich für verpflichtet, weil es meine Überzeugung ist — vielleicht wird mir mancher meiner Kollegen nicht ganz zustimmen —, zu sagen, daß die Unabhängigkeit des Richtertums als solche nach meinem Dafürhalten durch die bisherigen Bestimmungen nicht gefährdet ist. Ich schließe mich in der Beziehung, wie ich das bereits persönlich getan habe, den Ausführungen des Herrn Rechtsanwalts Alsberg durchaus an. Meine Herren, das ist kein Richter, der durch alles mögliche, was über ihn geschrieben wird, was er liest und was ihm zugetragen wird, sich ohne weiteres umstimmen läßt. Das wäre ja furchtbar traurig! Wir müssen soviel Einsicht und Charakterstärke haben, daß wir die Menschen und die Menschheit nehmen, wie sie nun einmal ist. Wir sind keine Halbgötter. Wir wollen bloß für uns in Anspruch nehmen, daß jeder einzelne und mit ihm, wenn es notwendig ist, auch die Korporation dahin strebt, daß wir das Menschenmögliche auf dem schwierigen Gebiete der Unparteilichkeit und Gerechtigkeit fertig bringen. Da, glaube ich, darf man, wie gesagt, den parlamentarischen Untersuchungsausschüssen gegenüber keine andere, keine besondere Stellung einnehmen. Ich möchte darüber kein weiteres Wort verlieren, damit die zehn Minuten Redezeit nicht überschritten werden; ich glaube, die Herren verstehen mich.

Nun kommt der zweite Punkt: der ungestörte Verlauf des Strafverfahrens. Wenn ich mir da die Frage ansehe: empfiehlt sich eine Abänderung der Bestimmungen? — was ja zugleich wahrscheinlich eine Abänderung der Verfassung wäre —, so stehe ich mit vielen meiner Richterkollegen auf dem Standpunkt, daß es mir immer graust, wenn von unserer Seite gerade nach der Gesetzgebungsklinke gerufen wird. Gerade in einer Zeit, wo alle Kongresse, die Tagespresse und die Fachzeitungen darauf hinweisen, daß so furchtbar viel Gesetze gemacht und daß sie so rasch abgeändert werden, sollte man recht, recht vorsichtig sein bei der Prüfung der Frage, ob es denn notwendig ist, das Gesetz wirklich sogleich abzuändern. Ich war im Laufe der Verhandlungen wiederholt recht schwankend geworden, ob ich auch diese Frage, ebenso wie die der Gefährdung der Unabhängigkeit des Richtertums, nicht zunächst verneinen sollte, weil ich mir sagte: ich bin zu einer gewissen anderen Erkenntnis seit dem vorigen Jahre gekommen. Aber nun scheint mir, daß man hier doch nicht päpstlicher als der Papst sein soll, da gerade aus den Kreisen der Parlamente, von hochstehender Seite, von unserem verehrten Herrn Vorsitzenden Dr. Kahl und anderen Parlamentariern selbst die Frage der Notwendigkeit gesetzlicher Regelung bejaht worden ist. Wenn die Männer, die unmittelbar an dem Webstuhl sitzen, wo die beiden Fäden Politik beziehungsweise Untersuchungsausschuß und Strafrecht zusammenlaufen, selbst den unmittelbaren Eindruck gewonnen haben — den ich nicht so ganz haben kann, weil ich zu wenig im parlamentarischen Leben drinstehe —, dann wird man doch wohl sagen müssen: zweckmäßigerweise werden die Wünsche, die die Parlamentarier selbst zur Verbesserung der Untersuchungsausschüsse haben, zu vereinigen sein mit den Gedanken, die als Mindestforderungen seitens der Justiz für ihre Bedürfnisse gestellt werden müssen. Im großen und ganzen sind es ja eigentlich nach der heutigen Aussprache nicht überwältigend viele Dinge mehr. Darüber sind wir uns alle klar, daß der Zweck ein vollständig verschiedener ist. Wenn ich einen Vergleich gebrauchen darf, so ist die Sache so, daß zwei Eisenbahngleise nach einer ganz verschiedenen Richtung hinführen. Es kann aber vorkommen, daß im Einzelfalle die Gleise so geführt sind, daß einmal gewisse Strecken gemeinschaftlich gefahren werden müssen. Da muß man Weichen haben zum Ausweichen und Vorsichtsmaßregeln treffen, damit keine Eisenbahnunglücke passieren. Insofern scheint es mir eigentlich gar keine Frage des Prinzips, sondern eine Frage der Gesetzgebungstechnik, um das Praktische und Zweckmäßige zu erreichen. Wenn wir nun sehen, wie in unserem jungen republikanischen Staate alle neuen Erscheinungen immer wieder politisch auf die beklagenswerteste Art und Weise ausgemünzt und ausgewertet werden, dann sollte man auch, wenn doch schon einmal mit Rücksicht auf das Parlament selbst eine Änderung getroffen werden muß, m. E. nicht zu zaghaft sein und sollte nach dem geeigneten technischen Wege suchen und fahnden, um die Unstimmigkeiten, die sich theoretisch ergeben können, und die sich nach der Meinung so mancher auch schon in gewissem Sinne ergeben haben, in Ordnung zu bringen. Das ist einmal die Frage der Kollision im allgemeinen, dann die Frage der Zeugenvernehmung und die Frage der Akteneinholung. Meine Herren! Wir dürfen uns nicht im unklaren sein: wir deutschen Richter würden den Vorwurf, der uns hier und da gemacht worden ist, daß wir früher im wirtschaftlichen Leben und jetzt im Staatsleben und im Staatsrecht weltfremd seien, verdienen, wenn wir dem nachhängen wollten, daß alles bloß von unserem Standpunkt des Privatrechts aus betrachtet werden müsse. Das wäre falsch. Der deutsche Richter muß und will auch sein Staatsrecht gut kennen; er muß es aber auch ex pectore voll empfinden. Die Untersuchungsausschüsse sind nach meiner Überzeugung ein notwendiges Gebilde des parlamentarischen Staates, und die Souveränität des Volkes gebietet, daß man hier keine Einschränkungen macht. Demgegenüber kann man und muß sagen: dieselbe Gewalt des Staates, die hier im Parlament und in den Untersuchungsausschüssen das Wort führt, hat auch notgedrungen — weil die Menschen keine Engel sind — ein Strafrecht schaffen müssen.

Nun bin ich allerdings mit einem der Herren Vorredner nicht im Einklang darüber, was er über das Verhältnis der Gewalten gesagt hat. Für mich existiert ein „gewisses" Aufsichtsrecht des Parlaments über die Justiz nicht, schon, weil mir der Ausdruck „gewisses" viel zu unbestimmt ist. Ich möchte es ruhig dabei lassen: man ist jahrhundertelang damit ausgekommen, daß die drei Gewalten getrennt bleiben, nicht getrennte und feindliche Brüder, sondern gute Kameraden, die alle dasselbe wollen, nämlich auf die salus publica hinwirken, aber die nun einmal als drei verschiedene Wesen geschaffen worden sind, bei denen nicht der eine unter Vormundschaft steht und der andere Vormund ist; es entspricht das auch nicht der allgemeinen Anschauung des deutschen Volkes, das in solchen Fällen so oft und gern zitiert wird. Ich meine, wir müssen einfach staatsrechtlich davon ausgehen, daß die drei Gewalten geschieden sind, geschieden bleiben und geschieden bleiben können. Eine parlamentarische Aufsicht über die Justiz halte ich für ein Unding, mag man sie so oder so einrichten. Etwas mag es geben: die parlamentarische Kritik an der Justiz; die habe ich immer offen und gerne anerkannt; die müssen die Richter auch berücksichtigen. Das ist aber etwas anderes wie eine Aufsicht. Wenn wir an dem Grundsatz festhalten, daß die parlamentarischen Untersuchungsausschüsse an sich notwendig sind, und daß sie so wenig wie nur möglich im staatsrechtlichen Interesse eingeschränkt werden sollen, so handelt es sich bloß darum: wie kann man es im Einzelfalle machen, daß auch die Justiz nicht Schaden leidet, bei der ich auch — wieder im Gegensatz zu einem der Herren Vorredner — sagen möchte, daß sie nicht weniger wichtige Interessen vertritt wie die parlamentarischen Untersuchungsausschüsse. Meine Herren, wir sind in Deutschland jetzt fast schon daran gewöhnt, daß wir immer bloß im Komparativ bzw. in der Vergleichung leben. Es muß immer ein Wichtigeres und ein Unwichtigeres geben. Nein, Justiz und Parlament sind gleich wichtig. Es kann im Einzelfalle sein, daß das Staatsinteresse weitaus das überwiegende ist und infolgedessen in dem Falle der parlamentarische Untersuchungsausschuß eine größere Bedeutung haben muß als das Strafverfahren. Es kann aber auch einmal umgekehrt sein. Es können Fememorde und andere Sachen vorkommen, an denen die Strafjustiz ganz gewaltig interessiert ist, und bei denen der nebensächliche Punkt, der gerade einmal in einem parlamentarischen Untersuchungsausschuß aufgeklärt werden soll, das weniger Wichtige ist. (Zuruf: Anders war es nicht gemeint!) Also generelle Regeln hier aufzustellen, halte ich nicht für richtig.

Nun könnte man so optimistisch sein und denken: wenn die parlamentarischen Untersuchungsausschüsse die „Kinderkrankheiten" überwunden haben, und wenn die Gerichte die „Alterskrankheiten" überwunden haben, werden sie wohl miteinander auskommen. Wenn es aber im Einzelfalle nicht der Fall ist, dann müßte irgendeine Instanz da sein, die sagt: so wird es gemacht. Wenn man sich auch auf den Standpunkt stellt, daß das deutsche Volk absolut souverän ist, so läßt sich trotzdem denken, daß eine gewisse Bindung geschaffen wird. Sie ist tatsächlich ja auch schon da. Wir haben ja Kontroverse mehrfacher Art zwischen den Ländern und dem Reich, aber auch zwischen den Gewalten des Reichs erlebt. Da hat man sich damit geholfen, daß man einen eigenen Staatsgerichtshof geschaffen hat. Es ließe sich denken, daß, wenn in ganz besonderen Fällen solche Unstimmigkeiten herauskommen, auf Anrufung des einen Teils der Staatsgerichtshof rasch zu entscheiden hat: so wird es gemacht, weil eben eine Instanz da sein muß, die über den beiden steht. Es einseitig vom Parlament entscheiden zu lassen, sei es von einer Kommission, sei es von dem Plenum des Parlaments, dazu würde ich nie raten, denn das wäre ein sehr odioses Geschenk, das man dem Parlament machte. Es wäre auch nicht richtig; denn, wenn die beiden Gewalten gleichberechtigt nebeneinander stehen, kann nicht die eine Richter in eigener Sache sein. Ob diese Gesetzesthese ein besonders empfehlenswerter Weg ist, weiß ich nicht. Der Staatsgerichtshof selbst würde wohl keine Freude daran haben. Darauf kommt es aber nicht an. Er müßte es eben machen wie so viele andere Sachen. Immerhin würde man eine verhältnismäßig einfache Bestimmung haben. Aber es wird doch schließlich wohl an dem sein, daß man besser nach einem eingehenderen Gesetz über die Untersuchungsausschüsse greift und da die einzelnen Bestimmungen einarbeitet.

Nun wollte ich bloß noch eines sagen, meine Damen und Herren. Ich habe jetzt auf der Tagung der Internationalen Kriminalistischen Vereinigung in Bonn drei Tage mitgewirkt und habe dort wiederum gesehen, daß die Deutschen einen grundsätzlichen Fehler haben: sie verfallen immer sofort ins Detail, in die Einzelheiten. Versammlungen, wie sie der Deutsche Juristentag darstellt, können keine Gesetze machen. Sie können nicht einmal die einzelnen gesetzlichen Gesichtspunkte festlegen oder gar formulieren, sondern sie können nur die *großen Richtlinien* angeben. Es ist dabei nicht ausgeschlossen — wenn auch der Herr Berichterstatter alle seine Gedanken in feste Formen gebracht hat, damit kein Korn im ganzen verloren geht —, daß das Material doch an die richtige Stelle kommt. Aber ich möchte davor warnen, daß wir zu sehr ins Detail gehen und besondere Vorschriften machen, um so mehr, als ja, wie ich von Anfang an angedeutet habe, die *Verbesserungen* nicht nur um der deutschen Strafjustiz willen, sondern auch aus anderen Gründen — aus Gründen des Ansehens der parlamentarischen Ausschüsse selbst — in das Gesetz eingearbeitet werden sollen. Infolgedessen glaube ich, daß man sich damit begnügen soll zu sagen: *man ist mit den Richtlinien des Herrn Referenten einverstanden* und nimmt alles das zusammen als Material für eine *gesetzliche* Regelung, *die der Deutsche Juristentag für wünschenswert hält.*

Außerordentlicher Universitätsprofessor Dr. *Hugelmann*-Wien, Vorsitzender-Stellvertreter des Bundesrats:

Meine Herren! Die ausgezeichneten Ausführungen, die der Herr Berichterstatter heute Vormittag zur Einleitung dieser Verhandlung gegeben hat, haben mich in einer Meinung bestärkt, die ich schon früher hatte, nämlich in der Meinung, — und ich glaube, es wird vielen anderen auch so gegangen sein —, daß die erste der Fragen, die hier gestellt sind, doch zu bejahen ist, daß die Tätigkeit der parlamentarischen Untersuchungsausschüsse nach den Normen, wie sie heute bestehen, geeignet ist, den ungestörten Verlauf des Strafverfahrens zu beeinträchtigen. Die Ausführungen der weiteren sechs Redner waren nach meiner Meinung geeignet, diesen Eindruck etwas zu verwischen. Wir haben nun von verschiedenen Seiten, welche darauf hinweisen können, daß sie sich selbst unmittelbar mit den hier in Betracht kommenden Dingen praktisch beschäftigen müssen, beruhigende Versicherungen gehört, daß die praktischen Schwierigkeiten sich gar nicht so ergeben hätten. Es könnte daher der Eindruck entstehen, daß wir es eigentlich gar nicht notwendig haben, uns hier mit Gesetzesänderungen zu befassen. Aber ich muß bekennen: trotzdem ich nicht jene unmittelbare Berührung mit solchen Untersuchungsausschüssen oder Gerichtsverfahren, die mit den Untersuchungsausschüssen in Verbindung stehen, für mich in Anspruch nehmen kann, vermag ich meine Bedenken nicht zu überwinden. Ich glaube, daß, wenn wir etwas näher hinhören auf das, was verschiedene Herren Debatteredner gesagt haben, wir aus dem, was sie selber gesagt haben, entnehmen müssen, daß diese Bedenken in einem weiten Umfange bestehen.

Was zur Entkräftung dieser Bedenken, die der Herr Berichterstatter vorgebracht hat, angeführt wurde, läßt sich so ziemlich auf zwei Formeln zurückführen. Einerseits wird gesagt: die Bedenken, die sich hier aus der Tätigkeit der Untersuchungsausschüsse ergeben, ergeben sich auch aus der Tätigkeit der Presse oder aus der Möglichkeit von Demonstrationen. Alle möglichen Dinge geschehen täglich, die geeignet sind, ein Strafverfahren zu stören. Das ist, glaube ich, ein Gesichtspunkt, der die Fragestellung, die dem Deutschen Juristentage unterbreitet worden ist, völlig verkennt. Gewiß gibt es tausenderlei Dinge, die einfach da sind, die man nicht ändern kann, welche irgendeine staatliche Tätigkeit stören oder erschweren. Aber hier handelt es sich um etwas anderes. Hier handelt es sich darum, ob wir eine rechtliche Institution schaffen bzw. in einer solchen Weise ausgestalten, daß dadurch eine andere rechtliche Institution in ihrer Wirksamkeit beeinträchtigt wird. Dadurch, daß einzelne Menschen tausendfach so handeln, daß dadurch der Staat in seiner Tätigkeit behindert wird, ergibt sich doch nicht, daß wir nicht verpflichtet sind, aus der Einrichtung des staatlichen Lebens selber alles zu entfernen, was eine derartige Unstimmigkeit hervorruft. Es kann nicht der Sinn der Gesetzgebung sein, daß wir auf der einen Seite in der Strafprozeßordnung ein ganzes System von Sicherungen aufbauen und dann auf der anderen Seite etwas machen oder bestehen lassen, was alle diese Sicherungen zu durchbrechen geeignet ist.

Zweitens hat der Herr Berichterstatter die starke politische Beeinflussung in diesen Untersuchungsausschüssen hervorgehoben. Wenn man sagt: wenn die Untersuchungsausschüsse nicht in ihrem Vorgehen geregelt und nicht an feste Normen gebunden werden, so ist das ganz besonders gefährlich, weil diese Untersuchungsausschüsse bzw. ihre Mitglieder politisch eingestellt sind, und man darauf antwortet: politisch eingestellt sind auch die Richter, seien es Berufsrichter, seien es Laienrichter, so ist da doch ein großer Unterschied. Obwohl ich nicht einem Untersuchungsausschuß angehört und hier eigene Erfahrungen habe, so bin ich doch, abgesehen davon, daß ich Lehrer des Rechts bin, Parlamentarier in weiterem Sinne. Ich gehöre nicht dem Nationalrat, sondern dem Österreichischen Bundesrat und einer bestimmten Parteirichtung dort an. In dieser Eigenschaft muß ich sagen: in die parlamentarischen Ausschüsse, auch in die Untersuchungsausschüsse, wird man als Vertreter einer bestimmten Partei geschickt. Es ist doch etwas wesentlich anderes, ob ich, während ich die Wahrheit feststelle, zufällig nebenbei auch noch irgendwelche Voraussetzungen in mir habe oder ob ich von einer bestimmten Körperschaft oder von der einen oder anderen Partei in den Ausschuß hineingeschickt worden bin, natürlich mit der Aufgabe, den Interessen dieser Partei pflichtgemäß zu dienen. Daraus ergibt sich die Kollision der Pflichten: ich kann nicht in einem parlamentarischen Untersuchungsausschuß dem Interesse einer Partei dienen, nach dem Programm und den notwendigen Taktiken meiner Partei vorgehen und zugleich der objektiven Wahrheit dienen. Das ist nahezu ausgeschlossen. Das ist nur möglich, wenn die Parteien sich auf etwas einigen. Aber auch dann ist es noch naheliegend, daß die einmütige Feststellung eines Ausschusses nicht eine Bindung der Wahrheit, sondern ein Parteikompromiß ist. Dieses schwere Bedenken, meine verehrten Damen und Herren, ist noch in keiner Weise entkräftet worden.

Weiter ist — von dem ersten Redner des Vormittags, glaube ich — gesagt worden: es liegt hier ein hohes staatliches Interesse vor, welches die Untersuchungsausschüsse bei der Feststellung des Tatbestandes wahrnehmen; das ist viel wichtiger als der Anspruch des Staates auf Strafe. Da scheint mir doch eine große Verwechselung vorzuliegen. Der ungestörte Verlauf des Strafverfahrens dient nicht allein der Verwirklichung des Anspruchs des Staates auf Strafe. Er dient unter Umständen auch gerade dem Schutze der Rechte des Angeschuldigten. Das ist doch ein Kerngedanke des Rechtsstaats, der sich schon im Kampfe gegen den Monarchen-Absolutismus entwickelt hat, bevor noch andere Rechte des Volkes gesichert waren, daß das Individuum mit einer ganzen Menge Sicherungen gegen ungerechte Verfolgung und Bestrafung umgeben wird, daß auch der Staat seinen Anspruch auf Strafe nicht mit beliebigen Mitteln durchsetzen kann, sondern nur mit ganz bestimmten Mitteln, so daß wir alle beispielsweise es für ungeheuerlich halten würden, eine Strafprozeßordnung von vornherein förmlich darauf abzustellen, daß man den Eid zur Überführung des Beschuldigten verwendet, wie es vielleicht gelegentlich einmal bei dem Alibi vorkommt, weil eben alle Dinge unvollkommen sind. Bei dem parlamentarischen Untersuchungsausschuß wird das aber in neun von zehn Fällen so sein. Ich weiß nicht, ob es hier so ganz anders ist als bei uns in Österreich. Dort wurde z. B. ein parlamentarischer Untersuchungsausschuß eingesetzt, weil behauptet worden war: dieser Politiker hat eine Korruption verübt, und jener hat das getan. Die Leute kommen dann als Zeugen. Es wird von vornherein darauf abgestellt, daß man im Wege der Zeugenvernehmung jemand zwingt, sich selbst zu demaskieren, sich selbst ans Messer zu liefern. Daß dieser ungeheure Schutz, der in der Scheidung des Beschuldigten und des Zeugen liegt, hier fehlt, das allein ist meiner Meinung nach ein Niederreißen einer Schranke, die ein Rechtsstaat eigentlich nicht vermissen sollte.

Sie sehen daraus, daß ich gegen die parlamentarischen Untersuchungsausschüsse sehr große Bedenken habe. Aber ich gebe zu, daß sich all diese Bedenken sehr mildern müssen, wenn man eben das Verfahren dieser Untersuchungsausschüsse, bei denen die Garantie der inneren Unparteilichkeit geringer ist als wo anders, weil die Mitglieder im Namen von Parteien hier sprechen und handeln, an feste Normen bindet und dieses Verfahren genau festlegt. Dafür scheint mir das, was der Herr Berichterstatter hier empfohlen hat, das denkbare Minimum zu sein.

Ich gebe hier ohne weiteres zu, daß wir auf dem Deutschen Juristentag auch mit den psychologischen Möglichkeiten zu rechnen haben. Da glaube ich, daß auch etwas Weitergehendes nicht zu erreichen sein wird. Aber das, was der Herr Berichterstatter vorgeschlagen hat, ist meiner Meinung nach das Minimum, und wir wollen darin nicht zurückgehen, insbesondere nicht in den beiden Punkten der eidlichen Vernehmung und der Aktenvorlage, worauf ich mit zwei Worten zurückkomme, weil das besonders hervorgehoben wurde und in diesen Punkten auch von solchen Rednern, die dem Berichterstatter sonst zugestimmt haben, seine Thesen bekämpft wurden. Es ist nach meiner Meinung unbedingt notwendig, daß man die eidliche Vernehmung mindestens unter dem Gesichtspunkt einschränkt, daß man gewisse Sicherungen schafft, wie sie der Herr Berichterstatter vorgeschlagen hat, weil dadurch der an sich unerfreuliche Zustand in seinen ärgsten Auswirkungen gehemmt wird, daß man den vermutlich Beschuldigten zwingt, unter Eid zu sagen, ob er schuldig oder nichtschuldig ist. Nach meiner Meinung wäre es sogar sehr wünschenswert, wenn man noch etwas weiterginge. Aber ich will mich mit dem begnügen, was der Herr Berichterstatter vorgeschlagen hat.

Was die Aktenvorlage anlangt, so gibt es da noch einen anderen Weg, der mir sympathischer wäre. Es ist richtig: wenn man die Entscheidung über die Gewährung der Aktieneinsicht in die Hand der Regierung gibt, so liegt ein gewisser Widerspruch vor. Wollen wir den Untersuchungsausschuß bestehen lassen, so muß er wirksam sein, und eine derartige Verweigerung der Akteneinsicht kann ihn unter Umständen unwirksam machen. Aber wenn ich mich entschließen sollte, von diesem Punkte abzugehen, dann müßte etwas anderes geschehen. Meine verehrten Herren, das wäre, daß man dem Untersuchungsausschuß nicht etwa die diskretionäre Gewalt gibt, ob er eine Sache vertraulich erklären will oder nicht, sondern daß man bestimmte Normen schafft, inwieweit auch der Untersuchungsausschuß zur Geheimhaltung verpflichtet ist, inwieweit die einzelnen Mitglieder des Untersuchungsausschusses, wenn man ihnen schon diskretionäre Gewalt gibt, verantwortlich sind und zur Geheimhaltung gezwungen werden können. Das Vertraulicherklären nützt hier nichts, wenn man keine Garantie hat, daß wirklich geheimgehalten wird. Ich weiß — im Deutschen Reich ist es nach meiner Meinung ähnlich wie bei uns —, daß, wenn ein vertraulicher Ausschuß eingesetzt ist, nach 14 Tagen schon die beiden Parteien untereinander zu streiten anfangen, wer die Vertraulichkeit gebrochen hat. Deshalb sage ich: hier handelt es sich um ungeheure Rechte des Einzelnen, der vor den Gerichten durch ganz bestimmte Normen geschützt ist. Sie können im Einzelfalle übertreten werden. Aber darauf stehen Sanktionen. Nehmen Sie z. B. einmal folgenden Fall: es braucht nicht immer ein Verurteilter zu sein, es kann ja auch ein Strafverfahren durch Einstellung enden. Was kann in einem Aktenstück über ein mit Recht eingestelltes Verfahren — ich war viele Jahre selbst Richter und habe darüber ein Urteil — alles drinstehen — es braucht nicht einmal etwas Schlimmes zu sein —, was einen Menschen ruinieren und unmöglich machen kann, wenn man es an die Öffentlichkeit bringt! Wie soll man dazu kommen, derartige Dinge, die in den Gerichtsakten leicht stehen können, einem Forum vorzulegen, dessen Mitglieder unter keinerlei Sanktionen stehen, wenn sie die Geheimhaltungspflicht verletzen?

Bezüglich dieser Akteneinsicht könnte ich mich entschließen, entgegenkommender zu sein, als es in den Anträgen der Berichterstattung der Fall ist, wenn hier weitgehende und wirksame Normen geschaffen würden, durch welche die Geheimhaltungspflicht der Mitglieder nicht nur festgelegt, sondern auch gewährleistet und unter empfindliche Sanktionen gestellt wird, die nicht geringer sein dürfen als die Sanktionen, unter denen der Richter oder der Beamte steht, wenn er das Amtsgeheimnis bricht.

Ich rekapituliere kurz, daß ich die Thesen, die der Herr Berichterstatter vorgetragen hat, mit dem einen Vorbehalt, den ich zum Ausdruck gebracht habe, für das Minimum dessen halte, was notwendig ist.

Wenn Sie mir noch eine Bemerkung gestatten, so möchte ich das eine noch sagen: ich gehe natürlich von einer ganz anderen staatsrechtlichen Grundauffassung aus, als sie hier von einigen meiner Herren Vorredner vertreten wurde. Wenn man auf dem Standpunkt steht: souverän ist nur das Volk, und das Parlament, das vom Volke gewählt ist, überkommt gewissermaßen diese Souveränität, und vom Parlament überkommt sie wieder der Untersuchungsausschuß, weil er ein Ausschuß des Parlaments ist — er ist gewissermaßen omnipotent, für ihn gibt es keine Schranken —, dann erübrigt sich die ganze Diskussion; dann hätten wir uns die ganze Diskussion überhaupt ersparen können. Aber ich möchte mir doch erlauben, Sie an eins zu erinnern: nach der Weimarer Verfassung wählt das Volk nicht nur das Parlament, den Reichstag, sondern auch den Reichspräsidenten. Die Logik also: weil das Volk souverän ist, muß es unmöglich sein, das vom Volk unmittelbar oder mittelbar eingesetzte Organ zu beschränken, ist vollständig abwegig. Was würden Sie dann nach unserer österreichischen Verfassung machen, wo der Nationalrat die Regierung einsetzt? Dann könnte man ja nach dieser Logik die Regierung auch nicht beschränken. Der parlamentarische Untersuchungsausschuß ist ein Staatsorgan. Es ist eine Frage der Zweckmäßigkeit, welche Funktionen ich einem Staatsorgan zuweisen will und durch welche Normen ich den Staat, insbesondere aber auch die Individuen gegen eine mißbräuchliche Ausnutzung dieser Funktionen schützen will. Dieses Problem besteht für den parlamentarischen Untersuchungsausschuß m. E. genau so gut wie für jedes andere Staatsorgan. Nur von diesem grundlegenden Standpunkte aus hat das, was ich früher ausgeführt habe, Sinn.

Rechtsanwalt Dr. Gustav Goldschmidt-Berlin:

Meine Damen und Herren, gestatten Sie mir, in aller Kürze mit einer beruhigenden Feststellung zu beginnen. Der verehrte Herr Vorsitzende unserer Abteilung hat zu Anfang unserer Sitzung Bedenken hinsichtlich der Akustik dieses Saales geäußert. Ich glaube sagen zu dürfen, daß diese Gefahr sich als irreal erwiesen hat: die vorzügliche Resonanz dieses Saales hat es mir ermöglicht, eine feine, aber doch außerordentlich charakteristische Dissonanz in den Ausführungen des verehrten Herrn Berichterstatters, Professor Jacobi, festzustellen oder zum mindesten herauszuhören. Wir haben den Wunsch, hier möglichst das Grundsätzliche zu erfassen und zu ihm Stellung zu nehmen. Nun darf ich Sie einmal bitten, von allen den wundervollen Einzelheiten der zweiten Seite der Leitsätze des Herrn Professor Jacobi Abstand zu nehmen. Dann bleibt nach meiner Ansicht das Entscheidende, von dem eigentlich, wenn ich ihn recht verstanden habe, alles abhängt, die Frage: ist es nötig, rechtssatzmäßig diesem Gedanken Ausdruck zu geben? Meine Damen und Herren, da darf ich Sie daran erinnern, daß auf Grund all des zahlreichen Materials, das aus reicher Erfahrung hier zusammengestellt worden ist, doch in dem Herrn Berichterstatter schließlich eine leise Skepsis aufgetaucht ist. Er hat sich gefragt — und wenn der Apparat, über den wir hier kritisch zu Gericht sitzen, tadellos funktioniert, dann kann man dies in der Tat fragen —: bedarf es überhaupt dessen, was ich erreichen will? Bedarf es zu dem Zwecke, den ich erreichen will, einer neuen reichsgesetzlichen Regelung?

Meine Damen und Herren, ich bin freudig überrascht, daß ein Richter von so ungewöhnlicher Autorität, wie es Herr Senatspräsident Reichert ist, eigentlich denselben Gedanken schließlich zum Ausdruck gebracht hat. Ich glaube nur, er ist nicht ganz konsequent gewesen. Es ist von parlamentarischer Seite der Wunsch geäußert worden, den Fehlern der Technik durch gesetzgeberische Maßnahmen abzuhelfen. Gleichwohl halte ich den entgegengestellten Gedanken, der auch gerade wieder von Herrn Senatspräsidenten Reichert ausgeht, für den entscheidenden und für den, nach dem wir uns richten sollten. Verehrter Herr Senatspräsident, Sie haben mir geradezu die Worte aus dem Munde genommen. Wir Deutsche sind unverbesserliche Gesetzgebungsfanatiker. Wir haben eine Neigung zu der so schön genannten „Klinke“ der Gesetzgebung, die unerträglich ist. Aber ist es notwendig, liegt es im Interesse der ruhigen staatspolitischen Entwicklung, dieser Bestrebung ständig nachzugeben? Sollen wir uns nicht lieber die Frage vorlegen, ob das, was hier an Symptomen auftaucht, nicht eben an diesen Symptomen kuriert werden soll oder ob man nicht vielleicht eine grundsätzliche Besinnung eintreten lassen muß, die geeignet ist, all dieser Schwierigkeiten Herr zu werden? Meine Damen und Herren, es ist sowohl von dem Herrn Berichterstatter wie charakteristischerweise auch von vielen Diskussionsrednern das Wort von der „Kinderkrankheit“ geprägt worden. Ich halte es deswegen für ein so reizendes und vorzügliches Bild, weil es uns den Staat als geprägte Form, die lebendig sich entwickelt, erkennen läßt, weil diese Hinweisung auf das Organische uns zeigt, daß wir es hier mit einem jungen Wesen zu tun haben. Wer etwas pädagogische Neigungen hat, bekommt immer wieder zu hören: die heutige Jugend ist eigentlich gar nicht mehr jung. Das geht ja so fabelhaft fix, daß wir Kinder kaum noch recht kennen. Aber man wird vielleicht doch zweifeln können, ob ein siebenjähriges Wesen schon volle Reife erreicht haben kann. Gestatten Sie mir ein Bild in diesem Zusammenhange. Es wird die Behauptung aufgestellt, daß der pater semper incertus ist. Ich glaube, wir können uns hier vielleicht einmal fragen, ob nicht auch der infans incertus ist. Es wird gesagt: eine Kinderkrankheit. Nun wollen wir uns einmal einen Augenblick die Frage vorlegen: wer ist denn dieses Kind? Es scheint, als ob die Antwort ganz feststände: die Untersuchungsausschüsse. Aber, meine Damen und Herren, vielleicht ist die Frage anders zu beantworten. Vielleicht heißt die Antwort: nicht nur die Untersuchungsausschüsse, sondern die deutsche Republik. Wenn sie das als einen immerhin beachtenswerten Gedanken ansehen wollten, dann, glaube ich, werden Sie auch ganz von selbst einer anderen Lösung der Schwierigkeit geneigt sein. Sehen Sie, meine Damen und Herren, ich glaube, einer der festen Grundsätze der Kindertherapie besteht darin, nicht zuviel und vor allen Dingen nicht zu häufig zu operieren. Kinder, werdende Wesen, in der Entwicklung begriffene Gemeinschaften kann man nicht anders behandeln als durch Liebe. Meine Damen und Herren, werfen wir doch einmal in dieser ernsten und nachdenklichen Stunde die Frage auf, ob dieser deutschen Republik immer mit der rechten Liebe begegnet worden ist. Wenn diese Frage zu Zweifeln Anlaß geben kann, dann, glaube ich, ist damit auch schon ausgesprochen, was das beste und wirksamste Heilmittel sein wird.

Wir müssen die Freude an dem Staate und an allen seinen Institutionen in unserer Volksgemeinschaft größer werden lassen. Wenn auf der einen Seite die Wiederherstellung des Vertrauens in das Richtertum verlangt wird, so möchte ich auf der anderen Seite auch fordern eine Wiederherstellung des Vertrauens zu oder eine stärkere Achtung vor der Arbeit unserer Volksvertretung und unserem Parlament im allgemeinen. Das verlangt natürlich dann auch eine Achtung vor der Tätigkeit der parlamentarischen Untersuchungsausschüsse. Meine Damen und Herren, da taucht dann schließlich eine Frage auf, die immer wieder bei großen Reform- und Änderungsgedanken an uns herantritt, die Frage der Personen. Im Grunde läßt sich ja alles das gar nicht von der Persönlichkeit trennen. Ebensowenig wie sich das Vertrauen in die Rechtspflege von der Persönlichkeit der Richter trennen läßt, ebensowenig kann man das Vertrauen in unsere Staatsgrundeinrichtungen richtig finden, wenn man nicht Vertrauen in die Integrität der Vertreter des Volkes in den Parlamenten setzt.

Meine Damen und Herren, von solcher Notwendigkeit des wechselseitigen Vertrauens scheinen mir die Fragen einer einfachen Lösung zuzuführen zu sein. Ich glaube, dann ist es ganz klar, daß die kürzeste Resolution die einfachste und selbstverständlichste Lösung der Probleme bietet, die wir uns heute vorgelegt haben. Die Frage, ob der Deutsche Juristentag die Notwendigkeit gesetzgeberischer neuer Bestimmungen über die parlamentarischen Untersuchungsausschüsse für gegeben ansieht, wird nach meinem Dafürhalten glatt zu verneinen sein. Ich bitte Sie, mich nicht mißzuverstehen. Glauben Sie nicht, daß das heißt, wir seien hier umsonst zusammengekommen, das sei doch nur eine Negative. Meine Damen und Herren, auch mit einer Verneinung kann man außerordentlich fruchtbare Arbeit leisten. Wenn wir uns davon überzeugen, daß die ruhige und stete Entwicklung eines starken staatlichen Lebens das rechte Mittel sein wird, um all das zu beseitigen, was hier an weniger angenehmen Begleiterscheinungen festgestellt worden ist, dann, glaube ich, können wir mit ruhigem Gewissen den Gesetzgeber dabei aus dem Spiele lassen.

Meine Damen und Herren, wir können uns dabei die fortgeschrittensten Teile Europas in ihrer staatsgeschichtlichen Entwicklung als Beispiel vorhalten. Sie haben gehört, daß in den angelsächsischen Ländern jahrhundertelang das Enquêterecht bestanden hat, ohne daß es zu ernsten Erörterungen Veranlassung gegeben hat. Gewiß, zwei Gesetze, so haben wir gehört, sind im 19. Jahrhundert vorgeschlagen und angenommen worden. Aber was will das heißen in der jahrhundertelangen Institution, die, soweit uns die geschichtliche und politische Betrachtung zeigt, eine gesunde Entwicklung zum Ausdruck gebracht hat. Meine Damen und Herren, ich glaube auch sagen zu können, daß der Gedanke, dem ich hier Ausdruck gegeben habe, die klarste Konsequenz des trefflichen Gutachtens des verehrten Kollegen Alsberg ist. Wer seinen Ausführungen folgt, weiß, daß mit der Bereinigung dieser Frage am ehesten im Sinne einer gesunden, erfreulichen Entwicklung etwas geschehen ist. Meine Damen und Herren, nicht nur wegen dieser Konsequenz, die keiner Konsequenzmacherei halber sein soll, bitte ich Sie, sich dem von mir vertretenen Standpunkte anzuschließen, sondern auch aus dem Gefühl heraus, daß wir damit am besten der salus rei publicae dienen.

Nun darf ich in aller Bescheidenheit, Herr Vorsitzender, etwas über die geschäftsordnungsmäßige Behandlung bemerken. Es ist ein Antrag von Herrn Kollegen Rosenfeld und mir folgenden Inhalts eingebracht worden:

„Der Deutsche Juristentag verneint die Notwendigkeit einer gesetzlichen Abänderung der Bestimmungen über die Untersuchungsausschüsse."

Ich persönlich — und ich glaube, auch der Mitunterschreiber dieser Resolution — stehe auf dem Standpunkt, daß dieser Antrag als Prinzipalantrag gegenüber den sonst eingebrachten anzusehen ist. In aller Bescheidenheit gebe ich auch der Meinung Ausdruck, daß er von sämtlichen bisher eingebrachten Anträgen der weitestgehende ist. Das würde zur Folge haben, daß nur dann über die weiteren Anträge abzustimmen sein dürfte, wenn dieser Antrag nicht Ihre allgemeine Zustimmung finden sollte.

Vorsitzender Geh. Justizrat Professor Dr. Triepel:

Ich möchte dazu bemerken: es ist von dem letzten Herrn Redner und Herrn Dr. Rosenfeld sowie einigen anderen Herren ein Antrag zu den Leitsätzen eingelaufen. Ich darf wohl annehmen, daß dieser Antrag als Eventualantrag gilt für den Fall, daß Ihr jetzt vorgebrachter Hauptantrag abgelehnt wird. Es ist dann ferner für den Fall — so nehme ich an — der Annahme des eben verlesenen Antrages von Herrn Oberlandesgerichtspräsidenten Dr. Schollen ein Zusatz beantragt worden. Dieser Zusatz würde sich an den Antrag anschließen, den wir eben gehört haben. Er lautet: „Er" — der Juristentag — „verkennt nicht, daß die Möglichkeit einer Kollision zwischen der Tätigkeit der

Untersuchungsausschüsse und der Gerichte besteht. Er ist indessen der Auffassung, daß diese Kollision vermieden wird, wenn daran festgehalten wird, daß verfassungsmäßige Aufgaben der parlamentarischen Untersuchungsausschüsse lediglich die Feststellung tatsächlicher Vorgänge durch Beweiserhebungen" — usw. wie in Ziffer 1 der Leitsätze — „bedeutet".

Ich verstehe, um zu wiederholen, den Antrag so: er ist als ein Antrag gedacht, der für den Fall gestellt wird, daß der Antrag Goldschmidt-Rosenfeld angenommen werden sollte.

Rechtsanwalt Justizrat Dr. Drucker-Leipzig:

Meine Damen und Herren, wenn Sie an die Unterhaltungen zurückdenken, die wohl die meisten von Ihnen vor Beginn der heutigen Sitzung im vertrauten Kreise miteinander gepflogen haben, so werden Sie mir beistimmen, wenn ich sage: das, was man von der Auseinandersetzung heute hier erwartet oder, richtiger, befürchtet hat, hat sich nicht verwirklicht. Wir können es ja am Schluß dieser so erfreulich verlaufenen Versammlung aussprechen: man hat hier und da geglaubt, es könnte heute so etwas wie eine Skandalversammlung entstehen, d. h. es könnten die Leidenschaften so aufeinander toben, daß die juristische Durchdringung zurückträte. Und was haben wir erlebt? Eine ernste Abwägung zum Teil weit auseinandergehender Meinungen, aber überall Einigkeit in dem Bestreben, eine gegebene staatliche Institution zu vernünftiger Wirkung zu bringen oder in dieser vernünftigen Wirkung zu erhalten. Ich glaube, die Abteilung darf es sich selbst als ein Verdienst anrechnen, daß die Verhandlungen in diesem Geiste verlaufen sind.

Wenn ich meiner Freude nach dieser Richtung Ausdruck gebe, so darf ich auf der anderen Seite doch nicht verhehlen, daß die Befürchtungen, von denen ich sprach, ein wenig entstanden sind durch die Fassung des Themas, mit dem wir uns heute beschäftigen sollen. Man kann darin, wenn man boshaft oder unvorsichtig ist, eine gewisse suggestive Fragestellung erblicken. Wenn man fragt, ob sich eine Änderung der gesetzlichen Bestimmungen empfiehlt, um den ungestörten Verlauf des Strafverfahrens und die Unabhängigkeit des Richtertums sicherzustellen, so klingt das fast so, als wäre man von der Tatsächlichkeit dieser beiden sicherungsbedürftigen Zustände überzeugt, während die Meinung der Versammlung, wie mir scheint, ausnahmslos dahin geht, daß die bisherige Tätigkeit der Untersuchungsausschüsse und die gesetzlichen Bestimmungen, die dieser Tätigkeit zugrunde liegen, den Verlauf des Strafverfahrens nicht stören und die Unabhängigkeit des Richtertums nicht gefährden. Ich weiß, daß die Wahl des Themas nicht in diesem Sinne gemeint war. Aber eine gewisse Unruhe, die sich bemerkbar machte und von der wir auch in der Presse Zeugnis bekommen haben, ist vielleicht doch auf diese Fassung des Themas zurückzuführen.

Die Unabhängigkeit des Richtertums! Es war für mich einer der schönsten Momente in dieser interessant verlaufenen Versammlung, als der von uns allen, besonders von mir hochgeschätzte Präsident des Deutschen Richtervereins die Richter gegen den Gedanken schützte, als könnten sie in ihrer Unabhängigkeit durch die Tätigkeit irgendeines parlamentarischen Untersuchungsausschusses Einbuße leiden, und der Appell an seine Kollegen, nicht kleinmütig zu werden und sich nicht vor der Kritik zu fürchten, war uns allen aus dem Herzen gesprochen, und wir dürfen Herrn Präsidenten Reichert nochmals dafür danken.

Und doch mache ich eine kleine Anmerkung. Ich kenne eine Möglichkeit, bei der durch die Tätigkeit parlamentarischer Untersuchungsausschüsse doch die Unabhängigkeit des Richtertums in Frage gestellt werden könnte, nicht die seelische Unabhängigkeit, wohl aber die Unabhängigkeit der Rechtsstellung des Richters. Wir haben gehört, und es hat sich das auch an einzelnen Regelungen gezeigt, daß in parlamentarischen Untersuchungsausschüssen unter Umständen die Ansicht vertreten wird, daß der einzelne Richter auch über den Verlauf der Beratung Auskunft geben müsse. Ich stehe nicht an zu erklären, daß ich darin einen ungeheuren Mißbrauch der parlamentarischen Untersuchungsausschüsse erkenne. Das darf nicht sein, und das darf nicht etwa deshalb nicht sein, weil wir fürchten müssen, daß der Richter, wenn er die Beratungsvorgänge mitteilt, irgendwelchen Schwierigkeiten hinsichtlich der Beförderung oder der Kritik seiner Vorgesetzten ausgesetzt werden könnte. Ich pflichte Herr Präsidenten Reichert darin bei, daß auch selbst diese Aussicht den pflichtbewußten Richter in seiner Tätigkeit nicht erschüttern würde. Aber die Unabhängigkeit des Richters, die mir vorschwebt, und die ich für staatsnotwendig halte, besteht darin, daß er niemandem darüber Rechenschaft abzulegen hat, wie er zu seinem Urteil gekommen ist und welcher Meinungsaustausch zwischen ihm und seinen Kollegen vorausgegangen ist. Wenn man also den Gedanken vertreten wollte, daß der Untersuchungsausschuß unter irgendwelchen Gesichtspunkten das Recht hätte, die Vorgänge in der Beratung zu erörtern, so würde ich sagen: das heißt Gefährdung der richterlichen Unabhängigkeit, das müßte verboten werden. Aber ich glaube nicht, daß bei richtig verstandener Auslegung der gesetzlichen Bestimmungen ein Untersuchungsausschuß mit dem Bewußtsein seines Rechts diese Befugnis in Anspruch nehmen würde.

Die Abänderungsbedürftigkeit der gesetzlichen Bestimmungen zur Garantie des ungestörten Verlaufs des Strafverfahrens! Hier besteht in der Tat ein prinzipieller Gegensatz in dieser Versammlung, der zuletzt noch einmal in den Darlegungen unseres Gastes aus Österreich aufgelodert ist. Der österreichische Herr Vertreter hat wiederum das nach meinem Dafürhalten nun schon hinreichend mißverstandene Exempel der verschiedenen Gewalten hier aufstehen lassen, hat sich für die Gleichstellung der richterlichen Gewalt mit der allgemeinen Staatsgewalt ausgesprochen und hat mit einem Beispiel, das ich mir nicht ganz habe zu eigen machen können, den Gedanken, der von der anderen Seite ausgesprochen worden ist, ad absurdum zu führen gesucht, den Gedanken nämlich, daß das Richtertum und die Richtertätigkeit doch nur eine Funktion des Staates und nicht der Staat selbst ist. Darauf aber kommt es mir an. Es liegt mir außerordentlich viel daran gerade deshalb, weil ich zu meiner außerordentlichen Freude mit Herrn Präsidenten Reichert in allen Punkten einig gehe, das zum Ausdruck zu bringen: nicht Eifersüchtelei zwischen dem einen oder anderen Organ darf hier in Frage kommen, nicht Abwägen der Kompetenzen, sondern das volle Bewußtsein, daß wenigstens in der deutschen Reichsverfassung, wie sie von ihrem Schöpfer verstanden worden ist, der Staat Selbstzweck ist, die Richtertätigkeit aber nicht Selbstzweck, sondern Funktion des Staates ist. Daran müssen wir festhalten. Dann ergibt sich eigentlich ganz von selbst, daß wir den parlamentarischen Untersuchungsausschuß nicht entbehren können, weil das heißt, dem Staate das Recht der Selbstbejahung nehmen. Wir müssen es dem Staate überlassen, sich von den Methoden, die dem Staatswohl dienen, Kenntnis zu verschaffen, wie er es für richtig hält. In dieser Ermittlungsbefugnis darf der Staat nicht beschränkt werden. Der Träger der Staatsgewalt ist — das steht nun einmal in der Reichsverfassung — das Volk. Infolgedessen muß das Parlament unbeschränkt sein. Deshalb komme ich persönlich zu dem Ergebnis: wenn es wahr wäre, daß die Tätigkeit von Untersuchungsausschüssen gelegentlich auch den Gang von Strafverfahren gefährden würde, so müßte das Interesse an dem Strafverfahren zurückstehen hinter dem Ermittlungsrecht des Parlaments.

Ich bekenne, daß ich da furchtbar doktrinär bin; aus der Reichsverfassung selbst leite ich ab, daß eine gesetzgeberische Beschränkung der Tätigkeit von Untersuchungsausschüssen überhaupt nicht in Frage gezogen werden kann, weil der Staat weder eine Veranlassung noch vielleicht auch nur die Befugnis hat, sich in dieser Beziehung von vornherein zu binden, daß es aber allerdings — nun berühre ich mich wieder vollkommen mit Herrn Präsidenten Reichert — eine Zweckmäßigkeitsfrage ist, und zwar eine Zweckmäßigkeitsfrage ersten Ranges, ob man durch vernünftige, vom Normalfalle abgeleitete Bestimmungen den normalen Verlauf der Tätigkeit des parlamentarischen Untersuchungsausschusses gewährleistet. Da sind nun in den Darlegungen namentlich des Berichterstatters, Herrn Professor Jacobi, und ebenso in dem Gutachten des Herrn Reichsgerichtsrat Rosenberg und meines Freundes Alsberg eine ganze Fülle von Anregungen gegeben, die nach meinem Dafürhalten sich nicht recht zur parlamentarischen Verabschiedung in unserem Kreise eignen. Das kreuzt sich zum Teil. Auf der anderen Seite darf ich vielleicht sagen: auch die vollständigsten Darlegungen sind doch nicht ganz vollständig. Es gibt gewisse Fragen, die heute meines Erachtens überhaupt nicht berührt worden sind, z. B. die eine Frage: wie klärt man denn den gesetzlichen Widerspruch auf, der zwischen dem Akteneinforderungsrecht einerseits und dem Aktenverweigerungsrecht gemäß § 96 der Strafprozeßordnung andererseits besteht? Das sind natürlich Dinge, die auch geklärt werden müssen, ebenso wie die kurz gestreifte Frage der Abgrenzung der Tätigkeit des Reichsuntersuchungsausschusses gegenüber dem einzelstaatlichen Untersuchungsausschuß, die sich nach den Grenzen der Souveränität beantwortet, worüber man natürlich verschiedener Meinung sein kann. Deshalb glaube ich, daß es das Ergebnis dieser Versammlung wird sein dürfen und müssen, daß man die Notwendigkeit der Schaffung gesetzgeberischer Bestimmungen zur Einschränkung der Tätigkeit der parlamentarischen Untersuchungsausschüsse verneint, daß man aber das praktische Bedürfnis zur Schaffung von Bestimmungen anerkennt, die einen — ich darf da wohl das abgenutzte Wort gebrauchen — reibungslosen Verlauf dieser Tätigkeit sicherstellen.

Zu meiner großen Freude haben einige Herren sich auf einen von Herrn Dr. Alsberg entworfenen Antrag geeinigt, der noch die Unterschriften des Herrn Präsidenten Reichert, des Herrn Professor Dr. Jacobi, des Herrn Reichsgerichtsrats Hettner und meine Unterschrift trägt und, wie folgt, lautet:

„Eine Abänderung der Bestimmungen über parlamentarische Untersuchungsausschüsse, die auf eine prinzipielle Einschränkung oder Zurückdrängung der Tätigkeit der Ausschüsse hinzielt, empfiehlt sich nicht. Dagegen empfiehlt es sich, in gesetzgeberische Erwägungen darüber einzutreten, ob und wie zwecks reibungsloser Tätigkeit der Untersuchungsausschüsse ihr Verfahren, wie insbesondere das Beeidigungsrecht, das Recht auf Aktenvorlage, die Stellung des Vorsitzenden u. a. gesetzlich zu regeln ist. Hierzu werden die Gutachten des Herrn Reichsgerichtsrats Rosenberg und des Rechtsanwalts Dr. Alsberg und die Leitsätze des Berichterstatters, Herrn Professor Dr. Jacobi, als Material den amtlichen Stellen vorgelegt."

Hinsichtlich der geschäftsordnungsmäßigen Behandlung des Antrags darf ich bemerken, daß er allerdings bezweckt, ohne die Meinung oder Überzeugung des Herrn Professor Jacobi irgendwie anzutasten, als Prinzipalantrag zur Abstimmung gebracht zu werden, wobei die Frage offen bleibt, inwieweit dann im einzelnen die zahlreichen Vorschläge des Herrn Professor Jacobi und der anderen Berichterstatter später noch zu erörtern sein werden.

Vorsitzender Geh. Justizrat Professor Dr. Triepel:

Inzwischen ist noch ein Antrag von Herrn Staatsanwalt Marx eingegangen, der, ebenso wie der Antrag des Herrn Oberlandesgerichtspräsidenten Dr. Schollen, als ein Eventualantrag für den Fall der Annahme des Antrages Rosenfeld-Goldschmidt gedacht ist. Er verlangt folgenden Zusatz:

„Der Juristentag hält es für erwünscht, daß ein Reichsgesetz die im Artikel 34 der Reichsverfassung vorgesehene sinngemäße Anwendung der Strafprozeßordnung klarstellt."

Meine Herren, nachdem wir den eben uns vorgelesenen Kompromißantrag — so darf ich ihn wohl benennen — Drucker-Alsberg-Jacobi-Reichert gehört haben, glaube ich, daß sowohl Herr Oberlandesgerichtspräsident Dr. Schollen wie Herr Staatsanwalt Marx geneigt sein könnten, ihre Anträge zugunsten des Antrages Drucker und Gen. zurückzuziehen. Ich meine, daß ihre Wünsche sich mit dem, was wir eben vorgetragen bekamen, in der Hauptsache decken.

Herr Staatsanwalt Marx, ist das auch ihre Meinung?

Staatsanwalt Marx:

Ich finde, die Form, die ich vorgeschlagen habe, ist einfacher und bringt das, was gewünscht wird, viel klarer zum Ausdruck.

Vorsitzender Geh. Justizrat Professor Dr. Triepel:

Ich möchte mich nicht in eine Diskussion darüber einlassen, was klarer und einfacher ist. Ich möchte aber glauben, daß Ihr Antrag nur einen Wunsch auf eine Ergänzung durch ein Ausführungsgesetz zu Art. 34 enthält, weiter nichts. (Zuruf Marx: Ich halte den Antrag aufrecht!) Sie halten ihn also aufrecht.

Aber Herr Präsident Schollen zieht seinen Antrag zurück. Ich bitte, das zu protokollieren.

Schriftsteller Dr. Heinz Potthoff-München: Meine verehrten Damen und Herren! Ich kann mich ganz kurz fassen; denn ich stimme im wesentlichen dem zu, was hier in den neuen Anträgen gebracht ist. Da ich aber zufällig gerade jetzt zum Wort aufgerufen werde, so möchte ich doch noch einmal für mildernde Umstände zugunsten des Reichstags plaidieren, der bisher die verfassungsmäßige Einrichtung der Untersuchungsausschüsse nicht immer ganz in dem Sinne gebraucht hat, den wir erwarteten. Ich bitte Sie, meine Damen und Herren, einmal zu berücksichtigen, mit welcher Vorbereitung der Reichstag zu diesem Instrument gekommen ist, wie doch ganz über Nacht aus dem alten Reichstag ein neuer geworden ist und es doch geradezu mit unerhörten Dingen zugehen müßte, wenn der neue Reichstag sofort in der Lage wäre, von der neuen großen Souveränität den richtigen Gebrauch zu machen.

Vielleicht ist eine persönliche Erfahrung nicht ganz ohne Wert. Ich bin als ganz junger Mensch 1903 in den Reichstag gekommen und habe nach zwei Legislaturperioden auf die sichere Wiederwahl verzichtet, weil ich meine Zeit für diese Parlamentspielerei für zu kostbar hielt: mir war die Sache zu dumm geworden. Nun ist über Nacht nach den Erschütterungen des Krieges, nach der vollständigen Zerrüttung aller politischen und moralischen Anschauungen plötzlich der neue Reichstag mit dieser neuen Souveränität, mit dieser neuen Verfassung entstanden. Es ist selbstverständlich, daß er zunächst über die Stränge schlug und daß auch die Untersuchungsausschüsse manches gemacht haben, was vielleicht nicht richtig war. Aber ich habe mich gefreut, daß in dem ausgezeichneten Referat von Herrn Professor Jacobi zum Schlusse selbst die Meinung geäußert war: wenn von den Untersuchungsausschüssen ein taktvoller, richtiger Gebrauch gemacht wird, dann darf die Frage, die hier aufgeworfen ist, ruhig verneint werden. Meine Damen und Herren, ich bitte Sie auch auf Grund meiner parlamentarischen Erfahrung: haben Sie das Zutrauen auch zu den deutschen Parlamenten, daß sie in ganz kurzer Zeit es lernen werden, den taktvollen richtigen Gebrauch von dieser neuen, zunächst noch ungewohnten Einrichtung zu machen, und folgen Sie der Mahnung, die von verschiedenen Herren Vorrednern hier ausgesprochen worden ist, nun nicht sofort wieder mit neuen Gesetzgebungsaktionen nachzuhelfen. Ich glaube, wir werden am meisten Einfluß auf die richtige Benutzung dieser Untersuchungsausschüsse haben, wenn wir keinerlei Paragraphen verlangen, sondern wenn wir die ganz ausgezeichnet und harmonisch verlaufenen Verhandlungen von heute mit den Gutachten und Leitsätzen nach dem letzten Antrage den Parlamenten und den Regierungen zur Begutachtung empfehlen. Dann werden wir durch unsere Verhandlungen dazu beitragen, daß in ungestörter Entwicklung die Parlamente lernen, von dieser unentbehrlichen Einrichtung den richtigen, auf das Strafverfahren Rücksicht nehmenden Gebrauch zu machen. Ich bitte daher, dem letzten Kompromißantrag Jacobi-Reichert-Drucker Ihre Zustimmung zu geben, der das, glaube ich, in guter Weise vereint.

Noch eine Bemerkung: ich glaube, diese Entwicklung wird noch mehr beschleunigt werden, wenn auch die gestern hier scharf ausgesprochene Mahnung berücksichtigt wird, daß sich die Juristen künftig wieder, wie es schon einmal war, stärker am politischen Leben, am Staatsleben beteiligen. Es ist von dem ersten Diskussionsredner, Herr Landgerichtsdirektor Lehmann, gewissermaßen gerügt worden, daß sich im Laufe des Prozesses ein vielfaches Rätselraten über die politische Stellung des Vorsitzenden in der Presse erhoben hat. Ich halte das auch für sehr unerfreulich. Es sollte ein solches politisches Rätselraten nicht zu geben brauchen, sondern man sollte ganz klipp und klar wissen, auf welchem politischen Standpunkte der Vorsitzende des Gerichts steht, weil es selbstverständlich sein soll, daß jeder Jurist und jeder andere Staatsbürger sich offen und frei betätigt, so daß man gar nicht zu raten braucht, wie er sich betätigt. Das muß allerdings begleitet sein von dem absoluten Zutrauen der Bevölkerung, daß ohne Rücksicht auf die politische Stellungnahme der Richter als Richter nur der Wahrheitserforschung und dem Rechte dienen wird. Ein solches Zutrauen wird sich

m. E. nur dann wiederherstellen können — ich sage: wiederherstellen können, ohne das Wort von der Vertrauenskrise hier noch einmal breit zu treten —, wenn die Empfindung im ganzen Volke lebendig wird, daß unser gesamtes Richtertum nicht nur in abstracto sich zum Staatsgedanken bekennt, sondern daß es sich mit voller Wärme für den heutigen deutschen Staat einsetzt.

Landgerichtsrat Dr. Behrend-Berlin-Dahlem:

Meine sehr verehrten Damen und Herren! Das Wort von den Kinderkrankheiten und Kinderschuhen der parlamentarischen Untersuchungsausschüsse, das der Herr Reichsminister der Justiz in der gestrigen Plenarsitzung gesprochen hat, ist heute hier schon so oft zitiert worden, daß ich es eigentlich nicht mehr wiederholen sollte. Wenn ich für die kurzen Ausführungen, die ich in so vorgeschrittener Stunde und bei meist fortgegangenen Hörern und Hörerinnen vor Ihnen noch machen zu dürfen bitte, nochmals mit diesem Worte beginne, so geschieht das, weil mich von den Herrn Vorrednern ein, wie ich glaube, richtunggebender und schwerwiegender Meinungsunterschied trennt. Bei aller Verehrung vor dem höchsten Justizbeamten des Deutschen Reiches und aller Hochachtung vor den Autoritäten, die seiner Auffassung heute beigetreten sind, kann ich die etwas pathologische Erscheinung — diese Auffassung kommt doch in dem Ausdruck „Kinderkrankheiten" ohne weiteres zum Ausdruck — nicht als so harmlos ansehen, daß ich das Wort als zutreffend anerkennen möchte. Nach meiner Ansicht liegt vielmehr ein Geburtsfehler vor, und zwar ein Geburtsfehler — ich bin Jugendrichter und glaube, sozial einigermaßen stichhaltige Ansichten über die Behandlung der Jugend zu haben —, der nicht früh genug beseitigt werden kann. In dieser Erkenntnis darf man auch vor einem operativen Eingriff — und als solcher kann nur ein Eingriff der Gesetzgebung in Frage kommen — nicht zurückschrecken. Ich meine nun, daß zu einem solchen Eingriff der Gesetzgebung mit aller Klarheit und Entschiedenheit Stellung zu nehmen, doch auch der Beruf des Deutschen Juristentags ist. Es ist seine tradionelle Aufgabe, sein traditionelles Streben, durch Zusammenwirken aller der verschiedenen Gattungen von Juristen, die wir im weiten Deutschen Reich haben — erfreulicherweise haben sich ja gerade an diesem Juristentage auch außerhalb des Reichs lebende Staatsbürger deutscher Zunge beteiligt —, durch den Widerstreit der Meinungen Ansichten herauszudestillieren, die von der Gesetzgebung als schwerwiegende, beachtliche Meinungskundgebungen bewertet werden sollen. Ich setze mich damit also, unbeschadet der Subordination, die ich unserem hochverehrten Herrn Vorsitzenden des Deutschen Richtervereins entgegenbringe, mit Herrn Senatspräsidenten Reichert in bewußten Widerspruch. Der Geburtsfehler nun, dessen möglichst baldige und möglichst klare, grundlegende Beseitigung ich für erforderlich halte, liegt meiner Ansicht nach in der Unbestimmtheit des Begriffes „Untersuchung". Ich habe darüber vor Jahren mich einmal in der Presse geäußert und entnehme u. a. auch aus dieser Tatsache meine Legitimation, heute vor Ihnen zu sprechen.

Meine Damen und Herren, in erster Linie darf ich mich vielleicht an die Damen wenden, da ich bei ihnen ganz besonders einen nicht durch Sachkenntnis getrübten Blick voraussetzen darf. Ich bitte Sie, doch einmal ganz unbefangen den ersten Satz des uns heute beschäftigenden Artikels 34 der Reichsverfassung zu lesen. Da finden Sie die sehr merkwürdige, vor allen Dingen auch durch ihre Kürze und — unbefangen betrachtet — durch ihre Unvollständigkeit auffallende Vorschrift: „Der Reichstag kann usw." — ich will nur auf die Hauptsache eingehen — „Untersuchungsausschüsse einsetzen". Wofür er die Untersuchungsausschüsse einsetzt, was sie zu tun haben sollen, wird mit keinem Wort verraten, obwohl nach meiner unbefangenen Gesetzesdeutung diese Frage am nächsten liegt. Ich glaube — ich bitte, mir in später Stunde einen kleinen Scherz zu gestatten —, auf diese Frage des „wozu?" kann doch der Reichsgesetzgeber nicht antworten wie die bekannte Neureiche, die, als sie ein Pendant verlangte und gefragt wurde: Wozu?, erklärte: Was geht Sie das an? Wir müssen Klarheit darüber haben, für welchen Zweck, für welche Betätigungsbereiche das Grundgesetz von Weimar die Untersuchungsausschüsse einsetzen wollte. Diese Klarheit ist uns das Gesetz in seiner bisherigen Gestalt schuldig geblieben. Ich glaube, daß dieser Mangel eine gewisse Originalität gerade unserer Verfassung von 1919 ist. Der Berichterstatter, Herr Professor Jacobi, hat heute Vormittag u. a. erwähnt, daß der Reichsverfassung von 1871 Untersuchungsausschüsse dieser Art nicht fremd gewesen seien. Ich glaube, meine hochverehrten Anwesenden, das bedarf noch der Ergänzung, daß umgekehrt eine gesetzliche Verankerung solcher Untersuchungsausschüsse in keinem Wort der Reichsverfassung von 1871 zu finden ist. Es ist in den ausländischen Vorläufern, glaube ich, besser in dieser Hinsicht bestellt als in der Deutschen Reichsverfassung. Denn es ist doch wohl in keinem Lande, in dem derartige Untersuchungsausschüsse tätig geworden sind, eine gleiche Ungewißheit und Unklarheit darüber beobachtet worden, worauf das Verfahren, die Verhandlung eigentlich hinaus soll, wie wir das bei den heute so oft erwähnten, besonders hervorstechenden Fällen — bei Fällen, die gerade uns Juristen besonders berühren — beobachtet haben.

Wenn man sich mit der Frage: Wie ist der Unvollständigkeit und — ich stehe nicht an, es so zu nennen — der Unklarheit der deutschen Verfassung in diesem Punkte beizukommen?, nicht befassen will, so, glaube ich, überschätzt man doch teilweise die Schwierigkeiten, die sich da entgegenstellen. Mir scheint es in gewissem Sinne sehr einfach, hier den letzten Angelpunkt, den Schlüssel zu finden, von dem aus alles andere sich beinahe von selbst regelt. Es ist einfach im Sinne des bekannten schönen Moltkeschen Wortes: Es ist ja alles so einfach, wenn nur nicht gerade das Einfachste das Schwierigste im Leben wäre.

Ich knüpfe da an den allerersten Teil der Leitsätze unseres Herrn Berichterstatters an. Er sagt: „Verfassungsmäßige Aufgaben der parlamentarischen Untersuchungsausschüsse ist die Feststellung tatsächlicher Vorgänge durch Beweiserhebung zwecks Vorbereitung einer innerhalb der allgemeinen Zuständigkeit des Parlaments gelegenen Beschlußfassung auf dem Gebiete der Gesetzgebung." Hier, meine Damen und Herren, höre ich absichtlich auf, denn nur bis hierher gehe ich zusammen mit dem Herrn Berichterstatter. Von da an trennen sich unsere Begriffe. Der Herr Berichterstatter sagt in dem unmittelbar vorhergehenden, soeben verlesenen Teile seines Leitsatzes: „innerhalb der allgemeinen Zuständigkeit des Parlaments." Ja, meine Damen und Herren, welches ist denn die Zuständigkeit des Parlaments? Da müssen wir doch auf die heute ja so häufig und zu meiner besonderen Freude und größter Rückhaltlosigkeit auch von Herrn Senatspräsidenten Reichert befürwortete und zu Grunde gelegte Teilung der Gewalten im Sinne des alten Rechts zurückgehen. Nach dieser unveräußerlichen Grundwahrheit jedes Staatsrechts, an der auch die novierenden Ereignisse von 1918/19 nicht gerüttelt haben, ist die Zuständigkeit der Parlamente die Vertretung des Volkes bei der Gesetzgebung. Setzt innerhalb seiner Zuständigkeit ein Parlament Ausschüsse ein, so kann — das scheint mir die einfache, unabweisbare Ableitung — die Bestimmung dieser Ausschüsse nur sein eine Vorbereitung der Gesetzgebung, die überhaupt zu den wesensgemäßen Aufgaben der Parlamente gehört. Irgendeine, wenn auch nur mittelbare Beziehung zur künftigen Gesetzgebung —

um die kann es sich natürlich nur handeln — muß bei der Einsetzung der Untersuchungsausschüsse den Urhebern dieser Instanz und ihrer Tätigkeit vorschweben, muß leitender Gedanke, muß Richtschnur sein bei der Ausübung der diesen Ausschüssen übertragenen Funktionen. Wenn man aber auf die Gesetzgebung die Zuständigkeit, die Berechtigung der parlamentarischen Untersuchungsausschüsse beschränkt, so scheidet ganz von selbst die Rechtspflege, vor allen Dingen aber auch die Verwaltung aus. Nun ist heute hier gesagt worden — das darf man im ganzen als sehr erfreuliche Erscheinung des heutigen Diskussions- und Verhandlungstages buchen —, man solle nicht, wenn ich mich so ausdrücken darf, kleinlich an dem Buchstaben, an der Formel der Bestimmungen, an der Formel der Entscheidung haften, sich einer gewissen Großzügigkeit befleißigen. Ja, meine verehrten Anwesenden, das halte ich doch für eine sehr, sehr bedenkliche Maxime. Ich glaube, daß überhaupt in letzter Zeit mit dem Wort „Großzügigkeit" sehr oft etwas freigebig, wenn nicht gar mißbräuchlich, umgegangen worden ist. Ich möchte meinen, eines der größten Übel im öffentlichen Leben ist Unklarheit der Zuständigkeit, Unsicherheit des Staatsschutzes — ich brauche absichtlich diesen zweiten Ausdruck —, Ungewißheit der Bevölkerung über die Frage, an welches Staatsorgan sie sich zu wenden hat. Ich möchte ganz kurz daran erinnern, wie unerfreulich, wie beunruhigend, wie praktisch beinahe untragbar es war, als eine Zeitlang in der sog. öffentlichen Wirtschaft und der Zwangswirtschaft Unklarheiten und Verschwommenheiten darüber herrschten, welche Organe für die und die Funktionen die berufenen seien. Ich denke an die Mieteinigungsämter, die Wohnungsämter und sonstige Dinge, die uns alle aus unserem Leben nahestehen. Wieviel verhängnisvoller aber muß eine solche Unklarheit wirken, wenn sie sich auf die höchsten Güter jedes Staatsbürgers, auf die Grundlage jedes Gemeinlebens und Staatslebens bezieht! Und das ist der Fall, wenn wir für Gegenstände der Rechtspflege jetzt auf der Grundlage der neuen Verfassung Organe tätig sehen, die mit der Rechtspflege ihrem Wesen noch gar nichts zu tun haben, an die wir nach dieser Richtung, wenn ich so sagen darf, in keiner Weise gewöhnt sind. Auch mit der Verwaltung ist es, glaube ich, nicht viel anders. Da, meine ich, ist eine Ergänzung der bestehenden gesetzlichen Bestimmungen — ich beschränke mich absichtlich auf den ersten Satz —, der Vorschriften über die Untersuchungsausschüsse überhaupt am Platze. Ich beabsichtige, in keiner Weise auf die Einzelheiten der folgenden Abschnitte einzugehen, und werde daher mit meinen allgemeinen Ausführungen ziemlich schnell zu Ende sein. Ich meine, es ist unabweisbar, daß ausgesprochen wird: die Ausübung dieses Rechts des Reichstages schlechthin oder einzelner Parteimitglieder, einzelner Parlamentarier ist bedingt durch den klar erwogenen und erkannten Zweck, ganz bestimmte gesetzgeberische Maßnahmen in geeigneter Weise vorzubereiten. Dieses wesensgemäße Erfordernis der Definition der Einführung und der Ausgestaltung der parlamentarischen Untersuchungsausschüsse muß auch weiter in einem m. E. ebenso unerläßlichen Satz seinen Ausdruck finden, daß die Anträge, welche auf Berufung solcher parlamentarischer Untersuchungsausschüsse abzielen, in dieser Weise klar und einwandfrei — ich möchte mich juristisch ausdrücken — substantiiert sind. Darauf beruhen die beiden ersten Sätze, die ich mir als Vorschläge, um möglichst prägnant und lapidar meine Ansicht vorzubringen, nachher erlauben werde vorzulegen. Es ist davon auszugehen, daß ganz unabweisbar klar und entschieden Gesetzgebung und Rechtspflege zu trennen sind. Der Ihnen allen bekannte Satz des Juristen: „Ne bis in idem" beherrscht doch nicht bloß das Strafrecht, sondern er durchdringt unser ganzes öffentliches Recht, er durchdringt unsere ganzen Anschauungen und rechtlichen Grundsätze über Staatswesen und Staatsleben überhaupt, in dem Sinne, daß wir grundsätzlich nur das eine als gegeben anerkennen.

Vorsitzender Geh. Justizrat Professor Dr. Triepel:

Ich glaube, den Herrn Redner daran erinnern zu müssen, daß wir bei den parlamentarischen Untersuchungsausschüssen sind. Haben Sie noch Anträge zu stellen?

Landgerichtsrat Dr. Behrend:

Ich wollte die m. E. erforderliche Reform in folgendem Antrage zusammenfassen:

Der Absatz 1 des Artikels 34 der Reichsverfassung erhält nachstehenden Zusatz:

„Sofern und soweit Erscheinungen oder Vorkommnisse des öffentlichen Lebens ein Eingreifen der Gesetzgebung und deren Vorbereitung durch die Untersuchungsausschüsse nötig erscheinen lassen, ist der Reichstag bzw. ein Fünftel seiner Mitglieder berechtigt, die Einsetzung von Untersuchungsausschüssen zu beantragen."

Hieran wird angeschlossen der zweite Satz: „In der Begründung des Reichstagsbeschlusses oder des Mitgliederantrags sind die bezweckten gesetzgeberischen Reformen genau und unter eingehender Darlegung der Gründe zu bezeichnen."

Als Absatz 2 werden folgende Bestimmungen eingeführt:

„Tatbestände, welche nach den Gesetzen des Reichs oder eines deutschen Landes zum Gegenstand eines Strafverfahrens vor dem ordentlichen Strafrichter zu machen sind, sind von der Erörterung durch die Untersuchungsausschüsse regelmäßig auszuschließen.

Ergibt sich im Laufe einer solchen Erörterung das Vorliegen eines Tatbestandes der gedachten Art, so sind die Erhebungen von den Untersuchungsausschüssen bis zur rechtskräftigen Entscheidung des Strafverfahrens auszusetzen. Nach dieser Prüfung dürfen Erhebungen von Untersuchungsausschüssen über denselben Tatbestand nur aus besonderen Gründen mit Zustimmung des Reichsministers der Justiz veranlaßt oder wieder aufgenommen werden. Über den Wunsch des Letzteren entscheidet endgültig der Reichsrat."

Meine sehr verehrten Anwesenden! Ich schließe mit dem Wunsche, daß diese von mir vorgebrachten Vorschläge und Ansichten als Ausdruck des Bestrebens eines Richters aufgefaßt werden, an einer Besserung und Klärung des gegenwärtigen Verhältnisses der Staatsorgane mitzuarbeiten.

Wenn in diesen Tagen soviel von der Vertrauenskrise die Rede gewesen ist, so möchte ich nur ganz kurz sagen, daß wir Richter uns in keiner Weise verschließen gegen irgendeine — von welcher Seite sie auch kommen möge — loyal und gut gemeint hervortretende Bestrebung, an einer Besserung des Rechts, an einer Besserung unserer Arbeit mitzuwirken. In diesem Sinne werden wir auch weiterhin wirken, und in diesem Sinne mögen die Entschließungen des Juristentages ganz unseren Wünschen entsprechend zur Befriedung der einzelnen Berufsstände, zur Annäherung der Stände und Staatsorgane beitragen.

In seinem sich hieran anschließenden Schlußworte führte der Berichterstatter Professor Dr. Jacobi folgendes aus:

Meine Damen und Herren, ich möchte damit beginnen, daß ich all denen, die in der Diskussion gesprochen haben, als Berichterstatter den herzlichsten Dank ausspreche für die Art und Weise, wie die Sache behandelt worden ist. Die Behandlung ist ganz in dem Sinne erfolgt, wie ich mich bemüht habe, das Referat einzurichten, ohne irgendwelche persönliche Leidenschaftlichkeit, nach sachlichen Gesichtspunkten. Ich bitte alle die Herren, diesen Dank entgegennehmen zu wollen, auch wenn ich sie nicht im einzelnen aufführen kann.

Immerhin muß das Schlußwort doch nicht etwa bloß den Kompromißantrag behandeln, den Sie eben gehört haben, und der, wie Sie auch gleich sehen werden, nicht das allerletzte Wort ist, sondern ich muß doch noch einmal versuchen, festzustellen, was sich eigentlich nun in der Debatte gezeigt hat.

Ich muß sagen: ich bin durch die Diskussion aufs Äußerste überrascht worden. Als die Frage des Juristentags mir zur Bearbeitung und Begutachtung vorgelegt wurde, fand ich es schon sehr kühn, wenn ich mir erlaubte, in einer These, nämlich in These II, darzutun, daß eine Abänderungen der Bestimmungen über die parlamentarischen Untersuchungsausschüsse, um die Unabhängigkeit des Richtertums sicherzustellen, nicht notwendig sein kann, weil die Unabhängigkeit des Richtertums durch die parlamentarischen Untersuchungsausschüsse nicht gefährdet ist. Ich empfand das als kühn. Aber ich sagte mir — und das hat doch Herr Rechtsanwalt Dr. Rosenfeld verkannt —, daß immerhin damit noch nicht die ganze Frage verneint sei. Denn es ist eine zweifache und, wie mir schien, sehr glückliche Fragestellung gegeben worden, indem man gegenübergestellt hat: „Empfiehlt sich eine Abänderung der Bestimmungen über parlamentarische Untersuchungsausschüsse, um den ungestörten Verlauf des Strafverfahrens sicherzustellen?" Das ist natürlich etwas ganz anderes als die Unabhängigkeit des Richtertums. Ich muß Herr Rechtsanwalt Rosenfeld insofern entgegentreten, als er gemeint hat, wenn eine Gefährdung der Unabhängigkeit des Richtertums verneint würde, so sei damit die ganze Frage verneint. Nein, das ist sie nicht. Der ungestörte Verlauf des Strafverfahrens kann vielmehr immer noch Abänderungen der Bestimmungen über parlamentarische Untersuchungsausschüsse empfehlenswert erscheinen lassen. Daß solche Störungen vorhanden seien, glaube ich in meinem Referat, gestützt auf die beiden Gutachten, dargetan zu haben. Ich glaubte allerdings damals, auf diesen Punkt kein Gewicht legen zu brauchen, weil ja der Deutsche Richtertag in einer Resolution schärfster Fassung sich dagegen ausgesprochen hat, daß die ganze Justiz durch die Tätigkeit der parlamentarischen Untersuchungsausschüsse gefährdet wird. So war es denn für mich eine ungeheure Überraschung, zu hören, daß diese damalige Resolution gewissermaßen mit falsch eingestelltem Objektiv — um dieses Bild zu wiederholen — gefaßt worden ist und daß diese

Resolution heute fast fallen gelassen worden ist. Ich möchte nun freilich glauben, daß, obgleich diese Behauptung: „Das Strafverfahren wird durch die parlamentarischen Untersuchungsausschüsse gestört.“ in der damaligen Formulierung nicht aufrecht erhalten worden ist, und obgleich die Beschwerden und Darlegungen von richterlicher Seite, wie weit eine Störung stattgefunden hat, heute nicht besonders stark hervorgetreten sind, Ausführungen, die das Gutachten Rosenberg, aber auch das Gutachten Alsberg und — wie ich hinzufügen darf — auch mein Referat gebracht haben, daß hier Kollisionen vorliegen, deswegen noch nicht entkräftet sind und man infolgedessen nicht etwa auf die Frage mit einem glatten Nein antworten kann.

Ich habe mich nun auf einen Kompromißantrag, den sowohl Herr Alsberg wie die vorhin genannten Herren unterschrieben haben, geeinigt, der zunächst einmal ganz allgemein festlegt: eine Abänderung der Bestimmungen über parlamentarische Untersuchungsausschüsse, die auf eine prinzipielle Einschränkung oder Zurückdrängung der Tätigkeit der Ausschüsse hinzielt, empfiehlt sich nicht. Dagegen empfiehlt es sich, in gesetzgeberische Erwägungen darüber einzutreten, ob und wie zwecks reibungsloser Tätigkeit der Untersuchungsausschüsse ihr Verfahren zu gestalten ist. Das konnte ich natürlich unterschreiben. Gleichwohl würde ich es bedauern, wenn man auf dieser sehr allgemein gefaßten Resolution anlangen würde, obgleich ich sagen muß, daß sie immerhin das schon zum Ausdruck bringt: eine Störung des Strafverfahrens ist da, und es empfiehlt sich, dagegen gesetzgeberische Maßnahmen zu ergreifen.

Ich glaube, daß vielleicht die Versammlung doch in der Lage wäre, noch einige Punkte meiner Leitsätze ohne weiteres zu billigen. Diese Leitsätze sind, wie gesagt wurde, schließlich etwas ins Detail gegangen. Es ist mir das nicht zum Vorwurf gemacht worden. Wenn es mir zum Vorwurf gemacht worden wäre, so würde ich mich dagegen damit verteidigen, daß die beiden Gutachten so ausgezeichnete Ausführungen gerade auch in Detailsachen enthielten, daß ich es für verfehlt gehalten hätte, diese Ausführungen auch irgendwie in Form von Leitsätzen mit zur Diskussion zu stellen. Gleichwohl war es von vornherein nicht meine Ansicht, daß etwa zu jedem einzelnen der Punkte a—h der Juristentag maßgeblich Stellung nehmen soll. Immerhin wäre es doch wichtig, zu den größeren Gesichtspunkten eine Stellungnahme des Juristentages herbeizuführen.

Da scheint mir zunächst einmal der Punkt I geeignet zu sein, eine Klärung zu bringen, wonach die verfassungsmäßige Aufgabe der parlamentarischen Untersuchungsausschüsse innerhalb der dem Parlament eingeräumten Funktionen liegt, so daß nicht etwa jedes Beliebige zur Aufgabe der parlamentarischen Untersuchungsausschüsse gemacht werden kann. Es ist dann sogar in der Diskussion der Gedanke aufgetreten, daß man da hinzufügen könnte, daß die parlamentarischen Untersuchungsausschüsse besonders geeignet wären, die Vertrauenskrise in einem günstigen Sinne zu beeinflussen. Ich möchte meinen, daß dieser Antrag wahrscheinlich noch irgendwie vorliegt und uns dann zur Abstimmung mit vorgetragen wird. Es ist allerdings eine Entschließung von ziemlicher Tragweite, wenn ein solcher Beschluß, der fast auf Prophetie hinausläuft, hier gefaßt werden soll.

Dann, glaube ich, könnte man sich auf II einigen. Ich glaube, daß doch dahin Klarheit entstanden ist, daß ein Eingriff in die Unabhängigkeit der Justiz von den Untersuchungsausschüssen nicht ausgehen kann.

III: „die Störung des gerichtlichen Verfahrens, besonders des Strafverfahrens" würde an sich im allgemeinen im ersten Satz auch angenommen werden können. Aber ich glaube, wenigstens soweit ich die Stimmung der Versammlung richtig beurteile, daß dann die einzeln angeführten Punkte doch zu Schwierigkeiten führen würden. So möchte ich es anheimstellen, ob man über Punkt III sich etwa auch noch einigen könnte.

Nach meiner Beurteilung der Diskussion kommt als ein Punkt, auf den man sich hier einigen könnte, nicht in Frage der Punkt IV. Es ist das im Grunde auch nur eine Feststellung, die ich für meine Deduktion notwendig hatte, und nicht von so praktischer Bedeutung, wenn nicht die Konsequenzen daraus gezogen werden; und daß sie nicht daraus gezogen werden, ist mir inzwischen klar geworden.

Punkt V: „Zur Beseitigung jener Gefahren ist es notwendig, die tiefe sachliche Verschiedenheit von parlamentarischer Untersuchung und Strafverfahren auch institutionell so stark wie möglich herauszuarbeiten." Auch dieser Punkt dürfte schließlich nach dem Ergebnis der Beratung doch auf ziemlich allgemeine Übereinstimmung rechnen dürfen. Ich glaube, daß er in eine eventuelle Abstimmung mit einbezogen werden könnte.

Dann kommt der umstrittene Punkt V 1. Ich glaube, es ist nicht nötig, daß der Juristentag ausdrücklich dazu Stellung nimmt, ob dieser unbedingte zeitliche Vorgang des Gerichtsverfahrens vor dem parlamentarischen Untersuchungsverfahren notwendig ist oder nicht. Ich möchte nicht alles, was für oder wider vorgebracht worden ist, ganz oder auch nur in Stichworten wiederholen. Eins ist mir als Staatsrechtslehrer besonders interessant gewesen. Es ist dabei auch die Frage aufgestellt worden: wie ist denn eigentlich das Verhältnis zu Justiz und Verwaltung zu bewerten? Es ist zunächst jedenfalls falsch gewesen, daß man eine kleine Strafsache und eine große parlamentarische Enquête gegeneinander ausgespielt hat. Bei der kleinen Strafsache kommt es natürlich nicht auf das Objekt an, sondern auf die Tatsache, daß das Strafverfahren gestört wird. Auf die Funktion kommt es an, nicht auf das Objekt der Funktion. Ich glaube, daß diese Fragestellung nicht richtig war. Andererseits hat es mich äußerst interessiert, daß man stets so argumentierte: wir leben im demokratischen Staat, das Volk ist der Träger der Staatsgewalt, folglich geht das Parlament vor. Als ob aus der Souveränität des Volkes die Souveränität des Parlaments zu folgern wäre! Auch da scheint mir ein Fehler in der Deduktion zu liegen, auf den ich nicht eingehen kann, weil das zu weit führen würde. Im übrigen bleibe ich natürlich auf meinem Antrage bestehen, daß man diesen zeitlichen Vorrang nicht fordern kann.

Endlich könnten wir uns vielleicht noch aussprechen über V 2: „Der Weg, durch veränderte Zusammensetzung der Ausschüsse und Einräumung eines Ablehnungsrechts wegen Befangenheit die parlamentarischen Untersuchungsausschüsse mehr einem Gericht anzuähneln, ist nicht gangbar; er würde den Gegensatz zwischen Strafverfahren und parlamentarischen Untersuchungen verwischen, statt ihn zu vertiefen.“ Allerdings hat die Gegenmeinung zu diesem Punkte eine gewisse Unterstützung von sehr entscheidender Seite erfahren. Der Vorsitzende soll ein Richter sein, es soll doch mehr ein Quasi-Richterkollegium werden. Ich möchte aus meiner grundsätzlichen Einstellung diesen Weg doch nicht für den richtigen halten. Es würde mir jedenfalls wichtig sein, wenn vielleicht der Juristentag auch dazu Stellung nehmen könnte.

Zu Punkt V 3, der Frage der Vereidigung, wage ich nicht im entferntesten zu hoffen, daß man weiterkommt. Ich bitte, diese meine Anregung mit dem Kompromißantrag als Material zu überweisen.

Dagegen Punkt V 4: „Auch wenn die bisherigen Befugnisse der parlamentarischen Untersuchungsausschüsse nicht geschmälert werden sollen, so darf ihre Beweiserhebung jedenfalls nicht durch bloße Verweisung auf eine sinngemäße Anwendung der Strafprozeßordnung geregelt bleiben.“ scheint doch wohl ziemlich allgemein vertreten zu werden.

Nun käme eine Streitfrage, die immerhin auch wieder wichtig ist und die z. B. gerade durch die Ausführungen des Herrn Dr. Potthoff wieder aufgerollt worden ist: brauchen wir Rechtssätze oder brauchen wir keine Rechtssätze? Einer der Herren hat ganz richtig eine Abneigung gegen eine allzu starke Regelung durch Rechtssätze aus meinen Ausführungen herausgehört. Aber ich bin schließlich nach sorgfältiger Erwägung allen Für und Widers zu der Überzeugung gekommen, daß wir diese Rechtssätze brauchen. Darüber könnte auch grundsätzlich noch abgestimmt werden, ob im einzelnen das Verfahren ausgestaltende Rechtssätze notwendig sind.

Im übrigen war es — wie schon gesagt — von Anfang an nicht die Absicht dieser Leitsätze, über die einzelnen Punkte a—h eine Abstimmung herbeizuführen, sondern diese Punkte sollen nur Material sein.

Dagegen habe ich es sehr bedauert, daß zu VI gar keine eigentliche Diskussion stattgefunden hat, mit Ausnahme des Angriffs des Herrn Rosenfeld, der meinte, das Minoritätsrecht würde durch den Vorschlag des Absatzes 1 gefährdet. Das glaube ich nicht, denn die Situation ist folgende: wenn vorgeschlagen wird, es müsse über den Antrag der Minderheit durch das Parlament Beschluß gefaßt werden, so soll das nur heißen: das Parlament kann den Antrag wegen Verfassungswidrigkeit des Themas ablehnen. Ist das Thema nicht verfassungswidrig, so muß das Parlament, da das Recht auf Untersuchungsausschüsse in der Verfassung gewährleistet ist, wenn es ein Fünftel der Abgeordneten verlangt, den Untersuchungsausschuß einsetzen. Ist das Parlament etwa zu einem anderen Schluß gelangt, so wird das Rechtsschutzverfahren eingeleitet, über das ebenfalls nicht diskutiert ist. Gegen den Parlamentsbeschluß auf Ablehnung oder Einsetzung eines Untersuchungsausschusses, sowie über Kompetenzüberschreitungen soll die Möglichkeit eines Rechtsschutzverfahrens im Reich ebenso wie in den Ländern eröffnet werden. Ich nehme an, daß man das nicht in die Debatte gezogen hat, weil morgen darüber noch gesprochen wird. Es wäre aber doch vielleicht wichtig, auch noch zu versuchen, ob eine Stellungnahme des Juristentages zu VI 1 und 2, zu erreichen ist. Der Gedanke ist nämlich der: die Kompromißresolution, auf die wir uns geeinigt haben, ist noch reichlich allgemein, und es ist an sich in unserem deutschen Vaterlande an solchen allgemeinen Resolutionen, wo jeder sich dann seine reservatio mentalis macht, kein Mangel. Es wäre vielleicht besser, wenn wir doch noch zu etwas mehr Positivem kämen. Ich glaube nicht, daß ich es notwendig habe, die Punkte, wo ich dies für aussichtsreich halte, nochmals zu wiederholen. Ich möchte nur betonen, daß der Kompromißantrag natürlich im übrigen bleibt. Ich bin in der angenehmen Lage, mitzuteilen, daß Herr Alsberg sich mit all den Punkten aus meinen Leitsätzen, die ich hier vorgetragen habe, einverstanden erklärt hat. Das ist kein Wunder, denn diese Leitsätze gehen — ich möchte das zum Schluß noch einmal betonen — außerordentlich stark auf die Gutachten zurück. Ich habe gerade in den einzelnen Vorschlägen fast alles aus dem Gutachten von Alsberg übernehmen können. So werden Sie mir vielleicht gestatten, daß ich dieses Schlußwort mit einem Dank an die beiden Herren Gutachter schließe, die dem Referenten dieses Tages die Arbeit wahrhaft leicht gemacht haben.

Rechtsanwalt Arthur Wolff-Düsseldorf (zur Geschäftsordnung):

Der Herr Berichterstatter hat darauf hingewiesen, daß die einzelnen Diskussionsredner nicht zu den späteren Einzelpunkten seines Referats Stellung genommen haben. Ich mache aber darauf aufmerksam, daß der Herr Vorsitzende es gewünscht hat, daß wir Diskussionsredner uns zunächst auf die Punkte I—V beschränken sollten.

Vorsitzender Geh. Justizrat Professor Dr. Triepel:

Es war selbstverständlich nicht meine Absicht, eine Diskussion über Einzelpunkte auszuschließen, soweit sie mit dem Allgemeinen zusammenhängen. Die Herren haben davon, soviel ich bemerkt habe, auch Gebrauch gemacht.

Meine Herren, die Situation ist nun folgende: es liegen zunächst einmal Anträge vor, die ich als präjudizierend bezeichnen kann, die Anträge Rosenfeld und Goldschmidt, dann der mehrfach erwähnte sog. Kompromißantrag. Diese beiden Anträge decken sich im ersten Satz dem Sinne nach. Ich darf sie verlesen.

Rosenfeld und Goldschmidt beantragen:

„Der Deutsche Juristentag verneint die Notwendigkeit einer gesetzlichen Abänderung der Bestimmungen über die Untersuchungsausschüsse."

In dem Kompromißantrage lautet der erste Satz: „Eine Abänderung der Bestimmungen über parlamentarische Untersuchungsausschüsse, die auf eine prinzipielle Einschränkung oder Zurückdrängung der Tätigkeit der Ausschüsse hinzielt, empfiehlt sich nicht." Der Unterschied ist allerdings der, daß hier eine prinzipielle Enschränkung für nicht empfehlenswert erklärt wird, während im Antrag Rosenfeld usw. jede gesetzliche Abänderung abgelehnt wird. Danach würde ich der Meinung sein, daß der Antrag Rosenfeld der weitergehende ist und daß wir zunächst über ihn abstimmen müssen.

Es würde dann über den Kompromißantrag, den ich nachher nochmals verlesen werde, abzustimmen sein, wobei die Frage entstünde, ob man die Abstimmung nach den beiden Sätzen zu trennen hat, was ich zunächst einmal zurückstellen möchte.

Rechtsanwalt Justizrat Dr. Drucker-Leipzig (zur Geschäftsordnung):

Ich möchte zur Geschäftsordnung den Herren Rosenfeld und Goldschmidt doch anheimgeben, den ersten Satz ihrer Resolution fallen zu lassen. Sie wünschen, daß ausgesprochen wird, es sei nicht notwendig, derartige Bestimmungen zu treffen, während die Kompromißresolution sagt: Es empfiehlt sich nicht. Wenn es sich nicht empfiehlt, ist es erst recht nicht notwendig.

Vorsitzender Geh. Justizrat Professor Dr. Triepel:

Herr Justizrat Drucker, der Unterschied ist der: in Ihrem Antrage steht: Eine Änderung der Bestimmungen, die auf eine prinzipielle Einschränkung oder Zurückdrängung hinzielt, empfiehlt sich nicht, während Rosenfeld und Goldschmidt sagen: Es empfiehlt sich schlechterdings keine Änderung. Ich wäre der Meinung, daß der Unterschied nur ein ganz geringer ist. Aber, wenn die Herren darauf bestehen, muß ich darüber abstimmen lassen. Bestehen Sie darauf? (Zuruf Goldschmidt: Jawohl!)

Nach kurzer weiterer Geschäftsordnungsdebatte wurde dann zur Abstimmung über den Antrag Rosenfeld-Goldschmidt geschritten. Der Antrag wurde abgelehnt.

Staatsminister Dr. Rittweger-Weimar (zur Geschäftsordnung):

Ich nehme an, daß dann jetzt die Abstimmung über den Antrag Marx stattfindet, der an sich für den Fall gestellt war, daß der Antrag Rosenfeld-Goldschmidt fallen würde, und der in seinem Zusatz sagt: „Der Juristentag hält es für erwünscht, daß ein Reichsgesetz die im Artikel 34 der Reichsverfassung vorgesehene sinngemäße Anwendung der Strafprozeßordnung klarstellt.“

Vorsitzender Geh. Justizrat Professor Dr. Triepel:

Wenn Sie der Meinung sind, daß der Antrag jetzt, und zwar vor dem Kompromißantrage, zur Abstimmung kommen muß, so erlaube ich mir, das für mindestens zweifelhaft zu halten. Sie sagen: „Der Juristentag hält es für erwünscht, daß ein Reichsgesetz die im Artikel 34 der Reichsverfassung vorgesehene sinngemäße Anwendung der Strafprozeßordnung klarstellt." Die Annahme dieses Antrages ist nicht ausgeschlossen, nachdem der Antrag Rosenfeld abgelehnt worden ist. Aber es fragt sich, ob sie nicht ausgeschlossen ist, wenn durch Annahme des Kompromißantrages eine prinzipielle Abänderung der Verfassungsbestimmungen abgelehnt werden sollte, was wir noch nicht wissen.

Staatsminister Dr. Rittweger:

Der Antrag selbst lautet aber in seinem Eingang: „Eine Änderung von Verfassungsbestimmungen usw. ist nicht erforderlich." Er wiederholt also den Antrag Rosenfeld in extenso und bringt dazu einen Zusatz, nämlich inwieweit ein Gesetz erforderlich erscheint. Er geht also weiter als der Kompromißantrag, der nach der anderen Richtung geht.

Vorsitzender Geh. Justizrat Professor Dr. Triepel:

Ist die Versammlung der Meinung des Herrn Redners, daß sein Antrag vorher zur Abstimmung kommen soll? An Anträgen liegen noch vor: der Kompromißantrag, den ich nicht nochmals zu verlesen brauche, sowie der Antrag des Staatsanwalts Marx, den ich eben verlesen habe. Dann liegt noch ein sehr langer Antrag Rosenfeld-Goldschmidt vor, der sich aber auf Einzelheiten bezieht und Streichungsanträge enthält. Dieser Antrag würde natürlich, wenn wir nachher auf die Einzelheiten der Leitsätze nicht kommen, gegenstandslos sein und nur insofern in Betracht kommen, als wir nachher etwa noch über einzelne Leitsätze abstimmen. Wenn wir darüber abstimmen, stimmen wir damit implicite auch über die Streichungsanträge ab. Es liegt dann noch der Antrag auf eine Entschließung vor: „Es können die parlamentarischen Untersuchungsausschüsse zur Lösung der Vertrauenskrise beitragen".

Rechtsanwalt Dr. Wolff-Düsseldorf (zur Geschäftsordnung):

Es ist unrichtig, daß von Herrn Staatsanwalt Marx vorgetragen wird, daß sein Antrag der weitergehende sei. Der Antrag Drucker-

Reichert-Hettner usw. ist der weitergehende; denn auch er lehnt die prinzipielle Änderung ab und erstellt bezüglich des andern nur Anregungen in Aussicht, während hier ein Gesetz verlangt wird.

Vorsitzender Geh. Justizrat Professor Dr. Triepel:

Ich bin der Ansicht, daß wir zunächst über den Kompromißantrag abstimmen. Wünschen die Herren etwas anderes, so bitte ich, die Hand zu erheben. Die Herren sind also der Meinung, daß so verfahren wird, wie ich vorgeschlagen habe.

Erster Satz: „Eine Änderung der Bestimmungen über parlamentarische Untersuchungsausschüsse, die auf eine prinzipielle Einschränkung oder Zurückdrängung der Tätigkeit der Ausschüsse hinzielt, empfiehlt sich nicht." Zweiter Satz: „Dagegen empfiehlt es sich, in gesetzgeberische Erwägungen darüber einzutreten, ob und wie zwecks reibungsloser Tätigkeit der Untersuchungsausschüsse ihr Verfahren, wie insbesondere das Beeidigungsrecht, das Recht auf Aktenvorlage, die Stellung des Vorsitzenden u. a. gesetzlich zu regeln ist." Dritter Satz: „Hierzu werden die Gutachten des Herrn Reichsgerichtsrats Rosenberg und des Herrn Rechtsanwalts Dr. Alsberg und die Leitsätze des Berichterstatters, Herrn Professor Dr. Jacobi, als Material den amtlichen Stellen vorgelegt."

Satz 2 und 3 gehören zusammen. Sie können wir wohl zusammen abmachen. Es wäre zu fragen, ob getrennt über Satz 1 und 2 abgestimmt werden soll. (Zuruf: Getrennt!) Es wird getrennte Abstimmung verlangt. Also wird getrennt abgestimmt.

Die einzelnen Sätze des Kompromißvertrages wurden hierauf mit großer Mehrheit angenommen. Der Antrag Marx wurde daraufhin zurückgezogen.

Vorsitzender Geh. Justizrat Professor Dr. Triepel:

Der Herr Berichterstatter legt, wie er uns gesagt hat, Wert darauf, daß über einige seiner Leitsätze eine Abstimmung stattfindet. (Zuruf: Das ist doch erledigt!) Meine Herren, es kann sehr zweifelhaft sein, ob das erledigt ist; denn es ist sehr wohl möglich, mindestens drei oder vier von den Leitsätzen als programmatische Erklärungen anzusehen, die in Form einer Entschließung als Wiedergabe der Auffassung des Juristentages festgestellt werden können.

Rechtsanwalt Dr. Eyck-Berlin (zur Geschäftsordnung):

Es scheint mir doch nur folgendes möglich zu sein: der Antrag, den wir vorhin angenommen haben, besagt: Es sollen gesetzgeberische Erwägungen über diesen Punkt angestellt werden. Dann heißt das, daß wir uns zunächst darüber einigen. Wenn das der Fall ist, können wir doch jetzt nicht sagen: Das und das soll gemacht werden. Beides steht doch miteinander in Widerspruch.

Professor Dr. Jacobi (zur Geschäftsordnung):

Wenn so verfahren würde, so würde ich das direkt als unfreundlich empfinden. Ich habe in meinem Schlußwort deutlich zum Ausdruck gebracht, daß bei dem Kompromißantrag von Herrn Justizrat Drucker ausdrücklich bemerkt worden ist, daß ich diesen Kompromißantrag nur als allgemeine Klausel unterschreibe. Soweit nicht über die Leitsätze noch eine Einigung im einzelnen erfolgt, soll dieser Kompromißantrag angenommen werden. So habe ich ihn verstanden, so habe ich ihn begründet. Ich würde es daher als eine unfreundliche Haltung mir gegenüber auffassen müssen, wenn man auf einmal diese Leitsätze mit Rücksicht auf den Kompromißantrag überhaupt nicht zur Abstimmung stellen würde.

Außerdem mache ich darauf aufmerksam, meine Damen und Herren, daß hier in den einzelnen Punkten der Leitsätze zum Teil wissenschaftliche Urteile enthalten sind, über welche ich mich auch mit Herrn Alsberg geeinigt hatte. Ich glaube, daß man darüber im einzelnen abstimmen soll. Es sind zum Teil wissenschaftliche Meinungen, die der Gesetzgeber niemals festlegen kann, über die sich nur der Juristentag aussprechen kann. Infolgedessen ist nichts damit präjudiziert, wenn das hier als Material angenommen wird.

Ich habe dem Herrn Vorsitzenden nicht in seine Geschäftsleitung eingreifen wollen, weil durch Geschäftsordnungsdebatten immer nur Verwirrung entsteht. Aber ich habe mich der Anordnung der Anträge nicht in der Meinung gefügt, man würde über die einzelnen Punkte der Leitsätze einfach zur Tagesordnung übergehen. So sind nur als Material gedacht; aber ich glaube, daß der Juristentag sie in einen anderen Rahmen hineinstellen sollte als den dieser allgemein gehaltenen, sehr schwammigen Kompromißresolution.

Vorsitzender Geh. Justizrat Professor Dr. Triepel:

Ich bin derselben Meinung wie der Herr Berichterstatter; ich habe das vorhin auch schon zum Ausdruck gebracht. Ich glaube aber, wir brauchen uns nicht so lange darüber zu streiten; denn, wenn Sie sich die Leitsätze ansehen, so werden Sie meine Ansicht teilen: nach der Stimmung, die sich vorhin kundgegeben hat, werden sie alle glatt angenommen.

Rechtsanwalt Justizrat Dr. Drucker (zur Geschäftsordnung):

Meine Herren, an den Darlegungen des Herrn Professor Jacobi ist zweifellos richtig, daß seine These II, die von dem Kompromißantrag nicht erfaßt worden ist, der Abstimmung zugeführt werden muß. Darüber war das Kompromiß nicht zustande gekommen. In der Debatte ist vielfach über die Frage der Unabhängigkeit der Justiz und ihre Gefährdung durch die Untersuchungsausschüsse verhandelt worden, während der Kompromißantrag sich darüber nicht ausspricht, so daß es in der Tat ein Bedürfnis und eine Pflicht gegenüber Herrn Professor Jacobi ist, zu allererst darüber abzustimmen. Die These heißt: „Eine innerhalb dieser verfassungsmäßigen Schranken sich haltende Tätigkeit parlamentarischer Untersuchungsausschüsse bedeutet keinen Eingriff in die Unabhängigkeit der Justiz, weder einen Eingriff in die Art der Entscheidung noch in die „Garantieen" der richterlichen Unabhängigkeit." Ich möchte diese These als These Jacobi-Reichert bezeichnen. Darauf lege ich großes Gewicht.

Dann ist es ebenso zutreffend, daß die These I, die bloß deklaratorisch ist, ruhig zur Abstimmung gebracht werden könnte.

Nun möchte ich Herrn Professor Jacobi ein neues Kompromiß vorschlagen. Sie wissen ja, daß ich materiell vollkommen mit Ihnen übereinstimme. Es ist ganz richtig und selbstverständlich, daß die Tätigkeit der parlamentarischen Untersuchungsausschüsse in keiner Weise beschränkt werden darf. Aber bisher haben wir mit einer an Einstimmigkeit grenzenden Mehrheit diese These angenommen. Es würde daher nach meinem Dafürhalten gerade zur Festhaltung des Weges, den Sie uns führen wollen, dienen, wenn Sie auf eine Abstimmung über die Einzelheiten verzichten. Denn ich kann mich der Meinung des Herrn Geheimrats Triepel nicht anschließen, daß auch dabei die Einstimmigkeit gewahrt werden könnte.

Rechtsanwalt Dr. Wolff-Düsseldorf (zur Geschäftsordnung):

Es ist vollständig richtig, was der Herr Berichterstatter gesagt hat. Über diese einzelnen Punkte müßte an sich eine Diskussion stattfinden. Es müßte auch über die einzelnen Punkte abgestimmt werden.

Aber ich stimme auch vollständig dem bei, was Herr Justizrat Drucker ausgeführt hat: es wird sich dann nicht so leicht die Einigkeit erzielen lassen, die bei dem Kompromißantrage erzielt werden konnte.

Ich betone nochmals, was ich vorhin gesagt habe: wenn über die einzelnen Punkte und auch über die Abänderungsanträge des Herrn Rechtsanwalts Rosenfeld abgestimmt werden soll, so müßte der Juristentag in eine Diskussion dieser Punkte eintreten. Es ist ganz richtig, sie sind zum Teil von durchaus wissenschaftlichem Gehalt. Viele der Diskussionsredner haben sich, ebenso wie ich, bei ihren Ausführungen auf Wunsch des Herrn Vorsitzenden auf die Punkte I bis V beschränkt, weil sie dachten, daß über diese Punkte nachher noch eine Diskussion stattfinden würde. Wenn über diese Punkte einzeln abgestimmt werden soll, so möchte ich bitten, die Diskussion über diese Punkte — das beantrage ich ausdrücklich — nochmals zu eröffnen.

Vorsitzender Geh. Justizrat Professor Dr. Triepel:

Ich möchte berichtigend bemerken, daß das, was Herr Professor Jacobi verlangt, nichts anderes ist, als daß über die Ziffern I bis V abgestimmt werden soll. Auf die besondere Festlegung aller Einzelheiten auf Seite 2 der Leitsätze legt Herr Professor Jacobi übrigens keinen Wert.

Leitsatz I wurde hierauf in der Abstimmung angenommen.

Es folgte die Abstimmung über eine Resolution Schücking-Eckstein-Rittweger-Sinzheimer, deren erster Satz: „Parlamentarische Untersuchungsausschüsse sind Organe der Volksvertretung zur Feststellung von Tatsachen auf allen Gebieten staatlichen Lebens." gegenüber dem angenommenen Leitsatze des Berichterstatters von den Antragstellern fallengelassen, und deren zweiter Satz: „Die parlamentarischen Untersuchungsausschüsse können daher zur Lösung der Vertrauenskrise der Rechtspflege beitragen." mit geringer Mehrheit abgelehnt wurde.

Leitsatz II wurde alsdann mit überwiegender Mehrheit angenommen, Leitsatz V als durch die Annahme des Kompromißantrags erledigt erklärt. Eine Abstimmung über die weiteren Leitsätze unterblieb auf Beschluß der Versammlung.

Professor Dr. Jacobi wurde ersucht, den Bericht für die Plenarversammlung zu übernehmen.

Die von der Abteilung gefaßten Beschlüsse lauten somit wie folgt:

1. Verfassungsmäßige Aufgabe der parlamentarischen Untersuchungsausschüsse ist die Feststellung tatsächlicher Vorgänge durch Beweiserhebung zwecks Vorbereitung einer innerhalb der allgemeinen Zuständigkeit des Parlaments gelegenen Beschlußfassung auf dem Gebiete der Gesetzgebung, der Verwaltung oder etwaiger dem Parlament eingeräumter rechtsprechender Funktionen.

2. Eine innerhalb dieser verfassungsmäßigen Schranken sich haltende Tätigkeit parlamentarischer Untersuchungsausschüsse bedeutet keinen Eingriff in die Unabhängigkeit der Justiz, weder einen Eingriff in die Art der Entscheidung noch in die „Garantieen" der richterlichen Unabhängigkeit.

3. Eine Abänderung der Bestimmungen über parlamentarische Untersuchungsausschüsse, die auf eine prinzipielle Einschränkung oder Zurückdrängung der Tätigkeit der Ausschüsse hinzielt, empfiehlt sich nicht. Dagegen empfiehlt es sich, in gesetzgeberische Erwägungen darüber einzutreten, ob und wie zwecks reibungsloser Tätigkeit der Untersuchungsausschüsse ihr Verfahren, wie insbesondere das Beeidigungsrecht, das Recht auf Aktenvorlage, die Stellung des Vorsitzenden u. a., gesetzlich zu regeln ist. Hierzu werden die Gutachten des Reichsgerichtsrats Dr. Rosenberg und des Rechtsanwalts Dr. Alsberg und die Leitsätze des Berichterstatters Dr. Jacobi als Material den amtlichen Stellen vorgelegt.

Zweite Sitzung der ersten Abteilung

am

Dienstag, den 14. September 1926.

Nachdem zu Vertrauensmännern für die Wahl der zukünftigen Ständigen Deputation die Herren

Rechtsanwalt Dr. Alsberg-Berlin,
Professor Dr. Giese-Frankfurt a. M.,
Rechtsanwalt Dr. Richard Grau-Berlin,
Rechtsanwalt Dr. Gustav Goldschmidt-Berlin,
Professor Dr. Hugelmann-Wien,
Professor Dr. Jacobi-Leipzig,
Ministerialrat Dr. Mende-Berlin,
Senatspräsident beim Reichsgericht Reichert,
Reichsgerichtsrat Dr. Werner Rosenberg,
Oberlandesgerichtspräsident Dr. Schollen-Düsseldorf,

gewählt worden waren, ging die Versammlung zur Beratung des zweiten Themas über:

Empfiehlt es sich, die Zuständigkeit des Staatsgerichtshofs auf andere als die im Art. 19 Abs. 1 RVerf. bezeichneten Verfassungsstreitigkeiten auszudehnen?

Die Berichterstatter, Geh. Justizrat Prof. Dr. Anschütz-Heidelberg und Ministerialrat Dr. Mende-Berlin, legten die folgenden gemeinschaftlichen Leitsätze vor:

Die Frage ist zu bejahen nach Maßgabe des folgenden Gesetzentwurfs:

„Entwurf eines Gesetzes, betreffend Änderung des Art. 19 der Reichsverfassung.

Der Reichstag hat das folgende Gesetz beschlossen, das mit Zustimmung des Reichsrats hiermit verkündet wird, nachdem festgestellt ist, daß die Erfordernisse verfassungsändernder Gesetzgebung erfüllt sind:

Im Art. 19 der Reichsverfassung ist als zweiter Absatz einzufügen:

Der Staatsgerichtshof für das Deutsche Reich entscheidet ferner in Streitigkeiten Beteiligter über die Auslegung und Anwendung der Reichsverfassung, soweit nicht ein anderer Gerichtshof des Reichs oder eines Landes zuständig ist. Die Zuständigkeit des Staatsgerichtshofs zur Prüfung der Verfassungsmäßigkeit von Vorschriften des Reichsrechts wird durch ein Reichsgesetz geregelt.

Der bisherige Abs. 2 wird Abs. 3."

Geh. Justizrat Prof. Dr. Anschütz legte ferner folgenden
Gesetzentwurf über die Prüfung der Verfassungsmäßigkeit von Vorschriften des Reichsrechts
vor:

§ 1. Die Prüfung der Gültigkeit gehörig verkündeter Reichsgesetze steht nur dem Staatsgerichtshof für das Deutsche Reich nach Maßgabe dieses Gesetzes zu. Hinsichtlich der Prüfung der Gültigkeit von Reichsverordnungen und von Vorschriften des Landesrechts verbleibt es bei dem bestehenden Recht.

§ 2. Bestehen Zweifel oder Meinungsverschiedenheiten darüber, ob eine als Gesetz oder Verordnung verkündete Vorschrift des Reichsrechts mit der Reichsverfassung im Widerspruch stehe, so können

der Reichstag,
die Reichsregierung,
der Reichsrat,
Minderheiten des Reichstags und des Reichsrats, die ein Drittel der gesetzlichen Mitgliederzahl übersteigen,

die Entscheidung des Staatsgerichtshofs für das Deutsche Reich anrufen.

Das Recht, den Staatsgerichtshof anzurufen, steht auch jedem im letzten oder einzigen Rechtszug entscheidenden Gericht zu, falls es glaubt, daß ein von ihm anzuwendendes, gehörig verkündetes Reichsgesetz mit der Reichsverfassung in Widerspruch stehe.

Die Prüfung und Entscheidung des Staatsgerichtshofs erstreckt sich sowohl auf die Frage, ob die zu prüfende Vorschrift nach den Bestimmungen der Reichsverfassung rechtsgültig zustande gekommen und verkündet ist, wie auch auf die Frage, ob ihr Inhalt der Reichsverfassung wiederspricht und ob gegebenenfalls die Bestimmungen der Reichsverfassung über Verfassungsänderungen gewahrt sind.

Der Staatsgerichtshof entscheidet in der Besetzung nach § 18 Nr. 1 des Gesetzes über den Staatsgerichtshof vom 9. Juli 1921.

§ 3. Der Antrag auf Entscheidung ist schriftlich bei dem Präsidenten des Staatsgerichtshofs einzureichen. Wenn die Reichsregierung den Antrag nicht selbst gestellt hat, ist sie vor der Entscheidung zu hören. Ihre Erklärungen sind schriftlich abzugeben und zur Kenntnis des Antragstellers zu bringen.

§ 4. Jedes gerichtliche Verfahren, in dem eine gemäß §§ 2, 3 angefochtene Vorschrift des Reichsrechts zur Anwendung kommt, ist solange auszusetzen, bis die Entscheidung des Staatsgerichtshofs im Reichsgesetzblatt verkündet ist.

§ 5. Der Staatsgerichtshof entscheidet in der Regel nach nicht öffentlicher Beratung durch schriftlichen Beschluß. Der Beschluß ist mit Gründen zu versehen und den Antragstellern und der Reichsregierung von Amtswegen zuzustellen.

Der Staatsgerichtshof kann vor der Beschlußfassung eine mündliche Verhandlung anordnen. Er muß dies tun, falls dies von den Antragstellern oder einer beteiligten obersten Reichsbehörde beantragt wird. Der Termin ist den Antragstellern und den beteiligten obersten Reichsbehörden mitzuteilen. Diese können zur Wahrung ihres Standpunktes Beauftragte bestimmen, die mit ihren Ausführungen und Anträgen zu hören sind.

§ 6. Betreffen die der Entscheidung des Staatsgerichtshofs unterbreiteten Zweifel oder Meinungsverschiedenheiten nur eine oder einzelne Bestimmungen eines Gesetzes oder einer Verordnung, so hat er, wenn er diese Bestimmungen für rechtsungültig erklärt, in dem Beschlusse gleichzeitig auszusprechen, ob und in welchem Umfange hierdurch die Rechtsungültigkeit auch der übrigen Bestimmungen des Gesetzes oder der Verordnung verursacht ist.

§ 7. Die Reichsregierung hat die Entscheidung im Reichsgesetzblatt ohne Begründung zu veröffentlichen. Die Entscheidung hat die Kraft eines verfassungsändernden Reichsgesetzes.

§ 8. Schon vor der Verkündung eines beschlossenen Reichsgesetzes oder einer beschlossenen Reichsverordnung können der Reichspräsident oder die Reichsregierung den Staatsgerichtshof um eine Entscheidung darüber ersuchen, ob eine darin enthaltene Vorschrift mit der Reichsverfassung im Widerspruch stehen würde. Dem Ersuchen ist stattzugeben. Die Bestimmungen des § 2 Abs. 3, 4 und des § 7 gelten entsprechend.

§ 9. Für das Verfahren vor dem Staatsgerichtshof werden Stempel oder Gebühren nicht erhoben.

§ 10. Soweit dieses Gesetz keine Bestimmungen trifft, regelt der Präsident des Staatsgerichtshofs das Verfahren und den Geschäftsgang durch eine Geschäftsordnung. Sie bedarf der Zustimmung der Reichsregierung und des Reichsrats und ist im Reichsgesetzblatt zu veröffentlichen.

Anderweite Ausführungsbestimmungen erläßt die Reichsregierung mit Zustimmung des Reichsrats.

Zunächst erstattete Geh. Justizrat Prof. Dr. Anschütz-Heidelberg zur Begründung vorstehender Leitsätze und des Gesetzentwurfs folgenden Bericht:

Meine hochverehrten Fach- und Berufsgenossen!

Lassen Sie mich meinen Vortrag damit beginnen, daß ich den Schatten eines großen Juristen heraufbeschwöre, um ihn zum Anwalt und Gewährsmann von Gedanken zu machen, die ich hier vor Ihnen zu vertreten gedenke. Der Geist, den ich rufe, ist der vor sieben Jahren verstorbene Leipziger Straf- und Staatsrechtslehrer Karl Binding, ein Meister beider Wissenschaften, zu dem wohl jeder, der sein Schaffen kennt, und namentlich jeder, der noch das Glück gehabt hat, ihm zuhören zu dürfen, mit Bewunderung emporblickt. Binding war ein glühender Verehrer Bismarcks und seines Werkes, der Reichsverfassung von 1871. Dennoch war er nicht blind für die Fehler, von denen diese Verfassung — bei aller Genialität ihres Schöpfers doch auch nur ein Menschenwerk — ja keineswegs frei war. In einem glänzenden Vortrage, der seinerzeit im Jahrgang 1899 der D. J.-Z. veröffentlich wurde, betitelt „Bundesrat und Staatsgerichtshof" hat er darauf hingewiesen, daß zu den lückenhaftesten und auch sonst schwächsten Partien der RVerf. von 1871 jene Einrichtungen gehörten, die man üblicherweise unter dem Sammelnamen „Gewähr der Verfassung" zu begreifen pflegt, das heißt die Einrichtungen, deren Zweck darin besteht, der Verfassung im Falle ihrer Verletzung oder unrichtigen Anwendung Geltung zu verschaffen, und im Streitfalle eine unparteiische, von dem Willen der politischen Gewalten unabhängige Entscheidung sicher zu stellen. Bindings Kritik richtete sich gegen zwei Punkte. Einmal dagegen, daß es nach der Verfassung von 1871 bei weitem nicht in allen, sondern nur in wenigen Fällen verfassungsrechtlicher Streitigkeiten einen Richter gab — nur bei nicht privatrechtlichen Streitigkeiten deutscher Einzelstaaten untereinander und bei Verfassungsstreitigkeiten innerhalb der Einzelstaaten, in denen keine Behörde für die Entscheidung solcher Streitigkeiten bestand —, dann aber und vor allem dagegen, daß dieser Richter in Wahrheit gar kein Richter war. Zum Richter in den genannten beiden Gruppen von Streitigkeiten hatte die Verfassung des Kaiserreichs nämlich (in ihrem Art. 76) den Bundesrat bestellt, also die Versammlung der Vertreter der deutschen Landesregierungen, eine Versammlung, in der die Parteien — die Regierungen der miteinander streitenden Staaten oder die von ihrem Landtage wegen Verfassungsverletzung verklagte Regierung — Sitz und Stimme hatten, also in eigener Sache mitrichteten, und zwar mit abgestuftem Stimmgewicht, so daß also z. B. Preußen, wenn es mit einem Kleinstaate stritt, das Siebzehnfache des Stimmgewichts seines Prozeßgegners in die Wagschale werfen konnte, — eine Versammlung, deren Mitglieder nicht unabhängig und nach freier Überzeugung, sondern, wie stets, so auch in diesem Falle nach Instruktion ihrer Vollmachtgeber, ihrer Regierungen, abstimmten. Es fehlten also bei dieser bundesrätlichen Gerichtsbarkeit, wie Binding mit Recht sagt, nicht weniger als alle Garantien gerechten Urteils; die Gestaltung dieser sogenannten Gerichtsbarkeit war, wie Haenel übereinstimmend urteilt, das genaues Gegenteil der Anforderungen, welche an die Organisation und das Verfahren einer wahren Rechtspflege gestellt werden müssen.

Den Unzulänglichkeiten der Reichsverfassung von 1871 hält Binding den Spiegel eines großen Vorbildes entgegen: das Werk der Frankfurter Paulskirche, die Reichsverfassung von 1849, die unter dem Namen „Reichsgericht" einen nach allen Seiten hin unabhängigen Staatsgerichtshof größten Stils einsetzen wollte zur Entscheidung von staatsrechtlichen Streitigkeiten der verschiedensten Art: nicht nur von Streitigkeiten der Einzelstaaten unter sich, sondern auch von solchen zwischen Einzelstaat und Reich, nicht nur von Verfassungsstreitigkeiten innerhalb der Einzelstaaten, sondern auch von Reichsverfassungsstreitigkeiten, insbesondere wenn die obersten Organe des Reichs, Reichstag und Reichsregierung, in Streit geraten über die Auslegung und Anwendung der RVerf. oder wenn Einzelpersonen in ihren reichsverfassungsmäßigen Grundrechten verletzt zu sein behaupten.

Diese Konzeption der RVerf. von 1849 empfiehlt Binding mit eindrucksvoller Begründung zur Nachahmung und zwar fordert er einen Staatsgerichtshof für das Deutsche Reich, der in enger Verbindung mit dem Reichsgericht — er meint unser RG. von heute — aus dem Präsidenten des Reichsgerichts als Vorsitzenden und im übrigen aus Mitgliedern teils des RG. teils der obersten deutschen Landesverwaltungsgerichte bestehen und ähnlich weitgehend zuständig sein soll wie das Reichsgericht der Verfassung von 1849.

Die Ausführungen Bindings muten geradezu prophetisch an. Was er vor nunmehr 27 Jahren forderte, ist Wahrheit geworden, freilich nicht unter dem Kaiserreich, sondern erst unter der Republik und ihrer Verfassung, der RVerf. von Weimar. Wir haben heute einen Staatsgerichtshof (StGH.) für das Deutsche Reich. Er ist, wie Binding es verlangte, an das RG. angebaut, und er ist auch — wenigstens in den Fällen, wo er über eigentliche verfassungsrechtliche Streitigkeiten zu entscheiden hat — im wesentlichen so zusammengesetzt, wie Binding sich das ausgedacht hatte, nämlich gemischt aus Mitgliedern des RG. und Mitgliedern der obersten Verwaltungsgerichte der Länder. Seine Zuständigkeit umfaßt, wie ein Blick auf die einschlägigen Artikel der RVerf., insbesondere den grundlegenden Art. 19 lehrt, viel von dem, was Binding ihr — im Anschluß an die RVerf. von 1849 — vindizieren wollte. Viel, vielleicht das meiste, immerhin nicht alles. Und hier nun öffnet sich der Blick auf den Weg, den unsere Betrachtungen weiter zu gehen haben. Verträgt oder fordert die Zuständigkeit des StGH. eine Erweiterung? *Empfiehlt es sich, die Zuständigkeit des StGH. auf andere als die im Art. 19 Abs. 1 RVerf. bezeichneten Verfassungsstreitigkeiten auszudehnen?* So lautet die Frage, die mir und meinem Herrn Mitberichterstatter gestellt ist.

Die Prüfung dieser Frage erfordert selbstverständlich zunächst eine genaue Klarstellung des geltenden Rechtszustandes, der Ordnung, deren Veränderung und Verbesserung erwogen werden soll. Wir werden uns hierbei aber nicht auf die Feststellung der Zuständigkeit nur des StGH. beschränken dürfen, sondern weitergreifend fragen müssen, inwieweit *auch noch andere Gerichte* Verfassungsgerichtsbarkeit, staatsrechtliche Gerichtsbarkeit, ausüben, inwieweit also überhaupt heute eine den modernen Anforderungen an eine wohl geordnete Rechtspflege entsprechende staatsrechtliche Gerichtsbarkeit im Deutschen Reiche besteht. Und wir werden ferner unser Augenmerk besonders darauf einzustellen haben, inwieweit diese Gerichtsbarkeit, sei es, daß sie vom StGH., sei es, daß sie von anderen Gerichten gehandhabt wird, zuständig ist, über Streitfragen des *Reichs*verfassungsrechts — im Gegensatz zum

Landesverfassungsrecht — zu befinden. Denn wenn unsere staatsrechtliche Gerichtsbarkeit Lücken hat — was zu untersuchen unsere Aufgabe ist —, so können diese Lücken nur auf dem Sachgebiet der Reichsverfassungsstreitigkeiten liegen, da ja die Landesverfassungsstreitsachen, die „Verfassungsstreitigkeiten innerhalb eines Landes" in ihrer Gesamtheit dem StGH. zugewiesen sind. Wie also steht es mit diesen Dingen, wie mit der sachlichen Zuständigkeit unserer staatsrechtlichen Gerichtshöfe im allgemeinen, wie insbesondere mit ihrer Zuständigkeit in Streitigkeiten über die Reichsverfassung?

I. Hauptträger der staatsrechtlichen Gerichtsbarkeit ist der StGH. für das Deutsche Reich. Seine Formation — verschieden gestaltet für die verschiedenen Gruppen seiner Zuständigkeit — darf ich als bekannt voraussetzen. Seine Zuständigkeit erstreckt sich nach der RVerf. auf folgende Angelegenheiten:

1. nach Art. 19 RVerf. auf Verfassungsstreitigkeiten innerhalb eines Landes, in dem kein Gericht zur Entscheidung solcher Streitigkeiten besteht. Verfassungsstreitigkeiten „innerhalb eines Landes" sind Streitigkeiten über das Verfassungsrecht, über die Auslegung und Anwendung der Verfassung des betreffenden Landes, sie alle und nur sie. Sie alle, also insbesondere ohne Unterschied, wer als Streitteil, als Partei auftritt und ob die Parteien über ihnen zustehende subjektive Rechte streiten oder nicht. Nur sie, d. h.: nur Streitigkeiten, bei denen es sich um die Landes-, nicht solche, bei denen es sich um die Reichsverfassung handelt. Eine Zuständigkeit in Reichsverfassungsstreitigkeiten kann mithin auf die hier in Rede stehende Klausel des Art. 19 nicht gestützt werden.

2. nach demselben Artikel auf nichtprivatrechtliche Streitigkeiten zwischen verschiedenen Ländern. Einen zu dieser Gruppe gehörigen Spezialfall hebt Art. 18 Abs. 7 noch ausdrücklich hervor: Streitigkeiten bei der Vermögensauseinandersetzung zwischen verschiedenen Ländern, deren Gebiete und Grenzen gemäß Art. 18 durch Reichsgesetz verändert worden sind.

3. gleichfalls nach Art. 19: auf nichtprivatrechtliche Streitigkeiten zwischen Reich und Ländern. Auch diese Zuständigkeit ist, und zwar mehrfach, durch die Verfassung spezialisiert. Denn es ist deutlich, daß die Meinungsverschiedenheiten zwischen Reichs- und Landesregierung über die Handhabung der Reichsaufsicht über die Länder (Art. 15 Abs. 3

Satz 2) — ferner der Fall des Art. 90 (Umfang der Hoheitsrechte, die bei der Übernahme der dem allgemeinen Verkehr dienenden Eisenbahnen von den Ländern auf das Reich übergegangen sind) — und die Fälle der Art. 170, 171 nichts anderes sind als nichtprivatrechtliche Streitigkeiten zwischen Reich und Land.

4. Diesen drei Zuständigkeitsgruppen tritt nach Art. 59 RVerf. als vierte hinzu das Richteramt des StGH. bei Anklagen des Reichstags gegen den Reichspräsidenten, den Reichskanzler und die Reichsminister wegen schuldhafter Verletzung der Reichsverfassung oder eines Reichsgesetzes.

II. Außer dem StGH. gibt es nun aber auch noch andere Gerichtshöfe, die gegebenenfalls berufen sind, Streitigkeiten staatsrechtlicher Natur zu entscheiden. Es sind das:

1. das RG. oder derjenige andere oberste Gerichtshof des Reichs (z. B. der Reichsfinanzhof), der gemäß Art. 13 Abs. 2 RVerf. durch Reichsgesetz für zuständig erklärt ist, auf Antrag der Reichs- oder Landeszentralbehörde darüber zu urteilen, ob eine landesrechtliche Vorschrift mit dem Reichsrecht vereinbar ist;

2. das Wahlprüfungsrecht beim Reichstag, dem die streitentscheidende Handhabung der Verfassungsvorschriften, Gesetze und Verordnungen über das Reichstagswahlrecht obliegt;

3. die Verwaltungsgerichte der Länder und des Reichs, insbesondere das künftige Reichsverwaltungsgericht. Daß und inwieweit diese Verwaltungsgerichtsbarkeit zugleich auch Verfassungsgerichtsbarkeit ist, ergibt sich daraus, daß sie — soweit Landesgerichtsbarkeit, in landesrechtlich verschiedenem Umfange — zuständig ist, zu entscheiden, wenn jemand durch einen Verwaltungsakt, insbesondere eine polizeiliche Verfügung, in seinen Rechten verletzt zu sein behauptet, und daß zu den „Rechten" in diesem Sinne vor allem die in der Reichsverfassung gewährleisteten Grundrechte gehören.

4. Schließlich können, wenngleich nur in bescheidenem Ausmaß, auch die ordentlichen Zivilgerichte in die Lage kommen, über Rechte und Verbindlichkeiten aus dem Reichsverfassungsrecht zu urteilen und insoweit Verfassungsrechtspflege auszuüben; ich denke da insbesondere an Streitigkeiten über solche Rechte und Pflichten der Beamten, die in der Reichsverfassung (Art. 128—130) verankert sind, und über die im Art. 131 geregelte Haftpflicht des Staates und der innerstaatlichen Verbände für ihre Beamten im Falle der Amtspflichtverletzung.

Prüft man nun diese ganze Kette von Zuständigkeiten daraufhin, ob und inwieweit der StGH. und die sonstigen mit staatsrechtlicher Gerichtsbarkeit betrauten Instanzen dazu berufen sind, über die Auslegung und Anwendung der Reichsverfassung Entscheidung zu treffen, so ergibt sich, daß dies zwar nicht im umfassenden, aber doch in ziemlich weitem Maße der Fall ist, daß es also der RVerf. und den in ihr wurzelnden Rechten und Pflichten schon jetzt, de lege lata, an der Schutzgarantie, die in einer streitentscheidenden Zuständigkeit unabhängiger Gerichtshöfe liegt, insofern nicht fehlt. Es kommen in dieser Beziehung — wenn ich von dem Wahlprüfungsgericht und von dem Schutz der Beamtenrechte durch die ordentlichen Gerichte hier absehen darf — vor allem vier Zuständigkeiten in Betracht, nämlich:

1. das Richteramt des StGH. bei Anklagen des Reichstags gegen den Reichspräsidenten und die Minister nach Art. 59;

2. die Zuständigkeit des StGH. in Streitigkeiten zwischen Reich und Ländern nach Art. 19;

3. die Zuständigkeit des RG. nach Art. 13 Abs. 2 und

4. die der Verwaltungsgerichte nach den einschlägigen Landesgesetzen.

Von diesen vier Zuständigkeiten möchte ich der ersten, also der des StGH. auf Grund des Art. 59 trotz ihrer anscheinenden Wichtigkeit und weitergreifenden Gestaltung (Zuständigkeit des StGH. bei allen behauptetermaßen schuldhaften Verfassungsverletzungen des Reichspräsidenten und der Reichsminister) das geringste Gewicht beimessen. Der Art. 59 wird, das ist kaum zuviel gesagt, voraussichtlich niemals zur Anwendung kommen, wie ja die durch ihn geregelte Ministeranklage des Parlaments auch in anderen, seit altersher parlamentarisch regierten Staaten, vorab in England und Frankreich, kein lebendiges Rechtsinstitut darstellt. Der Art. 59 setzt Tatsächlichkeiten voraus, die unter der Herrschaft des parlamentarischen Systems normalerweise gar nicht vorkommen können. Wenn eine parlamentarische Regierung es unternimmt, die Verfassung „schuldhaft", also absichtlich zu brechen, so bedeutet das die Steigerung eines Konflikts zwischen ihr und dem Parlament, der schon im Entstehen dadurch aus der Welt geschafft werden kann und wird, daß das Parlament die Regierung zum Rücktritt zwingt. Wenn aber die Regierung politisch die Übermacht gewinnt und der Wählermassen sicher ist, so wird sie die von ihr für notwendig gehaltene Verfassungsänderung nicht gewaltsam, durch einen Staatsstreich, sondern legitim, vermittelst Reichstagsauflösung und Neuwahlen, durchzusetzen wissen. Ich glaube also, daß wir den Art. 59 hier ganz außer Betracht lassen können; er spielt für die zu erörternden Fragen keine Rolle.

Um so wichtiger sind für diese Fragen die Zuständigkeiten des StGH. in Streitsachen zwischen Reich und Ländern gemäß Art. 19 und die des RG. nach Art. 13 Abs. 2. Diese Zuständigkeiten schützen vor allem die Kompetenzverteilung zwischen Reich und Ländern, und damit — ich bitte das wohl zu beachten — einen sehr wichtigen Teil der RVerf. Sie sichern diese Kompetenzverteilung gegen Übergriffe von beiden Seiten. Art. 13 Abs. 2 richtet sich gegen Machtüberschreitungen der Landesgesetzgebung — er will dem Satze „Reichsrecht bricht Landrecht" Achtung verschaffen —; aber er gibt doch auch dem beteiligten Lande die Möglichkeit, sein Gesetzgebungsrecht dem Reiche gegenüber angriffs- oder verteidigungsweise zu behaupten. Und dahinter steht als generelle Klausel Art. 19: die Zuständigkeit des StGH. in Streitigkeiten zwischen Reich und Ländern, eine Klausel, die den StGH. zum Richter einsetzt in allen Fällen, wo Reich und Land miteinander über ihre reichsverfassungsmäßigen Rechte und Pflichten in Streit geraten, sei es, daß das Reich dem Lande eine Verletzung seiner Pflichten gegenüber dem Reich oder daß das Land dem Reiche einen verfassungswidrigen Eingriff in seine Rechte zur Last legt.

Was dann die Verwaltungsgerichte anlangt, so ist ihre Bedeutung für den Schutz der RVerf. schon erwähnt. Diese Bedeutung besteht darin, daß die im zweiten Hauptteil der RVerf. als „Grundrechte" gewährleisteten Betätigungsmöglichkeiten der persönlichen Freiheit bei behaupteter Verletzung durch Verwaltungsorgane zum Gegenstand einer verwaltungsgerichtlichen Klage gemacht werden können. Allerdings reicht dieses Klagerecht nicht in allen Ländern gleich weit; in manchen ist es zurzeit noch recht eng, um nicht zu sagen, engherzig bemessen. Und insofern darf die Rolle der einzelstaatlichen Verwaltungsgerichte als Beschützer der Grundrechte nicht überschätzt werden.

Den hiermit durchgesprochenen Möglichkeiten, Streitfragen des Reichsverfassungsrechts zu richterlicher, d. h. unabhängiger und unparteiischer Entscheidung zu bringen, stehen nun aber mindestens ebensoviele Unmöglichkeiten gegenüber, die zusammengefaßt in dem Bilde unseres Verfassungsschutzes eine unzweifelhaft ausfüllungsbedürftige Lücke bedeuten. Im Gegensatz zu den „Verfassungsstreitigkeiten innerhalb eines Landes", die der Art. 19 ganz allgemein und in complexu dem StGH. zuweist, sofern kein anderes Gericht zu ihrer Erledigung besteht, fehlt es an einer gleichartigen Bestimmung zugunsten der Verfassungsstreitigkeiten innerhalb des Reichs. Es gibt kein Gesetz, das die Reichsverfassungsstreitigkeiten über die Auslegung und Anwendung der Reichsverfassung als solcher und im ganzen einer richterlichen Kognition — sei es der des StGH. oder eines anderen Gerichts — unterstellt. Es fehlt insbesondere, um diese Tatsache in das ihr gebührende Licht des Vordergrundes zu stellen, an einer richterlichen Instanz für die Entscheidung der Fälle, in denen Vorschriften der RVerf. zwischen den obersten Reichsorganen — Reichstag, Reichspräsident, Reichsregierung, Reichsrat — streitig werden, einschließlich derjenigen, in denen das Volk, die Wählerschaft als außerordentliches, oberstes Reichsorgan auftritt, also in Streitfragen des Volksentscheids und Volksbegehrens. Daß solche Streitfälle — ich rede, wohlgemerkt, nicht von absichtlichen, schuldhaften Verfassungsverletzungen, sondern von gutgläubigen Meinungsverschiedenheiten über die Reichsverfassung — im politischen Leben vorkommen können, liegt auf der Hand, wie sie denn auch bekanntermaßen schon vielfach vorgekommen sind. Man vergegenwärtige sich etwa folgende Eventualitäten:

— der Reichspräsident weigert sich, ein Gesetz auszufertigen, weil es seiner Meinung nach nicht verfassungsmäßig zustande gekommen ist;

— der Reichspräsident überschreitet bei Anwendung seiner Diktaturgewalt behauptetermaßen die ihm durch Art. 48 RVerf. gesetzten Schranken;

— eine zurückgetretene, mit der Weiterführung der Geschäfte betraute Reichsregierung trifft Maßnahmen, die ihr als einer bloßen „Geschäftsregierung" nach Ansicht des Reichstags — oder einer Minderheit des Reichstags — nicht zustehen;

— ein Untersuchungsausschuß des Reichstags gerät mit der Reichsregierung oder einer Landesregierung in Streit über den Umfang, der den Untersuchungsausschüssen nach Art. 34 RVerf. zustehenden Rechte;

— die Reichstagsmehrheit beschließt auf Verlangen der Minderheit die Einsetzung eines Untersuchungsausschusses, die Minderheit beklagt sich dann aber darüber, daß der Ausschuß die Beweise, an denen ihr gelegen ist und die sie beantragt hat, nicht erhebt;

— der Reichsrat behauptet, von der Reichsregierung verfassungswidrig übergangen zu sein, indem z. B. seine Zustimmung zu einer Ausführungsverordnung nicht eingeholt worden sei oder die Regierung ihre Pflicht, ihn gemäß Art. 67 auf dem laufenden zu halten, verletzt habe;

— Reichsregierung und Reichsrat behaupten übereinstimmend, unter Widerspruch des Reichstags, daß der Reichstag den Einspruch des Reichsrats gegen ein vom Reichstag beschlossenes Gesetz nicht so, wie es die Verfassung vorschreibe, behandelt habe;

— eine ein Drittel übersteigende Minderheit des Reichstags oder des Reichsrats behauptet, ein Gesetz sei verfassungsändernd und erklärt ihr Veto, worauf die einfache Mehrheit beschließt, das Gesetz sei nicht verfassungsändernd, und den Fall damit für erledigt hält;

— der Reichsminister des Innern lehnt den Antrag auf Zulassung eines Volksbegehrens ab, da der Entwurf des begehrten Gesetzes nicht „ausgearbeitet" sei, was die Antragsteller ihrerseits bestreiten;

— der Reichstag verwirft ein auf Grund eines Volksbegehrens an ihn gelangtes Gesetz; die Reichsregierung weigert sich hierauf den Volksentscheid zu veranlassen, da das Gesetz ein Abgabengesetz, das Volksbegehren also unzulässig sei.

Diese zehn Beispiele — ich mache mich ohne weiteres anheischig, ihre Zahl erheblich zu vermehren — mögen genügen als Beleg dafür, wieviele Fälle — wohlgemerkt: nicht etwa politischer Zweckmäßigkeitsfragen, sondern reiner Rechtsstreitigkeiten — es in unserem Verfassungsleben gibt, in denen es zwar nicht an einem Kläger und Beklagten, wohl aber an einem Richter fehlt, Verfassungsstreitigkeiten, die, wenn kein Teil nachgibt, nicht anders als mit dem Brennusschwert der politischen Übermacht, der Übermacht des Reichstags über die Regierung und den Reichsrat oder der Mehrheit über die Minderheit entschieden werden können. Daß das mit dem Geiste des Rechtsstaats im Einklang stehe, wird gewiß niemand behaupten wollen.

Nun soll allerdings ein großer Teil der von mir aufgezeigten Lücke durch den zurzeit dem Reichsrat vorliegenden Entwurf eines Gesetzes, betr. die Prüfung der Verfassungsmäßigkeit von Vorschriften des Reichsrechts, ausgefüllt werden. Ich bitte aber um die Erlaubnis, diesen Gesetzentwurf und mein Urteil über ihn als Spezialfrage behandeln und an den Schluß meines Vortrags stellen zu dürfen. Vorerst ist nochmals die allgemeine Frage aufzuwerfen, ob, auch außer und abgesehen von dem Spezialfall der Verfassungsmäßigkeit von Reichsgesetzen, es sich empfiehlt, für alle Verfassungsstreitigkeiten „innerhalb des Reichs“, genauer: alle Rechtsstreitigkeiten über die Auslegung und Anwendung der Reichsverfassung, die Möglichkeit richterlicher Entscheidung zu gewähren.

Damit komme ich zu dem mir obliegenden Gutachten. Ich erstatte es dahin:

1. die soeben gestellte allgemeine Frage ist zu bejahen;

2. entscheidende Instanz für die Reichsverfassungsstreitigkeiten wird der StGH. für das das Deutsche Reich, und zwar in der für sonstige Verfassungsstreitigkeiten durch § 18 Nr. 1 des Gesetzes über den StGH. geregelten Besetzung;

3. die Zuständigkeit des StGH. ist näher zu bestimmen bzw. einzuschränken nach Maßgabe folgender Richtlinien:

a) die Zuständigkeit erstreckt sich nur auf Rechtsstreitigkeiten, Streitigkeiten über Auslegung und Anwendung der in der RVerf. enthaltenen Rechtssätze, nicht dagegen auf politische und sonstige nach Zweckmäßigkeitserwägungen zu entscheidende Fragen;

b) der StGH. entscheidet nur auf Antrag Beteiligter;

c) die Zuständigkeit des StGH. ist eine subsidiäre, sie tritt nur ein, soweit nicht die Zuständigkeit eines anderen Gerichts begründet ist.

Zu diesen drei Einschränkungen ist einiges zu bemerken.

(Zu a.) Die erste von den dreien ist eigentlich keine Einschränkung, sondern eine Selbstverständlichkeit. Ihr Sinn ist der, daß der StGH. bei Ausübung seiner neuzuschaffenden, wie ja auch seiner bestehenden Zuständigkeit nur solche Fragen zu entscheiden hat, die überhaupt richterlich, d. h. nach dem Recht, durch Subsumtion unter die Normen des objektiven Rechts, und nicht mit dem Willen zu entscheiden sind, — also eben Rechtsfragen. Der Gegensatz zu ihnen sind die politischen Fragen, d. h. solche, bei denen es nicht um die rechtliche Zulässigkeit oder Gültigkeit, sondern um die Notwendigkeit und die Zweckmäßigkeit staatlichen Tätigwerdens geht. Ich glaube nicht, daß zu diesem Punkte noch irgend etwas weiteres zu bemerken ist.

(Zu b.) Dann soll der StGH. nur entscheiden auf Antrag, und zwar auf Antrag oder Anrufung seitens eines Beteiligten. Damit ist ein Doppeltes gesagt. Einmal, daß der StGH. wie in allen sonstigen, so auch in den seiner Zuständigkeit jetzt neu zu unterstellenden Fällen nicht über abstrakte Rechtsfragen, sondern immer nur über konkrete Rechtsverhältnisse zu urteilen hat. Zweitens, daß auch dann, wenn es sich um ein konkretes Rechtsverhältnis handelt, die Anrufung des Gerichtshofes nicht jedem, nicht cuilibet ex populo, sondern nur demjenigen zustehen soll, der an der streitentscheidenden Feststellung des Rechtsverhältnisses ein rechtliches Interesse hat. Der Ausschluß der Nichtbeteiligten soll m. a. W. die Aktivlegitimation einschränken, soll Popularklagen verbieten. Darüber, wer „beteiligt", also aktiv legitimiert ist, hat der Gerichtshof nach der Sach- und Rechtslage des gegebenen Falles frei zu entscheiden; es empfiehlt sich nicht, diese Freiheit gesetzgeberisch zu beschränken, und zwar um so weniger, als die einschlägige Rechtsprechung des StGH. in Landesverfassungsstreitigkeiten zu irgendwelchen Beanstandungen bisher keinen Anlaß gegeben hat.

(Zu c.) Endlich die Subsidiarität der Zuständigkeit des StGH. Der hier leitende Gedanke ist nicht neu, indem er ja schon bei der bisherigen Begrenzung der Kompetenz des Gerichtshofs nach Art. 19, insbesondere in Landesverfassungsstreitigkeiten, zum Ausdruck kommt. Wie diese letztere, so soll auch die neue Kompetenz die Zuständigkeiten anderer Gerichte nicht absorbieren, nicht ersetzen, sondern bestehen lassen. Es würde also auch unter der Herrschaft der neuen Kompetenz verbleiben insbesondere bei der Zuständigkeit des RG. und der andern „obersten Gerichtshöfe des Reichs" nach Art. 13 Abs. 2, des Wahlprüfungsgerichts, der ordentlichen Gerichte, soweit sie, wie früher angegeben, ausnahmsweise zur Entscheidung verfassungsrechtlicher Fragen berufen sind. Verbleiben würde es ferner — auf diese Feststellung lege ich Wert — bei der Zuständigkeit der Verwaltungsgerichte der Länder und des Reichs, einschließlich, selbstredend, des künftigen Reichsverwaltungsgerichts. Es besteht kein Anlaß, die hier interessierende Funktion der Verwaltungsgerichte, nämlich den Schutz der reichsverfassungsmäßigen Grundrechte der Bürger vor Eingriffen der Verwaltung, auf den StGH. zu übertragen. Wenn dieser Schutz durch Reichs- oder Landesgesetz anderweit ausreichend gewährleistet ist — und er ist das dann, wenn er einem Gericht, d. h. einer nur dem Gesetz unterworfenen, den politischen Gewalten gegenüber unabhängigen Behörde übertragen ist —, so bewendet es hierbei; das Richteramt des StGH. greift dann insoweit nicht Platz.

Ich komme nun zu der gesetzgeberischen Gestaltung der von mir vertretenen Forderung. Sie begegnet keinen besonderen Schwierigkeiten. Die neue Zuständigkeit des StGH. ist dem Text der RVerf. am besten da einzustellen, wo die bestehenden Hauptzuständigkeiten des StGH. geregelt sind, also in den Art. 19 RVerf., und zwar in der Form eines nach Abs. 1 dieses Artikels einzufügenden neuen Absatzes. Dieser neue Absatz — über dessen Fassung ich mich mit meinem Herrn Mitberichterstatter geeinigt habe — enthält zwei Sätze. Der erste bringt die neue Zuständigkeit des StGH.; er geht dahin:

> „Der StGH. für das Deutsche Reich entscheidet ferner in Streitigkeiten Beteiligter über die Auslegung und Anwendung der Reichsverfassung, soweit nicht ein anderer Gerichtshof des Reichs oder eines Landes zuständig ist."

Der zweite Satz lautet:

> „Die Zuständigkeit des StGH. zur Prüfung der Verfassungsmäßigkeit von Vorschriften des Reichsrechts wird durch ein Reichsgesetz geregelt."

Mit diesem zweiten Satz soll, wie ersichtlich, die erforderliche Grundlage geschaffen werden, für die durch einfaches Reichsgesetz zu bewirkende Regelung der vorhin zurückgestellten Spezialfrage, nämlich der Prüfung der Verfassungsmäßigkeit von Reichsgesetzen und anderen Vorschriften des Reichsrechts. Daß es sich hier in der Tat nur um eine Spezialfrage, einen Sonderfall der von meinem Herrn Mitberichterstatter und mir vorgeschlagenen neuen Allgemeinzuständigkeit des StGH. handelt, ist deutlich; denn wenn — gleichviel von wem — die materielle oder formelle Verfassungsmäßigkeit eines Reichsgesetzes angefochten wird, so ist das in jedem Falle ein Streit über die Auslegung und Anwendung der Reichsverfassung, also ein Streit, der von der neuen Allgemeinzuständigkeit des StGH. mitumfaßt wird. Es empfiehlt sich, diese Spezialmaterie wegen der ihr innewohnenden besonderen Komplikationen näher zu regeln, was aber zweckmäßigerweise nicht durch die Verfassung selbst — die damit zu sehr mit Einzelheiten belastet würde —, sondern durch ein einfaches Gesetz zu geschehen hat. Für dieses Gesetz soll der von uns vorgeschlagene zweite Satz Raum schaffen, so zwar, daß für die Zuständigkeit des StGH. zur Prüfung der Verfassungsmäßigkeit von Vorschriften des Reichsrechts nur das in Rede stehende Gesetz maßgebend zu sein hat. Das Gesetz kann für seinen Anwendungsbereich insbesondere den Kreis der Beteiligten, also derer, die zur Anrufung des StGH. berechtigt sind, näher bestimmen; es kann auch die sonst nur subsidiäre Zuständigkeit des StGH. zu einer prinzipalen und ausschließlichen erheben.

Es ist bereits erwähnt, und im übrigen auch bekannt, daß ein Gesetz des fraglichen Inhalts bereits entworfen und als Regierungsvorlage dem Reichsrat zugegangen ist. Der Entwurf ist bald nach seinem Erscheinen durch die Tagespresse veröffentlicht, auch mehrfach besprochen worden, so insbesondere von dem Herrn Reichsminister des Innern Dr. Külz im 12. Heft der D. J.-Z. dieses Jahres sowie neuestens, in sehr gründlichen und tiefdringenden Ausführungen (mit denen ich mich weitgehend einverstanden erklären kann), von Herrn Rechtsanwalt Dr. Grau im Archiv d. öffentl. Rechts N. F. Bd. 11 S. 287—334.

Das Referat über die Einzelheiten des Entwurfs überlasse ich verabredungsgemäß meinem Herrn Mitberichterstatter, der Ihnen darlegen wird, daß und warum er den Entwurf im großen und ganzen billigt. Ich kann ihm hierin nicht folgen und muß gestehen, daß ich den Entwurf in wesentlichen Punkten für verfehlt halte. Inwieweit, geht aus dem von mir aufgestellten, in Ihren Händen befindlichen Gegenentwurf hervor. Die Hauptpunkte meiner Kritik sind folgende:

1. Erstens würde ich es begrüßt haben, wenn der Entwurf seine Materie, also das vielberedete richterliche Prüfungsrecht, klar und abschließend regelte, abschließend, d. h. unter Abschneidung aller Streitfragen, so, daß das richterliche Prüfungsrecht aufhört das zu sein, was es zurzeit immer noch ist: eine chronisch fortgeschleppte Kontroverse, an der niemand Freude hat, ausgenommen die, denen das Debattieren und Disputieren Selbstzweck ist. Bietet der Entwurf eine solche abschließende Regelung? Keineswegs. Er überträgt das Prüfungsrecht dem StGH.; aber er überträgt es ihm nicht ausschließlich, läßt vielmehr die Frage, inwieweit das Prüfungsrecht daneben auch noch den anderen Gerichten — ordentlichen, Verwaltungs- und sonstigen Gerichten — zustehen soll, teilweise unberührt. Aus § 2 des Entwurfs treten des Entwurfs ergangen sind, auf ihre Verfassungsmäßigkeit prüfen dürfen. Wie es aber mit Gesetzen älteren Datums gehalten werden soll, bleibt im Dunkeln. Der Entwurf sagt in dieser Hinsicht weder ja noch nein.

Dieser unklaren und unentschlossenen Haltung des Entwurfs gegenüber stelle ich die Forderung an den Gesetzgeber, in Sachen des richterlichen Prüfungsrechts Farbe zu bekennen, und zwar im Sinne der ausschließlichen Zuständigkeit des StGH. Wenn wir uns entschließen, dem StGH. die Prüfung der Verfassungsmäßigkeit der Reichsgesetze zu übertragen — und dazu haben wir uns entschlossen, sobald wir die Zuständigkeit des StGH. auf das ganze Gebiet der Reichsverfassungsstreitigkeiten generell ausdehnen —, dann müssen wir uns auch entschließen, einzusehen, daß sich mit dieser Zuständigkeit eine konkurrierende Zuständigkeit der anderen Gerichte nicht verträgt, — vor allem deshalb geht hervor, daß die Gerichte solche Reichsgesetze, die nach Inkraft- nicht verträgt, weil andernfalls die unbedingt notwendige Einheitlichkeit der Verfassungsrechtspflege gefährdet sein würde. Die Übertragung des Prüfungsrechts an den StGH. ist gut — das sage ich als alter Gegner des richterlichen Prüfungsrechts, dem dieses Zugeständnis nicht eben leicht wird —; aber neben dem Prüfungsrecht des Staatsgerichtshofs noch ein Prüfungsrecht aller anderen Gerichte bis hinunter zu den untersten Instanzen, das ist ein Zuviel, das ich de lege ferenda nicht vertreten noch verantworten kann. Ich schlage also vor, das Gesetz über das Prüfungsrecht mit einem Paragraphen beginnen zu lassen, der klipp und klar sagt, daß die Prüfung der Verfassungsmäßigkeit und damit der Gültigkeit gehörig verkündeter Reichsgesetze nur dem StGH., ihm ausschließlich zusteht. Ich berufe mich für diesen Vorschlag auf ein naheliegendes und nachahmungswürdiges Vorbild: auf unsere Schwesterrepublik Österreich, die in ihrer Verfassung, Art. 89 und 140, den Gerichten das Prüfungsrecht gegenüber Gesetzen ausdrücklich aberkennt und es dem (unserem StGH. entsprechenden) Verfassungsgerichtshof zuerkennt. Ich berufe mich ferner auf die jetzt wohl ganz überwiegende Meinung der Vertreter der Staatsrechtswissenschaft, die, wie aus den Verhandlungen der Vereinigung der deutschen Staatsrechtslehrer und aus literarischen Äußerungen, die ich im einzelnen nicht anführen will, hervorgeht, die Monopolisierung des Prüfungsrechts in der Hand des StGH. für die beste gesetzgeberische Lösung der großen Streitfrage erachtet.

2. Zweitens kann ich es nicht verstehen, warum der Entwurf das Prüfungsrecht des StGH. objektiv auf solche Vorschriften des Reichsrechts beschränken will, die nach Inkrafttreten des Gesetz gewordenen Entwurfs ergehen. Auch hier wieder die sonderbare Scheu des Entwurfs vor durchgreifenden und restlosen Entscheidungen, die sich weiterhin auch darin zeigt, daß Verträge mit fremden Staaten und die durch sie bedingten Gesetze dem Prüfungsrecht des StGH. (ob auch

dem der anderen Gerichte, ist nicht gesagt), selbst dann entzogen sein sollen, wenn sie nach dem Inkrafttreten des Gesetzes zustandegekommen sind. Beide Beschränkungen müssen unbedingt fallen. Wenn man das Gesetzgebungsverfahren der Rechtskontrolle des StGH. unterstellen will, so soll man das auch ganz tun; Ausnahmen, wie sie der Entwurf machen will, haben keinen Sinn.

3. Drittens scheint mir der Kreis der Faktoren, die berechtigt sind, den StGH. behufs Prüfung der Verfassungsmäßigkeit von Reichsgesetzen anzurufen, zu eng gezogen. Nach dem Entwurf sind anrufungsberechtigt der Reichstag, die Reichsregierung und der Reichsrat. Hierbei ist übersehen, daß die Verfassungsmäßigkeit eines Reichsgesetzes streitig werden kann nicht nur zwischen dem Reichstag und der Reichsregierung oder zwischen Reichstag und Reichsrat, sondern auch innerhalb des Reichstags oder des Reichsrats zwischen der Mehrheit, die das Gesetz für nichtverfassungändernd hält, und der Minderheit, die entgegengesetzter Ansicht ist und also, wenn sie stärker ist als ein Drittel der Gesamtheit (vorausgesetzt, daß ihre Ansicht richtig ist) das Zustandekommen des Gesetzes im Wege der einfachen, nichtverfassungändernden Gesetzgebung würde hindern können. Ich beziehe mich, was diesen Fall betrifft, auf das Referat meines Kollegen Grafen zu Dohna auf dem vorigen Juristentag. Graf Dohna hat uns damals den Widerspruch gezeigt, der darin liegt, daß die einfache Mehrheit zwar keine Verfassungsänderung beschließen, wohl aber beschließen kann, es liege keine Verfassungsänderung vor (vgl. Verhandlungen des 33. Deutschen Juristentags (S. 548). Dieser Widerspruch läßt sich gerecht nur dadurch ausgleichen, daß man nicht nur der Mehrheit, sondern auch der ein Drittel übersteigenden Minderheit sowohl des Reichstags wie des Reichsrats das Recht gibt, die Entscheidung des StGH. anzurufen.

Noch nach einer anderen Seite hin möchte ich die Aktivlegitimation ausdehnen; ich möchte sie nämlich auch den Gerichten zuerkennen: nicht allen, aber denen, die einen Fall im letzten oder einzigen Rechtszug zu entscheiden haben. Auch diesen höheren und höchsten Gerichten soll ja, nach dem von mir vertretenen Standpunkt, das Prüfungsrecht gegenüber gehörig verkündeten Reichsgesetzen nicht zustehen. Um so mehr ist es vertretbar, ihnen, falls sie glauben, daß ein von ihnen anzuwendendes Reichsgesetz mit der Reichsverfassung im Widerspruch stehe, das Recht einzuräumen, diesen Streitpunkt zur Entscheidung des StGH. zu bringen, wobei in diesem wie in jedem andern Falle der Anrufung des StGH. das Verfahren vor dem Prozeßgericht selbstverständlich solange ausgesetzt werden muß, bis die Entscheidung des StGH. ergangen und im RGBl. verkündet ist.

Das Recht der in Rede stehenden Gerichte, den StGH. zur Prüfung der von ihnen hinsichtlich ihrer Verfassungsmäßigkeit angezweifelten Gesetze anzurufen, möchte ich aufgefaßt wissen als Ersatz für das Recht, die Prüfung selbst vorzunehmen, als Ersatz des richterlichen Prüfungsrechts. Es muß — wie dies der richterlichen Unabhängigkeit und insbesondere der Stellung und Würde oberster Gerichtshöfe allein entspricht — vollkommen selbständig ausgeübt werden dürfen. Es darf namentlich nicht beschränkt werden durch ein zwischen dem betreffenden Gericht und dem StGH. vermittelndes Tätigwerden der Justizverwaltungsstellen und der Reichsregierung. Auch hierin weiche ich von dem Entwurf ab. Nach § 2 des Entwurfs dürfen die Gerichte sich nicht unmittelbar selbst an den StGH. wenden; sondern sie haben, wenn sie die Verfassungsmäßigkeit eines Reichsgesetzes bezweifeln, der Reichsregierung „auf dem Dienstwege", d. h. durch Vermittelung der vorgesetzten obersten Justizverwaltungsbehörde, Mitteilung zu machen, mit der Wirkung, daß die RReg. sich dann binnen Monatsfrist entschließen muß, ob sie den StGH. behufs Prüfung des Gesetzes anrufen will oder nicht. Diese Bestimmung gefällt mir nicht. Sie leidet an Schwerfälligkeit und an einer unangebrachten bürokratischen Ängstlichkeit; sie ist vor allem geeignet, die richterliche Unabhängigkeit zu gefährden (wie dies von Grau a. a. O., S. 322, 323, m. E. überzeugend dargelegt ist). Ich bitte, diese Bestimmung abzulehnen und durch die von mir vorgeschlagenen zu ersetzen.

Zum Schluß möchte ich — auf die Gefahr hin, das Gewicht der Gründe, die mich zur Aufstellung meiner Leitsätze und meines Gesetzentwurfs bewogen haben, zu vermindern — die rationes dubitandi doch nicht verschweigen. Ich muß gestehen, daß der Beschluß, die befürwortete Erweiterung der Zuständigkeit des StGH. zu vertreten, mir nicht ganz leicht geworden ist. Wir müssen uns darüber klar sein, daß, wenn diese Erweiterung Gesetz wird, wir nicht nur die Gesetzgebung, sondern darüber hinaus die ganze Politik, das ganze Verfassungsleben des Reichs mit Gewichten und Hemmungsvorrichtungen belasten, die neben ihren guten Seiten auch ihre Schattenseiten haben. Das Zustandekommen der Gesetze wird sich durch die eingeschaltete Kontrolle des StGH. oft unliebsam verzögern; Die Fälle, in denen die Reichstagsmehrheit im Bewußtsein nicht nur ihrer Macht, sondern auch ihrer Verantwortlichkeit sozusagen „durchhaut" — und auch das kann unter Umständen sein Gutes haben —, werden seltener werden; mißvergnügte Minoritäten werden versuchen, die Anrufung des StGH. zu Zwecken zu benutzen, die nichts anderes sind als Obstruktion. Dazu kommt ein anderes. Der StGH. wird, wenn er auch formell — wie bisher — nur mit Rechtsentscheidungen befaßt sein soll, tatsächlich doch weit mehr als bisher in Fragen hineingezogen werden, bei deren Beantwortung der politische Wille — wenn er da ist — gern geneigt ist, den juristischen Verstand zu beherrschen. Der StGH. wird immer mehr zu einem politischen Machtfaktor werden, womit die Gefahr entsteht, daß bei der Besetzung der Stellen dieses Gerichtshofs nicht nur auf die richterliche Tüchtigkeit sondern auch auf die politische Stellung der Anwärter gesehen wird.

Indessen meine ich: alle diese Bedenken müssen überwunden werden, und sie können auch überwunden werden. Wir überwinden sie, indem wir sie — und uns — einer hohen Idee unterordnen, einer Idee, in deren Dienst wir, wie ich fest glaube, uns alle mit gleicher Freudigkeit stellen: das ist die Idee des Rechtsstaats. Ihr Geltung zu schaffen auf einem Gebiete, wo sie bisher und zur Zeit noch allzu machtlos war und ist: im Verhältnis und Verkehr der obersten Reichsorgane zu- und untereinander, — sie dadurch zu einem festen Siege zu führen, das ist der eigentliche Sinn meines Vortrags, das der Zweck meiner Leitsätze, um deren Annahme ich Sie bitte.

Vorsitzender Geh. Justizrat Prof. Dr. Triepel-Berlin:

Ich habe vor einigen Jahren bei einem ähnlichen Anlaß, als ich den Dank einer Versammlung dem Kollegen Anschütz auszusprechen hatte, die Formel gebraucht: „Es war ein echter Anschütz." Er hat mich nachher unter vier Augen gefragt, ob das ein Lob oder eine Beleidigung sein solle. Obwohl ich nicht daran zweifle, daß, wenn ich heute wiederhole, es war ein echter Anschütz, die Versammlung nicht im Zweifel sein wird, was ich meine, so möchte ich doch eine abermalige Rückfrage des Kollegen Anschütz vermeiden, indem ich die Worte so erkläre: wir haben uns alle gefreut, als wir einen echten Anschütz vorgesetzt bekamen, d. h. eine Leistung, bei der sich die Klarheit des Gedankens mit der geistreichen Eleganz der Diktion verbindet.

Ich erteile dann das Wort Herrn Ministerialrat Dr. Mende als zweitem Berichterstatter zu dem gleichen Thema.

Ministerialrat Dr. Mende-Berlin:

Die Aufstellung gemeinsamer Leitsätze hat Ihnen bereits gezeigt, daß zwischen den beiden Referenten in der Beurteilung des von uns zu behandelnden Stoffes weitgehende sachliche Übereinstimmung herrscht. Diese Übereinstimmung berechtigt mich, um zeitraubende und zwecklose Wiederholungen auszuschalten, die Fragen, die Herr Geheimrat Anschütz in seinem Referat behandelt hat, im wesentlichen als geklärt anzusehen. Ich erblicke meine Aufgabe darin, in Ergänzung der Ausführungen des Herrn Geheimrat Anschütz die Probleme, die unsere Aufgabe bietet, vom Standpunkt der Staatspraxis aus zu beleuchten und Ihnen an praktischen Beispielen aus dem Verfassungsleben der letzten Jahre zu zeigen, daß die von uns vorgeschlagene Erweiterung des Art. 19 der Reichsverfassung eine Staatsnotwendigkeit ist.

Als Einleitung zu meinen Ausführungen möchte ich nur ganz kurz auf den von Herrn Geheimrat Anschütz erörterten Ausgangspunkt unserer Untersuchungen, die Vorschrift des Art. 19 Abs. 1 RVerf. in ihrer jetzigen Form zurückgreifen:

Der Art. 19 Abs. 1, soweit er für unsere Untersuchungen in Betracht kommt, spricht von „Verfassungsstreitigkeiten". Verfassungsstreitigkeiten sind nach der von dem Staatsgerichtshof in ständiger Rechtsprechung anerkannten Formulierung des Berichterstatters im Verfassungsausschusse der Nationalversammlung, unseres hochverehrten Geheimrats Kahl:

> „Streitigkeiten über die Auslegung oder die Anwendung der Verfassung. Entscheidend ist nicht, daß der Streit darüber gerade zwischen der Regierung und der Volksvertretung stattfindet, wenn das auch der häufigste Fall ist, sondern daß der Gegenstand des Streites die Verfassung betrifft, wobei es wiederum gleichgültig ist, ob es sich um einen in der Verfassungsurkunde enthaltenen Satz handelt oder um eine in einem sonstigen Verfassungsgesetz stehende Vorschrift."

Die Reichsverfassung hat Verfassungsstreitigkeiten nur innerhalb eines Landes geregelt. Streitigkeiten über die Reichsverfassung fallen nur insoweit unter die Verfassungsvorschrift, als sie Streitigkeiten nicht privatrechtlicher Art zwischen dem Reich und einem Lande im Sinne des zweiten

Halbsatzes der Verfassungsvorschrift sein können. Nicht einbezogen sind demnach Verfassungsstreitigkeiten innerhalb des Reichs.

Aus den Materialien zur Reichsverfassung, insbesondere den Protokollen des Verfassungsausschusses ergeben sich keine sicheren Anhaltspunkte dafür, ob dieser Unterlassung eine bestimmte Absicht zugrunde lag oder ob sie unbewußt geschehen ist. Bei der fieberhaften Hast, mit der die Reichsverfassung in den schicksalsschweren Frühjahrs- und Sommertagen des Jahres 1919 geschaffen werden mußte, ist sehr wohl denkbar, daß man sich von den Rechtsgedanken, die in Art. 76 der Reichsverfassung von 1871 enthalten sind, nicht hinreichend losgelöst und dem Umstande nicht gebührend Rechnung getragen hat, daß die veränderte Staatsform auch für Verfassungsstreitigkeiten innerhalb des Reichs die Entscheidung durch eine unpolitische richterliche Instanz nötig machen könnte. Jedenfalls sind die Verfassungsstreitigkeiten innerhalb des Reichs in der Reichsverfassung unberücksichtigt geblieben. Es klafft hier in Art. 19 eine Lücke, die sich bei der Führung der Staatsgeschäfte in immer steigendem Maße bemerkbar gemacht hat.

Am schärfsten trat dieser Mangel auch für den Außenstehenden dadurch in Erscheinung, daß sich Streitigkeiten über die besonders wichtige Sonderfrage der Vereinbarkeit reichsrechtlicher Vorschriften mit der Reichsverfassung auf Grund verfassungsrechtlicher Vorschriften nicht zweifelsfrei entscheiden lassen. Die Frage wird von praktischer Bedeutung sowohl bei Meinungsverschiedenheiten zwischen den an der Gesetzgebung beteiligten Stellen, dem Reichstag, dem Reichsrat, der Reichsregierung und dem Reichspräsidenten, als auch bei der Anwendung der erlassenen Vorschriften durch die Behörden, insbesondere die Gerichte. Bei der Beratung der Reichsverfassung ist nur die Einzelfrage der Nachprüfung der Verfassungsmäßigkeit von Reichsgesetzen durch die Gerichte näher erörtert worden. Man hatte sich hier insoweit der allgemein herrschenden Ansicht angeschlossen, daß der Richter die äußeren Formen des Zustandekommens einer Rechtsnorm, die Verkündung, nachzuprüfen hat, daß er die Vereinbarkeit einer landesrechtlichen Vorschrift mit dem Reichsrecht feststellen muß und daß er sich über die Rechtsgültigkeit von Verordnungen sowohl in formaler wie in materieller Hinsicht bei seinen Entscheidungen schlüssig zu werden hat. Die Aussprache im Verfassungsausschuß hat sich auf die verbleibende Streitfrage der Nachprüfung der materiellen Verfassungsmäßigkeit von Reichsgesetzen durch die Gerichte beschränkt. Die Gegensätze innerhalb des Ausschusses beruhten hier ausnahmsweise nicht auf der politischen Einstellung der

Beteiligten, sondern auf ihrer juristischen Überzeugung. Sie konnten daher auch nicht im Wege eines Kompromisses überbrückt werden. Es soll hier nur darauf hingewiesen werden, daß im Ausschuß der Demokrat Ablaß, der Deutsche Volksparteiler Kahl, der Mehrheitssozialist Sinzheimer sich gegen das richterliche Prüfungsrecht aussprachen, der unabh. Sozialist Cohn, der Deutschnationale Düringer, der Mehrheitssozialist Katzenstein, der Demokrat Reichsminister Preuß dafür. Die Zeit drängte. Die Verfassungsarbeiten mußten abgeschlossen werden, wenn man nicht den Bestand des ganzen Reichs aufs Spiel setzen wollte. So entschied man sich notgedrungen dahin, auch diesen Spezialfall einer Verfassungsstreitigkeit innerhalb des Reichs ungeregelt zu lassen. Das Fehlen einer entscheidenden Instanz für die Feststellung der Verfassungsmäßigkeit von Rechtsnormen sollte sich im Staatsleben des Deutschen Reichs alsbald rächen.

Bei den gesetzgeberischen Arbeiten wurde die Anzweiflung der Verfassungsmäßigkeit zu einem beliebten Requisit der Opposition im Kampfe gegen einen vorgelegten Gesetzentwurf. So waren es beispielsweise bei dem Gesetz über Einstellung des Personalabbaues vom 4. Aug. 1925 (Reichsgesetzblatt I, S. 181) und bei dem Gesetz über Zolländerungen vom 18. August 1925 (Reichsgesetzblatt I, S. 304) die Linksparteien, die die Verfassungsmäßigkeit der Vorlage bestritten. Andererseits waren es bei den Verhandlungen des Gesetzes über die Verträge von Locarno und den Eintritt Deutschlands in den Völkerbund vom 28. November 1925 (Reichsgesetzblatt II, S. 975) die Deutschnationalen und Deutschvölkischen, die mit den gleichen Argumenten gegen den Gesetzentwurf kämpften. Es bestand keine Möglichkeit, die Meinungsverschiedenheiten durch eine unanfechtbare Entscheidung zu klären. Reichspräsident und Reichsregierung mußten die Verantwortung für die Verkündung der mit einfachen Mehrheiten angenommenen Gesetze allein übernehmen. Auch wenn bei ihnen selbst Zweifel an der Verfassungsmäßigkeit bestanden hätten, hätten sie diese Zweifel aus eigener Entschlußkraft lösen müssen und nur das Mittel gehabt, beim Überwiegen der Bedenken die Verkündung des Gesetzes abzulehnen. Der Reichstag hätte die Handlungsweise der Reichsregierung nur mit der Entziehung des Vertrauens oder gar mit einer Ministeranklage wegen Verfassungsverletzung beantworten können. Maßnahmen, die für die Entscheidung einer reinen Rechtsfrage denkbar ungeeignet sind. Ein solcher Zustand ist für die Dauer nicht erträglich.

Noch schwerwiegender waren allerdings die Gründe, die wegen der Inanspruchnahme des Prüfungsrechts durch die Gerichte für die Schaffung eines ausschließlich zuständigen Verfassungsgerichtshofs sprachen. Die Reichsregierung hatte stets den Rechtsstandpunkt vertreten, daß ein richterliches Prüfungsrecht hinsichtlich der Verfassungsmäßigkeit von Reichsgesetzen nicht bestände, und war in dieser Auffassung von namhaften Staatsrechtslehrern, wie Anschütz, Jellinek, Radbruch und Thoma, unterstützt worden. Allerdings hatten sich andere maßgebende Theoretiker, wie Preuß und Triepel, für die Zulässigkeit des richterlichen Prüfungsrechts ausgesprochen. Der Streit ist für die Praxis jetzt dadurch entschieden, daß der 5. Zivilsenat des Reichsgerichts in seinem Urteil vom 4. November 1925 (RGZ. Bd. 111 S. 322) die Nachprüfung der Verfassungsmäßigkeit von Reichsgesetzen für die Gerichte in Anspruch genommen hat und daß diese Entscheidung naturgemäß künftig eine Richtlinie für die Rechtsprechung aller deutschen Gerichte bilden wird. Damit ist ein Zustand geschaffen, der mit einer ordnungsmäßigen Führung der Staatsgeschäfte unvereinbar ist. Wenn jedes Gericht ohne Einschränkung berechtigt ist, einem Reichsgesetz die Verfassungsmäßigkeit abzuerkennen, so wird eine Rechtsunsicherheit geschaffen, die die schwersten wirtschaftlichen und politischen Nachteile zur Folge haben muß. Hier mußte der Gesetzgeber eingreifen.

Die Reichsregierung hat daher einen Gesetzentwurf über die Prüfung der Verfassungsmäßigkeit von Vorschriften des Reichsrechts aufgestellt, der zurzeit dem Reichsrat vorliegt. Der Inhalt des Entwurfs ist von dem Herrn Reichsminister des Innern selbst im Berliner Tageblatt (Nr. 255 vom 2. Juni 1926) und in der Deutschen Juristenzeitung (Nr. 12 vom 15. Juni 1926 S. 837 f.) wiedergegeben und erläutert worden, so daß keine Bedenken bestehen, den Entwurf auch hier zum Gegenstand der öffentlichen Besprechung zu machen. Der Entwurf ist offensichtlich von dem modernen österreichischen Verfassungsrecht beeinflußt worden. Das Österreichische Bundes-Verfassungsgesetz vom 1. Oktober 1920, daß den Gerichten im Art. 89 die Nachprüfung der Gültigkeit „gehörig kundgemachter Gesetze" verbietet, setzt zur Entscheidung über die Verfassungsmäßigkeit von Gesetzen und Verordnungen im Art. 139, 140 einen „Verfassungsgerichtshof" ein.

Der jetzt vorliegende deutsche Regierungsentwurf regelt die beiden Fälle, die das Problem der Nachprüfung der Verfassungsmäßigkeit von Reichsgesetzen umschließt. Der Entwurf überträgt dem Staatsgerichtshof für das Deutsche Reich die Aufgabe eines Verfassungsgerichtshofs einmal in dem Sinne, daß er Meinungsverschiedenheiten die bei den an der Gesetzgebung beteiligten Stellen über die Verfassungsmäßigkeit reichsrechtlicher Normen bestehen, zu entscheiden hat. Er weist dem Staatsgerichtshof ferner die Aufgabe zu, darüber endgültig zu entscheiden, ob die Weigerung eines Gerichts, eine reichsrechtliche Vorschrift als verfassungsmäßig anzuerkennen, berechtigt ist.

Im ersten Falle sind bei Zweifeln oder Meinungsverschiedenheiten darüber, ob eine als Gesetz oder Verordnung verkündete Rechtsvorschrift des Reichsrechts mit der Verfassung in Widerspruch steht, Reichstag, Reichsrat oder Reichsregierung, also die an der Reichsgesetzgebung beteiligten Faktoren, berechtigt, die Entscheidung des Staatsgerichtshofs für das Deutsche Reich anzurufen. Zwei Einschränkungen sind gemacht: betroffen werden von der Vorschrift nur nach Inkrafttreten des Gesetzes verkündete Rechtsnormen und ausgenommen bleiben Verträge mit fremden Staaten und die durch sie bedingten Gesetze. Die vorgesehenen Ausnahmen erscheinen sachlich kaum gerechtfertigt. Es ist nicht ersichtlich, warum nicht die gesamte Gesetzgebung des Reichs seit dem Inkrafttreten der Weimarer Verfassung den Vorschriften des Gesetzes unterworfen werden soll. Nachteile können hierdurch kaum entstehen, es sei denn, daß die Befürchtung bestünde, der Staatsgerichtshof könnte in größerem Umfange bereits ergangene Gesetze als verfassungswidrig bezeichnen. Das dürfte nicht der Fall sein. Es erscheint vielmehr erwünscht, die Gesetzgebung des Deutschen Reichs unter der Geltung der Verfassung vom 11. August 1919 einheitlich zu behandeln. Dieser Wunsch gilt auch für die Verträge mit fremden Staaten und die durch sie bedingten Gesetze. Dem Umstand, daß möglicherweise einmal ein Gesetz, das einen internationalen Vertrag betrifft, zur Kognition des Staatsgerichtshofs gebracht wird, kann nicht solche Bedeutung beigemessen werden, daß darum das Grundprinzip des Gesetzes durchbrochen werden müßte. Falls bei einem solchen Gesetz Zweifel an der Verfassungsmäßigkeit bestehen, die regelmäßig schon bei der Beratung im Reichsrat oder Reichstag zutage treten werden, können Reichspräsident und Reichsregierung nach der ausdrücklichen Vorschrift des § 7 des Entwurfs vor der Verkündung ein Gutachten des Staatsgerichtshofs zur Frage der Verfassungsmäßigkeit einholen und damit Sicherheit für die Rechtsbeständigkeit des Gesetzes schaffen. Auch das österreichische Verfassungsrecht, das im Bundesverfassungsgesetz hinsichtlich der internationalen Verträge im Art. 10 Ziff. 2 und Art. 50 eine der deutschen

Reichsverfassung entsprechende Regelung trifft, hat für die durch Verträge mit fremden Staaten bedingten Gesetze keine Ausnahme geschaffen.

Hervorzuheben ist, daß das Recht zur Anrufung des Staatsgerichtshofs nur dem Reichsrat, d. h. der Mehrheit der Stimmen des Reichsrats, nicht etwa einem einzelnen Lande zugesprochen werden soll. Das ist nach dem Aufbau der Verfassung logisch richtig. Denn durch die Reichsverfassung (Art. 60) sind nur der Reichsrat, nicht die einzelnen Länder als solche zur Teilnahme an der Gesetzgebung des Reichs berufen. Ebenso soll nur die Mehrheit des Reichstags, nicht etwa einzelne Fraktionen, die Entscheidung des Staatsgerichtshofs herbeiführen können. In Frage kommen könnte nur, ob man etwa noch einer qualifizierten Minderheit, der Minderheit, die das Zustandekommen eines verfassungsändernden Gesetzes verhindern kann, nämlich einem Drittel der Stimmen des Reichsrats oder der Abgeordneten des Reichstags, bereits das Recht, den Staatsgerichtshof anzurufen, gewähren sollte. Eine solche Regelung würde sich als Schutz für die Minderheiten im Reichstag und Reichsrat rechtfertigen lassen. Es würde damit auf einen Gedanken zurückgegriffen werden, den schon der Abgeordnete Ablaß bei den Beratungen im Verfassungsausschuß der Nationalversammlung (Protokolle S. 483) vertreten hat. Ablaß wollte 100 Mitgliedern des Reichstags ein Recht zur Anrufung des Staatsgerichtshofs geben.

Berechtigt, eine Entscheidung des Staatsgerichtshofs herbeizuführen, ist naturgemäß die Reichsregierung, der die praktische Anwendung des Gesetzes als oberster Verwaltungsinstanz des Reichs in erster Linie obliegt. Fraglich könnte sein, ob auch dem Reichspräsidenten ein Antragsrecht gegeben werden sollte. Der Gesetzentwurf sieht es nicht vor. Das Gesetz geht offenbar davon aus, daß die Tätigkeit des Reichspräsidenten auf Grund des Art. 70 RVerf. bei der Reichsgesetzgebung nur in der Ausfertigung und Verkündung des beschlossenen Gesetzes besteht und daß der Reichspräsident bei der praktischen Durchführung der in Kraft getretenen Reichsgesetze regelmäßig unbeteiligt ist. Die Interessen des Reichspräsidenten scheinen dadurch hinreichend gewahrt, daß er nach dem bereits erwähnten § 7 des Gesetzentwurfs das Recht haben soll, vor der Verkündung des beschlossenen Gesetzes ein Gutachten des Staatsgerichtshofs über die Verfassungsmäßigkeit des Gesetzes einzuholen. Für die im Gesetzentwurf vorgesehene Regelung spricht auch folgendes. Nach Art. 50 RVerf. bedürfen alle Anordnungen und Verfügungen des Reichspräsidenten zu ihrer Gültigkeit der Gegenzeichnung des Reichskanzlers oder des zuständigen Reichsministeriums. Danach müßte also auch die Anrufung der Entscheidung des Staatsgerichtshofs als ein Akt unmittelbarer Ausübung der dem Reichspräsidenten zustehenden Staatshoheit gegengezeichnet werden. Es muß danach eine sachliche Übereinstimmung zwischen Reichspräsident und Reichsministerium bestehen. Bei dieser Rechtslage erscheint es nicht notwendig, dem Reichspräsidenten ein gesondertes Antragsrecht zu geben. Der Reichspräsident kann gegebenenfalls seinen Wunsch nach Anrufung des Staatsgerichtshofs durch die Reichsregierung zur Geltung bringen.

Der § 2 des Gesetzentwurfs regelt dann die Frage, was zu geschehen hat, wenn ein Gericht eine nach Inkrafttreten des Gesetzes als Gesetz oder Rechtsverordnung verkündete Rechtsnorm des Reichs deshalb nicht anwenden zu können glaubt, weil sie mit der Reichsverfassung in Widerspruch stehe. Das Prüfungsrecht der Gerichte hinsichtlich der Verfassungsmäßigkeit von Rechtsnormen des Reichs wird hier als gegebene Tatsache hingenommen, und es wird ein Weg gesucht, dieses Prüfungsrecht mit den Erfordernissen des allgemeinen Staatswohls in Einklang zu bringen. Das soll durch Schaffung einer Instanz, welche die Einheitlichkeit der Prüfung gewährleistet, geschehen. Es könnte in Frage kommen, ob es nicht, wie von Herrn Geheimrat Anschütz in seinem Gegenentwurf vorgeschlagen, praktischer gewesen wäre, die Nachprüfung der Verfassungsmäßigkeit von Reichsgesetzen durch die Gerichte überhaupt auszuschließen. So Art. 89 des österreichischen Bundes-Verfassungsgesetzes, der bestimmt: „Die Prüfung der Gültigkeit gehörig kundgemachter Gesetze steht den Gerichten nicht zu." Mit einem solchen Vorschlage würde aber die alte Streitfrage des Prüfungsrechts der Gerichte erneut aufgerollt werden. Wie das Beispiel des Verfassungsausschusses im Jahre 1919 beweist, würden lange und unfruchtbare Debatten heraufbeschworen und womöglich das Zustandekommen des ganzen Gesetzes gefährdet werden. Wenn die Reichsregierung daher in ihrem Entwurf einen anderen Weg gegangen ist, so werden wohl diese praktischen Erwägungen, denen man sich kaum verschließen kann, maßgebend gewesen sein.

Die Reichsregierung hatte bei der Nachprüfung der Verfassungsmäßigkeit durch die Gerichte zunächst die Regelung vorgesehen, daß das im letzten oder einzigen Rechtszug entscheidende Gericht — das kann also bei den ordentlichen Gerichten das Amtsgericht, das Landgericht, das Oberlandesgericht oder das Reichsgericht sein —, der Reichsregierung auf dem Dienstwege unter Aussetzung des Verfahrens mit Begründung seines Rechtsstandpunktes von den Zweifeln an der Verfassungsmäßigkeit Mitteilung machen sollte. Die Reichsregierung sollte sich dann binnen Monatsfrist darüber schlüssig werden, ob sie eine Entscheidung des Staatsgerichtshofs für das Deutsche Reich herbeiführen oder der Sache ihren Lauf lassen wollte. Gegen diese Regelung haben sich gewisse Bedenken erhoben. Bei der vorgesehenen Regelung würde es möglich sein, daß die in erster Instanz entscheidenden Gerichte zunächst einmal eine Rechtsnorm als verfassungswidrig erklären würden und daß diese Feststellung dann mindestens solange bestehen bleiben würde, bis eine entgegengesetzte Entscheidung der höheren Instanz erfolgt. Sie kann aber auch endgültig sein, wenn ein zulässiges Rechtsmittel nicht eingelegt und das Urteil der unteren Instanz dadurch rechtskräftig wird. Eine solche Auswirkung ist wegen der damit verbundenen Störung der Rechtssicherheit sicherlich unerwünscht. Es ist daher in Aussicht genommen, daß die Möglichkeit geschaffen werden soll, jedes gerichtliche Urteil gegen die Verfassungsmäßigkeit einer Reichsrechtsnorm zu vermeiden. Hier ergab sich die Schwierigkeit, daß es praktisch nicht als durchführbar angesehen werden kann, jedem Gericht die Vorlage seiner Sache an die Reichsregierung zu ermöglichen, da eine solche Regelung bei den zahlreichen in Betracht kommenden Gerichten der verschiedenen Instanzen zu einer übergroßen Belastung des Staatsgerichtshofs führen könnte. Man will daher eine „Klärstelle" in der Form einführen, daß die Gerichte im allgemeinen zunächst dem in letzter Instanz entscheidenden Gericht, die Zivil- und Strafgerichte im besonderen dem für sie zuständigen Oberlandesgericht, von ihrer Absicht, eine Rechtsvorschrift für verfassungswidrig zu erklären, Mitteilung zu machen haben und daß dieses dann zunächst maßgebend darüber zu entscheiden hat, ob es die vorgelegten Zweifel für richtig hält. Aus diesen Gedankengängen ergibt sich folgende Regelung:

„Glaubt ein im letzten oder einzigen Rechtszuge entscheidendes Gericht eine nach Inkrafttreten dieses Gesetzes als Gesetz oder Verordnung verkündete Rechtsvorschrift des Reichsrechts deshalb nicht anwenden zu können, weil sie mit der Reichsverfassung im Widerspruch stehe, so hat das Gericht das Verfahren auszusetzen und hiervon unter Darlegung seiner Rechtsauffassung, wenn es ein Gericht des Reichs ist, der Reichsregierung, andernfalls der Landesregierung, auf dem Dienstwege Mitteilung zu machen. Die Landesregierung gibt von einer ihr zugegangenen Mitteilung der Reichsregierung Kenntnis.

Glaubt im übrigen ein Gericht eine als Gesetz oder Verordnung verkündete Rechtsvorschrift des Reichsrechts deshalb nicht anwenden zu können, weil sie mit der Reichsverfassung im Widerspruch stehe, so hat es unter Aussetzung des Verfahrens dem im letzten Rechtszuge entscheidenden Gericht oder, wenn es sich um ein Zivil- oder Strafgericht handelt, dem Oberlandesgericht unter Begründung seiner Rechtsauffassung hiervon Mitteilung zu machen. Schließt sich das im letzten Rechtszuge entscheidende Gericht oder das Oberlandesgericht der Auffassung des vorlegenden Gerichts an, so hat es nach Abs. 1 zu verfahren; andernfalls entscheidet es durch Beschluß. Der Beschluß ist für das weitere Verfahren in der Angelegenheit, der Beschluß des Oberlandesgerichts jedoch nicht für ein höheres Gericht bindend."

Wie im § 1 des Entwurfs kann die Prüfung der Verfassungsmäßigkeit sich sowohl auf die Frage erstrecken, ob die Rechtsvorschrift nach den Vorschriften der Reichsverfassung rechtsgültig zustande gekommen und verkündet ist — insoweit wurde nach dem oben Ausgeführten das Prüfungsrecht der Gerichte seither schon bejaht —, wie auch auf die weitere Frage, ob der Inhalt der Vorschriften der Reichsverfassung widerspricht und ob gegebenenfalls die Vorschriften der Reichsverfassung über Verfassungsänderung gewahrt sind.

Das gerichtliche Verfahren, das auf Grund von Zweifeln über die Verfassungsmäßigkeit einer anzuwendenden reichsrechtlichen Norm ausgesetzt ist, ist von Amts wegen wieder aufzunehmen, wenn entweder dem Gericht dienstlich mitgeteilt wird, daß nicht beabsichtigt sei, eine Entscheidung des Staatsgerichtshofs herbeizuführen, oder wenn innerhalb von zwei Monaten seit der Aussetzung des Verfahrens dem Gericht eine solche dienstliche Erklärung nicht zugeht. Im ersten Falle ergeht eine solche Mitteilung an das Gericht eines Landes nur dann, wenn auch die Landesregierung nicht beabsichtigt, durch Antrag im Reichsrat die Entscheidung des Staatsgerichtshofs herbeizuführen, oder der Reichsrat den Antrag abgelehnt hat. Wenn innerhalb von zwei Monaten dem Gericht dienstlich mitgeteilt wird, daß eine Entscheidung des Staatsgerichtshofs herbeigeführt werden soll, so bleibt das Verfahren weiter ausgesetzt. Das Verfahren ist von Amts wegen wieder aufzunehmen, wenn die Erklärung der Regierung zurückgenommen wird oder die Entscheidung des Staatsgerichtshofs im Reichsgesetzblatt verkündet ist.

Das Verfahren vor dem Staatsgerichtshof ist dem durch das Gesetz vom 8. April 1920 (Reichsgesetzbl. S. 510) zur Ausführung des Art. 13 Abs. 2 RVerf. geregelten Verfahren nachgebildet. Der Antrag auf Entscheidung ist schriftlich bei dem Präsidenten des Staatsgerichtshofs zu stellen. Wenn die Reichsregierung den Antrag nicht selbst gestellt hat, so ist sie vor der Entscheidung zu hören. Ihre Erklärungen sind schriftlich abzugeben und zur Kenntnis der Antragsteller zu bringen. Der Staatsgerichtshof entscheidet in der Besetzung nach § 18 Abs. 1 des Gesetzes über den Staatsgerichtshof vom 9. Juli 1921 (Reichsgesetzbl. S. 805), d. h. er besteht aus dem Präsidenten des Reichsgerichts als Vorsitzenden und je drei Mitgliedern des Reichsgerichts und des Reichsverwaltungsgerichts als Beisitzern. Solange das Reichsverwaltungsgericht noch nicht besteht, treten an Stelle der drei Reichsverwaltungsgerichtsräte je ein Mitglied des Preußischen Oberverwaltungsgerichts, des Bayerischen Verwaltungsgerichtshofs, des Sächsischen Oberverwaltungsgerichts. Der Staatsgerichtshof entscheidet in der Regel nach nichtöffentlicher Beratung durch schriftlichen Beschluß. Der Beschluß ist mit Gründen zu versehen und den Antragstellern und der Reichsregierung von Amts wegen zuzustellen. Der Staatsgerichtshof kann vor der Beschlußfassung eine mündliche Verhandlung anordnen.. Er muß dies tun, falls es von den Antragstellern oder einer beteiligten obersten Reichsbehörde beantragt wird. Der Termin ist den Antragstellern und den beteiligten obersten Reichsbehörden mitzuteilen. Diese können zur Wahrung ihres Standpunktes Beauftragte bestimmen, die mit ihren Ausführungen und Anträgen zu hören sind. Es handelt sich hier um Vorschriften, die sich schon bei der praktischen Anwendung des Gesetzes zur Ausführung des Art. 13 Abs. 2 RVerf. bewährt haben.

Von wesentlicher Bedeutung ist die Vorschrift des § 5 des Entwurfs, die dem Staatsgerichtshof die Pflicht auferlegt, in seinem Beschlusse Klarheit zu schaffen, inwieweit ein als verfassungswidrig angegriffenes Gesetz rechtsbeständig ist oder nicht. Wenn die Entscheidung des Staatsgerichtshofs nur wegen einer oder einzelner Bestimmungen eines Gesetzes oder einer Verordnung angerufen wird, hat der Staatsgerichtshof, falls er die Bestimmungen für ungültig erklärt, gleichzeitig in seinem Beschluß auszusprechen, ob und in welchem Umfange hierdurch die Rechtsungültigkeit auch der übrigen Vorschriften des Gesetzes oder der Verordnung verursacht wird. Diese Anordnung, die dem österreichischen Recht (§ 57 des österreichischen Gesetzes vom 13. Juli 1921) nachgebildet ist, erscheint durchaus zweckmäßig. Jeder Zweifel, ob bei Ungültigkeit einzelner Vorschriften das ganze Gesetz ungültig ist, wird damit ausgeschlossen.

Die Entscheidung des Staatsgerichtshofs ist, wie die Entscheidungen des Reichsgerichts im Fall des Art. 12 Abs. 2 RVerf., ohne Begründung im Reichsgesetzblatt zu veröffentlichen. Sie hat Gesetzeskraft. Wird eine Rechtsnorm für ungültig erklärt, so steht damit fest, daß sie von Anfang an nichtig war. Es taucht damit das gleiche Problem wie bei den Entscheidungen auf Grund des Art. 13 Abs. 2 RVerf. auf, daß bereits ergangene rechtskräftige Entscheidungen, die von der Gültigkeit der Norm ausgegangen sind, nach den allgemeinen Grundsätzen über die Grenzen der Rückwirkung bestehen bleiben und damit Ungleichmäßigkeiten und Unbilligkeiten entstehen können. Man wird diese durch eine allgemeine Vorschrift nicht zu beseitigende Folge mit in Kauf nehmen müssen, ebenso wie sich auch die Nationalversammlung (vgl. Verhandlungen der verfassunggebenden Deutschen Nationalversammlung Bd. 341, S. 2180; Bd. 332, Sten. Berichte S. 4888) hinsichtlich des Art. 13 Abs. 2 mit der gleichen durch die Rechtskraft von Entscheidungen hervorgerufenen Wirkung abgefunden hat. Soweit bei Aufhebung einer Strafrechtsnorm im Einzelfalle Bestrafungen auf Grund der aufgehobenen Norm erfolgt sind, bietet der Begnadigungsweg die Möglichkeit, einen Ausgleich zu schaffen. Sollten sich auf einem bestimmten Gebiete in größerem Umfange durch die Ungültigkeitserklärung der Norm Mißstände ergeben, so wird durch ein besonderes Gesetz Abhilfe geschaffen werden müssen.

Einem praktischen Bedürfnis kommt dann insbesondere noch die Vorschrift des § 7 des Gesetzentwurfs entgegen. Schon vor der Verkündung eines beschlossenen Gesetzes oder einer beschlossenen Verordnung können, wie bereits erwähnt, der Reichspräsident oder die Reichsregierung den Staatsgerichtshof um Erstattung eines Gutachtens darüber ersuchen, ob eine in der Norm enthaltene Vorschrift des Reichsrechts mit der Reichsverfassung in Widerspruch stehen würde. In Zweifelsfällen werden Reichspräsident und Reichsregierung, die nach Art. 70 in Verbindung mit Art. 50 der Reichsverfassung die alleinige Verantwortung für die Verkündung eines beschlossenes Gesetzes tragen, gern von der hier gegebenen Befugnis Gebrauch machen, ein Gutachten des Staatsgerichtshofs einzuholen, das vom unbefangenen Rechtsstandpunkt die Frage der Verfassungsmäßigkeit klären und damit die Entscheidung der Reichsregierung sehr erleichtern wird. Notwendig wird bei Annahme dieser Vorschrift eine Ergänzung der Bestimmung des Art. 70 RVerf. sein, nach der der Reichspräsident die verfassungsmäßig zustande gekommenen Gesetze auszufertigen und binnen Monatsfrist im Reichsgesetzblatt zu verkünden hat. Wird ein Gutachten des Staatsgerichtshofs eingeholt, so wird die Monatsfrist für die Verkündung nicht eingehalten werden können. Es wird zweckmäßig eine Bestimmung getroffen werden, daß die Monatsfrist für die Verkündung im Falle der Einholung eines Gutachtens des Staatsgerichtshofs vom Tage der Zustellung des Gutachtens an die Reichsleitung, als einem leicht feststellbaren Zeitpunkt, an läuft. Zu beobachten ist für die Anwendung der Vorschrift, daß die Erstattung eines Gutachtens durch den Staatsgerichtshof nur bei beschlossenen Gesetzen in Frage kommt, d. h. nachdem der Reichstag das Gesetz in drei Lesungen angenommen hat. Erst dann steht fest, welchen Inhalt ein Gesetzentwurf endgültig empfangen hat, und erst dann sind hinreichende Grundlagen für die Entscheidung der Frage der Verfassungsmäßigkeit des Gesetzes gegeben. Die Stellungnahme des Staatsgerichtshofs hat in diesem Falle lediglich in Form eines Gutachtens zu erfolgen. Das verfassungsmäßig dem Reichspräsidenten unter Mitwirkung der Reichsregierung zustehende Recht zur Verkündung des Gesetzes soll nicht beeinträchtigt werden. Die Ausübung des Rechts soll nur durch die gutachtliche Äußerung einer Instanz, die außerhalb der an der Gesetzgebung beteiligten Faktoren steht, gestützt werden.

Aus meinen Ausführungen werden Sie, wie ich hoffe, den Eindruck gewonnen haben, daß hier eine als Ganzes betrachtet zweckmäßige Regelung der schwierigen Materie von der Reichsregierung vorgeschlagen wird. Im Interesse der Einheitlichkeit würde allerdings der Fortfall der beiden Einschränkungen, Ausschuß der Nachprüfung gegenüber den vor Inkrafttreten des Gesetzes verkündeten Rechtsnormen und gegenüber Verträgen mit fremden Staaten und den durch sie bedingten Gesetzen, zu begrüßen sein. Wird der Entwurf Gesetz, so ist damit das bedeutungsvollste Problem, das die Verfassungsstreitigkeiten innerhalb des Reichs bieten, gelöst. Immerhin bleibt noch eine Reihe weiterer Fragen offen, deren Entscheidung durch einen Verfassungsgerichtshof im Interesse einer geordneten Führung der Reichsgeschäfte dringend geboten ist.

Das Zusammenwirken der Faktoren, die verfassungsmäßig zur Gesetzgebung und zur Führung der Geschäfte des Reichs berufen sind, bringt es mit sich, daß mancherlei Reibungsflächen entstehen, die durch einfache Anwendung des Wortlauts der Reichsverfassung oder sonstiger Verfassungsgesetze nicht beseitigt werden können. Solche Reibungsflächen bilden sich, wie es in der Natur des parlamentarisch regierten Staatswesens liegt, besonders häufig zwischen Reichstag und Reichsregierung.

Es sind hier namentlich die in den Art. 33 ff. RVerf. geregelten höchstpersönlichen Rechte des Parlaments, die zu Meinungsverschiedenheiten zwischen Reichsregierung und Reichstag Anlaß bieten. Der Reichstag ist bekanntlich, wie jedes Parlament, besonders ängstlich auf die Wahrung seiner Rechte bedacht und bestrebt, den durch die Verfassung schon sehr weit gezogenen Rahmen seiner Befugnisse möglichst noch auszudehnen. Nach der Konstruktion unserer Verfassung, die durch das Einkammersystem eine überragende Machtstellung des Parlaments bedingt, ist die auf das Vertrauen des Reichstags angewiesene Reichsregierung bei solchen Streitigkeiten von vornherein der schwächere Teil. Bei dem jetzigen Rechtszustande muß sie, um der Möglichkeit eines Mißtrauensvotums vorzubeugen, entweder auch vor Ansprüchen des Reichstags, die sie nicht als berechtigt anerkennen kann, die Segel streichen oder versuchen, zu einem gütlichen Ausgleich mit dem allgewaltigen Reichstag zu kommen. Es wäre daher höchst erwünscht, daß bei Verfassungsstreitigkeiten zwischen Reichsregierung und Reichstag eine unpolitische Instanz zur Schlichtung solcher Konflikte vorhanden wäre. Ich darf die Notwendigkeit dieser Instanz an einigen Beispielen erläutern:

Gegen eine Anzahl kommunistischer Reichstagsabgeordneter sollte im Jahre 1924 ein Strafverfahren wegen Hochverrats eingeleitet werden. Als der Reichstag am 20. Oktober 1924 aufgelöst worden war, schien der Weg für die Strafverfolgung frei zu sein. Es stellte sich indessen heraus, daß mehrere der in Betracht kommenden Abgeordneten Mitglieder der sogenannten Zwischenausschüsse des Reichstags, d. h. des Ausschusses zur Wahrung der Rechte der Volksvertretung und des Ausschusses für auswärtige Angelegenheiten (Art. 35 RVerf.), waren. Bei der Beratung der Verfassung im Verfassungsausschuß der Nationalversammlung hatte sich der Vertreter der Reichsregierung auf den Standpunkt gestellt, daß es der Aufnahme einer besonderen Bestimmung bedürfe, wenn auch die Mitglieder der Zwischenausschüsse die Immunität besitzen sollten. Im Jahre 1924 hat dann die Regierung dem Zwischenausschuß gegenüber die Erklärung abgegeben, daß die Rechtslage zwar in hohem Maße zweifelhaft sei, daß die Regierung sich aber die den Mitgliedern des Reichstags günstigere Auslegung zu eigen mache und die zur Gewährleistung der Immunität der Ausschußmitglieder notwendigen Schritte unternommen habe. Die Reichsregierung hat damit offenbar einem Konflikt mit dem Reichstag ausweichen wollen, da vorauszusehen war, daß der Ausschuß, wie es dann einstimmig der Fall war, seinen Mitgliedern die Immunität zusprechen würde. Wäre eine Instanz zur Entscheidung der Rechtsfrage vorhanden gewesen, würde sie wohl angerufen worden sein. So siegte widerstandlos der Willen des Reichstags, der dann, um eine etwa entgegengesetzte Entscheidung der Gerichte auszuschließen, in einer ausdrücklichen Verfassungsänderung — Gesetz zur Ergänzung der Reichsverfassung, Art. 40 a RVerf., vom 22. Mai 1926 (RGBl. I, S. 243) — niedergelegt wurde. Der Erfolg der Regelung ist der, daß die Nutznießer der erweiterten Immunitätsrechte gerade die Angehörigen der Parteien sind, die das parlamentarische System bekämpfen, die wegen ihrer Anschläge auf die bestehende Staatsform zur Verantwortung gezogen werden sollen und die unter Ausnutzung der von der Verfassung gewährten Handhaben der Strafverfolgung entschlüpfen. Ein Ergebnis, das sicher nicht zur Stärkung unseres Staatswesens beiträgt!

Ein weiterer Konfliktsstoff hat sich bei der Auslegung des Art. 37 RVerf. in dem Falle ergeben, daß gegen ein Mitglied des Reichstags ordnungsmäßig die Untersuchungshaft verhängt war — sei es, daß die Verhaftung erfolgt war, ehe der Verhaftete die Abgeordneteneigenschaft besaß, sei es, daß der Reichstag seine Genehmigung zur Verhaftung gegeben hatte —, und daß anschließend an die Untersuchungshaft eine Strafhaft vollstreckt werden soll. Die Reichsregierung hat hier mit dem Oberreichsanwalt den Standpunkt vertreten, daß eine besondere Genehmigung zur Vollstreckung der Strafhaft nur dann notwendig wäre, wenn der Reichstag erkennbar die Genehmigung zur Verhaftung auf die Untersuchungshaft hätte beschränken wollen. Der Geschäftsordnungsausschuß des Reichstags scheint anderer Ansicht zu sein und für die Vollstreckung von Strafhaft in jedem Falle eine besondere Genehmigung für erforderlich zu halten. Eine solche Auslegung der Verfassungsvorschrift würde zu dem Ergebnis führen, daß beispielsweise der in Untersuchungshaft befindliche Abgeordnete, der vom Reichsgericht wegen Hochverrats zu 10 Jahren Zuchthaus rechtskräftig verurteilt wird, nach dem Urteil in Freiheit gesetzt werden müßte, bis der Reichstag über die Genehmigung zur Vollstreckung der erkannten Strafe entschieden hat. Erfahrungsgemäß pflegt eine solche Entscheidung recht lange Zeit zu beanspruchen, und außerdem ist nicht anzunehmen, daß der Verurteilte sich im Falle der Genehmigung durch den Reichstag freiwillig zur Strafvollstreckung einfinden wird. Eine hohe Amtsstelle hat nicht ohne Ironie hervorgehoben, daß sich im heutigen

Parlament wohl kaum ein Sokrates finden wird, der freiwillig in die Haft zurückkehrte, um den Schierlingsbecher zu trinken. Es würde auch in diesem Falle dringend erwünscht sein, die Entscheidung der Rechtsfrage einem unabhängigen, politisch unbeeinflußten Gericht vorlegen zu können.

Ein weiteres Feld für die Entwicklung von Streitfragen zwischen Reichstag und Reichsregierung bietet die Tätigkeit der Untersuchungsausschüsse auf Grund des Art. 34 RVerf.

Hier ist die Frage aufgetaucht, ob auf Grund des Art. 34 Abs. 2 RVerf. die Behörden des Reichs und der Länder uneingeschränkt ihre Akten den Untersuchungsausschüssen auf Verlangen vorzulegen haben oder ob sie ein solches Verlangen beim Vorliegen der Voraussetzungen des § 96 StPO. ablehnen dürfen. Nach § 96 StPO. darf die Vorlegung oder Auslieferung von Akten durch Behörden oder öffentliche Beamte dann nicht gefordert werden, wenn die oberste Dienstbehörde erklärt, daß das Bekanntwerden des Inhalts dieser Akten dem Wohle des Reichs oder eines deutschen Landes Nachteil bereiten würde. Die Reichsregierung hat diese Vorschrift für anwendbar erklärt, indem sie den letzten Absatz des Art. 34 RVerf. „Auf die Erhebungen der Ausschüsse und der von ihnen ersuchten Behörden finden die Vorschriften der Strafprozeßordnung sinngemäß Anwendung", dahin auslegt, daß unter „Erhebungen der Ausschüsse" alle auf die Aufklärung des Sachverhalts hinzielenden Maßnahmen der Ausschüsse, also auch das Verlangen nach Vorlage von Akten, zu verstehen sind. Von Mitgliedern der Ausschüsse ist dagegen die Ansicht vertreten worden, daß unter Erhebungen der Ausschüsse nur die in Abs. 2 erster Halbsatz des Art. 34 genannten „Beweiserhebungen" zu verstehen seien, während in Abs. 2 zweiter Halbsatz die Vorlagepflicht für Akten besonders und ohne jede Einschränkung geregelt wäre. Die Streitfrage harrt noch der Entscheidung. Für die Führung der Staatsgeschäfte würde die uneingeschränkte Vorlagepflicht des amtlichen Materials in höchstem Maße abträglich sein.

Einen anderen Streitpunkt bei der Tätigkeit der Untersuchungsausschüsse bildet die Frage, ob Beamte, die als Zeugen oder Sachverständige vor die Untersuchungsausschüsse geladen werden, der Genehmigung ihrer vorgesetzten Dienstbehörde zur Aussage bedürfen. Einzelne Ausschußmitglieder haben die Auffassung vertreten, daß die Reichs- und Landesbehörden dem Parlament gegenüber die unbedingte Pflicht zur Unterstützung hätten und daß daher bei sinngemäßer Auslegung der § 54 StPO. nicht angewendet werden könnte. Die Regierungen werden diese Auffassung kaum als zutreffend anerkennen, sondern gerade die Vorschrift der Strafprozeßordnung als der sinngemäßen Anwendung auf die Beweiserhebungen der Untersuchungsausschüsse für fähig erklären, wie es die Bayerische Regierung bereits getan hat.

Kurz erwähnt sei noch, daß Differenzen zwischen Regierung und Parlament auftauchen können — in Preußen war dies bereits der Fall —, in welchem Umfange die Untersuchungsausschüsse Strafbefugnissen gegenüber Zeugen und Sachverständigen haben, insbesondere, ob den Untersuchungsausschüssen eine Sitzungspolizei zusteht. Ferner sei noch einer früher bereits aufgetauchten Streitfrage gedacht, wer bei dem Verfahren vor einem Untersuchungsausschuß im Sinne des Art. 34 RVerf. als „Antragsteller" berechtigt ist, die Erhebung von Beweisen zu verlangen. Der Begriff „Antragsteller" ist noch nicht geklärt. Es können darunter — wie ich annehme — die gesamten Unterzeichner des Antrags zu verstehen sein; es ist aber auch die Auffassung vertreten worden, daß der dem Ausschuß angehörige Teil der Antragsteller das Recht, Beweiserhebungen zu fordern, habe. Nicht entschieden ist ferner die Frage, ob die Antragsteller ihre Beweiserhebungen sogleich bei Stellung des Antrags auf Einsetzung des Untersuchungsausschusses zu stellen haben oder ob sie berechtigt sind, noch während der Untersuchung weitere Beweisanträge zu stellen.

Die Erwähnung dieser wenigen Fälle zeigt, daß gerade in den für das Staatsleben grundlegenden Beziehungen zwischen Parlament und Regierung die Reichsverfassung mancherlei Zweifelsfragen ungelöst gelassen hat, deren Entscheidung durch eine außerhalb des Parlaments und damit der politischen Einflüsse stehende Instanz notwendig erscheint.

Neben der Reichsregierung kann auch der Reichspräsident in einen Streit mit dem Reichstag geraten. Ich möchte besonderen Nachdruck auf das Wort „neben" der Reichsregierung legen. Denn nach dem Aufbau unserer Verfassung wird sich praktisch der Fall, daß der Reichspräsident allein dem Reichstag als Streitteil gegenübersteht, kaum ereignen. Nach Art. 50 der Reichsverfassung bedürfen, wie bereits oben ausgeführt, alle Anordnungen und Verfügungen des Reichspräsidenten der Gegenzeichnung, durch die der Reichskanzler oder der zuständige Ressortminister die parlamentarische Verantwortung übernimmt. Das Parlament kann sich also, wenn man von der wohl kaum praktisch werdenden Anklage gegen den Reichspräsidenten aus Art. 59 RVerf. absieht, soweit Anordnungen und Verfügungen des Reichspräsidenten in Frage kommen, in erster Linie an die dem Reichstag verantwortliche Reichsregierung halten und wird eine Meinungsverschiedenheit in solchen Fällen regelmäßig mit der Reichsregierung ausfechten. Aber auch soweit Handlungen des Reichspräsidenten in Frage kommen, für die nach der Verfassung eine Gegenzeichnung nicht erfordert wird, wird eine Meinungsverschiedenheit in der Praxis nicht zwischen Parlament und Reichspräsidenten, sondern zwischen Parlament und Reichsregierung zum Austrag kommen. Wir haben in den letzten Monaten hierfür zwei Beispiele erlebt: einmal die Erörterungen über den sog. „Hindenburgbrief“, d. h. den persönlichen Brief, den der Reichspräsident, um seine Stellung zum Volksentscheid über die Fürstenenteignung darzulegen, an den früheren Staatsminister von Loebell gerichtet hatte und der dann an die Öffentlichkeit gelangt war. Eine kommunistische Interpellation hatte hier zur Aufrollung der Angelegenheit im Reichstag geführt. Der Herr Reichskanzler hatte in seiner Erklärung vor dem Reichstag den staatsrechtlich unanfechtbaren Standpunkt vertreten, daß für eine persönliche Äußerung des Reichspräsidenten eine Gegenzeichnung nicht in Frage komme, daß er aber politisch dem Reichstag gegenüber die Verantwortung übernehme, wie es sowohl dem Sinn und Zweck des Art. 56 RVerf. entspricht als auch ganz allgemein aus der staatsrechtlichen Stellung von Reichspräsident und Reichskanzler folgt. Solange der Reichskanzler im Amte bleibt, kann er mit seinem Kabinett es nicht ablehnen, dem Parlament gegenüber auch solche Einwirkungen zu vertreten, die persönliche Äußerungen des Reichspräsidenten auf den Gang der vom Reichskanzler geleiteten Politik ausüben. Für den Reichstag ist daher der Reichskanzler auch in solchem Falle in erster Linie Gegenpartei.

Ein zweiter Fall, der zu einem Konflikt zwischen Reichstag und Reichspräsident hätte führen können, war die Frage der Verkündung des sog. „Duellgesetzes“, enthalten im Abschnitt VI a des Gesetzes zur Vereinfachung des Militärstrafgesetzbuchs vom 30. April 1926 (RGBl. I S. 197) — verkündet am 3. Mai 1926 —. Nach Mitteilung der Tagespresse sollen der Publikation des Gesetzes zunächst verfassungsrechtliche Bedenken des Herrn Reichspräsidenten entgegengestanden haben. Dadurch, daß dann in dem Gesetz über die Bestrafung des Zweikampfes vom 30. April 1926 (RGBl. I S. 201) — verkündet am 4. Mai 1926 — den Bedenken des Herrn Reichspräsidenten Rechnung getragen wurde, ist der Fall nicht zur weiteren Entwicklung gekommen. Nehmen wir aber an, ein Reichspräsident weigerte sich, ein beschlossenes Gesetz zu verkünden, so kann folgende Situation eintreten. Die Erklärung kann zunächst in einer Form erfolgen, die eine Gegenzeichnung, sei es schriftlich, sei es in Form einer mündlichen Äußerung oder stillschweigenden Zustimmung, durch den Reichskanzler ausschließt. Der Reichskanzler wird sich dann aber schlüssig machen müssen, ob er mit seinem Kabinett den Entschluß des Reichspräsidenten billigt. Ist das der Fall, so übernimmt er auch die Verantwortung für die Entschließung des Reichspräsidenten und hat sie dem Reichstag gegenüber zu vertreten. Der Reichstag wird sich entscheiden müssen, ob er der Regierung das Vertrauen entziehen oder zu einer gütlichen Beilegung des Konflikts beitragen will. Wird ein Verfassungsgerichtshof gegründet, so ist er die gegebene Stelle, um einen solchen Streit aus der Welt zu schaffen.

Will ein Reichskanzler die Verantwortung für eine nicht der Gegenzeichnung bedürftige Handlung des Reichspräsidenten vor dem Parlament nicht übernehmen, so wird er seine Entlassung nehmen müssen. Der Reichspräsident wird dann versuchen müssen, einen anderen Reichskanzler zu finden, der zur Übernahme der Verantwortung bereit ist. Sind seine Bemühungen ergebnislos, so entsteht eine Sachlage, für die es wohl nur durch eine Amtsniederlegung des Reichspräsidenten einen Ausweg gibt. Diese Ausführungen, die im Rahmen der mir gestellten Aufgabe naturgemäß nur einen Umriß bieten können, wollen darauf hinweisen, daß in der Staatspraxis die Lösung eines Konflikts zwischen Reichstag und Reichspräsident wohl nur selten auf dem Wege der Anrufung des Verfassungsgerichtshofs stattfinden wird.

Das gleiche wird der Fall sein bei Meinungsverschiedenheiten verfassungsrechtlicher Natur zwischen dem Reichspräsidenten einerseits und dem Reichskanzler mit seinem Kabinett andererseits. Theoretisch ist es wohl denkbar, daß ein solcher Streit durch Anrufung des Staatsgerichtshofs entschieden wird. In der Praxis wird es kaum vorkommen. Das Verhältnis zwischen Reichspräsident und Reichskanzler muß auf persönlichem Vertrauen beruhen. Ein solches Vertrauen kann aber nicht mehr bestehen, wenn man zur Beseitigung von Meinungsverschiedenheiten eines Außenstehenden, eines Gerichtshofs, bedarf. Ich stelle mir in dieser Hinsicht die Beziehungen zwischen Reichspräsident und Reichskanzler nicht anders als das Verhältnis zwischen Eheleuten vor. Die kleinen Meinungsverschiedenheiten müssen die Eheleute unter sich abmachen, ohne damit die Öffentlichkeit zu belästigen. Sind die Gegensätze so groß, daß sie vor der Öffentlichkeit nicht mehr verborgen bleiben können, so ist die Ehe unhaltbar geworden, und die Eheleute werden auseinander gehen. Der Reichskanzler, der zur Klärung einer Meinungsverschiedenheit mit dem Reichspräsidenten den Staatsgerichtshof anrufen müßte, wird es vorziehen, aus der Sachlage die Folgerung zu ziehen, daß er seine Entlassung erbittet. So wird der Staatsgerichtshof für die Entscheidung von Streitigkeiten zwischen Reichspräsident und Reichsregierung wohl kaum in Tätigkeit treten.

Ein größeres Tätigkeitsfeld wird sich dagegen auch für den Staatsgerichtshof aus den Beziehungen zwischen Reichstag und Reichsrat entwickeln, die leider nicht immer ungetrübte sind. Es ist nicht zu verkennen, daß die Schuld im wesentlichen am Reichstag liegt, der seine Macht den von der Verfassung nur mit kärglichen Rechten ausgestatteten Reichsrat fühlen läßt, ohne daß dieser ein Mittel hätte, wenigstens durch Anrufung einer unparteiischen Instanz seinen Standpunkt zur Geltung zu bringen. Dieser Zustand muß auf die Dauer zu schweren Unzuträglichkeiten führen. Die Schaffung einer richterlichen Instanz zur Schlichtung verfassungsrechtlicher Streitigkeiten zwischen Reichstag und Reichsrat ist danach dringend geboten. Zwei Beispiele mögen meine Forderung illustrieren:

I. Der Reichstag hatte in seiner Sitzung vom 14. Juli 1925 ein Initiativgesetz angenommen, durch das die Verordnung über die Fürsorgepflicht vom 13. Februar 1924 abgeändert und den Gemeinden eine jährliche Belastung von insgesamt mehreren hundert Millionen Goldmark aufgebürdet wurde. Der Reichsrat hatte gegen das Gesetz ordnungsmäßig nach Art. 74 RVerf. Einspruch erhoben. Der Reichstag erledigte den Einspruch in folgender Form: der Präsident des Reichstags schloß am 12. August 1925, dem letzten Sitzungstage vor den Ferien, nachmittags 4¹⁵ Uhr die 119. Sitzung und beraumte für den gleichen Nachmittag 5 Minuten später die 120. Sitzung an, auf deren Tagesordnung er den Einspruch des Reichsrats setzte. In dieser Sitzung wurde der Einspruch mit der erforderlichen Zweidrittelmehrheit in einfacher Lesung verworfen, ohne daß es dem Reichsrat möglich gewesen wäre, seine Auffassung mündlich zu vertreten. Der Reichsrat hat gegen das Verfahren des Reichstags Verwahrung eingelegt und erklärt, daß die Behandlung seines Einspruchs mit dem Sinn und dem Zweck des Art. 74 RVerf. unvereinbar wäre. Er hat auch darauf hingewiesen, daß nach der Geschäftsordnung des Reichstags (§§ 36, 52) eine d r e i f a c h e Beratung zur Beschlußfassung über den Einspruch notwendig gewesen wäre. Die Reichsregierung hat sich der Auffassung des Reichsrats angeschlossen. Das Gesetz ist nicht verkündet worden, nachdem die Reichsregierung dem Herrn Reichspräsidenten gegenüber erklärt hatte, daß für eine Verkündung der Vorlage als Gesetz gemäß Art. 59 RVerf. die Verantwortung nicht übernommen werden könnte. Der Vorgang führte zu einem Konflikt zwischen dem Reichstag einerseits und dem Reichsrat und der Reichsregierung andererseits, da der Reichstag die Auffassung des Reichsrats und der Reichsregierung nicht als richtig anerkannte. Der Konflikt ist dann auf gütlichem Wege dadurch gelöst worden, daß die Reichsregierung eine dem Wunsch des Reichstags entgegenkommende Regierungsvorlage nach Billigung durch den Reichsrat einbrachte. Die Vorlage wurde angenommen und ist als Gesetz über Abänderung der Verordnung über die Fürsorgepflicht vom 9. Juni 1926 (RGBl. I, S. 255) verkündet worden. Es wäre indessen erwünscht gewesen, wenn die auf diese Weise nicht zum Austrag gebrachte Verfassungsstreitigkeit durch einen außerhalb der Parteien stehenden Verfassungsgerichtshof ein für allemal entschieden worden wäre.

II. Ein zweiter ähnlich gelagerter Fall hat sich kürzlich zugetragen. Im Haushaltsplan 1926 hatte der Reichsrat gemäß Art. 85 RVerf. gegen eine Reihe von Positionen Einspruch erhoben. Der Reichstag hatte die Titel mit der erforderlichen Zweidrittelmehrheit wieder hergestellt, außerdem aber noch an zwei Titeln eine Veränderung vorgenommen, indem er gegenüber der ursprünglichen Fassung den Vermerk zugefügt hatte, daß die Mittel übertragbar sein sollten. Der Reichstag hat die von ihm gewollte Wiederherstellung und Abänderung der streitigen Ansätze — bei denen sich übrigens teilweise inzwischen herausgestellt hatte, daß die bewilligten Ausgaben nicht geleistet zu werden brauchten —, in die Form eines Initiativgesetzes gekleidet. Es war bei dieser Methode einerseits die Verabschiedung mit Zweidrittelmehrheit gemäß Art. 74 RVerf. nicht notwendig; andererseits bedurfte es aber einer erneuten Vorlage des Gesetzes an den Reichsrat, da in dem Gesetz vom Reichstag Veränderungen gegenüber den ursprünglichen Ansätzen vorgenommen worden waren. Die Reichsregierung hat, dieser Rechtslage Rechnung tragend, das Gesetz erneut dem Reichsrat zur Entschließung über den Einspruch gemäß Art. 74 RVerf. vorgelegt. Der Reichsrat hat Einspruch nicht erhoben. Er hat aber darauf hingewiesen, daß die vom Reichstag gewählte Form nicht diejenige sei, die den Vorschriften der Art. 65, 74 RVerf. entspreche, daß sie vielmehr, anstatt im Sinne der genannten Verfassungsvorschriften eine endgültige Entscheidung herbeizuführen, die ganze Angelegenheit —

sicherlich entgegen der Absicht des Reichstags — aufs neue der Entscheidung des Reichsrats unterbreitet hätte. Auch hier würde ein Verfassungsgerichtshof eine endgültige Klärung der Rechtslage herbeigeführt haben können.

Die Möglichkeit von Verfassungsstreitigkeiten besteht weiterhin zwischen Reichsrat und Reichsregierung. Zwischen beiden ist kürzlich eine Differenz über die Auslegung des Art. 67 der Reichsverfassung entstanden, weil der Reichsrat bei dem Erlaß der zweiten Verordnung über die deutschen Flaggen vom 5. Mai 1926 (RGBl. I, S. 217) nicht beteiligt worden war. Wie die Tagespresse berichtet hat, ist von mehreren Ländern, unter Führung von Preußen, Beschwerde wegen Verletzung der verfassungsmäßigen Rechte des Reichsrats, insbesondere des Art. 67 RVerf. geführt worden, während die Reichsregierung den Standpunkt vertreten hat, daß für den Erlaß der Flaggenverordnung die Notwendigkeit einer Zuziehung des Reichsrats aus Art. 67 RVerf. nicht gefolgert werden könnte. Die Meinungsverschiedenheit ist gütlich beigelegt worden. Im Interesse einer endgültigen Vereinigung der ganzen Frage, inwieweit die Reichsministerien gemäß Art. 67 Satz 2 RVerf. die Reichsratsausschüsse zu Beratungen zuzuziehen haben, würde indessen die Entscheidung eines Verfassungsgerichtshofs durchaus erwünscht gewesen sein. Zu beachten ist allerdings, daß in dem Falle einer Meinungsverschiedenheit zwischen Reichsrat und Reichsregierung eine Entscheidung des Staatsgerichtshofs schon nach dem jetzigen Rechtszustand auf dem Wege herbeigeführt werden kann, daß nach Art. 19 Abs. 1 ein Land den Fall als Streitigkeit nicht privatrechtlicher Art an den Staatsgerichtshof bringt.

Abgesehen von den genannten Organen der Reichsgesetzgebung und der Reichsverwaltung kann auch für andere Faktoren das Bedürfnis nach einer Anrufung des Staatsgerichtshofs wegen Verletzung verfassungsmäßiger Rechte bestehen. Wenn ein Antrag auf Zulassung eines Volksbegehrens gemäß Art. 73 RVerf. von dem zuständigen Reichsministerium des Innern abgelehnt wird, etwa mit der Begründung, daß der Volksentscheid unzulässig wäre, weil das begehrte Gesetz ein „Abgabengesetz" wäre, so ist diese Entscheidung des Ressortministers endgültig. Man wird es aber nicht als unberechtigt ansehen können, daß die Antragsteller, die das Vorliegen eines Abgabengesetzes bestreiten, die verfassungsrechtliche Frage, ob ein Abgabengesetz im Sinne des Art. 74 Abs. 4 RVerf. vorliegt, durch einen höchsten Gerichtshof entschieden sehen wollen. Auch in diesem Falle erscheint es notwendig, die Entscheidung solcher Streitigkeiten dem Staatsgerichtshof zuzuweisen.

So führt die Bilanz praktischer Erfahrungen zu dem gleichen Ziel, wie das Ergebnis wissenschaftlicher Überlegungen, zu dem Ziel, daß eine Ausdehnung der Vorschrift des Art. 19 der Reichsverfassung auf Verfassungsstreitigkeiten innerhalb des Reichs gefordert werden muß.

Die Forderung ist in dem von uns aufgestellten Leitsatz formuliert. Zur Begründung könnte ich die Ausführungen von Herrn Geheimrat Anschütz nur wiederholen und darf mich daher zusammenfassend auf folgendes beschränken. Wir haben im Anschluß an den bestehenden Inhalt des Art. 19 RVerf. eine möglichst allgemeine Formulierung unseres Gedankens gesucht. Die Praxis des Staatsgerichtshofs hat die weitgefaßten Vorschriften des geltenden Art. 19 seither in einer für das Staatsleben durchaus zuträglichen Weise ausgelegt. Es können daher keine Bedenken bestehen, eine dem bisherigen Recht entsprechende Fassung hinsichtlich der Verfassungsstreitigkeiten innerhalb des Reichs zu wählen. Nicht beabsichtigt ist — wie es auch nicht im Sinne des geltenden Rechts liegt —, durch Art. 19 für Reichsverfassungsstreitigkeiten die Möglichkeit von Popularklagen zu schaffen. Es ist Aufgabe der Verwaltungsgerichtsbarkeit, dem Einzelnen für Verletzung verfassungsmäßiger Rechte einen Rechtsweg zu eröffnen. In § 5 des Entwurfs eines Gesetzes über das Reichsverwaltungsgericht ist der Anfang hierfür gemacht: „Die Verwaltungssenate beim Reichsgericht sind nach Maßgabe der Gesetze zum Schutze der einzelnen gegen Anordnungen und Verfügungen der Verwaltungsbehörden berufen." Soweit auf der Reichsverfassung beruhende Rechte in Frage kommen, ist die im § 8 des Entwurfs vorgesehene Zuständigkeit des Reichsverwaltungsgerichts allerdings nur eine engbegrenzte und bedarf der Ausgestaltung. In dieser Hinsicht Vorschläge zu machen, gehört aber nicht zu unserer Aufgabe. Der letzte Satz des von uns vorgeschlagenen Abs. 2: „Die Zuständigkeit des Staatsgerichtshofs für die Prüfung der Verfassungsmäßigkeit von Vorschriften des Reichsrechts wird durch ein Reichsgesetz geregelt" eröffnet den Weg, den von der Reichsregierung eingebrachten Gesetzentwurf über die Nachprüfung der Verfassungsmäßigkeit von Reichsgesetzen als einfaches Reichsgesetz zu verabschieden, nachdem die Ermächtigung zum Erlaß des Gesetzes als Verfassungsänderung angenommen ist.

Ich schließe meine Ausführungen mit der Bitte, unserem gemeinsamen Vorschlage zuzustimmen. Eine im Staatsleben schon schwer empfundene Lücke unserer Reichsverfassung würde durch die von uns empfohlene Ergänzung des Art. 19 ausgefüllt werden.

Vorsitzender Geh. Justizrat Prof. Dr. Triepel:

Herr Ministerialrat! Sie haben aus dem lebhaften Beifall der Versammlung entnommen, wie dankbar sie Ihnen für die außerordentlich interessanten und mit trefflichen Beispielen erläuterten Ausführungen ist.

Nach einer Mittagspause wurde in die Diskussion eingetreten.

Vorsitzender Geh. Justizrat Prof. Dr. Triepel:

Meine Herren! Zwei Fragen stehen zur Erörterung. Einmal die generelle Ausdehnung der Zuständigkeit des Staatsgerichtshofs auf neue Verfassungsstreitigkeiten? und die zweite: Wie soll es mit der Prüfung der Gültigkeit der Reichsgesetze gehandhabt werden? Diese Fragen werden sich bei der Diskussion nicht ganz trennen lassen. Es wird aber nicht gut möglich sein, daß wir über alle einzelnen Paragraphen des vorgelegten Gesetzentwurfs diskutieren. Ich würde meinen, daß wir uns bei dieser Streitfrage auf das Grundsätzliche beschränken und technische Einzelheiten beiseite lassen. Ich gebe dann zuerst das Wort Herrn Rechtsanwalt Dr. Anraths-Düsseldorf.

Rechtsanwalt Dr. Anraths-Düsseldorf:

Meine Damen und Herren! Ich möchte einige Gedanken hinzufügen, die mir bei der Bearbeitung eines anderen Problems aufgefallen sind und sich auf den Art. 19 beziehen.

Wir sprechen hier über die Frage des Verfassungsgesetzes. Was ist denn „Verfassungsgesetz"? Ich meine, der Begriff des Verfassungsgesetzes müßte auch hier festgelegt werden im Gesetz und nicht erst hernach in der Rechtsprechung. Materiell kann man ja innerhalb des Verfassungsrechts verschiedene Rechte unterscheiden; ich verweise da auf die Studie, die Thoma in der Festausgabe für das Oberverwaltungsgericht geliefert hat. Da sind die vielfachen Unterscheidungen des Verfassungsrechts gekennzeichnet. Hier kommt in Betracht der Fall, daß die Verfassung selbst auf andere Reichsgesetze verweist, auf einfache Reichsgesetze, vergangene Reichsgesetze oder künftige Reichsgesetze. Jedenfalls müssen wir über diese Begriffe uns Klarheit verschaffen. Im Einzelfall kann es sehr schwierig sein, festzustellen, wie weit der verfassungsmäßige Inhalt einer Bestimmung geht. Ich erwähne Art. 118, der auf die „allgemeinen Gesetze" verweist. Ich will nur sagen, die Grenzen sind doch ziemlich schwierig zu ziehen.

Nun zu einer zweiten Frage. Wer soll denn den Antrag an den Staatsgerichtshof stellen können, daß er entscheide? Da möchte ich mich an ein bestehendes Vorbild anlehnen. Es ist der Ihnen bekannte § 93 der bayrischen Verfassungsurkunde. Sie sehen die eigentümliche Gestaltung. Man kann die Beschwerde sogar einlegen gegen Urteile der ordentlichen Gerichte und auch gegen Urteile der Verwaltungsgerichte, die durch den Staatsgerichtshof zur Aufhebung gebracht werden können. Das Einzelne finden Sie in der bayrischen Verfassung. Ich möchte darauf hinweisen, daß diese Vorschrift sich sehr leicht ergänzen läßt dahin, daß man auch die Prüfung der Verfassungsmäßigkeit von Reichsgesetzen auf diese Weise auf Antrag des Einzelnen zuläßt. Wie ist es denn in dieser Hinsicht bei anderen Staaten? Die Schweiz hat den Art. 113. In diesem Artikel ist gesagt, daß der einzelne Staatsbürger, der sich in seinem verfassungsmäßigen Rechte verletzt fühlt, auf dem Wege des Rekurses das Bundesgericht anrufen kann. Und nun frage ich, welcher Lösung wollen wir zustimmen? Sollen wir nur der Regierung oder sollen wir auch dem Einzelnen das Recht geben, den Staatsgerichtshof wegen Verletzung der Reichsverfassung und wegen der Frage der Prüfung des Reichsrechts anzurufen?

Als praktischen Fall möchte ich Ihnen zuerst nennen den Fall der Fürstenenteignung. Ich kann mir vorstellen, daß das Gesetz zunächst mit einfacher Mehrheit erlassen wird, wobei auf der einen Seite die Sozialdemokraten und Kommunisten nicht mitwirken, während auf der andern Seite die Deutschnationalen gegen das Gesetz stimmen. Die Deutschnationalen haben nicht ein Drittel der Stimmen zur Verfügung, sie wären also nicht in der Lage, wegen eines solchen einfachen Gesetzes ihrerseits den Staatsgerichtshof anzurufen. Erst recht könnte dies nicht ein Angehöriger des vormaligen Fürstenhauses, obwohl er doch das dringende Interesse daran hat, darüber eine Entscheidung des Staatsgerichtshofs herbeizuführen. Es erscheint mir durchaus unbillig, einer derartigen Minderheit und sogar dem Einzelnen die Möglichkeit der Nachsuchung dieser Entscheidung zu verschließen.

Sie erinnern sich vielleicht des Falles, der sich in meiner Vaterstadt zugetragen hat. Da hat es sich ereignet, daß die Minderheit der Meinung war, daß eine Verordnung verfassungswidrig sei, und zwar eine Minderheit, die sich aus verschiedenen politischen Gruppen zusammensetzte, von denen einzelne der Regierung angehörten. Die Frage wird dadurch zur Frage der Kompromißpolitik, die wir ja bei uns sehr häufig finden. Und so leidet durch die Kompromißpolitik die Wahrung wichtiger staatspolitischer Interessen. Ich halte zwar die Notwendigkeit von Kompromissen für etwas sehr Wichtiges und finde auch, daß gerade diese sehr günstig in unserer Parteienzusammensetzung wirken. Aber in einem derartigen Falle kann die Kompromißpolitik dazu führen, daß wichtige staatsrechtliche Fragen nicht zur Entscheidung kommen. Im einzelnen lag der Fall, von dem ich spreche, folgendermaßen: Der Oberbürgermeister Lehr, dessen Tüchtigkeit allen bekannt sein dürfte, hat eine Verordnung erlassen über die Rechte der städtischen Beamten, die ganz interessant ist. In der Verordnung heißt es: „Verschiedene Vorfälle in der letzten Zeit geben Veranlassung, darauf hinzuweisen, daß durch Vorträge und Meinungsäußerungen in der Presse allgemeine städtische Belange geschädigt werden können. Vor Abhaltung eines Vortrags oder vor Veröffentlichung in der Tagespresse muß daher der Verwaltung unter Bekanntgabe des Inhalts vorher Mitteilung gemacht werden, damit die Herren Dienststellenvorsteher in wichtigen Angelegenheiten entscheiden können, ob ohne Schädigung der städtischen Belange ein Vortrag gehalten oder eine Veröffentlichung freigegeben werden kann." Ein Beigeordneter hatte nämlich einen Artikel über die Art der städtischen Ausschüsse und die Rechtsstellung ihrer Mitglieder veröffentlicht. Er hatte den Nachweis versucht, daß alle diese Ausschußmitglieder der Disziplinargewalt des Oberbürgermeisters unterstünden, und darauf hatte ein anderer Beigeordneter einen wissenschaftlichen Aufsatz in dieselbe Zeitung gebracht und kritisch Stellung genommen. Daraufhin ist diese Verordnung ergangen und durch einen Erlaß des Oberbürgermeisters festgelegt worden, daß wissenschaftliche Veröffentlichungen in der Tages- und in der Fachpresse darunter fallen. Gegen die Verordnung ist die kommunistische Partei angegangen. Leider nur sie, und zwar hat sie eine Anfrage an den Innenminister gehalten, inwieweit diese Verordnung mit der Reichsverfassung Art. 118 vereinbar sei, und da hat der Minister Severing geantwortet, es sei gar nichts dagegen zu erinnern. Dann hat der Oberbürgermeister selbst inzwischen, wie ich zu seiner Ehre sagen muß, die Verordnung authentisch interpretiert im Sinne einer Aufhebung; da heißt es, die frühere Entscheidung sei mißverstanden worden. Nun stellen Sie sich einmal vor, der einzelne verletzte Beamte hätte versuchen wollen, zu seinem Rechte zu kommen, er hätte sich an das Abgeordnetenhaus gewandt und versucht, das Abgeordnetenhaus für die Sache zu interessieren und eine Drittel-Majorität zu bekommen!

Schließlich noch ein anderes Beispiel, wozu ich allerdings einen Augenblick etwas ausholen muß. (Zuruf des Vorsitzenden: Bitte, nicht zu weit!) Ich stehe wissenschaftlich auf dem Standpunkte, daß der Art. 118, der das Recht der freien Meinungsäußerung behandelt, dem Beamten das Recht gibt, außerhalb des Berufes, solange er sich im Rahmen der allgemeinen Gesetze hält, — wohlverstanden, nicht innerhalb des Berufes und nicht, wenn er die allgemeinen Gesetze überschreitet —, wie jeder andere seine Meinung frei zu äußern. Der Begriff des allgemeinen Gesetzes, der m. E. korrespondiert mit dem Begriff „jeder Deutsche", zeigt in diesem Zusammenhange nur an, daß in persönlicher Richtung Beschränkungen unmöglich sind, während Beschränkungen wohl möglich sind in Bezug auf das Mittel der Meinungsäußerung durch die Presse. Da liegt auch ein sehr wesentliches Grundrecht vor, über das eine Entscheidung möglich sein muß. Sie wissen, daß der Reichsdisziplinarhof die Sache schon entschieden hat, und zwar im wesentlichen in dem Urteil gegen den Ministerialrat Bonfik. Der Ministerialrat hatte — es war der bekannte Streit mit dem Reichsarbeitsminister Brauns — darauf hingewiesen, daß aus Art. 133 Abs. 2 folge, daß die Grundrechte nur für die Heeresangehörigen beschränkt werden können. Auch in dem Kommentar von Herrn Professor Giese wird ausgeführt, daß lediglich in diesem Falle eine Beschränkung der Grundrechte möglich sei. Art. 118 hat Herr Professor Giese anders ausgelegt. Herr Professor Anschütz steht ebenfalls auf dem Rechtsstandpunkt, den ich eben vorgetragen habe. Da hat nun der Reichsdisziplinarhof gesagt: das ist eine Selbstverständlichkeit, was da in Art. 133 Abs. 2 bestimmt ist. Das würde auch gelten, wenn es nicht da stünde. Deshalb kann diese Bestimmung der Verfassung nicht als argumentum e contrario bewertet werden. Er hat auf die Ausschußberatung vom 17. Juni 1919 hingewiesen, aber er hat sehr willkürlich excerpiert. Er sagt nämlich: der damalige Reichskommissar Preuß hat ausdrücklich erklärt, daß die Einschränkungen der Grundrechte allgemein möglich seien. In ähnlicher Art habe sich der Kriegsgerichtsrat Semmler ausgelassen, was nicht richtig ist. Er hat vielmehr gesagt: ich halte die Bestimmung des Art. 133 Abs. 2 nicht nur für erwünscht, sondern sogar für dringend geboten. Und schließlich hat der Abgeordnete Ablaß als einziger von neun oder zehn

Rednern wörtlich das gesagt, was jetzt der Reichsdisziplinarhof wiederholt hat. Aber Sie werden beim Reichsdisziplinarhof nicht erwähnt finden, daß neun andere Redner sich ganz anders ausgelassen haben. Der Herr Beyerle hat gesagt: Es ist nur möglich, die Grundrechte außer Kraft zu setzen: a) im Wege des Art. 48 — des Notverordnungsrechts des Reichspräsidenten — und b) dadurch, daß eben hier für die Angehörigen des Reichsheeres durch das Reichswehrgesetz eine solche Möglichkeit geschaffen wird. Sonst ist die Möglichkeit nicht gegeben. In diesem Sinne haben sich auch Heinze und die anderen Abgeordneten, außer Ablaß, ausgesprochen. Ablaß selbst aber hat schließlich geschwiegen, nachdem der Vorsitzende seiner Partei, Koch, ihn widerlegt hatte.

Da sehen Sie, daß man über diese Frage vielleicht doch sehr verschiedener Meinung sein kann, gegenüber dem Reichsdisziplinarhof und der augenblicklich einstimmigen Meinung der Rechtsprechung. Ich werde das im einzelnen in einem größeren Buche, das in diesem Jahre herauskommt, niederlegen.

Was hat das mit unserem Falle zu tun? Folgendes: Ich halte es für wichtig, daß auch hier der Einzelne die Möglichkeit hat, den Staatsgerichtshof anzurufen, weil er in seinem subjektiven öffentlichen Recht geschmälert ist. Das Gleiche muß nach Artikel 142 für den Hochschulprofessor gelten. Ich bin der Meinung, daß der Hochschulprofessor, entsprechend dem Wesen der Wissenschaft, nicht nur außerhalb des Berufes, sondern auch innerhalb des Berufes, wenn er ex cathedra spricht, nicht unter dem Disziplinargesetz steht, solange er sich im Rahmen der allgemeinen Gesetze hält. Es ist nicht die Rede von einer Immunität, wie sie die Herren Anschütz und Giese in ihren Kommentaren hervorheben. Dieser Gegensatz führt irre. In Frage kommt nur die Grenze der allgemeinen Gesetze. In diesem Falle, meine ich, muß der Hochschullehrer Freiheit haben. Angenommen, diese Freiheit wird ihm vergrämt, und es kommt ein Fall analog dem Falle Dr. Leo Arons, den wir 1899 in Preußen hatten — Sie kennen den Fall ja alle: dafür ist ja damals das Privatdozentengesetz gemacht worden —, dann müßte der Hochschulprofessor, der in seinem Recht der freien wissenschaftlichen Lehre eingeengt wird, ebenso wie jeder einzelne, der ebenfalls in seinen Grundrechten, in seinen subjektiv-öffentlichen Rechten beschränkt wird, die Möglichkeit haben, den Staatsgerichtshof anzurufen.

Sie haben eben gehört, daß man die Notwendigkeit der Einheitlichkeit der Rechtsprechung hervorgehoben hat. Mir scheint, sie liegt auch hier vor. (Zuruf: Was Sie sagen, ist ja alles in dem Antrage Anschütz-Mende enthalten!) Das scheint mir nicht. Der einzelne hat sicher nach diesem Antrage nicht das Recht, seine subjektiven Rechte durch Anrufung des Staatsgerichtshofs zu schützen. Nun komme ich zu dem Schlusse, daß eine Einheitlichkeit in der Rechtsprechung nur dann möglich ist, wenn es dem Einzelnen möglich ist, den Staatsgerichtshof anzurufen. Wenn über die subjektiven öffentlichen Rechte entscheiden a) die ordentlichen Gerichte, b) die Disziplinargerichte und c) die Verwaltungsgerichte, so werden sie nie zu einer einheitlichen Rechtsprechung kommen. Sie haben aber in der Gesetzgebung sonst die einheitliche Rechtsprechung vorgesehen. Ich verweise auf § 137 des Gerichtsverfassungsgesetzes. Wir wollen diesen Paragraphen noch ausbauen, um Differenzen zwischen dem Straffenat und dem Zivilsenat zu vermeiden. Ich verweise weiter darauf, daß man jetzt bei dem Gesetzentwurf über die Verfassungsmäßigkeit von Reichsgesetzen ja auch betont, daß eine absolut einheitliche Entscheidung für das ganze Reich nötig sei. Warum soll denn hier über so wichtige Fragen des Verfassungsgesetzes eine uneinheitliche Rechtsprechung oberster Gerichte zugelassen sein? Mir scheint, wir müßten mindestens die Einheitlichkeit des Rechtssystems fingieren. Wir kommen ohne diese Bestrebungen doch nicht aus.

Um diese Einheitlichkeit der Rechtsprechung herbeizuführen, ist es nötig, daß nach Eröffnung des Instanzenzuges der Einzelne in der Lage ist, den Staatsgerichtshof so anzurufen, wie es in dem bayrischen § 93, mit dem ich meine Erörterungen begonnen habe, vorgesehen ist. Nur dann kann man verschiedene Entscheidungen vermeiden. Es ist richtig, daß wir in diesem Falle zur Aufhebung höchstrichterlicher Entscheidungen kommen. Aber genau so, wie die bayrische Verfassung im § 93 sich damit abgefunden hat, um diesen wünschenswerten Erfolg der Einheitlichkeit möglich zu machen, können wir es auch tun. Es scheint mir nicht angängig, daß jeder sofort, wenn ein unteres Gericht gesprochen hat, seinerseits an den Staatsgerichtshof geht. Vielmehr muß der Weg beschränkt werden. Er muß erst den Instanzenzug durchlaufen. Wenn er den aber erfolglos durchlaufen hat, muß er nach meinem Vorschlage im Sinne des bayrischen § 93 noch den Staatsgerichtshof anrufen können.

Weiter scheint mir — da spielt allerdings eine politische Auffassung hinein, die ich von dem Einzelnen habe —: der Einzelne ist doch heute

Mitträger der Souveränität. Wir wollen doch nicht mehr den alten Obrigkeitsstaat. Wir wollen auch die Wahrnehmung unserer Rechte bis zur obersten Instanz nicht mehr durch eine Drittelmajorität beschränkt haben. Wir wollen unmittelbar selbst unsere Rechte vor dem Staatsgerichtshof wahren können. Daß der Einzelne Mitträger der Souveränität sei, ist ja sehr bestritten. Ich erinnere an die Rechtsprechung des Reichsgerichts in Strafsachen, Bd. 56 S. 384, über den § 193 StGB. Da finden Sie ausgeführt, daß Träger der Souveränität nicht der einzelne Staatsbürger, sondern das Volk in seiner Gesamtheit sei, und daß die Staatsgewalt durch die verfassungsmäßigen Organe des Reichs, namentlich durch den Reichstag, ausgeübt werde, an dessen Bildung der Einzelne nur im Wege der Wahl und der Abstimmung teilhabe. Der Einzelne sei nicht Mitinhaber der Staatsgewalt, er habe insbesondere kein Aufsichtsrecht über die Beamten. Meine Herren, wie ist es denn aber mit dem Volksentscheid? Ich sehe gar nicht, daß der hier berücksichtigt ist. Im Wege des Volksentscheids können wir Verfassungsänderungen machen. Auch ist es möglich, daß Gesetze vom Volke begehrt und im Wege der Volksabstimmung zum Gesetz erhoben werden. Es ist weiter möglich, daß wir ein Gesetz, das vom Reichstage schon beschlossen ist, durch Volksentscheid wieder zur Aufhebung bringen. Das Gesetz gilt dann als abgelehnt. Es ist sogar endlich möglich, daß auf Veranlassung des Reichspräsidenten — der gegenwärtige wird es sicherlich nicht tun, und ich würde es mir auch sehr überlegen — über den Haushaltsplan ein Volksbegehren und ein Volksentscheid stattfindet. Meine Herren, wenn wir aber über den Haushaltsplan im Wege des Volksentscheids abstimmen können, dann kommen wir doch dahin, daß wir dieselben Fragen, die bei den Verhandlungen im Reichstag besprochen werden, auch bei der Besprechung des Volksentscheids in den einzelnen Versammlungen zur Diskussion stellen. Es ist nicht meine Aufgabe, das des Näheren hinsichtlich seiner Auswirkung auf den § 193 StGB. zu beleuchten. Es scheint mir hier nur ein typischer Fall vorzuliegen, daß unser höchstes Gericht nicht die notwendige Vorstellung von der Stellung des Einzelnen als Mitträgers der Staatsgewalt hat und betätigt. Diese Grundauffassung spricht, meine ich, auch aus diesem Gesetzentwurf. Wir müssen hier ebenfalls die Rechte des Einzelnen als Mitträgers der Souveränität mehr anerkennen und ihn nicht nötigen, daß er erst um eine Drittelmajorität beim Reichstage wirbt.

Mir scheint das auch deshalb wichtig, weil wir damit liberalistische Gedanken betätigen. Ich kann nicht umhin zu sagen, daß ich bei dieser rechtspolitischen Frage diese Gedanken für sehr wichtig halte. Ich verweise, um nicht zu lang zu werden, nur auf den bekannten Aufsatz von John Stuart Mill über die Freiheit, der 1859 erschienen ist. Ich rede hier nicht einer Popularklage das Wort, sondern ich sage nur: der Verletzte selber soll den Antrag stellen können. Ich sage weiter, wie das bayrische Vorbild — ich habe doch den Gedanken nicht selbst gefunden, sondern ihn daher entnommen —: es soll auch nur möglich sein nach Erschöpfung der Instanzen und weiter selbstverständlich nur unter Auferlegung der Kosten, soweit nicht etwa das Armenrecht zu bewilligen wäre. Alle diese Dinge werden m. E. eine Überspannung verhindern. Es wird nicht wahrscheinlich sein, daß in mißbräuchlicher Weise zu viel davon Gebrauch gemacht wird. Wenn aber die Verfassung verletzt wird, so meine ich, daß die schädliche Wahrheit besser wäre als der schädliche Irrtum. Es wäre besser, wenn auch der Einzelne in der Lage wäre, auf diese Weise die Verletzung der Verfassung zu rügen und die Wiederherstellung zu veranlassen. Es ist auch nicht möglich, daß, wenn das Gesetz so gefaßt wird, etwa eine parlamentarische Minderheit im Wege der Obstruktion diese Möglichkeit mißbraucht; denn nach diesen Gesetzesbestimmungen ist ja die Anrufung des Staatsgerichtshofs nur möglich, wenn das Gesetz erlassen ist, und wenn unter Anwendung des Gesetzes nunmehr der Einzelne in seinem Recht praktisch verletzt wird. Im übrigen dürfte das Querulieren ganz sicher schon in Anbetracht der Kosten unterbleiben, die eine abweichende Entscheidung dem Antragsteller auferlegen würde.

Man könnte nun noch einige Gedanken über die Zusammensetzung des Staatsgerichtshofe äußern. Es scheint mir richtig, daß der Staatsgerichtshof einen gewissen Zusammenhang mit der Seele, mit der Mentalität des Parlaments behält, daß zu dem Staatsgerichtshof auch Abgeordnete hinzutreten, aber nur solche, die die Richtervorbildung haben, und keine anderen; denn erstere stehen ja genügend zahlreich zur Verfügung. Wenn auf diese Weise das Parlament auch selbst berufen ist, dauernd bei Verfassungsänderungen und Verfassungsgesetzen mitzuwirken, so scheint mir, daß dann ein Herüber- und Hinüberwirken von Gedanken leichter möglich ist und man dann auch im Staatsgerichtshof, der sonst vom parlamentarischen Leben weit entfernt ist, mehr Verständnis für dieses Gebiet zeigt.

Dann wäre die Frage der Rechtskraft zu erörtern. Es fragt sich: kann der Staatsgerichtshof von einer Entscheidung, die er verkündet, in einer anderen Entscheidung wieder abgehen? Dieser Fall ist bekanntermaßen im Rahmen des § 137 des Gerichtsverfassungsgesetzes nicht gegeben. Aber dann würde ja tatsächlich eine falsche Entscheidung ein Schlagbaum, ein Hindernis für den Fortschritt der Erkenntnis und für die Rückgewinnung der Wahrheit sein. Das könnte auch wieder sehr leicht mißbraucht werden. Stellen Sie sich vor, daß ein Majorität ein Gesetz erlassen hat, dessen verfassungsmäßiger Charakter zweifelhaft ist. Dann wird diese Majorität vielleicht geneigt sein, selber durch irgendeinen Dritten, den sie vorschiebt, eine Klage beim Staatsgerichtshof anhängig zu machen mit dem Antrage, das Gesetz für nichtig zu erklären, und der Dritte wird die Sache so schlecht führen, daß die Klage verloren geht. Diese Möglichkeit ist gegeben. Sie wissen, im parlamentarischen Leben muß man mit diesen Dingen rechnen. Das scheint mir außerordentlich bedenklich. Genau so, wie der Gesetzgeber ein Gesetz, das er erlassen hat, abändern kann, müssen Sie m. E. auch dem Staatsgerichtshof die Möglichkeit geben, eine Entscheidung, die er einmal gefüllt hat, in einem späteren Falle aufzuheben. Bis zu diesem späteren Falle gilt das alte Urteil, von da an nicht mehr. Sonst kommen wir ja zu Präjudizien, und wohin das führt, können Sie sich leicht vorstellen, wenn Sie sich die Rechtsprechung vergegenwärtigen, die über die preußische Verfassung in den ersten zehn Jahren ihres Bestehens bis zu der Wahl eines liberalen Ministeriums geherrscht hat. Wir wissen heute, daß die preußische Verfassung — wenigstens sind namhafte Gelehrte dafür eingetreten — von der Rechtsprechung in den ersten Jahrzehnten, namentlich im ersten Jahrzehnt nach ihrem Erlaß, nicht verstanden worden ist. Ich erinnere nur an die Schrift von Thoma.

Thoma steht in der Schrift, die er als Festgabe für Binding hat erscheinen lassen, auf dem Standpunkt, daß der Vorbehalt des Gesetzes im preußischen Verfassungsrecht und die Auslegung, die dieser Vorbehalt gefunden hat, sowie überhaupt die ganze Behandlung der Grundrechte nicht den Absichten dieser Verfassung entspreche. Mir scheint, daß eine solche Rechtsprechung auch bei unserer neuen Reichsverfassung möglich ist. Deshalb scheint es mir wichtig, daß man die Möglichkeit vorsieht, falsche Rechtssprüche des Staatsgerichtshofs wieder zur Aufhebung zu bringen, und zwar durch ihn selbst, derart, daß er nicht an seine eigene Entscheidung gebunden ist.

So meine ich — und damit schließe ich —, daß man sich nicht an diesen Gesetzentwurf anlehnen sollte, sondern an die Bestimmungen der bayrischen Verfassung, die es jedem Einzelnen auch gegenüber den Urteilen der ordentlichen Gerichte, der Disziplinargerichte und der Verwaltungsgerichte, sowie gegenüber Verwaltungsanordnungen ermöglicht, den Staatsgerichtshof anzurufen, und zwar nicht nur bei der Tätigkeit einer Behörde, wie es der § 93 der bayrischen Verfassung vorsieht, sondern auch bei der Tätigkeit des Parlaments, bei der Frage, ob ein Gesetz verfassungsmäßig ist oder nicht.

Rechtsanwalt Dr. Richard Grau-Berlin:

Ich bin in der glücklichen Lage, dem Herrn Hauptreferenten in allen mir wesentlich erscheinenden Punkten zustimmen zu können. Meinungsverschiedenheiten habe ich in der Hauptsache nur mit dem Herrn Korreferenten. Immerhin sind es doch einige Punkte, denen ich zunächst nicht grundsätzliche Bedeutung, wohl aber eine beim Ausbau der Verfassung nicht unerhebliche technische Bedeutung beimesse, wegen deren ich mich auch mit den Ausführungen des Herrn Referenten auseinandersetzen möchte. Und es ist schließlich ein zusätzlicher Gedanke, dessen Ausführungen ich anfügen möchte. Wenn ich meine Zustimmung zu den Ausführungen des Herrn Referenten nicht bei jedem Punkte wieder zum Ausdruck bringe, so geschieht das aus Zeitmangel.

Es handelt sich zunächst um die Ergänzung des Art. 19 der Reichsverfassung. Hier schlagen uns die beiden Herren Referenten eine formulierte Ergänzung vor. Formulierungen haben natürlich immer das Unglückliche, sehr fest zu binden. Der Juristentag hat ja an sich den Vorzug, es nicht notwendig zu haben, Gesetzesformulierungen aufzustellen, sondern er kann sich auch in Leitsätzen bewegen. Dankenswert ist es freilich, wenn man Formulierungen findet. Bei der gewählten Formulierung scheint mir Folgendes bedenklich. Erstens der Ausdruck „Beteiligter". Beteiligter kann bei einer Streitigkeit über Auslegung und Anwendung der Reichsverfassung jedes Individuum sein. Selbstverständlich bin ich auch der Ansicht, daß man einem Individuum nicht ohne weiteres das Recht geben soll, sich über Verletzung der Verfassung zu beschweren oder ein Rechtsmittel zu ergreifen. Aber hier liegt doch in der Hauptsache eine Aufgabe der Verwaltungsgerichte vor.

Ich glaube, daß Herr Professor Anschütz mir erwidern wird: das meine ich selbstverständlich nicht. Ich verstehe natürlich unter den Beteiligten lediglich den Organträger (Widerspruch). Hierüber sind offenbar auch in der Versammlung Meinungsverschiedenheiten. Wenn ich mich hier nicht begeistert anschließe, sondern das sagen soll, was ich für richtig halte, so würde ich meinen: man sollte in Verfassungsstreitigkeiten nur dem Organträger Gelegenheit geben, vor dem Staatsgerichtshof einen Verfassungsstreit zu erheben, das übrige aber zunächst einer Verwaltungsgerichtsbarkeit überlassen, von deren Verbindung mit dem Staatsgerichtshof ich zum Schlusse sprechen will. Der Grund ist einfach die Überlastung des Staatsgerichtshofs; das würde mir zu weit gehen.

Dann kommt ein zweiter Punkt der Kritik an der Formulierung. Dieser zweite Punkt betrifft das Wort „Reichsverfassung". Herr Professor Anschütz hat den Begriff der Verfassungsstreitigkeit aufgelöst in Streitigkeiten über die Auslegung und Anwendung der Reichsverfassung. Er selbst hat es authentisch dahin interpretiert, daß er damit auch die Ausführungsgesetzgebung zur Reichsverfassung meint. Ganz selbstverständlich erscheint mir das nicht. Ich halte den Ausdruck „Verfassungsstreitigkeiten", der sehr viel schwammiger ist, aber der Auslegung des Staatsgerichtshofs ein weiteres Feld bietet, meinerseits für glücklicher als die scharfe Interpretierung durch Professor Anschütz innerhalb dieses Verfassungsergänzungsvorschlages.

Dann käme als drittes die Frage der Maßgaben, mit denen der Staatsgerichtshof für zuständig erklärt wird innerhalb der Verfassungsstreitigkeiten des Reichs. Wenn Herr Professor Anschütz für die Zuständigkeit anderer Gerichtshöfe des Reichs und der Länder den Vorbehalt gemacht hat, daß eine echte Verfassungsstreitigkeit zwischen Organträgern vorliegt, so bin ich von dem Vorbehalt sehr wenig entzückt. Ich will nicht bestreiten, daß es gewisse Vorbehalte wird geben müssen. Herr Professor Anschütz selbst gab das Beispiel der Wahlprüfung. Da bin ich allerdings auch der Ansicht: das ist etwas so Spezifisches, daß man die Wahlprüfung herausnehmen muß. Sehr viel bedenklicher bin ich bezüglich des Art. 13, bei dem man eine Vereinheitlichung mit dem Staatsgerichtshof anstreben soll, statt die getrennte Gerichtsbarkeit aufrecht zu erhalten. Sehr viel bedenklicher bin ich ferner bei dem Vorbehalt der Verwaltungsgerichte. Ich werde später andeuten, wie ich mir eine Verbindung der Verwaltungsgerichte mit dem Staatsgerichtshof vorstelle. Über eine andere Frage, die auch wesentlich ist, wird einer der Herren Diskussionsredner noch sprechen.

Bezüglich der Ergänzung des Art. 19 möchte ich mich dahin zusammenfassen: Ich würde davor warnen, eine scharfe Formulierung dessen, was wir hier annehmen wollen, in Gestalt eines Gesetzesvorschlags vorzunehmen. Wir sind hier in unserem engeren Gremium bereits in Meinungsverschiedenheiten geraten — die durch Zwischenrufe und Kopfnicken angedeutet wurden — über die Auslegung dieser Bestimmung, die uns von den Herren Berichterstattern vorgelegt worden ist. Sicherlich erscheint sie in dieser oder jener Hinsicht nicht jedem von uns, der einen Ausgleich der Verfassungsstreitigkeiten innerhalb des Reiches will, durchaus billigenswert. Ich würde deshalb dem Gedanken Anregung geben, daß wir uns, wie es der vorige Juristentag in seinem weniger überlegten, mehr ex tempore erfolgten Beschluß getan hat, auf die Frage der Ausdehnung des Art. 19 auf Verfassungsstreitigkeiten innerhalb des Reiches, also auf den wesentlichen Gedanken beschränken, der durch das Gutachten der beiden Herren Berichterstatter gestützt ist, uns aber nicht auf die Formulierung eines Verfassungsgesetzes einlassen.

Ich komme nun zu der Frage des Reichsgesetzes über die Prüfung der Verfassungsmäßigkeit von Vorschriften des Reichsrechts. Hier stehen sich drei Entwürfe gegenüber: der Entwurf der Reichsregierung, der Privatentwurf Mende, der dem Entwurf der Reichsregierung näher steht, oder „Ergänzung Mende", und der formulierte Gesetzentwurf des Hauptberichterstatters, des Herrn Professor Anschütz. Der Gesetzentwurf des Herrn Professor Anschütz bricht m. E. dem Regierungsentwurf im wesentlichen die Giftzähne aus. Das, was an dem Regierungsentwurf als das Allerbedenklichste erscheint, fehlt. Immerhin bedeutet er gegenüber dem ganzen Gedanken des Regierungsentwurfs eine nicht unerhebliche Konzession. Hier möchte ich mich anschützscher als Anschütz zeigen. Ich möchte in der Richtung, in der Anschütz geht, einen Schritt weitergehen und sagen: Wir dürfen uns auf einen derartigen Entwurf überhaupt nicht einlassen, und zwar aus folgenden Gründen: Neben diesem Entwurf liegt ein weiterer Entwurf über die Wahrung des Rechtseinheit vor, und schließlich liegt noch ein Entwurf über das Reichsverwaltungsgericht vor. Sie alle stehen nebeneinander; sie alle betreffen Verfassungsrechtsprechungsfragen. Der erste betrifft, wenn ich einmal formell scheiden soll, Verfassungsstreitigkeiten. Das ist dieser Entwurf. Aber er betrifft nicht nur Verfassungsstreitigkeiten; sondern er betrifft auch Fälle, in denen Gerichte Zweifel haben und Meinungsverschiedenheiten außerhalb der Verfassungsorgane, der höchsten Staatsorgane, auftauchen, also reine

Auslegungs- und Anwendungsfragen der Reichsverfassung, außerhalb der typischen Organverfassungsstreitigkeiten. Diese selbe Frage, diese ominöse Interpretation der Reichsverfassung, die damit diesem Gerichtshof zufällt, fällt auch dem Gerichtshof zu, der die Zuständigkeit hinsichtlich der Wahrung der Rechtseinheit haben wird; das soll das Reichsspruchgericht sein, dem man einen Rechtsentscheid für den Fall übertragen will, daß zwei höchste Gerichte über öffentlich-rechtliche Vorschriften auseinandergehen. Wir bekommen hier also zwei höchste Reichsgerichte herausdestilliert. Das eine hat die Kompetenz eines typischen Staatsgerichtshofs, verbunden mit ein wenig verfassungsgerichtshoflicher Verfassungsgerichtsbarkeit, d. h. höchster Auslegung der Verfassung, nämlich in Gestalt der Prüfung von Reichsgesetzen auch für den Fall, daß keine Rechtsstreitigkeit zwischen Organen vorliegt. Und wir bekommen zweitens einen echten Verfassungsgerichtshof, dem wieder in höchster Instanz die Auslegung der Verfassung zugewiesen ist, bloß bei anderen Anlässen. Ich halte dieses Nebeneinander von zwei höchsten Gerichtshöfen des Reiches, die in höchster Instanz Rechtsprechung, und zwar mit vermehrter Autorität, über Fragen des Verfassungsrechts ausüben sollen, für unglücklich. Ich erfreue mich hier eines Vorganges der Reichsregierung. Kein anderer Grund hat doch die Reichsregierung veranlaßt, einen Gesetzentwurf zur Wahrung der Rechtseinheit vorzulegen, als der, daß sie verhindern will, daß Verfassungsfragen verschieden beurteilt werden. Mir scheint deshalb, daß man auf halbem Wege stehen geblieben ist. Ich brauche ja, um die außerordentliche Zerklüftung unserer Verfassungsrechtsprechung darzulegen, nur auf die Rechtsprechung auf Grund des Artikels 13 hinzuweisen, die schließlich nun auch einmal auf Verfassungsfragen einzugehen hat, bei denen man einwenden wird: das Gericht hat nach Artikel 13 über die Frage, die eventuell auftauchen kann, ob ein Reichsgesetz verfassungsmäßig ist, nicht zu entscheiden; es hat die Entscheidung auszusetzen, und die Sache dem Staatsgerichtshof vorzulegen.

Ich denke läßlich über die Kompetenz aus Artikel 19. Ehrlich gesprochen: wenn die Fragen nicht etwas anderes betreffen als ein Landesgesetz, das diesem oder jenem Beamten die Gruppe 13 gibt, das diese oder jene technische Einzelheit regelt, z. B. die Freifahrt auf den sächsischen Bahnen, wenn die Dinge nicht tiefer greifen, soll man sich nicht an den Gerichtshof wenden können, der nach Artikel 19 zuständig ist, sondern das soll man seitens der größeren Länder mit energischen Mitteln und anschließenden Vereinbarungen regeln. Das ist so die

Praxis. Aber ich habe die Hoffnung, daß diese Praxis einstmals überwunden werden möge, und mir scheint, daß die Ausführung der Verfassungsrechtsprechung dazu dient. Wird aber diese Praxis einmal überwunden, so geht es natürlich nicht an, das Gerichtsverfahren nach Artikel 19, das in Kompetenzstreitigkeiten zwischen Land und Reich entscheidet, mit besonderen Ausgestaltungen totzufüttern, indem man eine Aussetzung des Verfahrens des Gerichtshofs macht, eine Aussetzung, bei der sich der Gerichtshof bereits darüber schlüssig geworden sein muß, daß er das Gesetz für verfassungswidrig hält; nur dann legt er es dem Staatsgerichtshof vor. Dann entscheidet der Staatsgerichtshof umgekehrt. Dann kommt der Gerichtshof, der zwischen Land und Reich entscheidet, und entscheidet wieder anders. Das ist für eine Staatsgerichtshofs-Gerichtsbarkeit nach Artikel 19 m. E. untragbar.

Deshalb komme ich zu dem Resultat: Vereinheitlichung der Staatsverfassungsrechtsprechung, und zwar sowohl der Rechtsprechung, die hier dem Staatsgerichtshof auf Grund der in Aussicht genommenen Prüfungskompetenz übertragen werden soll, als auch der Verfassungsrechtsprechung auf Grund des Artikel 19 bei demselben Gerichtshof, und Vereinheitlichung dessen, was man nun dem Reichsspruchgericht geben muß.

Damit komme ich auf den Gedanken des Anschlusses der Verwaltungsgerichtsbarkeit an die Staatshofsgerichtsbarkeit. Den haben Sie ja, wenn Sie den Reichsspruchgerichtshof auf den Staatsgerichtshof übertragen; denn dann entscheidet dieser Reichsspruchgerichtshof im Rechtsentscheidungsverfahren in letzter Instanz beim Auseinandergehen der Verwaltungsgerichte über die Verfassungsfragen, die im Verwaltungsgerichtsverfahren auftauchen. So würde tatsächlich ein solcher Staatsgerichtshof, wie er mir hier vorschwebt, einmal ein echter Staatsgerichtshof sein, d. h. ein Gerichtshof, der zwischen den höchsten Organen in streitigen Verfassungsfragen eine Entscheidung trifft, zweitens ein Verfassungsgerichtshof, der in höchster Instanz entscheidet, wenn es sich um das Objekt der Verfassung handelt, wobei ich unter Verfassung mit Herrn Geheimrat Anschütz mehr als die Verfassung, also auch ihre Ausführungsgesetzgebung, verstehe. Diese Einheit wäre in diesem Staatsgerichtshof konzentriert. Mir scheint, daß jeder Ausbau unserer Verfassungsrechtsprechung auf dieses letzte Ziel hinsteuern sollte. Es ist eigentlich gar kein letztes Ziel; denn in dem Augenblick, wo Sie den Spruchgerichtshof einführen, wird es doch als praktisch erreichbar jedenfalls von der Reichsregierung betrachtet. Auf dieses Ziel der Vereinheitlichung der Verfassungsrechtsprechung sollen wir hinarbeiten.

In Amerika ist es nicht anders gewesen. Schon Marshall hat in einzelnen Fällen seine Zuständigkeit damit begründet, daß er sagte: Über die amerikanische Verfassung können nicht 26 Gerichte entscheiden; sie kann nur von einem Gericht ausgelegt werden. Was dieser kühne und große Richter getan hat, ohne daß es ihm ausdrücklich durch die Gesetzgebung möglich war, das sollte man bei einer Gesetzgebung, die den Ausbau der Verfassungsgerichtsbarkeit erstrebt, als Gesetzgebungsziel ins Auge fassen.

Deshalb möchte ich hier sagen: Herr Geheimrat Anschütz hat den Patienten, nämlich den Gesetzentwurf der Reichsregierung, auf den Stuhl gesetzt und hat ihm als kräftiger Zahnarzt die Giftzähne ausgebrochen. Was ich machen möchte, ist, den ganzen Mann von vornherein abtöten und beiseite schieben und einen neuen Mann an seine Stelle setzen, der dann die Aufgaben in sich vereinigt, die mir als für den Ausbau einer Verfassungsrechtsprechung wesentlich erscheinen.

Ich möchte diesen Gedanken, den ich ihnen hier vorgetragen habe, nicht in einem Antrage, wohl aber in einer allgemeinen Formulierung Ihnen vorlegen, über die sich vielleicht noch mit den Herren Berichterstattern eine Einigkeit erzielen läßt.

„Als Ziel ist anzustreben die Auslegung des Verfassungsrechts, soweit die Gerichtsorganisation dies zuläßt, beim Reichsstaatsgerichtshof zu vereinigen (Ausbau zum Verfassungsgerichtshof).

Die von der Reichsregierung vorgelegten Gesetzentwürfe zum Ausbau der Verfassungsrechtsprechung würden den vorhandenen Mangel einer einheitlichen Rechtsprechung in den Fragen des Verfassungsrechts nicht beseitigen. Es erscheint notwendig, vor der Schaffung neuer Zuständigkeiten des Reichsstaatsgerichtshofs die Frage der Vereinheitlichung des Verfassungsrechts zusammenfassend zu erwägen. Die Einsetzung einer Sachverständigen-Kommission über den Ausbau der Verfassungsrechtsprechung wäre hierfür das geeignete Mittel.“

Das Letzte beruht darauf, daß schließlich die Reichsregierung, in der natürlich alle diese Fragen auch erwogen werden, doch von viel zu vielen einzelnen Reichsgesichtspunkten abhängig ist, als daß sie ein derartiges für unsere Verfassungsrechtsprechung ausschließlich entscheidendes Gesetzgebungswerk mit demjenigen einheitlichen Wurf vollenden könnte, der auf seiten einer Verfassungskommission, die sich lediglich das Ziel steckt, die Verfassung einheitlich auszubauen, erzielt werden könnte.

Wenn Sie diesen Gedanken billigen wollen, dann liegt die Sache natürlich so, daß man sich auf einen Gesetzentwurf einigen müßte. Ich gehe auf alles Technische nicht ein; ich habe dieses und jenes Technische zum Regierungsentwurf auf der Seele; ich könnte vielleicht auch noch einige Ergänzungen zu dem Anschützschen Entwurf anbringen. Aber ich will das alles beiseite lassen. Mein Hauptgedanke bei der Frage ist der, daß, wenn man sich auf eine Vereinheitlichung einlassen will, man sich hüten müßte, noch so treffliche Einzelvorschläge in diesem Augenblicke zu machen. Wir müssen den Gedanken, den wir in Heidelberg ausgesprochen und heute wieder erwogen haben, in einem allgemeinen Satz aussprechen und ferner sagen, daß wir ein besonderes Gesetz über die Prüfungsfrage brauchen; das wird natürlich nicht zu umgehen sein. Schließlich müssen wir in einer vielleicht anderen Formulierung den Gedanken aussprechen, den Ihnen zu unterbreiten ich die Ehre hatte, nämlich den Gedanken der Vereinheitlichung des Verfassungsrechts, der Vereinheitlichung der Funktionen von Staatsgerichtshof, Spruchgerichtshof und Gerichtshof nach Artikel 19 in einem einzigen Gerichtshof, dem Staatsgerichtshof des Deutschen Reichs.

Dazu gehört — hiermit überschreite ich eigentlich schon die Zeit, die mir gegeben ist — noch eine Erwägung: ein Gericht, das diese Funktionen in sich vereinigt, das diese Stellung erlangt, ist ein politischer Faktor innerhalb des neuen Deutschen Reichs; daran ist gar kein Zweifel. Nun schließe ich mich an das an, was Herr Professor Anschütz uns über die Frage der Zusammensetzung des Staatsgerichtshofs gesagt hat. Auch ich habe schwere Bedenken, daß unter diesen Umständen ein Gerichtshof, der diese Funktionen erfüllen soll, ebenso zusammengesetzt würde, wie es der Staatsgerichtshof nach § 18 des Staatsgerichtshofsgesetzes ist. Herr Professor Anschütz hat, nachdem er seine Bedenken zum Ausdruck gebracht hat, sich sicherlich nur schweren Herzens entschlossen, in seinem Gesetzentwurf die Zusammensetzung nach § 18, 1 vorzuschlagen.

Ich muß sagen, daß mir diese Bedenken bei der etwas anderen Konstituierung des Staatsgerichtshofs und auch den anderen Funktionen, die ich ihm zuteilen möchte, schon zu schwerwiegend erscheinen, als daß man bei dieser Besetzung bleiben könnte. Es würde zu weit führen, wenn ich wagen wollte, hier die Frage, wie man ihn besetzen sollte, zu erörtern. Ich gestatte mir, nur noch auf Folgendes hinzuweisen. Die Reichsverwaltungsgerichtsmitglieder, die den Staatsgerichtshof ausmachen sollen, werden von der Landesjustizverwaltung ernannt. Die Interessen der Landesjustizverwaltung bei der Auswahl dieser Richter sind zu klar, als daß sie auch nur mit einem Worte dargelegt zu werden brauchten. Es ist bekannt, daß Präsident und Senat der Vereinigten Staaten es unternommen haben, für die Entscheidung in einem für die Vereinigten Staaten wichtigen Rechtsfalle einen Richter aus dem Bundesgericht zu ernennen, dessen Rechtsansichten man kannte. Man wird dies den Vereinigten Staaten nicht übelnehmen, wenn sie glauben, daß es für sie gut sei. Anders ist die Frage zu bewerten, ob man die Länder berechtigen soll, in ähnlicher Weise auch durch die Persönlichkeit auf die Verfassungsrechtsprechung Einfluß zu nehmen. Es kommt auch ein Prestigegesichtspunkt hinzu: soll das Plenum des Reichsgerichtshofs sich unter Umständen nach sechs oder sieben seiner eigenen Mitglieder richten müssen? Auch das spricht gegen diese Zusammensetzung. Schließlich als Letztes: alle diese Herren sind mit beruflicher Arbeit überhäuft, sind nicht gewohnt, sich in Fragen des Verfassungsrechts hineinzuleben. Man muß doch bedenken, daß es in Deutschland Männer gibt, die seit 30 bis 40 Jahren nichts anderes tun, als sich mit Verfassungs- und Verwaltungsrecht befassen, die keine andere Berufsarbeit haben als die wissenschaftliche Forschung auf diesem Gebiete und unter diesen Umständen eine wertvolle Ergänzung des richterlichen Elements bieten könnten.

Alles dies auszubauen, wäre Aufgabe einer Sachverständigen-Kommission, die natürlich auch über die Zusammensetzung des Gerichtshofs sich Gedanken machen müßte. Denn das eine will ich an den Schluß stellen: ein Gerichtshof mit diesen Funktionen kann nur existieren und kann seine Funktionen nur wahrhaft erfüllen, wenn er so zusammengesetzt ist, daß er eine Rechtsprechung entwickeln kann, so kühn, so zielbewußt, so führend, wie es die Rechtsprechung in den Vereinigten Staaten gewesen ist.

Staatspräsident beim Reichsgericht Dr. Lobe-Leipzig:

Meine Herren, die Frage der Vereinheitlichung der Rechtsprechung seitens verschiedener Organe, die zur Rechtsprechung berufen sind, und die Frage, ob ein Gesetz verfassungsmäßig ist, d. h. mit der Reichsverfassung im Einklange steht, ist so grundverschieden, daß ich glaube, es geht nicht an, beide ein und demselben Gerichtshof zu übertragen. Die Frage, ob zwei verschiedene rechtsprechende Organe dasselbe Gesetz verschieden auslegen oder nicht, ist eben eine ganz andere. Jedenfalls wird hier die Verfassungsmäßigkeit des Gesetzes immer schon vorausgesetzt. Bei der Frage, die hier zur Beratung steht, handelt es sich aber gerade um diese Voraussetzung, ob ein Gesetz oder eine Verordnung, die vom erkennenden Richter anzuwenden ist, verfassungsmäßig ist oder nicht. Das sind zwei ganz verschiedene Fragen. Nun herrscht wohl jetzt Einigkeit darüber, daß die Frage, ob ein Gesetz verfassungsmäßig ist oder nicht, reine Rechtsprechungsfrage und lediglich vom erkennenden Richter zu prüfen ist. Wenn daher im Interesse der Vereinheitlichung und wegen der Wichtigkeit der Frage, ob ein Gesetz oder eine Verordnung verfassungsmäßig ist oder nicht, dem erkennenden Richter diese Prüfung genommen und einem anderen Gericht übertragen wird, so hat dieses Gericht offenbar die Natur eines Sondergerichts, das eine präjudizielle Entscheidung in dieser einen Frage fällt. Deshalb halte ich es durchaus für notwendig, daß dieses Gericht, das lediglich die Funktionen des erkennenden Gerichts ausübt, durchaus in gleicher Weise zusammengesetzt wird wie das Gericht überhaupt. Deswegen kann man fragen, ob es nicht bedenklich ist, diese Funktion der Prüfung der Verfassungsmäßigkeit eines Gesetzes einfach einem Staatsgerichtshof, wie er jetzt zusammengesetzt ist, zu übertragen.

Meine Herren, ob ein Gesetz oder eine Verordnung verfassungsmäßig ist oder nicht, ist eine so eminent wichtige und vom Richter zu entscheidende Rechtsfrage, daß hier dem Richter dieselben Garantieen geboten werden müssen wie jedem anderen Richter. Wir müssen durchaus verlangen, daß über diese Frage ein absolut unabhängiger Richter zu entscheiden hat, der auf Lebenszeit ernannt ist. Es geht meiner Meinung nach nicht an, hier politische Erwägungen hineinzuziehen. Ich möchte dringend davor warnen, Reichstags- oder Landtagsabgeordnete, ebenso wie es in der Zusammensetzung des jetzigen Staatsgerichtshofs ist, irgendwie hier bei diesen Fragen zu beteiligen. Das sind reine Rechtsfragen, die haben Richter zu entscheiden, und es müssen Richter hierfür gefunden werden, die vollständig unabhängig von anderen Beeinflussungen sind. Sie müssen auf Lebenszeit mit richterlicher Garantie angestellt werden. Wir haben das Reichsgericht. Dort finden sich gewiß Richter, die befähigt sind, in diesen Fragen tätig zu werden; denn wir müssen ja heutzutage stets schon diese ganzen Fragen entscheiden. Es sind uns doch keine neuen Fragen. Wir entscheiden sie schon bisher; der Gesetzentwurf schlägt jetzt bloß vor, sie einem besonderen Gericht zu überweisen. Wünschenswert wäre es selbstverständlich, das gebe ich zu, wenn hervorragende Staatsrechtslehrer — ich würde da in erster Linie meinen lieben Freund Triepel vorschlagen — an diesen Gerichtshof auf Lebenszeit berufen werden könnten. Das ist das, was ich zur Zusammensetzung dieses Gerichtshofs erwähnen möchte. Ich glaube also nicht, daß eine einfache Angliederung an den Staatsgerichtshof, wie er jetzt zusammengesetzt ist, möglich wäre.

Nun zu der Frage: wann soll dieser Gerichtshof, der die Verfassungsmäßigkeit eines Gesetzes oder einer Verordnung prüfen soll, in Funktion treten? Ich meine, es hieße doch, das Pferd am Schwanze aufzäumen, wenn man erst die Gerichte den ganzen Instanzengang durcharbeiten ließe und bloß dem obersten Gericht, der Rechtsmittelinstanz, der Revisionsinstanz, die Befugnis gäbe, seinerseits an den Staatsgerichtshof heranzutreten und zu sagen: ich halte das Gesetz nicht für verfassungsmäßig. Der Berufsrichter und der erstinstanzliche Richter darf es nicht; er muß das Gesetz als verfassungsmäßig fingieren, obwohl er vielleicht ganz anderer Meinung ist. Die Partei selber im Zivilprozeß soll es auch nicht dürfen, obwohl sie vielleicht der Meinung ist: es ist durchaus verfassungswidrig. Sie muß den Prozeß anstrengen, sie muß so und soviel Kosten und Zeit aufwenden, und erst in der letzten Instanz soll die Frage zur Entscheidung kommen. Das ist ein Ding der Unmöglichkeit. Es muß von vornherein durch eine präjudizielle Entscheidung die Möglichkeit geschaffen werden, von diesem Gerichtshof auszusprechen, ob die Verordnung verfassungsmäßig ist oder nicht. Das ist die Grundlage des ganzen weiteren Verfahrens. Und in Strafsachen: soll ein Angeklagter etwa zwei oder drei Jahre in Haft sitzen, bis der Instanzenzug durchlaufen ist und schließlich der Staatsgerichtshof entschieden hat: das Gesetz oder die Verordnung — ich will einmal eine Verordnung des Reichspräsidenten nach Artikel 48 voraussetzen, die Zuchthaus und Gott weiß was für Strafen androhen kann — ist verfassungswidrig. Soll der Angeklagte so lange in Haft bleiben, bis die Frage entschieden ist? Es ist etwas anderes, ob man dem erkennenden Richter die Befugnis gibt, seinerseits zu entscheiden, ob die Verordnung verfassungsmäßig ist oder nicht, oder ob am Anfang des Verfahrens der Staatsgerichtshof in Funktion treten muß, um darüber zu urteilen.

Ich glaube also, der Vorschlag, daß erst das höchste Gericht an den Staatsgerichtshof herantreten kann, kann nicht aufrecht erhalten werden. Vielmehr muß diese Frage am Anfang klargestellt werden.

Nun glaube ich, es wäre vielleicht nicht unpraktisch, mindestens dem Reichsgericht, etwa seinem Plenum, die Möglichkeit zu geben, von sich aus, ganz abgesehen davon, ob es schon mit einem bestimmten Prozeß, mit einer bestimmten Rechtssache befaßt ist, an den Staatsgerichtshof heranzutreten und zu sagen: jetzt entscheide du einmal, ob das Gesetz, ob die Verordnung verfassungsmäßig ist, wenn eben das Reichsgericht der Meinung ist, das Gesetz sei nicht verfassungsmäßig. Es muß dem Reichsgericht als höchstem Gerichtshof in Straf- und Zivilsachen zugestanden werden, auch ohne daß es mit einer konkreten Sache bereits befaßt ist, die Frage sich vorzulegen und zu prüfen: ist das Gesetz verfassungsmäßig oder nicht? Es würde damit eine Rechtskontrolle für die Gesetzgebung eingeführt, die sehr heilsam wirken würde. Meine Herren, es wäre, wenn das bereits in der Weise bestanden hätte, vielleicht mancher Mißbrauch, der in überaus grober Weise mit Art. 48 bisher geübt worden ist, vermieden worden, wenn rechtzeitig die Möglichkeit bestanden hätte, ohne daß sie bereits in Funktion trat, zu erklären: diese Verordnung ist verfassungswidrig. Das wäre ein Gedanke, der auch mit dazu führen könnte, von vornherein Klarheit über die Frage zu schaffen.

Da ich einmal Art. 48 erwähnt habe, möchte ich noch sagen: es muß, glaube ich, auch eine Bestimmung darüber getroffen werden, daß der Reichspräsident auf Grund des Art. 48 nicht mehr in die Lage kommt, dieses Prüfungsrecht des Staatsgerichtshofs, ob ein Gesetz verfassungsmäßig ist oder nicht, außer Kraft zu setzen. Nach der exorbitanten Auslegung, die der Art. 48 jetzt überall erfahren hat, kann ja der Reichspräsident sagen: es ist Not, das Gesetz wird außer Kraft gesetzt; du, Staatsgerichtshof, darfst nicht mehr prüfen, ob meine Verordnung verfassungswidrig ist oder nicht. Denkbar ist das; der Mißbrauch, der bisher mit Art. 48 getrieben worden ist, läßt mich in der Beziehung alles befürchten. Ich glaube es wäre nicht unpraktisch, hier durch eine gewisse Kautel einem Mißbrauche des Art. 48 vorzubeugen. (Zuruf: Das braucht nur in der Verfassung verankert zu werden!) Das ist Ansichtssache. Ich bin der Meinung, es wäre wünschenswert, wenn Art. 48 in der Beziehung außer Kraft gesetzt würde.

Ministerialdirektor Dr. Brecht-Berlin:

Meine Herren, es gibt eine höchstrichterliche Entscheidung, die sagt, daß der Deutsche Juristentag keine politische Versammlung, kein politischer Verein ist. Sie begründet das damit, daß sie ausführt: alles, was einen Einfluß auf die Gesetzgebung erstrebt, ist zwar eine politische Versammlung oder ein politischer Verein, wenn die übrigen Voraussetzungen vorliegen. Aber der Deutsche Juristentag betrachtet lediglich theoretische Erörterungen als seine Aufgabe und hat nicht den Willen, die Gesetzgebung selbst zu beeinflussen. Darauf, daß er die Gesetzgebung tatsächlich beeinflußt, kommt es nicht an. Den Umstand, daß ich vom Reichsminister des Innern als Leiter der Verfassungsabteilung mit Unterstützung meines Verfassungsreferenten hierher geschickt worden bin, betrachten Sie bitte als ein Kompliment vor der Tatsache, daß der Juristentag einen erheblichen Einfluß auf die Gesetzgebung nicht nur auf anderen Gebieten, sondern neuerdings immer stärker auch auf dem Gebiete des öffentlichen Rechts hat und nach unserem Wunsche haben soll. Wir begrüßen diese Entwicklung.

Was mich in diesem Moment auf den Plan ruft, ist eigentlich hauptsächlich eine Äußerung des Berichterstatters am Anfang seiner Ausführungen, wodurch er seinen besonderen Entwurf über die Nachprüfung der Verfassungsmäßigkeit von Reichsgesetzen damit einleitete, daß er meinte, er hätte hier einen stark oppositionellen Gegenentwurf vorgelegt. Ich glaube, daß wir da doch etwas in den Fehler fallen, daß wir, wenn wir auch in einigen Punkten abweichen, hier vergessen, wie wichtig es ist, daß doch über eine ganze Reihe von Punkten ein Einverständnis besteht: zunächst darüber, daß die Nachprüfung der Verfassungsmäßigkeit von Reichsgesetzen einen Gerichtshof besonders übertragen sein soll, zweitens darüber, daß es der Staatsgerichtshof sein soll, drittens sogar über die anrufenden Stellen, und zwar in einem noch weiteren Maße, als es im Moment bekannt ist, denn nicht nur in der Reichsregierung, sondern auch in Reichstag und Reichsrat besteht Übereinstimmung, so daß die Reichsregierung inzwischen in einer Nachtragsvorlage an den Reichsrat — auch unter dem Eindruck von Besprechungen, die mit dem Juristentag zusammenhängen — bereits selbst vorgeschlagen hat, daß ein Drittel der Mitglieder des Reichstags den Antrag stellen kann, aus den logischen Gründen, die der Herr Berichterstatter so einleuchtend vorgetragen hat. Weiter besteht auch noch darüber Einverständnis, daß eine gewisse Ausnahme nicht bestehen soll. Jedenfalls neigt die Reichsregierung dazu, die Ausnahme fallen zu lassen, die sich auf die Nachprüfung internationaler Verträge und der darauf beruhenden Gesetze bezieht.

Das sind sehr weitgehende Übereinstimmungen. Aber es geht noch weiter. Den fundamentalen Unterschied hat der Herr Berichterstatter darin gesehen, daß er die Frage des Prüfungsrechts der Gerichte anders behandelt. Aber wie anders es eigentlich ist, muß man sich einmal näher ansehen: dann renkt sich auch das Problem dieser Differenz sehr viel mehr ein. Es ist nämlich doch nicht so, daß es in unserem Entwurf heißt: es soll nicht nachgeprüft oder kann nicht nachgeprüft werden; sondern, wenn man das Wort „Nachprüfung" nach dem, was es heißt, zerlegt, dann ist es doch so, daß auch nach dem Entwurf des Herrn Berichterstatters die Gerichte in die Prüfung eintreten können, ob das betreffende Gesetz verfassungsmäßig ist, und daß sie unter gewissen Umständen dann aus dem Ergebnis ihrer Prüfung die Konsequenz ziehen, die Sache dem Staatsgerichtshof vorzulegen. Es ist also doch zunächst eine Übereinstimmung, daß das Gericht in diese Prüfung eintreten kann, sowohl nach dem Regierungsentwurf, wie ich ihn auslege, als auch nach dem Entwurf des Herrn Berichterstatters. Zweitens besteht auch in einem anderen Punkte eine Übereinstimmung. Die Gerichte verfahren nun weiter und veranlassen die Vorlegung an den Staatsgerichtshof, auf die es doch in beiden Fällen herauskommt, nicht immer nur dann, wenn sie Zweifel haben, ob das Gesetz mit der Verfassung übereinstimmt, sondern nach der Fassung der Reichsregierung, wenn sie der Meinung sind, daß es nicht übereinstimmt, und nach der Fassung des Herrn Berichterstatters, falls das Gericht glaubt, daß ein von ihm anzuwendendes Reichsgesetz mit der Verfassung in Widerspruch steht. Es wird also nicht bloß vorausgesetzt: wir haben hier Zweifel, mag das der Staatsgerichtshof entscheiden, vorausgesetzt wird vielmehr immer ein Beschluß der Gerichts — er muß ja auch schließlich zu Papier gebracht werden —, aus dem hervorgeht: das Gericht ist der Meinung, das Gesetz ist nicht verfassungsmäßig zustande gekommen.

Dann bleibt als Unterschied doch eigentlich nur der Weg, wie die Sache an den Staatsgerichtshof gebracht wird, als hauptsächlicher Unterschied: der direkte Weg der Anrufung durch das Gericht oder der Weg, daß das Gericht Mitteilung macht und der Reichsregierung dadurch Gelegenheit gibt, den Staatsgerichtshof anzurufen. Ich möchte die Frage, welcher von diesen beiden Wegen der bessere ist, nicht weiter vertiefen. Jedenfalls sind die Äußerungen, die der Juristentag dazu gibt, für die Reichsregierung außerordentlich interessant und lehrreich.

Soviel zu der Frage der Nachprüfung der Gesetze.

Dem letzten Herrn Vorredner glaube ich die Zustimmung zu der Anrufung des Staatsgerichtshofs und dessen Zusammensetzung dadurch erleichtern zu können, daß ich daran erinnere, daß der Staatsgerichtshof ja wohl anders zusammengesetzt ist und es sich nicht um den Staatsgerichtshof handelt, an den er offenbar gedacht hat. Die Zusammensetzung des Staatsgerichtshofs nach § 18 durch drei Reichsgerichtsräte, drei Mitglieder des Reichsverwaltungsgerichts und vorläufig drei Oberverwaltungsgerichtsräte der Länder — und alle lebenslänglich und durch die Gerichtspräsidien bestimmt — ist doch ganz im Sinne der Ausführungen, die der Herr Vorredner gemacht hat. Daß noch nicht das letzte Ideal in der Zusammenfassung der höchsten Rechtsprechung erreicht wird, ist ja nach den Regierungsentwürfen klar: Reichsverwaltungsgericht, Spruchgerichtshof und Staatsgerichtshof. Da steht noch einiges nebeneinander, und rein theoretisch am Schreibtisch ist, glaube ich, jeder, der dabei beteiligt ist, bereit, zur Einheitlichkeit beizutragen. Aber Deutschland wird ja durch Reichstag, Reichsrat und Länder regiert, und eine Reihe von Komplikationen ergeben sich daraus, so daß wir schon sehr froh sind, wenn wir soviel nach der Richtung eines Fortschritts erreichen, wie wir augenblicklich in Gang gesetzt haben. Dazu gehört das Reichsverwaltungsgericht. In Verbindung damit werden eine Reihe von Bestimmungen in Frage kommen, die die Zuständigkeit des Reichsverwaltungsgerichts, auch auf dem Gebiete der Reichsverfassung, betreffen. Es ist z. B. beabsichtigt, auf dem Gebiete des Beamtenrechts darin sehr weit zu gehen. Beschwerden von Beamten darüber, daß ihre Grundrechte verletzt seien — ein solcher Fall wurde in der Diskussion genannt —, sollen an das Reichsverwaltungsgericht gehen, so daß sie auch der verwaltungsgerichtlichen Nachprüfung bis zur höchsten Instanz unterliegen.

Rechtsanwalt Wüst-Halle:

Meine Damen und Herren! Das Schwergewicht bei der Berichterstattung hat ganz offensichtlich auf der Frage der Schaffung eines Staatsgerichtshofs zum Zwecke der Nachprüfung der Rechtsgültigkeit schon erlassener Gesetze gelegen. Ich muß ganz offen bekennen, daß m. E. der Schwerpunkt auf einem anderen Gebiete liegt. Was die Frage der Nachprüfung bereits erlassener Gesetze betrifft, so muß ich sagen, daß mir eigentlich der jetzt bestehende und anerkannte Rechtszustand, wonach das Reichsgericht in letzter Instanz die Frage des verfassungsmäßigen Zustandekommens nachzuprüfen hat, als der weitaus glücklichste erscheint. Ich hatte eigentlich die Absicht, einen Gegenantrag dahin zu stellen, daß die Nachprüfung der Verfassungsmäßigkeit erlassener Gesetze dem Reichsgericht letzten Endes übertragen wird. Wenn man aber einmal die Einrichtung eines Staatsgerichtshofs mit den Zwecken, die heute verfolgt werden, bejaht, so geht es technisch aus dem Grunde nicht, weil sich dann wieder ein Kompetenzkonflikt ergeben würde. Es würden dann nämlich von dem eigentlichen Staatsgerichtshof, der über Verfassungsstreitigkeiten zu entscheiden hat, die Vorgänge vor dem Erlaß des Gesetzes zu prüfen sein. So z. B. würde, wenn Reichstag und Reichsrat in Differenzen geraten, der Staatsgerichtshof feststellen können: das Gesetz ist nicht verfassungsändernd und benötigt nur eine einfache Mehrheit, und nachher, nachdem das Gesetz erlassen ist, würde das Reichsgericht sich auf einen anderen Standpunkt stellen und sagen können: wir erkennen das Gesetz nicht als recht- und verfassungsmäßig zustandegekommen an. Aus diesem Grunde, glaube ich allerdings, wird man zu einem Staatsgerichtshof kommen müssen, der beide Funktionen ausübt: die in den Vordergrund gestellte Tätigkeit der Nachprüfung des verfassungsmäßigen Zustandekommens der Gesetze und die Erledigung der übrigen verfassungsrechtlichen Streitigkeiten.

Ich möchte zu dem Külz'schen Entwurf mir kurz einige Randbemerkungen gestatten. Ich glaube, es ist auch von den übrigen Rednern durchweg die Auffassung vertreten worden, daß es nicht angeht, daß die Gerichte nur anregen dürfen, eine Entscheidung des Staatsgerichtshofs über die Gültigkeit eines Gesetzes auszusprechen. Das erinnert an die grauen Zeiten des Allgemeinen Landrechts. Ich glaube mich recht zu erinnern, daß im Allgemeinen Landrecht der Satz stand: wenn der Richter auf Mißstände stößt und der Meinung ist, daß das Gesetz so, wie es besteht, zu Unträglichkeiten führt, dann steht es ihm frei, dies der nächsthöheren Dienststelle im Aufsichtswege mitzuteilen. Das heißt die Stellung der Gerichte nicht richtig einschätzen. Sie müssen eine unmittelbare Einwirkung zum mindesten insofern haben, als sie eine derartige Entscheidung erzwingen können.

Weiter geht es doch wohl auch keinesfalls an — diese Absicht scheint ja auch von der Regierung fallen gelassen zu sein —, gewisse Ausnahmen zu machen, wonach gewisse Arten von Gesetzen der Nachprüfung entzogen werden. Das geht m. E. schon grundsätzlich deswegen nicht, weil wir dann genau dasselbe Spiel haben wie bisher auf anderen Gebieten.

Dann entsteht eben die Frage: wer entscheidet darüber, ob der Staatsgerichtshof befugt ist, die Verfassungsmäßigkeit nachzuprüfen? Dann müßte dafür wieder eine höhere Instanz eingesetzt werden. Dann bekommen wir dasselbe, was wir mit dem Volksbegehren in der Aufwertungsfrage erlebt haben. Eine Regierung könnte einfach erklären: dieses Gesetz hat Auswirkungen auf die äußere Politik; darum legen wir es dem Staatsgerichtshof nicht vor und entziehen es seiner Zuständigkeit.

Weiterhin bin ich auch der Meinung, daß man eine möglichst breite Basis schaffen muß. Ein solches Gesetz hat nur dann einen Zweck, wenn die gefährdeten Minderheitsrechte geschützt werden. Man wird, glaube ich, sogar noch viel weiter gehen und nicht nur einer Drittelmehrheit im Reichstage dieses Recht zubilligen müssen, sondern jeder Fraktion. Es wäre ja auch nur ein Segen, wenn von diesem Rechte sehr bald nach der Verkündung Gebrauch gemacht würde, z. B. von einer überstimmten Fraktion. Sonst erleben wir, was wir bei dem Aufwertungsgesetz erlebt haben, daß in der Wissenschaft zwei Meinungen entstanden, ob dieses Gesetz verfassungsmäßig sei oder nicht, und daß die Herbeiführung dieser Entscheidung vier Monate gedauert hat, während deren über allen Aufwertungssachen das Damoklesschwert der Nichtigkeit und Verfassungswidrigkeit des Aufwertungsgesetzes schwebte.

Ich möchte nun auf einen Punkt kommen, der mir ganz besonders am Herzen liegt und mir sehr wesentlich erscheint, so wesentlich, daß ich mich wundere, daß er nicht als besonderer Punkt auf die Tagesordnung des Juristentages gesetzt worden ist.

Für unendlich viel wichtiger als die Einsetzung eines Staatsgerichtshofs zu dem Zwecke, die Rechtsgültigkeit der Gesetze nachzuprüfen, halte ich es, diesen Staatsgerichtshof — was heute nur ganz en passant erwähnt worden ist — wegen der Vorgänge einzusetzen, die sich in letzter Zeit bei der Frage der Zulassung des Volksbegehrens über die Aufwertungsfrage abgespielt haben. Ich bitte, meine Ausführungen nicht falsch aufzufassen. Ich denke nicht daran, über die Berechtigung des Volksbegehrens zu sprechen. Man kann über die Aufwertungsfrage denken, wie man will, und sich auch theoretisch darüber streiten, ob es zweckmäßig ist, eine derartig schwierige Materie dem Volke zur Entscheidung vorzulegen. Aber was wir erlebt haben, erheischt doch dringend Abhilfe. Als der Antrag auf Zulassung des Volksbegehrens mit den nötigen 5000 Unterschriften eingebracht war, drohte die Regierung einen Gegengesetzentwurf an und nahm ihn in Aussicht — er hat sogar dem Reichsrat schon vorgelegen —, ein Gesetz, durch das festgestellt werden sollte, daß die Aufwertungsfrage der Zuständigkeit des Volksbegehrens entzogen sei. Nach der klaren Bestimmung des Artikels 73 Abs. 4 sind nur solche Gesetze der Initiative des Volksbegehrens entzogen, die den Staatshaushalt betreffen. Wir haben folgendes Spiel erlebt, welches doch eigentlich für einen Rechtsstaat wenig würdig ist: Die Regierung erklärt zunächst: die ganze Aufwertungsfrage hängt mit dem Staatshaushalt zusammen; folglich fällt ein derartiges Gesetz unter den Absatz 4. Es betrifft den Staatshaushalt, es darf also nicht im Wege des Volksbegehrens zur Entscheidung gebracht werden. Nun erleben wir es, daß ein Gesetzentwurf eingebracht wird, in dem es an der Spitze heißt: „Zur Vermeidung von Zweifeln wird festgestellt". Es wird hier die mit Recht in der Rechtswissenschaft in Mißkredit geratene Form der authentischen Interpretation, die in Wirklichkeit aber gar keine Interpretation ist, sondern neues Recht schafft, gewählt. Nun kommt das Satyrspiel: es wird aber eine verfassungsändernde Mehrheit dazu verlangt. Die Regierung hat also doch eingesehen, daß es verfassungsändernd ist, wenn man dieses Gesetz dem Volksbegehren entziehen will. Nun geht es weiter: nachdem eine andere Regierung an die Stelle der bisherigen getreten war, erleben wir es, daß nunmehr, nachdem die Regierung das Gesetz vier Monate lang einfach liegen gelassen hatte und es dann erst dem Reichstage vorlegte, festgestellt wird: das Gesetz fällt unter die Gruppe des Absatzes 4; es betrifft den Staatshaushalt, und darum kann es dem Reichstage nicht vorgelegt und auch nicht zum Volksbegehren gestellt werden. Vor Tisch las man es anders; da gab man zu: es ist eine Verfassungsänderung notwendig. Dieser Versuch, das Volksbegehren abzudrosseln, wie es ja sehr richtig von autoritativer Seite genannt worden ist, hat damals einen Sturm in der Presse erregt. Man kann, wie gesagt, über die Einrichtung des Volksbegehrens und des Volksentscheids denken, wie man will. Aber nach der Verfassung, wie wir sie jetzt einmal haben, geht alle Staatsgewalt nach Artikel 1 vom Volke aus. Das Volk ist souverän, das ist ja gestern immer wieder betont worden. Es ist ja etwas besonders Merkwürdiges an diesem Gesetzentwurf noch gewesen, daß er sogar festlegen sollte, daß dieses Drosselungsgesetz selber nicht etwa wieder im Wege eines Volksbegehrens aufgehoben werden dürfte. Herr Professor Goldschmidt hat sehr interessante Ausführungen über diese Frage gemacht und erklärt: das wäre eine Schraube ohne Ende. Das Volk kann nicht daran gehindert werden, ein neues Gesetz einzubringen, das die Zuständigkeit wiederherstellt. Dann hebt der Reichstag das Gesetz wieder auf, dann kommt wieder ein Volksbegehren, und so geht es weiter. Hierbei hat Herr Professor Goldschmidt übersehen, daß im Falle einer Konkurrenz zwischen Gesetzen, die durch Reichstag und Reichsrat beschlossen sind, und Gesetzen, die im Wege des Volksbegehrens durchgegangen sind, der letztere Weg der stärkere ist; denn Reichstag und Reichsrat haben nur eine vom Volke abgeleitete Gewalt, während, wenn das Volk unmittelbar ein Gesetz schafft, dies m. E. bei einer solchen Konkurrenz vorgehen muß.

Man mag darüber denken, wie man will, jedenfalls haben wir es nun erlebt, daß dieses Volksbegehren einfach verhindert worden ist. Man hat das Sicherheitsventil verstopft, das man in der Verfassung geben wollte. Es liegt hier doch eine Überschreitung der staatlichen Macht vor. Die Frage ist auch grundsätzlich ungeheuer wichtig. Ein Volksbegehren wird sich ja immer in einen gewissen Widerspruch mit der Regierung setzen. Die Regierung ist ja von der Mehrheit der Parteien gewählt. Jede Regierung wird also geneigt sein, einfach zu bestimmen: was mir nicht paßt, verstößt gegen den Absatz 4.

Man hat doch tatsächlich in aller Öffentlichkeit behauptet, das Aufwertungsgesetz betreffe den Staatshaushalt. Als ob die Frage, wie Müller dem Meier seine Hypothek aufzuwerten hat, den Staatshaushalt betreffe! Sie hat natürlich indirekte Auswirkungen auf den Staatshaushalt. Diese Auswirkungen hat aber jedes Gesetz. So müßte ein Volksbegehren über die Frage: Schwarz-weiß-rot oder Schwarz-rot-gold ebenfalls unzulässig sein, denn es würde ja zur Folge haben, daß die Dienstflagge geändert werden müßte. Überhaupt müßte dann jeder Volksentscheid unzulässig sein; denn letzten Endes werden die Kosten vom Reiche getragen; es wird also auch der Staatshaushalt beeinflußt. Das ist ein Punkt, der m. E. geradezu dazu herausfordert, daß ein derartiges Gesetz geschaffen werden muß, wenn die Regierung sich in dieser Weise einfach dem Wege des Volksbegehrens entzieht.

Ich will nicht auf die Frage eingehen — das würde politisch sein, es liegt mir aber auf der Zunge —, weshalb die Regierung in der Frage des Volksbegehrens über die Fürstenenteignung, die viel unmittelbarer auf den Staatshaushalt einwirkt als das Aufwertungsgesetz, diese Bedenken nicht gehabt hat, und diese Bedenken nur gegenüber einem Volksbegehren glaubte durchsetzen zu müssen, das eine höhere Aufwertung bezweckt. In diesem Falle haben wir ein klassisches Beispiel dafür, wohin es kommt, wenn eine Regierung, die sich natürlich dessen unbewußt ist — ich spreche ihr natürlich, genau so wie der Herr Berichterstatter, die bona fides zu —, glaubt, daß „subjektiv-zweckmäßig" und „objektiv-verfassungsmäßig" identische Begriffe sind.

M. E. ist diese Frage sehr dringend, zumal um deswillen, weil, wie der Herr Berichterstatter schon hervorgehoben hat, die Konsequenzen eines solchen allgemeinen Gesetzes schwer zu überwinden sind. In der Annahme, daß es doch sehr fraglich ist, ob wir ein Gesetz bekommen werden, das eine derart allgemeine Zuständigkeit des Staatsgerichtshofs begründet, halte ich es für erforderlich, eine zweite Eventualanregung zu geben, die ich auch formuliert habe, und die dahin geht, daß, wenn die Reichsregierung glaubt, einem Antrage auf Zulassung eines Volksbegehrens im Hinblick auf die Vorschriften des Artikels 73 Abs. 4 — also aus materiellen Gründen — nicht entsprechen zu sollen, sie dann den Antrag binnen zwei Wochen dem Staatsgerichtshof zur Entscheidung vorzulegen hat. Die Fristbestimmung ist unbedingt erforderlich, nachdem wir es in diesem Falle erlebt haben, daß die Regierung vier Monate gezögert hat, bis sie in der Sache überhaupt etwas tat.

Ich habe in der Mainummer der Zeitschrift „Der Rechtsstaat" hinsichtlich des Verhaltens der Regierung in der Frage des Volksbegehrens von einem verkappten Staatsstreich gesprochen und habe zu meiner Freude diese Auffassung von ganz autoritativer Seite, nämlich von Herrn Geheimrat Triepel, in einem fast gleichzeitig erschienenen Aufsatz bestätigt gefunden. Er ging sogar noch einen Schritt weiter; er schrieb nicht von einem verkappten Staatsstreich, sondern von einem Staatsstreich überhaupt. Diese Frage der Wiederherstellung der obersten Rechtsgarantieen erscheint mir so ungeheuer wichtig, daß ich einen solchen Zusatzantrag zu dem Artikel 73 der Reichsverfassung für erforderlich halte. Wir haben ja gehört, daß der Herr Reichspräsident, der das Aufwertungsgesetz unterschrieben hat, zum Juristentag das Wort prägte: „Gerechtigkeit ist die Seele des Staates". Aber ich glaube, es gibt Millionen von guten Deutschen, die aus der Behandlung des Gesetzentwurfs über eine Abänderung der Aufwertungsgesetze den Eindruck haben, daß das nicht mehr mit den Grundsätzen eines Rechtsstaats in Einklang zu bringen ist. Ich glaube, daß zur Beseitigung der viel zitierten Vertrauenskrise, die man offener und schärfer lieber als eine Rechtskrisis bezeichnen sollte, eine derartige Maßnahme unbedingt geboten ist, um das Vertrauen des Volkes wiederherzustellen und dem Volke zu zeigen, daß seine Rechte nicht nur auf dem Papier stehen, und daß nicht in einem Augenblick, wo ein solches Volksrecht seine Feuerprobe bestehen soll, einfach mit rabulistischen Künsten über das Recht des Volkes rücksichtslos hinweggeschritten wird.

Vorsitzender Geh. Justizrat Prof. Dr. Triepel:

Ich glaube, daß wir so scharfe Ausdrücke, wie sie zuletzt gefallen sind, lieber vermeiden sollten.

Prof. Dr. Nawiasky-München:

Meine sehr verehrten Anwesenden! Ich greife aus der Fülle der hochinteressanten Fragen, die sich im Zusammenhang mit dem heutigen Thema ergeben, eine ganz kleine heraus, einen Gegensatz, eine Antithese, die sich zwischen dem Drucker und dem Berichterstatter ergeben hat. Der Drucker hat nämlich hier die Landesregierungen ermächtigt, auch die Frage der Verfassungsmäßigkeit eines Gesetzes oder einer Verordnung zum Gegenstande der Entscheidung des Staatsgerichtshofs zu machen. Der Verfasser hat das als Druckfehler bezeichnet und korrigiert. Ich möchte sagen, daß ich auf Seiten des Druckers stehe, und zwar nicht deswegen, weil ich aus Bayern komme und infolgedessen gewöhnt bin, in diesen Fragen ein besonderes Feingefühl für unsere Interessen zu entwickeln, sondern deswegen, weil mir da eine Unstimmigkeit gegeben zu sein scheint. Es ist mir nämlich nicht ganz klar, ob der Gesetzentwurf des hochverehrten Herrn Geheimrats Anschütz den Landesregierungen das Recht, zur Entscheidung der Frage der Verfassungsmäßigkeit von Vorschriften des Reichsrechts den Staatsgerichtshof anzurufen, nicht geben oder ihnen nehmen will. Das klingt sehr merkwürdig. Aber die Sache ist folgendermaßen: nach dem geltenden Recht haben die Landesregierungen nämlich die Möglichkeit, Artikel 19 gibt sie ihnen ja. Es handelt sich um die Streitigkeiten nichtprivatrechtlicher Natur. Herr Ministerialrat Mende hat ja diesen Fall auch heute erwähnt. Die Sache ist nicht klar. Soll ihnen das genommen werden? Zunächst, das einfache Gesetz kann es ihnen nicht nehmen. Aber da könnte ein Pferdefuß hinten zum Vorschein kommen, und das wäre dann kein echter Anschütz, weil Anschütz mit offenen Karten spielt. Er könnte in dem neuen Absatz 2 des Artikels 19 stecken, wo es in dem zweiten Satz heißt: „Die Zuständigkeit des Staatsgerichtshofs zur Prüfung der Verfassungsmäßigkeit von Vorschriften des Reichsrechts wird durch ein Reichsgesetz geregelt". Nun kommt das Reichsgesetz, und hier könnte man sagen:

hierin ist eine Einschränkung des ersten Absatzes von Artikel 19 enthalten. Er sagt nämlich, daß die Länder dieses Recht haben, und der zweite Absatz verschiebt es auf ein einfaches Reichsgesetz, das die Zuständigkeit des Staatsgerichtshofs regelt. Hier wird die Zuständigkeit im Wege des Reichsgesetzes ausgeschaltet. Ich glaube aber, das wäre kein echter Anschütz, wenn es auf diesem Umwege ginge. Ich würde glauben, daß darauf noch eine Antwort erfolgen könnte, wie es gemeint ist.

Das ist die juristische Frage. Man könnte sagen: neben diesem Gesetz bleibt noch die alte Zuständigkeit, die alte Situation der Landesregierung gegeben. Sie richtet sich aber nach dem anderen Gesetz, das heute schon in Geltung ist. Es hätte aber keinen rechten Sinn, zwei Wege nebeneinander für dieselbe Frage offen zu lassen. Man will es doch einheitlich geregelt haben.

Das wäre eine juristische Frage. Die politische Frage liegt m. E. so. Auch da will ich an die Einleitungsworte des sehr geehrten Herrn Berichterstatters anknüpfen. Er ist nämlich davon ausgegangen, daß sich in bezug auf die Stellung der Länder gegenüber der Bismarckschen Reichsverfassung ein Wandel vollzogen hat. Danach war bekanntlich der Bundesrat das Organ, welches mit seinem abgestuften Stimmrecht über die Frage der Ansprüche der Länder entschied. Nun ist die Entwicklung der Reichsverfassung ja die gewesen, daß an die Stelle des Bundesrats der Staatsgerichtshof getreten ist, mit der Wirkung, daß jedes Land, auch das ganz kleine, sogar das halbe Waldeck, das noch übrig geblieben ist, die Möglichkeit hat, in einem Streit mit dem großen Preußen sich vor eine unabhängige Instanz zu begeben. Das habe ich seinerzeit in einem Aufsatz als einen Gedanken bezeichnet, in dem die neue Reichsverfassung föderativer ist als die alte. Es hat einen gewissen Grund, auch bei uns auf diese Seite der Reichsverfassung aufmerksam zu machen. Ich würde es als einen Rückschritt betrachten, wenn man diesen Schutz des kleinen Landes beseitigen würde. Ich glaube, man sollte an der Linie festhalten und sich hier dem instinktiven Gefühl des Druckers anschließen, der den Landesregierungen dieses Recht geben will, da er sachlich wohl das Richtigere getroffen hat.

Reichsgerichtspräsident Dr. Simons-Leipzig:

Meine sehr verehrten Herren! Gestatten Sie dem derzeitigen Präsidenten des Staatsgerichtshofs für das Deutsche Reich einige praktische Bemerkungen.

Aus praktischen Gründen bin ich durchaus für die Bejahung der dem Juristentag gestellten Frage. Ich glaube, daß es nützlich und gut ist, die Kompetenz dieses Staatsgerichtshofs für das Deutsche Reich zu erweitern. Ich habe es praktisch nach einer doppelten Richtung als einen Übelstand empfunden, daß die Kompetenz noch nicht weit genug geht. Einmal sehe ich nicht ein, warum, wenn der Staatsgerichtshof die verfassungsmäßigen Streitigkeiten innerhalb der Länder und zwischen den Ländern und den Reichsorganen entscheiden kann, er nicht auch berechtigt sein soll, verfassungsmäßige Streitigkeiten zwischen den Reichsorganen zu entscheiden. Es ist legislatorisch derselbe Schutzgedanke: wenn es Aufgabe des Staatsgerichtshofs für das Deutsche Reich sein soll, das Grundgesetz des deutschen Volkes, die Verfassung von Weimar, durch streng rechtliche Kontrolle seiner Auslegung und Anwendung zu sichern, dann ist nicht einzusehen, warum diese Kontrolle der Anwendung und Auslegung nicht auch auf die Reichsorgane ausgedehnt werden soll. Insofern stimme ich also der Ausdehnung des Art. 19 zu.

Ich lasse mich nicht ein auf die Gesetzesentwürfe, die speziell einem Seitenzweige dieses Gedankens gewidmet werden, nämlich der Nachprüfung der Gesetzmäßigkeit erlassener Reichsnormen. Dazu möchte ich nur das eine bemerken, daß ich glaube: an sich wäre es durchaus möglich, diese Prüfung, soweit sie sich in Rechtsstreitigkeiten normalerweise nötig macht, den Normalgerichten zu übertragen. Ich hatte mir immer gedacht, das Reichsgericht würde überall da, wo in Zivilprozessen oder Strafprozessen diese Frage auftaucht, die letzte und einzige Instanz sein, die diese Frage zu entscheiden haben würde, nachdem ein gewisser Filter für den Übereifer kritischer junger Geister bei den Amtsgerichten eingerichtet worden wäre. Ich dachte mir die Stellung des Reichsgerichts ähnlich wie die des Sir Pinkert in Washington. Aber es kommt nicht darauf an, ob man für die Nachprüfung das Modell des Artikels 19 oder des Artikels 13 der Reichsverfassung nimmt. Was mir praktisch wieder zweifelhaft war, war, daß ich für Fragen ziemlich desselben Charakters, wenn sie aus Artikel 13 der Reichsverfassung kamen, einen Senat des Reichsgerichts bezeichnen mußte und für Fragen ähnlicher Art, wenn sie aus Artikel 19 vor mich kamen, den Staatsgerichtshof für das Deutsche Reich zusammenberufen mußte. Ich meine, man könnte auch eine Erweiterung des Staatsgerichtshofs dahin einführen, daß die Fragen des Artikels 13 ihm auch übertragen werden; denn es ist an sich nicht Sache eines Gerichtshofs, Entscheidungen mit allgemeiner Gesetzeskraft zu treffen.

Das wären die beiden Gedanken für die Erweiterung, die ich nur ganz allgemein aussprechen will. Auf Einzelheiten möchte ich mich nicht einlassen.

Nur auf eine Einzelheit möchte ich eingehen, die mir für die heutige Entscheidung wichtig erscheint: das ist die Formulierung, die die beiden verehrten und verdienten Herren Berichterstatter ihrem Absatz 2 des Artikels 19 geben wollen. Ich glaube, daß da der zweite Debatteredner, Herr Dr. Grau, den ersten Berichterstatter, Herrn Professor Anschütz, mißverstanden hat, wenn er meinte, Herr Anschütz wolle das Recht, den Beteiligten zu spielen, den Organen des Staates geben. Ich habe Herrn Geheimrat Anschütz so verstanden, daß „Beteiligter" auch jeder Einzelne sein soll, bei dessen Streit mit irgendeinem Staatsorgan die Frage der Auslegung der Verfassung auftaucht, und daß dem dann auch das Recht gegeben werden soll, an den Staatsgerichtshof zu gehen. Wir würden damit für Deutschland einführen, was der Schweizer den staatsrechtlichen Rekurs nennt, mit dem der Schweizer Übergriffe der kantonalen Gesetzgebung und der schweizerischen Verwaltung beim Bundesgericht in Lausanne zu kontrollieren verstanden hat und wodurch ihm die Gelegenheit gegeben war, seine großartige Schutzgerichtsbarkeit für die Freiheitsrechte des Schweizer Bürgers durchzuführen. Diese Durchführung wurde nur dadurch gehemmt, daß nach ausdrücklicher Bestimmung der Schweizer Verfassung das Bundesgericht nicht in der Lage ist, gesetzliche Normen des Bundes auf ihre Verfassungsmäßigkeit nachzuprüfen.

Aber ich möchte doch glauben, daß eine solche Erweiterung der Zuständigkeit des Staatsgerichtshofs für das Deutsche Reich seine Bedenken hat. Es ist eine Erweiterung nach der bisherigen Judikatur des Staatsgerichtshofs. Der Staatsgerichtshof hat angefangen mit der Meinung, daß er lediglich berufen sei, Streitigkeiten zwischen Organen, und zwar verfassungsmäßigen Organen, der Länder und des Reiches zu entscheiden. Er ist von dieser Meinung zuerst abgegangen in der bekannten Entscheidung, wo er eine Gemeinde in Braunschweig für parteifähig vor dem Staatsgerichtshof anerkannt hat, weil er der Meinung war, daß auch abgeleitete oder autonome Staatsfunktionen die Berechtigung, vor den Staatsgerichtshof zu zitieren, ergeben müßten. Weiterhin hat dann der Staatsgerichtshof auch Parteien des Reichs und der Länder, auch gewisse Gemeinschaften des öffentlichen Rechts, die vielleicht sogar etwas absoluter Art sind, wie die Gemeinschaft der ehemals reichsunmittelbaren Ritter des ehemaligen Herzogtums Nassau, für berechtigt erklärt, vor dem Staatsgerichtshof zu erscheinen, sofern sie die ihnen als Organen der früheren Reichsverfassung verfassungsmäßig zustehenden Rechte für sich in Anspruch nehmen. Wenn der Staatsgerichtshof auf diesem Wege weitergeht, könnte es sein, daß er auch z. B. qualifizierten Minoritäten in den Parlamenten und vielleicht sogar über die Parlamente hinaus das Recht zuerkennt, ein Staatsorgan des Reichs vor den Staatsgerichtshof zu zitieren. Das würde aber meiner Ansicht nach auch das Äußerste sein. Der Staatsgerichtshof hat es bisher stets abgelehnt, den Einzelnen wegen einer Beschwerde über verfassungswidriges Verhalten der Organe des Reichs und der Länder zuzulassen, indem er davon ausging, daß für diese Fälle die Verwaltungsgerichtsbarkeit eingeführt ist, die reichsverfassungsmäßig jetzt auch für die Länder gesichert ist. Der Staatsgerichtshof hat es abgelehnt, sich, solange es noch kein Reichsverwaltungsgericht gibt, gewissermaßen als Ersatz für das Reichsverwaltungsgericht zu konstituieren und eine Tätigkeit vorwegzunehmen, die erst möglich sein wird, wenn das Reichsverwaltungsgericht besteht. Er hat es auch abgelehnt, dasjenige zu tun, was Aufgabe der Reichsregierung ist, nämlich die Kontrolle der Ausführung der Reichsverfassung dahin zu übernehmen, daß er nachprüft, ob ein Verwaltungsverfahren in einem Lande wirklich mit den Garantieen der richterlichen Unabhängigkeit umkleidet ist oder nicht. Das ist nach der Auffassung des Staatsgerichtshofs nicht seine Aufgabe.

Herr Geheimrat Anschütz hat uns die Ausdehnung auf den Einzelnen dadurch schmackhaft zu machen versucht, daß er sagte: es ist eben durch die Verwaltungsgerichtsbarkeit dafür gesorgt, daß diese Sache nicht zu weit geht. Deswegen hat er auf den zweiten Halbsatz des Absatzes 2 verwiesen: „Die Zuständigkeit des Staatsgerichtshofs zur Prüfung der Verfassungsmäßigkeit von Vorschriften des Reichsrechts wird durch ein Reichsgesetz geregelt, soweit nicht ein anderer Gerichtshof des Reichs oder eines Landes zuständig ist.“ Ich halte das für einen nicht unbedenklichen Vorbehalt. Es ist dadurch die Möglichkeit gegeben, daß ein Landesgericht eigens zu dem Zwecke eingesetzt wird, um echte Reichsverfassungsstreitigkeiten der Kompetenz des Staatsgerichtshofs zu entziehen. Diese Möglichkeit liegt gar nicht so außerordentlich weit. Ich würde es für bedenklich halten, wenn man die Zuständigkeit des Staatsgerichtshofs in dieser Weise schmälern wollte. Ich möchte mich mit der Wortfassung des vorhandenen Absatzes 2 des Artikels 19 nicht identifizieren, möchte aber nochmals betonen, daß ich an sich den Grundgedanken der beiden Herren Berichterstatter zustimme und auch glaube, daß in den von mir angegebenen Punkten die Zuständigkeit des Staatsgerichtshofs erweitert werden müßte.

Professor Dr. Giese-Frankfurt:

Meine Damen und Herren, ich stelle mich auf den Boden des Gesetzentwurfs, wie ihn die beiden Herren Referenten vorgeschlagen haben, aber mit einer Ausnahme und, ich glaube sagen zu dürfen, mit einer sehr wichtigen Ausnahme, die bereits wiederholt angedeutet, aber vielleicht noch nicht so ganz genau formuliert worden ist. Welches ist denn die Lücke, die wir gegenüber dem Artikel 19 als so stark empfinden? Das ist doch, kurz gesagt, die, daß der heutige Staatsgerichtshof für das Deutsche Reich nicht zuständig ist für Verfassungsstreitigkeiten innerhalb des Reichs. Diese Lücke wollen wir ausgefüllt haben, und die Ausfüllung dieser Lücke hoffte auch ich in dem vorgeschlagenen Gesetzentwurf zu finden. Aber gerade in diesem Punkte hat mich der Entwurf, wie ich vielleicht sagen darf, enttäuscht; denn, das, was vorgeschlagen ist, geht in verschiedenen Hinsichten zu weit.

Zunächst der neu vorgeschlagene Absatz 2 Satz 1. Die Herren Referenten werden es mir nicht verübeln, wenn ich sage: darin liegt m. E. eine Verwechselung zweier Dinge, die nach meinem Dafürhalten scharf auseinandergehalten werden sollten, eine Verwechselung von Verwaltungsgerichtsbarkeit und Verfassungsgerichtsbarkeit. Dinge der Verwaltungsgerichtsbarkeit gehören vor einen obersten Verwaltungsgerichtshof. Das ist — etwas ungenau gesagt — ungefähr alles das, was im zweiten Hauptteil der Reichsverfassung steht. Alle diese Dinge möchte ich vor den obersten Verwaltungsgerichtshof verwiesen haben. Ich decke mich da wohl sachlich mit den Ausführungen, die meine Herrn Vorredner eben gemacht haben. Vor den Staatsgerichtshof gehören dagegen m. E. nur Dinge der Verfassungsgerichtsbarkeit, nur Gegenstände des materiellen Verfassungsrechts. Damit habe ich den großen Unterschied, der mich von diesem Entwurf trennt, wohl gekennzeichnet. Die Herren Referenten schlagen den Verfassungsgerichtshof für alle Dinge des formellen Verfassungsrechts vor. Dem kann ich nicht folgen. Ich stelle demgegenüber die Antithese: der Staatsgerichtshof muß für alle Fragen des materiellen Verfassungsrechts zuständig sein, also sagen wir — wieder etwas ungenau — für alles das, was im ersten Hauptteil der Reichsverfassung steht, einschl. der ergänzenden Reichsgesetze. Daraus — wenn man sagt: zuständig für alle Verfassungsstreitigkeiten innerhalb des

Reichs — würde sich dann ergeben, daß die Bedenken meines Herrn Vorredners damit wohl auch ihre Erledigung fänden, nur, daß in diesem Sinne alle Verletzungen der Reichsverfassung in ihrem zweiten Hauptteil nicht vor den Gerichtshof gebracht werden könnten, sondern vor den neu zu schaffenden Verwaltungsgerichtshof gebracht werden müßten.

Wenn man sich entgegen dem, was ich eben ausführte, auf den Standpunkt dieses Vorschlages hier stellt, dann haben wir wohl noch eine zweite — ich darf sagen — Unstimmigkeit. Als ich den Entwurf zum ersten Male durchlas, kam es mir vor wie ein Schönheitsfehler. Aber ich muß jetzt sagen: es ist mehr als ein Schönheitsfehler. Betrachten Sie einmal von dem neu vorgeschlagenen Absatz 2 den ersten Satz. Dieser erste Satz hier, der einen nach meiner Ansicht nicht sehr bedeutsamen Punkt betrifft (Verletzungen der Reichsverfassung, zweiter Hauptteil usw.), wird Bestandteil der Verfassung. Dieser Satz kann also in Zukunft nur durch ein verfassungsänderndes Reichsgesetz geändert werden. Dagegen soll nach dem zweiten Satz, der gerade das enthält, worauf es ankommt — die Verfassungsstreitigkeiten innerhalb des Reichs im Sinne der eben gekennzeichneten Lücke — die Hauptsache nicht in die Verfassung, sondern in ein einfaches Reichsgesetz hineingeschrieben werden. Das ist m. E. eine große Unstimmigkeit. Es wird hier auf ein einfaches Reichsgesetz verwiesen. Ich möchte nebenbei die Frage anschneiden: soll das eine Ermächtigung oder eine Verpflichtung des Reichsgesetzgebers sein? (Zuruf: beides!) Ich möchte es eigentlich mehr als Verpflichtung auffassen. Dann aber, wenn in dem ausführenden Reichsgesetz diese beiden Tatbestände formuliert werden: 1. Nachprüfung der Frage, ob ein Gesetz verfassungsmäßig zustande gekommen ist, und 2., ob ein einfaches Gesetz mit der Reichsverfassung übereinstimmt, möchten wir diese beiden Tatbestände doch in die Verfassung selbst hineingesetzt haben. Das sind doch beides Fragen, die vor allen Dingen wichtiger sind als die Frage, die in dem vorgeschlagenen ersten Satz des zweiten Absatzes des Artikels 19 formuliert worden ist. Also ich möchte vorschlagen, daß man in den zweiten Satz des Absatzes 2 des Artikels 19 diese beiden Tatbestände der §§ 1 und 2 des Ausführungsgesetzes bereits hineinschreibt, damit sie in der Verfassung stehen, damit sie nicht durch ein einfaches, sondern nur durch ein verfassungsänderndes Gesetz wieder geändert werden können. Die übrigen Dinge gehören natürlich in ein Ausführungsgesetz; damit kann man die Verfassung selbst nicht belasten.

Ich will über die sonstigen kleineren Bedenken, die ich hier und da habe, nicht sprechen, sondern mit der Hoffnung schließen, daß so oder so irgendeine Kompetenzerweiterung unseres Staatsgerichtshofs zustande kommt. Wenn uns das gelungen sein wird, dann können wir wirklich in Deutschland sagen, daß der Rechtsstaat bei uns vollendet ist.

Landgerichtsrat Dr. Behrend-Berlin:

Ich darf vielleicht einige Fragen an den ersten Herrn Berichterstatter stellen. Mit der ersten Frage wünsche ich eine Ergänzung des Katalogs, den uns Herr Geheimrat Anschütz heute vormittag gegeben hat. Sie geht dahin: ist die Beschwerde — im allgemeinen oder staatsrechtlichen Sinne, nicht im spezifischen Sinne der Prozeßgesetze —, daß ein parlamentarischer Untersuchungsausschuß in die Unabhängigkeit der Gerichte, in das ordentliche Verfahren, in die Unabhängigkeit der Rechtspflege eingegriffen hat, nach Auffassung von Herrn Geheimrat Anschütz auch eine „Streitigkeit Beteiligter", welche zur Anrufung des Staatsgerichtshofs führen kann? Ich möchte dazu gegenüber dem letzten Diskussionsredner, Herrn Prof. Giese, bemerken, daß ich glaube: die Formel „Verfassungsstreitigkeiten" wird über den Zweifel, den ich hier geäußert habe, nicht hinweghelfen.

Die zweite Frage: ist von dem Nebeneinander mehrerer Gerichte — der ordentlichen Gerichte und des Staatsgerichtshofs — für die Prüfung des verfassungsmäßigen Zustandekommens von Reichsgesetzen usw. — mag die Subsidiarität zu Gunsten oder zu Ungunsten der ordentlichen Gerichte geordnet sein — nicht immer eine Quelle von Reibungen, von Konflikten, insbesondere in dem Sinne zu befürchten, daß die ordentlichen Gerichte ihre Unabhängigkeit, ihre Souveränität, in dieser Hinsicht beeinträchtigt fühlen werden?

Dritte Frage: wie denkt Herr Geheimrat Anschütz praktisch sich die Ausführung seiner These, daß ausschließlich der Staatsgerichtshof das verfassungsmäßige Zustandekommen der Reichsgesetze usw. prüfen soll, und zwar praktisch a) nach der technischen Seite. Ich möchte da Herrn Geheimrat Anschütz und die übrigen verehrten Anwesenden daran erinnern, daß alle Gerichte, sowohl die Zivil- als ganz besonders die Strafgerichte in den letzten Jahren mit einer solchen Fülle von Reichsgesetzen und namentlich von mit Reichsgesetzeskraft ausgestatteten Verordnungen, deren verfassungsmäßiges Zustandekommen zweifelhaft war, zu arbeiten gehabt haben, daß wir den Staatsgerichtshof in einer geradezu uferlosen Weise im buchstäblichen und personellen Sinne ausbauen müßten, wenn diese These Gesetz werden soll. Zu b) stelle ich die Frage in dem anderen Sinne: wenn dieser Vorschlag oder dieser Gedanke des Herrn Geheimrats Anschütz Gesetz wird und ein ordentliches Gericht sich darüber hinwegsetzt, was geschieht dann? Ist das Urteil nichtig? Kann das Urteil angefochten werden? Gibt es dagegen ein außerordentliches Rechtsmittel oder wird nur der Staatsgerichtshof wegen Rechtsbeugung den ordentlichen Richter verfolgen?

Vierte Frage: Wie sind überhaupt staatsrechtlich und praktisch die Entscheidungen des Staatsgerichtshofs aufzufassen? Sind das Gestaltungsurteile — wenn ich diesen Ausdruck aus dem Zivilrecht entnehmen darf — in öffentlich-rechtlichem Sinne? Wie ist die Vollstreckung zu denken? Wie ist, wenn ich auf den Fall von vorhin, auf den Fall der parlamentarischen Untersuchungsausschüsse, hier noch einmal zurückkommen darf, die Einflußnahme des Staatsgerichtshofs auf einen derartigen Konflikt zu denken? Kassiert er das eine oder andere Verfahren? Legt er es still oder hebt er die Urteile auf? Ich meine, eine Fülle von Fragen eröffnet sich nach dieser Seite.

Als fünfte und letzte Frage möchte ich die Frage stellen: vertritt Herr Geheimrat Anschütz und vielleicht auch der andere Herr Berichterstatter die Forderung einer Präjudizialität, und zwar einer offiziellen Präjudizialität, die doch eine Art Gesetzeskraft haben würde — bindende Kraft im Sinne von Gesetzen —, der Entscheidungen des Staatsgerichtshofs?

Reichstagsabgeordnete Frau Dr. Elisabeth Lüders-Berlin:

Meine Herren, es liegt mir ganz fern, den Versuch machen zu wollen, mich in ihre wissenschaftlichen Erörterungen einzumischen oder gar irgendwie mit Ihnen in Konkurrenz zu treten, sondern ich möchte nur eine opportunistische Bemerkung machen, die in Ihrem Kreise wissenschaftlich nicht gewertet werden wird, aber auf die wir bei den sachlichen Erwägungen, die noch angestellt werden müssen, ehe man sich endgültig zu diesen Vorschlägen in einer Abstimmung entschließt, doch vielleicht Rücksicht nehmen können.

Wir haben in den letzten sieben Jahren im Reichstag eine große Anzahl von Gesetzen machen müssen, um die größten Schwierigkeiten und Unannehmlichkeiten aus dem Versailler Friedensvertrage etwas abzubiegen. Ferner haben wir zur Beendigung der Inflationsgefahr

Gesetze machen müssen, die wohl nicht unschwer in ihrer Verfassungsrechtlichkeit angegriffen werden können, zwar nicht der Form, aber dem Inhalte nach. Ich sehe nun vom rein parlamentarischen und praktischen Gesichtspunkte aus nicht geringe Gefahren darin, wenn man — was vorhin in der Debatte gestreift und verschiedentlich erwähnt worden ist — etwa den vorgeschlagenen Bestimmungen rückwirkende Kraft auf schon erlassene Gesetze gibt.

Meine Herren, was ich hier sage, hat wissenschaftlich natürlich nicht die geringste Bedeutung; darüber bin ich mir klar. Ein Wissenschaftler kann nicht von opportunistischen Grundsätzen ausgehen. Es ist lediglich eine praktische parlamentarische und staatliche Sorge, die ich habe. Stellen Sie sich folgenden Fall vor: wir haben, wie Sie wissen, damals das Ermächtigungsgesetz zur Beendigung der Schwierigkeiten aus der Inflation erlassen. Gewiß, dieses Gesetz selbst ist ein Gesetz für sich gewesen; es ist formal ganz einwandfrei entstanden, die notwendige Zweidrittelmehrheit ist dagewesen. Von der Seite können Sie natürlich nachher, wenn es beanstandet werden soll, nicht heran. Aber von einer Seite, glaube ich, kann man heran, indem man nämlich schon die Rechtmäßigkeit dieses Gesetzes an sich bezweifelt und bei einer Untersuchung der Verfassungsmäßigkeit dieses Gesetzes — aus dem nachher verschiedene einzelne Gesetze, wie z. B. die Steuergesetze, das Gesetz über der Personalabbau und das Aufwertungsgesetz, geboren sind — das erste Gesetz angreift. Ich glaube, man kann es angreifen. Wenn nun der Staatsgerichtshof aus opportunistischen Gründen, die ich teilen würde — allein, um diese entsetzliche Affäre nicht wieder aufzurollen —, entscheiden würde: O nein, dieses Gesetz ist verfassungsrechtlich gar nicht zu beanstanden, es ist alles in schönster Ordnung, so wäre das in meinen Augen ein starker Stoß für die Autorität des Staatsgerichtshofs. Es wird eine Masse Menschen, namentlich auch unter Ihnen, den Juristen, geben — und mit Recht —, die sich auf den Standpunkt stellen, daß dieses Gesetz tatsächlich unanfechtbar ist. Wenn aber der Staatsgerichtshof entscheidet: das erste Gesetz, auf Grund dessen all diese Sondergesetze — ich nehme jetzt nur einmal die Personalabbauverordnung heraus — erlassen worden sind, steht in Widerspruch mit der Reichsverfassung. Die praktische Folge wäre dann für die Beamten das Recht, nun zu sagen: Bitte, Entschädigung! Die einen würden sagen: Bitte, wiedereinstellen! Die anderen könnten sagen: Bitte, Pensionierung oder volle Pensionszuteilung! Die dritten könnten sagen: Das genügt mir nicht, inzwischen hätte ich, wenn ich noch angestellt gewesen wäre, so und soviel Avancements erlebt; ich wünsche meine Pension nicht als Ministerialrat, sondern als Ministerialdirektor. Das würde ja Konsequenzen ergeben, die wissenschaftlich vielleicht gänzlich irrelevant, aber praktisch geradezu katastrophal sein würden. Daß es mit den Aufwertungsgesetzen genau so gehen könnte, wissen Sie vielleicht zehnmal besser als ich. Wenn man heute schon in diesem Punkte eine endgültige Meinung, etwa durch eine Abstimmung, kundtun wollte, so wären die Konsequenzen geradezu horrend. Jeder von Ihnen, der in der Praxis mit diesen Dingen zu tun gehabt hat — es sind ja bereits verschiedene Anwälte zu Worte gekommen, die auch mit den Aufwertungsfragen zu tun hatten —, wird vor diesen möglichen Konsequenzen ein Grauen haben.

Vorsitzender Geh. Justizrat Prof. Dr. Triepel:

Ich erteile nunmehr das erste Schlußwort dem ersten Berichterstatter, Herrn Anschütz.

Geh. Justizrat Professor Dr. Anschütz:

Meine Damen und Herren, Sie werden mir gerne zugestehen, daß es nicht leicht ist, daß Schlußwort in dem Sinne zu ergreifen, daß man ein Resümee gibt über alles, was in der Diskussion gesagt worden ist. Ich bitte, das auch nicht von mir zu erwarten. Die Diskussion war eine ungemein reichhaltige. Das, was schon gestern am ersten Tage seitens des Referenten gesagt worden ist, möchte ich hier wiederholen. Ich danke in erster Linie dem hochverehrten Herrn Reichsgerichtspräsidenten, daß er sich an der Debatte beteiligt hat. Ich danke auch allen anderen Herren und Damen — obwohl ich ihnen nicht immer zustimme — für die durchaus diskutabeln Argumente, die sie teils pro, teils contra vorgetragen haben.

Die Diskussion hat sich recht lange hingezogen. Wenn ich jetzt — ich spreche etwas ex tempore — versuchen darf, zusammenzufassen und das Wichtigste herauszugreifen, so scheint es mir, als hätten zwei Punkte, trotz anderer weitgehender Variationen und Meinungsverschiedenheiten, in der Diskussion eine erhebliche Rolle gespielt: der Gedanke des Verhältnisses von Verwaltungsgerichtsbarkeit und Verfassungsgerichtsbarkeit und die Frage, wie weit es prinzipiell und praktisch richtig oder unrichtig ist, beides zusammenzulegen oder zu trennen. Das ist etwas, was stark hervortrat und sehr verschiedenartig beantwortet wurde. Die eine Richtung — ich erinnere an den ersten

Redner und verschiedene andere — ging sehr stark dahin, den Schutz der Grundrechte, weil sie eben auch in der Verfassung stehen, mit in die Verfassungsrechtspflege einzubeziehen, während andere es wieder abtrennen wollten.

Mit der Frage der Verfassungs- und Verwaltungsgerichtsbarkeit hängt zusammen, was von dem ersten Redner und verschiedenen anderen erörtert wurde, wie eigentlich das Wort „Beteiligter" gemeint sei, wer in dem Sinne beteiligt sei, daß er den Staatsgerichtshof wegen unrichtiger Auslegung der Reichsverfassung anrufen könne, ich meine nicht im Sinne des richterlichen Prüfungsrechts, sondern im Sinne des von meinem Mitberichterstatter und mir gemeinsam vorgeschlagenen neuen Absatz 2 des Artikels 19 der Reichsverfassung. Wir schlagen vor: „Der Staatsgerichtshof für das Deutsche Reich entscheidet ferner in Streitigkeiten Beteiligter über die Auslegung und Anwendung der Reichsverfassung, soweit nicht ein anderer Gerichtshof des Reichs oder eines Landes zuständig ist." Es ist mir unterlegt worden — ich glaube, es war die Meinung des Herrn Grau —, ich hätte wohl mit „Beteiligter" auch das Individuum, aber nur in seiner Eigenschaft als Organträger, gemeint. Diese übrigens auch gelegentlich von Thoma vertretene Meinung liegt mir fern. Der Herr Reichsgerichtspräsident hat mich richtig verstanden, wenn er im Gegensatz zu Herrn Grau sagte, daß doch wohl die Meinung des Referenten die wäre, daß Beteiligter auch das Individuum als Individuum sein kann. Das ist in der Tat auch meine Meinung gewesen. Ich will Ihnen gar nicht vorgreifen. Was nachher das Resultat der ganzen Debatte sein wird und was bei der Abstimmung herauskommt, weiß ich ja noch nicht. Ich wollte das nur zur Klarstellung dessen, was ich meine, gesagt haben. Ich kann zwar im Augenblick nicht auch im Namen des Herrn Korreferenten sprechen; aber ich glaube, daß auch er es so gemeint hat. Wir haben das Individuum als Einzelmenschen nicht ausschließen wollen. Es ist auch bei der bestehenden Generalklausel mit den Landesverfassungsstreitigkeiten so. Es heißt allgemein: über Verfassungsstreitigkeiten innerhalb eines Landes entscheidet der Staatsgerichtshof. Wer legitimiert ist, den Staatsgerichtshof anzurufen, darüber sagt der Artikel 19 nichts. Infolgedessen hat man freie Hand. Ich muß sagen, es würde dem Sinn der Verfassung vollkommen entsprechen, wenn man sich auf den Standpunkt stellte, daß es schon jetzt geltendes Recht ist, daß in Landesverfassungsstreitigkeiten auch der Einzelne, nicht bloß als Organträger, sondern auch als Individuum, berechtigt ist, den Staatsgerichtshof anzurufen. Ich habe das so gemeint, daß künftighin — vorausgesetzt, daß unser gemeinsamer Vorschlag Gesetz wird — nicht bloß die Reichsregierung, der Reichstag, die Reichstagsminorität, die Fraktion, die Religions- und anderen Gesellschaften, sondern auch die Einzelnen, und zwar nicht bloß als Organträger, als Träger öffentlicher Funktionen, den Staatsgerichtshof anrufen dürfen.

Ich gebe gerne zu: daraus resultiert, in der Erwägung, daß auch die Grundrechte in dem zweiten Hauptteil der Verfassung, also in der Verfassung stehen, mithin Verfassung darstellen, nach dem Sinn, den ich meinem Vorschlage zugrunde zu legen bitte, daß allerdings an und für sich der Einzelne den Staatsgerichtshof wegen eines seiner Meinung nach rechtswidrigen Eingriffs in seine Grundrechte, z. B. in die religiöse Freiheit oder das Eigentum, anrufen kann, aber: „soweit nicht ein anderes Gericht zuständig ist". Ich möchte in der Tat — insofern deckt sich meine Ansicht mit der des Herrn G i e s e vollkommen — grundsätzlich nicht Verfassungs- und Verwaltungsgerichtsbarkeit vermischen. Ich bin absolut dagegen. Ich erwidere das verschiedenen Diskussionsrednern, deren Namen mir im einzelnen jetzt entfallen sind. An eine Trockenlegung der Landesverwaltungsgerichtsbarkeit habe ich absolut nicht gedacht. Wenn ich nicht den Vorbehalt gemacht hätte, „soweit nicht ein anderer Gerichtshof des Reichs oder des Landes zuständig ist", würde der Staatsgerichtshof prinzipal zuständig sein auch bei Klagen eines Individuums wegen polizeilicher oder anderweitiger Eingriffe in seine Grundrechte. Das will ich eben nicht, das hat keinen Sinn. Es hat keinen Zweck, die ganze Rechtsprechung des preußischen Oberverwaltungsgerichts über den Artikel 118 — das Recht der freien Meinungsäußerung —, über das Vereins- und Versammlungsrecht, über Artikel 153 usw., das ganze Verhältnis der Polizeigewalt zu diesen als Grundrechten bezeichneten Betätigungsmöglichkeiten der persönlichen Freiheit aufhören zu lassen. Das kommt mir sinnlos vor, das können wir doch nicht wollen. Wir können die hochentwickelte Verwaltungsgerichtsbarkeit nicht ohne weiteres aufheben wollen.

Nun habe ich allerdings selber gesagt: es ist richtig, die Zuständigkeit der Verwaltungsgerichte reicht in den verschiedenen Ländern nicht gleich weit. Was Bayern betrifft, so ist zu registrieren, daß nach dem bayrischen Verwaltungsgerichtsgesetz von 1878 die Zuständigkeit eine außerordentlich beschränkte ist, indem es dort, im Gegensatz zu fast allen anderen deutschen Ländern, an der Generalklausel fehlt, gegen polizeiliche Verfügungen die Verwaltungsgerichtsbarkeit anzurufen, was aber, wie uns der erste Redner, Herr Anraths, mitgeteilt hat, wieder wettgemacht wird durch eine ziemlich weitgehende Zuständigkeit des bayrischen Staatsgerichtshofs. Aber ich will mich auf Einzelheiten nicht einlassen, sondern nur nochmals betonen: ich habe ausdrücklich auch in meinem Referat diesen Vorbehalt gemacht: „soweit nicht ein anderer Gerichtshof des Reichs oder eines Landes zuständig ist." Ich habe damit die Landesverwaltungsgerichtsbarkeit salvieren wollen gegenüber der Zuständigkeit des Staatsgerichtshofs, die sonst eintreten würde. Nun werden Sie mir erwidern: wenn nun aber nach den Landesgesetzen die Verwaltungsgerichtsbarkeit nicht zuständig ist? Dann muß ich natürlich die Konsequenz ziehen; dann kann eben der Staatsgerichtshof angerufen werden. Nehmen Sie an, in einem kleinen deutschen Ländchen, wie Waldeck oder Schaumburg-Lippe, gäbe es keine Generalklausel gegen polizeiliche Verfügungen, so daß man schutzlos wäre, wenn die Polizei einem verböte, einen Artikel zu schreiben oder eine Rede zu halten. Dann könnte man eben den Staatsgerichtshof anrufen. Irgendein Rechtsmittel muß doch schließlich da sein. Aber das betr. Land könnte sich dem entziehen, indem es eine Verwaltungsgerichtsbarkeit einrichtet.

Ich teile nun das Bedenken des Herrn Reichsgerichtspräsidenten nicht voll und ganz. Er hat gesagt, es wäre dann sehr zu befürchten, daß die Landesgesetzgebung hier und da den Staatsgerichtshof überhaupt lahmlegen könnte, indem sie gerichtliche Landesinstanzen schafft, die für Reichsverfassungsstreitigkeiten zuständig sind. Da möchte ich dem Herrn Reichsgerichtspräsidenten erwidern, daß ich das staatsrechtlich nicht für zulässig halte. Gewiß, es ist zulässig, daß man Verwaltungsgerichte einrichtet, die insbesondere zum Schutze der Einzelnen gegen solche behördliche Verfügungen zuständig sind, die in die Betätigungsmöglichkeiten der persönlichen Freiheit eingreifen, welche im zweiten Hauptteil der Verfassung verbrieft sind. Aber es wäre doch reichsverfassungsrechtlich ganz unzulässig, daß etwa ein sächsisches Landesgesetz bestimmte, der Landesstaatsgerichtshof in Dresden entscheidet über Streitigkeiten zwischen Reichstag und Reichsregierung. Das ist, wie Hänel einmal gesagt hat, ein für ein Landesgesetz unmöglicher Inhalt. Sobald ein solches Landesgesetz erlassen werden sollte — dem sehr einfach entgegenzutreten wäre —, würde das Reichsministerium des Innern dieses Gesetz nach Artikel 13 Absatz 2 dem Reichsgericht vorlegen, und ich zweifle nicht, daß das Reichsgericht ein solches Landesgesetz für unvereinbar mit der Reichsverfassung ansehen würde. Dieses Bedenken kann ich also nicht voll teilen.

Dies zur Frage der Verfassungs- und Verwaltungsgerichtsbarkeit. Der zweite Gedanke, der sehr hervortrat, war der der Vereinheitlichung der ganzen verfassungsrechtlichen Fragen — ein sehr bestechender Gedanke, ein Gedanke, der namentlichen mit jugendlichem Feuer von Herrn Dr. Grau vorgetragen worden ist, wenn auch Herr Senatspräsident Lobe in diesen Wein einiges Wasser gegossen hat. Ich möchte, ideologisch betrachtet, als Unitarier an sich Herrn Dr. Grau gerne folgen. Überhaupt hat es etwas Verlockendes, die ganze staatsrechtliche Gerichtsbarkeit einem obersten Reichsgericht zu übertragen. Aber ich weiß nicht, ob wir damit nicht das Schiff unseres ganzen Projektes etwas zu schwer belasten, so daß wir Gefahr laufen, daß es nicht in den Hafen gelangt, vielleicht sogar versinkt. Gewiß, es wäre schwer, alles zusammenzulegen: Staatsgerichtshof, Reichsgericht, Reichsfinanzhof, das zukünftige Reichsspruchgericht und das zukünftige Reichsverwaltungsgericht. Alles das soll ja zur Handhabung der streitentscheidenden Auslegung der Verfassung, sowohl ihres ersten Hauptteils, ihres organischen, materiellen Bestandteils, wie ihres zweiten Hauptteils, bestimmt sein. Ob das durchführbar sein wird? Ich habe starke Bedenken. Ich glaube, daß hier das bekannte Wort zutrifft: Qui trop embrasse, mal étreint. Wir wollen doch nicht zuviel wollen. Ich fürchte schon sehr, daß das, was heute herauskommt, etwas weniger sein wird als das, was wir alle wollen, indem die Meinungsverschiedenheiten sehr groß sind. Ich möchte davor warnen, den Bogen zu sehr zu überspannen und die idealen Forderungen zu sehr in den Vordergrund zu stellen. Eins hat mir sehr eingeleuchtet, namentlich nach den Ausführungen des Herrn Reichsgerichtspräsidenten, nämlich die Zusammenlegung der Funktionen, die schon jetzt bestehen, mit den projektierten Funktionen nach dem gegenwärtigen und künftigen Wortlaut des Artikels 19 und des Artikels 13 Abs. 2. Es ist mir eigentlich doch nicht immer recht verständlich vorgekommen, warum man zwei so innig verwandte streitentscheidende Tätigkeiten, wie sie im Artikel 19 bezeichnet sind, andererseits Streitigkeiten zwischen Reich und Ländern und dann den Spezialfall der Streitigkeiten aus Artikel 13, daß Landesgesetze den Reichsgesetzen widerstreiten, in die Hand zweier Reichsgerichtshöfe legt. Ich freue mich, daß gerade das verehrte Oberhaupt des Reichsgerichts dafür ist, daß dies nicht dem Reichsgericht, sondern dem Staatsgerichtshof überlassen werden soll. Herr Senatspräsident Lobe schien ja auch zu dieser Ansicht zu neigen. Auch ich glaube, daß sich dies in der Tat wird machen lassen. Es ist nicht zu weitgehend und läßt sich praktisch verwirklichen, daß man alle bereits bestehenden Funktionen und die projektierten Funktionen zusammenlegt und daß man dem Staatsgerichtshof die Funktionen des Reichsgerichts nach Artikel 13 Abs. 2 überträgt.

Etwas, was mich noch drückt, ist folgendes: wir müssen sehen, zu einem praktischen Resultat zu kommen. Die Meinungsverschiedenheiten, die in der Debatte hervorgetreten sind, sind vielleicht nicht so sehr tiefgehend. Ich bin Herrn Ministerialdirektor Dr. Brecht sehr dankbar, daß er gerade auf diesen Punkt hingewiesen und mich selbst darauf aufmerksam gemacht hat, daß ich vielleicht die Gegensätze für stärker ansehe, als sie in Wirklichkeit sind. Immerhin, die Gegensätze sind da, und ich fürchte fast, daß, wenn wir jetzt abstimmen über den gemeinsamen Entwurf der beiden Berichterstatter und meinen persönlichen Entwurf über die Prüfung der Verfassungsmäßigkeit von Vorschriften des Reichsrechts, zunächst einmal große abstimmungstechnische Schwierigkeiten erwachsen werden, und wer weiß, ob nicht die Stimmenzersplitterung so groß sein wird, daß nachher etwas Negatives herauskommt, was uns allen nicht liegt, was wir alle nicht wollen! Vielleicht versuchen wir, in irgendeiner Weise das herauszufinden, was uns einigt, was wir gemeinsam wollen.

Ich glaube, aus der ganzen Debatte herausgehört zu haben, daß irgendwie Abhilfe geschaffen werden muß gegen den untragbaren Zustand, daß es für Streitigkeiten über die Auslegung und Anwendung der Reichsverfassung, insbesondere dann, wenn als Streitteile die obersten Reichsorgane auftreten, an einer richterlichen Instanz ganz fehlt. So, wie ich mich an das Gesamtbild der Debatte und die Einzelheiten erinnere, hat sich doch wohl keiner der Diskussionsredner auf einen direkt negativen Standpunkt gestellt. Ich führe insbesondere die große Autorität des Herrn Reichsgerichtspräsidenten für mich an, der gesagt hat: mit welchen Gründen bekämpft man eigentlich die Ausdehnung der Zuständigkeit auf Reichsverfassungsstreitigkeiten, wenn man schon einmal Streitigkeiten zwischen Reich und Ländern vom Staatsgerichtshof entscheiden läßt, wenn man weiter die Landesverfassungsstreitigkeiten unter die Kompetenz des Staatsgerichtshofs stellt? Warum läßt man dann nicht auch Verfassungsstreitigkeiten, die zwischen den obersten Reichsorganen und sonstigen Reichsteilen schweben, durch den Staatsgerichtshof entscheiden? Da glaube ich — ich bitte, mich eventuell bei Wiedereröffnung der Debatte belehren zu wollen —, das Richtige zu treffen, wenn ich sage: die Frage: „Empfiehlt es sich, die Zuständigkeit des Staatsgerichtshofs auf andere als die im Artikel 19 Absatz 1 der

Reichsverfassung bezeichneten Verfassungsstreitigkeiten auszudehnen?“ wird, wenn auch nicht von allen Teilnehmern, so doch von der weitaus größten Zahl bejaht, in dem Sinne, daß wir sagen können: es empfiehlt sich, die Zuständigkeit des Staatsgerichtshofs auf Streitigkeiten über Anwendung und Auslegung der Reichsverfassung auszudehnen. Es sind dabei freilich Meinungsverschiedenheiten vorhanden, weil hier von der „Reichsverfassung“ die Rede ist. Die einen wollen als Reichsverfassung nur den ersten Hauptteil, das materielle Verfassungsrecht, wie Herr Giese sagt, den Aufbau und die Aufgaben des Reichs, betrachten und wollen die Grundrechte mehr zurücktreten lassen.

Es ist weiter die Frage aufgetaucht, wie es mit den Ausführungsgesetzen zu halten sei. Die Interpretation meiner Ansicht, wonach auch die Ausführungsgesetze hierunter mitzuverstehen seien, akzeptiere ich. So formalistisch wollen wir nicht sein, daß wir eine Streitfrage des Reichs- oder Staatsrechtes bloß deshalb, weil sie aus dem Volksentscheidsgesetz, aus dem Wahlgesetz stammt, nicht als Verfassungsstreitigkeit auffassen. Ich würde unter Reichsverfassung auch den gesamten Inhalt der Gesetze mitverstehen, die zur Ausführung der Reisverfassung erlassen sind.

Einigen Kleinigkeiten möchte ich noch nähertreten. Sehr erfreulich waren mir die Mitteilungen des Herrn Ministerialdirektor Dr. Brecht, wonach im Wege einer nachträglichen Änderung der Regierungsvorlage, betr. das richterliche Prüfungsrecht, allerlei Modifikationen angebracht worden sind, die sich in der Richtung eines Entgegenkommens gegen die Vorschläge bewegen, die ich mir zu machen erlaubt habe. Es war mir besonders erfreulich, zu hören, daß als aktiv legitimiert zur Anrufung des Staatsgerichtshofs auch Minoritäten des Reichsrats und Reichstags bezeichnet werden sollen, die ein Drittel übersteigen. Damit ist ein wesentliches Desiderium erfüllt, das ich aufgestellt habe.

Auf der anderen Seite war mir wenig erfreulich, zu hören, daß man auf Seiten der Reichsregierung immer noch auf dem Standpunkt steht, das richterliche Prüfungsrecht nicht ausschließlich dem Staatsgerichtshof übertragen zu wollen. Das betrachte ich als eine Prinzipienfrage, die doch nicht so unwichtig ist, wie es Herr Ministerialdirektor Dr. Brecht hingestellt hat.

Herr Rechtsanwalt Wüst hat davon gesprochen, ich hätte gesagt, es solle ein Staatsgerichtshof neu geschaffen werden. Das ist natürlich ein Irrtum. Ich habe nicht an einen neuen, sondern an den bereits bestehenden Staatsgerichtshof gedacht.

Was die Anfrage des Herrn Nawiasky über den Gegensatz zwischen Berichterstatter und Drucker betrifft, so verhält es sich damit folgendermaßen. Ich hatte allerdings — das muß ich Ihnen offen gestehen — selbst ursprünglich daran gedacht, neben dem Plenum des Reichstags, der Reichsregierung und dem Reichsrat auch jeder einzelnen Landesregierung als solcher das Recht zu verleihen, den Staatsgerichtshof anzurufen, mit dem Ersuchen, die Verfassungsmäßigkeit eines Reichsgesetzes nachzuprüfen. Ich sagte mir dann aber später — nicht ohne Vorbesprechung mit meinem Mitberichterstatter und anderen Herren, die ich für kenntnisreich halte —: ist das ganz opportun? Soll man wirklich jeder einzelnen Landesregierung, auch der kleinsten, dieses Recht geben? Ist das nicht ein Zuviel von Aktivlegitimation? Meine Damen und Herren, ich sehe ein, wie gefährlich es für einen Mann, der prinzipielle Ansichten vertreten soll — und Rechtslehrer müssen das schließlich —, unter Umständen ist, Opportunitätskonzessionen zu machen. Ich habe diese Konzessionen gemacht, indem ich den Landesregierungen das Recht abgesprochen und die Klausel der Landesregierungen gestrichen habe. Nun ist es ganz richtig, Herr Nawiasky, daß daraus eine gewisse Schwierigkeit der Auslegung, eine gewisse Unklarheit entsteht. Ich muß nämlich zugeben, daß namentlich aus dem bisherigen Wortlaut des Artikels 19, der Klausel über nichtprivatrechtliche Streitigkeiten zwischen Reich und Ländern, das Recht jedes einzelnen Landes, also auch der Regierung jedes einzelnen Landes, folgt, den Staatsgerichtshof in einer Streitigkeit des betr. Landes anzurufen, wobei es sich insbesondere auch um die Gültigkeit eines Reichsgesetzes handelt. Ich habe in meinem Kommentar zur Reichsverfassung allerdings diese Frage offen gelassen. Es handelt sich da um eine Anmerkung, die sich im Satzgefüge des Artikels 15 befindet. Ich habe gesagt: die Frage bleibt offen, inwieweit die Verfassungsmäßigkeit eines Reichsgesetzes zum Prinzipalgegenstande eines Streitfalles vor dem Staatsgerichtshof gemacht werden kann, auf Grund anderweitiger Vorschriften der Verfassung, insbesondere auf Grund des Artikels 19. Ich glaube allerdings, das wird sich nicht leugnen lassen, wenn wir uns einmal auf den Boden des jetzt geltenden Rechtes zwischen Reich und Ländern stellen. Wenn ein deutsches Land behauptet, durch ein Reichsgesetz sei in ein Recht eingegriffen worden, welches der Kläger des betr. Landes als Sonderrecht auffasse, so ist das eine nichtprivatrechtliche Streitigkeit zwischen Reich und Land, die vor den Staatsgerichtshof gehört. Wenn das Gesetz nicht unterscheidet, dürfen wir keine Unterscheidung hineintragen.

Da Artikel 19 diese Unterscheidung nicht kennt, müssen wir sagen: Artikel 19 ergibt schon jetzt, daß ein einzelnes Land den Staatsgerichtshof anrufen kann mit dem Antrage, ein Reichsgesetz für unzulässig und ungültig zu erklären, weil es einen verfassungswidrigen Eingriff in die Rechte des Landes enthält. Diese Ansicht ist auch von Thoma und Grau vertreten worden. Ich halte sie für richtig. Wenn ich sie bisher in meinem Kommentar offen gelassen habe, so nur deshalb, weil ich keinen Anlaß sah, mich in der Sache festzulegen. Innerlich habe ich diese Meinung bereits vollständig geteilt.

Nun ist die Frage an mich gerichtet worden: soll dieses Recht, das die Landesregierungen bisher hatten, ihnen nun genommen werden? Ich möchte darauf vor allen Dingen antworten: ich würde hier doch der Rechtsprechung des Staatsgerichtshofs freie Hand lassen und es ihm überlassen, wie er sich zu der ganzen Sache stellt. Man kann nämlich folgendermaßen interpretieren. Man kann — vorausgesetzt, daß unser Entwurf gesetzt wird — sagen: es heißt: „Die Zuständigkeit des Staatsgerichtshofs zur Prüfung der Verfassungsmäßigkeit von Vorschriften des Reichsrechts wird durch ein Reichsgesetz geregelt." Dieses Reichsgesetz — wie ich hoffe, ein Gesetz, welches etwas anders aussieht als der jetzige Regierungsentwurf, aber ein Gesetz, das auf Grund dieser Ermächtigung erlassen ist — bestimmt: aktiv legitimiert, den Staatsgerichtshof anzurufen, sind die Reichsregierung, die Minderheiten und auch die Gerichte, dagegen Landesregierungen nicht. Also — könnte man sagen — haben die Landesregierungen auf Grund dieses Ausführungsgesetzes nicht das Recht, den Staatsgerichtshof anzurufen mit dem Antrage auf Prüfung der Verfassungsmäßigkeit eines Reichsgesetzes. Man könnte aber auch anders argumentieren und sagen: es ist ein Spezialgesetz, das läßt die allgemeine Klausel des Artikels 19 unberührt, und es bleibt vollinhaltlich die Zuständigkeit des Staatsgerichtshofs — die jetzt schon besteht — zur Entscheidung von nichtprivatrechtlichen Streitigkeiten zwischen Reich und Ländern. Dazu gehören auch solche, bei denen es sich um die Verfassungsmäßigkeit eines Reichsgesetzes handelt, falls das betr. Land ein rechtliches Interesse daran hat, die Nichtigkeit oder Ungültigkeit des Reichsgesetzes feststellen zu lassen. Es gehört, glaube ich, diese Frage, ob die eine oder andere Interpretation richtig ist, zu den zahlreichen Rechtsfragen, die sich so oder so entscheiden lassen, die mit rein rechtslogischen Gründen vollkommen zufriedenstellend oder vollkommen überzeugend überhaupt nicht entschieden werden können, so daß man hier zu der neuerdings so sehr beliebten und von meinem Freunde Thoma empfohlenen Methode der gerechten Interessenabwägung kommen und sagen müßte: rein juristisch, logisch, läßt sich die Sache nicht entscheiden; ich muß sie im Sinne der gerechten Interessenabwägung erledigen. Es verbleibt bei der allgemeinen Klausel des Artikels 19; also haben die Landesregierungen das Recht zwar nicht auf Grund des Ausführungsgesetzes, wohl aber auf Grund des Artikels 19. Das ist die Antwort, die ich Herrn Nawiasky zu geben habe.

Die Bedenken des Herrn Giese hinsichtlich der Verwaltungsgerichtsbarkeit sind natürlich prinzipiell in vieler Beziehung begründet. Ich verkenne nicht, daß es sich hier an sich um verschiedene Dinge handelt. Aber ich habe den Bedenken dadurch weitgehend Rechnung getragen, daß ich gesagt habe: „soweit nicht ein anderer Gerichtshof des Reichs oder eines Landes zuständig ist." Dadurch kommt zum Ausdruck, daß ich darin eine wesentliche Verschiedenheit der Verfassungsgerichtsbarkeit im engeren Sinne und der Verwaltungsgerichtsbarkeit erblicke. Aber es läßt sich auch nicht verkennen, daß die Grundrechte doch eben auch Verfassung sind, und die Kompetenz über Grundrechte ganz dem Staatsgerichtshof zu entziehen, geht wohl nicht an. Es ist schon weit gegangen, wenn wir sagen: wir entziehen sie ihm insoweit, als sie durch die Verwaltungsgerichte des Reichs und der Länder ausgeübt wird. Es gibt doch eben eine ganze Reihe möglicher und schon vorgekommener Fälle, wo es in der Tat an einem Richter fehlt.

Nehmen Sie z. B. einmal einen Fall, der mir in meiner Konsultativpraxis vorgekommen ist: das Gericht des Staates, das nach dem Enteignungsgesetz des betr. Staates zuständig ist, erläßt einen Enteignungsbeschluß, der offensichtlich höchst willkürlich und eigentlich gesetzwidrig ist, indem das betreffende Grundstück nicht zum öffentlichen Wohl oder für ein gemeinnütziges Unternehmen enteignet wird, sondern nur damit der Staatsfiskus mit dem Grundstück gute Spekulationsgeschäfte treiben kann. Leider ist der Fall vorgekommen. Dagegen ist absolut kein Kraut gewachsen. Eine Klage gegen die Landesregierung gibt es nicht, weder eine landesgerichtliche noch eine Zivilklage. Das Reichsverwaltungsgericht existiert noch nicht. Wenn es existierte, würde es nach der engbrüstigen Zuständigkeit, die ihm nach dem neuesten Entwurf gegeben werden soll, auch nicht zuständig sein. In dem Falle läßt sich nichts machen. Es ist ein Eingriff in die Eigentumsfreiheit nach Artikel 153. Man könnte sagen: es liegt ein Verfassungsstreit in dem Sinne vor, ob der Artikel 153 hier richtig oder unrichtig angewandt worden ist. Ein Gericht ist eben zurzeit überhaupt nicht zuständig, solange wir den ausgedehnten Staatsgerichtshof noch nicht haben.

Noch ein anderer Fall aus meiner gutachtlichen Praxis. Der Reichswirtschaftsminister hatte entgegen der bestehenden Kartellgesetzgebung eine Reihe von Unternehmungen von Kohlenbergwerken unter höchst ungünstigen Bedingungen an ein Kartell angeschlossen und hatte damit einen Akt vollzogen, der m. E. — und nicht nur meines Erachtens — durchaus widerrechtlich war. Eine Klage dagegen gibt es nicht. Man kann den Reichswirtschaftsminister nicht verklagen. Eine Zivilklage gegen eine solche Verordnung ist unzulässig. Eine Verwaltungsklage gibt es nicht. Eine Beschwerde an die Reichsregierung gibt es auch nicht. Außerdem wäre die Reichsregierung kein Gericht, keine unabhängige Instanz.

Es gibt eine ganze Reihe ähnlicher Fälle. Mit den Beamten ist es nicht so schlimm; denn die Meinungsfreiheit der Beamten ist dadurch geschützt, daß eventuell die Entscheidung des Disziplinargerichtshofs herbeigeführt werden kann. Die Disziplinargerichte haben über das Recht der freien Meinungsäußerung zu urteilen, im allgemeinen und insbesondere bezüglich der Beamten. Also damit kann es nicht so schlimm sein.

Ich glaube aber, diese Erwägungen, vor allen Dingen die zahlreichen Beispiele, die weniger ich als mein verehrter Herr Mitberichterstatter, von dem Lebensbaume der Praxis pflückend, beigebracht hat, haben Ihnen doch bewiesen, daß eine starke Lücke in unserer Gesetzgebung vorhanden ist und daß es durchaus wünschenswert erscheint, diese Lücke auszufüllen. Über den Wortlaut lasse ich mit mir reden; ich weiß allerdings nicht, wie mein Mitberichterstatter darüber denkt. In verbis simus faciles. Über den Wortlaut werden wir mit uns reden lassen. Die Hauptsache ist, daß ausgesprochen wird, daß es sich empfiehlt, die Zuständigkeit des bestehenden Staatsgerichtshofs für das Deutsche Reich noch auf andere als diejenigen Streitigkeiten auszudehnen, die er jetzt schon zu entscheiden hat. Und zwar würde ich nicht, wie das vorgeschlagen worden ist, sagen: Verfassungsstreitigkeiten innerhalb des Reichs. Das würde ich nicht befürworten; denn zu den Verfassungsstreitigkeiten innerhalb des Reichs gehören auch solche innerhalb der Länder, denn die Länder gehören zum Reich. Ich kann mich von meiner Formulierung nur sehr schwer lossagen: „Streitigkeiten über Auslegung und Anwendung der Reichsverfassung". Ich würde auch bitten, hinsichtlich der Frage der Aktivlegitimation der Beteiligten nicht so furchtbar ängstlich zu sein. Sie können sich, glaube ich, darauf verlassen, daß der Staatsgerichtshof nach der bisherigen Rechtsprechung das Vertrauen verdient, das wir ihm damit schenken wollen, wenn wir eine derartige Generalklausel einführen. Ich würde persönlich vollkommen zufrieden sein, wenn Sie eine Resolution in diesem Sinne beschlössen, also nicht den Entwurf des Gesetzes, betreffend Änderung des Artikels 19, annehmen. Lieber wäre es mir natürlich, wenn es mir gelänge, die Majorität der Versammlung auf meinen Gesetzentwurf zu vereinigen. Es könnten ja vielleicht technische Rücksichten dagegen sprechen, über jeden einzelnen Paragraphen abzustimmen, obwohl wir gestern den Präzedenzfall hatten, wo Herr Professor Jacobi darauf bestand, daß über seine einzelnen Wünsche abgestimmt würde. Ich will dieses Verlangen hier nicht stellen. Es würde mir genügen, wenn die Grundgedanken namentlich der §§ 1 und 2 seitens der hohen Versammlung akzeptiert werden könnten. Wie gesagt, nach dieser Richtung stelle ich keinen Antrag.

Ich fasse mein Schlußvotum dahin zusammen, daß ich bitte, zunächst den Grundgedanken des von den beiden Berichterstattern gemeinsam entworfenen Gesetzes, betr. Abänderung des Artikels 19 der Reichsverfassung, anzunehmen. Wegen des Wortlauts habe ich meinerseits keinen Antrag zu stellen. Ich will natürlich meinem Herrn Mitberichterstatter in keiner Weise vorgreifen. Zweitens bitte ich jedenfalls, die Grundgedanken meines Gesetzentwurfs anzunehmen, wenn nicht mehr, so doch jedenfalls die §§ 1 und 2.

Ich würde sehr viel Wert darauf legen, wenn nicht dieses Schlußwort allein bliebe, sondern auch der Herr Mitberichterstatter zu dem Korreferat sich im Schlußwort noch irgendwie ändern möchte.

Ministerialrat Dr. Mende:

Ich möchte eigentlich das Schlußwort an Vorschläge anschließen, die ich jetzt mit einigen Herren aus der verehrten Versammlung entworfen habe, die ich aber erst noch gerne mit Herrn Geheimrat Anschütz besprechen möchte.

Vorsitzender Geh. Justizrat Prof. Dr. Triepel:

Ich wollte Ihnen, meine Herren, das ohnehin vorschlagen, weil ich in der Tat Befürchtungen hege, ob wir zu einem Ziele kommen, wenn wir so verfahren, wie es ursprünglich von den Herren Berichterstattern gedacht war. Ich will Ihnen nicht vorgreifen; aber ich halte es doch für sehr schwer, wenn nicht für unmöglich, die ganze Versammlung auch nur auf die Formulierung des Artikels 19 zu einigen, in allen Sätzen, die uns hier vor Augen stehen. Für noch viel schwieriger würde ich es halten, uns auf die zehn Paragraphen zu einigen, die der zweite Gesetzentwurf vorsieht. Wir würden also an sich noch einmal in eine Spezialdiskussion eintreten müssen; das würde ich für notwendig halten, denn wir haben über die einzelnen Bestimmungen hier gar nicht diskutieren können. Wenn es gelänge, daß die Herren Berichterstatter uns einen Resolutionsentwurf vorlegten, über den sie einig wären, so würde ich das begrüßen, und, ich glaube, es würde auch von der Versammlung begrüßt werden. Dieser Entwurf müßte die Hauptgedanken enthalten. Soviel ich sehe, ist darin schon einiges geschehen.

Nach kurzer Unterbrechung der Verhandlung erteilte der Vorsitzende dem zweiten Berichterstatter, Ministerialrat Dr. Mende, das Schlußwort.

Ministerialrat Dr. Mende:

Meine Damen und Herren, wir haben uns mit verschiedenen Mitgliedern der verehrten Versammlung in Verbindung gesetzt und versucht, eine Formulierung zu finden, die hoffentlich fast der Gesamtzahl der hier anwesenden Mitglieder des Juristentags genehm sein wird. Ich möchte mir versagen, noch einmal auf die einzelnen hier aufgetauchten Streitfragen einzugehen, und möchte nur im Anschluß an die einzelnen Sätze, die ich verlesen werde, kurze Erläuterungen geben.

Wir schlagen drei Hauptsätze vor. Der erste Satz soll lauten:

I. „Der Juristentag erachtet es für notwendig, die in Artikel 19 der Reichsverfassung vorgesehene Zuständigkeit des Staatsgerichtshofs für das Deutsche Reich auf Reichsverfassungsstreitigkeiten auszudehnen."

Ich glaube, das ist der Gedanke, der uns alle erfüllt hat, daß die in der Reichsverfassung bisher vorgesehene Zuständigkeit nicht ausreichend ist, daß also auch hier hinreichend zum Ausdruck gebracht werden muß, daß auch das Reich wegen seiner Gesetze vor den Staatsgerichtshof gezogen werden kann. Es bleibt dann eben der Gesetzgebung überlassen, wie sie im einzelnen die Sache gestalten will.

Dann kommt der zweite Satz, die Nachprüfung der Verfassungsmäßigkeit von Reichsgesetzen:

II. „Hinsichtlich der Sonderfrage der Nachprüfung der Verfassungsmäßigkeit von Reichsgesetzen ist für eine gesetzliche Regelung, abweichend von dem Entwurf der Reichsregierung, vor allem folgendes zu berücksichtigen:

a) Die Nachprüfung der Gültigkeit von gehörig verkündeten Reichsgesetzen steht ausschließlich dem Staatsgerichtshof für das Deutsche Reich zu.

b) Der Nachprüfung durch den Staatsgerichtshof unterliegen auch die vor Erlaß des jetzt eingebrachten Gesetzes verkündeten Gesetze sowie die Verträge mit fremden Staaten und die durch sie bedingten Gesetze.

c) Die Anrufung des Staatsgerichtshofs steht auch den Minderheiten des Reichstags und des Reichsrats, die ein Drittel der gesetzlichen Mitgliederzahl übersteigen, zu."

Hierzu möchte ich folgendes bemerken: Ich habe ja heute morgen den Entwurf der Reichsregierung verteidigt, im Gegensatz zu Herrn Geheimrat Anschütz, der, dem österreichischen Bundesverfassungsgesetz folgend, hier die Nachprüfung der Verfassungsmäßigkeit überhaupt untersagen wollte. Herr Ministerialdirektor Dr. Brecht, der Leiter der Verfassungsabteilung des Reichsministeriums des Innern, also des federführenden Ministeriums für dieses Gesetz, hat in seiner Erklärung zu erkennen gegeben, daß offenbar das Reichsministerium des Innern auf die Fassung, die es jetzt vorgelegt hat, kein absolut ausschlaggebendes Gewicht legt und vielleicht damit zu rechnen ist, daß die Reichsregierung sich zu der theoretisch zweifellos glattesten Lösung, dem Verbot der Nachprüfung der Verfassungsmäßigkeit überhaupt, bekehren wird. (Zuruf von Geheimrat Anschütz: Bravo!) Herr Geheimrat Anschütz, ich habe schon von vornherein erklärt, daß ich hier lediglich meine persönliche Ansicht wiedergebe. Ich habe das ja heute morgen besonders unterstrichen.

Unter diesen Umständen glaube ich, daß auch ich der Bestimmung unter a) zustimmen kann. Dann kommt b): „Der Nachprüfung durch den Staatsgerichtshof unterliegen auch die vor Erlaß des jetzt eingebrachten Gesetzes verkündeten Gesetze." Das ist ein Punkt, der natürlich zu vielen Bedenken Anlaß gibt, und gerade das, was Frau Reichstagsabgeordnete Dr. Lüders uns an praktischer Auswirkung hier vorgetragen hat, ist sicherlich nicht zu unterschätzen. Ich möchte Sie bitten, sich gerade diese Frage vor der Abstimmung noch besonders zu überlegen und Ihre Entscheidung erst nach sehr reiflicher Überlegung zu treffen. Die Worte: „die Verträge mit fremden Staaten und die durch sie bedingten Gesetze" können, glaube ich, ohne weiteres akzeptiert werden.

Punkt c): „Die Anrufung des Staatsgerichtshofs steht auch den Minderheiten des Reichstags und des Reichsrats, die ein Drittel der gesetzlichen Mitgliederzahl übersteigen, zu." Das ist ein Punkt, den ich zur Beruhigung der Herren mit aufgenommen habe. Er ist praktisch dadurch erledigt — Herr Ministerialdirektor Dr. Brecht hat dies ja auch schon erklärt —, daß die Reichsregierung sich diesen Standpunkt zu eigen gemacht hat.

Dann käme als Drittes ein Gesichtspunkt, den Herr Rechtsanwalt Grau hier besonders hervorgehoben hat:

III. „Als gesetzgeberisches Ziel ist anzustreben, die Auslegung des Reichsverfassungsrechts in oberster Instanz beim Staatsgerichtshof für das Deutsche Reich zu vereinigen." Das ist wohl auch ein Punkt, der einer weiteren Erörterung nicht bedarf.

Es ist dann noch von Herrn Professor Nawiasky und Herrn Rechtsanwalt Grau der Vorschlag gemacht:

IV. „Die von den Berichterstattern gemachten Vorschläge erscheinen als geeignete Grundlage gesetzgeberischer Erwägungen."

Ob Sie diesen Satz, der meiner Meinung nach eine praktische Bedeutung nicht besitzt, annehmen wollen, das darf ich Ihrer Entscheidung anheimstellen.

Geh. Justizrat Professor Dr. Anschütz, Heidelberg:

Ich wollte nur noch eins hervorheben. Wenn zuletzt gesagt wurde, daß die Herren sich gerade in puncto der Rückwirkung auf frühere Gesetze die Abstimmung möglichst genau überlegen sollten, weil das doch eine gefährliche Sache sei, so möchte ich auf folgendes aufmerksam machen. Das, was Frau Dr. Lüders vorhin als gefährlich und katastrophal bezeichnet hat, nämlich die Eventualität, daß Gesetze, die in den Jahren 1922 und 1923 erlassen worden sind, heute für ungültig erklärt werden, besteht heute schon. Es kann jeden Tag nach der Rechtsprechung des Reichsgerichts, die den ordentlichen Gerichten das Prüfungsrecht einräumt, dieses Schlamassel eintreten. Das Personalabbaugesetz, die Steuergesetze, die Aufwertungsgesetze können jeden Tag für ungültig erklärt werden, mit unabsehbaren Folgen. Ich bitte, das auch erwägen zu wollen und nicht etwa zu glauben, daß dadurch, daß wir diesen Passus annehmen, eine Gefahr neu entsteht, die bis jetzt noch gar nicht vorhanden ist.

Hierauf wurde in die Abstimmung eingetreten.

Ziffer I, II c und III der von Ministerialrat Dr. Mende vorgetragenen Kompromißresolution der beiden Berichterstatter fanden einstimmige Annahme. Ziffer II a, b und IV wurden mit großer Mehrheit angenommen.

Ein von Rechtsanwalt Wüst eingebrachter Antrag: „Für den Fall, daß dem alsbaldigen Erlaß des vorgeschlagenen umfassenden Gesetzes Bedenken entgegenstehen, wird vorgeschlagen, den Artikel 73 der Reichsverfassung durch einen Absatz 5 dahin zu ergänzen:

„Glaubt die Reichsregierung einem Antrage auf Zulassung eines Volksbegehrens im Hinblick auf die Vorschrift des Absatzes 4 nicht entsprechen zu sollen, so hat sie den Antrag binnen zwei Wochen dem Staatsgerichtshofs zur Entscheidung vorzulegen."

wurde mit geringer Mehrheit abgelehnt.

Geh. Justizrat Prof. Dr. Anschütz wurde hierauf ersucht, den Bericht für die Plenarversammlung zu übernehmen.

Die von der Abteilung gefaßten Beschlüsse lauten somit, wie folgt:

I. Der Juristentag erachtet es für notwendig, die im Art. 19 RVerf. vorgesehene Zuständigkeit des Staatsgerichtshofs für das Deutsche Reich auf Reichsverfassungsstreitigkeiten auszudehnen.

II. Hinsichtlich der Sonderfrage der Nachprüfung der Verfassungsmäßigkeit von Reichsgesetzen ist für eine gesetzliche Regelung — abweichend von dem Entwurf der Reichsregierung — vor allem Folgendes zu berücksichtigen:

a) Die Nachprüfung der Gültigkeit von gehörig verkündeten Reichsgesetzen steht ausschließlich dem Staatsgerichtshof für das Deutsche Reich zu.

b) Der Nachprüfung durch den Staatsgerichtshof unterliegen auch die vor Erlaß des jetzt eingebrachten Gesetzes verkündeten Gesetze sowie die Verträge mit fremden Staaten und die durch sie bedingten Gesetze.

c) Die Anrufung des Staatsgerichtshofs steht auch den Minderheiten des Reichstags und des Reichsrats, die ein Drittel der gesetzlichen Mitgliederzahl übersteigen, zu.

III. Als gesetzgeberisches Ziel ist anzustreben, die Auslegung des Reichsverfassungsrechts in oberster Instanz beim Staatsgerichtshof für das Deutsche Reich zu vereinigen.

IV. Die von den Berichterstattern gemachten Vorschläge erscheinen als geeignete Grundlage gesetzgeberischer Erwägungen.

Erste Sitzung der zweiten Abteilung
(für Strafrecht)
am
Montag, den 13. September 1926.

Auf Vorschlag des Geh. Justizrats Prof. D. Dr. Kahl-Berlin wählte die Versammlung zum Vorsitzenden der II. Abteilung Herrn Oberreichsanwalt Dr. Ebermayer-Leipzig, der den Vorsitz übernahm und als Stellvertreter des Vorsitzenden die Herren Prof. Dr. Gleispach-Wien und Generalstaatsanwalt Schneider-Neuerburg-Düsseldorf, als Schriftführer Herrn Staatsanwaltschaftsrat Menge-Bonn benannte. Die Versammlung stimmte diesen Vorschlägen zu.

Sodann wurde in die Verhandlung über das Thema

„Gegenwärtiger und künftiger Stand des Auslieferungsrechts"

eingetreten.

Zu dem Thema lagen folgende Leitsätze des Gutachters Ministerialrat Dr. Mettgenberg-Berlin vor:

1. Nach der deutschen Reichsverfassung liegt die Regelung des Auslieferungswesens in Gesetzgebung und Verwaltung, für die allgemeinen Fragen wie für Einzelfragen und einzelne Fälle, ausschließlich dem Reich ob. Die hierdurch gewährleistete einheitliche Ausgestaltung und Handhabung des Auslieferungsverkehrs ist ein wertvoller Fortschritt im deutschen Auslieferungsrecht.

2. Nach deutschem Auslieferungsrecht ist der Auslieferungsverkehr dem verständigen Ermessen der Verwaltungsbehörden überlassen. Diese Regelung entspricht nicht mehr dem heutigen Rechtsempfinden. Die Entscheidung über die Haftfrage und die Prüfung der Rechtsfragen, die durch ein ausländisches Auslieferungsersuchen aufgeworfen werden, sollten ihrer Art und Bedeutung wegen Gerichtsbehörden übertragen werden.

3. Bei der Erfüllung ihrer Aufgaben sollten die Gerichte auch auf diesem Gebiet die ihnen sonst zukommende verfassungsrechtliche Sonderstellung einnehmen.

4. Bei der Prüfung der Zulässigkeit einer vom Ausland begehrten Auslieferung sollte dem Gerichtsbeschluß gutachtliche Bedeutung beigelegt werden, wenn er die Zulässigkeit der Auslieferung bejaht, und entscheidende Bedeutung, wenn er die Zulässigkeit verneint.

5. Der Auslieferungsverkehr vollzieht sich zurzeit auf der Grundlage der Gegenseitigkeit. Es sollte auch weiterhin daran festgehalten werden, daß die Bewilligung einer Auslieferung die Verbürgung der Gegenseitigkeit voraussetzt.

6. Nach der Reichsverfassung sind deutsche Staatsangehörige der Auslieferung entzogen. An dieser Ausnahmestellung der Reichsangehörigen sollte festgehalten werden.

7. Unter das politische Asyl fallen sowohl die politischen Straftaten wie besonders geartete gemeine Straftaten. Die Abgrenzung der gemeinen, aber asylwürdigen Straftaten sollte in Fortentwicklung des aus dem belgischen Auslieferungsrecht stammenden Begriffs der Zusammenhangstaten vorgenommen werden.

8. Eine Einschränkung des politischen Asyls ist unerläßlich. Sie kann dadurch geschehen, daß gewisse Gruppen von Straftaten ausgenommen oder allgemein Straftaten, die in besonders verwerflicher Weise begangen sind, für asylunwürdig erklärt werden.

9. Im deutschen Auslieferungsverkehr gilt der Grundsatz der Spezialität. Einer Entwicklung, welche die Tragweite des Grundsatzes ausdehnen will, sollte nicht entgegengetreten werden.

10. Es wäre erwünscht, daß die Regelung des deutschen Auslieferungswesens durch ein Reichsauslieferungsgesetz vorgenommen würde.

11. Der Erlaß eines solchen Gesetzes mit einheitlichen Richtlinien für die Auslieferungsverträge kann deren gesetzgeberische Behandlung vereinfachen.

Diese Leitsätze wurden auch von den Berichterstattern, Präsident des österreichischen Abrechnungshofs Prof. Dr. Walker-Wien und Prof. Dr. Kraus-Königsberg, vertreten, von letzterem mit folgendem Zusatzantrage zum Leitsatze 1:

Doch sollte dafür Sorge getragen werden, daß bei der Vorbereitung und Ausführung einer Auslieferung auch weiterhin die Landesbehörden nicht ausgeschaltet werden.

Ferner lagen zwei eigene Leitsätze des Prof. Dr. Kraus vor, von ihm mit Nr. 5 und 6 beziffert:

6. Es sollte weiterhin dafür Sorge getragen werden, daß deutscherseits eine Auslieferung nicht ohne generellen Vertrag und nicht über einen solchen hinaus zu gewähren ist.

7. Dringend erwünscht wäre es, wenn im deutschen Auslieferungsgesetz ausdrückliche Bestimmungen für eine besondere Ausgestaltung des Auslieferungsverkehrs mit Deutsch-Österreich und Danzig vorgesehen würden.

Den Bericht erstattete zunächst Präsident Prof. Dr. Walker. Er führte folgendes aus:

I. Die Rechtssätze sind wie das Gemeinwesen, zu dessen Ordnung sie dienen, dem Wandel unterworfen. Es gibt kein unwandelbares Recht. Rechtsanschauungen und juristische Dogmen haben ferner nur relative Wahrheit. Rechtssätze stehen nicht so unumstößlich fest wie die Sätze der Mathematik, die aus den Denkformen des reinen Verstandes hervorgehen, die von der Erfahrung nichts entlehnt haben und durch die Erfahrung nicht widerlegt werden.

Für die Wandelbarkeit juristischer Leitsätze und die Relativität ihrer Wahrheit gibt das Auslieferungsrecht gute Beispiele. Es hat Zeiten gegeben, in denen eine Pflicht des Zufluchtsstaates, einen Verbrecher auszuliefern, unbekannt war. Der Grundsatz, daß wegen politischer Verbrechen eine Auslieferung nicht stattfindet, ist erst im vorigen Jahrhundert entstanden und hat verschiedene Formen seiner Entwicklung durchgemacht.

Das Auslieferungsrecht hat sicherlich eine große praktische Bedeutung. Es ist daher zu begrüßen, daß der 34. Deutsche Juristentag das Thema über die künftige Ausgestaltung des Auslieferungsrechtes auf die Tagesordnung gesetzt hat.

Das ausgezeichnete Gutachten des Herrn Ministerialrates Dr. Mettgenberg über den gegenwärtigen Stand und die künftige Gestaltung des Auslieferungsrechtes hat die Arbeit der Berichterstatter außerordentlich erleichtert. Es sei gleich herausgesagt, daß ich mich mit allen Leitsätzen des Gutachtens einverstanden erkläre. Ich möchte nur wenige Fragen näher erörtern und gleichsam nur praeter legem, nicht contra legem reden.

II. Eine wichtige Frage für die Ausgestaltung des Auslieferungsrechtes geht dahin:

Soll die Prüfung der Rechtsfragen, die durch ein ausländisches Auslieferungsersuchen aufgeworfen werden, durch die Gerichte oder durch die Verwaltungsbehörden geschehen? Welche Bedeutung soll den Gerichtsbeschlüssen zukommen?

Wenn wir den bestehenden Rechtszustand überblicken, so finden wir, daß überall im Auslande die Mitwirkung der ordentlichen Gerichte bei der Bewilligung einer Auslieferung eingeführt ist. Allerdings kann die Aufgabe der Gerichte im Auslieferungsverfahren verschieden aufgefaßt und verschieden begrenzt werden.

Es gibt Staaten, in denen die Bewilligung oder die Versagung der Auslieferung vollständig den Gerichten übertragen ist, so in der Schweiz (Art. 23 und 24 des Schweizerischen Auslieferungsgesetzes vom 22. Jänner 1892). Für eine solche Regelung kann man anführen, daß die Entscheidung über die Gewährung oder Ablehnung eines Auslieferungsbegehrens einen Akt der Rechtspflege darstelle, daß sie einen Eingriff des Staates in die Freiheit eines Menschen zum Zwecke der Gerechtigkeit bedeute, daß die Fragen, die bei einer solchen Entscheidung in Betracht kommen, zumeist Fragen solcher Art sind, wie sie auch sonst von den Gerichten in Straf- und Zivilprozessen gelöst werden; schließlich kann kann man auch den wichtigen Umstand anführen, daß die Entscheidungen der Verwaltungsbehörden durch die politischen Strömungen innerhalb des ersuchten Staates zumeist in viel höherem Maße beeinflußt werden, als die Entscheidungen der Gerichte. Dagegen spricht aber, daß die Ausführung einer vom Gerichte für zulässig erklärten Auslieferung im einzelnen Falle aus politischen Gründen, aus internationalen Rücksichten oder aus dem Gesichtspunkte des Vergeltungsrechtes höchst bedenklich sein kann und dem Ministerium das Recht vorbehalten sein müsse, eine vom Gerichte für zulässig erklärte Auslieferung im einzelnen Falle zu unterlassen.

Die zweckmäßigste Lösung dürfte wohl die sein, welche das englische Auslieferungsgesetz vom 9. August 1870 gewählt hat. Das Ministerium kann die Auslieferung ablehnen, auch wenn sie vom Gerichte befürwortet wurde; es muß sie ablehnen, wenn sich das Gericht gegen die Auslieferung ausgesprochen hat. Diese Lösung finden wir auch im luxemburgischen Auslieferungsgesetze, ferner in den Auslieferungsgesetzen, die in Norwegen, Schweden, Finnland gelten. In diesem Sinne ist auch

§ 59 der österreichischen Strafprozeßordnung auszulegen. Diese Lösung wird daher auch für das deutsche Auslieferungsgesetz vorgeschlagen.

III. Wohl die umstrittenste, schwierigste, aber auch interessanteste Frage des ganzen Auslieferungsrechtes ist die Frage der politischen Delikte und des Asylrechtes.

Was ist ein politisches Delikt? Ist es das aus politischen Motiven verübte Verbrechen?

In der Geschichte jedes Staates sind Verbrechen aus politischen Beweggründen verzeichnet. Die Ermordung des Tyrannen Hipparchos durch Harmodios und Aristogeiton in Athen, die Ermordung des Julius Caesar an des Märzen Idus in Rom ist aus politischen Motiven geschehen wie die Ermordung Erzbergers, Rathenaus, des Grafen Tisza in unserer Zeit oder wie die Taten, die Bela Kun und seine Genossen verübt haben, um die Herrschaft an sich zu reißen und sich an der Macht zu erhalten.

Der Gedanke, daß Staatsverbrechen von der vertragsmäßigen Auslieferung auszunehmen sei, ist zuerst in den Vereinigten Staaten von Amerika von Jefferson, dem Staatssekretär Washingtons ausgesprochen worden. Der Ausdruck „politisches Delikt" ist in Frankreich zur Zeit der Revolution aufgekommen. In der Sprache der Gesetzgebung wurde der Ausdruck zuerst in der französischen Charte von 1830 verwendet.

Der Begriff des politischen Deliktes und der Begriff des Asylrechtes sind die Früchte einer geschichtlichen Entwicklung. Der Gegensatz zwischen dem „Legitimismus" und der „Volkssouveränität", zwischen den absoluten Monarchien des Ostens Europas und den konstitutionellen Weststaaten führte zu der Forderung, daß das Asyl, das den im politischen Streite unterlegenen Kämpfern jenseits der Landesgrenzen sich darbietet, ihnen nicht von den Siegern und Gewalthabern durch zwischenstaatliche Vereinbarungen entzogen werden dürfe. Den Kämpfern für die Freiheit und gegen Unterdrückung und Tyrannei sollte Schutz geboten werden. In politischen Reden und Schriften wurde wiederholt darauf hingewiesen, daß politische Umwälzungen sich ohne gewaltsame Handlungen und ohne jeden Einbruch in die Privatrechtssphäre nicht vollziehen können und daß an jene bahnbrechenden Ereignisse des Völkerlebens nicht der nämliche Maßstab angelegt werden könne, womit wir im Leben des einzelnen Recht und Unrecht abzumessen gewohnt sind und daß Revolutionen, die für den Strafrichter nichts als eine Reihe schwerer Verbrechen darstellen, für die Entwicklung so manchen Volkes der Beginn eines neuen und besseren Lebens geworden sind.

Der Gedanke, die Auslieferung wegen politischer Straftaten grundsätzlich zu verweigern, wurde in der Rechtslehre zuerst von Provo Kluit in einer berühmt gewordenen Schrift „de deditione profugorum" im Jahre 1829 verteidigt; in die Rechtsübung der Staaten trat er im Jahre 1831 ein. Frankreich verlangte von der Schweiz die Streichung der crimes contre la sûreté de l'Etat aus dem Vertrage vom 18. Juli 1828 und setzte sein Verlangen durch. Das belgische Auslieferungsgesetz vom 1. Oktober 1833 enthält in Art. 6 die Bestimmung, daß in den Auslieferungsverträgen ausdrücklich festgesetzt werden soll, daß ein Ausländer wegen eines vor der Auslieferung verübten politischen Deliktes oder wegen eines mit einem solchen Delikte im Zusammenhange stehenden Deliktes weder verfolgt noch bestraft werden solle.

Darin ist ein Rechtsgedanke enthalten, der in das Recht aller Kulturstaaten übergegangen ist. Die Ansichten über die Tragweite dieser Bestimmung und über die Frage, was unter einem politischen Delikt zu verstehen sei, gehen freilich weit auseinander.

Hervorragende Rechtsgelehrte, namentlich Hélie, Ortolan und Lammasch haben die Ansicht ausgesprochen, daß der Begriff des politischen Deliktes im internationalen Rechte eine Bedeutung erlangt habe, die über jenen Sinn hinausreiche, in dem dieser Begriff wohl auch im Strafrechte der einzelnen Staaten gebraucht wird, daß mit anderen Worten der nationale und der internationale Begriff des politischen Deliktes geschieden werden müsse[1]). Französische und belgische Schriftsteller haben unterschieden zwischen crimes purement oder exclusivement oder essentiellement politiques und den crimes politiques complexes oder mixtes[2]). Lammasch unterscheidet zwischen „absolut politischen" und „relativ politischen" Delikten. Die absolut politischen Delikte sind nach der Lehre von Lammasch jene, durch welche keine anderen als politische Rechte der Staatsgewalt oder der Staatsbürger angegriffen werden, Delikte, deren Tatbestand nur auf dem Gebiete der staatsrechtlichen Zustände sich abspielen kann,

---

[1]) Hélie, Traité de l'instruction criminelle 2 (1866) 687 f;
Ortolan, Eléments de droit penal (1875) Nr. 724;
Lammasch, in Holtzendorff's Handbuch 3, 489;
Lammasch, Auslieferungspflicht und Asylrecht (1887), 215, 251.

[2]) Nähere Angaben bei Martitz, Internationale Rechtshilfe in Strafsachen, 2 (1897) 196, Anm. 16.

Handlungen, die lediglich deswegen mit Strafe bedroht sind, weil sie jene Zustände gefährden oder verletzen. Relativ politische Delikte nennt Lammasch jene Delikte, die eine Änderung der politischen Verhältnisse durch Handlungen anstreben, die auch abgesehen von diesem Zwecke ihrer sonstigen Beschaffenheit nach den Drohungen der Strafgesetze unterliegen, Taten also, die neben den Merkmalen eines politischen auch die eines gemeinen Verbrechens an sich tragen. Nach der Auffassung von Lammasch liegt das charakteristische Merkmal des relativ politischen Deliktes darin, daß der Täter den Tatbestand jenes gemeinen Deliktes, den seine Tat außer dem eines politischen Verbrechens noch mit in sich enthält, nicht um seiner selbst willen und nicht um des für dieses gemeine Delikt charakteristischen Erfolges willen verwirklicht, daß er nicht mordet, um jemanden zu töten, daß er nicht stiehlt, um sich eine fremde bewegliche Sache rechtswidrig anzueignen, sondern daß der Zweck, den er bei seiner Tat verfolgt, über den für ihre Beurteilung als gemeines Delikt entscheidenden Erfolg hinausreicht und in der Verwirklichung oder Vorbereitung eines gegen die politische Existenz oder Organisation eines Staates gerichteten rechtswidrigen Angriffes besteht. In jedem solchen Falle enthält die betreffende Tat, wie Lammasch ausführt, auch ihrem objektiven Tatbestande nach ein absolut politisches Verbrechen, wenn auch regelmäßig nur im Stadium der Vorbereitung, in sich. Die Frage, ob eine Tat eine politische oder eine nichtpolitische sei, ist nicht nach dem Motive des Täters zu entscheiden. So handelt, wie Lammasch ausführt, auch derjenige aus einem politischen Motive, der, ohne einen politischen Zweck zu verfolgen, also in nichtpolitischer Absicht, infolge seiner politischen Parteistellung, geleitet von den dieser Partei eigentümlichen Anschauungen und Empfindungen, einen politischen Gegner beschimpft, mißhandelt, tötet. Erst wenn zu dem politischen Motive noch die Absicht, ein absolut politisches Verbrechen zu verüben oder vorzubereiten, hinzutritt, wird die Tat selbst, soferne sie überhaupt eine strafbare Handlung bildet, zu einer politischen Straftat. Lammasch meint, daß diese Auffassung dem belgischen Rechte entspreche und aus dem belgischen und französischen Rechte in das Recht aller übrigen Staaten übergegangen sei.

Diese Ansicht bekämpft Martitz. Wäre sie begründet, so würde der strafrechtliche Rechtshilfeverkehr, wie Martitz sagt, „einen prekären, schwankenden, juristisch wenig befriedigenden Charakter tragen“[3]).

---

[3]) Martitz, Internationale Rechtshilfe in Strafsachen, 2, 198.

Martitz sucht nachzuweisen, daß unter den „délits politiques" des belgischen Gesetzes nur die strafbaren Handlungen zu verstehen seien, die sich „unmittelbar gegen die politische Gesamtorganisation des Volkes richten" [4]). Hierher gehören Handlungen, welche die völkerrechtliche Unabhängigkeit oder das Bestehen des Staates antasten oder gefährden, Handlungen, die den Umsturz der Verfassung bezwecken, strafbare Handlungen gegen das monarchische Staatsoberhaupt, gegen sein Leben, seine Freiheit, strafbare Angriffe gegen gesetzgebende Körperschaften. Der Begriff eines relativ politischen Deliktes entspricht nach der Ansicht von Martitz nicht dem belgischen Rechte. Der Sinn des belgischen Gesetzes sei einfach der, daß der Asylschutz nicht bloß den politischen Straftaten, sondern unter gewissen Voraussetzungen auch Auslieferungsdelikten zugute kommen solle. Der Satz, daß die unter Art. 1 des belgischen Gesetzes vom 1. Oktober 1833 fallenden Straftaten Auslieferungsdelikte darstellen, sei nicht ohne Ausnahme. Zwei Fälle seien zu unterscheiden. Der erste Fall sei die sogenannte ideelle Konkurrenz einer politischen mit einer nichtpolitischen Straftat. Wenn die Straftat gegen mehrere selbständige Strafandrohungen in der Weise verstoße, daß sie den Tatbestand eines politischen und den eines gemeinen Verbrechens darstelle, dann sei die politische Seite der Tat entscheidend [5]). Größere praktische Bedeutung hat der zweite Fall, den das belgische Gesetz ausdrücklich vorsieht; eine Straftat, wegen welcher an sich die Auslieferungspflicht besteht, ist mit einer politischen Straftat „konnex", sie hängt mit einer politischen Straftat zusammen. Die einem politischen Delikte konnexe Tat setzt, wie Martitz ausführt, offenbar eine Mehrheit von Rechtsverletzungen voraus, von denen die eine politischer Art ist, die andere eine an sich nicht politische Tat darstellt. Sie setzt weiter voraus, daß beide Taten nicht isoliert einander gegenüber, sondern daß sie sachlich in Verbindung miteinander stehen und daß diese Verbindung eine innere ist [6]). Die Konnexität ist, wie Martitz sagt, dann gegeben, wenn das gemeine Verbrechen „tatsächlich zu dem Endzwecke verübt worden ist, dem durch das politische Delikt erstrebten Erfolge zu dienen. Es muß als Mittel, Weg, Deckung für eine politische Straftat gewollt sein [7]). Als fait connex a un délit politique im Sinne des belgischen

---

[4]) Martitz, 2, 273 f.; Kohler, Internationales Strafrecht (1917) 174 f.

[5]) Martitz, 2, 205 ff.

[6]) Martitz, 2, 215.

[7]) Martitz, 2, 218.

Auslieferungsgesetzes vom Jahre 1833 und — da die Auslieferungsverträge die Klausel des belgischen Gesetzes vielfach übernommen haben — im Sinne des geltenden Völkerrechtes bezeichnet an einer anderen Stelle seines Werkes Martitz die Handlung, die „zu dem Endzweck verübt worden ist, ein anderweitig begangenes politisches Delikt vorzubereiten oder zu vollenden oder die Vollendung zu erleichtern oder ihm den Erfolg zu sichern"[8]). Als Beispiele führt Martitz an: Unterschlagung von Staatsschriften oder die Bestechung und eine dadurch tatsächlich ermöglichte landesverräterische Handlung, Diebstahl von Sprengstoffen in Ausführung eines Komplottes gegen das Leben der souveränen Person, Bandenbildung im Sinne des französischen Rechtes (association de malfaiteurs) behufs Umsturzes der bestehenden Gesellschaftsordnung auf gewaltsamem Wege und tatsächlich erfolgte Aufreizung zum Aufruhr durch Vorbereitung von Proklamationen, Anstiftung zum Meineid in der Absicht, sich der Bestrafung wegen Majestätsbeleidigung zu entziehen, das auf die Erregung eines Bürgerkrieges abzielende Unternehmen mit allen den Verbrechen gegen Leben und Eigentum der Privaten, welche ein solches unmittelbar im Gefolge zu haben pflegt. Daß auch Tötungsverbrechen durch ihre Konnexität gedeckt werden, unterliegt nach der Ansicht Martitz' gar keinem Zweifel. Dem mit einem politischen Verbrechen konnexen stellt Martitz das „isolierte Verbrechen" gegenüber. „Der außerhalb einer politischen Erhebung oder ohne Bezug zu einem verübten Staatsverbrechen begangene oder versuchte Mord eines Ministers, eines Generals, eines Polizeibeamten, ja eines republikanischen Staatsoberhauptes, ist auch im Falle, daß die Untat lediglich im Dienste einer politischen Idee verübt wäre, lediglich ein gemeines Verbrechen"[9]). Über den politischen Mord schreibt Martitz: „Jede vorsätzliche Tötung ist in der Auffassung des belgischen Rechts — und die Franzosen stimmen dem zu — Extraditionsdelikt, gleichviel in welcher Absicht sie erfolgt; der politische Mord nicht minder, als der aus religiösem, nationalem, anarchischem Fanatismus begangene. Für jenen eine spezialisierte Vorsorge zu treffen, ist vollkommen gegenstandslos, — soweit es sich nicht um Taten handelt, die im bewußten und gewollten Zusammenhang mit Hochverrat oder anderen politischen Verbrechen stehen. Für Belgien kann es nicht im geringsten zweifelhaft sein, daß die Ermordung der amerikanischen

[8]) Martitz, 2, 220 f.
[9]) Martitz, 2, 222.

Präsidenten Lincoln und Garfield, des französischen Präsidenten Carnot, daß die Mordversuche, die mehrmals das Leben des ersten deutschen Reichskanzlers bedrohten, daß die Tötung des Frankfurter Polizeirates Rumpf, des bulgarischen Staatsmannes Stambulow, wenn ein Rechtshilfegesuch dorthin gerichtet worden wäre, als Auslieferungsverbrechen hätten angesehen werden müssen. Die Tatbestände hätten sich in der übereinstimmenden Qualifikation seitens des ersuchenden wie des ersuchten Landes als Mord dargestellt. Hochverräterisch, also politisch im Rechtssinne, waren sie nicht, auch nicht einem hochverräterischen Unternehmen konnex."

So sehr die Ansichten, die Lammasch und Martitz über den Begriff des politischen Deliktes vertreten, voneinander abweichen, so dürften doch ihre Ansichten praktisch zumeist zu demselben Ergebnisse führen. Die Tatbestände politischer Delikte werden von den Strafgesetzen zumeist so weit gefaßt, daß vielfach schon Vorbereitungshandlungen getroffen werden. Die nach Martitz erforderliche Voraussetzung, daß neben dem gemeinen auch ein dadurch gefördertes politisches Delikt vorhanden sein müsse, wird daher in sehr vielen Fällen gegeben sein. Mettgenberg sagt treffend, es scheine ihm die Fortentwicklung des ursprünglich dem belgischen Auslieferungsrecht angehörigen Begriffs der „Zusammenhangstaten" der beste Weg zu sein, um zu einer sicheren Grundlage für die an sich gemeinen, aber asylwürdigen Straftaten zu gelangen.

IV. Zwei Jahrzehnte nach der Erlassung des belgischen Auslieferungsgesetzes wurde vielfach eine Einschränkung des Asylschutzes gefordert. Das Attentat der Brüder Jacquin gegen Napoleon III. war bekanntlich der Anlaß, daß in Belgien im Jahre 1856 eine Novelle zum Auslieferungsgesetze zustande kam. Das Gesetz vom 22. März 1856 fügte dem Art. 6 des Gesetzes vom 1. Oktober 1833 eine Bestimmung hinzu, die folgenden Inhalt hat: „Als politisches oder als eine mit einem solchen Delikte zusammenhängende Tat soll nicht angesehen werden ein gegen das Oberhaupt eines fremden Staates oder gegen ein Mitglied seiner Familie verübtes Attentat, wenn dieses den Tatbestand eines Mordes, Meuchelmordes oder einer Vergiftung darstellt". Das ist die berühmte belgische Attentatsklausel, die weite Verbreitung gefunden und in viele Auslieferungsverträge übergegangen ist.

In der Rechtslehre und in der öffentlichen Meinung wurde wiederholt der Überzeugung Ausdruck gegeben, daß die in der belgischen

Attentatsklausel gelegene Ausnahme zu eng gefaßt sei. Unser Bewußtsein fordert, wie Lammasch sagt, daß der Meuchelmörder, habe er wen immer ermordet, des Asylrechtes verlustig gehe[10]).

Eine Kommission, welche die britische Regierung im Jahre 1868 einberufen hat, verlangte die Aufstellung des Grundsatzes, daß die Auslieferung verweigert werden müsse, wenn die Tat nach dem Ermessen des ersuchten Staates einen politischen Charakter an sich trage, daß aber die Auslieferung zu bewilligen sei, wenn die Tat nach dem Ermessen des ersuchten Staates Meuchelmord oder den Versuch eines Meuchelmordes darstelle. Nur der erste, nicht auch der zweite Grundsatz ist in das englische Auslieferungsgesetz vom Jahre 1870 aufgenommen worden.

Der Gedanke, den Asylschutz einzuschränken, ist in den letzten Jahrzehnten des vorigen Jahrhunderts durch eine Reihe von Verbrechen verstärkt worden, welche die öffentliche Meinung der zivilisierten Nationen in ihrem Rechtsgefühle empfindlich verletzten. Das Verbrechen wird von gewissen extremen Gruppen nicht mehr bloß als letztes Auskunftsmittel einer bedrückten und gehetzten Partei betrachtet, die sich anders nicht mehr zu helfen weiß, sondern als regelmäßiges Kampfmittel zur Terrorisierung der Bevölkerung, als „Propaganda der Tat" empfohlen. Seine Spitze richtet sich nicht mehr nur gegen einzelne, ein politisches System gleichsam verkörpernde Persönlichkeiten, sondern ohne Unterschied gegen jeden, auch den friedlichsten Bürger.

Das politische Verbrechen hat sich, wie Rivier in seinem Berichte an den Schweizerischen Bundesrat sagt, umgestaltet, indem es den Charakter eines sozialen Verbrechens angenommen hat. Die schweren Verbrechen sollten, wie Rivier sagt, „zur Ehre unserer Rechtszivilisation" niemals ungestraft bleiben. „Es wäre eine Ehre für unser Land, wenn es den Grundsatz aussprechen würde, daß der Mord und die schändlichsten Verbrechen durch einen politischen oder sozialen Zweck weder verändert noch gemildert werden." Dem bloßen politischen Beweggrunde spricht Rivier überhaupt die Kraft ab, einem gemeinen Delikt einen die Auslieferung ausschließenden Charakter zu geben. Rivier hat folgende Fassung vorgeschlagen: „Wegen eines gemeinrechtlichen Deliktes, welches zu Zwecken der Politik oder in politischer Absicht begangen worden ist, kann die Auslieferung verweigert werden, es sei denn, daß dasselbe sich als schweres Verbrechen, wie z. B. Mord, Brand-

[10]) Lammasch, in Holtzendorff's Handbuch, 3, 505.

stiftung, Zerstörung durch Explosion, Diebstahl, Fälschung qualifiziert. Im Zweifelsfalle entscheidet die Anklagekammer des Bundesgerichtes auf Grund des Tatbestandes und der Gesetzgebung des Kantons, in welchem der Verfolgte betroffen wurde. Die Auslieferung wegen eines gemeinrechtlichen Deliktes soll nicht lediglich aus dem Grunde verweigert werden, weil das reklamierte Individuum vorgibt, aus einem wirklich oder angeblich politischen oder religiösen Beweggrunde gehandelt zu haben [11])."

Die Mehrheit der Expertenkommission, die in der Schweiz zur Beratung über den Entwurf dieses Auslieferungsgesetzes berufen war, hat sich jedoch diesem Gedankengange nicht angeschlossen. Der schweizerische Bundesrat wählte die Fassung, daß die Auslieferung bewilligt werden könne, obgleich der Täter einen politischen Beweggrund oder Zweck vorschützt, wenn die Tat vorwiegend den Charakter eines gemeinen Verbrechens hat. Dies ist der Inhalt des Art. 10 des schweizerischen Auslieferungsgesetzes. Damit hat das schweizerische Auslieferungsgesetz die Theorie vom relativ politischen Delikt verworfen und ist der Lehre gefolgt, welche zwei hervorragende französische Rechtsgelehrte, Ortolan und Billot, begründet haben. Ortolan lehrt, daß Tatbestände, wo ein und dieselbe Tat mehrere Delikte in sich einschließe, in zwei Gruppen zu teilen seien, und zwar nach einem objektiven Gesichtspunkte, nämlich nach dem Überwiegen des politischen oder des unpolitischen Elements in dem Verbrechensbegriff. Billot meint, das gemischte politische Delikt sei nicht schlechthin, sondern nur dann als politisch zu behandeln, wenn das politische Recht, das tatsächlich verletzt worden, sich als erheblicher erweise, als das private. Ob aber dies zutreffe oder nicht, das lasse sich nicht allgemein sagen, das müsse vom Zufluchtsstaate nach den Umständen des Falles entschieden werden [12]). Mit anderen Worten: nicht der abstrakte Verbrechensbegriff soll bei der Abwägung des gemeinen und politischen Moments zugrunde gelegt werden, sondern die Handlung des Flüchtigen. Es soll aus den Umständen, die sie begleiteten, ihre Natur tatsächlich festgestellt werden.

Die schweizerische Formel fand Aufnahme in Art. III des Auslieferungsvertrages vom 10. März 1896 (RGBl. Nr. 1 vom Jahre

[11]) Botschaft des Bundesrats an die Bundesversammlung zum Entwurf des Bundesgesetzes betreffend die Auslieferung gegenüber dem Ausland vom 9. Juni 1890, Bundesblatt 1890, III, S. 349 f.

[12]) Billot, Traité de l'extradition (1874), 104 ff. Diese Lehre wird auch „système de la prédominance" genannt.

1897), den die ehemalige österreichisch-ungarische Monarchie mit der Schweiz abgeschlossen hat, ferner in einem Auslieferungsvertrag zwischen Mexiko und Salvador vom 22. Jänner 1912, und in dem Staatsvertrage zwischen Österreich und Polen über den wechselseitigen rechtlichen Verkehr v. 19. März 1924, (BGBl. Nr. 226 v. Jahre 1926). In Art. 57 dieses Vertrages heißt es: „Die Auslieferung findet nicht statt, wenn die strafbare Handlung, wegen welcher die Auslieferung begehrt wird, eine politische strafbare Handlung ist oder mit einer solchen im Zusammenhange steht. Die Auslieferung kann jedoch bewilligt werden, wenn die strafbare Handlung die Merkmale sowohl einer politischen als auch einer gemeinen strafbaren Handlung aufweist, die letzteren Merkmale aber überwiegen; die Beurteilung bleibt dem freien Ermessen der ersuchten Behörde vorbehalten. „Die schweizerische Formel ist auch in den Entwürfen von Auslieferungsverträgen zwischen Italien und Österreich, zwischen Italien und der Tschechoslowakei und zwischen Italien und dem Königreiche der Serben, Kroaten und Slowenen enthalten, die in der Konferenz der Nachfolgestaaten der ehemaligen österreichisch-ungarischen Monarchie in Rom ausgearbeitet wurden; ferner auch in einem Entwurf eines Auslieferungsvertrages zwischen Österreich und dem Königreiche der Serben, Kroaten und Slovenen, der im Jahre 1926 abgeschlossen wurde.

Wie dem immer sei, eine Einschränkung des politischen Asyls ist unerläßlich. Mindestens sollte aber der Meuchelmord vom Asylschutz ausgenommen werden. Der Meuchelmord als Mittel des politischen Kampfes sollte nicht durch das Asyl geschützt werden, mag was immer für ein Motiv den Mörder geleitet, was immer für ein Zweck ihn bestimmt haben.

V. Fragen wir uns schließlich, worin der Grund liegt, daß wegen politischer Delikte Auslieferung nicht gewährt wird? Der Grund liegt nicht, wie man auch gesagt hat, in der „rein lokalen Natur des politischen Deliktes"; es ist nicht das Mißtrauen in die Unparteilichkeit des fremden Gerichtes oder die Ungewißheit, ob die ausländischen Strafgesetze gerechte seien. Auch kann der Grund nicht darin gefunden werden, daß der politischen Straftat im Gegensatze zum gemeinen Verbrechen das Merkmal des Unsittlichen und Ehrenrührigen nicht anhafte. Denn das politische Verbrechen ist nicht immer eine sittliche oder ehrenhafte Tat. Es gibt Geschäftspolitiker, die politische Verbrechen aus höchst eigennützigen Beweggründen verüben. Dann aber genügt keineswegs, daß ein Verbrechen auf einem nicht ehrenrührigen Beweggrunde beruhe, um es von der Auslieferungspflicht zu befreien.

Folgende Erwägungen dürften den Grund der Nichtauslieferung wegen politischer Straftaten bilden. Um der Gerechtigkeit willen sind die gegen den öffentlichen Rechtszustand eines Landes gerichteten Straftaten mit einem anderen Maße zu messen, als die gegen Private oder private Rechtsgüter verübten Rechtsverletzungen. Es besteht immerhin, wie Martitz gesagt hat, die Möglichkeit, daß Verbrechen gegen das Gemeinwesen aus Pflichtbewußtsein, aus Menschenliebe, aus Patriotismus, lediglich in der Selbstaufopferung für das Wohl der Gesamtheit verübt werden. Das Maß des sittlichen Verschuldens, das sie enthalten, ist in der Regel ein geringeres. Um dieser Möglichkeit willen heben sich Straftaten gegen die bestehende politische Ordnung weit von den Missetaten ab, deren Beweggrund zumeist niedrigste Selbstsucht ist. Mag auch die dem Täter zur Last gelegte Handlung nach dem Rechte seines eigenen Landes strafbar sein, mag auch zweifellos der fremde Staat, in den der Täter sich geflüchtet hat, die Handlung, wäre sie gegen ihn selbst, gegen seine politische Gesamtorganisation gerichtet, unbedenklich bestrafen, es handelt sich für ihn um politische Zustände des Auslandes und es besteht die Möglichkeit, daß das zu ihrer Beseitigung unternommene Verbrechen ein Kampfmittel im Dienste des Rechtes gegen Gewalt und Unterdrückung bildet.

Zum Schlusse sei noch einem allgemeinen Gedanken Ausdruck gegeben. Die Anerkennung einer Pflicht zur Auslieferung, die Ausgestaltung des Rechtes der Auslieferung beruht auf dem Gedanken einer internationalen Rechtsgemeinschaft der Kulturstaaten, einer Kulturgemeinschaft, die durch den Krieg zerrissen wurde und nur langsam als in den schweren Jahren nach dem Kriege wieder auflebt. Ein gutes Auslieferungsgesetz kann dazu beitragen, diese Gemeinschaft zu stärken, und auch aus diesem Grunde wäre ein solches Gesetz zu begrüßen.

Hierauf berichtete Prof. Dr. Kraus, wie folgt:

Einleitung.

Wenn in einer Zeit wie der unsrigen, die von ungelösten juristischen Fragen bis über den Rand erfüllt ist, ein so bedeutungsvolles Gremium wie der Deutsche Juristentag sich zur Behandlung von Problemen aus dem Bereiche der Auslieferung entschließt, so stellt sich von selbst die Frage nach dem rechtfertigenden Grunde ein:

Warum erörtern wir hier Auslieferungsprobleme? Warum dies gerade jetzt, wo uns der neue Strafgesetzentwurf eine unabsehbare Menge wichtigster Fragen darbietet?

Die Antwort scheint einfach. Sie ergibt sich m. E. aus den folgenden Erwägungen:

Einmal haben die letzten Jahre uns an einer Reihe von Fällen die Reformbedürftigkeit unseres Auslieferungswesens besonders plastisch vor Augen geführt.

Außerdem legen sowohl die allgemeine Struktur wie einige Bestimmungen der neuen Amtlichen Deutschen Reichsverfassung eine Überprüfung der Frage nahe, ob und wieweit Geist und Inhalt dieser Verfassung mit dem tatsächlichen in Auslieferungssachen gegenwärtig geübten Verfahren vereinbar, wieweit hier noch Umstellungen vorzunehmen. Ähnliches wird in einem Umfange, den ich als Nicht-Kriminalist nicht voll zu beurteilen vermag, die Folge des bevorstehenden neuen StGB. sein.

In diesem Zusammenhang darf ich übrigens darauf aufmerksam machen, daß der Entwurf eines Allgemeinen Deutschen Str. Ges. Buchs in seinem § 6 den Bereich der deutschen Eigenstrafkompetenz dadurch erweitert, daß er die deutschen Strafgesetze auch auf solche Auslandstaten von Ausländern für anwendbar erklärt, die im Inlande betroffen sind und, obwohl die Auslieferung an das Ausland zulässig wäre, nicht ausgeliefert werden.

Ferner befindet sich Deutschland infolge seiner veränderten weltpolitischen Gesamtposition in einer Epoche allgemeiner internationaler Neuorientierung, die notwendig auch seine bisherige Haltung in Auslieferungssachen problematisch macht.

Hinzu tritt, daß der Weltkrieg in Verbindung mit dem Versailler Vertrage einige konventionelle Bindungen Deutschlands im Bereiche der internationalen Strafrechtshilfe gelöst hat — nämlich die mit Brasilien, Österreich, der Türkei, Rußland, Uruguay bestehenden sowie die Auslieferungs-Verträge der Vereinigten Staaten und Rußland mit deutschen Gliedstaaten. Diese gelösten Bindungen harren noch der Neuknüpfung durch das Reich, soweit dies nach der Situation tunlich scheint. Bei den jüngst geführten Verhandlungen über den Moskauer Vertrag mit der Sowjet-Union ist von russischer Seite der Gedanke eines Auslieferungsvertrags mit Deutschland zur Sprache gebracht worden, seine Verwirklichung aber nicht erfolgt und steht auch nicht in Aussicht. Ich denke, das ist so ein Fall, wo ein Auslieferungsvertrag zurzeit nicht tunlich wäre.

Ebenso hat Deutschland trotz mehrfachen Drängens bisher nur mit einem der aus dem Weltkrieg hervorgegangenen Neustaaten, nämlich mit der Tschecho-Slowakei einen Auslieferungsvertrag geschlossen.

Und endlich haben wir vor allen Dingen deshalb besonderen Anlaß, uns gerade heute mit dem Auslieferungsproblem zu beschäftigen, weil seit dem 26. Mai 1925 ein Entwurf der Reichsregierung für ein deutsches Auslieferungsgesetz dem Reichsrate vorliegt und dort der Bearbeitung harrt.

Wenn demnach unsere ständige Deputation die Frage nach dem gegenwärtigen Stand und der künftigen Ausgestaltung des Auslieferungsrechts zur Erörterung des Juristentages gestellt hat, so wird von uns Klärung und Stellungnahme zu einem brennenden deutschen rechtspolitischen Tagesproblem erwartet, eine Stellungnahme, die sich in der Kritik eines konkreten Regierungsentwurfes äußern könnte, wenn nicht dieser Entwurf noch sorgfältig der Öffentlichkeit vorenthalten würde.

Danach gilt es heute ein Fazit zu ziehen aus all den vorliegenden Ansätzen, Bemühungen und Vorschlägen für die Reform des Auslieferungsrechts. Es gilt zu entscheiden, ob und in welcher Hinsicht diese Materie in der Tat heute für praktische Reformvorschläge reif scheint. Und — soweit dies zu bejahen — gilt es zu konkreten, praktischer Verwirklichung fähigen Sätzen und Vorschlägen für die Ausgestaltung des Auslieferungswesens, wenigstens in einigen Hauptfragen, zu gelangen.

Dem Juristentage liegen mit dem prächtigen Gutachten Wolfgang Mettgenbergs zu 11 Thesen zusammengefaßte Vorschläge vor, die natürlich zwar nicht alle, aber die wirklich wichtigen Probleme unserer Materie fast restlos umfassen.

Diese Vorschläge sollen den Rahmen abgeben, innerhalb dessen unsere Erörterung mit der durch die Fülle des Stoffes von selbst gebotenen Beschränkung sich im wesentlichen hält.

Disposition.

Und zwar sind mir zur besonderen Berücksichtigung anvertraut, einmal die das wünschenswerte Verhältnis von Reich und Ländern in Auslieferungssachen behandelnde These Nr. 1; zum andern die These Nr. 5, welche vom Reziprozitätsprinzip handelt, These 9, welche sich auf den Grundsatz der Spezialität bezieht, sowie viertens und fünftens die Thesen Nr. 10 und 11, die sich mit der Frage der Erwünschtheit eines deutschen Auslieferungsgesetzes befassen.

Entsprechend ihrer besonderen Bedeutung soll die Frage nach der Erwünschtheit eines Auslieferungsgesetzes an den Anfang meiner Ausführungen gestellt werden.

Es war meine ursprüngliche Absicht, vor Eintritt in die speziellen Erörterungen eine wenigstens summarische Prüfung der für die Behandlung des Auslieferungsproblems maßgeblichen Ausgangspunkte vorzunehmen und dabei vor allem auf die Anforderungen einzugehen, welche das Recht, die Tradition, zeitgenössisches Denken, insbesondere sein Ethos, die Klugheit usw. an eine Regelung unserer Materie stellen.

Dabei ist es mir aber ähnlich gegangen wie Faust am Abend nach dem Osterspaziergang mit dem Pudel, der langsam zum Elefanten anschwoll, und ihm zuletzt den ganzen Raum erfüllte.

Ich muß darauf verzichten, das sich aus diesen theoretischen Ausführungen abzeichnende, ungemein vielgestaltige, die ganze Zerrissenheit des internationalen und in zweiter Linie auch innerstaatlichen Denkens unserer Zeit widerspiegelnde und uns zu äußerster Zurückhaltung gegenüber allen Reformideen in Auslieferungssachen mahnende Bild zu geben.

Nur auf zwei Punkte möchte ich mit Rücksicht auf ihre besondere Bedeutung gerade für den Juristen wenigstens kurz eingehen. Das ist einmal die Frage danach, wieweit geltendes Recht bei der Ausgestaltung des deutschen Auslieferungswesens zu beachten und zum andern danach, welche Bedeutung dabei dem Rechtsgedanken, seiner Verbreiterung, Vertiefung und Herrschaft im Bereich der Materie der Auslieferung einzuräumen sei.

Das geltende Auslieferungsrecht.

Die zweite Frage ist ungleich viel wichtiger als die erste. Nicht nur, daß bestehendes Recht für den Rechtspolitiker hinter der Frage nach dem richtigen Recht natürlich zurücktritt.

Vor allen Dingen kommen hier, wenn wir von drei oder vier noch zu erwähnenden Vorschriften der neuen Reichsverfassung absehen, lediglich diejenigen rechtlichen Bindungen in Betracht, welche in einigen — ich zähle zwölf — heute geltenden deutschen Auslieferungsverträgen enthalten sind.

Gemeines Völkerrecht hat sich im Bereiche der Auslieferung m. E. bislang überhaupt noch nicht gebildet. So ist z. B. die erst jüngst wieder von Rolin in seinem, im Jahree 1923 von der Academie de droit international in Haag gehaltenen Vortrage über Auslieferung (Rec. 1923, I p. 188) zum Rechtssatz erklärte These des Hugo Grotius von der alternativen Verpflichtung entweder zur Auslieferung oder zur Selbstbestrafung auch heute noch genau so wenig ein Rechtssatz wie dies m. E. der sogenannte Grundsatz der Spezialität ist, von dem unsere 9. These handelt, und Inhalts dessen der Auslieferung verlangende Staat den Ausgelieferten nur wegen der Auslieferungstat zur Verantwortung ziehen darf. Dieses Prinzip ist vielmehr meiner Ansicht nach — ebenso wie z. B. der Grundsatz der Nichtauslieferung politischer Verbrecher, — oder eigener Staatsangehöriger, — wie das sogenannte Prinzip der identischen Norm und ähnliche Sätze das, was seine allerdings nicht eindeutige Benennung indiziert: ein der generellen Regelung wie der Einzel-Ausführung der Auslieferung häufig zugrundegelegter Leitgedanke ohne rechtsnormativen Gehalt.

Eine praktisch recht bedeutungsvolle Feststellung, deren Richtigkeit allerdings bestritten ist! — Das Reichsgericht und Mettgenberg sind z. B. anderer Ansicht. Ist sie richtig, so kommt dieser Grundsatz der Spezialität auch via Art. 4 RRV. nicht ohne weiteres als landesrechtliche Entscheidungsnorm in Betracht, und es müßte in dieser Richtung gegebenenfalls besondere rechtliche Fürsorge getroffen werden.

Was die bestehenden Auslieferungsverträge anlangt, so muß der Jurist an dieser Stelle Zweifel darüber laut werden lassen, ob auch die verschiedenen, seinerzeit zwischen deutschen Gliedstaaten einerseits und Frankreich andererseits abgeschlossenen Auslieferungsverträge dazuzurechnen sind. Frankreich hat auf Grund des Art. 289 VV. und in Verfolg seiner bekannten, auf Schwächung des deutschen Reichsgedankens gerichteten Politik seinerzeit das Wiederinkrafttreten dieser Verträge der deutschen Regierung fristgerecht notifiziert, die diese Erklärung widerspruchslos entgegengenommen hat. Mir ist zweifelhaft, ob dieses Verfahren dem Art. 289 VV. entsprach, der nur von solchen zweiseitigen Verträgen spricht, deren Wiederherstellung die betr. Alliierte und Assoziierte Macht im Verhältnis zu Deutschland verlangt. Länderverträge mit fremden Staaten gelten rechtlich nicht im Verhältnis zu Deutschland, sondern nur im Verhältnis zu dem betr. einzelnen Land.

Die rechtliche Bedeutung der zurzeit in Kraft stehenden Auslieferungsverträge liegt weniger darin, daß eine Reform des deutschen Auslieferungswesens eine inhaltliche Anknüpfung an sie versuchen müßte. Diese wäre nur recht beschränkt möglich. Denn die deutsche Regierung hat bei ihrer früheren Vertragspolitik in Auslieferungssachen eine beachtliche Anpassungsfreudigkeit an Wünsche und Rechtsgedanken des jeweiligen Vertragsgegners bewiesen, mit der Folge einer oft gerügten Buntscheckigkeit und Prinzipienlosigkeit dieses Vertragsbuketts.

Die Bedeutung dieser Verträge ist vielmehr in erster Linie darin zu erblicken, daß sie für Deutschland absolute Schranken bei der Ausgestaltung seines Auslieferungswesens darstellen, da bekanntlich ein Staat sich nicht einseitig von seinen einmal geschlossenen Völkerrechtsverträgen zu lösen vermag. So hat an diesen früheren deutschen Auslieferungsverträgen jede Reform des deutschen Auslieferungswesens Halt zu machen, falls es nicht gelingt, sie im Wege diplomatischer Verhandlungen zu modifizieren, und evtl. hat in ein deutsches Auslieferungsgesetz ein entsprechender Vorbehalt Aufnahme zu finden.

Modernen Geist atmen unter den seitens Deutschlands geschlossenen Auslieferungsverträgen vor allen das allerdings gekündigte und in wenigen Tagen außer Kraft tretende deutsch-bulgarische Abkommen vom 29. September 1911, der seinerzeit im Rahmen des grandiosen deutsch-türkischen Vertragswerks abgeschlossene, mit dem deutsch-bulgarischen fast wörtlich übereinstimmende, unterdessen wieder außer Kraft getretene deutsch-türkische Vertrag vom 11. Januar 1917 sowie vor allen Dingen der erste deutsche Nachkriegsvertrag über Auslieferungsangelegenheiten mit der Tschecho-Slowakei vom 8. Mai 1922, der sich seinerseits sehr eng an die beiden genannten Verträge anschließt.

Dieser Vertrag verdient unsere ganz besondere Aufmerksamkeit, denn er ist erfüllt von einem deutlichen Bestreben einer möglichst starken Berücksichtigung und Verwirklichung moderner Gedanken über Auslieferung. Ich weise in diesem Zusammenhang beispielsweise nur auf die eine Tatsache hin, daß er das Enumerationsprinzip zu Gunsten der Eliminationsmethode verlassen hat und allgemein die Pflicht zur Auslieferung auf Verbrechen oder Vergehen erstreckt. Er wird, gedacht offensichtlich als eine Art Modell, die deutsche Auslieferungsvertragspolitik der nächsten Zeit zweifellos auf das Stärkste beeinflussen. Ebenso werden wir aber auch ohne weiteres davon ausgehen können, daß seine Gedanken in stärkstem Umfange in dem Entwurf eines deutschen Auslieferungsgesetzes enthalten sind.

Bei der Heranziehung dieses Vertrages zum Vergleich und als Muster für ein deutsches Auslieferungsgesetz muß allerdings auf das Sorgfältigste auf die Verschiedenheiten der Aufgaben Bedacht genommen werden, die sich einerseits mit Hilfe eines Vertrags, andererseits durch ein Gesetz lösen lassen. So bestimmt der Vertrag lediglich die Grenzen der den Parteien obliegenden Auslieferungspflicht, während das Gesetz nationale Grenzen für die Auslieferungsberechtigung zieht.

Demgemäß kann es auch einen erheblichen Unterschied machen, ob eine Klausel im Gesetz oder im Vertrag steht, und manche Dinge gehören nur in das eine oder das andere Instrument.

Der Rechtsgedanke.

Besondere Beachtung verdient in diesem Zusammenhange die zweite oben zur Erörterung gestellte Vorfrage, welche Bedeutung dem Rechtsgedanken bei einer Ausgestaltung des deutschen Auslieferungswesens einzuräumen sei.

Soll ihm hier Raum und Geltung gewährt werden? Reinhard von Frank hat sich — insbesondere in seinem im Jahre 1905 unter dem Titel: „Der Kampf um ein deutsches Auslieferungsgesetz", aber auch sonst noch und zuletzt wieder in der schönen Festnummer der Deutschen Juristen-Zeitung für unsere Kölner Tagung zum Wortführer der Idee einer Ausgestaltung des Auslieferungswesens nach der Seite des Rechts hin gemacht, indem er für diese Materie die Forderung erhoben hat und unermüdlich verficht

Ersatz des politischen Prinzips durch das Rechtsprinzip.

Dieser These stimme ich freudig und vorbehaltslos zu, und zwar sowohl im Interesse des Deutschen Reichs wie der gesamten Internationalgemeinschaft und jedes ihrer Mitglieder.

Unsere Zeit ist erfüllt von Diskussionen und Streit über die Grenzen der Erstreckbarkeit und Vertiefbarkeit des Rechtsgedankens. Dies nicht so sehr in dem von der Rechtsstaatsidee ja bereits fast restlos beherrschten innerstaatlichen Bereiche, als vor allem im Umkreis interstaatlicher Beziehungen und was damit zusammenhängt.

Dieser Streit sollte uns hier bei der Frage nach der Ausgestaltung des Auslieferungswesens überhaupt nicht berühren. Er sollte auf das sogenannte politische Gebiet, das Gebiet staatlicher Macht- und Lebensansprüche sowie etwa noch auf Tatbestände beschränkt bleiben, die so vielgestaltig sind und so viel unvorhergesehene Möglichkeiten in sich bergen, daß sie vergängiger Erfassung durch Rechtssätze — sei es autonom landesrechtlicher, sei es völkerrechtlicher Natur — widerstreben.

Dagegen sollte er Halt machen vor allen Angelegenheiten, deren Erledigung nach Rechtssätzen dem wohlverstandenen Interesse der Beteiligten offensichtlich am besten dient. Wir wollen sie „natürliche Rechtsangelegenheiten" nennen.

Wenn dies heute gemeinhin noch nicht genügend klar erkannt ist, und wenn im Bereiche des interstaatlichen Verkehr noch immer gelegentlich die Möglichkeit von Völkerrecht geleugnet oder vor allem die Existenz einer besonderen, der Durchdringung durch Rechtssätze prinzipiell unzugänglichen auswärtigen Gewalt behauptet wird, so ist dies nur aus einer vorrechtsstaatlichen Grundeinstellung den Tatschen des internationalen Lebens gegenüber zu erklären, mit einer ganz eigentümlichen Scheu vor allem, was mit der sogenannten Außenpolitik und mit den Außenämtern zu tun hat. Diese erscheinen oft geradezu wie eine Art geheimnisvoller Sphinx, in deren Tempel einzutreten der Jurist sich nicht getraut, obgleich er dort manches Rätsel zu lösen und manches Problem zu klären hätte. Ein deutsches Fremdengesetz würde z. B. ebenso gute Dienste zu leisten geeignet sein wie unsere bestehende Konsulargesetzgebung es tut. Und Entsprechendes gilt z. B. — für das von Frank geforderte deutsche Neutralitätsgesetz und vor allen Dingen für ein deutsches Auslieferungsgesetz.

Denn die Auslieferung gehört wie jeder internationale Rechtshilfe- oder Rechtspflegeakt m. E. in vollem Umfange zu unseren natürlichen Rechtsangelegenheiten.

Weitsichtige Betrachtung ergibt, daß es m. E. nicht einen einzigen Fall gibt, in dem eine von politischen Erwägungen geleitete Entscheidung hier empfehlenswerter scheinen könnte als eine nach Rechtssätzen gefällte. Im Gegenteil: gerade dann, wenn wegen der Persönlichkeit des Täters, der Eigenschaft der Tat oder aus sonstigen Gründen in einen Auslieferungsfall politische Momente hineinragen, ist stets strenge Zurückziehung auf das Recht das sicherste und oft einzige Mittel einer sachgemäßen Erledigung des Falles. Man kann demgemäß auch häufig in heiklen Auslieferungsangelegenheiten ein prononziertes Betonen des rechtlichen Charakters der Auslieferung gerade seitens der politischen Magistraturen feststellen. Das trat z. B. in dem Auslieferungsfall Fort recht deutlich zutage. Ich möchte aus den parlamentarischen Erörterungen über diese cause célèbre, bei der es sich bekanntlich um die Frage der Auslieferung der Mörder des spanischen Ministerpräsidenten Dato handelte, nur eine besonders gut hierher passende Bemerkung anführen, die der langjährige Leiter der Rechtsabteilung des Auswärtigen Amts, Dr. Kriege, als Mitglied der deutschen Volkspartei zu diesem Falle im Preußischen Landtag gemacht hat (Sten. Berichte S. 7713). Dr. Kriege sprach dabei u. a. den folgenden Satz aus:

> „Meine Fraktion steht ebenso wie die Reichsregierung und die Preußische Regierung auf dem Standpunkt, daß die Auslieferungsfrage unter Ausschaltung aller politischen Erwägungen nur nach rechtlichen Gesichtspunkten zu beurteilen war, d. h., die beiden Regierungen hatten zu prüfen, ob die spanischen Mörder auf Grund der von Deutschland übernommenen vertraglichen Verpflichtungen ausgeliefert werden mußten."

Die Vorteile der Behandlung von Auslieferungsangelegenheiten unter rein rechtlichen Gesichtspunkten liegen sowohl auf innenpolitischem wie auch auf außenpolitischem Gebiete. In letzterer Beziehung hat Frank besonders darauf hingewiesen, daß unter der Herrschaft des politischen Prinzips jede Verweigerung der Auslieferung eine Unfreundlichkeit dem andern Teile gegenüber bedeute, ihre Gewährung unter Umständen eine Schwäche.

Dies alles wird vermieden, wenn man als den alleinigen Maßstab für die Frage der Gewährung oder Verweigerung eines Auslieferungsersuchens Rechtsnormen nimmt. Niemand kann sich gekränkt fühlen, wenn er das und nur das erhält, was rechtens ist, und niemand ist schwach, wenn er dem Rechte gemäß handelt.

Dieser Vorteil der Vermittlung starker rechtlicher Positionen scheint mir trotz der damit verbundenen starken Beschränkungen der Exekutive so groß, daß er die Forderung rechtfertigt:

„Keine Auslieferung ohne eine durch Rechtssatz begründete Rechtspflicht."

Dieser Punkt ist von Dr. Mettgenberg nicht zum Gegenstand einer besonderen These gemacht worden. Ich halte ihn für so wichtig, daß ich mir erlauben möchte, hier eine Zusatzthese vorzuschlagen, für die ich die folgende Franksche Formulierung wähle:

„Deutschland sollte eine Auslieferung nicht ohne generellen Vertrag und nicht über einen solchen hinaus gewähren."

Daß diese These in dem bevorstehenden deutschen Auslieferungsgesetz bereits ihre Verwirklichung finde, das halte ich nicht für wahrscheinlich. Die politischen Widerstände werden dagegen zu stark sein. Dies kann uns natürlich nicht hindern, für diesen Gedanken einzutreten in der Hoffnung, ihm für eine spätere Verwirklichung und damit der „Idee der Entpolitisierung der natürlichen Rechtsangelegenheiten" die Wege zu bereiten.

Das bis hierher Ausgeführte bezog sich auf die Bedeutung, die die Einkehr des Rechtsgedankens in die internationalen Beziehungen für den Staat und die Staatengesellschaft besitzt.

Daneben hat der Rechtsgedanke aber auch noch eine beträchtliche Bedeutung für das nach innen gekehrte Leben des Staates.

Der Rechtsstaat kann, ohne sich selbst untreu zu werden, schlechterdings nicht auf der einen Seite die von ihm erfaßten Lebensbeziehungen seiner Untertanen und zu seinen Untertanen mit einem immer engeren Netz von Rechtsvorschriften überziehen und gleichzeitig auf der andern Seite ein ganzes großes Gebiet, nämlich das der Voraussetzungen der Gewährung oder Versagung von Auslieferungen, fast restlos der freien Entscheidung seiner Exekutivorgane anheimgeben.

Die Rechtsordnung, die sonst noch in seinem Innern herrscht, muß er nach dem Gesetz der Konsequenz und der Forderung der Gleichmäßigkeit mehr oder weniger vollständig auf alle ihm zugänglichen Beziehungen ausdehnen, auch wenn ein besonderer materieller Grund dafür nicht vorläge.

Andererseits sollte man die Gedanken aber auch nicht überspannen. Sonst gestaltet sich das Auslieferungsverfahren noch schwerfälliger und langsamer wie jetzt, so daß dahinter die Gründe, welche für die Auslieferung sprechen, insbesondere das Argument, daß der Täter am besten am Ort der Tat abgeurteilt werde, zurücktreten, und daß es empfehlenswerter wird, lieber statt der Auslieferung den Kreis der staatlichen Selbstbestrafungsansprüche zu erweitern.

Auslieferung setzt ein gewisses Maß von gegenseitigem Vertrauen voraus. Wo es fehlt, unterbliebe sie besser. Und wo es vorhanden ist, bestehen keine prinzipiellen Bedenken, wenn ein Rechtssystem sich durch ein anderes ergänzen läßt oder sich mit der Rolle der Ergänzung desselben begnügt.

Was dieses internationale Vertrauen anlangt, so muß es allerdings gesagt werden, daß in dieser Hinsicht insbesondere die Diskussionen über die zurzeit so moderne Idee der Errichtung eines internationalen Strafgerichtshofs gegenwärtig noch zu einem gewissen Skeptizismus stimmen. Das ist neulich bei den Beratungen der International Law Association in Wien über dieses Thema recht anschaulich entgegengetreten. Gewiß bedeutet das für einen solchen internationalen Gerichtshof Vorgebrachte in erster Linie wuchtige Argumente gegen den Gedanken der Auslieferung der eigenen Staatsangehörigen an einen fremden Staat. Aber darüber hinaus beweist es zugleich, welch ein Grad von Mißtrauen heute noch immer gegen fremde Gerichte und Urteile vorhanden oder wenigstens von den Juristen und Politikern als in der öffentlichen Meinung vorhanden vermutet wird. Ich darf hier einige Sätze wiedergeben, die ich in der anregenden Schrift von Holtzendorff über Auslieferung (S. 11) gefunden habe. Holtzendorff schreibt dort ff.:

„Wird der angeklagte Deutsche bei uns verurteilt, so trifft ihn wahrscheinlich in der Mehrzahl der Fälle eine mildere Strafe, als ihm im Auslande auferlegt worden wäre.

Es liegt in der Natur der menschlichen Verhältnisse, daß das einem Ausländer zumal im Auslande zugefügte Unrecht oft genug weniger schwer empfunden wird, als das inländische Verbrechen

Auch die Justizpflege hat ihren Anteil an den Tugenden und Fehlern des rechten oder falschen Patriotismus".

Das eben Gesagte hat eine besonders starke Bedeutung für die Frage, inwieweit der Rechtsgedanke im Bereich des Auslieferungsverkehrs auch zu Gunsten des Auszuliefernden Verwirklichung finden sollte. Auch hier wieder befinde ich mich mit Frank und dem Reichsgericht in voller Übereinstimmung, wenn mir dieser Gesichtspunkt nur in sehr beschränktem Maße berücksichtigungswürdig erscheint.

Das einzelne Individuum, um dessen Auslieferungsfall es sich handelt, steht ja grundsätzlich sowieso schon besser da wie derjenige, der vom aburteilenden Staat direkt gefaßt wird. Denn ihm kommen alle die Kautelen zugute, welche vor und nach der Auslieferung dem um Auslieferung ersuchten Staate zustehen. Und so ist es im Reflex dieses eigentümlichen Verhältnisses im Genusse einer Art völkerrechtlichen Schutzstellung im Verhältnis zu dem ersuchten Staate, der normaliter nicht sein Heimatstaat ist. Dies Bild prononziert sich dadurch, daß es nach deutschem Recht für die Frage, ob der Verurteilte Revision einlegen darf, unerheblich ist, ob die verletzte Rechtsnorm zu seinen Gunsten erlassen ist oder nicht. Es kann sich hier also durchaus ereignen, daß ein Angeklagter das Urteil des erkennenden Gerichts unter Hinweis auf die Verletzung einer Norm mit Erfolg angreift, die lediglich zu Gunsten des ausliefernden Staats im Auslieferungsgesetz oder in das Auslieferungsvertragsgesetz aufgenommen worden ist.

Prima facie wirkt es gewiß befremdlich, daß ein von einem fremden Staat gesuchtes Individuum im Administrativverfahren von der Stelle weg verhaftet und ohne deutsche gerichtliche Prozedur einem fremden Staate zur Weiterbehandlung überantwortet werden kann.

Man darf diesen Vorgang aber nicht insoliert betrachten. Denn schließlich liegt ein fremder Haftbefehl bzw. ein fremdes Urteil vor, und in dem fremden Lande schwebt gegen den Inkulpaten ein Tatbestand, welcher mutatis mutandis in Deutschland zu einer entsprechenden Behandlung von Inländern berechtigten Anlaß geben würde. Unter solchen Voraussetzungen verändert sich das Bild doch recht erheblich, und es bleibt nur noch die Frage übrig, ob das Verfahren im fremden Lande nach deutschen Vorstellungen der Rechtsstaatsidee Genüge leistende Garantie bietet. Also wiederum das Problem des gegenseitigen Vertrauens.

Trotzdem trete ich, wenn ich diesen Punkt, der an und für sich nicht zu meiner Zuständigkeit hier gehört, wenigstens kurz berühren und meinen Standpunkt dazu präzisieren darf, in Übereinstimmung mit Dr. Mettgenberg und Präsident Walker durchaus für die Erwünschtheit des Einbaus richterlicher Zuständigkeiten in das Auslieferungsverfahren ein. Und zwar bin ich der Ansicht, daß dem Richter hier nicht nur konsultative, sondern entscheidende Zuständigkeiten eingeräumt werden müßten, und zwar dies nach der positiven wie der negativen Seite. Auch muß das Gericht bei dieser Tätigkeit, die an und für sich ja keine Rechtspflegetätigkeit im Sinne unseres Gerichtsverfassungsgesetzes oder von Art. 102 ff. der neuen Reichsverfassung darstellt, genau so gestellt werden wie ein erkennendes Gericht. Zu beiden Punkten möchte ich mir ein Argument der ausgezeichneten norwegischen Begründung zum norwegischen Auslieferungsgesetz von 1908 zu eigen machen, wo gesagt ist, man könne es den Landesgerichten nicht zumuten, sie mit Auslieferungssachen zu befassen und ihnen dabei eine Stellung einzuräumen, die ihrem Wesen nicht gemäß sei.

Wenn ich mich für richterliche Tätigkeit in Auslieferungssachen einsetze, so ist für mich maßgebend vor allen Dingen der Gedanke an die besondere Sachkunde, die bei der Erledigung von Auslieferungsangelegenheiten von den Gerichten naturgemäß erwartet werden kann. Allerdings werden die Gerichte bei Auslieferungen wegen der zum Teil starken Eigenart der in Betracht kommenden völkerrechtlichen Gedankengänge dabei Dinge zu berücksichtigen haben, die ihnen bei der Entscheidung landesrechtlicher Fälle geläufig sind.

Richterliche Prüfung der Auslieferungsgesuche empfiehlt sich vor allen Dingen aber auch noch aus einem, dem Völkerrechtler besonders naheliegenden Grunde: die schnell wachsende internationale Schiedsgerichtsbewegung bringt es mit sich, daß sich in steigendem Maße über die nationalen Instanzen in Auslieferungssachen internationale Gerichte oder Schiedsgerichte erheben. Denn mag ihre Zuständigkeit auch noch so vorsichtig bestimmt sein, Auslieferungsfragen werden immer zu denjenigen gehören, die in erster Linie unter die Zuständigkeit dieser Gerichte fallen. Hier zeigt sich wiederum eine Folge der Natur der Auslieferung als ausgesprochene natürliche Rechtsangelegenheit. So würden wir nach sämtlichen seit dem Kriege deutscherseits mit andern Staaten abgeschlossenen Schieds- und Vergleichsverträgen, insbesondere nach den in Locarno zustande gekommenen, verpflichtet sein, in Auslieferungsstreitigkeiten gegebenenfalls die Überprüfung unserer Haltung in einem streitig gewordenen Auslieferungsfall durch ein internationales Gericht zuzulassen. Dies führt zu der gebieterischen Forderung, daß Auslieferungssachen juristisch so vorsichtig und exakt wie nur irgend möglich behandelt werden. Hierfür sind aber Gerichte die natürlichen Behörden.

Nicht unterdrücken möchte ich allerdings auf der andern Seite die Erwägung, daß es bedeutend unangenehmer ist, wenn ein internationales Gericht die Entscheidung eines Landesgerichts mißbilligt als die von nationalen Exekutivbehörden gefällte, ganz abgesehen davon, daß die Beseitigung gerichtlicher Entscheidungen größere Schwierigkeiten macht als das Ausdemwegeschaffen von Verwaltungsakten.

Die Frage eines Reichsauslieferungsgesetzes.

(These 10.)

Die Verwirklichung des Rechtsgedankens im Bereiche internationaler Beziehungen kann auf eine mehrfache Weise erfolgen. Die beiden Grundtypen sind dabei Gesetz und Vertrag. Auch das Gesetz ist hierzu durchaus geeignet. Ein großer Teil der internationalen Beziehungen ist nicht völkerrechtlich, sondern autonom geregelt, und es gab bekanntlich eine Epoche, in der die autonome Regelung die einzig vorkommende war.

Die deutsche Regierung hat sich zur autonomen Regelung des Auslieferungswesens entschlossen, indem sie jenen vorher genannten Entwurf eines Auslieferungsgesetzes vorbereitet hat.

Hat sie Recht daran getan, wenn sie dem Beispiele der im Besitze von Auslieferungsgesetzen stehenden Mächten wie Belgien, Niederlande, Luxemburg, Großbritannien, Argentinien, Peru, Schweiz, Schweden, Norwegen, Finnland, Japan, Liberia, zum Teil die Vereinigten Staaten und früher Rußland, folgend, ein deutsches Auslieferungsgesetz erstrebt. Sollen wir ihr darin zustimmen?

Hiermit befinden wir uns bei Dr. Mettgenbergs 10. These:

> „Es wäre erwünscht, daß die Regelung des deutschen Auslieferungswesens durch ein Reichsauslieferungsgesetz vorgenommen würde."

Wenn wir dieser Frage näher treten, so hat sich die Entscheidung in jüngster Zeit wesentlich vereinfacht.

Lange Zeit hindurch war mit ihr parallel, ja in Konkurrenz das Problem der Erwünschtheit eines Weltauslieferungsvertrages gelaufen, und man hatte deshalb die Frage zu erörtern gehabt, inwieweit ein Auslieferungsgesetz einem solchen Weltauslieferungsvertrage vorzuziehen sei und inwieweit beide etwa nebeneinander Platz hätten.

So hatte z. B. der Gutachter des 16. Deutschen Juristentages in Kassel, mein verehrter Lehrer Franz von Liszt, im Jahre 1882 primär den Abschluß eines Weltrechtshilfevertrages gefordert mit dem Hinzufügen, daß, falls sich dieser zurzeit als unerreichbar darstellen sollte, die unverzügliche Erlassung eines deutschen Auslieferungsgesetzes notwendig sei (Protokolle I S. 26).

Diese Alternative ist unterdessen eingetreten und zwar dadurch, daß das vom Völkerbunde eingesetzte Expertenkomitee für die progressive Kodifikation des Völkerrechts am 29. Januar 1926 beschlossen hat, die Auslieferung nicht auf die einstweilige Liste der kodifikationsreifen Fragen zu setzen.

Einen abschließenden Charakter dürfte dieser Beschluß für die Frage einer wenigstens teilweisen internationalen Kodifikation des Auslieferungswesens kaum haben. Dazu sind die in diese Richtung drängenden Kräfte zu betriebsam und stark. Vor wenigen Wochen wieder hat sich z. B. die International Law Association, die sich erst im Jahre 1912 mit Auslieferungsproblemen befaßt hatte, auf ihrer Wiener Tagung mit einem Bericht der Kodifikationskommission ihrer französischen Landesgruppe über einen Weltauslieferungsvertrag allerdings nur kurz zu beschäftigen gehabt.

Außerdem scheinen mir die beiden die Grundlage dieses Beschlusses des Völkerbundskomités bildenden Gutachten des Engländers Brierly und des Belgiers de Visscher so auffallend zurückhaltend, daß sie die Annahme nahelegen, von Tagesströmungen nicht unbeeinflußt zu sein. Ich meine hier besonders jene von Chamberlains großer Grabrede auf das Genfer Protokoll herdatierende international-politische Stimmung gegen mondiale Regelungen und für partikuläre Lösungen durch die Spezialinteressenten, wie sie ihr bisher wichtigstes Ergebnis in dem Locarnopakt gezeitigt hat.

Sei dem wie dem sei: für die Völkerbundskreise und ihre Kodifikationsbemühungen haben nach dem eben erwähnten Beschluß Männer wie v. Bar und Lammasch gegen v. Liszt und den 16. Deutschen Juristentag in der Frage der Erstrebenswertheit eines Weltrechtshilfevertrags zunächst Recht behalten. Die Auslieferung ist mit jenem Kommissionsbeschluß bis auf weiteres von der rechtspolitischen Tagesordnung des Völkerbundes abgesetzt worden.

Auch sonst noch zeigt sich gegenwärtig nirgends ein verwirklichungsnaher Ansatz zu einer auf Weltgeltung angelegten Auslieferungskonvention unter „tonangebenden Staaten", um ein Wort Franz v. Liszts zu wiederholen.

Die Auslieferungskonvention, die im Rahmen eines ganzen Vertragsbündels die mittel-amerikanischen Staaten unter dem 7. Februar 1923 miteinander geschlossen haben, — übrigens ein sogen. „geschlossener", kein „offener" Vertrag — würde zwar in weitem Umfange eine geeignete Grundlage eines mondialen Auslieferungsvertrages abzugeben geeignet sein, gehört aber trotzdem nicht hierher. Denn sie ist, dem Beschluß der deutschen Bundesversammlung vom 26. Januar 1854 „wegen gegenseitiger Auslieferung von Personen, welche wegen gemeiner Verbrechen oder Vergehen zur Untersuchung gezogen worden sind", insofern vergleichbar, aus besonderen politischen Verhältnissen geboren, eine Manifestation jenes wechselvollen Verknorpelungsprozesses der zentral-amerikanischen Staaten zu einer politischen Staatenverbindung noch nicht deutlich erkennbarer Struktur.

Danach steht heute praktisch nur die Frage zur Diskussion:

Bietet uns ein Auslieferungsgesetz gegenüber dem gegenwärtigen Zustande Vorteile; wenn ja: sind diese Vorteile so erheblich, daß sie den alsbaldigen Erlaß eines deutschen Auslieferungsgesetzes rechtfertigen?

Man braucht sich nur den bisherigen Zustand einigermaßen zu vergegenwärtigen, um hier zu einer sehr entschiedenen Antwort zu gelangen: ein unübersichtliches Netz von Einzelverträgen, das jedoch Deutschland keineswegs mit der gesamten Staatenwelt in Vertragsbeziehungen setzt, bei einigen seiner Auslieferungskomparenten Auslieferungsgesetze, ergänzt durch eine Anzahl in ihrer Rechtsgemäßheit *zweifelhafter* sogenannte *Reziprozitätserklärungen*! Alles dies auf einem buntscheckigen Durcheinander aufgebaut, ohne festes Prinzip, ohne sichere Rechtsgrundlagen, schwerfällig, langsam, unsicher, willkürlich. Und dazu noch das Durcheinander zwischen Reichs- und Länder-Zuständigkeiten!

Es ist nicht verwunderlich, daß sich bei dieser Sachlage für den Gedanken der Erwünschtheit eines deutschen Auslieferungsgesetzes seit mehr als einem Menschenalter eine so allgemeine Übereinstimmung herausgebildet hat, wie wir sie in wissenschaftlichen Fragen fast nie feststellen können.

Keiner hat die Vorteile eines Auslieferungsgesetzes eindrücklicher und überzeugender vor Augen geführt wie der unermüdliche Vorkämpfer dieser Idee, Reinhard v. Frank.

Ich darf aus seinem unter dem Titel: Wesen und Tragweite der Auslieferungsgesetze in der Festschrift für O. Liebmann erschienenen Aufsatz (1920 p. 142) einige Sätze wörtlich wiedergeben, die mir das Rückgrat seiner Argumentationen zu bilden scheinen:

> „Zum Erlaß eines Auslieferungsgesetzes drängt namentlich die Erwägung, daß die Pflege des Auslieferungswesens, so wie es sich in Deutschland ausgestaltet hat, teils unwürdig, teils gefährlich ist, unwürdig, weil sich andere Staaten eine viel größere Reserve auferlegen und vermutlich auch im Verkehr mit Deutschland eine größere Zurückhaltung geübt haben, als wir es tun. Das gilt für England, für die Vereinigten Staaten von Amerika und von kleineren Staaten namentlich für Belgien und Holland. Gefährlich und unpolitisch aber ist der deutsche Standpunkt, weil wir uns zwar das Recht zuschreiben, auch ohne generellen Auslieferungsvertrag und über einen solchen hinaus auszuliefern, aber doch eine entsprechende Pflicht verneinen, weil wir mit a. W. die Frage der Auslieferung in weitem Umfange zu einer bloßen Sache des Ermessens der Gunst oder Ungunst machen und uns so in jedem Weigerungsfall dem Vorwurf der Unbilligkeit und damit der Gefahr aussetzen, auf irgend einem andern Gebiet eine Retorsion einstecken zu müssen. . . .“

Soweit Frank.

Ein deutsches Auslieferungsgesetz ist gut und erstrebenswert, nicht nur, weil es Deutschland rechtlich gefestigte Positionen anderen Staaten gegenüber gewährleistet und nach Lage der Sache das einzige Mittel scheint, um die Auslieferung aus der Politik in die reine, ruhige Sphäre des Rechts zu versetzen.

Es dient dem Rechtsgedanken speziell auch dadurch, daß es nach unserer Rechtsordnung der einzige Weg ist, um die allgemein verlangten richterlichen Zuständigkeiten in das Auslieferungsverfahren einzubauen. Ferner ist nur auf diese Weise eine allgemeine, rechtlich gesicherte und vom erkennenden Richter zu beachtende Grundlage für Reziprozitätserklärungen oder sonstige bei Gewährung des Auslieferungsersuchens gegebene Versprechungen zu schaffen, soweit eine solche Grundlage überhaupt erwünscht erscheint. Für das Spezialitätsprinzip ist dies sicher der Fall.

Und endlich ist ein Gesetz auch nötig als Basis für die in jeder Auslieferung enthaltene Beschränkung der persönlichen Freiheit, insbesondere für die während eines schwebenden Auslieferungsverfahrens gewöhnlich infligierte Auslieferungshaft. Obgleich Art. 114 der neuen Reichsverfassung in Anlehnung an den vielbesprochenen Art. 5 der alten Preußischen Verfassung von 1850 die Freiheit der Person für unverletzlich und eine Beschränkung derselben zum Vorbehalt des Gesetzes erklärt, und obgleich dieser Artikel auch auf Ausländer Anwendung zu finden hat, muß man schon den schwankenden Boden des Gewohnheitsrechts oder gar der „implied power" der „implizierten Gewalt" betreten, um heute eine rechtliche Grundlage für derartige Freiheitsbeschränkungen zu finden, wenigstens soweit sie nicht in Ausführung eines Auslieferungsvertrages erfolgen. Das Preußische Allgemeine Landrecht 10, II, 17 gibt keine solche Grundlage ab, da Auslieferung keine Polizei im materiellen Sinne des Wortes ist.

Die von Isay in seinem hervorragenden Werke über das Fremdenrecht für sogenannte ungebundene Fremdenausweisungen aufgestellte, hier analog anwendbare Behauptung (S. 100), es habe sich in der damit verbundenen Freiheitsbeschränkung ein Stück Polizeistaat bis auf den heutigen Tag erhalten, ist keine Rechtfertigung, sondern die kritische Hervorhebung eines Schönheitsfehlers in unserem Rechtsstaatsgefüge, dessen Beseitigung erwünscht, aber nur im Wege des Gesetzes möglich ist.

Ein Auslieferungsgesetz ist ferner deshalb gut, weil es geeignet ist, einer wenigstens teilweisen Vereinheitlichung, Vereinfachung und Beschleunigung und damit auch Verbilligung des Auslieferungsverkehrs zu dienen, indem es insbesondere nach innen ein einheitliches Prüfungsverfahren in Auslieferungssachen ermöglicht, und indem es nach außen als einheitliche Richtlinie für den Abschluß neuer, oder die Modifikation alter Auslieferungsverträge zu dienen geeignet ist.

Den von Liszt hiergegen geltend gemachten Einwand, dies bedeute eine Gefahr für die internationale Vereinheitlichung des Auslieferungswesens, kann ich als stichhaltig nicht anerkennen. Auslieferungsgesetze sind nicht unabänderlich. Und wenn ein Staat sich erst einmal entschließt, sich an einer internationalen Vereinheitlichung des Auslieferungswesens zu beteiligen, so wird er sich gegebenenfalls auch vor einer Gesetzesänderung nicht scheuen.

Diesen Vorteilen gegenüber kommt nur ein einziger stichhaltiger Nachteil in Betracht. Lammasch befaßt sich besonders mit ihm. Es ist die Gefahr, daß bei Vorliegen eines Auslieferungsgesetzes ungeschickte Hände der bloßen Routine verfallen und, sei es aus Bequemlichkeit, sei es aus Schwäche, dem jeweiligen Verhandlungsgegner ohne die gebotene Differenzierung jeweils das Höchstmaß von Konzessionen machen, welche das Auslieferungsgesetz zuläßt (Auslieferungspflicht usw. 1887, S. 108 ff.).

Mit Lammasch verkenne ich die großen hierin liegenden Gefahren keineswegs. Aber ich halte sie nicht für genügend, um ihretwegen das so wünschenswerte Auslieferungsgesetz überhaupt abzulehnen. Dies um so weniger, als die erwähnte Gefahr in schwächerem Maße ja auch sonst noch besteht, wenn kein Auslieferungsvertrag vorliegt.

Vertragsfreiheit der Exekutive?
(These 11.)

Dagegen scheint sie mir schwer genug, um beträchtliche Bedenken gegen die 11. der von Dr. Mettgenberg aufgestellten Thesen zu rechtfertigen, welche die Exekutive im Rahmen eines Auslieferungsgesetzes beim Abschluß von Auslieferungsverträgen freier stellen und von der Legislative unabhängiger machen will als bisher, deutlicher ausgedrückt, welche in vorsichtiger Form entgegen Art. 45 Abs. 3 der Reichsverfassung den Abschluß derartiger Verträge in Zukunft ohne parlamentarische Mitwirkung der Regierung empfiehlt.

Ich will gegenüber dieser Idee ganz von der Frage absehen, ob eine derartige Regelung nicht eine — natürlich recht unerwünschte und die Erledigung des Gesetzentwurfs erheblich erschwerende Verfassungsänderung notwendig machen würde. Jedenfalls würde sie eine beträchtliche Machtsteigerung der Exekutive im Verhältnis zur Legislative gegen früher bedeuten. Denn bisher waren Auslieferungsverträge der Legislative zur Genehmigung vorzulegen. Statt den Kompetenzbereich der Exekutive zu verengern, würde man ihn also im Bereiche der von ihr sowieso schon nahezu monopolisierten auswärtigen Gewalt noch vermehren.

Das scheint mir gefährlich und zwar nicht nur mit Rücksicht auf die eben hervorgehobene Routinengefahr, sondern außerdem auch deshalb, weil sich mit der von mir vorhin empfohlenen Einschränkung der Entschließungsfreiheit in einzelnen Auslieferungsfällen die Bedeutung vorsichtiger Fassungen der generellen Auslieferungsverträge natürlich erheblich steigert.

Es ist keineswegs Advokation der Idee von der demokratischen Kontrolle der auswärtigen Verwaltung, sondern lediglich praktische Beachtung der eben hervorgehobenen Gesichtspunkte, wenn ich dem Gedanken nachgehe, daß hier neben der Exekutive noch ein zweites Corps de magistrature eingeschaltet bleiben müsse, um einem Auslieferungsvertragsentwurf jede nur mögliche Prüfung unter verschiedenen Gesichtspunkten zuteil werden zu lassen. Als die dabei in Frage kommende Instanz würde offensichtlich nur, wie bisher, die Legislative in Betracht kommen können.

Der Einwand, dadurch würde die Handlungsfreiheit der Exekutive ungebührlich beengt, trifft m. E. hier nicht zu. Denn einmal war die Exekutive bisher ja in dieser Richtung bereits beengt und hat das nicht als eine Ungebührlichkeit empfunden. Andererseits hat der Reichstag bisher eine inzwischen traditionell gewordene, oft geradezu erstaunliche Zurückhaltung gegenüber Vertragsentwürfen an den Tag gelegt, so daß seine Zügel für die Exekutive hier nur sehr sanfte sind. Seine Tätigkeit auf diesem Gebiete dürfte sich nach wie vor lediglich als die eines Sicherheitsventils darstellen. In dieser Rolle möchte ich den Reichstag auch beim Abschluß von Auslieferungsverträgen nicht ausgeschaltet haben. Es gibt auch hier Fragen, deren Entscheidung man zweifellos nicht allein in die Hände der Auswärtigen Ämter legen sollte. So muß ich z. B. gestehen, daß die Frage des Abschlusses eines Auslieferungsvertrags mit Rußland und des ev. Inhalts eines derartigen Vertrags eine solche ist, zu der unter allen Umständen das Parlament zu sprechen haben sollte.

Andererseits ist allerdings nicht zu übersehen, daß andere Staaten offenbar diese Bedenken nicht geteilt oder zurückgestellt haben. Denn in den Auslieferungsgesetzen von Staaten wie England, den Niederlanden, Belgien und den nordischen Staaten steht eine Klausel, die den Mettgenbergschen Anregungen entspricht.

Zu einer konkreten Stellungnahme gegen These 11 möchte ich mich bei dieser Sachlage wenigstens in diesem Augenblick nicht entschließen. Ich darf mir diese Stellungnahme vorbehalten.

Reich und Länder.

(These 1.)

Daß die erstrebte gesetzliche Regelung eine reichsgesetzliche zu sein habe, das spricht Art. 6, Ziff. 3 der neuen Reichsverfassung ausdrücklich aus. Im Gegensatz zur alten Reichsverfassung, nach der die Auslieferung zur sogen. konkurrierenden Gesetzgebungskompetenz gehörte, ist die Auslieferung durch den genannten Artikel zum Gegenstande ausschließlicher Reichsgesetzgebung erklärt worden. Das bedeutet zwar nicht, wie behauptet worden ist, daß das Reich nunmehr durch die Verfassung verpflichtet sei, ein Auslieferungsgesetz ungesäumt zu erlassen. Noch weniger besagt es natürlich, daß etwa alles, was mit Auslieferungsfragen zusammenhängt, nunmehr in der Form eines Reichs-Gesetzes angeordnet werden müsse. Dieser Artikel will vielmehr bestimmen, daß, *soweit* im Bereiche der Auslieferung nur durch Gesetz zu regelnde Vorschriften erlassen werden sollen, oder ohne Gesetzeszwang die Gesetzesform für angemessen erachtet wird, landesgesetzliche Regelung ungenügend und ein Reichsgesetz die innerstaatlich vorgeschriebene Form ist.

Allerdings gilt dies nur mit einer für uns nicht unerheblichen Einschränkung; *Wilhelm Kahl* hat sie bei den Verfassungsberatungen klargestellt. Er hat im Verfassungsausschuß der Nationalversammlung und dann im Plenum am 2. Juli 1919 ausdrücklich und ohne Widerspruch zu finden die von der Wissenschaft — soviel ich sehe — einhellig gebilligte Feststellung gemacht, daß „durch die ausschließliche Gesetz-

> gebungsgewalt des Reichs die Möglichkeit der Delegation, d. h. die Übertragung und Überlassung solcher Gebiete an die Landes*gesetzgebung* im Einzelfall nicht aufgehoben sein soll".

Dies bedeutet, daß es nach Maßgabe der neuen Reichsverfassung dem Reiche unbenommen bleibt, in einem Auslieferungsgesetze oder später im Wege einfacher Reichsgesetzgebung den Ländern beschränkte gesetzgeberische Zuständigkeiten im Bereiche der Auslieferung zurückzuübertragen.

Die Vorteile einer solchen Regelung drängen sich geradezu auf:

Sie bedeutet nicht nur eine Etappe in der Geschichte des Einzugs des Rechts in den Bereich der auswärtigen Gewalt. Sie stellt zugleich einen beachtlichen Schritt auf dem Wege restloser deutscher Rechtsvereinheitlichung im Bereiche der die inländische wie ausländische Rechts*hilfe* mitumfassende Rechts*pflege* im weiteren Sinne dar.

Danach ist die Mettgenbergsche These Nr. 1 m. E. nicht nur als zutreffend zu erachten, sondern es scheint auch begrüßenswert, wenn sie mit Genugtuung feststellt, daß die gesetzgeberische Regelung des Auslieferungswesens nach der neuen Reichsverfassung für allgemeine Fragen wie für Einzelfragen ausschließlich dem Reich obliege.

Die Mettgenbergsche These behauptet Entsprechendes aber auch für die in Auslieferungssachen sich ergebende Verwaltungstätigkeit.

Wie haben wir uns hierzu zu stellen?

Zu diesen Verwaltungstätigkeiten gehört als Teiltätigkeit derselben natürlich nicht nur der eigentliche Akt der Übergabe des Gesuchten von einem Staat zum andern. Dieser Akt stellt ebenso wie z. B. die erforderlichen Notifikationen und technischen Beredungen es tun eine unselbständige Hilfstätigkeit in Ausführung der Entschließung über Gewährung des Auslieferungsersuchens, den juristischen Kern der Auslieferung, dar. Hierher, unter den Begriff der Auslieferung, sind aber ferner als unselbständige Teilakte derselben auch noch zu rechnen die verschiedenen, die Entscheidung vorbereitenden Betätigungen der Behörden des ersuchten Staates, wie z. B. das Auffinden des Gesuchten, die Feststellung seiner Staatsangehörigkeit, Anordnung und Vollziehung der Auslieferungshaft, Prüfung des Vorliegens der Auslieferungsvoraussetzungen usw.

Sollte eine richterliche Zuständigkeit für das Auslieferungsverfahren vorgesehen werden, so wäre sie ebenfalls hierher zu rechnen. Denn mag man sie im übrigen charakterisieren wie man wolle. Sie ist, ohne in das Wespennest der Frage danach, wie der Begriff der Rechtspflege zu bestimmen und abzugrenzen sei, jedenfalls weder Rechtshilfe noch Rechtspflege-Tätigkeit im Sinne der nationalen Prozeßgesetze oder der deutschen Reichsverfassung, die nur die innerstaatliche deutsche Rechtspflege in Betracht ziehen.

Dagegen gehört überhaupt nicht zum Auslieferungsverfahren im technischen Sinne irgend eine Tätigkeit, die sich im ersuchenden Staate vollzieht. Allerdings werden diese Akte im weiteren Sinne gelegentlich in die Bezeichnung Auslieferungsverfahren miteinbezogen. Aber sie sind sämtlich, unbeschadet gleichzeitiger anderweiter rechtlicher Qualifikation, ihrem Wesen nach eigenstaatliche Rechtshilfe- bzw. Rechtspflegeakte in dem Verfahren, zu dessen Gunsten die Auslieferung als ein Teilakt erfolgt.

Haben wir — so können wir nunmehr fragen — in der Tat nach der neuen Reichsverfassung alle die erwähnten Auslieferungsteilakte der Zuständigkeit des Reichs zuzurechnen, wie Mettgenberg das will, oder findet auf sie bzw. einige von ihnen die allgemeine Vorschrift des Art. 14 der neuen Reichsverfassung Anwendung, wonach die Reichsgesetze durch die Landesbehörden ausgeführt werden, soweit nicht durch Reichsgesetz etwas anderes bestimmt ist?

An diese Frage können wir von 2 Seiten her herangehen.

Als Ausgangspunkt für die Stellungnahme in dieser ungemein verwickelten Zweifelsfrage können wir erstens die Tatsache nehmen, daß nach der neuen Reichsverfassung das Reich und nur dieses zum Abschluß von Auslieferungsverträgen zuständig ist. Das folgt zweifelsfrei sowohl aus Art. 45 Abs. 3 als auch aus Art. 78 Abs. 1 der neuen Reichsverfassung.

Jede einzelne Auslieferungsentschließung stellt nun aber den juristischen Kern der Annahme bzw. Ablehnung einer internationalen Offerte, also der Perfektuierung eines völkerrechtlichen Vertrages dar oder das Gegenteil. Und deshalb bezieht sich die ausschließliche Vertragszuständigkeit des Reichs nach der neuen Reichsverfassung nicht nur auf generelle Auslieferungsverträge, sondern auch zugleich auf jede Gewährung oder Versagung eines einzelnen Auslieferungsverlangens.

Damit fällt aber jedenfalls der Kern der Auslieferung, die Entschließung über das Auslieferungsgesuch, notwendig in die ausschließliche Reichskompetenz.

Es geht nicht an, hier etwa noch Unterscheidungen nach der landesrechtlichen Seite einerseits und der internationalen Seite andererseits zu versuchen, etwa den Vorbehalt der Reichszuständigkeit auf die der eigentlichen Auslieferungsentschließung folgende völkerrechtliche Annahme der Auslieferungsbitte zu beschränken, die Auslieferungsentschließung selbst aber in ihrer rechtlichen Bedeutung für die Landesbehörden des ersuchten Staats und für den Auszuliefernden davon auszunehmen und hierfür Länderzuständigkeit zu behaupten.

Dies wäre eine unzulässige Zerreißung eines innerlich einheitlichen Vorganges, deren Berechtigung schon deshalb nicht zu vermuten ist, weil damit das Reich zum Handlanger der Länder in Auslieferungssachen gestempelt würde. Wem die Zuständigkeit zum völkerrechtlichen Abschluß eines Vertrags zusteht, dem ist auch die landesrechtliche Entschließung darüber, ob der Völkerrechtsakt vorzunehmen ist, zuzusprechen, es sei denn, daß hier ausdrücklich anderweitige Bestimmungen getroffen sind.

Die Ablehnung einer solchen Zerreißung kann uns um so leichter fallen, als die neue Reichsverfassung noch ein zweites Mal von einer unitas actus nach der internationalen und nationalen Seite hin ausgeht, indem hier Art. 45, Abs. 3 bekanntlich gleichzeitig die völkerrechtliche und landesrechtliche Wirksamkeit solcher Staatsverträge von der Zustimmung des Reichstags abhängig macht, die sich auf Gegenstände der Reichsgesetzgebung beziehen.

Fällt aber der Kern der verwaltenden Auslieferungstätigkeit nach der neuen Reichsverfassung somit an das auch für die Auslieferungsgesetzgebung ausschließlich zuständige Reich, so spricht viel für die Annahme, daß es zugleich der Wille der Verfassung sei, das Reich auch zum Herrn über sämtliche Hilfs- und Ausführungsakte der verwaltenden Auslieferungstätigkeit zu setzen, die alle zusammen mit dem eigentlichen Kern der Auslieferung, der Auslieferungsentschließung, nur Teile eines einheitlichen, innerlich zusammengehörigen Ganzen darstellt.

Zu demselben Schluß führt auch eine sinngemäße Auslegung des Art. 78, Abs. 1 der neuen Reichsverfassung, wonach die Pflege der Beziehungen zu auswärtigen Staaten zur ausschließlichen Reichssache erklärt ist.

In Verbindung mit den übrigen auf die sogenannten auswärtigen Angelegenheiten bezüglichen Bestimmungen der neuen Reichsverfassung ergibt eine unbefangene, nicht am Worte haftende Auslegung des Art. 78 den Schluß, die neue Reichsverfassung habe, abgesehen von ausdrücklich erklärten Ausnahmen dem Reich das Monopol der sogenannten auswärtigen Gewalt geben wollen, d. h. es haben dem Reiche alle Tätigkeiten vorbehalten bleiben sollen, die nach Maßgabe und im Rahmen des bestehenden Rechts Schutz und Förderung der Stellung des Reichs, der Länder oder sonstiger ihnen eingeordneter Träger öffentlicher Gewalt sowie endlich der Deutschen gegenüber andern Staaten zum Gegenstand haben.

Diese Begriffsumschreibung kommt im wesentlichen auf Labands oft zitierte Definition der auswärtigen Gewalt hinaus, der sie bekanntlich bestimmt hat als die gesamte Tätigkeit des Reichs, um Rechte und Interessen desselben anderen Staaten gegenüber und die Rechte und Interessen von deutschen Reichsangehörigen im Auslande zu wahren.

Nach ihr würde die Auslieferung in vollem Umfange — entsprechend übrigens der fast einstimmigen Meinung der publizistischen Doktrin — unter den insofern zweifelsfreien Art. 78 zu subsumieren sein.

Zweifel über den Inhalt dieses Artikels stellen sich erst bei einer verengernden Wortauslegung ein. Sie berühren aber meines Erachtens die Richtigkeit der Annahme nicht, daß die Auslieferung in vollem Umfange in den Rahmen des Art. 78 gehöre.

Gewiß ist dessen Fassung weder klar noch glücklich. Man kann z. B. verschiedener Ansicht darüber sein, wie der dort verwendete Begriff der Pflege zu fassen sei. Die Auslieferung, bei der ein Staat dem andern zur Bewährung von dessen Strafansprüchen hilft, im Falle von Auslieferungsverträgen mit ihm sogar einen internationalen Rechtshilfe-Verein (Zweckverband) begründet, gehört jedenfalls dazu.

Man kann ferner Erwägungen über die erforderliche rechtliche Qualifikation der unter Art. 78 fallenden Tätigkeiten anstellen.

Tatsächlich dürfte hier überhaupt keine besondere rechtliche Qualifikation verlangt sein. Denn offensichtlich sind auch rein tatsächliche Tätigkeiten wie Pourparlers und Verhandlungen darunter mitverstanden, in denen sich der auswärtige Verkehr ja zum weitaus größten Teil abspielt.

Jedenfalls gehört die Auslieferung unter die Tätigkeiten, von denen Art. 78 im Rahmen des VI., Reichsverwaltung überschriebenen Abschnitts der Reichsverfassung spricht. Denn sie ist auswärtige Verwaltung im strengsten Sinne des Wortes, mag man sie im übrigen als Verwaltungsakt, als Staatshoheitsakt, als Akt der auswärtigen Gewalt oder auch als Völkerrechtsakt rubrizieren.

Man kann weiterhin verschiedener Ansicht über das sein, was unter „Beziehung" im Sinne des Art. 78 zu verstehen sei. Das Wort soll offensichtlich weniger umfassen als der Begriff des „international relevanten Ereignisses" und mehr als nur den direkten Verkehr der Organe mehrerer Staaten miteinander. Denn die Anordnung einer Repressalie oder einer Retorsion, der Abbruch diplomatischer Beziehungen und dergleichen sind sicherlich unter Art. 78 zu subsumieren. Die Auslieferung gehört jedenfalls dazu, denn sie stellt als Reaktion auf ein erfolgtes Auslieferungs-Ersuchen oder in Erwartung eines solchen eine direkte Verbindung zwischen zwei Staaten her bzw. setzt sie fort, die sich endlich sogar zu persönlichen Beziehungen von beiderseitigen Länderorganen anläßlich der Übergabe des Ausgelieferten steigert.

Gegen diese zur Unterstellung der Auslieferung unter Art. 78, 1 und damit unter ausschließliche Reichsverwaltung führende Argumentierung kann meines Erachtens nur ein prima facie recht beachtlicher Einwand erhoben werden. Er leitet sich aus der Tatsache her, daß der Artikel 6 der neuen Reichsverfassung die Auslieferung besonders unter den Materien der ausschließlichen Gesetzgebung nennt, aber nicht im Zusammenhang und als eine besondere Form der Pflege auswärtiger Beziehungen, sondern getrennt von ihr unter einer besonderen Nummer zusammen mit der Staatsangehörigkeit, der Freizügigkeit, der Ein- und Auswanderung.

Mettgenberg hat jedoch meines Erachtens einwandfrei nachgewiesen, daß es sich bei dieser potpourriartigen Anordnung um eine redaktionelle Zufälligkeit ohne materielle Bedeutung handelt.

Sollte sich die hier vertretene Ansicht, wonach neben der zweifellos jetzt beim Reiche liegenden Gesetzgebung und der Entscheidung in Auslieferungssachen auch die Vorbereitung und Ausführung der Auslieferung nunmehr Reichssache sind, als falsch erweisen, so würden diese Auslieferungs-Hilfstätigkeiten gemäß Art. 14 der neuen Reichsverfassung so lange den Ländern verbleiben, bis dies im Wege eines Reichsgesetzes, das ein einfaches Gesetz sein könnte, und das natürlich auch das beabsichtigte Reichsauslieferungsgesetz sein könnte, geändert wäre.

Andernfalls, wenn Art. 78 die gesamte Auslieferungstätigkeit dem Reiche übertragen haben sollte, so erhebt sich die wenig erfreuliche Frage, ob nicht die Legalisierung des jetzigen Zustandes, nach dem die Länder die Träger der vorbereitenden und ausführenden Auslieferungstätigkeit sind, etwa gar eine Verfassungsänderung notwendig mache.

Für dies Erfordernis spricht jedenfalls die in Art. 78 gebrauchte Wendung „ausschließlich Sache des Reichs". Die Übertragung einer Funktion zu ausschließlicher „Sache" indiziert für eine natürliche Betrachtungsweise den Willen, daß der für zuständig Erklärte die betreffende Funktion nun auch selbst ausüben solle.

Gegen eine solche Auslegung des Art. 78 spricht andererseits sehr erheblich, daß das Reich ohne eine Vermehrung seines Behördenapparates die betreffenden Funktionen gar nicht übernehmen kann. Mit Rücksicht auf die relative Seltenheit von Auslieferungen würde solche Übertragung das Auslieferungsverfahren ungebührlich erschweren und verteuern und außerdem den Reichsbehördenapparat weiter und unnötig vergrößern und komplizieren. Wir sind zwar immer noch nicht im Besitze einer deutschen Auslieferungsstatistik, von der wir hoffen, daß die Reichsregierung sie mit dem Entwurf eines Auslieferungsgesetzes vorlegen werde. Aber wir können ohne weiteres davon ausgehen, daß es sich im Jahre um nicht mehr als einige Hundert Auslieferungsfälle handeln wird. Das kann man aus folgender Tatsache schließen: die Zahl der von deutschen Landesregierungen bei ausländischen Regierungen und von ausländischen Regierungen bei der deutschen Regierung gestellten Auslieferungsanträge ist zurzeit auf 200—300 zu schätzen. Dazu kommen noch die im unmittelbaren Verkehr mit den Landesregierungen erledigten Ersuchen aus und nach Österreich und aus und nach der Schweiz.

Bei den Ländern andererseits stehen die für das Auslieferungsverfahren in Betracht kommenden Behörden bereit, einschließlich der Gerichte, es sei denn, man entschlösse sich dafür, hier das Reichsgericht oder gar ein Reichssondergericht zuständig zu machen und nicht die Oberlandesgerichte, die doch wohl in erster Instanz die geeignetsten Instanzen wären.

Hinzu tritt, daß es eine offensichtliche Dissonanz ist, wollte man dem Reiche zwar die Zuständigkeit zubilligen, seine ausschließliche Gesetzgebungskompetenz auf die Länder zu übertragen, es dagegen nicht für berechtigt erachten, auch die auf Gesetz beruhenden Verwaltungsbefugnisse im Bereiche der Auslieferung auf die Länder zu delegieren.

Dies alles legt die Entscheidung für eine Zuständigkeit des Reichs zur beschränkten Rückübertragung seiner verwaltenden Zuständigkeiten in Auslieferungssachen auf die Länder auch gegenüber der Fassung des Art. 78 äußerst nahe.

Freilich: eine eigene Länderzuständigkeit kann auf diese Weise nicht begründet werden. Es kann sich dabei nur noch um eine von den Ländern in übertragenem Wirkungskreis auszuübende Reichszuständigkeit handeln, wie sie die Länder ja z. B. auch dann wahrnehmen, wenn sie freie Reichsausweisungen vornehmen.

Von größerer praktischer Bedeutung ist das Gesagte jedoch nicht. Und es mag in dieser Richtung als charakteristisch darauf hingewiesen werden, daß z. B. A. v. Kries in seinem Lehrbuch des deutschen Strafprozeßrechts (1892 S. 102) behauptet, daß bereits unter der alten Reichsverfassung die Länderbehörden als Reichsbehörden tätig würden, wenn sie Reichsauslieferungsverträge ausführen.

Praktisch bedeutungsvoll ist nur das eine: die Auslieferungsgesetzgebung einschließlich der Vertragschließung und die Entscheidung im einzelnen Auslieferungsfalle müssen beim Reich liegen, wenn anders wir nicht die Struktur der neuen Reichsverfassung in bezug auf den Verkehr mit dem Auslande wieder geändert haben wollen. Dagegen sollten die eigentlichen Träger der praktischen Auslieferungstätigkeit die dafür nach ihrem Behördenapparat am besten geeigneten Länder bleiben. Die neue Reichsverfassung will, von wenigen besonderen Ausnahmen abgesehen, das Reich als Subjekt des internationalen Verkehrs, nicht die Länder.

Daß dieser Zustand heute rechtens sei, scheint übrigens auch der Standpunkt sowohl der deutschen Reichsregierung wie der preußischen Staatsregierung zu sein. Anläßlich der Erörterungen über die Frage der Auslieferung der Mörder Datos gab der Preußische Minister des Innern am 6. März 1922 (Stenographische Berichte S. 7713) im Preußischen Landtag eine amtliche Erklärung ab, in der er zugleich im Namen der Preußischen Staatsregierung u. a. folgendes bemerkte:

> „Das Staatsministerium war vielmehr der Meinung, daß, da die Rechte und Pflichten aus dem mit Spanien geschlossenen Auslieferungsvertrage vom 2. Mai 1878 nicht für Preußen, sondern allein für das Reich begründet sind, auch das Reich darüber zu entscheiden hätte, ob es im vorliegenden Falle auf Grund des Vertrages die Auslieferungspflicht für gegeben hielt."
>
> „Nachdem der Herr Reichsjustizminister in einem ausführlichen Rechtsgutachten diese Verpflichtung bejaht und die Reichsregierung durch Beschluß sich auf den gleichen Rechtsstandpunkt gestellt hatte, lag für die preußische Staatsregierung kein Anlaß vor, dem Auslieferungsbegehren zu widersprechen."

Sollte der Art. 78 eine solche Auslegung nicht zulassen, so muß in diesem Punkte zu einer Verfassungsänderung geschritten werden.

Zusatzantrag.

Ich erlaube mir den folgenden Zusatzantrag zu der von Dr. Mettgenberg aufgestellten These Nr. 1 zu unterbreiten. Um den verschiedenen theoretischen Meinungsmöglichkeiten Raum zu lassen, habe ich ihn besonders vorsichtig gefaßt. Er lautet:

„Doch sollte dafür Sorge getragen werden, daß bei der Vorbereitung und der Ausführung einer Auslieferung auch weiterhin die Landesbehörden nicht ausgeschaltet werden."

Bleiben die von der Gegenseitigkeit handelnde These Nr. 5 Dr. Mettgenbergs sowie seine Spezialitätsthese Nr. 9.

Reziprozitätsprinzip.

(These 5.)

Zu diesen beiden Thesen darf ich mich hier auf wenige Worte beschränken. Nicht, weil ich die betr. Probleme für unwichtig hielte oder in der wohl berechtigten Annahme, daß die öffentliche Erörterung über den Entwurf zu einem deutschen Auslieferungsgesetz im wesentlichen an ihnen vorbeigehen und sich vornehmlich mit den Problemen des politischen Verbrechens, des Einbaues gerichtlicher Kompetenzen in die Auslieferungsorganisation und vielleicht — hoffentlich recht wenig — mit dem zwischen Reich und Ländern in Auslieferungssachen wünschenswerten Verhältnis beschäftigen werden. Dies müßte für ein Fachgremium, wie den deutschen Juristentag, gerade ein Grund für besondere Beschäftigung mit den Fragen sein, deren Vernachlässigung in der Öffentlichkeit zu fürchten ist.

Wenn ich mich zu diesen Fragen nur kurz fasse, so tue ich dies in erster Linie deshalb, weil ich auch hier den Dr. Mettgenbergschen Ausführungen beistimmen kann und die beiden Probleme durch seine Ausführungen als für unsere Zwecke genügend geklärt ansehe.

Die Berechtigung der These 5, welche die Beibehaltung der Gegenseitigkeitsklausel empfiehlt, ergibt sich für mich unmittelbar als eine Folge meiner Ansicht über die Erwünschtheit einer sicheren rechtlichen Grundlage für den Auslieferungsverkehr. Eine solche Grundlage schafft aber die Gegenseitigkeitsklausel insbesondere dadurch, daß sie eine rechtlich verbürgte gleichmäßige Behandlung von Auslieferungsfällen im Verkehr zwischen den verschiedenen Auslieferungskomparenten zu gewährleisten geeignet scheint.

Ihre Berechtigung folgt für mich aber ferner auch noch daraus, daß ich entgegen dem Votum des 16. Deutschen Juristentages ein Aufgeben des sogenannten Grundsatzes der identischen Norm nach dem Stande unseres zeitgenössischen, fast völlig von der kurz sogenannten Idee der Selbstherrlichkeit der nationalen Strafrechtsvorstellungen beherrschten Denkens noch nicht für angebracht halten kann. Mit diesem, besser „Grundsatz der entsprechenden Strafbarkeit" genannten Prinzip (Mettgenberg nennt es „Grundsatz beiderseitiger Strafbarkeit") ist aber unser Reziprozitätsprinzip so innig verwandt, daß es sich beinahe von selbst aus ihm ergibt, und daß es schon deshalb wenigstens ebenso lange seine Berechtigung wie sein Zwillingsbruder behält.

Freilich: die Rechtfertigung beider Prinzipien kann nicht die gleiche sein. Das wird oft übersehen. Das Prinzip der entsprechenden Strafbarkeit, das mutatis mutandis die Strafbarkeit der Auslieferungstat nach den beiden in Betracht kommenden Strafrechtsordnungen als Bedingung einer bestimmten Auslieferung fordert, soll eine Garantie dafür schaffen, daß ein Staat nicht zum Helfer bei der Durchführung eines fremden Strafanspruchs werde, den er selbst nach seiner eigenen Rechtsordnung nicht billigt.

Beträchtlich anders das Reziprozitätsprinzip. Es setzt wie das Prinzip der entsprechenden Strafbarkeit der Gewährung eines Auslieferungsersuchens rechtliche Schranken und dient wie jenes durchaus dem staatlichen Eigeninteresse.

Während dort aber die Auslieferung abhängig gemacht wird von einer Kongruenz rechtlicher Vorstellungen in bezug auf eine bestimmte einzelne Tat und ihre Strafwürdigkeit, macht sie das Reziprozitätsprinzip abhängig von dem Verhalten des Auslieferungsgegners in späteren Fällen, bei denen die Parteien in umgekehrten Rollen auftreten. Es dient damit dem Interesse des Ersuchten an der Durchführung künftiger, von ihm betriebener Auslieferungsverfahren und schützt ihn gleichzeitig vor Zumutungen von Leistungen, die ihm selbst nicht gewährt werden, d. h. vor einem Verhältnis der Ungleichheit gegenüber dem andern.

So erweist es sich als eine Äußerung und Sicherung des großen, alle sozialen Beziehungen, insbesondere aber den Staatenverkehr beherrschenden do ut des-Prinzips, jener Maxime, die ihrerseits auf das oberste Fundament der Internationalgemeinschaft überhaupt, die Gleichheit und die mit ihr verbundene Gleichbehandlung zurückführt.

Was es bedeutet, wenn von dieser Grundlage des internationalen Staatensystems zu Ungunsten eines Staates abgewichen wird, das haben uns die Weltkriegsabschlußverträge in denkbar deutlicher Weise vor Augen geführt.

Und wäre es auch nur aus der prinzipiellen Erwägung heraus, daß eine Schwächung des Reziprozitätsprinzips ein Rütteln an den Grundlagen unseres heutigen Internationalsystems bedeutete, so müßten wir uns zurzeit für eine Beibehaltung dieses Prinzips aussprechen.

Außerdem spricht für die Beibehaltung des Reziprozitätsprinzips noch eine ganze Reihe anderer Punkte. Dr. Mettgenberg hat sie zu überzeugender Zusammenstellung zusammengefaßt. Ich unterstreiche daraus: den Antrieb zur Selbstzucht, den Nutzen dieses Prinzips für die Stärkung des Gefühls der Verantwortlichkeit, den Impuls zur Anpassung der Auslieferungsrechte der einzelnen Staaten und den Ansporn zur Angleichung der gegenseitigen Rechtsanschauungen.

Es sollte im deutschen Auslieferungsgesetz nicht fehlen und zwar nicht nur als Regulativ für extravertragliche Auslieferungen, soweit solche überhaupt zulässig bleiben, sondern auch in zweiter Hinsicht auch als Richtlinie für künftige deutsche Auslieferungsverträge.

Andererseits ist der Gedanke der Gegenseitigkeit aber nicht zu übertreiben. Es kann insbesondere nicht verlangt werden, daß dieses Prinzip auch für das gesamte Auslieferungsverfahren Anwendung leide. Dies würde eine weitgehende, zurzeit nicht in Frage kommende inhaltliche Rechtsangleichung der Prozeßordnungen der in Betracht kommenden Staaten voraussetzen. Man kann sich hier mit gewissen Minimalerfordernissen begnügen, wozu ich vor allen Dingen richterliches Verfahren und richterlichen Haftbefehl rechnen würde. Ein administrativer Haftbefehl scheint mir nicht ausreichend zu sein. Ja, sogar im Bereiche der materiellen Voraussetzungen für die Gewährung einer Auslieferung würde ich gewisse beschränkte Ausnahmen zulassen. Es könnte mir z. B. die Formulierung des Art. 1 des Schweizer Auslieferungsgesetzes vom 22. Januar 1892 in dieser Hinsicht auch für Deutschland annehmbar erscheinen, wonach die Auslieferung grundsätzlich zwar nur bei Gewährung des Gegenrechts, ausnahmsweise jedoch auch ohne den Vorbehalt eines solchen statthaben darf. Doch wären diese Ausnahmen besonders zu präzisieren. In erster Linie kommt der Fall in Frage, daß ein Staat ein bestimmtes Delikt in sein Strafgesetzbuch nicht aufgenommen hat, weil nach den örtlichen Verhältnissen bei ihm kein Bedürfnis dafür vorliegt.

Eine Ergänzung könnte das Reziprozitätsprinzip durch Einfügung einer sogenannten Retorsionsklausel erhalten, in der der Regierung die Ermächtigung gegeben würde, in beschränktem Maße, vielleicht nach Anhörung des Auswärtigen Ausschusses des

Reichstags, die Gewährung einer Auslieferung bestimmten Staaten gegenüber von besonderen, dem Gesetze gegenüber erschwerten Voraussetzungen abhängig zu machen. Eine solche Retorsionsklausel, mit der der Prophet zum Berge kommt, ist, wie Heinrich Triepel einmal bemerkt hat, im wesentlichen nur eine auf eine andere Präsumption abgestellte Wendung der Reziprozitätsklausel.

Spezialitätsprinzip.

(These 9.)

Was endlich die Spezialitätsklausel anlangt, so ist sie eine Folge der Tatsache, daß die Auslieferung den Ersuchenden nicht, wie Hugo Grotius das wollte, ita ut de eo statuat quod voluerit (II c 21 § 4), sondern zu ganz begrenztem Zweck, nämlich zur Aburteilung einer bestimmten Tat gewährt wird.

Sie stellt sich dar als eine im Interesse der auf die Auslieferungstat beschränkten Betätigung fremder Strafgewalt in besonders nachdrücklicher Form bei der Auslieferung vorgesehene Auslieferungsbedingung.

Sie ist gleichzeitig Präzision, Entfaltung und Sicherung einer sich aus solcher Beschränktheit der Auslieferung von selbst ergebenden Verpflichtung. In letzterer Hinsicht gehört sie zu jener bunten Gruppe von Notbehelfen und Ersatzmitteln für den im internationalen Verkehr heute ja noch fast völlig fehlenden organisierten Fremdzwang im Interesse internationaler Verpflichtungen.

Die ihr verliehene besondere Nachdrücklichkeit findet ihre Ausprägung darin, daß sie gemeinhin zu einer von den Behörden des ersuchenden Staates, insbesondere auch von seinen Gerichten zu berücksichtigende Bedingung gemacht ist, während bekanntlich im übrigen die Behörden des ersuchenden Staates nach erfolgter Auslieferung ihre Aufmerksamkeit der Frage der Rechtmäßigkeeit der Auslieferung nicht mehr zu widmen haben, ein Grundsatz, der z. B. sinngemäß in Savarkarfall-Urteil anerkannt worden ist.

Der Idee nach so einleuchtend, daß sie, wie am Eingang dieses Referats erwähnt, gelegentlich sogar für einen Völkerrechtssatz angesehen wird, bestehen erhebliche theoretische und praktische Dissonanzen über den ihr gebührenden Umfang.

Bei dessen Bestimmung kann man ausgehen entweder von dem historischen Vorgang, d. h. der Auslieferungstat, oder von der rechtlichen Qualifikation dieser, oder von beiden.

Beschränkung der Entschließungsfreiheit des erkennenden Richters auf die juristische Qualifikation, die der Auslieferungstat bei Gewährung der Auslieferung zuteil geworden ist, kommt nicht in Frage. Sie würde eine unerträgliche und unangemessene Einschränkung für das erkennende Gericht bedeuten.

M. E. sollte man es sogar zulassen, daß das erkennende Gericht den Täter gegebenenfalls wegen einer von ihm in der Auslieferungstat gesehenen Übertretung bestrafe, obgleich Übertretungen regelmäßig keine Auslieferungsdelikte sind. Für den Fall des Übergangs zu einer eliminativen Umschreibung der Auslieferungsdelikte nach dem Muster des deutsch-tschecho-slowakischen Auslieferungsvertrages würde dies eine völlige Freiheit des erkennenden Richters bei der juristischen Qualifizierung der Auslieferungstat bedeuten. Denn nach dem genannten Auslieferungsvertrag sind nur noch Übertretungen aus dem Kreis der Auslieferungsdelikte ausgenommen. Die politischen Verbrechen gehören nicht hierher. Sie fallen nicht unter den Grundsatz der Spezialität und stehen unter eigenen Bestimmungen. Ob der erkennende Richter die Qualifikation eines Deliktes als politisches beachten muß oder nicht, das hängt von der Formulierung der betr. vom politischen Delikt handelnden Vorschrift des Auslieferungsvertrags bzw. vom Landesrecht des ersuchenden Staats ab.

Im übrigen wird es wohl bei der allgemein von Theorie und Praxis aus dem Spezialitätsprinzip heraus interpretierten Verpflichtung bleiben, daß der erkennende Richter bei seiner juristischen Qualifizierung der Auslieferungstat nicht aus dem für seinen Staat maßgeblichen Auslieferungsdeliktsrahmen heraustreten dürfe.

Was aber Übertretungen anlangt, so ist es zwar gewiß aus praktischen Gründen berechtigt, die Auslieferung auf Übertretungsfälle nicht zu erstrecken. Hat jedoch der ersuchte Staat einmal die Tat geprüft und sie für strafwürdig genug gehalten, um ihretwegen Auslieferung zu bewilligen, so kann er m. E. nichts mehr dagegen einzuwenden haben, wenn der erkennende Staat die Handlung dann nach dem Gange der weiteren Erörterungen und Untersuchungen juristisch leichter beurteilt als im Auslieferungsersuchen, und auf eine Übertretungsstrafe abkommt. Die entscheidenden Gründe, warum wegen Übertretung nicht ausgeliefert wird, liegen ja nicht darin, daß der ersuchte Staat eine Bestrafung wegen einer Übertretung mißbilligt, sondern sind darin zu sehen, daß sich bei Übertretungen die großen bei einer Auslieferung verbundenen Mühen und Kosten nicht lohnen. Aber diese Mühen sind nun einmal geleistet und ebenso die Kosten.

Auf der anderen Seite scheint es mir zu weit zu gehen, wenn entsprechend einer Reihe deutscher Auslieferungsverträge die Aktionsfreiheit des ersuchenden Staates auf erfolgte Auslieferung über die Auslieferungstat hinaus und schlechtweg auf alle vom Ausgelieferten vor der Auslieferung begangenen Straftaten erstreckt wird, soweit diese Straftaten nur in den Umkreis der Auslieferungsdelikte fallen. Das ist nicht mehr Spezialität und setzt ein Maß von Vertrauen voraus, wie es heute zwischen Staaten nur in Ausnahmefällen besonders inniger Beziehungen angebracht ist.

Die richtige Mitte trifft m. E. hier wieder der Auslieferungsvertrag mit der Tschecho-Slowakei, wenn er entsprechend einer deutscherseits häufig gewählten Umgrenzung des Spezialitätsprinzips in Art. 12 bestimmt:

> „Der Ausgelieferte darf wegen einer vor der Auslieferung begangenen Straftat nur insoweit zur Untersuchung gezogen oder bestraft oder an einen dritten Staat weitergeliefert werden, als die Auslieferung wegen dieser Straftat bewilligt ist oder der ersuchte Teil der Verfolgung oder Bestrafung zugestimmt hat."

Nur müßte in dem Gesetz natürlich eine Umformulierung erfolgen, durch die sichergestellt wird, daß eine Auslieferung nur dann erfolgen darf, wenn das fremde Gericht das Spezialitätsprinzip nach der für es maßgebenden fremden Rechtsordnung beachten muß.

Nicht unerwünscht wäre eine Hinzufügung des Inhalts, daß sich das Verbot anderweiter Untersuchung nicht nur auf strafrechtliche, sondern auch auf militärische, disziplinarische polizeiliche Untersuchungen und Freiheitsbeschränkungen erstreckt, oder auch auf solche, wie sie aus bürgerlich-rechtlichen Gründen, z. B. im Verlaufe eines Konkurses usw. sich ergeben.

Alle derartigen Prozeduren gegenüber dem Ausgelieferten in der Schwebezeit können leicht als der Versuch einer Umgehung des Spezialitätsgrundsatzes gedeutet werden und dies auch sein. Im Hinblick auf die damit möglicherweise verbundenen interstaatlichen Erörterungen und Verstimmungen wäre eine solche Erstreckung des Spezialitätsgrundsatzes auch durchaus im Interesse des um Auslieferung ersuchenden Staats.

Schluß.

Hiermit ist der mir anvertraute Fragenkreis erschöpft, und ich darf meine Ansichten noch einmal zusammenfassen:

Ich bin mit der von Dr. Mettgenberg unter 1 aufgestellten These einverstanden, würde jedoch den vorhin formulierten Zusatz für wünschenswert halten, in dem zum Ausdruck gebracht wird, daß die Zuständigkeit der Länder bei Vorbereitung und Ausführung der Auslieferung nicht beseitigt sein soll.

Ebenso stimme ich den Thesen 5, 9 und 10 zu. Besonders begrüße ich die These 10, welche ein deutsches Reichsauslieferungsgesetz fordert; bei der These 5 möchte ich besonders hervorgehoben haben, daß sie sich nicht nur auf das Gegenseitigkeitsprinzip, sondern auch auf das sogenannte Prinzip der identischen Norm erstrecken soll, d. h., daß diese beiden Schwesterprinzipien beizubehalten sind.

Gegenüber These 11, welche Auslieferungsverträge im Rahmen eines deutschen Auslieferungsgesetzes von der parlamentarischen Genehmigung ausnehmen will, habe ich gewisse Bedenken. Ich möchte diese These deshalb vorbehalten.

In Ergänzung der Mettgenbergschen Thesen schlage ich in engem Anschluß an Reinhard v. Frank eine 12. These vor, in der zum Ausdruck gebracht werden soll, daß nach deutschem Recht nur solche Auslieferungen stattfinden sollen, die auf einem generellen Auslieferungsvertrage beruhen.

Und nun noch ein Letztes, was mir besonders am Herzen liegt:

Das Maß der Auslieferungsbeziehungen zwischen zwei Staaten muß notwendig abhängen von dem Grade der Gemeinsamkeit rechtlichen und sittlichen Denkens der in Betracht kommenden Staaten. Je größer die Übereinstimmung ihrer Kultur, desto inniger die Möglichkeit und Erwünschtheit rechtlicher Beziehungen zwischen ihnen; am ausgesprochensten dort, wo eine vollkommene Kultur- und Gesinnungsgemeinschaft vorliegt, wie zwischen Deutschland einerseits, Österreich und Danzig andererseits. Der Bundesbeschluß vom 26. Januar 1854, der bis zum Ende der österreich-ungarischen Doppelmonarchie unsere Beziehungen mit Österreich-Ungarn geregelt hatte, ist mit dem Verschwinden dieses Reichs gefallen. Der Auslieferungsverkehr zwischen Deutsch-Österreich und dem Deutschen Reiche vollzieht sich jetzt auf Wunsch der deutschen Regierung nach den Grundsätzen der Gegenseitigkeit. Auch Danzig steht mit uns in Auslieferungssachen in einem reinen de facto-Zustande. Während Danzig, soviel mir bekannt, überhaupt noch kein Auslieferungsrecht besitzt, befindet sich Österreich in einer ganz ähnlichen Lage wie das Deutsche Reich: es besitzt kein Auslieferungsgesetz, ist aber an eine Reihe Auslieferungsverträge gebunden, die fast sämtlich aus der Vorkriegszeit stammen und deren Neugeltung ihm durch den Vertrag von St. Germain aufgezwungen ist.

Das eben geschilderte, zwischen Deutschland einerseits und Deutsch-Österreich und Danzig andererseits bestehende de facto-Verhältnis kann dauernd nicht fortgesetzt werden und wird besonders mit dem Inkrafttreten eines deutschen Auslieferungsgesetzes unhaltbar.

Besondere Verhältnisse rechtfertigen besondere Bestimmungen. Die Innigkeit unserer Beziehungen zu Danzig und zu Österreich lassen es unerwünscht erscheinen, daß unsere Beziehungen zu diesen beiden Staaten in den naturgemäß beschränkten Rahmen eines deutschen Auslieferungsgesetzes hineingepreßt werden.

Das schwedische Auslieferungsgesetz vom 4. Juni 1913 weist uns hier den Weg. Es enthält in einem Schlußkapitel besondere Bestimmungen für den schwedischen Auslieferungsverkehr mit Dänemark und Norwegen.

Entsprechendes muß für unser Verhältnis zu Österreich und Danzig in das deutsche Auslieferungsgesetz hinein. Insbesondere muß dort Vorsorge getroffen werden, daß das Auslieferungsverfahren mit diesen beiden Staaten sich in weitestem Umfange im sogenannten direkten Behördenverkehr vollziehe. Hiermit verlange ich nur eine quantitative Besonderheit. Denn immer mehr und mehr befreit sich der unpolitische Staatenverkehr von dem Zwang, durch die Pforte der Auswärtigen Ämter zu wandern und geht zu direktem Behördenverkehr über, der z. Z. besonders entwickelt ist im Bereiche des internationalen Polizeiwesens, des Zoll- und Eisenbahnwesens, aber in steigendem Maße auf dem der Auslieferung.

Der Auslieferungsverkehr mit Österreich vollzieht sich sogar bereits z. T. zwischen Österreich und den Ländern auf Grund eines rechtlich nicht einwandfreien, nicht bekannt gegebenen Vertrages zwischen dem Reich einerseits, Sachsen und Bayern andererseits vom 18. 1. 1920 in beschränktem Umfange in „direktem Behördenverkehr". Allerdings scheint es, als ob das nur Verkehr der Außenämter der Länder mit Österreich in Auslieferungssachen bedeutet, nicht der Polizeibehörden und Gerichte der betreffenden Staaten. Das letztere ist es aber, was wir unter direktem Behördenverkehr im engeren Sinne zu verstehen pflegen.

Dieses System muß auf das stärkste ausgestaltet werden. Ich stelle demgemäß folgenden weiteren Antrag:

> Dringend erwünscht wäre es, wenn im deutschen Auslieferungsgesetz ausdrückliche Bestimmungen für eine besondere Ausgestaltung des Auslieferungsverkehrs mit Deutsch-Österreich und Danzig vorgesehen würden.

Es ist mir eine besondere Genugtuung gewesen, Schulter an Schulter mit einem verehrten österreichischen Kollegen hier die Sache der Reform des Auslieferungswesens haben plaidieren zu dürfen.

Ich nehme dies als gutes Omen dafür, daß ich mit diesem letzten Antrage das Richtige treffe, ein Antrag, der wiederum nur ein Symbol für die Gefühle ist, die uns nach Österreich und nach Danzig hin beseelen.

Vorsitzender Oberreichsanwalt Dr. Ebermayer:

Ich möchte die Diskussion eröffnen. Ich darf die Ausführungen der beiden Herren Berichterstatter, wenn ich sie richtig verstanden habe, dahin zusammenfassen, daß Herr Prof. Walker besondere Vorschläge zu den Mettgenbergschen Thesen nicht zu machen hat, sondern ihnen im wesentlichen zustimmt und daß Herr Prof. Kraus der These 1 mit dem vorgeschlagenen Zusatz zustimmt, die Verwaltungsstreitigkeit sei unter Umständen den Landesbehörden zu übertragen, daß er weiter mit den Thesen Nr. 2, 3, 4, 5, 6, 7, 8, 9 und 10 einverstanden ist, daß er sich bezüglich der These 11 seine Stellung noch mehr oder weniger vorbehalten will und daß er seinerseits zwei neue Thesen vorschlägt, nämlich die von ihm als Nr. 6 bezeichnete These bezüglich des generellen Vertrages und eine weitere These Nr. 12, die sich auf die besondere Ausgestaltung des Auslieferungsrechts mit Österreich und Danzig bezieht.

Geh. Justizrat Prof. Dr. von Frank-München:

Als ich vor etwa 20 Jahren als einer der ersten den Gedanken eines Auslieferungsgesetzes in Deutschland propagierte, ließ ich mich besonders von der Überzeugung leiten, daß ein Staat ohne Auslierungsgesetz eine weniger gesicherte Stellung im völkerrechtlichen Verkehr hat als ein solcher, hinter dem ein Auslieferungsgesetz steht. Denn wenn wir denken, daß ein Staat, der mit einem Auslieferungsgesetz ausgestattet ist, ersucht wird, eine Auslieferung zu vollziehen, zu der er nicht vertragsmäßig verpflichtet ist, so hat er zu antworten: ich kann diese Auslieferung nicht vollziehen, weil mir mein Auslieferungsgesetz verbietet — soweit das der Fall ist —, ohne Auslieferungsvertrag, ohne generellen Auslieferungsvertrag einem Auslieferungsersuchen zu entsprechen. Und dadurch erhält der Staat eine besonders gesicherte Situation im Völkerrecht gegenüber einem anderen Staat. Er setzt sich nicht dem Vorwurf aus: hier im Einzelfalle hast du nicht ausgeliefert, also hast du eine völkerrechtliche Unfreundlichkeit begangen. Und diese Unfreundlichkeit kann ihm dann bei einer anderen Gelegenheit gezeigt werden, und sie wird ihm sicherlich auch gezeigt.

Nun haben die Erfahrungen der letzten Jahre, wie ich glaube, bewiesen, daß meine Ausgangserwägungen richtig waren. Warum brauchte denn eigentlich Holland die Auslieferung Wilhelms II. nicht zu bewilligen, warum konnte es gegenüber den mächtigen Ententeforderungen auf dem Standpunkte der Nichtauslieferung beharren? Meiner Überzeugung nach lediglich deshalb, weil es sagen konnte: ich kann nicht ausliefern, weil hier kein Auslieferungsfall vorliegt, der in einem speziellen Auslieferungsvertrage vorgesehen wäre; selbst wenn ich, Holland, ausliefern wollte, selbst wenn ich allen Auslieferungsersuchen entsprechen wollte, so dürfte ich es doch nicht tun.

Nehmen wir an, daß ein derartiger Fall einmal in dem Sinne vorgelegen hätte, daß Deutschland um die Auslieferung ersucht worden wäre, dann hätte Deutschland diesen ablehnenden Standpunkt gar nicht vertreten können, und immer wäre es der Replik ausgesetzt: du kannst ja ausliefern; wenn du es nicht tust, ist es ein schlechter Wille von dir, und dafür werden wir dich schon bestrafen. Es ist die eigenartige Erscheinung zu konstatieren, daß, je mehr eine Regierung gebunden ist, sie um so freier dasteht. Und ich meine, wenn wir ein deutsches Auslieferungsgesetz schaffen wollen, dann sollten wir auch diese Erwägung nicht vergessen, d. h. wir sollten das Auslieferungsgesetz, wie auch der Herr Referent Kraus vorgeschlagen hat, so gestalten, daß ohne einen generellen Auslieferungsvertrag und über den generellen Auslieferungsvertrag hinaus überhaupt die Auslieferung verboten ist. Das ist einer der wesentlichen Punkte, weshalb ich für ein Auslieferungsgesetz eintrete.

Enthält es eine derartige Bestimmung nicht, wäre es für mich beinahe wertlos.

Nun kommen noch weitere Gesichtspunkte hinzu, vom streng verfassungsrechtlichen Standpunkte aus. Wo ist denn das Gesetz zu finden, auf Grund dessen ein verfolgter Ausländer im Inland verhaftet werden darf? Unsere Reichsverfassung sagt ganz ausdrücklich im Art. 114, daß eine Freiheitsentziehung nur stattfinden dürfe auf Grund eines Gesetzes. Wir sind jetzt in der eigenartigen Lage, daß wir, ebenso wie Belgien, als es seinerzeit das erste Auslieferungsgesetz der Welt schuf, d. h. die innerstaatlichen Voraussetzungen für die Auslieferung festlegte, das Gesetz in Übereinstimmung mit der Verfassung bringen müssen. Nun ist ein besonderer verfassungsrechtlicher Punkt bedenklich. Vor einiger Zeit, etwa vor 3 Wochen, ist im Reichsgesetzblatt ein Übereinkommen zwischen Deutschland und Frankreich veröffentlicht worden, wonach Deutschland flüchtige Bankerotteure an Frankreich ausliefert und umgekehrt. Von einer Zustimmung des Reichstags ist keine Rede. Ich weiß nicht, wie es mit der reichsrechtlichen Gültigkeit eines solchen Übereinkommens steht. Ob man das Ding Übereinkommen nennt oder Vertrag, ist ziemlich gleichgültig. Man hat die strengen Anforderungen der Verfassung dadurch umgangen, daß man die Terminologie vermeidet. Ich sage das nicht, um einen Vorwurf zu erheben, sondern nur in dem Sinne, daß ich damit zeigen will: es sind einmal politische, dann aber auch reichsrechtliche Erwägungen, die uns auf den Weg des Auslieferungsgesetzes drängen. Ich glaube, wenn wir das Auslieferungsgesetz haben, ein solches, das unserer Regierung eine feste Position gewährt, so wird sich das im gesamten völkerrechtlichen Verkehr, zum mindesten auf dem Gebiete des Auslieferungsverkehrs mit auswärtigen Staaten, als ein die Stellung Deutschlands wesentlich kräftigendes Moment erweisen.

Prof. Dr. Gleispach-Wien:

Meine sehr geehrten Damen und Herren! Ich möchte zu einem Grundsatz des Auslieferungsgesetzes ein paar Worte sprechen. Ich kann mich darauf beschränken, kurz zu erklären, daß ich sowohl mit den Leitsätzen des Herrn Ministerialrats Dr. Mettgenberg als auch mit den Zusatzanträgen des Herrn Berichterstatters Prof. Dr. Kraus einverstanden bin. Zu den Leitsätzen Mettgenbergs gehört auch der Grundsatz, daß künftighin die Gerichte über die rechtliche Zulässigkeit der Auslieferung zu entscheiden haben, ein Grundsatz, der in Österreich bereits seit über 50 Jahren, seit dem Inkrafttreten der heute noch geltenden Strafprozeßordnung, gilt und, wir können wohl sagen, sich bewährt hat. Zuerst hat das Gericht sich mit der Sache zu befassen, und der Beschluß, daß die Auslieferung als unzulässig erklärt wird, macht, wenigstens nach der herrschenden Ansicht, der Sache ein Ende, während der Beschluß, der auf Auslieferung lautet, dem Bundeskanzleramt zur Genehmigung vorzulegen ist. Nun entsteht die Frage: wie weit reicht dieses Genehmigungsrecht der Verwaltungsbehörde? In Österreich ist in dem § 59 der Strafprozeßordnung die Frage nicht deutlich entschieden, und so hat sich in der Praxis die Auffassung durchzusetzen vermocht, daß auch aus Gründen, mit welchen das Gericht sich bei der Prüfung der Zulässigkeit der Auslieferung zu beschäftigen hat, die Verwaltungsbehörde zu einem anderen Ergebnis kommen kann als das Gericht. Die Frage, ob die Auslieferung zulässig ist oder nicht, ist offenbar — es ist fast überflüssig, das zu sagen — zunächst eine Rechtsfrage; es ist zu prüfen, ob das Verbrechen in den Rahmen der Auslieferung fällt oder nicht. Meine Auffassung ist die, daß, wenn die gerichtliche Zuständigkeit insoweit einmal gegeben ist, das Gericht allein die Entscheidung haben soll und daher, wenn das Gericht hinreichend Verdacht hat oder die sonstige rechtliche Zulässigkeit der Auslieferung für gegeben erklärt, nicht die Verwaltungsbehörde in diesem Punkte nochmals zu entscheiden hat. Diese verwaltungsrechtliche Instanz neben der gerichtlichen kann auch entbehrt werden. Es kann zwar Gründe geben, die gegen die Auslieferungsentscheidung sprechen, obwohl sie rechtlich zulässig wäre. Es kann die Frage der Gegenseitigkeit in Betracht kommen, die Frage des politischen Verhältnisses der beiden Staaten zueinander, usw. Aber es geht nicht, und es wäre unwürdig der Stellung des Gerichts, es würde letzten Endes auch der hier mit Recht geforderten Unabhängigkeit der Gerichte für die Frage des Auslieferungsrechtes widersprechen, wenn wir sozusagen die Überprüfung einer rechtlichen Entscheidung auf dem eigentlichen Gebiete der Rechtsprechung durch eine Verwaltungsbehörde zuließen.

Nun habe ich den Eindruck, daß Ministerialrat Dr. Mettgenberg im Leitsatze 4 zum mindesten nicht klar zum Ausdruck bringt, ob er den Standpunkt vertritt, wie ich ihn andeutete, oder nicht. Er verlangt zunächst gerichtliche Entscheidung in These 2, weiter die Unabhängigkeit der Gerichte auch für diese Aufgabe, und sagt, daß die Gerichte die Entscheidung über die Tat- und die Rechtsfragen haben sollen, die bei der Auslieferungsbehörde vorgebracht werden. Und in Leitsatz 4 heißt es nun: „Bei der Prüfung der Zulässigkeit einer vom Ausland begehrten Auslieferung sollte dem Gerichtsbeschluß gutachtliche Bedeutung beigelegt werden, wenn er die Zulässigkeit der Auslieferung bejaht, und entscheidende Bedeutung, wenn er die Zulässigkeit verneint.“ Man neigt immer zu der Auffassung, daß der Anspruch der Gerichte, auch in der Frage der Zulässigkeit, von der Verwaltungsbehörde beiseite geschoben, gleichsam als unrichtig erklärt werden kann, und zwar gerade aus den Gründen heraus, aus denen das Gericht selbst entschieden hat. Das würde dem, was ich hierzu ausgeführt habe, widerstreiten. Ich halte es für unzulässig, zunächst durch das Gericht prüfen zu lassen, ob genügend Verdacht vorhanden ist, und dann der Verwaltungsbehörde die Macht zu geben, diese Frage anders zu entscheiden, was, wenn ich nicht irre, bereits in Österreich in einigen Fällen vorgekommen sein soll. Ich würde mir daher erlauben, zum Leitsatz 4 folgenden Abänderungsantrag zu stellen:

„Bei der Prüfung der Zulässigkeit einer vom Ausland begehrten Auslieferung soll dem Gerichtsbeschluß schlechthin entscheidende Bedeutung beigelegt werden, wenn er die Zulässigkeit verneint“ — das ist mit anderen Worten ganz dasselbe wie Leitsatz 4: schlechthin entscheidende Bedeutung, wenn der Gerichtsbeschluß die Zulässigkeit verneint —, „entscheidende Bedeutung auch insoweit, als es sich um Rechtsfragen handelt, wenn er die Zulässigkeit der Auslieferung bejaht“. Damit lege ich die ausschließliche Zuständigkeit des Gerichts für das Gebiet der Rechtsfrage fest. Um das Gesagte noch deutlicher zu machen: die Verwaltungsbehörde kann eine vom Gericht für zulässig erklärte Auslieferung nur aus Gründen verweigern, die neben der rechtlichen Zulässigkeit der Auslieferung in Betracht kommen können.

Ministerialrat Schäfer-Berlin:

Ich möchte mich auf eine Anregung zu These 1 beschränken. Die These 1 behandelt die Frage der Kompetenzabgrenzung des Reiches und der Länder und stellt den Satz auf, daß die Regelung des Auslieferungswesens in Gesetzgebung und Verwaltung nicht nur für die allgemeinen Fragen, sondern auch für alle Einzelfragen ausschließlich dem Reiche zusteht. Diese These greift in eine sehr heikle Frage ein. Soweit mir bekannt ist, steht eine Reihe der deutschen Länder auf dem Standpunkte, daß die Frage der Auslieferung nicht nur eine Frage der Beziehungen zu den ausländischen Staaten sei, sondern daneben auch eingreife in Fragen der inneren Politik, in Fragen der Polizeigewalt der Länder. Die Schwierigkeit, die in diesem Problem liegt, haben Sie aus den ausführlichen Darlegungen entnommen, die Herr Prof. Kraus zu dieser Frage gemacht hat. Herr Prof. Kraus hat selbst nach einem Ausweg gesucht, indem er einen Zusatz beantragt, der aber, wenn ich recht verstehe, an dieser Frage vorbeigeht und nur den Wunsch ausspricht, daß dafür Sorge getragen werden solle, daß bei Vorbereitung und Ausführung der Auslieferung auch weiterhin die Landesbehörde nicht ausgeschaltet werde, eine Sache, die, wie er ausgeführt hat, selbstverständlich ist, weil das Reich gar nicht in der Lage ist, die Ausführung zu übernehmen. Mir würde es richtiger erscheinen, wenn der Deutsche Juristentag sich einer Stellungnahme zu dieser Frage enthielte und lieber die These 1 aus seiner Beschlußfassung ganz ausschiede. Ich möchte daher beantragen, von der Beschlußfassung zu These 1 abzusehen.

Prof. Dr. Walker-Wien:

Ich habe nur wenige Sätze zu sagen. Ich habe in meiner früheren Eigenschaft, als ich in Österreich Justizminister war, sehr viel mit Auslieferungen zu tun gehabt; ich kann nur das vollständig bestätigen, was mein Freund Gleispach mitgeteilt hat. Es ist in Österreich immer so gewesen — wenn auch nicht vor 20 oder 30 Jahren, aber doch gewiß in den letzten Jahren —, daß die österreichische Regierung eine Auslieferung verhindert hat, wenn sich das Gericht dagegen ausgesprochen hatte. Dagegen ist es allerdings vorgekommen, jedoch nicht sehr häufig, daß eine Auslieferung verweigert wurde, obwohl sie das Gericht für zulässig erklärt hatte, aber auch ganz richtig so, wie Gleispach ausgeführt hat, niemals aus dem Grunde, weil die Regierung die vom Gericht festgestellten Voraussetzungen nicht für gegeben erachtete, sondern aus rein politischen Gründen, aus Gründen der Gegenseitigkeit oder aus diplomatischen Gründen. Nur so ist der § 59 der Strafprozeßordnung, und ich glaube, so sind, wenn ich recht sehe, auch die Thesen des Herrn Ministerialrat Mettgenberg zu verstehen. Ich glaube, daß auch Mettgenberg dabei niemals eine Überprüfung der rechtlichen Grundlagen wünscht, sondern nur einen Vorbehalt, so wie ihn auch die englische Regierung im englischen Auslieferungsgesetz von 1870 hat: daß, obwohl das Gericht die Auslieferung für zulässig erklärt, doch die Regierung aus politischen Gründen sagen kann, in diesem Falle werde die Auslieferung nicht bewilligt.

Prof. Dr. Radbruch-Heidelberg:

Meine erste Bemerkung betrifft den Punkt, der eben bereits erörtert worden ist. Ich verstehe nicht ganz, wie sich die These Kraus Nr. 6 zur These Mettgenberg Nr. 4 verhält. Die These Mettgenberg Nr. 4 setzt voraus, daß es erstens Fälle notwendiger Auslieferung, zweitens Fälle zulässiger Auslieferung, und drittens Fälle zulässiger, aber nicht notwendiger Auslieferung gibt, während es nach der These Kraus Nr. 6 lediglich entweder notwendige Auslieferungsfälle gibt oder unzulässige Auslieferungsfälle, die Spezialtheorie der zulässigen, aber nicht notwendigen Auslieferngsfälle dagegen wegfallen würde. Die These 6 Kraus würde also eine Abänderung der These 4 Mettgenberg bedeuten, so daß dann der über die Zulässigkeit der Auslieferung Entscheidende zugleich auch über die Notwendigkeit der Auslieferung entscheiden würde. Das ist die eine Frage.

Durch einen zweiten Punkt bin ich zu einer Gegenbemerkung genötigt. Ich glaube, wir müssen uns doch etwas ausführlicher befassen mit These Mettgenberg Nr. 4 über das politische Asyl, und zwar über die Begrenzung der gemeinen, aber asylwürdigen Straftaten. Mettgenberg will begrenzen nach dem Interventionsgedanken, wie ihn von Martitz vertreten hat. Nach meinen amtlichen Erfahrungen glaube ich, dieser Begrenzung nicht zustimmen zu können. Ich habe damals schon geltend gemacht, daß die Begrenzung nach dem Zusammenhange mit einem spezifisch politischen Delikt dahin führt, daß unter Umständen in einem milder gelagerten Falle Auslieferung erfolgt, in schwerer gelagerten Fällen Auslieferung nicht erfolgt, z. B. wenn lediglich ein Ministermord ohne weitergehende politischen Folgen oder Umsturz erfolgt, findet Auslieferung statt, wenn dagegen der Ministermord eine Nebenerscheinung oder Vorbereitungshandlung zu einer verfassungsmäßigen Umwälzung darstellt, erfolgt keine Auslieferung. Die Dato-Mörder würden nicht ausgeliefert worden sein, wenn sie mit dem einzelnen Morde zugleich eine Verfassungsumwälzung erstrebt hätten. Ich meine, das sind Erörterungen, die bei der Auslieferung der Dato-Mörder sehr deutlich zum Ausdruck kamen, daß die öffentliche Meinung sich abwendet von diesem Zusammenhangsgedanken und daß dies auch zum amtlichen Ausdruck gekommen ist. Denn wie wäre es sonst zu erklären, daß damals der spanischen Gesandtschaft gegenüber der Wunsch geltend gemacht worden ist, daß trotz der Auslieferung man auf Vollstreckung der Todesstrafe verzichten möge und daß die spanische Gesandtschaft eine bejahende Antwort gegeben hat. Diese Einschränkung ist doch wohl als Zeichen dafür zu deuten, daß man sich trotz der vertragsmäßigen Notwendigkeit der Auslieferung bei der Auslieferung von einem übergesetzlichen Gerechtigkeitsstandpunkte aus nicht voll befriedigt fühlte. Der Herr Referent Walker hat bereits — und wie mir schien, zutreffend — hingewiesen auf die Frage der Begrenzung der asylwürdigen Straftaten, in erster Linie nach dem Gesichtspunkte des politischen Beweggrundes, aber nicht allein nach dem Gesichtspunkte des politischen Beweggrundes, sondern auch nach dem gewählten Mittel, das trotz des Beweggrundes die Tat als eine gemeine erscheinen läßt. Ich würde sowohl den Beweggrund als auch die Mittel — wie bei der englischen Auslieferung — berücksichtigen sowie den Gedanken, ob die politische Natur des Beweggrundes oder die gemeine Natur der Mittel überwiegende Bedeutung hat, und lasse es einstweilen undiskudiert, ob man diesen Standpunkt in der Weise zum Ausdruck bringen soll, daß man die einzelnen Delikte bezeichnet, die trotz politischen Beweggrundes der Auslieferung unterliegen, wie den politischen Mord in weiterem Umfange, oder ob man eine Generalklausel dahin aufstellt, daß die überwiegend politische oder gemeine Natur der Tat ausschlaggebend sein soll. Unter diesem Vorbehalt eines genaueren und weiteren Ausbaues, entweder im Sinne gesetzgeberischer Ausnahmebestimmungen von dem Auslieferungsverbot bei politischen Verbrechern oder im Sinne einer Generalklausel der Beschränkung der Auslieferung auf Fälle, wo bei Ausführung die Gemeinheit der Mittel die politische Natur des Motivs überwiegt, möchte ich den Antrag stellen; Mettgenberg Nr. 7 Satz 2 wie folgt zu fassen: „Die Begrenzung der gemeinen, aber asylwürdigen Straftaten sollte einerseits von dem Beweggrunde, andererseits vom angewandten Mittel abhängig gemacht werden." Die Frage ist nicht klar zum Ausdruck gebracht worden, aber nach der gemachten Begründung dürfte sie wohl verständlich sein.

Vorsitzender Oberreichsanwalt Dr. Ebermayer:

Herr Professor Kraus, möchten Sie die Güte haben, sich zur Mettgenbergschen These 4 zu äußern.

Prof. Dr. Kraus:

Ich bin grundsätzlich der Ansicht, daß die Mettgenbergsche These 4 und meine These 6 vereinbar sind. Aber wir können ja eine Klausel einfügen dahingehend — das ist eine theoretische Bemerkung —, daß auch in Fällen, die der Auslieferungsvertrag als Auslieferungsfälle vorsieht, aus Staatsinteressen die Auslieferung unterbleiben kann. Ob das praktisch ist, ist eine andere Frage. Ich würde es praktisch nicht begrüßen und demgemäß die Form wählen, die ich in meiner These vorgeschlagen habe. Ein logischer Widerspruch zwischen den Thesen besteht jedenfalls nicht.

Geheimrat Prof. Dr. von Frank:

Ich möchte bitten, daß bei der Frage der Asylwürdigkeit gemeiner Straftaten zwischen Beweggrund und Absicht unterschieden wird. Ich möchte das an folgendem Fall klar machen: es war jemand Minister, er hat sich bei einer Reihe von Leuten anderer politischer Richtung unbeliebt gemacht; er ist verabschiedet worden. Aber der Haß, den er in verschiedenen Kreisen der Bevölkerung noch genießt, führt dazu, daß er ermordet wird. Dann ist das lediglich ein politischer Beweggrund, aber keine politische Absicht; denn es soll nicht ein bestimmtes Ziel dadurch erreicht werden. Ich meine, einem Delikt sollte man nur dann Asylwürdigkeit zusprechen, wenn wirklich eine politische Absicht verfolgt wird. Wir dürfen nicht Beweggrund und Absicht identifizieren.

Prof. Dr. Walter-Wien:

Ich möchte vor allem bemerken, daß uns Herr Prof. Radbruch in geradezu bewunderungswürdiger Weise das Mißliche klar gemacht hat, was in der These Martitz liegt. Ich möchte mir erlauben, auf einen noch gar nicht lange zurückliegenden Fall hinzuweisen, nämlich den Münchener Geiselmord. Da haben Menschen über 20 der angesehensten Bürger hingemordet. Es war ein Aufstand; es war ein politisches Delikt. Nach der Martitzlehre ist es kein isoliertes Verbrechen; daher könnten diese Geiselmörder oder die Menschen, die da tätig gewesen sind, jedenfalls nicht ausgeliefert werden. Umgekehrt, wenn die Ermordeten Minister wären, dann wäre die Auslieferung zu bewilligen. Gewiß hat die schweizerische Formel außerordentlich viel für sich, und wenn die deutsche Reichsregierung sich entschließen könnte, die schweizerische Formel anzunehmen, so wäre das gewiß in vieler Richtung zu begrüßen. Tatsache ist es, daß die schweizerische Formel der Regierung große Freiheit gibt; denn die Frage allgemein zu entscheiden, ob das Delikt ein überwiegend politisches oder überwiegend gemeines Verbrechen ist,

ist ausdrücklich der ersuchten Staatsbehörde vorbehalten. Und alle Auslieferungsverträge, die nach dem Schweizer Muster abgefaßt sind, enthalten sogar zumeist den Hinweis, daß nur die Behörde des ersuchten Staates darüber zu entscheiden hat, ob das Delikt ein vorwiegend politisches oder vorwiegend gemeines ist. Wenn die deutsche Regierung und die Regierungen der Länder sich entschließen könnten, dem Schweizer Vorbild nachzuahmen, würde das gleichzeitig die Stellung der Regierung sichern und erleichtern, wenn es sich um Einzelfälle, um Auslieferung eines politischen Verbrechers handelt.

Prof. Dr. Radbruch:

Ich möchte erklären, daß ich für „Beweggrund" „Absicht" einzusetzen bereit bin.

Ministerialrat Dr. Mettgenberg-Berlin:

Wenn mir jetzt das Wort erteilt wird, will ich nur wenige Ausführungen machen. Ich bin von den Rednern überschüttet worden mit einer Fülle von Anregungen, so daß es unmöglich ist, auf jede einzelne einzugehen. Vielleicht darf ich aus der großen Gruppe dessen, was zur Erörterung gestellt ist, nur einen Punkt herausgreifen, und das ist der, den Herr Geheimrat von Frank zur Diskussion gestellt hat. Professor von Frank steht auf dem Standpunkte, daß wir uns in unserem Auslieferungsgesetz zu der Auffassung bekennen sollten: keine Auslieferung, ohne daß ein genereller Auslieferungsvertrag vorliegt, und er ist auch jetzt noch der Auffassung, daß eine Abmachung mit dem Auslande nicht für einen Einzelfall eine Auslieferung ermöglicht, der Austausch von Gegenseitigkeitserklärungen nämlich staatsrechtlich mindestens außerordentlich anfechtbar ist. Herr Geheimrat von Frank leitet aus Artikel 114 der Reichsverfassung her, daß ohne gesetzliche Unterlage niemand die Freiheit entzogen werden darf. Wäre diese Auffassung richtig, dann würden wir gegenwärtig der Rechtsgrundlage entbehren, nicht nur, soweit es sich um die Auslieferung handelt mit Staaten, zu denen wir nicht in Vertragsbeziehungen stehen, sondern auch soweit eine Ausweisung in Betracht kommt; denn in jedem Falle der Ausweisung eines Ausländers sind wir genötigt, diesen Ausländer seiner Freiheit zu berauben, um die Ausweisung durchführen zu können. Das spricht doch dafür, daß wir dem Artikel 114 der Reichsverfassung eine etwas andere Auslegung geben müssen, als Herr Geheimrat von Frank sie vorträgt, nämlich die, daß er nur für Reichsdeutsche gilt.

Der Art. 114 steht unter den Grundrechten der Deutschen, und ihn darüber hinaus auch auf Ausländer, ohne daß wir uns gegenüber dem Auslande verpflichtet haben, auszudehnen, besteht kein Anlaß. Ist das aber richtig, so sind wir allerdings in der Lage, einen Ausländer in einzelnen Fällen, ohne einen generellen Auslieferungsvertrag zu bezeichnen, festzunehmen und ihn so lange festzuhalten, bis wir die Auslieferungsunterlagen geprüft haben, und ihn, wenn wir die Unterlagen in Ordnung finden, dem Auslande zu übergeben. Ich vermag mich also in diesem Punkte nicht davon zu überzeugen, daß es unter allen Umständen als notwendig erachtet werden sollte, keine Auslieferung ohne die Voraussetzung eines generellen Vertrages vorzunehmen. Stellt man diese Voraussetzung auf, so kommen wir dahin, daß wir mit allen Ländern, mit denen wir einstweilen keinen Vertrag haben, mit denen wir große Schwierigkeiten haben, zu einem guten Vertrag zu kommen, daß wir mit diesen Ländern einen Auslieferungsverkehr nicht unterhalten können. Aber aus allgemeinen Erwägungen heraus wird es notwendig sein, Schranken, die nicht unerläßlich notwendig sind, die sich als Schwierigkeiten uns aufdrängen, aus dem Wege zu räumen und nicht künftig aufzurichten. Nach meinem Gefühl würde es allerdings eine solche Schranke sein, die ich als solche nicht unbedingt anerkennen könnte, wenn wir uns auf den Standpunkt stellen: keine Auslieferung ohne einen generellen Vertrag. Die Exekutive muß eine gewisse Bewegungsfreiheit haben; sie hat sie aber nur dann, wenn wir Vereinbarungen mit dem Auslande aus Anlaß eines konkreten Einzelfalles treffen können. Vom Standpunkt des Gutachters aus darf ich mir den Vorschlag gestatten, die These, die aufgestellt worden ist, sowohl von dem Berichterstatter Prof. Kraus wie von Geheimrat von Frank, und die sich darauf erstreckt, daß ohne generellen Auslieferungsvertrag eine Auslieferung nicht zulässig sein soll, nicht zu akzeptieren. Im übrigen möchte ich dem Juristentag, der in hohem Maße für diese Frage sachverständig ist, das Wort selbst überlassen.

Professor Dr. Kraus:

Ich möchte bemerken, daß die These, die Sie bei Mettgenberg ablehnen, eigentlich sehr förderlich ist. Ferner habe ich erfahren, daß eine ganze Reihe von Staaten es heute — im Sinne dieser These — ablehnen, Auslieferungen vorzunehmen, wenn ein genereller Vertrag nicht vorliegt. Es kann also doch wohl nicht gesagt werden, daß die These vom Standpunkte der Exekutive aus nicht praktikabel sei.

Geheimrat Prof. Dr. von Frank:

Meine Bedenken gegen die bestehende Praxis gründen sich auf Art. 114 der Reichsverfassung, den ich hier allein angeführt habe; sie gründen sich aber auch auf Art. 45, wo es zum Schlusse heißt:

„Bündnisse und Verträge mit fremden Staaten, die sich auf Gegenstände der Reichsgesetzgebung beziehen, bedürfen der Zustimmung des Reichstags."

Nun weiß ich nicht, mit welchem Rechte die Regierung in dem deutsch-französischen Übereinkommen beispielsweise die Zustimmung des Reichstags beiseite gesetzt hat. Ich würde wahrscheinlich ebenso gehandelt haben; aber ich muß doch auf das Bedenken hinweisen.

Hierauf wurde zur Abstimmung geschritten.

Der Antrag Schäfer auf Streichung des Leitsatzes Mettgenberg Nr. 1 wurde mit geringer Mehrheit abgelehnt, der Leitsatz selbst mit dem von Prof. Dr. Kraus beantragten Zusatze angenommen.

Angenommen wurden ferner die Leitsätze Mettgenberg Nr. 2, 3 und 4, letzterer in der von Prof. Dr. Gleispach vorgeschlagenen Fassung:

„Bei der Prüfung der Zulässigkeit einer vom Ausland begehrten Auslieferung sollte dem Gerichtsbeschluß schlechthin entscheidende Bedeutung beigelegt werden, wenn er die Zulässigkeit verneint; entscheidende Bedeutung insoweit, als es sich um Rechtsfragen handelt, wenn er die Zulässigkeit der Auslieferung bejaht. Die Verwaltungsbehörde kann somit eine vom Gericht für zulässig erklärte Auslieferung nur aus Gründen verweigern, die neben der rechtlichen Zulässigkeit der Auslieferung in Betracht kommen."

Die Leitsätze Mettgenberg Nr. 5 und 6 fanden unveränderte Annahme. Bei Leitsatz Nr. 7 wurde Satz 1 unverändert, Satz 2 in der Fassung des Antrages Radbruch angenommen:

„Die Abgrenzung der gemeinen, aber asylwürdigen Straftaten sollte einerseits von der Absicht, andererseits von den angewandten Mitteln abhängig gemacht werden."

Unverändert angenommen wurden sodann die Leitsätze Mettgenberg Nr. 8, 9, 10 und 11.

Der Leitsatz Kraus Nr. 6 wurde mit geringer Mehrheit abgelehnt, der Leitsatz Nr. 7 angenommen.

Die von der Abteilung gefaßten Beschlüsse lauten somit wie folgt:

1. Nach der deutschen Reichsverfassung liegt die Regelung des Auslieferungswesens in Gesetzgebung und Verwaltung, für die allgemeinen Fragen wie für Einzelfragen und einzelne Fälle, ausschließlich dem Reich ob. Die hierdurch gewährleistete einheitliche Ausgestaltung und Handhabung des Auslieferungsverkehrs ist ein wertvoller Fortschritt im deutschen Auslieferungsrecht; doch sollte dafür Sorge getragen werden, daß bei der Vorbereitung und Ausführung einer Auslieferung auch weiterhin die Landesbehörden nicht ausgeschaltet werden.

2. Nach deutschem Auslieferungsrecht ist der Auslieferungsverkehr dem verständigen Ermessen der Verwaltungsbehörden überlassen. Diese Regelung entspricht nicht mehr dem heutigen Rechtsempfinden. Die Entscheidung über die Haftfrage und die Prüfung der Rechtsfragen, die durch ein ausländisches Auslieferungsersuchen aufgeworfen werden, sollten ihrer Art und Bedeutung wegen Gerichtsbehörden übertragen werden.

3. Bei der Erfüllung ihrer Aufgaben sollten die Gerichte auch auf diesem Gebiet die ihnen sonst zukommende verfassungsrechtliche Sonderstellung einnehmen.

4. Bei der Prüfung der Zulässigkeit einer vom Ausland begehrten Auslieferung sollte dem Gerichtsbeschluß schlechthin entscheidende Bedeutung beigelegt werden, wenn er die Zulässigkeit verneint; entscheidende Bedeutung insoweit, als es sich um Rechtsfragen handelt, wenn er die Zulässigkeit der Auslieferung bejaht. Die Verwaltungsbehörde kann somit eine vom Gericht für zulässig erklärte Auslieferung nur aus Gründen verweigern, die n e b e n der rechtlichen Zulässigkeit der Auslieferung in Betracht kommen.

5. Der Auslieferungsverkehr vollzieht sich zurzeit auf der Grundlage der Gegenseitigkeit. Es sollte auch weiterhin daran festgehalten werden, daß die Bewilligung einer Auslieferung die Verbürgung der Gegenseitigkeit voraussetzt.

6. Nach der Reichsverfassung sind deutsche Staatsangehörige der Auslieferung entzogen. An dieser Ausnahmestellung der Reichsangehörigen sollte festgehalten werden.

7. Unter das politische Asyl fallen sowohl die politischen Straftaten wie besonders geartete gemeine Straftaten. Die Abgrenzung der gemeinen, aber asylwürdigen Straftaten sollte einerseits von der Absicht, andererseits von den angewandten Mitteln abhängig gemacht werden.

8. Eine Einschränkung des politischen Asyls ist unerläßlich. Sie kann dadurch geschehen, daß gewisse Gruppen von Straftaten ausgenommen oder allgemein Straftaten, die in besonders verwerflicher Weise begangen sind, für asylunwürdig erklärt werden.

9. Im deutschen Auslieferungsverkehr gilt der Grundsatz der Spezialität. Einer Entwicklung, welche die Tragweite des Grundsatzes ausdehnen will, sollte nicht entgegengetreten werden.

10. Es wäre erwünscht, daß die Regelung des deutschen Auslieferungswesens durch ein Reichsauslieferungsgesetz vorgenommen würde.

11. Der Erlaß eines solchen Gesetzes mit einheitlichen Richtlinien für die Auslieferungsverträge kann deren gesetzgeberische Behandlung vereinfachen.

12. Dringend erwünscht wäre es, wenn im deutschen Auslieferungsgesetz ausdrückliche Bestimmungen für eine besondere Ausgestaltung des Auslieferungsverkehrs mit Deutsch-Österreich und Danzig vorgesehen würden.

Zweite Sitzung der zweiten Abteilung
(für Strafrecht)
am
Dienstag, dem 14. September 1926.

Nachdem zum Berichterstatter über den ersten Verhandlungsgegenstand für die Vollversammlung Prof. Dr. Walker-Wien ernannt und die Vertrauensmänner für die Wahl der zukünftigen Ständigen Deputation gewählt worden waren, ging die Versammlung zur Beratung des zweiten Themas über:

Empfiehlt sich die Aufnahme der im § 71 des neuen Strafgesetzentwurfs enthaltenen Bestimmung, inhalts deren an Stelle von Zuchthaus oder Gefängnis „Einschließung" treten soll, wenn der Täter sich zu der Tat auf Grund seiner sittlichen, religiösen oder politischen Überzeugung für verpflichtet hielt?

Zu dem Thema lagen folgende Leitsätze der Berichterstatter Prof. Dr. Radbruch-Kiel und Prof. Dr. Kohlrausch-Berlin vor:

A. Leitsätze des Berichterstatters Professor Dr. Radbruch-Heidelberg.

1. Der Überzeugungsverbrecher stellt einen kriminalpsychologischen Sondertypus dar, dem besondere kriminalpolitische Aufgaben entsprechen.

2. Es empfiehlt sich nicht, die Sonderbehandlung des Überzeugungsverbrechers dem Strafvollzug zu überlassen.

3. Es empfiehlt sich nicht, die strafgesetzliche Sonderbehandlung des Überzeugungsverbrechers in die Form der Berücksichtigung der nicht ehrlosen Gesinnung, des achtungswerten Beweggrundes oder sonst irgendwie nur durch ein Werturteil bezeichneter Motive zu kleiden.

4. Das Überzeugungsverbrechen ist vom Gesetz vielmehr durch psychologische Merkmale zu kennzeichnen, und zwar in Anlehnung an § 71 des Entwurfs dahin, daß es einer sittlichen, religiösen oder politischen Überzeugung entsprungen ist, die den Täter übermächtig beherrscht.

5. Auf den Überzeugungsverbrecher findet statt anderer Freiheitsstrafen Einschließung von gleicher Dauer Anwendung, und zwar entsprechend dem § 71 kraft Mußvorschrift, nicht bloßer Kannvorschrift.

6. Von der Anordnung der Einschließung sind gewisse Straftaten auszunehmen, insbesondere der Mord.

7. Es muß sichergestellt werden, daß auf den Überzeugungsverbrecher die Sicherungsverwahrung — § 45 des Entwurfs — keine Anwendung finde.

B. Leitsätze des Berichterstatters Professor Dr. Kohlrausch-Berlin.

I.

Es liegt im Wesen der Rechtsnorm, daß sie von jedem als verpflichtend anerkannt werden will. Der § 71 bedeutet eine Selbstverneinung des Rechtsgedankens, indem er die persönliche Überzeugung, zu Rechtsverletzungen verpflichtet zu sein, privilegiert.

II.

Die Anerkennung des Überzeugungsverbrechers als eines kriminalpsychologischen Sondertypus würde

1. gesetzestechnisch zur Voraussetzung haben, daß auch alle anderen kriminalpsychologischen Sondertypen tatbestandlich anerkannt würden; und

2. kriminalpolitisch zur Folge haben müssen, daß der Überzeugungsverbrecher für die Dauer seiner Überzeugung unschädlich gemacht würde.

Die Voraussetzung ist nicht gegeben und die Folge ist unannehmbar.

III.

Schuldmindernde Bedeutung hat die Überzeugung des Täters, durch eine rechtswidrige Handlung fremdes Wohl zu fördern.

Im allgemeinen kann solcher Überzeugung im Rahmen der §§ 67, 73 und 75 gebührend Rechnung getragen werden. Für politische Straftaten kann außerdem die custodia honesta der „Einschließung" in Erwägung gezogen werden. Dabei ist aber zu fordern:

1. Diese Straftaten sind einzeln namhaft zu machen. In Betracht kommen der 1., 3., 4. (außer § 105 Abs. 2) und 5. Abschnitt sowie die §§ 156, 159, 163 und, soweit auf die vorgenannten bezüglich, 184.

2. Bei diesen Straftaten darf das für „Einschließung" maßgebende innere Tatbestandsmerkmal nicht in Form eines sittlichen Werturteils (Mangel an ehrloser oder verächtlicher Gesinnung), sondern muß in der Form ausgedrückt werden, daß auf Einschließung zu erkennen ist:

„wenn die Handlung nicht aus einem eigensüchtigen Beweggrund, sondern in der Überzeugung begangen wurde, durch sie das Wohl des Staates oder der Gesellschaft zu fördern".

3. Unter den genannten Voraussetzungen kann nicht nur, sondern muß auf die Erschließung erkannt werden.

4. Der Abs. 3 des § 64 ist zu streichen.

5. Der § 77 ist so zu gestalten, daß in Fällen der „Einschließung" der Sicherungszweck im Rahmen der Rückfallstrafe erreicht und die Sicherungsverwahrung des § 45 entbehrlich wird.

6. Der Vollzug der „Einschließung" ist gesetzlich im Sinne der §§ 166 bis 184 der „Grundsätze" vom 7. Juni 1923 zu regeln, jedoch mit der Einschränkung, daß der Verkehr der Gefangenen untereinander und mit der Außenwelt nicht zu einer agitatorischen politischen Betätigung benutzt werden darf.

Zunächst erstattete zur Begründung seiner Leitsätze Prof. Dr. Radbruch folgenden Bericht:

Meine sehr geehrten Damen und Herren! Begriff und Sonderbehandlung des Überzeugungsverbrechers kamen in den früheren Strafrechtsentwürfen nicht vor und sind erst in dem ersten amtlichen Entwurf, der 1922 dem Reichstag vorgelegt wurde, eingeführt worden, sind dann in dem Entwurf, der 1924 an den Reichsrat kam, beibehalten worden und inzwischen übergegangen in die Grundsätze für den Vollzug der Freiheitsstrafen von 1923, die dieselbe Definition und eine besondere Behandlung des Überzeugungsverbrechers vorsehen.

Ich beginne sofort mit der Feststellung, daß Begriff und Sonderbehandlung des Überzeugungsverbrechers im Schrifttum fast durchgängig Ablehnung gefunden haben, teils aus politischen, teils aus juristischen Gründen. Die politischen Gründe gehen uns hier nichts an; aber es mag als ein seltsames Zeichen der Zeit gebucht werden, daß jede Partei lieber ihre eigenen Gesinnungsverwandten, wenn sie straffällig werden, der ganzen Schärfe des Gesetzes aussetzen als die politischen Gegner von dieser Schärfe verschont wissen will. Wir haben es, wie gesagt, mit politischen Gründen nicht zu tun, sondern mit juristischen Gründen. Diese richten sich teils gegen die Relevanz des Begriffes Überzeugungsverbrecher, teils gegen seine Praktikabilität. Teils hält man den Überzeugungsverbrecher nicht für besonderer Berücksichtigung würdig; teils hält man ihn für berücksichtigungswürdig, glaubt ihn aber nicht gesetzlich fassen zu können. Ich werde auf die Gründe sofort näher eingehen.

Zunächst möchte ich aber eine Bemerkung machen. Ein von mir hochverehrter hoher Richter hat ausgesprchen, der Typus des Überzeugungsverbrechers sei in stiller Gelehrtenstube ersonnen worden. Ach nein, meine Damen und Herren, dem ist nicht so. Der Begriff des Überzeugungsverbrechers ist hervorgegangen aus amtlicher Berührung mit dem Überzeugungsverbrechertum aller Farben an einer Stelle, die einen Überblick über die politische Gesamtkriminalität bot, wie wohl keine andere. Es ist wohl ohnehin, schon seit Kants Zeiten, nicht ganz angebracht, mit dem Argument „Praxis gegen Theorie" zu arbeiten; aber in diesem Falle ist dieses Argument wirklich ganz unangebracht.

Und nun, ehe wir uns der begrifflichen Fassung des Typus „Überzeugungsverbrecher" zuwenden, möchte ich an einigen Beispielen diesen Typus veranschaulichen. Überzeugungsverbrecher sind zunächst die politischen Verbrecher jeder Art und Farbe, für die wir ja leider keine Beispiele zu geben brauchen. Überzeugungsverbrecher waren die englischen Suffragettes mit ihren verschiedenen Straftaten, Überzeugungsverbrecher die englischen Kriegsdienstverweigerer, die Mennoniten, die die Waffen zu berühren ablehnten, die Adventisten, die am Sonnabend den Dienst verweigerten. Ein Überzeugungsverbrecher kleinen Kalibers ist der überzeugte Impfgegner. Der Duellant kann Überzeugungsverbrecher sein, wenn er aus einem Ehrbegriff heraus handelt und nicht aus Affekt oder Konvention. Mir ist praktisch einmal der Fall begegnet, daß ein katholischer Pfarrer polnische Wanderarbeiterpaare, die ein Kind erwarteten, weil die für die standesamtliche Trauung nötigen Papiere nicht schnell genug zu beschaffen waren, aus Gewissenspflicht vor der standesamtlichen Trauung kirchlich traute, — auch ein Überzeugungsverbrecher. Ein Überzeugungsverbrecher war jener Sohn, von dem die Zeitungen berichteten, daß er, um seine Mutter vor den Brutalitäten des trunksüchtigen Vaters zu retten, den Vater totschlug. Die Geschichte ist an ihren großen Wendepunkten voller Überzeugungsverbrecher. Die großen Märtyrer, die großen Ketzer, die großen Revolutionäre, was sind sie anders als Überzeugungsverbrecher? Und Überzeugungsverbrecher sind auch viele Gestalten der großen Dichtung, von Sophokles Antigone, Shakespeares Brutus, Schillers Tell, Kleists Michael Kohlhaas bis zu Romain Rollands Clérambault.

Schon diese Beispiele genügen, um den sehr verehrten Herrn Generalprokurator Höpler zu widerlegen, der in seinem Gutachten für diesen Juristentag annimmt, „daß in einem Kulturstaat bei einer kulturell hochstehenden Gesetzgebung ein wahrhaft religiöser Mensch gar nicht in solche Pflichtenkämpfe geraten könne", der meint, es sei „nicht abzusehen, warum ein sittlich handelnder Mensch aus der sittlichen Überzeugung heraus in Pflichtgegensatz geraten könnte mit dem Strafgesetz," der aber über die englischen Kriegsdienstverweigerer nur zu sagen weiß: „Es kann ein Kriegsdienstverweigerer unter Umständen auch aus verwerflicher Gesinnung gehandelt haben". Nein, meine Damen und Herren, das ist mir eine etwas zu harmonische, eine etwas zu unproblematische Auffassung; von dieser Auffassung ist es allerdings sehr leicht, die Sonderbehandlung der Überzeugungsverbrecher abzulehnen. Noch leichter freilich von einer anderen Auffassung aus, die Herr Kollege Wachenfeld in Rostock folgendermaßen dekretiert hat: „Ein jeder hat die Pflicht, seine Ethik einzustellen auf das, was der Allgemeinheit als Sitte und Recht gilt". Wie sehr würde sich die Weltgeschichte vereinfacht haben, wenn die Großen der Weltgeschichte dieses Gebot beherzigt hätten!

Nun gilt es, das, was wir so veranschaulicht haben, in feste Begriffe zu fassen, und zwar zunächst von der kriminalpsychologischen, dann von der juristischen Seite her. Ein solcher Versuch kriminalpsychologischer Begriffsbestimmung des Überzeugungsverbrechers ist in der Begründung des italienischen Entwurfs Enrico Ferris enthalten. Dieser Entwurf unterscheidet die Gemeinverbrecher, also die egoistischen Verbrecher, von den Überzeugungsverbrechern als den altruistischen Verbrechern. Aber Enrico Ferri ist genötigt, selbst zuzugestehen, daß es rein altruistische Taten von Menschen, wie sie nun einmal sind, nicht gibt, daß auch die altruistische Tat einen egoistischen Kern hat, und so korrigiert er sich selbst, indem er sagt: Ja freilich, beide Arten der Verbrecher sind Egoisten, aber die Überzeugungsverbrecher sind Egoisten, die die Befriedigung ihres Egoismus in sozialen Idealen suchen, während der Gemeinverbrecher ein antisozialer Egoist ist. Sie sehen schon, wie bei dieser Verschiebung das Problem aus einem Problem der Psychologie in ein Problem der Wertung umgestaltet wird. Es wird nicht mehr gefragt, was in dem Überzeugungsverbrecher und was in dem Gemeinverbrecher innerlich vorgeht, sondern ob das, was darin vorgeht, als sozial oder antisozial zu bewerten ist. Aber auch, wenn wir diesen Begriff Enrico Ferris akzeptieren, bleibt der Begriff des Überzeugungsverbrechers noch unvollkommen. Der Überzeugungsverbrecher ist nicht immer altruistischer Verbrecher, er handelt nicht immer um anderer willen, er kann auch handeln um einer Sache, um einer Idee willen. Hätte Enrico Ferri recht, so wäre der überzeugte Duellanhänger z. B. kein Überzeugungsverbrecher, weil er nicht zu Gunsten anderer, sondern aus einer Idee heraus handelt, nämlich aus seinem Ehrbegriff.

Dasselbe habe ich nun, um es gleich hier zu sagen, gegen die Begriffsbestimmung einzuwenden, die Herr Kollege Kohlrausch in seinen Leitsätzen gegeben hat. Er will ein Überzeugungsverbrechen dann annehmen, wenn die Handlung nicht aus einem eigensüchtigen Beweggrunde, sondern in der Überzeugung begangen wurde, durch sie das Wohl des Staates oder der Gesellschaft zu fördern. Damit ist der Überzeugungsverbrecher für eine Sache, für eine Idee nicht mit ergriffen, ebensowenig die Überzeugungsverbrecher, die nicht um der Gesellschaft als Ganzen willen handeln, sondern aus Solidarität gegen eine Gesellschaftsgruppe, die z. B. gewerkschaftliche Solidarität geübt haben, — und gerade sie sind doch typische Überzeugungsverbrecher! Wir lehnen also die Definition Enrico Ferris und auch diejenige, die Herr Kollege Kohlrausch hier vorschlägt, ab und suchen den Unterschied nicht in Altruismus und Egoismus, sondern in etwas anderem.

Ich möchte den Begriff des Überzeugungsverbrechers so entwickeln: der Gemeinverbrecher handelt gegen eine von ihm selbst anerkannte Norm; er erkennt diese Norm häufig gerade durch seine Tat an. Z. B. will der Dieb, indem er fremdes Eigentum verletzt, eigenes Eigentum begründen; er erkennt damit, ohne es zu wollen, das Rechtsgut Eigentum und seinen Rechtsschutz an. Der Urkundenfälscher nimmt für die von ihm gefälschte Urkunde den öffentlichen Glauben in Anspruch, den er durch die Fälschung selbst verletzt; auch er unterwirft sich wider Willen der Norm, die er verletzt, indem er ihren Schutz in Anspruch nimmt. Während der Gemeinverbrecher also gegen eine von ihm selbst anerkannte Norm handelt, verstößt der Überzeugungsverbrecher wohl bewußt gegen die Rechtsnorm, aber auf Grund der Befolgung einer höheren Norm, durch die er sich von der Befolgung der Rechtsnorm, sei es allgemein, sei es in diesem Falle, entbunden glaubt. Er will eine Verfassung gewaltsam stürzen, die er überhaupt nicht anerkennt. Er begeht ein Attentat auf einen Menschen, zwar ohne dem Tötungsverbot im allgemeinen die Geltung abzusprechen, aber in dem Glauben, von dieser Norm durch eine höhere Norm in diesem Einzelfalle entbunden zu sein. Es ist in der bisherigen Literatur nicht genügend betont, daß wir bereits den gesetzlichen Begriff der

Überzeugungsverbrecher, freilich mit negativem Vorzeichen, haben, nämlich im Militärstrafgesetzbuch, wo es im § 48 heißt, daß es keinen Einfluß habe, wenn der einzelne die Tat nach seinem Gewissen oder den Vorschriften seiner Religion für geboten hielt. Wer nach seinem Gewissen oder den Vorschriften seiner Religion die Handlung für geboten hielt, der ist eben Überzeugungsverbrecher. Die Handlung des Überzeugungsverbrechers steht in einer interessanten Beziehung zu dem neuen § 13 des Entwurfs. Der Paragraph will das Bewußtsein des Unerlaubten für den Vorsatz fordern. Wer überhaupt nicht weiß, daß er unerlaubt handelt, wird künftig vorsätzlichen Handelns nicht schuldig sein. Wer zwar weiß, daß er gegen einen Rechtssatz verstößt, aber sich auf Grund einer höheren Norm dazu berechtigt glaubt, handelt mit Vorsatz; er ist strafbar; aber er soll nach § 71 der besonderen Behandlung als Überzeugungsverbrecher unterliegen.

Zum Wesen des Überzeugungsverbrechers in diesem festgestellten Sinne gehört die Überlegung. Der Überzeugungsverbrecher besinnt sich auf die höhere Norm, nach der er handelt; er überlegt also, und es mag Wunder nehmen, daß die Überlegung, die wir beim Mord als strafschärfend kennen, für den Überzeugungsverbrecher eine mildere oder doch eine andere Behandlung herbeiführt. Um das zu erklären, möchte ich auf ein schönes Jesus-Wort Bezug nehmen, einen apokryphen Zusatz zum Lukas-Evangelium. Jesus sieht jemand am Sabbath arbeiten und spricht zu ihm: „Mensch, wenn du weißt, was du tust, bist du selig; wenn du es aber nicht weißt, bist du verdammt und ein Übertreter des Gesetzes“. Auch hier wird der gedankenlosen Übertretung des Gesetzes die überlegte, in der Besinnung auf eine höhere Norm erfolgte Übertretung des Gesetzes gegenübergestellt. Soviel also vom kriminalpsychologischen Begriffe des Überzeugungsverbrechers.

Nun von seiner kriminalpolitischen Relevanz. Herr Kollege Kohlrausch sagt in seinen Leitsätzen, die Beurteilung des Überzeugungsverbrechers als eines kriminalpsychologischen Sondertypus würde gesetzestechnisch zur Voraussetzung haben, daß auch alle anderen kriminalpsychologischen Sondertypen tatbestandlich anerkannt würden. Nein, nur die kriminalpsychologischen Sondertypen müßten tatbestandsmäßig anerkannt werden, die eine strafrechtliche Sonderbehandlung erfordern. Nun freilich hat Herr Kollege Liepmann, der sich die Bekämpfung des neuen Begriffes Überzeugungsverbrecher ganz besonders hat angelegen sein lassen, sich dabei zu einem Satz heraufgesteigert, der eigentlich seine Kritik in sich selbst enthält: „Dem Staat ist in der Sphäre der modernen Strafjustiz die Überzeugung des Verbrechers ebenso gleichgültig wie seine animalischen oder sexuellen Triebkräfte." Gewiß, einen richtigen Kern hat diese merkwürdige Äußerung, den Kern nämlich, daß der Überzeugungsverbrecher keineswegs weniger gefährlich als der Gemeinverbrecher; im Gegenteil, tief in der Überzeugung verankert, ist seine Gesinnung oft viel gefährlicher als die des Gemeinverbrechers. Ich will deshalb auch nicht für eine mildere, sondern nur für eine andersartige Behandlung des Überzeugungsverbrechers eintreten, und diese andersartige Behandlung des Überzeugungsverbrechers ergibt sich daraus, daß die meisten Strafzwecke, die wir beim Gemeinverbrecher anerkennen, gegenüber dem Überzeugungsverbrecher von vornherein ausscheiden.

Da ist zunächst der Vergeltungsgedanke. Will man an dem Vergeltungsgedanken überhaupt dem Gemeinverbrecher gegenüber festhalten, dem Überzeugungsverbrecher gegenüber scheidet er jedenfalls aus. Denn Vergeltung fordert, daß der vergeltende Staat dem Verbrecher mit sittlicher Überlegenheit gegenübertritt. Und Vergeltung führt nur dann zum Ziel, wenn sich auf der anderen Seite, in dem, welcher sie erfährt, eine Sühne vollzieht. Sühne aber setzt auf seiten des Straffälligen Schuldbewußtsein, Bewußtsein der Minderwertigkeit voraus. Der Gemeinverbrecher hat dieses Schuld- und Minderwertigkeitsgefühl, dieses soziale Defektbewußtsein schon deshalb, weil er die Norm, die er übertritt, selber zugleich anerkennt. Dem Gemeinverbrecher tritt der Staat als die Verkörperung seines besseren Selbst, mit einer für ihn erkennbaren und von ihm anerkannten sittlichen Überlegenheit gegenüber. Ganz anders der Überzeugungsverbrecher. Dieser fühlt sich nicht als Minderwertiger und ist auch nicht ein Minderwertiger; er ist lediglich ein Andersdenkender. In seiner Gestalt tritt dem Recht nicht das Unrecht gegenüber, sondern die unwiderlegbare Ansicht von einem höheren Recht. Ihm kann der Staat nicht vergeltend wie einem Schuldigen gegenübertreten, sondern nur kämpfend wie einem Gegner.

Aus denselben Gründen wie der Vergeltungsgedanke scheidet nun auch der Besserungsgedanke aus. Besserung setzt, wie Vergeltung, voraus, daß in dem zu Bessernden zunächst das Gefühl der eigenen, wenigstens sozialen Minderwertigkeit erweckt wird; sonst hätte er ja keinen Anlaß, sich zu bessern. Auf der anderen Seite setzt Besserung voraus, daß derjenige, der bessern will, auch besser ist als derjenige, der gebessert werden soll. Auch der bessernde Staat, wie der vergeltende Staat, muß dem Verbrecher mit sittlicher Überlegenheit entgegenzutreten in der Lage sein. Kollege Liepmann, den ich schon zu zitieren Anlaß hatte, hat das in seiner Bekämpfung des Überzeugungsverbrechers auch grundsätzlich anerkannt; denn er sagt: „Natürlich darf der Staat nur dann einen Verbrecher einsperren, wenn er für seine Normen den Charakter sittlicher Überlegenheit in Anspruch nimmt"; er fährt aber fort: „Nicht dafür wird der Überzeugungsverbrecher bestraft, daß er andere Überzeugungen hat wie der strafende Staat, sondern daß er durch solche Überzeugungen sich zu Angriffen gegen schutzwürdige Interessen von Staat und Gesellschaft hat hinreißen lassen". Also: die englischen Kriegsdienstverweigerer werden nicht bestraft, weil sie die Überzeugung haben, daß Kriegsdienstverweigerung Pflicht ist; sie werden aber dafür bestraft, daß sie sich durch dieses Pflichtgefühl dazu haben „hinreißen" lassen, mit der Kriegsdienstverweigerung auch wirklich Ernst zu machen, und in dieser Forderung eines Widerspruchs zwischen der Überzeugung und der Tat liegt die sittliche Überlegenheit, mit der der Staat dem Überzeugungsverbrecher gegenübertritt! Nein, meine Damen und Herren, der Überzeugungsverbrecher ist kein Minderwertiger; er ist bloß ein Andersdenkender, weder besserungsbedürftig noch besserungsfähig. Seine Überzeugung, auf Gründe gestützt, kann nur durch Gründe widerlegt werden. Er kann zwar eines Besseren belehrt werden, aber er kann nicht gebessert werden. Wir achten den Überzeugungsverbrecher, der mit ungebeugtem Nacken die Strafanstalt verläßt. Wenn durch die Strafe ein Überzeugungsverbrecher gebrochen wird, so sehen wir darin keineswegs eine Besserung. Nur dann reden wir beim Überzeugungsverbrecher von einer Besserung, wenn er nicht durch die, sondern in der Strafhaft von selbst zu einer besseren Einsicht gekommen ist. Ein so feinsinniger Gefängnispraktiker wie Ellger hat in seiner Gefängniskunde das sehr schön ausgedrückt, wo er von den Überzeugungsverbrechern sagt: „Die erziehlichen Aufgaben des Strafvollzugs werden sich bei ihnen darauf beschränken müssen, daß er ihnen durch seine Gerechtigkeit und Menschlichkeit den Beweis liefert, daß der Staat und seine Einrichtungen sittliche Faktoren sind, die nicht nur Achtung beanspruchen, sondern auch verdienen". Nicht also durch bewußte Besserungseinwirkung, sondern nur durch die Ritterlichkeit des Strafvollzugs kann allenfalls ein Gesinnungswechsel des Überzeugungsverbrechers herbeigeführt werden, und nur dann ist er sittlich gerechtfertigt.

Es scheidet also aus die Besserung, es scheidet aus die Vergeltung, und schließlich scheidet auch aus der Abschreckungsgedanke. Wir sollten uns durch die geschichtlichen Erfahrungen in der Zeit der Demagogenverfolgung, des Kulturkampfes, des Sozialistengesetzes darüber klar geworden sein, daß man durch abschreckende Strafe Märtyrer macht, und daß man dadurch, daß man Märtyrer macht, nicht gegen eine Idee abschreckend wirkt, sondern für diese Idee wirbt. Es wird heute niemandem mehr zweifelhaft sein können, daß das Zuchthausurteil gegen Karl Liebknecht ungeheure agitatorische Wirkungen im Sinne der Spartakusbewegung gehabt hat. Abschreckend wirkt man auf Gleichgesinnte durch Abschreckungsstrafen gegen Überzeugungsverbrecher nicht, aber man richtet großen Schaden am allgemeinen Rechtsbewußtsein an. Garçon hat einmal gesagt: „Wenn man einen Menschen ins Gefängnis schickt, den das allgemeine Gewissen nicht brandmarkt, so rehabilitiert er dieses Gefängnis". Wir haben es in der Tat in den letzten Jahren oft erleben müssen, daß Gemeinverbrecher ihre Strafe für ein Martyrium ausgaben und damit Glauben fanden, weil man sich leider daran gewöhnt hat, wirkliche Märtyrer der Überzeugung in den Gefängnissen zu sehen.

Nein, nicht durch möglichste Überspannung der staatlichen Strafgewalt hat man auf das Überzeugungsverbrechen zu reagieren, sondern durch weiseste Beschränkung auf das Nötige, und das Nötige ist dies, dem Überzeugungsverbrecher die Notwehr des Staates entgegenzusetzen, die einstweilige Ausschaltung des Überzeugungverbrechers aus dem Kampfe gegen die bestehenden Verhältnisse. Die Aufgabe der Strafe gegenüber dem Überzeugungsverbrecher ist der Kriegsgefangenschaft vergleichbar, und es ist kein Zufall, daß die bisherige Strafe gegen den Überzeugungsverbrecher — die Festungshaft — einen militärischen Namen führt. Wie die Kriegsgefangenschaft, soll die Strafe des Überzeugungsverbrechers dazu dienen, ihn eine Zeit lang aus dem Kampfe auszuscheiden, ihn vom politischen Kampffelde zu entfernen. Und wie die Kriegsgefangenschaft endet mit dem Kriege, so endet auch die Strafe des Überzeugungsverbrechers dann, wenn er durch eine Veränderung der Lage ungefährlich geworden ist. Das ist der Sinn der häufigen Amnestien für politische Verbrecher, die ich an anderer Stelle einmal als „Meilensteine am Wege der Revolution" bezeichnet habe; sie markieren, daß ein geschichtlicher Abschnitt der Revolution zu Ende ist, daß bestimmte, ehemals gefährliche Leute nunmehr ungefährlich geworden sind, daß nach der Festigung der politischen Verhältnisse ihre politische Kriegsgefangenschaft überflüssig geworden ist. Mit anderen Worten: die Strafen bezwecken gegenüber dem Überzeugungsverbrecher nicht Vergeltung, bezwecken nicht Besserung, bezwecken auch nicht Abschreckung, sondern lediglich Sicherung. Die Strafe gegenüber dem Überzeugungsverbrecher ist unter dem Namen einer Strafe nichts anderes als eine sichernde Maßnahme, eine Notwehr-, eine Kampfmaßnahme des Staates gegen Gegner der bestehenden Verhältnisse.

Man hat in einer solchen Behandlung des Überzeugungsverbrechers — und auch Herr Kollege Kohlrausch hat das in seinen Ausführungen getan — eine Selbstverneinung des Staats- und Rechtsgedankens finden wollen. Nein, meine Damen und Herren, nicht eine Selbstverneinung des Staates, sondern jene Selbstbescheidung, die im Wesen des demokratischen Staates gelegen ist. Der demokratische Staat ist nicht aufgebaut auf der Annahme einer beweisbaren und eindeutigen politischen Wahrheit; er kennt nur Mehrheitsansichten und Minderheitsansichten über die niemals eindeutig beweisbare politische Wahrheit. Gegen Minderheitsansichten, die sich gewaltsam gegen ihn auflehnen, muß er seine Macht anwenden; er muß solche gegnerischen Anschauungen sich unterwerfen, ihm steht es aber nicht an, solche Anschauungen zu demütigen, als seien sie Frevel.

Wie hat sich das geltende Recht zum Gedanken des Überzeugungsverbrechers gestellt? Ich möchte mit allem Nachdruck betonen, daß der einzige Paragraph, der sich in der Nähe dieses Gedankens zu bewegen scheint, der § 20 des Strafgesetzbuchs, mit dem jetzigen Vorschlag hinsichtlich des Überzeugungsverbrechers nicht das mindeste zu tun hat. Es scheiden infolgedessen alle die Forderungen, die schon vor Jahren Kollege van Calker auch auf dem Juristentage geltend gemacht hat, und ebenso die Gegengründe, die dagegen Franz v. Liszt vorgebracht hat, aus. § 20, der bekanntlich für die Wahl zwischen Zuchthaus und Gefängnis vorsieht, daß auf Zuchthaus nur bei ehrloser Gesinnung zu erkennen sei, beruht auf drei Gedanken. Der erste Gedanke ist der: es gibt entehrende Strafen, insbesondere auch Strafen, die notwendig einen Rechtsverlust herbeiführen; der zweite Gedanke: es gibt Verbrecher, die Ehrenmänner sind, und der dritte: für solche Verbrechen muß eine custodia honesta zur Verfügung gestellt werden. In allen drei Punkten weicht der § 71 des Entwurfs von dem § 20 des Strafgesetzbuchs ab. Zunächst: § 20 des Strafgesetzbuchs macht die Anwendung der Festungshaft abhängig von nicht ehrloser Gesinnung des Täters. Beachten wir nebenbei, daß der Begriff der nicht ehrlosen Gesinnung weiter ist als der Begriff des Überzeugungsverbrechers. Jemand, der aus Mitleid einen Schwerkranken auf dessen Verlangen tötet, jemand, der mit beleidigender Schärfe wirklich begangene Gemeinheiten rügt, jemand, der aus berechtigtem Zorn gegen den Verletzer seiner Ehre entweder zu Gewalttätigkeiten oder zum Zweikampfe schreitet, sie alle handeln nicht aus ehrloser Gesinnung; überzeugungsverbrecher sind sie aber nicht. Das, was hier eigentlich interessiert, aber ist, daß „ehrlose Gesinnung" ein Werturteil ist, der Überzeugungsverbrecher dagegen einen psychologischen Typus darstellt. „Ehrlose Gesinnung" ist ein Werturteil, verweist den Richter geradezu auf seine eigene, höchst persönliche Wertung und bringt so die Gefahr mit sich, daß die politische Weltanschauung des Richters sich in die Rechtsprechung einmengt und daß der Richter wenigstens dem Vorwurf ausgesetzt wird, als sei dies geschehen. Schon durch das vorzügliche Buch von Dr. Guckenheimer über den „Begriff der ehrlosen Gesinnung im Strafrecht" ist an Einzelfällen dargelegt worden, daß der Begriff der ehrlosen Gesinnung strafrechtlich unpraktikabel ist. Ich befinde mich in dieser Hinsicht in Übereinstimmung mit meinem Korreferenten, Prof. Kohlrausch, und bin, wie er wohl auch, durch die Ausführungen des Prof. Kadecka in unserer Zeitschrift eines besseren nicht belehrt worden. Mit dem Begriff der ehrlosen Gesinnung ist nicht zu arbeiten. Der Begriff der ehrlosen Gesinnung oder des achtungswerten Beweggrundes oder was sonst an dessen Stelle gesetzt werden mag, ist für das künftige Strafrecht aber auch überflüssig geworden. Bei nicht ehrloser Gesinnung besondere Strafen zu fordern, war nur dadurch nötig geworden, daß die ordentliche Strafe entehrend wirkt. Nun ist es aber der Grundgedanke des Entwurfs, daß es in Zukunft entehrende Strafen nicht geben, daß auch die Zuchthausstrafe, wenigstens von Rechts wegen, nicht entehrend wirken soll. Der Entwurf hat diesen Gedanken freilich nicht so folgerichtig durchgeführt, wie es der Entwurf in der Gestalt tat, in der er 1922 dem Reichskabinett vorgelegt wurde. Der ehemalige Entwurf stand auf dem Standpunkt, daß das Zuchthaus zu beseitigen und durch eine Strafe — „strenges Gefängnis" — zu ersetzen sei, die keinerlei Rechtsverlust herbeiführe. Jetzt ist das Zuchthaus wiederhergestellt, und das Zuchthaus soll auch gewisse Rechtsverluste zur Folge haben, die freilich der Entwurf als Ehrenwirkungen nicht aufgefaßt wissen will. Dem Grundgedanken des Entwurfs entspricht es also, daß es entehrende Strafen künftig nicht mehr geben soll, so daß es einer besonderen nicht entehrenden Strafe für die faktisch ehrlose Gesinnung nicht bedarf. Bisher wurde für Taten aus nicht ehrloser Gesinnung die Festungshaft als custodia honesta vorgesehen. Diese custodia honesta ist entstanden als eine Strafe für honestiores, für Angehörige der höheren Stände, und sie hat in der öffentlichen Meinung diesen Charakter doch nicht ganz abgestreift. Man hat sich daran gewöhnt, in der Festungshaft eine „bessere" Strafe für wohlgekleidete Herren zu sehen, für Duellanten, für Redakteure und dgl.; man hat sich nur schwer daran gewöhnen können, daß auch Angehörige anderer Klassen in die Festungshaft Eingang fanden, zumal wenn sie schon anderweitige Vorstrafen erlitten hatten. Diese Auffassung, die begründet ist in der historischen Entstehung der custodia honesta, wird sofort wegfallen, wenn an ihre Stelle die Einschließung tritt. Die Einschließung ist keine custodia honesta, keine Strafe, die in sich eine Ehrenerklärung enthält und darin ihr Wesen hat; sondern sie ist ganz einfach eine Freiheitsstrafe, die zum Unterschied von anderen Freiheitsstrafen nicht den Abschreckungszweck, nicht den Besserungszweck, nicht den Vergeltungszweck hat, sondern lediglich dem Sicherungszweck dient und einer sichernden Maßnahme viel ähnlicher sieht als einer Strafe.

Also: mit dem § 20 des Strafgesetzbuchs hat der § 71 des Entwurfs aber auch gar nichts zu tun. § 71 des Entwurfs hat andere Väter, nämlich das französische Recht und den italienischen Entwurf. Frankreich, das auf dem Gebiete des Überzeugungsverbrechers reiche Erfahrungen hat, hat ein eigenes Strafensystem für politische Verbrecher; es werden hier die délits politiques von den délits de droit commun unterschieden und für jede der beiden Gruppen wird eine eigene Stufenleiter von Strafen aufgestellt. Der italienische Entwurf Enrico Ferris unterscheidet ebenfalls zwei Klassen, die delitti politico sociali und die delitti communi, und zwar je mit einem besonderen Strafensystem. Es ist ein Fortschritt des italienischen Entwurfs über das französische Recht hinaus, daß er neben den politischen Verbrechern die sozialen Verbrecher nennt, also nicht nur Verbrechen im politischen Kampfe der besonderen Strafhandlung unterwirft, sondern z. B. auch Verbrechen im gewerkschaftlichen Kampfe. Dennoch glaube ich, daß auch die Fassung des italienischen Entwurfs nicht ausreicht. Der Gedanke der politisch-sozialen Verbrechen ist nur der historische Durchbruchspunkt — um mit Ihering zu reden —, durch den ein allgemeiner Rechtsgedanke in die Wirklichkeit eindringt; dieser allgemeine Rechtsgedanke verlangt eine Sonderbehandlung nicht, weil der Verbrecher sich gerade auf politischem oder sozialem Gebiete betätigt hat, sondern weil diese Betätigung seiner politischen oder sozialen Überzeugung entsprungen ist. Nicht der politische oder soziale Verbrecher, sondern der Überzeugungsverbrecher ist es, der mit dieser Sonderbehandlung gemeint ist; und dem trägt unser § 71 Rechnung, indem er neben den politischen auch den religiösen, den sittlichen Überzeugungsverbrecher nennt, — denken Sie an den vorher aufgeführten Fall des Sohnes, der seinen gewalttätigen Vater umbringt, um seine Mutter vor ihm zu retten. Es wird dabei nicht verkannt, daß auch der politische und der religiöse Überzeugungsverbrecher aus sittlichen Motiven handelt: politische und religiöse Pflichtmotive sind sittliche Motive genau so wie die anderen sittlichen Motive; es wird andererseits auch nicht verkannt, daß in politischen und religiösen Motiven sich die sittliche Überzeugung nicht erschöpft: es gibt auch Überzeugungsverbrecher aus wissenschaftlicher Überzeugung — der Impfgegner gehört z. B. hierher —; es gibt Überzeugungsverbrecher aus künstlerischer Überzeugung — ich könnte mir denken, daß jemand aus künstlerischer Überzeugung einen Theaterskandal herbeiführt. Alle diese Motive fallen unter den weiteren Begriff der sittlichen Überzeugung, da die religiöse wie die politische, die wissenschaftliche wie die künstlerische Glossierung, wenn sie zum Motiv der Handlung wird, in sittliche Pflicht ausmündet. Ich habe es trotzdem für richtig gehalten, daß der Entwurf neben der sittlichen Überzeugung — damit man weiß was vorwiegend gemeint ist — die Sonderfälle der politischen und der religiösen Überzeugung ausdrücklich namhaft macht.

Daß nur die Überzeugung einer höheren P f l i c h t, nicht auch die Überzeugung eines höheren R e c h t s die Sonderbehandlung herbeiführt, dürfte wenig Widerspruch finden. Um so mehr Widerspruch hat gefunden, und zwar mit Recht gefunden, daß der Entwurf fordert, die Pflichtüberzeugung müsse das ausschlaggebende Motiv des Täters gewesen sein. Das ist eine unmögliche Aufgabe für den Richter, festzustellen, welches Motiv das ausschlaggebende gewesen ist — vermögen wir doch vielfach nicht einmal selbst zu erkennen, welches unter mehreren Motiven das entscheidende war. Auch der italienische Entwurf nimmt diesen Standpunkt ein und fordert deshalb, daß die Tat a u s s c h l i e ß l i c h aus Beweggründen des politischen oder des Gesamtinteresses begangen ist, und im Gegensatz zur Fassung des deutschen Entwurfs selbst schließt sich die Begründung, freilich im Widerspruch mit dem Gesetzestexte, dem an, wenn sie sagt, daß, „sobald auch niedrige Beweggründe, wie Machtgier, Eigennutz, Habsucht oder Grausamkeit auf den Täter Einfluß hatten, für die Anwendung der Vorschrift des § 71 kein Raum mehr" sei. Meine Damen und Herren! Wenn man diesen Standpunkt akzeptiert, ausschließlich sittliches Motiv, dann gibt es überaupt, wie Menschen einmal sind, keine Überzeugungsverbrecher; denn in jedes sittliche Motiv mengt sich unversehens irgend eine, sagen wir, weniger sittliche Bewertung ein. Ich halte es deshalb sowohl für unmöglich, die Pflichtüberzeugung als ausschlaggebendes Motiv zu fordern, wie die Pflichtüberzeugung als ausschließliches Motiv zu fordern, und es bleibt, wie mir scheint, nur folgender Weg übrig: man frage nicht nach dem Anteil, den dieses oder jenes Motiv an diesem Einzelereignis hatte. Herr Generalprokurator Höpler hat vollkommen richtig ausgeführt, daß nach den Gedanken, die im Rahmen der strafrechtlichen Kausaltheorie entwickelt worden sind, von einem ausschlaggebenden Motiv auch begrifflich nicht die Rede sein könne. Man frage also nicht nach dem kausalen Anteil des einen oder anderen Motivs an der Einzeltat; sondern man frage nach dem Anteil, den jene Überzeugung überhaupt an dem Innenleben des Täters hat. Ich möchte den Begriff des Überzeugungsverbrechers etwa dahin formulieren, daß der Täter von seiner Überzeugung übermächtig beherrscht gewesen sein müsse. Diese Definition des Überzeugungsverbrechers findet das Vorbild in der Entscheidung des Staatsgerichtshofs zum Schutze der Republik vom 14. März 1925 in der Strafsache Neufeld, in der der Begriff des ausschlaggebenden Beweggrundes mit Rücksicht auf § 52 der Grundsätze für den Vollzug der Freiheitsstrafen dahin erläutert wird, „daß die dem Täter durch seine politische Überzeugung aufgedrängte Gedankenrichtung ihn so völlig beherrscht, daß sich in ihm der Gedanke festsetzt, er dürfe nicht anders handeln, als er gehandelt hat."

Meine Damen und Herren! Man hat gegen die Praktikabilität einer solchen Begriffsbestimmung des Überzeugungsverbrechers schwere Bedenken erhoben. Solche Bedenken gegen die Praktikabilität hat man durch die ganze Strafrechtsgeschichte hindurch noch stets erhoben, wenn es galt, feinere psychologische Unterscheidungen neben dem äußeren Tatbestand zur Geltung zu bringen. Gibt es denn nicht in unserem Strafgesetzbuche Begriffsbestimmungen, die an den Richter genau so schwere psychologische Anforderungen stellen wie der Begriff des Überzeugungsverbrechers? Ist der Begriff des bedingten Vorsatzes etwa leichter zu handhaben? Hat man nicht unter demselben Grundsatz der Praktikabilität Jahrzehnte hindurch das Vorsatzerfordernis des Bewußtseins der Rechtswidrigkeit bekämpft, genau mit denselben Gründen, wie jetzt den Überzeugngsverbreucher? Man sagt: ja, dann will jeder Mensch ein Überzeugungsverbrecher sein. Man hat früher gesagt: dann will jeder ohne das Bewußtsein der Rechtswidrigkeit gehandelt haben. Trotzdem hat der Entwurf diese Bedenken überwunden und zum Vorsatz das Bewußtsein des Unerlaubten gefordert. Er hat noch eine ganze Reihe weiterer Begriffe eingeführt, die dem Richter ebenso große psychologische Schwierigkeiten machen; denken Sie an die Bestimmungen über die

Strafzumessung, denken Sie an die Feststellung, ob jemand Gewohnheitsverbrecher, ob jemand vermindert zurechnungsfähig ist; denken Sie besonders auch an den Begriff der mildernden Umstände, der es dem Richter auferlegt, zu unterscheiden, welche Motive von außen gekommen sind, welche aus der Gesinnung des Täters erwachsen sind. Wenn man gegen den Begriff des Überzeugungsverbrechers sich wendet, dann muß man sich mit denselben Gründen gegen sämtliche wesentlichen Neuerungen der Strafrechtsreform wenden. Das ist ja leider in der letzten Zeit auch nachdrücklich geschehen. Es ist die Frage der Ermessensfreiheit des Richters im Zusammenhang gebracht worden mit der Vertrauenskrise der Justiz.

Meine Damen und Herren! Die Strafrechtsreform und die Vertrauenskrise berühren sich; ich würde es aber für das Bedenklichste halten, wenn man die Strafrechtsreform und die Vertrauenskrise miteinander unlösbar verketten wollte. Das hieße, eine Jahrhundertfrage mit einer Tagesfrage verkoppeln. Ich stehe nicht in dem Verdacht, daß ich in Bezug auf die Lösung der Vertrauenskrise Optimist bin; ich muß aber trotzdem sagen, daß wir zur Überwindung der Vertrauenskrise einen mächtigen Mithelfer haben, und das ist die Zeit; die Festigung unserer Verhältnisse wird als Hauptmittel dienen, die Vertrauenskrise zu überwinden. Und wenn ich recht sehe, ist die Überwindung der Vertrauenskrise bereits im Gange. Ich möchte daran erinnern, was vor vier Jahren über diese Krise gesagt worden ist. In Bamberg noch hat ein hoher Beamter, der den Juristentag begrüßte, die Kritik an der Justiz als ein „hysterisches Geschrei" bezeichnet. Beachten Sie, was in diesem Jahre an ernsten Mahnungen von unserem ehrwürdigen Vorsitzenden Kahl, an nachdrücklichen Worten von dem Herrn Reichsjustizminister selbst ausgesprochen ist, so werden Sie anerkennen: die Einsicht ist auf dem Marsche — und die Krankheits-Einsicht ist schon fast die Heilung. Infolgedessen bin ich der Meinung, daß man die Strafrechtsreform am wenigsten in dem Stadium, in dem sie sich jetzt befindet, durch festlegende Beschlüsse verzögern sollte, welche die Lösung der Vertrauenskrise zur Bedingung einer Strafrechtsreform machen, an die Strafrechtsreform zu knüpfen, da deren Grundgedanken doch gerade den Auffassungen derjenigen entsprechen, die ihr jetzt die Vertrauensfrage als Hindernis in den Weg legen wollen. Doch das nur nebenbei!

In diesem Zusammenhange ist nun folgendes festzustellen: wenn man gegen den Begriff des Überzeugungsverbrechers ist, muß man aus demselben Grunde gegen unsere Strafrechtsreform überhaupt sein, weil jener Begriff keine größeren Schwierigkeiten bietet als alle Reformgedanken der jetzigen Strafrechtsreform.

Meine Damen und Herren! Man hat die Frage aufgeworfen: ist denn der Überzeugungsverbrecher überhaupt an äußeren Merkmalen erkennbar? Ich möchte nur Beispiele geben, ganz unverbindliche Beispiele. Ich bitte Sie, dabei an die politischen Morde der vergangenen Jahre zu denken. Wenn auf der einen Seite jemand einen politischen Mord begangen hat und bereit ist, die Konsequenz auf sich zu nehmen, sich den Behörden stellt, nun, dann ist er ein Überzeugungsverbrecher; wenn er aber nach der Tat feige floh, dann besteht die Vermutung gegen ihn, daß er kein Überzeugungsverbrecher war. Wenn jemand sich sorgfältig die Kenntnis des Wesens der von ihm bekämpften Person beschafft hat, spricht alles dafür, daß er ein Überzeugungsverbrecher war; wenn aber jemand ohne jede Kenntnis von der öffentlichen Wirksamkeit eines Mannes, vielleicht auf Grund von Gerüchten die Tat begangen hat, besteht die Vermutung, er sei kein Überzeugungsverbrecher. Wenn jemand aus schwer errungener eigener Gesinnung seine Tat begangen hat, ist er Überzeugungsverbrecher; wenn jemand zu seiner Entschuldigung behauptet: ich gehorchte dem Befehl, ich tat es nur, weil es mir befohlen wurde, nun, dann ist er eben kein Überzeugungsverbrecher. An solchen Beispielen möchte ich Ihnen zeigen, daß es gewisse sehr deutliche äußere Merkmale gibt, an denen man den Überzeugungsverbrecher vom Gemeinverbrecher zu unterscheiden in der Lage ist.

Der Begriff des Überzeugungsverbrechers soll Einfluß haben nur auf die Freiheitsstrafe. Die Freiheitsstrafe ist es vorwiegend, die dem Besserungszwecke dient. Wir wissen, daß dieser Zweck bei dem Überzeugungsverbrecher ausscheidet; er verfällt einer besonderen Freiheitsstrafe, der Einschließung, übrigens auch da, wo eine Freiheitsstrafe als Ersatzstrafe für Geldstrafe in Frage kommt. Wo dagegen lediglich auf Geldstrafe erkannt war, wo also selbstverständlich der Besserungszweck nicht in Frage kommt, ist eine differenzierende Behandlung des Überzeugungsverbrechers nicht vorgesehen. Auf der anderen Seite sieht der Entwurf keine Differenzierung da, wo Todesstrafe angedroht ist, vor. Das ist besonders deshalb zu bemerken, weil Art. 65 Abs. 1 der schweizerischen Bundesverfassung genau den entgegengesetzten Standpunkt hat, daß auf politische Verbrecher die Todesstrafe niemals zur Anwendung kommen soll. Ich stelle aber das Problem der Todesstrafe für Überzeugungsverbrecher deshalb nicht zur Besprechung, weil es mit dem Problem der Todesstrafe überhaupt im Zusammenhang steht. Sie wissen, daß der Entwurf in der Gestalt, in der er 1922 dem Reichstag vorgelegt wurde, die Todesstrafe beseitigt hatte, sie beseitigen mußte, schon, weil dieser Entwurf ein deutsch-österreichisches Strafgesetzbuch werden sollte und die österreichische Verfassung die Todesstrafe ausschließt. Ich bin überzeugt, daß dieselbe Notwendigkeit im weiteren Verlaufe der Reformbewegung dazu führen wird, für das gemeinsame Strafgesetzbuch die inzwischen wieder in den Entwurf hineingenommene Todesstrafe erneut auszuschalten. Ich sehe also keinen Anlaß, das Sonderproblem der Todesstrafe für Überzeugungsverbrecher einer besonderen Besprechung zu unterwerfen.

Innerhalb dieses Bereiches wird die Entschließung im § 71 durch Mußvorschrift angeordnet. Es ist vielfach der Wunsch geäußert worden, man solle für den Überzeugungsverbrecher die Einschließung nicht vorschreiben, sondern nur zulassen. Ich fände das verhängnisvoll. In dem Momente, wo der Richter, der auf Einschließung erkennt, nicht eine Mußvorschrift hinter sich hat, in dem Moment, wo der Richter, der nicht auf Einschließung erkennt, auf Grund Ermessens gehandelt hat, wäre er dem Vorwurf der Klassenjustiz preisgegeben. Wenn die Vorschrift also in das Strafgesetzbuch aufgenommen werden soll, so ist sie politisch nur als Mußvorschrift erträglich.

Meine Damen und Herren! Der Herr Kollege Kohlrausch hat in seinen Thesen die Sonderbehandlung des politischen Verbrechers auf bestimmte Tatbestände positiv umgrenzen wollen. Ich halte es für unmöglich, positiv diejenigen Tatbestände auszuscheiden, bei denen die Berücksichtigung der Überzeugung am Platze ist, und in welche Schwierigkeiten man dabei gerät, möchte ich an den Thesen des Herrn Kollegen Kohlrausch selber darlegen. Unter den Delikten, für die er die Behandlung als Überzeugungsverbrecher zulassen will, befindet sich auch die Beschimpfung der Reichsfarben; die Beschimpfung von Personen, die Beleidigung, befindet sich nicht darunter. Das gibt ein sehr schlechtes, politisches Bild, wenn derjenige, der das Symbol des Reiches beschimpft hat, wenn das aus Überzeugung geschehen ist, nur mit Einschließung bestraft wird, derjenige aber, der irgendeinen noch so exponierten Politiker bekämpft und beschimpft hat, wegen Beleidigung mit der gemeinen Strafe belegt wird. Ich möchte an diesem Beispiele nur zeigen, daß es vollkommen ausgeschlossen ist, positiv den Anwendungsbereich der Sonderbehandlung des Überzeugungsverbrechers zu begrenzen. Ich halte es nun aber, und zwar im Gegensatz zu dem Entwurf, sehr wohl für möglich, daß negativ eine Reihe von Tatbeständen aus der Behandlung des § 71, von der Anwendung der Einschließung ausgenommen wird; es sollte sich doch der Gesetzgeber die ihm durch § 71 gebotene Möglichkeit, auf die Kampfmittel des politischen Kampfes Einfluß zu gewinnen, nicht entgehen lassen. Indem der Gesetzgeber aus § 71, von dem Anwendungsbereich der Einschließung eine Reihe von Tatbeständen ausnehmen würde, würde er gewissermaßen ein Kriegsrecht des inneren Kampfes schaffen; er würde einerseits Tatbestände unterscheiden, die im politischen Kampfe zwar nicht zulässig sind, aber nur mit Einschließung belegt werden, und würde ihnen andererseits unbedingt gemeine Verbrechen entgegenstellen, die in allen Fällen der gemeinen Strafe verfallen. Die Aussonderung der vom § 71 auszunehmenden Fälle ist nun freilich außerordentlich schwierig. Soll man z. B. den politischen Mord ausschalten? Der vollendete politische Mord ist schon jetzt von der Anwendung des § 71 ausgenommen, weil er der Todesstrafe unterfällt. Dagegen könnte Mordversuch, Mordbeihilfe nach § 71 unter Umständen mit Einschließung geahndet werden. Es wäre zu erwägen, ob man nicht den politischen Mord als Kampfmittel schlechthin brandmarken und gänzlich ausschalten sollte. Aber auch dann kommt man in Schwierigkeiten. Wir wollen nicht hoffen, daß ein solcher Fall wiederkehrt; aber, denken Sie an den mitteldeutschen Aufstand. Sollte man da alle die, die im Kampfe geschossen haben, als Mörder wegen Mordversuchs mit gemeiner Strafe belegen? Sie wissen, daß das Reichsgericht diese Ansicht abgelehnt hat, und zwar dadurch, daß es die im Rahmen eines Hochverratsunternehmens begangenen Kampfhandlungen gegen die Staatsgewalt und die öffentliche Ordnung als durch den Hochverrat konsumiert ansieht. Wenn die Rechtsprechung des Reichsgerichts aufrecht erhalten bliebe, wäre es möglich, die Tötung dem Anwendungsbereich des § 71 zu entziehen. Man könnte ferner daran denken, daß Brandstiftung, Sprengstoffdelikte, Eisenbahnattentate, Brunnenvergiftung und Plünderung, soweit sie nicht Kampfhandlungen sind und damit in dem allgemeinen Hochverratsbegriff aufgehen, von dem § 71 ausgenommen werden sollen. Dagegen würde ich nicht dem Vorschlag des Herrn Kollegen Kohlrausch folgen, den Landesverrat vom Geltungsbereich des § 71 auszuschließen. Das ist so lange nicht möglich, als der Landesverratsbegriff von der Rechtsprechung des Reichsgerichts so überspannt wird, daß auch anständige Leute in die Lage kommen können, wegen Landesverrats bestraft zu werden. So können wohl einzelne Tatbestände vom § 71 ausgenommen werden; doch diese Tatbestände auszuwählen, dazu würde es einer langen Erwägung bedürfen.

Weiter ist die Frage zu erörtern, ob die Sonderbehandlung im Strafurteil ausgedrückt oder dem Strafvollzug überlassen werden soll. In letzterem Sinne gilt bekanntlich auf Grund des § 52 der Grundsätze für den Vollzug der Freiheitsstrafen, der den Begriff des Überzeugungsverbrechers aus § 71 des Entwurfs vorweggenommen hat, die Berücksichtigung des Überzeugungsverbrechers schon heute. Ich kann nicht sagen, daß diese Bestimmung sich bewährt hat; sie hat dazu geführt, daß die Gefangenen einfach nicht verstehen, warum der eine, der doch dieselbe Strafart hat, wie der andere, die ganz andere Form verbüßen darf, und es haben sich schwere Gegensätze, kriminelle und politische, aus diesem § 52 ergeben. § 52 ist ein unentbehrlicher Notbehelf, aber auch nicht mehr als ein Notbehelf. In Wirklichkeit schafft er unter dem Schein einer Strafvollzugsverordnung eine neue Freiheitsstrafform. Mit diesem Gedanken gilt es Ernst zu machen. Es ist nötig, den § 52 der Strafvollzugsgrundsätze im Sinne des § 71 des Strafgesetzentwurfs weiter zu bilden, also an die Stelle einer bloßen Vollzugsform eine neue Strafart zu setzen, d. h. die Einschließung zu schaffen, die ihren Namen übrigens führt nach den Bestimmungen des preußischen Strafgesetzbuchs von 1851.

Meine Damen und Herren! Die Sonderbehandlung des Überzeugungsverbrechers bezieht sich lediglich auf die Strafart. Während in der Strafart die Überzeugung des Verbrechers ihre Würdigung findet, wird das Strafmaß allein nach der Gefährlichkeit des Überzeugungsverbrechers zu bemessen sein, und der Überzeugungsverbrecher ist, wie gesagt, unter Umständen viel gefährlicher als der Gemeinverbrecher. Es sind mit Recht Zweifel erhoben worden, ob mit Wirkung für das Strafmaß dem Überzeugungsverbrecher überhaupt mildernde Umstände zugebilligt werden können. Nach dem Wortlaut des Gesetzes ist das möglich. Nach dem Wortlaut der Bestimmung des Gesetzes liegen mildernde Umstände dann vor, wenn die Tat überwiegend auf Umständen beruht, die dem Täter nicht zum Vorwurf gereichen. Versteht man das ethisch, so würden dem Überzeugungsverbrecher mildernde Umstände zugestanden werden können. Aber die Begründung des Entwurfs will diese Formel nicht im ethischen, sondern im rein psychologischen Sinne verstanden wissen, danach, ob die Tat mehr in der Außenwelt oder in der Persönlichkeit des Täters ihre Ursache hat, ohne nach der Art des persönlichen Motivs des Täters zu fragen.

Der Richter hat nach der Begründung „abzuwägen, welchen Anteil der Charakter des Täters und welche Anteile äußere Einflüsse auf die Tat haben; nur wenn solche äußere, nicht aus der Gesinnung und Willensrichtung des Täters selbst fließende Antriebe den Anteil des Charakters beträchtlich überwiegen, nur dann darf der Richter mildernde Umstände annehmen.“ Bei dieser Deutung würde der Begriff der mildernden Umstände auf den Überzeugungsverbrecher, dessen Tätigkeit gerade in seiner Persönlichkeit wurzelt, niemals Anwendung zu finden haben; ebensowenig ist die Bestimmung über bedingten Straferlaß, die Besserung voraussetzt, geeignet, auf den Überzeugungsverbrecher Anwendung zu finden. Man kann diese Regelung rigoros nennen, aber man wird sie konsequent nennen müssen. Deshalb müssen Begnadigungsakte oder allgemeine Amnestieen ihre Härten ausgleichen.

Ich darf ganz beiläufig erwähnen, daß § 64 Abs. 3 des Entwurfs auch eine Strafmaßbestimmung für Überzeugungsverbrecher enthält, nämlich für den Fall der Konkurrenz vorsieht, daß, wenn ein Gemein- und ein Überzeugungsverbrechen konkurrieren, die Einschließung zur Anwendung kommen könne, aus der berechtigten Annahme heraus, der Richter werde die Einschließung dann zur Anwendung bringen, wenn der Überzeugungscharakter der Tat überwiegt. Ich verstehe nicht, warum Herr Kollege Kohlrausch gerade diesen § 64 Abs. 3 abgelehnt wissen will.

Dagegen befinde ich mich mit Herrn Kollegen Kohlrausch in wohltuender Übereinstimmung in der Frage der Anwendung sichernder Maßnahmen auf den Überzeugungsverbrecher. Es ist anzuerkennen, daß der Entwurf den Verlust des Wahl- und Stimmrechts und der Amtsfähigkeit beim Überzeugungsverbrecher ausschließt, da er nur bei Gefängnis und Zuchthaus, nicht bei Einschließung stattfinden kann. Es wäre eine der verbitterndsten Erscheinungen des politischen Kampfes, wenn etwa der Überzeugungsverbrecher den Eindruck erhalten sollte, ihm würde eine Strafe nur deshalb auferlegt, um ihn aus dem politischen Kampfe auch nach Ablauf seiner Strafe weiterhin auszuscheiden.

§§ 77 und 45 regeln die Anwendung der Rückfallschärfung und der Sicherungsverwahrung, und zwar in dem Sinne, daß Rückfallschärfung und Sicherheitsverwahrung nur Anwendung finden sollen auf bestimmte charakterisierte Gewohnheitsverbrechen. Der Überzeugungsverbrecher ist aber gerade das Gegenteil des Gewohnheitsverbrechers; Überzeugung ist nicht Gewohnheit. Ob dieser Standpunkt des Entwurfs beabsichtigt war, weiß ich nicht zu sagen. Ich halte ihn für berechtigt, soweit er die Sicherungsverwahrung betrifft. Sicherungsverwahrung soll wohl auf Gewohnheitsverbrecher Anwendung finden, aber nicht auf rückfällige Überzeugungsverbrecher, weil hier die Strafe selbst den Charakter einer Sicherungsverwahrung hat. Ich halte ihn dagegen nicht für richtig für die Rückfallschärfung. Für die Rückfallschärfung müßte eine dem § 77 im Strafmaß parallel gehende Sonderbestimmung getroffen werden.

Schließlich wäre die Frage zu erörtern, ob die Unterbringung in einer Heil- und Pflegeanstalt beim Überzeugungsverbrecher ausgeschlossen werden soll. Ich bin nicht dieser Meinung. Überzeugungsverbrecher ist auch der geistig minderwertige Querulant. In dieser Beziehung ist der gemeingefährliche zurechnungsunfähige oder vermindert zurechnungsfähige Überzeugungsverbrecher viel mehr im Hinblick auf seine psychiatrische Behandlung dem Gemeinverbrecher gleichzustellen.

Meine Damen und Herren! Ich bin nach freilich allzulanger Zeit am Ende meiner Ausführungen. Ich weiß nicht, welches das Schicksal meiner Vorschläge hier auf dem Juristentage sein wird. Aber eine Überzeugung habe ich: die Frage des Überzeugungsverbrechers ist eine Gewissensfrage, die nicht zur Ruhe kommen wird, die keinem, dem sie einmal begegnet ist, Ruhe läßt. Ich bin fest überzeugt: der Gedanke des „Überzeugungsverbrechers" marschiert. Und zu dieser ständigen Bedeutung des Überzeugungsverbrechers möchte ich noch eine zeitbedingte hinzufügen: der Begriff des § 71 des Entwurfs ist geeignet, auf die Verrohung des politischen Kampfes sanierend einzuwirken, und zwar in doppelter Weise, einmal, indem er gewisse Tatbestände ausscheidet, ja brandmarkt, andererseits aber auch, indem er für die anderen Tatbestände, auf die er Anwendung findet, das Vorbild des ritterlichen Kampfes gibt. Man sollte hier nicht das so rohe wie dumme Wort anführen: Que messieurs les assassins commencent!: die politischen Verbrecher sollen damit anfangen, ihre Taten zu mildern, dann wird das Strafrecht ihnen folgen. Das Strafrecht ist der Entwicklung des Verbrechertums immer vorangeschritten, nie gefolgt, allen ängstlichen Gemütern zum Trotz. Seitdem es eine Strafrechtsreform gibt, ist sie immer der Losung gefolgt, die Goethe in den „Wanderjahren" aufgestellt hat: „auch gegen Schuldige gelind, gegen Verbrecher schonend, gegen Unmenschliche menschlich zu sein."

Nachdem Professor Dr. Kohlrausch die von ihm aufgestellten Leitsätze begründet hatte[1]), erteilte in der sich an die Berichte anschließenden Diskussion der Vorsitzende zunächst Herrn Rechtsanwalt Levy das Wort.

Rechtsanwalt Levy:

Meine Damen und Herren! Hinsichtlich der Stellung des Entwurfs zur Ermessensfreiheit des Richters waren es namentlich die Ermessensvorschriften und bei diesen wieder besonders der hier zur Erörterung bestehende § 71 des Entwurfs, die durch die Ausführungen des ersten Referenten bei mir das Gefühl besonderer Genugtuung und Befriedigung hervorgerufen haben. Aber nach einigen Bedenken mußte ich zu der Feststellung kommen, daß dieses Gefühl der Genugtuung der Psyche des Verteidigers entsprang; denn diese Vorschriften betreffen ein Gebiet, auf welchem der Weizen der Verteidiger besonders blühen kann und blüht. Mag auch vielleicht mancher Richter der Überzeugung sein, daß er der Kunst der Verteidigung gegenüber unerreichbar ist, so ist doch dagegen nichts einzuwenden und kann nicht bestritten werden, daß sie besonders da sich entfalten kann, wo es sich darum handelt, die Persönlichkeit des Täters, seine Gedanken, seine Ziele, seine Beweggründe darzulegen und dem Gerichte ihn und seine Tat menschlich näher zu bringen. Diese Verfolgung des Innenlebens des Täters ist ja nun gerade der Grund und der Zweck der fast schrankenlos gestalteten Ermessensfreiheit des Richters auf dem Gebiete der Strafzumessung. Der Richter soll nach dem Willen des Entwurfs und seiner Begründung in Zukunft nicht mehr so sehr die Tat oder ihre äußeren Umstände, als vielmehr die Persönlichkeit des Täters und seine Gesinnung erforschen, beurteilen und evtl. auch bestrafen. Das ist die Grundidee der modernen Schule die darin gipfelt, daß die Berechtigung der Strafe lediglich aus der Schuld gefolgert und in ihrer Art der Schuld angepaßt werden muß. Diese Grundidee hat in dem Entwurf ihren Niederschlag gefunden, und man kann wohl sagen, ihre reinste Inkarnation ist der hier zur Verhandlung stehende § 71. Mag auch das Verbrechen noch so groß sein, mag das Verbrechen vom Standpunkte des verletzten Rechts und in seinen Folgen noch so verabscheuungswürdig sein — nach der Art der Begehung usw. —, so wird, wenn der Täter „übermächtig" gezwungen wurde, wie der Ent-

[1]) Das Referat des Herrn Prof. Kohlrausch kann, da der Referent im wesentlichen ohne Manuskript sprach und ein brauchbares Stenogramm nicht hergestellt worden ist, nicht wiedergegeben werden.

wurf sagt, nach § 71 statt auf Zuchthaus und Gefängnis auf Einschließung zu erkennen sein, wenn der Täter vorwiegend aus politisch-ethischer Pflichtüberzeugung gehandelt hat.

Wenn ich, aus der Haut des Verteidigers sozusagen herausfahrend, als Mensch, als Staatsbürger, als Jurist auch vom psychologischen Standpunkt aus diese Bestimmung betrachte und in ihren Wirkungen in bezug auf Staat, Gesellschaft und den einzelnen selbst mir vor Augen führe, dann denke ich an das Wort aus Faust: „Heinrich, mir graut vor Dir!"; dann erfüllt mich wirklich eine tiefe Besorgnis, daß in Deutschland einmal diese Bestimmung Gesetz werden könnte.

Meine Damen und Herren, ich spreche hier als Praktiker; es liegt mir nicht, gegenwärtig hier rechtsphilosophische Probleme zu erörtern, die von den Vorrednern eingehend diskutiert worden sind. Es kommt m. E. für den Praktiker, und auch eigentlich für den Kritiker, gar nicht darauf an, ob man den § 71 theoretisch vom rechtsphilosophischen Standpunkt aus begründen kann. Aber ich kann auch in dieser Beziehung den Anhängern des Paragraphen keine zu großen Konzessionen machen; ich kann insbesondere die Argumente, die hierfür geltend gemacht worden sind, durchweg nicht anerkennen. Wenn z. B. gesagt worden ist, daß der Überzeugungsverbrecher deshalb ritterlich zu behandeln sei, weil der Staat ihm gegenüber nicht die nötige, zum Wesen der Strafe gehörige sittliche Überlegenheit habe, wenn gesagt worden ist, daß man sich verbeugen müsse vor seiner ausgezeichneten Gesinnung, und wenn gesagt worden ist, daß insbesondere der Vergeltungs-, der Besserungs- und der Abschreckungszweck gegenüber dem Überzeugungsverbrecher versage, so halte ich das nicht für richtig; insbesondere das letztere deshalb nicht, weil das doch nur in Betracht kommen könnte gegenüber einer gewissen Kategorie von Überzeugungsverbrechern, und zwar nur gegenüber solchen, die besonders fanatisch eingestellt sind. Dagegen sind die meisten der politischen Überzeugunngsverbrecher letzten Endes nur Mitläufer, und ein derartiger Überzeugungsverbrecher kann wohl durch eine Strafe zur Umkehr oder zur Einsicht gebracht werden. Man wird das auch anerkennen; denn wenn es nicht anerkannt würde, so müßte man die Konsequenz ziehen, daß der Überzeugungsverbrecher von Schuld und Strafe freizustellen wäre. Das wird nicht gemacht: es wird eben und es soll das Überzeugungsverbrechen nur strafmildernd in Erwägung gezogen werden. Gegen diese Forderung kann man grundsätzlich kaum etwas einwenden. Aber weshalb soll denn der Gesetzgeber gerade den Überzeugungsverbrecher von vornherein und ein für allemal privilegieren, weshalb will man es nicht dem Richter von Fall zu Fall überlassen oder eventuell der Gnadeninstanz? Ist es nicht ein schweres Zeichen von Schwäche, wenn der Gesetzgeber von Gesetzes wegen solche Überzeugung anerkennen will, die das Bürgertum mit aller Energie ablehnt? Und ist es nicht komisch, wenn der Gesetzgeber mit der einen Hand den Überzeugungsverbrecher packt und mit der anderen Hand gleichzeitig den Hut vor ihm und seiner ehrenwerten Überzeugung abnimmt? Und weshalb soll denn nicht in allen Fällen die Strafe gemildert werden, und weshalb soll diese Bestimmung obligatorisch sein, und weshalb wollen Sie sie ausschließlich auf politische Verbrechen erstrecken? Genügen denn nicht die Strafvorschriften der §§ 67, 72 und 75 des Entwurfs? Ich will im einzelnen auf diese Bestimmungen nicht eingehen, sondern nur darauf hinweisen, daß der ominöse, meines Erachtens ganz unhaltbare § 75 des Entwurfs es dem Richter doch freigibt, bei welchen Verbrechen und Vergehen, den Mord eingeschlossen, im Falle der Annahme eines besonders leichten Falles er bis auf eine Geldstrafe von 3 Mark heruntergehen will. Kann man angesichts solcher Bestimmungen noch das Bedürfnis empfinden, den Überzeugungsverbrecher besonders zu behandeln und ihm noch einen besonderen Paragraphen zu widmen? Aber selbst wenn man vom theoretischen Standpunkte aus den umwundenen Nachweis führen könnte, daß es geboten ist, durch einige Bestimmungen dem Überzeugungsverbrecher gerecht zu werden, dann bin ich der Meinung, müßte doch aus kriminalpolitischen, aus Zweckmäßigkeitserwägungen heraus der § 71 fallen, wenn man zu der Erkenntnis kommen muß, daß nicht nur unter den gegenwärtigen Zeitverhältnissen, sondern auf unabsehbare Zeit hinaus eine solche Bestimmung nicht gelten kann, weil sie das Staatswohl, die Interessen der Gesamtheit gefährdet.

Nur reine Zweckmäßigkeitsgründe mögen nach dieser Richtung hin maßgebend sein. Ich halte es vom kriminalpolitischen Standpunkte aus für falsch, für ganz unhaltbar und für kurzsichtig, wenn der Gesetzgeber eine Kategorie von Verbrechern, die man bisher in der Wissenschaft doch gar nicht näher umschrieb, begrifflich in dieser Weise festlegt, und wenn er sie um ihrer schönen Seelen willen privilegiert und ihnen — das Wort ist schon gebraucht worden — gewissermaßen eine Märtyrerkrone aufs Haupt drückt. Der § 71 wird wie ein Weck- und Sammelruf in der politischen Verbrecherwelt wirken und wird ihr den Kamm schwellen lassen. Es wird zweifellos eine ganze Anzahl von Proselyten geben, die vielleicht jetzt erst durch den Gesetzgeber ihre Überzeugungswelt entdecken, und es wird zu den vorhandenen Bundesgenossenschaften und Organisationen eine große Anzahl von neuen Organisationen hinzukommen. Man hat jetzt oft die Einwendung gemacht: ja, die Zuchthaus- und Gefängnisstrafe, die wirkt auch nicht mehr. Daß eine derartige Einschließungshaft auf diesee dem Staat am allergefährlichsten erscheinenden Verbrecher und Delinquenten gar keine Wirkung haben kann, ist ja von allein Seiten zugegeben. Es ist sicher zu erwarten, daß die Einschließungshaft auch dann, wenn sie ernster gestaltet würde, wie die Entwurfsbegründung sie vorschlagen zu müssen glaubt, bald eine Hochschule für staatsfeindliche Ideen und Pläne werden würde, daß man insbesondere sehr gut lernen würde, wie man sich evtl. vor Gericht zu verhalten hätte, um dem Gericht einen wirklichen Überzeugungsverbrecher vorzutäuschen. Aber nicht nur die Interessen des Staates, sondern auch die Interessen der Einzelnen müssen durch die vorgesehene Maßregel bei der sozialen Einstellung der Einzelnen Schaden leiden. Es wäre sehr interessant, eine Exkursion in die Geschichte der Vergangenheit zu machen oder die einzelnen Gesetzesvorschriften des geltenden oder des künftigen Rechtes nach der Richtung hin einer Prüfung zu unterziehen, wie weit das Betätigungsfeld des Überzeugungsverbrechers gesteckt werden kann und gesteckt werden muß. Es wird gewiß bekannt werden: man ist ein Räuberhauptmann nach Art des Karl Mohr, ein Rebell nach Art der rheinischen Schicksalsgemeinschaft, man leitet vielleicht nur die Verschworenen; aber auch jenen, die nur bei Gelegenheit Überzeugungsverbrecher sind, dem Mörder des Gatten, weil er sich im Interesse der Familie dazu verpflichtet fühlt, demjenigen, der einen Meineid leistet, weil er sich dazu verpflichtet glaubt im Interesse der ihm Nahestehenden und sie dadurch vor Not und Sorge bewahren will, allen diesen müßte der Schutz des § 71 zugebilligt werden.

Ich halte aber, und damit komme ich zum Schluß, für das allerschwerwiegendste Moment, das für die Beseitigung des § 71 spricht, den Umstand, daß nicht nur die Rechtsordnung, sondern auch das Ansehen der Rechtspflege durch eine derartige Bestimmung überaus gefährdet wäre. Trotz der Achtung vor der Gewissenhaftigkeit und der Tüchtigkeit unserer Richter ist die Besorgnis nicht auszuschließen, daß die Feststellung und Abgrenzung eines so ungemein feinen kriminalpolitischen Tatbestandes, wie er im § 71 aufgestellt ist, den Richter und das Gericht vor Aufgaben stellen würde, die es in vielen Fällen schlechterdings gar nicht lösen kann. Wie soll man im Rahmen einer Gerichtsverhandlung eine Überzeugung feststellen können? Wie soll man feststellen können, daß eine

Überzeugung dazu geführt hat, den anderen aus Pflichtüberzeugung heraus zur Tat zu bringen? Wie soll man den Beweis dafür erbringen können, daß die Überzeugung das ausschlaggebende Motiv gewesen ist? Ich sehe schon im Geiste das Tribunal zu einem Tummelplatze der Fragen der Philosophie, der Theologie, der Politik werden, die ja selbstverständlich, da es sich um den Tatbestand handelt, nicht abgelehnt werden könnten. Aber auch die Richter würden selbstverständlich in solchen Fragen aus rein menschlichen Gründen heraus nicht anders entscheiden können und auch nicht anders entscheiden als nach der persönlichen politischen, religiösen und sittlichen Einstellung. Das ist eben das Menschliche. Übermenschlich denken, fühlen und urteilen kann niemand, mag er der hervorragendste Seelenkenner, der tüchtigste und unparteiischste Richter sein, am allerwenigsten natürlich der Laienrichter, und der würde doch in dem Prozeß gegen einen Überzeugungsverbrecher den Ausschlag zu geben haben. Wie gesagt, ein solches Gefühl kann niemand verleugnen. Und wenn er wie ein Hüter des heiligen Grals mit überirdischen Gaben ausgestattet wäre, es würde immerhin der Wahrspruch des Gerichts bei den Andersdenkenden auf Verständnislosigkeit stoßen. Er würde bald auf Widerspruch stoßen und heftige Kritik auslösen.

Meine Damen und Herren! Das ist die Hauptgefahr, das wachsende Mißtrauen, das mir insbesondere aus Anlaß mehrerer Hochverratsprozesse in weiten Kreisen des Volkes entgegentrat. Ich will die Frage und kann sie hier nicht untersuchen, ob das Mißtrauen begründet ist oder nicht und ob das auf diese Prozesse unmittelbar zurückzuführen ist. Aber das weiß ich, daß es in erster Linie zurückzuführen ist auf das Übermaß der aus politischen Gründen betriebenen Verhetzung. Aber wir haben nun einmal die Tatsache zu konstatieren: dieses tief bedauerliche, ominöse Mißtrauen ist da, und es verlangt kategorisch die Beseitigung einer Vorschrift, die, wie keine andere, geeignet ist, den Vorwurf der Willkür, der Parteilichkeit, der Klassenjustiz zu begründen und damit die grundlegende Säule der Staatsautorität, den Glauben an das Recht, umzustoßen. Wer diese Gefahr bannen will, wer es verhüten will, daß unser Vaterland gewissermaßen ein Hort und ein Refugium für politische Verbrecher, sei es inländische oder ausländische, werden wird, muß gegen § 71 stimmen, und ich sehe auch nicht die geringste Möglichkeit, hier irgendwelche Konzessionen zu machen, auch nicht die Konzession, die Herr Prof. Kohlrausch nur eventualissime glaubt machen zu müssen. Insbesondere halte ich die Erwägung des Prof. Kohlrausch, daß für gewisse politische Vergehen der Überzeugungsverbrecher zu privilegieren sei, aus den angeführten Gründen für unrichtig. Es dürfte aber auch dem von ihm selbst vorgetragenen Rechtsgedanken widersprechen, daß der Staat unter allen Umständen dafür sorgen muß, daß eine Rechtsordnung gegen die gefährlichsten Verbrecher, die seine Rechtsordnung stören, geschützt werde.

Die Begriffsbestimmung von Prof. Kohlrausch sagt m. E. gegenüber dem § 71 kaum etwas anderes und etwas Neues. Dieselben kriminalpolitischen Bedenken, die ich eben vorgebracht habe, müssen m. E. auch gegen diese Bestimmung geltend gemacht werden. Dabei ist zu berücksichtigen, daß der § 71 nicht einmal so weit gezogen ist, wie es Herr Prof. Kohlrausch vorsehen will; denn dann müßten auch diejenigen berücksichtigt werden, die sich nur für berechtigt halten dürfen, einen Rechtsbruch zu begehen, während § 71 ausdrücklich auf die Pflichtüberzeugung abgestellt ist.

Ganz unverständlich ist es mir aber, wie man sagen kann, daß die Sicherungsverwahrung gegenüber dem Überzeugungsverbrecher überhaupt nicht am Platze sei. Die Argumente, die in rechtsphilosophischer Hinsicht vorgetragen sind, zwingen mich gerade zu meiner Stellungnahme, daß gegenüber dem Überzeugungsverbrecher m. E. dasselbe gilt wie für den fanatischen Verbrecher. Wenn die Strafzwecke, Besserung und — vor allen Dingen — Abschreckung nicht in Frage kommen, dann muß man sagen, kann nur der Sicherungszweck in Frage kommen, und das ist ja auch vom Prof. Kohlrausch betont worden. Ich meine, gerade gegenüber dem Überzeugungsverbrecher müßte der Sicherungszweck und die Sicherungsverwahrung das erste in Betracht zu ziehende Mittel sein. Wenn dann mitgeteilt wird, man müsse aus Ehrfurcht und Verbeugung vor den verbrecherischen Motiven den Hut ziehen, dann möchte ich vorschlagen, daß die Sicherungsverwahrung schon von vornherein auf den Überzeugungsverbrecher Anwendung finde. (Zurufe.) Wie ich höre, sind es verschiedene Auffassungen, die sich aber offenbar alle um das Gebiet des politischen Überzeugungsverbrechers herum bewegen, während er ja nur, wie gesagt, eine gewisse Kategorie im großen Felde der Überzeugungsverbrecher ist. Ich bin daher der Ansicht, daß nicht nur unter Berücksichtigung der augenblicklichen Verhältnisse, sondern auf unübersehbare Zeit hinaus und grundsätzlich dem Überzeugungsverbrecher von Gesetzes wegen irgendeine besondere Behandlung nicht zuteil werden kann und darf.

Vorsitzender Oberreichsanwalt Dr. Ebermayer:

Ich möchte nunmehr den Eingang von Anträgen bekannt geben, damit Sie Gelegenheit haben, sich damit schon während der Pause etwas zu beschäftigen. Zunächst ein Antrag von Justizrat Löwenstein: „Es empfiehlt sich, den Begriff Überzeugungsverbrecher in das neue Strafrecht aufzunehmen und für seine Bestrafung besondere Grundsätze aufzustellen." Dann ein zweiter Antrag vom Professor von Calker: „Anstelle einer anderen Freiheitsstrafe hat das Gericht auf Einschließung von gleicher Dauer zu erkennen, wenn es einstimmig die Anschauung hat, daß die Handlung aus einer sittlich nicht verwerflichen Gesinnung entsprungen ist."

Ich möchte mir eine Anregung erlauben. Ich habe den Eindruck, daß die Leitsätze der Referenten sich schwer zur Abstimmung — teilweise wenigstens — eignen, daß sie teilweise keine eigentlichen Thesen im strengen Sinne des Wortes sind, sondern eingehende theoretische Ausführungen. Ich wäre sehr dankbar, und es würde die Abstimmung dadurch sehr erleichtert werden, wenn Sie die Güte hätten, uns bald irgendwelche kürzer und schärfer formulierte Thesen zu geben. Es soll dies nur eine Anregung sein, aber ich fürchte, daß wir sonst bei der Abstimmung in große Schwierigkeiten kommen.

Nach kurzer Mittagspause wurde die Diskussion fortgesetzt.

Der Vorsitzende erteilte Herrn Prof. Dr. von Calker das Wort.

Prof. Dr. von Calker:

Die Anschauung, die für meine Stellung maßgebend ist, finden Sie ausgesprochen in dem Antrage, den der Herr Vorsitzende bereits die Freundlichkeit hatte zu verlesen; aber da vielleicht nicht alle anwesend waren, darf ich diesen Antrag zunächst als Grundlage meiner Ausführungen Ihnen nochmals erklären. Ich stehe auf dem Standpunkte, daß sowohl die Anträge von Kohlrausch wie die Anträge von Radbruch abzulehnen seien und folgender Antrag angenommen werden möge: „Es empfiehlt sich, in das neue Strafgesetzbuch eine Bestimmung aufzunehmen, welche den im § 20 des geltenden Strafgesetzbuchs enthaltenen Gedanken etwa in folgender Weise beibehält und weiter entwickelt: Anstelle einer anderen Freiheitsstrafe hat das Gericht auf Einschließung von gleicher Dauer zu erkennen, wenn es einstimmig die Anschauung hat, daß die Handlung aus einer sittlich nicht verwerflichen Gesinnung entsprungen ist."

Meine Ausführungen sollen in erster Linie nicht Stellung nehmen gegen die Ausführungen der Herren Radbruch und Kohlrausch. Im Gegenteil. Meine Absicht ist zwar, die Formulierung zu verändern, aber doch den Grundgedanken, auf dem meiner Ansicht nach beide fußen, anzunehmen für unser zukünftiges Recht. Es sind nicht in erster Linie theoretische Erwägungen, die mich zu meiner Anschauung und zu meiner heutigen Stellungnahme bewegen; es sind praktische Anschauungen und Erfahrungen, die ich mit dem § 71 bereits gemacht habe. Dies kommt folgendermaßen. Der Staatsgerichtshof hatte sich gutachtlich darüber zu äußern, ob die Voraussetzungen des § 52, der Grundsätze für den Vollzug der Freiheitsstrafen, der etwa dem § 71 des Entwurfs entspricht, gegeben seien. Sind sie gegeben, so tritt, wie Sie wissen, eine besondere Gestaltung des Strafvollzugs ein, die wohl ungefähr dem entsprechen sollte, was wir evtl. als Einschließung später in unserem zukünftigen Recht ausgestalten können. Als ich zum ersten Male zu dem Gutachten Stellung nahm, ob der Täter ein Überzeugungsverbrecher sei, und ob ihm deshalb die Wohltaten dieses Paragraphen zuzubilligen seien, kann ich nicht leugnen, daß ich mit großer Begeisterung an die Sache herangetreten bin, aus der Meinung heraus, die ich seit langen Jahren vertreten habe. Ich bitte die Kollegen, hier bereits darauf Bezug nehmen zu dürfen. Ich habe für den Berliner Juristentag ein Gutachten abgegeben und habe darin einen Antrag gestellt, der im wesentlichen dem entspricht, was ich mir heute nach 25 Jahren zu wiederholen erlaube. Ich bin mit wirklicher Wärme und Begeisterung an den Paragraphen und seine Anwendung in der Praxis herangetreten; aber ich bin enttäuscht gewesen über seine praktische Verwirklichungsmöglichkeit. Nicht nur über seine praktische Verwirklichungsmöglichkeit habe ich Zweifel bekommen, sondern ich habe auch Zweifel bekommen, ob die Formulierung, wie sie hier gegeben ist, zutreffend ist, und ich wiederhole: nicht nur die Formulierung, sondern auch der Gedanke, wie er in dieser Formulierung ausgesprochen ist, ob es der Überzeugungsverbrecher sein kann, den wir hier auf eine besondere Stellung erheben.

Erlauben Sie mir, daß ich Ihnen Fälle erzähle, praktische Fälle, die sich nicht ganz so zugetragen haben, wie ich Sie Ihnen jetzt erzähle, wie sie mir aber doch im Laufe meiner langjährigen Praxis als Verteidiger, als Vertreter des Angeklagten, als Richter, als Schöffe, als Geschworener, als Obmann der Geschworenen und endlich als Mitglied des Staatsgerichtshofs vorgekommen sind.

Zunächst aus der langen Zahl der Fälle einen. Ein Täter beruft sich darauf, daß er ein Überzeugungsverbrecher sei. Aus welchen Grunde, ist gleichgültig; er hat wohl erfahren, daß man dann eine viel günstigere Behandlung in der Strafhaft in Aussicht habe, und als man ihm sagt: Sie haben also Dynamit gestohlen — ziemlich viel —, Sie haben Explosivstoffe gestohlen — ziemlich viel —, sagt er: Ja, ich habe das getan, ich habe mich dazu für verpflichtet gehalten aus innerster Überzeugung — ich bin organisiert —, und so wahr es wohl meine Pflicht, dem zu entsprechen. Wie stehen Sie dazu, zu diesem Falle? Ich glaube, die Auffassung wird keine einheitliche sein, und selbst unser verehrter Herr Radbruch hat, glaube ich, gewisse Bedenken, wie er diesen Fall vom Standpunkte seiner Formulierung aus beurteilen soll.

Oder ein anderer Fall. Der Täter hat dasselbe getan; aber er ist nicht organisiert, er ist ein kleiner Mann, er hat ein paar Mark dafür erhalten, daß er das Arsenik, die Explosivstoffe, gestohlen hat. Er ist kein Überzeugungsverbrecher; auf ihn dürfen wir jedenfalls die Bestimmungen nicht zur Anwendung bringen. — Noch ein Mann, der vor dem Gericht steht; mutig sagt er: Ich weiß, daß Sie mich bestrafen müssen. Lassen Sie mich die Geschichte meines Lebens erzählen. Ich bin hinter der Hecke geboren; ich habe strafbare Handlungen in Menge begangen, die mich aus der Bahn geworfen haben, ich habe gestohlen, geraubt, alles mögliche getan. Dann habe ich eine neue politische Bewegung kennen gelernt, die hat mich in meinem tiefsten Innern erfaßt, und von dem Moment ab habe ich keine strafbaren Handlungen mehr begangen, keinen Diebstahl mehr, keinen Raub mehr. Jetzt trete ich für einen großen Gedanken ein, für die Verbesserung unserer Staatsform, das öffentliche Wohl. Das also ist jetzt mein Beweggrund. Ich kann natürlich nicht die Tat in Abrede stellen, ich mußte zum Verbrechen greifen, aber es ist doch etwas anderes als früher.

Wie verschieden sind diese Fälle gelagert! Andererseits scheint es mir gerechtfertigt, nicht nur die politischen Delikte anzusehen, sondern auch andere, die im praktischen Leben vorkommen. Ein Fall, den ich auch erlebte. Ein Student der Rechte hat das Delikt begangen, von dem vorhin gesprochen wurde. Er hat seinen Stiefvater getötet. Wie kam er dazu? Der richtige Vater des Studenten war früh gestorben. Die Mutter des Studenten ließ er zurück in bitterster Armut. Und doch wollte sie so gern dafür sorgen, daß der kluge Sohn auf der Bahn weiter gehen könne, die er sich vorgenommen hatte, daß er einmal ein tüchtiger Mann werden und für sein Vaterland eintreten könne. Und die Mutter läßt sich herbei, zum zweiten Male zu heiraten, einen wohlhabenden Mann, ganz eingestandenermaßen zu dem Zwecke, ihrem Sohn die Möglichkeit des weiteren Studiums zu gewähren. Sie täuscht sich in diesem Manne; denn sehr schnell wird er brutal; er trinkt, behandelt sie schlecht, und zwar in der schlimmsten Weise; ein Haß steigt in der Brust des Studenten auf gegen den Stiefvater; es steigt in ihm der Gedanke auf: ich bin ja schuld daran, daß meine Mutter so leidet, ich muß ihn beseitigen. Und als der Stiefvater wieder einmal in der schmählichsten Weise die Mutter behandelt, entschließt sich der Sohn, ihn zu töten. Und als er vor Gericht steht, sagt er: Meine Herren, ich bin mir bewußt, daß ich vorsätzlich und aus Überlegung gehandelt habe. Und ganz leise fügt er hinzu: Ich habe es für meine Mutter getan.

Meine Herren! Wenn man solche Fälle erlebt hat, sie mit eigenen Augen gesehen hat, dann sieht man, daß eine Änderung notwendig ist, die ungefähr dem Grundgedanken entspricht, den Kohlrausch, Radbruch und auch ich für richtig halten. Freilich, Radbruch sagt: Ich habe mit dem § 20 nichts zu tun, meine Bestimmungen sind kein Kind aus dem geltenden Recht, sie sind etwas ganz Neues. Ich kann dem nicht ganz zustimmen. Denn wäre dem so, dann müßte Radbruch andere Konsequenzen ziehen. Er sagt: ja, dieser Mann, dieser Überzeugungsverbrecher ist gefährlich, er ist sehr gefährlich für die Gesellschaft. Was sollen wir mit ihm machen? Ist es da nicht das einzig Richtige, das logisch Richtige, daß wir ihn so lange von der Gesellschaft lösen, als diese Gefahr andauert? Meine Herren! Wir wollen hoffen, daß er seine Überzeugung nicht aufgibt; denn das ist mir ein schlechter Überzeugungsverbrecher, der dadurch, daß er mehr oder minder entbehren muß, seine Überzeugung ändert. Im Gegenteil, er wird festhalten an seiner Überzeugung; aber dadurch ist und bleibt er gefährlich, und diejenigen Mittel allein sind ihm gegenüber angemessen, zweckmäßig — und nur darauf kommt es doch an —, die ihn von der Gesellschaft fern halten.

Aber, meine Herren, die Konsequenz wird weder von Radbruch noch von Kohlrausch gezogen. Sie arbeiten mit Konzessionen, wenn sie sagen: das geht natürlich nicht. Und sie gehen beide so weit, daß sie auch nur bei bestimmten Delikten den Überzeugungsverbrecher berücksichtigen wollen. Mir scheint, das Gebiet wird ein außerordentlich enges, und schließlich, wenn ich Herrn Radbruch recht verstehe, sind es vor allem politische Delikte, bei denen er den Überzeugungsverbrecher wirklich mit der Strafe der Einschließung belegen will. Aber, meine Herren, lassen Sie mich Ihnen hier einen solchen Fall vor Augen führen, wo Sie mir wahrscheinlich zustimmen werden. Der Täter ist beschuldigt, ein Eisenbahnattentat verübt zu haben. Hunderte sind getötet. Der Verbrecher sagt: aus meiner tiefsten Überzeugung heraus habe ich dieses Delikt zu politischen Zwecken begangen. Daß 100 Menschen gestorben sind, das interessiert mich dabei nicht. Es tut mir eigentlich sehr leid, aber es war gar nicht anders möglich. Ich mußte durch diese Handlung meine Gesinnung beweisen.

Meine Herren! Sollen wir die Überzeugung schlechthin als solchen Grund in Betracht ziehen? Ich glaube, wir können es nicht; wir können es nicht, weil es sich nicht konsequent durchführen läßt, und weil die Überzeugung allein nicht das ist, was für uns den Grund für eine mildere Strafe und für eine andere Strafart abgeben kann. Und doch gibt es Fälle, in denen wir alle, Kohlrausch, Radbruch und ich, in gleicher Weise das Bedürfnis haben, eine andere Strafe eintreten zu lassen. Kohlrausch hat darauf hingewiesen: es ist immer so gewesen — nicht erst, seit der § 20 durch den Reichstag in unser Gesetz hineinkam —, daß maßgebend sein sollte die ethische Gesinnung, aus der die Handlung entsprungen ist. Nur wenn wir diese in Betracht ziehen, werden wir den Überzeugungsverbrecher tatsächlich so einschätzen, daß eine besondere Strafform auch angemessen erscheint.

Und nun kommt das Entscheidende. Auch dem Überzeugungsverbrecher stehen wir mit der Auffassung gegenüber, daß, wenn in der Art der Begehung des Delikts keine ethisch anerkennenswerte Gesinnung, sondern Roheit, Brutalität usw. zum Ausdruck kommt, nicht mehr die Überzeugung, sondern die Einschätzung des Mittels den Ausschlag gibt. Das ist der wichtige, das ist der gesunde Gesichtspunkt, das ist der gesunde Grundgedanke des § 20. Ich weiß, daß die Formulierung des § 20 sehr anfechtbar ist. Deshalb habe ich versucht, wenigstens eine andere Formulierung im Sinne einer „sittlich nicht verwerflichen Gesinnung“ zu geben. Glauben Sie mir, meine Herren, ich stehe zwar allen Fragen politisch gegenüber, aber nicht parteipolitisch, soweit man das unterdrücken kann. Ich bin mir indes bewußt: wir können unsere Anschauungen nicht in der Weise überwinden, daß sie nicht selber ein Motiv unseres Handelns bilden. Was wir vermeiden müssen, ist, daß wir nicht mit Willen die eine oder andere Partei zu schädigen oder einer zu nützen beabsichtigen, daß wir staatspolitisch denken und staatspolitisch handeln. Das können wir, wenn wir eine Ausdehnung des § 20 in dem Sinne vornehmen, wie ich mir erlaubt habe, sie Ihnen vorzuschlagen. Ich bitte Sie, in unserem zukünftigen Recht einen Gedanken festzuhalten und weiter zu entwickeln, der unserer gesamten Überzeugung, mögen wir rechts oder links stehen, entspricht. Sie werden sagen: wir müssen uns — entsprechend § 20 — auf die politischen Delikte beschränken. Nein, meine Herren, tun Sie das nicht. Es ist nicht jeder Politiker tatsächlich ein Held und von edelster Gesinnung beseelt, und es gibt bei sehr vielen Delikten Fälle, in denen — denken Sie an den Fall des Studenten, den ich Ihnen vorgetragen habe — eine ethisch verwerfliche Gesinnung nicht gegeben ist. Der Täter muß bestraft werden, und er muß gegebenenfalls lebenslänglich eingesperrt werden; aber es entspricht unserem Wertgefühl, daß wir in der Strafart diese andere sittliche Wertung der Tat zum Ausdruck bringen.

Deshalb bitte ich Sie, den Begriff des Überzeugungsverbrechers schlechthin abzulehnen, ihn aber anzunehmen in dem Sinne, wie er heute schon in unserem geltenden Recht, in § 20, zum Ausdruck kommt.

Prof. Dr. Gerland:

Meine Damen und Herren! Die Kollegen Graf Dohna und Goldschmidt sowie meine Wenigkeit unterbreiten Ihrer Entscheidung folgenden Antrag: „§ 71 des Entwurfs ist zu ersetzen durch eine Bestimmung, die dem Grundgedanken des § 20 StGB. entspricht, vorbehaltlich einer etwa notwendig erscheinenden näheren Umgrenzung des Begriffes der ehrlosen Gesinnung." Indem ich diesen Antrag kurz begründe, habe ich mich zunächst mit den beiden Herren Berichterstattern auseinanderzusetzen. Und hier möchte ich auf eine mir merkwürdig erscheinende Tatsache hinweisen, daß nämlich eigentlich die Begründung des Herrn Kollegen Radbruch das Grundprinzip seiner Thesen aufgegeben hat, während andererseits die Begründung des Herrn Kollegen Kohlrausch sich wirklich auch gegen die Definition, die in seinen Thesen entwickelt ist, verwenden läßt, worauf bereits der erste Diskussionsredner hingewiesen hat. Herr Kollege Radbruch hat meiner Ansicht nach sein ganzes Prinzip aufgegeben in dem Augenblick, wo er Ausnahmen zugelassen hat. Entweder gibt es einen Überzeugungsverbrecher als psychologischen Tatbestand, der besonders behandelt werden muß, — dann gibt es keine Ausnahmen. Oder es gibt Ausnahmen, dann behandelt man die Überzeugung nicht als dasjenige Moment, welches bei der Strafzumessung entscheidet. In dem Augenblick, in dem Herr Kollege Radbruch zu meiner Überraschung in seiner Begründung ausgeführt hat, man könnte eigentlich Ausnahmen dahin zulassen, daß man dem Überzeugungsverbrecher nicht mehr die Überzeugung anrechnet, in dem Augenblick hat er m. E. sein ganzes Prinzip aufgegeben, und ist hier wirklich, wie der erste Diskussionsredner ausgeführt hat, eine schiefe Bahn geschritten, auf der es kein Halten mehr gibt. Jetzt entscheidet der Staat darüber, ob die Überzeugung gewertet wird oder nicht, und fällt das Werturteil über die Überzeugung; aber er läßt nicht mehr entscheidend sein das Werturteil der Überzeugung. Herr Kollege Kohlrausch hat in seinen Thesen den Satz aufgestellt, daß dann auf Einschließung zu erkennen ist, wenn die Handlung nicht aus einem eigensüchtigen Beweggrunde, sondern in der Überzeugung begangen wurde, durch sie das Wohl des Staates oder der Gesellschaft zu fördern. Seine Begründung ist trefflich, und ich stelle mich ganz auf den Boden derselben. Meines Erachtens sprechen seine Gründe genau so gegen den Voluntarismus, wie sie auch gegen die Ausführungen des Herrn Kollegen Radbruch gesprochen haben. Herr Kohlrausch ist durchaus konsequent nach einer Richtung vorgegangen, und ich stimme in der Konsequenz durchaus mit ihm überein, wenn er sagt, daß im allgemeinen solcher Überzeugung im Rahmen der Gesetze Rechnung getragen werden kann und daß für politische Straftaten außerdem die custodia honesta der Einschließung in Erwägung zu ziehen ist. So hat er auf Grund seiner Thesen den Gedanken der unbedingten Gültigkeit der Strafgesetze entwickelt.

Nun möchte ich auf das hinweisen, was Herr Kollege Radbruch ausgeführt hat, wenn er sagt, der Überzeugungsverbrecher sei ein psychologischer Tatbestand, der als solcher klar erkennbar sei. Dabei halte ich es für unrichtig, hier so scharf zu betonen — ohne die Tat besonders hervorzuheben —, der Überzeugungsverbrecher sei kein minderwertiger Verbrecher, seine Tat habe niemals etwas Minderwertiges an sich. Nun, meine Herren, dies trifft vielleicht vom staatlichen Gesichtspunkte aus zu, aber doch nicht vom Gesichtspunkte derer, die davon betroffen werden. Wenn ich daran denke, was aus der Überzeugung für ein Elend über die Menschheit gerade in den letzten Jahren gekommen ist, und wenn ich mich erinnere, daß hier der Staat nicht mit aller Energie, mit allen seinen Mitteln gehandelt hat, um die Gesellschaft vor derartigen Sachen zu schützen, so muß ich sagen: erstaunlich ist es, wenn der Staat hier nicht gegen Verbrecher vorgeht, denen die Staatsgesetze

Nebensache sind und die sie nicht anerkennen, wenn er die Waffen streckt und nicht mit Strenge gegen sie vorgeht, sondern sie mit einer Sicherheitsmaßnahme bedenkt und sie nicht bestraft. Wenn Herr Radbruch erklärt, der Überzeugungsverbrecher sei Gefangener, sei nicht bestraft, der Staat dürfe ihm nicht die gesamten politischen Rechte aberkennen, so kann ich dem eben nicht zustimmen.

Ich stelle nun die Frage: ist denn dieser psychologische Tatbestand, ist er wirklich nach der Definition, wie sie § 71 des Entwurfs gibt, den doch im wesentlichen Kollege Radbruch beibehalten hat, ein so klarer psychologischer Tatbestand, daß sich dies erkennen läßt? Hier ist das eine Wort entscheidend — ich habe den Entwurf augenblicklich nicht zur Hand; aber es genügt mir vollkommen, wenn ich auf die Thesen des Herrn Radbruch eingehe —, das Wort nämlich, daß die Überzeugung den Täter „übermächtig beherrscht". Hier in dem einen Wort haben Sie nicht mehr die klare Erkenntnis, sondern das Werturteil, welches eben der Richter fällen muß. Es ist ein psychologisches Werturteil, das den Richter den einen Mord anders würdigen läßt als den anderen.

Meine Damen und Herren! Es ist also nicht so, daß es sich nun um einen rein psychologischen Tatbestand handelt, sondern es wird hier in des Richters freies Ermessen gestellt, darüber zu entscheiden, ob wirklich ein übermächtiger Einfluß bei der Tat den Ausschlag gegeben hat. Sie kommen um diese Klippe nicht herum. Der Richter wird erneut in den Streit der Meinungen hineingezogen, und es erhebt sich die Frage, die unseren Beratungen schon wiederholt den Grundton gegeben hat, ob es angebracht ist, dem Richter die Entscheidung in politischen Fragen — denn um solche handelt es sich — einzuräumen. Damit beladen sie den Richter mit einer Verantwortung in der heutigen Zeit, die beinahe unerträglich ist. Denn, meine Damen und Herren, der Richter muß ja hier Partei ergreifen in einer derartigen politischen Frage, und nun ist die Vertrauenskrise doch nicht etwa so, daß wir uns fragen: „Ist dieser Richter des Vertrauens würdig, ist hier dieses Urteil wirklich in ehrlichem Ringer gefällt worden?" sondern die Vertrauenskrise ist die, daß in der Presse jedes Urteil parteipolitisch geltend gemacht wird, was doch eigentlich nicht notwendig ist. Sehen Sie sich die Entscheidungen der letzten Wochen, Monate, Jahre an; jedes Urteil wird von der einen oder anderen Seite von der Presse ausgebeutet; und nun wollen Sie dem Richter in dieser Frage die Entscheidung geben! Verhehlen Sie sich dann nicht, daß die Vertrauenskrise niemals überwunden wird, sondern immer noch größer werden muß! Ich stehe hier auf dem entgegengesetzten Standpunkte wie Herr Kollege Radbruch. Wir dürfen das Vertrauen zur Rechtspflege nicht untergraben, und gerade in dieser Vertrauenskrise ist sehr viel Voluntarismus.

Aber, meine Damen und Herren, nun komme ich, nachdem ich mich mit den Referenten auseinandergesetzt habe, zur Begründung meiner eigenen Anträge, die ich mit den Kollegen Graf Dohna und Goldschmidt zusammengestellt habe. Und da gibt es ganz allgemeine Dinge, die heute einmal ausgesprochen werden sollten. Wenn der Strafgesetzgeber reformieren will, so sollen sich diese Reformen auf das notwendige Maß beschränken. Und wenn Herr Kollege Kohlrausch mit m. E. trefflichen Worten auf die Eigenbrödelei des Deutschen hingewiesen hat, so glaube ich, daß diese Eigenbrödelei auch bei den Juristen häufig anzutreffen ist in der Reformliteratur und vor allem in der abschließenden Gesetzgebung. Was hat der französischen Gesetzgebung diese große, wirklich starke Bedeutung in Frankreich gegeben? Das ist die Strenge, nur das zu reformieren, was eben wirklich dringend notwendig ist, und bei uns sehen wir, daß sehr häufig die Modeströmungen sich an das Tageslicht drängen, und daß bei uns der Gesetzgeber sich diesen Modeströmungen manchmal nicht energisch genug gegenüberstellt. Wenn ich mir den gesamten Entwurf daraufhin ansehe, so finde ich unendlich viel Bestimmungen, wo mehr mit Parteifragen gearbeitet wird als mit den Ergebnissen der Judikatur, und es werden der Praxis einfach neue Bestimmungen vorgeschlagen, mit denen sie von Grund auf einen neuen Aufbau beginnen muß. Ich könnte Ihnen viele Beispiele hierüber geben; ich will das aber nicht, weil ich möglichst die 15 Minuten, die mir zur Verfügung stehen, nicht überschreiten möchte. Hier ist nun in diesem § 20 m. E. einer derjenigen Fälle, in denen eine Notwendigkeit zu reformieren, soweit ich sehe, wirklich nicht geboten ist. Wenn ich mich auf den Standpunkt des Kollegen Kohlrausch stellen wollte: fort mit dem Scheusal in die Wolfsschlucht, sie sollen alle einheitlich behandelt werden, dann hat Kohlrausch recht, dann wäre es das Beste, den § 20 zu beseitigen. Ich gebe zu, der Begriff „ehrlose Gesinnung" hat auch etwas Differenzierendes; aber niemals kann ich soweit gehen wie Kollege von Calker, das generell zu bestimmen, was nach meiner Ansicht nur in einzelnen Ausnahmefällen zugelassen werden kann. Und hier stehe ich allerdings im Widerspruch zum Kollegen Kohlrausch: ich sehe nicht ein, warum nicht der Staat, wenn er eine bestimmte Handlung nicht will, diese Handlung mit allen Mitteln unterdrücken kann, damit derjenige, der sich in einer derartigen Weise vergangen hat, solche Handlungen unterläßt. Ich sehe nicht ein, warum nicht Diebstahl, Notzucht, Verführung Minderjähriger, unzüchtige Handlungen an Kindern als das gebrandmarkt werden sollen, was sie sind, nämlich als ehrlose Handlungen; und, meine Damen und Herren, das Volk ist sechsmal so gescheit wie wir ganzen Juristen zusammen; das charakterisiert die Handlungen doch als das, was sie sind, als empörende Schweinereien. Bei den politischen Delikten mache ich eine Ausnahme; doch sollen wir da nicht zu einer anderen Strafe, auch nicht zu der sichernden Maßnahme Radbruchs, sondern zu der milderen Strafe kommen; denn tatsächlich ist die Einschließung bei dem Überzeugungsverbrecher doch die mildere Maßnahme gegenüber den anderen Strafen. Ich glaube infolgedessen, daß wir gerade, wenn wir uns hier dem doch gar nicht so ungesunden Volksbewußtsein beugen und an dem festhalten, was wir in der Praxis bis jetzt durchgeführt haben, das Grundprinzip des § 20 ruhig bestehen lassen sollten. Die Fälle, die uns in höchst interessanter Weise Herr Kollege von Calker vorgeführt hat, lassen sich ja bei dem heutigen, im Entwurf so ungeheuer weit gespannten Strafrahmen ohne weiteres berücksichtigen. Herr von Calker hat wirklich kaum daran gedacht, was der neue Entwurf auch bei Mord alles für Möglichkeiten gibt. Sie haben ja schon alle Möglichkeiten, wozu dann noch die weitere Möglichkeit kommt, die m. E. nicht notwendig ist. Und da die 15 Minuten abgelaufen sind, bitte ich nur noch, sagen zu dürfen, ich bin hierhergekommen, um zu lernen, und nicht, um zu überzeugen.

Privatdozent Dr. Wolf:

Meine Damen und Herren! Es ist in den Ausführungen des Herrn Prof. Radbruch zum Ausdruck gekommen, daß der § 71 des Entwurfs mit dem § 20 eigentlich nichts zu tun habe. Es ist im Schrifttum und während der heutigen Diskussion mehrfach der gegensätzliche Gesichtspunkt zum Ausdruck gekommen, daß der § 71 in wesentlichen Punkten eine Fortentwicklung des § 20 darstellt. Ich selbst glaube, daß § 71 nichts anderes bedeutet als die Umkehrung des § 20. Denn während § 20 in Fällen besonders ehrloser Gesinnung die zur Wahl gestellte mildere Strafart nicht Platz greifen läßt, bestimmt § 71 im umgekehrten Sinne, daß, wenn eine besonders ehrenhafte Gesinnung vorliegt, die Sonderstrafe Platz greifen soll. Ich verkenne keineswegs die Tiefe der Gesichtspunkte und werde gleich darauf zu sprechen kommen. Was aber bei der ersten Frage, die der § 71 stellt, nämlich der Frage nach der Regelung der custodia honesta, seine eigentliche Bedeutung ausmacht, ist doch, ob wir die custodia honesta überhaupt anerkennen wollen oder nicht, ob der § 71 eine Generalisierung der custodia honesta postuliert. Dagegen sprechen m. E. sehr wesentliche Bedenken. Wir sehen, daß die Strafarten Zuchthaus und Gefängnis beide durch die allgemeine Zulassung der custodia honesta eine infamierende Adjektivierung bekommen. Das ist der eine wesentliche Punkt dagegen, die custodia honesta zu generalisieren, es sind aber noch zwei andere Gesichtspunkte. Einmal der, auf den Herr Radbruch selbst aufmerksam gemacht hat, daß der dem ganzen Entwurf zu Grunde liegende Strafzweck, nämlich die Besserung, ebensowenig wie einer der anderen Strafzwecke, Abschreckung und Vergeltung, gegenüber dem Überzeugungsverbrecher in Betracht kommt; sodann der, daß gegenüber dem Überzeugungsverbrecher nicht Strafe, sondern nur Sicherung möglich ist und daß einer Maßnahme, die keine Strafe ist, nicht der Charakter einer Strafe zugeschrieben werden kann. Das sind m. E. die Gesichtspunkte, die gegen eine Generalisierung der custodia honesta im Sinne des § 71 sprechen.

Aber es ist in der Tat der Gedanke des § 71 mit dem Gedanken der custodia honesta nicht erschöpft; es kommt auch noch die Berücksichtigung sozial-ethisch verpflichtender Möglichkeiten hinzu, wie ich es in der Zeitschrift für Strafrechtswissenschaft ausgedrückt habe. Gestatten Sie mir, dies etwas zu erläutern. Die Absicht, die Tat möglichst umfassend zu berücksichtigen, hat zu zwei Paragraphen des neuen Entwurfes geführt, nämlich zu den §§ 67 und 71. Ich glaube, wenn man den Überzeugungsverbrecher als einen kriminalpsychologischen Typus anerkennen will, dann müßte man ihn — wie auch Elster — unter dem Gesichtspunkte des § 67 anerkennen, als einen Tatbestand, der sich empirisch feststellen läßt, genau so wie das Vorleben des Täters usw. Das sind diejenigen Dinge, die typisch erkannt werden können.

Was heißt es denn überhaupt, einen Typus aufstellen? Das heißt doch nichts anderes, als aus der Erfahrung heraus auf einen bestimmten Einzelfall zu schließen, auf einen Typ, der dann festgestellt werden kann. Auf was aber § 71 abstellt, wenn er die verpflichtende Überzeugung zu einer Sonderstrafe führen läßt, ist nichts kriminalpsychologisch Feststellbares, sondern es ist, wie Herr Prof. Gerland schon betont hat, die Unterschiebung einer Art Anerkennung für den Richter, beim Vorliegen einer Überzeugung diese zu beachten, so wie er sie versteht. Es handelt sich hier um ein Problem des Verstandes, der Erwägung, nicht der äußerlichen Feststellung wahrnehmbarer Tatsachen, und das führt zu einem Gesichtspunkte, der heute noch nicht erörtert worden ist und den ich in Kürze hier erklären möchte, nämlich zur generellen Berücksichtigung des Tatmotivs. Pflichtüberzeugung als Grundlage für die Schuld! Die gesamte Schuldlehre beruht auf dem Gedanken der Schuldvorwerfbarkeit. Was ist vorwerfbar? Die pflichtwidrige Handlung, das Unrecht. Die bloße Bezeichnung „Vorwerfbarkeit" genügt aber zur Charakterisierung der Schuld nicht. Ich erinnere daran, daß auch Herr Generalprokurator Dr. Höpler in seinem Gutachten darauf zu sprechen gekommen ist; er hat allerdings gesagt, es sei die Möglichkeit, daß durch die Anerkennung einer Pflichtüberzeugung die Rechtswidrigkeit ausgeschlossen würde, nicht unbedingt zu verneinen. Einen solchen Ausschluß der Rechtswidrigkeit kann ich nicht anerkennen. Bisher haben wir nur Not oder Irrtum berücksichtigt. Wir müßten dann die Pflichtüberzeugung als drittes noch hinzunehmen, im Sinne des Fortschritts der Rechtsordnung, womit natürlich in keiner Weise gesagt sein soll, daß diese Pflichtüberzeugung irgendwie höher oder minder gewertet würde. Ich stelle das ausdrücklich fest. Ein Sicherheitsproblem scheint mir darin zu liegen, daß der Richter, dem gegenüber der Überzeugungsverbrecher sich auf seine Überzeugung beruft, feststellen darf, ob eine Überzeugung vorliegt. Ich glaube, es wird sich hier in der großen Mehrzahl der Fälle um politische Pflichtüberzeugung handeln; und dann ist doch dem Richter keine andere Handhabe gegeben als die einfache Feststellung der Partei- oder Bundes- oder Gruppenzugehörigkeit dessen, der ihm gegenübersteht, und der sich auf eine bestimmte Überzeugung beruft. Und ich weiß nicht, mit welchen Mitteln der Richter diesen Blick in die Seele des Täters zu tun in der Lage ist, um festzustellen, daß er tatsächlich dieser Überzeugung gewesen ist. Ich glaube, daß das in der Tat zu einer sehr starken Erschütterung des Vertrauens in die Rechtspflege beitragen kann, daß dadurch dem Vorwurf der Klassenjustiz nach jeder Richtung Tür und Tor geöffnet wird; denn da es sich hier um eine Frage des Verständnisses handelt und der Feststellung, so wird das eben in weiten Kreisen vielfach nicht verstanden. Ich möchte hier mit allem Klarheit besonders darauf hinweisen, daß die Tendenz des Entwurfs durch den § 71 gebrochen wird. Es soll der Rechtsbruch unter einem speziellen Gesichtspunkt nicht zum eigentlichen Schuldvorwurf gereichen; denn wo eine Honorigkeit des Rechtsbruchs durch Verhängung der custodia honesta anerkannt wird, kann doch unter individuellem Gesichtspunkte nicht mehr vom ethischen Schuldelement gesprochen werden. Im übrigen scheint mir die „verpflichtende Überzeugung", wie sie heute im § 71 steht, nicht ganz richtig formuliert zu sein. Eine Überzeugung besteht in nichts anderem als in der Anerkennung der objektiven Wahrheit des Sachverhalts. Nur sie ist eine Überzeugung, die sich als rechtlich relevant darstellt. Etwas anderes ist niemals eine verpflichtende Überzeugung, sondern ein Pleonasmus, eine Überzeugung, die der Täter nur vorgibt, weil er es als zweckmäßig erkannt hat, sie zu ändern, damit sie nach § 71 berücksichtigt werden soll.

Noch einen Gedanken muß ich aufgreifen, den Herr Prof. Kohlrausch geäußert hat, nämlich den, daß die Bestimmung des § 71 letzten Endes in ihrer Idee dem Rechtsstaatsgedanken zuwiderläuft. Schon allein im Vollzug der Strafe, die weder bessern noch abschrecken soll, kommt nichts anderes zum Ausdruck als eine Zwangsherrschaft des Staates. Es darf nicht dahin kommen, daß jeder Überzeugungsverbrecher die Staatsidee verlacht und nicht zu der Einsicht gebracht werden kann, daß man um seiner Gruppe oder seiner eigenen Überzeugung willen die Idee des Staates, die durch seine Rechtsordnung repräsentiert wird, nicht verlachen darf. Diese Erwägungen führen mich dazu, mich dem Antrage der Professoren Graf Dohna, Goldschmidt und Gerland anzuschließen, wonach wir zwar nicht die custodia honesta vollständig streichen, aber sie nur in den Fällen beibehalten, in denen sie bisher schon gegolten hat, nämlich als eine besondere Strafe, die bei einzelnen Tatbeständen am Platze ist, und von der Generalisierung absehen, im übrigen aber den § 71 streichen.

Generalprokurator Dr. Höpler:

Ich hatte mich zum Worte gemeldet, meine Damen und Herren, weil sich durch die heutige Berichterstattung des sehr verehrten Herrn Prof. Radbruch die Voraussetzungen meines Gutachtens nach drei Richtungen hin etwas verschoben hatten, und zwar, wie ich gleich vorwegnehmen will, zugunsten der von mir vertretenen Ansicht. Allerdings ist meine Aufgabe hier leicht, weil das, was ich behandeln wollte, insbesondere z. T. vom Professor Gerland schon mitgeteilt wurde. Ich kann mich daher sehr kurz fassen.

Es sind in dreifacher Weise Änderungen gegenüber der authentischen Interpretation des § 71 erfolgt. Zunächst ist an die Stelle des ausschlaggebenden Beweggrundes der übermächtige Beweggrund getreten.

Dadurch werden die Beweisschwierigkeiten, auf die ich mir erlaubt habe im Gutachten hinzuweisen, nicht um ein Haar kleiner. Ich erlaubte mir hervorzuheben, daß man den Richter geradezu von Gesetzes wegen verpflichtet, Politik zu treiben. Ich bitte Sie, hierbei auch an die Laienrichter zu denken. Ich habe mir auch erlaubt, darauf hinzuweisen, daß es unmöglich Aufgabe des Richters sein kann, daß es überhaupt unmöglich ist, in noch so vielen Verhandlungen einen so tiefen Blick in die Seele zu tun, daß man in einem Urteil das feststellen kann. Nun ist heute beispielsweise seitens des Herrn Prof. Radbruch hervorgehoben worden: ja, wenn der Mensch aus der Tat die Konsequenz zieht und sich stellt, dann wird das ein Überzeugungsverbrecher sein; flieht er, dann ist er's nicht. So einfach ist die Sache denn doch nicht. Es wäre eine Unmöglichkeit, wollte man hieraus, aus der Tat als solcher und aus der Führung nach der Tat Schlüsse auf die Psyche ziehen. Es wäre eine Pflichtvergessenheit des Richters, wenn er sich mit solchen Nebensächlichkeiten abgeben würde und sagen möchte: weil du geflohen bist, bist du kein Überzeugungsverbrecher; weil du dich gestellt hast, bist du ein solcher. Er kann sich ja auch gestellt haben, um als Überzeugungsverbrecher angesehen zu werden.

Das zweite Moment, auf das hingewiesen worden ist, ist mir das wichtigste. In der authentischen Interpretation ist hervorgehoben worden, es wäre ein kriminalpsychologischer Typus, der eine besondere kriminalpolitische Behandlung verlangt. In dem Augenblick, in dem man Ausnahmen zuläßt, ist die Säule gebrochen, auf der das Entwicklungsgebäude aufgebaut ist, die Grundlage einfach entzogen. Und weil dies schon hervorgehoben worden ist, will ich darauf nicht noch einmal näher eingehen; ich möchte nur mit wenigen Worten zeigen, in welches Gestrüpp uns diese Ausnahme führt. Warum wird der Mord ausgeschieden? Warum sollte der Versuch des Tyrannenmordes nicht die Wohltaten des § 71 haben, warum nicht der räuberische Totschlag, wohl aber der Diebstahl? Gestatten Sie mir zwei Beispiele. Der politische Gegner, in dessen Besitz sich wichtige politische Papiere befanden, ist ausgeraubt und dann im Verlaufe dieses Raubes getötet worden. Warum soll es sich hier nicht um einen Pflichtüberzeugungsverbrecher handeln? Vor Monaten hat mich ein Fall beschäftigt, da hatte ein Mitglied einer bewaffneten Organisation einen Einbruchsdiebstahl begangen, um der gegnerischen Organisation die Gewehre wegzunehmen. Ist er ein Überzeugungsverbrecher? Wir kommen einfach in Gestrüpp hinein.

Das Dritte ist das Kriminalpolitische. Vielleicht habe ich es nicht richtig verstanden; aber ich glaube gehört zu haben, daß heute der Ausdruck gefallen ist, § 71 schaffe keine Strafe, sondern eine Sicherung. Dabei wird aber die Sicherungsmaßnahme nach § 45 ausgeschieden. Was ist das also? Ich glaube dennoch mit Recht das aufrechterhalten zu können, was ich im Gutachten ausgeführt habe: § 71 schaffe uns einen vollkommen volksfremden Körper in das Gesetz, mit dem wir uns heute beschäftigen.

Noch ganz kurz einige Worte zu einer anderen Frage; ich glaube mich dazu berufen, weil ich durch Jahrzehnte, namentlich in den letzten Jahren, sehr viel amtlich zu tun hatte mit allerhand verbrecherischen Ausartungen der Gewalt. Ganz gleichgültig ist hierbei, ob man von den Organisationen der Nachkriegszeit ausgeht oder nicht. Ich fühle mich deshalb hierzu berufen, weil in diese Zeit an mich der Ruf und der Schrei nach dem Staatsanwalt, bald von links, bald von rechts, vernehmlich und lebendig herangetreten ist. Wie kommt das? Wir leben in einer Zeit der Gärungen, in einer Zeit des politischen Kampfes. Was ist in einer solchen Zeit die vornehmste Pflicht des Gesetzgebers? Er darf sich von dieser Welle nicht tragen lassen, er muß sie auszugleichen versuchen, er muß sie vor allen Dingen im Auge behalten; er darf sich nicht vom Einzelfall beeinflussen lassen, er muß sich aber auf Einzelfälle einstellen, die vielleicht morgen durch andere überholt werden. Heute ist die Welle die, daß sie politische Verbrechen bringt. Die Zeit wird wieder vorübergehen. Die politischen Delikte werden sich wieder in jenen Winkel verkriechen, wie in der Vorkriegszeit: auf den Balkan. Wir werden dann im übrigen Europa höchst selten davon überrascht werden, einen politischen Verbrecher zu finden. (Widerspruch.) Ich hoffe es wenigstens, wenn die Staatsmaschine wieder anders funktioniert. Wenn wir dann wieder auf diesem Standpunkte stehen, dann genügt uns der § 20 mit einem Ausbau vollkommen. Wenn wir uns schon ein Ausnahmegesetz schaffen wollen vom Standpunkte der Gesetzgebung, ein Notgesetz schaffen wollen, dann geschieht es nicht mit dem § 71, der, ich darf wohl sagen, geradezu aufpeitschend wirken muß auf die eigentliche Eigenschaft jedes Verbrechers, auf die Eitelkeit. Ich glaube, damit schaffen wir ein Gesetz, mit dem wir dem Richter Unmögliches auferlegen und ihn geradezu hineinhetzen in die parteipolitischen Pressefehden.

Prof. Dr. Aschaffenburg-Köln:

Meine Damen und Herren! Für mich ist das Problem, mit dem sich unsere Vormittags- und Nachmittagssitzung beschäftigt, ein doppeltes. Zuerst ist es ein psychologisches Problem, ich glaube beinahe, ein diagnostisches Problem. Zweitens ist es ein Problem der Therapie. Da muß ich von vornherein erklären, daß ich durchaus nicht auf dem Standpunkt stehe, daß die Entstehung eines Überzeugungsverbrechens Tatbestandsnachweis ist; sondern es bleibt ein durchaus psychologisches Problem und meiner Überzeugung nach auch ein lösbares. Ich muß hier ausgehen von der Anschauung des Professors Radbruch, indem er gesagt hat, der Überzeugungsverbrecher sei kein Gewohnheitsverbrecher. Meine Damen und Herren! Der Überzeugungsverbrecher ist kein Gewohnheitsverbrecher; wenigstens in der Theorie würde er für mich kein Gewohnheitsverbrecher sein. Er muß doch so handeln.

Ich muß dabei eins bemerken: für uns Psychiater ist Überzeugtheit eine grundmaßgebende Eigenschaft eines Menschen, die er nicht nach Belieben annehmen oder ablegen kann. Für uns ist das psychologische Problem ein anderes als für den Richter und den Gesetzgeber. Und ich sage: für uns ist die Überzeugtheit eines Menschen eine psychologische Eigenschaft. Ich kann mir sehr wohl denken, daß z. B. ein Abstinenzler in seiner Überzeugtheit glaubt, sich über die Gebote der Gesellschaft oder auch über die gesetzlichen Bestimmungen hinwegsetzen zu müssen, bis er zu einem Märtyrer wird, der für seine Überzeugung jede Konsequenz auf sich nimmt. Aber täuschen wir uns nicht. Diese wirklichen Überzeugungsverbrecher, dieser ideale Typus, wenn ich ihn so nennen soll, vor dem man innerlich, wenn auch vielleicht nicht äußerlich, gern zuweilen den Hut abziehen möchte, sind außerordentlich selten, eine Erscheinung, vielleicht die interessanteste des ganzen Menschengeschlechts, die man sich denken kann, aber eine unendliche Ausnahme. Hinter dieser rangiert dann die zweite Gruppe, die unendlich große Zahl der Mitläufer. Ich stehe nicht auf dem Standpunkte, der eben vertreten worden ist, daß die Zugehörigkeit zu einer Partei irgendeinen Anhaltspunkt über die Überzeugtheit des Betreffenden gibt. Das ist eine Frage ganz für sich. Es laufen in jeder Partei viel Menschen herum, die nur mitreden. Aber inmitten dieses Typus machen sich unzählige Menschen breit, die sich über sich selbst täuschen, die glauben, überzeugt zu sein, die aber in Wirklichkeit nur eine ganz kümmerliche Überzeugung haben. Dazu kommt noch die große Zahl derer, die in Zeiten erregter politischer und sonstiger Vorgänge durch ihre Eitelkeit getrieben werden, sich irgendwie in den Vordergrund zu stellen. Das ist schließlich eine Eigenschaft, die mehr oder weniger jedem innewohnt, vielen Leuten aber leider mehr innewohnt, als gut ist, und sich nun gerade auf solchen Gebieten außerordentlich bemerkbar macht. Ich will das hier nur ganz nebenbei sagen; aber eins möchte ich doch hinzufügen. Ich bin über 30 Jahre Abstinenzler. Ich bin in dieser Zeit mit unzähligen Abstinenzlern zusammengekommen, die nicht zu ihrer Überzeugtheit gekommen wären, wenn sie nicht dabei in der Öffentlichkeit eine Rolle spielen würden. Sonst würden sie es wahrscheinlich nicht tun. Ich kenne auch sehr viele von Leuten, die in der ersten Revolutionszeit eine Rolle gespielt haben — Namen zu nennen verbietet mir mein Berufsgeheimnis —, die lediglich von der Eitelkeit dazu getrieben wurden, sich hervorzutun, und mehr zu gelten und zu scheinen, als sie sind. Und dafür sind solche Zeiten außerordentlich günstig. Endlich, die breite Basis, auf der das alles beruht, die unzähligen Kriminellen, die geborene Verbrecher sind, — wir haben vorher solche Leute erwähnt —, die sich das Überzeugungsmäntelchen, das politische Mäntelchen umhängen, um damit ein gutes Geschäft zu machen. Das sind ungefähr die drei Typen, von denen es für unsere Sonderbetrachtung einzig und allein auf den ersten Typus ankommt. Bei seiner Seltenheit scheint es mir fast nicht notwendig, für ihn eine Sondernorm zu schaffen.

Trotzdem gehöre ich vielleicht zu den ganz wenigen, die vom Vorhandensein eines Überzeugungsverbrechers ganz überzeugt sind. Aber damit komme ich auch zu einer ganz anderen Auffassung, als Herr Kollege Radbruch sie vertreten hat. Er hat in seiner These 7 gesagt: Es muß sichergestellt werden, daß auf den Überzeugungsverbrecher die Sicherungsverwahrung keine Anwendung finde. Dagegen hoffe ich, daß, wenn wir die Sicherungsverwahrung bekommen, wir in erster Linie an die Überzeugungsverbrecher denken, nicht nur wegen ihrer Gefährlichkeit — denn daß sie gefährlich sind, haben sie ja selbst dokumentiert —, sondern vor allen Dingen, weil hier wirklich die Voraussetzungen gegeben sind. Wenn ein Mensch innerlich in idealem Sinne von seiner Überzeugung durchdrungen ist, muß er auch dieser Überzeugung entsprechend handeln, und wenn man ihn heute herausläßt, muß seine Überzeugung die gleiche bleiben und er in seiner ganzen Wirksamkeit immer wieder dasselbe begehen. Davor müssen wir uns eben schützen. Sofern man diesen Standpunkt mit Rücksicht auf den Überzeugungsverbrecher anerkennt, ist in diesem ganz engen Sinne auch mit aller Entschiedenheit dafür einzutreten, daß im § 45 des Entwurfs die dauernde Verwahrung angeordnet wird. Es heißt nur: Verwahrung, solange erforderlich. Und wenn die lange Verwahrung und vielleicht allmählich die Verzweiflung die Überzeugung in solch einem Menschen zum Wanken bringt, dann kann er wieder herausgelassen werden; dann ist eine Verwahrung nicht mehr erforderlich.

Meine Damen und Herren! Noch eins. Wenn wir heute zu der Überzeugung kämen, daß es doch richtig wäre, die Überzeugungsverbrechen anzuerkennen, und dann auch entsprechend dieser Anerkennung der § 71 auf sie ausgedehnt werden soll, so ist das falsch, weil Sühne und Sicherungsmaßnahme in einem solchen Falle nicht gleichzustellen sind. Solche Maßnahme gegenüber diesen Leuten vom Standpunkte der Besserung ist lächerlich, vom Standpunkte der Sühne unzulänglich; der einzige Gesichtspunkt ist dann doch der, daß die Gesellschaft vor solchen Leuten geschützt wird. Damit würde der Juristentag anerkennen — was mir persönlich am allersympathischsten wäre — die durchaus restlose Anpassung einer strafrechtlichen Reaktion an die Individualität des Täters bis zur letzten Konsequenz.

Herr . . . .

Meine Damen und Herren! Auf Grund langer Studien und einer siebenjährigen Tätigkeit in politischen Strafsachen gestatte ich mir, die folgenden Bemerkungen zu dem Thema zu machen. Zunächst einmal die Frage: Gibt es Überzeugungsverbrecher? Die Herren Referenten haben schon an historischen Beispielen ausgeführt — sei es in der früheren, sei es in der jüngsten Vergangenheit —, daß es unbedingt Überzeugungsdelinquenten gibt, und zwar solche auf sittlichem, solche auf religiösem und auf politischem Gebiete. Auf sittlichem haben Sie das wunderbare Beispiel Emilia Galottis, des Vaters, der an seiner Tochter lieber einen Mord oder — juristisch — einen Totschlag begeht, als sie in die Hände des Wüstlings fallen zu lassen; an religiösen Delinquenten zählt die Kirchengeschichte uns unzählige Beispiele auf von Märtyrern, die heute von der katholischen Kirche als Heilige verehrt werden, daß ich darüber keine weiteren Ausführungen zu machen brauche. Und politische Delinquenten hat es gegeben, solange eine Gesellschaftsordnung in der Form des Staates sich konstituiert hat, und auf Grund der Rechtsordnung des Staates haben Sie auch die besondere Bestrafung von politischen Delinquenten, sei es — je nach der Auffassung über das Wesen des Staates — in scharfem oder in mildem Sinne. Ist der Überzeugungstäter ein bestimmter kriminalpsychologischer Typ, d. h. wie der Herr Referent Radbruch glaubt, liegt seine Tat eben in seiner Überzeugung oder ist die Tat, die sein Delikt enthält, auf Grund irgendeiner Gelegenheit, Überraschung, von außen hervorgerufen? Jeder Mensch ist das Produkt seiner Erziehung und das Produkt seiner Umgebung, und in jedem Menschen, der Anspruch darauf macht, denken zu können, — ich rede hier nicht von den Mitläufern, auf die komme ich gleich zu sprechen — bildet sich in den wichtigsten Dingen des täglichen Lebens, sei es in der religiösen Anschauung, sei es der Moral, sei es in der Politik, eine mehr oder weniger feste Überzeugung. Dabei vertrete ich die Auffassung, daß viele der politischen oder auch der anderen Überzeugungstäter tatsächlich ihre Handlungen aus ihrer Überzeugung heraus, die sie sich auf Grund ihrer Umgebung, in der sie sich befinden, gebildet haben, begangen haben.

Etwas anderes ist nun die Frage, ob die Tat, die sie begehen, nur auf Grund ihrer Überzeugung unmittelbar zum Ausbruch kommt. Da vertrete ich die etwas weitergehende Auffassung und sage: der Anarchist z. B., um ein Beispiel zu wählen, der nach seiner Überzeugung sich die Ansicht gebildet hat, daß die Beseitigung des heutigen Staates am besten geschieht durch die Ermordung des Staatsoberhauptes, der Anarchist hat stets diese Überzeugung. Trotzdem wird er nicht bestraft, solange er diese Überzeugung nicht praktisch betätigt. Kommt nun von außen her die Gelegenheit, das betreffende Staatsoberhaupt gerade an einer Stelle zu treffen — denken Sie an das geplante Attentat gegen den König von Spanien in Paris —, dann ist es diese äußere Gelegenheit, die die Tat unmittelbar auslöst. Oder aber, wenn Sie die Delikte von politischen Delinquenten nehmen, die in der jüngsten Vergangenheit stattgefunden haben — ich denke an den mitteldeutschen Aufstand, ich denke an die Ereignisse, die 1923 stattgefunden haben —, so sind diese Dinge erst zum Ausbruch gekommen auf Grund der Wirkungen der Zeit, die damals eben ungeheure Erschütterungen hervorgerufen hat, die dann bestimmte Führer zum Handeln an die Spitze gesetzt hat, die eine Reihe von Menschen, die nicht die politische Überzeugung hatten, mit zum Handeln getrieben haben. Ich vertrete die Überzeugung, daß eben das politische Delikt oder überhaupt das Überzeugungsdelikt einmal abhängig ist von der Überzeugung an sich, die der betreffende Täter hat, und weiter von den unlösbaren Momenten seiner Umgebung, seiner Lage.

Die zweite Frage ist diejenige: verdient ein Täter, der aus sittlicher, religiöser oder politischer Überzeugung heraus handelt, eine besondere Behandlung? Historisch ist ja schon von den Herren Referenten hervorgehoben worden, daß tatsächlich z. B. der politische Überzeugungstäter im Strafgesetzbuch und auch in der ganzen Vergangenheit eben anders behandelt wurde als der gewöhnliche Delinquent. Er ist zum Teil, wie ich vorhin sagte, schärfer behandelt worden und wird zum Teil auch heute noch schärfer behandelt. Ich brauche Sie nur zu erinnern an die Gesetzgebung in der Türkei, wo der politische Delinquent, der nicht einmal die Tat zur Ausführung gebracht hat, nicht minder scharf behandelt wird als wenn er sie vollendet hätte. Aber auch bei uns in Deutschland wird der politische Delinquent unter Umständen nach der neuesten Gesetzgebung schärfer behandelt als der gewöhnliche Delinquent. Ich erinnere Sie an das Republikschutzgesetz mit seinen Strafen von Zuchthaus in schweren Fällen bei Vergehen gegen das Republikschutzgesetz, und auch bei Hochverrat ist im heutigen Staat nach Entscheidungen des Reichsgerichts und des Staatsgerichtshofs auf Zuchthaus zu erkennen, selbst wenn das hochverräterische Motiv eben die ganze Handlung beherrscht. Aber, wie richtig ausgeführt worden ist, für politische Delinquenten hat man bei Überzeugungsdelikten in der Vergangenheit die die Ehrenhaft gehabt. Diese Ehrenhaft ist ja auch als custodia honesta angewandt worden in anderen Fällen, aber meist nur bei Leuten einer bestimmten Klasse, nämlich denen, die nach dem Vergehen und vielleicht nach heutigen Moralbegriffen und Gesellschaftsbegriffen zur honorigen Gesellschaftsklasse gerechnet werden. Es ist nun eigenartig, daß, nachdem solche ungeheuerlichen politischen Bewegungen in Deutschland stattgefunden haben und nicht nur die Herren Redakteure, nicht nur die Herren Offiziere, dazu die Studenten in politische Delikte verwickelt werden, daß nun, wo meistens Arbeiter oder auch Völkische und Teile ihrer Anhänger sich vor den Gerichten wegen solcher Delikte zu verantworten haben, daß die Strömung außerordentlich stark geworden ist, daß der Überzeugungstäter, der politische Delinquent insbesondere, anders — nennen Sie es besser, nennen Sie es honoriger — behandelt wird als der gewöhnliche Delinquent.

Ich finde dies aus folgendem Grunde um so notwendiger. Eine Rechtsentwicklung kann man nicht nur unter dem engen Gesichtspunkte des eigenen Rechtes betrachten; man muß auch Rücksicht nehmen auf die Rechtsordnung anderer Länder, auf die Konflikte, die sich in solchen Dingen erheben können mit anderen Ländern. Ich finde, es hat mich eigenartig berührt, daß hier gerade im besetzten Gebiet das Delikt der politischen Überzeugung so bekämpft und dauernde Einschließung verlangt worden ist, wo gerade hier im besetzten Gebiet außerordentlich viel politische Delikte, und zwar gegen eine fremde Macht, die z. B. auch Sprengstoffdelikte umfassen, stattgefunden haben, und wo die höchsten Autoritäten im Reiche und gerade die Vertreter unseres Standes in zähem Kampfe sich dauernd dafür eingesetzt haben, daß diese fremde Macht bei politischen Delinquenten schon in der Untersuchungshaft das politische Moment feststellt und sie als politische Delinquenten betrachtet, auch verlangt haben, daß sie anders bestraft werden sollten und der Strafvollzug anders sei, als es bei gemeinen Verbrechern der Fall sein würde. Um so erstaunter war ich, wie gesagt, als ich von dieser Seite dieses Einschränkungsverlangen hörte. Ich kann für jeden Menschen, der einer modernen Rechtsentwicklung das Wort redet, ich spreche nicht . . . . (Unruhe und Zurufe.) Ich kann natürlich aus meiner Haut nicht heraus, das ist selbstverständlich; aber ich bemühe mich, hier so objektiv zu sein wie möglich. Es kann für jeden modernen Menschen nur eine Frage sein, nämlich die, einen Menschen, der kraft seiner Überzeugung handelt, sei es seiner sittlichen, religiösen oder politischen Überzeugung, anders zu stellen als den gemeinen Delinquenten. Ich lehne es ab, mich hier herumzustreiten mit der Wissenschaft, aus welchen Gründen das zu geschehen hat, sei es aus moralischen, sei es aus kriminalpsychologischen, sei es aus ethischen, sei es aus philosophischen, sei es aus Nationalgefühl heraus; aber ich habe, wie jeder Mensch, der diesen Dingen nahesteht, das Gefühl, daß eine andere Behandlung einzutreten hat. Und obwohl ich einer Partei angehöre, die keine Freundin des Staates ist, die keine Freundin ist seiner leitenden Männer, so muß ich doch anerkennen, daß ich in den sieben Jahren meiner Tätigkeit von den höchsten Behörden und auch von der Staatsanwaltschaft, sei es bei Hochverratsprozessen, wo der Oberreichsanwalt Ebermayer die Anklage vertrat, sei es insbesondere vor dem Staatsgerichtshof, vor dem Reichsgericht, sei es bei Prozessen, die wir in Düsseldorf hatten, sowohl im Gerichtssaale wie in den persönlichen Unterredungen die Meinung zu hören bekommen habe: ja, der politische Überzeugungstäter ist anders zu behandeln. Wir verstehen es vollkommen, und es ist ja auch sehr richtig, daß die Herren es verstehen, denn soweit ist die geschichtliche Entwicklung gar nicht zurückgehend; wir haben 1918 noch ein Kaiser- und Königreich gehabt, und die Herren haben am eigenen Leibe gesehen, daß die Staatsordnung nichts Konstantes ist, sondern etwas, was dem Wechsel der Zeit, der Entwicklung und dem Fortschritt unterliegt.

Es fragt sich nun, wenn man auf dem Standpunkte steht, daß eine andere Behandlung einzutreten hat, wem diese andere Behandlung zu überlassen ist, ob sie den Gerichten oder den Strafvollzugsbehörden überlassen werden soll. Nach der heutigen Gesetzgebung ist das folgendermaßen: wir haben in den Strafvollzugsbestimmungen eine Erleichterung, aber über diese Erleichterung entscheiden schon die Gerichte; nach § 458 StPO. können die Gerichte über den Strafvollzug entscheiden, und die politische Überzeugung darf beim Strafvollzug nur berücksichtigt werden, wenn das Gericht in seinem Urteil ausgesprochen hat, daß diese Vergünstigung zu gewähren ist.

Und nun meine praktischen Erfahrungen. Ich weiß, daß die Richter, insbesondere das höchste Gericht, sehr wohl in der Lage sind, festzustellen, ob es sich um ein Überzeugungsdelikt handelt. Der Oberreichsanwalt und die Gerichte haben sich oft die Mühe gemacht, dem Lebenslauf eines Menschen nachzugehen, um festzustellen, wes Geistes Kind er ist, und um die politische Überzeugung des Täters festzustellen. Gerade das Reichsgericht und der Staatsgerichtshof sind es ja, die auf Grund des § 458 StPO., nachdem bereits das Urteil gefällt war, hier durchaus und sehr oft mit zutreffenden Argumenten ohne weiteres diese Feststellung getroffen haben. Ich bin ein Gegner davon, daß die Staatsanwaltschaft damit betraut wird. Beim Strafvollzug besteht die Möglichkeit, daß von höchster Stelle eingewirkt wird; denn die Strafvollzugsbehörden unterstehen der höchsten juristischen Instanz. Die Entscheidung einer unteren Instanz kann stets geändert werden durch Anweisung von oben. Viele Angriffe, die aus allen Lagern gegen manche Entscheidungen gekommen sind, lassen sich vermeiden, wenn unparteiisch, wie es der Staatsgerichtshof sehr richtig getan hat, die Feststellungen getroffen werden auf Grund dieser Tendenz, die ich gekennzeichnet habe, daß es sich um eine politische oder um eine andere Überzeugungstäterschaft handelt. Die deutschen Richter haben auch sonst die höchste Gewalt in den Händen; sie entscheiden über Leben und Tod eines Menschen. Warum soll ihnen nicht die Entscheidung übertragen werden in einem ordentlichen Verfahren, in dem sie Gelegenheit haben, dem Leben eines Menschen nachzugehen, festzustellen, ob der Täter ein Überzeugungstäter war oder nicht? Wenn Sie hier der Staatsanwaltschaft den Vorzug gäben, würden Sie m. E. das Ansehen und die Unabhängigkeit des deutschen Richtertums diskreditieren.

R.-A. Dr. Levy:

Ich bitte die hohe Versammlung, mit Bezug auf den letzten Diskussionsredner eine Feststellung treffen zu dürfen, wenn er mir untergeschoben hat, ich hätte gesagt, ich verlange für den Überzeugungsverbrecher die dauernde Einschließung. Ich habe lediglich gesagt, daß dem Überzeugungsverbrecher gegenüber, da das Gewohnheitsverbrechertum nachgewiesen sei, im Falle der Überzeugung schon im ersten Falle und nicht erst im Rückfalle Sicherungsmaßnahmen am Platze seien, und zwar konsequenterweise, daß aber im übrigen im Rahmen des Gesetzes der Überzeugung Rechnung getragen werden könne und müsse.

Justizrat Dr. Löwenstein-Berlin:

Meine Damen und Herren! Ich freue mich, in den Ausführungen meines Herrn Vorredners eine Plattform für das gefunden zu haben, was ich selbst Ihnen vorzutragen beabsichtige. Nach meiner Ansicht sollen politische Anschauungen aus allen Ausführungen entfernt werden. Ich habe dabei die Worte im Auge, die Prof. Kohlrausch zitierte, wonach ein angesehenes Mitglied der JKV. beim Abschied sagte: Gottlob, die leichten Fälle haben wir begraben; jetzt geht es nach Köln, um dort dem „Überzeugungsverbrecher" ein ehrenvolles Begräbnis zu bereiten.

Das Schicksal der Gedanken großer Menschen war es stets, daß sie bei ihrem Auftauchen lächerlich gemacht und verhöhnt wurden, und zwar von Leuten, die oft Glück hatten und hochgepriesen wurden, und daß diese Gedanken sich erst später durchgesetzt haben. Diese Gedanken haben oft in der Schatzkammer großer Menschen ein gar nicht mehr beachtetes triviales Dasein geführt. So ist es gegangen mit dem Gedanken der Abschaffung der Tortur, so ist es ergangen dem Gedanken über die Beseitigung der Beweistheorie, dem Gedanken der Einführung der freien Beweiswürdigung; genau so wurden diese Gedanken vorher verhöhnt und heute sind sie als selbstverständliches Gemeingut in die Rechtspflege übergegangen. Ich bin mit Prof. Radbruch der Überzeugung, daß auch der Überzeugungsverbrecher zu den großen Gedanken der Rechtspflege gehört und nicht ohne die Möglichkeit von Hemmungen seinen Einzug in das Strafrecht halten wird, und wenn auch nicht in das Strafrecht im Sinne des neuen Entwurfs von 1925, so doch in das Strafrecht der Menschheit, aus dem heraus er dann früher oder später doch in das deutsche Strafrecht übernommen werden muß. Damit will ich keineswegs den Standpunkt zum Überzeugungsverbrecher, wie ihn der Entwurf einnimmt, schlechthin billigen. Ich stelle hier nur die Tatsache fest, daß es diese Verbrecher im Sinne eines jeden Strafgesetzbuchs gibt, die das öffentliche Recht als Überzeugungsverbrecher charakerisiert, und zwar so, daß es kein Verständnis dafür hegt, wenn alle diese Fälle dem allgemeinen Verbrechertypus untergeordnet werden. Ich will auch nicht sagen, daß das Wort „Überzeugungsverbrecher" gerade das ist, was für den Typus, den ich im Auge habe, das richtige ist. Ich würde den Verbrecher eher einen „sittlichen Verbrecher" nennen, einen „Sittlichkeitsverbrecher", wenn dieses Wort nicht einen allzu üblen Beigeschmack hätte. Ich verstehe unter dem Überzeugungsverbrecher einen Menschen, der aus sittlichen Motiven heraus sittlich gegen das Gesetz handelt. Ich glaube, daß die Wirkung der Überzeugungskraft derjenigen, die für den Überzeugungsverbrecher so warm eingetreten sind, insbesondere also Professor Radbruch, weit größer gewesen wäre, wenn sie Beispiele an der Hand praktischer Erfahrungen hätten wählen können.

Gestatten Sie daher, daß ich Ihnen einige Fälle aus meiner Praxis kurz hier vortrage. Eine arme Mutter kommt in irgendein Geschäft und entwendet dort 20 Pfennige. Sie geht darauf in einen Bäckerladen und kauft ihren Kindern dafür Brot. Sie wird des Diebstahls angeklagt, und diese sittliche Verbrecherin wurde nunmehr von anderen sittlichen Verbrechern, die als Laienrichter über den Fall zu Gericht saßen, freigesprochen, und zwar aus dem Notstandsparagraphen. Die Herren haben sich gesagt, hier liegt ein Notstand vor, die Frau hat aus sittlichen Motiven, um ihre Kinder, für die sie doch moralisch zu sorgen hatte, nicht hungern zu lassen, so gehandelt. Ein anderer Fall, der eigentlich noch viel trauriger liegt. Eine Mutter hatte zwei Kinder, die durch die Krankheit des Vaters infiziert und schwer syphilitisch erkrankt waren. Die arme Frau läuft von einem Arzt zum andern, um Heilung der Kinder zu erlangen. Sie opfert den letzten Pfennig dafür. Bis ihr endlich zuletzt ein Arzt sagt: „Liebe Frau! Die Kinder sind nicht mehr zu retten, sie müssen an der Krankheit langsam zugrunde gehen, hierfür hat die Wissenschaft noch keine Rettungsmöglichkeit. Es ist ein langsames und qualvolles Dahinsterben, das die Kinder erwartet." Als die Frau mit dieser Botschaft vom Arzt heimging, legte sie sich und die Kinder hin und öffnete die Gashähne. Am folgenden Morgen waren die beiden Kleinen tot; die Mutter wurde gerettet, ins Gefängnis gebracht und des Mordes angeklagt. Ich darf auch daran erinnern, daß die Frau vor Gericht vom Richtertisch gefragt wurde: Ja, bereuen Sie denn Ihre Tat nicht? Sehen Sie ein, daß Sie das nicht tun durften, daß Sie im Unrecht waren? Sie haben wahrscheinlich nur in Unklarheit über die gesetzlichen Folgen so gehandelt? Da antwortete die Frau ganz naiv: Nein, Herr Richter! Ich weiß ganz genau, was ich getan habe, und ich kann es nicht bereuen. Ich müßte heute nochmals dasselbe tun! Wiederum muß ich es aussprechen, daß man am Richtertisch die Ansicht vertrat, die Frau habe aus Überzeugung, aus sittlicher Überzeugung das Verbrechen begangen, und die Frau wurde freigesprochen, weil man sie wegen Mordes, obwohl die starren Paragraphen die Tat so charakterisierten, ebenfalls aus Überzeugung nicht verurteilen konnte. Nun noch ein letzter Typus des Überzeugungsverbrechers. Eines der mir liebsten und geachtetsten Mitglieder der Internationalen kriminalistischen Vereinigung hat auf der Tagung der J. K. V. im Jahre 1910 unter größtem Beifall der Versammlung und unter Zustimmung des Herrn von Liszt folgenden Fall mitgeteilt — ich weiß allerdings nicht mehr sicher, ob als einen wahrhaft geschehenen Fall oder als ein erdachtes Erlebnis —: ein Vater sei zu ihm gekommen und habe ihm unter Tränen mitgeteilt, er habe seiner Tochter die Frucht abtreiben lassen, weil sie von einem Verbrecher geschwängert worden sei. Darauf habe er dem Mann, nachdem er ihn mit wachsender Ergriffenheit angehört habe, erregt gesagt: Lieber Mann, gehen Sie nach Hause, ich will nichts gehört haben und will von alledem nichts wissen, was Sie mir erzählten. Und hat sich damit nach § 346 StGB. selbst strafbar gemacht!

Hier liegen Probleme und Tatsachen vor, denen wir uns nicht verschließen können, und der moderne Gesetzgeber wird und muß sie ins Auge fassen. Hier müssen unter allen Umständen Bestimmungen geschaffen werden, daß solche Straftaten nicht im Rahmen des gemeinen Verbrechertums abgeurteilt werden. Damit hat natürlich die Frage nichts zu tun, ob es so, wie es der Entwurf geregelt hat, bleiben soll und muß. Man wird meines Erachtens in dieser Richtung noch wesentlich mehr in den Entwurf hineinarbeiten müssen, den Gedanken des Sittlichkeitsverbrechers, so wie ich ihn geschildert und charakterisiert habe. Der Verbrecher, der aus sittlichen Motiven eine sittliche Tat begeht, die mit dem Strafgesetz kollidiert, darf nicht als gemeiner Verbrecher vom Strafgesetz behandelt werden. Wir müssen hier auf die Gesetzgebung einwirken. Wir werden heute auch in dieser Versammlung endgültig zu einem Beschluß kommen müssen. Das Problem ist da und verlangt seine Lösung. Es ist ein Problem der Gegenwart. Seine Lösung muß in der Reform des bestehenden Strafrechts verankert werden. Ich habe den Antrag gestellt, die Versammlung möge beschließen: „Es empfiehlt sich, den Begriff des Überzeugungsverbrechers in das neue Strafrecht aufzunehmen und für seine Bestrafung besondere Grundsätze aufzustellen.“ Wir wollen hier keine Vorschriften machen; mag der Gesetzgeber die entsprechende Lösung finden; wir haben nur die Aufgabe, den Gesetzgeber aufzufordern, derartigen Fällen ins Auge zu sehen und eine Lösung für sie zu finden. Meine Damen und Herren! Man erwartet vom Deutschen Juristentag, daß er in dieser oder jener Form den Antrag, der im wesentlichen übereinstimmt mit dem, was Professor Radbruch als Ziel seiner Bestrebungen hingestellt hat, zustimmt. Ich möchte Sie dringend bitten, nicht um der Idee des Überzeugungsverbrechers willen — denn die wird durch keinen Beschluß aus der Welt geschafft —, aber um des Ansehens willen, den dieser hohe Gedanke einstens in den Annalen der Kriminalität und in den Annalen der Verbrechensbekämpfung einnehmen wird, um Ihretwillen möchte ich Sie bitten, fassen Sie heute keinen Beschluß, von dem man einst sagen wird, daß zu einer Zeit, in der die Erkenntnis vom Verbrechen auf einer Höhe, wie sie die Gegenwart aufweist, stand, daß es zu dieser Zeit eine hohe Versammlung ausgezeichneter Juristen gab, die den Beschluß faßte, den Gedanken des Überzeugungsverbrechers in die Rumpelkammer unbrauchbarer Rechtsgedanken zu werfen.

Prof. Dr. Graf zu Dohna:

Meine Damen und Herren! Mir hat es den Anschein, daß zwischen dem „Sittlichkeitsverbrecher“ und dem „Überzeugungsverbrecher“ nicht nur dem Namen nach ein Unterschied besteht, sondern auch in der Sache selbst. Deshalb scheint es mir vernünftiger, wenn wir zu unserer Tagesordnung übergehen.

Ich möchte dem Herrn Kollegen Radbruch nur einiges mit Bezug auf die Frage erwidern, welche Unterschiede zwischen dem logischen Typus des Überzeugungsverbrechers und dem des gemeinen Verbrechers bestehen. Es ist zunächst der Unterschied, daß der gemeine Verbrecher gegen die Normen verstößt, die er gegen alle anderen Menschen einzuhalten hat, während der Überzeugungsverbrecher die Normen, die er verletzt, anerkannt wissen will nicht nur von sich, sondern auch von den anderen. Das Verbrechen des Überzeugungsverbrechers läßt sich generalisieren, das

Verbrechen des gewöhnlichen Verbrechers nicht. In diesem Sinne liegt zweifellos ein logischer Gegensatz vor. Ob dieser Typus des Überzeugungsverbrechers psychologisch scharf umrissen ist, erscheint mir indessen noch zweifelhaft. Ich glaube allerdings, die in § 71 an die psychologische Schulung des Richters gestellten Anforderungen sind nicht größer als andere Forderungen. Ich glaube daher nicht, daß die Praktikabilität des § 71 zu verneinen ist. Ich bin auch der Meinung, daß der politische Delinquent in eine andere Strafanstalt kommen soll als der gewöhnliche Delinquent. Herr Kollege Radbruch behauptet nun, die Differenzierung in § 20 StGB. und in § 71 sei eine verschiedene. Ich bin nicht davon überzeugt; ich bin vielmehr der Meinung, daß die Auswahl der Leute, die bisher ins Zuchthaus gekommen sind und noch später hineinkommen, und derjenigen, die auf Festung geschickt und eingeschlossen werden, sich ungefähr gleich bleiben wird. Ich bin der festen Überzeugung, daß es dem Herrn Kollegen Radbruch nicht gelingen wird, das Volk davon zu überzeugen, daß hier eine tiefgreifende Wandlung vollzogen worden ist. Das Volk wird unterscheiden: der und jener hat im Zuchthaus gesessen und der ist eingeschlossen worden. In dem laienhaften Urteil des Volkes wird sich die gleiche Überzeugung herausbilden, das ist custodia inhonesta und das ist custodia honesta. Radbruch will nicht, daß der Verbrecher mit diesem Makel belastet aus der Strafanstalt herausgeht, der ihn in seinem Weiterkommen hemmt; er will nicht, daß der Verbrecher als ein Entarteter, sondern als ein Entsühnter wieder in die Freiheit kommt. Für den ethischen Wert eines solchen Wunsches wird geltend gemacht, das Ehrgefühl des Verbrechers müsse wieder soweit gesteigert werden, daß er wirklich wieder als vollgültiges Mitglied in die Gemeinschaft der anderen zurückkehrt. Für diese Anschauung habe ich den allergrößten Respekt; ich glaube aber, daß das Volk dieser Anschauung die Gefolgschaft versagen wird. Und im Grunde genommen kann ich nicht einmal sagen, daß ich dies bedauere. Wir müssen uns darüber klar sein, daß wir in diesem mißbilligenden Urteil des Volkes gegenüber dem schweren Verbrecher eine ganz ungeheure Waffe im Kampfe gegen das Verbrechen haben. Wenn wir das Ehrgefühl des Verbrechers allzu sehr schonen, dann tragen wir viel zu wenig Rechnung dem Ehrgefühl der anständigen Menschen, dem Ehrgefühl des Volkes. Wir dürfen nicht zu sehr schonen. Sonst sagen die anständigen Leute: macht denn der Staat gar keinen Unterschied mehr zwischen anständigen Leuten und zwischen Verbrechern? Ohne diese Scheidung kommen wir in unserem Strafgesetz nicht aus. Wir haben den Erfolg, daß diejenigen, die nicht mit Einschließung bestraft werden, dennoch im Urteil des Volkes den bewußten Makel an sich tragen.

Es war interessant, daß Kollege Radbruch eine Redewendung gebrauchte, die eigentlich in seine Gedankengänge nicht hineinpaßte. Er hat nämlich die Konzession gemacht, daß nicht bei allen in Frage kommenden Delikten die Einschließungsstrafe verfügt werden soll, sondern es sollen bestimmte Delikte ausgenommen werden können. Kollege Radbruch hat andererseits gesagt, der Wert der Anerkennung des Überzeugungsverbrechers liege darin, daß niemand mehr mit dem Makel der custodia inhonesta gebrandmarkt werde. Der einzige Unterschied ist m. E. der: wir sagten bisher, dieser Teil von Verbrechern ist ehrlos und gehört ins Zuchthaus; Radbruch aber sagt, ehrlos ist überhaupt keiner, aber diese und jene sind besonders ehrenwert und werden daher nur mit Einschließung bestraft. Dem Verbrecher selbst wird damit ein schlechter Dienst erwiesen. Und das wird dabei übersehen. Es wird immer die Folge davon sein, wenn versucht wird, Kategorien festzulegen für die custodia honesta. Darin stimmen beide Kollegen überein. Beide versuchen, die Begriffsbestimmungen derjenigen Delinquenten festzulegen, die besonders gut behandelt werden sollen. Damit wird der Kreis derjenigen Verbrecher, die mit der Wohltat der custodia honesta belegt werden sollen, sehr viel kleiner als der Kreis, den der § 20 gezogen hat. Ich glaube, Herr Kollege Radbruch, wenn Sie an Stelle von Zuchthaus Einschließung nehmen wollen, so machen Sie der Verbrecherwelt ein schlechtes Geschenk, für das sie Ihnen nicht einmal dankbar sein wird. Damit würde das Zuchthaus einen ähnlichen Ehrenmakel erhalten, wie ihn jetzt das Zuchthaus bereits hat. Wer hat denn dem Zuchthaus den Makel aufgeprägt? Der Gesetzgeber ganz gewiß nicht. Der Gesetzgeber hat sogar zu verhindern gesucht, daß wir eine wirkliche custodia honesta besitzen, und wer hat sie uns geschenkt? Das Volksurteil! Das Volk ist es, das dem Zuchthaus diesen Ehrenmakel angeheftet hat. Das Volk stellt ganz natürlich Erwägungen an, wenn der Gesetzgeber besonders schwere Strafen für ein besonders schweres Verbrechen bestimmt, und das Volk sagt: folglich wollen wir mit solchen Leuten, mit so schwer Bestraften nichts mehr zu tun haben, er ist ein Zuchthäusler. Eine derartige Volksmeinung und Einstellung zu einem solchermaßen Bestraften kann natürlich für den Betreffenden außerordentlich schädlich und nachteilig sein. Wir wollen ja nach Kräften alle Forderungen und alle Maßnahmen unterstützen, die die Hindernisse aus dem Wege räumen, die entlassenen Sträflingen nach ihrer Freilassung im Leben begegnen. Wir wollen ihnen helfen, daß sie dann nicht überall verschlossene Türen finden. Mit der Aberkennung der bürgerlichen Ehrenrechte werden diese materiellen Schädigungen hervorgerufen. Ob so nicht bestrafte Verbrecher in den Reichstag wählen dürfen und dergleichen, ob sie Beamte sein dürfen, ob Sie irgendein Ehrenamt bekleiden dürfen, wird wohl den allermeisten dieser Kategorie ziemlich gleichgültig sein; entscheidend ist für sie lediglich die Brotfrage, die Verdienstfrage, und daß sie eben keine verschlossenen Türen finden, dafür müssen wir also sorgen.

Ich glaube daher, daß der § 20, der wirklich nicht so schlecht ist, wie er aussieht, und besonders, wie er gemacht wird, wohl bestehen bleiben kann. Es muß zugegeben werden, daß viele Mißgriffe bei der praktischen Handhabung vorgekommen sind. Es ist zu erwägen, ob es gelingt, den Begriff der Ehrbestimmungen deutlicher auszuprägen. Die Gelegenheit dazu wird sich ja wohl bald bieten. Ich glaube, daß wir diese Aufgabe nicht ohne weiteres lösen können; sie muß besonderen gesetzgeberischen Erwägungen anheimgegeben werden, denen es auch überlassen bleiben muß, den § 20 bezüglich der „ehrlosen Gesinnung" genau zu bestimmen. Wir erreichen dann mit dem § 20 das, was wir mit dem § 71 erreichen wollen, weit besser und sicherer.

Prof. Dr. Arthur Wegner-Breslau:

Es ist allgemach zum traurigen Beruf aller geworden, die für Strafrechtsreform arbeiten, sich gegen den bitteren Vorwurf des Idealismus verteidigen zu müssen. Wo dieser Vorwurf nichts weiter ist als leeres Stammtischgerede, besteht allerdings unter uns allen, die wir hier sind, Einigkeit und eine gemeinsame Front gegen phrasenhafte Angriffe auf das Reformwerk, das mit Weichlichkeit gar nichts zu tun hat, sondern ein Zweckstrafrecht, ein Sicherungsrecht der Gesellschaft gegen den Verbrecher bringen will. Das schönste Beispiel für die Solidarität, die bei allen, die an der Reform wirklich arbeiten, in den Grundfragen besteht, haben Sie an dem Verhalten des Herrn Korreferenten gesehen; Herr Prof. Kohlrausch hat sich trotz scharfer sachlicher Gegnerschaft in einzelnen Hauptpunkten in anderen sehr wichtigen Dingen, in Lebensfragen des Reformwerks, doch ganz in eine Front mit Herrn Radbruch gestellt. Wo Spießermißverständnis dem Entwurf das häßliche Schimpfwort von der Humanitätsduselei in den Weg wirft, sind wir alle einig in der Abwehr dieses verlogenen Angriffs.

Aber selbstverständlich müssen wir immer wieder auf die Stimmung des Volkes achten und gewissenhaft prüfen, ob sich nicht einzelne Bestimmungen des Entwurfs doch den Vorwurf der Weichheit gefallen lassen müssen. Die Kritik, die an dem § 71 geübt worden ist, macht eine Stellungnahme zu diesem Vorwurf unumgänglich.

Mir scheint, es lassen sich zwei Gruppen von Überzeugungsverbrechern unterscheiden. Bei der ersten dieser beiden Gruppen besteht auch in dieser Versammlung durchaus die Neigung, Notwendigkeit und Möglichkeit einer Sonderbehandlung anzuerkennen. Es ist das die Hauptgruppe aller Überzeugungsverbrecher: die politischen Verbrecher. Der Vorwurf, die Behandlung der politischen Verbrecher mit Festungshaft sei zu weich, trage zu wenig der Staatsraison Rechnung, läßt sich leicht abwehren. Denn es ist ganz offensichtlich, daß unsere Rechtsordnung in Wirklichkeit nicht daran denkt, den politischen Verbrecher mit Glacéhandschuhen anzufassen. Die Festungshaft ist nur die eine Seite der Sonderbehandlung des politischen Überzeugungsverbrechers. Die andere Seite ist das leider immer noch unentbehrliche Standrecht, so wie es auch die neue Reichsverfassung im Artikel 48 vorsieht. Dieses Standrecht hält der Gesetzgeber als Abschreckungsmittel für nötig. Und aus denselben Gründen der Staatsraison hält er auch zwei andere außergewöhnliche Mittel, zwei Beruhigungsmittel für nötig: Festungshaft, Ehrenhaft für den überwundenen Gegner und Amnestie für die Mitläufer. Die Sonderbehandlung mit Festungshaft ist ein Gebot der Ritterlichkeit des politischen Kämpfens. Was unser Referent, Herr Radbruch, in den letzten Jahren über das Ritterrecht des politischen Kampfes geschrieben und gesprochen hat, ist wohl das beste, was überhaupt über diese Dinge gesagt wurde. Selbstverständlich darf dieses Ritterrecht nur dem zugute kommen, der selber ritterlich kämpft.

Wer aber kämpft ritterlich? Hier hat Herr Radbruch (und das muß hervorgehoben werden) eine bedeutsame Annäherung seines ursprünglichen Standpunktes, nach dem es allein auf die Echtheit der Gesinnung, der Überzeugung ankam, an den objektiven Standpunkt vollzogen, nach welchem sich der Täter durch die Wahl unritterlicher Kampfmittel die Sonderbehandlung als Überzeugungsverbrecher verscherzen kann. Auch im Auslieferungsrechte stehen wir heute vor der Frage, ob wir das Privileg des politischen Verbrechers auch dem Mörder und andern Gewalttätern geben sollen oder ob diese sich das Privileg durch die Wahl brutaler Mittel verscherzen. Mir scheint, wir müssen diese Einschränkung machen: bei gewissen schweren Handlungen, die den Tatbestand eines gemeinen Verbrechers erfüllen, bleibt das nebenher verfolgte politische Ziel des Täters außer Betracht — wie nach geltendem Recht nach dem Grundsatze der Idealkonkurrenz der Hochverrat unter den Tisch fällt, wenn er mit Mord und Totschlag durchgesetzt werden sollte. Vom Morde muß allerdings nach der richtigen Entscheidung in RGSt. 58 S. 2 der Straßenkampf unterschieden werden.

Es ist gesagt worden, Herr Radbruch mute dem Richter zuviel zu, wenn er von ihm verlange, er solle zu der sittlichen oder unsittlichen „Überzeugung" des Rechtsbrechers Stellung nehmen. Gerade das Gegenteil ist der Fall. Radbruch will ein Werturteil über die Überzeugung vermeiden und lediglich ihr Vorhandensein festgestellt wissen. Handelt der Täter auf Grund einer andern als der im Staate herrschenden Überzeugung, so gehört er einer andern Welt an. Der Richter resigniert, weil er in dieser anderen Welt nicht zu Hause ist. Es ist ein ähnlicher Gedanke, wie der, den M. E. Mayer als Grundgedanken der Unzurechnungsfähigkeit erkennt: was der Richter nicht verstehen kann, darf er nicht beurteilen.

Die feine Resignation, die in Radbruchs Standpunkt liegt, fordert wohl den Widerspruch einer Zeit heraus, die wieder die Sehnsucht bekennt, in gleichem Schritt und Tritt zu marschieren. Radbruch hat stets für sich das Recht auf sein Bekenntnis in Anspruch genommen und wird darum auch dieses ihm entgegengesetzte Bekenntnis gelten lassen, die neue, den Staat wieder mehr betonende Staatsauffassung. Es wäre übrigens falsch, wenn Herrn Radbruch vorgeworfen würde, er denke gar nicht an den Staat, sondern nur an den Einzelnen. Auch er hat eine Staatsauffassung, nur eben eine andere: die des Liberalismus. Er meint, das Wohl des Staates ergebe sich von selbst, wenn seine Bürger auf einer gewissen sittlichen Höhe stehen; alles aber, was man vom Einzelnen erwarten könne, sei das echte Gold einer lauteren Überzeugung. Durch die ganze Geschichte der Erziehungsbestrebungen des liberalen Staates zieht sich der Gedanke, daß man das Individuum nicht zu bestimmten Zielen erziehen dürfe, sondern ihm nur die Grundlagen zu eigener Entscheidung geben könne.

Wir von heute sind geneigt, wieder mehr das Recht des Staates zu betonen, und wollen den Einzelnen nicht mehr ein Recht auf alle ihre Eigensinnigkeiten lassen. Deshalb scheint es uns bedenklich, allen Überzeugungsverbrechern, d. h. auch der zweiten Gruppe der nichtpolitischen Überzeugungsverbrecher, die custodia honesta zu gewähren. Wir wollen den Staat nicht vor jedem Impfgegner und Sektierer resignieren lassen. Wir sehnen uns wieder nach stärkerem Staatsgefühl und wollen den Einzelnen wieder mehr in den Lebensrhythmus der Gemeinschaft zwingen. Aber über dem neuen Sehnen darf nicht das Große der alten liberalen Staatsidee vergessen werden, deren schärfsten Gehalt uns Radbruch heute, schöner als irgendwer, nahe bringt. Die tiefe Achtung vor dem Menschentum, die uns heute verkündet worden ist, wollen wir nicht preisgeben. Wir wollen den Idealismus und die im Grunde auch Fortschritt bringenden Forderungen Radbruchs nicht mit einer Ablehnung beantworten.

Prof. Dr. James Goldschmidt-Berlin:

Meine Damen und Herren! Ich habe nur noch kurz das Wort ergriffen, um einen Antrag zu begründen, den ich gemeinsam mit Herrn Kollegen Graf zu Dohna gestellt habe.

Ich habe mich heute morgen über nichts mehr gewundert als darüber, daß die beiden Referenten darüber einig waren, daß der Begriff der ehrlosen bzw. der nicht ehrlosen Gesinnung nicht verwendbar sei. Es muß natürlich zugegeben werden, daß dieser Begriff nicht sehr leicht zu bestimmen ist. Man mag auch ferner zugeben, daß der Begriff ein gewisses Werturteil enthält. Aber schließlich kommen wir im Endergebnis immer auf ein Werturteil hinaus, und dies wird bei dem Überezugungsverbrecher des Herrn Kollegen Radbruch nicht anders sein. Radbruch ist ja gerade besonders dafür eingetreten, den Überzeugungsverbrecher sittlich anders zu bewerten als den gemeinen Verbrecher. Die Begriffsbestimmung des Überzeugungsverbrechers hat Radbruch in außerordentlich geistvoller Weise gegeben. Aber wenn wir die Literatur über ehrlose und nicht ehrlose Handlungen oder ehrlose und nicht ehrlose Gesinnung durchlesen, so sind die Elemente jener Begriffsbestimmung immer schon als ein Kriterium zu erkennen und auch als solches stets angesehen worden. Es kommt ja doch immer darauf an, ob die Handlung aus altruistischen oder aus egoistischen Gründen begangen wurde. Radbruch hat zum Beispiel gesagt, daß strafbare Handlungen, die aus Mitleid begangen werden, nicht unter den Begriff des Überzeugungsverbrechens fallen, dagegen unter den Begriff der nicht ehrlosen Gesinnung. Meines Erachtens läßt sich indes Mitleid, also Handeln aus Mitleid, unter beide Begriffe, den des Überzeugungsverbrechens und der nicht ehrlosen Gesinnung, einreihen. Einer der Redner hat den klassischen Fall der Antigone angeführt als den Typus eines Überzeugungsverbrechens. Aber

Antigone handelte ja gerade aus Mitleid. Es wurde ferner angeführt, daß auch die Handlungen aus Affekt die Merkmale der ehrenhaften Gesinnung an sich tragen. Man wird das aber nicht immer behaupten können. Ich muß offen sagen, auf diese Weise können wir nicht zu dem Ergebnis kommen, endgültig festzustellen, daß der Begriff der ehrlosen bzw. der nicht ehrlosen Gesinnung strafrechtlich unbrauchbar ist. Ich kann die Frage nach der ehrlosen oder nicht ehrlosen Gesinnung bei einer Handlung nicht so ohne weiteres stellen und beantworten; sie wird auch von den Zeitumständen abhängig sein. Es ist behauptet worden, daß in einzelnen Fällen mit diesen beiden Begriffen Fehlurteile gefällt worden sind; solche Fehlurteile können aber mit jedem Begriff gefällt werden. Ich verweise beispielsweise auf den Fall Liebknecht. Liebknecht ist seinerzeit vor dem Kriege wegen seiner antimilitaristischen Propaganda zu Festungshaft verurteilt worden; es ist ihm also ehrenhafte Gesinnung durch das Urteil attestiert worden. Im Kriege hat diese Auffassung des Begriffs der ehrenhaften Gesinnung unter den veränderten Umständen versagt; Liebknecht wurde wegen des gleichen Deliktes ins Zuchthaus geschickt; nach den in Rede stehenden Definitionen wäre dies eben ein Fehlurteil. Wenn der Staat um seine Existenz schwer ringt, so wie eben der Krieg dieses Ringen um die Existenz darstellt, so wird der Staat immer wieder solche nach unserm Gefühl als Fehlurteile zu bezeichnende Urteile fällen.

Es kommt indes auf etwas anderes hinaus, wenn wir empfehlen, an dem Grundgedanken des § 20 festzuhalten. Das Wesentliche ist nämlich die Beschränkung des Begriffs der ehrlosen bzw. nicht ehrlosen Gesinnung auf die politischen Delikte. Radbruch hat selbst zugegeben, daß er nicht für die Anwendung der Begriffsbestimmung des Überzeugungsverbrechers auf alle Fälle politischer Delikte ist. Andererseits sind von Herrn Justizrat Löwenstein eine Reihe von Fällen fraglicher Art angeführt worden, die nicht unter die politischen Delikte zu rechnen sind. Aber dies waren keine Beispiele von Überzeugungsverbrechen. Ich glaube, es hat seinen guten Grund, wenn wir die ehrenhafte Gesinnung nur bei dem politischen Verbrecher besonders berücksichtigen. Wir müssen eben bei der Beurteilung unterscheiden zwischen variablen und konstanten Grundlagen der Verhältnisse. Ich stimme darin mit Professor Kohlrausch überein und bitte die Versammlung, zu beschließen, daß es bei dem § 20 des Strafgesetzbuches bleibt.

Der Vorsitzende erteilte hierauf den Berichterstattern das Schlußwort.

Prof. Dr. Kohlrausch:

Meine Damen und Herren! Ich will, mich möglichst kurz fassend, noch einmal alles zusammenfassen. Es handelt sich um drei Fragen, zu denen Sie Stellung nehmen können. Die erste Frage ist: wollen wir die custodia honesta beibehalten oder wollen wir sie nicht beibehalten? Ich nehme hier die Worte des Kollegen Goldschmidt ohne weiteres auf; es handelt sich bei den hier in Betracht kommenden Delikten um variable Bestandteile unserer Rechtsordnung. Die zeitliche Bedingtheit einer Staatsordnung ist uns nach den Erlebnissen und Erfahrungen der letzten Jahre ohne weiteres vollkommen klar. Es ist uns auch klar die zeitliche Bedingtheit des Machtherrn. Die zweite Frage ist die: soll man alle Taten, die der custodia honesta unterliegen, unter dieser oder jener Voraussetzung mit dem Begriff der ehrenhaften Gesinnung belegen? Und hier sage ich bestimmt: nein, nur die politischen Verbrechen. Die Frage hängt mit der dritten Frage zusammen. Mein Vorschlag ist die Stellung der Frage: ist aus altruistischer Gesinnung gehandelt worden, wollte der Verbrecher anderen Menschen oder dem Staatsganzen nützen mit seiner Tat? Und die andere Möglichkeit ist, den Weg des § 71 zu gehen. Ich bin allerdings von der Verwerflichkeit und der Schädlichkeit dieses Weges absolut überzeugt. Andererseits bin ich heute mehr denn je überzeugt, daß mit dem Begriff der ehrlosen Gesinnung in der jetzigen Form nichts anzufangen ist. Gerade wenn wir die gerichtlichen Urteile betrachten, so sehen wir, daß man mit der gleichen Überzeugung eine Tat als ehrlos und ebenso als nicht ehrlos ansehen kann. Es wäre eigentlich sehr bedauerlich, wenn wir heute im Jahre 1926 uns für etwas entscheiden, was Regierungsvertreter im Jahre 1870 bereits für einen überwundenen Standpunkt erklärt haben. Was damals durch allzuviele Kompromisse zustandegekommen ist, darüber würden Sie bei der Lektüre einfach staunen. Das in meinem Vorschlage enthaltene Moment der altruistischen Gesinnung hingegen bietet der Feststellung keine Schwierigkeiten. So wird bei politischen Verbrechen m. E. ein Gericht leicht feststellen können, ob jemand, der an einer Revolution usw. beteiligt war, aus Gewinnsucht, Eitelkeit, Herrschaft, um in seiner Partei eine Rolle zu spielen, um in die Zeitung zu kommen, etwas tut, oder weil er überzeugt war, damit der Menschheit zu dienen. Soweit wir überhaupt innere Tatbestände festzustellen vermögen, läßt sich das, glaube ich, feststellen. Daß der dritte Weg, der des § 71, für mich ungangbar ist, habe ich ausgeführt, und ich möchte das auf das bestimmteste wiederholen. Ich habe mir erlaubt,

Ihnen die Thesen vorzulegen, in die ich meine Leitsätze aufgenommen habe, und ebenfalls sähe ich gerne das angenommen, was ich unter I schrieb. Wir müssen und sollen uns zu dem Standpunkt bekennen, daß das Staatsgesetz für das Leben in der Gemeinschaft das oberste Gesetz ist.

Reichsjustizminister a. D. Prof. Dr. Radbruch:

Ich möchte an Kohlrausch anschließen. Ich habe mich gefragt, warum es in dieser Frage so schwierig ist, zu einer Einigung zu kommen. Ich komme, wie auch der Kollege Wegner dazu, daß es sich um letzte Weltanschauungsgegensätze bei den Gegnern in dieser Frage handelt. Kollege Kohlrausch hat mit Hegel den Staat als die sittliche Idee bezeichnet. Ja, wenn der Staat die sittliche Idee ist, dann hat er ganz recht. Dann hat der Staat das Recht, sich gegen jeden zu wenden, der sich, aus welchen Motiven immer, und sei es auch aus Überzeugung, gegen ihn auflehnt, und ihm die überlegene sittliche Macht gegenüberzustellen. Was ist aber nun die sittliche Idee des Staates? Ich kenne keine einheitliche sittliche Idee; ich kenne nur sittliche Ideen des Staates, eine Idee des Rechtsradikalismus, eine des Konservatismus, eine Idee der Demokratie, eine des Liberalismus, eine des Sozialismus, eine des Kommunismus. Ja, welches ist denn nun die allgemein gültige Idee des Staates? Nicht eine Staatsidee, sondern miteinander ringende Staatsideen. Nein, ich muß mich unter Ablehnung einer solchen Staatsmetaphysik, unter Ablehnung solch absolutistischer Staatsethik, zu einem Staat der Toleranz bekennen. Nach meiner Auffassung hat der Staat keine andeere Idee als die Idee der jeweiligen Mehrheit und eben deshalb die Verpflichtung, die Idee der Minderheit, die einmal Mehrheitsidee sein kann, zu achten. Jedenfalls ist das die Idee unseres Staates, die ganz deutlich in dem Schulrecht der Reichsverfassung hervortritt. Wenn der Staat die eindeutige sittliche Idee wäre, eine beweisbare sittliche Idee, dann hätte er ja das Recht, daß er auch im Geiste dieser sittlichen Idee alle Kinder erzieht. Aber unser Staat sieht Bekenntnis- und Gemeinschaftsschulen mannigfachster Art vor für die verschiedenen Anschauungen und schreibt den Schulen ausdrücklich die Schonung der Empfindung Andersdenkender vor, ein Grundsatz, der m. E. auch für das Strafrecht gilt und im Strafrecht eben in der besonderen Behandlung des Überzeugungsverbrechers seinen Ausdruck findet. Und nun lassen Sie mich ein persönliches Wort zu meinem Kollegen Kohlrausch sagen. Ich habe an ihm besonders geschätzt die allseitige

Skepsis, die seine Eigenschaft ist und die nur schwer mit absoluten Ideen sich anzubiedern geneigt ist. Und diese Skepsis ist, obgleich er heute so stark den absolutistischen Gedanken des Staats als sittliche Idee betonte, ich möchte sagen wider Willen, bei ihm doch zum Durchbruch gekommen. Er hat im zweiten Teil seiner Thesen sich, freilich nur kompromißweise, zu dem gegensätzlichen Standpunkt bekannt, daß doch schließlich der Überzeugungsverbrecher ein Andersdenkender sei und daß ihm der Staat eine ritterliche Kampfesweise schuldig sei. Ich habe ein Wort sehr bedauert, das man für angemessen gehalten hat, hier zu sprechen. Es ist gesagt worden, es sei komisch, wenn der Staat auf der einen Seite dem Überzeugungsverbrecher die Tür zur Einschließung öffnet und auf der anderen Seite eine Verbeugung vor ihm macht. Komisch finde ich das nicht; sondern ich finde es ritterlich, genau so ritterlich, wie es ist, wenn man einen kriegsgefangenen Gegner, der sich im Kampfe selbst ritterlich zeigte, den Degen zurückgibt. Ich bedaure, daß man diese Ritterlichkeit komisch zu finden angemessen gefunden hat.

Nun, ich habe den Herrn Kollegen der Inkonsequenz geziehen; jetzt will ich mich selbst zur Inkonsequenz bekennen. Herr Kollege Graf Dohna hat durchaus recht, wenn er gesagt hat, es sei eine Inkonsequenz — es ist, wenn man es freundlicher ausdrücken will, ein Kompromiß —, wenn ich sage: ich will von der Sonderbehandlung des Überzeugungsverbrechers gewisse Straftaten ausnehmen. Ich will, wie Herr Kollege Wegner es ausgedrückt hat, nicht nur Ritterlichkeit im Beweggrund, sondern auch Ritterlichkeit des Kampfmittels fordern. Aber merkwürdigerweise: derselbe Juristentag, vor dessen Forum mir heute diese Inkonsequenz vorgeworfen wird, hat sich am gestrigen Tage selbst zur Inkonsequenz bekannt. Wir haben nämlich gestern über das Auslieferungsgesetz verhandelt und dabei über die Frage der politischen Verbrecher, und da hat die Versammlung einstimmig meinen Vorschlag angenommen, der dahin ging, für die Charakterisierung des politischen Verbrechers neben der Ritterlichkeit des Beweggrundes auch die Wahl der Mittel maßgebend sein zu lassen. Das hat niemand als inkonsequent angesehen, sondern als ein praktikables politisches Kompromiß, und ein solches praktikables Kompromiß habe ich mir auch heute erlaubt, Ihnen anzubieten. So sind Kollege Kohlrausch und ich gar nicht so weit voneinander entfernt, wie es zunächst scheinen möchte. Nicht als wenn ich jetzt einen Kompromißvorschlag machen wollte. Kollege Kohlrausch und ich haben in einem besonderen Antrage das zusammengefaßt, was wir gemeinsam eventualiter billigen könnten. Wir haben das nicht getan, um Ihnen in erster Linie die Annahme dieses Antrages zu empfehlen, sondern lediglich, um zu zeigen, wie der Streitstand ist und wie weit die Gemeinsamkeit geht. Wir sind beide eventualiter bereit, die Einschließung als besondere Strafart zu konzedieren. Wir sind beide, und zwar ich mit derselben Entschiedenheit, wie Kollege Kohlrausch sie eben zum Ausdruck gebracht hat, der Meinung, daß es nicht möglich ist, als Voraussetzungen dieser Einschließung die ehrlose oder ehrenhafte Gesinnung zu bezeichnen. Wir halten beide diesen Begriff für politisch gefährlich, weil er den Richterstand dem Verdacht oder der Gefahr politisch einseitiger Stellungnahme aussetzen würde, und für kriminalpolitisch gefährlich, weil damit allen anderen Strafen der Stempel der Entehrung aufgeprägt wäre. Wir sind vielmehr beide, Kollege Kohlrausch und ich, der Meinung, daß, wenn Einschließung stattfinden soll, die Voraussetzungen nicht durch Wertbegriffe, sondern psychisch bestimmt werden müssen, weichen freilich ab in der Art und Weise, wie diese psychische Bestimmung stattfinden soll. Und wir sind schließlich auch beide, auf Grund unserer gegenseitigen Inkonsequenz, der Meinung, daß eine Beschränkung der Einschließung auf bestimmte Verbrechen stattfinden soll, verschiedener Meinung freilich darüber, wie diese Beschränkung stattfinden soll, durch Aufzählung der Verbrechen, wie der Kollege meint, auf die § 71 in der neuen Gestalt Anwendung finden soll, oder, wie ich meine, durch Aufstellung von Ausnahmen. Sie sehen, es ist ein weitgehendes Parallelgehen zwischen mir und dem Kollegen. Und wie der Kollege besondere Anträge gestellt hat, um deren Annahme er vorab gebeten hat, so vertrete ich denselben Standpunkt und gebe Ihnen meine Leitsätze zur Abstimmung, jedoch in anderer Form, weil über die Einzelheiten hier nicht abgestimmt werden kann. Ich habe mir den Antrag des Herrn Justizrat Löwenstein zu eigen gemacht und bitte, diesem Antrage zuzustimmen.

Vorsitzender Oberreichsanwalt a. D. Dr. Ebermayer:

Wir wollen nunmehr zur Abstimmung zu schreiten versuchen. Das wird nicht leicht sein bei der Fülle von Anträgen. Ich halte mich für verpflichtet, die Anträge, die vorliegen, hier bekanntzugeben. Der erste Antrag ist der Antrag Löwenstein-Radbruch: „Es empfiehlt sich, den Begriff des Überzeugungsverbrechers in das neue Strafrecht aufzunehmen und für seine Bestrafung besondere Grundsätze aufzustellen." Es liegt weiter ein Antrag Kohlrausch vor: I. Der § 71 StrGB. bedeutet eine Selbstverneinung des Rechtsgedankens, indem er die persönliche Überzeugung, zu Rechtsverletzungen verpflichtet zu sein, privilegiert. Die Aufnahme des § 71 in das neue Strafgesetzbuch ist deshalb nicht zu empfehlen." Das würde die Antwort sein auf die uns gestellte Frage. Teil II und III des Antrages Kohlrausch stelle ich zunächst zurück, indem ich davon ausgehe, daß, wenn wir dazu kommen sollten, über die einzelnen Anträge, im ganzen acht, abzustimmen, es wohl in der Reihenfolge werde geschehen müssen, wie ich sie Ihnen jetzt bekanntgeben möchte. — Es folgt ein gemeinsamer Antrag Kohlrausch-Radbruch, in dem es unter Ziffer 1 heißt: „Es ist zu erwägen, in das neue Strafgesetzbuch eine besondere Art von Freiheitsstrafe, „Einschließung", aufzunehmen. 2. Das für die Einschließung maßgebende Tatbestandsmerkmal darf nicht von der Forderung eines sittlichen Werturteils (Mangel an ehrloser oder verächtlicher Gesinnung) abhängig gemacht werden. 3. Vielmehr sind die Voraussetzungen der Einschließung psychologisch zu fassen. 4. Die Anwendung der Einschließung ist auf bestimmte Deliktsarten zu beschränken." — Es würden dann folgen der gemeinschaftliche Antrag, den die Herren Goldschmidt, Graf Dohna, Gerland und Landsberg gestellt haben und der dahin geht: „§ 71 Entw. ist zu ersetzen durch eine Bestimmung, die dem Grundgedanken des § 20 StGB. entspricht, vorbehaltlich einer etwa notwendig erscheinenden näheren Begrenzung des Begriffs der ehrlosen Gesinnung." — Hier schließt ein Antrag des Herrn von Calker an, der dahin geht: „Es empfiehlt sich, in das neue Strafgesetzbuch eine Bestimmung aufzunehmen, welche den in § 20 des geltenden Strafgesetzbuchs enthaltenen Gedanken etwa in folgender Weise beibehält und weiter entwickelt: An Stelle einer anderen Freiheitsstrafe hat das Gericht auf Einschließung von gleicher Dauer zu erkennen, wenn es einstimmig der Anschauung ist, daß die Handlung aus einer sittlich nicht verwerflichen Gesinnung entsprungen ist." — Nun würden wohl Teil II und III des Antrages von Kohlrausch folgen: „II. In Erwägung zu ziehen ist die Strafe der Einschließung für politische Straftaten, falls die Handlung nicht aus einem eigensüchtigen Beweggrund, sondern in der Überzeugung begangen wurde, durch sie das Wohl des Staates oder der Gemeinschaft zu fördern. III. Der Vollzug der Einschließung ist gesetzlich so zu regeln, daß der schriftliche und persönliche Verkehr der Gefangenen untereinander und mit der Außenwelt nicht zu einer politischen Betätigung mißbraucht werden kann."

Sie werden zugeben, es ist sehr schwer, wenn wir über alle diese Anträge einzeln abstimmen sollen, und ebenso können wir die gedruckten Leitsätze der Berichterstatter auch nur sehr schwer zur Grundlage der Abstimmung nehmen, schon deshalb, weil sie, wie schon heute früh bemerkt, teilweise Thesen, teilweise aber auch Ausführungen enthalten, die eigentlich keine Thesen sind. Einen Vorschlag möchte ich machen: könnte man nicht die Abstimmung sehr vereinfachen, indem man folgende Fragen stellt, die m. E. alles Wesentliche der verschiedenen Anträge enthalten.

1. Ist die Strafe der Einschließung in das neue Strafgesetzbuch aufzunehmen?

2. Soll sie für den Fall der Aufnahme für alle oder nur für bestimmte, im Gesetz näher abzugrenzende Delikte vorgesehen werden?

Etwaige Unterfrage: nur für politische?

3. Sollen die Voraussetzungen für die Einschließung nach der ethischen Seite (ehrlos, verächtlich, verwerflich) oder nach der psychischen Seite (wie in § 71) oder in der Weise, wie sie Prof. Kohlrausch in seinem eben von mir erwähnten Antrage unter II vorgesehen hat, bestimmt werden?

Ich möchte die Abstimmung darauf beschränken. Ich glaube, es ist darin so ziemlich alles, was wir wollen, eingeschlossen, und man könnte dann das, was sonst noch in den Anträgen steht, also die Frage, ob obligatorisch oder nicht obligatorisch, die des § 64 Abs. 3, die des Strafvollzuges usw., der Regierung mit den Anträgen als wertvolles Material überweisen. Ich bitte Sie, sich dazu zu äußern, besonders die Antragsteller.

Reichsjustizminister a. D. Prof. Dr. Radbruch:

Ich bin im großen und ganzen mit dieser Art der Abstimmung einverstanden und möchte nur einen Absatz hervorgehoben wissen als Unterfrage zu Nr. 2, ob die Auswahl der Delikte, die unter die Einschließung fallen sollen, geschehen soll: positiv durch Aufzählung oder negativ durch Ausnahmen, so daß also die Frage 2 in drei Fragen zerfällt:

1. alle oder einzelne Delikte?
2. Katalog oder Ausnahmen?
3. welche Handlungen, nur politische?

Prof. Dr. Gerland:

Ich bin mit der Art der Abstimmung in Bezug auf meinen eigenen Antrag einverstanden. Nur bitte ich unter allen Umständen, III des Kohlrausch'schen Antrages, betr. den Strafvollzug, und III Zf. 4 der Kohlrausch'schen Leitsätze: „Der Absatz 3 des § 64 ist zu streichen" ebenfalls zur Abstimmung zu bringen.

Prof. Dr. Radbruch: Ich frage noch zu Nr. 3, welche Unterfragen besonders gestellt werden.

Vorsitzender: „Sollen die Voraussetzungen nach der ethischen oder psychischen Seite bestimmt werden oder nach den Vorschlägen des Kollegen Kohlrausch?"

Radbruch: Ich bitte, hinter „psychischen" in Klammern einzu-einzufügen: „Überzeugungsverbrecher."

In der Abstimmung wurde hierauf die erste der vom Vorsitzenden formulierten Fragen fast einstimmig in bejahendem Sinne beantwortet.

Die zweite Frage wurde mit Mehrheit dahin beantwortet, daß die Einschließung nicht für alle, sondern nur für bestimmte Delikte in Betracht kommen, deren Ausscheidung positiv erfolgen und nicht auf politische Delikte beschränkt bleiben solle.

Die dritte Frage wurde mit Mehrheit im Sinne der Kohlrausch-schen Formel beantwortet.

Eine Abstimmung über III des Kohlrausch'schen Antrags (Strafvollzug) und die Streichung des § 64 Abs. 3 des Entwurfs (III Ziff. 4 der Kohlrausch'schen Thesen) unterblieb auf Beschluß der Versammlung.

Zum Berichterstatter für die Plenarversammlung wurde Professor Dr. Kohlrausch ernannt.

Die von der Abteilung gefaßten Beschlüsse lauten somit wie folgt:

1. Die Strafart der „Einschließung" ist in das neue Strafgesetzbuch aufzunehmen.

2. Die Einschließung soll nicht für alle, sondern nur für bestimmte Delikte in Frage kommen.

3. Die Ausscheidung der einzelnen Delikte soll nach der positiven Seite erfolgen und nicht auf politische Delikte beschränkt werden.

4. Die Voraussetzungen für die „Einschließung" sollen nicht aus dem Gesichtspunkte eines sittlichen Werturteils (ehrlose oder verächtliche Gesinnung), auch nicht i. S. des in § 71 Entw. umschriebenen Begriffs des Überzeugungsverbrechers festgelegt werden; vielmehr ist bei politischen Delikten auf Einschließung zu erkennen, wenn die Handlung nicht aus einem eigensüchtigen Beweggrund, sondern in der Überzeugung begangen wurde, durch sie das Wohl des Staates oder der Gesellschaft zu fördern.

Erste Sitzung der dritten Abteilung
(für bürgerliches Recht)
am
Montag, den 13. September 1926.

Auf Vorschlag des Senatspräsidenten a. D. Prof. Dr. Wieruszowki-Köln wählte die Versammlung zum Vorsitzenden der III. Abteilung Herrn Geh. Justizrat Prof. Dr. Kipp-Berlin, der den Vorsitz übernahm und als Stellvertreter des Vorsitzenden die Herren Vizepräsident des Oberlandesgerichts Köln Dr. Happ und Justizrat Dr. Karl Schleicher-Düsseldorf, als Schriftführer die Herren Rechtsanwalt Dr. Max Mendel-Köln und Landrichter Dr. Bauer-Köln benannte. Die Versammlung stimmte diesen Vorschlägen zu.

Sodann wurde in die Verhandlung über das Thema:

Empfiehlt es sich, im Zusammenhang mit der kommenden Strafrechtsreform die Vorschriften des bürgerlichen Rechts über Schuldfähigkeit, Schuld und Ausschluß der Rechtswidrigkeit zu ändern?

eingetreten.

Zu diesem Thema lagen folgende Leitsätze der Berichterstatter vor:

I. Leitsätze des Berichterstatters Prof. Dr. James Goldschmidt-Berlin.

A. Rechtwidrige Unterlassung.

In das BGB. ist folgender § 826 b einzustellen:

„Wer es unterläßt einen rechtswidrigen Erfolg abzuwenden, obwohl er hierzu rechtlich verpflichtet ist, ist für den daraus entstehenden Schaden ebenso verantwortlich wie jemand, der den Erfolg verursacht.

Wer die Gefahr, daß ein bestimmter Erfolg eintritt, durch seine Tätigkeit herbeiführt, ist verpflichtet, den Erfolg abzuwenden.“

B. Rechtfertigungs- und Entschuldigungsgründe.

I. Notwehr.

1. § 227 II BGB. ist dem § 21 II Entw. anzugleichen.
2. Dem § 227 BGB. ist folgender Abs. 3 zuzufügen:

„Hat der Täter die Grenzen der Notwehr infolge Aufregung oder Bestürzung überschritten, so fällt ihm ein Verschulden nicht zur Last."

3. Für den Fall, daß die Abteilung sich zu Vorschlägen auf Änderung des Entw. für zuständig hält, noch:

§ 21 III Halbs. 2 Entw. erhält die Fassung:

„ist die Überschreitung infolge Aufregung oder Bestürzung geschehen, so ist er entschuldigt."

II. Notstand.

1. An die Stelle des § 228 S. 2 BGB. treten folgende Sätze:

„Hat der Gefährdete oder ein Dritter die Gefahr verschuldet, so ist er zum Schadensersatz verpflichtet. Mehrere Ersatzpflichtige haften als Gesamtschuldner. Fällt dem Gefährdeten ein Verschulden, dem Dritten aber nur Fahrlässigkeit zur Last, so ist in ihrem Verhältnisse zu einander der Gefährdete allein verpflichtet."

2. In das BGB. ist folgender § 826 a einzustellen:

„Wer durch eine im strafgesetzlichen Notstand begangene Handlung geschädigt ist, kann Ersatz des ihm entstandenen Schadens von dem Gefährdeten verlangen, auch wenn dieser die Gefahr nicht verschuldet hat. Neben dem Gefährdeten haftet derjenige, der die Gefahr verschuldet hat, als Gesamtschuldner. Trifft den Gefährdeten kein Verschulden, so ist im Verhältnis des Gefährdeten zu dem Mitschuldner dieser allein verpflichtet."

3. § 904 S. 2 BGB. erhält folgenden Halbs. 2:

„; § 826 a findet entsprechende Anwendung."

4. Unter der Voraussetzung I 3 noch:

a) An die Stelle des § 22 Entw. treten, unter Wegfall des § 904 BGB., folgende Vorschriften:

§ 22.

„Nicht rechtswidrig handelt, wer von sich oder einem anderen die gegenwärtige, nicht anders abwendbare Gefahr eines Schadens, den der Gefährdete zu tragen rechtlich nicht verpflichtet ist, dadurch abwendet, daß er durch eine sonst rechtswidrige Handlung ein offenbar kleineres Übel verursacht. Das Übel darf nicht in der Verletzung von Leib oder Leben bestehen."

§ 22 a.

„Nicht schuldhaft handelt, wer eine rechtswidrige Handlung in der Absicht begeht, die gegenwärtige, nicht anders abwendbare Gefahr des Todes oder schwerer Gesundheitsschädigung, die der Gefährdete zu tragen rechtlich nicht verpflichtet ist, von sich oder einer ihm nahestehenden Person abzuwenden oder zu einer solchen Tat Beihilfe zu leisten.

Hat der Täter eine solche Gefahr irrtümlich angenommen und beruht der Irrtum auf Fahrlässigkeit, so finden die Vorschriften über fahrlässige Handlungen Anwendung."

b) In den Entw. ist folgender § 229 a einzustellen:

„Die Unterbrechung der Schwangerschaft oder die Tötung des Kindes in der Geburt ist nicht rechtswidrig, wenn sie von einem Arzt vorgenommen wird, um die nicht anders abwendbare Gefahr des Todes oder schwerer Gesundheitsschädigung von der Schwangeren abzuwenden."

III. Einwilligung des Verletzten.

Unter der Voraussetzung I 3:

§ 239 Entw. erhält folgende Fassung:

„Wer eine Körperverletzung mit Einwilligung des Verletzten vornimmt, handelt nicht rechtswidrig, wenn die Tat einem rechtlich gebilligten Zwecke dient."

IV. Ärztliches Eingriffsrecht.

Unter der Voraussetzung I 3:

1. In § 238 Entw. ist das Wort „dieses" durch „des" zu ersetzen.
2. Als § 254 a ist in den Entwurf § 313 Entw. v. 1919 (Strafbestimmung gegen eigenmächtige ärztliche Behandlung) einzustellen.

V. Wahrnehmung berechtigter Interessen.

§ 824 II BGB. erhält folgende Fassung:

„Durch eine Mitteilung, deren Unwahrheit dem Mitteilenden unbekannt ist, wird dieser nicht zum Schadensersatz verpflichtet, wenn er zur Wahrnehmung eines berechtigten öffentlichen oder privaten Interesses oder zur Befriedigung eines berechtigten Interesses des Empfängers der Mitteilung gehandelt und dabei die einander gegenüberstehenden Interessen pflichtmäßig abgewogen hat."

VI. Züchtigung fremder Kinder.

Dem § 1631 II BGB. ist folgender Satz 3 zuzufügen:

„Einem Dritten steht ohne Ermächtigung des Vaters oder der zuständigen Behörde die Anwendung von Zuchtmitteln gegen das Kind nicht zu."

C. Schuldunfähigkeit.

I. Geistige Störungen.

1. § 827 BGB. erhält folgende Fassung:

„Wer im Zustande der Bewußtseinsstörung, der krankhaften Störung der Geistestätigkeit oder der Geistesschwäche, der ihn unfähig macht, das Unerlaubte der Tat einzusehen oder dieser Einsicht gemäß zu handeln, einem anderen Schaden zufügt, ist für den Schaden nicht verantwortlich."

2. Unter der Voraussetzung B I 3:

In § 17 I Entw. und folglich in dem unter 1 vorgeschlagenen § 827 BGB. ist statt „Bewußtseins störung" „Bewußtseins trübung" zu setzen.

3 a) § 104 Nr. 2 BGB. erhält folgende Fassung:

„Geschäftsunfähig ist:

. . . . . .

2. wer wegen Bewußtseinsstörung (Bewußtseinstrübung) oder krankhafter Störung der Geistestätigkeit unfähig ist, die rechtliche Bedeutung der Willenserklärung zu erkennen oder dieser Erkenntnis gemäß zu handeln;"

b) § 105 II BGB. ist zu streichen.

c) § 131 I BGB. erhält den Zusatz:

„, sofern nicht der Zustand der Geschäftsunfähigkeit seiner Natur nach ein vorübergehender ist."

II. Jugendliche und Taubstumme:

1. § 828 II BGB. erhält folgende Fassung:

„Wer das 7., aber nicht das 18. Lebensjahr vollendet hat, ist für einen Schaden, den er einem anderen zufügt, nicht verantwortlich, wenn er bei der Begehung der schädigenden Handlung nach seiner geistigen oder sittlichen Entwicklung unfähig war, das Unerlaubte der Tat einzusehen oder dieser Einsicht gemäß zu handeln. Das gleiche gilt von einem Taubstummen, wenn er wegen zurückgebliebener geistiger Entwicklung unfähig war, das Unerlaubte der Tat einzusehen oder dieser Einsicht gemäß zu handeln."

2. Unter der Voraussetzung B I 3:

In § 3 Jugendgerichtsgesetzes ist zu setzen:

statt „Ungesetzliche" „Unerlaubte",

statt „seinen Willen dieser Einsicht gemäß zu bestimmen" „dieser Einsicht gemäß zu handeln".

III. Ersatzpflicht ohne Verschulden:

§ 829 BGB. erhält folgende Fassung:

„Wer in einem der in diesem Titel bezeichneten Fälle für einen von ihm verursachten Schaden deshalb nicht verantwortlich ist, weil ihm ein Verschulden nicht zur Last fällt, hat gleichwohl den Schaden insoweit zu ersetzen, als die Billigkeit nach den Umständen, insbesondere nach den Verhältnissen der Beteiligten, eine Schadloshaltung erfordert und ihm nicht die Mittel entzogen werden, deren er zum standesmäßigen Unterhalte sowie zur Erfüllung seiner gesetzlichen Unterhaltspflichten bedarf.

Das gleiche gilt, wenn jemand in einem der in diesem Titel bezeichneten Fälle für einen von ihm verursachten Schaden auf Grund der §§ 827, 828 nicht verantwortlich ist und der Ersatz des Schadens nicht von einem aufsichtspflichtigen Dritten erlangt werden kann."

D. Anhang: Teilnahme.

§ 830 II BGB. erhält folgende Fassung:

„Die strafrechtlichen Formen der Beteiligung sind für die Verantwortlichkeit ohne Bedeutung."

II. Leitsätze des Berichterstatters Ministerialrat Prof. Dr. Ferdinand Kadecka-Wien.

I a) Die Grenze zwischen Recht und Unrecht muß im bürgerlichen Recht dieselbe sein wie im Strafrecht.

b) Die Vorschrift des § 14 StGE., daß zur Abwendung eines verpönten Erfolges verpflichtet ist, wer die Gefahr seines Eintrittes herbeigeführt hat, wäre, auf Schäden jeder Art erweitert, in das Bürgerliche Gesetzbuch zu übernehmen.

c) Die Notwehrdefinition des Bürgerlichen Gesetzbuchs wäre der des Strafgesetzentwurfs anzupassen, die Bestimmungen über Selbsthilfe, Besitzwehr und Besitzkehr wären entsprechend zu ändern.

d) Die Vorschriften des Strafgesetzentwurfs über den ärztlichen Eingriff und die Einwilligung des Verletzten geben keinen Anlaß zu einer Änderung des Bürgerlichen Gesetzbuchs.

II a) Der Schuldbegriff hat im bürgerlichen Recht weder dieselbe Funktion noch denselben Inhalt wie im Strafrecht.

b) Die Bestimmungen des Strafgesetzentwurfs über Irrtum, Notstand, Nothilfe und Wahrnehmung berechtigter Interessen, sowie über die entschuldbare Notwehrüberschreitung und die Entschuldbarkeit der Beleidigung durch gerechtfertigte Entrüstung geben keinen Anlaß zu einer Änderung des Bürgerlichen Gesetzbuchs.

III a) Die strafrechtliche Zurechnungsunfähigkeit braucht sich mit der zivilrechtlichen Unverantwortlichkeit für unerlaubte Handlungen nicht zu decken.

b) Die Bestimmungen des Strafgesetzentwurfs über Zurechnungsunfähigkeit geben zu einer Änderung des Bürgerlichen Gesetzbuchs keinen Anlaß.

c) Doch legt die der vorgeschlagenen Verwahrung gemeingefährlicher Geisteskranker zugrundeliegende Auffassung, daß Geisteskrankheit keinen Freibrief zur Verletzung fremder Interessen gibt, den Gedanken nahe, Geisteskranken grundsätzlich die Ersatzpflicht für rechtswidrige Handlungen aufzuerlegen, die mit ihrer Krankheit in ursächlichem Zusammenhang stehen.

Vorsitzender Geh. Justizrat Prof. Dr. Kipp-Berlin:

Es ist Ihnen, meine Damen und Herren, bekannt durch die Ihnen zugestellten Drucksachen, daß die Verteilung der Beratungsgegenstände während der Tagung seitens der Ständigen Deputation so festgelegt worden ist, wie sie Ihnen aus den Drucksachen ersichtlich ist. Dies geschah mit Rücksicht darauf, daß möglichst Kollisionen durch die Beratungsgegenstände in der einen oder anderen Abteilung vermieden werden. Wir in dieser Abteilung III für bürgerlich-rechtliche Fragen haben heute zuerst zu beraten darüber, ob es sich empfiehlt, im Zusammenhang mit der kommenden Strafrechtsreform die Vorschriften des bürgerlichen Rechts über Schuldfähigkeit, Schuld und Ausschluß der Rechtswidrigkeit zu ändern. Es ist dies der erste Punkt der Tagesordnung unserer Abteilung. Hierzu haben Professor Dr. Doelle-Bonn und Professor Dr. Reichel-Hamburg die Ihnen bekannten Gutachten erstattet. Es wird sich vielleicht zur Abkürzung der Beratungen empfehlen und besonders zur Behebung von Zweifeln führen, wenn ich mir erlaube, Folgendes vorweg zu bemerken:

In den Gutachten und Leitsätzen, die den Herren ja gedruckt vorliegen, ist nicht nur die Frage erwogen worden, ob es sich empfiehlt, das Bürgerliche Recht zu ändern, sondern es ist auch auf die Fragen eingegangen worden, ob nicht auch der Entwurf des neuen Strafgesetzbuches einer Änderung bedürfe. Es sind deshalb Zweifel aufgetaucht, ob diese Abteilung zuständig sei für eine Beschlußfassung in dieser Hinsicht. Ich glaube, daß wir in dieser Hinsicht nicht ängstlich sein sollen, denn ich sehe zu meiner lebhaften Freude eine ganze Reihe hervorragender Kriminalisten hier im Saal anwesend. Es kann kein Zweifel darüber sein, daß wir uns in dieser Richtung keine Beschränkungen aufzuerlegen brauchen und daß, wenn diese Abteilung Beschlüsse fassen will, sich wohl keinerlei Kompetenzschwierigkeiten ergeben werden. Ich bitte nunmehr den Berichterstatter, das Wort zu seinem Bericht zu nehmen. Ich erteile Herrn Professor Dr. James Goldschmidt-Berlin das Wort.

Prof. Dr. James Goldschmidt-Berlin erstattete hierauf folgenden Bericht:

Über das Thema:

„Empfiehlt es sich, im Zusammenhang mit der kommenden Strafrechtsreform die Vorschriften des bürgerlichen Rechts über Schuldfähigkeit, Schuld und Ausschluß der Rechtswidrigkeit zu ändern?"

liegen Gutachten der Herren Professoren Dölle (Bonn) und Reichel (Hamburg) vor. Die grundsätzliche Einstellung beider Gutachter zu dem Thema ist nicht ganz die gleiche. Dölle sieht den Amtlichen Strafgesetzentwurf als die seiner Kritik entzogene Grundlage an, von der er bei seinen Vorschlägen auf Änderung des bürgerlichen Rechts ausgeht. Reichel behält sich dem Entwurf gegenüber die Freiheit der Kritik vor. Dagegen stimmen beide Gutachter darin überein, daß sie sich bei ihren Vorschlägen auf das reichsdeutsche bürgerliche Recht beschränken, hier aber nicht nur auf solche Änderungen, die das Bedürfnis nach einer Angleichung des bürgerlichen Rechts an das kommende Strafrecht unbedingt notwendig macht, sondern daß sie auch solche Änderungen anregen, die sich, „bei Gelegenheit" der Strafrechtsreform als erstrebenswert erweisen. Auch hier geht freilich Reichel weiter als Dölle. Es wird keiner Rechtfertigung bedürfen, wenn dem Kriminalisten der Entwurf von 1925 noch weniger Tabu ist als dem Zivilisten Reichel, zumal ganz ungewiß ist, welche seiner einschlägigen Vorschriften Aussicht haben,

Gesetz zu werden. Ist doch aus diesem Grunde das Bedenken nicht von der Hand zu weisen, daß man die wichtige Themafrage verfrüht auf die Tagesordnung des Deutschen Juristentages gesetzt hat. Andererseits wird man es dem Kriminalisten nicht verargen, wenn er bei seinen Vorschlägen auf Änderung des bürgerlichen Rechts das Maß des durch die Rechtsangleichung Gebotenen nur da überschreitet, wo die Gerechtigkeit und Zweckmäßigkeit der Änderung offensichtlich ist. Daß ich mich endlich noch viel weniger als meine beiden reichsdeutschen zivilistischen Kollegen für legitimiert halte, dem Bruderlande Ratschläge betreffend Änderung seines bürgerlichen Rechts zu geben, versteht sich von selbst. Ich nehme an, daß der Herr Korreferent in die Bresche springen wird.

Eine wissenschaftlich gesicherte Beantwortung der Themafrage setzt die Voruntersuchung voraus, ob die Begriffe der Rechtswidrigkeit und Schuld im bürgerlichen Recht dieselben sind wie im Strafrecht. Reichel setzt das stillschweigend voraus, während Dölle die Vorfrage, wenn auch nur inzidenter Weise, ausdrücklich stellt.

Nach Dölle sind zwei Auffassungen über den Inhalt der Rechtssätze denkbar, welche die Rechtswidrigkeit statuieren. Man kann sie einmal als Verbote betrachten, die von den Rechtsfolgen ihrer Übertretung unabhängig sind. In diesem Falle würde die Aufstellung eines Rechtfertigungsgrundes die Zurücknahme des Verbots bedeuten, die für das ganze Rechtsgebiet wirksam sein muß. Oder man kann die Rechtswidrigkeitsnormen als Beurteilungsmaßstäbe auffassen, ob ein Erfolg — nicht notwendig die ihn verursachende Handlung — dem Rechte gemäß ist. Mit dieser Auffassung, die nach Dölle nicht notwendig voraussetzt, daß Normenadressat der Richter ist, und den Vorzug hat, die „objektive" Rechtswidrigkeit insbesondere Willensunfähiger zu erklären, soll eine Verschiedenheit der Bestimmung der Rechtswidrigkeit in den verschiedenen Rechtsteilen vereinbar sein; denn sie könne sich aus der Verschiedenheit der Zwecke der Rechtsteile ergeben. Dölle lehnt indessen eine solche Verschiedenheit ab, weil sich aus § 20 Entw., nach dem eine strafbare Handlung nicht vorliegt, wenn die Rechtswidrigkeit durch das öffentliche oder bürgerliche Recht ausgeschlossen ist, ergebe, daß die Rechtswidrigkeitsgrenze im Strafrecht nicht anders verlaufen soll als im Zivilrecht.

Diesen Schluß aus § 20 Entw. halte ich nicht für zwingend. § 20 bestimmt, daß die Aufstellung eines Rechtfertigungsgrundes durch das öffentliche oder bürgerliche Recht die Rechtswidrigkeit auch für das Strafrecht ausschließen soll. Er bestimmt aber nicht, daß umgekehrt die Begründung der Rechtmäßigkeit oder Rechtswidrigkeit durch das

Strafrecht das öffentliche oder bürgerliche Recht berührt. Gerade darauf aber kommt es für die Themafrage an. So kommt es darauf auch für das an, was Dölle an der betr. Stelle beweisen will. Gerland (Entw. 1925, Allg. Teil, 1925, S. 41) hatte behauptet, daß die Einschränkung der Notwehr auf „eine den Umständen angemessene Verteidigung" durch § 21 II Entw. ein Schlag ins Wasser sei, da § 227 II BGB. unberührt bleibe und vermöge seiner Inbezugnahme durch § 20 Entw. auch für das Strafrecht gelte. Dagegen wenden sich beide Gutachter, Reichel im wesentlichen unter Berufung auf den Satz: lex posterior derogat legi priori, während Dölle anerkennt, daß dieser Satz nur dann maßgebend sein könne, wenn das spätere Gesetz demselben Normenkomplex angehöre wie das frühere; die Gleichartigkeit aller Rechtswidrigkeitsnormen glaubt er mindestens aus § 20 Entw. folgern zu können. Indessen aus § 20 Entw. ergibt sich nicht, daß die Einschränkung eines Rechtfertigungsgrundes, m. a. W. die Begründung einer Rechtswidrigkeit durch das Strafrecht das bürgerliche Recht berührt.

Es bedarf indessen des § 20 Entw. nicht, um die Identität der Rechtswidrigkeit für das Straf- und Zivilrecht zu erweisen. Sie ergibt sich aus der „prästabilierten Harmonie" der Rechtsordnung. Diese hat den Rechtsunterworfenen, die sich nach ihr richten sollen, eine im Ergebnis einheitliche Antwort zu erteilen, ob ein Verhalten normgemäß oder normwidrig ist. Dabei ist mit der ersten von Dölle für möglich erklärten Auffassung davon auszugehen, daß die Rechtsnormen — Dölle spricht kaum glücklich von „Rechtswidrigkeitsnormen" — Imperative sind, jede Widerrechtlichkeit also den Verstoß gegen einen rechtlichen Imperativ bedeutet. Sie bedeutet ihn für das ganze Rechtsgebiet, ganz gleich, von welchem Rechtsteil der Imperativ ausgeht, mag auch nicht jeder Rechtsteil an den Verstoß eine Rechtsfolge knüpfen. So ist nicht jede bürgerlichrechtliche Rechtswidrigkeit strafbar. Und daß eine Polizeiwidrigkeit Schadensersatzpflicht nach sich ziehen kann, ist erst durch § 823 II BGB. in gewissen Grenzen bestimmt. Aber die zutreffende Beobachtung Kelsens, daß die begangene Rechtswidrigkeit immer nur als Tatbestand in Betracht kommt, darf nicht den Blick dafür trüben, daß andererseits jede Rechtsfolge auf Vermeidung einer Rechtswidrigkeit abzielt. Deshalb können zwar Tatbestandsmerkmale, wie Urkunde, Beamter, Eisenbahn usw., in verschiedenen Rechtsteilen eine verschiedene Bedeutung haben. Das Tatbestandsmerkmal der „Rechtswidrigkeit" kann es aber nicht, da hier eine Verschiedenheit der Bedeutung nur auf der Unvereinbarkeit zweier rechtlicher Imperative beruhen könnte.

Aus demselben Grunde ist ein von einem Rechtsteil aufgestellter Rechtfertigungsgrund für das ganze Rechtsgebiet insoweit wirksam, als die in ihm enthaltene Einschränkung des Imperativs reicht. So rechtfertigt § 227 BGB. allerdings nur die in der Notwehr verübte Verletzung privatrechtlicher Interessen. Die in Notwehr verübte Verletzung öffentlichrechtlicher Interessen, z. B. Widerstand gegen militärische Vorgesetzte, Störung der Gottesdienste, Polizeiübertretungen, bliebe nach ihm rechtswidrig und strafbar und verliert diese Eigenschaften erst durch § 53 StGB. Aber soweit § 227 BGB. wirkt, wirkt er für das ganze Rechtsgebiet. Gerade wegen der allgemeinen Rechtswirksamkeit der rechtlichen Imperative und ihrer Einschränkung kann dahingestellt bleiben. ob das Strafrecht als solches überhaupt Imperative aufstellt und einschränkt, und ob die diese Funktion unzweifelhaft besitzenden, den Strafdrohungen zu Grunde liegenden Normen ausschließlich öffentlichrechtlicher Natur sind.

In Bezug auf die zweite von Dölle für möglich gehaltene Auffassung der Rechtswidrigkeitsnormen ist zu sagen: Allerdings kann man eine Norm nicht nur als Imperativ, sondern auch als Beurteilungsmaßstab auffassen. Auch daß die Norm sich bei solcher Auffassung nur an den Richter richtet, ist schon deshalb nicht notwendig anzunehmen, weil die Frage des Normadressaten überhaupt nur für die als Imperativ aufgefaßte Norm gestellt werden kann. Zum Beurteilungsmaßstab wird die Norm für jeden, der von Amtswegen oder nicht über fremde oder eigene Taten zu Gericht sitzt. Aber dadurch, daß man die Norm als Beurteilungsmaßstab auffaßt, ändert sich nicht ihr Beziehungsgegenstand, das normgemäße oder normwidrige Verhalten. Wenn Dölle statt dessen als Gegenstand des Urteils den objektiven Erfolg des Verhaltens unterschiebt, so gerät er unversehens in das Fahrwasser der Binding-Nagler-Lobeschen Lehre, nach der die primäre Aufgabe der Rechtsordnung eine Erklärung darüber sein soll, was ihrem Zwecke gemäß ist oder zuwiderläuft, während die rechtlichen Ge- und Verbote, Gewährungen und Erlaubnisse nur daneben als sekundäre Mittel stehen. Diese Auffassung ist indessen abzulehnen. Das Recht deklamiert nirgend, es befiehlt immer, auch da, wo seine Ge- oder Verbote an den einen bezwecken, einem anderen zu gewähren oder zu erlauben. Die sog. „objektive Rechtswidrigkeit", insbesondere Willensunfähiger, erklärt sich daraus, daß die rechtliche Verpflichtung Schuldunfähiger, aber auch sonst Entschuldbarer eine unvollkommene ist, der die Garantie des Pflichtmotivs fehlt, gerade wie die unklagbare Verpflichtung, der die Garantie der Erzwingbarkeit abgeht, eine unvollkommene ist. Die rechtliche Anerkennung dieser Unvollkommenheit[1]) findet dort in dem Fehlen der Pflichtnorm, hier in dem Fehlen der Norm des materiellen Justizrechts ihren Ausdruck. Und die sog. „rechtswidrigen Zustände", insbesondere der „rechtswidrige Vermögensvorteil" der §§ 253, 263 StGB., erklären sich dadurch, daß hier das Wort „rechtswidrig" in dem Sinne von „unberechtigt" verwendet wird. Das „unberechtigte Haben" ist das Unwerturteil, welches dem Werturteil des subjektiven Rechts, der attributiven Seite der rechtlichen Imperative, komplementär ist. Es bezieht sich auf das Rechtssubjekt in seiner Eigenschaft als Träger subjektiver Rechte, während die Wert- oder Unwerturteile des „rechtmäßigen" oder „rechtswidrigen" Verhaltens, des „Recht- oder Unrecht t u n s", dem P f l i c h t subjekt, dem Adressaten der rechtlichen Imperative gelten.

Ich komme daher, in Übereinstimmung mit beiden Gutachtern und dem Herrn Mitberichterstatter, zu dem Ergebnis eines e i n h e i t l i c h e n Rechtswidrigkeitsbegriffes für das Strafrecht und das bürgerliche Recht.

Auch für die S c h u l d gelangt D ö l l e in eingehenden Erörterungen zu dem Ergebnis einer Übereinstimmung der straf- und zivilrechtlichen Schuldbegriffe, obwohl er die Bedenken nicht verkennt, die sich gegen dieses Ergebnis aus der herrschenden Auslegung des § 826 BGB., aus den Begriffen des „sittlichen Verschuldens" und des „Verschuldens gegen sich selbst", vor allem aus § 829 und ganz besonders aus § 276 BGB. herleiten lassen. Daß die herrschende Lehre zur Anwendung des § 826 kein Bewußtsein der Sittenwidrigkeit fordert, besagt allerdings nicht viel. Denn bisher verlangt auch die herrschende strafrechtliche Lehre zum Vorsatz nicht das Bewußtsein der Normwidrigkeit. Ebensowenig spricht gegen die Übereinstimmung des straf- und zivilrechtlichen Schuldbegriffes, daß, wo das bürgerliche Recht von „sittlichem Verschulden" spricht — so in § 1611 BGB. — oder ein „Verschulden gegen sich selbst" im Auge hat, der objektive Tatbestand keine Rechtswidrigkeit enthält und also der subjektive nicht die Möglichkeit eines Bewußtseins der Rechtswidrigkeit enthalten kann. Denn gerade nach § 13 Entw. soll die Möglichkeit des Bewußtseins der S i t t e n widrigkeit auch für den strafrechtlichen Schuldbegriff ausreichen; ja in den §§ 239, 254 Entw. — Körperverletzung eines Einwilligenden, Ehrennötigung — reicht

[1]) Übersehen von v. W e b e r, Notstandsproblem (1925) S. 8, wenn er die Selbständigkeit der „Pflichtnormen" bestreitet. Vgl. auch die „pflichtmäßige Interessenabwägung" in §§ 286 II, 293 III Entw. (dazu meinen Notstand, S. 50, u. unten); ferner Graf D o h n a, DJZ. 1925, 146.

ein Verstoß „gegen die guten Sitten" sogar als normatives Element des objektiven Tatbestandes aus. Auch ein „Verschulden gegen sich selbst" kennt sowohl das geltende (§§ 54, 213, 227 StGB.), wie das künftige (§§ 17 II S. 2, 241 II Entw.) Strafrecht. Erheblichere Bedenken gegen die Übereinstimmung des straf- und zivilrechtlichen Schuldbegriffes erregt schon § 829 BGB., wenn man für die in ihm statuierte Billigkeitshaftung der Schuldunfähigen einen dem Verschulden analogen Willensfehler fordert. Zu dieser Forderung kann man sich durch die Erwägung gedrängt fühlen, daß sonst der Unzurechnungsfähige unter Umständen strenger haftete als der Zurechnungsfähige. Man gelangt dann zu einer Schuld der Schuldunfähigen, einem Erfordernis, das — wie die Denkschrift zu dem italienischen StGEntw. zutreffend bemerkt — selbst von einem die Schuld rein psychologisch auffassenden Recht nicht aufgestellt werden kann. Tatsächlich erklärt sich die Sackgasse, in die § 829 BGB. führt, aus seiner Entstehungsgeschichte. § 752 Entw. II. Les. legte die durch § 829 BGB. nur den Unzurechnungsfähigen auferlegte Billigkeitshaftung auch den schuldlos handelnden Zurechnungsfähigen auf. Es sollte also in den gezogenen Grenzen eine reine Verursachungshaftung gelten. Mit Recht verlangen beide Gutachter eine Wiederherstellung dieser Bestimmung. So abgeändert oder schon heute als Quelle einer reinen Verursachungshaftung Schuldunfähiger verstanden, würde § 829 BGB. keine Abweichung des zivilrechtlichen Schuldbegriffes von dem strafrechtlichen bedingen.

Diejenige Norm, die am meisten Anlaß gibt, eine Übereinstimmung der beiden Schuldbegriffe zu bezweifeln, ist § 276 BGB. Die herrschende Lehre legt ihn so aus, daß die Außerachtlassung der objektiv erforderlichen Sorgfalt auch dann fahrlässig sei, wenn der Täter infolge seiner individuellen körperlichen oder geistigen Beschaffenheit außerstande war, den Erfolg vorauszusehen, sofern er nur zurechnungsfähig war. Daraus hat M. Rümelin die völlige Disparität des straf- und bürgerlichrechtlichen Schuldbegriffes gefolgert und letzteren schlechtweg als die Abweichung vom Normalen bestimmt. Hiergegen wendet sich Dölle. Er meint, daß damit der Schuldbegriff völlig preisgegeben werde, und bezeichnet er als unverständlich, warum die §§ 827/8 BGB. eine generelle Schuldfähigkeit verlangen sollten, wenn die in concreto gegebene Unfähigkeit nicht vom Vorwurf der Fahrlässigkeit befreie. Tatsächlich gibt Rümelin zu, daß das Erfordernis der Zurechnungsfähigkeit eine Konzession an den subjektiven Schuldmaßstab enthalte.

Mir scheint indessen, daß diese Konzession ausreicht, um der zivilrechtlichen Schuld den Charakter als Willensschuld und damit ihre generische Übereinstimmung mit der Strafrechtsschuld zu wahren. Hat doch Mannheim auch für das Strafrecht den objektiven Maßstab der Fahrlässigkeit vertreten und das Messen nach eigenem Maß geradezu als logische Unmöglichkeit bezeichnet. Ist es wirklich schon eine Preisgabe der Schuldhaftung, wenn wir begangene Kunstfehler dem Halsarzt nicht wegen seiner Kurzsichtigkeit, dem Landarzt nicht wegen ungenügender Fortbildung nachsehen? Neuestens hat Mezger (Z. Strafr. Wiss. XLVII 488) behauptet, daß sogar die Zurechnungsfähigkeit mit der Schuld nichts zu tun habe. Das mag über das Ziel hinausschießen. Aber das Wesen des Schuldvorwurfs ist das sog. normative Schuldelement, und dieses ist nicht der Nichtgebrauch eines Könnens, sondern der Verstoß gegen ein Sollen, bei dem schließlich wieder der Satz gilt: „Du kannst, denn Du sollst". Das Wesen des normativen Schuldelements wird nun von Dölle verkannt, wenn er als solches immer das Bewußtsein der Rechtswidrigkeit behandelt. Darin hat man es früher einmal gesehen[1]). Aber diese Auffassung, die zu einer Diskrepanz des normativen Schuldelements bei Vorsatz und Fahrlässigkeit führt, ist überwunden, vielleicht seit meiner von Dölle wiederholt angeführten Schrift „Der Notstand, ein Schuldproblem". In ihr habe ich den Gegensatz der alten und neuen Auffassung des normativen Schuldelements dahin zugespitzt, daß es nicht das „Wollen des Nichtseinsollenden", sondern das „nichtseinsollende Wollen" ist. Die neue Auffassung findet zum erstenmal ihren gesetzgeberischen Niederschlag in § 22 Entw. In ihm wird die Entschuldbarkeit der Notstandstat davon abhängig gemacht, daß dem Täter „nach den Umständen nicht zuzumuten war, den drohenden Schaden zu dulden". Das bedeutet, daß im Strafrecht Schuldvoraussetzung die Zumutbarkeit der Willensbetätigung ist. Das RG. hat das längst erkannt. Es hat trotz Voraussehbarkeit oder Voraussicht des verletzenden Erfolges freigesprochen, wenn dem Täter nach den Umständen nicht zuzumuten war, sich von dieser Voraussehbarkeit oder Voraussicht motivieren zu lassen: so den Kutscher, der auf Befehl seines Herrn mit einem Leinefänger fuhr; den Vater, der, dem seiner verstorbenen Ehefrau gegebenen Versprechen getreu, unterließ, sein Kind in ein Krankenhaus zu bringen; die Ehegatten, die miteinander verkehrten, obwohl sie wußten, daß der Gesundheitszustand der Ehefrau zu einer Unterbrechung der Schwangerschaft führen mußte.

[1]) Vgl. freilich noch Gleispach, Monatsschr. für Kriminalpsychologie, 1925, 231/2.

Die Erkenntnis, daß das normative strafrechtliche Schuldelement seine Grundlage in der Zumutbarkeit findet, ist aber mehr als alles andere geeignet, die Übereinstimmung des straf- und zivilrechtlichen Schuldbegriffes sicherzustellen. Denn im bürgerlichen Recht ist längst die Zumutbarkeit der Leistung als Voraussetzung der Wirksamkeit der Leistungspflicht anerkannt. Nun stellt allerdings die herrschende Lehre die Unzumutbarkeit der Leistung der — subjektiven — Unmöglichkeit an die Seite. Aber schon bei E. Kaufmann (Wesen des Völkerrechts, 1911) findet sich eine Synthese des strafrechtlichen Notstandes und der vertragsrechtlichen Unzumutbarkeit der Leistung[2]). Und, in derselben Richtung weiter vorstoßend, hat Siber die Begrenzung der Leistungspflicht durch die Zumutbarkeit, statt, wie gewöhnlich, auf § 242 BGB., darauf gestützt, daß nur für schuldhafte Verletzung der Leistungspflicht gehaftet wird. Haftet doch z. B. der Schuldner wegen verschuldeter Unmöglichkeit der Leistung dann nicht, wenn er die geschuldete Sache im Notstand beschädigt oder zerstört hat. Damit ist die Zumutbarkeit auch als Voraussetzung der zivilrechtlichen Schuld anerkannt. Inhalt der Zumutbarkeit ist dementsprechend — was Beling (Gerichtssaal XCI 365) verkennt — nicht die Herbeiführung eines Erfolges — das Ziel der verpflichtenden Rechtsnormen —, sondern eine Kraftanstrengung. Und zwar bedeutet sie das Höchstmaß der Anforderungen an das Können, ein Können-sollen. Dabei kann es sich um Anspannung körperlicher, intellektueller, moralischer oder wirtschaftlicher Kräfte — des „Vermögens" — handeln. In letzter Linie richtet sich aber die Anforderung immer an den Willen, die Ursache aller dieser Kraftentfaltungen. Die Anforderungen ergeben sich aus dem Zusammenhalt der Pflichtnormen, d. i. der Anforderungen an die Motivation, welche aus den verpflichtenden Rechtsnormen zu entnehmen sind und ihre Befolgung garantieren, mit den Ausnahmen von ihnen, welche Recht, Sittlichkeit oder Verkehrssitte, sei es wegen eines psychologischen Zwanges, sei es deshalb anerkennen, weil der erforderte Kraftaufwand außer Verhältnis zu dem Erfolge steht (RGEZ. CI 83). In diesem Verhältnis von Regel und Ausnahme findet ihre Erklärung die von Kohlrausch (Reform, 7 Anm. 1) als „unerklärlich" bezeichnete „Rollenvertauschung" zwischen Notstand und Wahrnehmung berechtigter Interessen in den Entwürfen. Wenn der Notstands-§ 22 Entw. v. 1919 und die §§ 133, 286, 293 Entw. v. 1925 die Straflosigkeit von „pflichtmäßiger Interessenabwägung", der Notstands-§ 22 Entw. v. 1925 dagegen von „Unzumutbarkeit" ab-

[2]) Vgl. jetzt auch Grünhut, Z-Strafr-W. XLVII 503.

hängig machen, so stellen jene auf die Übereinstimmung der Motivation mit den Pflichtnormen, diese darauf ab, daß der Täter sich für ein Versagen des Pflichtmotivs auf eine Ausnahme von den Pflichtnormen berufen kann. Letztere Ausdrucksweise ist aber zur Bezeichnung eines Entschuldigungsgrundes vorzuziehen, da das Erfordernis „pflichtmäßiger Interessenabwägung" auch das Symptom eines sog. „subjektiven Rechtfertigungsgrundes" sein könnte, wie denn tatsächlich in dem Entw. v. 1919 der Notstand Rechtfertigungsgrund war. Wer — wie v. Weber (Notstandsproblem, S. 9) — die Verweisung auf die „Zumutbarkeit" eine „Tautologie" nennt, übersieht ihre Quellen. Weder straf- noch zivilgerichtliche Praxis haben über den Maßstab der „Zumutbarkeit", die übrigens sowohl im BGB. § 1568 wie im StGB. § 28 gesetzliches Tatbestandsmerkmal ist, geschwankt. Der Maßstab ist, wie grundsätzlich der jedes Sollens, ein objektiver, worauf schon Wegner (Jurist. Rdsch. 1925, S. 578 ff.) gegenüber Liepmanns Angriffen auf § 22 Entw. hingewiesen hat. Er setzt immer einen „homme moyen" voraus. Mit diesem auf das Durchschnittskönnen abgestellten Leistungsverweigerungsgrund der „Unzumutbarkeit" kommt das Vertragsrecht aus und erkennt m. E. nicht daneben, wie anscheinend Siber will, als Leistungsbefreiungsgrund das objektiv „überwiegende Interesse" des Schuldners an. Dieser Gesichtspunkt kann im Vertragsrecht, wo jeder sich vorher überlegen mag, wie er auf seine Rechnung kommt, nicht Platz greifen. Läßt doch das RG. (EZ. CI 77) nicht einmal drohenden Vermögensverfall als Leistungsbefreiungsgrund gelten. Insoweit ist E. Kaufmanns Ansicht, daß der Notstandsgedanke nur außerhalb des Vertragsrechts Platz greife, zuzustimmen. Dafür ist im Vertragsrecht die Befreiung von der Verpflichtung zur Leistung häufig, zumal mit Hilfe des § 157 BGB., aus der Vertragsauslegung zu folgern. Man denke an die Lehre von der Clausula, der Geschäftsgrundlage, der Voraussetzung. Soweit diese Gesichtspunkte durchgreifen, kommt es nicht erst auf die „Unzumutbarkeit" an. Kaufmann selbst spricht hier von einer Grenze der „Imputierbarkeit". In der Tat handelt es sich insoweit nicht um ein „Zumuten" des „Gesollten", sondern um ein „Zutrauen" des „Gewollten".

Danach ist die „Zumutbarkeit" sowohl im Zivil- wie im Strafrecht die Grundlage der Schuldzurechnung. Und damit ist — aller Abweichungen im einzelnen ungeachtet — die Übereinstimmung des Schuldbegriffes beider Rechtsgebiete ebenso festgestellt, wie die Einheitlichkeit ihres Rechtswidrigkeitsbegriffes. Ich stimme also auch hier im Ergebnis den Gutachtern zu und weiche insoweit von dem Herrn Mitberichterstatter ab.

Auf dieser Grundlage kann an die Prüfung der Themafrage herangetreten werden.

Dabei ist zunächst festzustellen, daß der Entw. positive Vorschriften über Rechtswidrigkeit und Schuld nicht enthält, über jene nicht, weil er auf dem Frankschen Standpunkt steht, daß, vorbehaltlich der Ausnahme des § 20, die Widerrechtlichkeit einer strafbaren Handlung sich ohne weiteres aus der Strafdrohung ergibt, über diese nicht, weil die lehrbuchartigen Definitionen der Schuldarten in dem Entw. v. 1919 aus dem Entw. v. 1925 verschwunden sind. Letzteres wird von Reichel gebilligt, und Dölle befürchtet davon wenigstens keinen Nachteil und sieht jedenfalls keinen Anlaß für das bürgerliche Recht, für das Strafrecht die Kastanien aus dem Feuer zu holen. Er will deshalb auch auf die von ihm — wie sich aus dem früher Gesagten ergibt — an sich für wünschenswert gehaltene Ergänzung des § 276 BGB. nach der subjektiven Seite verzichten. Ich bedauere, im Gegensatz zu Reichel und in Übereinstimmung mit v. Hippel (Ztschr. f. Strafr.-Wiss. XLVII 47), die Streichung der Schuldarten-Definitionen aus dem Entw., wenngleich natürlich Dölles Befürchtung, daß jedes selbständige Vorgehen des einen oder anderen Rechtsgebiets einen Zwiespalt zwischen dem zivil- und strafrechtlichem Schuldinhalt ergeben könne, gerechtfertigt ist. Einen wesentlichen Nachteil freilich fürchte auch ich von der Streichung nicht, da die Definitionen des Entw. v. 1919 nichts als die Kodifikation des in Wissenschaft und Praxis ohnehin Geltenden waren, und jedenfalls überhebt sie mich der Untersuchung, ob eine Änderung der Fahrlässigkeitsdefinition in § 276 BGB. angezeigt ist.

Dagegen hat der Mangel einer positiven Rechtswidrigkeitsbestimmung im Entw. Reichel nicht abgehalten, auf diesem Gebiet Vorschläge für das bürgerliche Recht zu machen. Er wünscht eine Vereinigung der Abs. 1 und 2 des § 823 BGB., so daß schadensersatzpflichtig der ist, der vorsätzlich oder fahrlässig einem anderen einen Schaden zufügt durch ein Verhalten, das einem zugunsten des anderen erlassenen gesetzlichen Ge- oder Verbot zuwiderläuft. Bei dieser Formulierung scheint insofern ein Versehen untergelaufen zu sein, als nach dem ganzen System des Deliktsrechts unseres BGB. das „vorsätzlich und fahrlässig" nicht zur „Schadenszufügung", sondern zu dem „gesetzwidrigen Verhalten" gehört. Im übrigen stimme ich zwar Reichel zu, wenn er das Verhältnis der Abs. 1 und 2 des § 823 zu einander unklar findet, und bedauere, gleich ihm, daß Abs. 2 der unrichtigen Ansicht Vorschub leistet, daß da, wo das schützende Strafgesetz nur die vorsätzliche Begehung bedroht, auch nur sie eine Ersatzpflicht erzeuge. Da indessen der Entw., wie Reichel selbst zugibt, zu der von ihm vorgeschlagenen Änderung des § 823 nicht nötigt, sondern nur eine „schickliche Gelegenheit" bietet, so trage ich Bedenken, eine so grundlegende und den Deliktsbegriff des BGB. so sehr erweiternde Änderung des BGB. lediglich „im Zusammenhang mit der kommenden Strafrechtsreform" zu befürworten.

An einer Stelle enthält der Entw. nicht nur eine positive Bestimmung über die Rechtswidrigkeit, sondern begründet er sogar eine Rechtspflicht. Das ist in § 14 II. § 14 I stellt die herrschende Lehre sicher, daß für die Bestrafung der Verursachung eines Erfolges seine rechtspflichtwidrige Nichtabwendung gleichsteht. Und § 14 II gibt der ebenfalls schon jetzt herrschenden Lehre, daß die Herbeiführung einer Gefahr die Pflicht zur Abwendung des drohenden Erfolges begründet, die ihr bisher fehlende rechtliche Grundlage. Dieser Abs. 2 sagt zwar, im Gegensatz zu Abs. 1, nicht, daß er nur für die Rechtsfolge der Bestrafung gelten will. Jedenfalls ergibt sich aber aus seinem Zusammenhang mit Abs. 1, ohne den er in der Luft schwebt, daß er sich nur auf Erfolge bezieht, deren Verursachung strafbar ist. Auch in dieser Beschränkung aufgefaßt, hat § 14 II Entw. unmittelbar bürgerlichrechtliche Bedeutung. Er begründet m. E. einen, sogar im Rechtsweg, etwa durch einstweilige Verfügung, verfolgbaren Anspruch auf Abwendung eines strafbaren Erfolges gegen den, der die Gefahr seines Eintritts herbeigeführt hat. Man denke z. B. daran, daß jemand eine gefahrdrohende Anlage gemacht hat. Es fragt sich, ob § 14 II einer erweiterten Anwendung im bürgerlichen Recht fähig ist. Man kann ihn, ebenso wie § 14 I, analog auf das bürgerliche Recht mit dem Ergebnis anwenden, daß er nicht nur auf die Abwendung strafbarer, sondern allgemein rechtswidriger Erfolge bezogen wird. Danach würde auch der schadensersatzpflichtig sein, der die Gefahr der Verletzung des Eigentums eines anderen herbeiführt und dann fahrlässig unterläßt, diese Verletzung abzuwenden. Ich empfehle, mit dem Herrn Mitberichterstatter, dieses und ähnliche Ergebnisse durch Übernahme des § 14 — und dann schon des ganzen — in das BGB. sicherzustellen. Nur habe ich gegen den Vorschlag des Herrn Mitberichterstatters, dabei den § 14 „auf Schäden jeder Art zu erweitern", dieselben Bedenken, die einen Teil meiner Bedenken gegen die von Reichel vorgeschlagene Umfassung des § 823 bildeten. Von § 826 BGB. abgesehen, verbietet das Deliktsrecht des BGB. die Verletzung von Rechten und rechtlich geschützten Interessen, aber keine Schadensverursachung. Es kann also auch nicht — wenigstens nicht allgemein — eine Schadensabwendung gebieten. Vielmehr ist dabei der Rahmen des § 826 einzuhalten. Es hat z. B. ein Zeuge nicht schuldhaft eine objektiv unrichtige Aussage gemacht. Er haftet für den Schaden, welcher der Partei durch den infolge der falschen Aussage eingetretenen Prozeßverlust entstanden ist, dann, wenn er die Aussage nach erkannter Unrichtigkeit nicht widerruft, aber nicht schon, wenn er die Aussage nicht widerruft, obwohl er ihre Unrichtigkeit erkennen mußte. Indessen alle diese aus §§ 823, 826 BGB. sich ergebenden Differenzierungen werden — glaube ich — erfaßt, wenn man § 14 in folgender Gestalt — als § 826 b — in das BGB. übernimmt:

„Wer es unterläßt, einen rechtswidrigen Erfolg abzuwenden, obwohl er hierzu rechtlich verpflichtet ist, ist für den daraus entstehenden Schaden ebenso verantwortlich, wie jemand, der den Erfolg verursacht.

Wer die Gefahr, daß ein bestimmter Erfolg eintritt, durch seine Tätigkeit herbeiführt, ist verpflichtet, den Erfolg abzuwenden."

Nicht ganz zutreffend ist, wenn Reichel als Beispiel einer dem § 14 I Entw. unterfallenden rechtspflichtwidrigen Nichtabewndung eines verletzendes Erfolges die durch § 220 Entw. mit Strafe bedrohte Unterlassung der Nothilfe anführt. Wie Reichel selbst im weiteren Verlauf zutreffend betont, ist § 220 Entw. ein Schutzgesetz im Sinne des § 823 II BGB. Auf Grund dieses begründet der Verstoß gegen § 220 unmittelbar eine Ersatzpflicht, ohne daß es eines Umweges über eine analoge Anwendung des § 14 I Entw. bedarf.

Die Regelung der Rechtswidrigkeit und Schuld im Entw. ist im wesentlichen von der negativen Seite aus erfolgt, nämlich der Rechtfertigungs- und Entschuldigungsgründe. Die gemeinsame Grundlegung für Widerrechtlichkeit und Schuld ermöglicht, die Gründe ihres Ausschlusses gemeinsam zu behandeln, was des Zusammenhanges wegen nötig ist.

Aus der festgestellten Einheitlichkeit des Rechtswidrigkeitsbegriffes ergibt sich zunächst für die Notwehr, daß ihre Einschränkung durch § 21 II Entw. auf die „angemessene Verteidigung" auch den § 227 II BGB. ändert. Die Herren Gutachter behalten also gegen Gerland Recht. Die daraus sich als notwendig ergebende Angleichung des BGB. an den Entw. könnte, nachdem der Entw. unzweideutig die Rechtmäßigkeit der Notwehr ausspricht, einfach durch Streichung der Notwehrbestimmung des BGB. vorgenommen werden. Nicht etwa könnte umgekehrt

— wie Gerland (S. 41) meint — der Rechtfertigungsgrund der Notwehr aus dem Entw. gestrichen werden, da — wie früher bemerkt — die Notwehrvorschrift des BGB. nur die in Notwehr begangene Verletzung privatrechtlicher Interessen deckt, der Entw. mithin weiter reicht. Immerhin möchte ich doch empfehlen, die Angleichung des BGB. an den Entw. dadurch zu bewirken, daß man § 227 BGB. mit dem Entw. in Übereinstimmung bringt. Denn ich bin nicht sicher, ob meine Ansicht von der Wirkung des durch einen Rechtsteil aufgestellten Rechtfertigungsgrundes für das ganze Rechtsgebiet allgemein geteilt werden wird.

Eine andere Frage ist, ob das Ergebnis der Angleichung, nämlich die durch den Entw. vorgenommene Einschränkung der Notwehr auf die „angemessene Verteidigung", in der Sache zu billigen ist. Dölle billigt die Einschränkung. Ihm schwebt das Beispiel des niedergeschossenen äpfelmausenden Kindes vor. Etwaige Bedenken glaubt er durch Hinweis auf die aushelfende Entschuldbarkeit des Notwehrexzesses beseitigen zu können. Anders Reichel. Er verwirft die Änderung. Er erklärt sie in ihrer Fassung für unbestimmt, aber auch der Sache nach für verwerflich. Sie mute dem Notwehrer, noch mehr seinem Helfer vexatorisch eine Kalkulation der gegenüberstehenden Interessen zu und schrecke dadurch jenen und noch mehr diesen ab; sie stelle durch ihre Verweisung auf die „Umstände" allzusehr auf das richterliche Ermessen ab, sie übersehe ganz, daß bei der Notwehr Recht gegen Unrecht stehe — ich dürfte z. B. den Dieb meiner Tombackuhr nicht mit der Pistole bedrohen —; sie sei schließlich volksstaatswidrig. Der Hinweis auf die aushelfende Entschuldbarkeit des Notwehrexzesses beseitige alle diese Bedenken nicht; stehe doch jedenfalls dem Angreifer gegenüber dem sich unangemessen Verteidigenden Notwehr zu. Reichel fordert daher — wie schon v. Hippel (Ztschr. f. Strafr. Wiss. XLVII 30) und Kohlrausch (Reform, S. 19). — Wiederherstellung des geltenden Rechts. Etwaigen Auswüchsen will er durch folgenden Zusatz begegnen:

> „Ein dem Angreifer nicht zum Verschulden zuzurechnender Angriff, der nur einen nicht erheblichen Vermögensschaden verursachen würde, darf nicht durch Tötung oder erhebliche Gesundheitsbeschädigung des Angreifers oder eines Dritten abgewehrt werden."

Dieser Zusatz soll nach Reichel als Abs. 3 entweder in § 21 Entw. und in § 227 BGB. aufgenommen werden oder nur in jenen, unter völliger Streichung dieses.

Ich verkenne das Gewicht der Reichelschen Einwendungen nicht. Indessen je geringer die Schuld des Angreifers ist, desto mehr geht die Notwehr- in eine Notstandslage über und es bedarf wenigstens in gewissen Grenzen der Einhaltung der Verhältnismäßigkeit der Verteidigung. Gerade das ist es, was auch Reichel wünscht. Er verlangt einen Zusatz zu der Notwehrbestimmung, daß ein schuldloser, nur unerhebliche Vermögensinteressen bedrohender Angriff nicht durch Tötung oder erhebliche Gesundheitsbeschädigung abgewehrt werde. Darin kommen durchaus zutreffend die beiden maßgebenden Gesichtspunkte zum Ausdruck, daß nur die Geringfügigkeit seiner Schuld dem Angreifer Anspruch auf Innehaltung der Grenzen der Verhältnismäßigkeit gibt, und daß auch dieser Anspruch nur ein begrenzter ist. Es ist aber zu eng, wenn Reichel den Anspruch nur dem schuldlosen Angreifer gibt, und es ist kasuistisch, wenn er nur Angriffe auf das Vermögen einerseits, eine das Leben oder die Gesundheit verletzende Verteidigung andererseits berücksichtigt. Wo sollten zudem die Grenzen des „nicht erheblichen Vermögensschadens" laufen, bei denen die Notwehr unstatthaft wird? Daß die Fassung des Entw., der eine „den Umständen angemessene" Verteidigung fordert, unbestimmt ist, muß ich zugeben. Es wird aber schwer sein, die drei sich kreuzenden Maßstäbe, Stärke des Angriffs, Schuld des Angreifers und Verhältnismäßigkeit der einander gegenüberstehenden Interessen anders zu fassen. Auch nach dem Entw. könnte ich den Räuber meiner Geldbörse niederschießen, selbst wenn diese nur 1,50 Mk. enthielte, und brauchte damit nicht zu warten, bis er selbst mich mit der Pistole bedroht. Ein solches Ansinnen würde ja auf die schon von Schwarzenberg zurückgewiesene Forderung des Bamberger Stadtrechts hinauslaufen, daß der sich auf Notwehr Berufende eine blutende Wunde vorzuweisen habe. Die Begründung leistet deshalb auch dem Entw. einen schlechten Dienst, wenn sie als Beispiel eines zum Waffengebrauch berechtigenden Diebstahls nur den nächtlichen Einbruch nennt. Ebenso dürfte ich meines Erachtens nach dem Entw. den Geisteskranken niederschießen, der mir nach Reichels Beispiel Scheune um Scheune in Brand steckt. Voraussetzung ist natürlich, wie nach geltendem Recht, daß diese Verteidigung zur Abwehr des Angriffs „erforderlich" war. Die dem geltenden Recht gegenüber veränderte Fassung des Entw. bezweckt meines Erachtens nichts als dem Notwehrer ein „civiliter uti" seines Rechts aufzuerlegen oder, modern gesprochen, dem Notwehrrecht einen Tropfen „sozialen Öls" beizumischen.

Ich glaube also, in Übereinstimmung mit H. A. Fischer (DJZ. 1926, 1283), man kann es bei der Fassung des § 21 II Entw. belassen, und dann ist § 227 II BGB. mit ihm in Übereinstimmung zu bringen. Dagegen trete ich einem anderen Vorschlag Reichels bei, nämlich die in § 21 III Halbs. 2 bestimmte Unverantwortlichkeit des entschuldbaren Notwehrexzesses auf das bürgerliche Recht auszudehnen. Denn ich nehme mit Reichel an, daß die Überschreitung der Notwehr in Aufregung oder Bestürzung nicht nur einen persönlichen Strafausschließungsgrund, sondern einen Entschuldigungsgrund enthält. Allerdings müßte dies dann auch durch Umfassung des § 21 III Halbs. 2 Entw. sicher gestellt werden, da sonst die entsprechende bürgerlichrechtliche Bestimmung in der Luft schweben würde. Für unnötig halte ich — entgegen Reichel und dem Herrn Mitberichterstatter — zu bestimmen, daß etwaige Einschränkungen oder Ausdehnungen des § 227 BGB. auf die Fälle der Selbsthilfe (§ 230 BGB.) und Besitzwehr (§ 859 BGB.) entsprechend anwendbar sind. Selbsthilfe und Besitzwehr berechtigen nur zu ganz bestimmten Eingriffen. So hat RGESt. XXXIV 250 erkannt, daß die Besitzwehr nicht zur Zerstörung einer Sache führen darf. Es braucht also m. E. weder die vom Entw. vorgeschlagene Einschränkung der Notwehr auf die Selbsthilfe oder Besitzwehr ausgedehnt zu werden, noch die von Reichel und mir vorgeschlagene Unverantwortlichkeit des entschuldbaren Notwehrexzesses auf die Besitzwehr. Ebensowenig empfehle ich die von Reichel vorgeschlagene Zuerkennung eines Ersatzanspruches des durch die Notwehr schuldlos Geschädigten gegen den, der den Angriff verschuldet hat. Sie soll nach Reichel dem durch die Notwehr verletzten Dritten, aber auch dem schuldlosen Angreifer zugute kommen und sich gegebenenfalls auch gegen den Notwehrer richten, der den Angriff provoziert hat. Aber die Auffassung, daß durch die Notwehr ein Dritter beschädigt werden kann, beruht auf der vom RG. (ESt. LVIII 29) neuerdings wieder zurückgewiesenen Ansicht Franks, daß die Notwehr Verletzungen Dritter deckt. Die herrschende Lehre beschränkt den Begriff der durch Notwehr gedeckten „Verteidigung" auf eine Verletzung des Angreifers, unbeschadet der für einen zivilrechtlichen Ersatzanspruch nicht in Betracht kommenden Verletzung öffentlicher Interessen. Allerdings kann ich — nach Reichels Beispiel — am Schädel des Räubers auch den Stock eines unbeteiligten Dritten zerschlagen, aber nicht auf Grund des Notwehrrechts, sondern des § 904 BGB. Was aber den durch die Notwehr verletzten schuldlosen Angreifer anlangt, so ist zu sagen: war nicht nur der Angriff, sondern die Notwehrlage selbst vom Notwehrer oder einem Dritten verschuldet, insbesondere absichtlich provoziert, so liegt, jedenfalls wenn der Angreifer schuldlos ist, z. B. selbst in Putativnotwehr handelte, auf Seiten des Notwehrers eine die Berufung auf Notwehr insoweit ausschließende quasi-acti olibera in causa, auf Seiten des Dritten mittelbare Täterschaft vor, woraus sich die Haftung gegenüber dem schuldlosen Angreifer von selbst ergibt. Im übrigen sehe ich kein Bedürfnis, etwa dem schuldunfähigen Angreifer einen Anspruch gegen den zu geben, der ihn — ohne Voraussehbarkeit der Notwehrlage — gereizt hat. Die Parallele des § 228 S. 2 BGB. trifft m. E. nicht zu, eher die des § 676 BGB.

Zusammenfassend empfehle ich für die Notwehr folgende Thesen:

1. § 227 II BGB. ist dem § 21 II Entw. anzugleichen.
2. Dem § 227 BGB. ist folgender Abs. 3 zuzufügen:

   „Hat der Täter die Grenzen der Notwehr infolge Aufregung oder Bestürzung überschritten, so fällt ihm ein Verschulden nicht zur Last."
3. § 21 III Halbs. 2 Entw. erhält die Fassung:

   „ist die Überschreitung infolge Aufregung oder Bestürzung geschehen, so ist er entschuldigt."

In Bezug auf den Notstand trete ich zunächst den Gutachtern bei in der Forderung einer Klarstellung, daß § 22 Entw. nicht nur einen persönlichen Strafausschließungs-, sondern einen Entschuldigungsgrund enthält. Eine solche Klarstellung enthielt § 17 österreich. GE. vermöge der Eingangsworte: „Nicht schuldhaft handelt, wer . . . ." Allerdings ist die Frage, wie beide Gutachter anerkennen, für die bürgerlichrechtlichen Folgen gleichgiltig. Denn wenn schon der im Notstand schuldlos und rechtmäßig eine Sache Verletzende nach § 904 BGB. ersatzpflichtig ist, so muß es erst recht der sein, der im Notstand widerrechtlich, wenn auch entschuldbar, einen Menschen tötet oder verletzt. Desto erheblicher ist die Frage für die strafrechtlichen Folgen. Zwar nach Beseitigung der extrem akzessorischen Natur der Teilnahme durch den Entw. nicht mehr für diese. Wohl aber wegen der ja auch durch § 22 II anerkannten schuldausschließenden Wirkung des Putativnotstandes und umgekehrt wegen der strafbegründenden Wirkung einer Unkenntnis objektiv gegebener Notlage. Denn der persönliche Strafausschließungsgrund wirkt bekanntlich rein objektiv, der Entschuldigungsgrund wurzelt immer im subjektiven Tatbestand.

Da § 22 Entw. einen Entschuldigungsgrund aufstellt, läßt er die §§ 228, 904 BGB., welche Rechtfertigungsgründe aufstellen, unberührt, obwohl er sie tatbestandsmäßig deckt. Auch darüber sind die Gutachter mit Recht einig, und es besteht deshalb vom Standpunkt der Themafrage aus kein Anlaß, sich mit § 22 Entw. weiter zu beschäftigen. Aber § 22 befriedigt nicht restlos, und das wirkt sich auch im bürgerlichen Recht aus. Mit Recht rügt nämlich Reichel, daß § 22 für die Nothilfe zu einem schiefen Ergebnis führt, wenn er auf Unzumutbarkeit für den „Täter" abstellt. Kann man wirklich — wie die Begründung will — vom Arzte, der die Schwangerschaft unterbricht, sagen, daß ihm die Duldung des Todes der ihm fremden Patientin nicht „zuzumuten" war? Reichel will deshalb — ähnlich wie schon Gerland (Entw. 1925, S. 45) und Radbruch (Reform, S. 311) — auf die Unzumutbarkeit für den „Bedrohten" abstellen. Aber wie soll das der Helfer feststellen? Außerdem gibt man damit den Grundgedanken der Entschuldbarkeit des Täters preis. Es zeigt sich, daß der vielgeschmähte § 54 StGB. ganz das Richtige getroffen hat, wenn er die Entschuldigung des Täters, außer von eigener Gefahr, von einer Gefahr naher Angehöriger, und zwar einer Gefahr für Leib oder Leben abhängig macht. Nur reicht eben § 54 nicht aus. Es bedarf daneben für die Fälle offenbar überwiegenden Interesses der Anerkennung eines Not- und Nothilferechts, das nicht nur, wie das der §§ 228, 904 BGB., die Verletzung von Sachgütern erlaubt. Ich muß auch das Recht haben, gegen einen anderen Gewalt anzuwenden oder eine Polizeiübertretung zu begehen, um mein oder meines Nachbarn brennendes Haus zu löschen. Es bedarf m. a. W. des Anschlusses an den österreich. GE. v. 1922, der in §§ 17, 23, Loeffler folgend, Notstand und Nothilfe als Entschuldigungs- und als Rechtfertigungsgründe anerkennt. Im Ergebnis laufen darauf auch die Vorschläge des Grafen Dohna (Recht und Irrtum, 1925, S. 12), sowie der neuesten Notstandsschriftsteller v. Weber und Köhler hinaus, während Gerland (S. 45), v. Hippel (ZStrafrW. XLVII 36) und, auf Grund seiner Unterscheidung von Unverbotenem und Berechtigtem, auch H. A. Fischer (DJZ. 1926, 1284) im Notstand nur einen Rechtfertigungsgrund sehen. Im grundsätzlichen Anschluß an den österr. GE., wenn auch ihm im einzelnen nicht überall folgend, schlage ich vor, § 22 Entw. durch folgende Bestimmungen zu ersetzen:

§ 22

„Nicht rechtswidrig handelt, wer von sich oder einem anderen die gegenwärtige, nicht anders abwendbare Gefahr eines Schadens, den der Gefährdete zu tragen rechtlich nicht verpflichtet ist, dadurch abwendet, daß er durch eine sonst rechtswidrige Handlung ein offenbar kleineres Übel verursacht. Das Übel darf nicht in der Verletzung von Leib oder Leben bestehen."

§ 22a

„Nicht schuldhaft handelt, wer eine rechtswidrige Handlung in der Absicht begeht, die gegenwärtige, nicht anders abwendbare Gefahr des Todes oder schwerer Gesundheitsschädigung, die der Gefährdete zu tragen rechtlich nicht verpflichtet ist, von sich oder einer ihm nahestehenden Person abzuwenden oder zu einer solchen Tat Beihilfe zu leisten.

Hat der Täter eine solche Gefahr irrtümlich angenommen und beruht der Irrtum auf Fahrlässigkeit, so finden die Vorschriften über fahrlässige Handlungen Anwendung."

Dagegen halte ich die oft, besonders von Loeffler gestellte Forderung eines Not- und Nothilferechts für den Fall der Gefahrgemeinschaft nicht für begründet. Man denkt dabei an das Kappen des Seils, an dem ein Tourist hängt, an das Brett des Karneades, an die Opferung eines Schiffsbrüchigen angesichts des mehreren drohenden Hungertodes, an die Aussetzung eines Kindes aus einem von Wölfen verfolgten Schlitten. Ich halte diese Handlungen jedenfalls nicht für rechtmäßig — was die Opfer des Notwehrrechts berauben würde — und billige auch nicht die Freigabe der Nothilfe zugunsten Fremder für solche Fälle. Nur die — in dieser Absicht begangene — Beihilfe zu der Nottat der Gefährdeten muß, wie diese selbst, immer entschuldigt werden. Einer von der Nothilfe getrennten Regelung bedarf der bereits erwähnte Fall der Perforation oder Unterbrechung der Schwangerschaft. Er kann diese indessen nur in Gestalt eines Zusatzes zu den Tötungs- und Abtreibungs-§§ finden, eine Regelung, die der GE. (§ 259 IV) und — wenn auch in anfechtbarer Form — der Entw. v. 1919 (§ 288) bereits vorsahen[1]).

Würde diesen Vorschlägen Folge gegeben, so wird § 904 BGB. überflüssig, und ebenso erledigen sich damit Reichels Vorschläge, § 904

[1]) Ebenso Ebermayer, Monatschr. Krim. Psych. 1926, 421.

auf alle subjektiven Rechte auszudehnen. Dagegen bewendet es bei der Notwendigkeit des § 228 BGB., der dem von einer Sache Bedrohten weitergehende Rechte einräumt als der vorgeschlagene § 22.

Sollten meine Vorschläge auf Änderung des Entw. keinen Erfolg haben, so möchte ich schon § 904 S. 1 BGB. in seiner bisherigen Fassung bestehen lassen. Insbesondere scheint mir die von Reichel gewünschte Ausdehnung auf Forderungsrechte sich deshalb zu erübrigen, weil ein Dritter das Forderungsrecht ja nicht verletzen kann, und der Schuldner, der in Gefahr die geschuldete Sache zerstört, wie bereits früher ausgeführt, nach dem richtig aufgefaßten Schuldbegriff nicht für verschuldete Unmöglichkeit der Leistung haftet. Andererseits ist auch eine Einschränkung des § 904 nicht zu empfehlen, obwohl ich, entgegen Dölle, annehme, daß der Notangreifer gegen den widerstrebende Eigentümer Notwehr üben kann.

Dagegen stimme ich Reichel zu, wenn er fordert, daß „aus Anlaß" der Strafrechtsreform die unbefriedigende Regelung der Ersatzpflicht in §§ 228, 904 geändert werde. Es ist ein offenbarer Fehler, daß beide §§ die Ersatzpflicht dem „Täter", also auch dem „Helfer" auferlegen. Das hat die Folge, daß in § 228, der eine Ersatzpflicht nur bei Verschulden auferlegt, der schuldige „Bedrohte" sich ihr dadurch entziehen kann, daß er einen schuldlosen Helfer einspringen läßt; und daß in § 904 gar der schuldlose Helfer haftet. Reichel schlägt vor, daß in allen Fällen die Ersatzpflicht in erster Linie dem „Gefährdeten" auferlegt werde. Neben ihm soll als Gesamtschuldner der Dritte, also gegebenen Falles auch der Helfer haften, wenn er die Gefahr verschuldet hat. Im Verhältnis zueinander soll im Falle des § 228 der Dritte nicht haften, wenn ihm nur Fahrlässigkeit zur Last fällt; umgekehrt im Falle des § 904 nur der Dritte, wenn den Gefährdeten kein Verschulden trifft. Die für § 904 zu treffende Regelung soll auch für den Fall des strafgesetzlichen Notstandes gelten.

Diesen Vorschlägen Reichels entsprechen meine Thesen. Sollte infolge Annahme meiner Vorschläge zu § 22 Entw. § 904 BGB. überflüssig werden, so würde die Regelung der Ersatzpflicht für diesen Fall in der Regelung für den Fall des strafgesetzlichen Notstandes aufgehen.

Zusammenfassend empfehle ich für den Notstand folgende Thesen:

1. An die Stelle des § 228 S. 2 BGB. treten folgende Sätze:

„Hat der Gefährdete oder ein Dritter die Gefahr verschuldet, so ist er zum Schadensersatz verpflichtet. Mehrere Ersatzpflichtige haften als Gesamtschuldner. Fällt dem Gefährdeten ein Verschulden, dem Dritten aber nur Fahrlässigkeit zur Last, so ist in ihrem Verhältnisse zueinander der Gefährdete allein verpflichtet."

2. In das BGB. ist folgender § 826 a einzustellen:

„Wer durch eine im strafgesetzlichen Notstand begangene Handlung geschädigt ist, kann Ersatz des ihm entstandenen Schadens von dem Gefährdeten verlangen, auch wenn dieser die Gefahr nicht verschuldet hat. Neben dem Gefährdeten haftet derjenige, der die Gefahr verschuldet hat, als Gesamtschuldner. Trifft den Gefährdeten kein Verschulden, so ist im Verhältnis des Gefährdeten zu dem Mitschuldner dieser allein verpflichtet."

3. § 904 S. 2 BGB. erhält folgenden Halbs. 2:

„; § 826 a findet entsprechende Anwendung."

4. Darüber hinaus empfehle ich folgende Änderungen des Entw.:

a) An die Stelle des § 22 Entw. treten, unter Wegfall des § 904 BGB., die oben formulierten §§ 22, 22 a.

b) In den Entw. ist folgender § 229 a einzustellen

„Die Unterbrechung der Schwangerschaft oder die Tötung des Kindes in der Geburt ist nicht rechtswidrig, wenn sie von einem Arzt vorgenommen wird, um die nicht anders abwendbare Gefahr des Todes oder schwerer Gesundheitsschädigung von der Schwangeren abzuwenden."

Von Rechtfertigungs- und Entschuldigungsgründen außer der Notwehr und dem Notstand behandeln die Gutachter noch: die Einwilligung des Verletzten, das Eingriffsrecht des Arztes und die Wahrnehmung berechtigter Interessen. Mit Recht. Die §§ 239, 238, 286 Entw. bieten dazu Anlaß.

Die Frage der Einwilligung des Verletzten entscheidet der Entw. nur bezüglich der Körperverletzung. Er bestimmt in § 239, daß, wer eine Körperverletzung mit Einwilligung des Verletzten vornimmt, nur bestraft wird, wenn die Tat trotz der Einwilligung gegen die guten Sitten verstößt. Beide Gutachter sind darin einig, daß damit in den gezogenen Grenzen die Rechtmäßigkeit der Körperverletzung des Einwilligenden anerkannt wird. Sie zieht also insoweit auch keine zivilrechtlichen Folgen nach sich. Im übrigen betonen beide Gutachter das Singuläre und Unzureichende der Lösung des Entw., der insbesondere die Frage unbeantwortet lasse, was zu einer wirksamen Einwilligung gehört. Mit Recht weist Reichel darauf hin, daß die §§ 182 ff. BGB. nur die Einwilligung in Rechtsgeschäfte, nicht in Rechtsverletzungen regeln. Er wünscht eine Regelung dieser im Deliktsrecht des BGB. und erörtert eingehend die Fragen, auf die es dabei ankommt, ohne indessen abschließende Vorschläge zu machen. Schon den Kreis der Rechtsgüter, deren Verletzung durch die Einwilligung rechtmäßig gemacht wird, vermag er nicht abzugrenzen. Man könnte allenfalls in das Deliktsrecht des BGB. — etwa hinter § 823 — folgenden Satz einstellen:

„Die Einwilligung des Verletzten schließt, insoweit sich nicht aus dem Gesetz ein anderes ergibt, die Rechtswidrigkeit der Verletzung insoweit aus, als der Verletzte rechtswirksam über das verletzte Rechtsgut verfügen kann."

Sehr viel weiter käme man mit dieser Bestimmung freilich nicht, da eben die Frage offen bleibt, über welche Rechtsgüter rechtswirksam verfügt werden kann. Sie ist troß aller — auch wieder von Heimberger (Reform des Strafrechts, 1926, S. 89) — darauf verwendeter Mühe nicht spruchreif. Ich sehe daher, gleich den Gutachtern, von Vorschlägen im Sinne einer allgemeinen und erschöpfenden Regelung der Einwilligung des Verletzten ab. Nur sollte klargestellt werden, daß in den Grenzen des § 239 Entw. die Widerrechtlichkeit ausgeschlossen ist, wie das schon § 293 KE. tat. Auch sonst halte ich die Fassung des § 239 nicht für glücklich, da die Sittenwidrigkeit höchstens für die Einwilligung oder die Art ihrer Herbeiführung, für die Tat dagegen nur erheblich ist, ob sie einem rechtlich gebilligten Zwecke dient. Ich empfehle daher folgende Fassung:

„Wer eine Körperverletzung mit Einwilligung des Verletzten vornimmt, handelt nicht rechtswidrig, wenn die Tat einem rechtlich gebilligten Zwecke dient."

Das Problem der Selbstverletzung streift der Entw. in § 224, der die Verleitung zum Selbstmord oder Selbstmordversuch unter Strafe stellt. Da § 224 unzweifelhaft ein Schutzgesetz im Sinne des § 823 II BGB. ist, können insbesondere die, denen der Selbstmörder unterhaltspflichtig war, von dem Schuldigen Ersatz fordern. Ansprüchen des Selbstmordkandidaten im Falle des Selbstmordversuchs wird meist § 254 BGB. entgegenstehen. Einen Anlaß zur Änderung des BGB. bietet § 224 Entw. nicht.

Das Problem des ärztlichen Eingriffsrechts sucht § 238 Entw. zu lösen. Nach ihm sind „Eingriffe und Behandlungsweisen, die der Übung eines gewissenhaften Arztes entsprechen, keine Körperverletzungen oder Mißhandlungen im Sinne dieses Gesetzes". Diese letzten

Worte geben schon Dölle Anlaß zu bezweifeln, daß die Tragweite des § 238 sich auf das bürgerliche Recht erstreckt. Er meint, daß eine solche Erstreckung nur vermittels des § 823 II BGB. oder durch entsprechende Anwendung des § 238 vorgenommen werden könne, daß sie sich übrigens meist durch die Anwendung des § 239 Entw. erübrigen werde. Noch zurückhaltender ist Reichel. Nach ihm ist der bürgerlichrechtliche Begriff der Körperverletzung überhaupt ein weiterer als der strafrechtliche. Er bedeute „Verletzung des Rechts am eigenen Körper, also Verletzung eines Persönlichkeitsrechts". Für diese Annahme glaubt Reichel eine Parallele darin zu finden, daß auch der bürgerlichrechtliche Begriff der Sachbeschädigung ein weiterer als der strafrechtliche sei, nämlich Verletzung des Eigentumsrechts. Danach hält Reichel trotz des § 238 Entw. den wider Willen des Patienten vorgenommenen Eingriff, mag er auch der Übung eines gewissenhaften Arztes entsprechen, zumal wenn er mißglückt, für eine rechtswidrige Körperverletzung im Sinne des bürgerlichen Rechts. Reichel verlangt sogar, daß dieses Ergebnis sichergestellt werde durch eine Bestimmung im EG. StGB. etwa in der Form:

> „Die Vorschriften des bürgerlichen Rechts über Körperverletzung werden durch § 238 nicht berührt."

Um aber der Gefahr zu begegnen, daß ein gesetzlicher Vertreter ohne triftigen Grund die Einwilligung zu gebotenem ärztlichem Eingriff bei dem Kinde verweigert, schlägt Reichel vor, das Vormundschaftsgericht durch eine besondere Bestimmung zu ermächtigen, diesfalls die Einwilligung des gesetzlichen Vertreters zu ersetzen.

Ich kann der Ansicht Reichels nicht zustimmen. Es fehlt jeder Nachweis, daß der bürgerlichrechtliche Körperverletzungsbegriff etwas anders als eben Körperverletzung, daß er Verletzung eines Persönlichkeitsrechts bedeutet. Dann aber mag er immerhin weiter sein als der Körperverletzungsbegriff des geltenden StGB. Er ist aber nicht weiter als der Körperverletzungsbegriff des Entw., der, wie aus §§ 233, 237 hervorgeht, ausdrücklich neben der Gesundheitsbeschädigung und Mißhandlung die schlichte „Körperverletzung" mit Strafe bedroht. Reichels Parallele mit der Sachbeschädigung hinkt. Denn im Verhältnis zu ihr ist der bürgerlichrechtliche Begriff der Eigentumsverletzung allerdings ein anderer, weiterer. Übrigens hat gerade in dem Beispielsfalle, in dem nach Reichel zwar Eigentumsverletzung aber keine strafbare Sachbeschädigung vorliegen soll, nämlich Reparatur einer mangelhaften Sache wider Willen des Eigentümers, der wandeln will, RGESt. XXXIII 177 auch strafbare Sachbeschädigung angenommen — was ich allerdings für falsch halte.

Ist mithin der bürgerlichrechtliche Begriff der Körperverletzung kein anderer als der des Entw., so kann höchstens die Ansicht vertreten werden, daß § 238, der — was Radbruch (Reform, S. 317) grundlos leugnet — keinen Rechtfertigungsgrund aufstellt, sondern ein Tatbestandsmerkmal authentisch auslegt, zumal wegen seiner Schlußworte, auf die Körperverletzung im Sinne des BGB. keine Anwendung finde. Man könnte geneigt sein, dieser Ansicht beizutreten, wenn man erstens annähme, daß § 238 Entw. auch die eigenmächtige ärztliche Behandlung deckt, und wenn man zweitens diese Wirkung für das bürgerliche Recht vermeiden will. Reichel setzt die Richtigkeit der ersten Annahme voraus, auch Dölle, obwohl er die Frage aufwirft, ob der gegen den ausdrücklichen Widerspruch des Patienten erfolgende ärztliche Eingriff noch „der Übung eines gewissenhaften Arztes entspreche". Die Begründung und Radbruch (a. a. O.) verneinen die Frage zwar. Immerhin muß damit gerechnet werden, daß die Auslegung dazu gelangt, auch eigenmächtige, aber medizinisch indizierte ärztliche Eingriffe dem § 238 Entw. zu unterstellen, schon in der Erwägung, daß dieser § sonst neben § 239 überflüssig wäre. Das mag bedenklich sein, zumal in der Tat nach der Begründung § 238 auch dann anwendbar sein soll, wenn der Heilerfolg ausbleibt, ja anscheinend selbst, wenn die Behandlungsweise objektiv schädigt. Verursacht sie den Tod, so trifft § 238 natürlich nicht zu; doch wird, wenn der Eingriff der Übung eines gewissenhaften Arztes entsprach, jedes Verschulden, sei es in Gestalt der Voraussehbarkeit des Erfolges, sei es in Gestalt der Vorwerfbarkeit der Willenbetätigung, fehlen — womit auch die Euthanasie gedeckt sein kann.

Die eigenmächtige ärztliche Behandlung ist indessen ihrem Wesen nach gar keine Körperverletzung, sondern eine Verletzung der Willensfreiheit. Und ihre Unverantwortlichkeit auch unter diesem Gesichtspunkt ist strafrechtlich gerade so unerträglich wie zivilrechtlich. Es bedarf daher — wie auch Heimberger (Reform, S. 92) zutreffend ausführt — der Wiederherstellung des § 313 Entw. v. 1919 (§ 325 österr. VE. v. 1909, § 279 GE.), welcher die eigenmächtige ärztliche Behandlung unter Strafe stellt. Diese Bestimmung ist auf Verlangen der Ärzte gestrichen worden. Aber § 238 Entw. dürfte die Bedenken der Ärzte gegen sie beseitigen, und für das Publikum jedenfalls ist § 238 Entw. nur annehmbar, wenn die Strafbestimmung gegen eigenmächtige ärztliche Behandlung wiederhergestellt wird. Damit wäre auch der Zivilrechtsschutz gesichert, da eine solche Strafbestimmung ein Schutzgesetz im

Sinne des § 823 II BGB. enthielte. Auch Reichel erklärt, daß damit ein Teil seiner Bedenken entfallen würde.

Wird § 313 Entw. v. 1919 wiederhergestellt, so scheint es mir andererseits im Interesse der Ärzte richtig, an Stelle des von Reichel geforderten Vorbehalts des bürgerlichen Rechts gegenüber § 238 Entw. gerade umgekehrt zu beantragen, daß in dessen Schlußworten statt „dieses“ „des“ Gesetzes gesagt wird. Dagegen halte ich nicht für nötig, daß durch eine besondere Vorschrift das Vormundschaftsgericht ermächtigt wird, die vom gesetzlichen Vertreter zu Unrecht verweigerte Einwilligung in die Operation des Kindes zu ersetzen. Mir scheint, wenn auch nicht § 679, so doch § 1666 BGB. genügende Abhilfe zu schaffen, wenn ihn nur das Vormundschaftsgericht richtig anwendet.

In bezug auf die Wahrnehmung berechtigter Interessen bei der üblen Nachrede weist Reichel mit Recht darauf hin, daß § 824 II BGB. mit § 286 II Entw. nach zwei Richtungen in Mißklang steht. Einmal berücksichtigt er nicht die Wahrnehmung öffentlicher Interessen, sodann knüpft er die Unverantwortlichkeit nicht an die pflichtmäßige Abwägung der einander gegenüberstehenden Interessen. Er hätte hinzufügen können, daß § 824 II BGB. auch nicht die Wahrnehmung der Interessen Dritter — außer des Mitteilenden und des Empfängers — berücksichtigt. Reichel fordert also, daß § 824 II BGB. mit § 286 II Entw. in Übereinstimmung gebracht werde. Da er aber mißbilligt, daß § 286 II Entw. nicht auf die objektive Verhältnismäßigkeit der einander gegenüberstehenden Interessen, sondern auf deren pflichtmäßige Abwägung durch den Täter abstellt, will er statt dieser jene bei seinem Vorschlag der Angleichung des § 824 II BGB. an § 286 II Entw. einsetzen. Aber damit wird nicht angeglichen. Außerdem nimmt Reichel selbst an, daß die Wahrnehmung berechtigter Interessen keinen Rechtfertigungsgrund, sondern einen Entschuldigungsgrund begründet[1]); er billigt, daß sie sowohl Notwehr, wie Beseitigungs- und Unterlassungsklage gegen die üble Nachrede unberührt lasse. Dann bleibt unklar, warum er die subjektive Fassung des § 286 II Entw. mißbilligt. Reichel meint, für die subjektive „pflichtmäßige Abwägung“ fehle in § 824 II BGB. die Voraussetzung, da der Mitteilende ja seine Mitteilung für objektiv zutreffend halte. Aber Unkenntnis der Unwahrheit ist noch nicht Überzeugung von der Wahrheit, wie schon die Begründung des Entw. zutreffend bemerkt. Man denke an den häufigen

---

[1]) Ebenso Liepmann, Monatschr. Krim. Psych. 1926, 385 Anm. 1.

Fall der Weitergabe eines unkontrollierten Gerüchts. Und jedenfalls kennt doch der Mitteilende das Verletzende seiner Mitteilung. Eher könnte man an der Fassung des Entw. gerade umgekehrt beanstanden, daß — wie oben bereits für diskutabel erklärt — „pflichtmäßige Interessenabwägung" nicht Merkmal eines Entschuldigungs-, sondern eines „subjektiven Rechtfertigungsgrundes" sei. Man denke daran, daß das RG. unter Umständen bei Pflichtmäßigkeit des Ermessens des Beamten Rechtmäßigkeit objektiv unrichtiger Amtsausübung annimmt. Mit der Erhebung der Wahrnehmung berechtigter Interessen aus einem Entschuldigungs- zu einem Rechtfertigungsgrund könnte ich mich indessen nicht einmal dann einverstanden erklären, wenn zu den Voraussetzungen pflichtmäßiger Interessenabwägung, wie die Begründung anzunehmen scheint, auch die Erfüllung einer Informationspflicht gehört [1]). Dabei ist letzteres ebensowenig sicher, wie daß in § 238 Entw. zu der „Übung eines gewissenhaften Arztes" gehört, sich der Zustimmung des Patienten zu der Behandlung zu versichern. Will man den § 824 II BGB. dem § 286 II Entw. anpassen, so wird folgende Fassung zu wählen sein:

> „Durch eine Mitteilung, deren Unwahrheit dem Mitteilenden unbekannt ist, wird dieser nicht zum Schadensersatz verpflichtet, wenn er zur Wahrnehmung eines berechtigten öffentlichen oder privaten Interesses oder zur Befriedigung eines berechtigten Interesses des Empfängers der Mitteilung gehandelt und dabei die einander gegenüberstehenden Interessen pflichtmäßig abgewogen hat."

[1]) Liepmann, a. a. O., 391, 394, nimmt schon de lege lata eine Pflicht nicht nur zur Information über die Wahrheit der Behauptung, sondern auch zur Prüfung des Interesses und seiner Berechtigung an. Dem mag man im Ergebnis zustimmen, obwohl man sich darüber klar sein muß, daß damit das Gesetz zum Nachteil des Beschuldigten einschränkend ausgelegt wird. Ganz verfehlt ist aber Liepmanns Behauptung, daß, wer der irrtümlichen Annahme eines berechtigten Interesses schuldausschließende Wirkung beimesse, „den Irrtum zweimal berücksichtige und frage, ob denn auch die irrtümliche Annahme einer irrtümlichen Annahme entschuldige." Wer sich auf Wahrnehmung berechtigter Interessen beruft, irrt notwendigerweise über die Wahrheit der von ihm aufgestellten Behauptung (unter der Voraussetzung, daß sich der Verleumder nicht auf § 193 berufen kann). Daß er sich notwendig über die Gefährdung des wahrgenommenen Interesses durch den Beleidigten irren müsse — so Liepmann —, ist eine petitio principii. Man nehme das Beispiel (dazu Frank, III 2 c zu § 193), daß ein Arzt in bezug auf einen Kollegen, von dem er annimmt, er dränge sich in seine Praxis behauptet, er habe einmal einen Kunstfehler begangen. Diese letzte Tatsache muß natürlich unwahr sein, wenn § 193 in Betracht kommen soll. § 193 greift

Mit den behandelten Fällen ist der Kreis der vom Entw. behandelten Rechtfertigungs- und Entschuldigungsgründe im wesentlichen geschlossen. Andere Streitfragen auf diesem Gebiet läßt der Entw. ungelöst. So die Rechtfertigung insbesondere der Züchtigung fremder Kinder auf Grund angenommener Geschäftsführung ohne Auftrag oder die Pflichtenkollision, insbesondere bei gesetzwidrigem Dienstbefehl. Es fragt sich, ob die Unterlassung des Entw. eine Regelung durch das bürgerliche Recht nahelegt. M. E. scheiden beide Streitfragen für eine solche aus, die letztgenannte, da sie keine eigentümlich bürgerlich-rechtliche ist, die erstgenannte, weil sich (trotz Heimberger, Reform d. Strafr., S. 91) ihre Lösung aus §§ 677 ff. BGB. ergibt. Freilich rechtfertigt die Geschäftsführung ohne Auftrag immer nur Eingriffe in die Rechtssphäre des Geschäftsherrn, z. B. Eindringen in eine fremde Wohnung, Öffnen fremder Briefe. Sie kann daher m. E. gerade die Züchtigung fremder Kinder nicht rechtfertigen, da sie die Widerrechtlichkeit im Verhältnis zum Kinde, auf die es hier allein ankommt, nicht beseitigt. Ich halte daher die Züchtigung fremder Kinder — außerhalb der Notwehr — für unstatthaft und möchte, angesichts der entgegenstehenden Rechtsprechung verschiedener Oberlandesgerichte, bitten, dem § 1631 II folgenden Satz 3 zuzufügen:

> „Einem Dritten steht ohne Ermächtigung des Vaters oder der zuständigen Behörde die Anwendung von Zuchtmitteln gegen das Kind nicht zu."

Unter den Entschludigungsgründen führt Reichel auch den schuldausschließenden Irrtum an. Doch ist er es in einem anderen Sinne als die bisher behandelten, da er unmittelbar nicht die normative, sondern die psychologische Seite der Schuld betrifft. Dies gilt — wie früher bemerkt — auch von der Unkenntnis der Normwidrigkeit der Tat, die § 13 Entw. jetzt auch dann als einen Schuldausschließungsgrund an-

Platz, wenn die Tatsache, daß sich der Kollege in die Praxis des Arztes gedrängt hat, entweder wahr ist oder von dem Arzt geglaubt wurde. Liepmann denkt nur an den Fall, daß die Tatsache, die den Gegenstand der üblen Nachrede und die Voraussetzung des berechtigten Interesses bildet, eine und dieselbe ist. Aber auch in diesem Falle wird von der durch Liepmann befehdeten Ansicht nicht „der Irrtum zweimal berücksichtigt". Wollte man dem Beleidiger den Schutz des § 193 versagen, weil sein Irrtum über die Wahrheit der behaupteten Tatsache zugleich ein solcher über die Berechtigung seines Interesses war, so würde der Irrtum keinmal berücksichtigt. Es ist also nicht zu verwundern, daß Liepmann (a. a. O. S. 393 Anm. 4) die von ihm entwickelten Gesichtspunkte nirgends in der Literatur gefunden hat.

erkennt, wenn sie auf Normirrtum beruht. Eine Änderung des bürgerlichen Rechts erfordert dieser Frontwechsel des Strafgesetzgebers nicht. Denn — abgesehen von dem oben erwähnten, übrigens strittigen Fall des § 826 BGB. — ist im bürgerlichen Recht von jeher jede Unkenntnis der Normwidrigkeit als den Vorsatz und, wenn sie entschuldbar ist, auch die Fahrlässigkeit ausschließend anerkannt worden. Und zwar schließt im bürgerlichen Recht, soweit Quelle der Unkenntnis der Normwidrigkeit ein Normirrtum ist, abgesehen von den Fällen des „sittlichen Verschuldens" und des „Verschuldens gegen sich selbst", Rechtsirrtum die Schuld aus. Weder ist ein Mehr erforderlich, noch ein Weniger ausreichend. Man könnte sich veranlaßt finden, jenes gegen § 13 Entw., nach dem erst Irrtum über das Sittengesetz entschuldigt, dieses gegen die Meinung mancher Kriminalisten, z. B. Lobes, daß schon die Unkenntnis, gegen öffentliches Recht zu verstoßen, entschuldigt, und beides gegen die Auslegung des § 13 Entw. durch Kohlrausch, daß auch der Vorsatz nur durch entschuldbaren Rechtsirrtum ausgeschlossen werde, sicher zu stellen. Es besteht aber keine Nötigung dazu, da § 13 Entw., schon seinem Wortlaut nach, und folglich seine Auslegung durch Kohlrausch, erst recht aber begrifflich die Ansicht Lobes sich nur auf das Strafrecht beziehen.

Wie Rechtswidrigkeit und Schuld nur in Gestalt ihrer negativen Seite, der Rechtfertigungs- und Entschuldigungsgründe, im Entw. geregelt sind und für eine Änderung des bürgerlichen Rechts in Betracht kommen, so gilt entsprechendes für den letzten noch übrig bleibenden Gegenstand meines Berichts, die Schuldfähigkeit. Sowohl im Entw., wie schon im geltenden StGB. und im Jugendgerichtsgesetz, als auch im BGB. sind nur die Voraussetzungen normiert, unter denen die Schuldfähigkeit ausgeschlossen ist.

Sämtliche Fälle des Ausschlusses der Schuldfähigkeit im geltenden Recht wie im Entw., im Strafrecht wie im bürgerlichen Recht haben — wie schon Dölle zutreffend feststellt — miteinander gemein, daß bei ihrer Regelung die sogenannte „biologisch-psychologische" Methode zur Anwendung gekommen ist, d. h. die einzelnen Abnormitäten, welche die Zurechnungsfähigkeit ausschließen können, werden biologisch aufgeführt, und es wird dann der darauf beruhende Mangel der psychischen Fähigkeiten bestimmt, welcher die Zurechnungsfähigkeit wirklich ausschließt. Von dieser Methode weicht das BGB. an einer Stelle ab, aber nicht im Sinne der von Gerland (Entw. 1925, S. 32) gewünschten, rein psychologischen Methode, sondern gerade im Sinne einer rein biologischen. Es verneint nämlich in § 827 die Verantwortlichkeit für den Fall der Bewußtlosigkeit schlechthin, während bekanntlich § 51 StGB. dies auch für diesen Fall nur tut, wenn dadurch die freie Willensbestimmung ausgeschlossen ist. Dölle meint, v. Liszt (Deliktsobligationen, S. 48) folgend, daß diese Abweichung des § 827 BGB. von § 51 StGB. und der biologisch-psychologischen Methode eine Milderung der bürgerlichrechtlichen Haftung zur Folge habe, weil danach jede Bewußtseinsstörung, auch wenn sie die freie Willensbestimmung nicht ausschließe, von der Haftung befreie. Mir scheint das Gegenteil richtig. Die Abweichung des § 827 BGB. von § 51 StGB. ist offenbar durch die Erwägung veranlaßt, daß es unnötig sei, neben der Bewußtlosigkeit noch den Mangel der freien Willensbestimmung hervorzuheben. Die Folge davon ist, daß nach bürgerlichem Recht nur die Bewußtlosigkeit von der Verantwortung befreit, während nach § 51 StGB. schon eine die freie Willensbestimmung ausschließende Bewußtseinsstörung diese Wirkung hat. Jedenfalls ist es an der Zeit, die auf logischen Bedenken beruhende, aber zu praktisch unerwünschten Folgen führende Fassung des § 827 BGB. zu ändern. Der Augenblick dazu ist gekommen durch die gebotene und von beiden Gutachtern geforderte Angleichung des § 827 BGB. an § 17 I Entw. Warum der Herr Mitberichterstatter diese Angleichung für unnötig hält, vermag ich nicht einzusehen. Selbst wenn man, was ich aber nicht tue, dem zivilrechtlichen Schuldbegriff und folglich der zivilrechtlichen Schuldfähigkeit andere Funktionen und einen anderen Inhalt beilegt als den entsprechenden strafrechtlichen Begriffen, so ist nicht zu erkennen, warum diese Abweichung sich gerade in den Punkten auswirken soll, in denen § 827 BGB. von § 17 Entw. abweicht. Der Entw. vereinigt den praktisch erwünschten Erfolg mit einer logisch einwandfreien Fassung, indem er „Bewußtlosigkeit" durch „Bewußtseinsstörung" ersetzt. Freilich wendet gerade gegen diese in Wahrheit nur redaktionelle Verbesserung Reichel ein, daß sie zur Bezeichnung normaler Bewußtseinstrübungen (Schlaf, Schlaftrunkenheit) ungeeignet sei. Vielleicht könnte man statt „Bewußtseinsstörung" „Bewußtseinstrübung" sagen, womit allen Bedenken Rechnung getragen wäre. Auch gegen die Aufführung der „Geistesschwäche" neben der „krankhaften Störung der Geistestätigkeit" in § 17 I Entw. äußert Reichel Bedenken. Er fürchtet, daß in Zukunft die Geistesschwäche des § 6 BGB. kriminalistisch ausgelegt werden könnte, wünscht übrigens, daß die Geistesschwäche auch aus dem Entmündigungsrecht verschwinde; denn die Entmündigung wegen Geisteskrankheit und Geistesschwäche unterschieden sich in Wahrheit nicht ihrem Grunde, sondern ihrer Wirkung nach. Ich muß die Beurteilung von Reichels Bedenken den Psychiatern überlassen, auf deren Anregung die Geistesschwäche in § 17 I Entw. aufgenommen ist.

Die Ersetzung des „Ausschlusses der freien Willensbestimmung" in §§ 51 StGB., 827 BGB. durch die „Unfähigkeit, das Unerlaubte der Tat einzusehen oder dieser Einsicht gemäß zu handeln", begrüßen beide Gutachter. Bedenken habe ich hier nur gegen die Ersetzung des Wortes „Ungesetzliche" in dem entsprechenden § 3 JugGerG. durch „Unerlaubte". Zwar habe ich selbst s. Zt., in Übereinstimmung mit Kohlrausch, vorgeschlagen, statt „Ungesetzliche" „Unrecht" zu sagen, weil der erstgenannte Ausdruck zu sehr auf die Fähigkeit zum Verständnis der Gesetze abstellt. Wenn der Entw. über meinen Vorschlag hinausgegangen ist und „Ungesetzliche" durch „Unerlaubte" ersetzt hat, so ist es geschehen, weil nach seinem § 13 die Schuld erst dann ausgeschlossen sein soll, wenn der Täter seine Tat auch nicht für unsittlich gehalten hat. Ob dies auch für das bürgerliche Recht gilt oder doch gelten kann, hängt vor allem davon ab, ob in § 826 BGB. Bewußtsein der Sittenwidrigkeit erforderlich ist. Da ich diese Frage nicht entscheiden möchte, so empfehle ich, in Übereinstimmung mit beiden Gutachtern, die Übertragung der Fassung des § 17 I Entw. auf § 827 BGB. Dazu bestimmt mich auch, daß die Unfähigkeit, das „Unerlaubte" der Tat einzusehen, die Unfähigkeit, ihr „Ungesetzliches" einzusehen, umfaßt. Freilich bedingt das Vorhandensein der Fähigkeit, das Unerlaubte einzusehen, die Fähigkeit, das Ungesetzliche einzusehen, noch nicht. Dies schadet aber nichts; denn, wo Kenntnis oder Kennenmüssen der Rechtswidrigkeit erforderlich ist, ist damit, wenn auch unter Voraussetzung des objektiven Maßstabes der Fahrlässigkeit nicht notwendig, so doch regelmäßig, die Fähigkeit, das Unrecht einzusehen, erfordert.

Die Übertragung des Begriffes der „verminderten Zurechnungsfähigkeit" aus § 17 II S. 1 Entw. auf das bürgerliche Recht lehnen beide Gutachter mit Recht ab. Ebenso wollen beide den § 827 S. 2 BGB., wonach im Falle selbstverschuldeter Trunkenheit für Fahrlässigkeit gehaftet wird, bestehen lassen. M. E. regelt der auch dem bürgerlichen Recht geläufige Rechtsgedanke der actio libera in causa den in § 827 S. 2 BGB. behandelten Fall ausreichend und in sachgemäßerer Weise. Wie schon s. Zt. v. Liszt (Deliktsobligationen, S. 50, 51) ausgeführt hat, geht § 827 S. 2 einesteils zu weit, anderenteils nicht weit genug. Zu weit: denn Fahrlässigkeit in bezug auf die Trunkenheit bedingt noch keine in Bezug auf den in diesem Zustand herbeigeführten Erfolg — man denke daran, daß mutwillige Freunde einen Trunkenen in einen Porzellanladen führen. Andererseits geht § 827 S. 2 nicht weit genug: er läßt trotz vorsätzlich, mit der Voraussicht der Verletzung herbeigeführter Trunkenheit da nicht haften, wo nur vorsätzliche Begehung verantwortlich macht. Das kommt im bürgerlichen Recht, wenn auch selten, so doch vor, vor allem in § 826, es sei denn, daß § 827 S. 2 diesen Fall durch das Erfordernis „widerrechtlicher" Schadensverursachung ohnehin ausnehmen will, was aber erst recht unangemessen wäre. Auch für den Ausschluß der Tilgung durch Aufrechnung ist die Feststellung einer vorsätzlich begangenen unerlaubten Handlung erheblich § 393 BGB.). Die Meinung Reichels, daß § 827 S. 2 für den Fall der action libera in causa die Haftung wegen Vorsatzes unberührt lasse, ist mindestens bestritten.

Danach schlage ich vor, § 827 BGB. wie folgt zu fassen:

> „Wer im Zustande der Bewußtseinsstörung, der krankhaften Störung der Geistestätigkeit oder der Geistesschwäche, der ihn unfähig macht, das Unerlaubte der Tat einzusehen oder dieser Einsicht gemäß zu handeln, einem anderen Schaden zufügt, ist für den Schaden nicht verantwortlich."

Ich ziehe diese Fassung der von Reichel vorgeschlagenen einfachen Verweisung auf § 17 I Entw. aus gesetzestechnischen Gründen vor. Dölle hat folgende Fassung vorgeschlagen:

„Wer wegen Bewußtseinsstörung usw. unfähig ist usw., ist für den Schaden, den er in diesem Zustand einem anderen zufügt, nicht verantwortlich."

Aber durch diese Fassung wird der Annahme Vorschub geleistet, daß die Unfähigkeit eine dauernde sein müsse.

Ferner wäre noch zu empfehlen, in § 17 I Entw. und dann entsprechend in § 827 BGB. statt „Bewußtseinsstörung" „Bewußtseinstrübung" zu setzen.

Mit Recht forderte Reichel, daß auch § 104 Nr. 2 BGB. dem Entw. angeglichen werde, mit der Maßgabe, daß hier auf die Unfähigkeit zur Einsicht in die rechtliche Bedeutung der „Willenserklärung" oder des „abgeschlossenen Geschäfts" abzustellen ist. Dabei könnte gleich, wie Reichel ebenfalls zutreffend hervorhebt, der hier gar nicht passende

Zusatz, „sofern nicht der Zustand seiner Natur nach ein vorübergehender ist" nach § 131 I BGB. versetzt und § 105 II BGB. gestrichen werden.

Daraus ergeben sich folgende Vorschläge:

a) § 104 Nr. 2 BGB. erhält folgende Fassung:

„Geschäftsunfähig ist:

2. wer wegen Bewußtseinsstörung (Bewußtseinstrübung) oder krankhafter Störung der Geistestätigkeit unfähig ist, die rechtliche Bedeutung der Willenserklärung zu erkennen oder dieser Erkenntnis gemäß zu handeln;"

b) § 105 II BGB. ist zu streichen.

c) § 131 I BGB. erhält den Zusatz:

„, sofern nicht der Zustand der Geschäftsunfähigkeit seiner Natur nach ein vorübergehender ist."

Für die Jugendlichen und Taubstummen sind beide Gutachter darin einig, daß es im bürgerlichen Recht bei den dort festgesetzten Altersgrenzen wegen der Verschiedenheit der zivil- und strafrechtlichen Zwecke bewenden muß. Im übrigen empfehlen sie eine Angleichung des § 828 BGB. an die §§ 3 JugGerG., 18 I Entw. mit der Maßgabe, daß statt des im JugGerG. gebrauchten Ausdrucks „das Ungesetzliche der Tat" das „Unerlaubte" zu setzen ist. Daß natürlich § 3 JugGerG. selbst entsprechend zu ändern wäre, betont Dölle mit Recht. Den von Reichel gewünschten Zusatz zu § 109 BGB.:

„Die Verantwortlichkeit des Minderjährigen aus einer durch Vornahme des Rechtsgeschäfts gegen den anderen Teil begangenen unerlaubten Handlung bleibt unberührt."

halte ich für unnötig, weil, wie Reichel selbst bemerkt, sein Inhalt ohnehin Rechtens ist.

Den Gutachtern folgend schlage ich für § 828 II BGB. folgende Fassung vor:

„Wer das 7., aber nicht das 18. Lebensjahr vollendet hat, ist für einen Schaden, den er einem anderen zufügt, nicht verantwortlich, wenn er bei der Begehung der schädigenden Handlung nach seiner geistigen oder sittlichen Entwicklung unfähig war, das Unerlaubte der Tat einzusehen oder dieser Einsicht gemäß zu handeln. Das gleiche gilt von einem Taubstummen, wenn er wegen zurückgebliebener geistiger Entwicklung unfähig war, das Unerlaubte der Tat einzusehen oder dieser Einsicht gemäß zu handeln."

Endlich wird aus den schon früher erwähnten Gründen, in Übereinstimmung mit beiden Gutachtern, vorgeschlagen, unter Rückkehr zu § 752 Entw. BGB. II. Les., die Billigkeitshaftung des § 829 auf alle schuldlos Handelnden auszudehnen. Dabei wird zugleich der Anregung Reichels alle Deliktstatbestände einzubeziehen, Folge gegeben.

Demgemäß müßte § 829 BGB. folgende Fassung erhalten:

„Wer in einem der in diesem Titel bezeichneten Fälle für einen von ihm verursachten Schaden deshalb nicht verantwortlich ist, weil ihm ein Verschulden nicht zur Last fällt, hat gleichwohl den Schaden insoweit zu ersetzen, als die Billigkeit nach den Umständen, insbesondere nach den Verhältnissen der Beteiligten, eine Schadloshaltung erfordert und ihm nicht die Mittel entzogen werden, deren er zum standesmäßigen Unterhalte sowie zur Erfüllung seiner gesetzlichen Unterhaltspflichten bedarf.

Das Gleiche gilt, wenn jemand in einem der in diesem Titel bezeichneten Fälle für einen von ihm verursachten Schaden auf Grund der §§ 827, 828 nicht verantwortlich ist und der Ersatz des Schadens nicht von einem aufsichtspflichtigen Dritten erlangt werden kann."

Der Herr Mitberichterstatter schlägt in seiner These III c vor, Geisteskranken grundsätzlich die — volle — Ersatzpflicht für rechtswidrige Handlungen aufzuerlegen, die mit ihrer Krankheit in ursächlichem Zusammenhange stehen. Diese These und die meinige stehen im Verhältnis zweier sich schneidender Kreise. Denn er beschränkt die Ersatzpflicht auf rechtswidrige Handlungen Geisteskranker, bürdet aber diesen die volle Ersatzpflicht auf. Indessen infolge jener Beschränkung erscheint mir sein Vorschlag gegenüber dem von mir vorgeschlagenen als zu eng. Andererseits hebt die Auferlegung voller Ersatzpflicht auf den Geisteskranken den § 827 aus den Angeln.

Damit ist mein Thema erschöpft. Freilich nicht der Kreis der Probleme, welche die Einwirkung der kommenden Strafrechtsreform auf das bürgerliche Recht stellt. So entsteht insbesondere die Frage, ob die Befreiung der Teilnahme von ihrer extremen Akzessorität durch den Entw. vermöge des § 830 II BGB. bürgerlichrechtliche Folgen auslöst. Reichel verneint es. Er nimmt an, daß schon nach geltendem Recht die Straflosigkeit des Teilnehmers an schuldfreier Tat seiner Ersatzpflicht nicht im Wege stehe. Er behauptet sogar, daß der Begünstiger und Hehler, ja selbst der, der die Anzeigepflicht des § 139 StGB. verletzt, als

Teilnehmer zivilrechtlich verantwortlich gemacht werden könne. In den letztgenannten Fällen dürfte eine Ersatzpflicht auf Grund des § 823 II begründet sein. Im übrigen kommt es auf die Auslegung des § 830 II BGB. an. Nimmt man an, daß ohne ihn Anstifter und Gehilfen nicht verantwortlich wären, so ist die zivilrechtliche Verantwortlichkeit der Anstifter und Gehilfen von dem Vorliegen ihrer Begriffsmerkmale ebenso abhängig wie ihre strafrechtliche. Nimmt man dagegen an, daß die kriminalistische Differenzierung der Beteiligungsformen zivilrechtlich unerheblich ist, so haftet zivilrechtlich jeder nach Maßgabe seiner Verursachung und Schuld. Ich neige zu dieser letzten Auffassung, komme also für Anstifter und Gehilfen grundsätzlich zu demselben Ereignis wie Reichel. Denn einmal gilt der Satz von der Unterbrechung des Kausalzusammenhanges durch die freie vorsätzliche Handlung eines Zurechnungsfähigen, der im Strafrecht die besondere „Strafausdehnung" auf Anstifter und Gehilfen erforderlich macht, im bürgerlichen Recht nicht. Und sodann kann man kraft eines arg. e fort. aus § 830 I S. 2 BGB. folgern, daß, wenn schon die bloße „Beteiligung" an einer unerlaubten Handlung haftbar macht, eine Beteiligung mit festgestellter Ursächlichkeit, wie es die Anstiftung und richtiger Ansicht nach auch die Beihilfe ist, erst recht eine Verantwortung begründet. Wenn man aber dieser Auffassung ist, dann ist es besser, sie zum unzweideutigen Ausdruck zu bringen. Ohnehin verstärkt der Entwurf die Bedenken, die man gegen ein Abhängigmachen der zivilrechtlichen Verantwortlichkeit von den strafrechtlichen Beteiligungsformen haben muß. Er will nicht nur den Begriff der mittelbaren Täterschaft beseitigen, sondern er hat auch den Begriff der Mittäterschaft aus dem Gesetz entfernt mit einer Begründung, die den Verdacht rechtfertigt, daß er auch diesen Begriff verkennt. Ich schlage daher vor, § 830 II BGB. durch folgende Bestimmung zu ersetzen:

> „Die strafrechtlichen Formen der Beteiligung sind für die Verantwortlichkeit ohne Bedeutung".

Dazu noch eine Bemerkung: Reichel spricht in diesem Zusammenhang von der Straflosigkeit der Teilnehmer an Sonderverbrechen. Das ist ein Irrtum. Wohl aber könnte man von der vorgeschlagenen Formulierung deren zivilrechtliche Unverantwortlichkeit befürchten. Indessen mit Unrecht, da wohl in allen praktisch in Betracht kommenden Fällen die §§ 823 I, 826 BGB. anwendbar sind.

Damit bin ich endgültig am Ende. Ob über alle meine Thesen abgestimmt werden kann, ist mir selbst zweifelhaft. Auch ist der Einwand nicht von der Hand zu weisen, daß, solange nicht die Fassung unseres künftigen StGB. feststeht, m. a. W. der Entwurf noch nicht parlamentarisch verabschiedet ist, es zu früh sei, sich in Bezug auf Vorschläge zur Änderung des BGB. festzulegen. Die Ständige Deputation hat sicherlich, als sie das Thema stellte, zunächst nur die Diskussion darüber in Fluß bringen wollen. Und sie hat damit nicht nur der Fortbildung unseres bürgerlichen Rechts, sondern der Sache der Strafrechtsreform selbst einen unschätzbaren Dienst geleistet. Denn die einschlägigen Vorschriften des Entw. erfahren dadurch, daß sie auf ihre Tragweite für das bürgerliche Recht untersucht werden, eine ganz neue Beleuchtung.

Vorsitzender: Meine Damen und Herren! Ich handle wohl in Ihrem Sinne, wenn ich den reichen Beifall, den Sie dem Herrn Berichterstatter gespendet haben, noch einmal zusammenfasse in den Ausdruck unseres verbindlichsten Dankes für die außerordentlich großzügigen, scharfsinnigen, die Sache hell beleuchtenden, geistvollen Ausführungen. Nunmehr gebe ich das Wort dem Mitberichterstatter Herrn Ministerialrat Professor Dr. Kadecka-Wien.

Ministerialrat Prof. Dr. Kadecka-Wien führte hierauf Folgendes aus:

Das Thema, über das ich zu referieren die Ehre habe, umfaßt, auch bei engster Auslegung, ein so weites Gebiet, daß alle Fragen, die damit nur mittelbar zusammenhängen, beiseite bleiben müssen, wenn das Referat nicht einen ungebührlichen Umfang erhalten soll. Ich muß es mir deshalb versagen, auf alle Punkte einzugehen, die in den beiden schriftlichen Gutachten berührt werden; ich kann mich insbesondere nicht befassen mit den sehr dankenswerten Ausführungen des Herrn Professors Reichel über den Handlungsbegriff oder über die Teilnahme und Begünstigung; ich will mich vielmehr streng an die drei Gegenstände halten, die in der gestellten Frage ausdrücklich genannt sind: die Rechtswidrigkeit, die Schuld und die Schuldfähigkeit.

Und noch eine zweite Beschränkung glaubte ich mir auferlegen zu sollen, — nach den einleitenden Worten des sehr verehrten Herrn Vorsitzenden allerdings mit Unrecht —. Ich war der Meinung, daß es nicht meine Aufgabe sein könne, die Bestimmungen des Strafgesetzentwurfes über Rechtswidrigkeit, Schuld und Schuldfähigkeit — bevor ich die Frage untersuche, zu welchen Änderungen des BGB. sie Anlaß geben — erst daraufhin zu prüfen, ob sie richtiges Recht sind. Ich fürchtete, wenn ich so vorginge, würde ich allen Boden unter den Füßen verlieren und eine Debatte entfesseln, für die die Bezeichnung „uferlos" noch zu eng wäre. Ich glaubte, eines festen Punktes nicht entbehren zu können, auf dem wir stehen könnten. Dieser feste Punkt waren für mich die Bestimmungen des Strafgesetzentwurfes über Rechtswidrigkeit, Schuld und Schuldfähigkeit, so wie sie nun einmal sind. Ich bin keineswegs der Ansicht, daß sie unübertrefflich sind, aber ob und wie sie verbessert werden sollen, das hätte nach meiner Meinung für jeden der drei Gegenstände in einem besonderen Referat geprüft werden müssen und nicht nur nebenbei in einer Untersuchung, deren Hauptrichtung eine ganz andere ist.

Im Grunde bin ich aber froh, daß ich der Fesseln, in die ich selbst mich schlug, ledig geworden bin. Zwar kann ich das Versäumte nicht im Augenblick nachholen und aus dem Stegreif alles das zur Sprache bringen, was ich vorgebracht haben würde, wenn ich das Thema anders aufgefaßt hätte. Aber ich kann doch wenigstens mit einigen wenigen Worten zu dem von meinem Herrn Korreferenten aufgerollten Notstandsproblem Stellung nehmen. Ich befürworte seine Vorschläge zu § 22 des Strafgesetzentwurfs aufs Wärmste. Sie decken sich fast föllig mit meinen eigenen Ansichten, und nichts würde mir mehr Freude bereiten, als wenn sie von Ihnen angenommen würden.

Nun aber lassen Sie mich auf den Weg zurückkehren, den ich zu gehen mir vorgesetzt habe. Es soll zunächst jede der in der gestellten Frage genannten Materien daraufhin geprüft werden, ob sie eine verschiedene Regelung im Strafrecht und im Zivilrecht verträgt oder gar erheischt, oder umgekehrt ausgedrückt, ob und inwiefern eine einheitliche Regelung begriffsnotwendig oder doch erwünscht ist. Fällt die Entscheidung im Sinne der zweiten Alternative, dann ist noch besonders zu untersuchen, in welcher Weise die notwendige oder erwünschte Einheitlichkeit herzustellen wäre.

Am einfachsten scheint mir die Beantwortung der ersten Frage in Bezug auf die Rechtswidrigkeit. In dem Gutachten des Herrn Professor Dölle ist überzeugend dargelegt, daß vom Standpunkt der Imperativen-Theorie dieselbe Handlung unmöglich zugleich im Sinne des bürgerlichen Rechtes rechtmäßig und im Sinne des Strafrechts rechtswidrig sein kann oder umgekehrt. Ich möchte noch weiter gehen und glauben, daß ein solcher Widerspruch auch vom Standpunkt jeder anderen Rechtstheorie unmöglich ist. Es scheint mir undenkbar, daß der Gesetzgeber die Frage, ob ein bestimmtes Geschehnis oder ein bestimmter Zustand seinem Willen entspreche oder widerspreche, ausschließlich im Hinblick auf einen bestimmten Rechtszweig beantworten und dabei die Zwecke außer acht lassen könnte, die ein anderer Rechtszweig verfolgt. Der Zivil- und der Strafgesetzgeber sind nicht zwei verschiedene Personen, die unbekümmert umeinander ihre Vorschriften erlassen, sondern es ist dieselbe Person, die hier wie dort bestimmt, was rechtens ist. Und wie keine physische Person zugleich a und nicht a wollen kann, so kann das auch der Gesetzgeber nicht.

Darum lautet der erste Leitsatz, den ich mir in Übereinstimmung mit beiden Gutachten erlaubt habe, Ihnen vorzuschlagen: „Die Grenze zwischen Recht und Unrecht muß im bürgerlichen und im Strafrecht dieselbe sein.“ Ich halte ihn geradezu für eine Selbstverständlichkeit.

Aus diesem Satz ergibt sich von selbst, daß die Bestimmungen des Strafgesetzentwurfs, die diese Grenze anders ziehen als das bürgerliche Gesetzbuch, dieses, wenn sie Gesetz werden sollten, abändern würden. Eine ausdrückliche Änderung der geltenden Bestimmungen des bürgerlichen Gesetzbuches empfiehlt sich bloß um der äußeren Einheit und um der Klarheit willen.

Als selbständige Bestimmungen des Strafgesetzentwurfs über die Rechtswidrigkeit kommen in Betracht oder könnten doch aufgefaßt werden die §§ 14 Abs. 2, 21, 238 und 239.

Der erste spricht den von der Rechtslehre längst anerkannten Grundsatz ausdrücklich aus, daß zur Abwendung eines drohenden Schadens verpflichtet ist, wer die Gefahr durch seine Tätigkeit, wenn auch schuldlos, herbeigeführt hat. Da jedoch § 14 des Strafgesetzentwurfs nur von der Abwendung eines bestimmten „Erfolges“ spricht und unter einem Erfolg in einem Strafgesetzbuch wohl nur ein tatbestandsmäßiger, verpönter Erfolg verstanden werden kann, dasselbe aber auch für Schäden gelten muß, deren Herbeiführung nicht mit Strafe bedroht ist, da ferner jeder Rechtssatz, der einen Gedanken nur für einen von mehreren Anwendungsfällen ausspricht, von Übel ist, weil man nie wissen kann, ob sich das arg. a contr. nicht als stärker erweisen wird als die Analogie, empfiehlt es sich, den im zweiten Absatz des § 14 ausgesprochenen

Rechtssatz in entsprechend erweiterter Form auch in das bürgerliche Gesetzbuch aufzunehmen. Das ist der Inhalt meiner zweiten These.

Die wichtigste in diesen Zusammenhang gehörige Bestimmung des Entwurfs aber ist die über die Notwehr. Nach § 21 ist eine in Notwehr begangene Tat nicht rechtswidrig. Insoweit stimmt der Entwurf mit dem bürgerlichen Gesetzbuch überein. Anders aber als das bürgerliche Gesetzbuch umschreibt er die Notwehr: „In Notwehr handelt, wer sich oder einen anderen gegen einen gegenwärtigen rechtswidrigen Angriff in einer den Umständen angemessenen Weise verteidigt." Dieser Vorschlag wird von beiden Gutachten ganz verschieden beurteilt. Während Professor Dölle darin eine entschiedene Verbesserung des geltenden Rechts erblickt, nennt ihn Professor Reichel unklar, ungerecht, sozial-pädagogisch und rechtsethisch unheilvoll und schließlich „volksstaatswidrig". Er möchte die Definition des geltenden Rechtes beibehalten und nur durch einen Zusatz ihrer schlimmsten Härten entkleiden. Dieser Zusatz soll lauten: „Ein dem Angreifer nicht zum Verschulden zuzurechnender Angriff, der nur einen nicht erheblichen Vermögensschaden verursachen würde, darf nicht durch Tötung oder erhebliche Gesundheitsbeschädigung des Angreifers oder eines Dritten abgewehrt werden."

Ich halte die Regelung der Notwehr im geltenden Recht für unbefriedigend und den von Professor Reichel vorgeschlagenen Zusatz für ungenügend. Es besteht ein Widerspruch zwischen den §§ 227 und 228 des bürgerlichen Gesetzbuchs. Es ist unbegreiflich, daß man ein Kind, das ein Stück Kuchen aus einer Vorratskammer stehlen will, töten darf, wenn man sein Eigentum nicht anders schützen kann, einen Rassehund aber, der dasselbe tut, schonen muß. Man hat diesen Widerspruch auf verschiedenen Wegen, insbesondere auch mit Berufung auf § 826 BGB. hinweg zu interpretieren versucht. Ist aber diese Auslegung richtig, dann ist die angebliche Klarheit und Bestimmtheit des geltenden Notwehrbegriffes damit preisgegeben; dann ist es einfach nicht mehr wahr, daß jede erforderliche Verteidigung auch rechtmäßig ist. Wir stehen vor dem Dilemma: entweder hält man an der wörtlichen Auslegung des § 227 fest; dann kommt man zu Ergebnissen, die dem Rechtsgefühl ins Gesicht schlagen. Oder man interpretiert diese Konsequenzen auf irgend eine Weise hinweg, dann kann von Klarheit und Eindeutigkeit der Notwehrbestimmung nicht mehr die Rede sein. Die Vorschrift des § 227 BGB. ist daher reformbedürftig. Das erkennt auch Professor Reichel an. Er glaubt aber mit einem Zusatz auszukommen, der die Tötung oder erhebliche Verletzung des schuldlosen Angreifers verbietet, wenn von dem Angriff nur ein nicht erheblicher Vermögensschaden droht. Ich lasse es dahingestellt sein, ob man die an der Notwehrdefinition des Strafgesetzentwurfs vermißte scharfe Abgrenzung durch zweimalige Anwendung des Wortes „erheblich" erreichen kann. Ich frage nur: soll zur Abwendung eines ganz geringfügigen Vermögensschadens nach wie vor jedes andere Rechtsgut des schuldlosen Angreifers, insbesondere seine Freiheit und seine Ehre, rechtmäßig verletzt werden dürfen? Soll ich, um eine geringfügige Freiheits- oder Ehrverletzung von mir abwenden zu können, den schuldlosen Angreifer nach wie vor töten dürfen? Und ich frage weiter: kommt es denn überhaupt gar so sehr auf die Schuld oder Unschuld des Angreifers an? Ist wirklich das Leben eines Idioten oder eines Verrückten der Rechtsordnung wertvoller als das Leben eines vollsinnigen Familienvaters, der in drückender Notlage ein paar Kartoffeln entwenden will? Welche Regelung entspricht der Sozialpädagogik und Rechtsethik mehr, welche ist „volksstaatswidriger", wenn ich dieses Wort nachsprechen soll, die, die solche Rücksichten walten läßt, oder die, die sich darüber hinwegsetzt?

Ein brauchbarerer Maßstab als die Schuld des Angreifers wäre seine Gefährlichkeit. Wie bei der Bestrafung wäre auch bei der Abwehr eines Angriffs mehr auf den Täter als auf die Tat zu sehen. Aber doch auch nur „mehr" und nicht ausschließlich. Auch viele andere Umstände verdienen bei Bestimmung des zulässigen Maßes der Abwehr Berücksichtigung, insbesondere unter anderen die Frage, ob der Angegriffene Aussicht hat, für die drohende Verletzung vollen Ersatz zu erhalten. Es läßt sich überhaupt kein Kriterium ausfindig machen, das für sich allein die zulässige Abwehrhandlung von der unzulässigen befriedigend zu scheiden vermöchte. Weder das Verhältnis der Werte des angegriffenen und des durch die Notwehr verletzten Rechtsgutes, noch die Art des Angriffs, noch die Wiederbringlichkeit oder Unwiederbringlichkeit des drohenden Schadens, noch die Schuld oder die Gefährlichkeit des Angreifers gibt für sich allein den Ausschlag, sondern nur alle diese Umstände zusammen. Der Strafgesetzentwurf ist daher m. E. auf dem richtigen Wege, wenn er es verschmäht, irgend ein bestimmtes Kriterium aufzustellen, und sich damit begnügt, einfach die „den Umständen angemessene" Verteidigung für rechtmäßig zu erklären. Gewiß nimmt er damit Zuflucht zum arbitrium boni viri. Aber das tut das Gesetz gerade in den feinsten und subtilsten Fragen sehr oft. Die guten Sitten, die diligentia diligentis patris familias, die im Verkehr erforderliche Sorgfalt: alles das sind Begriffe, deren Inhalt nicht der

Gesetzgeber und nicht die Jurisprudenz bestimmt; hier überall verwendet das Gesetz einen Maßstab, mit dem nicht jeder beliebige Jurist richtig messen kann, sondern nur einer, der mehr ist als Jurist. Hier überall abdiziert der Gesetzgeber zugunsten des Richters. Der Traum der französischen Revolution, daß es möglich sei, dem Richter durch Bindung an starre Formeln zu einer Art Judiziermaschine zu machen, die nach einigen Kurbeldrehungen automatisch das richtige Resultat liefert, ist ausgeträumt. Wir erkennen heute an, daß es Regionen gibt, in die der Gesetzgeber mit seinen ungeschlachten Definitionen nicht eindringen kann, in denen nur das Feingefühl des idealen Richters den rechten Weg finden kann. Wenn sich der Gesetzgeber hier starrer Weisungen enthält und es dem Richter überläßt, die Entscheidung nach seinem in jahrerlanger Rechtsübung geläuterten und durch die herrschenden ethischen Anschauungen geleiteten Ermessen zu treffen, so ist das nicht Bequemlichkeit oder Ungeschicklichkeit, sondern weise Selbstbeschränkung.

Die Besorgnis, daß durch einen solchen Verzicht auf eine „Definition" im strengen Sinne dem in Notwehr Befindlichen jede Richtschnur genommen werde, halte ich für unbegründet. Sie entspringt der Vorstellung, daß die Menschen ihre Anschauungen über das, was erlaubt, und das, was unerlaubt ist, aus den Gesetzbüchern schöpfen, daß sie, wenn sie das Gesetz nicht hätten, überhaupt nicht wüßten, was sie tun dürfen und was sie lassen müssen. Diese Vorstellung ist aber ganz unrichtig. Man frage doch nur die Leute, die sich wirklich einmal in Notwehr befunden haben, ob sie vor ihrer Abwehrhandlung an die gesetzliche Definition der Notwehr gedacht und danach ihr weiteres Verhalten eingerichtet haben. Nicht einmal ein hartgesottener Jurist wird sich in einer solchen Situation lange mit dem Subsumieren abgeben. Man veranstalte eine Umfrage und überzeuge sich davon, wie wenige Nichtjuristen überhaupt die gesetzliche Notwehrdefinition kennen. Der Besonnene und rechtlich Gesinnte wird ganz von selbst in seiner Abwehr das richtige Maß halten, ohne erst das Gesetz zu Rate ziehen zu müssen. Und wenn jemand dieses Maß überschreitet, so ist das allein schon ein Beweis mangelnder Selbstbeherrschung oder mangelnder Rücksicht auf seine Mitmenschen, mag der Handelnde nun die gesetzliche Notwehrdefiniton gekannt und an sie gedacht haben oder nicht.

Ich halte daher die Notwehrregel des Strafgesetzentwurfs in Übereinstimmung mit Herrn Professor Dölle für richtig und zweckmäßig. Man könnte sie wohl noch anschaulicher gestalten, wenn man, statt einfach auf die „Umstände“ zu verweisen, nach dem Muster des geltenden österreichischen Strafgesetzbuchs den Richter anwiese, das zulässige Maß der Abwehr „aus der Beschaffenheit der Personen, der Zeit, des Ortes, der Art des Angriffs oder aus anderen Umständen“ zu erschließen. Aber eine solche Exemplifikation widerspräche der abstrakten Ausdrucksweise des Entwurfs.

Herr Professor Reichel hat in seinem Gutachten zutreffend ausgeführt, daß das Recht zur Besitzwehr, Besitzkehr und zur Selbsthilfe nicht weiter gehen darf als das Recht der Notwehr. Wird daher die Notwehr beschränkt, so muß das in gleicher Weise beim Selbstschutz des Besitzes und der Selbsthilfe geschehen.

Damit glaube ich meinen dritten Leitsatz begründet zu haben, wonach die Notwehrdefinition des Bürgerlichen Gesetzbuchs der des Strafgesetzentwurfs anzugleichen und das Recht zur Besitzwehr, Besitzkehr und zur Selbsthilfe entsprechend einzuschränken wäre.

Als Bestimmungen über die Rechtswidrigkeit oder Rechtmäßigkeit könnten auch noch aufgefaßt werden die Regeln, die der Strafgesetzentwurf über den ärztlichen Eingriff (§ 238) und über die Einwilligung des Verletzten aufstellt (§ 239). Ich halte nicht dafür, daß sie es tatsächlich sind. Für den ärztlichen Eingriff scheint sich mir, entgegen der von Radbruch in der „Reform“ vertretenen Auffassung, schon aus der Fassung des § 238 zu ergeben, daß hier nicht die Rechtswidrigkeit, sondern die Tatbestandsmäßigkeit der Eingriffe und Behandlungsweisen ausgeschlossen werden soll, die der Übung eines gewissenhaften Arztes entsprechen. Sie sind „keine Körperverletzungen oder Mißhandlungen im Sinne dieses Gesetzes“. Das heißt: sie fallen gar nicht unter den Begriff der Körperverletzung oder der Mißhandlung, von denen in den §§ 233 und 237 die Rede ist; sie können den Tatbestand einer Körperverletzung niemals herstellen. Die Frage ihrer Rechtmäßigkeit oder Rechtswidrigkeit taucht daher für das Strafrecht gar nicht auf. Das bürgerliche Recht kann sie für seinen Bereich ganz selbständig beantworten. Auch die Frage, ob der Operateur im Sinne des § 823 BGB. „den Körper oder die Gesundheit“ des Patienten „verletzt“, wird durch § 238 des Strafgesetzentwurfs nicht entschieden, weil dieser ausdrücklich nur für das Strafgesetz gelten soll und der Satz, daß bestimmte Eingriffe und Behandlungsweisen keine tatbestandsmäßigen Körperverletzungen sind, keineswegs bedeutet, daß sie überhaupt keine Körperverletzungen sind.

Mit der Frage, ob zur Rechtmäßigkeit der Operation die Einwilligung des Patienten erforderlich ist, beschäftigt sich § 238 überhaupt nicht. Die Einwilligung des Patienten kommt nach dieser Gesetzesstelle, wenn überhaupt, nur insofern in Betracht, als ihre Einholung der Übung eines gewissenhaften Arztes entspricht, und sie schließt in einem solchen Falle, wenn sie erteilt wird und die übrigen Voraussetzungen zutreffen, nicht erst die Rechtswidrigkeit, sondern schon die Tatbestandsmäßigkeit des Eingriffs aus. Das bürgerliche Recht wird also durch § 238 des Strafgesetzentwurfs in keiner Weise berührt.

Wollte gleichwohl, wie es beide Gutachter nicht für unmöglich halten und wie es nach dem Abänderungsvorschlag des Herrn Professor Goldschmidt geschehen müßte, jemand aus § 238 E. schließen, daß ärztliche Eingriffe und Behandlungsweisen, die — vom medizinischen Standpunkt aus betrachtet — der Übung eines gewissenhaften Arztes entsprechen, auch nach bürgerlichem Recht nicht mehr als Körper- oder Gesundheitsverletzungen betrachtet werden dürfen, so würden sie doch als Verletzungen der Freiheit Schadenersatzpflicht nach § 823 BGB. begründen können, wenn sie ohne dringende Not und ohne Einwilligung des Patienten oder seines gesetzlichen Vertreters vorgenommen werden, und zwar auch dann, wenn das StGB. eine Strafdrohung gegen die eigenmächtige Heilbehandlung nicht enthält.

Auch § 239 des Entwurfs muß nicht als eine Bestimmung aufgefaßt werden, wodurch Recht vom Unrecht geschieden werden soll. Nach seinem Wortlaut will er nur die Bestrafung der Körperverletzungen ausschließen, in die der Verletzte eingewilligt hat — vorausgesetzt, daß diese Einwilligung nicht überhaupt unbeachtlich ist, weil die Tat gleichwohl gegen die guten Sitten verstößt. Beide Gutachten meinen, diese Bestimmung könne nach ihrem Zusammenhange nur dahin verstanden werden, daß Körperverletzungen mit Einwilligung des Verletzten — mit der erwähnten Einschränkung — als rechtmäßig erklärt werden sollen. Ich zweifle an der Richtigkeit dieser Auffassung. Sie hätte zur Folge, daß Körperverletzungen, die nach der in der Bevölkerung herrschenden Auffassung nicht gegen die guten Sitten verstoßen, wenn der Verletzte einwilligt, auch von der Polizei nicht verhindert werden dürften. Dabei könnte das öffentliche Interesse zu kurz kommen. Hätte der Strafgesetzentwurf nicht bloß die Strafbarkeit, sondern auch die Rechtswidrigkeit der mit Einwilligung des Verletzten begangenen Körperverletzungen ausschließen wollen, so hätte er sich wohl nicht so vorsichtig ausgedrückt, sondern das, was er gemeint hätte, auch ausdrücklich gesagt. Ich glaube deshalb, daß § 239 der schwierigen Frage, inwiefern Körperverletzungen durch die Einwilligung des Verletzten aufhören rechtswidrig zu sein, nicht vorgreift und das bürgerliche Recht völlig unberührt läßt. Weniger bedenklich schiene mir die Auffassung der Einwilligung als Rechtfertigungsgrund, wenn § 239 E. die von Herrn Professor Goldschmidt vorgeschlagene Fassung erhielte. Aber auch seine Fassung scheint mir nicht völlig befriedigend. Damit eine im allgemeinen rechtswidrige Handlung zu einer rechtmäßigen werde, genügt es meines Erachtens nicht, daß sie im konkreten Fall einem rechtlich gebilligten Zweck dient. Sie muß auch das angemessene Mittel zur Erreichung dieses Zwecks bilden. Sie muß nach Stammler's Worten auch das richtige Mittel zu dem richtigen Zweck sein. Der Satz, daß der Zweck an sich und allein die Mittel heilige, gilt im Recht ebensowenig wie in der Moral. — So komme ich zu meiner vierten These, daß die Bestimmungen der §§ 238 und 239 des Entwurfs zu einer Änderung des BGB. keinen Anlaß geben.

Nicht zum Thema „Rechtswidrigkeit" gehören meines Erachtens die Bestimmungen des Entwurfs über Notstand und Wahrnehmung berechtigter Interessen. Anders wäre es bezüglich des Notstandes, wenn § 22 in der von Herrn Professor Goldschmidt vorgeschlagenen Weise abgeändert würde. Ich habe schon eingangs erwähnt, daß ich die von ihm befürwortete Erweiterung und Verallgemeinerung des im § 904 BGB. ausgesprochenen legislativen Gedankens für durchaus wünschenswert halte. Was ich über Notstand und Wahrnehmung berechtigter Interessen vom Standpunkt der gegenwärtigen Fassung des Strafgesetzentwurfs aus zu sagen habe, werde ich beim Kapitel „Schuld" vorbringen.

Von ganz anderer Art als der Begriff der Rechtswidrigkeit ist der der Schuld. Hier haben wir keine rechtserkenntnistheoretische Kategorie vor uns, keinen Begriff, dem auch der Gesetzgeber untertan ist, sondern einen rechtssatzmäßigen Begriff, einen Volitivbegriff, wie das Beling nennt. Was unter Schuld zu verstehen ist, das ergibt sich nicht schon aus dem auch in der Laiensprache vieldeutigen Wort, das bestimmt der Gesetzgeber selbst; und es ist keineswegs undenkbar, daß er das Wort in verschiedenem Zusammenhange auch in verschiedenem Sinne gebraucht. Der Zweck der einzelnen Rechtssätze, in denen der Begriff angewendet wird, kann seine Bedeutung verschieden färben. Nur die teleologische Betrachtung wird uns im Zweifel seinen Inhalt erschließen. Vor der Frage, ob der Begriff der Schuld im Zivil- und im Strafrecht derselbe ist oder gar derselbe sein muß, ist daher zu prüfen, ob er in beiden Rechtsgebieten dieselbe Funktion zu erfüllen hat.

Vor allem aber eine sprachliche Bemerkung. Die Bedeutung sittliche Schuld ist nur eine von den vielen Bedeutungen des Wortes Schuld. Wenn Cicero von der culpa temporum spricht oder wenn wir sagen, die Unwissenheit der Bevölkerung sei an der Ausbreitung einer Seuche schuld oder der feuchte Sommer sei schuld an der schlechten Ernte, so bedeutet das Wort „Schuld" wohl mehr als Ursache, aber doch gewiß nicht sittliche Schuld. Das Merkmal, durch das sich der Begriff Schuld von dem Begriff Ursache unterscheidet, besteht nur in der Vorstellung, daß das Ding, dem die Schuld zugeschrieben wird, nicht so war oder ist, wie man es erwarten konnte oder wünschen mochte, daß es in irgendeiner Beziehung mangelhaft war. Der Mangel muß aber kein sittlicher Mangel sein.

Wenn wir daher den Begriff der Schuld in einem Rechtssatz verwertet finden, so sind wir keineswegs berechtigt, ihn von vornherein im engeren Sinne zu deuten. Eine solche engere Auslegung ist vielmehr nur dort am Platz, wo uns die Funktion, die der Begriff in dem fraglichen Rechtssatz zu erfüllen hat, dazu nötigt, das Wort nur im Sinne von sittlicher Schuld zu verstehen.

Eine solche Nötigung besteht nun zweifellos im Strafrecht; und zwar sowohl vom indeterministischen wie vom deterministischen Standpunkt. Von jenem aus deshalb, weil nur sittliche Schuld vergolten werden kann, von diesem, weil durch das Mittel der Strafe nur Willensfehler, nicht aber andere Mängel oder Gebrechen der Persönlichkeit korrigiert werden können. Unwissenheit und Dummheit kann man durch Belehrung bekämpfen, nicht aber durch Strafe. Für das Strafrecht ist daher der Satz: „Keine Strafe ohne sittliche Schuld und Strafe nur nach Maß der sittlichen Schuld" heute bei jeder Auffassung eine Selbstverständlichkeit. Das Strafrecht kennt keine andere Schuld als Willensschuld oder, was dasselbe ist, sittliche Schuld.

Gilt das aber nun auch für das Privatrecht? Im Widerspruch mit beiden Gutachten möchte ich diese Frage verneinen.

Im bürgerlichen Recht spielt der Schuldbegriff seine Hauptrolle im Schadenersatzrecht. Das Problem, das hier zu lösen ist, lautet: „Wer soll den Schaden tragen, der durch eine menschliche Handlung verursacht worden ist: der, der unmittelbar davon betroffen worden ist, oder der, der ihn verursacht hat?" Es handelt sich nicht darum, jemand, sei es zur Vergeltung, sei es um ihn zu bessern, ein Übel zuzufügen, sondern darum, die Last eines Übels, das bereits eingetreten ist, gerecht zu verteilen. Hier kann man vielleicht vom indeterministischen Standpunkt aus auf das sittliche Verschulden des Handelnden abstellen. Im Grunde genommen stellt man sich damit aber auf den im übrigen längst verlassenen Standpunkt, der in der Verpflichtung zur Entschädigung eine Privatstrafe erblickt. Man ist dabei immer noch in der Vorstellung befangen, daß durch Auferlegung der Schadenersatzpflicht dem Schädiger seine Schuld vergolten werden soll, während es sich doch bloß darum handelt, dem Beschädigten seinen Schaden zu vergelten.

Ganz und gar nicht rechtfertigen läßt sich aber das sittliche Verschulden als Haftungsgrund vom deterministischen Standpunkt. Wenn man für moralische Gebrechen ebensowenig etwas kann wie für intellektuelle oder körperliche, dann ist nicht einzusehen, warum gerade nur die ersten einen Haftungsgrund bilden sollen, die anderen dagegen nicht. Wenn behauptet wird, die Verhaltung zum Schadenersatz habe auch die Aufgabe, präventiv zu wirken, so spielt dabei wieder der alte Gedanke der Privatstrafe mit. Zur Widerlegung genügt es, auf die vielen Fälle zu verweisen, wo im modernen Recht ohne Verschulden gehaftet wird. So wenig wie in diesen Fällen spielt bei der Haftung wegen Verschuldens die Prävention eine Rolle. Präventiv zu wirken ist die Aufgabe der Strafe und der sichernden Maßnahme; der Schadenersatz hat keine andere als die, die schon das Wort angibt.

Es läßt sich also a priori kein zwingender Grund ausfindig machen, warum nur moralische Schuld zum Schadenersatz verpflichten sollte und nicht auch eine durch die Tat bekundete Minderwertigkeit anderer Art, vermöge deren wir sagen können, der Handelnde sei an dem Schaden „schuld".

Aber auch vom Standpunkt des positiven Rechtes aus kann eine Identität des zivilrechtlichen und des strafrechtlichen Schuldbegriffes nicht zugegeben werden, und zwar aus mehreren Gründen.

1. Vor allem ist das, was man im bürgerlichen Recht Schuldhaftung nennt, gar keine Schuldhaftung im Sinne der Kriminalisten. Nach § 823 BGB. hat der Handelnde auch den unvorhergesehenen und unvorhersehbaren Schaden zu ersetzen, wenn er vorsätzlich oder fahrlässig ein fremdes Rechtsgut verletzt oder gegen eine Schutzvorschrift verstößt. Das ist nicht mehr Schuldhaftung, sondern Erfolgshaftunng. Das ist eine Anwendung der alten Lehre vom versari in re illicita. Wenn also im bürgerlichen Recht schon der Satz gölte: kein Schadenersatz ohne sittliches Verschulden, so würde doch sicherlich nicht der Satz gelten: Schadenersatz nur nach Maß des sittlichen Verschuldens.

2. Das Bürgerliche Gesetzbuch spricht ferner an einer Stelle ausdrücklich von sittlichem Verschulden (§ 1611). Wenn es nach dem Bürgerlichen Gesetzbuch kein anderes Verschulden gäbe als ein sittliches, wäre das Beiwort sinnlos.

3. § 254 regelt den Fall, daß bei Entstehung eines Schadens ein Verschulden des Beschädigten mitgewirkt hat. Eine ethische Pflicht zur Rettung eigenen Gutes kann man vielleicht annehmen, wo es sich um Leib oder Leben handelt oder wo jemand als Familienvater oder Unterhaltspflichtiger mit seinem Vermögen haushälterisch umzugehen verpflichtet ist. Aber die Bestimmung bezieht sich nicht nur auf diese Fälle; sie gilt für Schäden jeder Art und für alle Personen. Professor Dölle nimmt hier eine Gruppe von Normen an, die weder Rechtsnormen noch sittliche Normen sein sollen. Er bezeichnet ihre Herkunft und Stellung innerhalb der uns beherrschenden sozialen Ordnung selbst als zweifelhaft, meint aber, sie müßten existieren, weil sonst § 254 BGB. unverständlich wäre. Diese Vorschrift ist aber unverständlich nur von dem meines Erachtens unrichtigen Ausgangspunkt aus, daß das Verschulden im Sinne des Zivilrechts identisch sein müsse mit dem Verschulden im Sinne des Strafrechts. Versteht man unter Verschulden im Sinne des Zivilrechts dagegen bloß ein auf einem noch näher zu bestimmenden Defekt beruhendes Abweichen von dem Verhalten, wie man es von einem normalen Menschen in gleicher Situation erwarten darf, so ist die Bestimmung nichts weniger als unverständlich.

Richtig ist, daß auch das geltende Strafgesetzbuch an einer Stelle von der Vorstellung eines Verschuldens gegen sich selbst auszugehen scheint, indem es in § 54 von einem unverschuldeten Notstand spricht. Aber es kann wohl kein Zweifel darüber bestehen, daß hier das Wort „unverschuldet" in einem — vom strafrechtlichen Standpunkt aus betrachtet — untechnischen Sinne gebraucht ist. Überdies handelt es sich dort für einen Notstand für Leib und Leben, und eine sittliche Pflicht zur Erhaltung des eigenen Lebens kann man immerhin noch annehmen.

An den anderen Stellen des Strafgesetzes, die Professor Dölle anführt: in § 213, wo es ähnlich wie in § 222 des Entwurfs heißt: „War der Totschläger ohne eigenes Verschulden durch eine Mißhandlung oder schwere Beleidigung . . . zum Zorne gereizt worden", in § 227, wo, ebenso wie in § 241 des Entwurfs, von der Schlägerei die Rede ist, in die jemand ohne sein Verschulden hineingezogen worden ist, und in § 17 Abs. 2 S. 2 des Entwurfs, wo von selbstverschuldeter Trunkenheit die Rede ist, bezieht sich das Verschulden überall zweifellos auf eine Situation, die für andere gefährlich ist. Mit Beziehung auf die Selbstgefährdung oder Selbstverletzung spricht der Entwurf nirgends von eigenem Verschulden.

4. Eine andere Divergenz zwischen der strafrechtlichen und der zivilrechtlichen Schuld besteht in bezug auf die Frage, ob zum Vorsatz das Bewußtsein der Rechtswidrigkeit gehört. Seltsamerweise gehen hier die Auffassungen gerade in umgekehrter Richtung auseinander, als man erwarten sollte. Die herrschende strafrechtliche Lehre verneint dieses Erfordernis, die herrschende zivilrechtliche Lehre bejaht es. Beide sind, wie ich glaube, auf falschem Wege. Im Strafrecht beginnt sich die richtige Erkenntnis jetzt endlich Bahn zu brechen, und der Entwurf hat sie in § 13 festgelegt. Im Zivilrecht ist die herrschende Lehre zum mindesten inkonsequent, indem sie vorsätzliche Schadenszufügung gegen die guten Sitten nach § 826 BGB. auch dann annimmt, wenn sich der Handelnde des Verstoßes gegen die guten Sitten nicht bewußt ist, indem sie hier also trotz der Beschränkung der Bestimmung auf die vorsätzliche Beschädigung das Hegelsche „unbefangene Unrecht" als Haftungsgrund anerkennt. Dieses Problem kann hier nicht weiter verfolgt werden.

5. Die sinnfälligste Verschiedenheit zwischen der strafrechtlichen und der zivilrechtlichen Schuldauffassung besteht auf dem Gebiete der Fahrlässigkeit. Im Strafrecht ist auch die Fahrlässigkeit Willensschuld. Sie muß es sein, weil eine andere Schuld nicht vergolten, andere als Willensfehler durch Strafe nicht korrigiert werden können. Die Kriminalisten haben deshalb viel Mühe darauf verwendet, den Willensfehler in der Fahrlässigkeit überall nachzuweisen, insbesondere auch in der unbewußten Fahrlässigkeit. Daß ich selbst mit aller Entschiedenheit an dieser Auf-

fassung festhalte, ergibt sich aus meinem Aufsatz über das Wesen der Fahrlässigkeit in der Festnummer, die die Österreichische Gerichtszeitung voriges Jahr dem Kriminalistentag in Innsbruck gewidmet hat.

Ganz anders nach der immer noch herrschenden Lehre im Zivilrecht. Hier gilt als Außerachtlassung der im Verkehr erforderlichen Sorgfalt nicht bloß die Unterlassung der zur Vermeidung von Schäden und Gefahren erforderliche Willensanspannung, sondern auch der Mangel der zur Vermeidung dieser Schäden und Gefahren erforderlichen geistigen Fähigkeiten, Fertigkeiten und Kenntnisse. Nach der Auslegung, die § 276 des BGB. namentlich in der Praxis findet, stellt er in beiden Beziehungen einen objektiven Maßstab auf, bedeutet er ganz dasselbe, was § 1297 des österreichischen ABGB. ein wenig altertümlich, dafür aber vielleicht deutlicher mit den Worten ausdrückt: „Es wird aber auch vermutet, daß jeder, welcher den Verstandesgebrauch besitzt, eines solchen Grades des Fleißes und der Aufmerksamkeit fähig sei, welcher bei gewöhnlichen Fähigkeiten angewendet werden kann. Wer bei Handlungen, woraus eine Verkürzung der Rechte eines anderen entsteht, diesen Grad des Fleißes oder der Aufmerksamkeit unterläßt, macht sich eines Versehens schuldig."

Diese Auslegung ist nun allerdings stark ins Wanken gebracht worden durch eine Abhandlung, die Leonhard im Jahre 1913 in der Festschrift für Enneccerus veröffentlicht hat. Er vertritt, wie vor ihm schon Franz v. Liszt in den „Grenzgebieten", die Meinung, daß auch im bürgerlichen Recht die Frage, ob jemand fahrlässig gehandelt habe, immer nur auf Grund seiner individuellen Fähigkeiten beantwortet werden dürfe, daß stets zu prüfen sei, ob der Handelnde nach dem Stande seines Wissens, seiner Erfahrung und seiner sonstigen Fähigkeiten bei gehöriger Aufmerksamkeit und Sorgfalt den schädlichen Erfolg hätte voraussehen und vermeiden können; daß Dummheit, Unwissenheit und Ungeschicklichkeit für sich allein den Vorwurf der Fahrlässigkeit nicht zu begründen vermögen. Wäre diese Ansicht richtig, dann bestünde zwischen der strafrechtlichen und der zivilrechtlichen Fahrlässigkeit kein Unterschied mehr. Ihr haben sich u. a. Enneccerus und unsere beiden Gutachter angeschlossen. Sie müssen wir deshalb erlauben, meine abweichende Meinung mit einigen Worten zu begründen. Ich bin mir bewußt, daß das im Rahmen dieses Referats nicht mit der erforderlichen Gründlichkeit geschehen kann. Aber es ist unmöglich, an dieser Frage vorüberzugehen.

Leonhard sucht die herrschende Meinung zunächst durch Beispiele ad absurdum zu führen. Er beginnt mit folgendem Beispiel: „Ein Einjähriger erhält von einem Vorgesetzten den Befehl, ein Pferd zu halten, obwohl er, wie er auch meldet, nicht mit Pferden umzugehen weiß. In der Tat benimmt er sich dabei äußerst ungeschickt. Das Pferd reißt sich los und richtet Schaden an." Aus dem Umstand, daß der Einjährige hier billigerweise für den Schaden nicht verantwortlich gemacht werden kann, folgert Leonhard, daß der Mangel der erforderlichen durchschnittlichen Fähigkeiten nicht zur Fahrlässigkeit gerechnet werden dürfe. An einer späteren Stelle bringt er das Beispiel, daß bei einem Eisenbahnunfall ein mitreisender Arzt von der Bahnpolizei genötigt wird, einzugreifen, und aus Unwissenheit einen Kunstfehler begeht.

In diesen Beispielen entscheidet aber m. E. das Rechtsgefühl zu Gunsten der Schadensstifter nicht deshalb, weil sie nicht fahrlässig handeln, sondern weil sie gezwungen handeln (genauer: weil sie gezwungen werden, fahrlässig zu handeln). Man kann leicht die Probe machen, indem man die fahrlässige Handlung durch eine vorsätzliche ersetzt. Wenn ein Bankkassierer von einer Räuberbande mit vorgehaltenem Revolver genötigt wird, das ihm anvertraute Geld der Bank herauszugeben, so entscheidet das Rechtsgefühl ebenfalls gegen seine Ersatzpflicht. Niemand aber wird behaupten wollen, daß der Bankkassierer nicht vorsätzlich handle. Das Rechtsgefühl lehnt sich gegen seine Ersatzpflicht auf, nicht weil er nicht vorsätzlich handelt, sondern weil er nicht frei handelt. Aus den angeführten Beispielen Leonhard's ergibt sich also m. E. höchstens, daß im Bürgerlichen Gesetzbuch der Nötigungsnotstand nicht befriedigend geregelt ist. Sie sind aber kein Argument gegen die herrschende culpa-Lehre.

Abgesehen von diesen erzwungenen Handlungen bleibt zwischen der Leonhardschen und der herrschenden Meinung noch der Unterschied, daß der ungezwungen Handelnde nach jener für seine Unfähigkeit nur haftet, wenn er sich ihrer bewußt ist oder bewußt sein sollte, nach dieser aber schlechthin. Nach Leonhard fahren also die selbstsicheren Dummköpfe am besten, die Ahnungslosen, die, um mit Sokrates zu reden, nicht wissen, daß sie nichts wissen. Gerade die sind aber für die Rechtssicherheit am gefährlichsten. Gerade sie richten in der Welt das meiste Unheil an.

Noch auf eine zweite Art glaubt Leonhard die herrschende Lehre ad absurdum führen zu können. Er meint, sie müßte konsequenterweise alle Arten geistiger und körperlicher Unvollkommenheiten völlig gleich behandeln und jemand z. B. daraus, daß ihm der rechte Daumen fehlt, ebenso einen Vorwurf machen wie aus seiner groben Unwissenheit oder Dummheit. Auch das halte ich nicht für richtig.

Die menschlichen Unvollkommenheiten lassen sich nicht nur in solche einteilen, die die Moralität betreffen, und solche, die sie unberührt lassen, sondern auch nach einem zweiten Gesichtspunkt: in solche, die den damit Behafteten in der öffentlichen Meinung herabsetzen, und solche, die seiner Wertschätzung keinen Abbruch tun. Diese Unterscheidung fällt mit der ersten nicht zusammen. Eine ältere Auffassung der üblen Nachrede vertritt wohl den Standpunkt, daß unter Tatsachen, die jemand verächtlich zu machen oder in der öffentlichen Meinung herabzuwürdigen geeignet sind, nur Tatsachen verstanden werden können, die den sittlichen Wert der Persönlichkeit vermindern. Allein diese Auffassung wird heute nur noch vereinzelt vertreten. Herrschende Meinung ist, daß keineswegs nur sittliche Gebrechen ehrenrührig sind, daß insbesondere auch Unwissenheit und Dummheit Defekte sind, die an die Ehre gehen. In unserem übertrieben intellektualistisch eingestellten Zeitalter mag es sogar manchmal geschehen, daß der Vorwurf der Dummheit als verletzender empfunden wird als der der Schlechtigkeit. Niemand wird dagegen die Behauptung für ehrenrührig halten, daß jemand der rechte Daumen fehle, oder daß er kurzsichtig oder schwerhörig sei. Durch eine solche Behauptung kann jemand vielleicht in seinem Fortkommen oder Erwerb geschädigt werden, niemals aber in seiner Ehre. Ähnliches gilt von körperlicher Schwäche oder körperlichen Krankheiten und Gebrechen im allgemeinen. In einem heroischen Zeitalter mag körperliche Schwäche als schimpflich gelten. Heute aber wird der Wert eines Menschen nicht durch die Zahl der Kilogramme bestimmt, die er einarmig stemmen kann. Dasselbe wie von körperlichen Gebrechen gilt endlich auch von den mit dem Alter oder Geschlecht zusammenhängenden, bei allen Menschen in gleicher Weise auftretenden Mängeln oder Unvollkommenheiten. Sie gehen nicht an die Ehre.

Ich glaube nun, daß von Schuld im Sinne des Zivilrechts überall dort, aber auch nur dort gesprochen werden kann, wo eine bestimmte Handlung oder Unterlassung auf eine persönliche Eigenschaft des Handelnden zurückgeführt werden kann, die diesen in der öffentlichen Meinung herabzusetzen geeignet ist; dagegen nicht auch dort, wo das schädigende Verhalten durch eine Unvollkommenheit des Handelnden verursacht ist, die sein Ansehen unter den Volksgenossen nicht beeinträchtigt, wie etwa auf ein körperliches Gebrechen oder auf seine Jugend oder sein hohes Alter. Diese Deutung des Wortes „Schuld" bleibt völlig in Übereinstimmung mit dem Sprachgebrauch. Wenn ein Soldat auf einem anstrengenden Marsche infolge eines Herzfehlers zusammenstürzt und liegen bleibt, wird niemand sagen, er sei selbst an seinem Unfall schuld. Dieses Urteil stellt sich aber sofort ein, wenn das Versagen seiner Kräfte etwa darauf zurückzuführen ist, daß er sich aus Dummheit zu warm angezogen hat.

Mit dieser einzigen Modifikation — wenn es überhaupt eine ist — stehe ich vollkommen auf dem Boden der Rümelinschen Lehre, daß die zum Schadenersatz verpflichtende Fahrlässigkeit stets zu denken ist als Abweichung von einem in den einzelnen Situationen verschieden bestimmten Normal-Maß. Jedenfalls halte ich es im Gegensatz zu Leonhard und den beiden Gutachtern für durchaus begründet, wenn die herrschende Meinung nicht nur die Außerachtlassung der gebotenen Aufmerksamkeit und Willensanspannung, sondern auch das Fehlen der nach den Umständen zu prästierenden Sachkunde und Tüchtigkeit als Fahrlässigkeit behandelt. Damit allein schon ist aber die Einheitlichkeit des Fahrlässigkeitsbegriffs und damit auch des Schuldbegriffs im Strafrecht und im Zivilrecht gesprengt.

6. Zur Schuld im strafrechtlichen Sinne gehört endlich außer dem Kennen oder Kennenmüssen der den Tatbestandsmerkmalen entsprechenden tatsächlichen Umstände und dem Wollen der Handlung und außer dem Bewußtsein oder doch der Erkennbarkeit des Widerspruchs zwischen Handlung und Norm noch das Fehlen solcher außergewöhnlicher Umstände, die infolge ihrer übermächtig motivierenden Kraft die sittliche Widerstandsfähigkeit jedes nicht übernormal rechtschaffenen Menschen zu brechen imstande sind.

Nach einer weit verbreiteten strafrechtlichen Auffassung „entschuldigt" vis compulsiva oder ein schwerer Notstand anderer Art die rechtswidrige Handlung. Wer durch eine Drohung mit einer Verletzung an Leib oder Leben zu einer mit Strafe bedrohten Handlung genötigt wird (§ 52 StGB.) oder eine solche Handlung in einem anderen Notstand für Leib oder Leben begeht (§ 54 StGB.), handelt nicht schuldhaft. Im § 2 des österreichischen Strafgesetzbuchs heißt es ganz allgemein, daß „unwiderstehlicher Zwang" den bösen Vorsatz ausschließt. Im Zivilrecht fehlt eine analoge Bestimmung. Das deutsche Bürgerliche Gesetzbuch legt dem Notstand nur unter den Voraussetzungen der §§ 228 und 904 rechtliche Wirkung bei, und zwar in der Weise, daß es die Notstandshandlung nicht für entschuldigt, sondern für rechtmäßig erklärt. Darüber hinaus bleibt der Notstand ohne Wirkung. Auch in dieser Beziehung gehen also das Strafrecht und das Zivilrecht verschiedene Wege.

Die Einheit des Schuldbegriffs ist daher auch vom Standpunkt des positiven Rechtes aus zu verneinen.

Ist dieses positive Recht nun aber auch richtiges Recht? Das geltende Schadensersatzrecht mag nach allen möglichen Richtungen hin unvollkommen und verbesserungsbedürftig sein. Daß es aber durch eine Einengung des in jahrhundertelanger Übung ausgeprägten Schuldbegriffs verbessert werden könnte, wird niemand zu behaupten wagen. Prof. Dölle betont in seinem Gutachten mehrmals, daß das Schuldprinzip als Haftungsgrund im Schadenersatzrecht schon in seiner derzeitigen Ausgestaltung kaum zu befriedigen vermöge, daß es eine gerechte Schadensverteilung nicht ausreichend gewährleiste. Warum also die beinahe krampfhaft zu nennenden Bemühungen, den zivilrechtlichen Schuldbegriff in die Grenzen des strafrechtlichen zurückzuschrauben? Warum soll das Schuldprinzip durch Übernahme aller strafrechtlichen Subtilitäten der Schuldlehre für seinen Zweck noch unbrauchbarer gemacht, warum soll insbesondere die Haftungspflicht durch Beschränkung der culpa-Haftung noch mehr eingeengt werden als bisher? Die Rechtsübung trägt nach einer solchen „Verbesserung" gewiß kein Verlangen. Das Verkehrsbedürfnis weist im Gegenteil nach der entgegengesetzen Richtung. Die Gesetzesauslegung kann nicht die Aufgabe haben, dieser Tendenz entgegenzuarbeiten.

Das sind die Erwägungen, die ich für meinen fünften Leitsatz anzuführen habe, wonach der Schuldbegriff im bürgerlichen Recht weder dieselbe Funktion noch denselben Inhalt hat wie im Strafrecht.

Aus dieser grundsätzlichen Auffassung folgt, daß die Verfeinerungen der strafrechtlichen Schuldlehre, die der Entwurf bringt, keinen Anlaß geben, die Bestimmungen des Bürgerlichen Gesetzbuchs über die Schuld zu ändern. Dasselbe gilt von den Bestimmungen des Entwurfs, in denen gewisse Handlungen als „entschuldbar" bezeichnet werden.

Im einzelnen kommen hier in Betracht die Vorschriften des Strafgesetzentwurfs über den Irrtum, über Notstand und Nothilfe, über die Wahrnehmung berechtigter Interessen sowie die Bestimmungen über die entschuldbare Überschreitung der Notwehr (§ 21 Abs. 3) und über die entschuldbare Retorsion bei Beleidigungen (§ 283).

Der erste Absatz § 13 läßt sich kaum ins Zivilistische übersetzen. Ein Irrtum, der den Handelnden das Unerlaubte seiner Tat nicht erkennen läßt, schließt danach nicht den Vorsatz, sondern nur die Bestrafung wegen vorsätzlicher Begehung aus. Wollte man im Zivilrecht in ähnlicher Weise wegen jedes solchen Irrtums die Haftung überall dort verneinen, wo nur für vorsätzliche Beschädigung gehaftet wird, so würde das bedeuten, daß die vorsätzliche Schadenszufügung gegen die guten Sitten nach § 826 BGB. nur noch schadenersatzpflichtig macht, wenn sich der Handelnde des Verstoßes gegen die guten Sitten bewußt ist. Ein Kaufmann aus einem Lande, dessen sittliche Anschauungen hinter den unsrigen zurückgeblieben sind, würde also nicht haften, wenn er im Inlande die Maximen seiner Heimat anwendet, ohne sich ihres Widerspruchs mit den westeuropäischen bewußt zu sein, oder ohne daß man ihm dieses Bewußtsein nachweisen kann. Der Grundsatz des § 13 steht überdies in Widerspruch mit § 231 BGB., wonach jede auf irriger Annahme einer Selbsthilfesituation beruhende Selbsthilfehandlung schadenserſatzpflichtig macht, mag der Irrtum auch entschuldbar sein.

Ohne irgend welchen Einfluß auf das bürgerliche Recht wären auch die Bestimmungen des Strafgesetzentwurfs über Notstand und Nothilfe, wenn sie nicht nach den Vorschlägen Professor Goldschmidts geändert werden. Professor Reichel vermißt in seinem Gutachten eine ausdrückliche Erklärung darüber, ob der Notstand des § 22 E. einen Rechtfertigungs- oder einen Entschuldigungsgrund bildet. Ich glaube, daß der Entwurf zu Zweifeln in dieser Richtung keinen Anlaß gibt. Da in dem unmittelbar vorausgehenden, von der Notwehr handelnden Paragraphen ausdrücklich gesagt wird, daß eine in Notwehr begangene Tat nicht rechtswidrig ist, im Notstandsparagraphen aber eine entsprechende Erklärung fehlt und nur gesagt wird, daß der im Notstand Handelnde „von der auf die vorsätzliche Begehung der Tat gesetzten Strafe frei bleibt", ist es wohl klar, daß der Entwurf die Notstandshandlung, soweit sie nicht unter die §§ 228 oder 904 BGB. fällt und daher vermöge § 20 E. die Rechtswidrigkeit ausgeschlossen ist, nicht als rechtmäßig betrachtet. Für die Auffassung als Entschuldigungsgrund spricht wohl auch mit hinreichender Deutlichkeit die subjektive Fassung der Voraussetzung. Der Täter bleibt von der auf die vorsätzliche Begehung der Tat gesetzten Strafe frei, wenn ihm nach den Umständen nicht zuzumuten war, den drohenden Schaden zu dulden. Die Rechtmäßigkeit einer Handlung kann wohl niemals davon abhängen, was einem bestimmten Individuum in einer bestimmten Situation zugemutet werden kann, sondern immer nur davon, wie die Sachlage objektiv gestaltet ist. § 22 des Entwurfs handelt also nur von dem Notstand und der Nothilfe als Entschuldigungsgrund. Die §§ 228 und 904 BGB. werden durch den Strafgesetzentwurf in keiner Weise berührt. Sie gelten vielmehr vermöge des § 20 auch für das Strafrecht.

Mit einigen Worten möchte ich noch zu dem Vorschlage Stellung nehmen: in § 22 des Strafgesetzentwurfs nicht darauf abzustellen, ob dem Handelnden nicht zugemutet werden kann, den drohenden Schaden zu dulden, sondern darauf, ob dem von dem Schaden Bedrohten die Duldung nicht zuzumuten ist. Ich halte diesen Vorschlag für unverträglich mit der Auffassung der Nothilfe als Entschuldigungsgrund. Entschuldigen können immer nur eigene Empfindungen und nicht fremde. Damit ist natürlich keineswegs gesagt, daß, wie im geltenden Recht, nur entschuldigt sein soll, wer einem Angehörigen Nothilfe leistet. Der barmherzige Samariter, der, um das Leben eines Fremden zu retten, verhältnismäßig minderwertige Rechtsgüter eines Dritten verletzt, muß gewiß straflos bleiben, auch wenn er ein anderes Rechtsgut aufopfert als das im § 904 allein genannte Eigentum. Aber nicht deshalb muß er straflos bleiben, weil dem am Leben Gefährdeten die Duldung des Schadens nicht zuzumuten ist, sondern weil das Mitleid ein so starkes und sittlich so hochstehendes Motiv ist, daß dem Mitleidigen selbst nicht zugemutet werden darf, einen Menschen, den er retten könnte, sterben zu lassen, nur damit fremde Rechtsgüter geringeren Wertes nicht verletzt werden. Stellt man dagegen darauf ab, ob dem Gefährdeten zugemutet werden kann, das ihm drohende Übel zu dulden, so bleibt straflos, wer in den Kampf zweier Ertrinkender um das Brett bloß zu dem Zwecke eingreift, den einen der beiden, der zufällig sein Feind war, töten zu können; und umgekehrt müßte bestraft werden, wer einen nahen Angehörigen, der vermöge seines Berufes, z. B. als Löschmann oder Bergführer, die Gefahr zu bestehen verpflichtet ist, aus dieser Gefahr durch eine mit Strafe bedrohte Verletzung der Rechte eines Dritten errettet. Ob der Helfer bestraft werden soll oder nicht, dafür kann immer nur entscheidend sein, ob ihm zugemutet werden konnte, das dem Gefährdeten drohende Übel untätig hinzunehmen, nicht aber, ob man dem Gefährdeten zumuten konnte, dieses Übel zu dulden.

Ebensowenig wie § 22 bieten einen Anlaß zur Änderung des BGB. die §§ 133, 286 und 293 des Entwurfs, die von der Strafdrohung gegen die Geheimnisverletzung und gegen die Beleidigung den Fall ausnehmen, daß jemand „zur Wahrnehmung eines berechtigten öffentlichen oder privaten Interesses handelt und dabei die einander gegenüberstehenden Interessen pflichtmäßig abgewogen hat." Auch hier handelt es sich nicht um einen Rechtfertigungs-, sondern um einen Entschuldigungsgrund. Andernfalls könnte es in allen diesen Bestimmungen einfach heißen: Die Bestrafung entfällt, wenn die Tat um eines berechtigten und überwiegenden öffentlichen oder privaten Interesses willen geboten war. Nach der Auffassung des Entwurfs kommt es aber nicht darauf an, ob das Interesse tatsächlich bestand, ob es überwog, und ob die Tat um dieses Interesses willen wirklich geboten war, sondern nur darauf, ob der Täter die Handlung „zur" Wahrnehmung eines berechtigten öffentlichen oder Privatinteresses, also in dem bloßen Glauben vorgenommen hat, daß er damit ein öffentliches oder Privatinteresse fördere, und ob er die einander gegenüberstehenden Interessen pflichtmäßig (also nach dem Maß seiner persönlichen Einsicht und mit jener Objektivität, die man von einem normal rechtschaffenen Menschen erwarten kann) abgewogen hat.

Prof. Reichel und Prof. Goldschmidt empfehlen, den zweiten Absatz des § 824 BGB. den erwähnten Bestimmungen des Strafgesetzentwurfs anzupassen, ersterer überdies, dabei schlechthin auf objektive Verhältnismäßigkeit der einander gegenüberstehenden Interessen abzustellen.

Mir erscheint der ganze zweite Absatz des § 824 als ein Fremdkörper im System des BGB. Wenn grundsätzlich sogar die rechtmäßige Notstandshandlung zum Schadenersatz verpflichtet (§ 904), ist es kaum begründet, eine rechtswidrige und vielleicht sogar fahrlässige Handlung bloß deshalb von der Schadenersatzpflicht auszunehmen, weil sie einem berechtigten Interesse dient oder gar nur dienen soll, und obwohl dieses Interesse vielleicht auch in anderer Weise befriedigt werden könnte. Wenn ich diese Bestimmung recht verstehe, ist sie nur zum Schutze der sog. Informationsbüros getroffen worden.

Diese werden aber kaum jemals in die Lage kommen, öffentliche Interessen wahrzunehmen. Jedenfalls ist eine Erweiterung des zweiten Absatzes des § 824 BGB. nicht geboten.

Gewiß könnte man aus den Bestimmungen des Strafgesetzentwurfs über die Wahrnehmung berechtigter Interessen auch einen Satz herausschälen, der die Wahrnehmung berechtigter Interessen in bestimmten Fällen für rechtmäßig erklärte. Aber ich glaube, daß dieser Gedanke dann am besten mit dem im § 904 BGB. ausgesprochenen zu einem allgemeinen Grundsatz vereinigt würde. Ihn im Strafgesetzbuch auszusprechen besteht keine Notwendigkeit.

Die §§ 21 Abs. 3 und 288 Abs. 4 des Entwurfs endlich, von denen der erste von der entschuldbaren Notwehrüberschreitung, der zweite von der durch gerechtfertigte Entrüstung entschuldigten Beleidigung handelt, geben um so weniger Anlaß zu einer Änderung irgendwelcher Bestimmungen des bürgerlichen Rechts, als dieses, wie schon früher ausgeführt worden ist, den Satz, daß übermächtige Motive das Verschulden ausschließen können, überhaupt nicht anerkennt — ob mit Recht oder Unrecht, das muß hier dahingestellt bleiben. Im übrigen sind die erwähnten Bestimmungen des Entwurfs nur neue Schläuche für alten Wein, nur neue Einkleidungen von Gedanken, die auch schon dem geltenden Strafgesetzbuch nicht fremd sind (§ 53 Abs. 3 und § 199). Aus den von mir angeführten beiden Gründen kann ich auch dem Vorschlag meines Herrn Mitberichterstatters nicht zustimmen, dem § 227 einen dritten Absatz anzufügen, der die Überschreitung der Notwehr aus Aufregung oder Bestürzung für entschuldigt erklären soll. Es wäre das eine für das bürgerliche Recht ganz singuläre Berücksichtigung eines überstarken Motivs. Sie stünde im Widerspruch zu dem Grundsatze des Zivilrechts, daß der Notstand nicht entschuldigt, und daß sogar für rechtmäßige Notstandshandlungen Ersatz geleistet werden muß.

Damit glaube ich meinen sechsten Leitsatz begründet zu haben, daß die Bestimmungen des Strafgesetzentwurfs über die Schuld, insbesondere die Vorschriften über Irrtum, Notstand, Nothilfe und Wahrnehmung berechtigter Interessen sowie die Bestimmungen über die entschuldbare Notwehrüberschreitung und über die entschuldbare Retorsion zu einer Änderung der Vorschriften des BGB. keinen Anlaß geben.

Ist es nun richtig, daß der zivilrechtliche Schuldbegriff mit dem strafrechtlichen nicht übereinstimmt, und bedeutet Zurechnungsfähigkeit nichts anderes als Schuldfähigkeit, so bedarf es eigentlich keiner näheren Ausführung mehr darüber, daß sich, wie ich in meinem drittletzten Leitsatze behaupte, die strafrechtliche Zurechnungsunfähigkeit mit der zivilrechtlichen Unverantwortlichkeit für unerlaubte Handlungen nicht zu decken braucht. Aus der Verschiedenheit der Schuldbegriffe ergibt sich von selbst die Verschiedenheit der Anforderungen, die an den Geisteszustand einer Person gestellt werden müssen, damit ein Schuldurteil über sie gefällt werden könne. Im Strafrecht genügt, um die Zurechnungsfähigkeit auszuschließen, jeder geistige Defekt, vermöge dessen man dem damit Behafteten aus seinem Verhalten keinen *sittlichen* Vorwurf machen kann; im Zivilrecht dagegen sollte a priori die Verantwortlichkeit nur durch solche Zustände ausgeschlossen werden, die es unmöglich machen, aus dem Verhalten des in diesem Zustand Handelnden *irgendeinen* seinem Ansehen abträglichen Rückschluß auf Minderwertigkeit zu ziehen; sie sollte also z. B. ausgeschlossen werden durch eine auf hohes Fieber oder eine akute Vergiftung zurückzuführende Bewußtlosigkeit, nicht aber auch durch Kretinismus oder Verrücktheit. Das positive Recht macht einen solchen Unterschied allerdings nicht. Der Grund liegt aber, wie ich glaube, nur in der historischen Entwicklung des Schadenersatzanspruchs aus der Privatstrafklage und der bisher noch nicht ganz überwundenen Vermengung der pönalen mit der wiedergutmachenden Reaktion der Rechtsordnung auf rechtswidrige Handlungen.

Ansätze zu einem Umschwung sind aber schon lange vorhanden. Ein solcher Ansatz liegt zunächst darin, daß sowohl im deutschen wie im österreichischen Recht die zivilrechtliche Verantwortlichkeit nicht mit demselben Alter beginnt wie die strafrechtliche. Ein solcher Ansatz liegt ferner darin, daß nach beiden Rechtsordnungen der Richter aus Billigkeitsgründen auch den Zurechnungsunfähigen zum Schadenersatz verpflichten kann (§ 1310 ABGB., § 829 BGB.). Ich kann diesen Ausweg nur in dem Sinne für „billig" halten, als er einem das Nachdenken nach einer grundsätzlichen Lösung erspart. Wenn der durch einen Geisteskranken Beschädigte von Rechts wegen keinen Anspruch auf Ersatz hat, warum soll er ihn dann trotzdem erhalten, falls der Geisteskranke zufällig ein wohlhabender Mann ist? Wenn das Billigkeit ist, warum bestimmt das Gesetz dann nicht ganz allgemein, daß ein vermögender Mann, der von einem armen Teufel aus *irgend-*

einem nicht bestehenden Rechtsgrunde auf Zahlung einer Geldsumme verklagt wird, „aus Billigkeit" zu verurteilen sei? In Wahrheit erscheint uns die Verteilung des zurechnungsunfähigen, aber zahlungskräftigen Schadenstifters nur deshalb billig, weil unser Rechtsgefühl überhaupt verlangt, daß den von einem Geisteskranken angerichteten Schaden dieser trage und nicht der Beschädigte; freilich nur dann, wenn zwischen der Geisteskrankheit und der Beschädigung ein ursächlicher Zusammenhang besteht, wenn die Beschädigung gerade auf die Geisteskrankheit zurückzuführen ist, nicht auch dann, wenn der Schade durch ein Verhalten des Geisteskranken entstanden ist, das auch einem geistig gesunden Menschen nicht zum Verschulden hätte gerechnet werden können, wie z. B. dann, wenn ein Geisteskranker im Gedränge ein verlorenes kostbares Schmuckstück zertritt, das auch kein anderer bemerkt hätte. Die Geisteskrankheit soll kein privilegium favorabile, sie soll aber auch kein privilegium odiosum bedeuten. Schon im Jahre 1880 hat Strohal in einem Gutachten über die Revision des 30. Hauptstücks des ABGB. den Satz niedergeschrieben: „Es ist eine Grundbedingung des menschlichen Zusammenlebens, daß jeder für das einstehen muß, was Ausfluß seiner Individualität ist. Aus diesem Grunde lassen wir jeden haften für seine Bosheit und für seinen Leichtsinn, für seine Unerfahrenheit und für seinen Mangel an Voraussicht. Warum soll es schlechthin unstatthaft sein, jemand auch für den Schaden haftbar zu machen, den er einem andern vermöge der sonstigen Anlage seiner Individualität zugefügt hat?" Ich würde es für einen bedeutsamen Fortschritt halten, wenn dieser Gedanke Strohals in die Gesetzgebung Eingang fände und die verwaschene, unklare und willkürliche Regel des § 829 BGB. durch die grundsätzliche Bestimmung ersetzt würde, daß Geisteskranke für ihr durch ihre Krankheit bedingtes Verhalten ebenso verantwortlich sind wie geistig Gesunde für ihr Verschulden im herkömmlichen Sinne. Aber nur Geisteskranke, nicht auch vorübergehend und ohne ihr Verschulden Bewußtlose! Denn eine solche akute unverschuldete Bewußtseinsstörung ist kein Indiz für irgendeine Minderwertigkeit der Persönlichkeit, und nur eine solche kann Haftungsgrund sein.

Man wird gegen meine Leitsätze und Vorschläge vielleicht einwenden, daß die von mir befürwortete Auslegung und Fortbildung des bürgerlichen Rechtes nicht mehr Schuldhaftung, sondern Gefährdungshaftung bedeute. Ich könnte darauf nur erwidern: wenn Sie es lieber so nennen wollen, so habe ich nichts dagegen. Auf das

Wort kommt es mir nicht an. Auch im Strafrecht sind wir auf dem Wege von der Schuld zur Gefährlichkeit. Ich meine damit nicht, daß wir den strafrechtlichen Schuldbegriff aufgeben wollen. Im Gegenteil. Der Entwurf verfeinert ihn in durchaus wünschenswerter Weise. Aber die sittliche Schuld wird nach dem neuen Strafgesetz nur noch Voraussetzung für die eine Art strafrechtlicher Reaktion sein: für die Strafe. Für die andere, die sichernde Maßnahme, tritt an die Stelle der Schuld des Täters die Zurückführbarkeit der Tat auf einen gefährlichen Zustand des Täters, auf Geisteskrankheit, Trunksucht, psychopathischen Hang zum Verbrechen, richtiger: ihre Zurückführbarkeit auf einen anderen gefährlichen Zustand als den, der durch die Schuld geoffenbart wird. Denn auch die Schuld ist nur Symptom einer Gefahr, die der Gesellschaft von dem schuldigen Individuum droht, ist Symptom einer gefährlichen Charakterbeschaffenheit des Täters. Indem wir den Verbrecher für seine sittliche Schuld zur Verantwortung ziehen und strafen, bekämpfen wir seine Gefährlichkeit. Rechtliche Verantwortlichkeit für sittliche Schuld ist nichts anderes als Verantwortlichkeit für eine besondere Art von Gefährlichkeit.

Ganz ebenso läßt sich die zivilrechtliche Schuldhaftung als Gefährdungshaftung deuten. Schuldhaftung und Gefährdungshaftung sind daher keine Gegensätze. Sie verhalten sich zueinander höchstens wie die Art zur Gattung. Es wäre nur konsequent, wenn in dem Augenblick, wo das Strafrecht seinen Gesichtskreis erweitert und sich neben der Bekämpfung der im Charakter liegenden auch die Bekämpfung der auf psychopathischen Eigentümlichkeiten beruhenden Gefährlichkeit zum Ziel setzt, auch in das bürgerliche Recht der Grundsatz Eingang fände, daß der Schaden, der auf eine Geistesstörung des Handelnden zurückzuführen ist, ebenso ersetzt werden müsse, wie ein Schaden, der durch Verschulden eines geistig Gesunden entstanden ist.

Ich bin zu Ende. Zu meinem großen Leidwesen sind die Punkte, in denen ich mich mit den Herren Gutachtern in Übereinstimmung befinde, nicht allzu zahlreich. Fast komme ich mir vor wie ein advocatus diaboli oder gar wie der Goethesche Geist, der stets verneint, selber. Aber mag ich in allen Punkten unrecht haben, vielleicht war es doch nicht vergeblich, den Gegenstand auch von der anderen Seite zu beleuchten. Vielleicht bewährt sich das kontradiktorische Verfahren auch hier, indem es zur Klärung der wichtigen Fragen beiträgt, über die wir beraten. Dann werden Sie mir vielleicht als mildernd zubilligen, daß ich zwar das Böse gewollt, in der Tat aber dazu beigetragen habe, das Gute zu schaffen.

Vorsitzender Geh. Justizrat Prof. Dr. Kipp:

Meine Damen und Herren! Ich handle wohl in Ihrem Sinne und spreche in Ihrem Namen auch dem Herrn Ministerialrat Prof. Dr. Kadecka unseren verbindlichen Dank für seine außerordentlich interessanten, mit vielem Fleiß und tiefschürfendem Eifer zusammengetragenen Ausführungen aus, die uns eine Reihe neuer Einblicke eröffnen und die es nötig machen, daß wir Erörterungen ziemlich grundsätzlicher Art vornehmen müssen.

Nach kurzer Mittagspause trat die Versammlung in die Diskussion des zur Verhandlung stehenden Themas ein.

Vorsitzender: Meine Damen und Herren! Die beiden Herren Berichterstatter haben die Mittagspause nicht nur zu der nötigen leiblichen Stärkung benutzt, sondern auch zu Verhandlungen. Das Ergebnis dieser Verhandlungen hat erfreulicherweise zu einer Einigung in einer Reihe von Punkten geführt, und Sie werden Gelegenheit haben, sie jetzt mitgeteilt zu bekommen. Ich erteile Herrn Prof. Dr. Goldschmidt-Berlin das Wort.

Prof. Dr. James Goldschmidt-Berlin:

Meine Damen und Herren! Herr Ministerialrat Prof. Dr. Kadecka und ich haben uns geeinigt, folgende Thesen gemeinsam aufrecht zu erhalten: An den Anfang ist zu stellen die These I a) des Herrn Kadecka: „Die Grenze zwischen Recht und Unrecht muß im bürgerlichen Recht dieselbe sein wie im Strafrecht." Dann kommen die näheren Ausführungen hierzu, und hier halten wir aufrecht von meinen Thesen zunächst die These A über die „Rechtswidrige Unterlassung", ebenso von der These B I, von der Notwehr, die These I 1: „Der § 227 II BGB. ist dem 21 II des Entwurfes anzugleichen". Gegen die These B I 2 „Dem § 227 BGB. ist folgender Absatz 3 anzufügen: Hat der Täter die Grenzen der Notwehr infolge Aufregung oder Bestürzung überschritten, so fällt ihm ein Verschulden nicht zur Last" hat Herr Kadecka Bedenken, ich lasse daher die These fallen. Dagegen halte ich die These B I 3: „§ 21 III Halbs. 2 Entw. erhält die Fassung: Ist die Überschreitung infolge Aufregung oder Bestürzung geschehen, so ist er entschuldigt" aufrecht. Eine volle Übereinstimmung konnte erzielt werden beim „Notstand". Hier halten wir alle meine Thesen aufrecht, und zwar einschließlich der Wiederherstellung des österreichischen Entwurfs. Dagegen lasse ich auf Wunsch des Herrn Kadecka meine These B III „Einwilligung des Verletzten" fallen. Ich halte halte diese ganze Materie heute noch nicht für spruchreif.

Dagegen halten wir meine These B IV „Ärztliches Eingriffsrecht" gemeinsam aufrecht, also die Wiederherstellung des § 313 des Entwurfs von 1919.

Meine These B V „Wahrnehmung berechtigter Interessen" lasse ich fallen. Dagegen halte ich die These B VI „Züchtigung fremder Kinder" aufrecht. Die Frage scheint mir denn doch so wichtig, daß ich hier in diesem Punkte eine Kraftprobe veranstalten möchte, um zu erfahren, wie die Versammlung über die Züchtigung fremder Kinder denkt, wobei ich bemerken möchte, daß wenigstens mein Sohn, der mir bei der Niederschrift meines Berichts geholfen hat, mit dem hier von mir eingenommenen Standpunkt bezüglich der Züchtigung fremder Kinder einverstanden war. Was nun die Thesen über „Schuldunfähigkeit" anbelangt, so halten wir gemeinsam aufrecht meine These C I 1, wonach § 827 BGB. folgende Fassung erhalten soll: „Wer im Zustande der Bewußtseinsstörung, der krankhaften Störung der Geistestätigkeit oder der Geistesschwäche, der ihn unfähig macht, das Unerlaubte der Tat einzusehen oder dieser Einsicht gemäß zu handeln, einem anderen Schaden zufügt, ist für den Schaden nicht verantwortlich." These C I 2 möchte ich fallen lassen (Ersetzung des Wortes „Bewußtseinsstörung" durch „Bewußtseinstrübung"). Ebenso lasse ich fallen die These C I 3 über die „Geschäftsunfähigkeit". Nach meinem Dafürhalten überschreitet sie doch den Bereich des heutigen Verhandlungsgegenstandes. Aufrecht erhalten wir jedoch gemeinsam meine These C II bezüglich der Jugendlichen und Taubstummen.

Nun zu meiner These C III „Ersatzpflicht ohne Verschulden". Hier schiebt sich ein als gemeinsam aufgestellte These der Leitsatz III c) des Herrn Kadecka: „Doch legt die der vorgeschlagenen Verwahrung gemeingefährlicher Geisteskranker zu Grunde liegende Auffassung, daß Geisteskrankheit keinen Freibrief zur Verletzung fremder Interessen gibt, den Gedanken nahe, Geisteskranken grundsätzlich die Ersatzpflicht für rechtswidrige Handlungen aufzuerlegen, die mit ihrer Krankheit in ursächlichem Zusammenhange stehen." Ich bekenne, daß ich hier in meinem Referat Herrn Kadecka nicht ganz gerecht geworden bin.

Die These des Herrn Kadecka geht für ihren Bereich über meine These C III weit hinaus. Diese meine These C III halte ich als eigene These aufrecht, weil ich der Meinung bin, daß selbst bei Anerkennung der absoluten Haftung des Geisteskranken immer, noch eine Lücke bleibt hinsichtlich der Unzurechnungsfähigen, die nicht „geisteskrank" sind, von den übrigen Fällen schuldloser Schadensverursachung ganz zu schweigen. Bezüglich meiner These D „Teilnahme" sind wir wiederum einig.

Vorsitzender:

Ich darf nunmehr die Erörterung eröffnen. Wir haben keine Veranlassung, irgendeine Redezeit von vornherein zu bestimmen; ebenso bin ich der Meinung, daß es zurzeit nicht möglich ist, sich auf eine gewisse Reihenfolge der Punkte zu beschränken. Ich stelle den Herren anheim, in der Diskussion diejenigen Punkte herauszugreifen, die dem Einzelnen von Ihnen eine Besprechung nötig erscheinen lassen.

Geh. Justizrat Prof. Dr. von Hippel-Göttingen:

Wenn ich mir erlaubt habe, mich zum Wort zu melden, so ist es vor allem das Interesse zu den Fragen, die hier vorliegen, das für mich als Kriminalisten besteht. Wie immer die Herren Zivilisten die eine oder andere Regelung der Fragen für die wünschenswerte und beste halten mögen, das Interesse des Strafrechtlers geht darauf hinaus, daß nicht irgendein Beschluß dabei herauskommen möge, der in seinen Konsequenzen der Strafrechtsreform abträglich sein könnte. Dies ist der Hauptgrund meiner Wortmeldung, um dabei Gelegenheit zu nehmen, eine der vielen interessierenden Fragen zu berühren.

Zunächst einmal die Schuldart, die Begriffsbestimmung der Schuldart. Ich befinde mich hier in einer erfreulichen Übereinstimmung mit dem Herrn Kollegen Goldschmidt, da auch er meint, daß die Regelung, wie sie die früheren Entwürfe vorsahen, und die inzwischen gestrichen worden ist, durchaus die herrschende Auffassung in Wissenschaft und Praxis darstellt. Eine Meinungsverschiedenheit liegt insofern vor, als Herr Kollege Goldschmidt es für kein allzu großes Unglück hält, wenn diese Frage ungeregelt bleibt. Ich dagegen halte es für ein großes Unglück. Umgekehrt möchte ich sagen: hätte ich nicht seit längerer Zeit diese Regelung für eine gesetzgeberische Notwendigkeit gehalten, so hätte ich doch nicht solange dafür gearbeitet.

Die gesetzliche Regelung der allgemeinen Lehren vom Verbrechen in ihren Grundlagen ist nach meiner Meinung gerade der Fortschritt, den uns eine Strafrechtsreform bringen soll. Im Jahre 1870 waren die Erkenntnisse der Rechtswissenschaft noch nicht soweit; heute dagegen sind wir soweit, daß wir mit unseren modernen Erkenntnissen an eine Reform gehen können. Es handelt sich hier wirklich nicht um theoretische Liebhabereien; es handelt sich hier um das Höchste, es handelt sich um Menschenschicksale. Deshalb ist die ganze Sache von ganz außerordentlicher Wichtigkeit. Die Regelung des allgemeinen Teils ist entscheidend für die Entwicklung des deutschen Strafrechts für die kommende Generation, für das ganze nächste Menschenalter, und zwar in dem Sinne: werden die entscheidenden Dinge nicht gesetzlich geregelt, so bleiben wir bei dem traurigen Zustand der Dinge, wie wir ihn leider heute haben. Die nächste Generation kann ihre Zeit dann damit verbringen, sich um dieselben Dinge zu streiten, die wir heute zu regeln Gelegenheit haben und regeln müssen. Wir sind in dieser Beziehung als Kriminalisten direkt rückständig gegen die Vertreter des Zivilrechts. Das möchte ich ausdrücklich hervorheben. Das Zivilrecht hat seine allgemeinen Grundlagen geregelt; wir Kriminalisten jedoch haben die allgemeinen Grundlagen für das Strafrecht noch nicht geregelt. Bei der Schuldlehre ist eine Regelung absolut notwendig. Ich denke dabei an die Geschichte des Deutschen Juristentages und die vielfachen Debatten, die über diese Gegenstände schon geführt worden sind, ohne daß wir zu einer Regelung gelangten. Wenn man sagen wollte, heute sei keine Gefahr mehr in dieser Richtung, so muß ich leider sagen: doch! Ganz speziell liegt eine Gefahr in der unmotivierten Ausdehnung des dolus eventualis. Ich will Sie damit in dem Kreis meiner Ausführungen nicht weiter belästigen. Wer sich dafür näher interessiert, den bitte ich, auf das, was ich früher schon hierzu geschrieben habe, verweisen zu dürfen. Meine Forderung geht also dahin, die allgemeinen Lehren vom Verbrechen und dabei in erster Linie die Begriffe des Vorsatzes und der Fahrlässigkeit in dem neuen Entwurfe zu regeln. Die Zurechnungsfähigkeit behandelt der neue Entwurf, das Bewußtsein der Rechtswidrigkeit auch; aber die Schuldarten selbst stehen nicht darin. Das ist nach meiner Überzeugung ein kardinaler Rückschritt des Entwurfs von 1925 auf diesem Gebiet, der nicht bestehen bleiben kann. Das ist das eine, was ich besonders hervorheben wollte.

Nun komme ich zu der Frage der Notwehr. Hier ist eine Gefahr, die ich vermieden sehen möchte. Sollten die Herren Zivilisten es für richtig halten, worüber ich mich allerdings eines Urteils enthalten möchte, daß nur das „Angemessene" gestattet werden soll, und das, was über das „Angemessene" hinausgeht, schadensersatzpflichtig machen soll? Ich kann hier ein Fragezeichen nicht unterlassen. Mir scheint, daß hier eine kolossale Rechtsunsicherheit in die Frage der Schadensersatzpflicht hineingetragen wird. Im übrigen haben wir es bei der zivilrechtlichen Beurteilung der Frage mit materiellen, mit geldlichen Interessen, bei der strafrechtlichen Beurteilung mit der Ehre und mit der Freiheit zu tun. Unterschiede in der beiderseitigen Beurteilung sind technisch durchaus möglich. Sie sind bei der zivilrechtlichen Beurteilung jeden Augenblick in der Lage, sagen zu können: mag auch die Notwehr in den erforderlichen Grenzen der Verteidigung erfolgt sein, dann liegt eben eine Schadensersatzpflicht für eine rechtmäßige Handlung vor. Ich würde daher bitten, keine Beschlüsse auf diesem Gebiete zu fassen; denn es würde meines Erachtens nicht gut angängig sein, hier einen Beschluß zu fassen, der dann der Strafrechtsreform nicht gerecht werden sollte. Wir haben die „erforderliche Verteidigung" als Notwehr im deutschen Recht wie auch im österreichischen Recht. Mir sind Mißstände auf diesem Gebiete nicht bekannt geworden. Gewiß, es kann wohl einmal ein derartiger Fall vorkommen, der Fall der Totschlagsmoral. Die „erforderliche Verteidigung" ist ein Begriff, den Sie absolut feststellen können und müssen, und zwar klar und deutlich. Vom Leibe halten darfst du dir den Angriff unter allen Umständen. Was aber „angemessene Verteidigung" ist, weiß kein Mennsch. Dabei wird die Interessenabwägung eine große Rolle spielen. Über diese Frage können drei verschiedene Juristen auch dreierlei Meinung sein, und keiner kann dem anderen beweisen, daß er Recht oder Unrecht hat. Wir sitzen mit Schöffen, also mit Laien, in den Verhandlungen erster und mit Schöffen in den Verhandlungen zweiter Instanz. Was kann ich machen, wenn mir ein Schöffe sagt aus seinem subjektiven Empfinden heraus, ich halte dies und jenes für eine „angemessene Verteidigung"? Hier ist also dann absolute Freiheit der Auffassung gegeben. Überlegen Sie auch die Zeitverhältnisse. Sie sind meines Erachtens zu einer strafrechtlichen Änderung besonders ungeeignet. Die gegenwärtige Zeit zeigt eine planmäßige, bewußte und scharfe Agitation gegen das Richtertum. Sobald diese Kämpfe gegen das Richtertum auch nur einen Teilerfolg erzielen, leidet bestimmt die Sicherheit unserer Strafjustiz. Man will durch diese Agitation dem Einzelnen die Waffen aus der Hand schlagen. Aber es ist wirklich nicht der Zeitpunkt dazu, daß man sich als anständiger Mensch die Waffen des Rechts nehmen läßt, daß irgend ein Gericht sagt, das ist angemessene und das ist nicht angemessene Verteidigung. Regeln Sie, bitte, diese Frage, wie Sie es zivilrechtlich für wünschenswert halten; aber lassen Sie sich nicht von dem Wunsche einer Änderung des Strafrechts in dieser Beziehung leiten.

Nun komme ich zu der Frage des Notstandes. Bei dem Notstande ist das prinzipielle Verhältnis vom Strafrecht zum Zivilrecht ein sehr günstiges insofern, als ich glaube, daß das Zivilrecht uns Kriminalisten ganz kolossal helfen kann. Der Gesichtspunkt, du darfst diese oder jene Handlung vornehmen, unterliegt immer einer objektiven Beurteilung. Dabei halte ich es für durchaus erwägenswert, die Haftung für Schädigungen aus erlaubtem Notstande im Sinne der Ausführungen des Herrn Kollegen Goldschmidt zu regeln. Es besteht auch die Geneigtheit, sich über die Zumutbarkeit auszusprechen. Darüber läßt sich mancherlei sagen. Ich wäre indes für meine Person als Strafrechtler mehr dafür, den Weg des § 228 BGB. zu gehen: wenn einer im Notstande verhältnismäßig nicht mehr an Übel, an Schaden anrichtet, als ihm selbst droht, soll er von Strafe, von Schuld, von Ersatzpflicht freibleiben. Diesen Maßstab halte ich entschieden für präziser. Das Ganze ist eine delikate Frage. Mein Standpunkt in der Frage des Schuldausschießungsgrundes ist der, daß ich persönlich einer Änderung der bestehenden Vorschriften nicht geneigt sein würde. Bei der Frage der Schuld handelt es sich um die seelischen Beziehungen im einzelnen Falle, die es ermöglichen, dem Täter einen Vorwurf zu machen oder nicht. Letzten Endes ist für mich maßgebend: welches sind die praktischen Konsequenzen, die sich ergeben? Wie komme ich zu den gesetzgeberisch wünschenswertesten Beziehungen? Wenn ich die Handlung für rechtmäßig erkläre, ist Notwehr gegen Notstand ausgeschlossen. Aber Notstand gegen Notwehr ist ohne weiteres möglich. Der neue Entwurf will Notwehr ausdrücklich zulassen. Dagegen habe ich allerdings die schwersten Bedenken. Wenn ich dem einen sage, ich gestatte dir den Einwand der Notwehr, muß ich dem andern sagen, du mußt die Abwehr ertragen, und du mußt auch den dir erwachsenden Schaden ertragen. Wir können nicht zu dem einen sagen, das und das kannst du tun, und dem andern erklären, du kannst den anderen überhaupt niederschießen. Das geht nicht. Dann sind die beiden Fragen der Putativnotwehr und des Putativnotstandes. Der neue Entwurf hat diese ausdrücklich als schuldausschließend behandelt. Der dritte Punkt ist die Teilnahmefrage. Bei einer Notstandshandlung als rechtmäßiger Handlung bleibt der Teilnehmer straffrei. Die hier getroffene Unterscheidung mindert sich in ihrer praktischen Bedeutung. Meine Meinung ist: ich erkenne das Diskutable dieser Frage an und ich halte die eine oder die andere Regelung für möglich. Nur frage ich mich: was kommt dabei heraus?

Nun noch ein Wort über den ärztlichen Eingriff. Es handelt sich um die Frage der Körperverletzung oder um das Sonderdelikt eigenmächtiger ärztlicher Behandlung. Ich möchte hier vom juristischen Standpunkte aus feststellen: eines von beiden kann nur richtig sein. Wenn hier nicht eine entsprechende Regelung getroffen wird, so ist das Publikum den Ärzten einfach ausgeliefert. Das verlangen selbst die Mediziner nicht. Entweder ist es Körperverletzung — und das Reichsgericht hat sich mehrfach bei seinen Entscheidungen darauf eingestellt —, oder es ist keine Körperverletzung. Dann ergibt sich die Frage: wann ist ein ärztlicher Eingriff rechtlich erlaubt? Die Mediziner haben eine gewisse Abneigung gegen die sonderrechtliche Behandlung dieser Frage. Wir waren damals sehr überrascht in der Strafrechtskommission, und wir ließen es dann bei dem heutigen Zustande. Meine Auffassung ist, daß die Herren Mediziner Sorge haben, die sonderrechtliche Behandlung könne praktisch mehr zur Anwendung gelangen. Ich würde als Jurist geneigt sein, den Standpunkt zu vertreten, daß sich diese Frage die Herren Mediziner nach Möglichkeit überlegen müssen, weil sie ihrerseits das besser überblicken können. Über eins müssen sie sich jedoch klar sein, entweder darf ich das eine und das andere nicht, oder ich darf das andere und dann das eine nicht. Beide Möglichkeiten zusammen gibt es nicht. Es handelt sich um die Frage, wann ist der ärztliche Eingriff sachgemäß? Wir kommen mit dem Grundbegriffe der „Einwilligung des Patienten" aus, auch mit dem Gesichtspunkte der „Geschäftsführung ohne Auftrag". Glaubt man dies nicht, dann muß man arbeiten mit der Auffassung des ärztlichen Berufs, mit dem Gewohnheitsrecht. Ich glaube, die Geschäftsführung ohne Auftrag ist im Bürgerlichen Gesetzbuch festgelegt, und sie ist für uns im Strafrecht bereits maßgebend.

Zum Schluß möchte ich mir noch eine kleine Bemerkung gestatten. Ich wende mich speziell an den Herrn Kollegen Goldschmidt in der Frage der „Züchtigung fremder Kinder“. Wenn es in dieser Frage zu einer Abstimmung käme, würde ich dagegen und doch vielleicht mit dem Kollegen Goldschmidt einer Meinung sein. Wenn ich mir bei der Frage der Züchtigung fremder Kinder den Fall roher Sitten vorstelle, würde ich für den Antrag Goldschmidt stimmen. Stelle ich mir aber auf der anderen Seite den Fall vor, wie er sich tagtäglich ereignet — und ich kann sagen, mir ist es selbst vor einigen Tagen in Göttingen so ergangen, daß mich ein junger Bursche fahrlässig mit dem Rad angefahren und beinahe überfahren hat —: wenn ich in einem solchen Falle so einem jungen Burschen eine Ohrfeige gegeben hätte, so liegt hier doch etwas anderes in Bezug auf die Züchtigung fremder Kinder vor. Solche Fälle möchte ich nicht der Abstimmung unterliegen lassen. Ich bitte die bürgerlich-rechtliche Abteilung, nicht zivilrechtliche Beschlüsse zu fassen, die für das Strafrecht und die Strafrechtsreform von weittragender Bedeutung sind, ohne daß sie für das Strafrecht eine übereinstimmende Lösung darstellen.

Prof. Dr. Graf zu Dohna-Bonn:

Meine Damen und Herren! Ich habe die Empfindung, daß wir Sie hier in der bürgerlich-rechtlichen Abteilung etwas zuviel in Anspruch nehmen, wenn jetzt schon der zweite Kriminalist spricht. Aber in Anbetracht der Wichtigkeit der Materie auf beiden Gebieten, der strafrechtlichen und der zivilrechtlichen, müssen Sie hier schon Nachsicht üben.

Zu den Ausführungen der beiden Herren Referenten darüber, ob der Begriff der Rechtswidrigkeit und der Schuld in beiden Gebieten dieselbe Bedeutung besitze, möchte ich sagen: hinsichtlich der Rechtswidrigkeit kann dies keinem Zweifel unterliegen. Ich freue mich, daß in den Thesen der beiden Referenten nach einer Einigung gestrebt wurde und auch zum größten Teil eine Übereinstimmung dahin erzielt ist, daß die Rechtswidrigkeit ein einheitlicher Begriff für beide Gebiete sein müsse. Ich wundere mich nur, daß dabei mit einer abweichenden Auffassung gerechnet wird. Wenn es an irgendeiner Stelle der Rechtsordnung heißt, diese oder jene Handlung sei rechtswidrig, so ist das so selbstverständlich schlechthin maßgebend, daß hierüber kein Streit und keine Meinungsverschiedenheit herrschen kann. Hinsichtlich der Schuld liegt die Sache nicht ganz so. Aber ich glaube, daß die Argumentation des Herrn Ministerialrat Dr. Kadecka an einem Fehler leidet. Er ging offenbar davon aus, daß er sagt: wir müssen im bürgerlichen Recht einen anderen Begriff der Schuld haben, weil wir unter weiteren Voraussetzungen eine Haftung für Schadenersatz brauchen. Dabei ist vorausgesetzt, daß eine wirkliche Haftung abhängig ist von einem Verschulden. Kadecka will ja aber auch eine Haftung bei mangelnder Schuldfähigkeit. Dann wird es ganz unnötig, den Schuldbegriff so weit auszudehnen. Es hat eine Zeit gegeben, wo wir stolz waren auf unseren Begriff von der Schuldhaftung. Wir sind in unserer sozial eingestellten Zeit dazu übergegangen, zu erkennen, daß ganz andere Gesichtspunkte vorliegen, die eine Ausdehnung der Haftung notwendig machen.

Ich wende mich dem zweiten Punkt zu, dem Notstand. Und hier freue ich mich, daß der Herr Kollege Goldschmidt etwas verteidigt, was ich längst gefordert habe und fordere, nämlich die Teilung des Begriffs Notstand als Rechtfertigungsgrund und als Entschuldigungsgrund. Die andere Auffassung des Herrn Kollegen von Hippel, der es als möglich hingestellt hat, den Notstand unter allen Umständen als Rechtfertigungsgrund hinzustellen, halte ich zwar für denkbar, aber nicht für glücklich. Wir kommen viel besser aus und vor allem wird der Begriff deutlicher, wenn wir beide Fälle annehmen. In dem einen Falle zum Beispiel gibt es keine Notwehr, in dem anderen ist sie vorhanden. Die Gründe sind dabei ganz verschieden.

Das letzte, worauf ich zu sprechen komme, ist das ärztliche Eingriffsrecht. Offengestanden bin ich der Meinnung, daß wir mit § 239 E. nicht auskommen, um die Grenzen für die Rechtfertigung des ärztlichen Eingriffs, der ärztlichen Behandlung festzulegen. Diese ganzen Fragen sind noch schlecht geklärt, und wir kommen um eine Klärung derselben einfach nicht herum. Der bekannte Arzt Dr. Dührssen in Berlin warnte seine Kollegen, Operationen an Schwangeren vorzunehmen, um eine Geburt zu verhindern, die möglicherweise zum Tode führen könne. Er warnte davor, weil man nie wissen könne, wie der Staatsanwalt über diese Frage urteile. Auf der anderen Seite sind Perforationen vorgenommen worden und werden vorgenommen unter allen möglichen Begründungen. Dieser Zustand ist nicht haltbar. Was mir nicht zweifelhaft ist, das ist, daß die Frage der ärztlichen Operation ganz unabhängig gestellt werden muß von der Frage der Tatbestandsmäßigkeit. Ich halte es nicht für richtig, die Frage der Tatbestandsmäßigkeit zu verneinen. Bisher ist man herumgeritten auf den beiden Ausdrücken: Gesundheitsschädigung und körperliche Mißhandlung. Was bisher darüber als Ergebnis der Diskussionen erzielt wurde, genügt aber nicht. Wenn ein Arzt einem Patienten ein Bein abnimmt, so ist dies doch zweifellos eine schwere Körperverletzung, das wird kaum zu bestreiten sein, ebensowenig aber, daß sie nicht unter Strafe fällt. Wir kommen sofort in Verlegenheit, wenn eine Operation mißlingt oder schwere andere Schädigungen sich aus ihr ergeben. Der dritte Fall ist, wenn wir den § 239 bekommen. Hier sind die Vertreter beider Parteien, Mediziner und Juristen, schon einig darüber, daß die Perforation nicht darunter fällt. Ich halte dies für verkehrt. Die Perforation ist selbstverständlich eine Handlung, die unter dem Gesichtspunkt der ärztlichen Indikation behandelt werden muß. Wir können ruhig sagen: ärztliche Eingriffe sind Körperverletzungen, aber es mangelt ihnen die Rechtswidrigkeit. Alles hängt eben davon ab, ob ein gewissenhafter Arzt auf die Einwilligung des Patienten Wert legt oder nicht. Wenn ein Patient zum Arzt kommt wegen irgend eines Leidens und der Arzt erklärt ihm, daß dieser oder jener operative Eingriff erforderlich sei, und der Patient wünscht diesen Eingriff nicht, so darf ihn eben der Arzt nicht ausführen, das ist zweifellos. In einem anderen Falle nimmt der Arzt eine Operation am Darm oder dergleichen vor und findet Krebs; dann wird der gewissenhafte Arzt auch ohne vorherige Einwilligung des Patienten operieren. Ich bin der Meinung, die Einwilligung des Patienten ist keine notwendige Voraussetzung für die Rechtmäßigkeit der Operation; denn die mangelnde Einwilligung kann eben ein Notstand sein.

Prof. Dr. Eberhardt Schmidt-Kiel:

Meine Herren! Auch ich stehe auf dem Standpunkte, daß über die Rechtswidrigkeit im Strafrecht und im bürgerlichen Recht dasselbe zu sagen ist. Die Frage ist eine völlig einheitliche. Hinsichtlich der Frage des Verschuldens glaube ich, daß die strafrechtliche Literatur, die auf diesem Gebiete von ihrer zivilischen Schwester im Stiche gelassen wird, uns ganz deutlich eine Fortentwicklung zeigt. Ich würde es nicht für glücklich halten, wenn wir uns hier entschließen würden, etwas auszusprechen, was dieser Entwicklung irgendwie präjudizieren würde. Zu den Thesen der Herren Berichterstatter habe ich in Kürze einiges wenige zu sagen. Die Goldschmidt'sche These über die Ersatzpflicht ohne Verschulden halte ich für außerordentlich bedenklich. Was die Rechtfertigungsgründe betrifft, so möchte ich hier doch dringend davor warnen, daß wir § 21 Abs. 2 des Entwurfs akzeptieren. Das geltende Recht war besser. Bei der Notwehr handelt es sich um einen qualifizierten Rechtfertigungsgrund. Die Tatbestände sagen uns, was erlaubt und was verboten ist. Die Grenze muß da so scharf wie möglich gezogen werden. Wir lassen es lieber bei dem § 53, als daß wir den für die Rechtssicherheit hochgefährlichen § 21 heranziehen. Ich kann dem unter keinen Umständen zustimmen. Zur Frage des Notstands möchte ich bemerken, daß sich hinter dem, was man Notstand benennt, zwei grundverschiedene Fragestellungen verbergen. Die eine ist die typische Rechtsfragestellung, die andere die typische Schuldfragestellung. Das Nähere zu dieser Frage ist heute schon so eingehend ausgeführt worden, daß keine Veranlassung mehr vorhanden ist, darauf noch weiter einzugehen. Was schließlich die Züchtigung fremder Kinder betrifft, so kann ich der von Goldschmidt aufrechterhaltenen These nicht zustimmen. Ich muß sagen, es gibt Situationen, wo man eingreifen muß und es unmöglich so sein kann, daß der Betreffende, der einem frechen Lümmel auf der Straße um die Ohren haut, strafbar ist. Ich glaube, wir Kriminalisten haben hier genug gesprochen, und es wäre uns interessant, jetzt auch die Ansicht der Herren Zivilisten zu hören.

Geh. Justizrat Prof. Dr. Leonhard-Marburg:

Zur Frage der Schuldhaftung hat Herr Ministerialrat Prof. Dr. Kadecka in interessanter Weise Stellung genommen. Ich halte es persönlich mit der Mitte der Ansichten zwischen objektiver und subjektiver Theorie. Die neu vorgebrachte Ansicht ist aber meines Erachtens einer Prüfung zu unterziehen. Im einzelnen möchte ich Folgendes sagen:

Zunächst zur Frage des ärztlichen Eingriffs. Wird ein Arzt privat requiriert und greift dann irgendwie ein, so ist er im Sinne der Haftung für die Vornahme seiner Operation verantwortlich. Darüber besteht kein Zweifel. Ich denke aber noch an einen anderen Fall. Bei einem Eisenbahnunglück wird ein mitreisender Arzt zur Hilfeleistung herangezogen; es kann der Fall sein, daß er hierzu behördlich aufgefordert wird; es kann auch sein, daß er aus eigener Initiative, die sich ganz aus der Situation ergibt, zur Hilfeleistung eingreift. Er trifft Maßnahmen, nimmt Eingriffe vor, die er unter normalen Verhältnissen zu Hause anders getroffen haben würde, die ihm aber hier die Situation gebietet — es ist Mangel an den für ihn erforderlichen Instrumenten usw. —; kann er dann wegen irgendwelcher Schädigungen, die sich aus seinem Eingriff ergeben, haftbar gemacht werden ebenso wie bei Maßnahmen, die er unter normalen Verhältnissen und nach reiflichen und gewissenhaften Überlegungen vornimmt?

Professor Radecka macht ferner eine scharfe Unterscheidung zwischen Kranken, Schwachen und Dummen usw. Er meint, dem Kranken und Schwachen z. B. werde niemand einen Vorwurf machen für eine rechtswidrige Handlung, wohl aber dem Dummen. Indes: Dummheit ist, wie man sagt, eine Gottesgabe; der arme Besitzer derselben kann nichts dafür. Es gibt viele Leute, die die Dummheit verachten, aber auch viele, die die Schwachen verachten. Bedenken Sie nur unsere heutige Zeit des Sports, wo der Starke, der Leistungsfähige angestaunt und bewundert und auf den Schwachen herabgesehen wird. Das ist meines Erachtens unberechtigt; man kann nicht einem jeden Menschen die gleichen körperlichen und geistigen Leistungen zumuten. Man muß bei dem Begriff der Dummheit doch in Betracht ziehen, daß es sich nicht um die sogenannte polizeiwidrige Dummheit handelt, sondern um Leute, die eben irgendeiner Situation nicht gewachsen sind. Jeder wird sich in der gleichen Situation anders benehmen und anders handeln. Das werden Sie doch wohl selbst zugeben müssen. Es scheint mir auf keinen Fall die richtige Auffassung, daß man von jedem Menschen in der gleichen Situation das Gleiche verlangen kann. Das ist rein menschlich nicht möglich. Die Klugheit und die Geschicklichkeit wird sich in der Lebensgefahr anders benehmen als die Beschränktheit, die Dummheit.

Professor Radecka will endlich auch die Geisteskranken für Schädigungen haftbar machen, wenn auch mit bestimmten Klauseln. Diese Ansicht halte ich denn doch für bedenklich. Herr Professor Graf zu Dohna hat in dieser Frage das erlösende Wort gesprochen. Wenn Sie, so meinte er, dieser Ansicht von der Haftung der Geisteskranken zustimmen, so würde dies auf den Schuldbegriff keinen Einfluß haben. Ich möchte demnach zu Punkt III b der ursprünglichen Radecka'schen Thesen erklären, daß ich dafür bin, wenn er aufrechterhalten wird. Bei Punkt III c stelle ich hingegen die Frage, ob es richtig ist, die Geisteskranken generell haftbar zu machen. Ich möchte nur darauf hinweisen, daß der § 829 dadurch eine ungeheure Ausdehnung gewinnen würde. Wenn jemand wegen Geisteskrankheit eine Haftungshandlung begeht, müßte er dafür aufkommen. Ist es ein armer Teufel, bei dem nichts zu holen ist, dann ist es eben umsonst; aber der Reiche, der Vermögende müßte bezahlen, auch wenn er an der Schädigung wegen seiner Geisteskrankheit keine Schuld hat.

Prof. Dr. Aschaffenburg-Köln:

Ich möchte mich nur zu wenigen Einzelheiten äußern, und zwar zunächst zu der Frage einer Strafbestimmung gegen eigenmächtige ärztliche Behandlung.

Ich habe vor langen Jahren gelegentlich einer Arbeit über das Recht zu chirurgischen Eingriffen bei Geisteskranken mit Professor von Lilienthal versucht, eine passende Formulierung zu finden, auf Grund deren der Arzt vor jeder Möglichkeit einer Strafverfolgung wegen operativer Eingriffe geschützt werden sollte. Wir haben auch meines Erachtens eine leidliche Formel gefunden. Nur in einem Punkte konnten wir uns nicht einigen. Es gibt Fälle, in denen der Arzt auch gegen den Willen des Patienten sich zu einem Eingriff verpflichtet fühlt. Es wurde vorhin beanstandet, daß die Aerzte eine Strafbestimmung wegen eigenmächtiger ärztlicher Behandlung abgelehnt hätten. Ich bin überzeugt, daß das nicht geschehen ist, um nach Belieben das zu tun, was der Arzt für richtig hält, sondern weil tatsächlich Fälle vorkommen, in denen der Arzt eingreifen muß, auch gegen den Willen eines Kranken, und wo er auch nicht sich dahinter verschanzen kann, daß er die Zustimmung des Patienten nicht habe einholen können und daher diese Zustimmung voraussetzen durfte. Ich meine die Fälle, die uns als Psychiatern nicht selten begegnen, daß Kranke eingeliefert werden, die sich zum Zwecke des Selbstmordes die Pulsadern durchschnitten haben und sich nun aufs Entschiedenste weigern, die Gefäße unterbinden und die durchschnittenen Sehnen nähen zu lassen, weil sie sterben wollen. Wir können uns auch nicht einmal dahinter verschanzen, daß wir hoffen können, der Kranke werde nach abgeklungenem Affekt unser Vorgehen billigen, ebensowenig in manchen Fällen dahinter, daß der Kranke zur Zeit nicht geschäftsfähig sei. Bei solchen Gelegenheiten bleiben die Rechtsnormen unvereinbar mit den Lebenserscheinungen, und ich bin ganz sicher, daß, wie auch das Gesetz gefaßt werden wird, jeder Arzt sich unter den erwähnten Umständen nicht nur für berechtigt, sondern für verpflichtet halten wird, gegen den Willen des Kranken zu handeln.

Bei der vorgeschlagenen Fassung des § 827 BGB. hat sich Kollege Goldschmidt darauf berufen, daß er die von mir vorgeschlagenen Fassung dem jetzigen § 51 StGB. angepaßt habe. Ich bin bezüglich des zweiten Teils: „der Unfähigkeit, das Unerlaubte der Tat einzusehen und dieser Einsicht gemäß zu handeln" mit der Fassung einverstanden und will auch keine ernsten Bedenken gegen die kasuistische Aufzählung der einzelnen Umstände erheben. Aber für notwendig kann ich diese Aufzählung nicht halten. Mir würde der Ausdruck „Störung der Geistestätigkeit", der Bewußtseinsstörung und Geistesschwäche mit umfaßt, genügen. Den Wegfall des Wortes „krankhaft" halte ich dabei für zweckmäßig, da der Ausdruck dann alle Formen, auch z. B. die Schlaftrunkenheit, mit umfaßt, und da auf der anderen Seite einem Mißbrauch dadurch vorgebeugt ist, daß die Geistesstörung nur dann strafrechtlich oder zivilrechtlich ins Gewicht fällt, wenn sie den Kranken unfähig macht, das Unerlaubte seines Handelns einzusehen und dieser Einsicht gemäß zu handeln.

Und endlich noch ein Wort zur Schadensersatzpflicht. Es kann nicht die Aufgabe des Psychiaters sein, zu der Frage Stellung zu nehmen, ob die §§ 828 und 829 im Widerspruche zum Schuldproblem stehen. Aber es ist zweifellos in hohem Grade unerfreulich, wenn jemand durch die Handlungen Geisteskranker, Jugendlicher oder Taubstummer geschädigt wird, ohne daß dieser Schaden wieder gutgemacht wird. Schon vor längeren Jahren hat Duisberg in einer Doktorarbeit auf die Fälle aufmerksam gemacht, in denen Geisteskranke bei Spekulationsgeschäften den Schutz der §§ 104 und 105 BGB. in Anspruch nahmen. Selbstverständlich nur, wenn ihre Spekulationen mißglückten; ich glaube kaum, daß jemals ein Vormund, sicher aber kein Kranker sich auf diese Paragraphen berufen hat, wenn er Erfolg gehabt hat. Das ist doch ein grober Unfug, und ich würde es für einen großen Fortschritt halten, wenn die Ersatzpflicht im Rahmen der Billigkeit, wie das auch jetzt schon in § 829 vorgesehen ist, gesetzlich noch schärfer festgelegt würde. Wir wollen als Psychiater gewiß in erster Reihe die Interessen unserer Schutzbefohlenen wahren, aber nicht in einem Maße, daß dadurch die öffentliche Rechtssicherheit Not leidet.

Geh. Justizrat Prof. Dr. Heimberger-Frankfurt:

Meine Herren! Verzeihen Sie, wenn noch ein weiterer Kriminalist das Wort ergreift und so mithilft, dieser bürgerlich-rechtlichen Abteilung einen strafrechtlichen Charakter aufzuprägen! — Es ist heute das Wort gesprochen worden, wir berühmten uns vielfach mit Unrecht des Grundsatzes: nullum crimen sine lege. Das Wort hat jedenfalls insofern keine Berechtigung, als wir auf dem Gebiete des Strafrechts nicht selten ohne gesetzliche Bestimmung auskommen müssen und uns oft nur auf gewohnheitsrechtliche Bildungen stützen können, und teilweise nicht einmal auf diese, weil über die Frage, was Rechtens ist und was nicht, die Ansichten weit auseinander gehen. Dies gilt vor allem in bezug auf die sogenannten Rechtfertigungs- oder Unrechtsausschließungsgründe, ein Zustand, der weiterhin kaum erträglich ist. Nachdem wir uns jetzt Jahrzehnte über diese Dinge herumgestritten haben, ist es endlich an der Zeit, durch positive gesetzliche Regelung den Zweifeln ein Ende zu machen.

Lassen Sie mich einzelne Punkte, die mir besonders am Herzen liegen, aus der Fülle des von den Herren Berichterstattern und Diskussionsrednern Gebotenen herausgreifen.

Was zunächst die Notwehr anlangt, so wurde allerdings so, wie Herr Kollege Goldschmidt angibt, auf der Tagung der JKV. in Bonn vorgestern beschlossen — nämlich, daß als Notwehr nur die „erforderliche" Verteidigung betrachtet werden solle. Aber ein einstimmiger Beschluß war dies nicht. Es sind genug Leute, welche der Fassung des amtlichen Entwurfs — Verteidigung „in einer den Umständen angemessenen Weise" — zustimmen, und zu diesen gehöre auch ich. Wohl mag die Formel „erforderliche Verteidigung" für den Richter bequemer sein; doch alle Zweifel schließt auch sie nicht aus; denn das Wort „erforderlich" ist ebenfalls ein relativer Begriff. Jedenfalls aber kommt man mit der Zulassung der „erforderlichen" Verteidigung zu Ergebnissen, die den Forderungen der aequitas durchaus zuwiderlaufen. Ich will nicht besonders betonen, daß bei der Fassung „erforderliche Verteidigung" die wertvollsten Güter des Angreifers zu Gunsten der geringwertigsten Dinge vernichtet werden können; denn schließlich muß auch ein Rechtsgut von geringerem Wert gegenüber einem frechen Angriff nachdrücklich verteidigt werden dürfen. Aber die Fassung des amtlichen Entwurfs gibt dem Richter immerhin die Möglichkeit, den verschieden gearteten Umständen des einzelnen Falles, wenn nötig auch einem Mißverhältnis im Wert des angegriffenen und des verletzten Rechtsguts, Rechnung zu tragen. Was mir wichtiger erscheint, ist der Umstand, daß es bei der neuen Fassung des Notwehrbegriffs nicht mehr zulässig sein wird, gegen den Schuldunfähigen, den ich als solchen erkenne, nämlich den Geisteskranken, das Kind, den Betrunkenen, mich rücksichtslos dort durchzusetzen, wo ich mein Rechtsgut auf nicht unehrenhafte Weise anderswie sichern kann, oder wo es eine Brutalität wäre, den Schuldunfähigen zu vernichten oder schwer zu schädigen, nur um das eigene geringwertige Gut zu retten. Einem Betrunkenen geht jeder Vernünftige aus dem Wege. So werde ich auch dem Angriff des Geisteskranken, des Kindes, des Trunkenen, wenn irgend möglich, ausweichen oder ein geringwertiges Rechtsgut preisgeben, statt zu dessen Rettung den Schuldunfähigen zu töten oder schwer zu verletzen, wenn mir die jetzige Bestimmung über die Notwehr hierzu auch das Recht gibt. Ein Verständiger wird kaum anders handeln. So möge denn der Gesetzgeber dem Richter die Gelegenheit geben, im Sinne des Verständigen zu urteilen, und dies tut er, wenn er nur die Verteidigung in einer den Umständen angemessenen Weise zuläßt. Freilich wird dagegen sofort wieder das Bedenken von der Grenzenlosigkeit des richterlichen Ermessens laut. Aber wenn bei der Fassung jeder Gesetzesbestimmung die erste Sorge immer die sein soll, daß man ja nicht der Einsicht und der Vernunft des Richters zuviel zutraue, dann hört jede Gesetzgebung auf.

Dann der ärztliche Eingriff. Wenn irgendwo, so ist es hier notwendig, daß eine Gesetzesbestimmung dem Streit ein Ende macht. Mag man den ärztlichen Eingriff dem Wortlaut nach unter den gesetzlichen Begriff der Körperverletzung bringen können, wie z. B. nach dem österreichischen Strafgesetzbuch oder nach unserem amtlichen Entwurf — nicht nach dem geltenden Reichsstrafgesetzbuch —, so habe ich doch nicht den geringsten Zweifel, daß kein Strafgesetzbuch der Welt je den gebotenen und gelungenen ärztlichen Eingriff unter dem Begriff der Körperverletzung mit verstanden wissen will. Gewiß, der mißlungene Eingriff, der zu körperlicher Schädigung oder zum Tode des Patienten führt, verwirklicht den objektiven Tatbestand der Körperverletzung oder der Tötung. Aber zum Verbrechen gehört auch der subjektive Tatbestand. Vorsatz wird ja beim Arzt nicht vorliegen. Hat er dagegen fahrlässig gehandelt, dann ist er selbstverständlich wegen fahrlässiger Körperverletzung oder Tötung zur Verantwortung zu ziehen. Da sich indessen die Meinung immer noch nicht überall hat durchsetzen können, daß das Gesetz den gebotenen und gelungenen ärztlichen Eingriff nicht als vom Begriff der Körperverletzung umfaßt angesehen wissen will, läßt sich — trotz ihrer Selbstverständlichkeit — eine Bestimmung wie die des § 238 Entw. nicht weiter entbehren. Ergänzt muß sie allerdings — wie der erste Herr Berichterstatter vorschlägt — durch eine Strafdrohung gegen eigenmächtige ärztliche Behandlung werden; denn jeder hat schließlich das Recht, nach seiner Façon zugrunde zu gehen.

Nicht unter die allgemeine Bestimmung über den ärztlichen Eingriff fällt die Tötung des Kindes in der Geburt und die Unterbrechung der Schwangerschaft zur Rettung der Mutter; denn hier handelt es sich nicht bloß um einen Eingriff an der Mutter, sondern um einen Angriff auf ein unabhängig von der Mutter geschütztes Wesen. Hier bedarf es zum Schutz des Arztes einer besonderen Bestimmung. Nach geltendem Strafrecht wäre aller Not abgeholfen, wenn § 54 StGB. die Nothilfe nicht auf Angehörige beschränkte. Nach § 22 des amtlichen Entwurfs stellt sich — das muß ich dem ersten Herrn Berichterstatter zugeben — der Anwendung der Bestimmung über die Nothilfe das Bedenken entgegen, daß die Straflosigkeit des Nothelfers doch nicht davon abhängig gemacht werden kann, ob ihm — also dem Arzt — zugemutet werden konnte, den drohenden Schaden zu dulden. Es wird sich daher empfehlen, die besondere Vorschrift in das Gesetz aufzunehmen, die Herr Kollege Goldschmidt als § 229a vorschlägt.

Und nun die Einwilligung des Verletzten. Es ist aufrichtig zu begrüßen, daß der Entwurf die alte und nie gelöste Streitfrage wenigstens in Bezug auf die Körperverletzung abschneiden will. Ich lege hierbei weniger Gewicht darauf, ob die Straflosigkeit der Verletzung davon abhängig gemacht werden soll, daß die Einwilligung nicht gegen die guten Sitten verstößt, oder daß die Tat, wie Herr Kollege Goldschmidt vorschlägt, einem rechtlich gebilligten Zweck entspricht, wenn der Gesetzgeber nur überhaupt einmal Klarheit schafft! Aber ich meine, wir sollten den Mut haben, noch einen Schritt weiter zu gehen und der Einwilligung nicht bloß bei der Körperverletzung, sondern auch bei anderen Delikten, die überwiegend im Interesse des Verletzten bedroht sind, unrechtausschließende Wirkung zuzugestehen — so wie ich dies in meinem Beitrag zu Aschrott und Kohlrausch „Reform des Strafrechts" vorgeschlagen und begründet habe.

Endlich die Geschäftsführung ohne Auftrag. Hier bin ich gänzlich anderer Ansicht als Goldschmidt, der den ungezogenen Jungen von einem Dritten ohne Ermächtigung des Erziehungsberechtigten nicht angetastet und ein entsprechendes Verbot ins Gesetz aufgenommen wissen will. Nein, gerade bei der jetzigen allgemeinen Verrohung der Jugend würde ich ein solches Verbot für ein Unheil halten, gerade jetzt, wo die Gerichte — so z. B. kürzlich das Oberlandesgericht Naumburg, wenn ich mich recht erinnere — in diesem Punkte mit vernünftiger Rechtsprechung und verständiger Würdigung der Interessen der Allgemeinheit einzusetzen beginnen. Einer meiner Vorredner hat zu dieser Frage ein Beispiel gebracht. Lassen Sie auch mich ein Selbsterlebtes erzählen: In Bonn hatte ich im Vorgärtchen meines Hauses schöne Fuchsien blühen; eine Zeitlang wurde mir fast täglich ein Stock ausgegraben und gestohlen. Eines Tages — ich kam gerade aus der Vorlesung, in der ich von den Gründen, welche die Rechtswidrigkeit ausschließen, und darunter von der Geschäftsführung ohne Auftrag gesprochen hatte — sah ich, als ich mich meinem Hause näherte, einen fremden Jungen mit dem Herausreißen eines Fuchsienstöckchens in dem Vorgarten beschäftigt, schlich mich heran, packte den Jungen, verabreichte ihm das Erforderliche ad posteriora und war darauf gespannt, ob ich dem Gericht die Richtigkeit meiner Ansicht über die unrechtausschließende Wirkung der Geschäftsführung ohne Auftrag würde dartun müssen. Die Notwendigkeit trat nicht ein. Offenbar hatte ich dem mutmaßlichen Willen des Erziehungsberechtigten entsprechend gehandelt; zum mindesten war der Junge davon überzeugt und hat dem Vater sein Erlebnis verschwiegen. (Zuruf Goldschmidt: Das war von Ihrer Seite Notwehr.) Nein, das war keine Notwehr. Es fehlte an der Erforderlichkeit dieser Verteidigung. Ich hätte den Jungen durch einen Zuruf verscheuchen können. Für nicht zutreffend halte ich den Einwand, daß es sich bei einer Züchtigung fremder Kinder um einen Angriff auf deren Rechte, auf ihre körperliche Integrität handele, die Rechtswidrigkeit dieses Angriffs aber könne nicht durch Geschäftsführung ohne Auftrag ausgeschlossen sein; denn ihrem mutmaßlichen Willen entspreche die Züchtigung sicher nicht. Darum handelt es sich nicht, sondern um einen Eingriff in das Erziehungsrecht des Vaters oder sonstigen Erziehungsberechtigten, und auf dessen mutmaßlichen Willen kommt es an. Entspricht diesem die Züchtigung, so muß der Junge sie sich so gut gefallen lassen, wie wenn sie der Vater vornähme.

Als seinerzeit Zitelmann die Verwertung des Gedankens von der Geschäftsführung ohne Auftrag im Gebiet des Strafrechts befürwortete, fand er zunächst vielseitigen Beifall. Erst allmählich erhob sich Widerspruch. Höpler stellte dem Zitelmannschen Gedanken das „Prinzip des wahren Wohls“, Mezger den Rechtfertigungsgrund der „mutmaßlichen Einwilligung“ entgegen. Ich finde, daß die Verwertung der „Geschäftsführung ohne Auftrag“ auf dem Gebiete des Strafrechts viele Schwierigkeiten — Beispiele sind in der Literatur genug erwähnt — einer Lösung zuführt, um die man sich sonst vergeblich bemüht. Meines Erachtens dürfte man es sogar wagen, den Gedanken jetzt auch im Strafrecht in eine gesetzgeberische Form zu bringen.

Dies sind die Hauptpunkte, die mir in Bezug auf den heutigen Verhandlungsgegenstand am Herzen lagen. Mit weiteren kriminalistischen Einzelheiten möchte ich in dieser Abteilung den Herren Zivilisten den Raum für ihre eigenen Erörterungen nicht einschränken, zumal ich an der vorhin bezeichneten Stelle (Aschrott und Kohlrausch, Reform des Strafrechts) alle diese Fragen des Näheren behandelt habe.

Prof. Dr. Dölle-Bonn:

Meine sehr geehrten Herren! Herr Ministerialrat Prof. Dr. Radecka hat für die Verschiedenheit des strafrechtlichen und bürgerlichrechtlichen Schuldbegriffs eine Anzahl von Gründen angeführt, von denen ich zwei in meinem Gutachten zu berühren keinen Anlaß hatte. Mit diesen möchte ich mich daher hier kurz auseinandersetzen.

Das eine Argument stützte sich darauf, daß nach bürgerlichem Recht — im Gegensatz zum Strafrecht — der Vorsatz nicht den Schaden zu umfassen brauche, der aus der vorsätzlichen Handlung entstanden sei, und demnach der Täter für diesen hafte, sofern nur ein zurechenbarer Kausalzusammenhang gegeben sei. Das ist richtig, beweist aber höchstens, daß in diesen Fällen das bürgerliche Recht streng genommen von der Schuldhaftung abgeht, beweist dagegen nichts für den hier verwendeten Schuldbegriff. Soweit dieser in den fraglichen Tatbeständen vorausgesetzt wird, ist er mit dem des Strafrechts identisch.

Der zweite von Radecka für die Abweichung der Schuldbegriffe hervorgehobene Grund war der, daß das BGB. nur im § 1611 von „sittlichem Verschulden" spricht. Daraus soll sich ergeben, daß im übrigen das bürgerliche Recht einen von der Bezugnahme auf die Moral befreiten Schuldbegriff kenne und insofern zum Strafrecht in Gegensatz trete. Auch das kann nicht anerkannt werden; denn sowohl im bürgerlichen wie im Strafrecht tritt regelmäßig das Verschulden einem Verstoß gegen die Rechtsnorm zur Seite; in diesen Fällen ist eine Beziehung zur Moral rechtlich überhaupt gleichgültig. In den anderen Fällen aber, in denen das Gesetz auf die sittliche Ordnung verweist und von einem schuldhaften Verstoß gegen diese spricht — und das ist sowohl im Strafrecht als auch im Zivilrecht des öfteren der Fall —, ist das Verschulden in beiden Rechtsgebieten wiederum einheitlich.

Prof. Dr. H. A. Fischer-Jena:

Meine Herren! Die Fülle der in den gedruckten Gutachten und den heutigen Vorträgen der beiden Herren Berichterstatter behandelten Fragen ist so groß, daß ich hier in der Diskussion nur wenige Punkte erörtern kann. Ich möchte dabei noch besonders dem Wunsche Ausdruck verleihen, daß wir die grundlegenden Ausführungen des ersten Herrn Berichterstatters Prof. Goldschmidt später im Drucke zugänglich gemacht erhalten. Dann wird sich ihre Tiefe, die sie für eine mündliche Diskussion in größerem Kreise ungeeignet macht, erst in vollem Umfange herausstellen.

Bei der Einzelerörterung beginne ich mit den Leitsätzen des ersten Berichterstatters. Hier wird die Einstellung eines § 826 b in das BGB. gewünscht. Diese neue Bestimmung soll die rechtswidrige Unterlassung formulieren im Anschluß an die Fassung des E. § 14. — Muß das sein? Ich möchte von der Aufnahme dieser Bestimmung abraten. Sie soll, wie der Herr Berichterstatter in seinem Vortrage sagte, nur komplementär zu den heutigen §§ 823, 826 BGB. hinzutreten; schärfer gesagt, sie ist nur deklarativ. Um so mehr kann sie fehlen. Ob die Kriminalisten eine Begriffsbestimmung der rechtswidrigen Unterlassung in dem neuen StrGB. für erforderlich halten, muß ihnen überlassen bleiben. Wir scheuen solche Formulierungen; ebenso gut oder vielmehr ebenso wenig könnte man eine Formulierung des Kausalzusammenhangs in das BGB. aufnehmen.

Zu den Rechtfertigungs- und Entschuldigungsgründen übergehend habe ich über Notwehr als Rechtswidrigkeitsausschlußgrund zu dem Erörterten nichts hinzufügen. Was den Notstand anbetrifft, so hat ihn Herr Prof. Goldschmidt teils als Rechtswidrigkeitsausschlußgrund oder Rechtfertigungsgrund (in § 22 E. seiner Fassung), teils als Schuldausschließungs- oder Entschuldigungsgrund (in § 22a seiner Fassung) behandelt. Es kommt nun, wie mir die Herren bestätigen werden, selten vor, daß ein Jurist, der sich schriftstellerisch über eine Lehre näher geäußert hat, durch den Vortrag eines anderen veranlaßt wird, seinen bisherigen Standpunkt aufzugeben. Hier ist das der Fall: ich gebe meine bisherige Auffassung auf und stelle mich hiermit auf den Goldschmidt'schen Standpunkt. Ich hatte bisher den Notstand immer für einen Rechtswidrigkeitsausschließungsgrund erklärt. Übrigens war diese Ansicht von der Goldschmidt'schen weniger weit entfernt, als es auf den ersten Blick scheint. Auch ich hatte bisher eine differenzierte Behandlung der Notstandsfälle vertreten, bald ein subjektives Recht des Notstandstäters auf Vornahme der Notstandshandlung angenommen, bald die Notstandshandlung nur für unverboten erklärt; beides ließe sich unter Ausschluß der Rechtswidrigkeit vereinigen. Aber das mag auf sich beruhen bleiben, ich nehme hiermit die Goldschmidt'sche Ansicht an.

Es ist dann weiter der Umfang des Verschuldens nach Zivil- und Strafrecht erörtert worden; bald wurde eine Verschiedenheit, bald eine Einheitlichkeit der beiden Schuldbegriffe verteidigt. Zunächst als Ausgangspunkt: während die Rechtswidrigkeit in allen Gebieten der Rechtsordnung in ihrem Wesen notwendig dieselbe sein muß, ist dies beim Verschulden nicht denknotwendig; das Verschulden kann im Zivilrecht einen anderen Inhalt haben als im Strafrecht. Ob man nun aber den individuellen Maßstab des Strafrechts auch auf das zivilrechtliche Verschulden ausdehnt oder in letzterem mehr ein generalisierendes Moment („Abweichung vom Normaltypus") findet, ist praktisch nicht von so großer Bedeutung, wie es scheint. Praktisch wird auch unter theoretischer Anerkennung des ersteren (individuellen) Maßstabs im Privatrecht der Diligenzmaßstab strenger gehandhabt als im Strafrecht. Das liegt an den Rechtsfolgen: Schadensersatz als Rechtsfolge einer Verletzung erscheint vielfach noch billig, wo eine Bestrafung wegen Fahrlässigkeit das Rechtsgefühl verletzen würde. Es ist ja bekannt, daß wir in § 823 BGB. im großen und ganzen die Haftung der lex Aquilia übernommen haben, und doch wird durch Anspannung des Sorgfaltsmaßstabs im Einzelfall manche Verletzung heute für fahrlässig erklärt, die man vor 50 Jahren im gemeinen Recht als Zufallsschaden behandelt hätte.

Endlich noch ein Wort über das Verschulden gegen sich selbst. Die Fälle liegen sehr verschieden. Meist ist das Verschulden gegen sich selbst (vgl. z. B. die negative Fassung im StGB. § 54) ein Tatbestandsmerkmal neben sonstigen, wenn es sich um Verletzung anderer handelt und an den Gesamttatbestand Strafe, Schadensersatz oder sonstige nachteilige Rechtsfolgen geknüpft sind. Ganz anders liegt § 254 BGB. Hier ist — vom Standpunkt des Schadensersatzfordernden gesehen — keine Verletzung anderer gegeben. Dieses „eigene Verschulden" verletzt keine Norm, es ist weder rechtswidrig noch schuldhaft. Der § 254 BGB. beruht m. E. auf dem Grundgedanken einer exceptio doli generalis.[1]

Prof. Dr. Dölle-Bonn:

Meine sehr geehrten Herren! Verzeihen Sie, wenn ich noch einmal kurz um Ihre Aufmerksamkeit bitte; ich glaube dies indessen um so eher verantworten zu können, als bisher in dieser bürgerlichrechtlichen Abteilung fast ausschließlich Kriminalisten gesprochen haben und als der Anlaß, der mich jetzt an das Rednerpult führt, ein „zivilistischer" ist, nämlich die Ausführungen des Herrn Prof. Fischer zu § 254 BGB. Nach ihm hat diese Bestimmung mit den Fragen des Verschuldens gegen sich selbst nichts zu tun, sondern ist lediglich ein Anwendungsfall der exceptio doli. Das scheint mir aus mehreren Gründen nicht zutreffend zu sein.

Sicherlich hat unser BGB. der Einwendung des konkurrierenden Verschuldens nicht die Form einer „Einrede" im technischen Sinne gegeben. Auch wenn der Schuldner sich nicht darauf beruft, muß die culpa concurrens Berücksichtigung finden; das ist im Versäumnisverfahren besonders wichtig. Aber auch abgesehen davon scheint mir gar nicht der Gedanke der exceptio doli also der Gedanke, daß es eine Unanständigkeit des Klägers sei, den vollen Schadensbetrag zu fordern, obgleich ihn selbst an der Herbeiführung des Schadens ein Verschulden treffe, zu Grunde zu liegen. Denn der § 254 muß auch dann Anwendung finden, wenn der Kläger sich seines Mitverschuldens in keiner Weise bewußt ist. Der Vorwurf trifft also den Kläger nicht wegen seiner plus-petitio, sondern deswegen, weil er den Normen, die ihm die Wahrung seiner eigenen Interessen gebieten, in subjektiv vorwerfbarer Weise zuwidergehandelt und dadurch den ihm entstandenen Schaden selbst mit herbeigeführt hat. Daß der Schuldner sich auf die Verletzung von Normen berufen kann, die nur das Interesse des Klägers zu wahren bestimmt sind, beruht auf der durch die menschliche Erfahrung gestützten Annahme unserer Rechtsordnung, jeder dürfte mit der Befolgung solcher Gebote des eigenen Interesses bei seinen Mitmenschen rechnen, so daß, insoweit das Vertrauen darauf enttäuscht wird, den Schuldner eine Belastung nicht trifft.

Prof. Dr. H. A. Fischer-Jena:

Meine Herren! Ich hoffe, nicht in den Verdacht der Rechthaberei zu verfallen, wenn ich noch einmal das Wort ergreife, um Herrn Professor Dölle zu erwiedern.

„Wer sich selbst Schaden tut, den heißt man billig einen Erzbösewicht," so heißt es in den Sprüchen Salomonis. Danach verstieße das Verschulden gegen sich selbst im § 254 BGB. gegen eine ethische Norm. Aber ich muß das bestreiten. Über das eigene Verschulden in seiner ethischen Wertung kann ich mich hier nicht näher äußern. Auch gegen eine Rechtsnorm verstößt das eigene Verschulden des § 254 BGB. nicht. Wenn der, der an seiner eigenen Schädigung mitgewirkt hat oder gar sie allein verursacht hat, keinen Schadensersatzanspruch gegen andere erhebt, so ist die eigene Schädigung allein etwas Indifferentes. Erst dadurch, daß er vollen Schaden von einem anderen ersetzt verlangt, wo dieser den Schaden entweder gar nicht oder nur zum Teil verursacht und verschuldet hat, begeht er etwas rechtlich Gemißbilligtes. Daher sprach ich davon, daß der § 254 BGB. auf demselben Grundgedanken beruht wie die exceptio, doli generalis. Daß § 254 BGB. keine reine exceptio, keine Einrede enthalte, wie Herr Dölle mir erwidert, ist richtig; das habe ich auch gar nicht behauptet. Im übrigen wirkt aber gerade der § 254 wie die exceptio doli generalis. Ich erinnere an ihr Anwendungsgebiet im Wechselrecht: auch da braucht die Berufung auf das formale Recht nicht auf einer Unanständigkeit zu beruhen; es genügt, wenn diese Berufung nicht der Billigkeit entspricht, wie es hier nicht der Billigkeit entspricht, wenn der Geschädigte trotz eigener Mitwirkung beim Schadensereignis dem anderen Ersatz des vollen Schadens aufbürden will.

Folgt man meiner Auffassung, so kann man den Einzelfall elastisch behandeln; man kann unter Umständen auch das eigene Verschulden Schuldunfähiger berücksichtigen. Bekanntlich lehnt das Reichsgericht letzteres ab, weil es bei dem eigenen Verschulden, wenn es dieses auch nicht für subjektive Rechtswidrigkeit erklärt, doch die Grundsätze des Verschuldens gegen andere, insbesondere über Schuldfähigkeit, zur Anwendung bringt. Darin liegt doch wieder ein verstecktes Vorwurfselement, das ich ablehnen muß. Man nehme den Fall: ein Radfahrer fährt — schuldhaft — etwas zu schnell; ein sechsjähriger Knabe aus der Nachbarschaft, der ihn ärgern will, läuft vom Bürgersteig, auf dem er sich befindet, auf die Fahrstraße direkt in das Rad hinein und wird verletzt. Wäre der Radfahrer nicht zu schnell gefahren, so hätte er die Verletzung abwenden können; aber natürlich beruht der Schaden noch viel mehr auf dem unartigen Verhalten des Knaben. Das Reichsgericht würde hier, weil der Knabe noch nicht schuldfähig ist, die Anwendung des § 254 BGB. ablehnen und den Radfahrer für den ganzen Schaden haften lassen. Von meinem Standpunkt aus soll die Schuldfrage juristisch für den Knaben gar nicht aufgeworfen werden. Aber es verstößt wider Treu und Glauben, es begeht einen dolus generalis der gesetzliche Vertreter des Kindes, wenn er von dem Radfahrer Ersatz des vollen Schadens heischt: also Anwendung des § 254 BGB.!

Prof. Dr. Merkel-Greifswald:

Meine Herren! Die Debatte hat in mir den Eindruck hervorgerufen, als ob die Teilnehmer aneinander vorbeiredeten. Ich glaube den Grund darin zu finden, daß man sich über den Begriff der Schuld nicht ganz klar ist. Nun ist vorhin gebeten worden, die Theoretiker möchten der Praxis zur Klarheit über die Begriffe der Rechtswidrigkeit und der Schuld den Weg weisen. Das hat mich veranlaßt, mir das Wort zu erbitten. In der Juristischen Wochenschrift habe ich auszuführen versucht, daß die Schuld vom Vorsatz und von der Fahrlässigkeit begrifflich getrennt gehalten werden muß. Vorsatz und Fahrlässigkeit enthalten nur ein intellektuelles und ein psychologisches Moment; die Schuld befaßt sich mit der Wertung der Tat und fügt den Elementen des Vorsatzes und der Fahrlässigkeit ein normatives oder ethisches Moment hinzu. Es kann z. B. keinem Zweifel unterliegen, daß der Schiffbrüchige, der sich auf die Schiffsplanke rettet und, weil das Brett sie beide nicht trägt, den Leidensgenossen ins Wasser stößt, diesen vorsätzlich tötet. Er tut es aber nicht schuldhaft, weil das Recht seine aus übermächtigem Selbsterhaltungstrieb entspringende Tat entschuldigt. Wenn diese Erkenntnis, daß es vorsätzliche, aber nicht schuldhafte Taten gibt, allgemein durchdringen würde, dann würden der Praxis die Entscheidungen, wie ich glaube, bedeutend erleichtert werden.

Im übrigen möchte ich zu der Frage, ob vorsätzliche oder fahrlässige, aber nicht schuldhafte Taten zum Schadensersatz führen sollen, nicht eingehend Stellung nehmen, sondern nur den in der Debatte schon hervorgetretenen Gedanken nochmals aussprechen, daß das bürgerliche Recht hierin nicht dem Strafrecht zu folgen braucht. Wer den Schaden am Vermögen tragen soll, ist eine Frage, die vom Verschulden nicht abhängen muß. Wer aber eine Strafe erleiden soll, muß das, was er angerichtet hat, verschuldet haben. Möglicherweise ergibt die Trennung von Vorsatz und Fahrlässigkeit einerseits und der Schuld andererseits die befriedigende Antwort auf die eben gestellte Frage für das bürgerliche Recht, und zwar in dem Sinne, daß jeder vorsätzlich oder fahrlässig herbeigeführte Schaden vom Täter ersetzt werden muß, mag er ihn auch ausnahmsweise entschuldbar herbeigeführt haben.

Der Vorsitzende erteilte hierauf den beiden Berichterstattern das Schlußwort.

Ministerialrat Prof. Dr. Kadecka-Wien:

Um Wiederholungen zu vermeiden, will ich mich in meinem Schlußwort auf die Verfechtung der Meinungen beschränken, die ich allein vertrete, die Verteidigung der gemeinsamen Thesen aber meinem Herrn Mitberichterstatter überlassen.

Die erste Meinungsverschiedenheit zwischen uns betrifft seinen Leitsatz zu § 1631 BGB. Er möchte in diesen Paragraphen die Bestimmung aufgenommen sehen, daß einem Dritten ohne Ermächtigung des Vaters oder der zuständigen Behörde die Anwendung von Zuchtmitteln gegen ein Kind nicht zusteht. Soweit sich dieser Satz auf die körperliche Züchtigung bezieht, habe ich gegen ihn um so weniger etwas einzuwenden, als ich überhaupt ein Gegner der körperlichen Züchtigung bin. Aber es gibt auch andere Zuchtmittel als die körperliche Züchtigung, z. B. den Verweis, den Tadel, die mündliche Rüge. Soll auch sie dem Dritten verwehrt sein, soll er für jedes durch das Benehmen des Kindes ausgelöste kräftigere Wort, für jede Zurechtweisung, die einen Erwachsenen verletzen würde, wegen Beleidigung strafbar sein, obwohl der Zurechtgewiesene noch ein Kind ist? Ich halte in Abwesenheit des Zuchtberechtigten die Zurechtweisung eines Kindes, das sich ungehörig benimmt, nicht bloß für entschuldbar nach dem vierten Absatz des § 288 des Entwurfs, sondern geradezu für rechtmäßig.

Von den Einwendungen, die gegen meine Auffassung der zivilrechtlichen Schuld erhoben worden sind, scheinen mir die grundsätzlichen am bedeutsamsten. Ich gebe ohne weiteres zu, daß die Einheit des Schuldbegriffs vom Standpunkt der allgemeinen Rechtslehre ein Ziel ist, aufs Innigste zu wünschen; und wenn es denkbar wäre, sich von der Tradition ganz los zu machen, das, was der zivilrechtliche Schuldbegriff nach meiner Ansicht über den strafrechtlichen hinaus umfaßt, mit einem eigenen Wort zu bezeichnen und diesen zweiten abgespalteten Begriff als besonderen Haftungsgrund neben die Schuld zu stellen, so würde diese Methode gewiß den Vorzug verdienen. Aber wir haben es nicht mit einem erst zu bildenden, sondern mit einem historisch gewordenen Begriff zu tun. Nach meiner Überzeugung ist namentlich der Begriff der Fahrlässigkeit im positiven Zivilrecht ein anderer als im Strafrecht. Ich kann nicht zugeben, daß seine Ausdehnung auf den Mangel der im Verkehr erforderlichen Fähigkeiten und Kenntnisse eine verhältnismäßig junge Neuerung sei. Schon bei den Römern galt der Satz: „imperitia culpae adnumeratur." Ich bestreite, daß dieser Satz, wie Leonhard will, nur bedeute, man hafte für seine Unwissenheit, wenn man sie kennt oder kennen sollte. In der bekannten Digestenstelle, auf die sich Leonhard beruft, sagt Gajus nur, man dürfe sich keines Geschäftes unterfangen, von dem man weiß oder wissen sollte, daß dabei die eigene Körperschwäche (infirmitas) andern gefährlich werden könne. In Beziehung auf die Haftung für imperitia, von der im Satz vorher die Rede ist, hält Gajus eine solche Rechtfertigung keineswegs für nötig. Er unterscheidet also ebenso, wie ich es tue. Auch definieren die Römer die „culpa lata" nicht etwa als das „non velle quod omnes volunt", sondern als das „non intellegere quod omnes intellegunt". Sie fassen sie daher in erster Linie als Verstandesschuld auf.

Man hat mir auch eingewendet, es sei unrecht, die Dummen zu verachten. Ich habe nie verlangt, daß man das tue. Ich habe bloß festgestellt, daß der Vorwurf der Dummheit als ehrenrührig empfunden wird. Das ist etwas anderes. Niemand wird leugnen wollen, daß der Vorwurf der Schlechtigkeit als ehrenrührig empfunden wird. Daraus folgt aber doch nicht, daß man die Verbrecher „verachten" solle. Man soll überhaupt niemand verachten. Das ist gewiß richtig; aber ich kann darin kein Argument gegen die Auffassung erblicken, daß im Sinne des Zivilrechts als Schuld die Zurückführbarkeit einer Tat auf persönliche Mängel jeder Art zu betrachten sei, die dem damit Behafteten in der allgemeinen Wertschätzung Abbruch tun.

Es ist ferner bestritten worden, daß aus § 254 BGB. ein Argument für die Duplizität des Schuldbegriffs abgeleitet werden könne. Allein was über diesen Paragraphen hier vorgebracht worden ist, hat mich in meiner Meinung eher bestärkt als erschüttert. Wenn sich die angesehensten Rechtslehrer und Richter aufmachen, um bei hellem Tageslicht, sozusagen mit der Laterne, im Verschulden gegen sich selbst das sittliche Moment zu suchen, und der eine es da, der andere es dort zu erblicken glaubt, keiner aber imstande ist, es auch für andere überzeugend nachzuweisen, so darf das wohl als Beweis dafür gelten, daß dieses Verschulden eben kein sittliches Verschulden ist.

Ich habe mich endlich nicht dazu entschließen können, dem Leitsatz meines Herrn Mitberichterstatters beizutreten, worin eine Ausdehnung der Billigkeitshaftung des § 829 auf schuldlose Schadenszufügung im allgemeinen verlangt wird. Ich sehe ganz davon ab, daß der Wunsch nach dieser Erweiterung hauptsächlich dadurch geweckt wird, daß man den Schuldbegriff unnatürlich einschränkt. Ich halte — ganz abgesehen davon — die Regel des § 829 sozusagen für das Gegenteil eines Rechtssatzes und die Grundsätze, die er aufstellt, für unvereinbar mit den Prinzipien, auf denen unser Privatrecht sonst aufgebaut ist. Das gilt nicht nur, wie ich schon in meinem Bericht ausgeführt habe, für die Berücksichtigung der Verhältnisse der Beteiligten, sondern auch für die Beschränkung der Schadenersatzpflicht durch die Rücksicht auf den standesgemäßen Unterhalt des Beschädigers und seine Unterhaltspflichten gegen seine Angehörigen. Diese Beschränkung der Haftung auf das nicht zum Unterhalt notwendige Vermögen des Beschädigers bedeutet m. E. eine ungerechte Abwälzung der Versorgungspflicht der Allgemeinheit auf die Schultern des Beschädigten. Statt daß dem Beschädigten sein Schaden ersetzt und der dadurch vermögens- und unterhaltslos gewordene Beschädigte aus den Mitteln der Allgemeinheit erhalten wird, verweigert man dem Beschädigten die Entschädigung, um der Allgemeinheit die Erhaltung des Beschädigers zu ersparen.

Viel gerechter und billiger als die lotterieähnliche Schadensverteilung des § 829 scheint es mir, die Geisteskranken grundsätzlich und unbeschränkt für den Schaden haften zu lassen, den sie vermöge ihres Zustandes andern Personen zufügen: nach dem von Strohal formulierten Grundsatze, daß jeder für das einstehen muß, was Ausfluß seiner minderwertigen Individualität ist. Die Gefahr seiner Minderwertigkeit soll jeder selbst tragen. Es ist ganz ungerechtfertigt, einen Schaden, den ein Minderwertiger vermöge seines Defekts verursacht hat, einen Vollwertigen tragen zu lassen, von dem man mit viel mehr Recht sagen kann als von jenem, daß er daran völlig unschuldig ist. Man hat mir eingewendet, es sei eine Grausamkeit, den Geisteskranken für den Schaden haften zu lassen, den er anrichtet. Ich halte es für eine viel größere Grausamkeit, dem völlig schuldlosen Beschädigten die Tragung eines Schadens aufzubürden, der in der Geisteskrankheit eines anderen seinen Grund hat.

Was sonst gegen die von mir vertretenen Meinungen vorgebracht worden ist, richtet sich ebenso sehr auch gegen die Ausführungen meines Herrn Korreferenten. Ich brauche daher darauf nicht einzugehen und kann die Erwiderung getrost ihm überlassen.

Ich bitte Sie um Vergebung, daß ich Ihre Aufmerksamkeit zum großen Teil für eine Frage in Anspruch genommen habe, zu der in den Thesen, wie sie jetzt noch zur Beratung stehen, gar nicht mehr Stellung genommen wird. Aber diese Frage scheint mir weitaus die interessanteste von allen, über die wir uns hier unterhalten haben, und ich wollte Einwendungen, die ich nicht für begründet halten kann, nicht ganz unwidersprochen lassen.

Prof. Dr. James Goldschmidt-Berlin:

Gegenüber meinem verehrten Mitberichterstatter muß ich an der Einheitlichkeit des Schuldbegriffs für das Straf- und Zivilrecht festhalten. Natürlich kann man die Schuldhaftung für das bürgerliche Recht einschränken oder sogar beseitigen. Aber soweit man sie bestehen läßt, ist die Schuld grundsätzlich nichts anderes als im Strafrecht. Meines Erachtens lassen sich alle von Herrn Ministerialrat Kadecka angeführten Gegengründe widerlegen. Daß sich im bürgerlichen Recht das Verschulden regelmäßig nicht auf den Schaden zu beziehen braucht, beweist ein Stück Erfolgshaftung, aber keine Schuldverschiedenheit. Gewiß liegt darin eine Haftung für „versari in re illicita"; aber gerade eine solche haben wir früher auch im Strafrecht gehabt und haben sie dort noch heute bei den durch den Erfolg qualifizierten Delikten. Auch das „Verschulden gegen sich selbst", von dem heute so viel die Rede gewesen ist, enthält ein normatives Element; es verstößt gegen ein „Gebot eigenen Interesses". Dieses Gebot kann sogar eine ethische Betonung annehmen in Gestalt einer „Pflicht gegen sich selbst", die freilich immer noch von der „Pflicht gegen andere" verschieden ist. Ich darf hier auf die Darlegungen verweisen, die ich in meinem „Prozeß als Rechtslage" in bezug auf das prozessuale Verschulden gemacht habe, das immer ein „Verschulden gegen sich selbst" ist. Mit Recht hat endlich Graf Dohna darauf hingewiesen, daß auch im bürgerlichen Recht die Zurechnungsfähigkeit Schuldvoraussetzung ist. Indessen diese ganze Streitfrage kann auf sich beruhen, da der Herr Mitberichterstatter und ich uns in Bezug auf die praktischen Folgerungen weitgehende Zugeständnisse gemacht haben. So stimme ich seiner Forderung, Geisteskranke für rechtswidrige Handlungen, die mit ihrer Krankheit in ursächlichem Zusammenhange stehen, zu. Auch ohne daß man auf die veränderte

Stellung des Entwurfs gegenüber gemeingefährlichen Geisteskranken verweist oder gar an die grundsätzliche Gleichbehandlung von Geistesgesunden und Geisteskranken im italienischen StGEntw. denkt, kann man im bürgerlichen Recht zu einer Haftbarmachung der Geisteskranken gelangen. Denn bei der Verteilung des nun einmal entstandenen Schadens ist der der Nächste dazu, ihn zu tragen, der ihn verursacht hat. Ich habe bereits darauf verwiesen, daß damit § 827, den mir der Herr Mitberichterstatter seinerseits konzediert, aus den Angeln gehoben wird. Aber bedeutungslos wird er schon deshalb nicht, da er sich auch auf Bewußtseinsstörungen bezieht, und auch „krankhafte Störung der Geistestätigkeit" weiter als „Geisteskrankheit" ist. Vor allem aber behält er seine volle Bedeutung als Normierung der wichtigsten Schuldvoraussetzung, und es wird für den Fall, daß die zivilrechtliche Haftung Geisteskranker in die Gesetzgebung eingeht, erforderlich werden, ihn noch weiter an § 17 Entw. anzugleichen, indem statt „ist für den Schaden nicht verantwortlich" gesetzt wird: „ist nicht zurechnungsfähig" oder „handelt nicht schuldhaft". Die größere Nähe des Schadensverursachers zur Schadenstragung läßt mich auch bei meinem Vorschlage stehen bleiben, die Billigkeitshaftung des § 829 auf alle Fälle unverschuldeter Schadenverursachung auszudehnen.

Noch ein Wort zu dem von mir verlangten Verbot der Züchtigung fremder Kinder. Ich schränke es, dem Herrn Mitberichterstatter folgend, gern auf die „körperliche Züchtigung" ein und nehme an, daß meine diesbezügliche These damit zu einer gemeinsamen wird (Zustimmung des Prof. Dr. Kadecka). In dieser Beschränkung halte ich das Verbot aber für unbedingt erforderlich. Ja, wenn alle eine so fortgeschrittene Auffassung von den Grenzen des elterlichen Rechtes zu körperlicher Züchtigung hätten wie Herr Kollege von Hippel, dann möchte das Verbot überflüssig sein. Aber leider herrscht noch in weiten Kreisen des Volkes ein solcher Mißbrauch des Züchtigungsrechts gegenüber den eigenen Kindern, daß einem Recht zur Züchtigung fremder Kinder auf das Schärfste entgegengetreten werden muß. Selbst auf die Gefahr, hin, daß in Zukunft Herr Kollege Heimberger keine fremden Kinder mehr züchtigen kann, bitte ich Sie, unsere nun gemeinsame These anzunehmen.

In der sich hieran anschließenden Abstimmung wurden folgende gemeinschaftliche Thesen der Berichterstatter mit großer Mehrheit angenommen:

1. Die Grenze zwischen Recht und Unrecht muß im bürgerlichen Recht dieselbe sein wie im Strafrecht.

2. In das BGB. ist folgender § 826 b einzustellen:

„Wer es unterläßt, einen rechtswidrigen Erfolg abzuwenden, obwohl er hierzu rechtlich verpflichtet ist, ist für den daraus entstehenden Schaden ebenso verantwortlich wie jemand, der den Erfolg verursacht.

Wer die Gefahr, daß ein bestimmter Erfolg eintritt, durch seine Tätigkeit herbeiführt, ist verpflichtet, den Erfolg abzuwenden."

3. § 227 II BGB. ist dem § 21 II des Entwurfs eines Allg. Deutschen Strafgesetzbuchs anzugleichen.

4. § 21 III Halbsatz 2 des Entw. erhält die Fassung:

„Ist die Überschreitung infolge Aufregung oder Bestürzung geschehen, so ist er entschuldigt."

5. An die Stelle des § 228 Satz 2 BGB. treten folgende Sätze:

„Hat der Gefährdete oder ein Dritter die Gefahr verschuldet, so ist er zum Schadensersatz verpflichtet. Mehrere Ersatzpflichtige haften als Gesamtschuldner. Fällt dem Gefährdeten ein Verschulden, dem Dritten aber nur Fahrlässigkeit zur Last, so ist in ihrem Verhältnis zueinander der Gefährdete allein verpflichtet.

6. In das BGB. ist folgender § 826 a einzustellen:

„Wer durch eine im strafgesetzlichen Notstand begangene Handlung geschädigt ist, kann Ersatz des ihm entstandenen Schadens von dem Gefährdeten verlangen, auch wenn dieser die Gefahr nicht verschuldet hat. Neben dem Gefährdeten haftet derjenige, der die Gefahr verschuldet hat, als Gesamtschuldner. Trifft den Gefährdeten kein Verschulden, so ist im Verhältnis des Gefährdeten zu dem Mitschuldner dieser allein verpflichtet."

7. § 904 Satz 2 BGB. erhält folgenden Halbsatz 21:

„§ 826 a findet entsprechende Anwendung."

8. a) An die Stelle des § 22 des Entw. treten unter Wegfall des § 904 BGB. folgende Vorschriften:

„§ 22. Nicht rechtswidrig handelt, wer von sich oder einem anderen die gegenwärtige, nicht anders abwendbare Gefahr eines Schadens, den der Gefährdete zu tragen rechtlich nicht verpflichtet ist, dadurch abwendet, daß er durch eine sonst rechtswidrige Handlung ein offenbar kleineres Übel verursacht. Das Übel darf nicht in der Verletzung von Leib und Leben bestehen."

„§ 22a. Nicht schuldhaft handelt, wer eine rechtswidrige Handlung in der Absicht begeht, die gegenwärtige nicht anders abwendbare Gefahr des Todes oder schwerer Gesundheitsschädigung, die der Gefährdete zu tragen rechtlich nicht verpflichtet ist, von sich oder einer ihm nahestehenden Person abzuwenden oder zu einer solchen Tat Beihilfe zu leisten. Hat der Täter eine solche Gefahr irrtümlich angenommeen und beruht der Irrtum auf Fahrlässigkeit, so finden die Vorschriften über fahrlässige Handlungen Anwendung."

b) In den Entw. ist folgender § 229a einzustellen:

„Die Unterbrechung der Schwangerschaft oder die Tötung des Kindes in der Geburt ist nicht rechtswidrig, wenn sie von einem Arzt vorgenommen wird, um die nicht anders abwendbare Gefahr des Todes oder schwerer Gesundheitsschädigung von der Schwangeren abzuwenden."

9. In § 238 des Entw. ist für den Fall seiner Annahme das Wort „dieses" durch „des" zu ersetzen.

10. Als § 254a ist in den Entw. der § 313 des Entw. von 1919 (Strafbestimmungen gegen eigenmächtige ärztliche Behandlung) einzustellen.

11. § 827 BGB. erhält folgende Fassung:

„Wer im Zustande der Bewußtseinsstörung, der krankhaften Störung der Geistestätigkeit oder der Geistesschwäche, die ihn unfähig macht, das Unerlaubte der Tat einzusehen oder dieser Einsicht gemäß zu handeln, einem anderen schuldhaft Schaden zufügt, ist für den Schaden nicht verantwortlich."

12. § 828 II BGB. erhält folgende Fassung:

„Wer das 7., aber nicht das 18. Lebensjahr vollendet hat, ist für den Schaden, der er einem anderen zufügt, nicht verantwortlich, wenn er bei der Begehung der schädigenden Handlung nach seiner geistigen oder sittlichen Entwicklung unfähig war, das Unerlaubte der Tat einzusehen oder dieser Einsicht gemäß zu handeln. Das Gleiche gilt von einem Taubstummen, wenn er wegen zurückgebliebener geistiger Entwicklung unfähig war, das Unerlaubte der Tat einzusehen oder dieser Einsicht gemäß zu handeln."

13. In § 3 des Jugendgerichtsgesetzes ist zu setzen: statt „Ungesetzliche“ „Unerlaubte“, statt „seinen Willen dieser Einsicht gemäß zu bestimmen“ „dieser Einsicht gemäß zu handeln“.

14. Geisteskranken ist grundsätzlich die Ersatzpflicht für rechtswidrige Handlungen aufzuerlegen, die mit ihrer Krankheit in ursächlichem Zusammenhange stehen.

15. § 830 II BGB. erhält folgende Fassung:

„Die strafrechtlichen Formen der Beteiligung sind für die Verantwortlichkeit ohne Bedeutung.“

Ferner wurde folgende These des Berichterstatters Prof. Dr. Goldschmidt angenommen:

16. Die Billigkeitshaftung des § 829 BGB. ist auf alle Fälle unverschuldeter Schadensverursachung auszudehnen.

Die gemeinschaftliche These der beiden Berichterstatter, wonach dem § 1631 II BGB. folgender Satz 3 zugefügt werden sollte: „Einem Dritten steht ohne Ermächtigung des Vaters oder der zuständigen Behörde die Anwendung körperlicher Züchtigung gegen das Kind nicht zu“ wurde mit Stimmengleichheit abgelehnt.

Zum Berichterstatter für die Plenarversammlung wurde Prof. Dr. Goldschmidt-Berlin ernannt.

Zweite Sitzung der dritten Abteilung.

am

Dienstag, den 14. September 1926.

Nachdem an Stelle des verhinderten Vizepräsidenten des OLG. Köln, Dr. Happ, zum ersten stellvertretenden Vorsitzenden Herr Rechtsanwalt Dr. Ernst Wolff-Berlin und zu Vertrauensmännern für die Wahl der zukünftigen Ständigen Deputation die Herren

1. Rechtsanwalt Dr. Ernst Wolff-Berlin,
2. Rechtsanwalt Dr. Mendel-Köln,
3. Landrichter Dr. Bauer-Köln,
4. Geh. Justizrat Dr. Wildhagen-Leipzig,
5. Oberlandesgerichtspräsident Dr. Dronke-Frankfurt a. M.,
6. Oberlandesgerichtspräsident Dr. Mittelstein-Hamburg,
7. Senatspräsident i. R. Prof. Dr. Wieruszowski-Köln,
8. Professor Dr. Nußbaum-Berlin,
9. Rechtsanwalt Dr. Leo-Hamburg,
10. Professor Dr. Reichel-Hamburg,

gewählt worden waren, trat die Versammlung in die Beratung des zweiten Themas ein:

Welche Hauptgrundsätze sind für die Neuregelung des Schiedsgerichtswesens zu empfehlen?

Zu dem Thema lagen folgende Leitsätze der Berichterstatter vor:

I. Allgemeine Leitsätze der Berichterstatter Prof. Dr. Nußbaum-Berlin und Senatspräsident i. R. Prof. Dr. Wieruszowski-Köln.

1. Die gegenwärtige Regelung des Schiedsgerichtsverfahrens in der ZPO. ist unzweckmäßig. Sie muß den veränderten wirtschaftlichen Verhältnissen angepaßt und nach der technischen Seite verbessert werden.

2. Dem in der wirtschaftlichen Lage begründeten Bedürfnis der Rechtsuchenden, ihre Streitigkeiten schiedsrichterlich entscheiden zu lassen, dürfen sich Rechtsprechung und Gesetzgebung nicht entgegenstellen. Sie müssen aber dafür Sorge tragen, daß durch die Besetzung und das Verfahren

der Schiedsgerichte Unparteilichkeit und Rechtssicherheit tunlichst gewährleistet werden. Insbesondere müssen sie dahin wirken, daß die Schiedsgerichte nicht die Ziele der staatlichen Gesetzgebung, insbesondere auf wirtschaftlichem Gebiete, durchkreuzen.

3. Die Vollstreckung ausländischer Schiedssprüche ist von der Verbürgung der Gegenseitigkeit abhängig zu machen.

II. Einzelleitsätze des Berichterstatters Senatspräsident i. R. Prof. Dr. Wieruszowski-Köln.

A. Zur Frage der Zulässigkeit des Schiedsvertrages:

1. Wer zur Eingehung eines Schiedsvertrages durch Mißbrauch eines Abhängigkeitsverhältnisses bestimmt worden ist, kann den Schiedsvertrag binnen Jahresfrist anfechten. Die Frist beginnt mit dem Zeitpunkte, in dem das Abhängigkeitsverhältnis aufhört. Die Vorschriften des § 124 Abs. II S. 2 und Abs. III BGB. finden entsprechende Anwendung.

2. Ein Schiedsvertrag ist unwirksam, wenn die Vertragschließenden das Schiedsgericht von der Einhaltung solcher Gesetze befreien, deren Nichtbeachtung zu einem von der heimischen Rechtsordnung gemißbilligten Erfolge führen würde. Es macht keinen Unterschied, ob die Befreiung ausdrücklich erfolgt oder ob die Umstände den Befreiungswillen ergaben.

3. Ein Schiedsvertrag ist unwirksam, wenn er nicht beiden Teilen den gleichen Einfluß auf Bildung und Besetzung des Schiedsgerichts einräumt.

B. Zur Frage der Verfahrensgestaltung:

1. Dem zuständigen Gerichte kann die Entscheidung über die Ablehnung von Schiedsrichtern nicht entzogen werden.

2. Ein Verzicht auf das rechtliche Gehör der Schiedsparteien ist unzulässig. Auf Verlangen jeder Partei muß das Schiedsgericht mündliche Verhandlung anordnen.

C. Zur Frage der Spruchfindung:

1. Das Schiedsgericht ist in der Fällung seines Spruchs an das Gesetz gebunden, soweit nicht der Schiedsvertrag ein anderes bestimmt und bestimmen darf. (Leitsatz A Nr. 2.)

2. Ein Verzicht auf schriftliche Begründung des Schiedsspruchs ist unzulässig.

3. Ein Schiedsspruch unterliegt — vorbehaltlich der übrigen Aufhebungsgründe des § 1041 ZPO. — der Aufhebung, wenn die Entscheidung in offenbarem Widerspruche zu einem Gesetze steht, dessen Nichtbeachtung zu einem von der heimischen Rechtsordnung gemißbilligten Erfolge führen würde.

D. Zur Frage der Spruchvollstreckung:

Das seit 1924 bestehende Beschlußverfahren ist beizubehalten, bedarf aber folgender Abänderungen:

1. Der § 1042 II ZPO. fällt weg.

2. Der Vollstreckungsbeschluß ist nicht zu erlassen, wenn offenbar Gründe vorliegen, aus denen die Aufhebung des Schiedsspruchs beantragt werden kann, oder wenn der Gegner solche Gründe dergestalt glaubhaft macht, daß auf einen Erfolg der Aufhebungsklage mit Wahrscheinlichkeit zu rechnen sein würde.

3. Der Erlaß des Vollstreckungsbeschlusses kann von einer Sicherheitsleistung abhängig gemacht werden. Eine Sicherheitsleistung ist auf Antrag anzuordnen, wenn die Vollstreckung des Schiedsspruchs dem Schuldner einen nicht zu ersetzenden Nachteil bringen würde.

4. Ist die Aufhebungsklage anhängig, so kann das Prozeßgericht in jeder Lage des Verfahrens von Amts wegen oder auf Antrag die in § 707 ZPO. erwähnten Maßnahmen anordnen.

Bericht erstattete zunächst Prof. Dr. Nußbaum-Berlin. Er führte Folgendes aus:

Meine Damen und Herren! Meine Vorbesprechungen mit dem Korreferenten, Herrn Präsidenten Wieruszowski, ergaben eine so weitgehende Übereinstimmung unserer Ansichten, daß es nicht möglich ist, im Referat und im Korreferat den Gegenstand von zwei verschiedenen Standpunkten aus vorzuführen. Wir haben uns deshalb dahin verständigt, daß ich die allgemeinen Gesichtspunkte entwickeln werde, während Herr Präsident Wieruszowski Ihnen die einzelnen Gesetzesvorschläge vorzulegen und zu begründen beabsichtigt. Bei dieser Teilung der Materie sprach die Erwägung mit, daß ich bereits einen formulierten Gesetzesvorschlag in einer Denkschrift der

Berliner Handelskammer von 1918 veröffentlicht habe. Die Teilung kehrt auch wieder in den Leitsätzen, die Ihnen gedruckt vorliegen, und die, wie Sie ja ersehen haben, in allgemeine und in spezielle zerfallen. Wenn einzelne Leitsätze nur von Herrn Präsidenten Wieruszowski gezeichnet sind, so hat dies seinen Grund ausschließlich darin, daß die Zeit leider nicht ausgereicht hat, um hinsichtlich der Formulierung zu einer vollkommenen Übereinstimmung zu gelangen. Aber auch diese Leitsätze sind das Ergebnis der Erwägungen, die beide Referenten gemeinsam angestellt haben, und ich möchte erklären, daß ich ihren Grundgedanken vollkommen zustimme.

Zur Sache selbst erwähne ich einleitend kurz, daß im 19. Jahrhundert das Schiedsgerichtswesen in Deutschland nur eine geringe Rolle gespielt hat. 1823 äußerte der bayrische Richter Wolfgang Heinrich Puchta, der Vater des bekannten Pandektisten, in einer Schrift über das Institut der Schiedsrichter: „die Schiedsgerichte seien praktisch außer Gebrauch gekommen". Es ist allerdings zweifelhaft, ob die Äußerung auf einer hinlänglichen Kenntnis der gemeindeutschen Praxis beruht. Wir wissen jedenfalls aus andern Quellen, daß namentlich in Handelssachen auch zur Zeit des gemeinen Rechts Schiedsgerichte bisweilen vorgekommen sind. Immerhin steht es fest, daß die Wirksamkeit der Schiedsgerichte sich in engen Grenzen gehalten hat. Bezeichnend ist, daß die erste zuverlässige Spur eines ständigen Schiedsgerichts sich 1868 in Hamburg findet. Mit dem Ausgang des 19. Jahrhunderts beginnt jedoch eine neue Ära und zwar in offenbarem Zusammenhange mit dem großen Aufschwung der deutschen Volkswirtschaft. Die ständigen Schiedsgerichte nehmen jetzt schnell zu, und auch von Gelegenheitsschiedsgerichten wird häufiger Gebrauch gemacht. Die Blütezeit der Schiedsgerichte beginnt jedoch, und zwar nicht nur in Deutschland, sondern in allen Ländern entwickelter Wirtschaftskultur mit der Nachkriegszeit. Die Schiedsgerichtsbarkeit ergreift einen großen Teil aller wichtigen Streitsachen. Die Schiedsklausel wird auf vielen Wirtschaftsgebieten zur Regel und so entwickelt sich die Schiedsgerichtsbarkeit zu einem bedeutsamen Teil der gesamten Zivilrechtspflege. Damit sind folgenschwere neue Probleme gestellt, die nicht nur den Juristen angehen, sondern auch das Gebiet der Wirtschaftspolitik vielfach berühren und darüber hinaus stellenweise in andere wichtige Wissens- und Lebenssphären wie die der Außenpolitik und der Soziologie eingreifen.

Worin liegen nun die Gründe dieser Entwicklung? Man kann sagen, daß in dieser Hinsicht nicht allzu viel Meinungsverschiedenheiten bestehen. Folgendes sind die Vorzüge, die man den Schiedsgerichten nachrühmt: Sie seien durchschnittlich imstande, Rechtsstreitigkeiten schneller zu entscheiden als die ordentlichen Gerichte, und zwar wesentlich schneller, nämlich oft genug in wenigen Tagen. Sie bieten ferner die Möglichkeit, die Persönlichkeiten der Richter den Umständen des einzelnen Falles anzupassen, namentlich also Fachleute in das Kollegium hineinzubringen und auf diese Weise die Aufgaben des Richters und des Sachverständigen zu vereinigen. Weiterhin sei die Atmosphäre der Schiedsgerichte eine freundlichere. Sie sei nicht nur dem Abschluß von Vergleichen günstiger, sondern das schiedsgerichtliche Verfahren wirke nicht in gleichem Maße wie das gerichtliche auf die geschäftlichen und persönlichen Beziehungen zerstörend ein. Schließlich wird auch hervorgehoben, daß das Schiedsgerichtsverfahren besonders bei den ständigen Schiedsgerichten im Durchschnitt bedeutend billiger sei als bei den ordentlichen.

Wie weit nun diese Angaben begründet sind, würde zweckmäßig an Hand einer Statistik zu untersuchen sein. Eine solche Statistik halte ich wohl für möglich; allerdings dürfte sie nur aufzustellen sein unter Beschränkung auf die ständigen Schiedsgerichte. Ich könnte mir z. B. denken, daß das Statistische Reichsamt unter Mitwirkung der Handelskammern sie in die Wege leiten könnte. Die aufzustellende Statistik hätte insbesondere festzustellen: die Zahl der ständigen Schiedsgerichte, die Art der Besetzung derselben, die Zahl der abgeschlossenen Vergleiche im Verhältnis zu den anderen Arten der Prozeßerledigung, die Dauer der bei ihnen anhängigen Prozesse und noch einige andere Tatsachenkomplexe. In einer solchen Statistik würde die zweckmäßigste Vorbereitung einer gesetzlichen Reform des Schiedsgerichtswesens zu erblicken sein. Zur Zeit besteht eine solche Statistik nicht. Immerhin bin ich in der Lage, Ihnen einige Zahlen dieser Art vorzulegen. Zunächst einige aus der Literatur schon bekannte Zahlen über das Magdeburger Getreideschiedsgericht für das Jahr 1910. In diesem Jahr waren bei dem genannten Schiedsgericht 450 Streitfälle anhängig. Von diesen 450 Streitsachen wurden entschieden 58 innerhalb 1—10 Tagen, 111 innerhalb 11—20 Tagen, 150 in 21—30 Tagen, 75 in 31—40 Tagen, 23 in 40—50 Tagen, während 39 Streitfälle mehr als 50 Tage beanspruchten. Um nun auch einige neuere Zahlen vorlegen zu können, habe ich mich an die Handelskammern Berlin und Hamburg gewendet. Beide Handelskammern hatten die Liebenswürdigkeit, meiner Anregung zu entsprechen. Allerdings reichte die Zeit nicht aus, um umfassende Statistiken aufzustellen, man mußte sich auf einen Ausschnitt beschränken. Die Berliner Handelskammer hat die Zahlen des Berliner Börsenschiedsgerichts für die Jahre 1923—1925 errechnet, wobei ich bemerken möchte, daß das Berliner Börsenschiedsgericht nichts zu tun hat mit der sogenannten Dreimännerkommission, sondern ein echtes Schiedsgericht ist. Es sind nun bei diesem Schiedsgericht in den genannten drei Jahren 651 Streitfälle verhandelt worden. Davon wurden erledigt innerhalb einer Woche 55; 146 beanspruchten zwei Wochen, 173 brauchten drei Wochen, 117 vier Wochen, 62 fünf Wochen, 46 sechs Wochen, 11 acht Wochen. 20 Streifälle benötigten mehr als acht Wochen, wobei der Bericht bemerkt, daß die Ursache der längeren Dauer in der verspäteten Zahlung des Kostenvorschusses, in der Reisezeit usw. gelegen hat. Die Hamburger Handelskammer hat die Zahlen für das allgemeine Schiedsgericht im Jahre 1924 angegeben. In diesem sind vor dem genannten Schiedsgericht 94 Streitfälle entschieden worden. Davon benötigten 5 zwei Wochen, 23 drei Wochen, 11 vier Wochen, 8 fünf Wochen, 10 sechs Wochen, 8 sieben Wochen, 5 acht Wochen, und 15 Streifälle beanspruchten eine längere Zeit, also über acht Wochen. Diese Zahlen sind von besonderer Wichtigkeit, weil es sich hier nicht um ein Spezialschiedsgericht handelt, sondern um ein Schiedsgericht von sehr allgemeiner Anwendung.

Was nun die Gelegenheitsschiedsgerichte betrifft, also Schiedsgerichte, die nur für die Behandlung einer bestimmten Streitsache zusammentreten, so ist es natürlich nicht möglich, darüber eine Statistik zu geben. Ich kann aber auf Grund vielfacher Beobachtungen sagen, daß die Gelegenheitsschiedsgerichte durchschnittlich mehr Zeit brauchen. Die Ursache erblicke ich darin, daß zuweilen durch Unkenntnis der richtigen Verfahrenstechnik die Verhandlungen verzögert werden; bisweilen liegt auch die Schuld am bösen Willen eines Schiedsrichters, und es kommt vor, daß die Gelegenheitsschiedsgerichte Monate oder gar Jahre brauchen, um zu einer Entscheidung zu kommen. Aber im großen und ganzen ist auch bei den Gelegenheitsschiedsgerichten die Zeitdauer der Prozesse ziemlich kurz. Die Hamburger Handelskammer betont in ihrem Schreiben an mich besonders, daß die Gelegenheitsschiedsgerichte, die auf Grund der Vertragsklausel „Hamburger freundschaftliche Arbitrage" gebildet werden, sehr häufig die Streitfälle in wenigen Tagen beenden.

Das Ergebnis dieser zahlenmäßigen Untersuchung ist, daß die ordentlichen Gerichte mit den Schiedsgerichten in Bezug auf die Dauer der Streitfälle nicht entfernt konkurrieren können. Das liegt in der Natur der Sache. Die ordentlichen Gerichte haben es mit einer unübersehbaren Zahl zu tun, ihr Verfahren ist an den Instanzenweg gebunden. Vor allem aber sind die Streitfälle bei den ordentlichen Gerichten außerordentlich heterogen. Diese ganze Masse muß nun mit einem Minimum richterlicher Arbeitskraft bewältigt werden. Dabei ist der staatliche Richter gebunden an die starren Formen der gesetzlichen Prozeßordnung. Er hat auch in stärkerem Maße mit dem schlechten Willen der Parteien zu rechnen als der Schiedsrichter. All dies sind Dinge, die in allen Ländern zu beobachten sind. Der Vorsprung der Schiedsgerichte gegenüber den ordentlichen Gerichten zeigt sich daher allenthalben. Er ist begründet in der Natur des Schiedsgerichtswesens selbst und in den Grenzen, die den ordentlichen Gerichten durch die Art ihrer Wirksamkeit gezogen sind. Diese Ausführungen enthalten absolut keinen Vorwurf gegen die Prozeßordnung oder gar gegen den Richterstand. Es ist selbstverständlich, daß dieselben Personen, die als Mitglieder der ordentlichen Gerichte ein Jahr brauchen, um unter den vorangeführten Hemmungen eine Sache in erster Instanz zu bewältigen, im Schiedsgerichtsverfahren mit derselben Sache vielleicht in zwei Wochen fertig werden können.

Nun ist gerade diese Zeitersparnis in ihrer Bedeutung gar nicht hoch genug einzuschätzen. Ein Prozeß bedeutet im geschäftlichen Leben mehr mehr als Ungewißheit über das streitige Recht. Er affiziert in gewisser Weise das ganze Unternehmen, denn er schafft einen unsichern Posten für die Bilanz, er erschwert die kaufmännische Disposition, er ruft die Befürchtung von Schädigungen durch den Prozeßgegner und dessen etwaige Verbündete hervor, er verursacht eine fortdauernde Verausgabung unproduktiver und dabei hochqualifizierter Arbeit. Diese Nachteile müssen um so schwerer empfunden werden, je mehr sich das Tempo des Wirtschaftslebens beschleunigt. Dieses Tempo ist heute notgedrungen ein vollständig anderes als vor dem Kriege, und gar zu der Zeit, als die ZPO. geschaffen wurde. Man denke nur an die fortgesetzten Umschläge der Konjunktur und die Unsicherheit und Undurchsichtigkeit der finanziellen Verhältnisse bei den einzelnen Firmen. Interessant ist die amerikanische Auffassung. Die Amerikaner beschäftigen sich viel mit kommerziellen Schiedsgerichten, eine Einrichtung, die für das Wirtschaftsleben das leistet, was sie als „greatest efficiency" bezeichnen, und was etwa mit „höchstem Nutzeffekt" zu übersetzen wäre. Das Schiedsgericht erscheint dem Amerikaner vor allem als Mittel, die Reibungen im Wirtschaftsleben zu vermeiden. Der Handelsminister der Vereinigten Staaten, der ja auch in Deutschland rühmlich bekannte Mr. Hoover, ein führender Wirtschaftspolitiker, hat gelegentlich über das Schiedsgericht Folgendes gesagt:

> „Der wirtschaftliche Gesamtverlust, welcher der Nation aus der Notwendigkeit erwächst, gewerbliche Streitigkeiten vor die ordentlichen Gerichte zu bringen, würde alle Vorstellung übersteigen, wenn er sowohl hinsichtlich der unmittelbaren Kosten wie hinsichtsichtlich seiner mittelbaren Wirkungen auf das Nationalvermögen genau berechnet werden könnte. Nächst dem Krieg ist das Prozessieren im Handel (commercial litigation) das Hauptbeispiel für vermeidbare Verschwendung in der Zivilisation. Kriege sind indessen meist sporadisch und lokalisiert, während das Prozessieren fortdauernd und allgemein ist. Als Mittel hiergegen steht die Schiedsgerichtsbarkeit an erster Stelle."

Soviel zunächst einmal über die Vorteile der Schiedsgerichte. Es liegt aber auf der Hand, daß derartige Institutionen zahlreiche Möglichkeiten des Mißbrauchs in sich schließen. Da ist zunächst einmal die Gefahr, daß wirtschaftliche Abhängigkeitsverhältnisse mißbraucht werden können, um den Schwächeren in der Form des Schiedsvertrages eines wirksamen Rechtsschutzes zu berauben. Aus dieser Befürchtung heraus hat der Gesetzgeber bereits in gewissen Fällen des Arbeits- und Mietsrechts die Eingehung von Schiedsverträgen untersagt. Aber diese Vorschriften reichen nicht aus. Keinerlei Anerkennung verdienen z. B. die regelmäßig aus Abhängigkeitsverhältnissen entspringende Bestimmungen, die gegen den Grundsatz von der Gleichstellung der Parteien im Schiedsverfahren verstoßen, und die insbesondere einer Partei einen größeren Einfluß auf die Benutzung des Schiedsgerichts einräumen. Das wichtigste Problem ist aber wohl das der Verbandsschiedsgerichte. Sie wissen, daß die großen wirtschaftlichen Verbände, namentlich solche von kartellmäßiger Richtung allgemein dazu übergegangen sind, sich Schiedsgerichte anzugliedern. Solche Schiedsgerichte können zur Entscheidung von Streitigkeiten zwischen Verband und Mitgliedern berufen sein und verstärken dann in wirksamster Weise die Bindung des Mitgliedes. Sie können auch zuständig sein für Streitigkeiten unter Mitgliedern und sind dem Verband ein Werkzeug, um in die Beziehungen unter den Mitgliedern einzudringen und hier die Verbandsinteressen zur Geltung zu bringen. Das Schiedsgericht kann aber seine Tätigkeit auch auf Streitigkeiten zwischen den Verbandsmitgliedern und deren Abnehmern und sonstigen Gegenkontrahenten erstrecken. Je stärker, je monopolistischer die Stellung des Verbandes ist, um so mehr werden Außenstehende genötigt werden können, sich der Zuständigkeit der Verbandsschiedsgerichte zu unterwerfen. Es ist klar, daß eine derartige Verwertung der Schiedsgerichtsbarkeit nicht nur geeignet ist, volkswirtschaftlich unerwünschte Abhängigkeitsverhältnisse zu verschärfen oder zu begründen, sondern daß die Verbände dadurch auch ein Mittel erhalten, eine ihnen unerwünschte wirtschaftliche Gesetzgebung unter Umständen matt zu setzen. Auch auf die Konsortialverträge der Stimmrechtsaktionäre darf in diesem Zusammenhang hingewiesen werden, sie enthalten regelmäßig die Schiedsgerichtsklausel. Die Folge ist, daß die Entscheidung nicht nur für die Konsorten, sondern auch für die Aktiengesellschaften und einzelnen Aktionäre wichtiger Streitfragen aus den Konsortialverträgen den ordentlichen Gerichten entzogen werden und die Gefahr einer aktienrechtlich unzulässigen Praxis entsteht.

Je nachdem man nun die Vorteile oder die Nachteile der Schiedsgerichte stärker empfindet und betont, werden die Urteile über die Schiedsgerichte verschieden ausfallen, und tatsächlich gehen die Meinungen hier weit auseinander. Die Streitfrage hat hier allerdings nicht die harmlose Natur einer Pandektenkontroverse, vielmehr verbergen sich hinter der Verschiedenheit der Auffassungen starke Strömungen unseres geistigen und wirtschaftlichen Lebens und tiefgehende Gegensätze der großen Berufsgruppen. Nicht nur in Deutschland, sondern auch in den Vereinigten Staaten, vielleicht noch stärker in Frankreich finden wir die sicherlich nicht nur zufällig übereinstimmende Erscheinung, daß die Kaufmannschaften sich für eine möglichst ungehinderte Entwicklung der Schiedsgerichtsbarkeit einsetzen, während der Juristenstand eine teils skeptische, teils auch offen ablehnende Haltung einnimmt. Die Führung der den Schiedsgerichten günstigen Bewegung liegt in Deutschland bei den Handelskammern, doch muß erwähnt werden, daß auch die in den Handelskammern nicht vertretenen gewerblichen Berufsstände auf gleichem Boden stehen. So haben z. B. die Bestrebungen der Berliner Handelskammer zu Gunsten einer Reform des Schiedsgerichtswesens die Unterstützung der Landwirtschaftskammer für die Provinz Brandenburg gefunden. Örtlich darf Hamburg als das Zentrum der Bewegung betrachtet werden. Hier sind die Schiedsgerichte am tiefsten mit dem gewerblichen Leben verwurzelt. Die Gegnerschaft ist weniger geschlossen, am stärksten ist sie wohl in der Richterschaft, aber auch in der Anwaltschaft ist sie weit verbreitet. Aber in diesen beiden großen juristischen Berufsständen ist auch die gegenteilige Auffassung vertreten.

Gegenüber dem Zwiespalt der Meinungen scheint es mir geboten, nach einer vermittelnden Lösung zu suchen, und ich möchte meinen, daß sich eine wenigstens im Prinzip nicht allzuschwer finden läßt. Man sollte zunächst das dringende Bedürfnis der Wirtschaft nach schleuniger schiedsrichterlicher Entscheidung als vollkommen berechtigt anerkennen. Dazu gehört vor allem, daß man sich innerlich von den Widerständen frei macht, die der Gedanke des Schiedsgerichts nun eben bei manchen Juristen hervorruft. In diesem Zusammenhange möchte ich auf die Ausführungen von Richard Schmidt in dem eben erschienenen Heft der Juristischen Wochenschrift zurückkommen, die mir von einer Art unüberwindlicher Abneigung zu zeugen scheinen. Schmidt unterscheidet die großkapitalistischen Schiedsgerichte von den andern. Dem großkapitalistischen Schiedsgericht, wie es sich etwa bei den großen Kartell- und andern Verbänden findet, soll nach Schmidt der Charakter eines staatlich anerkannten Sondergerichts verliehen werden; die Richter sind also vom Staat zu bestellen, es ist ein Instanzenzug einzurichten usw. Die andern Schiedsgerichte, also die nicht großkapitalistischen, will Schmidt in eigentümlicher Art zurückschrauben, insbesondere dadurch, daß Juristen in ihnen nicht mitwirken dürfen. Meine Damen und Herren, ich habe zunächst einmal recht erhebliche Zweifel, ob sich eine Unterscheidung in „großkapitalistische" Schiedsgerichte und andere mit hinlänglicher Sicherheit durchführen lassen wird. Und dann stellen Sie sich einmal vor, ein „großkapitalistisches" Schiedsgericht wie etwa das Börsenschiedsgericht solle seine Richter vom Staat erhalten usw. Sie werden die Unmöglichkeit einer solchen Konstruktion fühlen. Wollte man derartiges versuchen, so wäre die Folge, daß kein Mensch mehr zu diesen Schiedsgerichten gehen würde. Überhaupt sind Bestrebungen, die der Wirtschaft gegen ihren Willen gar zu eigerartige Gebilde aufzwingen wollen, von vornherein zum Scheitern verurteilt. Und wie sollte die Gesetzgebung dazu kommen, Schiedsgerichte, wie es Schmidt vorschlägt, künstlich zu verschlechtern durch die Fernhaltung der Juristen? Die Verschlechterung einer Einrichtung kann niemals Zweck der staatlichen Gesetzgebung sein. Nach alledem halte ich die Vorschläge Schmidts für wenig aussichtsvoll. Ich möchte daher nicht näher auf sie eingehen, zumal unsere Gesetzgebung und Rechtsprechung ohnehin genügend Anlaß zu Kritik bietet.

Ich muß hier vor allem wieder auf den § 1042 Abs. 2 ZPO. hinweisen, der besagt, daß der Beschlußrichter, der über die Vollstreckbarkeitserklärung eines ergangenen Schiedsspruchs zu entscheiden hat, gezwungen ist, das Verfahren auszusetzen, sobald der Verurteilte die Aussetzungsklage erhebt. Diese Vorschrift ist von dem Herrn Gutachter zutreffenderweise bemängelt worden, und zwar in Übereinstimmung mit allen denen, die sich mit diese Frage in der Öffentlichkeit beschäftigt haben. Insbesondere hat Herr Oberlandesgerichtspräsident Mittelstein herbe Kritik an der Bestimmung geübt. Die Vorschrift ist 1924 zugleich mit der Einführung des Beschlußverfahrens in das Gesetz hineingekommen. Eine solche Bestimmung gab es damals weder in einem fremden Gesetze noch in einem Reformentwurfe. Sie ist von der Regierung, genauer von dem Reichsjustizministerium, das der Reform in diesem Punkte sehr unwillig gegenüberstand, als eine Art Gegengift gegen die gewährten Zugeständnisse in das Gesetz hineingebracht worden, und man muß zugeben, daß dieses Gegengift recht wirksam ist. Als Beispiel einer nicht zu billigenden richterlichen Entscheidung nenne ich das Urteil des Kammergerichts, das Sie gleichfalls in dem letzten Heft der Juristischen Wochenschrift finden. Das Kammergericht spricht hier dem Schiedsgericht die Befugnis ab, einer Auskunftsperson eine eidesstattliche Versicherung derart abzunehmen, wie sie ja, wenngleich ohne strafrechtliche Sanktion, im Privatverkehr, z. B. bei Geltendmachung von Interventionsansprüchen verbreitet ist. Zu diesem Ergebnis kommt das Gericht nur vermöge einer restriktiven Auslegung des Gesetzes, die auf einer den Schiedsgerichten ungünstigen Einstellung beruht. Auf solche Weise werden Hemmungen geschaffen, welche die Schiedsgerichtspflege beeinträchtigen, ohne daß den wahren staatlichen Interessen damit gedient wäre. Statt dessen sollten sich Gesetzgebung und Rechtsprechung zusammenfinden, um die Abwicklung des Verfahrens nach der technischen Seite dem wirtschaftlichen Bedürfnis entsprechend möglichst zu beschleunigen.

Die notwendige Gegenwirkung der staatlichen Gewalt muß an anderer Stelle einsetzen. Schon auf Grund des geltenden Rechts können die ordentlichen Gerichte in viel weiterem Umfange, als sie es bisher getan haben, für eine Reinhaltung der Schiedsgerichtsbarkeit von unlauteren Einflüssen und für eine Beachtung des Willens der Staatsgewalt Sorge tragen. Die ordentlichen Gerichte sollten zu diesem Zweck bei der Würdigung von Ablehnungsgesuchen strengere Anforderungen an die Qualifikation der Schiedsrichter stellen, sie sollten den Begriff der Unzulässigkeit des Schiedsverfahrens (§ 1041 Abs. 1 Ziff. 1 ZPO.) freier handhaben und sich auch nicht scheuen, Schiedsverträge wegen Verstoßes gegen die guten Sitten für nichtig zu erklären, wenn der Vertrag eine mit dem Rechtsgefühl unerträgliche Benachteiligung einer Partei hinsichtlich der Gestaltung des Verfahrens enthält, z. B. durch ungleiche Verteilung des Einflusses auf die Besetzung des Schiedsgerichts. Ich möchte jedoch diese Frage, die ich im Januarheft der Juristischen Wochenschrift behandelt habe, hier nicht mehr erörtern. Der Deutsche Juristentag hat es ja lediglich mit den Gesetzesproblemen zu tun.

In dieser Hinsicht habe ich mich aus den dargelegten Gründen auf die Begründung der allgemeinen Leitsätze beschränkt. Im Zusammenhange mit ihnen will ich nur noch auf ein Problem eingehen, das gewissermaßen an der Grenze des allgemeinen und speziellen Teils steht, nämlich dasjenige der internationalen Schiedsgerichtsbarkeit. Es handelt sich hier um ein bedeutsames und zukunftsreiches Gebiet. Die Schwierigkeiten, die sich der Rechtsverfolgung im Auslande entgegenstellen, sind allbekannt. Von jeher sind sie ein Hemmnis für eine volle Entfaltung der wirtschaftlichen Beziehungen zu fremden Ländern gewesen. Bereits vor dem Kriege ist daher von vielen Seiten die Ausbildung einer internationalen Handelsschiedsgerichtsbarkeit befürwortet worden. In Deutschland war namentlich die Korporation der Kaufmannschaft, die Vorgängerin der heutigen Handelskammer, die Trägerin der Bewegung gewesen. Aber auch im Ausland machten sich gleichartige Bestrebungen geltend und im Jahre 1912 faßte der Internationale Handelskammerkongreß in Boston einen Beschluß zugunsten einer internationalen Schiedsgerichtsbarkeit in Privatstreitigkeiten. Nach dem Kriege hat die Internationale Handelskammer in Paris, welcher die deutschen Verbände heute bekanntlich bereits angehören, jene Bestrebungen mit großem Nachdruck wieder aufgenommen und eine für die Parteien aller Länder bestimmte Cour d'Arbitrage errichtet. Es zeigte sich aber bald, daß eine internationale Handelsschiedsgerichtsbarkeit so lange nicht glatt funktionieren kann, wie es nicht gelingt, die allseitige Anerkennung von Schiedsverträgen, die im Auslande geschlossen sind, und die allgemeine Vollstreckung von Schiedssprüchen, die im Auslande gefällt sind, zu erreichen. Das ist aber ein Ziel, das nicht mehr durch private Verbände, sondern nur mit Hilfe von Staatsverträgen zu erreichen ist.

Bekanntlich hat der Völkerbund es unternommen, eine einheitliche Regelung herbeizuführen, und er hat zu diesem Zwecke das sog. Genfer Protokoll vom September 1923 zustande gebracht, dem außer Amerika und Rußland wohl alle wichtigeren Länder, auch Deutschland beigetreten sind. Aber das Protokoll ist sehr unvollkommen. Es stellt zwar fest, daß die Gerichte der Signatarstaaten Schiedsverträge zwischen Jurisdiktionsangehörigen verschiedener Signatarstaaten anerkennen und insbesondere die Einrede des Schiedsvertrages gegenüber der gerichtlichen Klage in solchen Fällen zulassen müssen. Dagegen ist das Problem der Vollstreckung ausländischer Schiedssprüche ungelöst geblieben. Das ist aber die Hauptsache. Die Behandlung, die die Gerichte der einzelnen Länder ausländischen Schiedssprüchen angedeihen lassen, ist völlig verschieden und diese Diskrepanz wirkt auch auf die Durchführung des Genfer Protokolls zurück. Denn wenn der Staat A Schiedssprüchen aus dem Staat B die Vollstreckung versagt, so ist es für den Staat B einigermaßen bedenklich, Schiedsverträge, die seine Angehörigen mit solchen des Staates A schließen, grundsätzlich anzuerkennen. Dies scheint der Grund zu sein, weshalb einige Länder wie Italien und die Schweiz, obwohl sie das Genfer Protokoll ratifiziert haben, dennoch keine Anstalten treffen, ihre Gesetzgebung mit dem Genfer Protokoll in Einklang zu bringen. Infolgedessen will jetzt der Völkerbund von neuem daran gehen, ein internationales Abkommen, und zwar diesmal wegen der Vollstreckung ausländischer Schiedssprüche, in die Wege zu leiten. Dabei ist zunächst jedenfalls ein methodischer Fortschritt insofern erzielt worden, als man eingesehen hat, daß diese Frage von derjenigen der Vollstreckung ausländischer Gerichtsurteile abgetrennt werden muß, wenn man in der Sache überhaupt weiterkommen will.

Aber auch in solcher Beschränkung bleiben die Schwierigkeiten sehr groß. Am weitesten entgegenkommend verhält sich gegenüber den ausländischen Schiedssprüchen die deutsche Praxis. Sie stellt in- und ausländische Schiedsverträge und Schiedssprüche einander grundsätzlich gleich. Steht ein Schiedsspruch unter fremdem Recht, so gewährt die deutsche Praxis eine Klage auf Erfüllung selbst dann, wenn die Voraussetzungen für die Vollstreckbarkeitserklärung gemäß den §§ 1039, 1042 ZPO. nicht gegeben sind. Dieselbe Auffassung kann auch für Frankreich und Belgien als vorherrschend bezeichnet werden. Auch in den Niederlanden wird aus ausländischen Schiedssprüchen jedenfalls die Vollstreckungsklage gewährt. Dagegen verhalten sich z. B. Italien und Österreich durchaus ablehnend, in England und in den Vereinigten Staaten sind die Absichten noch wenig geklärt. Die Auffassungen über die Tragweite der vorliegendn Präjudizien gehen weit auseinander. Bei dieser Sachlage erscheint es mir sehr zweifelhaft, ob es gelingen wird, alle Länder unter einen Hut zu bringen. Für aussichtsvoller würde ich den Weg halten, Vereinbarungen von Staat zu Staat abzuschließen. Derartige Verträge liegen bereits vor, z. B. zwischen Frankreich und Belgien aus dem Jahre 1899, zwischen Italien und Österreich aus dem Jahre 1922, zwischen Jugoslawien und der Tschechoslowakei aus dem Jahre 1923. Diese Verträge beziehen sich auch auf die Vollstreckung von Gerichtsurteilen. Lediglich auf Schiedssprüche beschränkt sich dagegen der deutsch-russische Vertrag von 1925. Hier war allerdings angesichts der Notwendigkeit, der unzulänglichen russische Sowjetjustiz aus dem Wege zu gehen, eine besondere Lage geschaffen. In parenthesi sei hier bemerkt, daß der deutsch-russische Schiedsgerichtsvertrag ein interessantes Seitenstück hat. Die Alliierten haben nämlich beim Abschluß des Lausanner Vertrages mit der Türkeit eine gleichartige Regelung, nur in anderer Form, getroffen. Die Türkei hat durch eine einseitige Deklaration, die ihrem Souveränitätsgefühl keinen Abbruch tut, feierlich erklärt, daß sie alle schiedsrichterlichen Entscheidungen, die zwischen der Türkei und Angehörigen der alliierten Länder getroffen werden würden, anerkennen und vollstrecken werde, was natürlich auch auf eine Umgehung der türkischen Gerichtsbarkeit hinauskommt.

Aber auch von diesen Sonderfällen abgesehen, wäre der Vorteil individueller Gegenseitigkeitsabkommen sehr groß. Man nehme etwa die Vereinigten Staaten. Hier besteht eine starke Strömung zu Gunsten der Schiedsgerichte, worüber soeben ausführliches Material veröffentlicht worden ist. Man stelle sich nun vor, daß zwischen Deutschland und den Vereinigten Staaten ein Vertrag über die Vollstreckung von Schiedssprüchen zustande käme. Es ist klar, daß ein solcher Vertrag dazu beitragen könnte, die Entwicklung der freundschaftlichen Beziehungen zwischen den beiderseitigen Wirtschaftskreisen zu stärken. Vielleicht läge der überwiegende Vorteil eines solchen Abkommens auf Seiten der Vereinigten Staaten, weil der wirtschaftlich stärkere Teil meist in der Lage ist, die vertragliche Zuständigkeit der Schiedsgerichte seines Landes zur Vertragsklausel zu machen. England weiß diese Waffe wohl zu führen, denn die englischen Getreideexporteure vereinbaren durchweg die Zuständigkeit des Schiedsgerichts der Londoner Corn Association, die Baumwollexporteure meist die der Liverpooler Cotton Association usw. Vielleicht würden die Amerikaner ähnliche Wege gehen. Aber dem ließe sich einmal durch Ausbildung einer internationalen Handelsschiedsgerichtsbarkeit begegnen, und schließlich würde das Ziel auch ein Opfer wert sein, zumal sich Deutschland gegenüber manchen Ländern seinerseits in der Lage des wirtschaftlich Stärkeren befindet.

In jedem Falle erscheint die Fortdauer des heutigen Zustandes unerwünscht. Wie kommt Deutschland dazu, auf dem Gebiet des Schiedsgerichtswesens fast als einziges Land die Politik der offenen Tür zu befolgen, während diejenigen Länder, die an der allseitigen Anerkennung und Vollstreckung ausländischer Schiedssprüche stärker interessiert sind, die gegenteilige Praxis verfolgen. Hier kann nur geholfen werden durch die Einführung des Gegenseitigkeitsprinzips, wie ich dies bereits 1918 im Einvernehmen mit der Berliner Handelskammer vorgeschlagen habe. Herr Dr. Leo hat in seinem Gutachten hiergegen das Bedenken erhoben, daß es nicht zweckmäßig sei, den Gerichten die Feststellung der Gegenseitigkeit zu übertragen. In der Tat könnte diese Aufgabe der Regierung zugewiesen werden. Allerdings nicht, wie Leo will, in der Form, daß die ausländischen Schiedssprüche grundsätzlich anerkannt und die Anerkennung nur auf besondere Weisung der Regierung abgelehnt würde; eine solche Weisung wäre dann jedesmal ein unfreundlicher Akt gegen einen fremden Staat. Besser wäre es, nach dem Vorbild mancher deutschen Gesetze, wie des Beamtenhaftungsgesetzes, die Gegenseitigkeit nur auf Grund einer besonderen Regierungserklärung als gegeben anzuerkennen. Das entspricht auch dem österreichischen Rechtszustande. Die Einführung einer solchen Praxis würde dahin führen, daß auch die bisher widerstrebenden Staaten sich dazu verstehen würden, ausländischen Schiedssprüchen die Vollstreckbarkeit zu gewähren, und so würde gerade das von mir vorgeschlagene scheinbar international unfreundlichere Verfahren in Wahrheit der richtige Weg sein, um das internationalrechtliche Ideal der Gleichstellung aus- und inländischer Schiedssprüche zur Anerkennung zu bringen.

Ich würde Sie also bitten, gegen den Herrn Gutachter für das Gegenseitigkeitsprinzip einzutreten, wie es hier unter Ziffer 3 der allgemeinen Leitsätze unter Zustimmung meines verehrten Herrn Korreferenten formuliert ist.

Damit bin ich am Schlusse meiner Ausführungen. Ich möchte nur noch ein Wort prinzipieller Art hinzufügen. Der Herr Gutachter hat in geistvoller Weise die Schiedsgerichtsbewegung gewissermaßen auf eine Formel zu bringen versucht. Er sieht in ihr den Widerstreit zwischen zwei Prinzipien: dem Prinzip der Vertragsfreiheit und der Rechtsschutzidee. Und da nun diese beiden Prinzipien sich unvermittelt gleichwertig gegenüberstehen, so will er die Entscheidung von der Lebensanschauung des Einzelnen abhängig machen. Das halte ich doch für bedenklich. Gar zu leicht könnte sich unter der Maske der Lebensanschauung das Vorurteil einschleichen. Es ist nichts wichtiger, als gegenüber der Schiedsgerichtsbewegung sich von allen inneren Bindungen freizumachen, die von der Berufsseite oder sonst von außen her unbewußt das Urteil trüben können. Ich glaube, wir können die Dinge sehr nüchtern auffassen. Die Schiedsgerichtsbewegung ist — und in diesem Sinne habe ich den Gegenstand zu behandeln versucht — der notwendige Ausdruck eines bestimmten Stadiums unserer deutschen Entwicklung oder, wenn Sie wollen, der kapitalistischen Entwicklung überhaupt. Die Lösung dieses Problems kann nur unter Beiseitestellung einer gar zu grundsätzlichen Betrachtungsweise in einem verständigen Ausgleich der wirtschaftlichen, sozial-ethischen und auch justizpolitischen Interessen gesucht werden. Dazu ist vor allen Dingen eine Kenntnis der Tatsachen von Nöten, und ich bin mir darüber klar, daß das Material, das ich Ihnen vorlegen konnte, mangels einer amtlichen Statistik noch dürftig ist. An dieser Stelle könnten unsere Verhandlungen einsetzen. Es ist das erste Mal, daß das Schiedsgerichtsproblem vor einem größeren Kreise der Öffentlichkeit besprochen wird. Zahlreiche erfahrene Juristen aus allen Teilen Deutschlands haben sich zusammengefunden, und so glaube ich mich der Hoffnung hingeben zu können, daß die heutigen Beratungen unsere positive Kenntnis des Schiedsgerichtswesens fördern und daß sie brauchbare Bausteine für eine künftige Gesetzgebung herbeischaffen werden.

Vorsitzender Geh. Justizrat Prof. Dr. Kipp-Berlin: Ich danke dem Herrn Referenten im Namen der Versammlung für seine außerordentlich interessanten und gründlichen Ausführungen, für die die Versammlung durch ihren Beifall schon den Dank zu erkennen gegeben hat. Ich bitte nunmehr Herrn Senatspräsidenten Prof. Dr. Wieruszowski, das Wort zu nehmen.

Senatspräsident i. R. Prof. Dr. Wieruszowski-Köln:

Mein verehrter Herr Vorredner hat bereits erwähnt, daß sich bei unserer Vorberatung über die Berichterstattung eine fast völlige Übereinstimmung der Anschauungen ergeben habe, und daß deshalb unser beider Berichte als einheitliches Ganze aufgefaßt werden dürfen. Herr Kollege Nußbaum hat es übernommen, die allgemeinen Richtlinien aufzuzeigen, deren Befolgung für eine Neugestaltung des Schiedsgerichtswesens in Betracht käme. Mir liegt es ob, die besonderen Leitsätze zu vertreten, die ich aufgestellt habe, um jenen allgemeinen Richtlinien zur Durchführung zu verhelfen. Und das soll nun an der Hand des Leo'schen Gutachtens geschehen, mit dem sich ja wohl die Berichterstattung in erster Linie zu beschäftigen haben wird. Dabei muß ich nun freilich sofort eine Einschränkung machen: Leo hat sich seiner Aufgabe mit ganz besonderer Hingebung entledigt. Er ist bis in alle Einzelheiten des Reformproblems eingedrungen. Die Berichterstattung aber muß in der Beschränkung den Meister zeigen; nicht nur, um der nachfolgenden Aussprache nicht zu viel der kostbaren Zeit zu entziehen, sondern vor allem auch, um die Aussprache auf die Hauptgesichtspunkte der Neugestaltung hinzulenken und sie damit der Gefahr der Zersplitterung zu entziehen.

Auch das Leo'sche Gutachten ist im Wesentlichen von den allgemeinen Richtlinien geleitet, wie wir Berichterstatter sie uns für die Neuregelung des Schiedsgerichtswesens gebildet haben. Je weiter, sagt Leo mit Recht, die Grenzen sind, die durch Gesetz und Vertrag der Zulässigkeit des Schiedsvertrages und der Zuständigkeit des Schiedsgerichts gesetzt sind, um so mehr Veranlassung liegt vor, Garantieen für die Wahrung der Parteirechte wie des öffentlichen Interesses innerhalb des schiedsgerichtlichen Verfahrens zu schaffen. Wir haben uns dabei auf den Boden der Tatsachen gestellt. Wir müssen nun einmal mit der Schiedsgerichtsbewegung, vielleicht auch mit deren weiterem Anschwellen rechnen. Wir wissen uns frei von einer Schiedsgerichtsfeindlichkeit, wie so namentlich aus Richard Schmidt's Aufsatze in der letzten Nummer der Juristischen Wochenschrift emporlodert; denn Schmidt legt tatsächlich die zerstörende Hand an die Schiedsgerichte, wenn er sowohl den Berufsrichter wie auch den Berufsanwalt vom Schiedsgerichtsamte fernhalten will. Und auch auf die zuletzt brennend gewordene Frage, ob der aktive Richter zum Schiedsrichteramte zugelassen werden könne, wollen wir nicht eingehen, weil es sich dabei nicht sowohl um ein Problem der Neugestaltung des Schiedsgerichtswesens, als vielmehr um eine Frage handelt, die die unparteiische Handhabung der staatlichen Gerichtsbarkeit berührt. In Einem aber hat Schmidt Recht: Die Schiedsgerichte haben bei der fortdauernd gesteigerten Häufigkeit ihres Vorkommens eine qualitativ andere Bedeutung gewonnen als früher, wo sie nur vereinzelte Erscheinungen waren. Ihr heutiges Wesen ist nur scheinbar mit ihrem früheren gleichartig. Und deshalb erscheint als Grundfrage die: Fordert dies andersartige Wesen des heutigen Schiedsgericht, daß das Gesetz in die grundsätzlich den Beteiligten zu belassende Gestaltungsfreiheit mit stärkeren Bindungen als bisher eingreife, damit die Schiedsgerichtsbewegung — zu ihrem eigenen Nutz und Frommen — in Bahnen geleitet werde, auf denen die Schiedsgerichte der auch ihnen obliegenden Aufgabe, Wahrer und Hüter der Rechtspflege zu sein, gerecht werden können?

I. Das Problem von Freiheit und Gebundenheit setzt zunächst bei der Grundlage des schiedsrichterlichen Verfahrens, beim Schiedsvertrage selbst ein. Es handelt sich um die Bestimmung der Voraussetzungen für die Wirksamkeit eines Schiedsvertrages. Und es sei von vornherein betont, daß sich gerade von diesem ursprünglichen Ansatzpunkte heraus die Bindungen, die der Gesetzgeber für erforderlich halten möchte, am wirksamsten durchführen lassen. Denn soweit dem Schiedsvertrage die Gültigkeit versagt ist, können die Beteiligten nicht nur die prozeßhindernde Einrede des Schiedsvertrages abwehren und so den Austrag des Rechtsstreits im staatlichen Prozeßverfahren herbeiführen, sondern sie können sich auch der Bildung des Schiedsgerichts in dem durch die §§ 1029 und 1045 ZPO. vorgesehenen Verfahren widersetzen. Und endlich können sie selbst nach durchgeführtem Schiedsverfahren und nach erlassenem Schiedsspruche dessen Aufhebung nach § 1041 Nr. 1 wegen Unzulässigkeit des Verfahrens begehren. Gerade aber beim Schiedsvertrage selbst liegt auch die Stelle des geringsten Widerstandes, an der der Gesetzgeber mit den von ihm für notwendig erachteten Bindungen einzugreifen vermag. Es ist durchaus richtig, daß das schiedsgerichtliche Verfahren, um seinen Lebenswert zu rechtfertigen und seinen Daseinszweck zu erfüllen, der Freiheit bedarf; der Freiheit insbesondere in der Gestaltung des Verfahrens, weitgehender Befreiung aber auch von jeder Nachprüfbarkeit des Spruchs durch die staatlichen Gerichte. Mit diesen Freiheiten geraten aber gesetzgeberische Bindungen nicht in Widerspruch, sofern sie in die Freiheit der Schiedsabrede selber eingreifen; denn Verfahren und Spruchfindung des Schiedsgerichts bleiben hier an sich unangetastet. Der Gesetzgeber kann hier eben schon vorbeugend eingreifen. Es soll möglichst überhaupt nicht zum Erlasse eines Spruches kommen, wie ihn der Gesetzgeber ablehnen zu müssen glaubt. Setzt die Abdämmung bereits am Quell des ganzen Verfahrens ein, so erhält er von vornherein eine Richtung, die ihm den späteren Ablauf in natürlicher Freiheit zu sichern vermag. Von diesem bisher vielleicht noch nicht stark genug betonten Gesichtspunkte aus bitte ich die nachfolgenden Ausführungen zu würdigen:

1. Das geltende Recht setzt dem Schiedsvertrage die allgemeine Schranke der Vergleichbarkeit des Streitgegenstandes. Ferner aber dem Schiedsvertrage über künftige Streitigkeiten die besondere Schranke, daß er sich auf ein bestimmtes Rechtsverhältnis und die sich aus ihm ergebenden Streitigkeiten beziehen muß. Gestatten Sie, daß ich mich zunächst mit der Zulässigkeit von Schiedsverträgen über künftige Streitigkeiten befasse. Ich kann diesen Punkt um so kürzer erledigen, als ich mich hier in voller Übereinstimmung mit Leo's Gutachten befinde. Man könnte daran denken, entweder Schiedsabreden über künftige Streitigkeiten, die „clause compromissoire", nach dem Vorbilde des früheren französischen Rechts überhaupt zu verbieten oder aber mittelbar möglichst auszuschalten, wie Katz es mit dem Vorschlage versucht, für den Schiedsvertrag gerichtlichen oder notariellen Abschluß zu fordern. Mit Recht aber betont Leo, der gesamte Welthandelsverkehr und auch das Genfer Protokoll habe die Unterwerfung künftiger Streitigkeiten unter die schiedsgerichtliche Zuständigkeit als ein so dringendes Bedürfnis anerkannt und entwickelt, daß man das Rad nicht zurückrollen könne. Gegen die daraus erwachsenden Gefahren müssen dann eben andere Schutzwehren errichtet werden. Ob man für den Schiedsvertrag einfache Schriftform verlangen soll, ist eine Frage, über die sich reden läßt. Ich halte sie nicht für so bedeutungsvoll, daß ich sie hier eingehender behandeln möchte.

Bei jener allgemeinen Schranke der Vergleichsfähigkeit des Streitgegenstandes aber wird es natürlich verbleiben müssen. Schon hier blickt ja der Gedanke durch, daß sich die Freiheit schiedsgerichtlicher Regelung der Überordnung zwingenden Rechts fügen müsse. Unzweifelhaft unterliegt nun aber auch der Schiedsvertrag den allgemeinen Wirksamkeitsbedingungen der Rechtsgeschäfte überhaupt. Sehr wohl kann eine Schiedsabrede für sich allein einen Verstoß gegen die guten Sitten in sich schließen. Sehr wohl kann sie aber auch einer Anfechtung wegen Irrtums, Betrugs oder Zwanges unterliegen. Und hier nun greift der besondere Anfechtungsgrund ein, den ich im Einklange mit Herrn Kollegen Nußbaum in meinem ersten Leitsatze vorzuschlagen mir erlaubt habe: Mißbrauch eines Abhängigkeitsverhältnisses! Ich brauche nicht besonders zu betonen, daß dieser Vorschlag vor allem die Gefahren eindämmen soll, die von der Rechtsprechung der Verbandsschiedsgerichte ausgehen können. Der Vorschlag bezweckt nicht nur, eine Schutzwehr zu sein gegen die Übermacht wirtschaftlicher Verbände über ihre Mitglieder oder diejenigen, die zur Aufrechterhaltung ihrer wirtschaftlichen Existenz geschäftliche Beziehungen zu den Verbänden unterhalten müssen. Unser Vorschlag soll auch mittelbar darauf hinwirken, die schiedsgerichtliche Gebarung der Verbände von jener Einseitigkeit abzudrängen, die sie zu einer Gefahr für die allgemeine Rechtspflege machen kann. Denn man verhehle sich doch nicht, daß die Rechtsprechung der ständigen Verbandsschiedsgerichte einen ähnlichen Einfluß auf die Bildung von Rechtsanschauungen gewinnen kann wie die staatliche Rechtsprechung, und daß sich also Machtverhältnisse mit der Kraft von Rechtsüberzeugungen erfüllen können, die dem Bestreben der Rechtsordnung nach gerechtem Ausgleiche der wirtschaftlichen Kraftverhältnisse scharf entgegenzuwirken vermögen. Wissen die Verbände, daß der Schiedsgerichtszwang ihrer Satzungen oder Geschäftsbedingungen einer Anfechtung unterliegen kann, so wird das jedenfalls als Antrieb für eine paritätische, die Wahrung der beiderseitigen Interessen verbürgende Zusammensetzung des Schiedsgerichts wirken. Fraglich könnte m. E. höchstens sein, ob nicht der Mißbrauch eines Abhängigkeitsverhältnisses ohnehin ein Sittenverstoß sei, der die Schiedsabrede ohne Weiteres zur Nichtigkeit verdamme. Es scheint mir aber richtiger, durch die Begründung eines besonderen, dem widerrechtlichen Zwange angepaßten Anfechtungsrechts das Schicksal der Schiedsabrede in die Hand der Beteiligten zu legen. Dies namentlich mit Rücksicht auf die Fristgebundenheit und die Möglichkeit einer das Anfechtungsrecht beseitigenden Bestätigung, die insbesondere in der widerspruchslosen Einlassung auf das Schiedsverfahren gefunden werden könnte. Die absolute Nichtigkeit der Abrede könnte zu unerwünschten, das Verfahren verzögernden und unsicher gestaltenden Folgen führen. Ob eine erfolgreich durchgeführte Anfechtung der Schiedsklausel die Nichtigkeit des ganzen Geschäfts nach sich ziehen würde, in dem die Schiedsklausel ihre Wirksamkeit entfalten sollte, würde sich nach § 139 BGB. entscheiden.

2. Aber gerade diese Erwägung führt bei einer an sich wirksamen Schiedsabrede zur Betrachtung der umgekehrten Frage, inwieweit die Nichtigkeit oder Klaglosigkeit des Hauptgeschäfts auf die Schiedsabrede zu wirken vermag. Eines der meisterörterten und zweifelhaftesten Probleme des Schiedsgerichtsrechts! Ist, um das Schulbeispiel heranzuziehen, die Schiedsklausel eines unklagbaren Differenz- oder verbotenen Termingeschäfts gültig und wirksam? Die reichsgerichtliche Rechtsprechung hat sich schließlich zu dem Ergebnisse verdichtet, daß die Nichtigkeit des Hauptgeschäfts an sich auch die Schiedsklausel erfasse, diese Klausel aber doch auch eine selbständige Bedeutung in dem Sinne haben könne, dem Schiedsgerichte die Frage der Gültigkeit oder Ungültigkeit des Geschäfts zur Entscheidung zu unterbreiten. Man hat versucht, dem Schiedsgerichte auch die Befugnis zu einer solchen Entscheidung abzusprechen; wohl aber mit Unrecht. Zweifellos jedoch birgt diese Befugnis die Gefahr eines Mißbrauchs in sich; denn möglicherweise wird die schiedsrichterliche Entscheidung grade deshalb von den Parteien angerufen, weil sie auf diesem Umwege gesetzlich unstatthaften Vereinbarungen tatsächlich zwingende Kraft verschaffen wollen. Nußbaum verweist auf das Beispiel, daß ein Konsortium aktienrechtlich unzulässige Bindungen durch eine Schiedsgerichtsklausel sichern wollte. Und gerade hier setzen ja auch die Antriebe ein, die im Jahre 1924 zur Aufnahme der Bestimmung des § 1042 II führten, daß nämlich der Vollstreckungsbeschluß nicht zu erlassen sei, wenn sich der Spruch über eine gesetzliche Vorschrift hinweggesetzt habe, auf deren Innehaltung die Parteien rechtswirksam nicht hätten verzichten können. Die Vorschrift sollte eben verhüten, daß Schiedsgerichte solche Rechtssätze, die zur Wahrung staatlicher oder allgemeiner Interessen erlassen waren, bewußt unbeachtet ließen, weil die Schiedsrichter Kreisen angehörten, die jene Rechtssätze — man denke an Differenzeinwand, Kettenhandel, Preistreiberei und Handelserlaubnis — als wirtschaftsschädlich empfanden und sie deshalb möglichst beiseite zu schieben bestrebt waren. Auch das Reichsgericht hat diese Gefahr empfunden und in mehreren Entscheidungen betont, die Möglichkeit, ein Schiedsgericht über die Frage der Wirksamkeit eines Geschäfts entscheiden zu lassen, dürfe nicht zur Umgehung gesetzlicher Verbote führen. Und so will auch Nußbaum eine Schiedsgerichtsklausel dann als nichtig behandeln, wenn eine objektiv gesetzwidrige Absicht der Beteiligten für den Abschluß eines Schiedsvertrages entscheidend oder mitbestimmend gewesen sei. Eine solche Absicht werde sich auch sehr wohl aus den Umständen ableiten lassen.

Leo wendet sich dagegen mit der Begründung, eine solche Absicht werde regelmäßig unbeweisbar sein und somit werde der Umgehung des Gesetzes kein genügender Riegel vorgeschoben. Er schlägt eine Abhilfe vor, die sich zwar in den Gedankengängen der reichsgerichtlichen Rechtsprechung bewegt, aber doch zu einer radikaleren Lösung führt. Ein Schiedsvertrag über Streitigkeiten aus einem Geschäfte, das gegen ein Gesetzesverbot verstoße oder aber der Klagbarkeit ermangele, solle nur dann gültig sein, wenn er nach Entstehung des Streitfalles abgeschlossen werde. Leo will also die in unklagbaren oder verbotenen Geschäften von vornherein enthaltene Schiedsklausel ein für allemal beseitigen, weil hier vor allem der Umgehung des Gesetzes Tür und Tor geöffnet seien, während er diese Gefahr da nicht befürchtet, wo sich bereits eine bestimmte Meinungsverschiedenheit unter den Parteien ergeben habe; denn dann werde sich die Partei, der die Unwirksamkeit zum Vorteile gereiche, nur einem solchen Schiedsgerichte unterwerfen, von dem sie eine unbefangene Prüfung der Gültigkeitsfrage zu erwarten habe. Freilich soll die Wirksamkeit der Schiedsabrede auch einem bereits entstandenen Streitverhältnisse gegenüber dann versagen, wenn die Schiedsabrede den Umgehungszweck verfolge. Ich kann mich mit dieser Lösung nicht befreunden. Zunächst wird die einem nichtigen oder unklagbaren Geschäfte eingefügte Schiedsklausel für künftige Rechtsstreitigkeiten regelmäßig ohnehin von der Nichtigkeit des Geschäfts mitbetroffen werden. Soweit das aber nicht der Fall sein sollte, sehe ich keinen stichhaltigen Grund, um die Annahme auszuschließen, als könne nicht auch ein Schiedsgericht für künftige Rechtsstreitigkeiten eingesetzt werden, das nach dem Willen der Parteien unvoreingenommen und ohne Durchkreuzung der Ziele staatlicher Gesetzgebung über etwaige Zweifel an der Gültigkeit des Geschäfts entscheiden solle. Und endlich kommt Leo doch wieder auf die Umgehungsabsicht zurück, die er vorher wegen der Beweisschwierigkeit ablehnen zu müssen geglaubt hatte. M. E. muß man, um zu einer richtigeren und praktischeren Lösung des Problems zu gelangen, einen anderen Weg einschlagen.

Die Behandlung der Schiedsklausel in unklagbaren und nichtigen Rechtsgeschäften hängt aufs Engste mit der Frage der Bindung des Schiedsrichters an die staatliche Rechtsordnung zusammen. Wer dem Schiedsrichter jenseits von allem zwingenden oder nachgiebigen Rechte seinen Spruch zu finden gestattet, wird der Wirksamkeit einer irgendwie gearteten Schiedsklausel im nichtigen oder klaglosen Geschäfte kaum entgegentreten können. Indem ich mir die zusammenhängende

Erörterung des Bindungsproblems einstweilen vorbehalte, darf ich mich vorgreifend als Anhänger der Bindung, mit der Maßgabe jedoch bekennen, daß es den Schiedsparteien freistehen muß, die Schiedsrichter von der Bindung ans staatliche Recht zu befreien. Aber die Befreiungsmöglichkeit hat auch ihre Grenze. Wo sie zu ziehen ist, lasse ich einstweilen dahingestellt. Jedenfalls ist die Grenze da, wo die Nichtbeachtung einer zwingenden Rechtsvorschrift zu einem vom Gesetzgeber gemißbilligten Erfolge führen würde. Der Begriff des ordre public, wie er für das internationale Recht durch Art. 30 EG. z. BGB. festgelegt ist, erscheint mir auch hier verwertbar. Insofern nähere ich mich dem Standpunkte Breit's, der, wenn ich es kurz so bezeichnen darf, zwischen zwingenden Rechtsvorschriften höherer und niederer Ordnung unterscheidet. Soviel aber scheint mir unbestreitbar, daß ein Schiedsvertrag, der die Schiedsrichter ausdrücklich oder stillschweigend von der Einhaltung einer Vorschrift des ordre public entbindet, gegen ein gesetzliches Verbot verstößt und deshalb der Nichtigkeit verfällt. Denn so wenig die Parteien selber ein rechtswirksames Geschäft vereinbaren können, das einen von der Rechtsordnung gemißbilligten Erfolg herbeiführen soll, so wenig kann eine Vereinbarung zulässig sein, die den Eintritt eines solchen Rechtserfolges in die Entscheidungsmacht eines Dritten verlegt. Und so vertrete ich den Leitsatz,

> daß ein Schiedsvertrag unwirksam sein soll, wenn die Vertragsschließenden das Schiedsgericht von der Einhaltung solcher Gesetze befreien, deren Nichtbeachtung zu einem von der heimischen Rechtsordnung gemißbilligten Erfolge führen würde.

Und es soll dabei ferner keinen Unterschied machen,

> ob die Befreiung ausdrücklich erfolgt oder ob die Umstände den Willen der Befreiung ergeben.

Man wird mir einwenden, daß diese Fassung doch wieder auf den Umgehungswillen hinauslaufe. In der Tat wird sie sich vielfach damit decken. Aber sie hat m. E. den Vorzug größerer Bestimmtheit und knüpft an einen der Gesetzgebung bereits bekannten und von der Rechtsprechung und Wissenschaft bereits herausgebildeten und durchgearbeiteten Begriff an. Sie gibt dem rein subjektiven Merkmale der Umgehungsabsicht doch einen gewissen objektiven Halt. Es wird z. B. schon aus der Zusammensetzung des Schiedsgerichts der Schluß gezogen werden können, daß die Beteiligten den Schiedsrichtern die Nichtbeachtung etwa des Differenzeinwandes freigeben wollen. Außerdem aber läßt sich aus der bloßen Umgehungsabsicht nicht immer schon mit Sicherheit die

Widerrechtlichkeit des Erfolges erschließen. Ich darf an die Rechtsprechung des Reichsgerichts erinnern, die in der Sicherungsübereignung, obwohl sicherlich zur Umgehung des Faustpfandgebots bestimmt, die Herbeiführung eines von der Rechtsordnung gemißbilligten Erfolges nicht erblickt hat. Zuzugeben freilich ist, daß da wieder die Zweifel einsetzen, welche Vorschriften zum ordre public im angegebenen Sinne gehören. Aber diese Zweifel bestehen nicht weniger da, wo man auf die Umgehungsabsicht abstellt. Hier müssen dann eben Rechtsprechung und Wissenschaft klärend und richtungweisend eingreifen. Ich zweifle z. B. nicht, daß eine Schiedsabrede aus einem Mietverhältnis, die den Schiedsrichter von der unverzichtbaren Kündigungsbefugnis des § 544 BGB. bei gesundheitsgefährdender Beschaffenheit der Wohnung entbände, nichtig wäre, weil die Beseitigung dieses Kündigungsrechtes den Zweck der Vorschrift, der Volksgesundheit zu dienen, vereiteln würde. Anders aber würde es m. E. bei den Formvorschriften liegen, obwohl ja auch sie dem zwingenden Rechte angehören. Kann ich die Wirksamkeit eines ohne die Form des § 313 abgeschlossenen Grundstücksveräußerungsvertrages dem Spruch eines Schiedsgerichts unter Befreiung von der Beachtung des § 313 unterstellen? Leo verneint diese Frage, während Breit und, soviel ich sehe, auch v. Staff sie bejahen. Auch ich bejahe sie. Denn auch wenn ich mich einem formlosen Vertrage freiwillig füge, so führt das nicht zu einem von der Rechtsordnung gemißbilligten Erfolge, wie denn ja auch der Erfüllung formloser Verträge vielfach heilende Kraft verliehen ist. Ich lege das entscheidende Gewicht nicht sowohl auf die Nichtbeachtung eines zwingenden Rechtssatzes, als vielmehr darauf, ob der materielle Geschäftserfolg die Mißbilligung der Rechtsordnung findet. Und um dies scharf zu betonen, habe ich mich nicht der Fassung des Art. 30 EG. angeschlossen, der vom Verstoße gegen den Zweck eines deutschen Gesetzes spricht, sondern habe geglaubt, auch in der Fassung meines Vorschlages den Ton auf die Mißbilligung des Geschäftserfolges legen zu müssen, ohne damit etwas anderes zu meinen, als was Art. 30 besagt. Der Art. 30 mußte wohl eine allgemeinere Wendung erhalten, weil für ihn auch andere als rechtsgeschäftliche Tatbestände in Betracht kamen. Anders behandeln würde ich aber die sachenrechtlichen Förmlichkeiten, die die Ersichtlichmachung der dinglichen Rechtsänderungen bezwecken, weil sich die hier einschlägigen Vorschriften nicht wegdenken lassen, ohne die Grundlage der Verkehrs- und Kreditsicherheit zu zerstören, wie sie der Gesetzgeber eben durch die Offenkundigkeit jener Rechtsänderungen festlegen wollte. Ein Pfandrecht ohne Besitzübergabe, eine Hypothek ohne Eintragung ins Grundbuch sind nach unserem Rechte undenkbar. Keine Parteiabrede kann die Schiedsrichter von der Einhaltung des Übergabe- oder Eintragungszwanges befreien.

3. Aber noch von einem letzten Gesichtspunkte aus muß die Frage der Zulässigkeit von Schiedsverträgen ins Auge gefaßt werden. Eine Schiedsabrede kann auch deswegen der Unwirksamkeit verfallen, weil sie eine Bildung oder Besetzung des Schiedgerichts vorsieht, die sich mit den Bedürfnissen einer unparteiischen Rechtspflege nicht vereinbaren läßt. Je weniger, wie wir noch sehen werden, die sachliche Angemessenheit des Schiedsspruchs einer Nachprüfung unterzogen werden kann, um so mehr muß der Gesetzgeber für eine Gewährleistung unparteiischer Schiedssprüche eintreten. Und da ist Folgendes scharf zu betonen: Auch die Schiedsgerichte sind Organe der Rechtspflege. Sie dienen, wie die staatlichen Gerichte der Aufgabe des Rechtsschutzes. Wie würde sonst der Gesetzgeber daran denken können, den Schiedsspruch mit Rechtskraft zu bekleiden und ihm Vollstreckungsmacht zu leihen? Das ist dann vielleicht auch der Punkt, an dem die viel umstrittene Unterscheidung zwischen Schiedsrichter und Schiedsmann am sichersten einsetzen könnte. Der Schiedsmann ist eben nicht Rechtsschutzorgan. Er soll erst eine schutzwürdige Rechtsgestaltung herbeiführen, deren Schutzwürdigkeit deshalb gerade, wenn auch im beschränktem Umfange des § 319 BGB., richterlicher Nachprüfung unterliegt. Aber gerade deshalb hatte der Gesetzgeber andererseits auch keinen Anlaß, der Person des Schiedsmannes besondere Aufmerksamkeit zuzuwenden. Sie unterliegt nicht einmal der Ablehnung. Das ist alles ganz anders beim Schiedsrichter, weil er eben, wenn auch von den Parteien berufen, im Dienste der Rechtspflege und des Rechtsschutzes steht. Und so hat hier der Gesetzgeber allen Anlaß, die Wahrung der ersten Aufgabe jedes Rechtsschutzes, die Unparteilichkeit des Spruchs, sicherzustellen. Diese Aufgabe aber hat sofort bei der Bildung des Schiedsgerichts einzusetzen. Gerade hier werden da auch die Klagen laut, denen Leo und Nußbaum in durchaus überzeugender Weise, namentlich den Verbandsschiedsgerichten gegenüber, Ausdruck verliehen haben; jene Klagen, denen sich nach geltendem Rechte die Rechtsprechung des Reichsgerichts verschließen zu müssen geglaubt hat. Und deshalb stehe ich nicht an, den allgemeinen Satz vorzuschlagen,

> daß ein Schiedsvertrag unwirksam sein soll, wenn er nicht beiden Teilen den gleichen Einfluß auf Bildung und Besetzung des Schiedsgerichts zugesteht.

Auch Leo vertritt diese Auffassung, will sie aber anders auswerten. Er will den Beteiligten ein Recht auf Aufhebung des Schiedsvertrages, offenbar in dem durch § 1033 ZPO. vorgesehenen Verfahren, geben. Statt den Schiedsvertrag aufzuheben, soll aber das Gericht auch befugt sein, die Bestimmungen des Schiedsvertrages zu ändern. Auch Nußbaum will diesen Weg beschreiten. Ich habe dagegen zunächst das Bedenken, daß es damit die Parteien in der Hand haben, ob sie den ungleichen Einfluß bei der Besetzung und Bildung des Schiedsgerichts als Grund zur Aufhebung des Schiedsgerichts geltend machen wollen, wie denn ja auch Leo einen Verzicht auf dies Recht nach Entstehung des Streitverhältnisses mit der Begründung für zulässig hält; man könne sich damit abfinden, daß die Entscheidung über ein bestimmtes streitiges Recht einem parteiisch zusammengesetzten Schiedsgericht übertragen werde. Dem kann ich unter keinen Umständen beipflichten. Erinnert sich nicht Leo dessen, was er selber in der Einleitung seines Gutachtens mit schöner Überzeugungskraft gesagt hat? Der Wahrung der Vertragsfreiheit stehe das Recht des Einzelnen auf Gewährung eines unverzichtbaren Mindestmaßes von Rechtsschutz und das Interesse der Gesamtheit an der Erhaltung einer starken und einheitlichen Rechtspflege entgegen. Vor allem — setze ich hinzu — einer unparteilichen Rechtspflege, die der Staat auch durch einen Parteiverzicht nicht gefährden lassen darf, ohne selbst auf die Wahrung eines Rechtsguts von höchstem ethischen Werte zu verzichten. — Für bedenklich aber halte ich auch den im Vorbilde des englischen Rechts wurzelnden Vorschlag, dem Gerichte eine Abänderungsbefugnis zuzugestehen. Das hieße wieder die Vertragsfreiheit einem obrigkeitlichen Zwange unterwerfen und den Parteien bestimmte Personen als Schiedsrichter aufnötigen. Mögen die Parteien selbst einen neuen Schiedsvertrag mit parteigleichem Einflusse auf die Bildung des Schiedsgerichts abschließen!

II. Mit diesen Ausführungen bin ich nun bereits in meiner Berichterstattung an den Bereich herangerückt, der sich mit den Fragen des schiedsgerichtlichen Verfahrens befassen soll.

1. In engstem Zusammenhange mit der Bildung des Schiedsgerichts steht die Ausgestaltung des Ablehnungsrechts. Sie ist um so beachtlicher, als das Ablehnungsrecht, wie Nußbaum mit epigrammatischer Zuspitzung ganz richtig sagt, für das Schiedsverfahren gewissermaßen das ganze Gerichtsverfassungsgesetz zu ersetzen habe. Zumal nach geltendem Rechte, das für eine unparteiliche Zusammensetzung des

Schiedsgerichts genügende Vorsorge nicht getroffen hat. Und doch hat auch hier unsere ZPO. ihrer individualistischen Einstellung so freien Lauf gelassen, daß die Rechtsprechung zu dem Ergebnisse gelangen konnte, es könne die Entscheidung über Ablehnungsgesuche durch die Schiedsabrede auf Privatpersonen oder sonstige private Stellen übertragen werden, wie denn davon häufig genug praktischer Gebrauch gemacht worden ist. Auch hier muß eine Neugestaltung des Schiedsgerichtswesens nach dem Vorbilde des österreichischen Rechts mit der zwingenden Vorschrift eingreifen, daß dem zuständigen Gerichte die Entscheidung über die Ablehnung eines Schiedsrichters nicht entzogen werden kann. Und auch hier kann ich Leo nicht beipflichten, wenn er einen Verzicht der Parteien auf das Entscheidungsrecht des Gerichts nach Entstehung einer Streitigkeit für zulässig erachtet. Ob und inwieweit das Ablehnungsrecht noch weiterer Schutzwehren, insbesondere einer solchen gegen den Verlust durch verspätete Geltendmachung, bedarf, will ich dahingestellt lassen.

2. Gesteht man dem Gerichte die unentziehbare Befugnis zur Entscheidung über das Ablehnungsrecht zu, so bedeutet das keinerlei Eingriff in die Freiheit des schiedsrichterlichen Verfahrens selber. Hier muß in der Tat der Odem vollster Freiheit wehen. Er ist Lebensbedingung für die Schiedsgerichte. Hier mit Bindungen eingreifen zu wollen hieße das innerste Wesen der Schiedsgerichte antasten, hieße den Hauptanreiz zum Abschlusse von Schiedsverträgen beseitigen. So bestimmen auch nach geltendem Recht die Schiedsrichter, soweit ihnen die Parteien nicht besondere Richtlinien vorschreiben, das Verfahren nach freiem Ermessen, das nach § 1034 I auch für den Umfang der Ermittlung des dem Streite zu Grunde liegenden Sachverhältnisses entscheidet. Daß dem Schiedsgerichte bestimmte prozessuale Befugnisse, insbesondere die Beeidigung von Zeugen und Sachverständigen und die Abnahme von Parteieiden entzogen sind, bedeutet letztlich keine Einschränkung der Verfahrensfreiheit. Hier greift das Gesetz nur mit der einzigen Bindung ein, daß das Schiedsgericht vor Erlassung des Spruchs die Parteien zu hören habe. Aber auch dieser Bindung ist keine zwingende Kraft verliehen, da nach § 1041 die Parteien auf Gewährung des rechtlichen Gehörs verzichten können. Auch hier trete ich dafür ein, die Gewährung des rechtlichen Gehörs zum unverzichtbaren zwingenden Rechtsgebote zu erheben, weil ich der Überzeugung bin, daß das Recht auf Gehör das Mindestmaß des Rechtsschutzes darstellt, dessen Mangel die Unvoreingenommenheit und Unparteilichkeit des

Spruchs erheblich gefährden könnte. Und auch hier kann ich Leo nicht zustimmen, der einen Verzicht auf das rechtliche Gehör dann zulassen will, wenn beim Vorliegen eines Streits über bestimmte Ansprüche die Zusammensetzung des Schiedsgerichts bereits feststünde. Dagegen trete ich seinem Vorschlage bei, der das Schiedsgericht verpflichten soll, auf Antrag einer Partei mündliche Verhandlung stattfinden zu lassen. Und mit ganz besonderem Nachdruck möchte ich mich für Leo's Forderung einsetzen, den Ausschluß einer Vertretung der Schiedsgerichtsparteien durch Anwälte für unwirksam zu erklären.

III. Ich habe geglaubt, mich in der Begründung der beiden letzten Leitsätze kürzer fassen zu dürfen, um mich um so eindringlicher der vielleicht doch bedeutsamsten aller Neuregelungsfragen zuwenden zu können, ob dem Schiedsgerichte dieselbe Freiheit, wie für die Gestaltung des Verfahrens, auch für die Findung des Schiedsspruchs zuzugestehen sei. Bekanntlich hat der Streit um die Bindung des Schiedsgerichts an die staatliche Rechtsordnung die Geister lebhaft bewegt. Die Streitfrage ist mit einer gewissen Plötzlichkeit hervorgetreten und brennend geworden. Das ist gewiß kein Zufall. Der mit immer wachsender Stärke sich geltend machende Einbruch der Schiedsgerichte in die staatliche Gerichtsbarkeit mußte schließlich die Gefahren zum Bewußtsein bringen, die der Einheitlichkeit der Rechtsprechung und Rechtsentwicklung aus diesem Wettbewerbe erwachsen konnten. Man wird unwillkürlich an das Nebeneinanderbestehen zweier auf verschiedenen Rechtsgrundlagen beruhenden Gerichtsbarkeiten gemahnt, wie sie die Rechtsgeschichte in England erlebt hat. Die Streitfrage ist im Wesentlichen auf dem Boden des geltenden Rechts verhandelt worden. Da sie hier aber de lege ferenda zu erörtern ist, darf ich von einer Darlegung der verschiedenen Auffassungen, der Gründe und Gegengründe absehen und mich unter besonderer Berücksichtigung des Leo'schen Gutachtens auf die Vertretung der von uns aufgestellten Leitsätze beschränken:

1. Gestatten Sie mir nun, von vornherein zu betonen, daß ich in der Bindungsfrage, wie ich sie kurz bezeichnen will, jeden Schluß a posteriori ad prius ablehne. Man kann auf eine Bindung des Schiedsrichters nicht deshalb schließen, weil das Strafgesetzbuch auch den Schiedsrichter unter denjenigen Personen aufführt, die des Verbrechens einer Rechtsbeugung schuldig werden können; denn eine Rechtsbeugung kann nicht bloß durch den Bruch einer Rechtsvorschrift, sondern auch in anderer Weise begangen werden. So namentlich, wenn der Schiedsrichter entgegen seiner besseren tatsächlichen Überzeugung seinen Spruch

fällt. Aber ebensowenig kann man umgekehrt die Ungebundenheit des Schiedsrichters aus der Erwägung ableiten, weil der mit Rechtskraft bekleidete Schiedsspruch einer Nachprüfung nicht oder nur unter ganz besonderen Umständen unterliege. Das wäre eine Vergröberung der Rechtsauffassung, bei der verkannt würde, daß das Gesetz nicht nur durch seine Zwangsgewalt, sondern eben auch durch seine Überzeugungskraft als Lehre und Antrieb zu gesetzmäßigem Verhalten zu wirken berufen sei. Ich glaube aber auch weiter nicht, daß es sich beim Bindungsproblem um eine Lebensfrage für die Schiedsgerichte handelt, und daß eine Vorschrift, die das Schiedsgericht an das staatliche Recht gesetzlich bände, die Axt an die Wurzel der Schiedsgerichte legen würde. Ich darf da meine eignen Erfahrungen zu Rate ziehen. Seit etwa zwanzig Jahren habe ich in einer recht großen Anzahl von Schiedsgerichten als Richter mitgewirkt, erinnere mich aber nicht, daß dabei jemals die Bindung ans staatliche Recht in Zweifel gezogen worden wäre. Diese Bindung galt immer als selbstverständlich; ich habe auch weder von den Parteien noch von deren Anwälten die Auffassung vertreten gehört, das Schiedsgericht sei berechtigt, sich über diesen oder jenen Rechtssatz hinwegzusetzen. Ich habe es hingegen häufig in größeren Sachen erlebt, daß die Parteien mit Rechtsgutachten namhafter Juristen ihre Sache zum Siege zu führen versuchten. Ich glaube deshalb wirklich nicht, daß die Schiedsgerichtsbewegung ihren Aufschwung der Auffassung verdanke, der schiedsgerichtliche Spruch verbürge eine sachgemäßere Entscheidung, weil er sich der gesetzlichen Fesseln entledigen könne. Wo aber ein solcher Gedankengang doch den Abschluß eines Schiedsvertrages begünstigt haben sollte, da kann ich den Verdacht nicht unterdrücken, als habe im Unterbewußtsein die Hoffnung mitgewirkt, aus der Nichtanwendung des staatlichen Rechts Vorteil für die Wahrung einseitiger Interessen zu ziehen.

Gerade diese Erwägung führt mich zu dem, was m. E. Kernpunkt der Frage ist. Ich habe schon vorhin betont, daß auch die Schiedsgerichte staatlich zugelassene Rechtsschutzorgane sind. Die Erfüllung der Rechtsschutzaufgabe aber hat von der Verläßlichkeit der Rechtsordnung auszugehen. Subjektives Recht ist es, das auch der Schiedskläger durch den Schiedsspruch anerkannt und verwirklicht sehen will. Es gibt aber kein subjektives Recht, das nicht in einem Satze des objektiven verwurzelt wäre. Ein subjektives Recht entsteht, verändert sich und vergeht, indem sich der Tatbestand eines diese Wandlungen bestimmenden Rechtssatzes mit einer bestimmten Person verknüpft. Und daß dann jene Rechtswirkung für diese Person auch wirklich eintritt, das ist es, was ich unter der Verläßlichkeit der Rechtsordnung verstehe, auf der letztlich alle Rechtssicherheit beruht. Es ist nur ein anderer Ausdruck desselben Gedankens, wenn Oertmann sagt, daß sich der Schiedsrichter nicht zum Gesetzgeber mit rückwirkender Kraft machen dürfe. Und durchaus zutreffend betont auch Leo, wer nach den Gesetzen seines Landes gehandelt habe, wolle nicht, daß seine Handlungsweise nachher durch das Schiedsgericht nach irgend einem anderen Grundsatze beurteilt werde.

Schließlich aber bietet auch die Bindung an das Gesetz die beste Gewähr für einen sachgemäßen, in die Einheitlichkeit der Rechtsprechung sich einfügenden Spruch. Wer das leugnet, erklärt im Grunde den Bankerott der staatlichen Rechtsordnung. Der Gesetzgeber hat die Lösungen der Interessenkonflikte, wie er sie finden zu müssen glaubt, aus der Fülle Jahrhunderte langer Erfahrungen, aus ihrer Erprobung im Verkehre, aus ihrer Bewährung in der Rechtsprechung geschöpft. Und dem sollte der Schiedsrichter die unerprobte und oft genug in bestimmten Vorurteilen befangene Meinung seines eignen Menschenverstandes entgegensetzen dürfen, dem man freilich die Gesundheit nachzurühmen pflegt, wobei dann doch immer zu bedenken ist, daß es neben der zahlreichen Gruppe eingebildeter Kranker auch Exemplare von eingebildeten Gesunden gibt. Man muß denn doch der landläufigen Meinung entsagen, daß juristisches und vernünftiges Denken unvereinbar seien. Soll sich der gesunde Menschenverstand wirklich über die sofortige Rügepflicht und die Folgen ihrer Unterlassung, wie § 377 HGB. sie bestimmt, hinwegsetzen dürfen? Und bieten nicht die sog. königlichen Paragraphen des BGB., die §§ 157, 242, 138, 826, hinreichende Gelegenheit, freiestes Ermessen walten zu lassen? Und wo man auf Vorschriften stößt, die als Fußangeln empfunden werden, wie etwa § 326 BGB., gibt es da nicht genug Möglichkeiten, sich ihnen ohne Gesetzesbruch zu entwinden? Was läßt sich mit der positiven Vertragsverletzung, mit der exceptio doli und dergleichen nicht alles fertig bringen?

So trete ich mit Leo für einen gesetzlichen Ausspruch ein, wie ich ihn im Leitsatze C Nr. 1 geformt habe. Er hat sein Vorbild in vielen ausländischen Rechten, besonders im englischen. Ein solcher Ausspruch wird genügende Einprägsamkeit besitzen, um Nachachtung zu finden. Ob man diese Nachachtung dadurch sichern soll, daß man für jedes Schiedsgericht ein mit der Befähigung zum Richteramte bekleidetes Mitglied verlangt, lasse ich dahingestellt. Man hat gerade in letzter Zeit diese Forderung vielfach erhoben. Besonders warm sind Katz und Kann für sie eingetreten. Man hat auch die bloßen Laienschiedsgerichte anders behandeln wollen als die mit mindestens einem rechtskundigen Schiedsrichter besetzten. Man hat den rechtskundigen Schiedsgerichten die Befugnis zur Abnahme von Eiden und zur eidlichen Vernehmung von Zeugen und Sachverständigen verleihen wollen. Man hat die Sprüche der Laienschiedsgerichte einer weitergehenden Nachprüfung unterwerfen wollen als die der rechtskundigen. So ist es also ein ganzes Fragenbündel, das sich um das Grundproblem knüpft, und das ich hier im Einzelnen nicht zu entwirren unternehmen will. Eine Neugestaltung des Schiedsgerichtswesens wird diese Fragen nicht umgehen können.

So nachdrücklich ich mich aber auch für die grundsätzliche Bindung des Schiedsrichters ans Gesetz einsetze, so muß doch auch hier der Freiheit eine Gasse gebahnt bleiben. Die Verläßlichkeit des Gesetzes bezweckt den Rechtsschutz der Parteien. Verzichten sie auf die Verläßlichkeit der Rechtsordnung, so sehe ich keinen vernünftigen Grund für die Annahme, der Gesetzgeber müsse plus royaliste que le roi sein. Der von der Gesetzgebung des Auslandes fast überall anerkannte, von der Bindung ans Staatsgesetz befreite amiable compositeur muß auch bei uns Zulassung finden. Die theoretischen Bedenken Oertmanns teile ich nicht; mag der Schiedsspruch des amiable compositeur ruhig eine rechtsgestaltende Bedeutung gewinnen, indem er das Rechtsverhältnis in dem Niederschlage, den es durch das objektive Recht erhalten hatte, nach freiem Ermessen umgestaltet. Wie ich denn überhaupt in diesem Berichte auf theoretische Grundlegung über die materielle oder prozessuale Natur des Schiedsvertrages oder über die materielle oder prozessuale Natur der Rechtskraft verzichten zu müssen geglaubt habe. Ob man mit Leo soweit gehen soll, für die Entbindung des Schiedsgerichts von der Einhaltung des staatlichen Rechts Schriftlichkeit zu fordern, ist mir zweifelhaft. Ich möchte es verneinen. Auch die Zusammensetzung des Schiedsgerichts, das Fehlen insbesondere eines rechtskundigen Schiedsrichters, kann m. E. den Schluß rechtfertigen, daß die Parteien kein Gewicht auf die Wahrung des staatlichen Rechts legen.

Nun habe ich freilich bereits oben dargelegt, daß die Freiheit der Parteivereinbarung ihre Grenze haben muß. Ich habe sie schon für die Zulässigkeit des Schiedsvertrages festlegen zu müssen geglaubt. Leo dagegen wendet sich mit seiner Grenzziehung an das Schiedsgericht selbst, indem er nach dem Vorbilde des österreichischen Rechts auszusprechen vorschlägt, daß zur Anwendung zwingender Rechtsvorschriften die Schiedsrichter stets verpflichtet sein sollen. Die Abweichung ist bedeutsamer, als es auf den ersten Anblick erscheint, ohne daß ich darauf näher eingehen möchte. Ich darf nur wiederholen, daß ich es nicht nur für folgerichtiger, sondern auch für durchgreifender erachte, die Frage, wie weit die Parteien das Schiedsgericht von der Einhaltung des staatlichen Rechts entbinden können, an der Wurzel des Verfahrens, dem Schiedsvertrage selber, zu lösen, wie denn ja auch Leo gelegentlich ausführt, daß bis an diese Wurzel zurückgegriffen werden müsse. Und dann weiche ich von Leo insofern ab, daß ich eine Befreiungsmöglichkeit in weiterem Umfange anerkenne, nämlich auch von solchen Vorschriften des zwingenden Rechts, die nicht dem ordre public im Sinne des § 30 EG. z. BGB. angehören.

Welche der beiden Auffassungen den Vorzug verdiene, wird sich aber mit Sicherheit erst dann ergeben, wenn die Frage beantwortet sein wird, auf die die Ausführungen über die Bindung ans staatliche Recht von selbst hindrängen:

2. Soll die Vorschrift, daß das Schiedsgericht an das Staatsgesetz gebunden sei, wirklich nur bloße Lehre, gestützt auf ihre Überzeugungskraft und Einprägsamkeit, bleiben, oder soll einer richterlichen Nachprüfung, einstweilen dahingestellt, in welcher Form und in welchem Verfahren, die Möglichkeit vorbehalten bleiben, Schiedssprüche, die gegen das staatliche Gesetz verstoßen, als Fehlsprüche zu behandeln und ihrer Wirkungskraft zu entkleiden?

Die Schiedsabrede ist ein Vertrag, der die Parteien verpflichtet, dem, was der Schiedsspruch als Leistungspflicht auferlegt, nachzukommen. So bildet der Schiedsspruch — was nur allzuoft übersehen wird — die Grundlage für eine aus dem Kompromisse sich ergebende Erfüllungsklage. Dem Schiedsspruche kann aber nach dem geltenden Rechte auch die Kraft eines selbständigen Vollstreckungstitels verliehen werden. Um nach diesen beiden Richtungen hin wirksam werden zu können, muß der Schiedsspruch den Streit endgültig erledigen; er muß mit Rechtskraft ausgestattet werden. Und das bedeutet eben, daß der Spruch grundsätzlich vor einer Nachprüfung seiner Richtigkeit, insbesondere also auch seiner Übereinstimmung mit dem geltenden Rechte bewahrt werden muß. Ein solches Nachprüfungsrecht besteht nun seit 1924 in der Vorschrift des § 1042 II, aber nur insoweit, als der Vollstreckungbeschluß dann zu versagen ist, wenn sich der Spruch über eine gesetzliche Vorschrift hinweggesetzt hat, auf deren Innehaltung die Parteien rechtswirksam nicht hätten verzichten können. Wohl gemerkt also: das Nachprüfungsrecht erstreckt sich nur auf die Vollstreckbarkeit des Spruchs, während die Fehlsamkeit des Spruches die Rechtskraft in ihren übrigen Wirkungen nicht beseitigt, nicht einmal einer Klage auf Aufhebung des Schiedsspruchs als Grundlage dienen kann. Ein höchst auffälliges Ergebnis, dessen Wunderlichkeit sich noch erhöht, wenn man die kaum abweisbare Folgerung zieht, daß der Fehlspruch trotzdem die Erfüllungsklage ex compromisso begründen oder dem zuerkannten Anspruche die Aufrechenbarkeit sichern kann. Es ist aber auch höchst zweifelhaft, was unter den unverzichtbaren Vorschriften zu verstehen, und vor allem, wie der Begriff des „Sichhinwegsetzens" zu deuten sei. Die herrschende Meinung unter der Führung v. Staffs tritt für die strengere, auch von Leo geteilte Meinung ein, daß nur die vorsätzliche Nichtbeachtung einer unverzichtbaren Vorschrift die Verweigerung des Vollstreckungsbeschlusses zur Folge haben könne. v. Staff verkennt nicht, daß damit § 1042 II zu praktischer Ohnmacht verurteilt ist.

Daß in diesem verworrenen und verwirrenden Zustande Wandel geschaffen werden und der fast allgemein als unglücklich empfundene § 1042 II fallen muß, erscheint mir unzweifelhaft. Leo vertritt die Auffassung, bewußte Nichtbeachtung nicht nur des zwingenden, sondern auch des nachgiebigen Rechts, soweit nicht der Schiedsrichter als amiable compositeur walten dürfe, begründe Unzulässigkeit des Verfahrens und gebe damit einen Grund für die Aufhebungsklage nach § 1041 Ziff. 1 ZPO. Es sei also eine besondere Festlegung der Nachprüfungsgrenze nicht erforderlich. Sollte man sie trotzdem für nötig halten, so gehöre sie nicht unter die Vorschriften über die Versagung des Vollstreckungsbeschlusses, sondern unter die Bestimmungen über die Unwirksamkeit der Schiedsabrede. Hier also lenkt Leo selbst in die von mir vertretenen Gedankengänge ein. Ich vermag mich aber mit dem Standpunkte Leo's nicht zu befreunden. Zunächst ist es ja doch mehr als zweifelhaft, ob ein Rechtsverstoß bei der Spruchfindung in den Bereich einer Unzulässigkeit des Verfahrens fallen würde. Dann aber und vor allen Dingen würde ein nur auf die Vorsätzlichkeit des Rechtsverstoßes abgestelltes Nachprüfungsrecht ein offenbarer Schlag ins Wasser deshalb sein, weil das Schiedsgericht angesichts der Gefahr der Vernichtung seines Spruches auf Mittel und Wege bedacht sein würde, die vorsätzliche Gesetzesverletzung zu verschleiern. Will und muß man ein Nachprüfungsrecht gewähren, so muß es praktisch wirksam ausgestaltet werden. Es muß deshalb ein objektiver Rechtsverstoß genügen. Oder soll ein Schiedsspruch bestehen bleiben, wenn das Schiedsgericht den § 65 des Börsengesetzes übersehen oder bei einem Börsentermingeschäft in Anteilen von Bergwerken oder Fabrikunternehmen irrtümlich die Genehmigung des Bundesrats angenommen hätte? Soll er bestehen bleiben, wenn das Schiedsgericht einen Eigentumsübergang oder eine Hypothek ohne Eintragung im Grundbuche als wirksam anerkannt hätte, weil die rechtsbegründende Natur der Eintragung von den Schiedsrichtern verkannt worden wäre?

Nun aber ist es freilich ganz undenkbar, das Nachprüfungsrecht auf alle Rechtsverstöße auszudehnen. Das würde den Schiedsspruch dem Nachprüfungsrechte in einem Umfange ausliefern, der die Rechtskraft des Spruches völliger Erschütterung auszusetzen geeignet wäre. So läßt sich also ein objektives Nachprüfungsrecht nur in ganz bestimmten Grenzen rechtfertigen. Und diese finde ich zunächst in der Beschränkung der nachzuprüfenden Gesetzesverstöße auf Verstöße gegen solche Vorschriften des zwingenden Rechts, die dem ordre public angehören, deren Nichtbeachtung also zu einem von der heimischen Gesetzgebung gemißbilligten Erfolge führen würde. Das würde die Nachprüfbarkeit in Einklang bringen mit der entsprechenden Bedingung für die Wirksamkeit des Schiedsvertrages selbst, wie ich sie oben vorgeschlagen und begründet habe. Auch wenn also die Schiedsabrede selbst gültig und wirksam wäre, weil ein unzulässiger Verzicht der Parteien auf die Einhaltung der dem ordre public angehörigen Vorschriften nicht vorläge, würde doch ein Fehlspruch des Schiedsgerichts in der angedeuteten Richtung der Nachprüfung unterliegen. Aber noch eine weitere Schranke muß aufgerichtet werden: Es mag feststehen, daß eine im Schiedsspruch unbeachtet gebliebene Rechtsvorschrift den Vorschriften des ordre public angehört. Das zu entscheiden wird immer Aufgabe der nachprüfenden Instanz bleiben. Aber es kann zweifelhaft sein, ob sich der Tatbestand des Falles einer solchen Vorschrift einfügt. Über diese Zweifel zu entscheiden ist aber allein das Schiedsgericht befugt. Eine Nachprüfung nach dieser Richtung hin würde wiederum eine allzustarke Antastung der Rechtskraft bedeuten. Wo sich aber der Tatbestand des Streitfalles so unzweifelhaft der übergangenen Vorschrift des ordre public einordnet, daß die Gesetzesverletzung als offenbare in die Augen springt, da läßt sich sehr wohl ein Eingreifen des nachprüfenden Gerichts rechtfertigen. Damit greife ich auf denselben Rechtsbehelf zurück, den

§ 319 BGB. der schiedsmännischen Entscheidung gegenüber für zulässig erachtet hat. Im Anschlusse an diese Vorschrift haben Wissenschaft und Rechtsprechung den Begriff des „Offenbaren" so bestimmt umrissen, daß eine sachgemäße Verwendung gesichert erscheint.

So glaube ich den Leitsatz C Nr. 3 rechtfertigen zu dürfen. Um ihm aber zur wirksamer Durchführung zu verhelfen, muß der Schiedsspruch unter allen Umständen mit einer schriftlichen Begründung versehen sein. Nach geltendem Rechte können die Parteien auf eine solche verzichten. Ein solcher Verzicht würde also, wie der Leitsatz C Nr. 2 vorschlägt, als unzulässig erklärt werden müssen. Dafür würde ich aber auch noch aus anderen Gründen eintreten, auf deren Darlegung ich hier verzichten muß.

Wie und mit welchem Rechtserfolge sich eine Nachprüfung in dem von mir befürworteten Umfange zu vollziehen hat, ist mit meinen bisherigen Ausführungen natürlich noch nicht entschieden. Soviel aber steht für mich fest, daß sie nicht die Sonderstellung erhalten darf, die § 1042 II ihr gegeben hat. Ein Fehlspruch mit offenbarem Verstoß gegen eine Vorschrift des ordre public wird den Unwirksamkeitsgründen des § 1041 gleichzustellen sein und, wie die übrigen Tatbestände des § 1041, die Klage auf Aufhebung des Schiedsspruchs begründen. Das aber führt

IV. zum letzten Punkte meines Berichts, zur Rechtfertigung der von mir unter D vorgeschlagenen Leitsätze:

Liefen unsere Vorschläge für die Neuregelung des Schiedsgerichtswesens auf Bindungen der ungehemmten Freiheit des geltenden Rechts hinaus, so handelt es sich jetzt um eine Förderung der Schiedsgerichtsbewegung durch einfachere und raschere Gestaltung des Vollstreckungsverfahrens. Es handelt sich also nicht um die Erfüllungsklage ex compromisso, sondern um die selbständige Vollstreckungskraft der Schiedssprüche. Bekanntlich hat die Gesetzgebung des Jahres 1924 an die Stelle des Vollstreckungsurteils den Vollstreckungsbeschluß gesetzt. Die Unterschiede zwischen dem früheren und dem heutigen Verfahren hat v. Staff in seinem Buche über das Schiedsverfahren mit so eindringender Schärfe und Klarheit auseinandergesetzt, daß ich mich darauf beschränken darf, auf diese Ausführungen zu verweisen. Wird jetzt der Antrag auf Erlaß des Vollstreckungsbeschlusses gestellt, so hat das Gericht — von der äußeren Rechtsbeständigkeit des Schiedsspruchs abgesehen — nur zu prüfen, ob sich der Spruch über gesetzliche Vorschriften hinweggesetzt hat, auf deren Innehaltung die Parteien rechtswirksam nicht hätten verzichten können. Findet das Gericht keinen Anlaß zu einer solchen Beanstandung, so erläßt es den Beschluß, ohne daß es sich um das Vorliegen eines der Aufhebungsgründe des § 1041 zu kümmern hätte. Diese geltend zu machen ist dem Gegner vorbehalten. Er muß den Weg der Aufhebungsklage beschreiten. Weist er die Erhebung dieser Klage binnen einer vom Gerichte zu bestimmenden Frist nach, so ist die Beschlußfassung über die Vollstreckbarkeit bis zur Erledigung des Rechtsstreits auszusetzen. Diese Regelung hat nirgends vollen Beifall gefunden. Auf die innere Unstimmigkeit des § 1042 II habe ich bereits hingewiesen. Ich möchte, um diese Unstimmigkeit noch stärker hervortreten zu lassen, weiter betonen, daß die Frage, ob ein Fehlspruch im Sinne des § 1042 vorliegt, nur der Prüfung im Vollstreckungsverfahren unterliegt, der Prüfung im ordentlichen Prozeßverfahren aber gänzlich entzogen ist. Und endlich, daß das mit dem Vollstreckungsbeschlusse befaßte Gericht selbst ganz offenbare Aufhebungsgründe aus § 1041 unbeachtet zu lassen hat und damit unter allen Umständen den Gegner des Antragstellers aus der Rolle des Verteidigers in die des Angreifers drängt.

Für mich gibt es hier nur eine Wahl: Man verweist entweder alle Einwendungen gegen den Schiedsspruch ins Beschlußverfahren und überläßt die Gegenwirkung der andern Partei, die dann mit der Aufhebungsklage vorgehen und damit den Erlaß des Vollstreckungsbeschlusses hemmen kann. Oder aber man kehrt reumütig zur alten Vollstreckungsklage zurück. Für die erste Möglichkeit treten Volkmar und Lewin ein, die dann freilich alle Einwendungen im Beschlußverfahren endgültig erledigen wollen. Leo, der diese Lösung mit guten und beifallswerten Gründen bekämpft, befürwortet dagegen die Rückkehr zur alten Vollstreckungsklage, für die er dann freilich ein besonders beschleunigtes Verfahren vorgesehen wissen will.

Ich halte an dem Beschlußverfahren fest. Es verbürgt denn doch eine nachhaltigere Auswirkung der Vollstreckungskraft. Aber der Vollstreckungsbeschluß darf einer Nachprüfung im ordentlichen Streitverfahren nicht entzogen bleiben. Die Aufhebungsklage muß der im Beschlußverfahren unterlegenen Partei gewahrt werden. Aber sie darf den Erlaß des Vollstreckungsbeschlusses nicht hindern, nicht einmal bis zur Erledigung des Aufhebungsstreites verzögern. Das kann nun freilich zu einer erheblichen Gefährdung des Vollstreckungsschuldners führen. Um ihr entgegenzuwirken, schlage ich eine Regelung vor, wie ich sie im Leitsatze 2 niedergelegt habe. Und ich möchte weiter der dem

Schuldner durch den Vollstreckungsbeschluß drohenden Gefahr durch Sicherheitsventile begegnen, wie ich sie in den Leitsätzen 3 und 4 in die Regelung einzubauen versucht habe. Ich denke mir also ein Verfahren, das sich an das Vorbild des Verfahrens über Arreste und einstweilige Verfügungen anlehnen würde. Lehnt das Gericht den Vollstreckungsbeschluß ab, so bleibt auch da noch die Möglichkeit einer Nachprüfung im ordentlichen Prozeßwege, da der Vollstreckungskläger immer noch die Erfüllungsklage ex compromisso zu erheben in der Lage bleibt.

Damit glaube ich meiner Berichterstattungspflicht genügt zu haben. Wie gern hätte ich meine Ausführungen vertieft, wie gern insbesondere das ausländische Recht in weitem Umfange herangezogen! Zum Glücke aber kann ich in dieser Beziehung auf das hochverdienstliche Unternehmen Nußbaums, die Gründung des Internationalen Jahrbuchs für Schiedsgerichtsrecht, verweisen, dessen eben erschienener erster Band die Fülle des internationalen Rechtsstoffs vor uns ausbreitet. Wie gerne wäre ich auch auf weitere Reformfragen, insbesondere auf die Möglichkeit verschiedener Behandlung der ständigen und Gelegenheitsschiedsgerichte, eingegangen, wie sie Leo in seinem Gutachten und v. Staff in der Liebmann'schen Festschrift angeregt haben. Aber ich durfte eben die Fülle der einschlägigen Fragen nicht erschöpfen, ohne Ihre Geduld über alle Gebühr in Anspruch zu nehmen und den Rahmen der Aussprache und Beschlußfassung zu sprengen. Hierfür eine feste und ausreichende Grundlage zu schaffen war unser Bestreben. Möchte es sich dem unumgänglichen Werke der Neugestaltung des Schiedsgerichtswesens förderlich erweisen.

Vorsitzender Geh. Justizrat Prof. Dr. Kipp: Ihr lebhafter Beifall hat gezeigt, wieviel Dank wir dem Herrn Präsidenten Wieruszowski für seine außerordentlich eindringenden und temperamentvollen Ausführungen schuldig sind. Ich wiederhole diesen Dank.

Ich konstatiere, daß Herr Präsident Wieruszowski seinen Leitsätzen einen hinzugefügt hat; er lautet: „Der Ausschluß der Vertretung der Parteien durch Rechtsanwälte ist unzulässig.“ Ich habe mir erlaubt, das einzutragen. Ohne mich in die sachliche Erörterung einzumischen, muß ich Gewicht darauf legen zu konstatieren, daß ich diesem neuen Leitsatze vollkommen zustimme. Ich muß das aus folgendem Grunde sagen: In dem Gutachten des Herrn Rechtsanwalt Dr. Leo ist ein Aufsatz der Juristischen Wochenschrift zitiert, worin ein Mann namens Kipp das Gegenteil von dem sagt, was Herr Präsident Wieruszowski hat drucken lassen. Ich habe das mit Erstaunen gelesen, weil ich mir bewußt bin, mich über diese Fragen niemals geäußert zu haben. Es hat sich herausgestellt, daß der Aufsatz von Herrn Prof. Kisch ist und nicht von mir. Ich möchte das ausdrücklich feststellen.

Nach kurzer Mittagspause wurde in die Diskussion eingetreten.

Rechtsanwalt und Privatdozent Dr. Walter Fischer-Hamburg begründete den von ihm eingebrachten Antrag:

„Die Abteilung wolle dem D. J.-T. folgende Vorschläge zur Änderung der Bestimmungen über die Vollstreckbarkeit von Schiedssprüchen unterbreiten:

§ 1042.

Aus dem Schiedsspruch findet die Zwangsvollstreckung nur statt, wenn er durch eine Entscheidung des zuständigen Gerichts für vollstreckbar erklärt ist.

§ 1043.

Jede Partei kann nach Erfüllung der Voraussetzungen des § 1039 beim zuständigen Gericht beantragen, den Schiedsspruch für vollstreckbar zu erklären.

§ 1043 a.

Der Antrag ist zurückzuweisen, wenn der Spruch eine gesetzliche Vorschrift verletzt, auf deren Innehaltung die Parteien rechtswirksam nicht verzichten können.

Ist ein Grund für diese Zurückweisung nicht erkennbar, so ist der Antrag der Gegenpartei von Amts wegen mit der Aufforderung zuzustellen, etwaige Einwendungen binnen der gesetzlichen Frist dem Gericht in doppelter Ausfertigung mitzuteilen. Die Frist beträgt, wenn die Zustellung am Sitz des Gerichts erfolgt, drei Tage, wenn sie im Bezirk des übergeordneten Oberlandesgerichts erfolgt, eine Woche, andernfalls zwei Wochen. Erfolgt die Zustellung im Auslande, so bestimmt der Vorsitzende des Gerichts die Frist.

§ 1043 b.

Erklärt sich die Gegenpartei innerhalb der Frist nicht oder sind ihre Einwendungen nicht stichhaltig, so ist der Schiedsspruch durch Beschluß für vollstreckbar zu erklären. Der Beschluß ist den Parteien von Amts wegen zuzustellen.

Gegen den Beschluß ist die sofortige Beschwerde gegeben. Die §§ 708 512 a ZPO. finden entsprechende Anwendung.

Erklärt die Gegenpartei, daß sie die Klage auf Aufhebung des Schiedsspruchs erheben wolle, so ist die Entscheidung über den Antrag auf Vollstreckbarkeitserklärung um zwei Wochen nach Eingang der Erklärung auszusetzen und die Partei darauf hinzuweisen, daß sie binnen dieser Frist die Erhebung der Aufhebungsklage dem Gericht nachzuweisen habe. Muß die Klage im Auslande zugestellt werden, so bestimmt auf Antrag der Vorsitzende eine längere Frist. Wird der Nachweis innerhalb der Frist nicht geführt, so ist über den Antrag auf Vollstreckbarkeit zu entscheiden. Soweit dieser Beschluß den Schiedsspruch für vollstreckbar erklärt, ist er unanfechtbar.

§ 1043 c.

Die Fristen der §§ 1043 a und b sind Notfristen. Verspätete Erklärungen sind nicht zu berücksichtigen. Die Wirkungen eines später auf die Aufhebungsklage ergehenden Urteils bleiben unberührt.

§ 1043d.

Wird die Aufhebungsklage rechtzeitig erhoben, so haben die mit ihr befaßten Gerichte in ihren Entscheidungen gleichzeitig über die Vollstreckbarkeit des Schiedsspruchs zu entscheiden

mit nachstehenden Ausführungen:

Meine sehr geehrten Herren! Meine grundsätzliche Einstellung zu der Frage der Vollstreckbarkeitserklärung von Schiedssprüchen, über die ich mir einen Gesetzentwurf vorzulegen erlaubt habe, ist folgende:

Ich bin hier wie auch sonst der Meinung, daß die Gesetze des Staates dazu da sind, den Schwachen zu schützen, und daß der Staat zwar dem Verkehr Beweglichkeit geben muß, daß aber Grenzen gesetzt sind, über die wir uns im wesentlichen einig sind. Dabei ist sehr scharf zu unterscheiden — und auf diese Unterscheidung lege ich Wert — zwischen dem E n t s c h e i d u n g s v e r f a h r e n und der V o l l s t r e c k u n g. Das Entscheidungsverfahren gibt der Staat aus der Hand, er überläßt es den Schiedsgerichten in einem so weitgehenden Maße, daß er dem Schiedsspruch die Wirkung des rechtskräftigen Urteils beimißt. Sofern Sie nun hinsichtlich des Verfahrens zum Schutze des Schwachen die Aufgabe des Staates erfüllen wollen, gewisse Garantieen zu bieten, müssen gesetzliche Vorschriften geschaffen werden, und diese sind bisher zusammengefaßt in den Bestimmungen über die Aufhebungsklage und gehören dorthin. Denn die Frage des rechtlichen Gehörs und andere Fragen sind etwas wesentlich anderes als die eine Frage, über die allein ich gern etwas mehr sagen möchte: die Frage des Verstoßes gegen die gesetzlichen Vorschriften, auf die die Partei rechtswirksam nicht verzichten kann. Dies ist eine Frage des staatlichen Interesses, und nach meiner Auffassung darf der Staat hier nicht dadurch, daß er das Verfahren aus der Hand gibt, diejenigen Rechtsbeziehungen, deren Regelung er nicht in die Hand der Parteien gelegt hat, wieder freigeben. Das ist eine Frage, die der Staat überall von sich aus prüfen muß.

Wenn Sie Garantieen für die Durchführung des Schiedsgerichtsverfahrens den Parteien zur Verfügung stellen, so ist es nicht nötig, daß alle diese Garantieen unverzichtbar sind, und wenn davon gesprochen worden ist, ob man auf das rechtliche Gehör solle verzichten können oder nicht, so darf ich darauf hinweisen, daß Sie die Möglichkeit jedenfalls nachträglich immer geben, nämlich dadurch, daß Sie die Erhebung der Aufhebungsklage in das Ermessen der Partei stellen.

Alle diese Dinge gehören in sich zusammen, und in dieser Beziehung — darauf kommt es mir im Augenblick an — möchte ich zwischen d i e s e n Garantieen, die das Verfahren betreffen, und der einen großen allgemeinen Garantie für die Wahrung der Rechtsordnung einen scharfen Strich ziehen. Ich will die Prüfung des Verstoßes gegen die gesetzlichen Vorschriften, auf deren Innehaltung die Parteien rechtswirksam nicht verzichten können, niemals und in gar keiner Weise zum Spielball der Parteien machen, also ihrem Belieben unterstellen, sobald die Parteien auf Grund eines ergangenen Schiedsspruches nun vom Staat verlangen, daß er seine staatliche Macht anwende, um einen Schiedsspruch durchzusetzen. Vielleicht ist es eine theoretische Erwägung — aber ich glaube, sie ist nicht nur rein theoretisch —, daß es mir unerträglich erscheint, wenn der Staat einer Partei seine gesetzlichen Zwangsmittel zur Verfügung stellen muß, um dasjenige durchzusetzen, was er nach seinen zwingenden Gesetzen nicht dulden will. Deshalb bin ich der Meinung, daß diese Frage nicht zu denjenigen Einzelheiten gehört, die in das Gebiet der Aufhebungsklage zu verweisen sind, sondern daß sie zu prüfen ist in dem Augenblick, in welchem eine Partei den Staat um Hergabe seiner staatlichen Zwangsmittel angeht.

Nun fragt es sich, wie man das Verfahren gestalten soll. Wir hatten früher die Klage auf Vollstreckbarkeit. Die Novelle von 1924 hat uns statt dessen das Beschlußverfahren gebracht. Ich möchte auf dem nun einmal Gewordenen weiter aufbauen und das Beschlußverfahren beibehalten, möchte es aber auf die wenigen Punkte beschränken, die der Staat prüfen muß, bevor er seine Zwangsmittel zur Verfügung stellt.

Es handelt sich zunächst um die äußere Formalität des § 1039, die die Voraussetzung für den Antrag auf Vollstreckbarkeit ist, dann eben um die Frage, ob der Schiedsspruch gegen eine gesetzliche Vorschrift verstößt, auf deren Innehaltung die Parteien rechtswirksam nicht verzichten können, und drittens um die Einwendung, daß der Schiedsspruch bereits erfüllt sei; denn das richtet sich unmittelbar gegen die Vollstreckung. Alles übrige aber gehört zu einer ganz anderen Gruppe von Einwendungen, wie ich eingangs schon gesagt habe, und gehört in die Bestimmungen über die Aufhebungsklage. Ich will weder, wie vorgeschlagen wird, die alte Klage auf Vollstreckbarkeit wieder einführen noch auf die Aufhebungsklage verzichten und alles ins Beschlußverfahren bringen, sondern ich will es halten wie bisher, jedoch mit der Maßgabe, daß ich in dem Augenblicke, in welchem das Beschlußverfahren zeigt, daß es zur Aufhebungsklage kommt, das Beschlußverfahren in diese überleite. Damit haben Sie ohne weiteres erreicht, daß nicht wesentlich mehr Zeit verloren geht, als wenn Sie die alte Vollstreckbarkeitsklage wieder einführen würden. Auf der anderen Seite erreichen Sie durch die von mir vorgeschlagene Bestimmung, daß, wenn die Aufhebungsklage erhoben wird, die mit ihr befaßten Gerichte in ihren Entscheidungen gleichzeitig über die Vollstreckbarkeit des Schiedsspruches entscheiden müssen, daß wir nicht ein Ruhen der ganzen Frage der Vollstreckbarkeit haben. Denn das ist es, was der jetzigen Regelung so sehr zum Vorwurf gemacht wird, daß jemand, der einen Schiedsspruch in der Hand hat, mit ihm nichts anfangen kann. Die Praxis zeigt ganz entsetzliche Erscheinungen, wie wir sie wohl alle erlebt haben; es kommt vor, daß der Schuldner bei einem ganz klaren Schiedsspruch auf Zahlung nur durch die einfache Erhebung einer Aufhebungsklage, die gar nicht begründet ist, eine Zeit — ich habe augenblicklich zwei Fälle selbst erlebt — von über $1^1/_2$ Jahren gewinnt, in denen er nichts zu bezahlen braucht. Das ist ein derartig großer wirtschaftlicher Vorteil für den im Schiedsverfahren Unterlegenen, daß das Gesetz es aufgeben muß, den Unterlegenen in dieser Weise zu unterstützen.

Um nun die Durchführung der Vollstreckbarkeit gegenüber dem bisherigen Verfahren zu beschleunigen, habe ich vorgeschlagen, die Zustellung des Schiedsspruchs an den Gegner, die Frage, welche Frist man ihm gibt usw., gesetzlich zu regeln, und zwar durch Notfristen, ganz knapp, so kurz wie es irgend geht. Dann soll er seine Einwendungen bringen. Sind sie stichhaltig, gut, dann wird entschieden; sind sie nicht stichhaltig, wird der Schiedsspruch für vollstreckbar erklärt. Kommt er mit der Mitteilung, daß er die Aufhebungsklage erheben wolle, dann wird ihm für deren Erhebung eine weitere Frist von zwei Wochen gegeben; innerhalb dieser Frist muß er nachweisen, daß er sie erhoben hat. Nun bringe ich hier eine vielleicht etwas hart erscheinende Bestimmung hinein, nämlich die, daß, wenn er innerhalb dieser zwei Wochen den Nachweis der Erhebung der Aufhebungsklage nicht geführt hat, und wenn nicht andere Gründe entgegenstehen, der Schiedsspruch für vollstreckbar erklärt wird und diese Entscheidung insoweit unanfechtbar ist, damit wir nicht wieder das alte Theater erleben, daß jemand nur mit der Ankündigung, eine Aufhebungsklage erheben zu wollen, einfach wieder 14 Tage für sich gewinnt, in denen die Akten liegen bleiben. Mit solchen falschen Ankündigungen oder durch die Nichtwahrung seiner Rechte verliert er die Möglichkeit, gegen den Beschluß, der den Schiedsspruch für vollstreckbar erklärt, zu appellieren, während sonst die sofortige Beschwerde gegeben ist. Das führt dazu, daß unter Umständen die Vollstreckbarkeit etwas sehr schnell kommt. Aber das scheint mir kein Nachteil zu sein; denn auch wenn der Schiedsspruch für vollstreckbar erklärt und dieser Beschluß rechtskräftig ist, bleibt die Aufhebungsklage immer noch, und auch das jetzige Gesetz sieht vor, daß alles rechtskräftig im Beschlußverfahren erledigt ist und die Aufhebungsklage hinterher kommt. Daran will ich gar nichts ändern.

Ich lege also das Hauptgewicht auf zwei Punkte: einmal darauf, daß die jetzige Trennung zwischen bewußter und nicht bewußter Verletzung, Hintansetzung gesetzlich geltender Vorschriften aufgegeben und ein rein objektiver Maßstab eingeführt wird, der viel leichter anzuwenden ist als der, ob sich die Schiedsrichter bewußt über irgend etwas hinweggesetzt haben. Nach diesem Maßstabe hat die Prüfung des Schiedsspruchs im Beschlußverfahren von Amts wegen zu erfolgen, und wenn das Gericht zu der Annahme gelangt, man habe sich über zwingendes Recht hinweggesetzt, so versagt es die Vollstreckbarkeit. Der zweite Punkt ist der, daß, wenn das Beschlußverfahren dazu führt, daß die Klage auf Aufhebung rechtzeitig erhoben wird, dann in diesem gerichtlichen Prozeß auch über die Vollstreckbarkeit entschieden wird, also kurz so, nicht wahr, daß es heißt: die Klage auf Aufhebung wird abgewiesen, der Schiedsspruch wird für vollstreckbar erklärt.

Ich glaube, damit einen praktisch gangbaren Weg, und darauf kam es mir an, gezeigt zu haben. Ich halte an dem Grundsätzlichen fest: der Staat muß nachprüfen, ob sein zwingendes Recht beachtet ist oder nicht. Ich darf noch ein Wort zum Schluß hinzufügen. Ich glaube, daß die Gedankengänge, die hier verschiedentlich berührt worden sind, und die man kurz dahin formuliert hat, daß die Wirtschaft sich bestrebt, das Gesetz zurückzudrängen, nicht nur hier bei unserer Frage in die Erscheinung treten, sondern daß sie eine ganz allgemeine Erscheinung der Gegenwart sind. Ich glaube nicht, daß der Staat dieser Bewegung Raum geben sollte, sondern bin der Ansicht, daß der Staat das Recht, das er selbst für zwingend erklärt, überall und immer durchsetzen soll, denn sonst kommen wir weiter auf der Bahn, die wir zu beschreiten schon begonnen haben, daß auf diesem oder jenem Wege — dazu soll unter Umständen auch das Schiedsverfahren dienen — die Gesetzgebung des Staates außer Kraft gesetzt wird, und das möchte ich unter allen Umständen vermieden sehen.

Vorsitzender Geh. Justizrat Prof. Dr. Kipp:

Ich darf gleich an den Herrn Redner das Ersuchen richten, einmal zu überlegen, ob sich nicht die Paragraphen, die er uns vorgelegt hat, etwas abkürzen lassen. Es entspricht nicht den Traditionen des Juristentages, paragraphenmäßig über Gesetzgebungsvorschläge abzustimmen. Wenn ich richtig verstanden habe, sind die Gegensätze, die grundsätzlich zwischen den Ausführungen des Herrn Dr. Fischer und denen der Herren Referenten, insbesondere des Herrn Präsidenten Wieruszowski bestehen, nicht so sehr große, daß es nicht etwa möglich sein sollte, sie in zwei bis drei Sätzen zu formulieren. Darf ich Herrn Dr. Fischer bitten, das zu überlegen? (Zustimmung Fischer[1]).)

[1]) Der entsprechend geänderte Antrag Fischer hatte — im Anschluß an die Einzelleitsätze des Berichterstatters Senatspräsident i. R. Prof. Dr. Wieruszowski — folgenden Wortlaut:

„D. Zur Frage der Spruchvollstreckung.

Das seit 1924 bestehende Beschlußverfahren ist beizubehalten, bedarf aber folgender Abänderungen:

1. Die Vollstreckbarkeit ist zu versagen, wenn der Spruch eine gesetzliche Vorschrift verletzt, auf deren Innehaltung die Parteien rechtswirksam nicht verzichten können.

Rechtsanwalt Dr. Wrzeszinski-Berlin:

Meine Damen und Herren! Aus dem außerordentlich lehrreichen Gutachten meines verehrten Kollegen Leo und aus den ganz ausgezeichneten Referaten der beiden Herren Berichterstatter haben wir eine Gewißheit wohl alle entnommen: das Schiedsgerichtswesen ist eine Tatsache, mit der wir rechnen müssen, und alle Versuche, auf direktem oder indirektem Wege das Schiedsgerichtswesen zurückzudämmen, sind im Augenblick aussichtslos. Sie sind nicht nur aussichtslos, weil parlamentarisch der Gedanke einer Einschränkung des Schiedsgerichtswesens von vornherein zum Mißerfolg verurteilt sein würde — die mächtigen Verbände würden es ohne weiteres wohl erreichen, daß bei den Parteien eine Neigung hierfür nicht vorhanden wäre —, sondern auch deshalb, und das würde ja auch die Stellung der Parteien wesentlich stützen, daß hier eine Volksempfindung vorliegt, mit der wir als Juristen rechnen müssen, denn das Recht ist doch schließlich nur eine Ordnung der Lebensverhältnisse, so wie sie nach der Volksempfindung gestaltet werden sollen. Nun glaube ich, daß man diese Volksempfindung und dieses Gefühl des Volkes, hier im Schiedsgerichtsverfahren etwas zu finden, was es anderswo vergeblich sucht, nicht so begrüßen darf wie Herr Geheimrat Richard Schmidt in seinem heute schon mehrfach zitierten Aufsatz. Ich glaube nicht, daß die Vorliebe für die Schiedsgerichte mit dem Einfluß des Krieges auf die Ausbildung der Juristen oder mit dem gewiß beklagenswerten vorzeitigen Abbau mancher hervorragenden Richter oder auch mit der von Schmidt beklagten gelegentlichen Besetzung von Richterstühlen aus politischen Rücksichten irgend etwas zu tun hat. Man muß sich doch darüber klar sein, daß weder zeitlich noch örtlich hier eine Begrenzung dieser Bewegung vorliegt,, daß wir schon vor dem Kriege den Schiedsgerichtsgedanken immer mehr sich haben entwickeln sehen, und daß auch andere Länder, bei denen die von Schmidt beklagten Erscheinungen in Deutschland nicht feststellbar sind, genau denselben Weg gegangen sind. Es ist — das hat Herr Prof. Nußbaum in seinem

---

2. Das Beschlußverfahren ist durch kurze Notfristen einer raschen Entscheidung zuzuführen.

3. Die Einwendungen gegen Zulässigkeit und Verfahren des Schiedsgerichts sind in die Aufhebungsklage zu verweisen.

4. Das Beschlußverfahren ist nur dann nicht durchzuführen, wenn die Erhebung der Aufhebungsklage innerhalb der gesetzlichen Frist dem Gericht nachgewiesen ist. Wird der Nachweis geführt, so haben die mit dieser Klage befaßten Gerichte in ihren Entscheidungen gleichzeitig über die Vollstreckbarkeit des Schiedsspruchs zu entscheiden."

Referat heute schon scharf als gemeinsamen Gedanken der beiden Herren Berichterstatter hervorgehoben — ganz einfach die Zeitersparnis, die erzielt wird, und Vorschläge, die sich der Besserung des Schiedsgerichtswesens widmen, müssen immer davon ausgehen, daß dieser sein Hauptvorzug, das beschleunigte Verfahren, nicht in unerträglicher Weise eingeschränkt werden darf. Wir fühlen ja alle — nicht zu unserem Behagen —, in welchem Tempo wir arbeiten müssen, wir spüren den Rhythmus der Zeit in unserer Berufsarbeit und müssen auch dafür Verständnis haben, daß die Parteien genau dieselben Leiden haben und für diese Leiden in der Rechtspflege, und zwar wenn es die ordentliche nicht leisten kann — und sie kann es nicht leisten, das haben auch die Herren Referenten hervorgehoben —, anderweitig ein Ventil suchen. Es kann also nur die Aufgabe sein, das Schiedsgericht, um die glückliche Prägung Nußbaums hier zu wiederholen, zu veredeln.

Ich bemerke vorweg, daß die allgemeinen Leitsätze, die die Herren gemeinsam aufgestellt haben, schlechterdings wohl ohne weiteres annehmbar sind, daß hier wohl kaum ein Satz ist, der sich anfechten läßt. Abgesehen von diesen allgemeinen Leitsätzen glaube ich, daß die in den Einzelleitsätzen vorgeschlagenen Mittel sicherlich geeignet sind, Schäden zu beseitigen und zu verringern, aber der Hauptnachteil, der m. E. dem Schiedsgerichtswesen anhaftet, und dessen Beseitigung wir anstreben müssen, vielleicht sogar noch auf etwas radikalerem Wege, als es die Herren Referenten vorgeschlagen haben, kann dadurch m. E. nicht beseitigt werden. Es läßt sich nicht beseitigen — und wenn wir die schönsten Vorschriften schaffen —, daß das Verfahren, wie es die Schiedsgerichte anwenden, die Parteirechte schmälert. So wie eine schlechte Prozeßordnung den guten Richter niemals hindern wird, gut Recht zu sprechen, und wie die beste Prozeßordnung in der Hand eines nicht fähigen Richters auch keine Sicherheit für eine gute Entscheidung bietet, so werden auch Verfahrensvorschriften, selbst wenn sie noch so fein erdacht sind, niemals die Möglichkeit bieten, die Parteirechte so zu sichern, wie wir es für nötig halten. Ebenso werden wir auch nicht durch Bestimmungen, wohl auch nicht durch die Bestimmungen, wie sie vorgeschlagen worden sind, erreichen können, daß das angewendete Recht wirklich ein Recht ist, das diesen Namen verdient. Und vor allen Dingen der interessierte Schiedsrichter, mit dem sich das Reichsgericht in älterer Zeit, als die Schiedsgerichtsbewegung noch in den Kinderschuhen lag, einverstanden erklärt hat — es hat immer gesagt: die Parteien, die das Schiedsgericht wählen, finden sich mit dem interessierten Schiedsrichter ab, sie sind zufrieden, daß sie den sachkundigen Schiedsrichter haben —, ich meine, der interessierte Schiedsrichter wird bleiben. Die Kanäle, die von der Partei zum Schiedsrichter führen, liegen nicht offen zu Tage, und die Ablehnungsmöglichkeiten, das beste Entscheidungsverfahren werden niemals verhüten können, daß die Parteien ihren Schiedsrichter als mehr oder weniger von sich abhängig fühlen, und daß der Schiedsrichter mindestens eine moralische Verpflichtung empfinden wird, nur nicht zu sehr seiner Partei wehezutun. Daß Richter und Anwälte als Schiedsrichter und auch objektive Kaufleute nicht so handeln, nützt nichts, denn in der ganz überwiegenden Mehrzahl der Fälle sind die Schiedsrichter, im Gegensatz zum Obmann, hier im allgemeinen gesprochen, nicht Richter und nicht Anwälte, sondern mehr oder weniger gute Bekannte. Also was wird sich weiter ergeben? Der Kampf um die Seele des Obmanns. Und wer in diesem Kampf siegt, das wird m. E. nicht immer derjenige sein, der die besseren Gründe hat, sondern derjenige, der die größere Geschicklichkeit hat, der die bessere Kunst der Menschenbehandlung hat, und der es versteht, den Schiedsrichter für sich zu gewinnen, vorausgesetzt, daß der Schiedsrichter nicht eine so starke Persönlichkeit ist, um sich zu sagen: ich höre mir das überhaupt nicht an, was die Parteien hier sagen. Dann ist es allerdings anders.

Der Einzelrichter in sehr wichtigen Sachen ist eine Einrichtung, mit der sich viele Juristen noch nicht abgefunden haben, die auch durch die Erfahrungen mit der Prozeßnovelle jedenfalls nicht eine allgemein begrüßenswerte Erscheinung geworden ist. Aber der allmächtige Einzelrichter, der sagt, ich kann hier entscheiden, ich habe mich nicht nach anderen neben mir zu richten, nach keinem Kollegium, der mag noch hingenommen werden. Die unerträglichste Form dieser schon an und für sich schwer zu ertragenden Funktion ist der inappellable Schiedsrichter. Hervorragende Richter haben im Gespräch — ich habe gerade diese Frage sehr gern angeschnitten — mir gesagt, daß außer dem Gewissen, das natürlich das Wichtigste für jeden Richter ist, die Aussicht auf Kontrolle doch ein wichtiges Moment für die Umstände ist, die nachher zu den richterlichen Entscheidungen führen. Wir alle haben es bei Oberlandesgerichten erlebt, und die Richter der Oberlandesgerichte haben das auch schon hervorgehoben, daß in Fällen, in denen das Oberlandesgericht die Überzeugung hatte, daß das Reichsgericht nicht auf dem richtigen Wege ist, gern eine

Situation geschaffen wurde, bei der die Nachprüfung durch das Reichsgericht vermieden wurde. Man kann sagen unter Anwendung des Grundsatzes divide et impera: mache ein Teilurteil und mache dich dadurch unabhängig vom Reichsgericht. Etwas, was nicht zu verwerfen ist, wenn der Richter die Überzeugung hat, daß das Reichsgericht sich hier irrt. Die Oberlandesgerichte werden schon in der Auswahl der Richterkräfte hiervon sicher einen sehr weisen und vorsichtigen Gebrauch machen. Aber der Schiedsrichter, der Obmann, der nicht immer so sorgfältig ausgewählt werden kann, wie es die Richter an Oberlandesgerichten sind, wird natürlich viel eher der Versuchung erliegen, in einem Falle — und das sind doch alle Fälle —, in dem er weiß, daß er die erste und letzte Instanz ist, sein Machtgefühl zum Ausdruck zu bringen auch in Fällen, die sich zum Vergleich nicht eignen. Es gibt auch Fälle, wo die Parteien nicht nur eine Kadi-, sondern eine Rechtsentscheidung haben wollen. Da wird er sagen: bitte, einigt euch, sonst kommt die und die Entscheidung heraus.

Ich glaube, hier hat die Reformbewegung einzusetzen. Den Einzelrichter können wir nicht beseitigen. Wenn man etwas beseitigen will, kann man nur die Unanfechtbarkeit seines Spruches beseitigen, und das, was ich Ihnen vorschlage, und was m. E. zunächst geeignet ist, erheblichsten Widerstand hervorzurufen, ist die Einrichtung der Rechtsbeschwerde gegen jeden Schiedsspruch, eine Rechtsbeschwerde, ausgebildet nach dem Vorbild der Reichsabgabenordnung, wo sie sich seit vielen Jahren schon außerordentlich bewährt hat. Ich werde Ihnen nachher in den Leitsätzen, die ich gleich vortragen werde, sagen, wie ich mir die Sache denke.

Nur ganz kurz die Bedenken, die sofort erhoben werden können: ich denke nicht daran, mir den Vorschlag — und es ist wohl ein Vorschlag — von Richard Schmidt zu eigen zu machen, der mehr oder weniger darauf hinausläuft, die Schiedsgerichte als qualifizierte Gerichte erster Instanz zu nehmen. Das ist eine unbeabsichtigte, aber tatsächliche Sabotage des Schiedsgerichtsgedankens. Davon müssen wir von vornherein die Hände lassen. Jede Reform muß davon ausgehen, daß ihr das nicht vorgeworfen werden darf. Der erste sachliche Vorwurf könnte die Kostspieligkeit des Verfahrens sein. Herr Professor Nußbaum ist in seinen schriftstellerischen Arbeiten auf die Frage auch eingegangen und hat ebenso wie Herr Leo darauf hingewiesen, daß das Schiedsgerichtsverfahren keineswegs etwa besonders billig sei und gerade der Wohlfeilheit halber gewählt werde. Auch bin ich der Meinung, daß die Kostspieligkeit, die durch die Rechtsbeschwerde entsteht, nicht genügt, sie zu verwerfen, wenn man sie aus anderen Gründen für wichtig hält. Aber nun kommt ein Moment, das viel eher und wirksamer eine Rolle spielen könnte. Besteht hier nicht eine unerträgliche Gefahr der Verlangsamung des Verfahrens? Da decken sich meine Gedanken etwas mit dem, was Herr Kollege Fischer eben vorgetragen hat. Die Gefahr läßt sich ziemlich weitgehend wegräumen. Ich muß allerdings sagen, so schnell braucht das Verfahren nicht zu sein, daß es gewissermaßen einer Momentaufnahme gleicht. Denn um eine gute Momentaufnahme zu erzielen, muß man vielleicht über eine bessere Linse verfügen, als sie im allgemeinen dem Schiedsgericht zur Verfügung steht. Eine gewisse Zeit wird für das Verfahren nötig sein, und eine Verlangsamung unerträglicher Art werden wir nur dann haben, wenn wir nach diesem Beschwerdeverfahren noch das Vollstreckungsverfahren haben. Das soll dadurch vermieden werden, daß in der Entscheidung zugleich die Vollstreckung ausgesprochen wird, so daß also in all diesen Fällen nicht erforderlich ist, das Vollstreckungsbeschlußverfahren einzuleiten, sondern die Gegenpartei automatisch die Vollstreckbarkeit des Beschlusses herbeiführt. Das wird ein Moment sein, das mutwilligen Rechtsbeschwerden wahrscheinlich den Boden entzieht.

Man kann letztens noch die Frage aufwerfen: geht das die ordentliche Rechtspflege etwas an? Das ist unbedingt zu bejahen. Die Herren Referenten haben ausgeführt, daß für gewisse Handlungen wie die Vereidigung von Zeugen und Sachverständigen und die Abnahme eines Parteieides das ordentliche Gericht zuständig ist. Daher wird man der ordentlichen Rechtspflege nicht das Recht in Abrede stellen können, hier eine Brücke zwischen der ordentlichen Rechtspflege und der Schiedsgerichtsrechtspflege dadurch zu schaffen, daß sie sich darum kümmert, daß diese Rechtspflege auch noch als Rechtspflege bezeichnet werden kann. Denn das hat auch Leo in seinem Gutachten eingangs hervorgehoben: in letzter Linie gibt der Staat Hoheitsrechte auf, indem er den Schiedsgerichten zu fungieren gestattet.

Nun die Ausgestaltung! Ich darf vielleicht im Telegrammstil sprechen. [1])

[1]) Im einzelnen lauteten die von Rechtsanwalt Dr. Wrzeszinski vorgeschlagenen Leitsätze folgendermaßen:

1. Die Rechtsgedanken der §§ 1025, 1026 ZPO. sind beizubehalten.

2. Der Schiedsvertrag bedarf der schriftlichen Form; Briefwechsel ersetzt diese Form.

Zulässigkeit des Schiedsvertrages: Die bisherigen Rechtsgedanken der §§ 1025, 1026 ZPO. sind beizubehalten; also es muß sich um verfügbare Rechte handeln und der Schiedsvertrag über künftige Rechtsstreitigkeiten sich auf ein bestimmtes Rechtsverhältnis beziehen.

Form des Schiedsvertrages. Darüber läßt sich streiten. Ich schließe mich Nußbaum contra Leo an. Ich bin für die Schriftform.

Zusammensetzung des Schiedsgerichts: Der Schiedsvertrag darf nicht der einen Partei einen überwiegenden Einfluß auf die Zusammensetzung des Schiedsgerichts einräumen (also Abkehr von der Rechtsprechung des Reichsgerichts, die für andere Verhältnisse gegolten hat). Die Ernennung des Schiedsrichters oder der Schiedsrichter darf nur durch die Parteien selbst erfolgen. (Es soll ein Vertrauensschiedsgericht sein; Parteiinstanzen dürfen das nicht machen.) Die Ernennung eines Obmanns darf den Schiedsrichtern, dem zuständigen Gericht, dem Präsidenten eines deutschen Gerichts, dem Vorsitzenden einer richterlichen oder anwaltlichen Berufsvertretung oder Berufsvereinigung, dem Präsidenten einer deutschen Industrie- und Handelskammer oder Landwirtschaftskammer übertragen werden (weil diese Persönlichkeiten die Gewähr dafür bieten, daß sie bei der Auswahl des Obmanns Personen in Vorschlag bringen werden, die für die Ausübung der Rechtspflege geeignet sind).

---

3. Der Schiedsvertrag darf nicht der einen Partei einen überwiegenden Einfluß auf die Zusammensetzung des Schiedsgerichts einräumen.

Die Ernennung des Schiedsrichters oder der Schiedsrichter darf nur durch die Parteien selbst erfolgen. Die Ernennung eines Obmanns darf den Schiedsrichtern, dem zuständigen Gericht, dem Präsidenten eines deutschen Gerichts, dem Vorsitzenden einer richterlichen oder anwaltlichen Berufsvertretung oder Berufsvereinigung, dem Präsidenten einer deutschen Industrie- und Handelskammer oder Landwirtschaftskammer übertragen werden.

4. Hinsichtlich der Ablehnung von Schiedsrichtern sind die bisherigen Bestimmungen beizubehalten (§ 1032 ZPO.).

5. Das Verfahren darf in das Ermessen des Schiedsgerichts gestellt werden mit der Maßgabe, daß unter allen Umständen

a) die Parteien den Rechtsstreit durch jede prozeßfähige Person als Bevollmächtigten führen dürfen,

b) den Parteien das rechtliche Gehör zu gewähren ist,

c) den Parteien die Teilnahme an im Reichsgebiet erfolgenden Beweisaufnahmen zu ermöglichen ist,

d) der schriftlich abzufassende Schiedsspruch mit Gründen zu versehen ist und dem Schiedsspruch die bis zu seiner Erlassung dem Schiedsgericht von den Parteien eingereichten Schriftsätze und Urkunden beizufügen sind.

Hinsichtlich der Ablehnung von Schiedsrichtern glaube ich, es bei den bisherigen Vorschriften (§ 1032 ZPO.) belassen zu können.

Verfahren: auch ins Ermessen des Schiedsgerichts gestellt mit der Maßgabe, daß vier von mir in Leitsatz 5 näher bezeichnete Voraussetzungen unter allen Umständen erfüllt sein müssen, widrigenfalls ein Verfahrensmangel vorliegt.

Anzuwendendes Recht: Anzuwenden ist das deutsche Recht, soweit nicht die deutschen Gesetze die Anwendung eines fremden Rechts erfordern oder zulassen; liegt diese Ausnahme vor, so darf das fremde Recht angewendet werden. Jedoch ist es unmöglich, ein sog. Billigkeitsrecht zur Grundlage zu nehmen. In dem amiable compositeur erblicke ich eine dem Anwalt ähnliche Person, die, bevor der Prozeß begonnen wird, zwischen den Parteien zu vermitteln sucht. Ich möchte ihn jedenfalls für unsere Verhältnisse nur in der Form übernehmen, daß er einen Vergleich anstrebt, daß er aber keine entscheidende Bedeutung hat.

Beeidigung: wie bisher.

---

6. Anzuwenden ist das deutsche Recht, soweit nicht die deutschen Gesetze die Anwendung eines fremden Rechts erfordern oder zulassen; liegt diese Ausnahme vor, so darf das fremde Recht angewendet werden.

7. Die Abnahme von Parteieiden sowie die Beeidigung von Zeugen und Sachverständigen ist dem zuständigen Gericht vorzubehalten.

8. Gegen den Schiedsspruch findet die Rechtsbeschwerde statt. Beschwerdegericht ist das dem zuständigen Gericht übergeordnete Oberlandesgericht. Die Rechtsbeschwerde ist nach dem Vorbild der Reichsabgabenordnung auszugestalten; sie kann nur darauf gestützt werden:

a) daß die Entscheidung auf Nichtanwendung oder unrichtiger Anwendung des bestehenden Rechtes oder einem Verstoße wider den klaren Inhalt der Akten beruhe,

b) daß das Verfahren an wesentlichen, von dem Beschwerdeführer genau zu bezeichnenden Mängeln leide.

Wir die Rechtsbeschwerde zurückgewiesen, so ist der Schiedsspruch zugleich für vollstreckbar zu erklären.

Die Aufhebungsklage des § 1041 ZPO. ist auf die Fälle der Restitutionsklage zu beschränken (a. a. O. Ziff. 6 i. V. m. § 580 Ziff. 1—6 ZPO.). §1042 ZPO. ist dahin zu ändern, daß in Abs. 1 der Fall der zurückgewiesenen Rechtsbeschwerde, in Abs. 3 der Fall der erhobenen Rechtsbeschwerde zu berücksichtigen sind.

9. Die gesetzliche Bevorzugung sog. amtlicher Schiedsgerichte ist abzulehnen.

10. Richterliche Beamte sind unbeschadet der Genehmigungsbefugnis ihrer Dienstvorgesetzten nach wie vor zur schiedsrichterlichen Tätigkeit zuzulassen.

Gegen den Schiedsspruch findet die Rechtsbeschwerde statt. Beschwerdegericht ist das dem zuständigen Gericht übergeordnete Oberlandesgericht. Die Rechtsbeschwerde ist nach dem Vorbild der Reichsabgabenordnung auszugestalten; sie kann nur darauf gestützt werden — ich zitiere wörtlich die Reichsabgabenordnung, die Formulierung ist nicht von mir —:

a) daß die Entscheidung auf Nichtanwendung oder unrichtiger Anwendung des bestehenden Rechtes oder einem Verstoße wider den klaren Inhalt der Akten beruhe. (Damit sind die besten Erfahrungen gemacht worden. Das würde gerade hier verhüten, daß behauptet würde: die Parteien haben das und das erklärt, während in Wirklichkeit keine Partei diese Erklärung abgegeben hat.)

b) daß das Verfahren an wesentlichen, von dem Beschwerdeführer genau zu bezeichnenden Mängeln leide. (Das hat sich sehr bewährt.)

Wird die Rechtsbeschwerde zurückgewiesen, so ist der Schiedsspruch zugleich für vollstreckbar zu erklären. Die Konsequenz ist, daß die Aufhebungsklage des § 1041 ZPO. auf die Fälle der Restitutionsklage zu beschränken ist, also Ziffer 6 i. V. m. § 580 Ziffer 1—6 ZPO. Dann würde sich eine hier nur ganz kurz zu berührende, aber nicht auszuführende Abänderung des § 1042 ZPO. anschließen.

Privilegierte Schiedsgerichte, sollen die geschaffen werden? Herr Präsident v. Staff hat diese Frage in seinen Publikationen und auch jetzt neuerdings wieder in der Deutschen Juristenzeitung angeschnitten und behandelt; die Frage ist auch von Nußbaum literarisch behandelt worden, ferner ist in dem Gutachten Leos darüber etwas zu finden. Ich bin nicht der Meinung, daß eine gesetzliche Bevorzugung der sog. amtlichen Schiedsgerichte einzutreten hat. Diese Schiedsgerichte erreichen zum Teil außerordentlich wenig. Ganz gewiß gilt dies nicht für das Goldbilanzen-Schiedsgericht, das bei der Berliner Industrie- und Handelskammer eingerichtet war und dort hervorragend gearbeitet hat, dessen Tätigkeit aber, wie auch Pinner in seinem gestrigen Referat mit Recht gemeint hat, wohl allmählich zu Ende geht. Diese amtlichen Schiedsgerichte schaffen m. E. eine zweite Sorte von Rechtspflege. Das ist etwas, was dem eigentlichen Schiedsgerichtsgedanken widerspricht, mag es auch im Ausland vielleicht anders sein und mag man in Hamburg mit diesen Schiedsgerichten gute Erfahrungen gemacht haben. Sie sollen ja weiter bestehen, ich habe aber nicht Neigung, sie Schiedsgerichten vorzuziehen, die aus Vertrauensmännern der Partei und einem hervorragenden Richter oder Anwalt bestehen.

Damit komme ich zu dem letzten Punkt: sollen aktive Richter als Schiedsrichter tätig sein? Diese Frage hat der Nestor der Anwaltschaft, Herr Geheimrat Heilberg, in seinem außerordentlich interessanten Aufsatz in der Juristischen Wochenschrift behandelt, ein Aufsatz, der die ernsteste Beachtung verdient, der wohl uns alle zum Nachdenken angeregt hat, der aber im Endergebnis nicht hat überzeugen können. Ich glaube nun allerdings, daß die Entgegnung, die diesem Aufsatz in der letzten Nummer der Juristischen Wochenschrift zuteil geworden ist, nicht ganz verdient war. Aus innerstem Rechtsgefühl und aus dem tiefen Bewußtsein heraus, hier unserer Rechtspflege zu dienen, war dieser Gedanke des Herrn Geheimrat Heilberg entstanden. Angesichts der Stellungnahme des Richters Bredenkamp zu dieser Sache habe ich wenigstens ein gewisses Bedauern nicht unterdrücken können. Es hätte vielleicht etwas weniger majestätisch zu der Frage Stellung genommen werden können als mit der für Juristen nicht recht geeigneten Einleitung: „ohne mich auf lange Erörterungen einzulassen". Die Ausführungen Heilbergs waren doch wohl so, daß längere Erörterungen, wenn man zu einem anderen Ergebnis kommen wollte, sehr wohl am Platze waren. Vor allem aber hat mich eins überrascht. Gerade bei den Richtern von der Waterkant hat man ein Verständnis für die Stellung des Anwalts, wie sie sich heute allgemein durchgesetzt hat. Hier war dagegen das Verständnis stark zu missen, insofern als der unabhängige, objektive Richter dem abhängigen, befangenen Anwalt gegenübergestellt wurde. Der Anwalt ist, wenn er ein Mandat übernimmt, genau so objektiv wie der Richter. Beide können sich irren bei ihrer Entscheidung.

Ich bin der Meinung, daß allerdings im Ergebnis Bredenkamp zuzustimmen ist. Die Beobachtungen, die aus dem Aufsatz Heilbergs sprechen, kann man vielleicht in kleineren Städten, auch vielleicht in Mittelstädten machen; daß sie in Großstädten gemacht worden sind, insbesondere in Berlin, das immerhin ein gewisses Bild gibt, habe ich nicht feststellen können, und ich habe auch von Persönlichkeiten, mit denen ich mich daraufhin in Verbindung gesetzt habe, darüber nicht das Geringste hören können. Der Richter ist m. E. ebenso geeignet für diesen Posten wie der Anwalt. Der Fall, der dem Aufsatz zu

Grunde liegt, ist so vereinzelt — Sie kennen ihn ja alle —, es ist so unwahrscheinlich, daß er sich häufig ereignen könnte, daß man daraus Schlußfolgerungen nicht zu ziehen hat.

Ich bin also der Meinung, Richter sollen ruhig als Obmann von Schiedsgerichten wirken. Es ist nicht schädlich, sondern begrüßenswert, daß dem Richter hieraus Honorare zufließen. Damit komme ich zum Schluß meiner Betrachtungen. Was ist unser Interesse? Es ist nicht nur, die Schiedsgerichte zu veredeln, sondern auch die ordentliche Rechtspflege zu veredeln, und die Veredelung der Rechtspflege erreichen wir dadurch — Kulturfragen sind ja in gewissem Sinne auch Geldfragen —, daß wir dem Richter, dessen Gehaltsbezüge es ihm nicht ermöglichen, sich soweit in der Welt umzusehen und soweit seine Kenntnisse zu erweitern, wie es immerhin wünschenswert ist, diese Möglichkeiten durch solche nebenamtliche Tätigkeit schaffen, und daß wir auf diese Weise und durch diese Veredlung der Rechtspflege das ganze Problem des Schiedsgerichtswesens lösen. Denn eine wirklich ausgezeichnete Rechtspflege wird notwendigerweise zu einer Eindämmung des Schiedsgerichtswesens namentlich für diejenigen Parteien führen, die nicht nur an einer schnellen, sonderst auch an einer guten Entscheidung interessiert sind.

Geh. Justizrat Dr. Heilberg-Breslau:

Die ganze Frage des Schiedsgerichtswesens hat sich radikal verändert, verglichen mit den Verhältnissen, wie sie bei Erlaß unserer Zivilprozeßordnung bestanden. Unsere Zivilprozeßordnung rechnete im wesentlichen mit demjenigen, was wir jetzt Gelegenheitsschiedsgericht nennen. Alles das, was jetzt Kartell-, Verbands- oder Vereinsschiedsgerichte sind, hat sich erst im Laufe des letzten halben Jahrhunderts entwickelt, und die Gesetzgebung ist in dieser Beziehung nicht mitgegangen. Aber, meine Damen und Herren, von den beiden Herren Referenten weiche ich ab in der Grundstimmung ihrer ganzen Einstellung zum Schiedsgericht. Die beiden Herren nehmen diejenige Entwicklung, die das Schiedsgerichtswesen genommen hat, im wesentlichen als etwas durch das Fatum Gegebenes hin und meinen, sie wollen das so entwickelte Schiedsgerichtswesen — wie sie sich ausdrücken — veredeln. Und auch der Herr Vorredner, mein Kollege Wrzeszinski, hat gemeint: ja, das entspricht nun einmal dem Volksempfinden. Ich möchte, was das letzte anlangt, den heute früh zitierten Mephisto auch einmal zitieren: „Was ihr den Geist der Zeiten heißt, das ist im Grund der Herren eigner Geist, in dem die Zeiten sich bespiegeln." Das ist nämlich der Geist der Kartelle, der Verbände, der Vereine, und es ist begreiflich, daß ein nicht geringer Teil unserer Juristen, der allen diesen Vereinigungen — mit vollem Rechte — nahesteht, von diesem Geiste etwas angesteckt wird. Es gibt aber auch eine andere Seite der Medaille, das möchte ich hervorheben, gerade weil es die Herren Referenten nicht hervorgehoben haben.

Diejenige Entwicklung des Schiedsgerichtswesens, die wir in den letzten Jahrzehnten vor uns sehen, droht sich zu einer Erschütterung unserer gesamten Rechtspflege auszuwachsen. Ich bin — wer mich kennt, weiß es — ein sehr energischer Gegner aller Sondergerichte. Ich halte beispielsweise auch den gegenwärtig vorliegenden Entwurf eines Arbeitsgerichtsgesetzes für ganz verfehlt; aber das wird in der anderen Abteilung des Juristentages behandelt. Ich möchte darauf aufmerksam machen, daß sich mit derjenigen Entwicklung der Schiedsgerichtsbarkeit, die wir jetzt vor uns sehen, eine neue Sondergerichtsbarkeit im Staate ausbildet, und dem darf und kann der Staat nicht ruhig zusehen. Schließlich ist doch die Gerechtigkeit die Grundlage des Staates und die Rechtspflege wenn nicht die vornehmste, so eine der vornehmsten Funktionen des Staates. Da kann und darf der Staat nicht zusehen, daß seine ordentlichen Gerichte allmählich in den Rang von Gerichten der kleinen Leute hinabgedrängt werden und sich im wesentlichen, abgesehen von dem Beitreibungsverfahren, nur noch zu beschäftigen haben — ich gebrauche absichtlich eine sehr große Übertreibung — allenfalls mit den Automobil- und den Ehescheidungssachen, die merkwürdigerweise ein Teil unserer Juristen für Bagatellsachen hält, und ein paar Prozessen kleiner Leute, während die gesamte große Wirtschaft, das Unternehmertum und der Großhandel ihre Sondergerichte einrichten. Stellen Sie sich einmal vor, welche Wirkung das auf das gesamte Leben unserer Juristen, unserer Richter hat. Wenn Sie unsere staatlichen Richter allmählich in eine derartige Stellung der Richter für die kleinen Leute drängen, und wenn Sie sie dem lebendigen Treiben der großen Wirtschaft entziehen, dann werden Sie vielleicht Grund haben, über die Weltfremdheit zu klagen, die man jetzt als Schlagwort braucht. Weil ich von dieser Einstellung ausgehe, gefällt mir an dem, was unsere Herren Referenten gesagt haben, die Grundnote nicht; über die Thesen, wie sie vorliegen, würde man sich mit mehr oder weniger Veränderung der Worte leicht einigen können. Es ist der Ton, der die Musik macht;

es ist die gesamte Grundlage, die Richtung, in der wir voneinander abweichen.

Ich bin der letzte, der die Vorzüge des schiedsgerichtlichen Verfahrens bekämpft. Ich bin nicht Nestor der deutschen Anwaltschaft, aber ich habe immerhin ein paar Jahrzehnte Anwaltspraxis hinter mir. Ich bin als Schiedsrichter vielfach und sehr gern tätig gewesen, habe eine Fülle von Verträgen entworfen und entwerfe sie noch jetzt, die Schiedsgerichtsklauseln enthalten; aber, meine Damen und Herren, diese Tatsache darf uns nicht dagegen blind machen, daß, wie die Dinge sich entwickelt haben, eine Gefahr für die allgemeine Rechtspflege vorliegt. Selbstverständlich hat das Schiedsgericht den Vorteil, schneller arbeiten zu können, und selbst wenn unsere Zivilprozeßordnung noch mehr auf das Prinzip der Schnelligkeit zugeschnitten wird, als sie es seit der Novelle von 1924 ist, würde ihr das Schiedsgericht trotzdem überlegen sein. Dazu brauchen wir nicht einmal eine Statistik des Statistischen Reichsamtes, das wissen wir aus der täglichen Erfahrung. Aber ganz leise und nebenher möchte ich einen Satz wiederholen: allein auf die Fixigkeit kommt es wirklich nicht an, sondern daneben auch etwas auf die Richtigkeit, und ob die Rechtsprechung unserer Schiedsgerichte eine so absolut richtige ist, das ist eine ganz andere Frage und eine Frage, die leider durch keine Statistik erfaßt werden kann. Unter diesen Umständen bin ich der Meinung, daß die künftige Gesetzgebung sich mit der Nachprüfung der Zulässigkeit der Bindung durch Schiedsgerichtsverträge ernsthaft zu beschäftigen haben wird, und in dieser Richtung wird natürlich auch das allgemeine Interesse des Staates einigermaßen maßgebend sein, dann aber auch derjenige Gesichtspunkt, den Herr Präsident Wieruszowski heute zutreffend hervorgehoben hat, ich glaube auch Herr Kollege Nußbaum, daß nämlich der Schiedsvertrag selbstverständlich nicht zu einer Bindung, zu einer Beeinträchtigung der Rechte des wirtschaftlich Schwachen durch den wirtschaftlich Mächtigen mißbraucht werden darf. In dieser Richtung bin ich aber der Meinung, daß dasjenige, was Herr Präsident Wieruszowski vorschlägt, nicht entfernt hinreicht: „Wer zur Eingehung eines Schiedsvertrages durch Mißbrauch eines Abhängigkeitsverhältnisses bestimmt worden ist, kann den Schiedsvertrag binnen Jahresfrist anfechten.“ Meine Damen und Herren! Der Fall kommt so gut wie nicht vor. Daß jemand durch Mißbrauch eines Abhängigkeitsverhältnisses zur Eingehung des Schiedsvertrages veranlaßt ist, wird alle Jubeljahre einmal passieren. Aber was vorkommt und was tägliches Brot ist,

ist die Tatsache, daß er zum Beitritt zum Kartell, zum Verband, zum lokalen Verein bestimmt wird nicht etwa durch Mißbrauch eines Abhängigkeitsverhältnisses, davon ist gar keine Rede, sondern durch die einfache Erwägung: das ist für mich bei den gegenwärtigen Verhältnissen viel besser, viel bequemer, viel vorteilhafter. Aber wenn es dann sechs Monate später zum Streit kommt, sieht dieser unglückselige Mann, daß ein Kartell-, ein Verbands-, ein Vereinsschiedsgericht eingerichtet ist. Um das zu verhüten, reicht die Formulierung von Wieruszowski nicht entfernt hin.

Noch ein zweites: Sie sprechen immer von den Vereins-, Verbands- und Kartellschiedsgerichten. Das ist aber nicht der einzige wunde Punkt. Der zweite ebenso wunde Punkt ist die Unterwerfung unter das Schiedsgericht durch die verdammten „allgemeinen Bedingungen", die nicht nur von den großen Unternehmern aufgestellt sind, von den Verbänden u. dgl., die genau so lang sind wie Versicherungsbedingungen und ebenso wenig bei Abschluß des Vertrages gelesen werden, sondern die leider auch von den Behörden in den Lieferungsverträgen aufgestellt werden. Selbstverständlich unterschreibt der große und der kleine Unternehmer, dem die Eisenbahn eine Lieferung überträgt, ohne weiteres die allgemeinen Bedingungen und sieht im Streitfalle dann zu seinem Schaden, daß in der Tat in diesen allgemeinen Bedingungen ein mehr oder weniger verklausuliertes Schiedsgericht steht. Demgemäß bin ich der Meinung, das klingt zwar wie eine Kur nach Doktor Eisenbart, es ist aber doch das einzig Richtige, daß die Unterwerfung unter das Schiedsverfahren überhaupt nur unanfechtbar sein kann nach Entstehung des Streitfalls, nicht vorher. Nach Entstehung des Streitfalls kann natürlich jeder paktieren wie er will. Auch kann es unter Umständen beim Gelegenheitsschiedsgericht vor Entstehung des Streitfalls zulässig sein. Was ich aber bekämpfe, ist die Unterwerfung vor Entstehung des Streitfalls, wenn es ein Schiedsgericht ist, das auf den Verbands- usw. bedingungen oder auf den allgemeinen Lieferungsbedingungen beruht.

Davon muß ich noch eine Ausnahme machen. Wer einem Kartell, einem Verband, einem Verein beitritt, soll sich für die reinen Ansprüche aus dem Gesellschaftsverhältnis ohne weiteres auch schon vorher dem Schiedsgericht unterwerfen können, aber eben nur für diese. Demgemäß würde ich meinen, daß man aussprechen sollte:

„Die auf der Bindung von Kartell-, Verbands-, Vereinsbedingungen und auf allgemeinen Lieferungsbedingungen beruhende

Schiedsabrede ist unverbindlich, wenn sie vor Entstehung des Streitfalls getroffen ist, sofern es sich nicht um Streitigkeiten handelt, die unmittelbar aus dem Gesellschaftsverhältnis entspringen" (vorbehaltlich der Bestimmungen des Genfer Protokolls).

Was die Bildung des Schiedsgerichts angeht, so stimme ich den Herren Referenten vollständig bei, die meinen, daß in dieser Beziehung die volle Parität gewahrt werden muß. Ich bin der Meinung, daß das sogar so weit zu gehen hat, daß beispielsweise eine Klausel ungültig sein muß, die der einen Partei das Recht gibt, einen Schiedsrichter zu ernennen, sofern die andere Partei in Verzug gerät. Gerät eine Partei mit der Ernennung des Schiedsrichters in Verzug, so mag ihn eine unparteiische dritte Stelle ernennen.

In diesem Zusammenhang muß ich nun auf die von Herrn Kollegen Wrzeszinski eben erörterte Frage der Tätigkeit des aktiven Richters als Schiedsrichters eingehen. Sie würden mich mit Recht der Hinterhältigkeit oder der Feigheit zeihen, wenn ich sie nicht erörtern würde, nachdem sie von mir anläßlich der Entscheidung des Reichsgerichts vom 29. Januar 1926 literarisch behandelt worden ist, und, was ich von vornherein vorausgesehen habe, zu weiteren Erörterungen geführt hat. Es ist mir sehr lieb, daß Herr Kollege Wrzeszinski in dieser Richtung anderer Meinung ist als ich, denn das beugt am besten der Annahme vor, daß es sich dabei etwa um einen Konfliktsfall zwischen Richtertum und Rechtsanwaltschaft handeln könnte. Davon ist selbstverständlich keine Rede. Ich muß es mir natürlich gefallen lassen, daß irgend jemand denkt, das hätte ich nur geschrieben, damit recht viel Anwälte Schiedsrichter werden. Für mich ist die sachliche Frage entscheidend. Ich weiß genau, daß unter meinen Spezialkollegen, unter der Rechtsanwaltschaft eine Fülle von Herren anderer Ansicht ist. Ich kenne auch die Bedenken gegen meine Ansicht; ich habe sie selber in meinem Aufsatze in der Juristischen Wochenschrift vorgetragen.

Es ist zunächst ganz selbstverständlich, daß der Richter vermöge seiner Unbefangenheit, seiner Ausbildung, seiner Übung als Richter außerordentlich geeignet zum Schiedsrichter ist. Es ist ferner — Herr Kollege Wrzeszinski hat das vorhin ebenso ausgeführt, wie ich es schriftlich getan habe — durchaus erheblich und durchaus wünschenswert, daß angesichts derjenigen Finanzverhältnisse, die wir nun einmal in Reich und Staat haben, gerade die besten, die zuverlässigsten unserer

Richter die Möglichkeit haben, auch ihr Einkommen zu erhöhen. Ich darf daran erinnern; daß beispielsweise der Deutsche Anwaltstag selbst vor Jahr und Tag den Satz ausgesprochen hat, die Richter sollten in den Besoldungsverhältnissen aus der allgemeinen Beamtengruppierung, wie es z. B. in der Tschechoslowakei geschehen ist, herausgehoben werden. Ich halte es für ganz selbstverständlich, daß den Richter nicht nur im Hinblick auf den materiellen Vorteil, sondern vor allen Dingen deswegen die Ernennung zum Schiedsrichter erfreut und auszeichnet, weil er auf Grund des Vertrauens seiner Partei, nicht auf Grund seiner staatlichen Ernennung zum Richter berufen wird.

Alle diese Dinge sind außerordentlich erheblich und werden mit vollem Rechte hervorgehoben. Aber bei der Abwägung der Gegenargumente ist für mich das Eine entscheidend — der Fall, den das Reichsgericht erörtert hat, war besonders kraß; er spielte übrigens nicht in einer ganz kleinen Stadt, sondern immerhin in einer Stadt von etwa 200 000 Einwohnern —, nämlich Folgendes: Wir leben gerade gegenwärtig — um diesen abscheulichen Ausdruck zu gebrauchen — in einer „Vertrauenskrise der Rechtspflege", der in überaus törichter Verallgemeinerung aus einzelnen Mißgriffen einzelner Richter hergeleitet wird (der Richter ist ebenso wenig unfehlbar wie die Angehörigen eines anderen Standes!). In ganz törichter Verallgemeinerung hat sich hier und da die Meinung ausgebildet, unsere Richter seien nicht vertrauenswürdig, sie seien geneigt, nicht objektiv zu entscheiden. Ich halte es für überaus wesentlich, daß der Bevölkerung auch nicht entfernt der Anlaß zu einem Argwohn in dieser Richtung gegeben werde; ich möchte durchaus den Anschein vermieden sehen, daß irgend ein Richter durch Beziehungen zur Partei oder zum Parteivertreter, die ihm ein honoriertes Amt als Schiedsrichter verschafft haben, sich in seiner künftigen Tätigkeit irgendwie beeinflussen läßt. Geschieht dies in weiterem Maße, so besteht die Gefahr, daß ein Vorwurf, ein Verdacht in dieser Richtung geäußert wird, und er wird dann verallgemeinert. Deshalb ist der Hinweis des Herrn Richters Bredenkamp in der letzten Nummer der Juristischen Wochenschrift, daß es in den Hansastädten seit Jahrzehnten Schiedsgerichte mit Richtern an der Spitze gebe, ohne jede Beweiskraft, und in dieser Richtung hat Richard Schmidt, mit dessen Folgerungen ich keineswegs übereinstimme, vollkommen recht. Was früher harmlos und unbedenklich war, wird jetzt bei der Ausdehnung der Schiedsgerichte bedenklich, zweifelhaft und arg. So wenig ich mit den Folgerungen von

Schmidt einverstanden bin, so darf ich doch darauf hinweisen, daß er in der Schlußthese, der aktive Richter solle nicht honorierter Schiedsrichter sein, meiner Meinung beitritt.

Nun gibt es natürlich eine ganze Menge Fälle, in denen von einem auch nur entfernten Argwohn nicht die Rede sein kann. Ich glaube, das krasse Beispiel gewählt zu haben, wenn ein württembergischer Richter Schiedsrichter in einer ostpreußischen Holzstreitigkeit sei, werde kein Mensch auf einen derartigen Gedanken kommen. Mit wenigen Ausnahmen ist der Richter aber Schiedsrichter in dem Wirtschaftsbezirk, in dem er tätig ist, und in dieser Richtung kann ich nur sagen: exempla terrent. Ich weiß, daß verständige, ruhige, überlegte Menschen, die keineswegs dem Zeitungsgeschrei ohne weiteres folgen, Bedenken aus diesen Tatsachen hergeleitet haben, und deswegen, glaube ich, wird man diese Sache auf das Äußerste beschränken müssen. Ich sehe vollkommen davon ab, etwa in dieser Richtung hier eine These vorzulegen; mir liegt nur daran, über die Frage zum Nachdenken anzuregen. Ich darf vielleicht sagen, daß mir Herr Kollege Horrwitz aus Hamburg heute freundlicherweise den Bürstenabzug eines Aufsatzes, den er demnächst in der Hanseatischen Rechtszeitschrift veröffentlicht, übergeben hat, in dem er an sich diese Bedenken anerkennt.

Ich will nur eins nachtragen, lediglich pro captanda benevolentia: Herr Kollege Nußbaum hat die Güte gehabt, aus einem Aufsatz, den ich vor einem Jahr einmal geschrieben habe, diejenigen Sätze zu zitieren, in denen ich als ganz selbstverständlich ausgesprochen habe, daß auch ein Anwalt nimmermehr Schiedsrichter in einer Sache sein darf, in der er selbst etwa die Partei vertritt, berät oder selbst irgendwelche Beziehungen besitzt, es sei denn, daß der andere Teil davon Kenntnis hat. Ich würde soweit gehen, eine entgegengesetzte Haltung sogar für eine Verletzung der Standespflicht anzusehen.

Was das Verfahren angeht, so will ich nach dem, was die anderen Herren gesagt haben, darüber im Interesse der Abkürzung der Debatte kein Wort verlieren. Die Freiheit des schiedsgerichtlichen Verfahrens halte ich selbst für unverrückbar, und nachdem sowohl Herr Präsident Wieruszowski wie unser verehrter Herr Vorsitzender gesagt haben, zur Zulassung des rechtlichen Gehörs gehöre auch die Nichtversagung des anwaltlichen Beistandes, erübrigt sich darüber jedes Wort.

Nun ist diejenige Frage, an der eigentlich das ganze Schiedsgerichtsverfahren als solches, die ganze Tätigkeit der Schiedsrichter hängt, — ich wähle den Ausdruck, den Herr Präsident Wieruszowski angewendet hat — die Frage der Bindung des Schiedsgerichts an das materielle Recht. Da bin ich der Meinung, daß man mit großer Bestimmtheit hervorheben sollte, daß, wenn nicht ausdrücklich etwas anderes vereinbart ist, wenn nicht die Parteien es durchaus anders wollen, das Schiedsgericht an das geltende Recht gebunden ist. Herr Präsident Wieruszowski hat bereits zutreffend hervorgehoben, daß doch alle diese Redensarten von Billigkeit, Treu und Glauben u. dgl. im BGB. — um den abscheulichen Ausdruck zu gebrauchen — verankert sind, und daß zum geltenden Recht die Berufung auf Treu und Glauben gehört. Aber es ist durchaus falsch, wenn man sagt: die Parteien wollen nicht, daß das Schiedsgericht nach strengem Recht urteilt, sondern sie wollen nach Billigkeit behandelt werden. So will es nämlich nur diejenige Partei ex post, die einen gegen das geltende Recht verstoßenden Schiedsspruch erzielt hat; die andere Partei aber sagt: was denn? ich habe gedacht, das Schiedsgericht würde nach geltendem Gesetze entscheiden, und ich habe doch nicht gewußt, daß es unter dem Vorwand, Billigkeit und Treu und Glauben anzuwenden, jetzt anders entscheidet. Also, dem Willen der Parteien entspricht es in der Regel durchaus, daß das geltende Recht angewendet wird. Die Frage ist nur — da beginnt erst die Schwierigkeit —: welche Folgerungen ziehen wir daraus? Nun bin ich der Meinung, es würde schon eine ganz erhebliche Wirkung haben, wenn das Gesetz ausspräche, daß mangels anderer Abrede das Schiedsgericht an das geltende Recht, das zwingende und das nicht zwingende, gebunden ist; das würde vor allen Dingen auf die Schiedsrichter selbst wirken, nicht sowohl wegen der juristischen Haftung, die schwer durchzusetzen ist, als wegen der moralischen.

Herr Präsident Wieruszowski sagt, er könne sich eigentlich nicht erinnern, daß ein Schiedsgericht, dem er beigewohnt habe, sich über das geltende Recht hinweggesetzt habe. Ich glaube das ohne weiteres, ich kann mich auch nicht erinnern. Aber das beweist nichts weiter, als daß es sowohl Herrn Präsidenten Wieruszowski wie mir gelungen ist, mit unseren Beisitzern fertig zu werden. Ich schmeichle mir, daß mir das bisher immer gelungen ist. Aber gehen Sie einmal in die Vereinsschiedsgerichte, wo der Kaufmann A. und der Kaufmann B. als Schiedsrichter und der Kaufmann C. als Obmann sitzen, alles Leute, die sich jeden Tag an der Getreidebörse oder sonst auf dem Markt treffen, die dauernd in Beziehungen stehen, und hören Sie dann einmal. Diejenigen von Ihnen, die selber als Obmänner, als

Beisitzer im Schiedsgericht tätig sind, erfahren die Dinge nicht, Sie können sie auch nicht erfahren. Wir Anwälte erfahren sie aber, wenn die Parteien uns mit so einem verunglückten Schiedsspruch kommen und wir ihnen auf ihre Frage antworten müssen: Sie können gar nichts dagegen machen. Dann steht der Mann da und ist betroffen; er hätte sich nie auf das Schiedsgericht eingelassen, wenn er das gewußt hätte.

Demgemäß bin ich der Meinung, daß man die praktischen Folgerungen ziehen muß. Die geeignete Formulierung zu finden, ist außerordentlich schwer. Das, was Herr Kollege Wrzeszinski von der Rechtsbeschwerde sagt, erscheint mir, vorbehaltlich der Einzelausgestaltung, gar nicht so abwegig. Ich würde sehr geneigt sein, nicht nur nach dem Beispiel des österreichischen Rechts den Schiedsspruch aufzuheben, wenn er gegen zwingendes Recht verstößt, sondern noch weit darüber hinausgehend zu sagen, daß jeder Schiedsspruch, wenn die Parteien nichts anderes vereinbart haben, der Aufhebung unterliegt, sofern er offenbar gegen das geltende Recht verstößt. Es ist mir ganz klar, meine Herren, daß das am letzten Ende der Dinge darauf abzielt, eine Berufungs- oder eine Revisionsinstanz oder meinetwegen eine Rechtsbeschwerdeinstanz gegen jeden Schiedsspruch einzuführen. Wollen die Parteien das nicht, so mögen sie es nach Entstehung des Streitfalls vereinbaren. Wenn sie aber nicht nach Entstehung des Streitfalls eine solche Vereinbarung treffen, dann liegt es im überwiegenden Staatsinteresse, daß nicht eine Schiedsgerichtsbarkeit unter den Augen des Staates und mit dem Verlangen, daß der Staat dann die Schiedssprüche für vollstreckbar erkläre, eine schiedsgerichtliche Tätigkeit contra jus eintreten läßt. Ich würde demgemäß sehr dafür sein, zu sagen, daß mangels anderer Abrede der Schiedsspruch der Aufhebung unterliegt, wenn er im offenbaren Widerspruch mit dem geltenden Rechte steht, und ich würde nur geneigt sein, eine Ausnahme dabei zu machen. Man kann sich nämlich denken, daß im schiedsrichterlichen Verfahren eine zweite Instanz tätig ist; es gibt ja Gerichte, die ein Oberschiedsgericht haben. Wenn eine derartige Oberschiedsgerichtsbarkeit, eine Berufungsinstanz besteht, so mag das nicht geschehen. Demgemäß möchte ich formulieren:

„Mangels besonderer Abrede unterliegt der Schiedsspruch der Aufhebung, wenn er im Widerspruch mit dem geltenden Rechte steht, es sei denn, daß im schiedsgerichtlichen Verfahren selbst eine zweite Instanz zugelassen ist."

Ich bin mir darüber klar, daß das ein schwerer Eingriff in die Vertragsfreiheit der Parteien ist, aber es ist auf der einen Seite ein Schutz der Rechtspflege des Staates und auf der anderen Seite ein Schutz des wirtschaftlich Schwachen und Unbedachten gegen die Schädigung im wirtschaftlichen Kampfe. Gerade weil ich auf der einen Seite die Aufhebung des Schiedsspruches wegen klaren Verstoßes gegen das geltende Recht erleichtern will, will ich auf der anderen Seite die Aufhebungsklage etwas erschweren, schon deswegen, damit die Partei weiß, wenn sie sich auf einen Schiedsvertrag einläßt, so bedeutet das, daß sie mit der Aufhebungsklage die Aufhebung eines falschen Schiedsspruches nur unter Schwierigkeiten herbeiführen kann. Aus diesem Grunde möchte ich anregen, einmal die Aufhebungsklage an eine kürzere Zeit zu knüpfen, die allerdings mit Rücksicht auf mögliche Vergleichsverhandlungen durch Parteiabrede verlängert werden kann, dagegen die jetzige diesbezügliche Bestimmung unserer Novelle von 1924 zu beseitigen. Zweitens möchte ich — das ist ein Gesichtspunkt, den ich lediglich zur Debatte stellen möchte, und der mir bei der Beschäftigung mit der Materie erst gekommen ist — auch formell die Aufhebungsklage dadurch erschweren, daß man dem mit der Aufhebungsklage befaßten Gericht die Befugnis gewährt, dem Aufhebungskläger Sicherheit wegen der Prozeßkosten aufzuerlegen. Ich habe diese beiden letzten Sätze dahin formuliert:

> „Die Aufhebungsklage ist nur binnen einer gesetzlich zu bestimmenden Frist, deren Verlängerung die Parteien vereinbaren können, zuzulassen. Das Gericht ist befugt, dem Aufhebungsbeklagten eine prozeßhindernde Einrede der Sicherheitsleistung für die Prozeßkosten zu gewähren."

Das sind so die Anregungen, die ich mir gestatten wollte zu geben. Ich bin mir darüber klar, daß die Dinge durchaus auf dem Gebiete der streitigen Tatsachen oder noch mehr der streitigen Rechtsauffassung liegen, aber ich meine, die Sache ist wichtig genug, um sie eingehend zu erörtern, und ich möchte den Grundsatz in den Vordergrund stellen, von dem ich ausgehe: wir dürfen nicht schwächlich die Interessen der Rechtspflege und des Staates der Neigung unserer großen Verbände opfern, im Schiedsgerichtsverfahren sich der staatlichen Rechtspflege zu entziehen.

Kammergerichtspräsident i. R. Wirkl. Geh. Oberjustizrat Dr. v. Staff-Berlin:

Meine hochverehrten Damen und Herren! Als die Ständige Deputation des Deutschen Juristentages sich dazu entschloß, die aktuelle Frage der Schiedsgerichte und ihres Verfahrens auf die Tagesordnung des 34. Juristentages zu setzen, war sie sich darüber klar, daß damit ein Thema angeschnitten würde, dessen Ausdehnung es außerordentlich schwierig machen würde sowohl für Gutachter und Referenten wie auch für die Behandlung in der Wechselrede, in solchen Grenzen zu bleiben, wie sie notwendigerweise durch eine auf wenige Tage beschränkte Veranstaltung gezogen werden, bei der den einzelnen Fragen nur ein Tag gewidmet werden kann. Wir haben uns deshalb lange überlegt, wie wir das von uns zu stellende Thema so fassen könnten, daß, soweit es möglich sei, eine Einschränkung erfolge. Wir haben deshalb von vornherein als Voraussetzung der Behandlung hingestellt, daß eine Neuregelung des Schiedsgerichtswesens zu empfehlen sei. Wir haben nicht gefragt und nicht gebeten, zu der Frage, ob eine solche notwendig sei, Stellung zu nehmen, sondern uns von vornherein auf die Basis gestellt, daß sie als erforderlich angesehen werde, und wir haben die weitere Einschränkung gemacht, daß wir gebeten haben, sich auf die Hauptgrundsätze für eine solche Neuregelung zu beschränken. Nun ist es für die Gesetzgebung etwas unumgänglich Notwendiges, mit klaren Begriffen zu arbeiten. Bei der Stellung von Themen wird das ja aber nicht so streng zu fordern sein, und deshalb wird man es wohl nicht beanstanden können, wenn wir hier einen Begriff verwendet haben, der eine ganz genaue Begrenzung an sich nicht enthält. Man muß sich darüber klar sein, daß der eine als einen Hauptgrundsatz hier ansehen wird, was dem anderen vielleicht als etwas Nebensächliches erscheint. Ich werde mich bemühen, mich in den Ausführungen, für die ich Ihre Aufmerksamkeit erbitten möchte, möglichst streng an dieses Thema zu halten, und ich bitte deshalb um Nachsicht, wenn ich nicht auf alle Punkte eingehe, die in den vorzüglichen Referaten des Herrn Prof. Nußbaum und des Herrn Präsidenten Prof. Wieruszowski angeführt und in der auf erfreulicher Höhe stehenden bisherigen Wechselrede behandelt worden sind.

Meine Herren! Ich möchte mit dem, was zuletzt besprochen worden ist, beginnen, mit der Kardinalfrage nämlich, wie im künftigen Schiedsgerichtsverfahren die Frage der Bindung der Schiedsgerichte an das geschriebene geltende Recht geregelt werden soll. Da kommen verschiedene Punkte in Betracht, von denen jeder einzelne in einer gewissen Begrenzung von entscheidendem Einflusse ist. Auf der einen Seite steht die Vertragsfreiheit der Parteien, die — darin wird man mir wohl allgemein zustimmen — ein Lebenselement der Schiedsgerichte ist. Auf der anderen Seite ist aber auch von gleich großer Bedeutung die Notwendigkeit, vorzubauen, daß nicht die Schiedsgerichte zu Instrumenten der Willkür werden können, sei es in Einzelschiedsgerichten, sei es — was einige der Herren Redner besonders befürchten — in der Hand starker wirtschaftlicher Verbände. Wenn ich den Ausführungen, die wir gehört haben, richtig gefolgt bin, dann geht die Ansicht dahin, daß die Vertragsfreiheit insoweit besonders gewahrt werden soll, als die Parteien berechtigt sein sollen, in weiteren oder engeren Grenzen eine Abweichung der Schiedsgerichte vom geltenden Recht im Schiedsvertrage zu gestatten, daß aber, wenn das nicht geschehen ist, die Richter verpflichtet sein sollen, das geltende geschriebene Recht ausnahmslos anzuwenden.

Wenn man die Bindung an das Recht als notwendig ansieht, wird doch wohl zu fragen sein, ob es berechtigt und zulässig erscheint, daß dann eine Entbindung durch den Willen der Parteien gestattet wird. Es würde sonst durch den Parteiwillen etwas eingeführt werden können, was als Willkür bezeichnet werden müßte. Bei der Behandlung dieser Frage muß ich auf einen anderen Punkt eingehen, der meiner Auffassung nach damit wohl in Verbindung zu bringen ist. Ich habe in meinem Handbuch für Schiedsrichter und Schiedsparteien bereits mit Nachdruck darauf hingewiesen, wie wünschenswert es mir erscheint, daß Schiedsverträge stets schriftlich abgeschlossen werden, und es ist in einem der Leitsätze ausgesprochen, daß der Schiedsvertrag schriftlich geschlossen werden müsse, um wirksam zu sein. Nun kann man vielleicht — ich bemerke, daß dieser Gedanke mir erst beim Anhören der Ausführungen des Herrn Geheimrat Heilberg gekommen ist — auf den Gedanken kommen, neben der Schriftlichkeit des Schiedsvertrages die weitere Forderung zu stellen, daß in dem Schiedsvertrage auch eine Vereinbarung darüber getroffen werden muß, ob und inwieweit die Richter von der Anwendung des Gesetzes entbunden werden können. Man wird dann für diese Vertragsfreiheit eine angemessene Grenze ziehen müssen; auf Einzelheiten kann ich nicht eingehen. Ich stimme Herrn Geheimrat Heilberg vollständig darin bei, daß die eigentliche Schwierigkeit mit dem Augenblicke beginnt, wo man an die Frage herantritt, was denn werden soll, wenn das Schiedsgericht dem nicht folgt. Das Heilmittel, das der zweite Herr Redner dafür in der Rechtsbeschwerde gefunden zu haben glaubt, versagt nach meiner festen Überzeugung. Das ist ganz unmöglich, meine Herren. Der zweite Herr Redner befürchtete von einer anderen Maßnahme, daß darin eine Sabotage der Schiedsgerichte liegen könnte. Ich muß dazu sagen, daß diese Maßnahme nach meiner Überzeugung die intensivste Sabotage der Schiedsgerichte in der praktischen Auswirkung sein würde, die man sich denken kann. Das ist also nicht nötig, und es bleibt nichts anderes übrig, was auch von Seiten des Herrn Präsidenten Wieruszowski hervorgehoben und was auch von Herrn Geheimrat Heilberg erwähnt worden ist, als das Gewissen der Schiedsrichter aufzurufen. Nach meinen nicht ganz kleinen Erfahrungen als Obmann oder als Mitglied von Schiedsgerichten möchte ich glauben, daß es von sehr starker günstiger Einwirkung sein würde, wenn in der künftigen Gesetzgebung mit klaren und deutlichen, möglichst eindringlichen Worten zum Ausdruck gebracht wird, daß der Schiedsrichter an das Recht gebunden ist, daß er alles vermeiden muß, was nach Willkür schmeckt. Ich glaube nicht, daß man in dieser Hinsicht wird weitergehen können.

Da ich hier zu den Ausführungen des letzten Herrn Redners Stellung genommen habe, so möchte ich, wenn Sie es gestatten, dabei bleiben und auf die Ausführungen eingehen, die darüber gemacht worden sind, ob es angeht, daß aktive Richter als Schiedsrichter gegen Honorar tätig werden. Meine Herren, ich stehe da auf dem Standpunkt, daß das durch die Gesetzgebung nicht zu verbieten ist. Ein vereinzelter Fall, der vom Reichsgericht behandelt worden ist, in dem in der Tat der Richter nicht so gehandelt hat, wie er hätte handeln sollen, kann nicht dazu führen, hier verallgemeinernd die Richter auszuschließen. Ich glaube aber auch nicht, daß der Grund, den Herr Geheimrat Heilberg angeführt hat, zu diesem Ergebnis führen kann. Sie erinnern sich, daß Herr Geheimrat Heilberg gesagt hat, in früheren Zeiten möge es unbedenklich gewesen sein, daß aktive Richter als Schiedsrichter entgeltlich tätig geworden seien. Die Verhältnisse hätten sich aber geändert; wir befänden uns jetzt in einem Zustande, der mit einem auch ihm unsympathischen Worte als Vertrauenskrise bezeichnet werde, und da sei es doch nicht ausgeschlossen, daß diese sich verschärfen könnte, wenn eine solche Tätigkeit der Richter einsetze. Ich möchte mir die Frage gestatten: Ist einem von uns bekannt geworden, daß man den aktiven Richtern gegenüber irgend welche Bedenken nach dieser Richtung gehegt hat? (Zurufe: Ja! — Nein!) Ich habe keine Erfahrungen nach dieser Richtung, deshalb habe ich mir die Frage gestattet. Ist das in erheblicherem Maße der Fall, dann wird nach meiner Auffassung immerhin die Tätigkeit des aktiven Richters nicht durch das Gesetz auszuschließen sein, das doch nicht als Gelegenheitsgesetz gemacht werden, das vielmehr für Jahrzehnte hinaus gelten soll, sondern im Verwaltungswege. Meine Herren! Da komme ich zu einem Punkt, den ich auch, ehe ich Ihre Antwort auf meine Frage gehört hatte, behandeln wollte. Ich stehe allerdings auf dem Standpunkt und habe immer darauf gestanden, daß die Justizverwaltung in jedem einzelnen Falle sorgfältig prüfen soll, ob der Fall als solcher, die gewählte Persönlichkeit und die in dem Einzelfall in Betracht kommenden Verhältnisse es unbedenklich erscheinen lassen, daß ein aktiver Richter die Tätigkeit eines Obmanns oder eines Mitglieds eines Schiedsgerichts übernimmt. Aber darüber hinauszugehen erscheint mir verfehlt.

Herr Geheimrat Heilberg meint ferner, daß die Entwicklung der Schiedsgerichte allmählich zu einer für die ordentlichen Gerichte außerordentlich gefährlichen Sondergerichtsbarkeit führen würde. Ich kann ihm darin nicht beistimmen. Ich verstehe unter einer Sondergerichtsbarkeit etwas anderes. Eine Sondergerichtsbarkeit ist nach meiner Auffassung eine solche, die sich entweder nur auf bestimmte Gruppen von Staatsbürgern bezieht oder auf bestimmte Rechts- oder tatsächliche Verhältnisse. Beides trifft für die Schiedsgerichte nicht zu, wohl aber kann man sich die Frage vorlegen, ob eine weitere Entwicklung der Schiedsgerichte in immer mehr aufsteigender Linie — aufsteigend sowohl numerisch wie auch in Bezug auf die Bedeutung der einzelnen Fälle — nicht eine derartige Beeinträchtigung der Staatsgerichte zur Folge haben würde, die der Staatshoheit, die auch in diesen verkörpert ist, abträglich sein möchte. Ich will nicht sagen, daß diese Befürchtung ganz unbegründet sei; aber, meine Herren, das darf meiner Auffassung nach nicht dazu führen, alle Bemühung aufzuwenden, um die Schiedsgerichte, deren Notwendigkeit, und deren sicheren Fortbestand man ja nicht anzweifelt, in allen guten Eigenschaften auch an die zuverlässigen Staatsgerichte möglichst anzunähern, sondern das muß nach meiner Auffassung eine ganz andere Folge haben, was ich auch in Wort und Schrift schon mehrfach hervorgehoben habe. Das muß dazu führen, daß man sich nach Möglichkeit bemüht, die Staatsgerichtsbarkeit in der Zivilprozeßordnung so auszugestalten, daß der Anreiz, sich an Schiedsgerichte zu wenden, geringer wird.

Meine hochverehrten Damen und Herren! Das ist nach meiner festen Überzeugung sehr wohl möglich. Unsere Zivilprozeßordnung hat ihre

Fehler, auch größte Fehler, denn sie ist Menschenwerk, doch ist sie im großen und ganzen ein wohlgelungenes und ausgezeichnetes Gesetzgebungswerk. Aber sie paßt nicht mehr recht trotz der Novelle von 1924, die doch schließlich, zumal in der Eile, mit der sie entstanden ist, nichts anderes als — drücken wir uns höflich aus — ein besseres Flickwerk geworden ist. Die Verhältnisse haben sich eben schneller entwickelt als das Gesetz, und dieses ist nicht mehr imstande, den gegenwärtigen Anforderungen zu genügen. Eine Neuregelung des Schiedsgerichtswesens sollte meiner Auffassung nach mit einer Neuregelung der gesamten Zivilprozeßordnung Hand in Hand gehen. Nicht mit dem Hineinflicken einzelner Bestimmungen — der Ton macht die Musik, hat Herr Geheimrat Heilberg gesagt —, sondern mit einer Veränderung des gesamten Tons nach der Richtung hin, daß man schneller, billiger und doch ebenso sicher zu seinem Rechte auch vor den Staatsgerichten kommen könnte. Das scheint mir der Weg hierbei zu sein.

Nun gestatten Sie mir, meine Damen und Herren, auf die Ausführungen des Herrn Präsidenten Wieruszowski und des Herrn Prof. Nußbaum einzugehen. Als Hauptgrundsatz wird man, neben dem bereits berührten, eine Änderung der Gesetzgebung ansehen müssen, die nach Möglichkeit einen Mißbrauch des Schiedsgerichtswesens verhindert. In dieser Beziehung sind besonders Besorgnisse geäußert worden bezüglich derjenigen Schiedsgerichte, die an große Verbände angegliedert sind, Verbände des öffentlichen Rechts, große Verbände in Handel und Wirtschaft. Ich stimme dem durchaus zu, daß gesetzgeberisch vorgebaut werden muß, wo sich Mißbräuche zeigen und die Gefahr von Mißbräuchen hervortritt. Auf der anderen Seite aber bitte ich auch nicht zu verkennen, daß gerade die großen Verbände, wenn sie Schiedsgerichte in guter Zusammensetzung zur Verfügung stellen, den ihnen angegliederten schiedsgerichtsbedürftigen Interessenten mit diesen Schiedsgerichten Gebilde geben, die größere Selbständigkeit zu besitzen pflegen und eine bessere und sachlichere Besetzung gewährleisten, als das bei Einzelschiedsgerichten häufig der Fall ist, wo jede Partei sich weniger bemüht, den bestqualifizierten Schiedsrichter, als vielmehr einen solchen zu finden, von dem sie annimmt, daß er ihren Interessen vorwiegend dient. Wir haben bei dem von der Industrie- und Handelskammer in Berlin ins Leben gerufenen Goldbilanz-Schiedsgericht satzungsgemäß eine Einrichtung gehabt — ich bin selbst Vorsitzender einer Kammer dieses Schiedsgerichts und deshalb genau unterrichtet —, die mir in dieser Beziehung recht glücklich zu sein scheint, nämlich die Befugnis der einzelnen Partei, neben den sog. Listenrichtern, einem Obmann, zwei Richtern, noch je einen Richter ihres besonderen Vertrauens frei zu wählen; dadurch entsteht eine Zusammensetzung, die, soweit ich Wahrnehmungen habe machen können, recht günstig gewirkt hat. Herr Senatspräsident Wieruszowski hat darauf hingewiesen, daß die Rechtsprechung auch viel helfen könne, besonders wenn sie die Anfechtbarkeit streng beurteile. Das möchte ich unterstreichen und dem voll zustimmen. Es wäre in der Tat recht wünschenswert, wenn das strenger als bisher geschähe. Von großer Bedeutung ist für den Wert der Schiedsgerichte ja ihre schnelle Arbeit, und es muß deshalb meiner Auffassung nach alles vermieden werden, was geeignet ist, eine beschleunigte Erledigung der Sachen durch die Schiedsgerichte zu hemmen. Ihre Arbeit kann zwar nicht durch Momentaufnahmen erledigt werden, meine verehrten Damen und Herren, das ist ein geistvolles Schlagwort, was schließlich nichts beweist. Wo aber jetzt das Gesetz geeignet ist, eine solche schnelle Erledigung zu hindern, da muß Wandel geschafft werden.

Ich möchte mit einem Wort auf die Bestimmungen hinweisen, die sich auf die Vereidigung von Zeugen und Sachverständigen beziehen; sie sind in der Tat in ihrer gegenwärtigen Fassung ganz besonders unpraktisch. Denken Sie sich folgenden Fall, der jeden Tag bei jedem Schiedsgericht vorkommen kann. Das Schiedsgericht sitzt zusammen; Vorsitzender ist ein Herr, der die Befähigung zum Richteramt im Deutschen Reiche hat. Es wird vernommen der Zeuge A.; er macht seine Aussage und erklärt sich ausdrücklich bereit, diese Aussage, gegen die von der Gegenseite gewisse Bedenken geltend gemacht werden, als wahr zu beeiden. Dann darf der Herr mit Richterqualifikation, vielleicht ein Richter aus hoher Stellung, den Zeugen nicht vereidigen, sondern es tritt Folgendes ein: Es muß zunächst vom Schiedsgericht der Beschluß gefaßt werden; dann geht die Sache an die Partei, die das Interesse an der Vernehmung des Zeugen hat; diese Partei schickt, gewöhnlich durch ihren Anwalt, die Sache an das zuständige auswärtige Gericht; inzwischen ist der Zeuge nach seinem Wohnort zurückgereist. Dieses Gericht lädt den Zeugen vor und vereidigt ihn dann; darauf schickt es die Sache zurück, wiederum an die Partei, und die Partei schickt schließlich das Protokoll über die Vereidigung an das Schiedsgericht ein. Wenn alles gut geht, kommt das Schiedsgericht nach acht bis zehn Wochen wieder in den Besitz dieses Schriftstückes, eine Handlung, die sonst zweifellos ohne irgend einen Schaden für die Sache innerhalb zehn Minuten hätte erledigt werden können. Meine Herren, derartige gesetzliche Bestimmungen sind so unpraktisch, daß sie geändert werden müssen. Es muß aber überhaupt alles dasjenige geändert werden — auf Einzelheiten gehe ich nicht ein —, was durch formalistische Bestimmungen die Gefahr herbeiführen kann, daß der Parteiwille deshalb gefährdet wird, weil irgend eine nicht unbedingt notwendige Formalität nicht beobachtet worden ist, und es muß alles dasjenige eingeführt werden, was geeignet erscheint, dafür zu sorgen, daß ein ordnungsmäßiger Spruch auch wirklich zugestellt, niedergelegt und für vollstreckbar erklärt werden kann. Dazu gehört auch eine Bestimmung, die leider im Schiedsgerichtsverfahren fehlt, und deren Einfügung mir ganz einfach und unbedenklich erscheint. Wenn drei Richter einen Spruch gefällt haben und einer von ihnen alsdann stirbt oder krank wird, dann sieht die Zivilprozeßordnung in § 315 vor, daß der Vorsitzende oder älteste Richter vermerkt: der und der kann nicht mit unterschreiben, weil er durch den und den Umstand verhindert ist. Das ist dann gerade so gut, als wenn der Richter mitunterschrieben hätte. Eine solche Bestimmung fehlt für die Schiedsgerichte, und die überwiegende Meinung geht dahin, daß das auch nicht etwa analog ersetzt werden kann, sondern es muß dann das Verfahren, wie es in den §§ 1031, 1033 vorgesehen ist, eintreten. Es kann leicht dazu kommen, daß der ganze Schiedsspruch, der sachlich gut und richtig ist, wenn ich mich so ausdrücken darf: ins Wasser fällt. Das muß natürlich vermieden werden.

Herr Präsident Wieruszowski hat meiner Auffassung nach einen sehr glücklichen Gedanken zum Ausdruck gebracht, indem er sagt, die Besserung müsse nicht erst im Schiedsgerichtsverfahren einsetzen, sondern bereits beim Schiedsvertrage; das sei der Zeitpunkt, wo die Parteien in der Beziehung auch williger seien. Das ist ganz gewiß richtig. Ich will auch hier auf Einzelheiten nicht eingehen, aber als einen Hauptgrundsatz wird man es ansehen können, bereits den Kreis der Bestimmungen, die im Zehnten Buche über den Abschluß der Schiedsverträge gegeben sind, zu reformieren und zu verbessern.

Die Frage ist von mir schriftstellerisch behandelt worden — das ist der letzte Punkt, meine Herren, mit dem ich sie behelligen will —, ob ein Unterschied bezüglich der Arten der Schiedsgerichte zu machen sei. Man wird nach meiner Ansicht unterscheiden müssen einmal Gelegenheitsschiedsgerichte, wie man sie auch nennt, die nur mit Nichtjuristen besetzt sind, ferner ebensolche Gerichte, in denen aber ein Jurist mitwirkt, der die Befähigung zum Richteramt im Deutschen Reich besitzt, und endlich solche Schiedsgerichte, auf welche der letzte Umstand auch zutrifft, die an große Verbände angegliedert sind, und in denen durch das Institut der Listenrichter oder ein ähnliches eine Gewähr dafür gegeben ist, daß unparteiische Leute in diesen Gerichten sitzen. Ich glaube, den Unterschied wird man doch immerhin machen können, und man wird — ich habe das meinem Handbuch näher ausgeführt — in dieser Beziehung eine gewisse Ausdehnung der Befugnisse für die Schiedsgerichte einführen können, vielleicht als Gegenwert aber auch dann eine etwas weitergehende Oberaufsicht des Staates bestimmen können, die sich aber nie und nimmer irgendwie in die Spruchtätigkeit der Schiedsgerichte einmischen darf.

Meine Damen und Herren! Was ich Ihnen hier gegeben habe, ist natürlich nichts Zusammenhängendes und nichts Vollständiges; dazu reicht die Zeit nicht. Ich habe sogar die Befürchtung, daß ich in meinen Ausführungen zeitlich zu weit gegangen bin, und ich schließe deshalb, indem ich nur noch darauf hinweise, daß ich der Ansicht bin, daß zwei der Leitsätze des Herrn Präsidenten Wieruszowski — vielleicht formal — eine kleine Änderung wohl vertragen könnten. Das ist einmal der Leitsatz zu II A 3; ich möchte vorschlagen, ihn so zu fassen:

> „Ein Schiedsvertrag ist unwirksam, wenn er nicht jeder Schiedspartei einen die Unparteilichkeit des Schiedsgerichts sichernden angemessenen Einfluß auf Bildung und Besetzung des Schiedsgerichts einräumt."

Zwei kleine Änderungen: einmal spreche ich nicht, wie Herr Wieruszowski, von beiden Teilen, denn es kommt sehr wohl vor, daß in einem Schiedsvertrage nicht nur zwei Parteien, sondern auch mehr Parteien aufgeführt sind, und ich habe statt des Wortes „gleicher Einfluß" mir erlaubt vorzuschlagen: „einen die Unparteilichkeit des Schiedsgerichts sichernden angemessenen Einfluß." Die Sache mit dem „gleichen Einfluß" scheint mir einmal vielleicht ein wenig zu weit zu gehen und zum zweiten in den Händen eines etwas peniblen Kritikers dazu führen zu können, daß auch kleine, unbedeutende Abweichungen von einer völligen Gleichheit unliebsame Folgen haben könnten.

Zweitens möchte ich vorschlagen, den Leitsatz zu II D 2 so zu fassen:

„Auf Antrag des Gegners ist der Vollstreckungsbeschluß nicht zu erlassen, wenn und solange offenbar Gründe vorliegen, aus denen die Aufhebung des Schiedsspruchs beantragt werden kann, oder wenn der Gegner glaubhaft macht, daß eine Aufhebungsklage von Erfolg sein würde. Zur Anstrengung der Aufhebungsklage ist eine Frist zu setzen."

Diese Fassung bringt meiner Auffassung nach noch in stärkerem Maße die Wünsche zum Ausdruck, die in der Wechselrede hier auch mehrfach geäußert worden sind, und die dahingehen, daß das gegenwärtige Verfahren in der Hinsicht verfehlt ist, daß man durch Anstrengung einer noch so unbegründeten Aufhebungsklage der Wirkung des Schiedsspruchs, einer raschen Erledigung des Rechtsstreits vollkommen erfolgreich auf lange Zeit entgegentreten kann.

Ich bin in allen Hauptpunkten mit den Ausführungen der Herren Berichterstatter einverstanden und habe auch nur kleine Änderungen mehr formaler Natur vorgeschlagen. Es ist natürlich, daß sich gewiß noch mehr Meinungsverschiedenheiten finden würden, wenn wir die Angelegenheit miteinander in den Einzelheiten durchsprächen, aber, meine Damen und Herren, wir haben es hier doch nur mit den Hauptgrundsätzen zu tun, und unsere Aufgabe ist, daß wir an unserem Teil durch die Beschlüsse, die hier zu fassen sein werden, dazu mitwirken, daß diese Hauptgrundsätze sich in den beiden Richtungen bewegen, die das A und das O einer verständigen Neuregelung sein müssen: einerseits möglichste Wahrung der Vertragsfreiheit, andererseits die notwendige Wahrung der Staatshoheit und der Schutz des Rechts auch vor den Schiedsgerichten gegen ein Ausarten in Willkür.

Oberlandesgerichtspräsident Dr. Mittelstein-Hamburg:

Meine sehr geehrten Herren! Im Zehnten Buche in wenigen Paragraphen ist das Schiedsgerichtswesen von der Zivilprozeßordnung geordnet worden, und es liegt in der Natur der Sache, da der Gesetzgeber sich zunächst mit den Staatsgerichten zu befassen und deren Verfahren zu ordnen hatte, daß die Schiedsgerichtsparagraphen verhältnismäßig kurz abgetan sind. Ich glaube, daß das schon ein Nachteil für die Bestimmungen war. Es kommt hinzu, daß wir eine Hochflut von ausgezeichneten Werken über die Zivilprozeßordnung haben, daß aber das, was über die Schiedsgerichte geschrieben ist, nicht viel ist. Es sind gute Kommentare, bei denen ich mich aber des Eindrucks nicht erwehren kann, daß die meisten Herren doch zu wenig in der Praxis gestanden haben, als sie sie schrieben. Ich meine, auf diesem Gebiet ist praktische Erfahrung absolut erforderlich, um weiterzukommen; mit der Theorie macht man hier verhältnismäßig wenig.

Nun ist es in weiten Kreisen sehr schwer, eine solche praktische Erfahrung zu sammeln. Ich darf für meine Person sagen, daß ich als Hamburger Richter in meinem Bezirk eine sehr große Erfahrung habe, da ich wohl weit über hundert Mal schon im Schiedsgericht gesessen habe, in großen und auch in kleinen, aber wichtigen Dingen. Ich kann also wesentlich nur aus dieser meiner Erfahrung schöpfen und muß andererseits, wenn von Herrn Geheimrat Heilberg Angriffe gegen grundsätzliche Bestimmungen der Zivilprozeßordnung erhoben worden sind, darauf hinweisen, was auch schon seitens der Herren Referenten geschehen ist, daß wir zu wenig Tatsachenmaterial haben; nicht einmal statistisches Material, womit doch sonst die Behörden immer gleich bei der Hand sind, liegt vor. Vierteljährlich müssen alle Gerichte riesenhafte Bogen über die Verhandlungen und alle Details der Verhandlungen ausfüllen, soweit sie sich mit dem ordentlichen Prozeß befassen, und es gibt nicht einmal, wie ich vor kurzem bei meiner Schriftstellerei feststellen mußte, eine Statistik, die uns sagt, wieviel Sprüche denn jedes Jahr niedergelegt werden; sie ist erst unter der Hand zu beschaffen. Alles das ist nicht ganz ohne Bedeutung.

Es wird davon gesprochen, daß die Schiedsgerichte die ordentlichen Gerichte gleichsam in die Enge trieben, zurückdrängten, einen großen Teil der Rechtsprechung an sich rissen, und daß die Gerichte verarmten. Es wäre mir interessant, wenn diejenigen Herren, die derartiges hier gesagt haben, das durch Daten irgendwie belegen könnten. Wenn ich die hanseatischen Verhältnisse, speziell die hamburgischen, berücksichtige, so muß ich sagen, daß davon gar keine Rede sein kann. Gewisse Gebiete z. B. des Gesellschaftsrechts, Auseinandersetzung, Ausscheiden irgend eines Sozius, pflegen mit Vorliebe auf Grund der Klausel in den Gesellschaftsverträgen den Schiedsgerichten überantwortet zu sein, und nach meiner langjährigen richterlichen Erfahrung sind derartige Sachen in einem gut zusammengesetzten Schiedsgericht weit besser untergebracht als in einem ordentlichen Gericht. Das liegt an ihrer Natur, wie der Sachkenner ohne weiteres zugestehen wird.

Nun will ich Ihnen einmal einige Zahlen geben, die ich mir beschafft habe. Im Landgericht Hamburg sind an Sprüchen niedergelegt worden — es gibt natürlich auch Sprüche, die nicht niedergelegt werden; gerade in ständigen Schiedsgerichten werden Schiedssprüche oft nur auf Verlangen einer Partei niedergelegt —: 1922 = 1183, 1923 = 2949; das ist der Höhepunkt (früher weit weniger); im Jahre 1924 = 1958, im Jahre 1925 = 1107, 1926 bis zum 1. Juli, das stärkere halbe Jahr, kann ich wohl sagen, = 483. Bis 1923 ein gewaltiges Emporsteigen, von 1922 auf 1923 von mehr als 100 %, und dann ein ganz großer Abbau, so daß vielleicht in Hamburg in diesem Jahre tausend Sprüche niedergelegt werden. Mit diesen Daten kann man rechnen, und sie belegen meine Bemerkung, daß wir in Hamburg nicht über Verarmung der Gerichte klagen können. Ich hoffe, daß der eine oder andere hamburgische Anwalt hier zugegen ist und Gelegenheit nimmt, von der Anwaltsseite noch Ausführungen darüber zu machen.

Es ist schon gesagt worden, daß sich in Hamburg das erste ständige Schiedsgericht gebildet hat, und so kann ich aus meiner Erfahrung bestätigen, daß in Hamburg sehr gern mit Schiedsrichtern arbitriert wird. Wenn eine so hervorragende Handelsstadt wie Hamburg mit einer Kaufmannschaft, deren Blick in die ganze Welt geht, die Schiedsgerichte beliebt, dann ist schon dadurch der Beweis erbracht, daß sie eine Notwendigkeit sind. Sie werden sie niemals beseitigen, Sie werden sie auch niemals wesentlich durch gesetzliche Vorschriften einschränken können. Es ist nicht möglich, die Gesetze darauf abzustimmen, daß es viele Toren gibt, und ihnen immer Schutz geben zu wollen. Meine Herren, in dieser illustren Gesellschaft von Juristen, die sich speziell für dieses Gebiet interessieren: wer von Ihnen hat denn seine Versicherungsbedingungen schon durchgelesen? Man sagt sich, es nützt ja nichts, man läßt es daher. So machen's andere Leute auch. Die Geschäftsbedingungen werden zugeschickt, und jeder weiß, er muß sie hinnehmen. Und in erster Linie sind diese Schiedsgerichtsbedingungen doch für den großen Handel gemacht worden. Die kleineren Leute sollten davonbleiben. Ich habe z. B. die Beobachtung gemacht, daß in der Inflationszeit in Mietverträge massenhaft Schiedsgerichtsklauseln hineingekommen sind, was früher gar nicht der Fall war. Jetzt hat sich das wieder gegeben.

Wenn nun hier von einer Seite, speziell von Herrn Geheimrat Heilberg, angeregt worden ist, einschneidend vorzugehen und die Verbandsschiedsgerichte stärker unter die Lupe zu nehmen, sie einzuengen, die Vertragsklausel, die allgemeinen Schiedsgerichtsklauseln, die allgemeinen Geschäftsbedingungen irgendwie einzuschränken, so kann ich es ja verstehen, wenn man auf vorgekommene Mißstände hinweist. Aber, meine sehr geehrten Herren, denken Sie auch an die ungeheure Fülle derartiger Fälle, in denen diese Bedingungen gelten. Sie werden nicht etwa immer von halsabschneiderischen Existenzen, sondern von allergrößten Weltgesellschaften gemacht. Alle fiskalischen Stellen marschieren voran, sich diese Konditionen zu sichern. Das muß doch schon bedenklich stimmen. Wenn man aber eingreifen will, wenn man da die Freiheit des Verkehrs brachlegen will, meine ich, ist dies nicht die Gelegenheit dazu; dann möge man generell die Frage prüfen, inwieweit allgemeine Geschäftsbedingungen zuzulassen sind, und inwieweit Verbandsgerichte u. dgl. zuzulassen sind. Aber nun diesen Punkt herausschneiden zu wollen und namens des Juristentages zu erklären, das müsse geändert werden, scheint mir schon deswegen nicht möglich zu sein, weil es uns vollkommen an Material fehlt. Ja, dies unglückselige Wort „Argwohn, Vertrauenskrise“ usw.! Wir Deutschen sollten nicht immer so argwöhnisch sein. Wir machen uns nach meiner Meinung lächerlich damit, wir übertreiben nach jeder Richtung hin. Wir sollten dieses Wort ganz energisch zurückweisen. Da hat irgend jemand mal geschrieben, es kommen bedenkliche Dinge vor: gleich wollen wir unser Gesetz so ändern, daß das ganz ausgeschlossen ist. Es soll mal ein Richter sich etwas bedenklich benommen haben: da ist es besser, man wirft sie allesamt aus den Schiedsgerichten hinaus; dann kann keiner daran Anstoß nehmen. — Gewiß, das ist eine Möglichkeit, wenn man so entgegenkommend sein will. Ich stehe auf dem gegenteiligen Standpunkte. Wenn ich davon durchdrungen bin, daß eine Einrichtung an sich gut ist, aber im Einzelfall gemißbraucht wird, so kann mich das nicht bewegen, um eines Einzelfalles willen die ganze Einrichtung zu verwerfen. In meiner Vaterstadt herrscht geradezu die gegenteilige Auffassung. Ich kann mich darauf berufen, daß alle angesehenen Anwälte in Hamburg auf gegenteiligem Standpunkte stehen und sehr gern aktive Richter in wichtigen Schiedsgerichten sehen, und daß der Staat auch ganz auf demselben Standpunkte steht, indem er Richter heranzieht. Ich würde es auch durchaus nicht glücklich finden, was mein Herr Vorredner gesagt hat, es müßte jeder Fall von der Justizverwaltung geprüft werden, ob der Richter dieses Amt übernehmen soll. Ich meine, das ist eine mehr preußische Einstellung, die allerdings gedeckt ist durch den großen Staat. Wir in Hamburg lieben derartiges nicht. Ich würde es sehr unglücklich finden. Vielleicht bringt das unser kleiner Kreis auch mit sich. Wir kennen uns gegenseitig, unsere vorzügliche

Anwaltschaft weiß, was sie an den einzelnen Richtern hat, und da kommen derartige Kollisionen nicht vor.

Solange wir nicht ganz anderes Tatsachenmaterial haben, sind wir nach meiner Meinung nicht berechtigt, die alte bewährte Grundlage der Zivilprozeßordnung in entscheidenden Punkten zu verlassen. Bessern können wir, wir können's versuchen. Es ist kürzlich erst im Reiche durch die Beamtennovelle versucht worden. Wir können's auch noch einmal versuchen. Wir können Vorschläge machen, aber es werden doch immer nur Einzelheiten sein. Dieses Gebiet ist so groß, so delikat und den meisten praktisch so ungeheuer unbekannt, daß nur auf Grund ganz sorgfältiger Vorstudien, kommissarischer Beratungen in irgendwie zusammengesetzten größeren Kreisen ein zuverlässiges Material herbeigeschafft werden kann, das die Berechtigung zum Einschreiten und zu Eingriffen geben könnte. Dabei sollte man auch nicht das Ausland vergessen. Überall gibt es Schiedsgerichte. Das neue Buch, das Herr Prof. Nußbaum herausgegeben hat, gibt uns eine Fülle von Material. Gerade auf diesem Gebiet dürfen wir uns nicht isolieren und dürfen nicht ganz eigenbrödlerische Wege einschlagen. Von diesem Standpunkt aus will ich mich bescheiden, nur einige Bemerkungen zu den von den Herren Referenten gemachten Vorschlägen zu sagen; man kann nicht auf alles eingehen. Eins aber will ich hinzufügen, es ist noch nicht gesagt worden und scheint mir von ganz besonderer Bedeutung zu sein: das ist die Wahl des Obmannes. Ich glaube, ich bin der erste, der sich über diese Frage in einem Aufsatze auf Grund eigener praktischer Erfahrung in vielen Schiedsgerichten geäußert hat.

Wenn ein Schiedsgericht vernünftig zusammengesetzt ist, dann wird es nach meiner Überzeugung regelmäßig durchaus geeignet funktionieren. Die unsinnigen Urteilssprüche, von denen hier immer gesprochen wird, die übrigens nach meiner Erfahrung gar nicht so häufig sind, soweit Hamburg in Betracht kommt, kommen nicht vor und sind ganz ausgeschlossen, wenn nur ein Jurist — ein unabhängiger Jurist, will ich hinzufügen — im Schiedsgericht sitzt. Die Parteien haben es also vollkommen in der Hand, ein vernünftiges Schiedsgericht zu bilden. Die Regel — so kann es meinetwegen auch festgelegt werden —: jede Partei einen Schiedsrichter, und wenn diese sich nicht einigen können, müßte allerdings die Zivilprozeßordnung dadurch ergänzt werden, daß bestimmt würde, daß dann das Gericht den Obmann ernennt. Das ist eine sonst gar nicht zu überwindende Schwierigkeit, wenn die Beteiligten sich nicht einigen können und eine besondere Liste nicht vorgesehen ist; meistens ist ja ein Präsident dazu berufen, aber nicht immer.

Von dieser hanseatischen Einstellung, die nicht überall nach dem Gesetze ruft, sondern glaubt, auch mit einem weniger guten Gesetze vernünftig arbeiten zu können, wenn man nur dieses Werkzeug Vernünftigen in die Hand gibt, würde ich allgemein die Vorschläge der Herren Referenten billigen können. Im einzelnen möchte ich zu den Leitsätzen Folgendes sagen:

In I 1 heißt es: „sie muß usw.". Ich kann die gegenwärtige Regelung des Schiedsgerichtsverfahrens nicht für unzweckmäßig halten; sie hat sich im Grunde bewährt. Ich würde einfach sagen: „Die gegenwärtige Regelung des Schiedsgerichts, vor allem in der Zivilprozeßordnung, muß den veränderten wirtschaftlichen Verhältnissen angepaßt und nach der technischen Seite verbessert werden." Das ist eine leise redaktionelle Änderung. Das Wort „unzweckmäßig" ist nach meiner Meinung eine zu scharfe Kritik.

Ich würde weiter in Absatz 2 den letzten Satz streichen: „Insbesondere müssen sie dahin wirken, daß die Schiedsgerichte nicht die Ziele der staatlichen Gesetzgebung, insbesondere auf wirtschaftlichem Gebiete, durchkreuzen." Ich kann es nicht anerkennen, daß Schiedsgerichte diese durchkreuzen können, schon vor allen Dingen dann nicht, wenn, wie die Vorschläge ja besagen, die Schiedsgerichte grundsätzlich an die staatlichen Gesetze gebunden sind; auch darin stimme ich den Herren bei.

Ich möchte anregen, ob man I 3: „Die Vollstreckung ausländischer Schiedssprüche usw." nicht weglassen sollte. Das Gebiet der ausländischen Schiedssprüche ist ein so delikates, es ist bisher noch gar nichts in unserem Gesetze davon gesagt worden; das ist ein Punkt, in dem man sich nicht festlegen sollte. Als ich über ausländische Schiedssprüche etwas schreiben wollte, stockte ich schon beim ersten Wort. Was sind denn ausländische Schiedssprüche? Darüber kann man schon wieder eine neue Abhandlung schreiben. Ist es ein ausländischer Schiedsspruch, wenn zwei Deutsche, die in England leben, einen Schiedsspruch schreiben und in Hamburg niederlegen lassen? Unsere Zivilprozeßordnung sagt ganz vernünftig, ein Schiedsspruch, der der ZPO. entspricht, wird wie jeder andere behandelt. Wo er zustande kommt, das interessiert nicht. Ich möchte das, wie gesagt, offenlassen; es muß international geregelt werden.

Weiter würde ich anregen, II A 1 zu streichen: Anfechtung wegen Mißbrauchs eines Abhängigkeitsverhältnisses. Vor einer neuen Anfechtung graut mir etwas. Abhängigkeitsverhältnis, was heißt das, zumal vom kaufmännischen und industriellen Leben aus? Die neue Ziffer 3: „Ein Schiedsvertrag ist unwirksam, wenn er nicht beiden Teilen den gleichen Einfluß auf Bildung und Besetzung des Schiedsgerichts einräumt", ist da ausreichend; damit ist schon eine gewisse Sicherheit gegeben. Endlich können wir mit dem Begriff der guten Sitten, glaube ich, hier schon genügend ausrichten. Eine neue Anfechtung möchte ich nicht zulassen. Wie ist es denn, wenn vor Ablauf der Fristen schon der Spruch ergeht; soll da noch angefochten werden? Ich glaube, da können leicht Komplikationen entstehen.

Ziffer 2 enthält auch eine sehr flüssige Begriffsfassung: „Ein Schiedsvertrag ist unwirksam, wenn die Vertragschließenden das Schiedsgericht von der Einhaltung solcher Gesetze befreien, deren Nichtbeachtung zu einem von der heimischen Rechtsordnung gemißbilligten Erfolge führen würde." „Ordre public" wurde zitiert; ja, meine Herren, das wurde auch auf der letzten internationalen Rechtstagung im vorigen Monat zum Begriff erhoben, das ist eine Importe aus dem Ausland nach Deutschland. Die Italiener haben eine Einstellung, die sich so allmählich, wie mir scheint, etwas von der westeuropäischen zu entfernen scheint, so ganz nach Osten, indem sie ganz eigentümlich Staatsinteressen ins bürgerliche Recht hineinziehen. Ich möchte deshalb mit dem „ordre public" auf dem Gebiet des bürgerlichen Rechts jedenfalls nicht gern etwas zu tun haben und wohl meinen, man sollte die Formulierung, die Dr. Leo gegeben hat, wählen oder einfach sagen: „Ein Schiedsvertrag ist unwirksam, wenn es sich um Interessen handelt, auf deren Innehaltung die Parteien nicht rechtswirksam verzichten können." Dort, wo die Parteien nicht verzichten können, ist der Schiedsvertrag unwirksam, da können die Richter eingreifen: das ist ein klarer, einfacher Begriff. Er mag etwas weitergehen als derjenige Leos oder weniger weit — ich ziehe die Rechtssicherheit vor.

B 2: „Auf Verlangen jeder Partei muß das Schiedsgericht mündliche Verhandlung anordnen." Ich als Schiedsrichter frage jedes Mal die Parteien durch ihre Anwälte: soll mündliche Verhandlung stattfinden? Ich halte es für sehr gut, wenn mündlich verhandelt wird, meistens wird diese Verhandlung gewünscht, ebenso die Verlesung von Schriftsätzen. Mir sind auch noch keine Richter begegnet, die sagten, sie kümmerten sich nicht um Schriftsätze. Dann mag die Partei die Schriftsätze den Richtern vorlesen, wenn sie nicht Lust haben, sie zu lesen. Aber zwangsweise mündliche Verhandlung könnte sehr leicht gemißbraucht werden von einer Partei; wenn der Gegner auswärts wohnt, kann das zur Verschleppung dienen. Möglichst wenig Vorschriften, möglichst gute Schiedsrichter, wenigstens einen vernünftigen Obmann — dann wird schon jede Partei zu ihrem Recht gelangen, auch wenn nicht so viele Schutzvorschriften gegeben werden, die immer leicht ins Gegenteil ausschlagen können.

Nach C 3 soll ein Schiedsspruch der Aufhebung unterliegen, wenn er im offenbaren Widerspruch zum Gesetze steht. Mit dem „offenbaren Widerspruch" kann ich mich auch nicht befreunden. Wenn man einen „offenbaren Widerspruch" finden will — der Richter findet leicht einen, genau wie man Revisionsgründe findet, wenn man sie finden will. Ich möchte es hier beim Alten bewenden lassen, wonach der Schiedsspruch der Aufhebung unterliegt, wenn er sich über ein Gesetz hinweggesetzt hat, auf dessen Anwendung die Parteien nicht verzichten können. Dabei, meine ich, sollte man sich auf *vorsätzliche* Hinwegsetzung beschränken.

Ich möchte auch nicht zu der alten Vollstreckungsklage zurückkommen, sondern es bei dem jetzigen Verfahren belassen. Aber ich möchte das Beschwerdeverfahren, das Prüfungsverfahren, das Beschlußverfahren muß ich es wohl nennen, nicht mit derartigen Fragen, wie es jetzt ist, belasten. Ich gehe vielleicht weiter als alle Herren, die bisher geredet haben. Ich würde im Beschlußverfahren nur das Formale, das Äußere prüfen. Ich will nicht nachgeprüft haben, ob der Schiedsspruch sich über ein unverzichtbares Gesetz hinweggesetzt hat, ob er in offenbarem Widerspruche zu einem Gesetze steht usw. Sonst haben wir zweimal sachliche Prüfung. Im Beschlußverfahren kann das nicht so eingehend geprüft werden, es soll es auch gar nicht. *Eine* Instanz muß die Prüfung haben. Das gehört m. E. ins Gebiet der Aufhebungsklage hinein.

D 2 würde ich einfach streichen. Ist der Schiedsspruch ergangen und ist er formell, äußerlich in Ordnung, dann, meine ich, muß es für vollstreckbar erklärt werden, dann muß die andere Partei sich rühren. Allen diesen Gesichtspunkten soll man, wie das geschehen ist, unter D 3, 4 entgegenkommen. Aber ich würde in der Beziehung für das straffere und schärfere Verfahren sein. Ich kann nicht umhin zu sagen: hat eine Partei nun mal ihre Leute ins Schiedsgericht hineinberufen und haben diese judiziert — und prima vista muß ich doch annehmen, daß es ordentliche, anständige Leute und keine Gauner sind —, dann muß sie diese Unterwerfung gegen sich gelten lassen. Vollstreckung würde ich dann nicht so schrecklich finden. Es kommt ja vor, daß schließlich Sprüche ergehen, in denen einem Beklagten einmal Unrecht geschieht, aber es ist nach meiner Auffassung viel häufiger, daß eine Partei, die Recht hat, durch allerlei Mittelchen, wobei das Gesetz auch manchmal mithilft, gehindert wird, ihr gutes Recht zu realisieren. Deshalb würde ich von diesem etwas strengeren, vielleicht etwas von kaufmännischen Anschauungen beeinflußten Standpunkte diese ganzen Fragen aufziehen.

Meine sehr geehrten Herren! Ich habe mich der denkbar größten Kürze befleißigt. Es läßt sich natürlich noch unendlich vieles sagen. Das sind alles Einzelheiten, die wir formulieren müssen. Aber das Eine ist das Wichtige: vor grundsätzlichen Änderungen, wie sie speziell Heilberg vorgeschlagen hat, warne ich mindestens in diesem Stadium. Dafür ist m. E. die Zeit noch nicht reif. Wir wissen viel zu wenig von diesen Dingen, um derartige tiefeinschneidende Maßregeln zu ergreifen, Maßregeln, die auf das ganze Gebiet des Privatrechts zurückgreifen, und die uns die Aussicht auf das Gebiet der Schiedsgerichte beschränken würden.

Nachdem hierauf durch Beschluß der Versammlung ein Antrag auf Schluß der Debatte abgelehnt und die Redezeit auf fünf Minuten beschränkt worden war, wurde die Diskussion fortgesetzt.

Rechtsanwalt Dr. Meyerstein-Berlin:

Meine Herren! Als erster will ich von den fünf Minuten rechten Gebrauch machen, aber auch unabhängig hiervon möchte ich es für praktisch erachten, sich nur mit grundsätzlichen Fragen zu befassen, und ich möchte da an die Ausführungen des Herrn Vorredners und des Herrn Geheimrats Heilberg anknüpfen, die sich zwar von entgegengesetzten Polen, aber doch im allgemeinen grundsätzlich zu den Richtlinien, die uns vorliegen, geäußert haben. Meines Erachtens ist das auch der Hauptzweck des Juristentages. Die Einzelheiten werden sehr davon abhängen, welche grundsätzliche Stellung man zu dem ganzen Prinzip einer Schiedsgerichtsreform hat. Ich kann vieles von dem unterschreiben, was mein Herr Vorredner gesagt hat, nur gehe ich in manchen Punkten noch weiter. Insbesondere perhorresziere ich an sich jedes Schiedsgericht, das nicht paritätisch zusammengesetzt ist. Gerade die Zusammensetzung des Schiedsgerichts erachte ich als den Kardinalpunkt. Ich sehe im übrigen nicht, wie Herr Geheimrat Heilberg einen besonderen Anlaß dazu hat, zu sagen: videant consules! Ich sehe nicht, daß der Staat in seiner Gerichtsbarkeit gewissermaßen durch die Entwicklung des Schiedsgerichtsgedankens eingeengt ist. Ich kann feststellen — ich stehe seit 25 Jahren in der Schiedsgerichtspraxis —, daß diese in Wellenbewegungen verlaufen ist; sie hat mal zugenommen, mal abgenommen. In der Inflationszeit war sie horrend; die Zunahme erklärte sich selbstverständlich aus dem Gesichtspunkt, daß hier Schnelligkeit die unbedingte Notwendigkeit war. Die Schnelligkeit, mit der die Schiedsgerichte entscheiden, ist gar kein Vorwurf gegen die ordentliche Gerichtsbarkeit. Die Schiedsgerichte sind in der Hauptsache eigentlich nur berufen, wenn die Parteien von vornherein schiedsgerichtsreif sind. Die Parteien müßten sich genieren, Verschleppungsbehauptungen aufzustellen, wie es leider vor Gericht vielfach geschieht, und sie tun es auch. Vielfach werden die Schiedsgerichte Parteibehauptungen glauben können, und sie werden Beweisaufnahmen nicht nötig haben, weil die Parteien, die den Schiedsvertrag geschlossen haben, schon von vornherein ein etwas ausgesuchtes Element gegenüber den Parteien sind, die die ordentlichen Gerichte in der Mehrzahl der Fälle beschäftigen.

M. E. ist der Schwerpunkt, wie gesagt, die Zusammensetzung des Schiedsgerichts, und darin gehe ich weiter als Herr Oberlandesgerichtspräsident Mittelstein. Keine der Parteien soll einen Schiedsrichter ernennen. Wer häufig Obmann gewesen ist, wird bestätigen können, daß es das Unangenehmste ist, wenn der eine Schiedsrichter links zieht und der andere rechts. Ich habe mir vielfach geholfen, indem ich im Einvernehmen mit den Parteien vereinbarte, mich mal als Einzelschiedsrichter anzusehen und die beiden Beisitzer als Sachverständige zu betrachten, nur um nicht nach der einen oder anderen Richtung hingezerrt zu werden; denn dann hat man nicht nur den prozessualen Kampf mit den Parteien, sondern auch noch einen viel unangenehmeren prozessualen Kampf mit den Schiedsrichtern. Ein Schiedsgericht muß paritätisch sein. Die Besetzung muß den Parteien entzogen sein. Es geht aber nicht an, nun einen gewissen Katalog aufzustellen. Ich erinnere mich, einmal vor 15 oder 20 Jahren ein Schiedsgericht geleitet zu haben, das folgendermaßen zusammengesetzt war: Es handelte sich um einen chemisch-technischen Prozeß. Die juristische Fakultät der Universität Berlin hatte einen

Schiedsrichter ernannt, die Technische Hochschule Charlottenburg einen und die Handelskammer hatte den Obmann bestellt. Das ist eine Zusammensetzung, die die Gewähr gibt, daß irgendwelche personellen Gründe überhaupt ausschalten. Meines Erachtens können namentlich die hier im Saale vielfach vertretenen Anwaltskollegen darauf hinwirken, daß die Schiedsverträge so abgefaßt werden, daß die Besetzung den Parteien entzogen wird.

Wenn ich eine Bestimmung der ZPO. ändern würde, so wäre es § 1028; hier heißt es: „Ist in dem Schiedsvertrag eine Bestimmung über die Ernennung der Schiedsrichter nicht enthalten, so wird von jeder Partei ein Schiedsrichter ernannt." Hier wird prinzipiell ein Standpunkt vertreten, den ich für absolut falsch halte.

Herr Geheimrat Heilberg wünscht, daß die in Kartellbedingungen und in allgemeinen Bedingungen vorgesehenen Schiedsgerichte unverbindlich sein, wenn sie vor Entstehung des Streitfalles festgelegt wären, sofern es sich nicht um Streitigkeiten handele, die sich aus dem Gesellschaftsverhältnis herleiteten. Meine Herren! Er selbst setzt sich da, glaube ich, mit sich in Widerspruch. Er sagt: als tüchtiger Anwalt habe ich vielfach in meine Verträge Schiedsgerichtsklauseln aufgenommen. Ja warum denn, wenn Sie ein Schiedsgericht nur für erforderlich halten, nachdem der Streitfall eingetreten ist? M. E. ist das auch ein Unding. Ich bin auch Börsensyndikus und kann mir überhaupt keine Tätigkeit an der Berliner Börse vorstellen, wenn man nicht eine Schiedsgerichtsabrede auf Grund allgemeiner Börsenbedingungen hat. Ich sehe darin keine Vergewaltigung. Es handelt sich um Börsenkaufleute, die wissen, was sie tun, und wenn sie sich diesem Schiedsgerichte unterwerfen, weil die Börse zur Abwicklung ihres schnellflüssigen Geschäfts diese Schiedsgerichtsabrede braucht, so wollen Sie das für unmöglich erachten? Herr Oberlandesgerichtspräsident Mittelstein hat nachgewiesen, daß die Sache ins Kartellrecht gehört und hier in diesem Rahmen überhaupt nicht erörtert werden darf.

Dann wird gefordert, mangels anderer Abrede solle der Schiedsspruch der Aufhebung unterliegen, wenn er in offenbarem Widerspruche mit dem geltenden Recht stehe. Meine Herren, damit sabotieren Sie jede Schiedsgerichtsbarkeit. Sie legen es jedermann nahe, irgend welche Gründe darzutun, daß hier die Umstände für einen offenbaren Widerspruch sprechen. Der Schiedsrichter fällt dann herein, der vielleicht seine Gründe etwas ungeschickt und offensichtlicher wiedergegeben hat, als es vielleicht ein vorsichtigerer Richter tun würde.

M. E. sollte der Deutsche Juristentag aussprechen, daß wir paritätische Schiedsgerichte brauchen und den Gesichtspunkt in den Vordergrund stellen, daß wir die ganzen Hilfsmittel nicht benötigen. So etwas Törichtes wie die Ausschließung der Anwälte! Wenn Sie vernünftige Schiedsrichter haben, wird keiner dazu kommen, die Anwälte auszuschließen. (Zuruf: Geschieht durch Verbandsstatuten!) Man wird ferner solche Bestimmungen nicht brauchen, die den Richter ausschließen.

Kurz: wir werden m. E. als Juristentag lediglich eine Reform des § 1028 anstreben müssen. Alle Einzelheiten, die hier noch auszuführen wären, kann ich leider nicht behandeln, weil die Zeit, glaube ich, um ist.

Rechtsanwalt Dr. Arno Oppenheimer-Düsseldorf:

Meine Damen und Herren! Ich kann Ihnen natürlich in den paar Minuten nur einige Überschriften geben. Wenn wir hier von Schiedsgerichten und von Vorschriften für sie sprechen, dann dürfen wir vor allen Dingen nicht vergessen, wie verschiedener Natur die Schiedsgerichte sind, mit denen wir es zu tun haben. Neben anderen Arten von Schiedsgerichten steht als besondere Gruppe die der Verbands-, Kartellschiedsgerichte u. dgl. m. und daneben die große Gruppe der Gelegenheitsschiedsgerichte, Schiedsgerichte auf Grund besonderer Verträge, die nach meinem Empfinden im Laufe der letzten Jahrzehnte ins Ungemessene angewachsen ist. Wenn man sie bekämpfen will, aus Gründen, wie Herr Geheimrat Heilberg sie vorgetragen hat, so kann man das m. E. nicht mit den vorgebrachten Mitteln tun. Die Bekämpfung ist nur durch Sublimierung des Prozeßrechts möglich, durch Verbesserung der Konkurrenz, die in unseren ordentlichen Gerichten liegt, was Herr Oberlandesgerichtspräsident Mittelstein schon dargelegt hat.

Ein Wort zu der Frage der Verbandsschiedsgerichte. Diese sind m. E. hier viel zu schlecht weggekommen. Wir Anwälte sind leicht geneigt, hier den Stab zu brechen, weil wir in der Regel nur die kranken Fälle zu sehen bekommen. Die tausend und abertausend Fälle, in denen niemand sich beklagt, sehen wir weniger. Im allgemeinen bin ich nach meinen Erfahrungen der Auffassung, daß diese Gerichte im Durchschnitt nicht mehr schlechte und nicht mehr gute Urteile fabrizieren wie die ordentlichen Gerichte auch.

Ein Beispiel aus meiner Erfahrung in der Kriegszeit: Wir hatten in der Reichsgetreidestelle ein Schiedsgericht, zusammengesetzt teils aus von den Handelskammern ernannten Sachverständigen, teils aus Sachverständigen von der Landwirtschaftskammer für die Provinz Brandenburg, und zwar in gemischter Besetzung. Nachdem das Schiedsgericht ein paar Jahre getagt hatte, äußerte ein beruflich diesem Schiedsgericht sehr nahestehender Landwirt bezüglich der Herren von der Handelskammer — das waren lauter Kaufleute, die sich tagtäglich, auch früher schon, mit Schiedsgerichten an der Getreidebörse beschäftigt hatten —: ich könnte in meinem Leben eine Streitigkeit haben wie auch immer, ich würde keinen Augenblick Bedenken tragen, sie jedem dieser Herren anzuvertrauen. So selbstverständlich war diesen Herren das Gefühl geworden, daß sie objektiv nach Recht und Gerechtigkeit zu erkennen hatten. Derselbe Sachverständige äußerte dann sine ira et studio:. ich möchte dasselbe nicht behaupten bezüglich meiner sämtlichen Kollegen. Warum? Weil diese Herren nicht die Erfahrung hatten, weil sie nur gelegentlich als Schiedsrichter herangezogen waren und bei allerbestem Willen von den subjektiven Empfindungen, von den Interessen ihres Berufs nicht ganz frei werden konnten.

Das wichtigste Problem ist das der Zusammensetzung des Schiedsgerichts. Dabei ist nach meiner Erfahrung, die sich wahrscheinlich mit der Erfahrung sehr vieler, wenn nicht der meisten Kollegen deckt, das schlimmste die Auswahl im Einzelfalle, daß man im Einzelfalle jeder Partei das Recht gibt, irgend einen beliebigen Herrn zum Schiedsrichter zu ernennen. Da kommt man zu seinem Anwalt und bittet ihn, das Schiedsrichteramt zu übernehmen, nachdem man sich vorher schon vergewissert hat, daß er einem auch Recht gibt. Der andere kann ablehnen, er kann aber auch so verfahren, daß er irgend einen Obmann benennt, den er in petto hat, und mit dem er zufrieden ist. Es gibt auf diese Weise geradezu Zerrbilder von Schiedsgerichten, immer nur, weil die Partei im einzelnen Falle sich jemand heraussuchen kann und der andere auf seine zufällige Kenntnis darüber angewiesen ist, ob er den Betreffenden ablehnen kann oder nicht. Das möchte ich bei einer etwaigen Neuregelung des Schiedsgerichtswesens in erster Linie beseitigt haben. Auf Grund von Erfahrungen in dem Riesenapparat von Schiedsgericht, der in der Reichsgetreidestelle bestanden hat — es war wohl der größte, der in Deutschland je bestanden hat: in einem Jahre der größten Hochflut wurden 25000 Sachen erledigt —, auf Grund dieser Erfahrungen würde ich die Möglichkeit der Einzelwahl ganz abschaffen und würde ein Listensystem einführen, etwa in der Art, wie ich mir erlaube es der Kürze wegen als meinen Vorschlag zu verlesen:

„Bei Neuregelung des Schiedsgerichtswesens ist für die Fälle, in denen jeder Partei das Recht der Ernennung eines Schiedsrichters zusteht, vorzusehen, daß die Auswahl auf vorher bestimmten Personen beschränkt wird. Soweit nicht schon nach dem Schiedsvertrage bestimmte Listen von Personen in Betracht kommen, sind die zu ernennenden Schiedsrichter Listen zu entnehmen, die jährlich von allen Handelskammern, Landwirtschaftskammern und Handwerkskammern aufgestellt werden. Die Parteien sind nicht an die Listen ihrer Berufsvertretungen gebunden und können die Auswahl sowohl aus den Listen ihres Wohnsitzes wie des Wohnsitzes des Gegners treffen. Das Recht der Verständigung der Parteien über alle Schiedsrichter bleibt unberührt."

Der Gedanke ist lediglich der, die Auswahl des Einzelnen im Einzelfalle zu verhindern und Listen irgendwelcher unparteiischer Stellen zu schaffen, aus denen dann die Auswahl, die ich den Parteien im übrigen gestatten will, vorgenommen wird.

Zuruf zur Geschäftsordnung:

Wenn neue Anträge gestellt werden, müssen wir eigentlich die Rednerliste neu eröffnen. Ich bin z. B. gegen das Listensystem.

Vorsitzender Geh. Justizrat Prof. Dr. Kipp:

Ein Schluß der Rednerliste hat nicht stattgefunden und kann nach der Geschäftsordnung auch nicht stattfinden. Wenn Sie sich jetzt noch zum Wort melden, so müssen wir die Meldung entgegennehmen.

Rechtsanwalt Dr. Heinrich Barban-Leipzig:

Meine Damen und Herren! Bei der vorgerückten und jetzt sehr beschränkten Zeit nur einige prinzipielle Bemerkungen. Ich bitte um Verzeihung, wenn ich auf zum Teil Gesagtes zurückkomme. Es scheint mir aber der Augenblick vorzuliegen, wo man auf etwas zurückgreifen soll, was im früheren Teil der Debatte gelegen hat. Vor wenigen Minuten ist von einem unserer prominentesten Debatteredner von der Freiheit gesprochen worden, eine Viertel- oder halbe Stunde vorher hat ein anderer Herr von Freiheit gesprochen. Einigen wir uns zunächst mal darüber, welche Freiheit es ist, „die ich meine". Mit dieser Freiheit meine ich die Vertragsfreiheit, von der vorhin schon anerkennenswert gesprochen worden ist. Der Ausgangspunkt des ganzen Schiedsgerichtswesens, die causa, die Grundlage, aus der sich überhaupt eine Judikatur neben unserer Staatsjustiz entwickeln konnte und entwickeln durfte, war die Vertragsfreiheit. Kollegen, Freunde, Vereinsbrüder u. dgl. einigten sich in gemeinsamem Vertrauen auf einen Dritten, dem sie nun die Schlichtung eines Streites überließen. Es fand freie Richterwahl statt, freie Unterwerfung und auch freie Vereinigung. Meine Damen und Herren! In dem Augenblicke, wo an die Stelle dieser Freiheit der Zwang getreten ist, der Organisationszwang, der Kontrahierungszwang und damit im Zusammenhange der Schiedszwang, in dem Augenblicke ist diese causa in Wegfall gekommen, wenigstens für diejenigen Schiedsverträge, die sich von diesem Prinzip der persönlichen Freiheit des Einzelnen entfernen. Sie gestatten, daß ich auf diesen Punkt noch ganz kurz eingehe. Es wird m. E. zwar nicht die Aufgabe sein, jetzt nähere Ausführungen zu geben, wie eine gesetzliche Regelung in der Folge sich vollziehen könnte, aber es scheint mir richtig zu sein, als These, als Grundprinzip aufzustellen: jede Änderung der Bestimmungen über das Schiedsgerichtswesen muß davon ausgehen, die Vertragsfreiheit des Einzelnen völlig wiederherzustellen. Ob man nun soweit geht und sagt, es solle nur der Spezialvertrag zugelassen sein, oder ob man auch Sammelverträge zulassen will, ist eine Frage für sich, aber jedenfalls darf die Freiheit nicht beeinträchtigt werden.

Es kommt hinzu, daß es erforderlich erscheint, die Rechtszersplitterung, die durch die Schiedsgerichte doch immerhin inauguriert teils worden ist, teils werden könnte, etwas zurückzudämmen, nicht das Schiedsgerichtswesen als solches etwa vollständig zurückschrauben zu wollen, aber wenigstens den Strom in ein geordnetes Bett zu leiten. Es sind darüber heute schon Vorschläge gemacht worden, auf die ich nur kurz hinzuweisen brauche, also insbesondere die Befolgung des jus cogens als eine Verpflichtung für den Richter. In diesem Zusammenhang vermisse ich eigentlich noch den Schlußstein für das Gebäude, an dem wir heute zu bauen uns bemüht haben; dieser Schlußstein ist m. E. die persönliche Verantwortlichkeit des Schiedsrichters für die Einhaltung der gesetzlichen, mindestens der zwingenden gesetzlichen Bestimmungen. In der Debatte, unter den Vorschlägen, die wir heute hörten, sind zwei Anträge oder Anregungen zu hören gewesen, die vielleicht in nuce diesen Gedanken schon enthalten. Es soll nämlich zunächst ausgesprochen werden: der

Richter ist an das jus cogens gebunden, weiterhin: es soll das im Zweifel als Vertragsmeinung der Parteien auch angesehen werden. Aber ich glaube, diejenige Bestimmung, die im einzelnen Falle dem auch nichtjuristischen Schiedsrichter wirklich an die Hand gibt, sich streng an die gesetzliche Vorschrift, soweit er sie zu befolgen hat, auch tatsächlich zu binden, diese Bestimmung sollte man ihm als Instruktion in dem Gesetze, um das es sich handelt, mit auf den Weg geben.

Wenn die Ausstattung des Schiedswesens mit den Garantieen, von denen wir sprechen, zu der Konsequenz führt, daß ein gewisser Abbau von selbst eintritt, so wird man das vielleicht nicht so sehr zu bedauern brauchen. Ob überhaupt das Schiedsgerichtswesen, besonders in seiner heutigen Ausdehnung, eine wirkliche Notwendigkeit ist, darüber kann man vielleicht Zweifel hegen, nachdem man gehört hat, daß die Hochflut der Schiedsverträge und Schiedssprüche in der Hochinflation gewesen ist, in der Zeit, als anderwärts die Ausgleichung der Geldentwertung nicht zu finden war. Wir haben gehört, daß in den letzten Jahren, besonders seit der Stabilisierung, die Zahl der Schiedsfälle z. B. in Hamburg ganz wesentlich zurückgegangen ist. Vielleicht ist das schon das erste Anzeichen dafür, daß das Bedürfnis nach dem Schiedsgericht sich doch etwas im Rückgange befindet, eine Bewegung, der man vielleicht noch etwas dadurch nachhelfen kann, daß man das Schiedsgericht eben mit allen denjenigen Kautelen ausstattet, die eine Angleichung seines Verfahrens und eine Angleichung seiner Resultate in rechtsprecherischer Hinsicht an das gesetzliche Recht, an das staatliche Recht gewährleisten. Sollte das gelingen, so würde der Staat, die Justizhoheit eine Irredenta wiedergewinnen, an deren Wiedergewinnung meines Erachtens die Gesamtheit des deutschen Rechtsbewußtseins ein hohes Interesse hat.

Rechtsanwalt Dr. Prytek-Berlin:

Meine Damen und Herren! Die Mißstände auf dem Gebiete des Schiedsgerichtswesens sind schlimmer und verhängnisvoller, als bisher in der heutigen Debatte zum Ausdruck gekommen ist. Gestatten Sie mir, aus der reichen Erfahrung, die ich auf dem Gebiete gewonnen habe, einige Beispiele zu nennen. Das Schiedsgericht des Vereins Berliner Getreide- und Produktenhändler, eins der beschäftigtsten und bedeutsamsten Schiedsgerichte der Branche, ist zusammengesetzt aus alten erfahrenen Kaufleuten, zum Teil Mitgliedern der Handelskammer, zum Teil alten erfahrenen Handelsgerichtsräten. Trotzdem ist es vorgekommen, und zwar in ständiger Rechtsprechung, daß dieses Schiedsgericht sich bewußt über die wichtigsten Bestimmungen der Devisenordnung in der Zeit unseres tiefsten Notstandes hinweggesetzt hat, trotz Vorhalts, trotz des Auftretens der Anwaltschaft und trotz des Hinweises darauf, daß solche Schiedssprüche der Aufhebung unterliegen müssen. Man hat irgend ein juristisches Mäntelchen gefunden, um diesen Verstoß gegen die vitalsten Interessen des Staates zu bedecken, indem man mit den Grundsätzen von Treu und Glauben zu jonglieren versuchte. Meine Damen und Herren, der deutsche Kartoffelhandel ist in seinem größten Umfange im Einheitsverbande zusammengehalten, der aus Kartoffelhändlern und Landwirten besteht. Dieser Einheitsverband, eine durchaus respektable Vereinigung, hat es fertiggebracht, nicht nur ein Schiedsgericht und ein Oberschiedsgericht zu bilden, sondern auch ein oberstes Schiedsgericht. In diesem obersten Schiedsgericht sitzen Kartoffelhändler und Landwirte, angesehene und respektable Herren. Diese Herren sollen über die revisio in jure entscheiden. Ein Ding der Unmöglichkeit, ein Unfug sondergleichen, dem gesteuert werden muß. Noch ein krasser Fall aus meiner Praxis: Das Schiedsgericht des Vereins der Kasseler Getreidehändler hat wörtlich folgenden Beschluß erlassen: falls der Beklagte weiterhin die Einrede der Unzuständigkeit des Schiedsgerichts erhebt, wird er von der weiteren mündlichen Verhandlung ausgeschlossen. Das ist eine Tatsache, die ich Ihnen aktenmäßig belegen kann. Dieser Beschluß erging. Als ich mir in der Presse darauf hinzuweisen erlaubte, daß das eine Nötigung sei, war man noch beleidigt, wollte auch nicht glauben, daß dieser Schiedsspruch, wenn er trotzdem gefällt worden wäre, der Aufhebung unterliegen müßte.

Die hiernach zweifellos notwendige Reform wird vielleicht früher einsetzen müssen, als die allgemeine Reform sämtlicher Bücher der ZPO. notwendig ist. Freilich, meine Damen und Herren, diese Reform ist nicht ohne Mitwirkung der Vertreter des Handels und der Industrie durchzuführen, denn schließlich sind gerade diese Kreise die Objekte der Gesetzgebung, der gegenwärtigen und der zukünftigen, mit der wir uns beschäftigen. Trotzdem muß ich zu meinem Bedauern die Anwesenheit dieser Herren vermissen. In anderen Abteilungen ist man konzilianter gewesen und hat uns die Mitarbeit nicht versagt. Jedenfalls ist Ersprießliches von den Verhandlungen eigentlich letzten Endes nur zu erhoffen, wenn die beteiligten Kreise ihre tätige Mitarbeit nicht versagen.

Ich möchte schließlich darauf hinweisen, daß die gesamte Juristenschaft mit Nußbaum, v. Staff und Wieruszowski darüber einig ist, daß der Schiedsrichter unbedingt an das Gesetz gebunden ist; über die Grenzen kann man streiten. Das ist die Ansicht der Juristen. Weite Kreise des Handels aber — das möchte ich hier nochmals hervorheben — stehen auf einem anderen Standpunkte. Ich habe eine Enquête veranstaltet, und zwar in den mir nahestehenden Kreisen des Handels mit Getreide, Kartoffeln, Futtermitteln und überhaupt der Lebensmittelbranche; übereinstimmend lehnen diese Kreise sämtlich die Bindung der Schiedsrichter an das Gesetz ab. Man schreibt mir wörtlich: „Wir wollen nur nach kaufmännischen Grundsätzen behandelt werden. Wir lehnen es ab, zwar nicht, uns von Juristen beraten zu lassen, wohl aber, unsere Arbitrage und Prozesse durch Juristen entscheiden zu lassen. Wir wollen eben kein Juristenrecht, wir wollen Entscheidungen nach billigem Ermessen." Gerade diese Einstellung, meine Damen und Herren, hat auch dazu geführt, daß die meisten Schiedsverträge und Schiedsgerichtsordnungen den Ausschluß der Anwälte vorgeschrieben haben. (Zurufe: Den Ausschluß? — Ach was!) Ich bin in der Lage, das trotz des Widerspruches aktenmäßig nachzuweisen durch Vorlage der Schiedsgerichtsordnungen, die gesammelt worden sind.

Geh. Justizrat Dove-Berlin:

Meine verehrten Damen und Herren! In seinen so überaus wirkungsvollen Ausführungen hat Herr Geheimrat Heilberg auch das Mittel benutzt, das vielfach gute Redner anwenden: er hat m. E. übertrieben, nämlich wenn er uns gesagt hat, jetzt seien eigentlich die ordentlichen Gerichte nur noch für Ehescheidungen usw. da. Die Entscheidungen des Reichsgerichts geben ein anderes Bild. Nach wie vor kommen dort die wichtigsten und gerade auch die wirtschaftlich wichtigsten Fragen zur Erörterung und zur Entscheidung. In der Debatte ist mehrfach Mephisto angeführt worden. Auch ich möchte eine Anleihe bei ihm machen und ein Wort von ihm zitieren, das er über das weibliche Geschlecht von sich gibt, indem er sagt: „Ihr tausendfältig Weh und Ach ist stets aus einem Punkt nur zu kurieren." So ist es auch hier; man glaubt immer, daß der Punkt, der zur Tagesordnung steht, nun geeignet ist, alle die in diese Materie hineinspielenden Mißstände zu beseitigen. Das ist aber m. E. nicht der Fall. Die meisten Mißstände, die hier gerügt werden — und zwar m. E. zum großen Teil mit Recht —, beziehen sich auf die Verbandsschiedsgerichte. Hier muß der Hebel angesetzt werden, der Kampf muß sich gegen die zwangsweise Unterwerfung des wirtschaftlich Schwächeren unter den Stärkeren richten. Das ist nicht allein auf dem Gebiete des Schiedsgerichtswesens zu machen, sondern dazu bedarf es allgemeiner Begriffe und Rechtsvorschriften, und wir können uns hier nur darüber einigen, inwieweit für diese allgemeinen Gesichtspunkte verbesserungsbedürftige Punkte des Schiedsgerichtswesens in Betracht kommen.

Auf Einzelheiten kann ich natürlich in der kurzen Zeit nicht eingehen, aber mir scheint doch, daß sehr häufig der Unterschied zwischen den amtlichen Schiedsgerichten und den Verbandsschiedsgerichten vollständig verwischt wird. Mir ist das namentlich in dem heute auch schon zitierten Aufsatze des Herrn Geheimrat Katz in der Deutschen Juristenzeitung aufgefallen. Er stellt ganz wunderbare Behauptungen auf. Er behauptet, gewisse Handelskammern hätten Bestimmungen, wonach kein Mitglied der Handelskammer einen Prozeß führen dürfte außer beim Schiedsgericht der Kammer. Das ist natürlich ein Unding. Mich kann doch niemand dazu zwingen, und mir sind auch keine derartigen Bestimmungen bekannt. Kurzum: hier wird sehr häufig eine Verwechslung vorgenommen und gegen Dinge gekämpft, die an sich durchaus billigenswert und gerade geeignet sind, Mißständen, die sich bei den verbandlichen Schiedsgerichten zeigen, entgegenzutreten. Gerade die amtlichen Schiedsgerichte haben, wie der verehrte Referent, Herr Prof. Nußbaum, das früher auseinandergesetzt hat, Garantieen, die durchaus geeignet sind, derartigen Mißständen entgegenzutreten.

Ein wesentlicher Punkt bei den Schiedsgerichten ist, wie wiederholt hervorgehoben worden ist, die Schnelligkeit. Es gibt gewisse Sachen, bei denen Schnelligkeit absolut erforderlich ist. Bei Dingen, die sich auf dem Markte abspielen, kann man nicht erst lange Prozesse über jeden einzelnen Fall führen, ich erinnere an den Viehmarkt usw. Wenn sich hier Mißstände der geschilderten Art zeigen, so haben sich diese Dinge auch nach dem jetzigen Verfahren anfechten lassen. Im übrigen möchte ich auch hier bemerken, wenn uns einige krasse Fälle vorgeführt werden, so können die Schiedsgerichte, glaube ich, dasselbe in Anspruch nehmen, was in der Vollversammlung bezüglich der Gerichte gesagt worden ist: es mögen hier und da ganz erhebliche Mißbräuche vorkommen, man kann daraus aber nicht ein allgemeines Urteil herleiten.

Ich glaube, im ganzen mich wohl den von den Herren Referenten gemachten Vorschlägen anschließen zu können, wobei ich noch bemerken will, daß m. E. die Formulierung, daß der Mißbrauch eines Abhängigkeitsverhältnisses einen Aufhebungsgrund geben soll, sich nicht auf das Dienstverhältnis beschränkt, sondern ich verstehe darunter auch jede wirtschaftliche Abhängigkeit, wie sie bei Verbandsmitgliedern vorhanden ist. Herr Präsident Wieruszowski bestätigt das: das ist m. E. einer der wesentlichsten Punkte, wo allerdings die bessernde Hand angelegt werden muß.

Auf Antrag des Rechtsanwalts Theodor Sonnen-Berlin wurde hierauf auf Beschluß der Versammlung die Diskussion geschlossen.

Justizrat Jaredi-Berlin (zur Geschäftsordnung):

Ich habe bereits vor etwa drei Stunden einen Antrag gestellt in Verbindung mit Herrn Justizrat Syring-Leipzig und Herrn Kollegen Calé-Berlin. Dieser Antrag ist bisher noch gar nicht verlesen worden. Ich erlaube mir die Frage, ob ich die Möglichkeit haben werde, ihn zu begründen.

Vorsitzender Geh. Justizrat Prof. Dr. Kipp:

Ich hatte vorhin deshalb gefragt, ob erst eine Verlesung der Anträge stattfinden sollte, ehe man über den Schluß der Erörterung abstimmte. Die Versammlung hat das Gegenteil beschlossen. Ihr Antrag wird aber jetzt selbstverständlich mit zur Verlesung kommen. (Zuruf Jaredi: Verlesung ja, aber ....)

Es läßt sich aber so machen, daß die Anträge verlesen werden, so wie sie jetzt stehen, und dabei die Versammlung für bestimmte Anträge noch eine Begründung gestattet.

Nach weiterer Geschäftsordnungsdebatte, bei der insbesondere die Frage erörtert wurde, über welche Anträge der Berichterstatter und Diskussionsredner eine Abstimmung stattfinden solle, erteilte der Vorsitzende dem Berichterstatter Senatspräsidenten i. R. Prof. Dr. Wieruszowski das Schlußwort.

Senatspräsident i. R. Prof. Dr. Wieruszowski:

Ich werde mein Schlußwort auf folgende Mitteilung beschränken: Wir haben im Verfolg der Anregungen, die wir aus der Erörterung gewonnen haben, unsere Leitsätze verändert. Wir haben etwas gelernt, und zwar würden wir die allgemeinen Leitsätze dahingehend fassen:

„Die Neuregelung des Schiedsgerichtswesens muß den veränderten wirtschaftlichen Verhältnissen angepaßt und nach der technischen Seite verbessert werden.“

Das ist ein Beschluß, den wir unter allen Umständen fassen können.

„Dem in der wirtschaftlichen Lage begründeten Bedürfnis der Rechtsuchenden, ihre Streitigkeiten schiedsrichterlich entscheiden zu lassen, dürfen sich Rechtsprechung und Gesetzgebung nicht entgegenstellen. Sie müssen aber dafür Sorge tragen, daß durch die Besetzung und das Verfahren der Schiedsgerichte Unparteilichkeit und Rechtssicherheit tunlichst gewährleistet werden. Insbesondere müssen sie dahin wirken, daß die Schiedsgerichte nicht die Ziele der staatlichen Gesetzgebung insbesondere auf wirtschaftlichem Gebiete durchkreuzen.“

Ich behaupte, über diese allgemeinen Grundsätze können wir ganz ruhig hier Beschluß fassen. (Vorsitzender: Gar kein Widerspruch!)

Herr Nußbaum möchte auch noch den Beschluß gefaßt haben:

„Die Vollstreckung ausländischer Schiedssprüche ist von der Verbürgung der Gegenseitigkeit abhängig zu machen.“

Diesem Antrage schließe ich mich nicht an, weil die Frage der Gegenseitigkeit nicht so geklärt werden konnte, daß eine Beschlußfassung möglich erscheint.

Die Frage des Anfechtungsgrundes der Abhängigkeit habe ich einfach dahin gefaßt:

„Es ist zu erwägen, ob Mißbrauch eines Abhängigkeitsverhältnisses als Grund für die Anfechtung eines Schiedsvertrages anerkannt werden soll.“

Der zweite Satz stammt von mir — vielleicht können Sie die Beschlußfassung über ihn aussetzen oder ihn ablehnen.

„Ein Schiedsvertrag ist unwirksam, wenn die Vertragschließenden das Schiedsgericht von der Einhaltung solcher Gesetze befreien, auf deren Beobachtung die Parteien wirksam nicht verzichten können.“

Ich habe mich hier dem, was Herr Oberlandesgerichtspräsident Mittelstein vorgeschlagen hat, angeschlossen.

Ferner:

„Ein Schiedsvertrag ist unwirksam, wenn er nicht jedem Teile den gleichen Einfluß auf Bildung und Besetzung des Schiedsgerichts einräumt.“

Nun, meine verehrten Herren, darüber sind wir denn doch wohl in der Erörterung alle einig gewesen, daß man diesen Satz tatsächlich zur Beratung stellen und zum Beschluß erheben kann als die einstimmige Meinung derer, die heute hier anwesend waren.

„Dem zuständigen Gerichte kann die Entscheidung über Ablehnung von Schiedsrichtern nicht entzogen werden."

Ein einfacher Satz, über den, glaube ich, auch sämtliche Anwesende heute einig waren. Über den Satz können wir wirklich auch abstimmen. Ferner:

„Ein Verzicht auf das rechtliche Gehör der Schiedsparteien ist unzulässig. Auf Verlangen jeder Partei muß das Schiedsgericht mündliche Verhandlung anordnen."

Alles Neuerungen und Verbesserungen einfachster Natur, über die sich jeder Vernünftige sofort ein Urteil bilden kann.

„Eine Vereinbarung, die Vertretung der Schiedsparteien durch Rechtsanwälte ausschließt, ist unzulässig."

Endlich zur Frage der Spruchfindung — wir sind darin eigentlich alle einig gewesen —:

„Das Schiedsgericht ist bei Fällung seines Spruchs an das Gesetz gebunden, soweit nicht der Schiedsvertrag ein anderes bestimmt und bestimmen darf. Ein Verzicht auf schriftliche Begründung des Schiedsspruches ist unzulässig. Ein Schiedsspruch unterliegt vorbehaltlich der übrigen Aufhebungsgründe des § 1041 ZPO. der Aufhebung, wenn die Entscheidung in offenbarem Widerspruch zu einem Gesetze steht, auf dessen Einhaltung die Parteien rechtswirksam nicht verzichten können."

Die Frage der Spruchvollstreckung ist heute nicht geklärt worden, sondern nur insoweit, als wir wohl alle einig waren, daß der § 1042 nicht aufrecht erhalten werden kann.

Das sind die Anträge, die ich Ihnen vorlege, und über die ich ausdrücklich um Abstimmung bitte.

Vorsitzender:

Ich habe noch über die sonst vorliegenden Anträge zu berichten, soweit die Antragsteller nicht etwa ihrerseits darauf verzichten. Insbesondere muß ich den Antrag verlesen, der von den Herren Justizrat Jarecki-Berlin, Justizrat Spring-Leipzig und Rechtsanwalt Dr. Calé-Berlin, gestellt ist. Es handelt sich dabei um einige Abänderungen zu den Leitsätzen der Herren Referenten. Es wird nämlich beantragt, Nr. I 1 der Leitsätze dahin zu ergänzen, daß hinter „muß" eingefügt wird: „und zwar schon vor Schaffung der neuen ZPO. durch besonderes Gesetz". Ich nehme an, daß der Antrag aufrecht erhalten wird. Dann beantragen die genannten Herren, dem Leitsatz II C 1 folgende Fassung zu geben:

„Das Schiedsgericht ist in der Fällung des Schiedsspruchs an das Gesetz gebunden, soweit nicht die Parteien nach Entstehung des Streits etwas anderes bestimmen."

Eine Reihe anderer Anträge haben die Herren gehört. Die Anträge des Herrn Geheimrats Heilberg sind von ihm selbst verlesen. (Zuruf Heilberg: Ich verzichte auf Abstimmung!) Die Anträge von Herrn Kammergerichtspräsidenten v. Staff sind ebenfalls von ihm selbst verlesen und begründet. Die Anträge des Herrn Dr. Wrzeszinski liegen gedruckt vor; sie sind auch von ihm hier verlesen und bedürfen der nochmaligen Verlesung nicht. Der Antrag von Herrn Rechtsanwalt Oppenheimer ist von ihm selbst verlesen und schriftlich eingereicht. Ich frage, ob jetzt noch verlangt wird, daß andere Anträge verlesen werden. Ich sehe noch diejenigen von Herrn Rechtsanwalt Theodor Sonnen:

(II A 2) „Satz 1 erhält folgende Fassung: Ein Schiedsvertrag ist unwirksam, wenn die Vertragschließenden des Schiedsgericht von der Bindung an das Gesetz befreien."

Das ist also nicht beschränkt auf das jus cogens und nicht auf ordre public, sondern allgemein gehalten. Damit steht dann in Verbindung:

(II C 1) „Der zweite Halbsatz („soweit nicht . . .") wird gestrichen."

Nun wäre also, wenn wir ausführlich abstimmen wollen, die Sache so zu behandeln: Es ist zuerst über diejenigen Abänderungsanträge abzustimmen, die zu den Anträgen der Herren Referenten gestellt worden sind, dann über die Anträge der Herren Referenten mit oder ohne die Änderungen, die dann beschlossen wären, endlich über die weiteren Anträge, die logisch selbständig neben den Anträgen der Referenten stehen. Das Verfahren kann aber, wenn es die Versammlung wünscht, abgekürzt werden, wenn nämlich die anderen Herren Antragsteller auf Abstimmung verzichten. (Zuruf des Herrn Geheimrat Heilberg: Ich verzichte auf Abstimmung über die von mir gestellten Anträge.) Darf ich die Frage nun auch an die anderen Herren Antragsteller, die zum Teil nicht mehr zugegen sind, richten.

(Zuruf: Gibt es eine Möglichkeit, meinen Antrag irgendwie als Material zu überweisen?)

„Sicher! Die Versammlung wird einen Berichterstatter für das Plenum bezeichnen, und es ist selbstverständlich, daß die Versammlung dem erwähnten Berichterstatter den Auftrag erteilen kann, auch über diejenigen Anträge und Ausführungen zu berichten, die nicht Gegenstand der Abstimmung gewesen sind. Das ist z. B. auf dem Heidelberger Juristentage in mehr als einem Falle vorgekommen. (Zuruf: beim ehelichen Güterrecht z. B.) Das ist der Fall, an den ich denke.

Es bleibt bestehen der Antrag Wieruszowski und Nußbaum, daß die Versammlung über die Anträge der Herren Berichterstatter abstimmt in der Fassung, die soeben verlesen worden ist. Wird gewünscht, daß über die Anträge einzeln abgestimmt wird?

Zuruf zur Geschäftsordnung:

Wir sind für die Abstimmung nicht mit dem Material versehen, das sonst auf dem Juristentage der Versammlung unterbreitet zu werden pflegt. Unter diesen Umständen sollte man sich doch klar darüber sein, daß das, was wir heute gehört haben, lediglich als Material des Juristentages der Öffentlichkeit zur Verfügung gestellt und daß nicht in der Sache selbst abgestimmt wird.

Vorsitzender:

Ich muß sagen, daß das etwas ganz Ungewöhnliches ist. Wir können m. E. nur drei Wege gehen: Entweder wir beschließen über die Anträge, die die Herren Referenten gestellt haben, oder wir überweisen diese Anträge zur Beschlußfassung an das Plenum. Das ist natürlich eine Möglichkeit, aber damit erweisen wir dem Plenum einen schlechten Dienst, wenn wir ihm zumuten, das Werk fortzusetzen, das uns sechs Stunden beschäftigt hat. Die dritte Möglichkeit ist m. E. nach den Traditionen des Juristentages die, daß wir die Angelegenheit als noch nicht hinlänglich geklärt erachten und sie zur weiteren Beschlußfassung an den nächsten Juristentag überweisen.

Nach weiterer Geschäftsordnungsdebatte wurde zur Abstimmung geschritten.

Es gelangten folgende Leitsätze der Berichterstatter in ihrer veränderten Fassung zur Annahme:

1. Die Neuregelung des Schiedsgerichtsverfahrens muß den veränderten wirtschaftlichen Verhältnissen angepaßt und nach der technischen Seite verbessert werden.

2. Dem in der wirtschaftlichen Lage begründeten Bedürfnis der Rechtsuchenden, ihre Streitigkeiten schiedsrichterlich entscheiden zu lassen, dürfen sich Rechtsprechung und Gesetzgebung nicht entgegenstellen. Sie müssen aber dafür Sorge tragen, daß durch die Besetzung und das Verfahren der Schiedsgerichte Unparteilichkeit und Rechtssicherheit tunlichst gewährleistet werden. Insbesondere müssen sie dahin wirken, daß die Schiedsgerichte nicht die Ziele der staatlichen Gesetzgebung insbesondere auf wirtschaftlichem Gebiete durchkreuzen.

3. Es ist zu erwägen, ob Mißbrauch eines Abhängigkeitsverhältnisses als Grund für die Anfechtung eines Schiedsvertrages anerkannt werden soll.

4. Ein Schiedsvertrag ist unwirksam, wenn die Vertragschließenden das Schiedsgericht von der Einhaltung solcher Gesetze befreien, auf deren Beobachtung die Parteien wirksam nicht verzichten können.

5. Ein Schiedsvertrag ist unwirksam, wenn er nicht jedem Teile den gleichen Einfluß auf Bildung und Besetzung des Schiedsgerichts einräumt.

6. Dem zuständigen Gerichte kann die Entscheidung über die Ablehnung von Schiedsrichtern nicht entzogen werden.

7. Ein Verzicht auf das rechtliche Gehör der Schiedsparteien ist unzulässig. Auf Verlangen jeder Partei muß das Schiedsgericht mündliche Verhandlung anberaumen.

8. Eine Vereinbarung, die die Vertretung der Schiedsparteien durch Rechtsanwälte ausschließt, ist unzulässig.

9. Das Schiedsgericht ist in der Fällung seines Spruchs an das Gesetz gebunden, soweit nicht der Schiedsvertrag ein anderes bestimmt und bestimmen darf.

10. Ein Verzicht auf schriftliche Begründung ist unzulässig.

11. Ein Schiedsspruch unterliegt — vorbehaltlich der übrigen Aufhebungsgründe des § 1041 ZPO. — der Aufhebung, wenn die Entscheidung in offenbarem Widerspruch zu einem Gesetze steht, auf dessen Einhaltung die Parteien rechtswirksam nicht verzichten können.

12. Der § 1042 Abs. 2 ZPO. kann nicht aufrecht erhalten werden.

Abgelehnt wurde der von dem Berichterstatter Prof. Dr. Nußbaum vorgeschlagene Leitsatz, daß die Vollstreckung ausländischer Schiedssprüche von der Verbürgung der Gegenseitigkeit abhängig zu machen sei.

Eine Abstimmung über die übrigen Anträge unterblieb auf Beschluß der Versammlung.

Zum Berichterstatter für die Plenarversammlung wurde Prof. Dr. Nußbaum ernannt.

Erste Sitzung der vierten Abteilung
(für Wirtschafts- und Steuerrecht)

am

Montag, den 13. September 1926.

Auf Vorschlag des Herrn Kammergerichtspräsidenten i. R. Dr. von Staff wählte die Versammlung zum Vorsitzenden der Abteilung Herrn Geh. Justizrat Dr. Heinitz-Berlin, der den Vorsitz übernahm und als Stellvertreter des Vorsitzenden die Herren Geh. Regierungsrat Prof. Dr. Schlegelberger-Berlin und Justizrat Dr. Sauer-Köln benannte. Die Versammlung stimmte diesen Vorschlägen zu.

Sodann wurde in die Verhandlung über das Thema

Soll bei einer künftigen Reform des Aktienrechts eine Annäherung an das englisch-amerikanische Recht in grundlegenden Fragen stattfinden?

eingetreten.

Hierzu lagen seitens der Berichterstatter Justizrat Albert Pinner-Berlin, Geschäftsinhaber der Diskontogesellschaft Dr. Georg Solmssen-Berlin und Geh. Justizrat Prof. Dr. Ernst Heymann-Berlin folgende Leitsätze vor:

A. Leitsätze des Berichterstatters Justizrat Albert Pinner, Berlin.

I. Es empfiehlt sich, die Vorschriften des HGB. über das Aktienrecht einer eingehenden Prüfung dahin zu unterziehen, in welcher Weise der bestehende Rechtszustand zu ändern ist; die Reichsregierung ist zu ersuchen, eine Kommission von Sachverständigen, bestehend aus Vertretern des Handels und der Industrie sowie aus sachverständigen Juristen, zu ernennen, die diese Prüfung vorzubereiten haben.

II. 1. Die Minderheitsrechte des HGB. sind beizubehalten. Das Anfechtungsrecht aus § 271 ist nur Aktionären zu geben, die zusammen mindestens 5 v. H. des Aktienkapitals besitzen.

Die Haftung aus § 273 Abs. 2 tritt bei jedem Verschulden ein.

Jede staatliche Aufsicht und Bevormundung in wirtschaftlicher Beziehung ist abzulehnen.

2. Bei einer Änderung des Gesetzes ist anzustreben, daß der Aufsichtsrat zwar das Recht, aber nicht die Pflicht der Überwachung hat. Die Vorschrift des § 246 Abs. 3 bleibt bestehen.

Die bisher dem Aufsichtsrat obliegende Überwachungspflicht und Mitwirkung bei der Bilanz ist einem oder mehreren von der Generalversammlung zu wählenden Revisoren, als welche auch Treuhand- und ähnliche Gesellschaften bestellt werden können, zu übertragen. Diese Revisoren sollen ein ausgedehntes Recht auf Einsicht der Bücher und Papiere sowie auf Auskunft haben; sie sollen verpflichtet sein, der Generalversammlung über die Bilanz zu berichten, und es soll bestimmt werden, daß sie bei der Erfüllung ihrer Obliegenheiten in gleicher Weise wie bisher der Aufsichtsrat haften.

3. a) Bei der Gründung sind die bisherigen Grundsätze beizubehalten; der Grundsatz des englisch-amerikanischen Rechts, autorisiertes nicht begebenes Kapital zuzulassen, ist nicht zu übernehmen.

b) Das Verbot der Unter-pari-Emission bleibt bestehen.

c) Die gesetzlichen Hindernisse, die der Beschaffung neuen Kapitals entgegenstehen, sind zu beseitigen.

Bei der Kapitalserhöhung ist zuzulassen, daß der Aufsichtsrat innerhalb einer bestimmten 3—5jährigen Frist feststellt, wann und in welchen Raten die Erhöhung durchgeführt werden soll.

Es soll in Anlehnung an die Beschlüsse des 33. Juristentages die Möglichkeit geschaffen werden, Darlehen und Anleihen mit dem Recht dem Umwandlung in Aktien zu schaffen.

4. a) Der Grundsatz des Aktienrechts, daß jede Aktie das Stimmrecht hat, ist nicht zu ändern.

b) Aktien mit mehrfachem Stimmrecht sowie Aktien, deren Inhaber durch ausdrückliche oder stillschweigende Vereinbarungen mit der Gesellschaft zu ihren Gunsten in der Ausübung des Stimmrechts gebunden sind, sind nichtig, wenn sie geschaffen sind, um unter bewußter Hintansetzung des Wohles der Gesellschaft eigennützige Zwecke zu verfolgen, oder wenn sie bei Beschlüssen benutzt werden, um derartige Zwecke durchzusetzen.

c) Zur Entscheidung der Frage der Nichtigkeit zu 4 b) sind Spruchstellen bei jedem Oberlandesgericht zu bilden, bestehend aus einem Richter und zwei vom Reichswirtschaftsrat zu benennenden Sachverständigen.

Das Verfahren ist ein beschleunigtes; Rechtsbeschwerde an eine beim Reichsgericht einzurichtende Spruchstelle ist zulässig.

Der Antrag an die Spruchstelle kann von jedem Mitgliede des Vorstandes, vom Aufsichtsrat oder von Aktionären gestellt werden, die den 20. Teil des Aktienkapitals besitzen.

d) Diese Spruchstellen haben auch über die Einziehung von während der Inflationszeit geschaffenen Vorzugs- und Vorratsaktien mit oder ohne Entschädigung zu entscheiden.

5. a) Die Legitimationszession zur Ausübung des Stimmrechts ist zuzulassen.

b) Das Stimmrecht der Banken auf Grund der Unterschrift allgemeiner Geschäftsbedingungen ist zu beseitigen. Besondere Vollmachten zur Ausübung des Stimmrechts sollen stempelfrei sein.

c) Die Strafandrohung des § 317 ist auf die Benutzung von Aktien eines Dritten zum Zwecke der Umgehung der Vorschriften des § 252 Abs. 2 HGB. auszudehnen.

B. Leitsätze des Berichterstatters Dr. Georg Solmssen, Berlin.

1. Es liegt kein Anlaß vor, zu beantragen, daß zu einer Reform des deutschen Aktienrechts geschritten werde. Dasselbe entspricht mit seinen wohlüberlegten, in langer Entwicklung erprobten Bestimmungen den gegenwärtigen Erfordernissen der deutschen Wirtschaft und befriedigt dieselben in klarerer und präziserer Weise, als solches durch Nachahmung von Einrichtungen des anglosaxonen Rechtes möglich sein würde.

2. Die Vorschriften des amerikanischen Rechts sind, weil auf einer von der deutschen Rechtsbildung völlig verschiedenen Grundlage entstanden, zur Übertragung auf deutsche Verhältnisse nicht geeignet; ihre Nachahmung zwecks Erleichterung der Geldbeschaffung ist weder erforderlich noch wünschenswert.

Dagegen enthält die Entwicklung der amerikanischen Rechtsbildung wichtige Erkenntnisquellen für das Verständnis der wirtschaftlichen Tendenzen, welche die Organisation des vergesellschafteten Kapitals beeinflussen, und ist von diesem Gesichtspunkt aus für die Behandlung der das deutsche Aktienrecht betreffenden einschlägigen Probleme wertvoll.

3. Dem gegenwärtig bestehenden Bedürfnis, die Aufnahme fundierter Schulden seitens deutscher Aktiengesellschaften durch Gewährung spekulativen Anreizes zu erleichtern, ist durch Erlaß einer in ihrer Geltung zeitlich zu begrenzenden Bestimmung folgenden Inhalts zu genügen:

„Soll eine Option auf durch Kapitalerhöhung binnen spätestens fünf Jahren zu schaffende Aktien eingeräumt werden, und die Generalversammlung der Aktionäre beschließt unter Genehmigung des diese Option gewährenden Vertrages die durch deren Ausübung bedingte Kapitalerhöhung nach Maßgabe der für die Kapitalerhöhung geltenden gesetzlichen und statutarischen Bestimmungen, so ist die Eintragung dieses Beschlusses in das Handelsregister für alle innerhalb der Optionsfrist abgehaltenen Generalversammlungen verbindlich. Dementsprechend kann die als Eventualmaßregel eingetragene Kapitalerhöhung während des Bestehens des Vertrages, zu dessen Erfüllung sie beschlossen worden ist, nicht rückgängig gemacht werden. Der durch den bedingten Kapitalerhöhungsbeschluß anerkannte Anspruch des Optionsberechtigten auf Gewährung der durch die Kapitalerhöhung geschaffenen Aktien bleibt auch im Falle zwischenzeitlicher Kapitalerhöhungen sinngemäß in Kraft."

C. Leitsätze des Berichterstatters Geh. Justizrat Prof. Dr. Ernst Heymann, Berlin.

1. Eine allgemeine Reform des deutschen Aktienrechts ist nicht dringlich und muß sorgfältig vorbereitet werden. Hierfür wird das englisch-amerikanische Recht zu beachten, aber im allgemeinen nicht nachzuahmen sein.
2. Eine gesetzliche Regelung der Stimmrechts- und Verwaltungsaktien durch Sondergesetz ist dringlich. Das englisch-amerikanische Recht bietet hierfür keine geeigneten Vorbilder. Eine Einschränkung der Mehrstimmrechts- und Verwaltungsaktien, namentlich auf eine Quote des Gesamtaktienbetrags, die Beseitigung der Inflationsaktien, eine Regelung der Deponentenaktien ist ins Auge zu fassen.

3. Bei dieser Gelegenheit wäre im Anschluß an die Beschlüsse des Heidelberger Juristentages die bedingte Kapitalerhöhung zum Zwecke der Umwandlung einer gleichzeitig aufgenommenen Anleihe und für verwandte Zwecke zu regeln.

Zunächst begründete Herr Justizrat Albert Pinner-Berlin die von ihm vorgelegten Leitsätze, wie folgt:

Meine Damen und Herren! Mit dem zweiten Referenten, Herrn Dr. Solmssen, habe ich mich in die Arbeit derart geteilt, daß ich inbetreff der fremden Rechte im wesentlichen die Beziehungen zum englischen Recht behandle, während er das amerikanische Recht bearbeitet.

Von einer vollständigen Aufführung der Literatur habe ich Abstand genommen, da diese, soweit sie in Betracht kommt, in dem Lehmann'schen Gutachten sowie in den Spezialschriften, insbesondere von Horrwitz und Giesecke, angeführt ist und ich nur deren Angaben wiederholen könnte. Ich habe Literatur nur insoweit angeführt, als sie bei Einzelfragen zur Erörterung einzelner Ansichten notwendig war. In den letzten Tagen ist ein Aufsatz des Professor Giesecke (Rostock) über Depotaktien erschienen, der benutzt ist.

I. Bevor ich zum Thema selbst spreche, gestatten Sie mir einige Worte über das Thema, „wie ich es verstehe":

Soll bei einer zukünftigen Reform des Aktienrechts eine Annäherung an das englisch-amerikanische Recht in grundlegenden Fragen stattfinden?

Hiermit soll meiner Ansicht nach nicht etwa die grundsätzliche Frage, ob eine Reform des Aktienrechts nötig erscheint und wie diese geschehen soll, ausgeschaltet, oder, wie der Jurist so schön sagt, es soll nicht etwa die Notwendigkeit unterstellt werden; es darf nicht, wie Befürworter einer Reform befürchtet haben, eine Diskussion über die Reform als solche abgeschnitten werden. Es würde dies allerdings, wie es die Frankfurter Zeitung genannt hat, eine Selbstausschaltung der deutschen Juristen bedeuten. Die Beantwortung der gestellten Frage setzt vielmehr die Erörterung der Vorfrage voraus, ob, was und wie bei uns reformbedürftig ist.

Bejaht man die Reformbedürftigkeit, dann wird die Annäherung an die fremden Rechte zu untersuchen sein; hier meiner Ansicht nach nach zwei Richtungen, zunächst nach dem Grundsatze: „Willst du dich selber erkennen, so sieh, wie die andern es treiben", indem wir untersuchen, ob im fremden Rechte Vorschriften enthalten sind, die vor unserm den Vorzug verdienen; dann aber, ob die durch die Zeitverhältnisse geschaffene Kapitalsanlehnung der deutschen Wirtschaft an das Ausland, insbesondere England und Amerika, uns veranlassen soll, zwecks Erleichterung dieses Verkehrs unser Aktienrecht dem dortigen anzupassen. Schon aus der letzteren Erwägung geht hervor, daß bei einer Frage wie der der Reform des Aktienrechts nicht der Jurist allein und nicht einmal in erster Linie zu sprechen hat, die Wirtschaft schafft und erzwingt sich die Formen ihrer Betätigung; der Jurist hat diese Formen rechtlich zu gestalten und den Rechtsschutz zu gewährleisten. Das rein formal-rechtlich schönste Gesetz nützt nichts, wenn es nicht den wirtschaftlichen Bedürfnissen entspricht. Ein Beispiel: Das HGB. stellt bei der Gründung der Aktiengesellschaft die Simultan-Gründung und die Sukzessiv-Gründung gleichberechtigt nebeneinander; sie hat für letztere ein in das feinste Detail ausgearbeites Schema gegeben, und doch kommt praktisch die Sukzessiv-Gründung bei uns überhaupt nicht vor, sie widerspricht, wenigstens vom Standpunkt der deutschen Wirtschaft aus — auf diesen Punkt ist noch zurückzukommen —, unserm wirtschaftlichen Empfinden; das Gesetz ist durch tatsächliche Übung beseitigt. Und weiter: das Aktienrecht kennt nur eine Form des Zusammenschlusses von Gesellschaften, das Aufgehen der einen in die andere, die Fusion. Welche Formen aber hat sich demgegenüber der ewig sprudelnde Quell des wirtschaftlichen Lebens geschaffen: den Konzern in seiner Vielgestaltigkeit, das Kartell, die Interessengemeinschaft, die Tochtergesellschaft, die Holding-Gesellschaft und die sonstigen Formen der Zusammenfassung von Unternehmungen. Sie leben alle und beherrschen das Wirtschaftsleben, ohne daß der Gesetzgeber bisher diesen Ehen seinen staatlichen Schutz gegeben hat. Hieraus folgt, daß wir bei der Frage der Reform des Aktienrechts nicht davon auszugehen haben, wie schaffen wir ein schönes, juristisch logisch aufgebautes Rechtsgebilde, sondern, welches Gesetz ist am besten geeignet, den Bedürfnissen deutscher Wirtschaft zu dienen.

Hiervon ausgehend, komme ich zunächst zu der ersten Frage: Ist eine Reform des Aktienrechts geboten und nach welchen Grundsätzen soll sie erfolgen? Es läßt sich nicht leugnen, daß eine tiefgehende Bewegung vorhanden ist, die eine Änderung des Aktienrechts und zwar für gewisse Punkte, durch schleunige Gesetzgebung verlangt. Es geht nicht an, vor dieser Bewegung, der sich angesehene Juristen und Wirtschaftler angeschlossen haben, die über jeden Verdacht erhaben sind, aus anderen als rein sachlichen Motiven zu handeln, den Kopf in den Sand zu stecken. Es muß gerade hier hervorgehoben werden, daß die Bewegung der Reformfreunde, selbst wenn man sich mit ihren Erscheinungen auf sofortige und radikale Gesetzesänderung nicht einverstanden erklärt, jedenfalls das Gute gehabt hat, daß die öffentliche Diskussion stattgefunden hat, durch die die Fragen geklärt sind und wie mir scheint, eine gewisse Annäherung der feindlichen Standpunkte bewirkt ist. Ferner aber hat die Bewegung Schriften wie die von Horrwitz über die Vorratsaktien und Giesecke über Depotaktien gezeitigt, die, wenn auch ihren Resultaten nicht beigestimmt wird — Horrwitz' Vorschläge erscheinen mir unannehmbar — sich in umfassendster und eingehendster Weise mit den Rechtsinstituten befassen und eine weit über den Kampf des Tages herausgehende Bedeutung haben. Mit ihnen ist unbedingt eine Auseinandersetzung nötig. Gerade hier im Juristentage ist der geeignete Ort für eine derartige Diskussion, hier, wo wir alle kein anderes Interesse haben, als deutsches Recht und deutsche Wirtschaft zu fördern und fern vom Parteigezänk des Tages alle Fragen in der ruhigen Atmosphäre reiner Wissenschaftlichkeit zu erörtern.

Schon einmal war eine derartige Erörterung dem deutschen Volke beschieden, nach dem Krach des Jahres 1873. Die Aktiennovelle vom 11. 6. 70 hatte mit dem Konzessionssystem gebrochen, die Staatsgenehmigung war beseitigt und an deren Stelle die Normativbestimmung gesetzt, von deren Befolgung die Gründung abhängig gemacht wurde. Nach dem Kriege 1870 setzte die Gründerperiode ein, sie war eine Kriegsfolge und daher wirtschaftlicher Natur; ihre Ausartung war aber auch die Folge der Gesetzgebung, die es nicht verstanden hatte, genügende Sicherheiten gegen schwindelhafte Gründungen zu schaffen, eine Bewegung, gegen die die heutige ein Kinderspiel ist, setzte ein. Man kann die Empörung, die die weitesten Kreise ergriffen hatte, ermessen, wenn man sieht, wie Ihering in seinem „Zweck mit Recht" 1877 über die Aktiengesellschaften sagt: „Unter den Augen unserer Gesetzgeber haben sich die Aktiengesellschaften in organisierte Raub- und Betrugsanstalten verwandelt, deren geheime Geschichte mehr Niederträchtigkeit, Ehrlosigkeit, Schurkerei in sich birgt, als gar manches Zuchthaus, nur daß die Räuber und Betrüger hier statt in Eisen in Gold sitzen." Die besonneneren Kreise aber und mit ihnen die Regierung sahen die Sache ruhiger an, sie vertrauten darauf, daß die leidenschaftlichen Strömungen einer ruhigeren Beurteilung Raum geben würden. Es ist höchst interessant und für uns lehrreich, die Begründung zum Entwurf der Novelle, die 1884 erlassen wurde, zu lesen; alle Gründe und Gegengründe, die heute ins Feld geführt werden, um eine schleunige Änderung des Gesetzes zu veranlassen, wurden schon damals geltend gemacht. Damals hat man ruhig und gründlich gearbeitet, und der Erfolg hat denen Recht gegeben, die einer überstürzten Gesetzgebung widersprachen. Es ist ein Gesetz geschaffen, das mit den Änderungen des Jahres 1897, die durch die Publikation des BGB. bedingt waren, sich so bewährt hat, daß das Gesetz, wie wohl auch die Gegner anerkennen müssen, absolute Rechtssicherheit insbesondere gegen schwindelhafte Gründungen bietet.

Die Bewegung, die jetzt eingesetzt hat, hat daher eine ganz andere Grundlage als die von 1873. Damals war die unsolide Gründung der Hauptpunkt der Beschwerde; heut ist dieser Punkt aus der Diskussion fortgefallen, an dessen Stelle tritt, um es mit einem Worte zu bezeichnen, die Gefahr der Fälschung des Mehrheitswillens und der Diktatur der Mehrheit. An sich ist diese Frage nicht etwa erst eine in der Kriegs- und Nachkriegszeit entstandene; schon vorher kämpfte man um Stimm- und Sonderrechte. Ich erinnere nur daran, daß der Hibernia-Fall sich 1906 ereignete. Aber erst die Kriegs- und besonders die Nachkriegszeit mit ihrer alles wirtschaftliche Denken über den Haufen werfenden Verelendung der Währung schaffte die eigentlichen Beschwerden. Es widerstrebt jedem Rechtsempfinden und widerspricht dem Grundsatze des Aktienrechts als Mehrheitsgesellschaft, wenn jemand sich für einen meist nur in Pfennigen ausdrückbaren Betrag die Herrschaft über eine Aktiengesellschaft sichern konnte, wie dies in mißbräuchlicher Schaffung von Vorzugs- und Vorratsaktien während der Inflationszeit geschehen ist. Hieran knüpfte die Bewegung an; sie dehnte sich dadurch weiter aus, daß grundsätzlich die Beseitigung jeder Fälschung des Mehrheitswillens, besonders durch Legitimationsaktionäre und Benutzung der bei den Banken deponierten Aktien, gefordert wurde.

Das hier eine Reformbedürftigkeit vorliegt, ist nicht zu leugnen, ebensowenig aber, daß auch andere Institutionen des Aktienrechts, auf die später noch einzugehen ist, eingehender Erwägung bedürfen.

Es fragt sich nur, sollen die behaupteten Hauptmängel sofort durch ein Gelegenheitsgesetz geändert oder soll eine umfassende Durchberatung des ganzen Gesetzes in die Wege geleitet werden.

Ich stehe auf dem letzteren Standpunkte, den ich bereits literarisch (Zentralblatt für Handelsrecht, Jahrg. I S. 1) und bei Gelegenheit der Verhandlungen der Juristischen Gesellschaft in Berlin verfochten habe; ich will hier nur kurz meine Gründe darlegen. Zunächst muß man sich von einem Gedanken freimachen, der uns heute allerdings recht nahe liegt, nämlich, daß jedes wirtschaftliche Bedürfnis sofort seinen Niederschlag in einem Gesetz oder einer Gesetzesänderung finden muß. Dieser Schrei nach dem Gesetze ist ein Zeichen verworrener wirtschaftlicher Verhältnisse, wie sie bei uns in den Zeiten des Krieges, der Geldentwertung und der Inflation zweifellos vorhanden waren. Erleichtert wurde die Gesetzesmacherei durch die verschiedenen Ermächtigungsgesetze, die gesetzliche Maßnahmen im Verordnungswege für zulässig erklärten. Von dieser Suggestion müssen wir uns, nachdem normalere Zeiten eingetreten sind, freimachen; derartige Verordnungen mit Gesetzeskraft und derartige Gelegenheitsgesetze sind Notbehelfe, die für außergewöhnliche Verhältnisse vielleicht in den Kauf zu nehmen sind. Die Mängel einer derartigen Gesetzgebung brauche ich hier nicht zu beleuchten, ich erinnere nur an die Nahrungsmittelgesetze während der Kriegszeit, die Steuergesetze, die zum Teil groteske Erscheinungen annahmen, vor allem aber an das Aufwertungsgesetz, das infolge der Notwendigkeit, die verschiedenen Ansichten zu einem Kompromiß zu bringen, zu einem niemand befriedigenden, unzählige Streitigkeiten hervorrufenden Gesetze geworden ist. Heut darf man nur zu derartigen Gelegenheitsgesetzen greifen, wenn eine absolute wirtschaftliche Notwendigkeit vorhanden ist, eine wirtschaftliche Not sofort beseitigt werden muß.

Daß dies bei unserem Aktiengesetze der Fall ist, verneine ich. Das HGB. ist eines der Standard-Werke des 19. Jahrhunderts; gerade das Aktienrecht hat sich nach den Reformen von 1884 und 1897 als ein vorzüglich technisch gearbeitetes und wirtschaftlich durchdachtes Gesetz bewährt. Selbst seine Gegner müssen anerkennen, daß es in seinen Grundlagen durch alle die Änderungen der Wirtschaftsverhältnisse und durch mehrfache Krisen, als welche letzte und furchtbarste die der Inflationszeit anzusehen ist, sich bewährt hat. Verlangt wird ja auch von den Reformfreunden nicht eine sofortige Reform in den Gesetzesgrundlagen, sondern in einzelnen Punkten, insbesondere inbetreff der Vorzugs- und Vorrats-Aktien. Liegen nun hier so unerträgliche Verhältnisse vor, die für eine Mehrheit des Volkes wirtschaftliche oder rechtliche Not bedeuten? Ich leugne dies entschieden; vor allem befürchte ich, daß die Nachteile eines solchen Notgesetzes bei weitem schlimmer sind als die Vorteile, die man sich davon erhofft.

Zunächst ist davon auszugehen, daß alles, was jetzt angegriffen ist, geschaffen ist nicht durch gesetzliche Vorschriften, sondern durch wirtschaftliche Entwicklung bestehender Rechtssätze, also nicht ex lege, sondern praeter legem; weder Legitimationsaktien noch Vorratsaktien sind im Gesetze erwähnt; daß Mehrstimmrechtsaktien durch Mehrheitsbeschlüsse geschaffen werden können, ist erst nach langem Kampfe durch die Praxis durchgesetzt. Im übrigen enthält das Gesetz auch über die Mehrstimmrechtsaktien nähere Vorschriften nicht.

Wie aber die Praxis, dem damaligen angeblichen Bedürfnis folgend, derartige Institute geschaffen hat, kann man darauf vertrauen, daß die Praxis das Nötige tut, um sie abzuschaffen oder einzuschränken. Ich bin der Ansicht, daß diese Bewegung in vollem Gange ist; vielfach werden von den Gesellschaften die Vorzugs- und Vorratsaktien freiwillig beseitigt, obgleich allerdings nach den neuesten Feststellungen des Statistischen Reichsamts dies noch zu langsam geschieht; die Schutz- und Mehrstimmrechtsaktien werden, wo sie zum Schaden der Gesellschaft wirken, von den Gerichten für nichtig erklärt. Horrwitz erkennt an, daß die Kurve der reichsgerichtlichen Rechtsprechung sich langsam für die Minderheitsaktionäre bewegt; neue Vorratsaktien ohne wirkliche Einzahlung können nicht mehr entstehen, seit die Währung stabil geworden ist. Ob heute jemand wagen wird, gegenüber der öffentlichen Meinung, die sich besonders in der Presse darstellt, Vorzugsaktien zu schaffen, ohne daß hierfür eine wirtschaftliche Notwendigkeit vorliegt, dürfte doch wohl recht zweifelhaft sein. Auch die Zulassungsstellen, die ja für einen großen Teil der Aktien die Zulassung zur Börse zu entscheiden haben, schreiten, wenn auch meiner Ansicht nach nicht mit der nötigen Energie, ein. Jedenfalls scheint der Höhepunkt der Entwicklung weit überschritten zu sein. Es liegt daher eine Notwendigkeit, in diese gesunde Entwicklung gesetzgeberisch einzugreifen, nicht vor. Wohin eine unter dem Drucke der erregten öffentlichen Meinung sich ergebende Reform führt, sieht man bei den Vorschlägen, die Horrwitz macht:

„Mehrstimmrecht ist unzulässig, Ausgabe von Schutz- und Vorratsaktien ist nichtig, bestehende derartige Aktien sind einzuziehen."

Je radikaler derartige Vorschläge sind, desto mehr imponieren sie der Menge. So hat man nach 1873 noch viel radikaler, wie Horrwitz selbst zitiert, folgerichtig beantragt, das Institut der Aktiengesellschaft einfach abzuschaffen. Zu seinem Vorschlage kommt Horrwitz, obgleich er selbst anerkennt, daß Vorrats- und Mehrstimmrechtsaktien in gewissen Fällen nützlich und wirtschaftlich notwendig sein können. Er tröstet sich damit, daß bei jedem Hobeln Späne fallen, und daß der Grundsatz der Bibel, eine Stadt Gottloser wegen zehn Gerechter bestehen zu lassen, für die Regelung von Rechtsverhältnissen nicht brauchbar sei.

Ich stehe daher auf dem Standpunkte, daß ein Notgesetz heute nicht erforderlich ist. Hier liegt ein Symptom vor, daß etwas nicht in Ordnung sei, man versuche nicht, an diesem Symptom herumzukurieren, sondern sondiere mit dem Fieberthermometer den Gesamtorganismus. Selbst wenn man aber diese Frage verneinen würde, wenn man also auf dem Standpunkte steht, daß es gut wäre, schon heute ein Notgesetz zu machen, so muß man sich fragen, ob die Nachteile eines solchen Notgesetzes und das Risiko eines solchen nicht die Vorteile, die man sich von ihm verspricht, überwiegen. Dies aber glaube ich nachweisen zu können.

1. „Nirgends wirkt ein Gelegenheitsgesetz gefährlicher als auf wirtschaftlichem Gebiete" sagt die Begründung zum Gesetze von 1884. Ich füge hinzu: nirgends gefährlicher, als wenn es aus einem festgefügten Gebilde einen Punkt herausgreift. Jeder irgendwie wichtige Rechtssatz des Aktienrechts ist nur zu erfassen in Verbindung mit dessen Grundprinzipien. Ich habe gebracht. Bei der Beratung des jetzt geltenden HGB's hat in der Reichstagskommission jemand die Befürchtung laut werden lassen, daß Vorstand und Aufsichtsrat zuviel Tantieme bekommen könnten. Dies verdichtete sich zu dem Antrage, daß die Tantieme nicht berechnet werden dürfe von Abschreibungen und Rücklagen. Dieser Antrag ist ohne weitere große Erörterung Gesetz geworden. Der Antrag war, soweit er Rücklagen betrifft, wirtschaftlich ungerechtfertigt; denn Vorstand und Aufsichtsrat, die mitgewirkt haben, daß ein Verdienst erzielt ist, haben das Recht, wenn sie Tantieme beziehen, an diesem Verdienst beteiligt zu werden, selbst wenn die Gesellschaft ihn zurücklegt und nicht auszahlt. Der Antrag übersah ferner, daß er Vorstand und Aufsichtsrat daran interessiert, daß möglichst hohe Dividende gezahlt und möglichst wenig zurückgelegt wird; er übersah also, daß er volkswirtschaftlich und rechtlich ein Loch in das Gesamtgefüge des Gesetzes riß. So aber ist es bei allen irgendwie wichtigen Vorschriften des Aktienrechts.

Ein anderes Beispiel: Es ist die Frage streitig geworden, ob bei Wahlen von Aufsichtsratsmitgliedern Verhältniswahl möglich sei. Stellt man sich de lege lata auf den verneinenden Standpunkt, so erscheint es auf den ersten Blick einfach, in den § 243 eine entsprechende Vorschrift hineinzubringen; bei näherer Durcharbeitung aber sieht man, daß eine solche Änderung weitgehende Konsequenzen hat. Zunächst die Frage des Widerrufs: soll er durch die im Gesetz oder Satzung vorgeschriebene Mehrheit erfolgen können oder nur durch die Minderheit, die gewählt hat? Und ferner: eine Minderheit hat den Aufsichtsrat gewählt, sie verkauft ihre Aktien; muß dann der Aufsichtsrat niederlegen, oder wer kann widerrufen? Und endlich: durch die Vorschrift, daß gewisse Anmeldungen, z. B. über Kapitalerhöhungen, von allen Aufsichtsratsmitgliedern zu unterschreiben sind, hat jedes Mitglied die Möglichkeit, derartige Beschlüsse zu verhindern. Korrektiv hiergegen ist außer der zeitraubenden und rechtlich zweifelhaften Klage auf Unterschrift die jederzeitige Widerruflichkeit des Amtes. Wie steht es hier mit den durch die Minderheit gewählten Mitgliedern?

Ich habe diese Beispiele angeführt, um nachzuweisen, daß selbst verhältnismäßig harmlose Änderungen nur im Zusammenhange mit Grundprinzipien des Gesetzes erfolgen können; um wieviel mehr gilt dies, wenn eine so bedeutende Frage wie Gattungsrecht und Stimmrecht eine gesetzliche Änderung erfahren soll!

2. Ferner geben Gesetze, die nur zu bestimmten wirtschaftlichen Zwecken gegeben werden, ohne systematisch sich einzufügen, der Umgehung leichtes Spiel und reizen zur Umgehung. Wir haben hierfür genügende Beispiele bei der früheren Steuergesetzgebung.

Ein ferneres sehr charakteristisches Beispiel bietet die Beratung des neuen schweizerischen Obligationenrechts. Auch in der Schweiz war die Überfremdungsgefahr zeitweise dringend geworden, man hat sich auf andere Weise wie in Deutschland zu helfen gesucht, indem man im Jahre 1919 bestimmte, daß für sogenannte kleine Aktiengesellschaften, d. h. für Aktiengesellschaften mit einem Kapital von weniger als 500 000 Frs. Inhaberaktien nicht zugelassen würden. Hier sagt nun der zweite Bericht der Revisionskommission, diese Bestimmung würde nur dann Zweck haben, wenn wirklich die auf den Namen gestellten Aktien ein wirksames Mittel im Kampf gegen die Überfremdungsgefahr wären, und fährt dann fort, daß sie es nicht sei, und daß mit Strohmännern alle diese Vorschriften umgangen werden könnten und in erheblichem Umfange umgangen würden, wie die Erfahrung der letzten Jahre gezeigt habe. Also auch hier hat das Bedürfnis der Wirtschaft über die starre Formel des Gesetzes gesiegt.

3. Vor allem aber muß man sich gegen ein Gelegenheitsgesetz wenden aus den Erfahrungen heraus, die wir mit derartigen Gesetzen gemacht

haben. Die Frage der Konstruktion der A.-G. ist eine wirtschaftliche und damit eine eminent politische Frage. Wenn heute die Regierung im Parlament eine Vorlage etwa in dem Horrwitz'schen Sinne macht, daß die Vorzugs- und Vorratsaktien für nichtig erklärt werden, oder wenn ein derartiger Initiativantrag aus dem Parlament heraus eingeht, so ist damit natürlich die Sache nicht erledigt; es ist mit Sicherheit darauf zu rechnen, daß bei dieser Gelegenheit alle Parteien ihre recht verschiedenen Wünsche für die A.-G. anbringen. Ein erfahrener Parlamentarier hat gesagt: man weiß wohl, wie ein Gesetz an den Rechtsausschuß eingeht, nicht aber, wie es herauskommt. Wir haben diese Art der Gesetzgebung bei der Aufwertungsfrage doch zur Genüge erlebt. Die Reform des Aktienrechts ist eine zu wichtige, die ganze Wirtschaft und die Volkswohlfahrt berührende Sache, als daß sie ohne sorgfältige Vorarbeit dem Streite der Parteien überlassen werden kann. Hier gibt es nur dieselbe Methode, die bei der Gesetzgebung der Jahre 1884 und 1897 angewendet worden ist, nämlich die sorgsame Prüfung und Durcharbeitung durch eine Kommission, die aus ersten Sachverständigen von allen Interessentengruppen zusammengesetzt wird. Liegt ein derartiger, sorgsam geprüfter und durchgearbeiteter Entwurf vor, dann ist zu hoffen, daß auch die parlamentarischen Körperschaften ihre Spezialwünsche zurückstellen, und daß ein Gesetz zustande kommt, das wenigstens technisch die Erfordernisse eines guten Gesetzes hat.

Ich glaube damit dargetan zu haben, daß eine Revision nicht in der Weise vor sich gehen kann, daß man eine spezielle Vorschrift aus dem Ganzen herausgreift und ein Gelegenheitsgesetz macht, sondern es muß die Frage der Gesamtrevision geprüft und eingehend erörtert werden.

Der Vorschlag, der von mir zu I der Leitsätze gemacht ist, ist als Hauptvorschlag meinerseits gedacht, die anderen Vorschläge zu II betreffen Einzelanträge in Einzelfragen, die der einzusetzenden Kommission als Material zu überweisen sind.

Inbetreff dieser ist auch jedesmal untersucht, inwiefern eine Annäherung an das englische Recht zu empfehlen ist. Wie aus meinen Darlegungen hervorgeht, stehe ich im Allgemeinen auf dem Standpunkte, daß eine derartige Annäherung, da in den Landen des englisch-amerikanischen Rechts sich die Aktiengesellschaften ganz anders entwickelt haben als bei uns, nicht zu empfehlen ist.

Über das englische Recht ist kurz Folgendes zu sagen:

Die englischen Gesetze und Verordnungen über Aktienrecht wurden zuerst durch die Companies Act vom 7. August 1862 zusammengefaßt, die im wesentlichen von dem Grundsatze der Normativbestimmungen ohne staatliche Konzession ausging.

In den Jahren 1862—1907 sind vielfache Ergänzungsgesetze ergangen. Durch die (Companies Consolidation) Act von 1908 ist das Recht wieder kodifiziert worden. In den Jahren 1913 und 1917 sind Ergänzungsgesetze ergangen, die aber nicht von wichtiger grundsätzlicher Bedeutung sind.

Auch in England scheint man mit dem geltenden Aktienrechte nicht zufrieden zu sein; man geht an eine Reform des Aktienrechts. Das Board of Trade setzte [1]) im Jahre 1925 ein Komitee ein, das unter Vernehmung von Sachverständigen sich eingehend mit der Reform beschäftigte. Die Verhandlungen dieses Komitees hat, soweit sie für deutsche Verhältnisse von Interesse sind, Lehmann in seinem Gutachten zum Teil unter wörtlicher Widergabe der sehr interessanten Diskussion verwandt. Neuerdings ist auch der Bericht nebst Anträgen dieser Kommission an das Parlament erschienen, nachdem bereits 1918 die sog. Wrenburg-Enquete stattgefunden hatte. Auf diese Materialien werde ich, soweit sie für uns in Betracht kommen, im Laufe des Vortrages eingehen.

Es ist interessant, aus den Debatten und den Anträgen zu ersehen, daß zwar manches, was bei uns einen Gegenstand der Diskussion bildet, auch in England augenscheinlich streitig ist, daß aber sehr vielfach dort über Dinge gestritten wird, die bei uns zu Beschwerden keinen Anlaß geben. Wenn man in England die Vorschrift über Prospekte verschärfen und ihre Umgehung verhindern, wenn man die Bezüge der Direktoren und Angestellten einer genauen Prüfung unterwerfen will, so haben sich hieraus bei uns wesentliche Mißstände nicht ergeben, während andererseits die Bedenken gegen Vorzugs- und Vorrats-Aktien sowie gegen das Legitimationsstimmrecht sich in England augenscheinlich nicht in gleicher Weise gezeigt haben wie bei uns. Es liegt eben eine insbesondere auch in der Stellung der deutschen Banken als Emissionsbanken begründete andere Entwicklung, insbesondere der Gründungsvorschriften, vor als bei uns; es muß daher mit großer Vorsicht geprüft werden, inwiefern englische Vorschriften auf unser Recht und auf die Gewohnheit, wie sie sich bei uns entwickelt hat, anzuwenden sind.

---

[1]) Report Presented to Parliament London Printed & published by his Majesty's stationary office 1926.

II. Bei der Erörterung, was eventuell im Aktienrechte zu ändern ist, muß ich mich auf die grundlegenden Fragen beschränken.

1. Die erste zu erörternde Frage ist die:

Soll die Aktiengesellschaft in ihrer historisch gewordenen Form als Kapitalmehrheits-Gesellschaft aufrecht erhalten werden oder ist diese Form grundsätzlich zu ändern?

Diese Frage ist in erster Linie eine sozial-politisch wirtschaftliche und erst sehr in zweiter Linie eine rechtliche. Es ist zu prüfen, ob die gegenwärtige Form der Aktiengesellschaft den wirtschaftlichen Bedürfnissen genügt, oder ob sie nicht schon überholt ist.

Hier ist allerdings eine Tatsache hervorzuheben, die auch bei Einzelvorschriften des Aktienrechts mehrfach zu Tage tritt. Die gesetzliche Konstruktion ist durch die wirtschaftliche Entwicklung innerlich geändert. Es finden sich Ansätze, die darauf hindeuten, daß eine innerliche Umwandlung des aktienrechtlichen Grundgedankens stattfindet. Das deutsche und mehr und minder auch das ausländische Recht beherrscht seit dem code de commerce das Prinzip der Herrschaft der Aktionäre, daß oberste Instanz die Generalversammlung ist, die ihrerseits die Verwaltung direkt oder indirekt durch den von ihr gewählten Aufsichtsrat führt. In der Generalversammlung herrscht die Mehrheit; es ist also der Mehrheitsgedanke maßgebend, den man in übertragenem Sinne den demokratischen nennen kann. Durch den Satz, daß jede Aktie eine Stimme hat, also jeder mit zu verwalten berechtigt ist, ferner durch komplizierte Minderheits- und Anfechtungsrechte der Aktionäre ist ein Schutz gegen den Mißbrauch der Mehrheitsrechte geschaffen worden.

Dies der gesetzliche Zustand. In der Praxis stellt sich allerdings alles das vielfach anders dar. Der Kleinaktionär tritt mehr und mehr zurück, seine Rechte werden gemindert oder illusorisch gemacht, die Mehrheit, vielfach auch die Verwaltung, herrschen unumschränkt; aus der Demokratie wird eine Oligarchie, bestenfalls eine Aristokratie. Vom Standpunkte der Minderheit, insbesondere der Kleinaktionäre, ist dies selbstverständlich eine Verschlechterung des bestehenden Rechts; man kann sagen, daß alle z. Zt. laut werdenden Beschwerden, alle Reformwünsche ihren Grund in dieser Entwicklung haben. Es fragt sich nur, ob nicht höhere wirtschaftliche Gesichtspunkte vorhanden sind, die es geboten erscheinen lassen, diese Entwicklung nicht zu hemmen, sondern zu fördern.

Von den sehr beachtenswerten Stimmen, die sich gegen die bisherigen Grundgedanken der Aktiengesellschaft erheben, ist besonders Rathenau in seinem Buche über Aktienwesen hervorzuheben. Seine Schrift stellt allerdings nur für den Großbetrieb, den Grundsatz der Selbständigkeit des Unternehmens gegenüber den Aktionären auf. Er sagt u. a., daß viele Wirtschaftskundige und Publizisten, die er im allgemeinen als Ignoranten hinstellt, von den Änderungen der inneren Struktur der Aktiengesellschaft nichts wüßten und die Unternehmung noch immer als das betrachteten, was sie im Urzustande gewesen sei: gemeinsames Besitztum gleichgesinnter Aktionäre. Sie kennten keinen anderen Unterschied zwischen Aktionär und Aktionär als den der zu schützenden Minderheit und den der gewalthaberischen Mehrheit. Nicht die Minderheit müsse gegen die Mehrheit, sondern die Mehrheit gegen die Minderheit geschützt werden. Die Großunternehmung sei überhaupt heute nicht mehr lediglich ein Gebilde privatrechtlicher Interessen, sondern ein nationalwirtschaftlicher, der Gesamtheit angehöriger Faktor, der sich ein neues Daseinsrecht geschaffen habe.

Der englische Nationalökonom Keynes sagt in seinem Vortrage, den er in der Universität Berlin im Juni gehalten hat (erschienen unter dem Titel: „Das Ende des laissez faire"), ähnlich Folgendes:

„Noch interessanter aber ist die Entwicklung der Aktiengesellschaften, wenn sie ein gewisses Alter und eine gewisse Größe erreicht haben, bei der sie sich mehr dem Status einer öffentlichen Korporation annähern als dem eines individuellen Privatunternehmens. Eine der wenigst bemerkten und interessantesten Entwicklungen der letzten Jahrzehnte ist die Tendenz der Großunternehmungen, sich selbst zu sozialisieren. In der Entwicklung eines Großunternehmens kommt ein Moment — besonders bei großen Eisenbahnunternehmungen oder großen gemeinnützlichen Unternehmen, aber auch bei Großbanken oder großen Versicherungsgesellschaften —, in dem die Kapitalbesitzer, d. h. die Aktionäre, fast gänzlich von der Verwaltung losgelöst sind, mit dem Erfolg, daß das unmittelbare persönliche Interesse der Verwaltung an großen Profiten eine sekundäre Bedeutung bekommt. Sobald dieser Punkt erreicht ist, legt die Verwaltung größeren Wert auf die allgemeine Stabilität und das Ansehen der Institution als auf die höchstmöglichen Gewinne für die Aktionäre. Diese müssen sich mit angemessenen Dividenden zufrieden geben; sind die Dividenden erst gesichert, so hat die Verwaltung oft nur noch das unmittelbare Interesse, jede Kritik der Öffentlichkeit und der Kunden zu vermeiden. Dies gilt vornehmlich für die Fälle, in denen das Unternehmen durch seine Größe oder seine halbmonopolistische Stellung stark exponiert ist, zumal wenn es durch öffentliche Angriffe leicht geschädigt werden kann. Vielleicht das extremste Beispiel dieser Tendenz bietet eine theoretisch rein in Privatbesitz befindliche Institution, nämlich die Bank von England. Man könnte beinahe sagen, daß der Gouverneur der Bank von England bei seinen geschäftlichen Entscheidungen an keine Menschengruppe im ganzen Königreich weniger denkt als an seine Aktionäre. Ihre Rechte, die über die Entgegennahme angemessener Dividenden hinausgehen, sind fast gleich Null. Das Gleiche gilt bereits in gewissem Maße auch für viele andere große Unternehmungen. Mit der Zeit beginnen sie sich selbst zu sozialisieren.

Nicht als ob dies ein ganz reiner Gewinn wäre. Dieselben Triebkräfte führen zu starkem Festhalten am alten Konservativismus und tragen zum Verschwinden des Unternehmungsgeistes bei. Tatsächlich sehen wir heute schon in diesen Fällen viele der Fehler wie der Vorzüge des Staatssozialismus. Dennoch halte ich diese Tendenz für die natürliche Entwicklungsrichtung. Der Kampf des Sozialismus gegen den unbeschränkten Privatprofit erringt im Einzelfall Sieg auf Sieg.

Allerdings wird man in Zukunft viele große Unternehmungen und andere, die viel fixes Kapital gebrauchen, halb sozialisieren müssen. Aber in Bezug auf die Formen dieser Halbsozialisierung müssen wir uns eine gewisse Elastizität vorbehalten. Wir müssen uns den natürlichen Zug der Zeit voll zu Nutze machen und halb autonomen Körperschaften den Vorzug geben vor den Organen der Zentralregierung, die der unmittelbaren Verantwortlichkeit der Minister unterstehen."

Ähnlich führt Planitz in seinem Buche über die Stimmrechtsaktie den Unterschied zwischen der rechtlichen und der tatsächlichen Gestaltung aus.

Man kann an der Meinung so hervorragender Praktiker, wie es insbesondere Rathenau und Keynes sind, nicht ohne weiteres vorbeigehen. Sie führt mit der Hervorhebung des Unternehmens im Gegensatz zu dem Rechte der Aktionäre, mit ihrer Betonung und Wichtigkeit der Aktiengesellschaft für das Gemeinwohl zu einer mehr oder minder versteckten Sozialisierung. Der Zeitpunkt für ein Einlenken in diesen Weg scheint mir jedoch, jedenfalls jetzt, noch nicht gekommen. Wir haben in der ersten Zeit nach der Staatsumwälzung verschiedene Ansätze zur sozialisierten Wirtschaft gehabt; der bei weitem größte Teil der so betriebenen Unternehmungen ist gescheitert und zur Privatwirtschaft zurückgekehrt; sogar unser größtes staatswirtschaftliches Unternehmen, die Reichsbahn, wird jetzt in Form einer Gesellschaft und zwar, wie es das Gesetz ausdrücklich erklärt, nach kaufmännischen Grundsätzen geführt, ebenso die Reichsbank sowie viele öffentliche Kreditinstitute. Diese Entwicklung ermutigt also sicherlich nicht zu weiteren Experimenten. Dann aber kann nicht anerkannt werden, daß im Wirtschafts-Gesellschafts-Leben wirklich das Mitsprechen derer, die das Geld zum Betriebe gegeben haben, und zwar sowohl der ursprünglichen Geldgeber als derer, die durch den Kauf der Anteile die ersten Geldgeber abgelöst haben, das Wohl der Gesellschaft oder das Gemeinwohl schädige. Es ist natürlich, daß ein mächtiger Leiter eines großen Unternehmens, wie es z. B. Rathenau mit seiner aristokratischen Mißachtung der Masse war, oder daß der Besitzer der Mehrheit eines großen Unternehmens es nicht gerade angenehm empfindet, wenn ein Kleinaktionär in der Generalversammlung seine Pläne kritisiert und Schwierigkeiten macht. Aber ist nicht gerade das Bewußtsein, der öffentlichen Kritik in der Generalversammlung zu unterliegen, für die Verwaltung ein sehr heilsamer Zwang, sich innerhalb der Grenzen des Gesetzlichen und für die Gesellschaft Nützlichen zu halten? Ist nicht die Notwendigkeit, seine Maßregeln zu rechtfertigen, die beste Kontrolle? Gewiß kann der einzelne Aktionär Schwierigkeiten machen, sie sind aber auch nach jetzigem Rechte nicht unüberwindbar, und man kann ihren Mißbrauch auch vielleicht mehr als bisher eindämmen. Aber gerade vom Standpunkte der Gemeinwirtschaft aus hat sich doch hier kaum ein Mißstand gezeigt. Ich erinnere nur an die großen volkswirtschaftlichen Unternehmungen der letzten Zeit, insbesondere an die großen Zusammenschließungen und Fusionen; sie sind zustandekommen, ohne daß sie von der Minderheit oder von den einzelnen Aktionären gehindert worden wären; eine Minderheit pflegt nur einzugreifen, wenn sie inbetreff ihrer Rechte, sei es beim Stimmen, sei es in Anbetracht des Ertrages, also der Dividende, sich geschmälert glaubt, und dieser Streit interessiert doch das Gemeinwohl nur sehr bedingt. Zur Zeit ist die Kapitalgesellschaft die Form, die unseren wirtschaftlichen Bedürfnissen entspricht; wann eine Änderung erfolgen wird, wird erst von der wirtschaftlichen und auch von der politischen Entwicklung Deutschlands abhängen. Es muß daher auch in einem revidierten Aktiengesetz der Grundsatz der Gleich-Stimmberechtigung der Aktionäre und der Schutz der Minderheit beibehalten werden.

2. Was die **Minderheitsrechte** anbelangt, so sind diese im Gegensatz z. B. zum englischen Rechte sehr ausgestaltet; Rechte auf Einberufung einer Generalversammlung, Aufnahme von Gegenständen in die Tagesordnung, Bestellung von Revisoren durch eine Minderheit (auch im englischen Recht), Geltendmachung von Ansprüchen gegen Vorstand und Aufsichtsrat sind bestimmten Minderheiten gegeben.

Diese Rechte sichern der Minderheit die Ansprüche, die sie gerechterweise erheben kann; sie erscheinen so genau erwogen und haben sich so bewährt, daß eine Änderung oder Erweiterung untunlich erscheint. Man muß generell bei der Gestattung von Minderheitsrechten immer das eine erwägen, daß, wenn man der Minderheit zu weitgehende Rechte gibt, man sie zu Herren der Mehrheit und damit der Generalversammlung macht; dann ist die Mehrheit schutzberechtigt, und sie ist es doch, die nach der Grundlage des Aktienrechts das Bestimmungsrecht hat. Dies muß man bei der Ausgestaltung der Minderheitsrechte immer im Auge haben; ich glaube nicht, daß in irgend einem Rechte ein so ausgebildeter Minderheitsschutz besteht wie im deutschen HGB. (vgl. **Lehmann**, Gutachten 31. Juristentag S. 535).

Neben diesen einzeln aufgeführten Minderheitsrechten besteht aber noch ein allgemeines Recht aus § 271 HGB. für jeden Aktionär, jeden Beschluß der Generalversammlung anzufechten; lediglich bei der Anfechtung von zu hohen Abschreibungen und Reserven ist dies Recht nur einer Minderheit von 5% gegeben.

Darüber, ob dieses Recht nicht zu weit geht, herrscht lebhafter Streit. Schon **Simon** schildert in der Verhandlung des 31. Deutschen Juristentages (Bd. 3 S. 445) die Mißbräuche, die mit diesem Rechte getrieben werden, und seit dem Jahre 1913, da er dies geschrieben hat, haben diese Mißbräuche sich nicht vermindert, sondern wohl noch vermehrt.

Ich glaube aus meiner Erfahrung die Behauptung aufstellen zu können, daß derartige Anfechtungen vielfach geschehen, um mit der Anfechtung ein Geschäft zu machen. Eine gewerbsmäßige Anfechtung aus § 271 ist ein Geschäft geworden, das, wie ich einmal anderweitig gesagt habe (Leipziger Zeitschrift 1914 S. 226) als ein Geschäft zu bezeichnen ist, das seinen Mann ernährt. Jede, auch die unbegründetste Anfechtung stört die Gesellschaft und macht die Verwaltung unruhig. Wenn nun aber noch der Registerrichter, was in seinem Ermessen liegt, die Eintragung eines angefochtenen Beschlusses ablehnt, kann schon die bloße Tatsache der Anfechtung großen Schaden verursachen. Hierauf spekulieren die, die aus der Anfechtung ein Geschäft machen; meist werden sie, um den vielen Unannehmlichkeiten aus dem Wege zu gehen, abgefunden.

Andererseits muß aber bemerkt werden, daß schon die Tatsache, daß jeder Akt der Anfechtung unterliegt, ein sehr wertvoller Zwang für die Organe ist, nicht durch gesetz- oder statutenwidrige Anträge Anfechtungsgründe zu geben. Jeder, der die Verwaltung von Aktiengesellschaften kennt, weiß, wie jeder Beschluß sorgsam auf seine Anfechtbarkeit geprüft wird, und so sorgt das Recht der Anfechtung auch hier für die Solidität der Gesellschaft. Verzichtet kann daher auf das Recht nicht werden; man muß also einen Mittelweg finden, um das Recht zu erhalten, aber gegen Mißbrauch zu schützen. Man wird erwägen müssen, ob die Vorschrift des § 271 Abs. 3 Satz 2, daß nur 5% des Aktienkapitals zu hohe Abschreibungen und Reserven anfechten können, nicht auf alle Anfechtungen auszudehnen ist. Tut man dies, so verhindert man für die meisten in Betracht kommenden Fälle das in der Anfechtung liegende Erpressertum. Man erschwert allerdings die Anfechtung; aber für diejenigen Fälle, in denen wirklich eine Schädigung der Aktionäre durch gesetz- oder statutenwidrige Beschlüsse vorliegt, wird es nicht schwer sein, den 20. Teil des Aktienkapitals zusammenzufinden, besonders, da es sich ja eingebürgert hat, in schwerwiegenden Differenzfällen Schutzkomitees zu bilden.

Neben dieser Einengung des Anfechtungsrechts aber muß die Vorschrift des § 273 Abs. 3 geändert werden, nach der der Anfechtungskläger nur dann für den durch die unbegründete Anfechtung entstehenden Schaden haftet, wenn ihm eine „bösliche Handlungsweise" zur Last fällt. Man kann wohl sagen, daß sich „bösliche Handlungsweise" fast nie in derartigen Fällen beweisen läßt; mir ist kein Fall bekannt, in dem auch nur eine Klage aus § 273 erhoben ist. Die Anfechtungskläger haben daher kein anderes Risiko als die Kosten, die nach der bekannten Ansicht des Reichsgerichts über die Objektsfestsetzung bei derartigen Klagen sehr gering sind. Dieser Zustand reizt geradezu zu frivolen Anfechtungsklagen, bei denen der Kläger kaum etwas verlieren und sehr viel verdienen kann. Hier müssen daher die allgemeinen Grundsätze gelten, nach denen bei jedem Verschulden eine Haftung eintritt. Demnach komme ich zu dem Resultat, daß der Grundsatz unseres Aktienrechts vom gleichen Recht der Aktionäre auch für Minderheitsrechte beizubehalten ist, das Recht aus § 271 mit obigen beiden Beschränkungen.

3. Eine fernere grundsätzliche Frage ist die, ob man eine gewisse staatliche Kontrolle einführen soll. Man sollte allerdings annehmen, daß nachdem seit dem Jahre 1870 die staatliche Konzessionspflicht der Aktiengesellschaften gefallen ist und auch in fast allen Ländern — England, Frankreich, Schweiz usw. — aufgehoben ist, nachdem auch im holländischen Entwurfe die schon bisher praktisch von dem System der Normativbestimmungen kaum verschiedene Genehmigung fast vollständig beseitigt werden soll (Nipperdey S. 7) und nur in Österreich noch staatliche Genehmigung besteht, die aber durch die Aktiennovelle von 1899 gemindert ist (Passow S. 78), ein für allemal mit der staatlichen Bevormundung ein Ende gemacht sein sollte. Aber insbesondere in Deutschland ist der Glaube an die Omnipotenz des Staates ein so großer, daß, wenn sich irgend ein Mißstand zeigt, gewiß der Ruf ertönt, der Staat müsse eingreifen. So ist es auch bei der jetzt aktuellen Frage der Ausübung des Stimmrechts der Vorzugsaktien geschehen. Schon Planitz (S. 61) schlägt eine staatliche Zentralstelle für das Aktienwesen vor, der Stimmrechtsaktien zur Sicherung des nötigen Einflusses zu übergeben sind. Eine weitere Ausbildung hat dieser Gedanke in einer an sich beachtenswerten Serie von Artikeln in der Frankfurter Zeitung über die Reform des Aktienwesens gefunden; dort wird ein Reichs-Aktienamt vorgeschlagen, dem, soweit Mehrheits- und Vorratsaktien aus wirtschaftlichen Gründen bestehen bleiben, die Ausübung des Stimmrechts derselben übertragen wird. Ferner soll das Amt die Publizitätskontrolle führen und bei Pflichtverletzungen von Vorstand und Aufsichtsrat einschreiten, und endlich wird das merkwürdige Verlangen gestellt, daß es sich dem Studium aller wirtschaftlichen und rechtlichen Probleme des Aktienrechts widmen soll. Derartige Bestrebungen sind auch von anderer Seite zu Tage getreten.

Es kann nicht scharf genug gegen solche Versuche Stellung genommen werden. Alles das, was in langen Kämpfen gegen die staatliche Konzessionierung der Aktiengesellschaften gesagt ist und sich durchgesetzt hat, gilt auch hier. Die Begründung zum Entwurfe des Gesetzes von 1884 (S. 84) hat diese Gründe kurz zusammengefaßt. Sie sagt folgendermaßen: „Alle die Gründe gegen die staatliche Konzession und Aufsicht bestehen noch heutzutage mit zwingender Gewalt. Gegenüber den zahllosen verschiedenartigsten Unternehmungen ist der Staat nicht in der Lage, eine solche ihm auf dem Gebiete privater Interessen gestellte Aufgabe ohne nicht zu rechtfertigenden Aufwand von Kräften und ohne schwer zu ertragendes Eindringen in die geschäftlichen Verhältnisse mit

Erfolg zu erfüllen. Die Verheißung staatlicher Prüfung des Bedürfnisses für eine Aktiengesellschaft und ihrer Solidität könnte das Publikum und die Gesellschaftsgläubiger nicht gegen Schwindel und Unsolidität schützen, müßte im Gegenteil, weil das Publikum allzu geneigt ist, sich auf die verheißene Fürsorge zu verlassen und der eigenen Tätigkeit und Prüfung zu entschlagen, nicht selten die Opfer des Schwindels vermehren, statt sie zu verhüten."

Alles dies gilt für jede wirtschaftliche Kontrolle oder Eingreifen des Staates. Eine rechtliche Kontrolle haben wir durch die Tätigkeit der Registerrichter, die ja die Beachtung der Gesetze in formeller Beziehung sowie die Rechtsgültigkeit der gefaßten Beschlüsse ebenfalls formell zu prüfen haben; sie haben auch darüber zu wachen, daß die Verwaltung ihre Pflichten, insbesondere ihre Publizitätspflicht, erfüllt (vgl. Staub, Anm. 5 zu § 265).

Die weiteren Aufgaben aber, die dem Reichs-Aktienamt übertragen werden sollen, sind in erster Reihe wirtschaftliche. Die Ausübung des Stimmrechts, die ja die wesentlichste Aufgabe sein soll, erfordert eine Einsicht in die gesamten Wirtschaftsverhältnisse. Wie kann der Staat z. B. über eine Kapitalserhöhung oder eine Fusion oder über die Genehmigung eines wichtigen Vertrages mit abstimmen, ohne sich klar zu machen, welche wirtschaftlichen Voraussetzungen und Folgen dieser Beschluß hat, und wie soll er in der Lage sein, dies zu prüfen und den für die Gesellschaft richtigen Weg zu wählen? Selbst ein Verfechter der extremsten Theorie von der Schädlichkeit der Mehrheitsaktie, Horrwitz, weist den Ausweg von sich. Der Plan schließe eine teilweise Sozialisierung in sich; man müsse vermeiden, neue Behörden zu schaffen, vor allem, sie in die Geschäftsführung der Privatwirtschaft einzumischen. Durch staatliche Einmischung werde in dem Publikum der gefährliche Glaube erweckt, daß nunmehr bei der Aktiengesellschaft alles in Ordnung sei. Der Staat werde daher mit einer für ihn gar nicht tragbaren Verantwortung belastet.

Alles dies ist Wort für Wort zu unterschreiben. Dazu aber kommt noch eins: Dieses Aufsichtsamt soll doch natürlich von staatlichen Beamten besetzt sein, vielleicht, wie dies üblich ist, unter Zuziehung von Sachverständigen. Die Erfahrungen, die wir insbesondere in letzter Zeit mit Durchschnittsbeamten gemacht haben, die wirtschaftlich tätig sein sollen, regen doch nicht gerade dazu an, das Experiment fortzusetzen und auszubauen. Dabei ist den Beamten nicht einmal ein Vorwurf zu machen; ihre Ausbildung und ihre ihnen anerzogene Denkungsweise weist sie auf andere Aufgaben als rein wirtschaftliche hin. So freudig einzelne Ausnahmen zu begrüßen sind, so sind es doch nur Ausnahmen. Soll man aber die Kontrolle der Wirtschaft, die sich bisher bei der freien und durch behördliche Bevormundung nicht eingeschränkten Tätigkeit des Handelsstandes zu großer Blüte entwickelt und furchtbare Krisen überwunden hat, staatlichen Funktionären überlassen, die naturgemäß in erster Linie zur Wahrung ihrer Verantwortung dahin streben werden, jedes Risiko, ohne das das kaufmännische Geschäft nun einmal nicht betrieben werden kann, zu vermeiden? Um eine Kontrolle der Wirtschaft handelt es sich gerade bei der Übertragung des Stimmrechts, die doch, wenn sie nicht zur Farce werden soll, so beschaffen sein muß, daß das Amt einen entscheidenden Einfluß hat. Man lasse also solche Gedanken beiseite; die Wirtschaft hat sich in freier Betätigung ihrer Kräfte bisher selbst geholfen, auch in Zeiten, in denen ihr vollständiger Untergang drohte, sie wird sich auch in Zukunft selbst helfen.

III. Gründung und Kapitalbeschaffung.

Bei der Erörterung der Gründungsvorschriften soll an erster Stelle der lapidare Satz von Franz Klein (Die neuere Entwicklung in Verfassung und Recht der Aktiengesellschaft) erscheinen: „Die Gründung der Aktiengesellschaft hat im hellsten Tageslichte stattzufinden.“ Es ist nicht zuviel gesagt, wenn man erklärt, daß die Vorschriften des deutschen Rechts über die Gründung diesem Erfordernis voll entsprechen, allerdings erst seit dem Jahre 1884; denn die deutsche Wirtschaft ist erst durch Schaden klug geworden. Der Krach im Jahre 1873 lag zwar überwiegend in der allgemeinen wirtschaftlichen Lage sowie in Mißständen im Börsenwesen begründet, sie verschärfte sich aber durch die mannigfaltigen Mängel und Lücken des damals bestehenden Aktienrechts, ohne welche, wie die Begründung vom Jahre 1883 sagt, jene wirtschaftlichen Ursachen und Übelstände den Aktienschwindel und die Katastrophe nicht zu dem erlangten Umfange getrieben hätten. Die Leichtigkeit und Verantwortungslosigkeit der Gründung, insbesondere bei Einbringungsgründungen, sowie die Gewährung und Verdeckung von Gründervorteilen, die mangelhaften Haftungsvorschriften haben es hauptsächlich veranlaßt, daß bei dieser Krisis von einem Aktienschwindel gesprochen werden konnte. Der Entwurf vom Jahre 1883, der im wesentlichen auch Grundlage des heutigen Gesetzes ist, hat hierin Wandel geschaffen. Die Gründung wurde mit derartigen Vorsichtsmaßregeln umgeben, es wurde eine weitgehende Öffentlichkeit und Verantwortung sowohl der Gründer wie des Vorstandes und Aufsichtsrats festgestellt. Diese Gesetzgebung hat ihre Probe bestanden; trotz aller Krisen, die über Deutschland und über die Aktiengesellschaften hereingebrochen sind, hat sich das Charakteristische der Krise von 1873, nämlich, daß die Gesellschaften sich als schwindelhaft erwiesen haben, nicht wiederholt. Die Krisen waren im wesentlichen wirtschaftlicher Natur. Lehmann sagt in seinem Gutachten für den 31. Juristentag: „Mag man eine noch so bescheidene Meinung über den Einfluß gesetzgeberischer Leistungen auf die Kapitalmächte haben, so wird man dennoch anerkennen müssen, daß hier eine außerordentlich schwierige Aufgabe mit klarem Blick für die Verhältnisse des Lebens unternommen und nach Maßgabe der menschlichen Kräfte gelöst wurde."

Keine Reformbewegung in Deutschland auf dem Gebiete des Aktienrechts hat daher versucht, an den Gründungsvorschriften Grundlegendes zu ändern. Auch der Hinblick auf das englische Recht kann nicht dazu führen, diesen Standpunkt aufzugeben. Im englischen Recht besteht eine grundlegende Verschiedenheit gegen das deutsche Recht darin, daß die Errichtung einer Aktiengesellschaft zulässig ist, bevor das Kapital gesichert ist. Man unterscheidet zwischen authorised- und subscribed Kapital. Unter ersterem ist der Betrag zu verstehen, der in der Kapitalklausel des Memorandums angegeben ist; er bedeutet ein Maximal-Kapital, den höchsten Betrag, den die company an subscribed-Kapital besitzen kann, und subscribed-Kapital andererseits bedeutet das Kapital, das von den Zeichnern gezeichnet und von der Aktiengesellschaft zugeteilt ist. Da die Gründung der Aktiengesellschaft nach englischem Rechte sieben Gründer verlangt, deren jeder nur eine Aktie zu zeichnen braucht, so kann nach englischem Rechte eine Gesellschaft gegründet werden und ins Leben treten, bei der lediglich sieben Aktien gezeichnet sind und bei der das weitere Kapital erst später hereinkommt. Die Kapitalisierung erfolgt daher nicht wie nach deutschem Rechte bei der Gründung, sondern sie erfolgt dadurch, daß nach der Gründung das Kapital herbeigeschafft wird.

Diese grundsätzlich und wirtschaftlich vollständig dem deutschen Rechte widersprechende Art der Gründung und der Kapitalbeschaffung bei der Gründung, deren Beibehaltung unter gewissen nicht grundsätzlichen Änderungen auch vom Komitee beantragt wird (Report Nr. 42/43), wurde bereeits in Deutschland bei der Beratung der Novelle im Jahre 1883 als nachahmenswert empfohlen. Die Begründung weist entschieden eine derartige Annäherung an das englische Recht zurück; sie führt aus, daß Grundkapital und Gesellschaftszweck in unlösbarem Zusammenhang stehen; zeigt es sich, daß das erstere nicht aufgebracht werden kann, so ist der letztere meist unerreichbar. Denen, die die Aktien zeichnen oder kaufen, bevor das für den Zweck erforderliche Kapital gedeckt ist, fehlt es an jeder Sicherheit. Die Aktiengesellschaft entbehrt so für die Beteiligten einer sicheren Grundlage, sie schädigt den öffentlichen Kredit, indem sie den Geldmarkt ohne Garantie für die Erreichung des vorgesteckten Gesellschaftszweckes in Anspruch nimmt, mit nutzlosen Aktien überschwemmt und die ihr zugewendeten Kapitalien unproduktiv festlegt oder verwenden muß.

Daneben hat das englische Recht auch ferner nicht das Verbot der Ausgabe unter pari. Grundsätzlich ist sie zwar ebensowenig zulässig wie bei uns. Da aber bestimmt ist, daß Personen, die Zeichnungen übernehmen oder Zeichnungen beschaffen, eine Provision gezahlt werden kann und da dies die englische Praxis weitgehend zuläßt (beschränkt in dem Report Nr. 19), so ist damit praktisch die Unter-pari-Emission gestattet. Dasselbe gilt bei Einbringungen unter dem Wert.

Auch inbetreff der Unter-pari-Emission liegt keine Veranlassung vor, das Gesetz zu ändern, obgleich auch das englische Komitee die Unter-pari-Emission mit gewissen Beschränkungen empfiehlt (Report Nr. 19). Ich kann mich in dieser Beziehung auf die Verhandlungen des 33. Juristentages, der lediglich eine vorübergehende Unter-pari-Emission bei Kapitalerhöhungen durch Benutzung der Reserven zugelassen hat, sowie auf die ausführlichen Ausführungen von Lehmann in seinem Gutachten beschränken (vgl. auch Lehmann, Gutachten für den 31. Juristentag, S. 527/528, und Melchior, Hans. Rechtszeitung 1925, S. 32: „Die unbeschränkte Zulassung der Unter-pari-Emission würde den größten Mißbräuchen Tür und Tor öffnen"; vgl. auch Heinrici bei Gruchot 1925, S. 375). Ebenso kann von einer Änderung unserer Summenaktie in eine Quotenaktie zur Zeit keine Rede sein. Schon die Begründung der Aktiennovelle von 1884 hat diese aus wohlerwogenen Gründen abgelehnt. Der einzige Grund, daß durch die Summenaktie das Publikum irregeführt werde, dürfte hinfällig sein, da wohl niemand mehr annehmen wird, daß, wenn er eine Aktie über 1000 Mark hat, er von der Gesellschaft 1000 Mark fordern kann. Auch das englische Komitee rät von der Einführung der in Kanada, in den Vereinigten Staaten und auch sonst möglichen Quotenaktie ab (Report Nr. 27).

Dagegen muß die Frage untersucht werden, ob nicht die Notwendigkeit einer erleichterten Kapitalbeschaffung die Gründe zurücktreten läßt, die gegen die Anwendung des englischen Rechts betreffs des autorisierten und des wirklich gezahlten Kapitals sprechen. Es ist unzweifelhaft, daß wir z. Zt. wirtschaftlich darauf angewiesen sind, vom Ausland Kapital zu erhalten, und daß diese ausländische Kapitalshergabe z. Zt. in größtem Maße vorhanden ist. Es ist nicht abzusehen, wie lange diese Periode dauern wird, wahrscheinlich ist es, daß wir noch lange Zeit hindurch, vielleicht bis die Wirtschaft alle Folgen des Krieges und der Markentwertung überwunden haben wird, vom Ausland abhängig sein werden. Es läßt sich nun nicht leugnen, daß durch die Vorschriften des deutschen Rechts eine Kapitalbeschaffung erschwert wird; zunächst bei der Gründung dadurch, daß das gesamte Kapital nach deutschem Rechte bereits gezeichnet sein muß.

Inbetreff der Gründung muß ich im Gegensatz zum Lehmann'schen Gutachten der Anpassung an das englische Recht widersprechen. Zunächst ist hier das Bedürfnis zu bestreiten. Der Unterschied zwischen dem englischen Recht, das die Gründung in der Form der Sukzessivgründung vor sich gehen läßt, und dem deutschen Gebrauch, der mit der Gründung das Kapital voll aufbringt, ist nicht nur juristisch, er ist auch wirtschaftlich, und zwar wesentlich bedingt durch die Entwicklung des deutschen Bankwesens, das anders als in England die Gründungen, soweit fremdes Geld nötig ist, finanziert. Verlassen wir die bei uns historisch gewordene und eingebürgerte Grundlage, so geben wir einerseits damit ein gut Teil der Solidität auf, die in den scharfen Gründungsvorschriften begründet ist, wir setzen eine Gesellschaft ins Leben, die sich ihr wirkliches Kapital erst suchen muß; wir kommen aber auch mit absoluter Notwendigkeit zu dem Auswege, der sich in England gebildet hat, daß underwriter, die die Übernahme der Aktien natürlich nicht umsonst garantieren, sich zwischen die Gesellschaft und das Publikum schieben. Daß hier Mißstände entstehen müssen, hauptsächlich bedingt durch den spekulativen Charakter des underwriting, ist klar, umsomehr, als auch die dem underwriter zu zahlende Provision meist eine Emission unter pari bedingt (vgl. Heymann im Jahrbuch für National-Ökonomie und Statistik III. F., 43. Bd., S. 781).

Mag es aber auch richtig sein, daß auch die englische Art volkswirtschaftlich ihre Vorteile hat, wir sollten doch nicht mit unserem bei uns hoch entwickelten, unseren Bedürfnissen entsprechenden Rechte Experimente machen, um Ungewisses einzutauschen. Dies gilt umsomehr, als, wenn wirklich beabsichtigt ist, ausländisches Kapital zur Begründung des Unternehmens heranzuziehen, das nicht sofort zur Verfügung steht, der Ausweg gegeben ist, zunächst eine Gesellschaft mit geringerem Kapital zu gründen, und wenn sich ein Geldgeber gefunden hat, das Kapital zu erhöhen.

Ist so für die Gründung die Übertragung des englischen Grundsatzes vom autorisierten, aber nicht begebenen Kapital abzulehnen, so liegt allerdings die Frage bei der Kapitalerhöhung anders. Schon grundsätzlich nähert sich unsere Praxis dem englischen Standpunkt; denn die Kapitalerhöhung erfolgt durch Sukzessivzeichnung, d. h. die Erhöhung wird erst beschlossen, und die Zeichnung kann später erfolgen und erfolgt vielfach später. Außerdem hat aber die Praxis bereits einen Ausweg gefunden, um nach erfolgter Beschlußfassung über Kapitalerhöhung die Erhöhung selbst hinauszuschieben. Es ist anerkannt, daß der Beschluß auf Kapitalerhöhung in der Weise erfolgen kann, daß „bis zu" einem bestimmten Betrage erhöht wird, und daß dem Aufsichtsrat die Befugnis gegeben wird, die Modalitäten der Ausgabe, insbesondere den Zeitpunkt zu bestimmen, wobei allerdings die Praxis festgestellt hat, daß ein nicht zu ferner Endpunkt festzusetzen ist; auch Anmeldung von innerhalb dieser Frist gezeichneten Teilbeträgen wird als zulässig erachtet.

Ferner spielt hier die Erleichterung der Möglichkeit, das Kapital zu beschaffen, eine ganz andere Rolle als bei der Gründung. Wie bereits hervorgehoben, müssen wir wohl auf längere Zeit mit der Wahrscheinlichkeit rechnen, daß wir ausländischen Kapitals bedürfen. Es ist bei der Internationalisierung der Wirtschaft überhaupt nicht ausgeschlossen, daß sich die Beteiligung ausländischen Kapitals in gegenseitigem Wirtschaftsverkehr der einzelnen Staaten noch weiter herausbilden wird. Die Formen der Kapitalbeschaffung schafft sich die Wirtschaft. Es werden, um den Geldgeber zur Hergabe von Geld zu veranlassen, alle möglichen Vorteile angeboten, es werden Typen geschaffen, die Merkmale von Aktien und solche von Obligationen haben. Aus dem Auslande, insbesondere aus Amerika, kommt die besondere Form der convertible bonds, d. h. von Obligationen, die in späterer Zeit zum Umtausch in Aktien ermächtigen. Auch sonst werden beim Darlehnsgeschäft häufig Optionen auf Aktien verabredet. Derartige Geschäfte sind nach heutigem deutschen Rechte nur auf Umwegen zu erreichen. Ein beliebtes Mittel, das sich die Praxis geschaffen hat, sind die Vorratsaktien, die für die spätere Option reserviert werden; sie haben den Nachteil, daß schon heut die Aktien geschaffen werden müssen, die erst später in den Verkehr kommen und gerade diese Vorratsaktien, die leicht auch zu anderen Zwecken, insbesondere zur Majorisierung unliebsamer Minoritäten verwendet werden können, bilden einen Hauptbeschwerdepunkt derer, die sofortige Reform des Aktienrechts wünschen. Es liegt also schon hierin ein Grund, die Kapitalbeschaffung möglichst so frei zu gestalten, daß es der Umwege nicht bedarf. Der 33. Deutsche Juristentag hat sich mit der Frage beschäftigt und hat beschlossen, die Hindernisse, die nach dem jetzigen Gesetze der Verpflichtung zur späteren Lieferung der Aktien entgegenstehen, zu beseitigen, so daß convertible bonds und Optionen auf Aktien zulässig sind. Mit Recht rügt Lehmann in seinem Gutachten, daß man hier an einem Einzelfall herumexperimentiert, während die Frage grundsätzlich zu lösen ist.

Es fragt sich also, in welcher Weise man bei Kapitalerhöhungen die Kapitalbeschaffung leichter gestalten kann. Lehmann will grundsätzlich den englischen Standpunkt des autorisierten Kapitals auch hier anwenden. Meiner Ansicht nach ist eine derartige grundsätzliche Änderung unseres Gesetzes nicht nötig; wir erreichen dasselbe, indem wir die bereits bestehende Praxis fortbilden und durch die Gesetzgebung anerkennen, etwa dahin: der Beschluß auf Kapitalerhöhung kann dahin gefaßt werden, daß das Kapital bis zu einem Höchstbetrage erhöht und dem Aufsichtsrat die Befugnis erteilt wird, zu bestimmen, in welchen Beträgen und zu welcher Zeit die Erhöhung zu erfolgen hat. Im Beschlusse ist eine Frist festzusetzen, nach deren Ablauf der Beschluß, soweit er nicht durchgeführt ist, hinfällig wird.

Die Frage wird hier nur die sein, wie weit man diese Frist erstreckt. Zu weit kann sie nicht erstreckt werden, weil dann allerdings die Vorschrift des englischen Rechts eintreten würde und die Durchführung der Kapitalerhöhung absolut der Verwaltung überlassen wird; zu gering darf sie nicht festgesetzt werden, weil dann die Möglichkeit genommen wird, derartige Formen zu schaffen, wie sie oben dargelegt sind. Ich glaube, daß eine Frist von 3 bis 5 Jahren eine angemessene ist, die also als Höchstfrist festzusetzen wäre.

Daneben sind die vom 33. Juristentage gefaßten Beschlüsse anzuwenden, daß Bezugsrechte auf künftig auszugebende Aktien zulässig sind, ferner, daß Darlehen mit Umwandlungsrecht geschaffen werden können. Ob das Erfordernis der gesonderten Abstimmung des § 278 zu beseitigen ist, ist zu erwägen, ebenso ob man den Betrag der Umwandlungsdarlehen gemäß dem Antrage Friedmann-Lehmann auf dem 33. Juristentage auf einen bestimmten Prozentsatz des Kapitals beschränkt, was allerdings, um Mißbrauch zu verhüten, sicherlich empfehlenswert ist.

Grundsätzlich soll also durch diese Änderungen erreicht werden, daß die Kapitalbeschaffung erleichtert wird und daß die in Amerika übliche Form der Wandelobligationen sowie die Gewährung von Optionen auf Aktien möglich ist.

Ich stehe an sich auf dem Standpunkte, daß derartige Optionen auf Aktien, wie sie sich bei den Wandelobligationen und auch sonst finden, sehr große Bedenken haben. Derartige Geschäfte sind ihrem Begriffe nach spekulativ, der Gläubiger riskiert nichts: ist der Wert der Aktien am Fälligkeitstage gesunken, so fordert er sein Darlehn; ist er gestiegen, so fordert er die Aktien und zwingt — wirtschaftlich betrachtet — die Gesellschaft, ihre Aktien, die vielleicht das Vielfache wert sind, zu pari herzugeben. Es ist schwer, für einen vielleicht auf Jahre hinausliegenden Zeitpunkt auch nur annähernd zu bestimmen, was die Aktien eines Unternehmens wert sind; die Gesellschaft, die jemanden ein Recht gibt, Aktien nach Jahren zu pari zu erwerben, macht daher eine Spekulation, die möglicherweise zu großem Schaden der Gesellschaft auslaufen kann. Aber da ich meiner Einstellung nach jeder Bevormundung der Wirtschaft feindlich gegenüberstehe, so würde dies nicht bestimmend sein; die Gesellschaft soll die Möglichkeit dieser Kapitalbeschaffung haben, es ist ihre Sache, die wirtschaftliche Seite zu entscheiden; da nach dem Vorgetragenen die Generalversammlung darüber zu entscheiden hat, ob derartige Optionen gegeben werden sollen, so ist es deren Sache, die wirtschaftliche Seite der Sache zu entscheiden.

Wesentlich dagegen ist ein anderer Nachteil der Transaktion; da vielfach die Obligationen mit Disagio ausgegeben werden, so bedeutet die Verpflichtung, die Aktien zu pari zu liefern, eine bewußte Unter-pari-Emission; steht man auf dem Standpunkt, daß der solide Grundsatz des HGB., daß die Gesellschaft ihr Nominalkapital voll erhalten soll, daß also Aktien unter dem Nennwert nicht ausgegeben werden dürfen, beibehalten wird, so muß man hiergegen Vorsorge treffen, ebenso, daß durch den Fortfall des Zeichnungsscheins nicht die Möglichkeit, das spätere Kapital der Aktiengesellschaft zu gefährden, gegeben wird. Alles dies sind aber Einzelfragen; grundsätzlich soll bei der Revision des Aktienrechts die Möglichkeit der Kapitalbeschaffung gefördert werden.

IV. Eine fernere Frage ist die der Verwaltung der A.-G.

Seit es Aktiengesellschaften und ihre Vorläufer, die großen Handelskompagnien, gegeben hat, spielt die Frage, wer die die Gesellschaft verpflichtende Vertretung auszuüben hat, und wie diesen Vertretern gegenüber das Recht der Aktionäre zu wahren ist, eine entscheidende Rolle; insbesondere, ob zwischen den Vorstand, der die Geschäfte führt, und die Aktionäre, die durch die Generalversammlung repränsentiert werden, ein Zwischenglied einzufügen ist, und welche Befugnisse dieses Zwischenglied haben soll.

So bildeten bereits bei den großen Handelskompagnien vielfach die Hauptpartizipanten, d. h. die Hauptaktionäre, einen ständigen Beirat der Direktoren mit gewissen Zustimmungsbefugnissen (Lehmann, Aktienrecht II, S. 337).

Die Aktiengesellschaft ist als Kind juristischer Theorieen ins Leben gerufen und nicht in der Lage, selbst im Handelsverkehr tätig zu sein. Sie bedarf hierzu der Organe, und zwar vor allem eines Verwaltungs- und Vertretungsorgans, d. h. einer oder mehrerer nicht juristischer, sondern menschlicher Persönlichkeiten, die die Gesellschaft berechtigen und verpflichten und ihre Geschäfte verwalten. Dieses Organ der Gesellschaft, mag es genannt werden wie es wolle, ist, seit es Aktiengesellschaften gibt, ein notwendiger Bestandteil.

Aber auch von Anfang an machten sich hier Bedenken und Differenzen geltend. In den einfachsten Verhältnissen, solange die, die das Aktienkapital besaßen, auch die Verwaltung führten, genügte dieses eine Organ. Sowie aber die weitere Entwicklung dazu zwang, Personen, die nicht allein die Gesamtheit der Aktionäre bildeten, die Verwaltung zu überlassen, bildete sich mit Notwendigkeit der Gedanke heraus, daß über ihnen eine Macht stehen müsse, die sie kontrollierte, und die sie verhinderte, daß sie die an sich schrankenlose Macht dazu benutzten, um die Gesellschaft zu schädigen. Hieraus entwickelte sich zwangsläufig die Einrichtung einer ständigen Instanz, die mitverwaltet und kontrolliert. Jedoch ging die Entwicklung nicht gradlinig; in verschiedenen Ländern, insbesondere in den Ländern des englisch-amerikanischen Rechts blieb es an sich bei einer Instanz, die Vertretung, Verwaltung und Aufsichtsrat in sich umfaßt. Nach dem deutschen Grundsatz dagegen sind die Befugnisse in zwei getrennte Organe geteilt:

Der Vorstand, gewählt von der Generalversammlung oder vom Aufsichtsrat (letzteres ist üblich), ist Verwaltungs- und Vertretungsorgan, und zwar Vertreter nach außen hin trotz innerer Beschränkungen mit voller Wirkung gegen die Aktiengesellschaft. Neben dem Vorstand besteht obligatorisch ein Aufsichtsrat, der von der Generalversammlung gewählt ist, der gesetzlich die Pflicht zur Kontrolle hat, tatsächlich aber meist auch bei der Verwaltung mitwirkt. Eine sonstige Beaufsichtigung durch Revisoren gibt es nicht, die Bestellung solcher ist nur auf Antrag von Aktionären mit 10% des Aktienkapitals gestattet.

Um zu untersuchen, ob diese Konstruktion sich bewährt hat, oder die des englisch-amerikanischen Rechts vorzuziehen ist, muß auf die Gestaltung, die das englische Recht in der Praxis gefunden hat, näher eingegangen werden.

Was das englische Recht betrifft, so ist der Rechtszustand, der im wesentlichen auch dem amerikanischen Recht entspricht, folgender:

Die Verwaltung führt meist ein board of directors, soweit nicht die Statuten, wozu sie berechtigt sind, etwas anderes bestimmen. Meist gibt der board die Führung der Geschäfte an einen manager oder managing-director ab, soweit die Statuten dies zulassen. Soweit derartige Geschäftsführer ernannt sind, haben die übrigen Mitglieder des board tatsächlich die Stellung eines Verwaltungsrats, ohne daß aber eine scharfe Scheidung im Gesetz oder in der Praxis vorhanden ist. Einen Aufsichtsrat als solchen kennt das englische Recht nicht. Die Frage, inwiefern die Direktoren bei vorsätzlicher Schädigung oder Nachlässigkeit eines Direktors haften, ist in England dahin entschieden worden, daß ein Direktor für die Fehler seiner anderen Direktoren im allgemeinen, sofern er selbst nicht an den Handlungen teilgenommen hat, nicht haftet. Außerdem wird oft die Haftung durch die Satzungen beschränkt, wogegen der Report Nr. 46 energisch auftritt.

Näher braucht auf diese Frage nicht eingegangen zu werden, denn sie ist in dem Lehmann'schen Gutachten sehr eingehend geschildert worden. Gerade die Verhandlungen des Komitees und die Vorschläge im Report zeigen, daß man bei einer grundsätzlichen Zusammenfassung von Geschäftsführung und Aufsicht in einem board of directors zu einer befriedigenden Lösung der Haftungsfrage nicht kommen kann.

Was die Vertretungsmacht nach außen betrifft, so ist sie durch die sogenannte ultra vires-Doktrin beschränkt. Nach englischem Recht hat die incorporation der Aktiengesellschaft deren Rechtsfähigkeit nur insofern zur Folge, als es die Erreichung des Zweckes, die im Memorandum und in den articles gewöhnlich sehr genau dargelegt ist, erfordert. Jedes nicht dem Objekt der Gesellschaft entsprechende oder nicht wenigstens inzidental mit ihm zusammenhängende Geschäft ist ultra vires und unheilbar nichtig.

Ebenso ist die Vertretung der Direktoren beschränkt; sie können nur das tun, was ihnen in den articles gestattet ist. Vielfach wird, um ihre Vertretungsmacht nicht allzusehr zu beschränken, ihnen durch eine Generalklausel in den articles eine erweiterte Bewegungsfreiheit gegeben (vgl. Art. 9 der Normalstatuten). Da die articles und Memoranden dem Registerbeamten einzureichen sind, so ist jeder Dritte in der Lage, sich zu überzeugen, wie weit die Vertretungsmacht der Direktoren geht.

Neben der Verwaltung sind Revisoren (auditors) nach der Companies Act von 1908 obligatorisch. Jede Aktiengesellschaft soll in der jährlichen Generalversammlung einen oder mehrere auditors für die Zeit bis zur nächsten Generalversammlung bestellen. Kommt die Gesellschaft dieser Pflicht nicht nach, so kann der Board of Trade sie bestellen. Der auditor hat in der Generalversammlung einen Bilanzbericht zu erstatten; neben den auditors können auf Antrag eines Zehntels der Aktionäre inspectors bestellt werden, falls die Antragsteller good reason für ihr Verlangen haben.

Interessant sind die Verhandlungen, die z. Zt. in der Schweiz über die Reform des Obligationen-, also auch des Aktienrechts, stattfinden. Nach dem letzten Entwurf vertritt die Gesellschaft die Verwaltung, die, falls sie aus mehreren Personen besteht, Verwaltungsrat genannt wird. Auch diese kann einzelne Mitglieder oder Dritte delegieren. Der Verwaltungsrat als solcher hat auch die Überwachungspflicht; daneben ist fakultativ ein Aufsichtsrat gestattet. Er scheint irgendwelche größere Bedeutung nicht zu haben, denn man ist über das Bedenken, das in der Revisionskommission erhoben wurde: „Wenn wir neben dem Verwaltungsrat noch einen besonderen Aufsichtsrat vorsehen, ist Verwirrung zu befürchten" hinweggegangen. Neben dem Verwaltungsrat besteht noch eine von der Generalversammlung gewählte Kontrollstelle.

Auf andere Rechte einzugehen, erscheint nicht notwendig, denn wir haben im englischen Recht das Gegenbild unserer Rechtsentwicklung, daher einen Prüfstein für die Frage, welche Konstruktion der Verwaltung vorzuziehen ist, die, wie sie sich im deutschen Recht entwickelt hat, oder die des englischen Rechts.

Es ergeben sich hierbei hauptsächlich folgende Fragen:

1. Ist die Zweiteilung des deutschen Rechts in Vorstand und Aufsichtsrat vorzuziehen oder erscheint es zweckmäßiger, die gesamte Verwaltung in einem Organ zusammenzufassen?
2. Falls man einen besonderen Aufsichtsrat oder Verwaltungsrat neben den Direktoren bestellt, welche Aufgaben soll dieser haben?
3. Empfiehlt es sich, neben diesen Organen zwingend die Bestellung von besonderen Revisoren zu verlangen?
4. Welche sonstigen Vorschriften des deutschen Rechts über den Aufsichtsrat sind reformbedürftig?

Vorweg mag Folgendes bemerkt werden:

Passow beklagt es in seinem „Aktienrecht", daß sich über die Frage des Aufsichtsrats so wenig Praktiker bisher geäußert haben; infolgedessen gäben die bisherigen Darstellungen kein genügendes Bild der tatsächlichen Vorgänge. Dieses Bedenken dürfte heute nicht mehr vorhanden sein. Abgesehen von der grundlegenden Schrift von Rießer zur Aufsichtsratsfrage, hat ein Mann, der doch sicher als allererster Praktiker anzusehen ist, Rathenau, in seiner Schrift vom Aktienwesen die Verhältnisse rein vom tatsächlichen und wirtschaftlichen Standpunkt aus geschildert und insbesondere für große Gesellschaften ein anschauliches Bild gegeben, wie sich die Verhältnisse in Deutschland gestaltet haben. Außerdem haben in der jetzt eröffneten Diskussion über die Reform des Aktienrechts vorwiegend Praktiker das Wort ergriffen und es ist nicht zu befürchten, daß die Frage, wenn sie entschieden wird, lediglich vom formal-juristischen Standpunkte aus geprüft wird, sondern sie wird und muß natürlich in erster Linie wirtschaftlich betrachtet werden.

Zu 1:

Bevor wir die Frage erörtern, ob die Zweiteilung des deutschen Rechts vorzuziehen ist, ist die Vorfrage zu entscheiden, ob überhaupt die Schaffung eines Organs neben dem Vorstande der Sachlage entspricht. Hierbei kann nur das eine festgestellt werden: notwendig ist ein solches Organ unter allen Umständen. Es wäre ein absolut unleidlicher Zustand, wenn die Verwaltung einer Aktiengesellschaft (von Ausnahmefällen abgesehen) lediglich von gewählten Personen geführt wird, die ohne jede Kontrolle und ohne Mitwirkung von Vertretern derer, die das Geld hergegeben haben, arbeiten. Dies dürfte auch kaum bestritten werden.

Die Funktionen eines solchen Organs sind zweierlei: Kontrolle und Mittätigkeit, also Aufsicht und Mitverwaltung. Die Aufsicht ist schon aus einem mehr psychologischen Grunde nötig. Der Durchschnittsmensch arbeitet nun einmal anders, wenn er weiß, daß er kontrolliert wird, als wenn er hemmungslos seinen eigenen Ansichten folgen kann. Dies sehen wir auf allen Gebieten der menschlichen Tätigkeit. Auch der Richter wird vielleicht bei einer der Berufung oder Revision unterliegenden Sache sorgsamer arbeiten, als wenn er das letzte Wort zu sprechen hat und ihn keiner mehr nachprüfen kann; hätten wir nicht ein mit Strafe drohendes Gesetz, das uns unerlaubte Handlungen verbietet, so würde die Moral allein wohl nicht in der Lage sein, Verbrechen zu verhüten. So auch bei der Kontrolltätigkeit bei Aktiengesellschaften. Man kann hier das allerdings zum Überfluß zitierte Wort von Rathenau anwenden, der vom Aufsichtsrat sagt, daß er wie die englische Flotte „in being", also dadurch, daß er da ist, wirkt. Mir erscheint es als das Wesentliche, daß die Möglichkeit jederzeitiger Kontrolle vorhanden ist. Schon diese Möglichkeit wird auf die Direktion dahin wirken, daß sie die Gesetze nicht verletzen und nichts Unerlaubtes tun wird.

Mindestens ebenso wichtig aber ist es, daß der Vorstand die Möglichkeit hat, sich mit anderen, die das Vertrauen der Aktionäre besitzen, zu beraten, sowie, daß diese bei der Verwaltung mitwirken. Hier sei es mir gestattet, auch aus persönlicher Erfahrung mitzusprechen. In der sogenannten öffentlichen Meinung hat sich ein Zerrbild des Aufsichtsrats herausgebildet. Danach ist der Aufsichtsrat ein Mann, der, ohne etwas anderes zu tun, als ein bis zweimal im Jahre an einer Sitzung mit nachfolgendem Frühstück teilzunehmen, seine ungeheuren Tantiemen einzieht, und der auf die Frage nach den Verhältnissen der Gesellschaft antwortet: „Ich bin ja nur Aufsichtsrat, ich weiß von nichts."

Natürlich gibt es derartige Exemplare; ich kenne keine menschliche Institution, die nur mit Idealmenschen arbeitet; aber davon, daß dies der Typus des Aufsichtsrats ist, kann keine Rede sein. Man frage die Direktoren, insbesondere der die Mehrzahl der Aktiengesellschaften bildenden mittleren Gesellschaften, ob sie auf den Aufsichtsrat, den sie in wichtigen Sachen um Rat fragen, der mit ihnen die Verantwortung teilt, der in Differenzen zwischen den einzelnen Vorstandsmitgliedern entscheidet, selbst entbehren möchten. Natürlich tritt die Tätigkeit des Aufsichtsrats in guten Zeiten, in denen mühelos große Dividenden verdient werden, zurück; tritt aber eine Krisis, sei es im allgemeinen

Wirtschaftsleben, sei es bei der einzelnen Gesellschaft, ein, dann zeigt sich die Wichtigkeit des Aufsichtsrats. Wir haben doch in den letzten Zeiten Krisen verschiedenster Art erlebt, und jeder, der Aufsichtsrat ist, wird bestätigen, daß das Amt wahrlich keine Sinekure gewesen ist. Es ist nicht zuviel gesagt, wenn ich behaupte, daß viele Gesellschaften es dem Aufsichtsrat mit seiner Beratung und Mitwirkung zu verdanken haben, daß sie die kritischen Momente überwinden konnten. Gerade die Zusammensetzung des Aufsichtsrats, wie sie sich in Deutschland herausgebildet hat, hat dazu geführt, den Aufsichtsrat aktionsfähig und für die Gesellschaft nützlich zu gestalten; Vertreter von Groß-Aktionären, Vertreter der Banken und solche Personen, die infolge ihrer Kenntnisse oder ihrer Verbindungen der Gesellschaft nützlich sein können, bilden doch im allgemeinen den Aufsichtsrat, nachdem der mit der Psychologie früherer Tage im Zusammenhang stehende Wunsch, tönende Namen oder Titel im Aufsichtsrat zu haben, sehr zurückgegangen ist. So bildet der Aufsichtsrat ein vom Vertrauen der Mehrheit getragenes Kollegium von Interessenten und Sachverständigen, das auch, was sehr von Bedeutung ist, die Kontinuität der Verwaltung gewährleistet; man kann von ihm sagen, was Voltaire von Gott gesagt hat: wäre er nicht da, so müßte man ihn erfinden.

Nachdem so festgestellt ist, daß das Organ neben dem Vorstande notwendig ist, und daß es sich in Deutschland zu einer nützlichen Mitwirkung bei der Gesellschaft herausgebildet hat, ist weiter zu untersuchen, ob es sich empfiehlt, dieses Organ als ein besonderes neben dem Vorstand zu konstruieren. Die Methode des englischen Rechts, die beide Organe zu einem zusammenschließt, erscheint mir begriffswidrig, unpraktisch, überhaupt als eine Vorstufe in der Entwicklung, die überwunden werden müßte. Es ist nicht möglich, daß von einem vielköpfigen board die Geschäfte geführt werden (Klein nennt den board ein Zwittergebilde); die Praxis, die die schönsten Bestimmungen der Gesetze über Bord wirft, wenn sie sich im Verkehrsleben nicht bewähren, hat daher dazu geführt, wie wir gesehen haben, daß im allgemeinen managers bestellt werden. Statt nun aber den weiteren natürlichen Schritt zu tun, diese managers aus dem board herauszuheben, den board neben sie oder über sie zu stellen, bleibt der board als Ganzes Verwaltungs- und Aufsichtsorgan. Wie begriffswidrig eine solche Zusammenfassung ist, zeigt sich bei der oben berührten Verantwortung. An sich müßten alle Mitglieder des board mit verantwortlich sein, wie bei uns alle Vorstandsmitglieder verantwortlich sind. Man konnte aber nicht verkennen, daß eine derartige Verantwortung für die Mitglieder des board, die nicht managers sind, eine grobe Unbilligkeit bedeuten würde, und daher hat die Praxis sie aus der Verantwortung entlassen. Daß dieses Resultat unbefriedigend ist, liegt wohl auf der Hand. Dazu kommt aber das andere wieder mehr psychologische Moment. Sitzen die tätigen und die beaufsichtigenden Mitglieder in einem Kollegium, so ist es natürlich viel schwerer, einem Kollegen gegenüber mit der so oft nötigen Energie aufzutreten, als wenn die Aufsichtsbehörde im besonderen Kollegium mit eigener Verantwortung dem Direktor entgegentritt.

Ich komme daher zu dem Schluß, daß die Konstruktion des deutschen Rechts dem englischen Prinzip gegenüber nur Vorteile hat, daß sie ein klareres und der Gesellschaft nützlicheres Rechtsverhältnis darstellt, als dies im englischen Recht der Fall ist.

Auch die nach außen unbeschränkbare Vertretungsmacht des Vorstands ist gegenüber der englischen ultra vires - Theorie vorzuziehen. Natürlich ist sie eine Gefahr für die Gesellschaft; sie kann gemißbraucht werden, welche menschliche Institution kann dies aber nicht? Gemindert wird die Gefahr durch die doch fast allgemein übliche Gesamtvertretung mindestens zweier Vertreter. Andererseits liegen die Vorteile, insbesondere in der Rechtssicherheit, für alle, die mit der A.-G. zu tun haben, so auf der Hand, daß etwaige Ausnahmefälle des Mißbrauchs in Kauf genommen werden müssen.

Zu 2:

Nun die weitere Frage: Welche Funktionen soll das neben dem Vorstand zu bildende Organ haben?

Wir haben festgestellt, daß die Tätigkeitsgebiete Kontrolle und Mitverwaltung sind. Die Entwicklung in Deutschland ist in dieser Beziehung recht merkwürdig. Passow hat in seiner „Aktiengesellschaft" nachgewiesen, daß bei der Beratung der Nürnberger Konferenz zum Entwurf eines Allgemeinen Deutschen Handelsgesetzbuchs der Ausdruck „Aufsichtsrat" eigentlich versehentlich in den Entwurf hineingekommen ist. Im Allgemeinen Deutschen Handelsgesetzbuch, Artikel 225, erscheint der Aufsichtsrat zum ersten Male als solcher, und zwar als Kontrollorgan, während allerdings in Artikel 231 auch ein Verwaltungsrat als möglich erwähnt wird. Während hier der Aufsichtsrat noch fakultativ war, wurde er durch die Novelle vom Jahre 1870 obligatorisch, aber auch hier nach Artikel 225 a lediglich als Kontrollorgan. Erst in der Novelle von 1884 finden sich die noch heute im Gesetz befindlichen

Worte: „Weitere Obliegenheiten des Aufsichtsrats werden durch den Gesellschaftsvertrag bestimmt", d. h. er kann durch die Satzung die Funktionen eines Verwaltungsrats erhalten.

Die Praxis hat, wie so oft besonders im Aktienrecht, eine Entwicklung neben dem Gesetze genommen, indem sie die Regel des Gesetzes, nämlich die Aufsichtspflicht, hintenan und die nur als zulässig erklärte Verwaltungstätigkeit in den Vordergrund stellte. Natürlich kontrolliert der Aufsichtsrat auch jetzt noch pflichtgemäß (wie er es tut, soll sogleich erörtert werden); im wesentlichen aber ist er Berater und Wegweiser des Vorstandes. Darüber kann für jeden, der die Verhältnisse kennt, nicht der geringste Zweifel sein; ist die Entwicklung doch schon soweit gegangen, daß vielfach Arbeitsausschüsse im Aufsichtsrat gebildet werden, die in dauerndem Konnex mit dem Vorstand und in allen wichtigen Fragen zur Verfügung stehen. Es kommt sogar mehrfach vor, daß einzelne Aufsichtsratsmitglieder, z. B. frühere Vorstandsmitglieder, die in den Aufsichtsrat gegangen sind, ständig mit dem Vorstand mitarbeiten. Wer sich über den Gang der Praxis noch besonders informieren will, der lese die Darstellung der Entwicklung bei Passow, der als einer der wenigen Gelehrten in seinem „Aktienrecht" die Verhältnisse schildert, wie sie wirtschaftlich wirklich sind.

Es fragt sich nun, soll der Gesetzgeber dieser von ihm nicht gewollten, wohl auch nicht vorausgesehenen Entwicklung entgegentreten und sie abschneiden? Diese Frage stellen heißt sie verneinen. Es hieße die Macht des lebenden Rechtsgedankens, wie dies Haußmann in seiner „Grundlegung des Rechts der Unternehmungs-Zusammenfassungen" nennt, unterschätzen, wollte man das Problem mit dem Zwange der Paragraphen festlegen und hindern, was sich die Praxis in der klaren Erkenntnis dessen, was not tut, geschaffen hat. Außerdem aber ist das, was sich in der Praxis herausgebildet hat, vernünftig und sachgemäß; es ist eben die Wichtigkeit und Unentbehrlichkeit eines Organs, mag man es Aufsichtsrat oder Verwaltungsrat nennen, das die Funktionen der Mitarbeit hat, dargelegt. Nachdem sich durch die deutsche Entwicklung in Anlehnung an die Grundsätze fremder Rechte, insbesondere des englischen Rechts, ein Verwaltungsrat tatsächlich herausgebildet hat, wäre es ein Rückschritt, wenn man den Aufsichtsrat lediglich wieder in die beaufsichtigende Funktion herunterdrückte. Eine gesetzliche Änderung erscheint nicht nötig; es wäre verfehlt, für die Mitarbeit des Aufsichtsrats feste Normen aufzustellen, denn die Verhältnisse der einzelnen Gesellschaften sind zu verschiedenartig, um sie in allgemein gültige Normen zu pressen. Man überlasse die weitere Entwicklung ruhig den Satzungen. Schon jetzt findet man in fast allen Satzungen ausführliche Vorschriften über das, was der Aufsichtsrat der Gesellschaft an Rat und Tat leisten soll, insbesondere ist gewöhnlich genau bestimmt, zu welchen Geschäften nach innen die Genehmigung des Aufsichtsrats erforderlich erscheint, und ferner, inwieweit der Aufsichtsrat berechtigt ist, dem Vorstand Anweisungen zu geben.

Auch eine Änderung des Namens „Aufsichtsrat" halte ich nicht für nötig. Der Name und Begriff haben sich so in das deutsche Rechtsleben eingeprägt, daß es nur eine unnötige Beunruhigung wäre, wenn man diesen Namen, der allerdings auf die heutige Gestaltung innerlich nicht mehr vollständig paßt, änderte.

Zu 3:

Wenn man also so die Verwaltungstätigkeit des Aufsichtsrats in den Vordergrund stellt, so erhebt sich dann die weitere Frage, ob dem Aufsichtsrat weiter die Überwachungspflicht belassen werden soll. Es ist ein Punkt bei dieser ganzen Aufsichtsratsfrage, bei dem eigentlich alle Sachverständigen einig sind, nämlich der, daß eine Erfüllung der Pflicht zur Kontrolle, wie ihn der § 246 mit dem Worte „hat" feststellt, tatsächlich unmöglich ist, mag man sie auch, wie in Staub, Anm. zu § 246 versucht ist, auf ein verständiges, den Lebensverhältnissen entsprechendes Maß beschränken. Von den vielen Stimmen hierüber mag es genügen, auf Rathenau zu verweisen, der Folgendes u. a. sagt:

„Wollte ein Aufsichtsrat auch nur von den wichtigeren Geschäften einer Großunternehmung Kenntnis nehmen — geschweige sie beraten —, so würde es nicht genügen, daß er in Permanenz tagte, und zwar jeden Tag, einschließlich Sonntags, vierundzwanzig Stunden lang. Denn da der einzelne Direktor selbst, sofern er sein Amt versteht, nur wichtige Geschäfte erledigt, so beläuft sich bei achtstündiger Arbeitszeit und einem fünfköpfigen Direktorium die zu kontrollierende Tätigkeit auf vierzig tägliche Arbeitsstunden, und es ist keineswegs gesagt, daß ein Außenstehender eine Arbeit ebenso schnell kontrolliert, wie ein ständiger Bearbeiter und Fachmann mit den Mitteln seiner technischen und persönlichen Kenntnis und Erfahrung sie erledigt. Es müßte also ein Aufsichtsrat, wollte er seiner gesetzlichen Pflicht genügen, sich teilen — was das Gesetz nicht anerkennt — und seine Mitglieder einzeln jedem Direktor den Tag lang gegenübersetzen."

Er fügt hinzu:

„Seltsam berührt es, wenn aus den Urteilssprüchen höchster Gerichte hervorgeht, daß richterlichen Autoritäten dieser ganze Sachverhalt und seine innere Notwendigkeit unbekannt ist, daß sie vielmehr davon überzeugt sind, jedes Aufsichtsratsmitglied müsse von allen wichtigeren Geschäften nicht nur Einsicht genommen, sondern beratend dabei mitgewirkt haben.“

Und alle anderen Kritiker haben dieselbe Ansicht. Man kann von Männern, die begriffsmäßig nur einen Teil ihrer Tätigkeit dem Unternehmen widmen können und sollen, nicht verlangen, daß sie jeden Schritt des Vorstandes beobachten und kontrollieren, oder, wie es der praktische Engländer ausspricht: man kann von einem Mann, der 150 Pfund im Jahre erhält, kein außergewöhnliches Maß von Aufsicht verlangen. Selbst wenn man es aber verlangt, so scheitert es an der praktischen Unmöglichkeit. Bei Gelegenheit des Zusammenbruchs der Niederdeutschen Bank im Jahre 1910 war im Reichsanzeiger eine Art offiziöse Notiz, die ausführte, daß eine Prüfung der Bilanz nur durch Prüfung sämtlicher Einzelheiten möglich sei, die zu den einzelnen Ziffern der Bilanz geführt haben, die Prüfung des Aufsichtsrats müsse sich daher auf alle einzelnen Vorgänge des abgelaufenen Geschäftsjahres erstrecken; Bilanz, Revision usw. nur mit Hilfe von Stichproben sei ungesetzlich.

Man stelle sich nun eine derartige Revision z. B. bei der A. E.-G., bei der Deutschen Bank oder bei der J. G. Farbenindustrie vor. Es muß als erster Grund für den Gesetzgeber gelten, daß er nichts Unmögliches und nichts Unerträgliches verlangt. Er hat hiergegen in der Kriegs- und Nachkriegszeit, insbesondere bei den Nahrungsmittel-, Steuer- und Wuchergesetzen gefehlt; wir wollen diesen Fehler, der zu einer ungeheuren Minderung der Achtung vor dem Gesetze und durch die fast notwendige Umgehung zu einer Minderung der Moral geführt hat, nicht wiederholen.

Dazu kommt aber ein anderer sehr wesentlicher Gesichtspunkt. Die Zurückdrängung des Kontrollgedankens zu Gunsten der Mitverwaltung hat in der Praxis dazu geführt, daß die Wahl der Aufsichtsratsmitglieder im wesentlichen nach den Gesichtspunkten erfolgt, ob und wie sie der Gesellschaft nützlich sein können, nicht aber, ob sie in der Lage sind und die Fähigkeit haben, den Betrieb zu kontrollieren. Gerade bei den mittleren Betrieben wird man es äußerst selten finden, daß Buchsachverständige oder Branchenkundige zu Mitgliedern des Aufsichtsrats bestellt werden. Ein guter Kaufmann, ein Bankier, ein Mann, der Verbindungen hat, vielleicht auch ein Jurist erscheinen wichtiger als ein Buchsachverständiger. Durch eine derartige Zusammensetzung des Aufsichtsrats wird daher die Ausübung des Kontrollrechts im gesetzlichen Umfange noch unmöglicher.

Man hat auf verschiedene Weise versucht, aus diesem doch gewiß unleidlichen Zustande herauszukommen. Alle Reformvorschläge scheinen mir aber nicht das Übel an der Wurzel zu treffen; es nützt nichts, wenn man das Maß der Überwachungspflicht der Satzung überläßt, oder daß man gesetzlich Aufsichtsratsdezernate mit alleiniger Verantwortung des betreffenden Dezernenten festsetzen will. Hier ist nur in der Weise zu helfen, daß man den Aufsichtsrat von einer Verpflichtung, die er nicht erfüllen kann, befreit. Das Recht der Kontrolle muß ihm allerdings bleiben; denn bei jeder Verwaltungstätigkeit kann sich die Notwendigkeit für den Aufsichtsrat ergeben, sich selbst zu informieren, und hieran soll ihn der Vorstand nicht hindern, für den auch das jederzeitige Recht des Aufsichtsrats zur Kontrolle ein sehr wesentlicher Zwang ist, die Geschäfte sorgfältig zu führen.

Entlastet man also den Aufsichtsrat von der Überwachungspflicht, so ergibt sich hieraus mit zwingender Notwendigkeit, für die Überwachung ein besonderes Organ zu schaffen; denn es wäre eine Verschlechterung des geltenden Rechts, wenn man jede Überwachungspflicht durch eine neutrale Stelle ausschalten würde.

Wir kommen somit zu einer Annäherung an fremde Rechte, insbesondere an das englische Recht, die bereits in gewissem Umfange der 28. Juristentag befürwortet hatte. In diesem sind jetzt die auditors obligatorisch. Jede Aktiengesellschaft soll in der jährlichen Generalversammlung einen oder mehrere auditors für die Zeit bis zur nächsten Generalversammlung bestellen. Kommt die Gesellschaft dieser Pflicht nicht nach, so kann der Board of Trade sie bestellen; gewählt werden kann jede geeignete Person, dieselbe darf jedoch nicht Direktor oder Beamter der Gesellschaft sein. Die auditors haben ein weitgehendes Recht auf Auskunft und haben der Generalversammlung Bericht über die Bilanz zu erstatten. Das Komitee hält an dem Institut der auditors fest, verlangt nur, daß ihre Haftung nicht beschränkt werden darf (Report Nr. 73 f.). Neben den auditors gibt es auch inspectors, die die Generalversammlung ernennen kann, die aber auch auf Antrag eines Zehntels der Aktionäre von dem Board of Trade ernannt werden. Dieser Antrag soll nur durchgehen, wenn die Antragsteller good reason für das Verlangen haben. Dieses Institut, das dem der Revisoren gemäß § 266 HGB. ähnelt, ist aber nicht sehr praktisch geworden.

Das Urteil in der englischen Rechtsliteratur über die auditors ist nicht absolut günstig. Es wird hervorgehoben, daß sie durch die Ernennung in einer gewissen Abhängigkeit von der Gesellschaft stehen, daß die Gesellschaft jede beliebige Person ernennen kann, die vielleicht nicht geeignet ist. Es fehlen auch hinreichend bestimmte Vorschriften über die Frage, welchen Umfang die Revision haben soll, und die Rechtsprechung hat diese Tätigkeit ziemlich eingeengt. So sagt ein Urteil:

> „His business is to ascertain and state the true financial position of the company at the time of the audit, and his duty is confined to that.“

und ein anderes:

> „An auditor is not hound to be a detective. He is a watch-dog, but not a bloodhound. He is justified in believing tried servants of the company, in whom confidence is placed by the company.“

Auch in anderen Rechten hat man zwangsweise Kontrolle, so in Frankreich durch die Kommissäre, in der Schweiz durch die Kontrollstelle. Auch dort scheint man nicht vollständig mit deren Tätigkeit zufrieden zu sein; so hat im Protokoll der Expertenkommission einer der Sachverständigen erklärt: es besteht wohl Einigkeit darüber, daß die Kontrollstelle oft nicht auf der Höhe ihrer Aufgabe steht; dies hat sich in der letzten Zeit bei den meisten Gesellschaften gezeigt, die ein schlimmes Ende genommen haben.

Man kann daher wohl sagen, daß das Kontrollsystem nirgends eine volle Befriedigung ausgelöst hat; trotzdem wird man sich zu ihm entschließen müssen. Geht man von der Ansicht aus, daß eine gewisse Kontrolle nötig oder auch nur zweckmäßig ist, so wird man gewisse Übelstände mit in den Kauf nehmen müssen, die, sei es in der Person des Revisors, sei es in der Art der Ausführung seines Auftrages liegen. Man hat lediglich die Wahl, ob man die Kontrolle durch einen, wie ausgeführt, nach seiner Zusammensetzung nicht geeigneten Aufsichtsrat, von dem Unmögliches verlangt wird, vornehmen lassen soll, oder durch besondere Revisoren, die eigens zu diesem Zweck bestimmt und gewählt und daher geeignet ausgesucht werden können. Der Versuch des deutschen Rechts, diese Funktionen dem allgemeinen Aufsichtsrat zu übertragen, ist, woran kein Zweifel besteht, gescheitert. Selbst in der ausländischen Literatur wird dies als zweifellos erklärt. Professor Egger sagt in seiner Schrift zur Revision des Schweizer Aktienrechts: „Es dürfen keinem Organ Pflichten aufgebürdet werden, die es niemals zu erfüllen vermag. Diesen Fehler beging das deutsche HGB. bei der Regelung des Aufsichtsrats."

Erkennt man diesen Fehler, den man gemacht hat, an, so muß man ihn rückgängig machen; man muß daher das ungeeignete Organ entlasten und ein besonderes Organ schaffen, dann liegt materiell die Sache so, daß man, statt einen Aufsichtsrat wie bisher mit zwei Funktionen, Kontrolle und Verwaltung, zu schaffen, zwei gesonderte Organe schafft, ein Kontrollorgan und ein Verwaltungsorgan.

Ernannt werden müssen die Revisoren durch die Generalversammlung, d. h. praktisch durch die Mehrheit der Aktionäre; daneben muß man für besondere Fälle die Vorschrift in § 266 bestehen lassen. Gewarnt werden muß vor dem an sich naheliegenden Gedanken, derartige Revisionen durch irgendwelche Behörde, etwa durch das von der Frankfurter Zeitung vorgeschlagene Reichs-Aktienamt vornehmen zu lassen. Jede behördliche Bevormundung, soweit sie nicht, wie die Prüfung des Registerrichters, auf Beobachtung der gesetzlichen Voraussetzungen und Formen sich erstreckt, ist, wie bereits bemerkt, für die freie Wirtschaft vom Übel: sie erweckt Hoffnungen, die sie nicht erfüllen kann, sie läßt das Publikum auf die Fürsorge des Staates als eine Art Garantie vertrauen, vermindert daher die eigene Vorsicht und verhindert trotzdem nicht Mißbräuche. Klein (Wirtschaftliche und soziale Grundlagen, S. 77) nennt die behördliche Bevormundung: Rückgriff auf Vergangenes.

In der Praxis wird sich die Sache so gestalten, daß, wie dies in England geschieht, das Publikum sehr bald unterscheiden wird zwischen Gesellschaften, die durch vertrauenswürdige Revisoren beaufsichtigt werden, und solchen, bei denen dies nicht der Fall ist. Die in den letzten Jahren vielfach erfolgte Gründung von angesehenen Revisions- und Treuhandgesellschaften ist bereits ein Schritt auf der Bahn zur soliden Kontrolle. Die Entwicklung wird, wie in England dahin führen, daß die Revisoren und Treuhandgesellschaften sich wie in England die accountants organisieren, daß ähnlich wie dort für die chartered accountants Vorschriften über Vorbildung, Zuverlässigkeit usw. gegeben werden. Hat doch in diesem Jahre ein allgemeiner Accountants-Kongreß in Amsterdam stattgefunden, der internationale Regeln aufstellen will (vgl. Gerstner im „Berliner Tageblatt“ Morgenausgabe vom 10. Juli 1926). Diese Bewegung wird gefördert werden, wenn im Aktienrecht den Revisoren eine verantwortliche gesetzliche Stellung eingeräumt wird. Schon jetzt ist es ja üblich, daß der Aufsichtsrat vielfach seiner Kontrollpflicht dadurch nachkommt, daß er eine dieser Gesellschaften revidieren läßt. Der Unterschied wird später lediglich der sein, daß nicht der Aufsichtsrat, sondern die Generalversammlung die Revisoren ernennt. Natürlich müssen Rechte und Pflichten dieser Revisoren im Gesetze genau festgestellt werden; es ist festzustellen, daß sie ein ausgedehntes Kontrollrecht haben, ferner, daß ihre Prüfung der Bilanz eine nicht nur zahlenmäßige, sondern materielle sein muß, und endlich muß ihre Verantwortung für die von ihnen erstatteten Berichte festgelegt werden.

Gegen das so gewonnene Resultat, daß also der Aufsichtsrat zwar das Recht der Kontrolle, nicht aber die Pflicht, ferner eine Mitverwaltung, die in der Satzung festzusetzen ist, hat, während die Kontrolltätigkeit durch besondere Revisoren ausgeführt wird, könnte Verschiedenes eingewendet werden. Der erste auf der Hand liegende Einwand ist der, daß durch die neue Regelung der Aufsichtsrat jeder Verantwortung enthoben ist. Es ist richtig, daß die Hauptverantwortung des Aufsichtsrats, wie er bisher war, darin bestand, daß er nicht genügend kontrolliert hat. Diese Verantwortung fällt mit dem Fortfall der Kontrollpflicht fort. Dagegen bleibt im übrigen die Verantwortung bestehen. Der allgemeine Satz des § 249, daß der Aufsichtsrat bei der Erfüllung seiner Obliegenheiten die Sorgfalt eines ordentlichen Geschäftsmannes anzuwenden hat, gilt für die Verwaltungstätigkeit des Aufsichtsrats unbeschränkt weiter. Ist in der Satzung bestimmt, daß zu gewissen Geschäften die Genehmigung des Aufsichtsrats erforderlich ist, so hat der Aufsichtsrat dafür zu sorgen, daß diese Genehmigung eingeholt wird; er hat, wenn er die Genehmigung erteilt, für Fahrlässigkeit einzustehen. Ist im Statut bestimmt, daß er dem Vorstande Anweisungen gibt, so haftet er ebenso für dasjenige, was er in Ausübung dieser Pflicht tut. Er besteht also wie bisher als verantwortungsvoller Körper neben dem Vorstand.

Ein anderer Einwand ist der, daß durch die zwiefache Bestellung des Aufsichtsrats und der Revisoren den Gesellschaften unnütze Kosten entstehen. Bei Familiengesellschaften, Ein-Mann-Gesellschaften, Gesellschaften geringeren Umfangs usw. sei dieser Apparat nicht notwendig. An sich kann natürlich nicht bestritten werden, daß es, wenn auch in sehr beschränktem Umfange, Gesellschaften gibt, die auch ohne Aufsichtsrat und Revisoren auskommen könnten. Zunächst aber wird es äußerst schwierig sein, hier Grenzen festzulegen. Dann aber kann jede dieser Gesellschaften durch Verkauf der Aktien an dritte Personen, durch Erweiterung des Umfanges usw. jeden Tag sich derart ändern, daß sie nicht mehr unter die Kategorie fällt. Es würde daher große praktische Schwierigkeiten machen, für gewisse Gesellschaften die Notwendigkeit des Aufsichtsrats oder der Revisoren aufzuheben. Es ist auch grundsätzlich zu sagen, daß, wenn Gesellschaften, die an sich auch in anderer Form bestehen könnten, sich als Aktiengesellschaften konstituieren und damit alle Vorteile dieser Form haben, sie sich schließlich auch den Vorschriften über Aktiengesellschaften unterwerfen müssen.

Im übrigen aber ist praktisch die Gefahr keine sehr große. Bei einer Familiengesellschaft z. B. können ja die Personen der Aufsichtsratsmitglieder und der Revisoren, wenn nur formell deren Bestellung nötig und besondere Tätigkeit nicht erforderlich ist, aus dem Familien-, Bekannten- oder Interessentenkreise genommen werden, ohne daß besondere Aufwendungen gemacht worden. Jedenfalls kann man, wenn für die überwiegende Mehrzahl der Gesellschaften die Notwendigkeit derartiger Organe bejaht wird, nicht die Sache dadurch komplizieren, daß man für einige Ausnahmen macht.

Zu 4:

Wenn man den Aufsichtsrat, wie vorgeschlagen, umwandelt, so glaube ich, daß im übrigen wesentliche Änderungen des Gesetzes für den Aufsichtsrat nicht notwendig sind. Vielfach ist in der Debatte der Wunsch ausgesprochen worden, daß auch die Minderheiten im Aufsichtsrat vertreten sein sollen, daß also ein Proportional-Wahlrecht, wie es z. B. in einigen amerikanischen Gesetzen vorgeschrieben ist, eingeführt wird. Hiergegen bestehen die größten Bedenken, wie bereits dargelegt. Ich schließe mich hierbei der Ansicht von Lehmann in seinem Gutachten durchaus an.

Dazu kommt aber noch Folgendes:

Wenn z. B. bestimmt wird, daß eine gewisse Minderheit einen oder zwei Aufsichtsräte wählen darf und diese Minderheit verkauft ihre Aktien z. B. an verschiedene Personen, soll dann die ernannte Person im Aufsichtsrat bleiben? Ferner, wer soll den Widerruf der Bestellung ausüben? Gibt man dies Recht der Mehrheit, dann ist das Recht der Minderheit illusorisch, gibt man es der Minderheit, dann kommen eben auch die Schwierigkeiten, wenn die Minderheit in andere Händen übergeht.

Auch begrifflich halte ich dieses Wahlsystem nicht für richtig; die Aktiengesellschaft ist eben eine Mehrheitsgesellschaft, bei der die Mehrheit darüber zu entscheiden hat, wie sie zu verwalten ist.

Eine andere Frage dagegen, die zu erwägen ist, ist die, ob nicht die Bestimmung, daß in gewissen Fällen sämtliche Mitglieder des Aufsichtsrats Anträge, z. B. den Antrag auf Eintragung der Kapitalerhöhung, zu unterschreiben haben, gestrichen werden soll. Es wird hier dem einzelnen Mitgliede des Aufsichtsrats eine Befugnis gegeben, die leicht für die Gesellschaft äußerst schädlich sein kann. Gerade Kapitalerhöhungen z. B. sind Beschlüsse, die wirtschaftlich schleunigst ausgeführt werden müssen. Der Widerspruch eines Aufsichtsratsmitgliedes gegen seine Unterschrift kann im Wege der Klage, was zweifelhaft ist, oder dadurch beseitigt werden, daß der Aufsichtsrat abberufen wird. Zu letzterem ist eine Generalversammlung nötig, deren Einberufung üblicherweise 3—4 Wochen dauert. Es kann also durch einen vielleicht ganz unbegründeten Widerspruch eine für die Gesellschaft lebenswichtige Kapitalerhöhung verhindert werden. Noch schlimmer ist die Konsequenz bei den aus dem Betriebsrat delegierten Aufsichtsräten, die von der Generalversammlung nicht entlassen werden können. Es liegt auch gar kein Grund vor, dem einzelnen Mitglied des Aufsichtsrats eine derartige Befugnis zu geben. Die Beschlüsse des Aufsichtsrats erfolgen ebenfalls durch Stimmenmehrheit. Wird ein Aufsichtsrat überstimmt, und glaubt er, die Verantwortung nicht tragen zu können, so mag er austreten; ihm aber das Recht zu geben, den Beschluß, den vielleicht alle andern Aufsichtsräte außer ihm genehmigt haben, dadurch illusorisch zu machen, daß er die Unterschrift verweigert, ist jedenfalls nicht den Grundsatz entsprechend. Das englische Recht kennt eine derartige Vorschrift nicht; die Praxis nimmt an, daß ein director, secretair oder officer, der hierzu bevollmächtigt ist, unterschreiben kann. Jedenfalls ist bei einer Änderung des Aktienrechts dieser Punkt zu erwägen. Auch andere Einzelfragen, auf die einzugehen hier nicht möglich ist, wären zu erwägen, z. B. ob auch juristische Personen Mitglieder des Aufsichtsrats sein dürfen.

V. Stimmrechtsfragen.

Wir kommen nunmehr zu der Frage, die als zur Zeit aktuellste zu betrachten ist, und um die sich im wesentlichen der Streit dreht, ob sich eine sofortige Änderung des Gesetzes empfiehlt. Es handelt sich um das Stimmrecht, und zwar hauptsächlich betrachtet im Interesse der Minderheit und der Kleinaktionäre. Diese müssen sich an sich mit der Tatsache abfinden, daß die Aktiengesellschaft eine Mehrheitsgesellschaft ist, und daß die Minderheit nur gewisse beschränkte Rechte hat, die Verwaltung aber im wesentlichen durch die Mehrheit bzw. die von ihr gewählten Organe geführt wird. Um so mehr geht, und nicht mit Unrecht, das Bestreben der Minderheit dahin, zu verhindern, daß der Mehrheitswille gefälscht wird, daß also nur die wirklich abstimmen, die mit Kapital an der Gesellschaft beteiligt sind, und zwar im Verhältnis ihrer Beteiligung. Es ist bereits darauf hingewiesen, daß die Entwicklung, die ja augenscheinlich das Aktienwesen nimmt, einer Verstärkung der Rechte der Verwaltung und der Mehrheit günstig ist; es ist aber auch dargelegt, daß die Entwicklung z. Zt. nicht weit genug vorgeschritten ist, um schon jetzt die bisher bewährten Grundsätze des Aktienrechts zu ändern. Wir haben daher zu untersuchen, wie sich die Frage der Fälschung des Mehrheitswillens innerhalb der geltenden Grundsätze des Aktienrechts gestaltet. Die Frage teilt sich in 2 Einzelfragen:

1. die der Stimmrechts- und Vorratsaktien,
2. die der Legitimation zur Ausübung des Stimmrechts.

Zu 1:

Bei der Frage der Stimmrechts- und Vorratsaktien ist zunächst festzustellen, daß hier der Hinweis auf fremde Rechte wenig fördert. Überall ist die Frage im Fluß; im englisch-amerikanischen Recht ist im allgemeinen vollständige Freiheit der Satzungen vorhanden, vielfach werden Vorzugsrechte gewährt; sowohl durch Memorandum wie durch die articles werden Aktien der verschiedensten Berechtigung geschaffen, es wird auch einzelnen Aktien, besonders in Amerika, überhaupt das Stimmrecht entzogen. Gerade in Amerika ist insbesondere durch die voting-Trusts vielfach eine Form geschaffen, die das Stimmrecht lediglich den Treuhändern gibt, während die Aktionäre auf ihre Vermögensrechte beschränkt sind.

Aber auch weder in England noch Amerika ist man sich darüber klar, ob diese Regelung den Bedürfnissen des Verkehrs und den Grundsätzen des Aktienrechts entspricht. In den Verhandlungen des Komitees vom Jahre 1925, die Lehmann in seinem Gutachten ausführlich anführt, kommt dies deutlich zum Ausdruck. Das Komitee ist zu dem

Beschluß gekommen, vorzuschlagen, daß das Gericht das Recht hat, Beschlüsse, die in einer besonderen Klasse von Aktionären gefaßt sind und eine Verminderung der Rechte dieser Gruppe herbeigeführt haben, auf Grund des Antrages von Aktionären, die 15% des Aktienkapitals repräsentieren, nachzuprüfen (vgl. Report Nr. 23).

Der zweite Entwurf des neuen schweizerischen Obligationsrechts hat Prioritätsaktien mit Pluralstimmen abgelehnt (vgl. Egger, Zur Revision des Schweizer Aktienrechts, S. 19). In der Expertenkommission über diese Entwürfe wurde festgestellt, daß sich keine Stimme für die Vorzugsaktien erhob. Der neue holländische Entwurf hat die Vorzugsstimmen zugelassen (vgl. Nipperdey, Der holländische Aktien-Entwurf, S. 9 und 28). In Frankreich ist eine große Bewegung wegen der Vorzugsrechte vorhanden; ich verweise in dieser Beziehung auf Mazeaud (Le vote privilegié, Paris 1926 — vgl. Friedländer in JW. 1925, S. 446). Inbetreff anderer Kulturstaaten liegt es ähnlich. Ich verweise hinsichtlich der Verhandlungen in Italien auf die ausführliche Darlegung bei Horrwitz, Anm. 116 b.

Wir sehen also, daß überall über die Frage gestritten wird, daß nirgends ein allseitig befriedigender Zustand vorhanden ist. Man wird daher am besten tun, sich bei der Beantwortung dieser Frage lediglich von den Bedürfnissen Deutschlands in rechtlicher und wirtschaftlicher Beziehung leiten zu lassen. Das deutsche Aktienrecht hat in § 252 als leitenden Grundsatz, daß jeder Aktie das Stimmrecht gewährt wird. Die im Gesetz zugelassene Beschränkung, daß bei Besitz mehrerer Aktien die Ausübung des Stimmrechts durch Festsetzung eines Höchstbetrages oder nach Abstufung beschränkt werden kann, ist bedeutungslos und aus den meisten Satzungen verschwunden, und wo sie vorhanden ist, ist sie leicht zu umgehen. Der, man kann sagen, demokratische Grundsatz, daß das Stimmrecht derart zum unentziehbaren Aktionärrecht gemacht wird, daß jede Aktie, auch die vom geringsten Nominalbetrage, das Recht der Stimme und damit nach § 271 das Recht der Anfechtung hat, ist der Grundpfeiler des Rechts der Kapitalgesellschaft; seine Geltung beruht auf der Einführung im code de commerce von 1807, er ist vom allgemeinen deutschen Handelsgesetzbuch von 1871 fakultativ, seit der Novelle von 1884 obligatorisch eingeführt, er statuiert das Recht der Mitverwaltung für jeden Aktionär. Bestätigt wird dieser Grundsatz dadurch, daß gewisse Gegenstände, insbesondere Statutenänderung und Bilanz, lediglich von der

Generalversammlung beschlossen werden dürfen. Man kann sich an sich grundsätzlich vorstellen, daß die Entwicklung auch in Deutschland anders gelaufen wäre, daß man z. B. statt jedem Aktionär nur einem bestimmten Prozentsatze des Aktienkapitals das Stimmrecht gegeben hätte, oder aber, daß man gewisse Aktien vom Stimmrecht ausgeschlossen hätte. Dies ist aber nicht der Fall; der Grundsatz der allgemeinen Berechtigung jedes Aktionärs zum Stimmen ist in Fleisch und Blut des deutschen Aktienwesens eingedrungen. Würde man heute dieses Aktionärrecht aufheben oder beschränken, so würde dies die Masse der Kleinaktionäre mit Recht als eine Entrechtung betrachten.

Es ist eine volkswirtschaftliche Frage, ob man dahin wirken soll, daß die Masse des Volkes sich auch mit kleinen Beträgen an den Aktiengesellschaften beteiligt. Tatsache ist, daß in Deutschland sehr vielfach Sparer ihr Geld in Aktien anlegen. Auch der, der nur mit geringen Summen an einer Gesellschaft beteiligt ist, hat sein Geld für die Gesellschaft hergegeben; der Unterschied, den Rathenau zwischen Daueraktionären, die eine angemessene Verzinsung erwarten, und Spekulativ-Aktionären, die ihre Aktien mit Gewinn verkaufen wollen, macht, ist praktisch nicht durchzuführen. Bekanntlich hat einmal die Steuergesetzgebung den Versuch gemacht, zwischen Anlage und Spekulation zu unterscheiden, und dieser Versuch ist nach jeder Richtung hin mißlungen. Außerdem berührt diese Unterscheidung das Recht der Aktionäre nicht. Beide Zwecke, auch der der Spekulation, sind durchaus berechtigt und legal; sowohl der, der angemessene Verzinsung erwartet, als der, der aus der Kursentwicklung sich einen Gewinn erhofft, sind an der Gesellschaft beteiligt und jeder will mit Recht innerhalb des Grundsatzes, daß die Mehrheit zu entscheiden hat, in der Gesellschaft mitreden. Solange die Aktiengesellschaft Kapitalgesellschaft ist, und heut und wahrscheinlich auch für eine lange Zukunft ist sie es noch, soll daher an diesem Rechte nicht gerüttelt werden.

Der zweite Grundsatz des deutschen Rechts ist der, daß das Stimmrecht nach Aktienbeträgen ausgeübt wird, d. h. wenn der, der eine 20-Mark-Aktie besitzt, eine Stimme hat, so hat der Besitzer von 100-Mark-Aktien fünffaches Stimmrecht. Dieser Satz nun ist durchbrochen worden: direkt durch Zulassung von Stimmrechtsbevorzugung, indirekt durch Schaffung von Vorratsaktien, die zur Verfügung der Verwaltung stehen. Es kann nicht geleugnet werden, daß die Entwicklung des deutschen Rechts in dieser Hinsicht zu einer Umgestaltung der inneren Struktur der Aktiengesellschaft geführt hat (vgl. Passow,

S. 335, 3433). Diese Erscheinung zeigte sich sowohl darin, daß in der Inflationszeit derartige Vorzugsaktien oder Vorratsaktien ohne genügende Beteiligung am Kapital geschaffen sind, so daß dadurch Personen oder Gruppen, die wenig oder gar kein Kapital hineingegeben hatten, sich die Herrschaft über die Gesellschaft sicherten, ferner aber auch, abgesehen von den Inflationserscheinungen, daß durch übermäßige Bemessung des Stimmrechts der Vorratsaktionäre eine absolute Herrschaft dieser Aktien durchgesetzt wurde. Es hat eine Verschiebung dahin stattgefunden, daß der bestimmende Einfluß des Großkapitals und der Verwaltung sich durchgesetzt hat (vgl. Bumbacher, Die Aktie als Grundlage des Stimmrechts, S. 36, und Frank-Fahle, S. 96).

Der Grund, der im Anfang der Entwicklung angeführt wurde, der der Überfremdung durch das Ausland, mag in vielen Fällen kurz nach dem Kriege vorhanden gewesen sein; vielfach und vor allem jetzt nach Stabilisierung der Währung, muß er als Vorwand dienen, obgleich einzelne Beispiele gerade der letzten Zeit zeigen, daß auch heute noch Überfremdungsgefahr besteht. Meist hat man ihn durch die sogenannte innere Überfremdung ersetzt. Die Verwaltung, und mit ihr gewöhnlich die Mehrheitsgruppe, will sich davor schützen, daß nicht ein Konkurrent oder eine Gruppe, die die Gesellschaft zu eigennützigen Zwecken verwenden will, plötzlich als Mehrheit auftritt und die Herrschaft an sich reißt. Ein derartiges Bestreben kann man nicht ohne weiteres als ungesetzlich von der Hand weisen. Ich erinnere an den Fall, in dem eine Großbank in Berlin sich plötzlich vor die Tatsache gestellt sah, daß ein Großindustrieller durch verborgen gebliebene Käufe als Besitzer eines Aktienpakets erschien, das ihm maßgebenden Einfluß sicherte, wodurch er die Bank an sich zu reißen suchte. Wenn hier die bisherige Mehrheit und die Verwaltung der Bank der Ansicht war, daß ein derartiges Verfahren weder der Bank noch den Aktionären zum Vorteil gereiche, warum sollte man ihr verwehren, hiergegen Maßregeln zu ergreifen, die dies verhindern? Noch heute gilt rechtlich und wirtschaftlich der Grundsatz, den das Reichsgericht im Hibernia-Fall ausgesprochen hat, daß die Mehrheit am besten in der Lage ist, zu entscheiden, was im Interesse der Gesellschaft zu tun ist.

Aber auch sonst sind viele Fälle denkbar, in denen Vorzugsaktien wirtschaftlich begründet sind, z. B. wenn bei einer Sanierung ein Dritter größere Geldsummen hergibt, aber darauf dringt, daß ihm dem entwerteten bisherigen Kapital gegenüber die Herrschaft gesichert wird. Hier hat die Gesellschaft die Wahl, ob sie in Konkurs gehen will, wodurch voraussichtlich die Aktionäre alles verlieren, oder ob sie das neue Kapital aufnehmen und die Herrschaft der alten Aktionäre zu Gunsten des neuen beschränken will.

Wir haben zu untersuchen, ob die Entwicklung, die die Deutsche Wirtschaft genommen hat, die in dem Mittel gipfelt, durch Vorzugs- und Vorratsaktien einer Gruppe die Herrschaft zu sichern, zu billigen ist, oder ob versucht werden soll, diese Entwicklung wieder abzubiegen. Drei Wege gibt es:

1. Aufhebung aller vorhandenen Vorzugs- und Vorratsaktien und Verbot der Schaffung neuer;
2. gesetzliche Bestätigung des jetzigen Zustandes ohne Beschränkung;
3. Schaffung von Mitteln, um dem Mißbrauch von Vorzugs- und Vorratsaktien entgegenzutreten, unter Anerkennung der grundsätzlichen Zulässigkeit derartigen Aktien.

Alle derartigen Anschauungen finden in der Literatur ihre Vertreter. Die radikalste zu 1 vertritt Horrwitz in seiner Abhandlung über Schutz- und Vorratsaktien, die die beste Zusammensetzung aller in Betracht kommenden Fragen ist, während Planitz (die Stimmrechtsaktie) zwar die Mehrheitsaktie als gegen den Geist des Gesetzes verstoßend erachtet, aber ihr eine innere Berechtigung zuweist. Er führt im Anschluß an die Rathenau'schen Ausführungen an, daß die Idee der Demokratie des Kapitals der Aktiengesellschaft überwunden sei und die volkswirtschaftlich wichtigen Interessen der Unternehmer und der in der Gesellschaft tätigen Personen vor denen der Kapitalisten zu schützen seien. Sein Vorschlag geht dahin, neben den normalen Kapitalsaktien reine Stimmrechtsaktien zu schaffen; Empfänger der Aktien sei die Gruppe der Verwaltung, die Gruppe der Beamten und Arbeiter und die Gruppe der Gesamtwirtschaft, zusammengefaßt in einer Zentralstelle für Aktienwesen (hiergegen Haff in Hans. Rechtszeitschrift, 7. Jahrg., S. 211 und Bumbacher, S. 37). Frank-Fahle (S. 134) will die Bewegung, die mit den Vorzugsaktien eingesetzt hat, nicht hemmen, sein Ziel ist Fortbildung in gemein-wirtschaftlichem Sinne unter Stärkung der Bedeutung des Unternehmers; auch erwägt er, ob eine neutrale Zentralstelle zu schaffen sei oder der Staat an der Aktiengesellschaft generell beteiligt werden solle. Hierfür aber, führt er aus, sei die Zeit noch nicht gekommen, und so begnügt er sich mit dem Vorschlage einiger Änderungen. Ein Praktiker der Wirtschaft wie Melchior (Hans. Rechtszeitschrift, Bd. 25, S. 34) steht auf dem Standpunkte, daß die Mehrstimmrechtsaktien unter der Voraussetzung, daß von ihnen in umsichtiger und gewissenhafter Weise von den Verwaltungen Gebrauch gemacht wird, eine Stärkung der deutschen Wirtschaft bedeuten und eine gesetzliche Regelung nicht wünschenswert erscheint.

Diese Zitate können noch vielfach vermehrt werden; im wesentlichen bewegen sich aber die Gedanken in den hier dargelegten Gesichtspunkten. Wie oben ausgeführt ist, stehe ich auf dem Standpunkte, daß der sogenannte demokratische Grundsatz des Aktienrechts, daß jede Aktie das Stimmrecht hat, nicht geändert werden darf. An dem Gedanken aber, den nicht der Gesetzgeber — denn er hat bei Fassung des § 185 und des § 252 zweifellos nicht an die weitgehenden Folgen gedacht —, sondern die wirtschaftliche Entwicklung hineingeworfen hat, daß die Verwaltung und die Mehrheit in gewissen Fällen das Recht haben muß, Sicherungsmaßregeln für die Kontinuität des Unternehmens zu schaffen, kann man nicht ohne weiteres vorbeigehen, er enthält eine Fortbildung des Gedankens der Kapitalgesellschaft. In Fällen, in denen es das Interesse der Gesellschaft fordert, soll durch Schaffung derartiger Aktien die Einwirkung der die Gesellschaft beherrschenden Kreise gestärkt und gesichert werden. Wir haben die Fälle der Notwendigkeit oder Nützlichkeit derartiger Aktien bereits angeführt; grundsätzlich wird durch die Schaffung derartiger Aktien die Kontinuität der Verwaltung herbeigeführt, die nützlich sein kann. Es wird der Eingriff von Konkurrenten oder von Kreisen, die die Gesellschaft für ihre Zwecke ausnutzen wollen, abgewehrt; alles dies allerdings nur dann, wenn von diesen Rechten im Interesse der Gesellschaft Gebrauch gemacht wird. Es ist nicht zu leugnen, daß die Verwaltung oder eine Gruppe die ihr gegebene Macht zum Schaden der Gesellschaft und zu ihrem Vorteil ausnutzen kann. Eine Gewähr gegen den Mißbrauch, wie ihn Cosack (S. 511) verlangt, muß gegeben werden. Hier nützen, worin Horrwitz (S. 218) Recht zu geben ist, weder quantitative noch gegenständliche Beschränkungen der Stimmrechtsaktien, ganz abgesehen davon, daß diese leicht zu umgehen sind; hiergegen nützt auch nichts die Verstärkung der Minderheitsrechte; auch die bisherige Praxis der Gerichte, in gewissen Fällen die Vorzugsaktien für nichtig zu erklären, genügt nicht, wohl aber muß versucht werden, auf diesem Wege, der allein zum Ziele führen kann, auszubauen.

Selbstverständlich ist es äußerst schwierig, festzustellen, wann die Aktien mit Vorrecht derartig zulässige Zwecke verfolgen, oder wann sie, was auch sehr vielfach vorgekommen ist, lediglich zu eigennützigen Zwecken zu Gunsten der betreffenden Gruppe geschaffen werden. Die deutsche Praxis hat die Entscheidung davon abhängig gemacht, ob die Schaffung der Vorzugsaktien (in gleicher Weise gilt dies für die Vorratsaktien) gegen die guten Sitten verstößt oder nicht. Hier hat das Reichsgericht, allerdings unter dauerndem Schwanken, zwei Grundsätze aufgestellt:

1. Der Umstand allein, daß die Verwaltung oder eine Gruppe einen Machtzuwachs erhält, widerspricht nicht dem Gesetze.
2. Ein Handeln gegen die guten Sitten liegt vor, wenn die Schaffung der Aktien aus eigennützigen Zwecken unter bewußter Hintansetzung des Wohles der Gesellschaft vorgenommen wird.

Diese Sätze, die *grundsätzlich die Schaffung derartiger Aktien zulassen und nur den Mißbrauch verfolgen*, müssen auch heute noch als Grundlage dienen. Trotzdem befriedigt die Rechtsprechung nicht und trägt dem berechtigten Verlangen der Kleinaktionäre, nicht von der Mehrheit überrannt zu werden, nicht genügend Rechnung.

Zunächst kann man, wenn Vorzugs- oder Vorratsaktien geschaffen werden, ihnen nicht ansehen, welche Zwecke sie verfolgen, vielleicht sind sie zur Abwehr oder sonstigen zulässigen Zwecken geschaffen, vielleicht auch nicht. Der formelle Beschluß der Generalversammlung, derartige Vorzugsaktien oder Vorratsaktien zu schaffen, dessen Ausführung üblicherweise dem Vorstand und Aufsichtsrat überlassen bleibt, gibt meist nähere Unterschiedsmerkmale nicht. Es ist rührend anzusehen, wie das Reichsgericht wie ein Strafrichter Verdachtsgründe sucht, wie es nach den wahrscheinlichsten Motiven Umschau hält, um seine Entscheidung zu begründen; eine Untersuchung, die die Kraft des Gerichts überschreitet! Motive zu kontrollieren ist schwer oder oft gar nicht möglich. Vor allem aber, selbst wenn diese Aktien mit allen möglichen Kautelen versehen sind, die verhüten sollen, daß sie zum Schaden der Gesellschaft angewendet werden, ist es doch sehr wohl möglich, daß später trotzdem eine die Gesellschaft schädigende Anwendung erfolgt. Das, was die Minderheit schädigt, ist ja im allgemeinen nicht die *Schaffung* derartiger Aktien, sondern deren *Anwendung*, um den Willen der Minderheit zu brechen. Hier muß eine Änderung einsetzen dahin, daß diese Aktien nicht nur bei ihrer Schaffung für nichtig erklärt werden können, sondeern daß die Nichtigkeitserklärung auch zulässig ist, wenn die Art ihrer Ausübung derart ist, daß sie die guten Sitten verletzt. Schon heute nimmt man vereinzelt an (vgl. Staub, Anm. 11 b zu § 185), daß Beschlüsse, die durch Benutzung derartiger Aktien zur Schädigung der Gesellschaft beitragen, nichtig sind. Dies genügt aber nicht; grundsätzlich muß die Nichtigkeit der Aktien ausgesprochen werden können sowohl bei Schaffung als auch, wenn sie später bei der Ausübung ihrer Macht die Schädigung der Gesellschaft bewirken. Spricht man dies gesetzlich aus, so ist die Minderheit in der Lage, derartige Aktien, wenn mit ihnen Mißbrauch getrieben wird, zu beseitigen; dann hat sie alles erreicht, was sie billigerweise erreichen kann. Ich verkenne nicht, daß hier juristische Fußangeln in Menge liegen. Welches ist die rechtliche Natur dieser Nichtigkeit, sind die Aktien, mit denen Mißbrauch getrieben wird, von Anfang an nichtig? Gibt es eine Nichtigkeit, die, wie hier, nur auf Antrag eintritt. Juristische Schwierigkeiten dürfen uns aber nicht abhalten, wirtschaftlich Notwendiges zu schaffen. Es wird nötig sein, die Nichtigkeit von Generalversammlungsbeschlüssen überhaupt näher zu prüfen. Vielleicht kommt man, wie es Giesecke (bei Gruchot, Bd. 66, S. 22 ff.,) vorschlägt, dazu, statt der Nichtigkeit in gewissen Fällen nur Anfechtbarkeit anzunehmen.

Ein fernerer Fehler des jetzigen Rechtszustandes ist der, daß die Gerichte über die Nichtigkeit der Aktien zu entscheiden haben. Abgesehen davon, daß hier wesentliche wirtschaftliche Gesichtspunkte vielfach in Betracht kommen, dauert das Verfahren zu lange; es ist ein unleidlicher Zustand, daß, wenn ein Prozeß durch drei Instanzen geht, es 2 bis 3 Jahre unentschieden ist, ob Aktien einer Gesellschaft nichtig sind oder nicht, die ganze Geschäftsgebarung während dieser Zeit kann lahmgelegt werden; denn die Verwaltung weiß ja nicht, ob ein Beschluß, der mit Hilfe derartiger Aktien gefaßt ist, nichtig ist oder nicht. Es muß daher ein abgekürztes Verfahren vor einer Behörde, die zusammengesetzt ist aus Richtern und Sachverständigen, geschaffen werden. Hierfür, wie es Lehmann in seinem Gutachten vorschlägt, die Spruchstelle für die Entscheidung in Goldbilanzfragen entscheiden zu lassen, halte ich nicht für praktisch. Diese Spruchstellen sind zu bestimmten Zwecken und nach Grundsätzen, die für diese Zwecke festgestellt sind, geschaffen; nachdem im wesentlichen jetzt dieser Zweck erreicht ist, soll man sie für andere doch nicht vollständig gleichliegende Gegenstände nicht weiter benutzen. Allerdings sind die Grundsätze der 4. DV. zur GBV. entsprechend anzuwenden; man wird auch hier bei jedem Oberlandesgericht eine derartige Spruchstelle einsetzen, man wird sie durch einen Richter und zwei Sachverständige besetzen lassen, wobei es allerdings nicht praktisch sein dürfte, die Ernennung der sachverständigen Richter durch die Handelskammer vornehmen zu lassen. Gegen die Handelskammern besteht ein — wenn auch wohl nicht berechtigtes — Mißtrauen dahin, daß sie dem großkapitalistischen Einflusse unterliegen. Schon dieses Mißtrauen allein zwingt, von ihrer Ernennungsbefugnis Abstand zu nehmen. Das Beste dürfte sein, daß die Beisitzer vom Reichswirtschaftsrate ernannt werden.

Was das Verfahren betrifft, so muß es kurz sein; es wird sich, wie bei den Spruchstellen für Goldbilanzen, empfehlen, sich an das Verfahren der freiwilligen Gerichtsbarkeit anzulehnen. Auch dürfte es bei der Wichtigkeit der in Betracht kommenden Fragen angezeigt sein, eine sofortige Rechtsbeschwerde einzuführen an ein Spruchgericht, das nach ähnlichen Grundsätzen beim Reichsgericht eingesetzt wird. Der Antrag auf Eröffnung dieses Verfahrens muß dem Vorstande und wohl auch dem Aufsichtsrate gegeben werden; dagegen bin ich nicht der Ansicht, daß jeder einzelne Aktionär das Recht haben soll, die Eröffnung des Verfahrens zu beantragen. Es besteht dasselbe Bedenken wie beim Anfechtungsrecht aus § 271. Die Gesellschaft muß davor geschützt werden, daß in einer für sie so wichtigen Frage wie der, ob gewisse Aktien nichtig sind, jeder Aktionär das Recht haben soll, das Verfahren zu beantragen. Es ist zu befürchten, daß ein solches Recht sehr häufig mißbraucht wird, um eigennützige Zwecke zu fördern. Man könnte daher das Recht nur einer Minderheit geben und zwar, damit es nicht illusorisch gemacht wird, einer solchen, die 5% des Aktienkapitals besitzt.

Einer besonderen Behandlung müßten die Aktien, die in der Inflationszeit mit minderem Gelde geschaffen sind, unterliegen. Man überweise die Frage, ob sie beizubehalten oder einzuziehen sind, ebenfalls am besten den Sondergerichten; diese haben auch darüber zu entscheiden, ob die Einziehung abgewendet werden kann durch Nachzahlung eines Betrages, der dem Worte der Aktien entspricht und ferner, ob, wenn sie eingezogen werden, dies mit oder ohne Entschädigung zu geschehen hat (vgl. Report Nr. 28/29).

In den vorstehenden Ausführungen ist nicht unterschieden zwischen Vorzugs- und Vorratsaktien.

Die Schaffung der letzteren hatte verschiedene Gründe. Zunächst erschien es oft praktisch, für künftigen Bedarf, z. B. bei bevorstehenden

Fusionen, über die die Verhandlung etwa noch schwebt, oder bei Ausgabe von Obligationen, die mit einem Recht auf Aktien versehen waren, schon jetzt Aktien zu schaffen, um nicht die geplante Transaktion durch die Abhaltung von Generalversammlungen usw. zu verzögern. Ein weiterer Grund war aber der: man sah ein, daß die Schaffung von Vorzugsaktien nicht genügend war, um das, was man durch sie zu erreichen wünschte, zu erlangen. Durch die Notwendigkeit doppelter Abstimmung ist die Wirkung der Vorzugsaktien in allen Fällen, in denen diese Abstimmung nötig ist, eine negative, sie kann Statutenänderungen usw. verhindern, aber wenn die Besitzer der Vorzugsaktien nicht gleichzeitig die Mehrheit der Stammaktien haben, kann sie Statutenänderungen nicht durchsetzen. So schuf man denn gewöhnliche Aktien ohne Stimmvorrechte, die sich im Besitze von Treuhändern für die Verwaltung befanden.

Die Fragen der Vorratsaktien tritt praktisch schon jetzt zurück. Inflationsaktien, die mit geringem Gelde geschaffen sind, durch die man sich ohne Aufwendung größerer Mittel die Herrschaft sichern könnte, sind jetzt nicht mehr möglich. Es müssen 25% mit der Verpflichtung für den Restbetrag eingezahlt werden, ferner aber, wenn man obige Thesen von der befristeten Kapitalerhöhung ausnimmt, ist das Bedürfnis nach derartigen Vorratsaktien nicht mehr so dringend.

Soweit aber Vorratsaktien zum Zwecke der Sicherung der Macht der Verwaltung und der Mehrheit geschaffen werden, gilt dasselbe, was über die Vorrechtsaktien ausgeführt ist. Auch das Reichsgericht hat in seiner Praxis für beide Arten Aktien dieselben Grundsätze aufgestellt.

Sowohl bei der Schaffung als auch beim Gebrauch der Vorratsaktien soll also deren Nichtigkeit von den Spruchstellen nachgeprüft werden. Hier wird insbesonders untersucht werden, ob, wenn derartige Aktien unter Ausschluß des Bezugsrechts und zwar gewöhnlich zu einem den Wert nicht erreichenden Kurse geschaffen werden, dies zu einem Zweck geschieht, der des Schutzes des Gesetzes wert ist. Man wird besonders darauf achten müssen, ob jeder persönliche Vorteil derer, die die Aktien übernehmen, ausgeschlossen wird, und ob die Gewähr geschaffen ist, daß das Stimmrecht wirklich nur zum Nutzen der Gesellschaft ausgeübt wird. Aber auch nach der Schaffung kann man nach den oben dargelegten Grundsätzen die Nichtigkeit beantragen, wenn die Benutzung bei Abstimmung in der Weise geschieht, die dem legalen Zwecke nicht dient. Fälle, wie sie mehrfach vorgekommen sind, daß die

Treuhänder sich die Aktien für bedeutende Summen abkaufen lassen, sind natürlich jedem gerechten Empfinden hohnsprechend. Gerade bei Vorratsaktien ist ein Verfahren, wie es hier vorgeschlagen ist, also ein Vorgehen von Fall zu Fall, zweckentsprechend und nur ein solches Vorgehen möglich. Wie denkt sich Horrwitz die Ausführung seines Satzes, daß die Ausgabe von Vorratsaktien nichtig ist? Er definiert im Anschluß an die DV. zur GBV. als Vorratsaktien die, die unter Ausschluß des Bezugsrechts sich der Verwaltung gegenüber ausdrücklich oder stillschweigend in der Verfügung, insbesondere im Stimmrecht gebunden haben. Wie aber nun, wenn eine Gesellschaft, die von der Aktiengesellschaft „kontrolliert" wird, d. h. die deren Herrschaft unterliegt, die Aktien zeichnet, ohne sich zu binden, da ja die Aktiengesellschaft infolge ihrer Herrschaft es jederzeit in der Hand hat, die Abstimmung zu dirigieren? Das Reichsgericht hat allerdings in dem vielfach besprochenen Erkenntnis (RGZ. Bd. 108, S. 41) erklärt, daß, wenn die Aktien der zeichnenden Gesellschaft „fast vollständig im Besitz der Aktiengesellschaft sind", die Zeichnung unzulässig sei, da eine Kapitalerhöhung nur dem Namen nach vorhanden sei. Ich halte mit Flechtheim (JW. 1924, S. 680) diese Ansicht für durchaus verfehlt. Aber selbst wenn man sich auf den Standpunkt des Reichsgerichts stellt, was heißt „fast vollständig"? Im allgemeinen genügen ja schon 51% zur Beherrschung.

Oder weiter: wenn eine Bank, die der Verwaltung nahe steht, die Aktien übernimmt und die Gesellschaft sie weder ausdrücklich noch stillschweigend in der Verfügung beschränkt, indem sie, was im Verkehr zwischen Großunternehmungen ja wohl ohne weiteres anzunehmen ist, darauf vertraut, daß die Bank sich der Aktien nur in dem gedachten Sinne bedienen wird? In einem ähnlichen Kölner Falle hat bei der Frage des Stimmrechts das Reichsgericht (RGZ. Bd. 85, S. 170) angenommen, daß der beiden Parteien bekannte Zweck, ein Stimmrecht für den Erwerber zu beschaffen, nicht genüge, um eine Sittenwidrigkeit festzustellen. Ebenso könnte hier das Gericht auf dem Standpunkt stehen, daß eine Vorratsaktie im gesetzlichen Sinne nicht vorliegt, da weder ausdrücklich noch stillschweigend eine Bindung erfolgt sei.

Aus dem Gesagten folgt daher, daß man mit dem Verbote sehr wenig erreichen wird, dagegen erscheint die drohende Nichtigkeit der einzige Ausweg, um Mißbräuche zu verhindern.

Zu 2:

a) Die zweite Art der Verfälschung des Stimmrechts sieht man in der Legitimationsübertragung der Aktien und im Zusammenhang damit in der Benutzung der Kundenaktien der Banken zur Ausübung des Stimmrechts.

An sich — darüber ist man wohl allseitig einig, und zwar nicht nur rechtlich, sondern auch wirtschaftlich — soll nur der wirkliche Eigentümer stimmen. Sagt auch das Gesetz: „Jede Aktie gewährt das Stimmrecht", so bedeutet dies doch nur, daß sie das Stimmrecht dem Aktionär gewährt, d. h. dem, dem die Aktie gehört. Zugelassen ist im Gesetz die Vertretung durch schriftliche Vollmacht. Der Idealzustand wäre der, daß alle Stimmberechtigten in jeder Generalversammlung erscheinen oder durch Bevollmächtigte vertreten sind, oder, wie es Klein (Die neue Entwicklung, S. 25) ausdrückt, jeder Aktionär müßte in der Generalversammlung erscheinen, dort Cato und Großinquisitor sein und sich gleich darauf in Michael Kohlhaas verwandeln, der Ersatzansprüche, Sonder- und Minderrechte bis zum letzten durchsetzt. Dies ist natürlich nicht zu erreichen; es hat sich vielmehr folgender Zustand herausgebildet: Eine feststehende Tatsache ist die Teilnahmlosigkeit und die Indolenz der Kleinaktionäre, unter welch letzteren nicht nur Aktionäre mit ganz geringem Kapital zu verstehen sind. Abgesehen davon, daß diese mangelns Lesens des Reichsanzeigers meist gar nicht den Termin der Generalversammlung kennen, fehlt auch gewöhnlich jedes Interesse, selbst zur Generalversammlung zu gehen, es sei denn, daß in Ausnahmefällen die Aktionärseele in Wut versetzt wird. „Les actionaires sont des lions ou des moutons, mais toujours des bêtes" hat ein Großindustrieller gesagt (Bumbacher, Die Aktie als Grundlage des Stimmrechts, S. 14).

Um sich die Stimmen der Teilnahmlosen zu verschaffen, lassen sich die einzelnen Aktionäre der Mehrheit oder der Opposition die Erlaubnis von den Akitonären geben, Aktien auf ihren eigenen Namen anzumelden („Legitimationszession" oder, wie Simon in der Festgabe für Wilke es nennt, „verdeckte Vertretung"). Ferner aber ruht der größte Teil der Aktien bei den Banken. Wenn auch der gesetzliche Zwang der Inflationszeit aufgehoben ist, so ist diese Gewohnheit schon wegen der Bequemlichkeit des Einziehens von Dividenden und wegen der Sicherheit der Aufbewahrung gegeben. Die Banken lassen sich in ihren allgemeinen Bedingungen in der verschiedensten Form das Recht geben, die

Aktien zu vertreten, worunter im allgemeinen auch das Recht verstanden wird, die Vertretung auch andern zu übertragen. Diese allgemeine Ermächtigung wird als schriftliche Vollmacht angesehen. Wir erleben es daher in den meisten Generalversammlungen, daß die Banken selbst oder durch Dritte als Großaktionäre mit ihren Kundenaktien auftreten.

Die Praxis hat nach dem geltenden Rechte beides für zulässig erklärt. Insbesondere hat das Reichsgericht die von Staub zuerst rechtlich begründete Legitimationszession gebilligt. Der erste wirkliche Angriff ging von Planitz (Die Stimmrechtsaktie) aus, dem sich u. a. jetzt Nord (JW. 1926, S. 530 angeschlossen hat. Die Frage der Geltung nach dem bestehenden Rechte kann dahingestellt bleiben; ich halte die Form, die der Verkehr sich geschaffen hat, für eine Fortbildung des bestehenden Rechts, die dem Gesetze nicht widerspricht. Hier haben wir lediglich zu untersuchen, ob eine Reform des Aktienrechts sich auch damit zu beschäftigen hat, ob diese Formen zu beseitigen oder zu bestätigen sind.

Das ausländische Recht ist hierbei ebenso in der Entwicklung wie unser Recht, überall wird auch diese Frage diskutiert; ich kann mich auf die ausgezeichnete Zusammenstellung von Giesecke über die Frage der Depotaktien beziehen. Das englische Recht ist hier für uns überhaupt nicht heranzuziehen. Abgesehen davon, daß es für das Stimmrecht, wie wir gesehen haben, von ganz anderen Grundsätzen ausgeht als das deutsche Recht, da dort auch die Entziehung des Stimmrechts für gewisse Aktien zulässig und üblich ist, herrscht in England die Namensaktie. Zwar ist seit 1867 auch die Aktie „warrant to bearer" zugelassen, die aber praktisch nicht entfernt die Bedeutung hat wie in Deutschland. Jedoch kennt man auch für Namensaktien in England das Institut des Strohmanns (nominee). Es wird für zulässig erklärt. Jedenfalls kann hier von der Anwendung des englischen Rechts, das von ganz anderen Grundsätzen ausgeht, nicht die Rede sein; es kann für uns nicht in Frage kommen, die Inhaberaktien durch Namensaktien zu ersetzen; die Inhaberaktie hat derartige Vorteile, sie ist so in das Bewußtsein des Volkes übergegangen, daß ihre Beseitigung eine der Grundlagen unseres Aktienwesens zerstören würde.

Wir haben also hier lediglich zu fragen, was für deutsches Recht und deutsche Verhältnisse als angemessen gilt.

Zwei wirtschaftliche Bedenken sind es, die gegen die Legitimationszession als solche geltend gemacht werden. Nur mit den wirtschaftlichen Einwürfen haben wir uns zunächst zu beschäftigen, denn wenn eine von der Praxis geschaffene Einrichtung wirtschaftlich gerechtfertigt erscheint, muß die Rechtswissenschaft den Weg finden, sie auch rechtlich zu konstruieren.

Zunächst wird eingewendet, daß das Stimmrecht verfälscht wird; nicht der Aktionär stimmt, sondern, wie der übliche unschöne Ausdruck lautet, der Strohmann. Dieser Einwurf erscheint mir bei der eigentlichen Legitimationszession hinfällig: ob der Aktionär stimmt, oder, was doch unzweifelhaft zugelassen ist und zugelassen bleiben muß, sein Bevollmächtigter, ist gleichgültig, denn immer ist es der Wille des Aktionärs, der hier zur Geltung kommt. Warum aber soll es nicht zugelassen werden, statt eine schriftliche Vollmacht zu geben, diese dadurch zu ersetzen, daß dem Bevollmächtigten die Aktien zur Geltendmachung der Rechte übertragen werden? Das Wichtigste ist doch, daß in beiden Fällen der Wille des Aktionärs selbst entscheidet; die Legitimationszession ist doch schließlich nichts weiteres als eine Erleichterung der Vollmachtserteilung. Es würde geradezu eine Schädigung der Rechte der Minderheit sein, wenn man diese Erleichterung beseitigen würde. Wie oft lesen wir nicht, daß, wenn sich in Streitfällen Aktionärkomitees zur Wahrung der Rechte der Minderheit bilden, diese durch Zeitungen die Aktionäre auffordern, ihnen ihre Aktien zur unentgeltlichen Vertretung zu übertragen. Die Aktienübertragung ist einfach, indem lediglich der Bank, bei der die Aktien liegen, geschrieben wird, daß sie die Aktien auf einen bestimmten Namen anmelden soll. Würde aber jedesmal erst eine schriftliche Vollmacht gefordert werden, so würde es viel schwerer sein, diese, die doch auch mit Stempel und Kosten verknüpft ist, vom Aktionär zu erlangen. Es liegt daher in der Schaffung der Legitimationszession nicht, wie Planitz wenig geschmackvoll sagt, „ein durchsichtiger Advokatenkniff", sondern eine berechtigte und den Aktionärinteressen dienende Erleichterung der Ausübung des Stimmrechts.

Wesentlicher ist der zweite Einwand, der dahin geht, daß die Legitimationszession mißbraucht werden könne, um die Stimmvorschriften des § 252 Abs. 3 zu umgehen, d. h. um das Stimmrecht ausüben zu lassen, obgleich der Aktionär selbst nach dem Gesetze nicht stimmen darf. Derartige Mißbräuche kommen unzweifelhaft vor; wenn z. B. die Mehrheit der Aktien in den Händen der Verwaltung ist, die bei der Entlastung nicht mitstimmen darf, so wird dies dadurch umgangen, daß man die Aktien der Verwaltung an Dritte „verteilt" und diese stimmen läßt; oder wenn mit der Person oder Gesellschaft, die einen großen Teil der Aktien besitzt, ein Vertrag abgeschlossen werden soll, so verteilt diese ihre Aktien ebenfalls an Dritte, die dann für den Vertrag stimmen.

Nun kann allerdings hiergegen eingewendet werden, daß es ein feststehender Grundsatz der Praxis ist, daß der Legitimationszessionar nicht mehr Stimmrechte hat als der Aktionär (vgl. Staub, Anm. 19 zu § 223). Wir haben vielfach Anfechtungsklagen gesehen, bei denen die, die gestimmt haben, als Zeugen vernommen worden sind, ob sie Aktien aus eigenem oder fremdem Rechte besessen haben. Man muß aber zugeben, daß dies allein nicht genügt, um dem Mißbrauch zu steuern. Die, die eine derartige Manipulation vornehmen, können sich im allgemeinen darauf verlassen, daß die Gegenpartei die schwierige und kostspielige Anfechtungsklage nicht erheben wird, um so mehr, als sie ja, da man den Aktien nicht ansehen kann, wem sie gehören, auf Vermutungen angewiesen ist. Außerdem führt die Klage bei der an sich richtigen Theorie des Reichsgerichts vom Kausalzusammenhange dann nicht zum Ziel, wenn auch ohne die beanstandeten Aktien einer Mehrheit vorhanden gewesen wäre. Es ist daher ein durchaus berechtigtes Verlangen derer, die gegen diesen Mißbrauch auftreten, daß schärfere Maßnahmen hiergegen getroffen werden. Man muß ein solches Mittel finden, um vor derartigen Mißbräuchen, die sich eingebürgert haben und das ganze, wie ich ausgeführt habe, durchaus zweckmäßige Institut in Mißkredit gebracht haben, abzuschrecken. Ein solches Mittel liegt in der Strafandrohung. Es muß bestimmt werden, daß eine Benutzung von Aktien zum Zwecke der Umgehung der Vorschriften über das Stimmrecht unter Strafe gestellt wird. Schon die Strafandrohung allein wird genügen, um die, die bisher leichten Herzens sich über die zivilrechtlichen Vorschriften hinweggesetzt haben, zu veranlassen, sich des Mißbrauchs zu enthalten. Wird eine derartige Strafandrohung in das Gesetz eingefügt, dann ist gegen die Institution der Legitimationszession nichts einzuwenden.

b) Eine besondere Art der Benutzung der Legitimationszession findet sich, wie bereits bemerkt, bei der Ausübung des Stimmrechts der Banken für die bei ihnen hinterlegten Aktien, deren Eigentum dem Kunden zusteht. Diese ist natürlich unbedenklich, wenn die Bank sich für den jeweiligen Fall eine Ermächtigung zur Vertretung geben läßt; ist der Aktionär ausdrücklich und schriftlich einverstanden, daß die Bank die Aktien auf ihren oder einen fremden Namen anmeldet, so liegt der Fall der Legitimationszession ebenso wie jeder andere. Es hat sich aber allmählich — nicht erst seit der Inflationszeit, wie Hartmann annimmt — die Sitte eingebürgert, daß in den allgemeinen Geschäftsbedingungen der Banken, einer Druckschrift von oft mehreren Seiten, auch die Erlaubnis enthalten ist, mangels anderer Weisung die bei ihnen ruhenden Aktien nach ihrem Ermessen oder, wie es manchmal heißt, nach bestem Ermessen zur Stimmabgabe zu benutzen. Die hierin liegende Legitimationszession ist von besonderer Art dadurch, daß sie nicht für einen bestimmten Fall und nicht für bestimmte Aktien gegeben wird, sondern generell die Ermächtigung enthält, alle Aktien, die der Kunde bei der Bank hat oder haben wird, derartig zu benutzen.

Würde man diese Frage rein theoretisch betrachten, so könnte man sagen, daß es rechtlich gleichgültig ist, ob jemand einen andern zur Vertretung generell oder speziell ermächtigt. Es hat ja auch niemand bisher die Zulassung von Generalbevollmächtigten bestritten, außerdem liegt es ja im Belieben jedes Aktionärs, im speziellen Falle der Vertretung zu widersprechen. Auch hier also handle es sich nur um die Vertretung im Willen des Aktionärs. Tatsächlich aber liegt die Sache hier doch anders; hier ist jedem Mißbrauche Tor und Tür geöffnet, hier ist der Grundsatz, daß der Aktionär als solcher stimmberechtigt ist, in das Gegenteil verkehrt. Vor allem liegt der Unterschied von der einfachen Legitimationszession darin, daß bei dieser der Eigentümer die Aktien dem Vertreter mit einer Weisung übergibt, in dem von ihm gewollten Sinne zu stimmen, während bei der Kundenaktie das Ermessen der Bank entscheidet. Dazu kommt, daß die Bankbedingungen meist unterschrieben werden, ohne daß sie der Kunde liest, oder wenn er sie liest, ohne daß er sich im einzelnen über die Tragweite klar wird. Es liegt auch ein gewisser Zwang zur Unterschrift vor, denn eine Bank wird sich kaum darauf einlassen, einem einzelnen Kunden gegenüber ihre allgemeinen Bedingungen in einzelnen Punkten zu ändern. Dazu kommt die bereits erwähnte Nachlässigkeit und Indifferenz der meisten Aktionäre, die sich grundsätzlich um Generalversammlungen nicht kümmern. So kann es geschehen und geschieht sehr vielfach, daß die Banken mit großen Aktienpaketen erscheinen und die Generalversammlung beherrschen. Dies geschieht um so mehr, als sich auch der Brauch oder vielmehr Mißbrauch herausgebildet hat, daß die Banken sich gegenseitig mit ihrem Aktienbesitz aushelfen, wenn etwa nur eine von ihnen ein Interesse an der betreffenden Generalversammlung hat, so daß also der Vertreter der einen Bank sämtliche Kundenaktien aller in Betracht kommenden Banken in sich vereinigt. Wir haben ein sehr merkwürdiges Beispiel in dieser Beziehung bei dem Kampfe der Hochbahnaktionäre erlebt.

Es soll nun durchaus nicht gesagt werden, daß dieses Verfahren etwa stets zum Nachteil der Gesellschaft oder der Aktionäre ausschlägt, oder daß hierin eine systematische Entrechtung der Aktionäre vorliegt. Hartmann (Bankarchiv 24, S. 456) bemüht sich, eingehend darzulegen, daß insbesondere die Großbanken oft gerade das Interesse der Minorität wahrnehmen. Dies ist ohne weiteres zuzugeben; aber er kann doch nicht leugnen, daß die Gefahr des Mißbrauchs vorhanden ist, und daß sehr wohl die Aktionäre, die ihre Aktien bei den Banken liegen haben, andere Interessen haben können als die Banken selbst. Er selbst führt zwei Beispiele an, um zu zeigen, wie korrekt die Banken handeln. In dem einen Falle ist ihm recht zu geben; bei dem großen Kampfe beim Eschweiler Bergwerk, bei dem eine große Opposition zu erwarten war, fragte eine Bank jeden einzelnen Kunden an, ob er sie ermächtige, die Aktien der Verwaltung oder der Opposition zur Verfügung zu stellen, und fügte hinzu, daß bei nicht erfolgender Antwort die Aktien unvertreten blieben. Dies ist ein durchaus korrektes Verfahren. In dem anderen Falle aber, dem bereits erwähnten der Hochbahn, bei dem das Schicksal der Beschlüsse von einer verhältnismäßig geringen Anzahl von Aktien abhing, fragte die Bank an, ob die Kunden ihr die Aktien zur Verfügung stellten, und erklärte, daß im Falle der Nichtbeantwortung innerhalb gewisser Frist sie die Aktien der Verwaltung überlassen würde. Hier entscheidet also die Bank über das Stimmrecht aller derer, die nicht antworten, in bestimmtem ihr genehmen Sinne.

Und wie ist es in den häufigen Fällen, in denen überhaupt nicht angefragt wird? Die Frage wird verschoben, wenn man das Verhältnis der Bank zu den Kunden dahin in den Vordergrund stellt, ob die Vertretung der Banken nützlich ist oder nicht. Grundsätzlich soll der Aktionär allein entscheiden, welche Art der Abstimmung er für sich förderlich hält; er kann einen Anderen Weisung geben, für ihn zu stimmen. Eine Weisung liegt aber nicht darin, daß Bedingungen mit genereller Ermächtigung für Fälle, die bei der Unterschrift der Bedingungen überhaupt noch nicht voraussehbar waren, unterschrieben werden. Die Bank ist lediglich Verwahrerin der Aktien, und daß der Verwahrer als solcher nicht das Stimmrecht auszuüben hat, liegt wohl auf der Hand. Bei der Vertretung der Banken auf Grund der allgemeinen Bedingungen liegt daher, wie Giesecke mit Recht ausführt, eine Verkehrung aktienrechtlicher Grundsätze vor.

Allerdings wird das Bild der Generalversammlungen, wenn man sich entschließt, den Banken nur ein Stimmrecht zu geben, wenn sie es in bestimmten Fällen bekommen, zunächst ein ganz anderes werden, als es jetzt ist. Entweder wird es sich einbürgern — was im übrigen jetzt schon vielfach bei Banken, die selbst das Bedenkliche der Situation erkannt haben, geschieht —, daß die Bank vor jeder Generalversammlung die Kunden auffordert, ihr die Vertretung zu geben, oder aber, falls die Kunden von dieser Befugnis keinen Gebrauch machen, werden noch mehr Aktien als bisher unvertreten sein, ein an sich gewiß unerfreulicher Zustand. Es ist ein unzweifelhafter Krebsschaden unseres Aktienwesens, daß die Aktionäre ihre Rechte, die ihnen das Gesetz gibt, vielfach, man kann wohl sagen: im größten Teil der Fälle, nicht wahrnehmen. Ein generelles Mittel hiergegen aber ist nicht erfunden, denn die Trägheit der meisten Menschen ist unheilbar; aber damit, daß man den Willen der Berechtigten durch den Willen einer Bank ersetzt, die doch lediglich Aufbewahrerin ist, und die mindestens andere Interessen hat als der Aktionär, ist dem Schaden nicht abgeholfen.

Man kann zwar die Hoffnung aussprechen, daß, wenn der Aktionär weiß, daß die Bank seine Aktien nicht vertritt, er selbst zur Wahrnehmung seiner Rechte erzogen werden wird. Selbst wenn man dies aber nicht annimmt, kann man nicht aus reiner Bequemlichkeit die Grundsätze des Aktienrechts, daß der Aktionär selbst stimmberechtigt ist, aufgeben.

Allerdings ist mit der Negative, die Bank solle nicht auf Grund der allgemeinen Bedingungen vertreten, die Frage nicht restlos entschieden. Denn es steht natürlich nichts im Wege, daß die Bank die bei ihn aufbewahrten Aktien vertritt; nur muß dies auf Grund des klar ausgedrückten Willen des Aktionärs geschehen. Dieser Wille kann sich in einer Vollmacht, er kann sich auch in einer Ermächtigung ausdrücken, nach der die Bank befugt sein soll, durch Anmeldung auf ihren Namen als Legitimationszessionarin aufzutreten. Nur die allgemeine Erklärung in den Bankbedingungen kann nicht als genügend angesehen werden.

Gefordert müßte allerdings werden, daß zur Erleichterung des Verkehrs Vollmachten zur Ausübung des Stimmrechts stempelfrei sind.

Man müßte annehmen, daß die hier vorgeschlagene Regelung im Interesse der Banken selbst liegt. Sie werden von der Verantwortung entlastet, zu stimmen, ohne zu wissen, wie der Aktionär selbst stimmen will, ja oft sogar, ohne zu wissen, ob er überhaupt vertreten sein will. Der beste Beweis, daß Banken, die sich ihrer Verantwortung bewußt sind, sich vor solcher Ausdehnung der Verantwortung scheuen, ist doch der, daß schon heute vielfach, wenn Konflikte in der Generalversammlung drohen, die Banken ihre Kunden auffordern, zu erklären, ob und wie gestimmt werden soll, also ein Verfahren, das obigen Vorschlägen entspricht.

Dem hier gewonnenen Resultat steht Giesecke in dem Aufsatze über Depotaktien nahe. Auch er will kein Verbot an die Banken, von der Legitimationszession Gebrauch zu machen, wohl aber hält er die Frage der Einzelermächtigung für eingehender Prüfung wert. Er glaubt allerdings nicht, daß dies zu einer erheblichen Änderung des gegenwärtigen Zustandes führen werde. Dies kann natürlich nicht mit Sicherheit vorausgesehen werden. Selbst wenn aber Giesecke Recht hätte, so liegt doch grundsätzlich dann die Sache so, daß die Bank die Aktien auf Grund besonderer Ermächtigung vertritt, daß also dann der Wille des Aktionärs entscheidet, der aktienrechtliche Grundsatz des Bestimmungsrechts des Aktionärs mithin gewahrt bleibt.

VI. Damit sind die zu behandelnden Hauptpunkte erschöpft. Selbstverständlich aber wird die einzusetzende Kommission bei der Durcharbeitung des Gesetzes auch weitere Vorschriften, die weniger grundsätzlicher Natur sind, auf ihre fernere Anwendbarkeit zu prüfen haben. Einzelne Punkte seien kurz hervorgehoben.

Zunächst ist hier ein großes Gebiet, und zwar bewußt, nicht behandelt worden, das der Bilanzen. Bei dieser Frage hat der Jurist wenig mitzusprechen; die Bewertung der einzelnen Vermögensobjekte ist eine rein wirtschaftliche Frage, die aber natürlich sowohl vom Standpunkt des Aktionärs aus, für den sie die Grundlage des ihm zu zahlenden Ertrages bildet, als auch vom Standpunkt der Gläubiger aus, der nach ihr die Sicherheit der Gesellschaft bemißt, von großer Wichtigkeit ist. Auch die Frage der Bilanzwahrheit und Bilanzklarheit und im Verein damit die der Publizität der Bilanz ist hierbei zu erörtern, ebenso die des Reservefonds mit ihren verschiedenen Streitfragen und die der stillen Reserven. Endlich wird im Zusammenhange damit zu prüfen sein, ob man die unzweckmäßige Vorschrift der §§ 237, 245 HGB., daß Vorstand und Aufsichtsrat von freiwilligen Reserven, d. h. vom Gewinn, den sie mit verdient haben, der aber nicht verteilt wird, ihre Tantiemen zu erhalten haben, aufheben oder ändern soll. Gerade für den Punkt der Bilanzen und deren Publizität sind die Verhandlungen des Komitees und dessen Vorschläge im Report (Nr. 67 f.) beachtenswert. Sie fordern eine Annäherung an die deutschen Vorschriften über die bisher gesetzlich nicht zwingend vorgeschriebene Errichtung von Bilanzen und enthalten Vorschriften über Spezifizierung der Gewinne aus Tochtergesellschaften, die sie als solche bestimmen, an denen die Muttergesellschaft mehr als 50% der Aktien besitzt, oder bei denen sie berechtigt ist, die Majorität der Direktoren zu ernennen.

Neben dieser Frage wird bei der Revision eine andere, die rechtlich von Bedeutung, praktisch nicht von großer Tragweite ist, die der **Nichtigkeit der Gesellschaft und der Generalversammlungsbeschlüsse** zu behandeln sein. Die Frage der Nichtigkeit der Gesellschaft ist in den §§ 306 und 307 geregelt, aber nur für bestimmte Fälle. An sich muß davon ausgegangen werden, daß möglichst vermieden werden sollte, Gesellschaften, die vielleicht schon lange Zeit bestehen, für nichtig zu erklären. Auch muß unter allen Umständen dafür gesorgt werden, daß, falls Nichtigkeiten vorhanden sind, eine Heilung eintreten kann. Vielleicht empfiehlt es sich statt dessen sogar, den Grundsatz des englischen Rechts anzunehmen, daß die Eintragung alle Nichtigkeiten heilt. Einer besonderen Erwägung bedarf die Frage der Inflationsgesellschaften, insbesondere das Verhältnis des § 186 zu § 207. Bisher war man der Ansicht, daß die Nachholung durch Nachgründung nach § 207 die Nichtigkeit der versteckten Illationsgründung nicht heilt; das Kammergericht steht, wie bereits bemerkt, jedoch jetzt neuerdings auf einem anderen Standpunkte. Hierbei ist aber zu erwägen, daß die Vorschrift im § 186 die Zuverlässigkeit der Einbringung gewährleistet, insbesondere daß nicht über den Wert eingebracht wird. Läßt man nun die Umgehung durch § 207, der keine Revision kennt, zu, so kommt man leicht wieder zu einem Hauptmangel, der sich bei der Krisis von 1873 gezeigt hat, und der zu den scharfen Gründungsvorschriften führte, nämlich daß Einbringungsgründungen schwindelhaft gemacht werden oder durch Zwischengewinn die Aktiengesellschaft unnötig belastet wird. Durch die kammergerichtliche Rechtsprechung verlieren wir eine der wesentlichsten Grundlagen der

Solidität der Gründung. Abhilfe läßt sich dadurch schaffen, daß man für die Heilung des Mangels gemäß § 207 zwingend die Revision vorschreibt.

Was die Nichtigkeit von Generalversammlungsbeschlüssen betrifft, so hat diese lediglich die Praxis geschaffen; das Gesetz enthält keine Vorschrift. Man wird an sich den Grundsatz, daß auch Generalversammlungsbeschlüsse nicht nur anfechtbar, sondern auch nichtig sein können, beibehalten, insbesondere, wenn sie gegen öffentlich-rechtliche Grundsätze verstoßen oder den guten Sitten zuwiderlaufen. Man wird aber, da es praktisch undenkbar erscheint, daß vielleicht nach Jahren eine Nichtigkeit festgestellt wird und damit alle Handlungen, die auf Grund des nichtigen Beschlusses erfolgt sind, hinfällig werden, genaue Regeln über das Verfahren desselben schaffen und Fristen für die Nichtigkeitsklage bestimmen, vielleicht die aktienrechtliche Nichtigkeit an die Anfechtbarkeit annähern, aber jedenfalls die Möglichkeit nachträglicher Heilung gewähren.

Schließlich müßte die Kommission auch, worauf schon Lehmann in seinem Gutachten hingewiesen hat, die Frage der Steuern und Kosten mit in Erwägung ziehen. Gründungen und komplizierte Beschlüsse der Aktiengesellschaften, z. B. Fusionen, sind mit in erster Linie Steuer- und Kostenfragen. Ist die Belastung eine zu hohe, so wird die Handlung unterbleiben. Der Schade, der dadurch entsteht, daß volkswirtschaftlich notwendige oder auch nur wirtschaftlich nützliche Geschäfte wegen zu hoher Kosten und Steuern unterbleiben, ist im Effekt ein viel größerer als der Betrag der etwa entgangenen Steuern; denn je ertragsreicher eine Wirtschaft arbeitet, desto mehr Abgaben erhält der Staat. Der französische Finanzminister Caillaux hat bei seiner Rede zur Festsetzung seines Sanierungsplanes im Juli in der Kammer gesagt: „Wir müssen die Einkommensteuer ertragreicher gestalten; deswegen müssen wir sie auf ein erträgliches Maß herabsetzen.“ Dieser Grundsatz, der, wenn auch zögernd, schon bei dem Abbau der Fusionssteuer auch bei unserer Finanzverwaltung zur Geltung gebracht ist, muß auch für andere wirtschaftlich notwendige Maßnahmen zur Anwendung gebracht werden. Es wird die Aufgabe derer sein, die das Aktienrecht neu gestalten sollen, festzustellen, welche Steuern für die Gründung und Umgestaltung von Aktiengesellschaften tragbar sind.

Neben diesen Punkten dürften natürlich noch einzelne Punkte in Betracht kommen. Im großen und ganzen ist aber wohl das Tätigkeitsgebiet der zu bildenden Kommission damit umschrieben. Ihr, wie Haußmann (DJZ. vom 1. Juli 1926) vorgeschlagen hat, die Reform des gesamten Handelsrechts einschließlich des G. m. b. H.-Rechts zu übertragen, dürfte zweckwidrig sein. Eine weitere Ausdehnung des Gegenstandes der Beratung würde die Aufgabe der Kommission erschweren und vor allem dazu führen, daß eine Erledigung der Arbeiten in absehbarer Zeit nicht möglich wäre.

VII. Das Ende meiner Ausführungen knüpft wieder an den Anfang an. Ich habe darzulegen versucht, wie in einigen Hauptpunkten eine Revision des Aktienrechts zu erfolgen hat; es hat sich gezeigt, daß alle keine Einzelpunkte sind, sondern daß sie abhängen von der Hauptfrage, wie soll die Aktiengesellschaft als solche konstruiert werden, sollen die Grundprinzipien unseres Aktienrechts erhalten, in welchen Einzelpunkten sollen sie geändert werden. Ich glaube, daß der, der den Zusammenhang übersieht, sich von der Richtigkeit des Satzes überzeugt haben wird, daß die Herausnahme einzelner Teile zwecks Revision eine Flickarbeit ist, die das ganze Gebäude ins Wanken bringen kann.

Man hat dieser Ansicht vorgeworfen, daß sie zu konservativ verfahre. Mit Unrecht; niemand kann mehr als ich einer eingehenden, sorgsam vorbereiteten Prüfung des Aktienrechts, das naturgemäß gewisse Alterserscheinungen zeigt, das Wort reden. Niemand aber ist ein größerer Feind überstürzter Gelegenheitsgesetze, insbesondere auf dem Gebiete eines in sich so festgefügten Rechts, wie das Aktenrecht es ist, als ich. Will man diesen Standpunkt konservativ nennen, so habe ich nichts dagegen.

Dieses Wort „Gelegenheitsgesetz" ist auch nicht, wie ebenfalls eingewendet worden ist, ein Schlagwort, d. h. doch wohl ein Wort, bei dem die Begriffe fehlen; es hat einen vollen Sinn, es ist ein Gesetz, das einen angeblichen wirtschaftlichen Mangel auf chirurgischem Wege durch Herausschneiden eines angeblich kranken Teiles zu heilen versucht, ohne sich um den Gesamtorganismus zu kümmern. Ich halte es hier mit dem Worte von Klein (Entwicklung, S. 79): man experimentiert nicht gern an den Partieen, wo die Lebensnerven liegen. Wollen Sie daher ein Schlagwort, so ist es das: kein Herumexperimentieren an Einzelvorschriften, sondern sorgsame Durcharbeitung im Ganzen! Stehen wir auf diesem Standpunkte, so befinden wir uns auch in Übereinstimmung mit der englischen Auffassung. Der mehrerwähnte Report sagt (S. 5):

In dealing with an instrument so nicely balanced as the existing law . . . there is always the danger, that some alteration, apparently desirable in itself, may have unexpected repercussions throughout the whole mechanism.

Wird die Frage der Reformbedürftigkeit, die Frage der Änderung einzelner Bestimmungen, die etwaige Anlehnung an fremde Rechte von einer höchst sachverständigen Kommission geprüft, so können wir hoffen, in dem geänderten Aktien-Gesetze ein Gesetz zu erhalten, das dem bestehenden Gesetze an innerem Werte gleichkommt, das wie das bisherige den Aktiengesellschaften frei von behördlichem Zwange jede Entwicklungsmöglichkeit gewährleistet. Dies ist das Ziel, das sich der Gesetzgeber setzen muß, dies ist das Höchste, was er erreichen kann.

Hierauf folgte der Bericht des Herrn Dr. Solmssen-Berlin:

Sehr geehrte Damen und Herren! Die ehrende Aufforderung der Ständigen Deputation des Deutschen Juristentages, dessen diesjähriger Tagung zu berichten, ob bei einer zukünftigen Reform des deutschen Aktienrechtes dessen Annäherung an das amerikanische Recht in grundlegenden Fragen stattfinden soll, wirkt sich für mich in zweifacher Richtung aus: entsprechend meiner Berufsstellung betrachte ich mich als berechtigt, das Thema sowohl als Jurist wie als Wirtschaftler zu behandeln; entsprechend dem Forum, an das ich mich wende, halte ich mich für verpflichtet, frei von jedem Standesinteresse zu versuchen, das Meine dazu beizutragen, um die Entwicklung des deutschen Rechts auf dem zu behandelnden Gebiete in objektiver Weise zu fördern. Mein Referat wird bestrebt sein, diese Doppelaufgabe zu erfüllen und der ungefügen Masse der einschlägigen Bestimmungen des amerikanischen Rechts so weit Herr zu werden, um aus ihrer Durchforschung die uns interessierenden Folgerungen ziehen zu können. Die Arbeit ist mir durch die allgemeinen Studien über amerikanisches Recht erleichtert worden, welche meinem Buche über den Baugläubigerschutz in den Vereinigten zu Grunde liegen und Gegenstand des Referates bildeten, das ich über diese Frage dem 26. Deutschen Juristentage in Berlin im Jahre 1902 erstatten durfte. Während aber unser damals erst werdender Baugläubigerschutz reiche Anregung aus den positiven Bestimmungen des amerikanischen Rechts ziehen konnte und dieses in zahlreichen Paragraphen des Reichsgesetzes zum Schutze der Bauforderungen vom 1. Juni 1909 wiederkehrt, wird, so hoffe ich, die Nachprüfung des amerikanischen Aktienrechts den Beweis bringen, daß wir, soweit es sich um präzise Rechtsvorschriften handelt, in unserm Handelsgesetzbuche eine für unsere Bedürfnisse besser geeignete und durch Klarheit des Inhaltes überlegene Kodifikation besitzen. Dagegen kann das amerikanische Recht als eine außerordentlich beachtenswerte Erkenntnisquelle der Einflüsse dienen, welche das pulsierende Leben der Wirtschaft auf den Gang der Normengebung im Aktienrecht ausgeübt hat und weiterhin ausüben wird. Der Ausblick auf das weite, wogende Meer der in steter Umbildung begriffenen Vorschriften und Einrichtungen des amerikanischen Rechts gibt eine unvergleichliche Möglichkeit zu erspähen, wohin die Strömungen des wirtschaftlichen Geschehens auch bei uns treiben, und zu prüfen, ob unsere rechtliche Ausrüstung noch ausreicht, um sie entsprechend den für Recht und Ordnung aufzustellenden Geboten zu lenken.

Zur Bekräftigung dieser Ansicht muß ein kurzer Vergleich zwischen amerikanischer und deutscher Rechtsbildung gezogen werden.

Das Recht der Vereinigten Staaten ist nicht wissenschaftlich erdachtes, sondern in der Praxis gewachsenes Recht. Seine Grundlage bildet das ungeschriebene Recht der Urteilssprüche, aus deren Fülle sich das geltende, teilweise kodifizierte Recht herausgebildet hat. Die europäisch-kontinentale Rechtsbildung erfolgt, indem auf Grund wissenschaftlicher Methodik vorgreifend für mögliche Tatbestände allgemein gültige Prinzipien aufgestellt werden, aus denen die Regelung des Einzelfalles abgeleitet werden kann. Dem Kontinental-Juristen genügt der nackte Gesetzestext, vorausgesetzt, daß nicht parlamentarische Eingriffe ihn durcheinandergeworfen und um seine in präziser Fassung zu Tage tretende Logik gebracht haben, um aus ihm die Entscheidung für alle möglichen Zustände abzuleiten. Das anglo-saxone und insbesondere das amerikanische Recht hat sich dagegen als Urteilsrecht vor dem Grundsatze ausgehend gebildet, daß für jedes Verhältnis des Lebens das Recht in den Sternen geschrieben steht und der kundige Richter nur nach dem Himmel zu greifen braucht, um von dort den für das betreffende Lebensverhältnis anzuwendenden Rechtssatz herunterzuholen. So hat in der neuen Welt die Weisheit der Urteilssprüche allmählich mosaikartig das Rechtssystem aufgebaut. Die überwältigende Fülle des Urteilsstoffs, der auf diese Weise zusammengetragen wird, ist zu einem beinahe unübersehbaren Umfange gewachsen, weil jeder der 48 Staaten selbständig das Recht fortbildet. Die Zahl der jährlich ergehenden Entscheidungen wird auf 12 000 bis 15 000 geschätzt; die Zahl der Druckseiten, welche die davon veröffentlichten bedecken, hat im Jahre 1917 allein 175 000 betragen (William W. Cook, Vorrede zum Treatise on the law of corporations).

Der amerikanische Jurist kann gar nicht anders, als mit einer Bibliothek arbeiten, deren Größe so gewaltig ist, daß der Privatmann sie überhaupt nicht zu besitzen vermag, sondern nur noch Rechtsanwalts- oder richterliche Vereinigungen oder öffentliche Bibliotheken in der Lage sind, die Gesamtheit der Entscheidungen zu sammeln und damit einen lawinenartig anwachsenden Berg von Büchern zu verwalten, der so groß ist, daß umfangreiche Häuser gebaut werden mußten, um diese Bibliotheken zu beherbergen, die im wesentlichen nichts als diese Entscheidungen enthalten.

Trotz der Überfülle des Spruchrechts wird dessen Einheitlichkeit bis zu einem gewissen Grade dadurch gewahrt, daß die Gesamtheit aller Gerichte als eine das Recht ermittelnde Behörde betrachtet wird, indem jede formgerechte gerichtliche Entscheidung der den zu beurteilenden Streitfall regelnden Rechtsfrage alle Gerichte für gleiche Tatbestände so lange mit gesetzlicher Kraft bindet, bis nachgewiesen ist, daß sie auf Rechtsirrtum oder falscher Rechtsanwendung beruht. Das neben diesem ungeschriebenen Recht bestehende geschriebene Recht ist in den Verfassungen und Statuten niedergelegt. Erstere enthalten den durch unmittelbare Abstimmung niedergelegten Willen des souveränen Volkes. Letztere sind die von den Bundes- oder Einzel-Parlamenten erlassenen Gesetze, deren Geltungsgebiet, wenn sie im Kongreß entstehen, das Bundesgebiet, sonst derjenige Staat ist, dessen Parlament sie beschließt. Man würde aber fehlgehen, wenn man diese Gesetze mit deutschen Gesetzen des Kalibers wie das deutsche Handelsgesetzbuch, vergleichen wollte. In den Vereinigten Staaten hat die Gesetzgebungswut der einzelstaatlichen Parlamente zu Auswüchsen geführt, welche insbesondere in den Zeiten der Entstehung des deutschen Handelsgesetzbuchs bei uns undenkbar waren. Die Sucht der Abgeordneten, ihren Namen an ein Gesetz geknüpft zu sehen, und die Verfolgung der von ihnen wahrzunehmenden Parteiinteressen, hat die geplagten Objekte der Gesetzgebung mit einer solchen Flut von — in den fünf Jahren 1909 bis 1914 z. B. insgesamt 62 000 — Statuten überschwemmt, daß sie zu verzweifelter Gegenwehr griffen und Gewaltmaßregeln anwendeten, um diese Quelle unüberlegter, nicht ausgereifter Gesetze künstlich zu verstopfen.

So sind in einer Reihe von Staaten in die Verfassungen Bestimmungen aufgenommen worden, welche in der einen oder anderen Weise eine mechanische Hemmung der parlamentarischen Gesetzgebungsmaschine herbeiführen, teils, indem die Parlamente nur alle zwei Jahre zusammentreten dürfen, teils, indem ihre Sessionsdauer auf einen bis drei Monate beschränkt wurde oder die Diäten der Abgeordneten bei länger dauernden Sessionen fortfallen, teils, indem gewisse Rechtsgebiete der Einwirkung des Parlaments entzogen und in die einzelstaatlichen Verfassungen übernommen wurden, deren Abänderung an eine Volksabstimmung geknüpft ist. (Frederik Jesup Stimson, The law of the federal and state constitutions III, S. 277.)

Hinzu kommt, daß die statutarische Gesetzgebung der Kritik der Urteilssprüche unterstellt bleibt. Das Statut stellt die Ausführung des dem Parlament erteilten Auftrags zur Gesetzgebung dar. Die Verfassung geht daher dem Statut vor, weil sie die Grundlage seiner Entstehung bildet und jede Überschreitung der in ihr für die Tätigkeit der Volksvertretung gezogenen Grenzen ebenso unwirksam ist wie die Zuwiderhandlung des Beauftragten gegen den Willen des Auftraggebers. Dementsprechend geht das ungeschriebene Urteilsrecht dem Statut vor, weil das Gericht, um zu ermitteln, was Recht ist, zunächst zu prüfen hat, ob das Statut mit dem Volkswillen übereinstimmt, wie er in der Verfassung niedergelegt ist. Auch das niedrigste Gericht hat deshalb als eine vom Volk eingesetzte unabhängige und Recht schaffende Spruchbehörde das Recht und die Pflicht, ein der Verfassung widerstreitendes Gesetz für nichtig zu erklären. Ebenso wie über den Bestand des Statuts entscheiden die Gerichte über seinen Inhalt. Die Auslegung des erlassenen Statuts durch die gerichtlichen Urteile tritt daher als gleichwertiges ungeschriebenes Recht neben dessen Vorschriften, ein Moment, das um so schwerer ins Gewicht fällt, als die Statuten bei der Flüchtigkeit, mit der sie seitens der Parlamente erlassen und abgeändert werden, an sich schon starkem Wechsel unterworfen sind.

Diese kurze Übersicht über das Verhältnis der Quellen des amerikanischen Rechts zueinander, die ich nicht durch Ausführungen über common law und equity noch weiter beschweren will, und deren Nachweis ich ausführlicher in den ersten Kapiteln meines Buches über den Baugläubigerschutz in den Vereinigten Staaten gegeben habe, zeigt, wie völlig verschieden die Voraussetzungen der Rechtsbildung, verglichen mit unseren Verhältnissen, sind. Ein auf diesem Gebiete des amerikanischen Aktienwesens besonders maßgebender wissenschaftlich geschulter Praktiker, William W. Cook, faßt den Unterschied der europäisch-kontinentalen und der amerikanischen Rechtsbildung in die treffenden Worte zusammen: „Die Kodifizierung des Zivilrechts versetzt dasselbe in einen Erstarrungszustand; das common law ist dagegen fortdauernd im Flusse. Der spezifische Mangel des common law Definitionen aufzustellen, schafft Unsicherheit, läßt aber die Tür für Weiterbildung entsprechend dem Wandel der Wirtschafts- und menschlichen Verhältnisse offen, in deren Wechsel die Unsicherheit des Rechts wurzelt."

Angesichts dieser Verschiedenheit der Grundlagen dem amerikanischen Rechts von denjenigen, auf welchen unser eignes Recht beruht, wäre es verfehlt, wenn man dem Inhalt der in den verschiedenen Staaten für die Regelung des Aktienrechts erlassenen Statuten oder einen Extrakt daraus ohne weiteres als Vorbild für ihre Nachahmung auf deutschem Boden benutzen und sozusagen die jenseits des atlantischen Ozeans bestehenden Einrichtungen mehr oder weniger abschreiben wollte. Es bedarf im Einzelfalle sehr sorgfältiger Prüfung, wie weit der in den Statuten enthaltene Niederschlag der Rechtsbildung wirklich auf bewährter Grundlage beruht und das Ergebnis einer Entwicklung darstellt, welche sich im Wechsel der Zeiten als hieb- und stichfest erwiesen hat; ferner muß aber auch vor Nachahmung einer in den Vereinigten Staaten geltenden Bestimmung genau untersucht werden, ob und wieweit die betreffende Vorschrift in Entwicklungen und Anschauungen wurzelt, denen wir Vergleichbares nicht gegenüberstellen können.

Ebenso falsch wäre es indessen, aus der für unsere Begriffe außerordentlich unpraktischen Art der amerikanischen Rechtsbildung, welche infolge der Masse der zu beachtenden Entscheidungen mit einer für unsere methodische Jurisprudenz unfaßbaren Umständlichkeit erfolgt, den Schluß ziehen zu wollen, daß das amerikanische Recht für uns als Erkenntnisquelle überhaupt nicht in Betracht käme. Freilich kämpft das amerikanische Recht aus Mangel an Methodik mit einem Übermaße von Formalitäten, deren Beobachtung eine Unsumme von Zeit und Arbeit verschlingt und die vielfach dazu führt, daß, mangels begriffsmäßiger Definierung, aus der Angst heraus, einen in irgendeinem Falle einmal vorgekommenen Tatbestand auszulassen, in unendlicher Wiederholung immer wieder dasselbe gesagt wird, so daß der Inhalt der Dokumente von ihrer Wortfülle erdrückt wird. Sieht man von diesen Äußerlichkeiten ab und schält den Kern der Entwicklung heraus, so erkennt man, daß der gesunde Menschenverstand, der in den vielen Hunderttausenden von Entscheidungen arbeitet, das Recht in außerordentlich feinfühliger Weise den Erfordernissen der Wirtschaftsentwicklung angepaßt hat und dadurch deren Fortbildung in dem der raschen Umwälzung der Verhältnisse der neuen Welt entsprechenden Tempo ermöglicht.

Von diesem Gesichtspunkte aus ist die Betrachtung der amerikanischen Rechtsbildung wertvoll und nutzbringend. Ihr Studium schärft den Blick für die der Rechtsentwicklung zu Grunde liegenden wirtschaftlichen Impulse und erleichtert die Erkenntnis der Entwicklungsziele, denen unser eigenes wirtschaftliches Leben zustrebt. Mehr denn je stellt die Wirtschaft der abendländischen Kulturstaaten ein Ganzes dar, das sich diesseits und jenseits der staatlichen Grenzen nach gleichen Grundsätzen fortbildet, und dessen Entwicklungswege sich vorausschauend erkennen lassen, wenn die am weitesten fortgeschrittenen wirtschaftlichen Formen als Wegweiser benutzt werden. Als solche sind die in den Vereinigten Staaten für die Behandlung des vergesellschafteten Vermögens herausgebildeten Ergebnisse für uns besonders interessant und lehrreich, weil die dort längst erfolgte, dem Zwange der Rationalisierung der Betriebe entsprechende Zusammenballung der produktiven Kräfte auch bei uns unter dem Drucke der Nachkriegszeit in raschem Tempo eingesetzt hat und sich notgedrungen noch weiter durchsetzen wird. Die zur Aufrechterhaltung unserer Wirtschaft im internationalen Konkurrenzkampfe unumgänglich notwendige Erhöhung der Produktion bei gleichzeitiger Senkung der Selbstkosten und Steigerung der Qualität der Erzeugnisse läßt sich nur durch den Zusammenschluß gleichartiger und sich ergänzender Unternehmungen erzielen. Darum werden die Bestrebungen, solche Zusammenschlüsse herbeizuführen, bei uns auch weiterhin fortdauern, und darum müssen alle Fragen der Kapitalbeschaffung und Verwaltung der wesentliche Teile des Nationalvermögens umfassenden, mit öffentlichem Kapital arbeitenden, vergesellschafteten Unternehmungen unter Berücksichtigung des Umstandes betrachtet werden, daß dieser im Gange begriffenen wirtschaftlichen Entwicklung auch seitens der Rechtsentwicklung Rechnung getragen werden muß.

Es ist kein Zufall, daß gerade jetzt die Meinungen über diese Probleme allenthalben besonders hart aufeinanderplatzen und der Nur-Jurist sich so heftig dagegen zur Wehr setzt, daß die zu gigantischen Formen ansteigenden Wirtschaftsgebilde das geltende Recht ihren Bedürfnissen anzupassen suchen. Um zu entscheiden, welche dieser neuen Formen zu gestatten, welche zu verwehren sind, und wie die sich regende Rechtsbildung sich fortsetzen soll, ist es deshalb erforderlich, die Triebkräfte bloßzulegen, welche diesem Ringen nach Neugestaltung zu Grunde liegen. Nur auf diese Weise läßt sich erkennen, ob die neuen Formen nur als vorübergehende Auswüchse oder als Entwicklungsnotwendigkeiten zu betrachten sind, denen sich in den Weg zu stellen den Blutstrom der Wirtschaft theoretischen Prinzipien zuliebe unterbinden zu wollen hieße. Die Betrachtung der Tendenzen, welche die amerikanische Rechtsentwicklung hinsichtlich des vergesellschafteten Vermögens genommen hat, liefert uns über alle hiermit verknüpften Fragen gerade durch die Vielgestaltigkeit der an der Rechtsbildung arbeitenden Faktoren außerordentlich wertvolle Aufschlüsse. Der Widerstreit der rechtlichen Ansichten, wie er in Urteilen und Gesetzen der verschiedenen Einzelstaaten als Ergebnis einer sich oft noch stark abweichenden Gesichtspunkten vollziehenden Rechtsbildung zu Tage tritt, ermöglicht deren Gang in corpore vivo zu verfolgen und den Wert der verschiedenen Lösungen abzuschätzen.

Die zur Ermittlung des geltenden Rechts erforderlichen Untersuchungen waren bei der Mannigfaltigkeit der Urteile und Gesetze sehr zeitraubend und umständlich. Als Führer durch die erdrückende Masse des Materials habe ich in erster Linie benutzt: Victor Morawetz, A treatise on the law of private corporations, 2 Bände, Boston 1886; Arthur W. Machen jr., A treatise on the modern law of corporations, 2 Bände, Boston 1908; William W. Cook, The principles of corporation law, Ann Arbor, Michigan 1925, und das sechsbändige, rund 42 000 Entscheidungen behandelnde große Werk desselben Verfassers „A treatise on the law of corporations having a capital stock, New York 1923".

Das Aktienrecht der Vereinigten Staaten hat seinen Ursprung in den Vorschriften des englischen Rechts, von denen es sich nur zögernd entfernt hat. Ebenso wie in England konnte auch in den Vereinigten Staaten die Bildung von Aktiengesellschaften zunächst nur auf Grund einer besonderen, von der Staatsgewalt verliehenen Konzession erfolgen. Erst nach und nach haben die Einzelstaaten die Möglichkeit gewährt, die Gesellschaftsgründung und den Betrieb der Unternehmungen in Aktienform auf Grund genereller Bestimmung durchzuführen. Der Weg bis zur Erreichung dieses Ziels ist recht umständlich gewesen. Man hat zunächst nur einzelne Branchen zugelassen und nur langsam die Nutzbarmachung dieser Rechtsform für alle wirtschaftlichen Zwecke gestattet. Noch jetzt bestehen wesentliche Unterschiede in der Behandlung der auf Gewinn abgestellten, dem privaten Geschäftsbetrieb gewidmeten Aktiengesellschaften, den private corporations und den dem allgemeinen Nutzen, der public utility, dienenden Unternehmungen in Aktienform, die wie Gas-, Wasser-, Eisenbahn-, Telegraphen-, Telephon-Unternehmungen, als public service corporations die Träger staatlicher oder städtischer Hoheitsrechte sind. Eine Sonderbehandlung haben endlich vielfach die Bankunternehmungen erfahren. Unsere Betrachtungen werden sich auf die Gruppe der private corporations beschränken.

Ich würde den Rahmen dieses an Raum und Zeit gebundenen Referates sprengen und die Erörterung von den wesentlich interessierenden Punkten fortleiten, wenn ich es unternehmen wollte, einen vollständigen Abriß der das Recht der private corporations in den Vereinigten Staaten regelnden Bestimmungen zu geben und dieselben Punkt für Punkt auf ihre Anwendbarkeit für deutsche Verhältnisse zu prüfen. Ich muß mich darauf beschränken, diejenigen Bestimmungen herauszugreifen, welche sich auf Fragen beziehen, die gegenwärtig in Deutschland Gegenstand der Diskussion sind.

Die Forderungen, deren Erfüllung zwecks Reformierung des Aktienrechts erstrebt wird, lassen sich in drei große Gruppen teilen, die miteinander in einem gewissen Zusammenhange stehen.

Es ist verlangt worden:

I. das deutsche Aktienrecht den Gepflogenheiten anzupassen, welche den als Geldgeber in Betracht kommenden amerikanischen Kapitalisten geläufig sind, um dadurch die Heranziehung amerikanischen Kapitals zu erleichtern;

II. gleiches Recht für alle Aktionäre zu schaffen und das Überwiegen der Macht einzelner Kategorieen derselben zu beseitigen;

III. die Verwaltung in stärkerem Umfange, als solches nach den geltenden Bestimmungen möglich ist, der Aufsicht der Aktionäre und ihrer Beeinflussung zu unterstellen und die Form der Verwaltung entsprechend zu ändern.

I.

Die Forderung zu I hat die einschlägigen Erörterungen des 33. im September 1924 in Heidelberg abgehaltenen Juristentags mitbeherrscht. Ihren Niederschlag bilden die folgenden von der Abteilung für Steuer- und Wirtschaftsrecht als vorübergehende Einrichtungen empfohlenen Maßnahmen:

1. die Zulassung der Unter-pari-Emissionen, falls der Fehlbetrag aus ausgewiesenem Gewinn oder aus vorhandenen offenen Reserven irgendwelcher Art gedeckt wird,
2. die Zulassung der Schaffung von convertible bonds,
3. die Beseitigung des Verbots der Ausgabe neuer Aktien vor der Vollzahlung der alten,
4. die Beseitigung der Vorschrift der gesonderten Abstimmung bei der Kapitalerhöhung durch die Inhaber verschiedener Aktiengattungen,
5. die Zulassung der Einräumung von Bezugsrechten auf künftig auszugebende Aktien unter gewissen Modalitäten.

Ich vermochte und vermag mich nicht als Anhänger dieser Vorschläge zu bekennen und finde auch in den Erfahrungen, welche das Studium des amerikanischen Rechts hinsichtlich dieser Punkte gewinnen läßt, keinen Anlaß, für sie einzutreten. Zu dieser Stellungnahme veranlassen mich zunächst allgemeine Gründe.

Verglichen mit 1924 hat unsere Lage sich erheblich zum Besseren gewandelt. Trotz aller Bedrängnisse, mit denen die deutsche Wirtschaft auch jetzt noch zu kämpfen hat, ist es ihr doch gelungen, sich in solchem Umfange zu kräftigen, daß in der Zwischenzeit eine große Zahl ausländischer Emissionen fundierter Obligationen deutscher Aktiengesellschaften zustande kommen konnte und im laufenden Jahr sogar der heimische Markt wieder in der Lage war, erhebliche Summen eigenen Kapitals für Emissionen von Aktien und Obligationen zur Verfügung zu stellen. Der Betrag der amerikanischen Emissionen betrug

im Jahre 1924	$ 120 000 000
im Jahre 1925	$ 249 700 000
im ersten Halbjahr 1926	$ 172 300 000
also zusammen	$ 542 000 000

Der stetig steigende Kurs der Mehrzahl der in den Vereinigten Staaten plazierten deutschen Obligationen zeigt, daß das sich in dieser Geldbeschaffung dokumentierende Vertrauen auf zutreffender Beurteilung der Verhältnisse beruht hat. Wir brauchen uns daher nicht mehr so besorgt wie damals nach Hilfe umzusehen und sollten uns mehr denn je von der Auffassung fernhalten, daß wir, um fremdes Kapital an uns zu ziehen, unsere Einrichtungen den Gewohnheiten desselben mundgerecht machen müssen. Angesichts der noch durchzukämpfenden internationalen Konkurrenzkämpfe könnte eine Niederreißung der Hemmnisse, welche der Überflutung mit ausländischem Kapital im Wege stehen, uns wirtschaftlich außerordentlich schädlich werden.

Hiervon abgesehen, erachte ich aber auch die Sucht, unsere Einrichtungen denen des Auslandes anzugleichen und dem Ausländer die Mühe des Einlebens in unsere Zustände abzunehmen, eines selbstbewußten, großen, in der Rechtswissenschaft mit an der Spitze marschierenden Volks nicht für würdig. Ich stimme bezüglich dieser Frage durchaus den Ausführungen Dr. Hachenburgs in seinem auf dem letzten Juristentage gehaltenen Referate zu.

Das Recht eines Volks ist ein mit seinem ganzen Wesen derart verwachsenes Gebilde, daß es dem nationalen Empfinden widerstreben muß, es nach den Gewohnheiten anderer Nationen zu modeln. Wer willens ist, Kapital vom Ausland nach Deutschland zu bringen, faßt solchen Entschluß, weil er bei uns eine höhere Rente als zu Hause findet und sein Kapital durch unseren Charakter, unseren Fleiß und unsere Einrichtungen gesichert glaubt, nicht aber, weil er bei uns rechtliche Vorschriften findet, die ihm geläufig sind.

Geht man im einzelnen auf die Vorschläge ein, welche auf dem 33. Juristentage als vorübergehende Maßnahmen empfohlen wurden, und betrachtet diejenigen dieser Bestimmungen, welche dem amerikanischen Rechte entnommen sind, unter Außerachtlassung des Gesichtspunkts der Erleichterung der Kapitalbeschaffung lediglich daraufhin, ob sie empfehlenswerte Abänderungen des deutschen Rechts darstellen würden, so ergibt sich Folgendes:

Die Bestimmungen des HGB. erstreben, der Öffentlichkeit die Möglichkeit zu geben, den wahren Inhalt der sich in der Form der Aktiengesellschaft verkörpernden wirtschaftlichen Tatsachen zu erkennen.

Der Wert der deutschen Aktie drückt sich in einer bestimmten Mindestgrundziffer aus, der bei der Gründung und Kapitalerhöhung als Minimalwert der der Gesellschaft in bar oder Sachwerten gewährten Gegenleistungen innegehalten werden muß. Der Wert der Aktie besteht also nicht in einer Quote am Gesellschaftsvermögen, sondern wird durch den Nominalwert der Aktie bestimmt. Dieser umgrenzt den Umfang der Beteiligung des Aktionärs an dem in Aktien zerlegten Grundkapital der Gesellschaft. Der Vergleich des Nominalbetrages der Aktie mit dem eingezahlten Gesamtkapital ergibt das Verhältnis des Einzelaktionärs zur Gesamtheit der Mitbeteiligten.

Ausgehend von dieser Grundlage kennt das deutsche Recht keine Unter-pari-Emission, keine Quotenaktie, keine convertible bonds und keine Kapitalerhöhung vor Vollzahlung des Nominalkapitals.

Die Betrachtung der entsprechenden Vorschriften des amerikanischen Rechts gibt keinen Anlaß, an diesen in der Vergangenheit durchaus bewährten Grundsätzen des deutschen Rechts zu rütteln, und zeigt, daß die abweichende Gestaltung des amerikanischen Aktienrechts auf einer von der unsrigen erheblich abweichenden Grundauffassung beruht.

Der Begriff der Aktie ist im amerikanischen Recht im Laufe seiner Entwicklung durch die Fortbildung des statutarischen Rechts keineswegs in der klaren Umgrenzung erhalten worden, die ihm das common law gegeben hatte, und die der sich aus unserem Handelsgesetzbuch ergebenden Begriffsbestimmung der Aktie entsprach. Das statutarische Recht der Einzelstaaten hat neben der sich auf den Nominalwert der Aktie beschränkenden Haftbarkeit der Aktionäre die sogenannte statutory liability geschaffen. Dieselbe gilt selten für Aktiengesellschaften, welche Eisenbahnen betreiben, häufig für solche, welche Produktionsgesellschaften sind, und stets für Bank- und Trust-Unternehmen. Die Gerichte haben sich bemüht, diesen Bruch mit dem Begriff der Aktie, wie ihn das common law entwickelt hat, durch restriktive Auslegung der betreffenden Statuten zu beschränken; die Zahl der Staaten, welche diesen Bruch vollzogen haben, ist aber ziemlich groß (Cook, Treatise §§ 212 ff.).

Die statutory liability beschränkt sich teils auf ein Mehrfaches des Nominalwerts der Aktie, teils verpflichtet sie den Aktionär im Verhältnis seines Aktienanteils zum Gesamtkapital. Die Durchführung dieser das Wesen der Aktie nach unseren Begriffen völlig verzerrenden zusätzlichen Haftung hat zu sehr komplizierten Konstruktionen Anlaß gegeben, auf die einzugehen hier zu weit führen würde.

Noch häufiger finden sich statutarische Bestimmungen, welche eine solidarische Haftung der Aktionäre über den Nominalwert des Aktienkapitals hinaus für alle Verpflichtungen der Gesellschaft begründen, welche dieser aus Arbeitsleistungen ihrer Beamten, Angestellten und Arbeiter erwachsen. So macht z. B. § 71 des Stock corporation law des Staates Newyork alle Aktionäre solidarisch und unbegrenzt für derartige Forderungen haftbar und gibt dem Berechtigten nach fruchtloser Vollstreckung eines seiner Klage gegen die Gesellschaft Folge gebenden Urteils das Recht, jeden Aktionär für den durch das rechtskräftige Urteil zuerkannten Betrag haftbar zu machen. Ein solcher Anspruch stellt kein höchstpersönliches Recht des Berechtigten dar, sondern ist sogar als beliebig abtretbar anerkannt worden (Cook, Treatise § 215).

Die statutory liability hat eine über die geographisch begrenzte Gültigkeit der einzelstaatlichen Statuten hinausgehende Bedeutung durch den Umstand erfahren, daß nach anfänglichem Schwanken die Mehrzahl der Gerichte dem Vorbilde des Supreme Court of the United Staates gefolgt sind, der in einem im Jahre 1900 erlassenen Urteile die Gültigkeit der die statutory liability bestimmenden einzelstaatlichen Vorschriften für das gesamte Gebiet der Union proklamiert hat (Cook, Treatise § 223).

Dieser Eingriff des statutarischen Rechts in den Begriff der Aktie zeigt, wie labil derselbe jenseits des Ozeans ist und daß es nicht angeht, mit diesem Begriffe zu operieren, als ob es sich um eine der deutschen Aktie völlig gleichstehenden Institution handelte. Der in Deutschland begreiflicherweise obwaltende Mangel genauer Kenntnis des Ganges, den die zum Vergleich heranzuziehende Rechtsentwicklung in den Vereinigten Staaten genommen hat, und die Schwierigkeit, die der amerikanischen Rechtsbildung zu Grunde liegenden Motive zu erkennen, hat meines Erachtens mitverschuldet, daß ziemlich leichtherzig empfohlen worden ist, Begriffsentwicklungen des amerikanischen Aktienrechts auch bei uns einzuführen, die sich unter ganz anderen Voraussetzungen, als sie unser Recht gewährt, herausgebildet haben.

Die mangelnde Festlegung des Begriffs der Aktie als eines durch ihren Nominalwert umschriebenen Anteils an dem Gesellschaftskapital hat durchaus folgerichtig in den Vereinigten Staaten sowohl zu weitgehender Zulassung der Unter-pari-Emission, des sogenannten watered stock, wie zur Ausbildung der Quoten-Aktie geführt. Die einschlägige Entwicklung ist außerordentlich lehrreich, um zu zeigen, vor welchen Auswüchsen uns die beiden Möglichkeiten entgegenstehenden Bestimmungen des deutschen Rechts bewahrt haben.

Die Schwierigkeiten, welche in den Vereinigten Staaten durch die Zulassung der Ausgabe von watered stock entstanden sind, beruhen auf der Diskrepanz zwischen dem Nominalwerte der Aktie und ihrem geringeren, durch Geld oder Sacheinlagen belegten Gegenwerte. Die Unter-pari-Emission gegen Barzahlung bildet den selteneren Fall. Die amerikanische Rechtsprechung schützt beim Vorliegen desselben die Gläubiger der Aktiengesellschaft durch die Vorschrift, daß im Konkursfalle die Differenz des Ausgabekurses der Aktien zum Parikurs seitens der Aktionäre zu Gunsten der Gläubiger nachzuzahlen ist.

Der viel häufigere Fall der Unter-pari-Emission gegen Sacheinlagen oder, anders gesehen, der Überwertung der letzteren, hat Gerichte und Gesetzgebung in außerordentlichem Umfange beschäftigt und, wie z. B. in New Jersey, das einst das Mekka für die Schaffung von watered stock war, zu einer die Laxheit der Gesetzgebung eindämmenden Stellungnahme der Gerichte geführt, indem diese versuchten, der durch Ausgabe von watered stock einreißenden Unsolidität in den Weg zu treten.

Sehr beweglich äußert sich der Supreme Court of Missouri über diese Frage bei Behandlung eines Falls der Unter-pari-Emission mit folgenden Worten:

„Es ist Tatsache, daß Aktiengesellschaften geboren werden, um ein von vornherein zu Krankheit und Siechtum bestimmtes Leben zu führen, und nach Hilfe gerufen wird, um geeignetere Schutzmittel gegen den in Versuchung führenden Reiz zu schaffen, unser Aktienrecht durch betrügerische Maßnahmen zu umgehen und den nach der Erzählung der Genesis zum ersten Male von dem schlauen alten Patriarch Jakob bei seiner Verhandlung mit Laban angewandten Plan nachzuahmen und womöglich zu übertreffen, durch Verwässerung des Kapitals Gewinne zu erzielen. Hiergegen Stellung zu nehmen ist Sache der Gesetzgebung. Die Gerichte können dagegen nur in sporadischen Fällen angehen und durch ihre Rechtsprechung nur dann Hilfe gewähren, wenn der Tatbestand solches gestattet" (Cook, Principles S. 148).

Die Rechtsprechung bewegt sich in der Richtung, daß sie die nachträgliche Vollzahlung der unter pari emittierten Aktien zu Gunsten derjenigen Aktionäre fordert, welche die Unter-pari-Emission nicht genehmigt haben, sowie derjenigen nicht befriedigten Gläubiger, deren Forderungen in Unkenntnis der Unter-pari-Emission entstanden sind.

Die Schwierigkeit, auf dieser Basis einen befriedigenden Ausgleich der Interessen herbeizuführen, hat veranlaßt, daß eine besondere Form der Unter-pari-Emission durch Ausgabe des sogenannten treasury stock ausgebildet worden ist. Unter treasury stock werden Aktien verstanden, welche von den Zeichnern derselben der Aktiengesellschaft gratis zu dem Zwecke zurückgegeben werden, um ihren Verkaufserlös dem Betriebskapital zuzuführen. Der Verkauf solcher Aktien unter pari ist für zulässig erklärt worden (Cook, Treatise §§ 13, 47). Auch in diesem Falle bleibt bei Belegung des Zeichnungspreises durch Sachwerte die Schwierigkeit bestehen, festzustellen, ob der eingebrachte Wert tatsächlich dem um die zurückgegebenen Aktien verminderten Nominalwerte der dem Zeichner ausgefolgten Aktien entspricht. Die Unzuträglichkeiten, welche aus den Unter-pari-Emissionen entstanden sind, haben in fast allen Staaten zum Erlaß der sogenannten Blue Sky Laws geführt. Dieselben treten in der verschiedensten Form den durch die Unter-pari-Emission verursachten Schäden entgegen. Teils indem sie dieselbe überhaupt verbieten, teils indem sie Behörden einsetzen, welche vor Ausgabe der Aktien nachprüfen, ob die Bedingungen den gesetzlichen Vorschriften entsprechen, teils indem sie der Oberstaatsanwaltschaft die Möglichkeit geben, einzugreifen, wenn Verdacht besteht, daß die Emission gegen Treu und Glauben verstößt.

Die Durchsicht der sich auf die Unter-pari-Emission beziehenden Entscheidungs- und Statuten-Sammlung, wie sie Cook zusammengestellt hat Treatise §§ 28—51 a), zeigt, welche enormen Schwierigkeiten der amerikanischen Wirtschaft durch die offen und verdeckt erfolgte Ausgabe von Aktien unter pari erwachsen sind. Ich empfehle jedem, der zwecks Erleichterung der Geldbeschaffung für die Zulassung der Unter-pari-Emission eintritt, sich näher mit dem Studium des gewaltigen beinahe 300 enggedruckte Seiten bedeckenden Materials zu befassen, das Cook über diese Frage zusammengebracht hat; er wird, glaube ich, sehr ernüchtert zu dem Ergebnis kommen, daß die Zulassung der Unter-pari-Emission in jedweder Form die Solidarität unserer Wirtschaft untergraben müßte.

Die Frage der Einführung der Quotenaktie hat bereits der 33. Juristentag ablehnend beantwortet. Auch Herr Dr. Lehmann kommt in seinem Gutachten zu dem gleichen Ergebnis, weil angesichts des Stockens der Gründertätigkeit bei uns ein Bedürfnis für die mit dieser Einführung verbundene radikale Änderung unseres Aktienrechts nicht erforderlich sei. Sein Hinweis, daß die Quotenaktien in den letzten Jahren in Kanada und den Vereinigten Staaten einen wahren Siegeszug angetreten haben und deshalb nicht recht ersichtlich sei, weshalb wir uns gegen dieses wirtschaftliche Novum sperren sollten, und die von anderer Seite erfolgte Empfehlung der Quotenaktien als nachahmenswerter Institution nötigen mich, auf die Voraussetzungen einzugehen, welche die Einführung der Quotenaktie in den Vereinigten Staaten ermöglicht haben, und über die Erfahrungen zu berichten, welche dort mit derselben gemacht worden sind. Wie ich hoffe, werden meine Darlegungen den Wunsch, die Quotenaktie auch bei uns heimisch zu machen, ein für allemal zum Schweigen bringen.

Die Entstehung der Quotenaktie war ermöglicht durch die bereits geschilderte Aufgabe des reinen, dem deutschen Aktienbegriff identischen common law-Prinzips, daß die Aktie den durch ihren Nominalwert bezeichneten Anteil am Gesellschaftskapital darstellt. Die Einführung der Quotenaktie erfolgte zu dem Zweck, den die Unter-pari-Emission erschwerenden gesetzlichen Bestimmungen aus dem Wege zu gehen und ein Heilmittel gegen die bereits geschilderte statutory liability des Aktionärs zu schaffen, die ihn über den Nominalwert der Aktie hinaus haftbar machte. Die Wirkung dieser neuen Rechtsform ist trotz ihrer großen Verbreitung für die Sicherheit der rechtlichen Grundlagen des Aktienwesens recht nachteilig gewesen und hat zu heftigem Widerstand gegen dieselbe von seiten der amerikanischen Rechtswissenschaft geführt.

Cook äußert sich über die Quotenaktie wie folgt (Treatise § 45 d): „Diese neue Erfindung beruht auf der Theorie, daß das amerikanische Publikum zu der Auffassung erzogen werden müsse, daß die Aktie als Quotenanteil am Gesellschaftsvermögen anzusehen sei. Das amerikanische Publikum ist aber unheilbar von der Auffassung besessen, daß die Aktie als Repräsentant eines bestimmten Geldbetrages, nicht aber als Spiegelbild von Gründerphantasieen zu betrachten ist. Tatsächlich hat das Publikum in der Regel keine Vorstellung von dem durch Aktien belegten Werte des Gesellschaftsvermögens. Deshalb schafft die Ausgabe von Quotenaktien weitgehende Möglichkeiten für Betrug. Sie führt das Moment des Glückspiels in das Aktienrecht ein und erhöht die an sich schon bestehende Unsicherheit betreffs des wahren Werts der Aktie erheblich, zumal das Publikum den Wert der Quotenaktie unbewußt in Relation zu dem steuerlich üblichen Nominalwert von $ 100 setzt" (so z. B. Art. 23 Annotated Code of Maryland 1924, S. 39).

An anderer Stelle faßt derselbe Autor seine Ansicht über die Quotenaktie in die bezeichnenden, von höchstinstanzlichen Gerichtsurteilen zitierten

Worte zusammen: „Das Wesen der Quotenaktie läßt sich in den Ruf zusammenfassen: Gott helfe ihren Käufern und den Gläubigern der sie ausgebenden Aktiengesellschaft" (American Bar Association Journal, Oct. 1921; Johnson v. Louisville T. Co. 293 Fed. 857 [1923]).

Ähnlich äußerte bereits früher (2. Dezember 1916) Senator Cummings vor den Joint Interstate Commerce Committees of the Senate and House, als es sich um Stellungnahme zu der Frage handelte, ob sich die Zulassung der Emission von Quotenaktien für Eisenbahnen empfehle, die mit bundesstaatlicher Konzession betrieben werden: „In der Ausgabe von Quotenaktien liegt Methode, aber eine, von der zu sagen ist, daß ihr einziger Erfolg darin besteht, die Öffentlichkeit zu täuschen, indem die Feststellung der Tatsache umgangen wird, daß der wirkliche Wert des Eigentums geringer ist als der kapitalisierte."

Auch die Entwicklung der Gesetzgebung und ihr rascher Wechsel zeigen, zu welcher Fülle von Komplikationen die Einführung der Quotenaktie in das Aktienrecht Anlaß gegeben hat. Der Staat Newyork z. B. hat seine die Quotenaktie betreffenden Vorschriften seit dem Jahre 1912 bereits viermal abgeändert. Der in dem Lehmann'schen Gutachten abgedruckte § 12 des Stock corporation law in der Fassung des Jahres 1924 läßt nunmehr die Ausgabe von Quotenaktien in der Weise zu, daß das Statut der Gesellschaft entweder irgendeine nicht weniger als einen Dollar betragende Summe angibt, welche als Gegenwert der gesamten ausgegebenen Quotenaktien zu gelten hat, oder den Gesamtbetrag des Gegenwertes bezeichnet, den die Gesellschaft als Gegenwert der Quotenaktien erhalten hat. In beiden Fällen kann das Quotenkapital auf Beschluß der Verwaltung dadurch erhöht werden, daß die Zuschreibung von Werten auf der Aktivseite erfolgt. Für unsere juristischen Begriffe völlig unfaßbar sind, daß nach diesen mit den Gesetzen anderer Staaten übereinstimmenden Vorschriften dieselbe Aktiengesellschaft gleichzeitig Quotenaktien und Aktien ausgeben kann, die über einen Nominalwert lauten.

Die Folge dieser völligen Aufgabe des präzisen common law-Begriffes der Aktie ist denn auch gewesen, daß Verwirrung bezüglich anderer wesentlicher Bestimmungen des Aktienrechts eingetreten ist. Während nach dem früher im Staate Newyork geltenden Aktienrechte Dividenden nur vom Reingewinn gezahlt werden durften und die Zuwiderhandlung strafrechtlich haftbar machte, sah sich die Legislatur infolge der Einführung der Quotenaktie genötigt, zwar die Ausschüttung von

Kapital zwecks Dividendenzahlung zu verbieten, gleichzeitig aber Dividenden vom Überschuß zuzulassen und die Forderung der Beschränkung der Verteilung auf den Reingewinn zu streichen. Die Folge ist, daß das gegenwärtig im Staate Newyork geltende Aktiengesetz einer auf Quotenaktien gestellten Aktiengesellschaft theoretisch ermöglicht, Quotenaktien zum Preise von $ 100,— per Aktie auszugeben, dem Kapitalkonto je $ 1,— gutzubringen und $ 99,— als Dividende pro Aktie zu verteilen.

Man muß den Vertretern der amerikanischen Rechtswissenschaft Recht geben, wenn sie diese Gesetzgebung als destruktiv und nicht als konstruktiv bezeichnen (Cook, Principles S. 154).

Das Beispiel der Quotenaktie zeigt wiederum, wie außerordentlich gefährlich es ist, wenn sich unter Berufung auf den Umstand, daß diese oder jene Institution sich im amerikanischen Recht finde und dort in immer steigender Verbreitung auftrete, der Ruf erhebt, die gleiche Einrichtung müsse auch bei uns eingeführt werden, ohne daß eingehend geprüft worden ist, welche besonderen Entwicklungsgänge diese Institutionen gezeitigt haben und welche Erfahrungen mit ihnen gemacht worden sind.

Aber auch die Lehren unserer eigenen Wirtschaftsentwicklung sprechen vornehmlich gegen die Einführung der Quotenaktie. Die Quotenaktie ist dem Kux des deutschen Rechts vergleichbar, der sich mehr und mehr als ungeeignet erweist, die Funktionen zu erfüllen, welche ihm zugemutet werden.

Die Gewerkschaft war die Form, um Bergbau-Interessenten kapitalistisch und verwaltungsmäßig auf Gedeih und Verderb zusammenzuschließen. Der Kuxinhaber sah seine Tätigkeit als Beruf an und setzte in früherer Zeit hinter seinen Namen auf die Visitenkarte das seine Tätigkeit kennzeichnende stolze Wort „Gewerke". Im Grubenvorstande waren die maßgebenden Beteiligten in ähnlicher Weise wie die Mitglieder des board einer anglo-saxonen Aktiengesellschaft zur Führung der Geschäfte vereinigt. Von den Mitgliedern dieser Körperschaft wurde weitgehende Sachkenntnis und regelmäßige Mitarbeit an der Verwaltung gefordert. Die neuere und neueste Entwicklung ist durchaus rückläufig gegen die Verwendung des Kuxes und der Gewerkschaft als Form des vergesellschafteten Kapitals gerichtet. Weder wollen die Gewerken die Arbeit der Verwaltung auf sich nehmen noch wollen sie unbeschränkt für die Verpflichtungen des

Unternehmens haften noch fühlen sie sich in der Lage, mittels der schwerfälligen Form des auf keinen Nominalwert abgestellten Kuxes der Kapitalbeschaffung gerecht zu werden. Die Gewerkschaftsform hat sich dementsprechend im wesentlichen als überlebt erwiesen, soweit es sich nicht um alteingefahrene Unternehmen handelt, die sich in einer ihnen durch ihre Vergangenheit streng vorgeschriebenen Richtung bewegen, und soweit nicht der Kreis der maßgebend Beteiligten auf einen engen, interessemäßig miteinander verknüpften Zirkel von Beteiligten beschränkt ist. Für neu inaugurierte Vergesellschaftungen wirtschaftlicher Unternehmungen ist der Kux wenig beliebt. Der moderne Aktionär will eine Beteiligungsmöglichkeit erhalten, ohne deshalb zu der Verwaltung des Unternehmens in dem engen Verhältnis stehen zu müssen, wie es für den Gewerken typisch ist, und will seine Haftung für die Verpflichtungen des Unternehmens auf eine im voraus ziffernmäßig umschriebene Summe beschränkt wissen. Die Einführung der Quotenaktie würde daher auch als Neubelebung der absterbenden Form des Kuxes keine Aussicht haben, wirtschaftlich Anklang zu finden, und nur dazu dienen, unsere klaren aktienrechtlichen Begriffe auf den Kopf zu stellen.

Ein weiterer Ausfluß der mangelnden festen Kristallisierung des Begriffs der Aktien im amerikanischen Recht ist die Leichtigkeit, mit welcher diese Form in andere Formen der Geldbeschaffung hinübergleitet. Das hervorstechendste Beispiel hierfür, dessen Nachahmung insbesondere auf dem 33. Juristentag empfohlen worden ist, bilden die convertible bonds, d. h. Schuldverschreibungen, die in Verbindung mit einer bedingten Erhöhung des Grundkapitals derart geschaffen werden, daß der daraus berechtigte Gläubiger die Umwandlung seiner Gläubigerrechte in Stammaktien fordern kann. Ich habe mich gegen diese Form der Geldbeschaffung bereits in einem vor der Juristischen Gesellschaft in Berlin am 14. März 1925 gehaltenen Vortrage nachdrücklich ausgesprochen und verbleibe bei meiner oppositionellen Stellung mit um so größerer Überzeugung, je mehr ich mich in der Zwischenzeit in das Wesen des amerikanischen Aktienrechts zu vertiefen versucht habe.

Die Schaffung von convertible bonds führt dazu, daß die gänzlich verschiedene Stellung, in welcher sich der Gläubiger und der Aktionär einer Aktiengesellschaft zu dieser befinden, verwischt und unklar wird. Der convertible bond gibt dem hinsichtlich Verzinsung und Garantie der Rückzahlung des Kapitals dem Aktionär gegenüber bereits erheblich bevorzugten Gläubiger die Möglichkeit, ohne weitere Leistungen seinen obligatorischen Anspruch in eine Beteiligung an der Substanz des Unternehmens zu verwandeln. Der Gläubiger, der eine festverzinsliche, in der Regel hypothekarisch gesicherte und damit im Konkursfalle aussonderungsberechtigte Forderung besitzt, hat angesichts dieser verbrieften Rechte keinen Anspruch auf Genuß des Konjunkturvorteils, der eventuell in der über den festen Kapitalzins hinausgehenden Dividende und der möglichen Wertsteigerung des von ihm investierten Kapitals liegt. Der Aktionär andererseits, dem die Chancen der Gewinnerhöhung und der Wertvermehrung seines Anteils zustehen, der aber das Risiko der Ergebnislosigkeit seiner Kapitalanlage und ihrer Wertminderung läuft, hat Anspruch darauf, nicht um die Früchte dieses Risikos gebracht zu werden. Beide Stellungen miteinander vereinen zu wollen widerspricht der scharfen begrifflichen Trennung des deutschen Rechts zwischen obligatorischem und dinglichem Rechte. Der Gläubiger, dem neben seiner Forderung ein weiterer Anspruch auf Umwandlung derselben in Aktien eingeräumt wird, erhält über sein obligatorisches Recht hinaus eine Position, welche ihm im Verhältnis zur Substanz des Unternehmens nur Rechte einräumt, ohne ihm entsprechend Pflichten aufzuerlegen, während dem Aktionär zugemutet wird, dem Gläubiger als Entgelt für vorübergehende, hinsichtlich der Rente und der Kapitalrückzahlung bevorrechtigte Geldhilfe die Spekulation auf seinem Rücken zu gestatten.

Ich erblicke daher — und befinde mich hierbei vollkommen in Übereinstimmung mit den im Jahre 1924 im Bank-Archiv veröffentlichten Ausführungen der Herren Geheimrat Springer und Dr. Hartmann — in der Einführung der convertible bonds in unser Aktienrecht eine Durchbrechung seiner grundlegenden Prinzipien. Es ist für die Verwaltung einer Aktiengesellschaft bei Schaffung eines convertible bond so gut wie unmöglich, zu ermessen, welche Rechte sie damit zu Gunsten der Gläubiger und zu Lasten der Aktionäre aus der Hand gibt, und dementsprechend abzuwägen, ob der dem Gläubiger gewährte Vorteil im richtigen Verhältnis zu seinen Leistungen steht.

Der Zweck des convertible bond ist, dem Gläubiger außer der festen Verzinsung seiner Forderung eine zusätzliche Erhöhung des ihm zu gewährenden Äquivalents zu verschaffen, die, in Mark und Pfennig berechnet, eine eventuelle Steigerung der vereinbarten Annuität darstellt. Dieses Ziel ist auch ohne Verwischung der Trennungslinie zwischen Gläubiger und Aktionär erreichbar, wenn dem Gläubiger neben der festen Verzinsung eine zusätzliche Gewinnchance, sei es in einer nach oben begrenzten Beteiligung an der Dividende, sei es dadurch gewährt wird, daß er das Recht erhält, Aktien des Unternehmens zu einem bestimmten Kurse gegen Barzahlung zu erwerben. Gleichviel, welche Form der Abmachung dieser Art gewählt wird, wird es der Verwaltung der Aktiengesellschaft stets möglich sein, sich ein ungefähres Bild von dem Plus an Einnahmen zu machen, die sie dadurch dem Gläubiger zuführt. Bei der Gewährung von convertible bonds tappt die Verwaltung nach dieser Richtung vollkommen im Dunkeln. Sie weiß nur, daß der Gläubiger eine in der Regel mit Disagio bezahlte Schuldverschreibung nach seinem Gefallen ohne weitere Zuzahlung in eine vollwertige Aktie verwandeln kann, ohne daß eine Begrenzung der Differenz erfolgt, welche zwischen dem wahren Wert der Aktie zur Zeit der Umwandlung des convertible bond und dem für diesen gezahlten Preise liegt. Es wird also für die Beschaffung des Geldes ein nicht übersehbarer Preis gezahlt, der sich, wenn es zur Konvertierung der bonds kommt, als viel zu hoch erweisen kann.

Das weitere wirtschaftliche Bedenken, das gegen diese Form der Geldbeschaffung spricht, ist der Umstand, daß das Bezugsrecht auf größere Aktienposten, dessen Ausübung an keine weiteren Opfer geknüpft ist, dem Berechtigten die Möglichkeit gibt, das gegen Einlieferung der bonds zu empfangende Aktienpaket zu benutzen, um die Geschicke des Unternehmens maßgeblich zu beeinflussen und aus dem Besitze dieses Paketes Vorteile von einem Umfange zu ziehen, die zu seinen Leistungen als früherer Gläubiger in keinem Verhältnis stehen.

Zu diesen gegen die Empfehlung der convertible bonds sprechenden Gründen tritt die Überlegung, daß ihre Zulassung der verschleierten Unter-pari-Emission Vorschub leistet; denn es wird ja dem Gläubiger gestattet, seine unter pari bezahlte Obligation auch dann in eine Aktie zu verwandeln, wenn deren Kurswert zur Zeit der Umwandlung pari oder darüber steht. Es wird also nicht nur eine Unter-pari-Emission erlaubt, sondern sogar dem Grundsatze ins Gesicht geschlagen, daß das Agio der Emission dem Reservefonds der Gesellschaft zuzufließen hat.

Wie bereits das Lehmannsche Gutachten hervorhebt, sind die Verfechter der Einführung der convertible bonds auf dem vorigen Juristentage über diese Frage hinweggeglitten. Nähere Prüfung des amerikanischen Rechts zeigt, daß dasselbe die Umwandlung der convertible bonds in Aktien den für die Kapitalerhöhung maßgebenden Vorschriften unterwirft (Cook, Principles S. 158, Treatise § 283).

Einzelne Statuten sehen ausdrücklich vor, daß die Konvertierung der bonds nur zu pari erfolgen darf und geben der Verwaltung die Be- Berechtigung, auf Grund des dem convertible bond eingeräumten Umwandlungsanspruches die entsprechende Kapitalerhöhung vorzunehmen (General corporation act of New Jersey 1896, § 127).

Eine weitere Forderung, die erhoben worden ist, um den Zufluß amerikanischen Geldes für deutsche Aktiengesellschaften zu erleichtern, geht dahin, daß es für zulässig erklärt werden solle, in Fällen, in denen die flüssigen Mittel zur Zahlung der Dividende fehlen, sogenannte dividend-scrips auszustellen, d. h. den Aktionären an Stelle der in bar auszuzahlenden Dividende Schuldverschreibungen in Höhe des nicht ausgezahlten Dividendenbetrages zu gewähren, welche die Empfänger berechtigen, deren Einlösung zu gegebener Zeit zu fordern. Man hat sich zeitweise bei uns für die Einführung dieser Einrichtung sehr begeistert und sie gelegentlich des letzten deutschen Bankiertages sogar als Notwendigkeit zwecks Ermöglichung der amerikanischen Kapitalbeschaffung bezeichnet. Ich habe diese Begeisterung nie teilen können und bin nach wie vor mehr denn je überzeugt, daß die Einführung dieser Einrichtung für unsere Verhältnisse in keiner Weise paßt und nicht im geringsten die Beschaffung amerikanischen Geldes erleichtern würde. Im Gegenteil ich bin sogar der Ansicht, daß die Einführung der dividend-scrips der Unsolidität derart Tor und Tür öffnen würde, daß dadurch der solide ausländische Kapitalgeber eher abgeschreckt, als zur Geldhergabe angeregt werden würde. Die Befürworter der dividend-scrips, die sich auf das amerikanische Recht berufen, übersehen zweierlei: einmal, daß die wirtschaftlichen Anschauungen in den Vereinigten Staaten, welche die Geldbeschaffung beherrschen und mit Anlaß für Einführung der dividend-scrips geworden sind, in wesentlichen Punkten von den bei uns üblichen abweichen, sodann, daß der dividend-scrip auf einer von der deutschen verschiedenen Auffassung vom Wesen der Dividende beruht.

Was zunächst die wirtschaftliche Seite der Frage betrifft, so weiß jeder, der amerikanische Geldzufuhr nach Deutschland zu leiten gehabt hat, aus der Praxis solcher Verhandlungen, daß der amerikanische Geldgeber in den Vordergrund seiner Überlegungen und Untersuchungen die Frage stellt, ob die Liquidität des geldsuchenden Unternehmens in Höhe der durch die Anleiheaufnahme erwachsenden Annuität während des Laufes der Anleihe kassamäßig sichergestellt sei. Dementsprechend werden die Untersuchungen der amerikanischen Revisionsbeauftragten in erster Linie auf diese Liquiditätsfrage abgestellt. Es herrscht der mehr oder weniger primitive Gedanke, daß man einem Schuldner nur dann etwas leihen dürfe, wenn er an jedem Fälligkeitstage die zur Bezahlung seiner Verpflichtungen erforderlichen Summen in der Kasse habe. Es ist dies eine Anschauung, gegen deren Rechtmäßigkeit an sich nichts zu sagen ist, die aber primitiveren Verhältnissen entspricht, als sie z. B. vor dem Kriege bei uns obgewaltet haben, weil bei uns der Zusammenhang zwischen den das Kapital beschaffenden und den das Kapital zur Produktion verwendenden Mitgliedern der Wirtschaft ein viel engerer war, als er in England und den Vereinigten Staaten jemals bestanden hat. Die deutsche Industrie ist aufgebaut worden durch das vergesellschaftete Kapital, das seitens der Banken des Landes beschafft wurde, und dementsprechend hat es vor dem Kriege nie an Mitteln gefehlt, um denjenigen Industrieen, die in engem Zusammenhange mit den sie patronisierenden Banken geführt wurden, rechtzeitig die Gelder zu beschaffen, die für ihre gesunde Weiterentwicklung nötig waren. In den Vereinigten Staaten hat dieser Zusammenhang gefehlt. Es ist dort viel schwerer gewesen, im Wege des Bankkredites oder der bankslichen Emission öffentliche Gelder heranzuziehen, weil der enge Zusammenhang zwischen Industrie und Bankwesen nicht bestand. Dementsprechend mußte die Geldbeschaffung auf den gerade vorliegenden Sonderfall abgestellt werden und der Schuldner sich in einer Form präsentieren, welche auch den ungläubigsten Gläubiger überzeugte, der Geldnehmer werde stets genug verdienen, um an den Fälligkeitsterminen die zur Zahlung der Annuität erforderlichen Summen in barem Gelde zu besitzen. Der Begriff des Kredites als eines Mittels des industriellen Aufbaues hat in den Vereinigten Staaten nie in gleicher Weise wie in Deutschland bestanden und besteht bis zu einem gewissen Grade auch heute dort noch nicht. Ist es doch dort z. B. auch jetzt noch schwer, Geld im Wege der öffentlichen Subskription zusammenzubringen, welches dem Zwecke der Errichtung neuer Unternehmen dient, die also nicht in der Lage sind, eine Liquiditätsrechnung aufzumachen, welche auf Grund vorliegender Resultate Sicherheit für die zukünftige Abschätzung der Erträgnisse des Unternehmens liefert. Die Notwendigkeit, bei der Bilanzaufmachung sich stets gegenwärtig zu halten, daß gewissen Liquiditätsforderungen entsprochen werden muß, hat deshalb die amerikanische Industrie in höherem Maße als die deutsche genötigt, nach Mitteln und Wegen zu suchen, um das Unternehmen von der Verteilung der Dividende in barem Gelde freizumachen. Dementsprechend finden wir, und damit komme ich auf den von mir erwähnten zweiten Unterschied gegen das deutsche Recht, im amerikanischen Recht als gang und gäbe die Begriffsauffassung, daß die Dividende einer Aktiengesellschaft auch in anderer Weise als in bar gezahlt werden könne, nämlich als property dividend, als bond dividend, als stock dividend und als scrip dividend. (Cook, Principles S. 296 ff., Treatise § 534.)

Die Bardividende bildet auch in den Vereinigten Staaten die Regel. Es wird davon ausgegangen, daß, wenn nicht besondere Vorschriften bestehen, der erzielte Reingewinn in barem Gelde auszubezahlen ist. Property dividend besteht in der Verteilung von Eigentum der Gesellschaft, ist also bei Licht besehen eine Liquidationsdividende. Bond dividend ist die Auszahlung der Dividende in Form der Ausgabe von dauernden Schuldverschreibungen des Unternehmens. Stock dividend ist die Verteilung von Aktien an Stelle des angesammelten Reingewinns des Unternehmens. Scrip dividend ist nach der Bedeutung, die dem Worte scrip innewohnt, welche dasselbe als eine Art Interimsschein vorübergehender Geltung kennzeichnet, eine Anweisung auf Auszahlung der verdienten Dividende, zu deren Begleichung die Barmittel fehlen. Dementsprechend lauten diese scrips, sei es auf eine bestimmte Geldsumme, sei es auf eine Geldsumme zuzüglich Zinsen. Es gibt auch derartige scrips, die mit einer Option ausgestattet sind, in Aktien oder Obligationen umgewandelt zu werden, ja es finden sich sogar scrips, welche den Inhaber berechtigen, Eigentumsteile der Gesellschaft dagegen zu empfangen; kurz es gibt eine Reihe von Formen, welche zeigen, daß der Begriff scrip dividend als solcher außerordentlich wandelbar ist.

Hinsichtlich unserer Rechtslage bin ich der Auffassung, daß, wenn auch das Handelsgesetzbuch nicht ausdrücklich erklärt, daß Dividenden in Geld zu zahlen seien, der Sinn der gesamten in Frage kommenden Bestimmungen doch deutlich erkennen läßt, daß beim Erlaß der die Verteilung des Reingewinns regelnden Vorschriften an nichts anderes als an eine Verteilung von Bardividende gedacht wurde. Wenn eine deutsche Aktiengesellschaft statt Bardividende Anweisungen auf spätere Zahlung der Dividende ausgeben will, so geht sie damit eine Schuldverbindlichkeit ein, die formell in gleicher Weise behandelt werden muß wie die Aufnahme anderer Schulden, welche durch Ausgabe von Inhaberpapieren belegt werden; d. h.: soweit die Statuten die Ausgabe einer solchen Verbindlichkeit an die Genehmigung einer

Generalversammlung knüpfen, muß diese die Ausgabe genehmigen. Nicht zu reden von den Vorschriften, welche für die Ausgabe von Inhaberpapieren bestehen.

Was die wirtschaftliche Situation betrifft, so kann ich zunächst nicht anerkennen, daß die von mir geschilderten wirtschaftlichen Voraussetzungen, welche die Ausgabe der scrip dividend in den Vereinigten Staaten veranlaßt haben, bei uns vorliegen. Die Möglichkeit der Kreditbeschaffung im Lande ist im Wachsen, und ein Unternehmen, welches seiner ganzen Entwicklung nach berechtigt ist, eine verdiente Dividende auszuschütten, d. h. seiner Struktur und seinen Erfolgen nach Anwartschaft hat, einen zwecks Bezahlung seiner Dividende aufgenommenen Kredit aus seinen Eingängen in absehbarer Zeit zurückzuzahlen, wird auch heute keine Schwierigkeiten finden, einen solchen Kredit zu erhalten. Die Verhandlungen, welche das betreffende Unternehmen mit seinen Geldgebern zu führen hat, um sich diesen Kredit zu beschaffen, werden aber sehr wohltätig für die Prüfung der Frage sein, ob die Lage des Unternehmens tatsächlich derart ist, daß der verdiente Gewinn in Form von in Geld zahlbarer Dividende unter die Aktionäre verteilt werden kann, oder ob es nicht richtiger ist, dieses Geld im Beutel zu behalten und die Dividendenzahlung so lange zu vertagen, bis das Unternehmen finanziell so weit erstarkt ist, um die Dividendenzahlung aus eigener Kraft zu bewirken. Diese sehr wohltätige Prüfung würde ausgeschaltet, wenn es zulässig wäre, daß die Dividende in Form eines Schuldversprechens ausgestellt und dasselbe dem Aktionär an Stelle der Bardividende eingehändigt wird. Gegen die Zulassung dieser Methode würde, abgesehen von dem Risiko, daß ein leichtsinniger Mißbrauch dieser Möglichkeit eintritt, auch das weitere Bedenken sprechen, daß die Gesellschaft sich der Gefahr aussetzt, daß diese scrips, welche im Handel von Hand zu Hand gehen würden, eine Bewertung erfahren, welche dem Kredit der Gesellschaft schädlich werden würde. Daß diese scrips mit pari bewertet werden, halte ich für ausgeschlossen; denn sie sind nicht bares Geld und müßten Zinsen tragen, um dem baren Geldwert angenähert zu werden. Sie werden auch meines Erachtens niemals Pariwert erhalten, weil sie nur einen beschränkten Markt finden können und der Inhaber durchaus nicht sicher ist, diese scrips jederzeit in vollem Umfange in Höhe des Geldanspruches plus Zinsen durch Verkauf an Dritte zu barem Gelde machen zu können.

Endlich spricht aber noch die Erwägung gegen die Einbürgerung dieses Dividendenersatzes, daß es, vom Geldgeberstandpunkt aus gesehen, durchaus nicht gleichgültig sein kann, ob ein Unternehmen durch die Ermöglichung der Dividendenzahlung mittels scrips den Weg unsolider Finanzwirtschaft erheblich leichter zu beschreiten vermag, als solches möglich ist, wenn es die Dividende in gutem baren Gelde ausschütten muß. Und nun stelle man sich die Folgen vor, welche eintreten, wenn ein Unternehmen, welches unter anderen Umständen an den Kapitalmarkt zwecks Beschaffung weiteren Geldes gegen Ausgabe neuer Aktien appellieren könnte, noch unbezahlte scrips umlaufen hat, deren Einlösung ihm nicht möglich ist. Es kann für mich kein Zweifel bestehen, daß die Werbung neuen Kapitals durch Ausgabe neuer Aktien auf unüberwindliche Hindernisse stoßen muß, solange der Kredit der Geld suchenden Firma durch nicht eingelöste scrips beschwert ist.

Auch dieses Beispiel zeigt, wie gefährlich es ist, wenn versucht wird, ausländische Einrichtungen, die unter ganz anderen Umständen entstanden sind, bei uns zur Einführung zu bringen.

Die bisherigen Ausführungen haben dem Zwecke gedient, die Frage zu prüfen, ob es sich mit Rücksicht auf die Notwendigkeit der Heranziehung amerikanischen Kapitals empfiehlt, Einrichtungen zu treffen, welche — wie die Unter-pari-Emission, der convertible bond, die Quotenaktie, die scrip-dividend — Einrichtungen des amerikanischen Rechts nachahmen, um dadurch dem amerikanischen Kapitalisten die Beteiligung an deutschen Unternehmungen mundgerecht zu machen. Ich glaube den Nachweis geführt zu haben, daß keine einzige der genannten Institutionen von uns übernommen werden könnte, ohne eine völlige Untergrabung der unserem Rechtsempfinden entsprechenden, wirtschaftlich und juristisch bewährten Prinzipien unseres Aktienrechts herbeizuführen und die klare Umgrenzung des Begriffs der Aktie, wie ihn das deutsche Handelsgesetzbuch gibt, zu zerstören. Auch die in den Vereinigten Staaten zu beobachtenden wirtschaftlichen Ergebnisse der Verflachung des Aktienbegriffs, wie ihn das common law aufgestellt hatte, reizen nicht zur

Nachahmung. Endlich zeigt aber auch der Zustrom, welchen amerikanisches Kapital trotz des Fehlens der gedachten Einrichtungen nach Deutschland genommen hat, daß deren Vorhandensein keine Voraussetzung dafür ist, daß amerikanisches Kapital in Deutschland Anlage sucht.

Die Fragestellung als solche, wie sie dem vorigen Juristentage vorgelegen hat, entspricht meines Erachtens auch nicht den Gesetzen der Wirtschaft. Die zu stellende Frage ist nicht, was hat zu geschehen, um den Geldgeber dieses oder jenes Landes an unserer Wirtschaft zu interessieren, sondern, welche Erfordernisse sind zu erfüllen, damit das weltwirtschaftlich verfügbare Kapital als solches, gleichviel woher es kommt, Anreiz findet, sich bei uns zu betätigen, falls es überhaupt eine Betätigung außerhalb des Rayons sucht, in dem es bisher gearbeitet hatte. Das entscheidende Moment für solchen Kapitalzuzug wird nicht in der oder jenen rechtlichen Einrichtung, sondern in der Erwägung liegen, ob unsere Einrichtungen dem Anlage suchenden Kapital diejenige Sicherheit gewähren, welche es aus allgemeinen Gründen verlangen muß. Wie die Entwicklung der fremdländischen Kapitalzufuhr nach Deutschland zeigt, kann diese Frage ohne weiteres bejaht werden.

Es ist daher zu prüfen, welches Erfordernis allgemein zu erfüllen ist, um dem deutschen Wirtschaftskörper in der Gestalt, in welcher er sich zur Zeit befindet, neues Kapital zugänglich zu machen. Unsere Verhältnisse sind, verglichen mit denen der Vorkriegszeit, noch nicht wieder normal. Außen- und innenpolitische Schwierigkeiten, insbesondere das noch nicht gelöste Problem der Dawesbelastung, erschweren den Ausblick in die Zukunft und lassen Raum für die Erwägung von Möglichkeiten, welche den ruhigen Gang der Entwicklung stören könnten. Kapital, das einem Schuldner geliehen wird, der unter solchen seiner Einwirkung zum Teil entzogenen Verhältnissen leben muß, fordert eine Erhöhung seiner Rente zwecks Ausgleichs der Risiko-Prämie. Um die aktive Beteiligung in- und ausländischen Kapitals an deutschen Unternehmungen gegenwärtig herbeizuführen, müssen ihm daher auch bei festverzinslichen Anlagen zur Zeit noch besondere, sonst nicht erhältliche Gewinnchancen gewährt werden.

Die Verwirklichung dieses Gedankens erblicke ich in der Gewährung der Möglichkeit, entweder die festverzinslichen Anleihen mit einem Dividentenanteile auszustatten, der von einer gewissen Höhe der Dividende an eintritt und nach oben begrenzt wird, oder den Anleihegläubiger den Anspruch zu geben, während einer bestimmten Zeit zu einem bestimmten Kurse eine Option auf Aktien des Unternehmens auszuüben.

Beide Konstruktionen finden ihre wirtschaftliche Begründung in der Erwägung, daß der Gläubiger, der in besonders schweren Zeiten durch darlehnsweise Geldhingabe den Wiederaufbau eines Unternehmens ermöglicht, berechtigt ist, die Forderung zu erheben, in beschränkter Form an der Konjunkturchance teilzunehmen, zu deren Ausnutzung das Unternehmen durch das ihm gewährte Darlehen instand gesetzt worden ist.

Der Beteiligung des Obligationärs am Gewinn der Aktiengesellschaft stehen keine gesetzlichen Schwierigkeiten entgegen. Diese Schwierigkeiten beginnen erst, wenn versucht wird, eine Option auf künftig zu schaffende Aktien zu gewähren, weil das geltende Recht keine Möglichkeit bietet, die Einräumung einer Option in eine die Gesellschaft juristisch bindende Form zu kleiden, es sei denn, daß die geldnehmende Aktiengesellschaft bereits zur Zeit der Gewährung der Option über die zu bindenden Aktien verfügt. Es reicht nicht aus, daß die Generalversammlung die Erhöhung des Kapitals bedingungsweise zum Zwecke der eventuellen Zurverfügungstellung der Optionsstücke beschließt, weil jede spätere Generalversammlung diesen Beschluß wieder aufheben kann. Um einen Ausweg aus dieser Schwierigkeit zu finden, will Herr Dr. Lehmann die Bestimmungen des anglo-saxonen Rechts so weit adoptieren, als sie die Möglichkeit eines autorisierten, von der Verwaltung begebbaren Aktienkapitals vorsehen. Er hat in seinem Gutachten eine Reihe von Einzelbestimmungen ausgearbeitet, welche der Durchführung dieses Vorschlages dienen. Die Ermächtigung der Verwaltung, eine so wesentliche Maßnahme, wie die Erhöhung des Aktienkapitals vorzunehmen, ohne daß die Zeit und Umstände für die Ausübung dieser Vollmacht irgendwie bestimmbar wären, stellt aber eine sehr starke Beeinträchtigung der Rechte der Aktionäre dar. Es wird ihnen unmöglich gemacht, bei einer ihre Interessen so wesentlich berührenden Angelegenheit, wie es die Kapitalerhöhung ist, bestimmend mitzuwirken; sie sollen eine Art Blanko-Vollmacht für einen Akt erteilen, dessen Einzelheiten sich im voraus nicht festlegen lassen. Die Erteilung einer solchen Vollmacht würde einen Einbruch in die Grundprinzipien unseres Aktienrechts darstellen. Hinzu kommt, daß sich heute noch gar nicht übersehen läßt, ob das in der Gewährung von Aktienbezugsrechten an die Geldgeber liegende Reizmittel überhaupt einem dauernden Bedürfnis entsprechen wird, und ob wir nicht einer nur vorübergehenden Erscheinung gegenüberstehen, welche eine wesentliche Änderung unserer Rechtseinrichtungen nicht rechtfertigt. Ich möchte daher dem laut gewordenen Bedürfnis durch eine vorübergehende, zunächst nur für eine bestimmte Zeit erlassene Maßregel entsprechen, welche keine Änderung unserer grundsätzlichen rechtlichen Bestimmungen nach sich zieht.

Es handelt sich also nicht darum, der Verwaltung der Aktiengesellschaft eine generelle, nach ihrem Ermessen auszuübende Vollmacht zu erteilen, sondern um die Lösung des Problems, die Bindung einer Aktiengesellschaft, ihr Kapital zu einem noch nicht zu bestimmenden Zeitpunkt zwecks Gewährung optionsweise zugesagter Aktien zu erhöhen, derart verpflichtend zu gestalten, daß ein zweiseitiger, den Berechtigten und den Verpflichteten sicherstellender Vertrag geschlossen werden kann.

Ich sehe den Weg, um diesen Erfolg zu erreichen, darin, daß zunächst probeweise für die Dauer von fünf Jahren eine Bestimmung erlassen wird, welche besagt, daß, wenn durch einen von der Generalversammlung einer Aktiengesellschaft genehmigten Vertrag einer dritten Partei eine Option auf durch Kapitalerhöhung binnen spätestens fünf Jahren zu schaffende Aktien eingeräumt wird und die Generalversammlung die durch Ausübung dieser Option bedingte Kapitalerhöhung beschließt, die Eintragung dieses Beschlusses in das Handelsregister alle künftigen Generalversammlungen innerhalb der Optionsfrist derart bindet, daß die als Eventualmaßregel eingetragene Kapitalerhöhung vor Aufhebung des Vertrages, zu dessen Erfüllung sie beschlossen worden ist, nicht rückgängig gemacht werden kann und der durch diesen Beschluß begründete Anspruch des Optionsberechtigten auch im Falle weiterer Kapitalerhöhungen bestehen bleibt.

Eine solche die Aktiengesellschaft gleichsam grundbuchlich belastende Optionseinräumung würde den Prinzipien des Aktienrechts, wie sie durch das deutsche Handelsgesetzbuch begründet sind, nicht widersprechen, und die Optionserteilung für jeden Interessenten während der Dauer ihres Bestandes kenntlich machen. Eine Änderung der die Befugnisse der Verwaltung regelnden Bestimmungen ist also nicht erforderlich.

Die von mir empfohlene Bestimmung gibt auch die Möglichkeit, die neuerdings aufgetauchten Zweifel zu beseitigen, ob zwischen Aktiengesellschaften Interessengemeinschaftsverträge abgeschlossen werden können, in welchen eine bedingte Fusionsverpflichtung vorgesehen ist (Rosendorff, Berliner Tageblatt Nr. 392 vom 20. August 1926).

II.

Ich wende mich nunmehr der zweiten Kategorie der von mir skizzierten Forderungen zu, die sich unter das gegenwärtig besonders volkstümliche Feldgeschrei „gleiches Recht für alle Aktionäre" subsumieren läßt.

Die Erörterung der in diesem Zusammenhange zu behandelnden Fragen wird Gelegenheit geben, zu dem gegenwärtig im Vordergrunde des Interesses stehenden Themata der mehrstimmigen Aktien und des Stimmrechts der Legitimationsaktionäre Stellung zu nehmen.

Die Forderung des gleichen Rechts für alle Aktionäre rührt an eines der Grundprobleme der modernen Aktiengesellschaft, das in den Vereinigten Staaten viel stärker als bei uns in Erscheinung treten mußte, weil dort die Uniformität der Verhältnisse auf vielen Gebieten des Wirtschaftslebens so groß ist und die nach Rationalisierung strebende Entwicklung so wenig mit historischen Traditionen belastet war, daß sich der Ausbau der Unternehmungen zu Riesenbetrieben früher und energischer durchsetzen mußte, als in Europa und Umfang und Wachstum dieser Gebilde unerläßlich machten, den Verwaltungsorganen eine auf lange Sicht eingestellte kontinuierliche Geschäftspolitik zu ermöglichen.

Auch in den Vereinigten Staaten hat die Wirtschaft daher nach Wegen gesucht, um unter Beibehaltung der Form der Aktiengesellschaft, d. h. der an das Majoritätsprinzip gebundenen Zusammenschließung des vergesellschafteten Kapitals den Bedürfnissen Rechnung zu tragen, welche sich in der Praxis ergeben, wenn die Verwaltung dieses Kapitals zu Gunsten der Gesamtheit seiner Eigner mit dauerndem wirtschaftlichen Erfolge geführt werden soll. Wie sich im einzelnen zeigen wird, hat sich diese Entwicklung sprunghaft in der Richtung vollzogen, dem theoretisch zutreffenden, praktisch unmöglichen Grundsatz des gleichen Rechts für alle Aktionäre einen brauchbaren Inhalt zu geben. Die Rechtsentwicklung der Vereinigten Staaten hat der Tatsache Rechnung getragen, daß durchaus nicht alle diejenigen, welche sich an einer Aktiengesellschaft beteiligen, die Schmerzen und Freuden dieser Beteiligung in gleicher Weise tragen wollen. Sie hat anerkannt, daß eine auf rein theoretische Prinzipien eingeschworene Jurisprudenz verfehlt ist, welche dem Aktionär als solchen einzureden versucht, daß ihm Rechte vorenthalten werden, deren Besitz der Durchschnittsaktionär, gemessen an den Absichten, die er bei Erwerb der Aktie verfolgte, niemals erstrebt hat.

Die Fragen, welche aus dem Problem entstehen, die verschiedenen Aktionärklassen richtig zu charakterisieren, lassen sich an Hand der Entwicklung verfolgen, welche Gesetzgebung und Rechtsprechung in den Vereinigten Staaten eingeschlagen haben, um die Allgemeinheit gegen Mißbrauch der dem vergesellschafteten Kapital innewohnenden Gewalt zu schützen, ohne dem vergesellschafteten Kapital die Freiheit zur Ausübung der ihm zukommenden wirtschaftlichen Funktionen zu nehmen. Die Vereinigten Staaten bieten eine Fülle von Gesetzen und Entscheidungen, welche sowohl wirtschaftsrechtliche wie aktienrechtliche Gesichtspunkte behandeln, und deren Masse eine Fundgrube für die Erkenntnis der Faktoren bietet, welche die fortschreitende Vergesellschaftung des Kapitals regeln. Wenn man sich in dieses Material vertieft, so erkennt man, daß in den Vereinigten Staaten bereits vor einem Vierteljahrhundert die Bewegung eingesetzt hatte, große Kapitalmassen in Gesellschaftsform zusammenzufassen, um eine auf weite Sicht eingestellte Wirtschaftspolitik unter Ausschaltung divergierender Interessen herbeizuführen. Die daraus erwachsende Gefahr einer den öffentlichen Interessen zuwiderlaufenden Machtkonzentration in wenigen Händen rief die Gesetzgebung und die Rechtsprechung auf den Plan und veranlaßte Maßnahmen, welche darauf gerichtet waren, solche Zusammenschlüsse zu hemmen. Trotzdem hat sich gezeigt, daß die Zahlenlogik der Wirtschaft diese unaufhaltsam zur Zusammenfassung drängt und sich in dieser Bewegung nicht durch Verbote aufhalten läßt. Dementsprechend haben Gesetzgebung und Rechtsprechung ihre ursprünglich starke Opposition gegen die Zusammenballung der wirtschaftlichen Kräfte allmählich erheblich mildern und sich den von der Wirtschaft erdachten neuen Rechtsformen zugänglich erweisen müssen, welche darauf abzielen, eine konzentrierte Verwaltung vergesellschafteter Vermögensmassen zu ermöglichen, welche ihren Bedürfnissen gerecht wird.

Die Form, in welcher die Zusammenfassung des vergesellschafteten Kapitals sich ursprünglich in den Vereinigten Staaten vollzog, war die des Trusts. Der berühmte Syndikus der Standard Oil Co. und der Erfinder ihrer Trustform S. C. T. Dodd, mit dem vor 25 Jahren gelegentlich der Verhandlungen der Standard Oil Co. mit dem rumänischen Staat über das von ihr damals erstrebte Pipeline-Monopol die

Klinge gekreuzt zu haben zu meinen interessantesten juristischen Erinnerungen gehört, hat den Begriff des Trust wie folgt definiert: „Trust ist eine Vereinbarung, auf Grund welcher die Aktionäre verschiedener Aktiengesellschaften ihre Aktien bestimmten Bevollmächtigten (trustees) übergeben und dagegen Zertifikate erhalten, welche den Anspruchsanteil jedes Aktionärs an der Gesamtheit der auf diese Weise zusammengefaßten Aktien ersichtlich machen. Das Ergebnis dieser Konstruktion ist ein doppeltes: die Aktionäre werden mitinteressiert an dem Ergebnis aller Unternehmungen, deren Aktien auf diese Weise zusammengefaßt sind, und das Recht, die Leiter der so zusammengefaßten Gesellschaften zu wählen, geht von deren Aktionären auf die trustees über" (Cook, Treatise § 503 a). Wir werden sehen, daß diese von dem Schöpfer des Trustgedankens gegebene Definition trotz der mannigfachen Wandlungen, welche der Kampf um die ihr innewohnenden Prinzipien in der gesetzlichen und juristischen Behandlung der mit dem Trustgedanken zusammenhängenden Fragen auslöste, gleichsam prophetisch die Entwicklung vorausgeschaut hat, welche die Logik der wirtschaftlichen Tatsachen schließlich herbeiführen mußte. Es hat sich gezeigt, daß die Notwendigkeit einer straffen Zusammenfassung aller Kräfte und die Konzentrierung der Leitung in sachverständigen Händen für die allgemeine Entwicklung von größerer Bedeutung war als die Abwendung der Gefahr eines Mißbrauchs der damit verknüpften Gewalt.

Die Opposition von Legislatur und Rechtsprechung richtete sich jedoch weniger gegen die geschilderte Form der Zusammenfassung als dagegen, daß dieselbe zu dem Zwecke ausgenutzt wurde, um die Preise der Erzeugnisse zu bestimmen, um den Produktionsumfang festzusetzen und um Konkurrenz zu unterdrücken. Diesem Zwecke dienende Vereinigungen wurden mit großer Strenge für ungesetzlich erklärt. Die ersten Entscheidungen dieses Inhalts ergingen im Jahre 1890 in New York gegen den Zuckertrust und im Jahre 1892 in Ohio gegen den Standard Oil Trust. Die Folge dieser Urteile war, daß die Trusts die von Dodd erfundene Konstruktion aufgaben und dazu übergingen, Unternehmungen ins Leben zu rufen, welche nicht die Aktien der zu vereinigenden Aktiengesellschaften, sondern deren gesamtes Eigentum übernahmen. Aber auch hiergegen machten anfänglich Gesetz und Rechtsprechung Front, und zwar war es der Supreme Court of the United States selbst, der das bundesstaatliche Antitrustgesetz vom 2. Juli 1890 nach einigem Schwanken auch gegen die Zusammenfassung der Unternehmungen in dieser Form anwendete und sich in diesem Sinne in den Jahren 1911 und 1912 gegen die Standard Oil Co., die American Tobacco Co. und die Union Pacific Railroad Co. aussprach. Diese die rechtliche Form um des wirtschaftlichen Inhalts willen treffende Judikatur ließ sich auf die Dauer nicht aufrechterhalten. „Man würde sich" — wie es in Warrant, History of the Supreme Court of the United States, (Band 3, Seite 456), heißt — „darüber klar, daß die Entscheidung der Frage, ob gesellschaftliche Zusammenfassungen gesetzlich seien, mit unvernünftiger Engherzigkeit behandelt worden war, die staatliche Gewalt die Zusammenfassungen regeln müsse, anstatt sie zu zerstören, und Gefahren monopolistischer Herrschaft und unrechtlicher Geschäftsmethoden zu begegnen sei, ohne die Vereinigung wirtschaftlicher Betriebe zu unterbinden". Die Legislatur hat sich dieser Auffassung angeschlossen und die Entwicklung der neueren Zeit zeigt eine mehr und mehr der Freilassung der Privatwirtschaft zuneigende Rechtsbildung, welche die Fusion einheitlicher Betriebe als Mittel zur Ersparnis von Generalunkosten, zur Herbeiführung technischer Verbesserungen und zur Steigerung der Produktionskraft anerkennt und ihre Rechtsformen als die Grundlage der fortschreitenden Organisierung der Wirtschaft schützt. Dementsprechend hat derselbe Supreme Court of the United States, der in den Jahren 1911 und 1912 die großen Trusts zerschlug, im Jahre 1920 anerkannt, daß die United States Steel Corporation nicht gegen die Gesetze verstoße, und daß die Gigantik eines Unternehmens allein nicht berechtige, es für ungesetzlich zu erklären. Die Entwicklung drängt also dahin, nur noch gegen Mißbrauch der Macht Front zu machen, der unbillige Preissteigerungen veranlassen oder konkurrierende Betriebe unerlaubt schädigen könnte.

Man hat also erkannt, daß die geringstmögliche staatliche Einmischung das bessere Teil der Regierungskunst ist, solange die Gesetze befolgt werden und die Ordnung aufrechterhalten bleibt.

Die aktienrechtlichen Bestimmungen sind der Fortbildung der Wirtschaftsgesetzgebung gefolgt. Sie billigen diejenigen Maßnahmen, welche die Kontrolle der Betriebe in die Hand einer zielbewußt vorgehenden Verwaltung legen. Man hat gelernt, daß von der Beherrschung eines vergesellschafteten Unternehmens durch dessen Verwaltung Erfolg oder Fehlschlag abhängt, mit dem Wachsen der Unternehmen aber die Kapitalkraft, welche erforderlich wäre, um eine auf überwiegender finanzieller Beteiligung aufgebaute Kontrolle herbeizuführen, das finanzielle Können des Einzelnen oder Weniger übersteigen muß. Man hat deshalb die Wege geebnet, um der Verwaltung der Aktiengesellschaften die für eine stetige Geschäftsführung erforderliche Macht zu gewähren, auch wenn der Verwaltung die überwiegende Kapitalkraft fehlt.

Die aktienrechtliche Entwicklung ist diesen wirtschaftlichen Gedankengängen sowohl durch zweckdienliche Gestaltung des Stimmrechts der Aktie wie durch Bindung und Verteilung desselben gefolgt.

Das common law betrachtete die Ausübung des Stimmrechts als ein höchstpersönliches, nicht übertragbares Recht. Dieses Prinzip ist als verkehrsfeindlich heutzutage völlig über Bord geworfen. Das amerikanische Recht kennt bekanntlich keine Inhaber-, sondern nur Namensaktien; dementsprechend beurkundet die Eintragung in das Aktienbuch der Gesellschaft die Aktionärrechte. Nach heutiger Anschauung ist das Stimmrecht beliebig übertragbar, und so bildet es die Regel, daß die Masse der Aktionäre dasselbe durch einen Stellvertreter, einen proxy, ausüben läßt. Die einzelstaatlichen Gesetze fordern gewöhnlich, daß die den Stellvertreter betrauende Vollmacht schriftlich und in ihrer Dauer beschränkt sei (New Yersey: drei Jahre, New York: elf Monate, Pennsylvania: zwei Monate) und erklären sie für jederzeit aufhebbar. Jedenfalls wird das Prinzip der Vertretbarkeit bei Ausübung des Stimmrechts allgemein anerkannt und dadurch verkehrsmäßig die Wirkung erzielt, daß die Namensaktie für alle wichtigen Funktionen zum Inhaberpapier geworden ist. Aus der amerikanischen Rechtsentwicklung läßt sich mithin kein Argument für die wirtschaftliche Berechtigung des bei uns entbrannten Kampfes gegen den Legitimationsaktionär entnehmen. Im Gegenteil zeigt die Ausnutzung, welche die Institution des proxy in der amerikanischen Praxis gefunden hat, daß das Reichsgericht durchaus auf dem richtigen Wege war, als es in seinen grundlegenden Entscheidungen vom 23. November 1892 (RGZ. Bd. 30, S. 51) und 10. November 1898 (RGZ. Bd. 40, S. 80) die Legitimationszession anerkannte.

Was die von Herrn Justizrat Pinner gestellte Forderung betrifft, zu verbieten, daß Banken das Stimmrecht der bei ihnen deponierten Aktien auf Grund ihrer von dem Aktionär unterschriebenen allgemeinen Geschäftsbedingungen ausüben, so läuft dieselbe darauf hinaus, die Vertretung von Aktien durch Banken im Wege der Legitimationszession zu verbieten. Man wird verstehen, daß ich das hierdurch zum Ausdruck gebrachte Mißtrauen gegen die Behandlung der Stimmrechtsfrage durch die Banken in dieser Verallgemeinerung nicht unwidersprochen lassen kann.

Die Frage des Stimmrechts der Depotaktie ist bereits erschöpfend von Herrn Dr. Hartmann in seinem in Nummer 24 des 24. Jahrgangs des Bank-Archivs vom 14. September 1925 veröffentlichten Aufsatze behandelt worden. Herr Dr. Hartmann hat dort hervorgehoben, daß zur Beurteilung der Frage zunächst die Zugrundelegung des richtigen Tatbestandes gehört, und da kann ich naturgemäß nur mit vollem Fug und Recht von den Erwägungen ausgehen, welche ich selbst in dem mir unterstellten Betriebe anzustellen veranlaßt gewesen bin. Ich darf aber, ohne zu weit zu gehen, behaupten, daß diese Erwägungen bei allen wirklich in Betracht kommenden Banken im wesentlichen identisch sind. Die Geschäftsbedingungen enthalten nämlich durchweg die Klausel, daß die Bank sich zur Vertretung der bei ihr deponierten Aktien in der Generalversammlung der betreffenden Gesellschaft auf Grund der Unterschrift der Geschäftsbedingungen nur soweit für berechtigt ansieht, als sie nicht andere Weisungen seitens des Kunden erhält. Jeder Kunde kann also durch seinen den Geschäftsbedingungen angefügten Vermerk, daß er generell solche Weisungen zu erteilen wünsche, von vornherein verhindern, daß eine Vertretung gegen seinen Willen stattfindet. Aber auch beim Fehlen solcher Willensäußerung wird, wenigstens in dem mir nahestehenden Kreise, die Stimmenvertretung derart ausgeübt, daß, wenn Opposition gegen die Verwaltungsanträge vor der Generalversammlung laut wird, die Kundschaft durch Rundschreiben unter Hinweis auf die entstandenen Differenzen ersucht wird zu erklären, welche Weisungen sie für die Vertretung der Aktien gebe. Die von Herrn Dr. Hartmann in seinem Aufsatze angeführten beiden Rundschreiben in Sachen der Elektrischen Hoch- und Untergrundbahn A.-G. und des Eschweiler Bergwerksvereins wurden dementsprechend von meiner Bank erlassen. In der Praxis hat sich gezeigt, daß nur ausnahmsweise die Kundschaft auf derartige Briefe reagiert und es im Gegenteil sogar als eine Belästigung empfindet, wenn man an sie zwecks Erzielung einer Meinungsäußerung herantritt.

Es scheint mir nun so, als ob die These des Herrn Justizrat Pinner durch die Erwägung veranlaßt worden ist, daß die Geschäftsbedingungen mit ihrem vielgestaltigen Inhalt es dem sie unterschreibenden Aktionär nicht zum Bewußtsein kommen lassen, daß er mit seiner Unterschrift auch eine Vollmacht im Sinne des § 252 Abs. 2 HGB. erteilt. Ich darf darauf hinweisen, daß wir allerdings versucht haben, dem Aktionär in klarer Weise zum Bewußtsein zu bringen, daß er eine Verfügung über sein Stimmrecht ausspreche, und demzufolge die Ausstellung einer besonderen Vollmacht den Geschäftsbedingungen angefügt hatten. Diese Methode ließ sich indessen nicht aufrechterhalten, weil die auf Grund der stempelrechtlichen Bestimmungen erfolgende Belastung weder für die Bank noch für den Kunden tragbar war. Neuerdings ist hierin insofern eine Wendung eingetreten, als das Reichsgericht in einer in Band 105, Seite 292 abgedruckten Entscheidung den Standpunkt vertritt, daß der Vollmachtsstempel der Tarifstelle 19 Abs. 3 des Preußischen Stempelsteuer-Gesetzes nicht fällig wird, wenn die allgemeinen Geschäftsbedingungen eine Bestimmung enthalten, wonach der Bank gestattet wird, Aktien oder sonstige ein Stimmrecht gewährende Urkunden über Gesellschaftsrechte, die ihr vom Kunden übergeben sind, in Gesellschaftsversammlungen nach ihrem Ermessen zu vertreten, falls der Kunde nichts Gegenteiliges bestimmt. Das Reichsgericht geht davon aus, daß die Unterzeichnung der Geschäftsbedingungen, welche das Einverständnis des Bankkunden mit diesem Vorgehen darstelle, nicht als Vollmachterteilung im Sinne des § 252 Abs. 2 HGB. anzusehen sei, weil keine Vollmacht, d. h. keine Urkunde vorliege, welche alle die Vollmacht betreffenden Punkte in einem Schriftstück vereinige. Es ist das ein Fortschritt gegenüber der bisherigen Auffassung bezüglich der Stempelpflicht, der als Abkehr von übertriebener Fiskalität wärmstens zu begrüßen ist.

Ob es praktisch wäre, dahin zu streben, durch Aufhebung des Vollmachtsstempels für Aktienstimmrechtsvollmachten die Möglichkeit zu schaffen, daß dem Aktionär — sei es generell, sei es vor jeder Generalversammlung — ein Vollmachtsblankett vorgelegt wird, dessen Unterschrift ihm zum Bewußtsein bringen soll, daß er eine Stimmrechtsvollmacht ausstellt, möchte ich bezweifeln. Die Folge der Einführung einer derartigen Verpflichtung würde sein, daß noch mehr Aktien, als solches gegenwärtig der Fall ist, in der Generalversammlung unvertreten bleiben, weil mit Sicherheit anzunehmen ist, daß der Aktionär nicht daran denkt, sich der Mühe zu unterziehen, eine derartige Vollmacht über ihm an sich gänzlich gleichgültige Abstimmungen auszustellen. Anträge, welche nach dieser Richtung auf Änderung des Gesetzes gerichtet sind, lassen außer Acht, daß es durchaus verfehlt ist, den seine Aktien lediglich als Kapitalsanlage betrachtenden Aktionär dem verwaltungsmäßig interessierten gleichzustellen.

Als Folge der die Stimmrechtsvollmacht zeitlich begrenzenden Bestimmungen hat sich in den Vereinigten Staaten die Institution des sogenannten voting trust eingebürgert. Derselbe liegt vor, wenn ein Aktionär seine Aktien zugunsten eines Trusts mit der Maßgabe hinterlegt, daß er sich damit der Ausübung des der Aktie anhaftenden Stimmrechts begibt, so daß dieses von jeder Beeinflussung durch den Aktionär völlig losgelöst, auf den trustee übergeht, während ihm alle mit dem Eigentum der Aktie verknüpften Rechte verbleiben. Judikatur und Gesetzgebung sind darin einig, daß diese Konstruktion, auch wenn sie dem Zweck dient, einer Aktionär- oder Verwaltungsgruppe die Herrschaft über das Unternehmen zu sichern, durchaus legitim sei und den wirtschaftlichen Bedürfnissen entspreche (Machen, Treatise § 622 f.). Als Beispiel dieser Rechtsform kann § 50 des Stock corporation law des Staates New York vom Jahre 1923 dienen, der wie folgt lautet:

> „Ein Aktionär kann durch schriftlichen Vertrag seine Aktien an einen oder mehrere voting trustees zu dem Zwecke überlassen, um ihnen für eine Zeit von nicht mehr als 10 Jahren das Stimmrecht darüber zu den vereinbarten Bedingungen einzuräumen. Die Zertifikate über die so übertragenen Aktien sind zu vernichten und den trustees neue Zertifikate auszustellen, aus denen hervorgeht, daß sie entsprechend solcher Vereinbarung übertragen worden sind. Die Tatsache dieser Vereinbarung soll in dem Aktienbuch vermerkt werden und daraufhin der trustee das Stimmrecht während der Dauer der Vereinnbarung ausüben. Ein Duplikat jeder derartigen Vereinbarung ist dem Büro der Gesellschaft einzureichen und jederzeit während der Geschäftsstunden zur Einsicht für jeden Aktionär bereitzulegen."

Wie diese Vorschrift zeigt, sanktioniert also die Gesetzgebung die Abtrennung des Stimmrechts von den übrigen der Aktie anhaftenden Rechten, ein Beweis mehr, wie gering das Interesse weiter Aktionärkreise ist, ihre verwaltungsmäßigen Rechte auszuüben und wie groß das Bedürfnis, diese Rechte dauernd in die Hand einer geschlossenen Verwaltungsmajorität zu legen.

Die Idee, welche Dodd vor einem Vierteljahrhundert vorschwebte, als er der Standard Oil Co. die damals verpönte Trustform gab, hat sich mithin als richtige Voraussicht der notwendigen Entwicklung erwiesen! Der voting trust des New Yorker Gesetzes, der in gleicher Form in anderen Staaten der Union wiederkehrt, entspricht genau der Begriffsbestimmung des trust, die Dodd vor 40 Jahren gegeben hatte. Die Wucht der Wirtschaftsnotwendigkeiten hat sich also in vollem Umfange gegen formal-juristische Hemmungen durchgesetzt.

In derselben Richtung wie der voting trust tendiert die Abstufung des Stimmrechts der Aktionäre. Die diesem Zwecke dienenden Konstruktionen tragen in weitestem Umfange der Tatsache Rechnung, daß die Forderung „gleiches Recht für alle Aktionäre" daran zerschellt, daß die wirtschaftlichen Interessen der Aktionäre einander nicht gleichen, sondern vielfach völlig verschieden sind. Das amerikanische Recht mit seinem hellen Blicke für wirtschaftliche Notwendigkeiten hat erkannt, daß die auf den Appell an den öffentlichen Kredit abgestellten Unternehmungen mit ihren auf wirtschaftliche Ewigkeit gerichteten Zielen zweierlei Interessentengruppen umschließen müssen: nämlich einerseits diejenigen Mitglieder der Organisation, welche Aufbau und Führung des Unternehmens als ihren Daseinszweck und Sicherung seiner Fortdauer über ihren Tod hinaus als ihre Lebenssorge betrachten, andererseits die nur finanziell Beteiligten, welche ohne eigene Arbeit und Verantwortung an den Früchten dieser Entwicklung teilnehmen wollen, durch kein dauerndes Band mit dem Unternehmen verknüpft sind und es nur vom Standpunkt einer auf Rente und Wertsteigerung gerichteten Vermögensanlage betrachten. In vergangenen Zeiten, unter kleineren Verhältnissen, haben diese beiden sich jetzt nur beschränkt in ihren Interessen berührenden Kreise eine Einheit gebildet. Mit der enormen Entwicklung der mit öffentlichem Kapital arbeitenden Unternehmen und den steigenden Ansprüchen, welche ihre Verwaltung an die Hingabe und die Fähigkeiten der sie betreibenden Organe stellt, hat sich der Gegensatz beider Interessentengruppen vertieft, so daß sie sich als eine Zweiheit gegenüberstehen, deren Wünsche gleichzeitig zu befriedigen unmöglich ist.

Das amerikanische Recht hat die Konsequenz dieser Entwicklung gezogen und, entsprechend der Verschiedenheit der Aktionär-Interessen, Abstufungen des Stimmrechts entwickelt, die von der stimmlosen über die bedingt stimmberechtigte bis zur mehrfach stimmberechtigten Aktie reichen.

Eine von W. H. S. Stevens im Quarterly Journal of Economics veröffentlichte Studie über diese Formen untersucht die Satzungen von 350 Aktiengesellschaften, von denen 74 public utility-Unternehmungen, 42 Eisenbahnen und die restlichen industrielle Unternehmungen betreiben.

Von diesen Gesellschaften hatten 16 dividendenmäßig bevorrechtigte Aktien und 9 Stammaktien ausgegeben, denen jegliches Stimmrecht genommen war. Der Grund für die geringe Zahl stimmloser Vorzugs- und Stammaktien ist, daß die Mehrzahl der einzelstaatlichen Gesetze einschneidende Maßnahmen von der Zustimmung aller Aktienklassen abhängig macht und es daher nur in wenigen Staaten möglich ist, ganzen Aktiengattungen das Stimmrecht vollkommen zu entziehen. Viel häufiger findet sich daher die Ausstattung einzelner Aktiengattungen mit einem beschränkten oder bedingten Stimmrecht.

Das beschränkte Stimmrecht wird in der überwiegenden Zahl der Fälle zwecks Mitbestimmung bei solchen Maßnahmen gewährt, welche die Rechtsstellung der betreffenden Aktiengattung beeinflussen. Dementsprechend ist in der Regel die Zustimmung einer Zweidrittel- oder Dreiviertelmajorität jeder Aktienkategorie notwendig für die Aufnahme von Hypotheken, die Ausgabe von Obligationen und Übernahme anderer langlaufender Schuldverpflichtungen, die Erhöhung des Kapitals der betreffenden Aktien-Kategorie, den Verkauf des Aktivums des Unternehmens und wesentliche Satzungsänderungen.

Das bedingte Stimmrecht wird in der Regel wirksam, sobald die betreffende Aktienkategorie nicht die ihr zustehende Dividende erhält. Hierbei finden sich die verschiedensten Schattierungen. Bald wird das Stimmrecht wirksam, wenn das Unternehmen mit der Zahlung einer oder mehreren Dividenden in Rückstand gerät, bald, wenn die Dividende nicht in einer bestimmten Höhe erzielt wird, bald, wenn der zur Verteilung einer Dividende erforderliche Betrag nicht verdient worden ist. Andere Satzungen machen die Entstehung des Stimmrechts davon abhängig, daß eine bestimmte Anzahl von Dividendenfälligkeits-Terminen ergebnislos verstrichen ist.

In diese Klasse fallen auch die Bestimmungen, welche, entsprechend dem in den Vereinigten Staaten auf das Vorhandensein flüssiger Mittel gelegten Schwergewicht, das Stimmrecht der betreffenden Aktienkategorieen mit dem Fehlen eines bestimmten Prozentsatzes flüssiger Mittel entstehen lassen, wobei verschiedene Zeitlängen für das Vorhandensein dieses Mangels festgesetzt werden. Endlich gibt es Fälle, in denen das Stimmrecht zur Entstehung kommt, wenn der Reingewinn des Unternehmens unter einer festgesetzten Höhe bleibt, wobei wiederum große Verschiedenheiten bezüglich der Zeitdauer bestehen, für welche die Unterschreitung der festgesetzten Gewinngrenze eingetreten sein muß.

Auch der Umfang des bedingten Stimmrechts ist sehr verschieden. Es gibt Satzungen, laut welchen im Falle des Eintretens der das Stimmrecht auslösenden Bedingung dieses in seiner Totalität der berechtigten Gattung zufällt, solche, laut welchen das Stimmrecht auf die verschiedenen Aktienkategorieen verhältnismäßig verteilt wird, und solche, welche aus dem Eventualitätsstimmrecht ein Majoritätsstimmrecht werden lassen oder es auf die Ausübung der Wahlen für die Verwaltung beschränken.

Im Gegensatz zum deutschen Aktienrechte, das auf dem Grundsatze des jeder Aktie mindestens in der Einzahl zustehenden Stimmrechts fußt und daher eine Häufung der Stimmen zu Gunsten einer Aktien-Kategorie nur durch Verleihung eines mehrfachen Stimmrechts erzielen kann, gelangt das amerikanische Recht zu dem gleichen Ergebnis, indem es das Stimmrecht einzelner Aktien-Kategorieen aufhebt oder in den verschiedensten Abstufungen mindert. Die Vereinigung mehrerer Stimmen auf eine Aktie findet sich nur zum Zwecke der Gewährung des Proportional-Wahlrechts für Besetzung von Verwaltungsstellen und wird daher im Zusammenhang mit den die Verwaltung regelnden Vorschriften besprochen werden.

Endlich seien an dieser Stelle die Bestimmungen erwähnt, welche eine gewisse Dauer des Aktienbesitzes als Voraussetzung für die Ausübung des Stimmrechts fordern. So zieht z. B. das General corporation law des Staates New York vom Jahre 1909 (§ 23) vor, daß die Satzungen einer Aktiengesellschaft verbieten dürfen, daß binnen einer bis zu 40 Tagen laufenden vor Abhaltung der Generalversammlung beginnenden Frist Umschreibungen im Aktienbuche vorgenommen werden. Dadurch wird das Stimmrecht des Eintagsaktionärs erheblich beschränkt.

Durch die mittels Abstufung des Stimmrechts geschilderte Anpassung der amerikanischen Rechtsbildung an die Bedürfnisse der Wirtschaft ist deren Entwicklung im größten Stile ermöglicht worden.

Nach der im Dezember vorigen Jahres veröffentlichten Statistik des Bundes-Kommissars für das Steuerwesen in Washington werden in der Union 326 100 Unternehmungen in Aktienform betrieben. Ihr effektiver Wert wird auf $ 75 Milliarden geschätzt. Die Zergliederung dieser Kapitalmasse ergibt, daß der weit überwiegende Teil derselben auf die zu Riesenbetrieben zusammengefaßten Gesellschaften entfällt, so daß 67 derselben mit einem Kapital von je $ 90 000 000 und darüber mehr als $ 12 Milliarden, 105 mit einem Kapital von je $ 40 000 000 bis $ 90 000 000 mehr als $ 6 Milliarden, 203 mit je einem Kapital von $ 20 000 000 bis $ 40 000 000 mehr als $ 5 Milliarden, 489 mit je einem Kapital von $ 10 000 000 bis $ 20 000 000 beinahe $ 7 Milliarden und 877 mit je einem Kapital von $ 5 000 000 bis $ 10 000 000 $ 6 Milliarden der Gesamtsumme belegen. Mit dem Fallen der Kapitalgröße steigt naturgemäß die Ziffer der in Betracht kommenden Unternehmungen, so daß die Zahl der mit unter $ 100 000 kapitalisierten Unternehmungen 256 000 beträgt, deren Gesamtkapital beinahe $ 10 Milliarden erreicht.

Die Zahl der Aktionäre, die im Jahre 1900 noch 4 400 000 betrug, ist seitdem auf rund 15 000 000 gestiegen. Die Verteilung des Aktienbesitzes reicht in alle Schichten der Bevölkerung und entfällt nach Berechnungen, die für das Jahr 1923 auf Grund der Einkommensteuerstatistik aufgestellt worden sind (The New Republic v. 5. Mai 1926), in 600 000 Aktionäre mit einem Jahreseinkommen von mehr als $ 5000, 1 400 000 Aktionäre mit einem Jahreseinkommen von $ 3000—5000, 5 000 000 Aktionäre mit einem Jahreseinkommen unter $ 3000, 8 000 000 Aktionäre, die kein Einkommen deklarieren.

Die gleiche Statistik zeigt, daß die tatsächliche Kapitalbeteiligung in weit überwiegendem Maße in den Händen von Aktionären mit einem Einkommen über $ 5000 liegt, denen im ganzen 75 Prozent des gesamten ausgegebenen Aktienkapitals gehören, und daß 7,7 Prozent desselben der Arbeiterklasse gehören. Alle Schichten der Bevölkerung sind also an der Vergesellschaftung der Unternehmen kapitalistisch beteiligt, ohne daß an der Konzentrierung der Verwaltung Anstoß genommen worden wäre. Die Rechtsentwicklung war also auf dem richtigen Wege, als sie unter Überwindung der Antitrust-Gesetzgebung in weitherzigster Weise die Formen ausbildete, welche die Zusammenfassung zu Unternehmen größten Stils ermöglichte. Die Quintessenz dieser Formen bildet, wie nicht nachdrücklich genug betont werden kann, die immer mehr Platz greifende Unterscheidung zwischen den nur kapitalistisch und den verwaltungsmäßig interessierten Aktionären. Man hat in den Vereinigten Staaten verstanden, sich rechtzeitig von der Theorie „gleiches Recht für alle Aktionäre" freizumachen, weil man erkannte, daß eine maßgebliche Verwaltungsbeteiligung der nur rentenmäßig interessierten Aktionäre die Entwicklung hemmen müsse. Das Anlage suchende Publikum der Vereinigten Staaten stellte sich dementsprechend auf den Standpunkt, daß ihm die Einzelheiten der Verwaltung des Unternehmens gleichgültig seien, solange dieses seine finanziellen Wünsche befriedige. Diese Gleichgültigkeit hat zu Gebilden geführt, welche ein unseren Begriffen vom Wesen der Aktiengesellschaften vollkommen zuwiderlaufendes Überwiegen der Verwaltungsmajorität auf relativ kleiner kapitalistischer Basis aufweisen.

Als Beispiele seien die Konstruktionen folgender Gesellschaften aufgeführt:

Edward G. Budd Manufacturing Co.

$ 20 000 000 7 % preferred shares ohne Stimmrecht, solange nicht die Dividende eines Jahres rückständig ist oder der Wert des Aktivums für eine Zeit von 60 Tagen unter 150 % des ausgegebenen Betrages der preferred shares sinkt,

400 000 Stück no par value common shares, denen das alleinige Stimmrecht zusteht;

Atlantic Refining Co.

$ 20 000 000 7 % preferred shares ohne Stimmrecht,
$ 50 000 000 common shares mit alleinigem Stimmrecht;

Standard Oil Co. of New Jersey.

$ 200 000 000 7 % preferred shares ohne Stimmrecht,
$ 25 000 000 common shares mit alleinigem Stimmrecht;

Asbestos Corporation Ltd.

$ 12 000 000 7 Prozent preferred shares mit gleichem Stimmrecht wie
$ 200 000 no par value common shares,

3 shares of management mit ausschließlichem Recht, den Aufsichtsrat bis zum 1. April 1931 zu wählen, zu welchem Termin dann das Wahlrecht der übrigen Aktionäre Platz greift.

Die Reihe derartiger den Grundsatz „gleiches Recht für alle Aktionäre" auf den Kopf stellender Konstruktionen ließe sich noch beliebig vermehren. Fernere Zitate gleicher Art finden sich in dem Gutachten des Herrn Dr. Lehmann.

Ein im Januar-Heft 1926 des Atlantic Monthly von Professor William Z. Ripley erschienener Artikel hat begonnen, gegen diese Finanzierungsmethoden Front zu machen, und viel Staub aufgewirbelt. Ob er die beabsichtigte Wirkung ausüben und die Regierungsgewalt gegen die Konzentrierung der Verwaltungsleitung der Riesenunternehmen in wenigen Händen in Bewegung setzen wird, erscheint mir sehr zweifelhaft. Ich glaube nicht daran, einmal, weil Ripley mit Argumenten arbeitet, die sich sehr amüsant lesen, in der Praxis aber zum alten Eisen gehören; denn er macht gegen die Distanzierung Front, welche zwischen dem Durchschnittsaktionär und dem Unternehmen, an welchem er beteiligt ist, Platz gegriffen hat, indem er die Unpersönlichkeit beklagt, welche der Aktie innewohnt und die gute alte Zeit preist, als noch das Eigenkapital vorherrschte. Ripley übersieht dabei, daß die Verwaltungsmajorität das notwendige Korrelat der Unpersönlichkeit des Aktienunternehmens bildet und nicht entbehrt werden kann, wenn es nicht im Bureaukratismus versinken soll. Dementsprechend pflegen die Emissionsprospekte der großen amerikanischen Unternehmungen, um dem Publikum die Beteiligung an diesen reizvoll erscheinen zu lassen, erfolgreich mit dem Hinweis zu arbeiten, daß trotz der Ausbreitung der Geschäfte die in der Vergangenheit bewährte Leitung und Organisation durch Majoritätsrechte gesichert sei und in der Hand derjenigen Beteiligten bleibe, welche das Unternehmen aufgebaut und ihm ihre Lebensarbeit gewidmet haben. Selbstverständlich kann diese Machtkonzentration zu Nachteilen führen. Ich glaube aber, daß diese Gefahr im ganzen genommen recht gering ist, einmal, weil Unternehmen, welche sich einen gewissen Anteil an der Wirtschaft des Landes errungen haben, durch das Schwergewicht ihres Bestandes von der Gesamtentwicklung mit getragen werden und gar nicht anders können, als sich den Fortschritten anzupassen, welche von Konkurrenzseite erzielt werden, sodann, weil die Notwendigkeit, immer wieder an den Kapitalmarkt zu appellieren, das Unternehmen zwingt, alles daran zu setzen, um den verbrieften Ansprüchen der daran kapitalistisch Beteiligten gerecht zu werden. Außerdem läßt Ripley vollkommen außer acht, daß die im Gange begriffene Kumulation gleichgerichteter Betriebe auch Schutzmaßnahmen des Einzelunternehmens gegen eine von ihm nicht gewollte Aufsaugung erforderlich macht.

Vergleicht man die amerikanischen und deutschen Einrichtungen, die dem wirtschaftlichen Zwange entsprungen sind, die Verwaltungsmajorität der Aktiengesellschaften zu schützen, so erkennt man als wesentlichen Unterschied, daß das amerikanische Recht zwecks Konzentrierung der Machtbefugnisse große Massen von Aktionären entweder jedes Stimmrecht genommen oder ein nur bedingt in Kraft tretendes Stimmrecht gelassen hat, während das deutsche Recht stimmlose Aktien überhaupt nicht kennt und sich damit begnügt, neben den einfach stimmberechtigten auch solche mit mehrfachem Stimmrecht ausgestattete Aktien zuzulassen, welche dieses Recht generell oder nur in gewissen Fällen auszuüben befugt sind.

Nach der von dem Statistischen Reichsamt am 30. November 1925 veröffentlichten Statistik der sämtlichen an deutschen Börsen eingeführten Aktien (Wirtschaft und Statistik V, Nr. 22 vom 30. November 1925) hatten von 1595 Aktiengesellschaften 867 Vorzugsaktien ausgegeben. Dieselben dienten nur in 44 Fällen der Verbriefung einer bevorzugten Dividende, während sie in 842 Fällen mit bevorzugtem Stimmrecht ausgestattet sind, das bei rund der Hälfte derselben auf bestimmt begrenzte Fälle beschränkt ist.

Den stärksten Gebrauch haben von dieser Aktie die Industrieen der Grundstoffe (Schwerindustrie, Industrie der Baustoffe, Chemische Großindustrie) gemacht. Bei ihnen betrug der Anteil der Stimmen der Stimmrechtsaktien an den Gesamtstimmen 43 %.

Der kapitalmäßige Anteil der Stimmrechtsaktien beträgt bei 860 Gesellschaften 2,4 % des gesamten eingezahlten Kapitals bei 38,2 % aller Stimmen. Die Fortführung dieser Statistik bis in die jüngste Zeit (Wirtschaft und Statistik VI, Nr. 13 vom 21. Juli 1926) zeigt, daß 62 Gesellschaften inzwischen eine Herabsetzung bezw. Aufhebung des mehrfachen Stimmrechts beschlossen bezw. durchgeführt haben und bei weiteren 22 dahingehende Anträge vorliegen. Neu eingeführt wurde das mehrfache Stimmrecht nur in einem einzigen Falle. Wenn auch durch diese Reduktionen keine wesentlichen Verschiebungen der Verhältniszahlen zwischen Mehrstimmrecht und einfachem Stimmrecht und den hinter beiden Kategorieen stehenden Kapitalbeteiligungen, verglichen mit dem Vorjahr, eingetreten sind, ist doch deutlich zu erkennen, daß der Drang, Mehrstimmrechtsaktien zu schaffen, der ein Ausfluß des während der Inflationszeit entstandenen Schutzbedürfnisses war, nachgelassen hat und wir bereits in die Periode der Ausgleichung der Gegensätze eingetreten sind.

Die Opposition, welche bei uns gegen die Mehrstimmrechtsaktie laut geworden ist, findet in der geschilderten Entwicklung des amerikanischen Rechts keine Stütze. Die amerikanische Rechtsbildung gibt vielmehr außerordentlich wertvolle Fingerzeige dafür, in welcher Weise sich die Fortbildung des Rechts dem die gesamte Weltwirtschaft beherrschenden Zwange der Rationalisierung und der ihr dienenden Zusammenballung des vergesellschafteten Kapitals auch bei uns anpassen muß, wenn wir konkurrenzfähig bleiben wollen. Die Verkennung der Veränderungen, welche sich in der finanziellen Struktur der Aktiengesellschaft infolge der Trennung des mühelose Anlage suchenden Kapitals von der das Unternehmen führenden und für es lebenden Beteiligten-Schicht vollzogen hat, würde unsern wirtschaftlichen Fortschritt gegenüber dem in dieser Hinsicht vorgeschrittenen Ausland in einer unserem Volkswohlstand verderblichen Weise hemmen.

Aus dieser Auffassung folgt nicht, daß wir sogleich mit fliegenden Fahnen zu den Methoden des amerikanischen Rechts hinüber schwenken und den Grundsatz des § 252 HGB.: „jeder Aktie eine Stimme" aufgeben sollen. Wir sind noch nicht so weit, um übersehen zu können, ob diese Regelung mit unserer Auffassung vom Wesen der Aktie auf die Dauer vereinbar wäre, und wollen nicht vergessen, daß die Abschattierung des Stimmrechts der amerikanischen Aktie Hand in Hand mit einer Wandelbarkeit auch der Form derselben geht, die sich in unser Rechtssystem nicht einfügen ließe, ohne dasselbe in seinen Grundfesten zu erschüttern. Zu solchen Gewaltmaßregeln liegt kein Grund vor. Wohl aber zeigt die Betrachtung der Entwicklung, welche das leicht bewegliche, sich den Forderungen der Wirtschaft beinahe mühelos anpassende und daher im dauernden Flusse begriffene amerikanische Recht genommen hat, daß es ein Fehlschluß wäre, das Bedürfnis einer Differenzierung der verschiedenen Aktionär-Klassen, entsprechend ihrem Verhältnis zu dem Unternehmen, negieren zu wollen. Dieses Bedürfnis ist zweifellos vorhanden und wird sich — das ist meine aus der Betrachtung der Wirtschaftsentwicklung großen Stils geschöpfte Überzeugung — immer stärker ausprägen. Ihm wird vorläufig im wesentlichen durch die glückliche Indolenz des Aktionärs genügt, die zu den internationalen Eigentümlichkeiten dieser Spielart des menschlichen Geschlechts gehört und durch keine flammenden Reden von Aktionär-Vereinigungsführern aus der Welt zu schaffen ist. Diese Indolenz ist kein Produkt besonderer geistiger Rückständigkeit jedes mit dem Titel „Aktionär" anzusprechenden Wesens — durch den Kauf einer Aktie wird man nicht notwendigerweise dümmer —, sondern die Erkenntnis des Anlage suchenden Publikums, daß ein solcher Kauf den Erwerber auch nicht klüger mache und nicht derjenige, der heute eine Elektrizitäts-, morgen eine Bank- und übermorgen eine Schwerindustrie-Aktie erwirbt, sich damit die Fähigkeit aneigne, in den Generalversammlungen der betreffenden Unternehmungen zur Sache reden und die Maßnahmen der Verwaltungen kritisieren zu können. Die so oft beklagte Gleichgültigkeit des Aktionärs ist mithin nur ein schlagender Beweis dafür, daß die Wirtschaft durchaus sachgemäß darauf verzichtet, von den ihr durch das Gesetz eingeräumten Rechten Gebrauch zu machen, wenn sie dieselben nicht zu benötigen glaubt. Andererseits bietet aber die Möglichkeit, sich des jeder Aktie zustehenden Stimmrechts jeder Zeit zu bedienen, ein Schutzmittel gegen Mißbrauch der Verwaltungsmacht, deren Vorhandensein allein bereits derartige Übergriffe einzudämmen geeignet ist. In der Regel vollzieht sich mithin auch bei uns der Vorgang, daß der stimmberechtigte Aktionär sein Stimmrecht freiwillig ruhen oder es im Sinne der Verwaltung ausüben läßt, solange er mit den Resultaten des Unternehmens im wesentlichen einverstanden ist. Niemand wird aber bestreiten wollen, daß diese Selbstentäußerung allein nicht immer ausreichen kann, um die Führer-Qualität der Verwaltung in vollem Umfange zur Geltung kommen zu lassen. Es gibt Fälle, in denen es im Interesse des Unternehmens liegt, es dagegen zu schützen, daß größere Aktienpakete sich durch Angebote einfangen lassen, die den Verkäufern derselben nützlich sind, aber den Bestand des Unternehmens gefährden. Für solche Eventualitäten soll die Mehrstimmrechtsaktie vorsorgen. Man darf sich deshalb nicht auf den Standpunkt stellen, daß das Vorhandensein der Mehrstimmaktien bei einem Unternehmen bereits den Verdacht rechtfertigt, daß dieselben mißbraucht werden sollen, um eigennützige Zwecke zu verfolgen und dementsprechend ein Gerichtsverfahren ermöglicht werden müsse, um derartigen Mißbräuchen entgegenzutreten. Herr Dr. Lehmann als Gutachter und Herr Justizrat Pinner als Referent vertreten dagegen die Ansicht, daß eine diesem Zwecke dienende richterliche Behörde eingesetzt werden solle. Beide wollen die richterliche Entscheidung in die Hand einer Spruchstelle legen, die bei den Oberlandesgerichten einzurichten und der eine Appellinstanz überzuordnen wäre.

Ich möchte dringend warnen, diesen Weg zu gehen. Zunächst halte ich jede neue Behörde, die wir schaffen, anstatt vorhandene Behörden abzubauen, für ein Unglück. Des weiteren bin ich der Ansicht, daß die Aufgabe, die zu lösen ist, und deren Größe sich aus der von mir gegebenen Schilderung der die Welt beherrschenden Rationalisierungs-Bestrebungen ergibt, nicht im Wege des Richterspruchs und der Berufung gegen diesen gelöst werden kann. Es handelt sich bei der Frage, ob und in welchem Umfange die Verhältnisse die Beibehaltung oder Beschränkung des mehrfachen Stimmrechts erforderlich machen, nicht um richterliche Entscheidungen, die doch nur auf Grund feststehender Rechtssätze gefällt werden können, und deren Richtigkeit im Berufungswege nachprüfbar ist, sondern um die Erkenntnis wirtschaftlicher Tatsachen, die mit einiger Sicherheit zutreffender Behandlung nur aus der Erkenntnis der Bedürfnisse des praktischen Wirtschaftslebens heraus gewonnen werden kann. Die Beurteilung der Notwendigkeiten, welche der Appell an den öffentlichen Kapitalmarkt ergibt, erfordert Berücksichtigung aller für diesen Kapitalmarkt bestimmenden Faktoren und muß deshalb, soweit überhaupt äußere Kontrolle nötig ist, in der Hand eines Gremiums liegen, das als Vertreter der Gesamtinteressen dieses Kapitalmarkts angesehen werden kann.

Die Stellen, welche diese Funktionen auszuüben befähigt wären, sind die Zulassungsstellen an den deutschen Börsen, die sich seit Einführung des Prospektzwanges als gerechte Schützer der Allgemeininteressen bewährt haben und auf Grund des umfassenden Überblicks, den sie über die Gesamtwirtschaft besitzen, das berufene Organ bilden, um hemmend und fördernd auf die Entwicklung der Betriebsformen der Aktiengesellschaften einzuwirken. Um zu entscheiden, ob im Einzelfalle eine Häufung von Stimmrechten erforderlich oder entbehrbar ist, ist es nötig, nicht nur die Fälle zu kennen, in welchen diese Mehrstimmrechtsfrage zur Diskussion gebracht wird, sondern auch die große Zahl von Unternehmungen zu überschauen, welche ihre Geschäfte ohne Mehrstimmaktien führen. Nur auf Grund solcher Übersicht läßt sich die Bewährung der verschiedenen Modalitäten vergleichen. Spruchstellen der von Lehmann und Pinner geforderten Art müßten in dieser Hinsicht völlig im Dunklen tappen, weil nur die kranken Fälle zu ihrer Kognition gelangen, die Unzahl der gesunden Fälle ihnen aber verborgen bleiben würde. Die Folge müßte eine Rechtsprechung vom grünen Tisch aus werden.

Tatsächlich haben die deutschen Zulassungsstellen in einer im September vorigen Jahres getroffenen Entschließung die durchaus zu billigende Ansicht ausgesprochen, daß die Frage, inwieweit mehrstimmige Vorzugsaktien und Vorratsaktien als zulässig zu betrachten seien, nicht schematisch geregelt werden könne, sondern eine im Flusse begriffene Bewegung darstelle, die beobachtet und entsprechend den Anforderungen der Wirtschaft geleitet werden müsse. Dementsprechend ist verfahren und in der seit jener Entschließung verflossenen Zeit bei jeder Zulassung von Aktien die Frage geprüft worden, ob und in welchem Umfange vorhandenes Mehrstimmrecht bestehen bleiben dürfe. Nach dem mir freundlicherweise von der Zulassungsstelle an der Börse von Berlin zur Verfügung gestellten Daten haben seit dem September 1925 bis Mitte August d. J. der Zulassungsstelle 51 Prospekte vorgelegen, von denen sie bei 26 wegen des Mehrstimmrechts Beanstandungen erhoben hat. Bei den übrigen Prospekten kamen mit drei Ausnahmen Beanstandungen nicht in Frage, teils weil das Stimmrecht schon herabgesetzt war, teils weil sich die Gesellschaften freiwillig im Prospekt zur Herabsetzung bereit erklärt hatten. Die drei Fälle, in welchen die Zulassungsstelle Beanstandungen nicht vorgenommen hat, betrafen vom nationalen Standpunkte aus lebenswichtige Unternehmungen, welche unbedingt gegen Überfremdung geschützt werden mußten. Seit Anfang August d. J. ist die Zulassungsstelle dazu übergegangen, auch bei Beantragung der Zulassung von Obligationen in eine Prüfung etwa vorhandenen Mehrstimmrechts der Aktien einzutreten. In sechs Fällen hat die Zulassungsstelle die Zulassung versagt, weil ihren Wünschen bezüglich des Mehrstimmrechts nicht entsprochen wurde. Zählt man das Gesamtstimmrecht zusammen, welches Vorzugsaktien zugelassener Aktiengesellschaften vor Gewährung der Zulassung besaßen, und vergleicht es mit dem Mehrstimmrecht dieser Gesellschaften, wie es entsprechend den Wünschen der Berliner Zulassungsstelle gestaltet wurde, so ergibt sich, daß das Mehrstimmrecht dieser Gesellschaften in der gedachten Zeit von 1 995 000 Stimmen auf 361 000 Stimmen herabgesetzt worden ist.

Ich gebe diese Ziffern, welche naturgemäß nur relative Größen darstellen können, als Beweis dafür, daß wir gar nicht in die Weite zu schweifen und neue Behörden einzurichten brauchen, sondern ein mitten im Wirtschaftsleben stehendes, allseitiges Vertrauen genießendes Organ besitzen, das heute bereits eine sehr aktive Kritik an den Verhältnissen übt.

Man wird mir entgegenhalten, daß die Möglichkeit des Eingriffs der Zulassungsstellen sich nur auf solche Unternehmen beschränkt, deren Zulassung an der Börse beantragt wird. Dieser Einwand ist zutreffend. Es kann ihm entgegengehalten werden, daß die Mehrzahl der Unternehmungen, welche für die öffentliche Wirtschaft in Betracht kommen, der Zulassung an der Börse bedürfen, um ihre Kapitalerfordernisse befriedigen zu können. Ich könnte mir aber auch vorstellen, daß man einen Schritt weitergeht und den Gedanken der Herren Rechtsanwalt Lehmann und Justizrat Pinner in der Weise verwirklicht, daß man einer qualifizierten Minorität, welche sich durch zu weitgehendes Mehrstimmenrecht beschwert fühlt, die Anrufung der Zulassungsstelle an der Börse zu Berlin als der das größte Material verarbeitenden Stelle freistellt und deren Spruch als bindend für die Parteien erklärt.

Daneben bliebe immer noch die Möglichkeit der ordentlichen Gerichte bestehen. Die Praxis des Reichsgerichts hat sich immer mehr nach der Richtung entwickelt, Generalversammlungs-Beschlüsse, welche auf Mißbrauch des Mehrstimmrechts beruhen, für sittenwidrig und nichtig zu erklären. Aus der Fülle der Entscheidungen, welche diese Judikatur beweisen, seien nur folgende hervorgehoben:

1. RGZ. Bd. 107, S. 72 ff.

   Die Ausgabe von Stammaktien zu billigem Kurse an eine Verwaltungsgruppe unter Ausschluß des Bezugsrechts der Aktionäre und ohne Vorliegen eines Geldbedarfs der Gesellschaft ist sittenwidrig, da sie das Aktienrecht der Minderheit auf gleichmäßige Behandlung verletzt und nicht nur die Abwehr einer eindringenden Gruppe darstellt.

2. RGZ. Bd. 107, S. 204.

   Ein Verstoß gegen die guten Sitten liegt darin, daß die Mehrheit bei der Beschlußfassung über die Auflösung einer Gewerkschaft (ebenso einer A.-G.) und über den Verkauf des Unternehmens zu einem unverhältnismäßig niedrigen Preise sich von eigensüchtigen Interessen leiten läßt, die aus ihrer Beteiligung auf der Käuferseite hervorgehen. „Wenn die Mehrheit des Aktienbesitzes auch darüber zu bestimmen hat, was im Interesse der Gesellschaft liegt, und die Minderheit sich dem Willen der Mehrheit unterwerfen muß, so ist damit noch keineswegs zugleich ausgesprochen, daß die Mehrheit die Macht schrankenlos ausbeuten und vorsätzlich zum Nachteil der Gesellschaft handeln dürfte; vielmehr ist in den Entscheidungen des Reichsgerichts ausdrücklich anerkannt, daß eine Ausbeutung der Mehrheitsrechte gegenüber der Minderheit und die Verfolgung eigensüchtiger Interessen hierbei unter bewußter Hintansetzung des Wohls der Gesellschaft einen Verstoß gegen die guten Sitten enthalten kann."

3. RGZ. Bd. 108, S. 41 ff. (Fall Gewerkschaft Neustaßfurt-Friedrichhall.)

Ein Verstoß gegen das Gesetz ist darin zu finden, daß das Bezugsrecht des § 282 Abs. 1 HGB. unter Verletzung der Rechte der Minderheit ausgeschlossen wurde. Die jungen Aktien sollten zu pari an die bevorzugte Gruppe abgegeben werden, obwohl ihr Kurswert weit höher war, ohne daß diese Gruppe überhaupt irgendwelche eigenen Aufwendungen machte.

4. RGZ. Bd. 112, S. 18.

Ein Kapitalerhöhungsbeschluß, der unter Ausschluß des Bezugsrechts der Aktionäre die jungen Aktien unverhältnismäßig billig einer bevorzugten Gruppe zugewendet und dieser damit die absolute Mehrheit in der Generalversammlung ein für allemal sichert, verstößt gegen die guten Sitten. „Die Knebelung der Minderheit ging über das Maß einer berechtigten Abwehr gegen die Bestrebungen der Klägerin auf Vergrößerung ihres Einflusses weit hinaus. Sie wurde mit Mitteln erzielt, die vom Standpunkt eines redlichen, anständigen gesellschaftlichen Geschäftsverkehrs nicht zu billigen sind und im Ergebnis gegen den allgemeinen Grundsatz des Aktienrechts verstoßen, daß sämtliche Aktionäre Anspruch auf gleichmäßige Behandlung haben, besonders auch in der Teilnahme an den gesellschaftlichen Vorteilen."

5. RGZ. Bd. 111, S. 28 ff.

Sittenwidrig ist ein Beschluß der Generalversammlung, „wenn er die Absicht erkennen läßt, eine Minderheit von Aktionären zu schädigen oder aus der Gesellschaft zu verdrängen“.

Es liegt mithin keinerlei Bedürfnis vor, nach neuen Behörden zu rufen. Die vorhandenen reichen vollkommen aus und haben sich recht gut bewährt.

III.

Ich wende mich nunmehr der dritten Gruppe von Forderungen zu, die ich kurz unter das Rubrum „Verwaltungsreform“ subsumieren will.

Dieselben üben allgemeine Kritik an der Institution des dem Vorstande vorgeordneten Aufsichtsrats und wollen an Stelle der Zweiteilung der Gewalten zwischen Vorstand und Aufsichtsrat eine dem amerikanischen Recht entsprechende Vereinheitlichung derselben in Form des board of directors herbeiführen.

Des weiteren wird gefordert, der Minorität das unentziehbare Recht auf Vertretung in der Verwaltung zu geben und die Verwaltung durch ein von ihr unabhängiges Organ kontrollieren zu lassen. Ersterer Forderung entspricht der Antrag, das im amerikanischen Recht für die Wahl von Mitgliedern bestehende Proportional-Wahlsystem nachzuahmen, letzterer das Verlangen, amtliche Prüfungsstellen nach Art der englischen auditors einzuführen.

Was zunächst die generelle Form der Verwaltung betrifft, so liegt nach amerikanischem Recht die Leitung der Aktiengesellschaft in der Hand der sogenannten directors, d. h. von der Generalversammlung mit der Führung der Geschäfte des Unternehmens betrauter Personen. Die Gemeinschaft der directors, der board of directors, der unter dem Vorsitze eines Präsidenten tagt, handelt als Gesamtheit nach dem Majoritätsprinzip derart, daß die Majorität die Minorität bindet, der einzelne director aber ohne besondere Vollmacht nicht handeln kann. In der Regel müssen die Sitzungen der directors formell einberufen werden, ohne daß aber die Formalitäten hierfür so streng sind wie für die Berufung einer Generalversammlung der Aktionäre. Dementsprechend sind auch Akte zulässig, welche nachträglich die formelle oder stillschweigende Genehmigung der Majorität finden. Directors sind während der Zeit, für welche sie gewählt sind, unabsetzbar, wenn nicht die Statuten oder Satzungen anders lautende Bestimmungen enthalten.

Die directors können ein executive committee einsetzen, das bestimmt ist, die Geschäfte in der Zeit zwischen den einzelnen board meetings zu führen. Der Vorsitzende des board of directors hat keine ausschlaggebende Stimme. In der Regel werden ihm durch Gesetz oder Satzung besondere Befugnisse für die Vertretung der Gesellschaft eingeräumt (Cook, Principles S. 365 ff.).

Der board of directors kann Beamte ernennen, die je nach ihren Funktionen als secretary, treasurer, cashier, general, manager, managing director, superintendent, agent usw. genannt werden, ohne daß diese Benennungen klar begrenzte Begriffe umschreiben (Cook, Principles S. 40 ff.).

Den Aktionären gegenüber üben die directors weitgehendste Befugnisse aus und unterliegen im regelmäßigen Gange der Dinge keiner von diesen ausgeübten Kontrolle. Die directors, nicht die Aktionäre setzen, im Gegensatze zum englischen Recht, die Dividende fest. Die Judikatur lehnt entschieden ab, gegen den Willen des directors laut werdende Ansprüche der Aktionäre auf Dividende zu erörtern (Cook, Treatise § 545). Dieser Machtvollkommenheit der directors steht eine auf ein Minimum reduzierte Einwirkung des Aktionärs gegenüber. Cook faßt seine Befugnisse wie folgt zusammen (Principles S. 319):

„Das Aktienrecht beruht auf dem Grundsatze, daß die Aktionäre alle aus dem Unternehmen fließenden Gewinne ziehen sollen, aber die gesamte Geschäftsführung den directors übertragen. Dementsprechend bleibt für die Aktionäre nichts weiter zu tun, als die directors zu wählen, die Satzungen zu erlassen, das Kapital herab- oder heraufzusetzen, die Satzungen zu ändern und die Gesellschaft aufzulösen."

Diese Vorschriften, insbesondere die Bestimmungen über die Führung der Geschäfte durch die directors und die von ihnen angestellten Beamten, sind nicht geeignet, klare Verhältnisse zu schaffen, weil eine präzise Umgrenzung der Machtbefugnisse jeder einzelnen zur Ausübung derselben berufenen Person genau so fehlt, wie sie uns nach dem deutschen Handelsgesetzbuche geläufig ist. In der Praxis spielt sich der Vorgang tatsächlich so ab, daß in der Regel die maßgebliche Leitung in der Hand des president of the board of directors liegt, und von ihm die unter ihm stehenden, vielfach stark von ihm abhängigen die einzelnen Ressorts bearbeitenden vicepresidents, ressortieren. Jedenfalls ist das ganze Gefüge auf eine viel größere, beinahe unumschränkte Selbständigkeit der Verwaltung abgestellt, als solche bei uns üblich ist;

denn die Zweiteilung der Gewalten, wie sie das deutsche Handelsgesetzbuch durch Betrauung des vom Aufsichtsrat eingesetzten Vorstands mit der Führung der Geschäfte und die Einsetzung des von der Generalversammlung gewählten Aufsichtsrats als des mit der Kontrolle des Vorstandes betrauten Vertretungsorgans der Aktionäre vorsieht, ist dem amerikanischem Rechte fremd. Das amerikanische Recht kennt infolge des Fehlens des Aufsichtsrats keine fortdauernde Kontrolle der Geschäftsführung, sondern verweist den Aktionär auf die öffentliche Berichterstattung der Gesellschaft. Das im Anschluß daran dem Aktionär zustehende Recht, Auskunft über die Geschäfte des Unternehmens zu fordern, ist sehr vage. Die Statuten weichen bezüglich dieses Punktes stark voneinander ab. Weder ihr Inhalt, noch die darauf bezüglichen Entscheidungen geben ein klares Bild. Man hat vielmehr den Eindruck einer stark restriktiven Judikatur (Cook, Treatise §§ 511—515, Principles S. 288 ff.). Jedenfalls sind die Protokolle des board of directors dem Aktionär verschlossen (Cook, Principles S. 292).

Es besteht für mich kein Zweifel, daß die Konstruktion der Verwaltung, wie sie das deutsche Handelsgesetzbuch vorsieht, mit der Teilung der Geschäftsführung und Beaufsichtigung derselben der omnipotenten Gewalt des board of directors unbedingt vorzuziehen ist. Wenn man die Listen der Verwaltungsmitglieder der amerikanischen Aktien-Gesellschaften durchblättert, trifft man immer wieder auf die Tatsache, daß Mitglieder des Aufsichtsrats und officers der Gesellschaft identisch sind, die maßgebenden Beamten sich also selbst mitkontrollieren. Ich vermag dieser Regelung nicht den Vorrang vor unseren Einrichtungen zuzuerkennen und halte an dieser Ansicht fest ungeachtet der laut gewordenen Zweifel, ob der Aufsichtsrat in der durch das HGB. vorgesehenen Form überhaupt noch in der Lage ist, die ihm durch das Gesetz vorgeschriebenen Pflichten zu erfüllen. Herr Justizrat Pinner vertritt in seinem Referat den Standpunkt, daß dies nicht möglich sei. Er will dementsprechend den Aufsichtsrat von seiner Überwachungspflicht befreien und diese Überwachung in die Hände besonderer von der Generalversammlung zu wählender Revisoren legen, welchen ein ausgedehntes Recht auf Einsicht der Bücher und Papiere der Gesellschaft zu gewähren sei. Ich halte diesen Vorschlag aus einer ganzen Reihe von Gründen für verfehlt.

Das am häufigsten vernommene Argument geht dahin, daß der Umfang, den die Geschäfte infolge Anwachsens der Unternehmungen erhalten haben, so groß geworden sei, daß die Mitglieder des Aufsichtsrats ihrer Überwachungspflicht nicht mehr zu genügen vermögen, insbesondere, wenn sie den Aufsichtsräten verschiedener Gesellschaften angehören. Gegenüber dieser Behauptung möchte ich zunächst auf die Tatsache hinweisen, daß der Umstand, daß die Verwaltung der Aufsichtsmandate vielfach in die Hände derselben Personen gelegt wird und diese sich oft der Forderung zu erwehren haben, in weitere Verwaltungen einzutreten, doch wohl am besten zeigt, welche Eigenschaften von der Mehrzahl der Aktionäre als Voraussetzung der Eignung für die Bekleidung der Aufsichtsratsmandate gefordert werden. Diese Eigenschaften sind in erster Linie geschäftliche Erfahrung, Übersicht über die Zusammenhänge wirtschaftlicher Verhältnisse, Vereinigung von Beziehungen verschiedenster Art, welche dem Unternehmen nützlich sein können, und besonders der Erfolg derjenigen Unternehmungen, welche die betreffende Persönlichkeit als ihre eignen führt, und dementsprechend die an ihren Namen sich knüpfende Anwartschaft, daß sie in der Lage sein werde, wirtschaftlich richtig zu sehen und zu handeln. Für die Eignung entscheidet mithin in erster Linie das im kaufmännischen Leben eine so große Rolle spielende Moment des öffentlichen Vertrauens. Soweit verzweigt das wirtschaftliche Leben ist und so verworren den daran nicht Beteiligten die sich innerhalb desselben abspielenden Vorgänge erscheinen mögen, so klar liegen die Dinge für jeden innerhalb eines kleineren oder größeren Wirtschaftskreises wirklich Tätigen. Je größer dieser Tätigkeitskreis ist, um so leichter wird er auf Grund der vielfältigen innerhalb seiner Tätigkeit ihm zur Verfügung stehenden Erkenntnisquellen, in der Lage sein, über die innerhalb dieses Kreises wirkenden Dinge und aktiven Menschen zu urteilen. Mit der Weite dieses Überblicks wächst die Möglichkeit der Erkenntnis der wirtschaftlichen Zusammenhänge und damit die Fähigkeit, den Unternehmungen, deren Schicksal dauernd verfolgt und in deren Ergebnisse regelmäßig Einblick genommen wird, eine nützliche Beratung zuteil werden lassen zu können. Wer selbst wirtschaftliche Verantwortung zu tragen hat und umfassende wirtschaftliche Erfahrungen sammeln konnte, wird auch in der Lage sein, sich ein zutreffendes Urteil über die Persönlichkeiten zu bilden, welche als Vorstand an die Spitze der vergesellschafteten Unternehmungen zu stellen sind, und wird aus der Beobachtung ihrer Tätigkeit zu ermessen vermögen, ob sie den ihnen obliegenden Pflichten gewachsen sind.

Es beweist eine gewisse Unvertrautheit mit dem praktischen Betriebe wirtschaftlicher Unternehmungen, wenn vielfach bemängelt worden ist, daß die Mitglieder des Aufsichtsrats die Rechte der Aktionäre nicht genügend wahren, weil sie nicht fortdauernd den Vorstand bei allen seinen Geschäften kontrollieren, sondern sich auf deren generelle Verfolgung beschränken.

Das Fundament der Entwicklung zu erfolgreicher Arbeit ist die Betrauung mit Verantwortlichkeit. Nichts wirkt lähmender, als wenn dem eigentlichen Verantwortlichen die Verantwortung dadurch abgenommen wird, daß seine Maßnahmen der Entscheidung einer vorgesetzten Stelle unterliegen, die mit ihrem Votum den Vorschlag des ihr untergeordneten Organes verwirft oder deckt. Für jeden, der im wirtschaftlichen Leben Erfahrungen sammeln konnte, ist es eine altbekannte Tatsache, daß diejenigen Aktiengesellschaften, in deren Geschäftsführung der Aufsichtsrat regelmäßig eingreift, in der Regel krank sind.

Kaufmännische Geschäfte lassen sich nicht reglementieren, weil ihr Erfolg oder Mißerfolg Ergebnis der Fähigkeiten ist, welche die hinter den Firmen stehenden Persönlichkeiten besitzen. Die Generalversammlung der Aktionäre mit ihrer Zufallszusammensetzung und Verantwortungslosigkeit ist kein geeignetes Organ, um die Geschäfte zu führen oder die mit ihrer Führung zu betrauenden Persönlichkeiten auszusuchen, ihrer Tätigkeit Richtung zu geben und die Ausführung des festgesetzten Arbeitsprogramms zu kontrollieren. Das hierfür geeignete Organ ist der Aufsichtsrat als die für die Gesamtheit der Aktionäre eingesetzte Vertretung ihrer Interessen. Die Seele dieses Aufsichtsrats wird stets dessen Vorsitzender sein. Sein Können, sein Charakter und sein Temperament werden dem Gesamtkollegium das Gepräge geben und die richtige Beziehung zwischen Vorstand und Aufsichtsrat schaffen. Das Schwergewicht des letzteren wirkt, wie Walther Rathenau es so richtig in seiner Schrift vom Aktienwesen gekennzeichnet hat, wie eine fleet in beeing, d. h. der Umstand, daß diese Kontrollinstanz da ist und, richtig geführt, die Leitung des Unternehmens in weitgehender Weise fördernd und hemmend unter Wahrung des Interesses aller Aktionäre beeinflussen kann, zwingt den Vorstand, bei seinen Maßnahmen zu prüfen, ob dieselben sich im Einklange mit diesen Gesamtinteressen befinden. Unter dem Schutze dieser Verwaltungsteilung ist die deutsche Wirtschaft groß geworden, sie entspricht dem deutschen Empfinden, das klar umgrenzte Verantwortlichkeiten und Befugnisse fordert und feste Führung verlangt. Eine Änderung dieser Einrichtung würde die Fundamente unseres Aktienrechts zerstören, ohne etwas Besseres an die Stelle setzen zu können. Der Arbeitsteilung innerhalb des Aufsichtsrats dient die Einsetzung von Kommissionen wie Bilanz-Kommission, Betriebs-Ausschuß u. dgl., innerhalb deren besondere Kenntnisse und Fähigkeiten zur Auswirkung kommen können.

Ich wende mich nunmehr dem Proportional-Wahlrecht zu. Dasselbe findet sich in Amerika in den Verfassungen und den Gesetzen einer Reihe von Einzelstaaten und erscheint sowohl als Muß- wie als Soll-Vorschrift. Ihr Inhalt geht in der Regel dahin, daß jeder Aktionär berechtigt ist, bei Wahl von Mitgliedern des board of directors so viele Stimmen abzugeben, wie sich aus der Multiplikation der Zahl seiner Aktien mit der Zahl der zu Wählenden ergeben (Cook, Treatise § 609 a). Und zwar kann der betreffende Aktionär das sich so errechnende Stimmrecht sowohl zu Gunsten eines wie mehrerer Kandidaten ausüben.

Diese auf den ersten Blick ansprechend erscheinende Bestimmung hat, wie sich bei näherer Betrachtung zeigt, verschiedene wenig angenehme Konsequenzen im Gefolge. Das kumulative Wahlrecht kann, wie Cook zutreffend ausführt, dazu führen, daß eine Majorität, die nicht auf ihrer Hut ist, von einer zielbewußten Minorität überrannt wird. Wenn z. B. 1000 Aktien ausgegeben sind, 10 Direktoren zu bestellen sind und ein Aktionär über 600 Aktien verfügt, so sollte ihm an sich das Recht der Wahl der Majorität der Direktoren zukommen. Wenn dieser Majoritätsaktionär für 6 Vertreter der Majorität und 4 Vertreter der Minorität je seine 600 Stimmen abgibt und die über 10 mal 400 Stimmen verfügende Minorität für jeden der auch von dem Majoritätsaktionär mit Stimmen bedachten Vertreter der Minorität mit 10 Stimmen und mit den Reststimmen für weitere Minoritätsvertreter votiert, so würde der Minorität die Majorität des zu wählenden Direktoriums zufallen. Dieses Ergebnis kann aber auch eintreten, wenn der Majoritätsaktionär die ihm zustehenden 600 Stimmen nur jedem der sechs Majoritätsvertreter gibt, während die Minorität die ihr zustehenden 10 mal 400 Stimmen auf sechs Minoritätskandidaten vereinigt und für jeden derselben auf diese Weise $666^2/_3$ Stimmen abgibt. Es zeigt sich also, daß die Majorität der Aktionäre nur dann sicher ist, auch die Majorität im Direktionskollegium zu wählen, wenn sie ihre Stimmen im Verhältnis ihres Stimmrechts zum Gesamtstimmrecht der Aktionäre auf einen Teil der Direktionsmitglieder konzentriert.

Aber auch hiervon abgesehen ist die Bestimmung auf das nach amerikanischen Recht bestehende Direktorium lediglich deshalb anwendbar, weil dieses, wie gezeigt, seine Geschäfte nicht nach Art eines Vorstandes, sondern nach Art eines mit Vorstandsrechten bekleideten Aufsichtsratskollegiums erledigt. Der Nachteil der Bestimmung scheint mir zu sein, daß durch die proportionale Wahl in das Kollegium der Zwiespalt verschiedener Interessentengruppen hineingetragen wird. Die Geschäftsführung eines Unternehmens muß aber Schaden leiden, wenn die Leitung sich nicht bei allen ihren Handlungen als Vertretung der Gesamtheit der Aktionäre fühlt, sondern sich innerhalb der Verwaltung Sonderinteressen gegenüberstehen. Ich halte daher das Proportional-Wahlsystem für ungeeignet, in unserem Aktienrechte Nachahmung zu finden.

Die Ansicht, daß der Aufsichtsrat die ihm obliegende Kontrollpflicht nicht auszuüben vermag, hat Herrn Justizrat Pinner dazu geführt, in seinem Referate vorzuschlagen, den Aufsichtsrat dieser Verpflichtung zu entheben und sie einer von der Generalversammlung zu bestellenden Kontrollinstanz zu übertragen.

Ich kann mich mit diesem Vorschlage, der im wesentlichen auf Einführung der vom englischen Recht vorgeschriebenen, dem amerikanischen Recht fremden Revision der Geschäfte durch sogenannte auditors hinausläuft, nicht befreunden. Wie wenig eine derartige Prüfung tatsächlich in der Lage ist, die Aktionäre vor Schaden zu bewahren, beweist der von Herrn Rechtsanwalt Lehmann in seinem Gutachten zitierte Fall der City Equitable Fire Insurace Company Ltd., deren Satzung die mindestens einmal jährlich erfolgende Prüfung der Bücher zwecks Feststellung der Richtigkeit der Bilanz und der Gewinn- und Verlustrechnung durch vereidigte auditors vorsah, was aber nicht hinderte, daß sich der geschäftsführende Direktor des Unternehmens ungeheuerliche Schwindeleien zuschulden kommen lassen konnte, ohne daß die prüfenden auditors das Geringste von seinen Machenschaften gemerkt hätten. Es hat sich auch in diesem Falle gezeigt, daß die Prüfung durch reine Buchsachverständige, die nicht in den materiellen Inhalt der Geschäfte einzudringen vermögen, keinen Schutz gegen unlautere Machenschaften gewährt. Ich vermag daher in dem Pinner'schen Vorschlage, der sich an eine Entschließung des 28. Juristentages ablehnt und auch in der Literatur mehrfach Unterstützung gefunden hat, keine befriedigende Lösung des gestellten Problems zu erblicken und bin der Ansicht, daß gerade die obligatorische Einführung einer Prüfungsstelle, auf deren Auswahl die Verwaltung keinen Einfluß hat, mehr schädlich als nützlich wirken müßte, weil sie die Öffentlichkeit in den Glauben wiegen würde, als ob dadurch Gewähr für einen guten Gang der Geschäfte gegeben sei. Wie wenig durch Einsetzung einer solchen dem Unternehmen fremden Stelle solche Gewähr geboten wird, hat sich beim Versagen der Überwachung der Hypotheken-Banken — ich erinnere an den Fall der Pommerschen Hypothekenbank — und bei Überwachung der staatlichen Geschäftsführung durch den Oberrechnungshof — ich erinnere an die Preußische Staatsbank — zur Genüge gezeigt. Auf Grund meiner eigenen praktischen Erfahrung bin ich im Gegensatz zu Herrn Justizrat Pinner der Ansicht, daß es falsch und gefährlich wäre, den Aufsichsrat von seiner Überwachungspflicht zu entbinden. Ein Aufsichtsrats-Kollegium, das diese Pflicht ernst nimmt, wird sich der nötigen Hilfsmittel bedienen, um sie tragen zu können, und die buchmäßige Prüfung der Geschäfte in die Hand unabhängiger Organe legen, die ihn über das Ergebnis ihrer Prüfung Bericht erstatten. Ebenso wird ein seiner Verantwortung bewußter Vorstand die Vornahme solcher Prüfung begrüßen, weil er auf diese Weise Kenntnis erhält, welche der von ihm getroffenen Einrichtungen besserungsfähig sind.

Für die Auswahl dieses Revisions-Organs, das am besten eine erfolgreiche Revisions- und Treuhand-Gesellschaft sein wird, muß der Aufsichtsrat die Verantwortung tragen; denn die Prüfung geschieht ja in seinem Auftrage und zu seiner Unterstützung. Das freie Spiel der Kräfte zwischen den einzelnen Revisions-Gesellschaften darf andererseits nicht gestört werden. Sie müssen miteinander konkurrieren, damit die jeweils am besten arbeitenden die Aufträge erhalten. Dementsprechend muß der Aufsichtsrat zu dem Bericht der Revisionsgesellschaft Stellung nehmen; nicht diese, sondern der Aufsichtsrat hat der Generalversammlung Bericht zu erstatten, unter voller Freiheit, die Ansichten der Revisionsgesellschaft zu akzeptieren oder zu verwerfen.

Die amerikanischen Verhältnisse können für diese Prüfungen insofern als Vorbild dienen, als das Revisionswesen dort eine besonders weitgehende Ausbildung erfahren hat, die nachzuahmen nur zur Förderung unserer Wirtschaft beitragen kann.

Ein wesentlicher Unterschied zwischen dem Verhalten der Aktiengesellschaften in den Vereinigten Staaten und Deutschland zeigt sich hinsichtlich der Informierung der Öffentlichkeit. Die Wirtschaftsunternehmungen der Vereinigten Staaten gehen in der Bekanntgabe ihrer Interna außerordentlich weit und liefern, ohne dazu gesetzlich verpflichtet zu sein, den statistischen Behörden des Landes sowie der breiten Öffentlichkeit während des Verlaufes des Geschäftsjahres sehr umfangreiches Zahlenmaterial über die Entwicklung der von ihnen zu bearbeitenden Geschäfte. Sowohl die staatlichen Veröffentlichungen wie die von privater Seite erfolgenden Zusammenstellungen sind daher in der Lage, in ganz anderer Weise, als solches bei uns möglich ist, über die Verhältnisse in den einzelnen Industriezweigen Nachrichten zu sammeln und eine Produktions- und Konsumtions-Statistik aufzustellen aus deren Bewegung sich ein überraschend weitreichendes Bild des Standes der Dinge innerhalb der Wirtschaft ergibt. Mitveranlaßt ist diese Offenherzigkeit offenbar dadurch, daß eine große Zahl staatliche Hoheitsrechte ausübender Unternehmungen in der Form der Aktiengesellschaften betrieben werden. Aber auch die nicht in diese Klasse fallenden Gesellschaften und vielfach auch Privatfirmen sehen keinen Anlaß, mit ihren Angaben hinter dem Berge zu halten. Der Statistical Extract of United States, der von dem Department of Commerce jährlich herausgegeben wird, ist daher in der Lage, für jede einzelne Industrie jährlich alle dieselbe betreffenden wichtigen Daten zu liefern. Seine Zusammenstellungen zeigen unter sehr weitgehender Einteilung der Branchen in die von den einzelnen Unternehmungen hergestellten Einzelprodukte die Zahl dieser Unternehmungen, die Zahl der in ihnen beschäftigten Arbeiter, die Jahressumme der ausgezahlten Löhne, die Kosten des verarbeiteten Materials und den Wert der Fertigerzeugnisse. Das United States Department of Commerce gibt ferner wöchentlich erscheinende Commerce Reports heraus, in denen regelmäßig ein Abschnitt mit der Überschrift „Survey of Current Business“ enthalten ist, und dessen Inhalt auf den vom Zensus gelieferten Daten beruht. Hier findet man, von Monat zu Monat fortschreitend, die Ziffern der Produktion der einzelnen Branchen, ihre Vorräte am Ende des Monats, den Betrag der vom Ende des Monats noch unerledigt gebliebenen Orders, den Beschäftigungsstand der Maschinen und sogar die Umsätze im Detailhandel in der Form, daß nicht nur die monatlichen Gesamtumsatzziffern der großen Verkaufshäuser aufgeführt werden, sondern die größten Firmen wie Sears Roebuck & Co., Montgomery Ward & Co., F. W. Woolworth & Co. und selbst die großen Restaurationsbetriebe wie Childs & Co. sich nicht scheuen, ihre Einzelziffern der Öffentlichkeit monatlich mitzuteilen.

Neben diesen von amtlicher Stelle erfolgenden Publikationen stehen die laufenden Veröffentlichungen der größten Privatunternehmungen.

Der Stahl-Trust berichtet wöchentlich über seinen jeweiligen Auftragsbestand. Die Betlehem Steel Co. gibt laufend bekannt, mit wieviel Prozent ihrer Leistungsfähigkeit sie beschäftigt ist, wie Bruttoeinnahmen und Reineinnahmen sich entwickelt haben und welche Veränderungen in der fundierten Schuld der Gesellschaft erfolgt sind. Die großen Automobilfabriken berichten fortlaufend über den Umfang ihrer Produktion und ihres Absatzes.

Offenbar finden die ernsthaften wirtschaftlichen Zeitschriften keine Schwierigkeiten, ihren statistischen Apparat immer weiter auszudehnen. So berichtet z. B. das „Chronicle" vom 12. Juli 1926, daß die Zeitschrift „Electrical World" begonnen habe, eine monatliche Zusammenstellung des Elektrizitätsverbrauchs von zirka 1700 großen Elektrizitätsverbrauchern zusammenzustellen, die sich verpflichtet haben, diese Ziffern regelmäßig zu liefern, und damit die Möglichkeit schaffen, einen außerordentlich feinfühlenden Maßstab für die Schwankungen der Wirtschaft in der Öffentlichkeit zu verfolgen.

Wenn man diese Daten mit den viel dürftigeren Nachrichten vergleicht, mit denen das vergesellschaftete Kapital in Deutschland der Öffentlichkeit gegenübertritt, so kann man den Wunsch nicht unterdrücken, daß nach dieser Richtung eine Änderung der Geistesverfassung eintreten möge. Die einzige Branche, die nach dieser Richtung die Führung übernommen hat, ist das Bankgewerbe. Bekanntlich ist durch die Bekanntmachung des Bundesrats vom 4. Juli 1910 unter Berücksichtigung der Verordnung vom 5. November 1924 über die Zulassung von Wertpapieren zum Börsenhandel bestimmt, daß die Zulassung der Aktien inländischer Kreditbanken davon abhängig ist, daß das betreffende Unternehmen die Verpflichtung übernimmt, neben der Jahresbilanz regelmäßig Bilanz-Übersichten zu veröffentlichen. Die Form dieser Veröffentlichung ist durch ein von der Reichsbank aufgestelltes Schema vorgeschrieben worden und erfolgt in der Weise, daß der Status der in Frage kommenden Banken alle zwei Monate bekannt gegeben wird. Nachteile sind den Aktienbanken aus diesem Publikationszwange nicht erwachsen; im Gegenteil, ihr Ansehen im In- und Auslande ist dadurch gestiegen, daß sie ihre Verhältnisse auch unabhängig von der Bilanzaufstellung am Ende des Jahres in regelmäßigen Intervallen darlegen, und die Notwendigkeit, die Bewegung des Status während des Laufes des Geschäftsjahres zu verfolgen, hat durchaus heilsam auf die Geschäftspolitik der Banken gewirkt.

Es ist nicht einzusehen, weshalb diese Vorschrift nicht längst ein erheblich weiteres Anwendungsgebiet gefunden und auf alle Unternehmen ausgedehnt worden ist, welche mit vergesellschaftetem Kapital Bankgeschäfte betreiben. Der Ansatz, den § 41 Abs. 4 des Reichsgesetzes betreffend die Gesellschaften mit beschränkter Haftung nach dieser Richtung genommen hat, indem dort vorgeschrieben wird, daß die Bilanzen derjenigen Gesellschaften mit beschränkter Haftung, welche Bankgeschäfte betreiben, zu veröffentlichen sind, hätte längst weiter ausgebaut werden können. Es liegt kein Grund vor, die Pflicht zu einer derartigen Publikation nur denjenigen Unternehmen aufzuerlegen, deren Aktien an einer Börse zugelassen sind, da der Grund der Vorschrift doch weniger in Erwägungen zu suchen ist, welche mit der Zulassung der Aktien zusammenhängen, als in der Erkenntnis, daß die Öffentlichkeit ein Recht hat, über die Verhältnisse derjenigen öffentlichen Gesellschaften informiert zu sein, welche Bankgeschäfte betreiben.

Es würde zur Gesundung des wirtschaftlichen Lebens beitragen, wenn das von den Aktienbanken gegebene Beispiel auch von anderen Wirtschaftsbetrieben in allmählich steigendem Umfange befolgt würde, wobei selbstverständlich dem Umstande Rechnung zu tragen ist, daß sich die deutsche Wirtschaft zurzeit in starkem Konkurrenzkampf mit der übrigen Welt befindet und dadurch der Bekanntgabe von Ziffern an die allgemeine Öffentlichkeit zurzeit noch gewisse Schranken gesetzt bleiben müssen.

Es wäre aber falsch, nach behördlicher Reglementierung dieser Frage zu rufen. Gerade in den Vereinigten Staaten hat sich die weitgehende Information der Öffentlichkeit von Seiten der Wirtschaft eingebürgert, ohne daß die Behörde von dem ihr auf Grund der Antitrust-Gesetzgebung zustehenden Rechte Gebrauch gemacht hätte, regelmäßig in die Interna des Betriebes Einblick zu nehmen. Ein von Professor Ripley unter dem sensationellen Titel „Stop, look, listen!" gerade dieser Tage im Atlantic Monthly erscheinender zweiter Artikel versucht zwar zu beweisen, daß die Öffentlichkeit von Seiten der Aktiengesellschaften höchst unzureichend bedient werde. Man kann sich aber bei der Lektüre seiner Ausführungen des Eindrucks nicht erwehren, daß der Verfasser wiederum weit über das Ziel hinaus schießt und dem tatsächlichen Stande der Dinge nicht gerecht wird, der sich dahin zusammenfassen läßt, daß die Informierung der Öffentlichkeit mit zu einem Reklamemittel geworden ist, um durch Darstellung der erzielten Erfolge sowohl die Erzeugnisse des

Unternehmens wie die seiner Finanzierung dienenden Wertpapiere besser absetzen zu können. Ich bin überzeugt, daß als Folge der Rationalisierung auch bei uns sich zunehmend freiwillige, regelmäßige Bekanntgabe der den Stand des betreffenden Wirtschaftszweiges kennzeichnenden Ziffern durch die Trustbetriebe einstellen wird, zumal wenn internationale Zusammenschlüsse die zurzeit noch bestehende Gefahr mildern, daß die Preisgabe solcher Daten dem Ausland einseitig zu unserem Schaden zugute käme.

Endlich möchte ich noch auf eine Eigenheit der amerikanischen Rechtsentwicklung hinweisen, die mir sehr beachtenswerte Momente für die zu erstrebende Interessenahme der Arbeitnehmer an den Unternehmen zu enthalten scheint. Ich meine das System der Aktienbeteiligung der Angestellten und Arbeiter. In einer Reihe von einzelstaatlichen Gesetzen sind Bestimmungen vorgesehen, welche die Überlassung von Aktien an die Arbeitnehmer vorsehen und besonders regeln. Als Beispiel kann § 14 des Stock corporation law of New York dienen, der wie folgt lautet:

„Eine Aktiengesellschaft kann mit Zustimmung der stimmberechtigten Aktionäre beschließen, zu den von diesen festgesetzten Bedingungen, und wenn es sich um Aktien handelt, welche über einen Pari-Nominalbetrag lauten, gegen entsprechendes Entgelt Aktien an die Angestellten der Gesellschaft, welche dieselben zu übernehmen wünschen, oder einen sie vertretenen trusta auszugeben. Die Bezahlung solcher Aktien kann in Raten oder auf einmal erfolgen und dem Zwecke dienen, einen aus dem Reingewinn gebildeten Sonderfonds zu belegen, an welchem diejenigen Angestellten, welche Aktien übernehmen, während einer zu bestimmenden Zeitdauer sie in ihrem Eigentum behalten und selbst im Dienste der Gesellschaft verbleiben, zu den Bedingungen des diese Aktienausgabe regelnden Planes partizipieren.“

Ähnliche Bestimmungen enthält z. B. § 160 der General corporation act of New Jersey.

Als Beispiel dafür, wie sich diese Möglichkeit der Aktienausgabe an Angehörige des Unternehmens in der Praxis auswirkt, kann die Entwicklung der Arbeitnehmer-Beteiligung bei der United States Steel Corporation gelten, wie sie in deren Geschäftsbericht für das am 31. Dezember 1925 endende Geschäftsjahr dargestellt ist. Die genannte Gesellschaft hat seit dem Jahre 1903 das System eingeführt, ihren Angestellten den Erwerb von Aktien des Unternehmens durch Abzahlung zu ermöglichen und für den dauernden Besitz solcher Aktien

Prämien zu gewähren. Bis zum Ende des Jahres 1925 hatten von den rund 250 000 Angestellten 47 647 von dieser Möglichkeit als eingetragene Aktionäre Gebrauch gemacht und verfügten im ganzen über 163 802 preferred und 501 999 common shares. Außerdem hatten 6327 Angestellte Aktien übernommen, ohne sich als Aktionäre eintragen zu lassen. Von diesen Shares entfallen nach der Berechnung, die J. George Frederick im Septemberheft 1926 von „Current History" angestellt hat, der überwiegende Teil auf Angestellte mit einem geringen Einkommen.

Derartige Einrichtungen lassen sich naturgemäß nicht einfach nachahmen. Sie können aber als Anregung dienen, um die Entwicklung fortzuführen, insbesondere im Zusammenhang mit den sich auch sonst in den Berichten der amerikanischen Gesellschaften findenden Hinweisen auf einen stark ausgebildeten Zusammenhang zwischen der Aktiengesellschaft und ihren Angestellten. Ebenso wie Köttgen in seinem Buche „Das wirtschaftliche Amerika" die auch äußerlich sichtbare Betonung der Zusammengehörigkeit zwischen Unternehmen und Angestellten hervorhebt und zeigt, wie die Pennsylvania Railroad täglich wechselnde Photographien ihrer langjährigen Beamten und Anerkennungsschreiben der Direktion an solche auf den Menus der Speisewagen abdruckt, enthalten die Geschäftsberichte größter Gesellschaften unter Namensnennung der betreffenden Beamten die Liste der Belohnungen, die für besondere Dienste gewährt wurden, sowie ausführliche Mitteilungen über besonders hingebende Pflichterfüllung. Dieser „spirit behind a great institution" wird allerdings dadurch erheblich verstärkt, daß im Gegensatz zu Deutschland die Sozialversicherung sich nicht als staatliche Zwangsversicherung darstellt, sondern weil sie Sache jedes einzelnen ist, die Gemeinschaft der Angestellten eines Unternehmens zusammen mit diesem die Wohlfahrtssorge in die Hand nehmen läßt und auch dadurch das Band enger knüpft, welches Unternehmen und Angestelltenschaft verbindet. Jedenfalls lohnt es sich, diese Fragen, die eigentlich nicht zum Aktienrecht, sondern zur Aktienwirtschaft gehört, in den Kreis der Betrachtungen zu ziehen, die darauf hinzielen, die jenseits des Ozeans gesammelten Erfahrungen für uns nutzbar zu machen.

Ich bin am Ende meiner Ausführungen. Dieselben gehen negativ dahin, daß kein Anlaß vorliegt, zu einer Reform unseres Aktienrechts zu schreiten, und zwar wurzelt diese Auffassung ganz generell in der Überzeugung, daß unsere Zeit noch nicht reif ist, überhaupt Gesetzgebungswerke vom Range des deutschen Handelsgesetzbuchs in Angriff zu nehmen. Vermäßen wir uns, es zu tun, so würden wir erleben, daß in die stille Gelehrtenstube der Rechtsweisheit der Zank und Kampf der Parteien hineingetragen würde. Selbst wenn eine aus den Koryphäen der Judikatur, der Rechtsanwaltschaft und der wirtschaftlichen Praktiker zusammengesetzte Kommission ein neues Aktienrecht schüfe, bestände die Gefahr, daß dieses Gesetz in ganz anderer Form das Parlament wieder verließe und der kunstvolle Bau desselben durch eigenmächtige Eingriffe von Politikern, welche die juristischen Zusammenhänge nicht zu übersehen vermögen, zerstört würde. Das muß ausgesprochen werden, auch wenn es vielen mißfallen mag. Aber ich würde es für eine Feigheit halten, wenn man sich scheute, der Auffassung Ausdruck zu geben, daß unsere Parlamente in ihrer heutigen Form zwar Gelegenheitsgesetze machen können, aber nicht fähig sind, Gesetzgebungswerke von der Größe eines Bürgerlichen Gesetzbuches oder eines Handelsgesetzbuches objektiv zu behandeln.

Es ist das kein Tadel, der an dem Parlamentarismus als solchem geübt werden soll, sondern die Konstatierung einer Tatsache. Dieser Parlamentarismus ist noch viel zu jung, um sich über den Tumult des Tageskampfes erheben und über weittragende Fragen der Gesetzgebung frei von jeder Parteipolitik urteilen zu können.

Die Betrachtung des amerikanischen Rechts hat ergeben, daß dasselbe, so weit es sich um rechtliche Formen des Aktienrechts handelt, nicht geeignet ist, Vorbilder für Nachahmung durch uns zu liefern. Die feste Basis des Zeichnungsscheins fehlt, der Begriff der Aktie steht nicht auf der Höhe der klaren Definition, wie sie das deutsche Handelsgesetzbuch aufstellt, und gleitet dementsprechend in Zwischenformen über, die, wie die stimmlose Aktie, die Quotenaktie, der convertible bond und die scrip-dividend sich mit unseren rechtlichen Anschauungen nicht vereinigen lassen. Aber auch hiervon abgesehen, haben diese Formen keine zur Nachahmung reizenden Erfolge gezeitigt; im Gegenteil, die Verwirrungen sind, die durch sie eingetreten sind, warnen ebenso vor Nachahmung wie die Wirkungen der Unter-pari-Emission.

Die Ansicht, es sei zwecks Erleichterung des Zuflusses amerikanischen Kapitals nach Deutschland erforderlich, Rechtsbildungen zu akzeptieren, welche den amerikanischen Geldgebern geläufig sind, ist abzulehnen, weil ein derartiges Erfordernis nicht besteht und die Durchbildung des deutschen Aktienrechts durch Wissenschaft und Praxis, verglichen mit dem Rechte der anglo-saxonen Länder, so hervorragend ist, daß wir nicht nötig haben, in dieser Hinsicht ihren Einrichtungen angepaßte Neuerungen einzuführen.

Von hoher Bedeutung dagegen ist die amerikanische Rechtsentwicklung als Erkenntnisquelle der Richtung, in welcher die Wirtschaftsbewegung fortschreitet. In dieser Hinsicht gibt die amerikanische Rechtsbildung außerordentlich wertvolle Fingerzeige für die Folgerungen, welche aus dem die gesamte Weltwirtschaft beherrschenden Zwange der Rationalisierung und der ihr dienenden Zusammenballung des vergesellschafteten Kapitals auch für unsere Verhältnisse zu ziehen sind. Die Fortbildung des Rechts muß dieser Entwicklung Rechnung tragen und darf nicht versuchen, ihr zugunsten dissentierender Einzelinteressen mit der Wirkung in den Arm zu fallen, daß der organisatorische Aufbau ganze Wirtschaftszweige umfassender Großbetriebe unmöglich wird. Der Weg, den die amerikanische Wirtschaft gegangen ist, und dessen Parallelen sich auch bei uns abzuzeichnen beginnen, führt klar und deutlich auf das Ziel oligarchischer Organisation hin, die allein die Möglichkeit gibt, Großbetriebe moderner Struktur zu errichten und zu führen. Die deutsche Wirtschaft hat keine Wahl; sie muß dieser Entwicklung folgen, wenn sie eine Weltstellung erringen und halten will. Darum wäre es ein Verbrechen am Nationalvermögen, wollte man diese Bewegung durch kleinliche Widerstände hemmen und zu Gunsten des angeblich geschädigten Klein-Aktionärs, dem jede Fähigkeit zur Mitleitung des Betriebes abgeht, Einrichtungen schaffen, welche Minoritätsrechte schützen sollen, in Wahrheit aber nur die Möglichkeit konzentrierter Verwaltung unterbinden. Man kann daher die Frage, inwieweit Verwaltungsmajoritäten und Schutzaktien berechtigt sind, nicht schematisch regeln. Entsprechend der in den Vereinigten Staaten zu beobachtenden Entwicklung ist es vielmehr als eine völlig naturgemäße Entwicklung zu betrachten, daß die nur auf Rente und Kapitalsvermehrung eingestellte Aktionär-Klasse sich nicht in die Verwaltung der Unternehmungen einmischt, so lange die ihr gegenüber eingegangenen Verpflichtungen erfüllt werden.

Auch die Einrichtungen des amerikanischen Rechts hinsichtlich der Verwaltung der Aktiengesellschaften bieten, wie gezeigt worden ist, keinen Anlaß zur Nachahmung.

Dagegen verdient die Tatsache Beachtung, daß die amerikanischen Unternehmungen, welche mit vergesellschaftetem Kapital arbeiten, in viel größerem Umfange, als solches in Deutschland üblich ist, freiwillig die Öffentlichkeit über ihren Geschäftsgang unterrichten.

Ich bin am Ende meiner Ausführungen. Dieselben sollten zeigen, daß unser deutsches Aktienrecht ruhig den Vergleich mit den einschlägigen Vorschriften des amerikanischen Rechts aufnehmen kann, weil es ihnen als Kodifikation überlegen ist und sich in seiner Fortbildung durch Wissenschaft und Rechtsprechung den Erfordernissen der Wirtschaft anzupassen verstanden hat. Das amerikanische Recht kann dank der Form seiner Bildung als ein vorzüglicher und höchst beachtenswerter Wegweiser für die Richtung dienen, in der sich die wirtschaftlichen Tendenzen unter dem Zwange der anhebenden internationalen Rationalisierung fortbewegen. Die mir gestellte Frage, ob eine Annäherung der aktienrechtlichen Bestimmungen unseres Rechts an das Recht der Vereinigten Staaten ratsam oder notwendig sei, beantworte ich trotzdem auf Grund der von mir angestellten, Ihnen vorgetragenen Untersuchungen mit einem lauten und vernehmlichen „Nein"!

Der letzte Berichterstatter, Geh. Justizrat Prof. Dr. Ernst Heymann-Berlin, führte Folgendes[1]) aus:

Es ist natürlich nicht ganz einfach, nach zwei so eingehenden Referaten, deren Einzelheiten ich vorher nicht übersehen konnte, als Dritter zu sprechen. Ich will es aber versuchen, das, was ich denke, möglichst kurz zusammen zu fassen, wobei ich auf die tatsächlichen Mitteilungen im einzelnen nicht mehr zurück zu kommen brauche; denn die Tatsachen sind ja nun so weit zusammenfassend vorgetragen, daß wir uns ein Urteil bilden können.

Ich möchte vorausschicken, daß ich für meine Person eine Reform des gesamten Aktienrechts keineswegs für dringend halte, daß ich in dieser Frage mehr Herrn Solmssen als Herrn Pinner zuneige. Unser Handelsgesetzbuch ist in der Tat ein ganz vortreffliches Werk, und zu einer neuen Bearbeitung des Aktienrechts scheint mir der Zeitpunkt nicht richtig gewählt zu sein. Es ist gewiß sehr dankenswert, wenn der Reichsjustizminister die Dinge im Auge behält. Das ist um so mehr dankenswert, als ja dauernd neue Einzelfragen auftauchen. In Ansehung einiger Einzelfragen bin ich aber anderer Meinung wie die beiden Vorredner. Ich bin der Meinung, daß allerdings ein Eingreifen durch ein Spezialgesetz augenblicklich nötig ist, mit dem man chirurgisch einige schlechte Stellen herausschneidet, die heute unser Aktienrecht nicht erfreulich machen. Ein solches Spezialgesetz zu verlangen, das wird im Gegensatz zu den beiden anderen Herren das Ziel dessen sein, was ich kurz vortragen werde.

[1]) Das Referat hat mir weder im Stenogramm, noch in dem Korrekturbogen vorgelegen und konnte erst nach dem Umbruch durchgesehen werden, so daß es unvollständig ist. Heymann.

Es war hier die Frage gestellt: Ist das englisch-amerikanische Recht vorbildlich?, wobei zu gleicher Zeit die allgemeine Frage der Reform zu erörtern ist. Auch ich komme zu dem Resultat, daß wir aus dem englisch-amerikanischen Recht für diese Dinge nicht viel lernen können. Im allgemeinen brauchen wir uns daher mit diesen Vorbildern nicht allzu lange aufzuhalten, aber wir werden doch die Hauptpunkte im einzelnen prüfen müssen. So gibt uns der große Fortschritt der amerikanischen Kapitalentwicklung natürlich in manchen Punkten Anregungen. Die Grundauffassung ist jedoch dort eine andere. Das englisch-amerikanische Recht hat wie wir den Genossenschaftsgedanken zu Grunde gelegt. Das ist in allen Rechten ja ungefähr das Gleiche. Aber die Ausgestaltung geht bei uns dahin: möglichster Schutz der Aktionäre! Die Gesamtheit unserer Bestimmungen läuft darauf hinaus. Im englisch-amerikanischen Recht aber spielt die Idee der Freiheit der Verwaltungen wie der Aktionäre eine so überragende Rolle, daß dadurch der Eindruck ein vollkommen anderer ist als bei uns. Es tritt eine viel größere Labilität ein. Die einzelnen Aktionäre lässen sich auch mancherlei gefallen, was sie sich bei uns nicht gefallen lassen würden. Aber auf der anderen Seite steht dämpfend ein starkes Eingreifen des Staates. Das englische Parlament z. B. kann jeden Augenblick mit seinen ungeheuren Machtbefugnissen eingreifen; und auch in Amerika kann der Staat z. B. durch Untersuchungskommissionen jederzeit eingreifen. Das sind Dinge, die ganz anders liegen als bei uns. Wir haben vor allem den ethischen Grundgedanken eines Ausgleichs der Interessen und des möglichsten Schutzes der einzelnen Aktionäre, die ihr Geld in die Sache hineingesteckt haben. Dadurch erklärt sich, daß wir nicht ohne weiteres die englisch-amerikanische Regelung übernehmen können. Andererseits scheint mir die Entwicklung auch bei uns dahin zu gehen, daß die Stellung des Leiters des Unternehmens sich immer mehr stärkt, und daß in der Leitung eine starke Kraft vorhanden sein muß, die die Dinge in die Hand nimmt. Es ist klar, daß nicht jeder Aktionär mitreden kann, weil sonst nur Torheiten herauskommen. Diese Entwicklung ist auch bei uns gegeben. Es kommt nur darauf an: wie weit ist sie gediehen? Ist sie schon so weit, daß man zu einem Abschlusse kommen kann? Und weiter: was kann man tun, daß ein Abschluß möglich wird? Daß zurzeit ein neuer Aufbau des Aktienrechts erforderlich ist, glaube ich nicht. Unser Aktienrecht gibt dem starken Generaldirektor Mittel in die Hand, sich durchzusetzen und das ist gut so. Dagegen wird man gewisse Auswüchse abschneiden müssen, die nicht auf der allgemeinen Entwicklung fußen, Auswüchse, die im wesentlichen aus der

Inflationsperiode hervorgegangen sind. Als man das Aufwertungsgesetz gemacht und sehr stark in unser vortreffliches Hypothekenrecht eingegriffen hat, da hat man sich nicht so ängstlich gefragt, ob man wohlerworbene Rechte verletzt, und als man durch die Goldbilanzverordnung in die erworbenen Rechte eingegriffen hat, da hat man auch das ruhig getan. Weshalb sollen wir uns hier nicht viel Geringeres auf anderem Gebiete erlauben!

Was die allgemeine Reform anbelangt, so können wir unsern Aufsichtsrat unmöglich nach englisch-amerikanischem Recht revidieren. Dort gibt es einmal nicht die beiden Organe, die als Exekutiv- und als Kontrollinstanz sich wenigstens grundsätzlich gegenüberstehen. Auch fehlt es an der nötigen Haftung. Bekanntlich haften die englischen Aufsichtsräte im allgemeinen nur für Betrug, niemals für Handlungen der anderen Mitglieder des board, also ganz kümmerliche Haftungsgrundsätze! Das können wir nicht mitmachen. Die Haftung der Aufsichtsräte ist nicht zu mildern. Die Prozesse gegen Aufsichtsräte zeigen immer wieder, daß von der Haftung ganz ernstlich Gebrauch gemacht werden kann, und es ist sehr gut, wenn der Vorstand weiß, daß er kontrolliert wird. Diese Haftung zu mildern wäre daher eine große Torheit. Was im übrigen die Frage der Kontrolle anbelangt, so stehe ich auf dem Standpunkt des Dr. Solmssen. Als Rathenau sein Buch schrieb, da war die heutige Judikatur noch nicht entwickelt. Das Reichsgericht hat inzwischen ausgesprochen, daß der Aufsichtsrat eine Arbeitsteilung mit allgemeiner Aufsicht des Gesamtorgans vorsehen kann. Mit diesem Grundprinzip kann man sehr gut durchkommen. Es ist gar nicht richtig, daß der Aufsichtsrat die Kontrolle nicht zu führen vermag. Es ist daneben natürlich möglich, Treuhandgesellschaften mit der Revision zu betrauen. Es geschieht das ja heute schon in großem Umfange. Ob das zu mehr führt als zu einer sorgfältigen Buchführung, ist mir zweifelhaft. Im übrigen hat man in England und Amerika das Proportional-Wahlrecht, und das ist meiner Meinung nach gar nicht nachahmenswert. Der Minderheitsvertreter sitzt meist in der Ecke oder wird überstimmt; er kann auch als Spion wirken. Die Verwaltung braucht eine feste Stabilität, ohne die nichts erreicht werden kann. Alles andere ist schädlich und bare Theorie. Die ultra vires-Theorie kommt auch nicht in Frage. Der englisch-amerikanische board hat in Wirklichkeit gegenüber der Generalversammlung eine sehr freie Stellung. Er kann die Bilanzen und Dividenden feststellen, er kann Kapitalerhöhungen unter Umständen ganz allein vornehmen. Er ist sehr unabhängig, innerhalb des Termins nicht absetzbar. Diese Stellung der Unabhängigkeit gegenüber der Generalversammlung, das ist etwas, was ich in vielen Punkten ganz verständlich finde. Es ist natürlich so — und damit treffe ich zugleich den Hauptpunkt, um den es sich handelt —, daß man der Verwaltung möglichst weitgehende Befugnisse geben soll. Man muß die Aktionäre aber in ihrer rein vermögensrechtlichen Stellung schützen, man muß sie schützen in ihren Dividenden- und Kapitalsanteilen und damit auch in den Kursen der Aktien. Da dürfen keine Vergewaltigungen eintreten. Nach dieser Richtung ist auszubauen. Die alte Idee dagegen, wonach alle Leute mitreden können, hat die Praxis längst über Bord geworfen. Damit ist nicht mehr zu rechnen. Das Mitreden einzelner Aktionärgruppen ist nur da möglich, wo große Aktienpakete in einer Hand sind, und wo kluge und sachkundige Männer imstande sind, auf die Dinge einzuwirken. Es handelt sich nur um die eine Frage: wie werden wir die Stellung der Aktionäre in ihrem vermögensrechtlichen Stande zu schützen vermögen. Das wäre die Frage des Aufsichtsrats und Vorstandes im Verhältnis zur Generalversammlung. Was man in England plant, daß die Mitglieder des Aufsichtsrates und des Vorstandes die Höhe ihrer Einkünfte öffentlich angeben sollen, halte ich für ganz verfehlt. Das ist kleinlich und reizt nur zum Neid, ohne irgendwelchen Nutzen zu haben. Wenn wir die Männer, die an der Spitze der großen Unternehmungen stehen, nicht auch finanziell an den Erträgnissen beteiligen, so sind wir auf dem Holzwege.

Der zweite Punkt ist die Frage der Publizität. Sie ist bei uns nicht ausreichend genug gegeben, und wir müssen da etwas finden, was in England und Amerika schon vorhanden ist. Zunächst die Bilanz. Man hat bei uns gesetzliche Bilanzschemata verlangt. Ich glaube, daß es damit sehr übel steht. Die englischen Verhältnisse sind kein brauchbares Vorbild; das Gesetz von 1908 in England brachte keinen erheblichen Fortschritt. Man erreicht damit nichts. Ich glaube, hier wäre ein gesetzliches Eingreifen nicht nötig. Dagegen ist darauf hinzuwirken, daß sich unsere Betriebs-Sachverständigen der Sache vielmehr annehmen und man größere Forderungen stellt an das, was üblicherweise der ordentliche Kaufmann tun muß. Letzteres wird von den Gerichten im Wege über die Sachverständigen durchgesetzt werden können. Wenn hier Mängel abzustellen sind, kann es auf diesem Wege geschehen, eine gewisse Verschleierung wird allerdings niemals auszuschalten sein. Mit der Publizitätsfrage hängt das Auditorverfahren zusammen. Die Auditoren sind keineswegs nachahmenswert. Sie prüfen den Wert der Bestände gar nicht. Sie prüfen nicht etwa nach, ob eine Ware einen bestimmten Wert hat, sondern nehmen einfach ihren buchmäßigen Wert an. Sie entscheiden auch nicht etwa über die Frage der Zweckmäßigkeit der Maßnahmen und Einrichtungen. Dazu kommt, daß sie in England praktisch doch in sehr großem Umfange von der Gesellschaft abhängig sind, von der sie beschäftigt werden. Und schließlich haften sie dort auch nur für Betrug. Das sind Dinge, mit denen wir nichts anfangen können. Wir könnten die Regelung, insbesondere die Haftung, ja allerdings verschärfen, wir könnten die Auditoren durch die Handelskammern ernennen lassen usw. Ich meine jedoch, man sollte darin sehr zurückhaltend sein. Die Hauptsache ist die: der Bericht des Auditors in England muß der Generalversammlung vorgelegt werden. Macht man damit Ernst und läßt man zugleich aber auch die Werte und Zweckmäßigkeitsfragen nachprüfen, dann kommt man zu einem Resultat, das nicht getragen werden kann; denn unseren Anschauungen entspricht eine solche Offenkundigkeit in der Generalversammlung nicht. Ich glaube, daß eine solche Bestimmung das deutsche Wirtschaftsleben, die notwendige Stärke der Verwaltungen, nur schädigt. Wir würden nicht weiterkommen. Dagegen erscheint es richtig, daß, namentlich wenn die Zulassungsstelle darauf dringt, gleichzeitig Prüfungen durch Treuhandgesellschaften stattfinden, die dann ja mitverwertet werden können. Das ist der Vorschlag von Solmssen im Gegensatze zum Vorschlage von Pinner. In dieser Beziehung stehe ich durchaus nicht auf dem Standpunkte von Pinner. Ich bin nicht der Meinung, daß man die Pflicht des Aufsichtsrats zur Revisionskontrolle einschränken oder gar aufheben sollte. Das würde ein ungeheurer Fehler sein. Die Kontrollpflicht des Aufsichtsrats ist ja gerade das Gute an unserm Recht, und ich bin nicht der Meinung, daß die Treuhandgesellschaften an die Stelle des Aufsichtsrats treten können. Ich glaube auch, daß die starke Öffentlichkeit, die man namentlich in Amerika hat, für uns nicht paßt, ebenso wie für uns die staatlichen Eingriffe offenbar nicht passen. Man muß sehen, wie sich die Dinge durch die kaufmännische Praxis allmählich entwickeln.

Die Kapitalbeschaffung, wie sie in England geschieht, kommt für uns nicht in Betracht. Wir würden unser Grundprinzip des feststehenden Aktienkapitals aufgeben, und es würde ein Eingriff sein, der alles umgestaltete. Besonders liegt aber die Frage der Unter-pari-Emission. In England und Amerika ist sie unbeschränkt zugelassen. Ein sehr gefährliches Mittel! Wenn man unter pari emittiert, so sind doch eben nicht in dem Maße Gelder eingegangen, wie es nach dem Aktienkapital erscheint. Nun hat indes Hachenburg auf dem vorigen Juristentage mit Recht gesagt, man müsse zur Erleichterung der Geldbeschaffung — die allerdings heute schon einfacher sich gestaltet hat — eine Hilfe haben, und gemeint, man könne das Disagio aus Reserven und Gewinn der Gesellschaft aufbringen. Hiergegen sind von anderer Seite, namentlich in der ausgezeichneten Abhandlung von Heirici, starke Bedenken erhoben worden. Insbesondere wird gesagt, eine solche Verwendung der Gewinne und Reserven geschehe auf Kosten der ursprünglichen Aktionäre. Auch wenn man ihnen ein Bezugsrecht gebe, so ändere man daran nichts. Man kann sich diesen Bedenken nur anschließen und muß die Unter-pari-Emission ablehnen. Wenn man aber ein Gesetz zur Sicherung der Aktionäre erläßt, wie ich es nachher vorschlagen werde, und wenn man die Unter-pari-Emission an eine qualifizierte Mehrheit knüpft, so darf man ihre Einführung trotzdem vielleicht riskieren. Wenn die Gesellschaften nicht in der Lage sind, das Geld in anderer Weise aufzubringen, so bleibt kaum etwas anderes übrig, als eine Unter-pari-Emission mit voller Publizität zuzulassen. Die Gesellschaften müssen eben sehen, wie sie damit fahren. Sie sind ja schließlich Privatunternehmen.

Was die Quotenaktien anbelangt, so ist klar, daß sie für uns unbrauchbar sind. Sie wären als vorübergehende Einrichtung ein Heilmittel gewesen für die Frage der Goldbilanzen. Da wäre vielen Menschen damit geholfen worden. Jetzt, in normalen Verhältnissen sie zu verwenden, wäre ganz falsch, denn die Quotenaktie verschleiert das Bild der ganzen Sache. Unter dem Deckmantel der Quotenaktie können Unter-pari-Emissionen und Kapitalherabsetzungen im Stillen erfolgen, die Kapitalerhöhungen sind technisch erschwert, Nominal- und Quotenaktien sind nebeneinander unerträglich, der Zustand wird unübersichtlich. Es ist vor allen Dingen bei den Quotenaktien nicht nötig, die Apports abzuschätzen, und dadurch wird dem Schwindel Tür und Tor geöffnet. Die Quotenaktie scheidet also aus. Diese Dinge sind wirklich nicht angebracht, um mit ihnen die allgemeine Reform des Aktienrechts zu beginnen; das englisch-amerikanische Recht bietet da keinen brauchbaren Anhalt.

Ich komme nunmehr zu der Frage der Stellung der Aktionäre, insbesondere in der Generalversammlung und mit Rücksicht auf das Stimmrecht. Im Grunde genommen ist dies die Frage der Mehrstimmrechts- und Verwaltungsaktien. Es ist nicht zu leugnen, daß es recht viele Aktien dieser Art gibt. Sie sind, wie schon Planitz in seinem Buche und neuerdings besonders Horrwitz festgestellt hat, in der Tat eine ganz große Kalamität. Es ist nicht zu leugnen, daß diese Aktien, in ausreichender Zahl vorhanden, dazu angetan sind, dem Aktionär alle seine Rechte einfach aus der Hand zu nehmen. Sie machen die Wahlen allein. Sie beherrschen die ganze Geschäftsführung. Sie können die Bilanz vollkommen undurchsichtig machen. Sie können jede Frage in der Generalversammlung ablehnen. Sie können spätere Kapitalerhöhungen so gestalten, daß die Kapitalerhöhung nur denjenigen zugute kommt, die diese Aktie in den Händen haben. Sie können mit dem gleitenden Bezugsrecht sich für alle Zukunft die Vorteile der Kapitalerhöhung sichern. Es wird die Dividende für die anderen Aktionäre gefährdet. So hat der Stammaktionär oft überhaupt nichts mehr zu sagen, seine Dividende ist der Willkür ausgesetzt, sein Kapitalanteil ist verwässert. Nun ist durch die Goldbilanzverordnung eine Abschwächung insofern eingetreten, daß, wenn die Stimmrechts- und Verwaltungsaktien nicht eingezogen, sondern nur umgestellt worden sind, sie nur 6% Dividende bekommen können, und daß bei einer Veräußerung der Treuhänder nur soviel bekommen darf, als der eingezahlten Goldsumme entspricht; der Rest, der darüber hinausgeht, fällt an die Gesellschaft. Insofern ist hier mit großer Sorgfalt und Klugheit gehandelt worden. Es ist aber auch schon vorgekommen, daß diese Aktien billig verkauft worden sind, und dann kommt nichts an die Gesellschaft. Das ist ein Zustand, der nicht andauern darf. Ich behaupte nicht, es läge bei allen Gesellschaften mit Stimmrechts- und Vorratsaktien so; es ist aber derartiges vorgekommen. Das sind die Nachteile. Auf der anderen Seite stehen ungeheure Vorteile. Es ist klar, daß die Aktien, die in der Hand der Verwaltung liegen, da sie ihr die Majorität immer garantieren, vor Überfremdung schützen, vor der Gefahr der Vertrustung des Unternehmens und des Aufkaufs durch Spekulanten. Dazu kommt der Schutz gegen die Gefahren der reinen Zufallsmajoritäten, die in der Generalversammlung doch einmal eine Rolle spielen können, und gegen die Einmischung der Konkurrenz. Es sind sehr wichtige Interessen, die hier für die Gesellschaft und für ihre Verwaltung auf dem Spiele stehen, und es wäre nichts törichter, als zu glauben, daß diese Aktien geschaffen worden sind, lediglich um etwa Vorteile für die Verwaltungsmitglieder zu bieten. Sie können nur dazu ausgenutzt werden, und nur dem ist meiner Meinung nach ein Riegel vorzuschieben.

Denn wenn ich Vorteile und Nachteile erwäge, so komme ich dazu, daß doch die Nachteile so weit überwiegen, daß hier etwas geschehen muß. Man könnte ja sagen: gefährdet ist im wesentlichen nur die Minorität, und man könnte weiter sagen, daß das Reichsgericht schon jetzt auf dem Standpunkt steht, daß gegen jede Vergewaltigung der Minorität eingeschritten werden kann. Aber das genügt noch nicht. Denn einmal ist der Beweis der Vergewaltigung schwer zu führen — meistens gar nicht —, zweitens ist die Nichtigkeit von Generalversammlungsbeschlüssen im höchsten Grade gefährlich, und schließlich, vor allen Dingen, fehlt ja regelmäßig der Kläger. Deshalb, glaube ich, sollte man hier gesetzgeberisch etwas tun. Vor allen Dingen aber auch noch aus einem anderen Grunde, der die Grundprinzipien berührt. Es liegt hier der Fall vor, daß sich die Verwaltung oder der die Verwaltung leitende Mann in den

Besitz einer Macht setzt, die nicht mehr kapitalistisch unterbaut ist. Es ist der Fall, daß der, welcher die Macht hat, nicht das Risiko trägt. Gerade der Kapitalgedanke wird damit in der Tat völlig untergraben. Wenn wir uns nun fragen, wie ein solcher Zustand überhaupt tragbar zu gestalten ist, so hat Herr Kollege Schreiber in seinem ausgezeichneten Buch darauf aufmerksam gemacht, daß der richtige Weg hier wäre, daß der Machthaber die persönliche Haftung mitübernehme, daß also eine Kommanditgesellschaft auf Aktien gebildet würde. Immerhin ist fraglich, ob wirklich die persönliche Haftung soviel bedeuten würde. Darüber könnte uns vielleicht gerade Herr Solmssen noch belehren. Aber das ist ja nur Zukunftsmusik. Wir haben augenblicklich die persönliche Haftung noch nicht. Solange wir sie nicht haben, müssen wir meiner Meinung nach etwas anderes tun. Wir müssen verhindern, daß es möglich ist, ein einmal eingetretenes Machtverhältnis zu perpetuieren, ohne die nötige Kapitalrisiko-Grundlage, die das Wesen der Aktiengesellschaft verlangt. Freilich sind viele leitende Herren der Industrie gegenteiliger Ansicht. Sie sagen: ich habe die Gesellschaft geschaffen, und da kommt einer und will mir mit aufgekauften Aktien hineinreden. Es ist begreiflich, daß sich der schöpferische Geist dagegen wehrt. Es liegt aber nicht immer so, es können sich auch mittelmäßige Leute im Besitze der Macht befinden. Die große Frage ist: soll der geistige Arbeiter herrschen oder soll der Kapitalist herrschen? Ich bin für eine vernünftige Mischung. Das ist die einzige Möglichkeit, zu einem brauchbaren Resultat zu kommen. Wenn wir sagen, der geistige Arbeiter soll allein herrschen, so kommen wir mit Planitz am bequemsten dazu, wenn alle Mitarbeiter auch Aktien bekommen. Dann gelangen wir aber natürlich auch zu einer kompletten Staatsaufsicht und zum Tode des Unternehmergeistes. Wir müssen diesen Geist aber erhalten. Gerade darum aber dürfen wir ihn auch nicht in eine Lage bringen, wo er über das Ziel hinausschießt.

Von diesem Standpunkte komme ich zu der Frage, was kann man tun, um die Frage der Stimmrechtsaktien gewissenhaft zu regeln. Zunächst ist es juristisch sehr zweifelhaft, ob die in den Händen der Treuhänder befindlichen Aktien überhaupt mitstimmen dürfen, oder ob sie nicht vom Stimmrecht ausgeschlossen sind wie eigene Aktien der Gesellschaft. Wenn man das Treuhandverhältnis richtig auffaßt, ist anzunehmen, daß der Treuhänder genau denselben Beschränkungen unterliegt wie die Gesellschaft. Das ist eine Frage, die ich im Einzelnen nicht erörtern will, die aber immerhin zu Bedenken Veranlassung gibt. Indessen, das könnte höchstens dazu führen, daß man die Stimmrechtsaktien bis zu einem gewissen Grade ausdrücklich sanktionieren müßte. Denn sie wegen der geschilderten Bedenken ganz abzuschaffen, halte ich nicht für richtig. Es ist zu erwägen, daß fast überall in der Welt Mehrstimmrechtsaktien existieren, und ich glaube, der einzige Weg ist doch der, der jetzt auch in Frankreich geplant ist, daß man sie auf eine bestimmte Quote des Gesamtaktienbetrages, der gesamten Stimmenzahl beschränkt. Diese Quote braucht man nicht sehr hoch zu fassen. Nehmen Sie an, daß gewöhnlich etwa 30% der Aktionäre in den Generalversammlungen stimmen. Dann würde man, wenn man 15% zuläßt, dem Vorstand ein sehr starkes Machtmittel in die Hand spielen. Kommt es zu ganz ungewöhnlich kritischen Verhandlungen, dann ist die Möglichkeit da, daß belehrt wird, eingewirkt wird usw. Für alle normalen Fälle wird man mit 15% auskommen. Diese Zahl wird z. B. von Herrn Kollegen Nußbaum wahrscheinlich als viel zu hoch angesehen werden. Wir müssen aber der Verwaltung etwas Festes in die Hand geben. Ich würde sogar vielleicht so weit gehen, Bestimmungen zu treffen, wonach überhaupt Aufsichtsrat und Vorstand auch ohne Aktien zusammen 15% Stimmen für die Generalversammlung in der Hand haben. Das würde ich gar nicht für so unzweckmäßig halten. Mit den Deponentenaktien kann zudem Verwaltung und Aufsichtsrat ja auch jetzt schon weitreichend arbeiten. Mein Vorschlag muß natürlich im einzelnen noch geprüft werden; aber grundsätzlich könnte man mit einer solchen Beschränkung ganz gut die Stimmrechtsaktien aufrechterhalten.

Stimmlose Aktien einzuführen halte ich nicht für zweckmäßig. Immerhin wäre auch das zu überlegen, wenn man später zu einer allgemeinen Reform kommt. Es hängt zusammen mit den Deponentenaktien und Legitimationsaktien. Die Deponentenaktien können wir nicht ausschalten. Das ist eine Einrichtung, die einfach unvermeidlich mit unserer ganzen Entwicklung zusammenhängt. Wir haben ja gesehen, daß mit Hilfe der Deponentenaktien die Mehrstimmrechtsaktien geschaffen sind. Man sollte hier vor allen Dingen beruhigend wirken. Es liegt im Interesse der Banken, wenn man etwas weiter ginge als die beiden andern Herrn Referenten sagten, wenn man eine Bestimmung für die Deponentenaktien etwa dahin träfe: die Bank haftet den Deponenten für alle Schäden, wenn sie für Beschlüsse stimmt, denen der Deponent nach den Erfahrungen eines ordentlichen Kaufmannes nicht zugestimmt haben würde. Das ist ja weiter nichts als das Recht unserer Vollmacht und unseres Auftrags. Es wäre ganz gut, wenn man ausdrücklich darauf hinweisen würde und die Gemüter der Aktionäre etwas beruhigt würden. Ich bin nicht für besondere Strafbestimmungen, man soll das Zivilrecht möglichst nicht mit Strafrecht verzieren. Der § 317 — die Bestrafung des Stimmkaufs — ist meiner Meinung nach z. B. gerade eine Vorschrift, die man abschaffen sollte. Da verhängt man Strafen, wo andere Länder gar nicht daran denken. Das sollte man unterlassen. Dagegen würde allerdings eine Bestimmung im Sinne Gieseckes zu treffen sein, daß das Verleihen von Aktien verboten wird. Hierin liegt eine Gefahr. Wie weit man da gehen kann, bin ich freilich nicht in der Lage zu beurteilen. Im übrigen glaube ich, daß bei uns der Votingtrust zu fördern wäre, d. h. daß die Aktionäre sich zusammentun und sich durch einen unbeteiligten Dritten, der für sie eintritt, vertreten lassen, der dann aber auch so vernünftig sein muß, daß sich die Verwaltung mit ihm verständigen kann. Es fragt sich nur, wer das bei uns sein könnte. Es bilden sich jetzt in unseren Girozentralen Stellen aus, die derartige Aufgaben mit der Zeit sehr wohl erfüllen könnten, weil sie am Aktienwesen unbeteiligt sind und als nicht an der spekulativen Praxis teilnehmende, aber für ihren örtlichen Bezirk sehr sachkundige Personen auftreten können. Vielleicht würde von Seiten der Banken ein anderer Vorschlag gemacht werden. Jedenfalls glaube ich, hier liegt ein Punkt vor, wo sich neue Tätigkeit entfalten kann, die sich als nutzbringend erweist.

Schließlich noch die Vorratsaktie. Die Vorratsaktien stehen unter demselben Gesichtspunkte wie die Stimmrechts- und Verwaltungsaktien. Für sie könnte man ebenfalls einen Maximal-Prozentsatz feststellen. Sie sind unter Umständen für Finanzoperationen nötig. Hier gibt es vorläufig noch kein anderes Mittel, und es läßt sich ohne sie nicht auskommen. Man könnte vielleicht später bestimmen, daß die Vorratsaktien mit 50% eingezahlt sein müssen, um eine Garantie zu bieten. Vorläufig muß man sie in ihrer bisherigen Gestalt beibehalten. Es würden jedoch 5% des gesamten Aktienkapitals ausreichen. Entbehrlich würden die Vorratsaktien nur werden, wenn man den andern Schritt täte, den der Heidelberger Juristentag vorgeschlagen hat, nämlich den der Einführung der Möglichkeit einer bedingten und befristeten Kapitalerhöhung. Diese müssen wir bekommen, um bei großen Transaktionen zu ermöglichen, daß den Geldgebern gesagt wird: du hast ein Optionsrecht, du kannst Aktien bekommen statt deiner bisherigen bloßen Forderung. Ich glaube, daß damit zugleich auch das Bedürfnis nach „konvertiblen Bonds" gedeckt ist. Ich sehe keinen erheblichen Unterschied zwischen der Ausgabe von konvertiblen Bonds und der Schaffung solcher Aktien bei einer Kapitalerhöhung. Was die Frage des Zeichnungsscheins angeht, so würde ich meinen, daß man bestimmen müßte, daß die Optionserklärung dieselbe Rechtswirkung hat wie die Abgabe des

Zeichnungsscheins. Man wird die bedingte Kapitalerhöhung allerdings so einrichten müssen, daß sie, wenn nicht bestimmte Anleihen sofort gegeben werden, nur auf ganz kurze Zeit beschlossen werden kann. Doch muß innerhalb solcher kurzen Frist eine Gesellschaft in der Lage sein, einen Austausch vornehmen zu können. Bei Anleihen kann man mit 3 bis 5 Jahren einverstanden sein.

Nun nur noch ein Wort über die Inflationsaktie, für die nichts oder so gut wie nichts eingezahlt worden ist und die Mehrstimmrechts- und Vorratsaktien sind. Diese sollten beseitigt werden, indem man sie zurückerwirbt. Geiler hat es in sehr eingehender Weise dargestellt, wie man ein solches Verfahren vornehmen könnte. Er schlägt vor, daß hier ein Ausweis in die Bilanz kommen müsse, daß ferner vor allen Dingen ein Rückerwerbsrecht der Gesellschaften begründet und eine Veräußerung verboten werde, daß eine Anmeldungspflicht der Gesellschaften bestehen müsse, und daß eine Einziehung freiwillig erfolgen könne; erfolgt sie nicht, so erfolgt eine Zwangseinziehung. Ich glaube, daß das mittels einer Durchführungsverordnung zur Goldbilanzverordnung möglich wäre. Ich bin zwar im allgemeinen nicht für diese Form der Gesetzgebung, aber es ließ sich vielfach nicht anders machen, und warum sollte durch eine Durchführungsordnung nicht auch mal so etwas gemacht werden? Jedenfalls glaube ich, hier müßte man etwas tun, und zwar ist das ein Punkt, der wirklich eilig ist; denn wenn man kein Veräußerungsverbot erläßt, können diese Aktien in beliebige Hände gehen.

Ich glaube hiernach, daß es ohne neue Staatsbehörden oder neue Staatsaufsicht angängig ist, die Auswüchse zu beseitigen, insbesondere wenn sich die einzelnen Interessengruppen einigen und die Bestimmungen mit ausarbeiten. Nur das ultimum refugium wäre irgend eine Entscheidungsstelle. Ich stelle mir darunter drei Räte des Reichswirtschaftsgerichts und zwei Sachverständige vor. Die Sachverständigen dürfen nicht in der Mehrzahl sein. Eine solche Stelle würde sehr wohl schlichten können. Zu der Zulassungsstelle dagegen habe ich nicht so großes Vertrauen wie Herr Solmssen. Was ihre Erfolge anbelangt, so bin ich anders unterrichtet. Ich kann nur feststellen, daß bis zum 1. Juli 1926 von 860 Gesellschaften erst 16 die beanstandeten Aktien abgeschafft hatten, und 20 hatten sie modifiziert, aber in einer Weise, die geradezu erschütternd wirkt. Da ist so gut wie nichts geschehen, und das können die Zulassungsstellen auch gar nicht ändern. Sie können höchstens dahin wirken, daß derartige Aktien nicht zugelassen werden. Von selbst wurde überhaupt nichts gemacht.

Noch ein ganz kurzes Wort über das Anfechtungsrecht gegenüber Generalversammlungsbeschlüssen. Die Frage des Anfechtungsrechts ist eine Frage, die mit diesen Dingen eng zusammenhängt. Es wird der Standpunkt vertreten, man solle es auf eine Minorität von 5 % des Aktienkapitals beschränken, um wenigstens eine gewisse Sicherheit zu schaffen, daß nicht jeder als Erpresser auftreten könne. Es liegt aber natürlich manchmal auch anders, und nicht jeder, der anficht, ist ein Erpresser. Denn wenn man auf der anderen Seite sieht, wie mit den Mehrstimmrechtsaktien gewirtschaftet worden ist, kann man es einem Aktionär gar nicht verübeln, wenn er im Wege der Anfechtung vorgeht. Ich würde das Anfechtungsrecht nicht auf 5 % beschränken, schon um das Vertrauen der Aktionäre nicht zu erschüttern und um die Entwicklung einer Staatskontrolle hintanzuhalten. Es besteht aber die Möglichkeit der Organisierung solcher Dinge, und da würde der Votingtrust eine große Rolle spielen. Das aber ist eine Sache der privaten Initiative. Ich glaube, daß auch dieser Punkt nicht notwendig zu einer besonderen Reform drängt, daß man das ohne gesetzgeberischen Eingriff regulieren kann.

Es ist nur ein ganz kurzes Gesetz nötig. Die Inflationsaktien können sogar mittels Durchführungsvorschrift zur Goldbilanzverordnung eingezogen werden. Es werden keine großen Schwierigkeiten entstehen. Es ist zu bedenken, daß wir, die wir eine gesetzliche Regelung der Stimmrechts- und Vorratsaktien verlangen, die ganze Presse auf unserer Seite haben. Es ist nicht gleichgültig, daß diese Frage von allen Blättern einhellig ventiliert und als schwerer Schaden empfunden wurde. Unser Aktienrecht ist sonst durch und durch gesund. Wir verdanken ihm zum großen Teil den Wiederaufbau Deutschlands. Es wäre nichts unsinniger, als wenn die Juristen versuchen wollten, ihm einen Knüppel zwischen die Beine zu werfen und durch Nachahmung für uns ungeeigneter englisch-amerikanischer Vorschriften Schwierigkeiten zu machen. Man sollte das Aktienrecht lassen, wie es ist. Die Industrie braucht ihre Ruhe und die sonstige Wirtschaft auch, und man sollte diese Ruhe in keiner Weise stören. Wohl aber kann man Auswüchse beseitigen: unser Handels- und Aktienrecht hat sich in den allerschwierigsten Zeiten durchaus als brauchbar erwiesen und lediglich die Zeit der Inflation hat zu Auswüchsen geführt, die unsere Sparer vor der Aktie zurückschrecken lassen. Diese Auswüchse müssen beseitigt werden, und das kann man sehr wohl durch ein Spezialgesetz. Ich möchte Sie bitten, einer solchen kurzen Revision des Aktienrechts zuzustimmen.

Nach einer Mittagspause wurde die Diskussion mit folgenden Ausführungen des Vorsitzenden, Geh. Justizrat Dr. Heinitz, eingeleitet:

Es liegt mir selbstverständlich fern, irgendwie sachlich zu den Anregungen Stellung zu nehmen, welche die Referenten uns gegeben haben; ich glaube nur, es wird zweckmäßig sein, wenn ich in die Fülle der Leitsätze, die uns hier vorgetragen sind und vielfach ineinandergreifen, etwas Ordnung und System zu bringen suche.

Ich möchte glauben, daß eine der Hauptfragen die ist, wie die Versammlung im allgemeinen zur Frage der Revision des Aktienrechts steht. In dieser Beziehung hat Herr Justizrat Pinner dem Wunsche Ausdruck gegeben, daß eine Revision des gesamten Aktienrechts angebahnt werde durch Berufung eines Ausschusses von Sachverständigen. Im Gegensatze hierzu stehen die beiden anderen Herren Berichterstatter, und zwar am entschiedensten Herr Dr. Solmssen, der seine These mit dem Satze anfängt: „Es liegt kein Anlaß vor, zu beantragen, daß zu irgend einer Reform des deutschen Aktienrechts geschritten werde", etwas zurückhaltender Herr Geheimrat Heymann, der sagt: „Eine allgemeine Reform des deutschen Aktienrechts ist nicht dringlich und muß sorgfältig vorbereitet werden." Vielleicht darf man annehmen, daß die Herren Solmssen und Heymann in ihrer Anschauung über diese grundsätzliche Frage nicht soweit auseinandergehen, daß es nicht möglich sein sollte, ihre beiden Anträge in einer gemeinschaftlichen These zu vereinigen, was nachher für die Abstimmung sehr wünschenswert sein würde.

Für den Fall, daß — ich spreche unbeschadet aller Anträge, die noch kommen werden, und die ich nicht kenne — die Versammlung sich für den Gedanken Pinners ausspricht, gewisse vorbereitende Schritte für eine Revision des Aktienrechts zu tun, hat uns Herr Pinner zugleich mit einer reichhaltigen Speisekarte einzelner Anregungen und Erwägungen erfreut, und wenn die Pinner'sche Auffassung durchdringt, müßte selbstverständlich auch über diese einzelnen Punkte abgestimmt werden, es sei denn, daß ein anderer Ausweg gefunden wird, beispielsweise der Ausweg, daß diese Leitsätze nur zur Erwägung empfohlen werden; denn es ist außerordentlich schwer für eine solche Versammlung, sich Punkt für Punkt durch eine Stellungnahme festzulegen.

Wenn dagegen die Abteilung den Pinner'schen Grundgedanken nicht annimmt, sondern sich grundsätzlich in irgendeiner deutlichen oder minder deutlichen Form gegen die Revision des gesamten Aktienrechts ausspricht, so würde es sich fragen, ob mit diesem allgemeinen Satz alles getan sein soll, was die Abteilung beschließen zu sollen glaubt.

In dieser Beziehung hat Herr Dr. Solmssen seine These mit einem Lob, das er dem Aktienrecht des deutschen Handelsgesetzbuchs erteilt, und mit einer gewissen Verwahrung gegen die Annäherung an englisch-amerikanisches Recht begründet. Immerhin hat er in seiner These doch das amerikanische Recht für prüfungsbedürftig mit Bezug auf die Übertragung auf Deutschland erklärt, während Herr Geheimrat Heymann in Satz 2 seiner ersten These sagt: „Hierfür wird das englisch-amerikanische Recht zu beachten, aber nicht nachzuahmen sein". Ich glaube, daß auch in Bezug auf diesen Punkt die beiden letztgenannten Herren in ihren Anschauungen nicht allzuweit auseinandergehen und daß es ihnen vielleicht auch hier möglich sein wird, uns auf eine einheitliche Plattform zu bringen.

Ein Unterschied findet sich dagegen bei den beiden Herren in der Frage, ob in Bezug auf einige Einzelfragen eine Teilrevision eintreten soll. Hier hat Herr Dr. Solmssen unter Ziffer 3 seiner Leitsätze allerdings einen Antrag gestellt, der auf eine Abänderung des Gesetzes hinausläuft. Ob von seinem Standpunkte aus dieser Antrag besonders wesentlich ist, weiß ich nicht. Weiter geht in dieser Beziehung Herr Geheimrat Heymann, der, abgesehen von der Behandlung der vom vorigen Juristentage angenommenen Sätze über die convertible bonds, unter Ziffer 2 die Regelung einzelner Punkte beantragt. Ich ziehe daraus die Schlußfolgerung, daß, wenn die Versammlung unter Ablehnung des allgemeinen Standpunktes des ersten Berichterstatters, Herrn Pinner, sich den Anschauungen der Herren Solmssen und Heymann anschließen sollte, dann noch weitere Abstimmungen nötig sein werden über die Frage, ob und in welchem Umfange etwa ein Sondergesetz erlassen werden soll zur Regelung gewisser einzelner Fragen, d. h. zur Beseitigung besonders hervorgehobener Mißstände, ein Vorschlag, gegen den sich Herr Pinner aus prinzipiellen Gründen erklärt hat.

Ich glaube, es würde zweckmäßig sein, wenn die Diskussion auch zu diesen Hauptfragen Stellung nimmt und die Anträge, die evtl. gestellt werden, sich in irgendeiner Form an diese Gesichtspunkte anschließen. Das würde die spätere Abstimmung, die bei der Art der vorgelegten Leitsätze nicht ganz leicht sein wird, bis zu einem gewissen Grade erleichtern. Wenn aber inzwischen die Herren Solmssen und Heymann meiner Anregung folgen und den Versuch machen wollten, sich, soweit sie übereinstimmen, auf gemeinschaftliche Leitsätze zu einigen, so würde das sehr dankenswert sein.

Nunmehr bin ich in der Lage, die Diskussion zu eröffnen.

Landesgerichtsrat Dr. Wahl-Wien:

Meine sehr verehrten Herren! In dem Gutachten des Herrn Dr. Lehmann ist ausgeführt worden, daß die Bewegung nach einer Reform des Aktienrechts in sämtlichen Ländern Europas und Amerikas zu bemerken ist, insbesondere auch in Österreich. In letztem Punkte muß ich dem geehrten Herrn Gutachter widersprechen. Es gibt bei uns zwar auch einige Herren, welche eine Reform des Aktienrechts anstreben. Im großen und ganzen aber muß man sagen, daß die Wirtschaftskreise — das sind diejenigen Kreise, die in erster Reihe an dem Aktienrecht beteiligt sind — eine Reform nicht wünschen. Bereits im Jahre 1912, beim Berliner Juristentage, ist dieser Gegensatz zum Ausdruck gekommen. Damals hatte der österreichische Berichterstatter Prof. Grünhut, der — wie bekannt — noch der alten Schule angehört, vom rein theoretischen Gesichtspunkte aus eine Reform des Aktienrechts in der Richtung wie in Deutschland angestrebt. Dagegen hatte sich der Referent Prof. Dr. Landsberger, in seinem Zivilberuf Rechtsanwalt, sehr skeptisch gegen die Übernahme des deutschen Systems, des normativen Systems, ausgesprochen. Vor Jahren hat zur Untersuchung der Reform des deutsch-österreichischen Aktienrechts eine Enquête in Wien stattgefunden, bei der sich sämtliche Wirtschaftskreise einstimmig gegen eine Reform des österreichisch-deutschen Aktienrechts ausgesprochen haben. Es ist tatsächlich nicht zu leugnen, daß das Konzessionssystem gewisse Mängel mit sich bringt, indem es der Staatsbehörde eine Gewalt zuerkennt, die die Möglichkeit zu Mißbräuchen mit sich bringt und insbesondere in der heutigen Zeit der Politisierung und den politischen Mißbräuchen Tür und Tor öffnet. Wenn sich die österreichischen Wirtschaftskreise gegen eine Reform ausgesprochen haben, so ist es deswegen gewesen, weil sie der Ansicht sind, daß sie zur Zeit einer labilen Wirtschaft, wo man nicht weiß, was morgen sein wird, zu Zeiten der Krisen eine Reform nicht mitmachen sollten, um ein Aktienrecht zu schaffen, das vielleicht in dem einen oder anderen Jahre veraltet sein wird. In der Tat ist es auffallend, daß das Konzessionssystem im letzten Jahre eine weite Verbreitung gefunden hat, eine Tatsache, der hier in Deutschland nicht die genügende Aufmerksamkeit geschenkt wird. Das Konzessionssystem ist in dem ehemaligen ungarischen Teile der Tschechoslowakei eingeführt worden und in einem Teile Jugoslaviens, wo es früher nicht bestanden hat. Und das Neueste, was erst vor drei Monaten geschehen ist: in Italien herrscht nun ebenfalls das Konzessionssystem. Während die Gelehrten darüber verhandeln, wie man ein neues Aktienrecht aufbauen soll, hat die Regierung einfach mit einem Federstriche das Konzessionssystem geschaffen und hat auf diese Weise vorläufig den Sonderdiskussionen den Boden entzogen. Daß das Konzessionssystem tatsächlich seine guten Folgen gehabt hat, möchte ich nicht bestreiten. Herr Prof. Heymann hat heute gesagt, daß in der ganzen Welt Mehrstimmaktien vorkommen. Bei uns gibt es weder Mehrstimmaktien noch Vorratsaktien noch alle diese schönen Sachen. Von dem allen sind wir verschont geblieben. Nichtsdestoweniger glaube ich, daß es nicht angeht, daß man der Regierung auf die Dauer eine politische Gewalt in die Hand gibt, die zu Mißbräuchen führt, daß wir das Konzessionssystem aufrechterhalten, daß wir vielmehr genötigt sein werden, über kurz oder lang ebenfalls zu demjenigen System überzugehen, das in Deutschland, in Frankreich und auch sonst im Westen Europas herrscht, nämlich zum Normativsystem. Wir wollen aber nur dann unsere altbewährte Einrichtung aufgeben, wenn wir dadurch eines erringen, nämlich die Rechtsgleichheit mit dem Deutschen Reich. Wir sind daher bereit, an der Reform des Aktienrechts mitzuwirken, in der Voraussetzung, daß damit etwas geschaffen wird, was nicht nur für das Reich, sondern auch für uns Österreicher praktisch und brauchbar ist, so daß wir durch die Rechtsgleichheit den Anschluß vollziehen, daß wir auf diese Weise den politischen Anschluß vorbereiten können.

Nach dieser Vorbemerkung glaube ich, daß Sie mir gestatten werden, einige Bemerkungen vorzubringen, die vom Standpunkte der österreichischen Praxis ausgehen und vielleicht auch für Sie ein gewisses Interesse haben, die jedenfalls berücksichtigt werden müssen, damit das, was Sie hier schaffen wollen, für Sie wie für uns eine gemeinsam brauchbare Grundlage bildet. Wir in Österreich haben noch heute das alte deutsche Handelsgesetzbuch aus den 50er Jahren. Damals, als es geschaffen worden ist, herrschte der Geist der liberalen Zeit und damals hat man geglaubt, daß sich alles von selber machen wird. Man hat im Ernst geglaubt: da kommen die Leute in die Generalversammlung, diskutieren miteinander, jeder nach seinem besten Wissen, sie stimmen nach dem ab, was sie wirklich für das Beste halten. Dieses System ist in Deutschland bekanntlich in den 80er Jahren bereits längst verlassen worden. Es wurde zu einem System übergegangen, das den Schutz der Minderheiten berücksichtigte. Die wirtschaftliche Grundlage, unter der die damalige Reform stattgefunden hat, war die, daß die Mehrheit etwa 50% repräsentierte. Bei uns hat man das nicht in Form eines Gesetzes nachgeahmt, sondern in der Form eines Regulativs für die Regierung, so daß wir im wesentlichen, im großen und ganzen eine gewisse Rechtsgleichheit mit dem deutschen Recht haben. Heute hat sich das Blatt gewendet. Die sogenannte Mehrheit ist gar nicht mehr die Mehrheit, sondern sie ist tatsächlich die Minderheit. Sie ist nur die Mehrheit derjenigen Personen, die in die Generalversammlung kommen und dort abstimmen. Hinter der Verwaltung steht die Minderheit der Aktiengesellschaft. Das ist eine allgemeine Bewegung, die zurückzuschrauben kaum möglich sein wird. Die Bewegung zeigt sich bei Ihnen im Westen und überall, daß hinter der Verwaltung nunmehr eine geringere Anzahl als 50 % steht. In erster Reihe ist dies darauf zurückzuführen, daß eine starke Kapitalarmut eingetreten ist, so daß die Leute, die bereit sind, ihre Tätigkeit und ihr Kapital gleichzeitig der Aktiengesellschaft zur Verfügung zu stellen, nicht mehr in der Lage sind, 50 % aufzubringen, auch deswegen, weil das Risiko ein so großes ist, daß sie selbst, wenn sie es könnten, es nicht tun wollten. Dazu kommt noch, daß heute so große Kapitalien für die Gründung eines Unternehmens erforderlich sind, daß sie tattatsächlich auch von einzelnen wenigen Personen nicht aufgebracht werden können.

Das hat aber im allgemeinen doch nicht zu einer Störung in der Verwaltung — wenigstens nicht bei uns — geführt, und zwar deswegen, weil man Mittel und Wege gefunden hat, um den Stand der Minderheit, die tatsächlich die sogenannte Verwaltungsmehrheit repräsentiert, zu sichern, und hauptsächlich deswegen, weil bei uns die Banken hinter allen Aktiengesellschaften als Finanzierungsinstitute stehen, welche mit Hilfe der Depotaktien tatsächlich die notwendige Mehrheit in der Aktiengesellschaft und den Generalversammlungen repräsentieren. Wenn heute gegen die Depotaktien der Banken von Seiten des ersten Berichterstatters Stellung genommen worden ist, weil man es dadurch dazu bringe, daß mit Aktien vielleicht gegen den Willen des Betreffenden abgestimmt werde, so möchte ich zunächst von allen juristischen Erwägungen absehen und rein tatsächliche volkswirtschaftliche Erwägungen dem gegenüberstellen, daß nur die Tatsache, daß die Banken die Möglichkeit haben, über die Depotaktien zu verfügen, eine Aktienmehrheit in den Generalversammlungen herbeizuführen vermag. Die Banken, die hinter den Gesellschaften stehen, treten mit den Depotaktien ihrer

Kommittenten auf. Dazu kommt noch Folgendes: In der Tschechoslowakei hat man diesen Reformbestrebungen nachgegeben. Im Depotgesetz für die Tschechoslowakei ist tatsächlich eine Bestimmung enthalten, so ähnlich, wie sie der Berichterstatter heute vorgeschlagen hat, mit dem Effekt, daß jetzt einzig und allein zwei Formulare unterschrieben werden müssen. Das eine enthält die allgemeinen Geschäftsbedingungen und das andere die Stimmrechtsübertragung. Was soll das für einen Zweck haben? An dem Effekt wird nichts geändert. Es bleibt beim Alten. Nur um des lieben Zwecks willen, damit es so schön heißt: die Bank ist nicht berechtigt, über das Aktienkapital zu verfügen. Ähnlich steht es bei uns mit dem Strohmannwesen. Unser Oberster Gerichtshof hat erklärt, daß die Stimmrechtsübertragung in jeder Form zulässig sei, und zwar wird bei uns die Stimmrechtsübertragung entgeltlich zugelassen. Auch dagegen besteht von Gesetzes wegen kein Hindernis. Ich sehe nicht ein, warum nicht den Banken untereinander die Möglichkeit gegeben werden soll, wenn sie ein Institut finanzieren und kontrollieren, einer befreundeten Bank gegen eine Entschädigung auszuhelfen, wenn sie die Aktienmehrheit braucht. Wie wollen Sie einer Bank nachweisen, ob sie es entgeltlich oder unentgeltlich getan hat! Praktisch wird hieran auch durch die heute in Deutschland bestehenden Gesetze nichts geändert.

Nichtsdestoweniger möchte ich aber meinen, daß auf die Dauer doch eine Reform notwendig sein wird, und zwar deswegen, um die Stellung des Verwaltungsrats bezw. der Verwaltung gegenüber Zufällen zu schützen. Es kann heute vorkommen, daß ein Angestellter z. B., der sich mit der Verwaltung verkracht hat, die Aktien in aller Stille aufkauft und plötzlich gegenüber einer gefestigten Mehrheit, die tatsächlich sogar die Hälfte der Stimmen hat, die Mehrheit in der Generalversammlung erhält, weil die Mehrheit der bisherigen Verwaltungsgruppe gar nicht mit der Möglichkeit gerechnet hat, daß von irgendeiner Seite eine Opposition auftaucht, und plötzlich von ihrer Stellung vertrieben worden ist von Leuten, die vielleicht lange nicht so geeignet gewesen sind und nun an ihre Stelle treten. Ich glaube, daß es wünschenswert ist, gegen derartige Überfälle, die immerhin nicht zu vermeiden sind, Vorkehrungen zu treffen, welche die Stellung der Verwaltung gegenüber dem Einzelnen schützt. Es wird gesagt, dadurch werde eine Verewigung der Verwaltungsmehrheit, wenn sie auch noch so schlecht arbeite, herbeigeführt. In der Praxis stellt sich die Sache doch ganz anders dar: Wenn eine Verwaltung unfähig ist zu verwalten, so wird sie bald abgewirtschaftet haben, auf diese oder jene Weise, und es wird die Mehrheit der Verwaltung in dieser oder jener Form an eine andere Gruppe übergehen. Ich glaube, daß sich das von selbst reguliert, und daß ein gesetzmäßiger Schutz nicht notwendig ist. Andererseits ist gerade die heutige Methode nicht geeignet, die einzelnen Aktionäre, die nicht der Verwaltungsgruppe angehören, genügend zu schützen. Wenn heute hier vorgeschlagen worden ist, beispielsweise das Anfechtungsrecht, das wir in Österreich gar nicht haben, auf einen Mindestbetrag von 5 % einzuschränken, so möchte ich Ihnen Folgendes zu bedenken geben: Die Verwaltungsgruppe besitzt mehr als 95 % des Aktienkapitals. Da soll der eine, der weniger als 5 % besitzt, völlig rechtlos dem ausgesetzt sein, daß er schrankenlos und willkürlich um den letzten Besitz gebracht wird? Ich glaube, daß man aus diesem Grunde mit dem Vorschlag nicht einverstanden sein kann.

Wenn daher zu einer Reform des Aktienrechts über kurz oder lang geschritten werden sollte, so glaube ich, daß man dabei eben diese beiden Gesichtspunkte, Schutz der Verwaltung und andererseits auch Schutz der Minderheit, in geeigneter Weise berücksichtigen muß, und zwar berücksichtigen unter offenen Eingeständnis der Tatsache, daß eine Minderheit es ist, die die Verwaltung führt. Im Jahre 1855 hat die Handelskammer Köln den Vorschlag gemacht, man möchte die Aktionäre in zwei Gruppen teilen, eine Gruppe aus denen, die wir die Großaktionäre nennen, die zweite Gruppe, die eigentlichen Aktionäre, denen kein Stimmrecht zuerkannt werden sollte. Die stimmlosen Aktien für die gewaltige Gruppe der Kleinaktionäre und die Stimmaktien für die Großaktionäre. Ich glaube, daß dieser Gedanke nicht so uneben ist, wie er scheint. Er ist tatsächlich, wenn man für die Aktionäre einen ähnlichen Schutz bietet, wie er für die Obligationäre besteht, geeignet, das Gleichgewicht zwischen der Verwaltungsgruppe und den kleinen Aktionären herzustellen. Der Aktionär fühlt sich gar nicht als Gesellschafter. Das ist einfach nicht wahr. Er fühlt sich als ein Gläubiger, der nicht mit einem bestimmten jährlichen Zins rechnet, sondern mit einer labilen Dividende, gewissermaßen als eine Art *stiller* Gesellschafter. Daß der Aktionär gar nicht das Verständnis hat, weiß man auch aus der Praxis. Wie die Österreichisch-ungarische Bank liquidiert werden sollte, haben die Aktionäre nicht verstanden, daß sie ganz leer ausgehen sollten, und daß das Ganze an die Obligationäre und die übrigen Gläubiger der Gesellschaft gehen sollte. Ähnliche Zustände sind bei dem Zusammenbruche der Wiener Depositenbank gewesen. Daher ist es die Aufgabe einer zukünftigen Gesetzgebung, daß wir uns nicht damit begnügen, theoretische Konstruktionen zu schaffen, sondern daß einfach in die Praxis umgesetzt wird, was nötig ist.

So gibt es eine Institution, die überhaupt in keinem Gesetze vorkommt, aber mit entscheidend ist, daß nämlich Syndikate eine gewisse Anzahl von Personen vereinigen, um die Aktiengesellschaft zu regieren. Diese bestimmen untereinander, wie in der Generalversammlung gestimmt werden soll. Sie bestimmen alles und die Generalversammlung ist dann nur mehr der Handlanger dessen, was das Syndikat beschlossen hat. Ich kann Ihnen bestätigen, daß wir in der Praxis wiederholt vor die zweifelhafte Frage gestellt worden sind, ob die Gesellschaft gehandelt hat, oder ob nur das Syndikat die Verträge geschlossen hat, und ob nur vom Syndikat abgeschlossene Verträge bindend sind oder nicht. Hier fehlt jede Regelung im Gesetze. Auch insoweit möchte ich Sie auf ein österreichisches Beispiel hinweisen. Die österreichische Gesetzgebung hat als erste unter sämtlichen europäischen Gesetzgebungen versucht, hier ein gewisses Gleichgewicht zu schaffen. Das sogenannte Bankhaftungsgesetz vom Jahre 1924 bestimmt nämlich, daß der Großaktionär, auch wenn er nicht im Vorstande selbst gehandelt hat, sondern durch irgendeinen seiner Angestellten, Mandatare usw., nichtsdestoweniger haftet. Eine solche Haftung müßte allgemein in das Aktienrecht Eingang finden, daß nicht ein völlig vermögensloses Vorstandsmitglied, sondern wirklich derjenige die Haftung trägt, der tatsächlich materiell auch verantwortlich ist.

Das sollten nur einzelne Gesichtspunkte sein. Eine eventuelle zukünftige Reform braucht nicht nur nicht dringlich, sondern auch nicht von heute auf morgen gemacht zu werden. Es ist immerhin Zeit, daß man bei einer Reform, die ja doch über kurz oder lang kommen muß, auch diejenigen Gedanken, die ich hier angedeutet habe, berücksichtigt, um auf diese Weise eine Annäherung zwischen den Interessen der Großaktionäre und Kleinaktionäre, zwischen der notwendigen Sicherung der Stetigkeit der Gesellschaft und dem erforderlichen Schutze der Aktionäre herbeizuführen. Wir Österreicher glauben, daß wir durch eine solche Reform, welche diese beiden widerstrebenden Komponenten miteinander vereint, zu einem Rechte kommen werden, welches sowohl den Bedürfnissen der Wirtschaft wie denen der Ehrlichkeit und Redlichkeit entspricht.

Rechtsanwalt Prof. Dr. Geiler-Mannheim:

Ich habe einesteils nur um das Wort gebeten, um zu beantragen, daß wir uns in der Diskussion nicht zu sehr in Einzelfragen verlieren. Sonst sitzen wir heute Nacht noch hier. Ich kann mir nicht vorstellen, wie eine Beschlußfassung über diese Einzelfragen möglich ist. Sie lassen sich schon gar nicht so formulieren, daß man mit ja oder nein stimmen kann. Wir müssen uns auf die größeren und grundsätzlichen Fragen beschränken.

Über eine Frage herrschte Einigkeit auch bei den Referenten, und zwar, daß eine grundsätzliche Umstellung unseres Aktienrechts z. Zt. nicht in Betracht kommt. Es kann sich nicht darum handeln, ein völlig neues Aktienrecht zu schaffen, und zwar deswegen nicht, weil unser Aktienrecht in seinen Grundlagen gesund ist und sich bewährt hat. Es hat dazu beigetragen, die industrielle Entfaltung Deutschlands im vorigen Jahrhundert zu ermöglichen und es hat sich auch als anpassungsfähig erwiesen, als die weitere Entwicklung unserer Wirtschaft und Industrieen nach neuen Reformen verlangte. Wir sehen ja heute die Aktiengesellschaft nicht nur verwendet für mittlere und große Betriebe, sondern auch für Holding-Gesellschaften usw. Für alle diese Zwecke hat sie sich als durchaus brauchbar erwiesen.

Es kann sich nur darum handeln, entweder überhaupt keine Reform oder eine gewisse Teilreform zu fordern. Hier stehe ich allerdings auf dem Standpunkte der beiden Referenten Pinner und Heymann, daß eine gewisse Teilreform geboten ist. Gerade wenn man das Aktienrecht in seinen Grundlagen für gesund hält, wird man sich der Erwägung nicht verschließen können, daß es zurzeit schwache Stellen hat, und es besteht dann die Pflicht, den an sich gesunden Bau von diesen schadhaften Stellen zu befreien. Ich erachte es für eine Pflicht unserer Regierung, sich dieser Frage zu widmen.

Allerdings sehe ich dieses Reformbedürfnis nicht so sehr in der Frage der Kapitalbeschaffung. In dieser Frage haben sich die Dinge seit dem letzten Juristentage in erfreulicher Weise gewandelt. Wir sind im Inlande viel geldflüssiger geworden. Das Ausland hat uns seine Geldbestände zur Verfügung gestellt. Es besteht heute nicht die Situation, daß wir etwa sklavisch gezwungen werden, vom Auslande irgendwelche Rechtsergänzungen zu übernehmen. Ich würde es für verfehlt halten, wenn wir auf den gesunden Boden unseres Aktienrechts nun andere Rechte aufpfropfen wollten. Vielleicht empfiehlt es sich, der Frage eine Überstaatlichung der Kapitalgesellschaftsform näher zu treten.

Wir sehen diese Tendenz zur Internationalisierung vielfach. Grade auf dem gesellschaftsrechtlichen Gebiete drängen die Verhältnisse zu einer solchen Internationalisierung. Wir sehen, wie das Kartellrecht übergreift über die Landesgrenzen, überhaupt die gegenseitige Kapitaldurchdringung immer stärker wird in den verschiedenen Staaten. Deswegen möchte ich diesen Gedanken zur Diskussion stellen. Es könnte eine sehr dankenswerte Aufgabe unserer Reichsregierung sein, wenn sie bei der nächsten Wirtschaftskonferenz diesen Gedanken Ausdruck verleihen würde. Ich will mich auf Einzelheiten nicht einlassen, sondern nur das Problem aufrollen, ob es nicht möglich ist, eine solche internationale überstaatliche Gesellschaftsform zu schaffen, allerdings unter gewissen Voraussetzungen.

Ich glaube, wie gesagt, unter dem Gesichtspunkte der Kapitalbeschaffung ist eine Teilreform nicht dringlich, wohl scheint sie mir aber dringlich zu sein unter dem Gesichtspunkte des Aktionärschutzes. Dabei stehe ich auf dem Standpunkte, daß die meisten Auswüchse, die wir haben, im wesentlichen Folgen der Inflationsperiode und nicht Ausfluß unseres Aktienrechts finden. Ich glaube, daß wir hier ohne eine gewisse Teiloperation nicht durchkommen. Allerdings werden sich eine Reihe von Fragen auch so lösen lassen. Eine Reorganisation des Aufsichtsrats ist z. B. nicht notwendig und einer Teilung könnte ich auch nicht zustimmen. Aber zwei Fragenkomplexe scheinen mir doch einer Nachprüfung wert. Es ist die Frage der Mehrstimmrechts- und Vorratsaktien einerseits und die Frage der Legitimationsaktien andererseits.

Auch hier bin ich mir wohlbewußt, daß sich diese Fragen nicht mit ja oder nein beantworten lassen. Es müssen namentlich die wirtschaftlichen Grundlagen geprüft werden; es könnte aber sein, daß die Mitwirkung des Juristentags eine solche Nachprüfung etwas intensiver gestalten könnte. Pinner hat vorgeschlagen, daß die Regierung von sich aus eine Kommission aufstellen soll. Ich möchte in Erwägung ziehen, ob wir nicht von uns aus eine Kommission aufstellen sollen. Ich darf hervorheben, daß auch in früheren Zeiten solche Kommissionen vom Juristentage aufgestellt worden sind. Wir können ja hier in den Beratungen eine solche Frage nicht genau prüfen. Das kann nur eine engere Kommission, und ich glaube, daß wir im Juristentage soviel juristische Denkungsart und Stellungnahme vereinigen, daß hier ein wertvolles Instrument geschaffen werden könnte, das der Regierung bei Nachprüfung dieser Frage unterstützend zur Seite stehen könnte. Ich möchte also vorschlagen:

„Um die vom Juristentage für notwendig anerkannte Teilreform des deutschen Aktienrechts mit vorbereiten zu helfen, wird vom Juristentage aus seiner Mitte eine Kommission, mit dem Rechte der Kooptation auch von Nichtmitgliedern, gebildet."

Dadurch würden wir auch den ernstlichen Willen bekunden, an der Reform des Aktienrechts mitzuarbeiten.

Justizrat Hugo Horrwitz-Berlin:

Die Referate sowohl als auch das Gutachten und ebenso die heutige Diskussion haben ergeben, daß von den Problemen, die erörtert worden sind, das wichtigste und brennendste und das umstrittenste das Problem der Mehrstimmrechtsaktie ist. Es herrscht Einigkeit darüber, daß hier geradezu horrende Mißbräuche vorgekommen sind, nicht nur mit der Schaffung dieser Aktien, sondern auch mit der Verwertung. Dem Aktionär, der Aktien zur Anlage braucht, ist natürlich das Mehrstimmrecht an sich — gewissermaßen theoretisch — vollkommen gleichgültig. Aber wenn derselbe Aktionär nachher erfährt, daß plötzlich das Kapital durch eine Verdopplung verwässert ist, daß die jungen Aktien im Grunde anderen zugeteilt worden sind gegen eine geringe Einzahlung und selbst wenn nicht gegen eine geringe Einzahlung, so doch derart, daß die Vorteile viel höher sind als die Einzahlung, welche der Gesellschaft geleistet worden ist, wenn keine Dividenden verteilt werden und er erfährt, daß durch diese Leute Verträge abgeschlossen worden sind, welche die Gesellschaft ruinös beeinflussen, dann erkundigt er sich und erfährt: ja, da sind die Mehrstimmrechtsaktien, darin liegt der Grund; dieselben Leute, die die Mehrstimmrechtsaktien besitzen, haben das Kapital verwässert und die jungen Aktien beschlossen usw.; dann ist ihm das Mehrstimmrecht nicht mehr gleichgültig, dann wird es für ihn außerordentlich wichtig. In diesem Punkte gehe ich nicht ganz einig mit dem Gutachter, dessen Gutachten ich im übrigen als ein ganz hervorragendes schätze. Man kann nicht sagen: wer Rechte hat, dem muß es überlassen werden, ob er dieses Recht ausüben will oder nicht. Wenn der Staat dem Aktionär grundsätzlich zusichert, du hast den Substanzanteil, der dem normalen Werte Deiner Aktie entspricht, so muß das gehalten werden. Es kann wohl ausnahmsweise durch eine Kapitalerhöhung, die dann keine Verwässerung sein würde, dieser Substanzanteil gemindert werden. Das ist möglich, darf aber nur Ausnahme sein. In der Regel muß der Substanzanteil erhalten werden. Das hat das Gesetz zugesichert. Das ist der springende Punkt.

Ich glaube, indem ich an eine humoristische Schilderung des ersten Referenten anknüpfe, daß, wenn einerseits die Mehrstimmrechtsverhältnisse und die betroffenen Aktionäre und auf der anderen Seite die Großaktionäre in einem Roman geschildert werden würden, sich das Gespräch zwischen dem Vorsitzenden der Generalversammlung und seinem Sekretär vielleicht so abwickeln würde: Der Sekretär würde sagen: „Das, was den kleinen Aktionären infolge der Abstimmung mit den Mehrstimmrechtsaktion genommen wird, ist doch eigentlich das Einzige, was für die Aktionäre sich lohnt zu besitzen." Und ich glaube, daß ihm dann geantwortet würde: „Sagen Sie doch lieber, das, was den Kleinaktionären beim Mitbestimmen der Mehrstimmrechtsaktien bleibt, ist das einzige, was sich nicht lohnt zu besitzen." Ich glaube, daß hier in der Tat — und damit stimme ich auch mit dem Gutachter überein — ein Notfall vorliegt, in dem der Gesetzgeber um Hilfe angerufen werden muß. Das ist auch die Meinung der überwiegenden Mehrheit aller derjenigen, die sich überhaupt mit der Sache beschäftigt haben, und die sich in Schrifttum und in der Presse haben vernehmen lassen. Ich bin mit dem Kollegen Geiler und dem Referenten Heymann der Ansicht, daß da der Gesetzgeber nicht nur eingreifen muß, sondern sofort oder alsbald eingreifen muß.

Es ist hier von dem ersten Referenten angeführt worden, man dürfe nicht ein überstürztes Gelegenheitsgesetz machen. Seit etwa zwei Jahren sind diese Fragen in Schrifttum und Presse, von den Handelskammern, von den Handelsministerien, von den sonstigen zuständigen Stellen, von den wirtschaftlichen Vereinigungen in einer sehr gründlichen wissenschaftlichen und praktischen Weise bearbeitet worden wie kaum eine Frage. Wenn man hier von einer Überstürzung reden will, kann man überhaupt kein Gesetz mehr einbringen. Es würde, wenn ein Gesetzentwurf eingebracht würde, der vorbereiteste Gesetzentwurf sein, den man sich überhaupt denken kann. Ich glaube, ich muß mich auch dagegen wehren, daß hier von einem Experiment gesprochen wird, das man macht. Einer der Herren hat sogar gesagt: ein Experiment an einem Lebensnerv der Aktiengesellschaften. Von einem Experiment kann man doch wohl nur dann sprechen, wenn man einen Griff ins Dunkle tut. Es soll doch hier weiter nichts geschehen, als daß eine Reform Tatsache werden soll in Bezug auf Aktien, die wir vor dem Jahre 1900 nicht gehabt haben. Die Mehrstimmrechtsaktien, die 1900 auf Grund des Handelsgesetzbuchs eingeführt worden sind, sind doch nur eine verschwindende Anzahl und kommen nicht in Betracht. Die Schaffung von Mehrstimmrechtsaktien hat erst eingesetzt mit dem Jahre 1919, gewiß infolge der Inflation. Aber diejenigen, die die eingeführt haben, haben Geschmack daran bekommen. Ich würde gegen eine sofortige Gesetzgebung sein, wenn es sich hier in der Tat um einen Zusammenhang mit dem ganzen Aktienrecht handelte. Denn das nehme ich auch ohne weiteres als selbstverständlich an, daß man das gesamte Aktienrecht, namentlich ein so vorzügliches wie das deutsche, nicht mit einem Mal durch ein Spezialgesetz ändert, daß man das nicht über das Knie brechen kann. Man hat gesagt, daß man keinen Baustein herausnehmen darf. Der Gutachter hat in seinem Gutachten ausgeführt, daß die Mehrstimmrechtsaktie derart zusammenhängt mit den übrigen Bestimmungen des Aktienrechts, daß sie z. B. ein Ventil sei für die Unter-pari-Emissionen. Man kann von einem Baustein hier nicht reden. Der Baustein ist dasjenige, was auch der erste Referent als den Grundsatz des Stimmrechts präzisiert hat, daß nach dem Hauptgrundsatze unseres deutschen Aktienrechts grundsätzlich jede Aktie das gleiche Stimmrecht hat. Das ist gewissermaßen die magna charta des Aktienstimmrechts. Die Mehrstimmrechtsaktie ist nur hinzugefügt worden. In der Novelle von 1884, die für uns das kleine Aktienrecht darstellt, war sie noch nicht vorhanden. Sie ist eingeführt worden im Handelsgesetzbuche von 1897. Die diesbezügliche Bestimmung war von vornherein als eine Ausnahme gedacht. Sie berührt daher die Grundsätze des Aktienrechts nicht. Ich glaube auch nicht, daß man so ängstlich zu sein braucht wie diejenigen Herren, die sich auf die Äußerung eines Parlamentariers bezogen haben, man wisse wohl, wie ein Gesetz in das Parlament hineinkomme, aber nicht, wie es herauskomme. Wenn man sich dadurch abschrecken lassen will, darf man überhaupt keine Gesetze mehr einbringen, bestimmt nicht ein Reformgesetz. Ich glaube nicht, daß man auf diese Argumente irgend welches Gewicht legen kann. Man war auch in anderen Ländern keineswegs so ängstlich. In Italien, in Frankreich wurden amtliche Kommissionen eingesetzt, die nur die Aufgabe haben, ein Spezialgesetz betr. die Mehrstimmrechtsaktien zu schaffen. Es ist ganz interessant, daß in Italien gerade die Vereinigung der Banken diese Reformgesetzgebung hauptsächlich mit in Fluß hält und dafür ein eigenes Programm aufgestellt hat. Wenn man das alles erwägt, so kann die Frage nicht mehr sein, ob überhaupt ein Gesetz oder kein Gesetz oder ein alsbaldiges oder kein alsbaldiges Gesetz, sondern sich nur darum handeln, welches Gesetz und was für eine Reform.

Es ist ja selbstverständlich, daß man sich zu der radikalsten Form der Beseitigung der Mehrstimmrechtsaktien nur im äußersten Falle entschließen wird. Ich kann versichern, daß es außerordentlich schwer geworden ist für jeden, der sich mit der Materie beschäftigt hat, sich zu diesem Ergebnis durchzuringen, daß in ihm selber Widerstände naturgemäß vorhanden sind, und daß nur die äußerste Überzeugung, daß eben nichts anderes möglich ist, ein derartiges Ergebnis zeitigen und festlegen könnte. Es sagt ja auch der Gutachter in seinem Gutachten, daß für die Beseitigung der Mehrstimmrechtsaktien eine starke Strömung vorhanden ist, z. T. will auch der dritte Referent, Herr Geheimrat Heymann die Mehrstimmrechtsaktien abschaffen, allerdings nur die Inflationsaktien. Aber immerhin geht er da eine große Strecke Wegs gemeinsam mit mir. Man wird da berücksichtigen müssen, daß Inflationsaktien heute in den ersten Händen sind und deshalb schwer fallen gelassen werden. Es gibt aber auch eine Reihe von Wirtschaftlern, die es vertreten, und zwar nicht nur vom juristischen Standpunkte, daß man sich gar nicht anders helfen kann als mit der Beseitigung der Mehrstimmrechtsaktien. Unter diesen sind auch Wirtschaftler, die zu den Führern der Industrie gehören. Einer ist der Direktor einer Großbank, ein anderer hervorragender Wirtschaftsführer in Österreich. Ich glaube, auch der bekannte Nationalökonom Professor Hirsch ist derselben Meinung. Schon deswegen glaube ich, kann man doch ein derartiges Ergebnis nicht als ein Ergebnis bezeichnen, das der Masse zwar imponieren kann, das aber dem Verstande nicht standhält. Als der von mir in jeder Beziehung außerordentlich geschätzte Kollege Pinner, den ich auch als sachkundige Aktienautorität schätze, diese Bemerkung prägte, da kam mir unwillkürlich die Theaterszene des Faust vor Augen. Ich betrachtete denjenigen, der für die Beseitigung der Mehrstimmrechtsaktie eintritt, als den unglückseligen Theaterdirektor, der da sagt, daß er gern der Masse gefallen möchte, und ich betrachtete anderseits diejenigen, die dagegen waren, wie z. B. den Kollegen Pinner, als den Dichter, der stolz sagt: sprecht mir nicht von dieser bunten Menge, bei deren Anblick mir der Geist entflieht. Denn das soll es doch wohl bedeuten: das ist das Ergebnis, zu dem wir gekommen sind, ein Entschluß, der dem Verstande nicht standhalten kann.

Wir wollen einmal sehen, ob das richtig ist. Vorher kann ich bemerken, daß es selbstverständlich für einen wissenschaftlichen Forscher darauf ankommt, alle Gründe aufzudecken, ihre Zusammenhänge bis ins Letzte zu durchdenken und sich darnach sein praktisches Urteil zu bilden. Ich glaube, daß es für Männer dieser Art höchst gleichgültig ist, ob sie der Menge imponieren. Ich glaube, daß das Gefühl, daß das der Fall sein könnte, sie eher abschrecken würde, ein Ergebnis festzuhalten, zu dem sie gekommen sind. Es kommt für sie aber nur darauf an, ob sie der Menge nützen, und das sind die Kleinaktionäre. Es ist nicht richtig, daß die Schicht der Kleinaktionäre sich vermindert hat. Im Gegenteil, früher kauften die Kleinaktionäre Hypotheken, Pfandbriefe, Obligationen usw. Das hat sehr nachgelassen und fängt erst allmählich wieder an. Es ist auch nicht richtig, daß diese Leute die Aktien gekauft und bald wieder verkauft haben. Die Aktien sind heute zum größten Teil im Besitze der Kleinaktionäre. Der Gesetzgeber hat diese Tatsache ins Auge zu fassen. Ich meine, daß es im allgemeinen Interesse liegt, hier schützend einzugreifen, und daß das Interesse des Schutzes der Kleinaktionäre ein ebenso allgemeines oder — wie manche sagen — nationales ist wie andere Interessen, die hier in Frage kommen. Wir werden also zu prüfen haben: gibt es wirklich kein anderes Mittel, um den Mißbräuchen mit den Mehrstimmrechtsaktien zu begegnen als ihre Beseitigung, oder ist es nicht möglich, diese Aktien, die gewissermaßen in allerlei Fällen ganz Gutes gestiftet haben, zu erhalten und gleichzeitig zu entgiften?

Das ist die erste Frage. Wenn diese Frage verneint würde, würden wir für die Beseitigung sein. Dann ist die zweite Frage zu erörtern: sind die Schäden, die die Mehrstimmrechtsaktie angerichtet hat, wirtschaftlich höher zu bewerten als die Vorteile, die sie gebracht hat? Erst, wenn Sie diese zweite Frage auch bejahen, dann sehe ich keinen anderen Weg, als zu diesem letzten Mittel zu greifen.

Was die Mittel anbetrifft, die Mehrstimmrechtsaktie zu entgiften, so sind alle bisherigen Rezepte nicht durchgreifend. Das erkennt auch der Gutachter an. Unter diesen Mitteln befindet sich auch dasjenige, was Herr Geheimrat Heymann ergriffen hat, allerdings nicht als einzige, sondern als vorschußweise Lösung, nämlich die prozentuale Beschränkung der Mehrstimmrechtsaktien. Diese Idee ist an sich sympathisch. Es entspricht einem gewissen Gerechtigkeitsgefühl, wenn man die Mehrstimmrechtsaktie überhaupt erhalten will. So ist es selbstverständlich, daß man sie nicht einflußlos machen darf. Dann hat sie ihren Zweck verfehlt. Man muß sie immer so erhalten, daß sie ihre Funktionen ausüben kann. Ich bezweifle aber sehr, daß man dafür eine passende Formel finden wird. Herr Geheimrat Heymann denkt an einen Satz von 15 %. Ein französischer Schriftsteller, der wohl beanspruchen kann, auf diesem Gebiete als erste Autorität zu gelten, und von dem auch deutsche Sachkenner viel lernen können, hat folgende Skala aufgestellt: bei einem doppelten Stimmrecht soll die Quote beliebig sein, bei einem dreifachen Stimmrecht $^1/_4$ betragen usw. Ich glaube nicht, daß diese Skala ausreichen würde, und glaube auch, daß sie zu kompliziert ist. Sie gehört mehr in das Gutachten eines Versicherungstechnikers als in ein Gesetz. Ich glaube, daß man auch mit diesem Hilfsmittel nichts ausrichten wird.

Nun sind auch von dem ersten Referenten Mittel vorgeschlagen worden. Der erste Referent hat die These aufgestellt, daß Aktien mit mehrfachem Stimmrecht beseitigt werden können, wenn sie unter bewußter Hintansetzung des Wohls der Gesellschaft eigennützige Interessen verfolgen. Diese Definition knüpft an eine Entscheidung des Reichsgerichts vom 22. Juni 1923 an. Schon daraus geht hervor, daß sie eigentlich nicht nötig ist. Denn dasjenige, was die Resolution zum Gesetz erhoben haben will, haben wir schon bereits auf Grund der Judikatur des Reichsgerichts. Aber man darf nicht vergessen, daß sich die Judikatur des Reichsgerichts inzwischen fortentwickelt hat. In derselben Entscheidung, die außerordentlich interessant ist, bringt das Reichsgericht zum ersten Mal einen anderen Gesichtspunkt. Dabei handelt es sich um die Ausschließung des Bezugsrechts. Man muß untersuchen, ob sich der Zweck der Ausschließung des Bezugsrechts nicht auf andere Weise erreichen lassen kann. Das Reichsgericht sieht ab von der subjektiven Stellungnahme, dem guten Glauben oder schlechten Glauben. Es stellt die Entscheidung der Frage ab auf das objektive Problem: ist im Interesse der Gesellschaft gerade diese Ausschließung notwendig? Weiter geht eine Entscheidung, die erst kürzlich ergangen ist, im Dezember 1925, und die in der Juristischen Wochenschrift in diesem Jahre publiziert ist. Da sagt das Reichsgericht: sittenwidrig ist der Beschluß einer Generalversammlung auch dann, wenn er ohne Schädigung der Gesellschaftsinteressen zum Nachteil der Minderheiten gefaßt worden ist. Wir würden also durch die These des ersten Referenten, wenn sie Gesetz werden sollte, einen Rechtszustand schaffen, der rückständig erscheint gegenüber dem, was wir gegenwärtig in der Rechtsprechung des Reichsgerichts haben. Die Gerichte haben ja eben, trotzdem schon immer sittenwidrige Beschlüsse als nichtig erkannt wurden, nicht helfen können. Wie soll man sich ein derartiges Verfahren vorstellen? Heute ist es schon außerordentlich schwer, fast unmöglich. Später würde es noch schwerer sein. Die Gerichte sind ja notwendigerweise auch gebunden an die Respektierung der Grenzen des Geschäftsgeheimnisses, und das allein macht vieles von vornherein unmöglich, zumal die Grenzen des Geschäftsgeheimnisses in Deutschland viel weiter nach vorn gerückt sind als in anderen Ländern, z. B. England und Amerika. Ich glaube nicht, daß man mit dieser These irgend etwas erreichen kann. Nehmen Sie Folgendes an: Es existieren Mehrstimmrechtsaktien; Vorstand und Aufsichtsrat werden gewählt und bestätigt. Die Sache ist erledigt. Einige Zeit später schließen gerade dieser Aufsichtsrat und Vorstand unter Herrschaft derselben Mehrstimmrechtsaktien Verträge ab, die ruinös für die Gesellschaft sind. Die These würde also auch nicht in allen Fällen helfen. Sie würde ferner nicht helfen in allen denjenigen Fällen, in denen mit Hilfe der Mehrstimmrechtsaktien nicht Beschlüsse gefaßt, sondern Handlungen getätigt werden. Sie kann und wird nicht helfen. Das ist psychologisch unmöglich. Dagegen würde sie eine Einmischung in das Leben der Gesellschaft zur Folge haben, eine Unsicherheit erzeugen, die gar nicht tragbar wäre. Das Damoklesschwert der Nichtigkeitsbeschwerde würde ständig über der Gesellschaft schweben.

Ganz unannehmbar scheint mir nun zur Bekämpfung eines diesbezüglichen Beschlusses eine Minderheit von 5 %. Eine derartige Minderheit wird bei ersten Gesellschaften überhaupt nicht zustande zu bringen sein. Wie soll es möglich sein, daß man bei einer Gesellschaft von 100 Millionen Mark Kapital 5 % des Aktienkapitals zusammenbringt! Nun sind diese Gesellschaften mit Recht der Stolz der Nation. Aber man darf doch nicht so weit gehen, sie gesetzlich so zu stellen, daß Beschlüsse von ihnen nicht mehr angefochten werden können. Was aber die kleineren Gesellschaften betrifft, so könnte da ein Zusammenbringen von Aktionären mit 5 % des Grundkapitals nur in der Form von Vereinigungen bewirkt werden. Ich glaube nicht, daß derartige Vereinigungen im Interesse des Aktienwesens und der Gesellschaft liegen. Es ist gut in einem Einzelfalle schwerer Natur, wenn eine derartige Vereinigung auftritt und die Rechte der Gesellschaft wahrt. Ich glaube aber, wenn derartige Vereinigungen in Permanenz erhalten werden, daß dann der Führer der Vereinigung beweisen will, daß seine Existenz berechtigt ist, und daß sich dann Verhältnisse herausbilden, die weder im Interesse der Kleinaktionäre, noch im Interesse der Gesellschaft liegen. Es ist ja auch ein vollkommenes Novum, daß ein materielles Recht des Aktionärs nicht von ihm allein ausgeübt werden kann, sondern daß er dazu 5 % des Aktienkapitals notwendig haben soll. Wir haben ja allerdings bisher auch derartige Mindestsätze vorgeschrieben, wenn es sich z. B. darum handelt, ob die Generalversammlung einberufen werden soll, also bei formalem Recht. Aber materielle Rechte würden hier nicht davon abhängig gemacht werden können. Sein Stimmrecht, sein Anfechtungsrecht sind Individualinteressen des Einzelaktionärs. Man darf dem Kleinaktionär nicht das Einzige nehmen. Gewiß werden mit dem Anfechtungsrecht Mißbräuche getrieben, aber sie stehen in keinem Verhältnis zum Schutzbedürfnis des Aktionärs. Ich glaube daher, wenn Sie alles ins Auge fassen, daß in der Tat es weder früher noch bisher gelungen ist, ein durchgreifendes Mittel zu finden, um die Mißbräuche bei einem Weiterbestehen der Mehrstimmrechtsaktien zu beseitigen.

Nun wird die Frage zu untersuchen sein: was sind die Vorteile dieser Aktien? Sind ihre Vorteile größer als ihre Nachteile? Ihre Vorteile sind zweierlei. Einmal sind sie ein Schutz gegen Überfremdung und zweitens ist mit ihnen eine gewisse werbende Kraft für Kreditbeschaffung verbunden.

Was die Überfremdungsgefahr betrifft, so meine ich, daß die inländische Überfremdungsgefahr dem Eingriffe des Gesetzgebers entzogen werden muß. Sie kann nützlich oder schädlich sein, hier darf der Gesetzgeber nicht eingreifen. Daß muß er dem freien Spiel der Kräfte überlassen. Anders liegt es mit der ausländischen Überfremdung. Es gibt auch Fälle, in denen die ausländische Überfremdung nützlich sein kann, aber das werden Ausnahmen sein. In der Regel wird man alles tun müssen, um eine ausländische Überfremdung abzuriegeln. Ein wirtschaftlich erstarkendes Volk ist in der Lage, verhältnismäßig bald die ausländische Überfremdung wieder abzustreifen. Die ausländische Überfremdungsgefahr ist außerordentlich überschätzt worden. Schon Planitz hat 1922 im ganzen nur sechs Fälle ausländischer Überfremdung angeführt und Metzer berichtet noch im Jahre 1925 in der Hanseatischen Zeitschrift, daß die befürchtete ausländische Überfremdungsgefahr bei weitem nicht in dem befürchteten Maße eingetreten sei. Ich kann mir auch, wenn ich an unsere großen Aktiengesellschaften, die sich aus nationalem Interesse gegen jede Überfremdungsgefahr schützen wollen, nicht vorstellen, wie hier eine Überfremdung möglich sein soll, zumal bei der Fähigkeit unserer Banken, ungeheure Stimmenmassen für die Gesellschaften zusammen zu bringen. Ich möchte auch erwähnen, daß die Mehrstimmrechtsaktie nicht nur ein Schutz gegen Überfremdung sein kann, sondern auch ein Mittel zur Erleichterung der ausländischen Überfremdung, und daß sie auch als Loslösung benutzt werden kann. Ich erinnere an einer Hamburger Aktiengesellschaft, die Mehrstimmrechtsaktien geschaffen hat mit der ausdrücklichen Motivierung, daß sie notwendig seien im nationalen Interesse gegen Überfremdung. Dieselben Leute, die die Mehrstimmrechtsaktien bekommen haben, haben sie später an eine englische Gesellschaft verkauft, so daß diese Inhaber der Gesellschaft wurden. Es sind damals eine ganze Reihe von Stimmen laut geworden, die dahin gingen, daß Mehrstimmrechtsaktien geschaffen würden, gerade deshalb, damit man ausländische Geldgeber mit diesen Aktien gewinnen könne.

Was die werbende Kraft dieser Aktien zur Kreditbeschaffung betrifft, so muß man auch hier vor Überschätzung warnen und darauf hinweisen, daß auch nach dieser Richtung die Mehrstimmrechtsaktien nicht den Wert haben, der ihnen beigelegt wird. Der ausländische Geldgeber fragt ja, wenn er Kredite gibt, vor allen Dingen nach der Sicherheit. Herrschaft und Macht stehen erst in zweiter Linie. Ich kenne auch keinen Fall, in dem die Hingabe eines Kredits von der Schaffung von Mehrstimmrechtsaktien abhängig gemacht wurde, oder daß ein Kredit abgelehnt wurde, weil Mehrstimmrechtsaktien nicht vorhanden waren. Wenn natürlich Mehrstimmrechtsaktien vorhanden sind, dann kann es sehr leicht vorkommen, daß der ausländische Kreditgeber sie nehmen wird. Dann werden diese Aktien geradezu einen Anreiz bieten für den ausländischen Kreditgeber und dann können sie im Interesse der Überfremdung wirken. Es ist überhaupt unserem Kredit nicht zuträglich gewesen, daß Mehrstimmrechtsaktien in diesem ungeheuren Umfang in Deutschland geschaffen worden sind, und daß mit ihnen ein derartiger Mißbrauch getrieben worden ist. Ich erinnere daran, daß die Neue Züricher Zeitung, deren handelspolitische Bedeutung ja bekannt ist, gerade mit Rücksicht auf das Vorhandensein von Mehrstimmrechtsaktien vor dem Erwerbe von deutschen Aktien gewarnt bezw. zur äußersten Vorsicht gemahnt hat. Es würde für mich von außerordentlichem Reiz sein, die Beispiele, die Lehmann in seinem Gutachten gegeben hat, hier im einzelnen durchzugehen. Es würde sich zeigen, daß sie nicht standhalten. Es ist aber nicht möglich wegen der Kürze der Zeit.

Ich möchte dann nur noch zum Schluß auf eine Frage eingehen. Wir haben gesehen, daß die Funktionen, welche die Mehrstimmrechtsaktien gegen Überfremdung und zur Kreditbeschaffung ausüben, sich doch nur auf wenige Fälle beschränken. Aber wir müssen auch die weitere Frage aufwerfen: gibt es keine andere Möglichkeit, ist die Mehrstimmrechtsaktie wirklich das alleinseligmachende Mittel, um unsere nationalen Interessen aufrechtzuerhalten? Das glaube ich nicht. Was die Kreditbeschaffung betrifft, so ist die Möglichkeit der Kapitalerhöhung da unter gleichzeitiger Herabsetzung des Grundkapitals, eine Kombination, von der heute außerordentlich viel Gebrauch gemacht wird. Auch was die Überfremdungsgefahr betrifft, gibt es andere Mittel. Ich möchte gern, daß darüber diskutiert wird, weil ich überzeugt bin, daß diese Mittel es ermöglichen, die betreffenden Interessen vollkommen zu wahren, ohne daß die Aktiengesellschaften irgendwie entrechtet werden. Wenn z. B. die Gesellschaft in ihren Statuten bestimmt, daß jede Wahl des Aufsichtsrats und Vorstands abhängig sein soll von der Genehmigung einer zuständigen Behörde, dann ist die Möglichkeit gegeben, daß, wenn ein Vorstand oder Aufsichtsrat gewählt wird, nie jemand glauben kann, daß er nicht geeignet sein wird, die nationalen Interessen zu wahren. Ich glaube, daß das vollkommen ausreichen würde. Es würde freilich noch übrig bleiben, zu ermöglichen, daß dann eine Kapitalerhöhung geschaffen werden kann. Ich glaube aber, wo ein Wille ist, da ist auch ein Weg. Ich sehe zwar vorläufig nicht irgend ein Mittel, das geeignet sein wird, durchgreifend zu helfen. Wie aber auch später die gesetzliche Lösung ausfallen möge — warscheinlich werden ja weder auf der einen noch auf der anderen Seite alle Blütenträume reifen —, so möge sie jedenfalls eine solche sein, daß die Allgemeinheit sagen wird: ob sie richtig getroffen ist oder nicht, wissen wir nicht, jedenfalls haben wir das beruhigende Gefühl, daß keine Scheinopposition gemacht worden ist; wir glauben, daß dasjenige, das von den sachkundigen und ehrlichen, das Beste wollenden Männern als das Beste erkannt worden ist, auch das beste Gesetz ist.

Bankdirektor Dr. Gadiel-Berlin:

In den Referaten sowohl des Herrn Dr. Solmssen als auch des Herrn Geheimrat Heymann ist der Tätigkeit gedacht worden, die in dieser Frage seitens der Zulassungsstelle an der Börse ausgeübt wird, und dies gibt mir als Vorsitzendem der Berliner Zulassungsstelle und langjährigem Mitglied des Deutschen Juristentages wohl das Recht, daß ich noch erweiternd zum Ausdruck bringe, was in dieser Frage bereits geschehen ist. Zunächst werden Sie sagen: was geht das überhaupt die Zulassungsstellen an? Die Zulassungsstellen sind auf Grund des Börsengesetzes eingerichtet und werden von den Handelskammern gewählt. Ihre Zusammensetzung ist nicht etwa so, daß sie nur aus Bankiers und Bankdirektoren bestehen. Das Gesetz schreibt vor, daß die Hälfte der Mitglieder nicht am Börsenhandel mit Wertpapieren irgendwie beteiligt sein dürfen. Demzufolge sind nur die Hälfte der Mitglieder aus dem Bankierstand und die andere Hälfte sind führende Männer aus der ganzen deutschen Wirtschaft. Namentlich in Berlin ist ganz besonderes Gewicht darauf gelegt worden, daß Handel und Gewerbe neben der Börse in ganz hervorragender Weise an der Zulassungsstelle beteiligt sind. Das Börsengesetz gibt den Zulassungsstellen die Möglichkeit, Prospekte neuer Emissionen zurückzuweisen, wenn sie offen die allgemeinen Vorschriften verletzen oder zu einer Übervorteilung des Publikums geeignet sind. Das letztere könnte der Fall sein, wenn Stimmrechtsaktien in einer Weise mit Stimmen ausgestattet werden, daß die Stammaktien überhaupt rechtlos sind. Das ist der Punkt, wo wir einzusetzen haben, daß wir, ohne daß im Gesetz bis jetzt irgend etwas für die Abschaffung der Stimmrechtsaktien geschehen ist, uns mit dieser Frage beschäftigt haben, und zwar natürlich erst nach der Goldmarkumstellung. Jetzt ist es genau ein Jahr her, und eine bestimmte Praxis hat sich schon herausgebildet.

Herr Dr. Solmssen hat Ihnen bereits gesagt, daß wir Mehrstimmrechtsaktien ohne Beschränkung nur in drei Fällen zugelassen haben. Und zwar handelt es sich hierbei um die JG., die Deutsch-Atlantische Telegrafengesellschaft und die Badische Bank. Bei der JG. wurde uns wirklich nachgewiesen, daß eine Überfremdung vorliegt, und es ist ja eine bekannte Tatsache, daß sehr viel amerikanisches Kapital hier Anlage gefunden hat. Hier können Sie aber wirklich nicht sagen, daß die heutige Kursentwicklung irgendwie den Stammaktien Nachteile gebracht hat, die den Vorzugsaktien zugute gekommen sind, oder aus ihnen herrühre. Bei der Deutsch-Atlantischen Telegraphengesellschaft hat die Reichspostverwaltung selbst das allergrößte Interesse daran, daß nicht die Zustände wiederkommen, daß wir vollkommen von fremden Gesellschaften abhängig sind. Bei der Badischen Bank ist die Hälfte der Vorzugsaktien im Besitz des Badischen Staats. Im allgemeinen stehen wir auf dem Standpunkte, daß das Stimmrecht der Vorzugsaktien in ein bestimmtes Verhältnis zu den Stimmen der Stammaktien oder zu den Gesamtstimmen gebracht werden muß. Es hat sich die Praxis herausgeschält, daß man sagen kann, es werden nur noch Stammaktien zugelassen, wenn gleichzeitig das Stimmrecht der Vorzugsaktien ungefähr auf 1/4 oder 1/5 der Gesamtstimmen herabgesetzt wird. Damit ist schon den allergrößten Mißbräuchen begegnet. Wenn der Vorredner gesagt hat, früher haben gar keine Vorzugs- und Mehrstimmrechtsaktien bestanden, so muß ich das bestreiten. Sie haben immer bestanden. Ich erinnere an die Grube Ilse, ich erinnere an die vielen Fälle, wo es so gemacht wurde, daß z. B. bei 20 Mill. Aktienkapital 10 Mill. voll eingezahlt wurden und 10 Mill. nur mit 25%, so daß also hier mit 2,5 Mill. Einzahlung die gleichen Rechte bestanden, wie sie der andere Teil mit 10 Mill. hatte. Im übrigen werden Stammaktien überhaupt nicht zugelassen, wenn Vorzugsaktien vorhanden sind, bei denen sich etwa automatisch das Stimmrecht vergrößert, wenn neue Stammaktien geschaffen werden. Diese Aktien scheiden von vornherein aus. Wir haben schließlich eine ganze Reihe Gesellschaften, die noch unter pari notieren, und für die deshalb die Ausgabe neuer Stammaktien in der nächsten Zeit nicht in Frage kommt. Der deutsche Markt ist aber schon wieder fähig, zu Obligations-Ausgaben zu kommen. Wir sind deshalb dazu übergegangen, auch wenn ein Antrag auf Zulassung von Obligationen gestellt wird, zu prüfen, wie das Stimmrechtsverhältnis der Vorzugs- zu den Stammaktien ist. Die dritte Möglichkeit, sich damit zu beschäftigen, besteht bei den vielen Nachzüglern, die noch existieren, die noch keine Umstellung des Aktienkapitals auf Goldmark vorgenommen haben, resp. wo die Bekanntmachung noch nicht erfolgt ist. Auch bei denen wird jetzt geprüft und entsprechend verlangt, daß sich die vorhandenen Vorzugsaktien im Stimmrecht mit den Stammaktien irgendwie vereinbaren lassen.

Nun komme ich zu den sog. Vorratsaktien. Die Vorratsaktien sind eine Erscheinung der Inflationszeit. Wie konnten denn damals bei dem rapiden Sturz unserer Währung neue Aktien ausgegeben werden! Es geschah nur in der Form, daß die Gesellschaft die Aktien als Ganzes begab, wenn sie etwas Geld durch die Kapitalerhöhung zu bekommen hoffte. Wir haben aber Kapitalerhöhungen gehabt, wo so wenig Geld hereinkam, daß nachher kaum die Zeichnungskosten gedeckt werden konnten. Aus dieser Zeit sind nun viele Vorratsaktien übrig geblieben. Grade die Berliner Großbanken haben sich das größte Verdienst erworben, daß sie überall darauf gedrängt haben, daß die Vorratsaktien nach Möglichkeit eingezogen werden sollten. Sie haben aber ferner noch auf eine andere Möglichkeit hingearbeitet, die Vorratsaktien sichtbar in der Goldmarkeröffnungsbilanz erscheinen zu lassen, und zwar zum Pariwert. Trotzdem haben sich eine Masse Gesellschaften nicht daran gehalten und haben die Aktien nur mit 40, 50 usw. % bewertet. Sie haben sie nicht als eigene Aktien erscheinen, sondern unter Debitoren verschwinden lassen. Die Zulassungsstellen haben in der Beziehung auch erzieherisch gewirkt, indem sie die Aktien, die jetzt zugelassen werden sollen, dann nicht zulassen, wenn größere Posten von Vorratsaktien vorhanden sind, von denen man nicht weiß, für welche Zwecke sie Verwendung finden sollen. Wir haben ferner allen Gesellschaften die Bedingung auferlegt, daß sie sich verpflichten, den Mehrerlös über den Einstandswert dem gesetzlichen Reservefonds zuzuführen. Wir haben ferner den Gesellschaften die Verpflichtung auferlegt, solange diese Vorratsaktien sich im Besitze der Gesellschaft befinden, ein Stimmrecht für dieselben nicht auszuüben.

Es ist schon sehr viel geschehen von dem, was heute hier verlangt wird. Wenn innerhalb eines Jahres im Wege der Selbstzucht schon so viel geleistet worden ist, ist es da wirklich noch notwendig, nach der Staatsaufsicht zu rufen oder nach einem neuen Gesetze? Von einer neuen Behörde können wir wirklich Abstand nehmen. Der erste Diskussionsredner hat auf die Verhältnisse in Österreich hingewiesen, auf den Konstitutionszwang. Es ist noch gar nicht solange her, daß wir hier in Deutschland auch einen Konstitutionszwang gehabt haben. Auf Grund des bekannten Ermächtigungsgesetzes vom August 1914 hat der Reichsbankpräsident Havenstein eine Notverordnung erlassen, daß keine Kapitalerhöhung, keine Neugründung einer A.-G. oder GmbH. ohne staatliche Genehmigung stattfinden dürfe. Die Sache hat sich ohne jegliche Behörde ermöglichen lassen, nur die betreffenden Ministerien haben einen Ausschuß in Berlin eingerichtet, bei dem ich auch längere Zeit Vorsitzender gewesen bin, und ich rechne es mir als ein besonderes Verdienst an, daß ich dafür plädierte, daß, sobald wir sähen, daß eine Kapitalbildung nötig und im Lande möglich sei, auf eine Aufhebung dieses Konstitutionszwanges hingewirkt werde. Ich glaube, es ist wirklich schon so viel geschehen, daß der Ruf nach der Staatsaufsicht und dem neuen Gesetze nicht notwendig ist. Ich wollte diese tatsächlichen Verhältnisse Ihrem Kreise zur Kenntnis geben und es selbstverständlich Ihrem Ermessen überlassen, wie Sie sie aufnehmen wollen.

Ministerialdirektor Geh. Justizrat Prof. Dr. **Schlegelberger**-Berlin:

Vielleicht ist es nicht unerwünscht, wenn ich hier in meiner Eigenschaft als Leiter der zuständigen Abteilung des Ministeriums etwas ausführlicher über die Auffassung des Justizministeriums in dieser Frage berichte, wobei ich Ihnen verspreche, daß ich auch für mich die Mahnung des Herrn Vorsitzenden gelten lassen werde. Daß die Auffassung des Ministeriums sich mit meiner persönlichen Auffassung als freier Mann der Wissenschaft deckt, ist selbstverständlich. Ich hätte anderenfalls bitten müssen, diese Arbeit in andere Hände zu legen. Ich glaube auch, es ist nicht unerwünscht, daß neben der anerkannten Kunst des Anwalts und Kommentators, neben der anerkannten Kunst des juristischen Wirtschaftlers oder wirtschaftlichen Juristen und des Hochschullehrers auch noch die umstrittene Kunst des Gesetzgebers hier zu Worte kommt. Nicht, als ob ich alle die gesetzgeberischen Gestaltungen der letzten Zeit als Kunstwerke bezeichnen möchte! Aber wenn hier gesagt worden ist, daß die Frage der Mehrstimmrechtsaktien und Vorratsaktien bereits hinreichend geklärt sei, dann muß der mit der Gesetzgebung betraute Jurist mahnend seine Stimme erheben.

Der Gegenstand des Themas ist die Frage der zukünftigen Reform des Aktienrechts. Unser Aktienrecht als Teil unseres Handelsgesetzbuchs ist unser Stolz. Es hat sich glänzend bewährt und die Solidität der deutschen Wirtschaft gefördert. Es hat sich in den Zeiten der trübsten Not bewährt, und wenn sich ein Wiederaufstieg der Wirtschaft bemerkbar macht, dann glaube ich, hat auch daran unser gutes deutsches Aktienrecht seinen reichlichen Anteil. Aber andererseits muß ich anerkennen, daß der Besitz eines solch kostbaren Guts verpflichtet, und gerade, weil das Aktienrecht so vortrefflich ist, ist es unsere Pflicht, darüber zu wachen, daß es so vortrefflich bleibt, und deshalb ist es unsere ernsthafte und unabweisbare Pflicht, zu prüfen, ob etwa die Veränderungen der wirtschaftlichen Struktur und der Finanzierungsmethoden zu gewissen Änderungen und Ergänzungen Anlaß geben, wobei dann ja auch gewisse Schönheitsfehler oder Mißstände beseitigt werden können. Freilich möchte ich bitten, die Erwartungen bezüglich der Beseitigung der Mißstände nicht zu hoch zu schrauben.

Ich betone, das Reichsjustizministerium ist sich seiner Verantwortung, die Prüfung des Aktienrechts unter den angegebenen Gesichtspunkten vorzunehmen, voll bewußt. Diese Prüfung ist im Gange. Sie werden es verstehen, daß wir es deshalb besonders begrüßt haben, daß der Juristentag sich dieser Frage zugewandt hat, und die Genugtuung ist um so größer, als ja in der Fragestellung auch bereits die Methode angegeben ist, die nach unserer Auffassung selbstverständlich befolgt werden muß. Das ist die Methode der Rechtsvergleichung. Denn die Prüfung nach der Notwendigkeit der Reform unseres Aktienrechts kann nur dann zum Ziele führen, wenn man sich der Gebundenheit des Problems an die Weltwirtschaft bewußt bleibt. An der Tatsache, daß fast in der ganzen Welt das Aktienrecht in Unruhe geraten ist, können wir nicht vorübergehen. Freilich müssen wir uns dabei einmal über die Wahl der Rechtsvergleichung verständigen. Gesetzesvergleichung ist bei Wirtschaftsgesetzen keine Rechtsvergleichung, und wenn neuerdings darauf hingewiesen wird, der Verkehr mit Diplomaten sei ja so leicht und deshalb sei die Rechtsvergleichung verhältnismäßig einfach, so bedauere ich, das nicht mitmachen zu können. Vergleichen kann man nur, wenn man die wirtschaftlichen Voraussetzungen der Eigenarten der fremden Rechte kennt und die Wirkung dieser Gesetze erfaßt. Auf dem 28. Juristentage erinnerte Düringer an einen Ausspruch des Reichsgerichtsrats Sievers, der sagt, man müsse doch beachten, daß das Aktienrecht erst vor ganz kurzer Zeit in ein sauberes Gewand gesteckt sei, in dem man noch die Bügelfalten sehe, und dessen Sitz noch nicht endgültig erprobt sei. Die Bügelfalten sind dahin. Leicht blank getragen ist der Rock, und ich glaube, wir werden anerkennen müssen, daß er hin und wieder auch etwas ausgewachsen ist. Aber wir dürfen nicht vergessen, daß es feinste und beste Maßarbeit ist, die wir besitzen, vom besten Schneider. Ich nenne den Namen Hoffmann. Der Rock ist angepaßt den besonderen Formen der deutschen Wirtschaft, nicht aus dem grünen Tuch der Amtsstuben verfertigt und verarbeitet, sondern mit feinstem Gewebe, aber nicht mit dem schimmernden Goldflitter, sondern mit dem dauerhaften Stoff deutschen Rechts und deutscher Wirtschaft. Wir wollen es hundertfach überlegen, ob wir diesen alten guten Rock mit billiger Konfektion des Auslandes vertauschen.

Wir müssen uns klar sein über die Notwendigkeit, über das Wesen, aber auch über die Gefahr der Rechtsvergleichung. Das Thema spricht von der Vergleichung mit dem englisch-amerikanischen Recht. Der Gesetzgeber muß den Umfang größer ziehen. Er muß in Betracht ziehen die Reformen in den anderen Ländern, namentlich Italien, Frankreich, Holland und Schweiz, und eben dieser Reformarbeiten muß ich gedenken. Zwei dieser Gesetze kennzeichnen sich ohne weiteres als Importgesetze. Das ist das vor kurzer Zeit in Kraft getretene Aktiengesetz Italiens und das Aktiengesetz der südafrikanischen Union. Diese beiden Gesetze sind außerordentlich interessant infolge ihrer Negativen. Denn wenn man diese Gesetze vergleicht mit den Bestrebungen im Mutterlande, dann wird man sehen, daß man in diesen Ländern die vielfach erörterten Probleme noch nicht erkannt hat, und daß man sie in das Gesetz übergeführt hat. Das Interessanteste ist jedoch das Handelsgesetzbuch Lichtensteins. Sie finden hier alles. Sie finden innerhalb der Aktiengesellschaft Wiederwahlsrecht, Sie finden die Summenaktien, daneben die Quotenaktien, die Arbeitsaktien, die Unter-pari-Emission, das Mehrstimmrecht, Sie finden den Verwaltungsrat mit Aufsichtsrat, ohne Aufsichtsrat, Sie haben alles, was Sie brauchen. Wenn ich dieses Gesetz empfehle, dann empfehle ich es als Handbuch für Formulierungen. Die Formulierungen sind vortrefflich in einem abgerundeten, wunderbaren Deutsch geschrieben. Nun möchte ich nicht sagen, daß es sich um die theoretische Arbeit eines Professors handelt. Ich möchte auch nicht sagen, daß dieses Gesetz der vorhandene Bedarf dieses 12 000 Einwohner zählenden Landes mit einem Etat von $1/2$ Million Schweizer Franken ist. Viel näher liegt Folgendes: so oft ich dieses Gesetz gelesen habe, habe ich die Vorstellung, als stehe ein freundlicher Wirt vor seinem Hause und rufe: liebe Kapitalisten, bitte laßt Euch hier nieder; und fragt man nach der Rechtsform: wie ihr wollt, wie es euch gefällt. Dieser Vorgang Lichtensteins soll uns eine Mahnung sein. Die Zeiten haben sich geändert: das Vertrauen zur Währung ist da, und das Vertrauen zur deutschen Wirtschaft und zum deutschen Recht wächst.

Das Problem gliedert sich im wesentlichen in zwei große Gruppen, die Frage der Kapitalsbildung und die Frage der Organisation. Und gehe ich einmal durch die Probleme und durch die verschiedenen Länder der ganzen Welt, dann zeigt sich folgendes ganz kurz hingeworfene Bild: Das autorisierte Kapital, bekannt in England, in Amerika, Südafrika und in Holland, das autorisierte Kapital, empfohlen von dem Berichterstatter Pinner für den Fall der Kapitalerhöhung, für den Fall der Kapitalgründung. Hiermit hängt zusammen die Frage der Unter-pari-Emission, sehr fein geregelt in

Lichtenstein und die der Quotenaktie, bekannt in Belgien, in Italien, in Lichtenstein, in Amerika, wobei ich mir erlauben möchte, Sie zu fragen, ob die Quotenaktie sich auch wirklich bewährt hat. Es zeigt sich evident der innere Zusammenhang all dieser Fragen, und die Quotenaktie verdankt ihre Entstehung zum größten Teil der Entwicklung offiziell anerkannter Unter-pari-Emission. Haben wir die Unter-pari-Emission, werden wir die Quotenaktie entbehren können, haben wir die Quotenaktie, werden wir die Unter-pari-Emission entbehren. Unter-pari-Emission und Quotenaktie sind gefördert worden unter dem Gesichtspunkt der starken Herabsetzung des Grundkapitals. In Amerika sind sie nur mit gerichtlicher Genehmigung zulässig. Diese Frage der Kapitalsbildung und die Frage der Herabsetzung des Grundkapitals schlägt aber die Brücke zu der Frage der Herabsetzung des Grundkapitals beim autorisierten Kapital.

Die Frage der Gestaltung des Aufsichtsrats und die Frage der Revision kann man gar nicht voneinander trennen. Es ist außerordentlich interessant, was in dieser Hinsicht hier vorgeschlagen ist. Ich muß aber darauf hinweisen, wie sehr all diese Anregungen noch der Prüfung bedürfen, und wie sehr viel eher die Mahnung des 28. Juristentages am Platze ist, doch einmal die noch notwendige Klärung der Dinge abzuwarten. Man hat scharfe Kritik geübt an dem Aufsichtsrat. Man sagt, der Aufsichtsrat, der die hohen Tantiemen bezieht, tut seine Pflicht nicht. Was folgt daraus? Dem Aufsichtsrat wird zwar die Verpflichtung zur Aufsicht genommen, die Dividende, die Tantieme bleibt. Dafür wird aber auf Kosten der Aktionäre ein neues Organ geschaffen, nämlich die Revisoren, die doch auch nur Menschen sind, vermutlich nicht besser als der Aufsichtsrat, und die dann als Haftungsobjekte dienen müssen.

Wenn man so die Dinge betrachtet, wird man über diese Fragen nachdenken müssen, und das gilt auch für die heißumstrittene Frage, die am Schnittpunkte der Kapitalbeschaffung und der Organisation liegt. Je nachdem man die Frage der Kapitalbeschaffung mehr in den Vordergrund schiebt oder die Frage der Bildung des Gesellschaftslebens, wird man die Frage der Mehrstimmrechts- und Vorratsaktien mit der Kapitalfrage oder der Frage der Organisation verbinden. Nun ist bekannt, daß die Mehrstimmrechtsaktien nicht überall anerkannt sind. Sie sind abgelehnt neuerdings in der Schweiz, aber sehr bezeichnenderweise ganz ähnlich, wie es früher bei uns war, mit der Maßgabe, daß dafür andere weniger als voll eingezahlte Aktien vorhanden sind. Auch in Italien hat man sich nicht dazu verstanden, die Mehrstimmrechtsaktien anzuerkennen. Man hat aber dafür vorgeschlagen, jetzt schon das beschränkte Stimmrecht für Aktien einzuführen, das ein Korrelat bieten soll für die Vorzugsaktien. Nun ist der Zusammenhang dieser Frage mit der Frage der Kapitalbeschaffung ganz eminent und einleuchtend. Wenn wir Formen haben, die die Mehrstimmrechtsaktien entbehrlich machen, fällt die ganze Frage weg und verliert ihre Aktualität.

Ich stehe nicht an zu erklären und habe den Auftrag, das hier zu tun, wenn sich auf einem Teilgebiete des Aktienrechts Schäden herausstellen sollten, die so eminent sind, daß sie als solche das ganze Gebiet berühren, so wird die Regiernug nicht zögern, sofort in die Prüfung einzutreten, ob eine Reform geboten ist oder nicht. Einstweilen kann diese Frage aber noch nicht bejaht werden, und das hat seinen sehr guten Grund. Justizrat Pinner hat heute am Beginn seiner Ausführungen Ihnen vor Augen gestellt, wie das Schicksal einer Teilaktienrechtsnovelle sein würde. Bringt heute die Regierung einen Antrag ein auf Regelung dieser Frage, dann ist es gänzlich unabweisbar — und dann mögen Parteiführerbesprechungen stattfinden, so oft und so viel sie wollen —, daß in diesem Gesetzentwurfe die heterogensten Dinge miteinander verknüpft werden. Kann eine Reichsregierung es verantworten, in die Beratung hineinzugehen, bevor sie ein vollständiges Bild über die Verhältnisse hat? Das wäre unverantwortlich. Allerdings hängt ja die Stellungnahme zu dieser Frage sehr eng zusammen mit der Frage, in welchem Tempo denn diese Prüfung stattfindet, von der ich gesprochen habe, nämlich die Prüfung, ob eine Reform erforderlich ist und in welchem Maße. Ich erkläre hier mit vollem Ernst, daß wir diese Frage mit der größten Beschleunigung fördern werden. Die Arbeiten sind in einem Tempo, das ich nicht überbieten kann, im Gange. Sie sind lediglich unterbrochen dadurch, daß ich zum Juristentage hergekommen bin. Wenn Sie sich darauf einstellen, wenn Sie überlegen, daß wir in angestrengter Arbeit Besseres leisten können, als wenn wir unsere Tätigkeit einstellen auf ein Teilproblem, so wird das Urteil der juristischen Welt uns Recht geben müssen. Es ist hier in dem Referat des Justizrats Pinner angeregt worden, die Reichsregierung möge sofort eine Kommission einsetzen. Es ist nicht die Absicht der Reichsregierung, jetzt eine Kommission einzusetzen. Das wäre verfrüht und würde ihre Bewegungsfreiheit hemmen; aus welchen Gründen, das brauche ich nicht auseinandersetzen. Dagegen würde es die Reichsregierung durchaus freudig begrüßen, wenn der Juristentag in diesen Fragen mit uns arbeiten würde.

Dr. von Hoffmannsthal-Wien:

Meine Damen und Herren! Wenn ich als österreichischer Jurist mir erlaube, zu dieser Frage Stellung zu nehmen, welche eine Frage der deutschen Rechtsentwicklung ist, so kann ich dafür zwei Entschuldigungen ins Treffen führen. Die erste, daß ich bei der Ausarbeitung des Entwurfs zur Reform des österreichischen Aktienrechts die verschiedenen ausländischen Gesetzgebungen und Entwürfe durchgegangen und so wie Ihre Referenten, vielleicht noch weiter als Ihre Referenten zu dem unbefangenen Ergebnis gekommen bin, daß in dem dichten Walde der Gesetzgebung kein Stamm aus so geeignetem Holze ist wie das deutsche Aktienrecht, daß aber dieses deutsche Aktienrecht, um den Bedürfnissen der heutigen Zeit und der heutigen Wirtschaft zu entsprechen, deutlicher und klarer Verbesserungen und Veränderungen bedarf, welche sich aber in sein System besser einfügen wie in jedes andere. Wenn die Frage aufgeworfen wird, ob das deutsche Recht dem englischen angeglichen werden soll, so könnte ich vielleicht die andere Frage aufwerfen, ob nicht die Engländer und Amerikaner Ursache hätten, aus dem deutschen Rechte Vorbilder zu suchen. Pinner hat sehr richtig, vielleicht nicht immer genügend unterstrichen, ausgeführt, daß es sich ja nicht nur um die Verschiedenheit des Rechtssystems handelt, sondern ich möchte sagen, um die Verschiedenheit der gesellschaftlichen Atmosphäre, die die Anwendung von fremden Rechtsgebilden nicht zulässig erscheinen läßt. Wenn z. B. der englische Präsident zwei Aktionären oder unter Umständen auch vier Aktionären, welche zusammen 60 oder 80 oder 90 Prozent des Aktienkapitals vertreten, einfach das Stimmrecht entziehen kann, so ist das natürlich eine Einrichtung, welche in Deutschland oder auch selbst in Amerika zu den unerträglichsten Folgen führen würde.

Der zweite Grund ist der, daß ich als Gründer und Vertreter einer Organisation unabhängiger Aktionäre in Österreich, die leider in Deutschland noch keine Parallelorganisation gefunden hat, mich als Sprecher derjenigen betrachten kann, um deren Wohl und Wehe es sich hier handelt. Nachdem Sie deutlich die Ansicht der Verwaltung zu hören bekommen haben, wird es vielleicht auch gestattet sein, den gegenteiligen Standpunkt mit entsprechendem Nachdrucke auszuführen. Sie werden mir Dank wissen, wenn ich mich nicht in allgemeinen Erörterungen verliere, sondern mich darauf beschränke, mit den Thesen und den Referenten so zu verfahren, wie man mit dem deutschen Aktienrechte verfahren muß, nämlich unter Hervorhebung des vortrefflichen Stammes die notwendigen Änderungen an ihm anzubringen.

Und wenn ich diesen Weg einschlage, so muß ich sagen, daß vom Standpunkt der unabhängigen Aktionäre gegen die Pinner'sche These I nichts einzuwenden ist, daß wir im Gegenteil ja verlangen, daß nichts überstürzt wird, sondern eine ausführliche Enquête eingesetzt wird, wo selbstverständlich alle Forderungen zur Geltung kommen und diese große und wichtige Gesetzgebung vorbereitet wird. Nach den Erklärungen, die Sie von meinem unmittelbaren Vorredner gehört haben, wird ja wohl der Leitsatz I des Herrn Pinner durch den Antrag Geiler ersetzt werden. Was jedoch die Leitsätze II betrifft, so glaube ich, daß sie nicht ohne Berichtigung hingenommen werden können und möchte vorschlagen, statt der Ziffer 1, Abs. 1, S. 1 zu sagen: „Die Minderheitsrechte des Handelsgesetzbuchs sind beizubehalten und auszubauen" und den nächsten Satz zu streichen. Schon Herr Justizrat Horrwitz hat Sie auf die Unhaltbarkeit des Verlangens hingewiesen, daß nur 5 % das Anfechtungsrecht gegeben werden soll. Gestatten Sie, daß ich einige weitere Gründe hinzufüge. Es ist doch eine völlige Systemwidrigkeit, zu verlangen, daß die Einhaltung eines Vertrages für den Vertragspartner, und das ist jeder Aktionär, nicht erzwingbar sein soll. Dies ist der erste theoretische, meines Erachtens entscheidende Grund. Der zweite praktisch sehr beachtliche ist, daß damit tatsächlich ein Unterschied zwischen den großen und kleinen Gesellschaften geschaffen würde und bei den großen Gesellschaften, bei denen 5 % fast nie zusammengebracht werden können, einfach eine Unanfechtbarkeit ungünstiger Beschlüsse geschaffen wäre. Daher bitte ich, diesen Satz zu streichen, ebenso den nächsten (Ziff. 1, Abs. 2). Es ist ein beliebtes Mittel, um den Aktionären die Wahrung ihres Rechtes zu verekeln, wenn man sie mit der möglichen Haftung bedroht. Ich glaube, daß bei einer Behandlung des Gegenstandes eine andere Fassung gewählt werden muß, der ich in meinem Entwurf die Fassung gegeben habe, daß die Kläger für jeden Schaden haften, dem Mutwille oder Bosheit zu Grunde liegt, aber nicht jedes Verschulden zu vertreten haben.

Als eine weitere unrichtige Bestimmung erachte ich die hinsichtlich der Haftung des Aufsichtsrats (Ziff. 2). Wozu ist denn der Aufsichtsrat da? Doch nicht nur, um Sinekuren zu haben. Wenn jemand sagt, er kann es nicht, dann soll er es nicht tun. Wenn er es aber tut, dann soll er die Pflicht haben, seine Arbeit der Gesellschaft zu widmen, und wenn er diese Pflicht hat, dann kann man von ihm verlangen, daß er für eine schädliche Ausübung dieser Pflicht haftbar gemacht wird. Hier liegt einer der Kernpunkte der Reform, welche glücklicherweise schon vor einer gesetzlichen Änderung von den Richtern durchgeführt werden kann. Ich warte nur darauf, daß das Gericht den Gesellschaftsorganen ihre Pflicht gegenüber der Gesellschaft und gegenüber den Aktionären einmal deutlich zum Bewußtsein führt und sie dazu veranlaßt, aus Angst vor der sie treffenden Haftung die Treue gegenüber der Gesellschaft niemals zu verletzen. Ich würde daher vorschlagen, anstelle dieses Satzes zu sagen: „Die Haftung der Gesellschaftsorgane für die Schädigung der Aktiengesellschaft ist auszubauen.“ Und zwar hat sich dieser Ausbau auch darauf zu erstrecken, daß die Inanspruchnahme der Gesellschaftsorgane wegen Schadenszufügung nicht von einem Mehrheitsbeschlusse abhängig ist. Hier liegt das einzige Mittel, das Gesellschaftsorgan, welches treulos gegen die Gesellschaft handelte, indem es die Gesellschaft schädigte, aber von der Mehrheit selbstverständlich jeder Haftung entbunden werden würde, doch zur Haftung heranzuziehen und durch die Scheu vor dieser Haftung vor einer vertragswidrigen und die Gesellschaft schädigenden Handlungsweise abzuhalten.

In Ziff. 3 würde ich empfehlen, den Satz bei der Kapitalerhöhung, daß der Aufsichtsrat innerhalb einer bestimmten, 3—5jährigen Frist feststellt, wann und in welchen Raten die Erhöhung durchgeführt werden soll, ganz zu streichen, und zwar aus dem Gedanken heraus, die bereits mein Vorredner geltend gemacht hat.

Schließlich komme ich zu der Frage der Mehrstimmrechtsaktien (Ziff. 4). Diesbezüglich kann ich mich nach dem, was wir heute gehört haben, äußerst kurz fassen. Ich kann vielleicht noch auf das eine hinweisen, auf die vortreffliche Zusammenstellung, die Justizrat Wertheimer seinerzeit in der Frankfurter Zeitung veröffentlicht hat, die Ihnen ja allen bekannt ist. Ich darf nur das eine ergänzend hinzufügen: ich habe das Bewußtsein, das deutsche Rechtspublikum vergißt, daß die Mehrstimmrechtsaktien eine Leugnung des Mehrheitsprinzips ist, auf dem doch unser ganzes Aktienrecht beruht. Wenn die Mehrheit sagt, da ich 60 % habe, will ich die Verwaltung bestimmen, dann sagt sie das nicht, weil im Besitze von 60% die größere Weisheit liegt, sondern weil sie sagt: ich bin stärker engagiert, ich habe größere Interessen, und daher werden meine Maßnahmen die besseren sein. Dieser Grundsatz wird verfälscht, wenn verschiedene Kapitalbeteiligungen mit verschiedenem Stimmrecht aufgestellt werden, und wenn fortdauernd geltend gemacht wird: es ist nötig. Nein, es ist nicht nötig. In Österreich kennen wir das nicht, und Sie können uns nicht eine Schädigung des österreichischen Gesellschaftswesens nachweisen, die durch den Mangel an Mehrstimmrechtsaktien hervorgerufen worden ist. Es sind daher alle Argumente zur Verteidigung der Mehrstimmrechtsaktien Scheinargumentationen, und ich darf wohl hinzufügen, daß nichts dem Ansehen des deutschen Gesellschaftsrechts im Auslande so geschadet hat wie die Mehrstimmrechtsaktien. Gerade Solmssen hat vollkommen recht: der Auslandskapitalist, der sich an einer deutschen Gesellschaft beteiligt, fragt nicht danach, ob er gleiches Recht hat, sondern er fragt nach gutem Recht. Wenn es ihm passieren kann, daß die Aktien, die er in gutem Glauben gekauft hat, in ihrem wesentlichen Bestandteile nachher durch einen Beschluß vollkommen entwertet werden, dann wird das Ansehen des deutschen Gesellschaftsrechtswesens erschüttert. Es ist erschüttert; ich kann da konkrete Eindrücke wiedergeben. Es ist daher unbedingt notwendig, daß diese Erschütterung des deutschen Gesellschaftswesens beseitigt wird.

Nun komme ich zu der Fassung, die der Referent Pinner seinem diesbezüglichen Antrage gegeben hat. Diese Fassung ist juristisch unmöglich. Er hat selbst gefühlt, daß hier ein juristischer Mangel vorliegt. Sie können doch nicht eine Aktienart für nichtig erklären, weil die Aktien in irgend einer Weise bei Beschlüssen benutzt worden sind. Wenn das vorbei ist, treten sie dann wieder in Kraft oder sind sie dann endgültig nichtig geworden? Der Antrag könnte in mancher Hinsicht verbessert werden, wenn Sie einfach sagen: „Derartige Aktien sind vom Stimmrecht ausgeschlossen", ohne daß Sie diesen einschränkenden Zusatz hinzufügen. Noch eine Ergänzung: es muß heißen, daß nicht nur Verträge dieser Art mit der Verwaltung die Aktien vom Stimmrecht ausschließen sollen, sondern auch Verträge mit Organisationen dieser Gesellschaft.

Ich habe nun noch zu den Leitsätzen des Dr. Solmssen, die ich nicht als alternativ, sondern als kollektiv auffasse, eine Bemerkung zu machen. Das wäre einfach die, den ersten Satz zu streichen. Es geht nicht an zu sagen, es liege kein Anlaß vor, zu beantragen, daß zur

Reform des deutschen Aktienrechts gestritten werde. Es wäre zweckmäßig zu sagen, daß das deutsche Aktienrecht den gegenwärtigen Erfordernissen der Wirtschaft entspricht, vorbehaltlich der vorgeschlagenen Abänderungen.

Schließlich ein Wort zu den Leitsätzen des Geheimrats Heymann. Ich glaube, daß auch sie in zwei Punkten verbessert werden können, indem das Wort „nicht" in der ersten Zeile beseitigt wird und gesagt wird: „Eine allgemeine Reform des deutschen Aktienrechts ist dringlich und muß sorgfältig vorbereitet werden." Und im zweiten Absatze empfiehlt es sich die Einschränkung der Mehrstimmrechts- und Verwaltungsaktien einfach dadurch zu ersetzen, daß man eine Erweiterung des Verwaltungsrats verlangt. Ich möchte noch hinzufügen: Die Aktionäre wollen ja gar nicht an der Verwaltung beteiligt sein. Nur eines verlangen sie — in ganz rohen Umrissen ausgedrückt —: wenn ein Aktionär sich hundert Aktien einer Gesellschaft in den Kasten legt, so will er die Ruhe und die Sicherheit haben, daß nicht aus den 100 Aktien 70 werden und die Ruhe und die Sicherheit, daß das Kapital nicht zum Teil aus der Gesellschaft verschwindet. Diese Sicherheit gibt das gegenwärtige deutsche Aktienrecht und die richterliche Rechtsprechung nicht, und es ist daher notwendig zu verlangen, daß die unabhängigen Aktionäre eine solche Änderung der Gesetzgebung und eine solche Wandlung der Rechtsprechung finden, daß ihnen dieser Schutz gegeben wird. Ich glaube sagen zu können, daß doch vor einer Änderung des Gesetzes durch eine gründliche richterliche Beachtung der betreffenden Probleme ein großer Wandel geschaffen werden kann, und habe meinerseits mindestens ebensoviel Vertrauen zur Behandlung des Rechts durch den Richter als durch den Gesetzgeber. Bei allen diesen Maßregeln aber muß man sich vor Augen halten: schlechtes Aktienrecht entwertet den Wert der Aktien und schadet daher nicht nur dem Aktionär, sondern auch der deutschen Wirtschaft und damit dem Wohle des Landes.

Es wurde hierauf ein Antrag auf Schluß der Debatte angenommen.

Vorsitzender Geh. Justizrat Dr. Heinitz:

Es würden nun noch die Herren Berichterstatter mit den Schlußworten zu hören sein, und zwar in der umgekehrten Reihenfolge, in der wir sie vorhin gehört haben.

Was die Abstimmung anbetrifft, so halte ich es für zweckmäßig, daß wir uns vorher über die Art und Weise der Abstimmung und Beschlußfassung verständigen. Ich möchte Ihnen hierzu — unbeschadet Ihrer Entscheidung — meine Intentionen mitteilen.

Wie ich bereits schon vorher angedeutet hatte, stellt der Antrag I Pinner, der die Reform des Aktienrechts für geboten erachtet und die Reichsregierung ersuchen will, eine Kommission von Sachverständigen zur Prüfung der Einzelheiten zu berufen, sich in Gegensatz zu den Anschauungen der beiden anderen Referenten, die eine allgemeine Reform des deutschen Aktienrechts zur Zeit nicht für erforderlich halten und daher von Maßnahmen zur Vorbereitung einer solchen Reform absehen wollen. Ich habe die Absicht, zunächst eine Beschlußfassung über diese beiden einander entgegengesetzten Anschauungen herbeizuführen, und zwar in der Weise, daß ich Ihnen zunächst den negativen Antrag unterbreite, als den ich der Richtung nach den Antrag Solmssen und Heymann bezeichnen darf, den ich mit Zustimmung der beiden Herren, wie folgt, fassen würde im Anschluß an die Fassung, die die Herren selbst vorgeschlagen haben: „Eine allgemeine Reform des deutschen Aktienrechts ist zur Zeit nicht erforderlich. Es liegt daher kein Anlaß vor, Maßnahmen zur Vorbereitung einer solchen Reform einzuleiten.“ Wird dieser Antrag angenommen, so ist damit der Antrag Pinner abgelehnt und erledigt. Es würden damit, da die Einzelanträge Pinners auf dem Gedanken einer allgemeinen Reform beruhen, diese Anträge vorbehaltlich des Rechts des Herrn Berichterstatters, noch einzelne Anträge herauszunehmen, erledigt sein. Wird dagegen der Antrag Solmssen-Heymann abgelehnt und der allgemeine Antrag Pinner angenommen, so müßten wir auch zu einer Beschlußfassung über die Einzelanträge Pinners schreiten, wobei ich es allerdings für ausgeschlossen halte, daß wir diese Einzelanträge hier noch behandeln und zur Beschlußfassung bringen. Ich hoffe, daß es dem Berichterstatter Pinner gelingen wird, für den Fall, daß sein Antrag I angenommen wird, einen Vorschlag zu unterbreiten, der nur die allgemeine Richtung, in der diese Reform sich bewegen soll, empfiehlt, etwa in der Weise, daß er sagt, daß die und die Reformen zu erwägen sind.

Sodann würde ganz unabhängig von allem auch die Frage zu beantworten sein, die die Ständige Deputation der Abteilung unterbreitet hat. Vielleicht kann die Ständige Deputation diese zarte Rücksichtnahme erwarten. Dem stimmen wohl auch die Referenten zu, wenngleich Herr Pinner sich nicht dazu geäußert hat. Aber aus dem Inhalt seiner Anträge geht das hervor. Dann würden die Herren vielleicht auch damit übereinstimmen, entsprechend der Kongruenz, die ich den Anträgen Heymann und Solmssen entnehme, daß das englische und amerikanische Recht nicht als zur Übertragung auf deutsche Verhältnisse geeignet betrachtet wird, jedenfalls im allgemeinen nicht nachzuahmen ist. Ich glaube, daß darüber ziemliches Einverständnis herrscht, jedenfalls soweit ich dies aus der Debatte entnehmen konnte.

Sollte abgesehen von diesem letzteren Antrage der Antrag Solmssen-Heymann angenommen werden, so würde dann noch die Frage der Teilreform zu erörtern sein, die insbesondere von Herrn Geheimrat Heymann angeregt worden ist. In dieser Beziehung ist mir noch unter Abänderung des Ihnen gedruckt vorliegenden Antrages ein Antrag vorgelegt worden, der nicht nur die Unterschrift des Herrn Heymann, sondern auch einer Reihe anderer Herren trägt und der dahin geht: „Der Juristentag hält, unbeschadet einer künftigen Gesamtreform des Aktienrechts in der Frage der Stimmrechts- und Vorratsaktien, ein alsbaldiges Eingreifen des Gesetzgebers für erforderlich, und zwar in der Richtung auf eine wesentliche Einschränkung dieser Rechtsbildungen." Der Antrag hat also vor den bisher gestellten Anträgen den Vorzug, daß er nur die Richtung angibt, nicht aber sagt, durch welche gesetzgeberischen Maßnahmen das erreicht werden soll, und das ist im gegenwärtigen Stadium der Sache und für die Maßnahmen und Traditionen des Juristentages auch vorzuziehen.

Wird dieser Antrag abgelehnt, so ist die Frage, ob und nach welcher Richtung eine Teilreform stattfinden soll, erledigt. Denn es wird dann wohl nicht nötig sein, nochmals auf den Beschluß des Heidelberger Juristentages zurückzukommen, der nur wiederholt zu werden brauchte, wenn überhaupt eine Teilreform hier vom Juristentage beschlossen werden sollte. Ich hoffe, daß in diesem Falle von Herrn Dr. Solmssen sein Antrag 3 als erledigt und zurückgezogen gilt, ein Antrag, der ja auch in gewissem Zusammenhang mit den Heidelberger Beschlüssen steht. Ich würde also, wenn dieser Antrag abgelehnt wird, der Meinung sein, daß die weiteren Forderungen nach Änderung des Handelsgesetzbuchs sich erledigen. Damit würde dann auch zugleich der erste Antrag Geiler erledigt sein, der für die

Zwecke der Teilreform die Einberufung einer Kommission vorsieht, die vom Juristentage eingesetzt werden soll.

Ich habe mir erlaubt, für den Fall, daß die Teilreform von der Abteilung beschlossen werden sollte, den Antrag Geiler ein klein wenig zu modifizieren und erbitte mir das Einverständnis des Herrn Geiler hierfür. Der Juristentag ist ja eine schwerfällige Organisation. Ich glaube seinem Antrag gerecht zu werden, wenn ich ihn dahin formuliere: „Die Ständige Deputation des Juristentages wird ersucht, eine aus Mitgliedern des Juristentages bestehende Kommission, mit dem Rechte der Kooptation auch von Nichtmitgliedern, zu bilden, die beauftragt wird, die für notwendig erachtete Teilreform des deutschen Aktienrechts vorzubereiten.“

Diese Fassung ist notwendig, weil wir nicht wissen, ob die Reichsregierung diese Unterstützung haben will. Sollte sie sie haben wollen, so kann sie ja gewährt werden. Es dürfte sich dann weiter noch fragen, und ich würde das auch zur Abstimmung bringen, ob diese Kommission auch die Anregungen, die in den Anträgen der Herren Berichterstatter enthalten sind, bei dieser Gelegenheit mit einer Prüfung unterziehen soll. Immerhin würde diese Kommission diese Sache mit prüfen können.

Ganz unabhängig von allen Beschlüssen, die heute gefaßt werden sollen, ist dann der zweite Teil des Antrages Geiler, der immerhin nur in einem losen Zusammenhange mit dem heutigen Thema steht, der aber auch selbstverständlich trotzdem zur Beschlußfassung unterbreitet werden kann, da er ja den Juristentag nicht unbedingt bindet, nämlich die Anregung: „Der Juristentag regt außerdem die Bildung einer überstaatlichen, kapitalistischen Gesellschaftsform an, die wahlweise neben den innerstaatlichen Gesellschaftsformen zur Verfügung stehen soll.“ Über diesen Antrag kann in jedem Fall abgestimmt werden. Ich kann bei dieser Gelegenheit noch erwähnen, daß, wie mir mitgeteilt worden ist, dieser Antrag insofern etwas für sich hat, als sich auch bereits das Reichsjustizministerium mit dieser Frage beschäftigt hat.

In diesem Sinne gedenke ich bei der Abstimmung vorzugehen. Ich habe das absichtlich alles erwähnt, bevor die Referenten ihre Schlußausführungen machen, damit die Herren Referenten, wenn sie damit nicht zufrieden sein sollten, das zum Ausdruck bringen können.

Justizrat Pinner:

Nachdem Herr Schlegelberger erklärt hat, daß die Reichsregierung eine Kommission nicht einsetzen wird, erübrigt sich der zweite Teil meines ersten Antrages. Es bleibt bloß übrig zu sagen: „empfiehlt sich". In zweiter Linie würde ich ebenfalls beantragen: „Die Ständige Deputation des Juristentages ernennt usw."

Rechtsanwalt Dr. Kempner-Berlin:

Ich möchte trotz der Erklärung des Herrn Vertreters des Reichsjustizministeriums den Antrag Pinner, den er soeben zurückgezogen hat, hier wieder stellen.

Geh. Justizrat Prof. Dr. Heymann:

Es handelt sich, da ich als sicher annehme, daß der Antrag, den ich gemeinsam mit Herrn Solmssen gestellt habe, angenommen wird, nur noch um die Frage der Teilreform und darum, ob wir beschließen sollen, daß ein alsbaldiges Eingreifen der Reichsregierung stattfinden möchte. Ich bemerke dazu, daß auch für mich die Erklärung des Herrn Geheimrat und zugleich auch Kollegen Schlegelberger sehr interessant war. Ich muß aber sagen, daß ich meine heutigen Ausführungen auch gemacht haben würde, wenn ich gewußt hätte, daß die Reichsregierung und Herr Kollege Schlegelberger schon bisher diesen Standpunkt der Ablehnung eines Sondergesetzes eingenommen haben. Es wird also durch diese Erklärung, die wir vorhin gehört haben, an dem, was ich gesagt habe, für meine Person nichts geändert. Denn die sachlichen Verhältnisse haben sich durch diese neue Erklärung nicht verschoben, und der Juristentag kann es versuchen, eine Meinung zur Kenntnis zu bringen, zu der vielleicht sich auch die Reichsregierung noch bekehren läßt. Es wird ja vielleicht für die Reichsregierung von Bedeutung sein, zu erfahren, wie die hier versammelten Juristen gedacht haben. Wir sind gewöhnt, aufrichtig unsere Meinung in gewissenhafter Weise zu sagen, die alten Traditionen des preußischen Beamtentums bringen das nun einmal mit sich. Ich möchte Sie bitten, meinen Antrag anzunehmen: wir wollen ein alsbaldiges Eingreifen der Gesetzgebung. Es besteht vor allen Dingen die Notwendigkeit, daß wir ein Verkaufsverbot, insbesondere hinsichtlich der Inflationsaktien erlassen. Auch die Frage der prozentualen Zulässigkeit der Stimmrechtsaktien halte ich für wichtig. Indes ist letztere Frage nicht so dringend wie die erstere. Es sind schon viele Gesetze in solchen Fällen erlassen worden. Warum sollte man nicht ein solches Sperrgesetz erlassen? Es könnte ja in freundlichen Formen erlassen werden. Für den Fall, daß der Antrag abgelehnt würde, behalte ich mir vor, am Schlusse noch einen Hilfsantrag zu stellen, auch im Einvernehmen mit den anderen Herren. Das möchte ich aber zurück-zurückstellen, bis das Resultat der Abstimmung vorliegt.

Dr. Solmssen:

Mit aller Entschiedenheit muß ich vom Standpunkte des Praktikers gegen den Antrag meines hochverehrten Korreferenten Geheimrat Heymann und der übrigen Herren hinsichtlich der Mehrstimmrechts- und Vorratsaktien wenden und damit auch Front machen gegen eine ganze Reihe von Ausführungen, die in der heutigen Diskussion gefallen sind. Als ich mir das mit anhörte, hatte ich das Gefühl, das vielleicht jemand hat, der einer strafrechtlichen Verhandlung beiwohnt und sieht, wie schlechte Menschen es gibt. Ich habe mich einmal gefragt, wo kommt das denn eigentlich alles vor, was hier erzählt wird. Ich glaube mich nicht zu überheben, wenn ich sage, daß es bei einer Bank wie der Diskontogesellschaft und bei den unzähligen Verbindungen, die sie hat, nicht passiert. Kurzum, ich kann Ihnen nur erklären, ich habe all das noch nicht erlebt. Es mag sicherlich Gesetze geben, die sich überlebt haben. Es gibt solche Gesetze genau so, wie es Diebe gibt. Das darf aber nicht der Ausgangspunkt für unsere Überlegungen sein. Sollen wir hier mit harter Faust in ein bestehendes Gesetz eingreifen, von dem wir gehört haben, daß dieses Gesetz in seinem Ganzen im Vergleich mit denen anderer Staaten und auch in seiner Einwirkung auf die deutsche Wirtschaft höchstes Lob verdient und sich gehalten hat trotz gänzlicher Veränderung der Vorbedingungen, um allen einen Hort der Sachlichkeit und des vernünftigen Verkehrs zu geben? Gerade, wenn der Juristentag die Erklärung abgibt und damit sich ins Einvernehmen setzt mit der Reichsregierung: gut, wir wollen prüfen und dann der Regierung ein Gremium bieten, auf das sie jederzeit zurückgreifen kann, dann verstehe ich nicht, warum mit solcher Vehemenz ein Nebengesetz erlassen werden soll, insbesondere, wenn aus den Worten des Reichsvertreters deutlich eine Art Notschrei herausklingt: bringen Sie mich nicht in die Gefahr, daß mir alles mögliche auferlegt wird, was ich nicht erfüllen kann. Ich habe niemals versucht, in den Generalversammlungen, die ich zu leiten hatte, und in denen ich ohne Ausnahme die Billigung der Aktionäre gefunden habe, einen Zwang auszuüben. Ich gebe die Versicherung ab, ich habe die Aktien nie mißbraucht, um gegen die wirkliche Kapitalmacht anzugehen. Ich will nur alle davor schützen, daß jemand ein Paket kauft, hineinkommt und alles kaputt macht, indem er erzählt, er habe die Majorität. Wie steht es nun dem Auslande gegenüber? Es ist ganz falsch, wenn Justizrat Horrwitz sagt, das Ausland fühle sich dadurch geschädigt. Das Gegenteil ist der Fall, der Ausländer fragt: welche Garantie liegt vor? und sagt: ich will wissen, wer hinter dem Unternehmen steht; ich will die Parteien kennen lernen.

Ich muß also vom Standpunkte der Praxis dringend warnen, diesen Weg zu gehen. Was wir heute brauchen, ist Ruhe. Wie soll der Ausländer sonst das Vertrauen bekommen, daß er Millionen bei uns hineinsteckt! Wir wissen ein Lied davon zu singen, welche enormen Schwierigkeiten bestehen, das amerikanische Publikum heranzubekommen. Die Frage ist immer wieder: wer ist der Unternehmer, der das Unternehmen leitet? Um auch aus der Praxis zu sprechen: wenn der Antrag Heymann durchgehen sollte, daß die Banken für unrichtige Abstimmungen mit Deponentenaktien schadensersatzpflichtig sein sollen und der Depotinhaber nachher sagen kann: du hast anders gestimmt, als ich es mir gedacht habe, dann würde ich meine persönliche Haftung für die Diskontogesellschaft morgen niederlegen. Diese Dinge sind mit der Praxis unvereinbar. Wir stehen in einem ganz schweren Kampfe nach wie vor. Es ist nicht so, daß das Ausland sich drängt und garnicht warten kann, herzukommen. Die Industriellen können Ihnen davon erzählen. Herr Geheimrat Duisberg hat auf der Industrietagung mit Recht hervorgehoben, welch einen bedrückenden Eindruck es für jeden macht, wie weit wir zurückgeworfen worden sind. Und nun soll man hier all das hören. Das ist eine enorme Gefahr, die damit heraufbeschworen wird, und ich muß Sie dringend warnen, diesen Weg zu gehen. Ich finde auf Schritt und Tritt einen Zusammenstoß zwischen der Theorie, wie es sein könnte, und der Praxis, wie es nicht ist.

Ich kann Ihnen erklären, daß die Wirtschaftskreise, in denen wir uns in erster Linie bewegen, niemals die Hand dazu geboten haben und bieten werden, Mißbrauch zu treiben mit den Machtvollkommenheiten, welche ein Mehrstimmrecht geben kann. Das ist gänzlich ausgeschlossen. Man würde sich ja bis auf die Knochen blamieren, wenn man erklären würde, ich stimme jeden nieder, und möge er auch noch so recht haben mit den Anträgen, die er stellt. Aber die Tatsache allein, daß Mehrstimmrechtsaktien bestehen, hat sich als wohltätig erwiesen, um auch eine gewisse Hemmung hereinzubringen in die Zusammenballung der Betriebe. Ich habe versucht, Ihnen zu schildern, wie der Gedanke der Rationalisierung durch die Wirtschaft geht. Dieser Gedanke hat sehr viel Richtiges und Notwendiges. Er hat aber auch sehr viel Gefährliches, denn er zerschlägt Existenzen und Persönlichkeiten. Die Frage, wie weit man gehen kann im Einzelfalle, ist so schwierig zu beantworten und hängt von einer solchen Anzahl von Fragen ab, die in jedem Falle anders liegen, so daß es außerordentlich wohltätig ist, daß wir ein Mittel haben, um unter Umständen ein Unternehmen dagegen zu schützen, daß es verschluckt wird; nicht aus selbstsüchtigen Motiven, sondern um ein Hemmnis entgegenzusetzen. Die deutschen Großbanken — ich muß das aussprechen —, die sich in der Vorkriegszeit ein nicht hoch genug zu schätzendes Verdienst erworben haben für den Aufbau der deutschen Industrie — das wird jeder anerkennen, der in dieser Zeit gelebt und mit ihnen gearbeitet hat —, versuchen immer wieder, objektiv zu denken, indem sie sich auf den Standpunkt stellen: alle Glieder der Wirtschaft müssen uns gleich nahe stehen, wir dürfen uns nicht nach irgend einer Richtung einstellen; wir sind Diener der gesamten Wirtschaft. Es ist durchaus richtig, wenn in einer parlamentarischen Untersuchungskommission, die vor dem Kriege stattfand, der Vorsitzende, nachdem lange hin und hergesprochen war und der erste Großbankdirektor das Wort ergriffen hatte, erklärte: um Gottes willen, das ist der erste objektive Mensch, der muß mit allem fertig werden und an alles denken, und darum muß er sich bemühen, objektiv zu sehen. Daher bitte ich, mir auch diese Objektivität zuzusprechen, wenn ich dringend warne, aus irgendwelchen gesetzgeberischen oder theoretischen Ideen in die ruhige Entwicklung einzugreifen. Jeder hat doch eine andere Meinung. Es würde nur eine aussichtslose Belastung des Ministeriums sein.

Ich schließe mit der dringenden Bitte: begnügen Sie sich mit dem Antrage, der alle Interessen schützt. Wir wissen beim Reichsjustizministerium diese Arbeit auch vom wissenschaftlichen Standpunkte aus in den besten Händen. Wenn der Juristentag sich seine Mitarbeit sichert, in Form einer Kommission, die noch einzusetzen ist, ist er in der Lage, Fühlung zu halten. Alle Nebenanträge sind jetzt vom Übel.

Justizrat Pinner:

Als ich den Auftrag erhielt, dieses Thema zu besprechen, habe ich mir lange überlegt, zu welchem Resultat man kommen sollte. Hier ohne weiteres Farbe zu bekennen und zu sagen, das ist richtig und das ist nicht richtig, scheint mir unmöglich. Die Fragen sind so kompliziert, daß es undenkbar erscheint, hier in einer großen Versammlung etwa durch Abstimmung festzustellen, ob die Vorratsaktien abgeschafft werden sollen oder nicht. Das wäre eine Farce. Deswegen sagte ich mir, die einzige Möglichkeit ist die, daß die Frage geprüft wird, nicht heraus aus dem Zorn des Tages, sondern in ruhiger Arbeit, daß festgestellt wird, inwiefern und ob einzelne Bestimmungen des Aktienrechts geändert werden sollen. Ich habe mir erlaubt die Gründe auseinanderzusetzen.

Nachdem dann Herr Geheimrat Schlegelberger gesprochen hatte, war ich zu der vollständigen Überzeugung gekommen, daß nunmehr die Sache zu Ende war, und zwar nicht durch das, was Herr Schlegelberger als Ministerialbeamter, sondern durch das, was er als Jurist gesagt hat. Denn es war so überzeugend, daß es einfach unmöglich schien, daß nach dieser Rede man davon anfangen könnte, irgend welche Teile herauszureißen oder für irgend welche Teile eine Teilreform vorzuschlagen. Er hat es verstanden, nachzuweisen, wie es unmöglich ist, die Frage der Vorratsaktien allein zu entscheiden, ohne auf die Frage der Kapitalbeschaffung und Kapitalgründung einzugehen. Es wird nun plötzlich in letzter Minute ein Antrag gestellt, doch schleunigst eine Teilreform zu schaffen und irgend ein Gesetz von ein paar Worten zu erlassen. Die kurzen Gesetze sind die schlimmsten. Ich stehe in dieser Beziehung vollständig auf dem Standpunkte des Herrn Solmssen. Ich warne Sie ebenfalls, weil es zu furchtbaren Nachteilen und Schäden führen kann. Ich habe mich bemüht, Ihnen auseinanderzusetzen, wie es unmöglich ist, das eine zu ändern und die anderen Punkte bestehen zu lassen. Es bedarf sorgfältiger Prüfung, ob ein derartiges Gesetz gemacht werden soll oder nicht.

Kollege Horrwitz hat meinen Vorschlag zerpflückt. Glauben Sie mir, daß ich auch in der Lage bin, jeden seiner Vorschläge zu zerpflücken. 100%ige Wahrheit ist in dieser Beziehung heute noch nicht gefunden. Soll sich denn der Gesetzgeber hinsetzen und sagen: vielleicht machen wir ein kurzes Gesetz: die Vorratsaktien werden aufgehoben usw.? Also gerade dasjenige, was Herr Horrwitz gesagt hat, ist es, was mich zu meinem Antrage bringt. Deshalb bitte ich Sie, meinen Antrag anzunehmen. Es ist ja eigentlich derselbe Antrag, wie der mit der Teilreform. Hier wird ja nur dazu gesagt, das Aktienrecht wird einer eingehenden Prüfung unterzogen, in welcher Weise es zu ändern ist.

Ich verlange, daß eine genaue Prüfung des gesamten Rechtszustandes vorhergeht; denn sonst kann ein vernünftiges Gesetz nicht zustande kommen.

Dann beantrage ich ferner, daß der Juristentag eine Kommission ernennt. Wenn Herr Geheimrat Schlegelberger gesagt hat, daß die Reichsregierung keine Kommission einsetzen werde, halte ich es für unpraktisch, noch unsererseits einen Antrag zu stellen, daß wir mitarbeiten wollen. Will die Regierung mit uns arbeiten, gut, wenn nicht, werden wir allein sehen, was wir zustande bringen. Deshalb meine ich, wenn Sie meinen ersten Antrag annehmen, dann ist allen Genüge getan, und wir haben die Möglichkeit, ein Gesetz zu bekommen, das den Bedürfnissen des Rechts und der Wirtschaft entspricht.

Persönlich noch eins. Herr Geheimrat Heymann hat es als nicht richtig bezeichnet, daß ich in einer Frage des Legitimationsstimmrechts den Strafrichter anrufen will. Hier handelt es sich um Folgendes. Das Legitimationsstimmrecht ist eine Sache, die ich durchaus anerkenne, und die absolut nötig ist. Es wird aber mißbraucht. Wenn ich nun sage, um diesen Mißbrauch zu beseitigen, soll der, der dies tut, bestraft werden, so kann ich nicht glauben, daß ich mit dieser Argumentation ein so strafwürdiges Verbrechen begangen habe.

Was meine übrigen Anträge betrifft, so sind dieselben nichts als Anregungen. Sie können heute nicht abstimmen, ob der Aufsichtsrat bestehen bleibt oder nicht. Mein erster Antrag bleibt bestehen.

Geh. Justizrat Prof. Dr. Heymann:

Herr Dr. Solmssen hat eben geäußert, wir verlangten, daß jeder Aktionär beliebig mitreden könne. Ich bemerke, daß ich vorhin ausdrücklich betont habe, daß ich auf jede Weise die starke leitende Persönlichkeit schützen will, und ausdrücklich hervorgehoben habe, wie sehr wir diese Persönlichkeiten brauchen und deshalb erhalten müssen. Das, was eben ausgeführt ist, steht in vollem Gegensatze zu dem, was ich gesagt habe, und gibt Veranlassung, im letzten Augenblicke ein vollkommen falsches Bild zu erwecken. U. a. ist gesagt worden, es handle sich bei dem Antrage um eine Abschaffung der Vorrats- und Mehrstimmrechtsaktien. Das ist nicht richtig. Es ist in dem Antrage ausdrücklich von einer wesentlichen Einschränkung die Rede. Es ist auch — und das ist der eigentliche Grund meiner Bemerkungen — die Objektivität meiner Äußerungen durch Herrn Solmssen ganz deutlich angezweifelt worden. Es ist wiederholt gesagt worden, es müsse objektiv geurteilt werden. Ich möchte darauf Folgendes bemerken: wenn jemand objektiv geprüft hat, so bin ich es gewesen. Ich bin zwar in die Sitzungen des Reformvereins gegangen, habe aber dort nur zugehört. Ich habe in der ehrlichsten Weise es versucht, mir meine Objektivität in keiner Weise nehmen zu lassen. Mein Antrag ist außer von mir von den Professoren Geiler, Giesecke, Hueck, Klausing, Nipperdey, Nußbaum, Planitz, Ruth und Wüstendörfer unterzeichnet, also von fast allen hier anwesenden Universitätslehrern des Handelsrechts. Ich glaube doch, daß bisher die deutschen Universitäten den Ruhm der Objektivität in solchen Sachen bewahrt haben. Bis jetzt ist es noch nicht geschehen, daß die deutschen Universitäten sich in den Dienst irgend welcher Interessen gestellt haben. Wir müssen uns dagegen verwahren, und weil ich zugleich für meine Kollegen spreche, habe ich nochmals das Wort erbeten.

Vorsitzender Geh. Justizrat Dr. Heinitz:

Ich bedaure sehr, daß die Diskussion im letzten Augenblicke diesen Charakter angenommen hat, der mit dem ganzen Gange der Verhandlungen, wie sie bis jetzt geführt worden sind, nicht im Einklange steht. Ich bin überzeugt, daß Herr Solmssen in keiner Weise beabsichtigt hat, die Objektivität des Herrn Mitberichterstatters und der Antragsteller irgendwie anzuzweifeln. Ich weiß nicht, ob mir vielleicht etwas von seinen Ausführungen entgangen ist. Ich bin jedoch überzeugt, daß es nicht in seiner Absicht gelegen hat.

Dr. Solmssen:

Es liegt mir sehr viel daran, auf die Ausführungen des Herrn Geheimrat Heymann kurz zu antworten. Wenn jemand die Objektivität der deutschen Wissenschaft schätzt, so darf ich das von mir sagen. Ich glaube, daß ich das Wort „objektiv" im Zusammenhange mit den deutschen Banken angewendet habe. Was ich mir erlaubt habe auszuführen, das habe ich gesagt aus der schwersten Sorge für die deutsche Wirtschaft. Es ist eine Art Notschrei, den ich erlassen habe, jetzt doch nicht einen solchen Antrag zu stellen.

Vorsitzender:

Ich glaube, mit dieser Erklärung diesen bedauerlichen Zwischenfall als erledigt ansehen zu können. Was Herr Solmssen gesagt hat, entspricht auch meiner Vermutung, daß irgend ein Mißverständnis besteht, das ich nicht aufklären kann, solange uns der stenographische Bericht nicht vorliegt.

Ich nehme an, daß, wenn der negative Antrag Solmssen-Heymann angenommen wird, dann der Antrag Pinner hinfällig geworden ist und auch der Antrag Pinner, der vorhin von Herrn Kempner aufgenommen worden ist, der an die Reichsregierung das Ersuchen richten will, eine Kommission von Sachverständigen solle in Gemeinschaft mit Vertretern der Reichsregierung diese Frage prüfen. Ich würde also zunächst den Antrag zur Abstimmung bringen, den ich dahin formuliert habe — im Einverständnis mit den Berichterstattern —, daß eine eilige Reform nicht erforderlich ist. Ich bin der Meinung, daß gegen diesen Antrag diejenigen stimmen, die die Prüfung der Reformfrage für geboten erachtet haben, für den Antrag diejenigen, die weder eine Gesamtreform noch eine Teilreform wollen. Wird dieser Antrag angenommen, dann wäre nachher noch über die Frage der Teilreform abzustimmen.

In der folgenden Abstimmung wurde der Antrag Solmssen-Heymann angenommen und damit der Antrag Pinner-Kempner abgelehnt.

Angenommen wurde ferner einstimmig der Antrag, daß die Vorschriften des englisch-amerikanischen Rechtes sich zur Übertragung auf deutsche Verhältnisse nicht eigneten und wenn auch zu beachten, jedenfalls im allgemeinen nicht nachzuahmen seien.

Abgelehnt wurden sodann die von dem Berichterstatter Geheimrat Heymann und einigen anderen Herren gestellten Anträge hinsichtlich einer Teilreform des Aktienrechts. Dagegen fanden Annahme die Anträge Geilers hinsichtlich der Einsetzung einer Kommission durch die Ständige Deputation des Juristentages und der Zulassung überstaatlicher kapitalistischer Gesellschaftsformen, und zwar ersterer Antrag mit einer Modifikation seines ursprünglichen Wortlauts im Hinblick auf die vorhergehenden Abstimmungsergebnisse.

Zum Berichterstatter für die Plenarversammlung wurde Geh. Justizrat Prof. Dr. Heymann ernannt.

Die von der Abteilung gefaßten Beschlüsse lauten somit wie folgt:

1. Eine allgemeine Reform des deutschen Aktienrechts ist z. Zt. nicht erforderlich; es liegt daher kein Anlaß vor, Maßnahmen zur Vorbereitung einer solchen Reform einzuleiten.

2. Die Vorschriften des englisch-amerikanischen Rechtes sind zur Übertragung auf deutsche Verhältnisse nicht geeignet und, wenn auch zu beachten, jedenfalls im allgemeinen nicht nachzuahmen.
3. Die Ständige Deputation des Juristentages wird ersucht, eine aus Mitgliedern des Juristentags bestehende Kommission, mit dem Rechte der Kooptation auch von Nichtmitgliedern, zu bilden, die beauftragt wird, die Frage einer etwa notwendigen Reform des deutschen Aktienrechts zu prüfen.
4. Der Juristentag regt außerdem die Bildung einer überstaatlichen kapitalistischen Gesellschaftsform an, die wahlweise neben den innerstaatlichen Gesellschaftsformen zur Verfügung stehen soll.

Zweite Sitzung der vierten Abteilung
(für Wirtschafts- und Steuerrecht)

am

Dienstag, den 14. September 1926.

Nachdem die Vertrauensmänner für die Wahl der zukünftigen Ständigen Deputation gewählt worden waren, wurde in die Beratung des zweiten Themas eingetreten:

> Inwieweit haftet ein Berufsverein der Arbeitgeber oder Arbeitnehmer für unzulässige Kampfhandlungen, und welche Änderungen des deutschen Rechts sind hier, zugleich unter Beachtung ausländischer Vorbilder empfehlenswert?

Hierzu lagen folgende Leitsätze der Berichterstatter Rechtsanwalt Prof. Dr. Hugo Sinzheimer-Frankfurt a. M. und Syndikus und Privatdozent Dr. Arthur Nikisch-Dresden vor:

I. Leitsätze des Berichterstatters
Rechtsanwalt Prof. Dr. Hugo Sinzheimer Frankfurt a. M.

Der Standpunkt des geltenden Rechts, aus dem sich die Haftung der Berufsvereine für unzulässige Kampfhandlungen ergibt, ist grundsätzlich zu billigen:

Mit Rücksicht auf den besonderen Charakter der Berufsvereine, die bestehende Rechtsverschiedenheit rechtsfähiger und nichtrechtsfähiger Berufsvereine, die Sicherstellung der Haftungsansprüche und die Eigenart der sich aus den unzulässigen Kampfhandlungen ergebenden Rechtsstreitigkeiten sind jedoch Abänderungen der geltenden Rechtsvorschriften zu empfehlen. Für diese Abänderungen sollen, einerlei, ob sich die unzulässigen Kampfhandlungen aus einem Tarifbruch oder einer unerlaubten Handlung ergeben, die folgenden Grundsätze maßgebend sein:

1. Die Haftung der Berufsvereine ist der Höhe nach zu beschränken, und zwar in der Form einer Buße.
2. Unter der Voraussetzung, daß diese Beschränkung der Haftung eintritt, sind auch die nichtrechtsfähigen Berufsvereine in allen Haftungsfragen den rechtsfähigen Vereinen gleichzustellen, wobei eine nähere Präzisierung des § 31 BGB. vorbehalten bleiben muß.
3. Die Haftung der Berufsvereine ist durch eine subsidiäre gesamtschuldnerische Haftung der Vereinsmitglieder neben ihren Vereinen zu sichern.
4. Für alle Streitigkeiten aus unzulässigen Kampfhandlungen sollen die Arbeitsgerichte, dem vorliegenden Entwurf eines Arbeitsgerichtsgesetzes entsprechend, zuständig sein.

II. Leitsätze des Berichterstatters Syndikus und Privatdozent Dr. Arthur Nikisch-Dresden.

Der Standpunkt des geltenden Rechts, aus dem sich die Haftung der Berufsvereine für unzulässige Kampfhandlungen ergibt, ist zu billigen.

Mit Rücksicht darauf, daß ein großer Teil der Berufsvereine bisher davon abgesehen hat, die Rechtsfähigkeit zu erwerben, und die Grundsätze, nach denen nichtrechtsfähige Vereine für Vertragsverletzungen und unerlaubte Handlungen haften, bei der Bedeutung der Berufsvereine, der Eigenart ihrer Organisation und ihrer Betätigung zu unangemessenen Ergebnissen führen, ist jedoch eine Änderung der geltenden Rechtsvorschriften zu empfehlen. Dabei sollen folgende Grundsätze maßgebend sein:

1. Die Haftung der Berufsvereine für unzulässige Kampfhandlungen ist grundsätzlich nicht anders zu regeln als ihre Haftung auf Grund sonstiger haftungsbegründender Tatbestände.
2. In allen Haftungsfragen sind die nichtrechtsfähigen Berufsvereine den rechtsfähigen Vereinen gleichzustellen.
3. Eine Beschränkung der Haftung der Höhe nach oder auf bestimmte Haftungsobjekte kann nicht empfohlen werden.

Es berichtete zunächst Rechtsanwalt Prof. Dr. Sinzheimer, der Folgendes ausführte:

Meine Damen und Herren!

Das Thema, das uns heute in dieser Abteilung beschäftigen soll, ist ein arbeitsrechtliches Thema. Es ist von einer gewissen Bedeutung, daß in derselben Abteilung heute eine arbeitsrechtliche Frage erörtert werden soll, in der gestern eine Frage des Aktienrechts behandelt worden ist. Damit wird zum Ausdruck gebracht, daß das Wirtschaftsrecht doch nicht nur einen Bestandteil hat, sondern daß zwei Bestandteile im Wirtschaftsrecht offenbar verbunden sind. Der eine Bestandteil ist die Güterordnung, die für das Wirtschaftsrecht maßgebend ist und maßgebend sein muß, der andere Bestandteil ist die Personenordnung, die ebenso maßgebend ist und sein muß. Diese Bestandteile sind im Wirtschaftsrecht, so fasse ich die Verbindung der beiden Themata in einer Abteilung auf, doch wohl untrennbare Bestandteile, so daß sich Wirtschaft und Wirtschaftsrecht niemals nur in dem einen Gesichtspunkt erschöpfen können, sondern gleichberechtigt in Gemeinschaft zusammenwirken müssen, um die ganze Wirtschaft und das ganze Wirtschaftsrecht zum Ausdruck zu bringen. Noch in einer andern Richtung scheint mir die Wahl dieses Themas in dieser Abteilung von Bedeutung. Alle, die die Materie, um die es sich heute handelt, kennen, wissen, daß der Gegenstand, mit dem wir uns heute beschäftigen müssen, zu den Gegenständen gehört, die der Gesetzgeber nicht gerne anfaßt. Indem der Deutsche Juristentag nun den Versuch macht, heute dieses Thema zur Erörterung zu stellen, um, wie ich annehme, zu einem gewissen Abschluß in den Erörterungen über dieses Thema zu kommen, drückt er die Überzeugung aus, daß es sich hier nicht nur um eine einfache juristisch-technische Frage und Formulierung handelt, sondern daß es sich um Grundsätze handelt, die von ganz bestimmten Wertungen und ganz bestimmten grundsätzlichen Auffassungen beherrscht sind und beherrscht sein müssen.

Das arbeitsrechtliche Thema, das nun in dieser Weise vor uns tritt und von uns aufgenommen werden muß, ist in einer bestimmten Formulierung vorgelegt. Diese Formulierung enthält eine bestimmte Abgrenzung, und ich sehe meine Aufgabe darin, diese Abgrenzung, die durch den Inhalt des Themas selbst gezogen ist, meinerseits einzuhalten und zwar in dem Bewußtsein, daß nichts einer sachlichen Lösung von Fragen mehr schadet, als allzuviel Horizonte und allzuviel Gesichtspunkte. Die Abgrenzung, um die es sich handelt, ist durch die Frage gezogen: „Inwieweit haften Berufsvereine usw. für unzulässige Kampfhandlungen?“ Damit setzt der Deutsche Juristentag den Begriff und die Behandlung der unzulässigen Kampfhandlungen voraus. Ich beschäftige mich daher mit der Frage, was eine unzulässige Kampfhandlung ist, und wie sie nach geltendem und künftigem Recht zu gestalten ist, nicht. Ich setze vielmehr die Lösung dieser Frage voraus, und ich darf hier, vor dem Deutschen Juristentag, diese Lösung voraussetzen. Denn Sie erinnern sich, daß im Jahre 1908 auf dem Juristentag in Karlsruhe diese Frage, was eine unzulässige Kampfhandlung ist, insbesondere unter welchen Voraussetzungen Wirtschaftskämpfe als unerlaubte Handlungen angesehen werden können, eine großzügige und eingehende Erörterung unter Führung von Heinrich Rosin, der damals einer der Hauptreferenten war, gefunden hat. Ich habe nicht die Absicht, in die Erörterungen der damaligen Verhandlungen irgendwie einzugreifen. Ich halte es für außerordentlich dankenswert, um das gleich hinzuzusetzen, daß unser verehrter Herr Gutachter, Kollege Nipperdey, seinerseits es für seine Pflicht gehalten hat, auch auf diese Frage, und zwar nicht nur positiv-rechtlich, sondern auch kritisch einzugehen. Diese Erörterungen waren unbedingt im Gutachten notwendig, um den Zusammenhang der Probleme, um die es sich hier handelt, klar herauszuarbeiten. Ich nehme deswegen, so nahe es mir liegt, und so sehr ich versucht wäre, darauf einzugehen, auch keine Stellung zu den legislativen Vorschlägen, die der Herr Gutachter insbesondere in Bezug auf § 826 BGB. gemacht hat, sondern ich setze sie als bekannt voraus und bin der Ansicht, daß es nicht notwendig ist, die Erörterungen des Gutachtens in dieser Hinsicht im einzelnen zu behandeln. So bleibt für uns nur bestehen das Problem der Haftung aus unzulässigen Kampfhandlungen, die in ihrem Wesen und ihrer Natur vorausgesetzt werden.

Innerhalb dieser Abgrenzung enthält nun das Thema des Berichterstatters, wie es gestellt worden ist, naturgemäß eine doppelte Frage:

1. die Frage: Wie ist die Haftung beschaffen nach geltendem Recht?
und 2. die Frage: Wie soll die Haftung eventuell, wenn Abänderungen sich als notwendig erweisen, im künftigen Recht beschaffen sein?

Dementsprechend habe ich die Aufgabe, mich zunächst mit der Frage zu beschäftigen: Wie ist die Haftung der Berufsvereine für unzulässige Kampfhandlungen nach geltendem Recht geregelt? Hierbei ist es mir ein Bedürfnis, unserem Herrn Gutachter meinen Dank auszusprechen. Der Herr Gutachter hat in dem ausführlichen Gutachten, das er der Versammlung vorgelegt hat, mit außerordentlicher Klarheit und mit großer Übersichtlichkeit das geltende Recht, ich darf wohl sagen, erschöpfend behandelt. Ich darf daher in der Frage, wie das geltende Haftungsrecht beschaffen ist, weitgehend Bezug nehmen auf die Ausführungen des Kollegen Nipperdey, zumal ich mit ihm in der Darlegung des geltenden Rechts in allen wesentlichen Zügen — auf unwesentliche Dinge kommt es gar nicht an, und an Einzelheiten, an die ich vielleicht anknüpfen könnte, möchte ich nicht anknüpfen, weil sie eine wesentliche Rolle für unser Problem überhaupt nicht spielen — übereinstimmen kann. Es ist daher von mir nur zu erinnern an die Grundzüge, die das geltende Recht hinsichtlich der Regelung der Haftungsfrage aufweist, um damit die Grundlage für die zweite und wichtigste Erörterung zu finden, wie nämlich die Haftung nach künftigem Recht beschaffen sein soll.

Im geltenden Recht muß, wenn von unzulässigen Kampfhandlungen gesprochen wird, unterschieden werden, ob die Unzulässigkeit der Kampfhandlung begründet ist in dem Bruch eines Tarifvertrages oder aber in der Begehung einer unerlaubten Handlung. Diese bekannte Unterscheidung gilt grundlegend für die Betrachtung des geltenden Rechts, wenn die Frage nach dem Haftungsgrund auftaucht. Wenn wir daher das geltende Haftungsrecht kennen lernen wollen, so müssen wir zunächst die Haftung aus Tarifbruch und dann die Haftung aus unerlaubten Kampfhandlungen betrachten.

1. Was zunächst die Vertragshaft anlangt, so müssen wir unterscheiden — und damit beginnt die Differenzierung der Haftung, die das geltende Recht aufweist —, ob die Vertragshaft zurückgeht auf die unzulässige Kampfhandlung durch einen rechtsfähigen oder nichtrechtsfähigen Berufsverein. Praktisch sind Ihnen ja die Verhältnisse bekannt. In der Regel sind die Arbeitgeberverbände rechtsfähige und die Gewerkschaften nichtrechtsfähige Vereine. Beim rechtsfähigen Berufsverein ist die Vertragshaft — wie jede andere Vertragshaft aus dem individuellen Rechtsverkehr — durch die §§ 276 und 278 BGB. bestimmt. Der rechtsfähige Berufsverein haftet für den Vertragsbruch, wenn dieser Vertragsbruch durch die Organisation als solche selbst begangen worden ist, nach § 276 BGB. Der rechtsfähige Berufsverein haftet, wenn der Vertragsbruch begangen worden ist durch sogenannte Erfüllungsgehilfen, Vorstand oder Angestellte, nach § 278 BGB. Er haftet nur als Organisation. Ihre Mitglieder treten hinter dieser

Kollektivhaft vollkommen zurück. Das ist die einfache Vertragshaft, wie sie sich ergibt aus den §§ 276 und und 278 BGB., übertragen auf die Haftung rechtsfähiger Organisationen, wenn sie einen Tarifvertrag verletzt haben. Ich glaube, daß nach dieser Richtung irgend ein Bedenken nicht bestehen kann.

Schwieriger gestaltet sich, wie Sie wissen, die Vertragshaft, wenn es sich um nichtrechtsfähige Berufsvereine handelt. Wenn es sich um solche handelt, gilt zunächst dasselbe, was ich soeben über die Haftung der rechtsfähigen Berufsvereine gesagt habe. Ihre Haftung regelt sich nach § 276 BGB., wenn es sich um eine eigene Handlung handelt, oder aber nach § 278 BGB., wenn es sich um ein Einstehen für die sogenannten Erfüllungsgehilfen handelt. Ein Unterschied besteht nur insofern, als bei nichtrechtsfähigen Berufsvereinen noch § 54 BGB. eingreift. Alle nichtrechtsfähigen Vereine werden hiernach als Gesellschaften betrachtet, und die abschließenden Personen, die im Namen eines nichtrechtsfähigen Vereins einen Tarifvertrag abschließen, haften auch, so daß sich also bei ihnen die Haftung nach § 54 in zwei Punkten modifiziert: a) dahin, daß grundsätzlich auch die Mitglieder — ich betone: grundsätzlich — unmittelbar, primär und kollektiv verantwortlich haften, und b) dahin, daß auch die abschließenden Personen, obwohl sie im Namen des Berufsvereins gehandelt haben, persönlich haften. Nun habe ich betont, daß die Haftung der Mitglieder der nichtrechtsfähigen Berufsvereine nur g r u n d s ä t z l i c h besteht, weil die Regeln des Gesellschaftsrechts auf nichtrechtsfähige Berufsvereine Anwendung finden. Unter Führung von G i e r k e, der auch auf diesem Gebiet — nicht nur auf diesem Gebiet — bahnbrechend war, ist die Ansicht herrschend geworden, daß die Individualhaft der Mitglieder nichtrechtsfähiger Berufsvereine durch Vertrag ausgeschlossen werden kann, und daß zu diesem Vertragsausschluß der Haftung der Mitglieder eines nichtrechtsfähigen Berufsvereins nicht ein ausdrücklicher Vertrag erforderlich ist, sondern daß nach allgemeinen Grundsätzen ein stillschweigender Ausschluß genügt, und daß in der Regel, soweit es sich um Vereine der in Frage kommenden Art handelt, anzunehmen ist, daß insbesondere bei Abschluß von Tarifverträgen stillschweigend die Mitglieder der nichtrechtsfähigen Berufsvereine aus der Haft ausscheiden. Diese Ansicht ist die heute in der Praxis herrschende. Dagegen ist es zweifelhaft — ich muß das kurz erwähnen —, ob dieselben Grundsätze, die ich soeben über den vertragsmäßigen Ausschluß der Haftung der Mitglieder vorgetragen habe, auch gelten für einen vertragsmäßigen

Ausschluß der Haftung der abschließenden Personen. Da verneint die herrschende Richtung in der Rechtsprechung, daß es möglich sei, die Haftung dieser abschließenden Personen auszuschließen, so daß wir also praktisch damit rechnen müssen, daß bei nichtrechtsfähigen Berufsvereinen zwar die Haftung der Mitglieder ausscheidet, und zwar kraft Rechtsgeschäfts, nicht aber die Haftung der abschließenden Personen.

2. Ich wende mich nunmehr zur Betrachtung der Haftung aus unerlaubten Kampfhandlungen. Nun ändern sich die ausschlaggebenden Gesichtspunkte. Wir treten in das Gebiet der §§ 823 ff. BGB. ein und müssen jetzt hinzunehmen den § 31 BGB., wonach der rechtsfähige Verein für seine Organe, um es kurz so zu nennen — das Gesetz spricht von verfassungsmäßig berufenen Vertretern —, haftet. Bei der Deliktshaftung ist die Rechtslage der rechtsfähigen Berufsvereine die folgende: Wenn die unerlaubte Handlung durch den Verein als solchen begangen wird, so haftet der Verein als solcher. Außerdem haftet der rechtsfähige Berufsverein unter Anwendung des § 31 BGB. unmittelbar für das Handeln seiner Organe, der verfassungsmäßig berufenen Vertreter. Im übrigen gilt auch § 831 für die rechtsfähigen Berufsvereine. Für eigene Handlungen haftet der nichtrechtsfähige Berufsverein nur dann, wenn etwa die Berufsgesamtheit, repräsentiert durch die Mitgliederversammlung, die unerlaubte Handlung begeht. Der nichtrechtsfähige Berufsverein haftet aber nicht unmittelbar — und nun kommt das, was viele Gewerkschaften heute noch als Privileg ansehen, was aber keines ist, — nach § 31 BGB. Der § 31 ist nach der Rechtsprechung und nach der Theorie nicht anwendbar auf nichtrechtsfähige Berufsvereine. Für sie gilt nur § 831 BGB., der allerdings nach der Rechtsprechung praktisch fast wie § 31 wirkt. Im übrigen haften für unerlaubte Handlungen der nichtrechtsfähigen Berufsvereine die Einzelmitglieder unmittelbar mit ihrem ganzen Vermögen; denn jene vertragsmäßige Ausschließung wie bei der Vertragshaft kommt bei der Deliktshaft nicht in Frage. Da wirken sich unverbrüchlich, auch entzogen jedem rechtsgeschäftlichen Einwirken, unmittelbar die gesellschaftlichen Grundsätze aus, die auf nichtrechtsfähige Berufsvereine nach § 54 angewendet werden müssen. —

Ich habe noch zwei Punkte hinzuzufügen. Der erste Punkt betrifft die Realisierung des Haftanspruchs. Die Realisierung des Haftanspruchs ist wiederum bestimmt durch den formalen Gegensatz zwischen rechtsfähigem und nichtsrechtsfähigem Berufsverein. Rechtsfähige Berufsvereine können ihre Ansprüche gegen ihre Gegner wie jede Einzelperson geltend machen. Nichtrechtsfähige Berufsvereine werden erfaßt von § 50 ZPO.; sie können verklagt werden, auch eine Widerklage erheben; sie können aber nicht klagen[1]).

Der zweite Punkt betrifft den Umfang der Haft. Darüber genügt der kurze Satz, der nunmehr sofort in den Vordergrund gerückt wird, nämlich der Satz, daß die Haft nach geltendem Recht, was ihren Umfang anlangt, unbeschränkt ist. Das ganze Vermögen des Berufsvereins, einerlei welchem Zweck dieses Vermögen gewidmet ist, ob das ein gemeinnütziger Zweck ist oder nicht, steht dem Angriff des Haftgläubigers offen. Es kann höchstens eine vertragsmäßige Beschränkung eintreten. Aber das spielt bei unserer Betrachtung keine Rolle.

Meine Damen und Herren! Damit habe ich versucht, mich der ersten Aufgabe, die mir gestellt ist, zu entledigen. Ich habe versucht, in den Grundzügen das geltende Haftungsrecht zu entwickeln. Ich kann mich nunmehr der zweiten Aufgabe zuwenden, ob dieses Haftungsrecht bestehen bleiben oder abgeändert werden soll. Wer treten also nunmehr in die legislative Betrachtung ein und erfassen damit den Kernpunkt des heutigen Referats. Ehe ich zu dieser Betrachtung übergehe, darf ich mir gestatten, eine doppelte Vorbemerkung zu machen. Die erste Vorbemerkung hängt mit der Aufgabe des Deutschen Juristentages zusammen. Ich stehe auf dem Standpunkt, daß der Deutsche Juristentag — es wurde auch gestern von Geheimrat Dr. Triepel in der andern Abteilung ausgesprochen — keine Gesetzgebungskommission ist. Ich fasse den Juristentag als das Organ einer geläuterten öffentlichen Meinung der Juristen auf. Ich fasse als seine Aufgabe auf, nicht an allen Einzelheiten und technischen Details den gesetzgebenden Körperschaften zur Verfügung zu stehen, sondern ich halte es für die besondere Aufgabe des Deutschen Juristentages, die Grundgedanken und Grundzüge zu entwickeln, die nach jener Meinung für die Ausgestaltung der in Frage kommenden gesetzgeberischen Probleme maßgebend sein sollen. Das ist das erste. Das zweite ist, daß eine solche legislative Tätigkeit niemals nur eine spezifisch juristische sein kann. Ich halte es für die Aufgabe des Juristen, sich mit legislativen Problemen zu beschäftigen; ich halte es für falsch, den Begriff der Rechtswissenschaft nur zu richten auf die Erkenntnis

[1]) Inzwischen hat das ArbGerG. den nichtrechtsfähigen Berufsvereinen in Arbeitsgerichtssachen auch die aktive Parteifähigkeit verliehen.

des geschichtlichen Werdens des Rechts und auf das Verstehen des Inhalts des geltenden Rechts. Ich halte es für eine besondere Aufgabe des Juristen, die Wertungstriebe und Wertungsgefühle zu wertungsbewußten Inhalten herauszuarbeiten und sich bewußt zu sein, daß er auch schöpferisch gestalten soll. Eine solche legislative Tätigkeit kann den Juristen nicht von der Aufgabe befreien, nicht nur juristisch-technisch zu bestimmten gegebenen Rechtssätzen Stellung zu nehmen — ich bin erstaunt über die Bescheidenheit der Juristen auf diesem Gebiet —, sondern auch einzuwirken auf die neue Gestaltung der Dinge überhaupt, welchen Inhalt sie haben, welche Richtung sie nehmen sollen. Ohne diese Wertung ist ein gesetzgeberisches Mitarbeiten des Juristen m. E. nicht möglich. Ich erinnere mich in diesen Tagen an eines der bedeutsamsten Referate, das ich gehört habe auf dem Deutschen Juristentag in Innsbruck, als der verewigte Franz Klein über die rechtliche Behandlung der Kartelle sprach. Klein begnügte sich nicht damit, die Frage zu prüfen, welche technische Formen für gegebene Auffassungen zu wählen seien, sondern im Mittelpunkt seiner Erörterungen stand die Frage, ob und wie eingeschritten werden solle, und er nahm seinen Standpunkt dazu nicht vom Juristisch-technischen — das ist ja unmöglich, um Stellung zu gewinnen —, sondern aus ganz bestimmten Wertungen den Kartellen überhaupt gegenüber.

Die Grundlage, von der ich ausgehe, ist in der ersten These enthalten, die ich dem Deutschen Juristentag vorzulegen mir erlaubt habe. Ich erkenne die bestehende Haftung der Berufsvereine, gleichgültig, ob sie rechtsfähig oder nichtrechtsfähig sind, gleichgültig, ob die Haft auf Vertragshaft oder Deliktshaft zurückgeht, grundsätzlich an. Ich glaube, daß ich darüber keine weiteren Ausführungen zu machen brauche. Ich glaube, daß ich bei diesem grundsätzlichen Ausgangspunkt kaum auf Widerspruch stoßen werde. Die Haft der Berufsvereine ist ohne weiteres anzunehmen, wenn es sich um Vertragshaft handelt. Versprechen verpflichtet, einerlei ob der Vertrag geschlossen wird von Individualpersonen oder Kollektivpersonen. Aber nicht nur: Versprechen verpflichtet. Ich setze dem auch den Satz hinzu: Macht verpflichtet! Die Kollektivpersonen von heute sind Machtkörper kollektiver Art geworden. Sie greifen oft bestimmend in das soziale Leben ein. Wer Macht hat, trägt auch Verantwortlichkeit, vielleicht sogar erhöhte Verantwortlichkeit. Ich wende diesen Satz auf alle Machtkörper an, und damit ich ihn auf alle Machtkörper anwenden kann, präge ich ihn besonders ausdrücklich und zweifelsfrei: Versprechen und Macht verpflichten! Daraus ergibt sich auch die Haft für unerlaubte Handlungen, wenn unerlaubte Handlungen begangen werden. Wenn ich diesen Satz ausspreche, so trete ich entschieden sowohl für die Arbeitgeberseite wie für die Arbeitnehmerseite einer Mißdeutung entgegen, als ob es sich darum handelte, aus individuellen Rechtsvorstellungen heraus kollektive Macht zu unterdrücken oder kollektive Machtentwicklung zu unterbinden. Macht verpflichtet! heißt, daß die kollektiven Machtkörper, wenn sie in das Reich der unerlaubten Handlungen eingreifen, nicht anders behandelt werden können wie Individualpersonen, die in das Reich des gemeinsamen Lebens eingreifen. Damit schließe ich aber den Machtfaktor und die Betätigung der Macht nicht aus. Ich verlange nur ein rotes Kreuz für sie, d. h. eine Ordnung, in der diese Machtkörper dann innerhalb einer gegebenen Rechtsordnung sich betätigen können, weil ich keinen Grund sehe, die Anwendung des Rechtsgedankens von Machtkörpern auszuschließen, nur weil sie kollektiv sind. Die Macht ist damit nicht ausgeschaltet, denn ich weiß, daß das Recht, hinter dem keine Macht steht, wohl ein geschriebenes Recht ist, aber in vielen Fällen kein wirkliches Recht sein wird. Recht ohne Macht ist undenkbar, aber auch Macht ohne Recht im innerstaatlichen Leben ist undenkbar. Daraus ergibt sich der Satz, daß wir das dem geltenden Recht zu entnehmende Haftungsprinzip auch zur Grundlage und zum Ausgangspunkt für den legislativen Ausbau eines neuen Haftungsrechts nehmen müssen. Sie wissen, daß das englische Recht hier eine merkwürdige Ausnahme bildet. England hat im Jahre 1906 ein Gesetz geschaffen, und dieses Gesetz scheint den Grundsatz, von dem ich für das deutsche Recht ausgehe, zu verwerfen. Das englische Gesetz erkennt die Haftung der Berufsvereine, wie sie eben grundsätzlich entwickelt worden ist, nicht an. Nach dem Gesetz vom 21. Dezember 1906 heißt es: „Kein Gerichtshof soll eine Klage annehmen gegen einen Gewerkverein, sei es ein solcher von Arbeitern oder Meistern, oder gegen irgendwelche seiner Mitglieder und Beamten mit Bezug auf irgend eine schädliche Handlung, begangen vom oder zu Gunsten des Gewerkvereins.“ Also: Ausschluß der Kollektivhaft der Berufsvereine und zwar a) der Organisationen als solcher, b) der Mitglieder, wenn ihr Handeln bestimmt worden ist mit Rücksicht auf die Organisation, und dies gleichmäßig und paritätisch angewandt sowohl auf die Gewerkvereine der Arbeitgeber, wie auch auf die Gewerkvereine der Arbeitnehmer. Ich bekenne, daß die Entstehungsgeschichte und die praktische Wirksamkeit dieses Gesetzes bis heute noch nicht restlos für uns aufgeklärt ist. Aber eins möchte ich doch betonen: Es ist ein Irrtum zu glauben, daß dieses Gesetz, dessen Hauptinhalt ich eben vorgetragen habe, sich auch auf die Vertragshaft bezieht. Es bezieht sich nach den Ausführungen von Hanold, „Das englische Gewerkschaftsrecht nach 1870", nur auf die Deliktshaft. Im übrigen ist, wie ich eben sagte, nicht klar durchsichtig, welche Gründe für den Ausschluß der Haft in bezug auf unerlaubte Kampfhandlungen für den damaligen englischen Gesetzgeber maßgebend waren. Ich glaube, daß es ein Irrtum wäre — wie Nipperdey anzunehmen scheint —, daß nur gewisse formalrechtliche Bedenken zu diesem Ausschluß der Haft geführt haben sollen, etwa das Bedenken, es könne rechtstechnisch ein nichtrechtsfähiger Berufsverein, um in unserer Rechtssprache zu sprechen, nicht Kläger werden, und deswegen gäbe es auch keine Klageberechtigung gegen einen nichtrechtsfähigen Berufsverein. Ich glaube nicht, daß für den Engländer allein der Satz maßgebend war, die Berufsvereine hätten kein Vereinsrecht, und deshalb dürfe man ihnen auch keine Pflichten auferlegen. Ausschlaggebend war offenbar die Kritik, die u. a. die berühmten beiden Webbs, daß eine unbeschränkte Haft, und zwar eine viel schärfere Deliktshaft als nach dem deutschen Recht — der Engländer kennt nicht § 831 BGB. —, untragbar sei, geübt haben. Die Webbs — und dieser Gesichtspunkt ist für uns doch einigermaßen wichtig — sagten: Es ist rechtspolitisch und sozialpolitisch untragbar, daß das Kollektivvermögen unter Umständen in seinem ganzen Bestande im Wege eines Prozesses weggenommen werden könnte, weil irgend ein Mitglied oder ein Angestellter wilde Streiks oder wilde Aussperrungen, wenn der Ausdruck erlaubt ist, inszeniert habe. Es war also ein sozialpolitischer Gesichtspunkt. Man wollte das Gewerkvereinsvermögen nicht zerstören lassen durch Haftprozesse, die eventuell das ganze Gewerkvereinsvermögen für den Gläubiger in Anspruch nehmen könnten. Und in der Tat: Das Zentralproblem ist der Umfang der Haft der Berufsvereine. Hier in diesem Zentralproblem liegt die Schwierigkeit und die besondere Verantwortlichkeit für den Gesetzgeber. Ich möchte sagen, alle anderen Punkte, die nachher noch kurz erwähnt sein mögen, treten an Bedeutung zurück hinter diesem Problem: Soll der Berufsverein unbeschränkt, wie nach geltendem Recht, oder nur beschränkt haften?

Die Antwort ist abhängig von einer Wertung der Berufsvereine. Wir können die Frage juristisch-technisch nicht entscheiden. Wir haben uns in der Wertungsfrage zu entscheiden, ganz offen zu entscheiden, ob wir die beschränkte Haft aus ganz bestimmten Gründen wollen oder sie ablehnen. Ich habe Ihnen in den Thesen meine Auffassung vorgelegt. Ich bin in den Thesen eingetreten für eine Beschränkung der Haft. Mein verehrter Korreferent hat sich in diesem Punkt nicht mit mir einigen können. Es kommt darauf an, ob der kurze Satz der These, daß die Haft nach künftigem Recht, einerlei ob sie auf Vertragsbruch oder unerlaubte Handlung zurückgeht, zu beschränken sei, angenommen werden kann oder nicht.

Die Antwort hierauf hängt davon ab, ob die weitere Entwicklung unseres sozialen Rechts, vor allem unseres Arbeitsrechts, getragen werden soll von dem kollektiven Rechtsgedanken oder von dem Rechtsgedanken des sogenannten freien Arbeitsvertrages, also des Individualvertrages zwischen dem einzelnen Arbeitnehmer und dem einzelnen Arbeitgeber.

Wenn wir zu dieser Frage Stellung nehmen, müssen wir uns über die Bedeutung des kollektiven Rechts klar sein. Unser Gesellschaftsbegriff ist nicht mehr der alte Gesellschaftsbegriff. Der alte Gesellschaftsbegriff betrachtete die Gesellschaft als eine Summe von atomisierten Einzelindividuen. Die Gesellschaft heute ist etwas anderes geworden. Sie ist heute nicht nur eine Summe voneinander losgelöster Individuen, sondern von Organisationen. Das gesellschaftliche Wirken spielt sich heute ab als Kampf und Verbindung von Organisationen. Die Bedeutung des Kollektivrechts ist: Der Einzelne für sich kann, insbesondere in dem Verhältnis zwischen Arbeitgeber und Arbeitnehmer, diejenigen Lebensbedingungen, die für ihn als Mensch erforderlich sind, nicht schaffen. Der Einzelne bedarf der Organisation. Nicht nur der Arbeiter, auch der Arbeitgeber sagt sich das. Auch der Arbeitgeber ist kollektiv und organisatorisch zusammengeschlossen. Die Träger des Kollektivrechts von heute sind auch die Arbeitgeber. Die ganze gesellschaftliche Welt steht — ich will nicht sagen: neu organisiert, das wäre zu viel gesagt, aber neu formiert da als eine Welt von Organisationen. Die gesellschaftliche Welt ist ein Inbegriff von Kollektivkörpern geworden. Wir brauchen den Kampf, der sich daraus ergeben hat und sich noch weiter daraus ergeben kann, nicht zu fürchten. Der Kampf ist der Vater aller Dinge. Ich bin überzeugt, daß aus dieser kollektiven Anlage unser ganzes soziales Wesen sich weiter, höher organisieren wird, daß sie dem gesellschaftlichen Aufbau eine andere Bedeutung, ein anderes Gesicht, ein anderes Wirken wird geben können. Die Berufsvereine sind die Träger dieses kollektiven Rechts. Wir würden, wenn wir durch Haftungsprozesse es möglich machen würden, daß Berufsvereine zerstört werden könnten, die Träger dieses kollektiven Rechts zerstören und damit das Kollektivrecht gefährden oder gar unmöglich machen.

Aber die Berufsvereine sind nicht nur Träger des Kollektivrechts; die Berufsvereine sind auch Träger sozialer Verwaltung. Unsere Berufsvereine verwalten soziale Güter für die Einzelnen: Arbeitslosenunterstützung, Zuschläge, Rechtshilfe, Reiseentschädigungen usw. Die Gewerkschaft hat Einrichtungen, die den Mitgliedern zugutekommen, und für diese Einrichtungen ist auch das Vermögen da. Diese Verwaltung sozialer Güter würden wir wiederum zerstören, wenn es möglich wäre, durch Haftprozesse das ganze Vermögen, auch dieses gemeinnützigen Zwecken gewidmete Vermögen, den Gewerkschaften zu entziehen. Und diese soziale Verwaltung disponiert nicht nur über Güter, sondern auch über Menschen. Die Berufsvereine sind heute Körper und Seele der Massen. Sie ordnen und disziplinieren die Massen, sie erheben den ungeregelten Willen der Einzelnen zu einem geregelten Gesamtwillen. Sie reißen den Einzelnen aus seiner sozialen Vereinsamung und verleiben ihn ein in Gemeinschaftskörper, die ihn binden und bilden. Wenn nichts anderes da wäre, als daß diese Trägerschaft sozialen Gemeinschaftsgefühls und sozialer Disziplin besteht, so wäre schon damit, meine Damen und Herren, das gerechtfertigt, daß wir es niemals zulassen, das Vermögen der Gewerkschaften und damit die organische Existenz der Gewerkschaften individuellen Interessen preiszugeben. Diese Erwägungen führen nicht zu einem Ausschluß, wohl aber zu einer B e s c h r ä n k u n g der Haftung.

Meine Damen und Herren! Ich nehme an, daß mein verehrter Herr Korreferent wohlerwogene Gründe hat, um einzutreten für die unbeschränkte Haftung der Gewerkschaften, und ich weiß sehr wohl, daß mancher Grund dafür spricht, sich gegen die beschränkte Haftung zu wenden. Man kann auf die Prinzipien verweisen, man kann den Satz vertreten: Es ist ein Rechtsprinzip, daß derjenige, der Schaden stiftet, auch für den ganzen Schaden eintreten muß. Ich will dem Herrn Korreferenten nicht vorgreifen. Aber was sind Prinzipien? Was man juristisch Prinzip nennt, ist nichts von selbst Gegebenes und für alle Zeiten Feststehendes. Denn alles Recht ist nicht um seiner selbst willen da, sondern um vernünftigen sozialen Interessen zu dienen. Es ist um so vollkommener, je mehr sein Inhalt diesem obersten Begehren entspricht. Prinzipien sind zweckmäßige Formen, meine Damen und Herren! Es gibt kein absolut logisches Prinzip. Das, was die Juristen absolut logische Prinzipien nennen, ist im Grunde genommen nur ein Zweck-Wille. Alles andere ist Metaphysik.

Aber, sagt man, und ich weiß, daß das eines der schwerwiegendsten Momente ist, das scheinbar schwerwiegendste Moment: Wie kannst du für die Haftungsbeschränkung der Berufsvereine eintreten! Heute ist es die Gewerkschaft, morgen ist es irgend ein anderer Verein. Du verlierst den Boden, auf dem du stehst, wenn du eine Beschränkung anerkennst. Welche Gründe sprechen dafür, den Berufsverein in seiner Haftung zu beschränken, aber andere Individualpersonen oder andere Kollektivpersonen nicht zu beschränken? Die unbeschränkte Haft muß um der Gleichheit willen aufrecht erhalten werden. Wir dürfen die Berufsvereine nicht privilegieren.

Soweit in diesem Satze steckt, daß es keine besonderen sozialen Gründe für eine Privilegierung gibt, habe ich mich bereits zu äußern versucht. Ich wiederhole nochmals: die Berufsvereine, insbesondere die Gewerkschaften üben gesellschaftsnotwendige Funktionen aus. Ist dies aber der Fall, so dürfen wir die Träger dieser Funktionen niemals gefährden. Damit gefährden wir die Gesellschaft überhaupt. Aber wir haben ja in unserem Recht gar nicht überall das Prinzip der unbeschränkten Haftung. Und was dem einen recht ist, wäre dem anderen unter Umständen, wenn sie ähnlich oder gleich zutreffen, billig. Es besteht die Haftung der Post, die Haftung der Eisenbahn, die Haftung des Fahrzeugführers zu Lande und zu Wasser. Alle diese Haftungen sind beschränkt, und es ist interessant, zu prüfen, was hier als Grund für diese Beschränkung angegeben worden ist. Wir sehen, daß überall, wo Anstalten existieren, die öffentlich-sozialen Interessen dienen, das Gesetz entsprechend dieser Aufgabe die Haft beschränkt hat. Als Rechtsgrund der vertragsmäßigen oder gesetzlichen Beschränkung eines Obligationsinhaltes ist im allgemeinen der beabsichtigte Schutz der wirtschaftlichen Persönlichkeit des Verpflichteten anzusehen. Der Schutz der wirtschaftlichen Persönlichkeit! Wo öffentliche oder soziale Interessen diesen Schutz erforderlich machen, da müssen diese öffentlichen und sozialen Interessen dem Individualinteresse vorgehen.

Meine Damen und Herren! Das ist der Grund für mich, daß ich für die Beschränkung der Haftung der Berufsvereine aus unzulässigen Kampfhandlungen, einerlei welchem Rechtsgrunde sie entspringen, eintrete. Gesellschaftlich notwendige Funktionen werden heute, wo der Begriff der Individualgesellschaft sich in der Auflösung befindet und der Begriff der Organisationsgesellschaft in den

Vordergrund getreten ist, von diesen Trägern kollektiver Machtgebilde vertreten. Wenn die Gefahr besteht, daß diese Trägerschaft beeinträchtigt oder zerstört werden kann, dann gebietet es das Sozialinteresse, das über die Erhaltung der sozialen Funktionen zu wachen hat, daß diese Gefährdung, diese Benachteiligung, diese Beeinträchtigung ferngehalten wird von diesen sozialen Trägerschaften. Gegengründe, die aus dem Prinzip der Rechtsgleichheit oder daraus hergenommen werden können, daß man nicht Einzelpersonen privilegieren dürfe, haben angesichts der Bedeutung von Prinzipien und angesichts der Tatsache, daß wir bereits im geltenden Recht die beschränkte Haft haben, kein ausschlaggebendes Gegengewicht. —

Ich sagte schon, daß hinter diesen Zentralfragen die anderen Thesen, die aufgeworfen worden sind, eine entscheidende Rolle nicht spielen. Sie sind wichtig, aber die Hauptrolle spielen die Probleme, die ich erörtert habe. Ich habe zunächst die Forderung aufgestellt, daß die nach geltendem Recht bestehende Differenzierung der Haft, je nachdem die in Frage kommenden Berufsvereine rechtsfähig oder nichtrechtsfähig sind, dadurch aufgehoben werden soll, daß alle Berufsvereine, soweit unzulässige Kampfhandlungen in Frage kommen, als rechtsfähige Vereine behandelt werden. Ich bin der Ansicht, daß dieser Unterschied zwischen rechtsfähigen und nichtrechtsfähigen Vereinen eine innere Begründung heute nicht mehr hat, soweit unzulässige Kampfhandlungen in Frage kommen, also soweit Kollektivhandeln im sozialen Sinne in Frage kommt. Kommt die Form in Betracht, in der das Kollektivhandeln erfolgt, oder kommt die Macht in Frage, die in dem Kollektivwesen zum Durchbruch gelangt? Ich bestreite, daß in der Machtentwicklung eines rechtsfähigen Berufsvereins ein Unterschied liegt gegenüber der Machtentwicklung eines nicht rechtsfähigen Berufsvereins. Die Franzosen haben da eine feine Unterscheidung. Wir können uns bei Kollektivpersönlichkeiten nicht ohne weiteres auf irgendein Prinzip der Individualaktion usw. berufen. Hier kommt ein ganz besonders soziales Kollektivhandeln in Frage, und dieses Kollektivhandeln ist völlig befreit und losgelöst von der rechtlichen Form, in der es sich äußert. Der Kampf eines nichtrechtsfähigen Berufsvereins kann mindestens so eminent sein wie der Kampf eines rechtsfähigen, und die Wirkungen, die von einem solchen Kampf ausgehen, können ebenso gewaltig sein wie die Wirkungen, die von einem rechtsfähigen ausgehen. Sie sehen ganz deutlich, daß diese Form der Rechtsfähigkeit, die für andere Beziehungen von so großer

Bedeutung sein kann, für die Personenordnung, wo sich diese Kämpfe abspielen, ihr entscheidendes Gewicht vollkommen verliert, und das ist die grundsätzliche Stellungnahme, von der ich ausgehe, meine Damen und Herren, um Ihnen vorzuschlagen: soweit unzulässige Kampfhandlungen in Frage kommen, wollen wir den Unterschied zwischen rechtsfähigen und nichtrechtsfähigen Berufsvereinen fallen lassen und das entscheidende Gewicht auf das Gewicht der sozialen Aktion legen. Wir vollbringen damit keine revolutionäre Tat. Es ist fast schon ein Sturm im Wasserglase, was ich vorschlage. Denn das, was ich vorhin geschildert habe als rechtstheoretische Unterscheidung bei der Haftung von rechtsfähigen und nichtrechtsfähigen Berufsvereinen, ist durch die Rechtsprechung des Reichsgerichts so gut wie beseitigt. Und was die äußerliche Haft der Mitglieder nichtrechtsfähiger Berufsvereine anlangt, so werden die Arbeitgeberverbände ihr skeptisch gegenüberstehen.

Denn die Rechtsprechung, ich möchte das in einem Satz aussprechen, hat die Nichtanwendung des § 31 auf nichtrechtsfähige Berufsvereine vollständig wettgemacht. Wenn Sie das letzte Reichsgerichtsurteil vom 23. April 1926, das Kollege Nipperdey aus guten Gründen wörtlich zitiert, — es ist das Urteil Deutsch-Luxemburg gegen Zentralverband der Heizer und Maschinisten — in Betracht ziehen, dann fragen Sie: worin besteht denn praktisch noch ein Unterschied in der Anwendung des § 31 und des § 831? Das sogenannte Privileg des § 831, das immer noch herumspukt in den verschiedenen Argumentationen gegen die Erlangung der Rechtsfähigkeit seitens der Berufsvereine, spielt praktisch keine Rolle mehr, wenn man die Rechtsprechung als Tatsache ansieht. Und dabei kommt noch ein anderes hinzu: Ich habe das Gefühl, als ob die Tendenz der Rechtsprechung darauf hinausläuft, die Haftung von sozialen Gebilden für das Tun von Organen und Angestellten immer mehr anzuspannen. Ich verweise hierbei auf die in letzter Zeit erschienene ausgezeichnete Schrift von Weigert: „Die außervertragliche Haftung von Großbetrieben für ihre Angestellten", zu der ich leider im einzelnen nicht Stellung nehmen kann.

Die weitere These, daß neben der Kollektivhaftung der Berufsvereine auch eine subsidäre Haftung der einzelnen Mitglieder stehen soll, auch wenn sie als rechtsfähige Berufsvereine zu behandeln sind, ist eine These, die ich mehr als Frage an die Versammlung richte, als eine Formulierung, auf deren unbedingtes Festhalten es ankommt. Ich spreche mich offen über die Gründe aus, die zu der Formulierung dieser These geführt haben. Sie liegen in einer einfachen Rechtserfahrung. Ein Prozeß wurde von einer Gewerkschaft gegen einen Arbeitgeberverband geführt. In diesem Prozeß hatte sich der Arbeitgeberverband darauf berufen, daß der verbindlich erklärte Tarifvertrag für ihn nicht maßgebend sei, weil der Verband nicht tariffähig sei. Der Prozeß ging für den Verband verloren. Die Kosten wurden nicht bezahlt und sollten eingezogen werden. Es wurde Pfändungsauftrag gegen den Arbeitgeberverband gegeben. Der Auftrag kam nach fruchtloser Pfändung zurück, da der Arbeitgeberverband kein Vermögen hatte, und erst als der Auftrag zum Offenbarungseid der Geschäftsführer gegeben wurde, wurden die Kosten im Betrage von ca. 400 Mark bezahlt. Diese Erfahrung hat folgendes nahegelegt: Die Gewerkschaften haben Vermögen. Diesem Vermögen entspricht kein Vermögen der Arbeitgeberverbände, die sich die nötigen Ausgaben durch Umlagen verschaffen. Mit Recht treten die Arbeitgeberverbände dafür ein, daß, wenn eine Haftung besteht, sie auch tatsächlich durchgeführt werden muß. Ich stelle die Frage — vielleicht sind zufällig Vertreter von Arbeitgeberverbänden anwesend —, ich stelle die Frage: wie stellen sich die Arbeitgeberverbände dazu, daß sie kein Vermögen haben, wie es ja heute die Regel ist, und wie sind Haftungsansprüche der Gewerkschaften gegenüber Arbeitgeberverbänden zu realisieren? Von der Antwort will ich die Weitervertretung meiner These abhängig machen. Das Gewerkschaftsvermögen ist greifbar, das Arbeitgebervermögen nicht, weil es nicht da ist. Nun kann mir gesagt werden: auch das Gewerkschaftsvermögen kann verschoben werden. Ich kenne keinen solchen Fall. Ich kann mir einen solchen Fall auch nicht theoretisch denken. Ich kann mir wohl denken, daß Gewerkschaften ihre Grundstücke auf den Herrn Müller eintragen, ich kann mir wohl denken, daß Schulze Inhaber des Gewerkschaftsvermögens ist. Aber wenn das Vermögen formell einem Dritten zusteht, so haben die Gläubiger Zugriff aus der Mandatsklage gegen den Treuhänder auf Rückgabe des Vermögens. Der Anspruch gegen den Mandatar ist pfändbar.

Den letzten Punkt, daß die Streitigkeiten vor die Arbeitsgerichte kommen sollen, möchte ich hier zunächst nicht weiter begründen. Ich stehe auf dem Boden des Entwurfs aus der bekannten Einstellung heraus, die ich schon geäußert habe.

Meine Damen und Herren! Damit habe ich versucht, dieses Thema zu behandeln nach geltendem Recht und nach künftigem Recht. Ich möchte alle weiteren Gesichtspunkte, die noch in Betracht kommen, jetzt nicht erörtern. Ich möchte dem Herrn Korreferenten nicht vorgreifen und keine Polemik gegen seine Thesen unternehmen. Ich möchte seine Begründungen abwarten und möchte dann an den Schluß eventuell die eine Frage noch setzen, die ja auftauchen mag: brauchen wir für alle diese Dinge ein besonderes Berufsvereinsgesetz, und wo und wann soll das, was in dieser These gesetzgeberisch gefordert wird, verwirklicht werden? Ich wollte mich in diesem Referat auf das Grundlegende beschränken. Wenn weitere Ausführungen erforderlich sind, darf ich sie machen, nachdem ich die Begründung des Herrn Korreferenten gehört habe.

Es folgte der Bericht des Syndikus und Privatdozenten Dr. Nikisch-Dresden, der Folgendes ausführte:

Meine sehr verehrten Damen und Herren!

Das Thema, das uns beschäftigt, umfaßt, wie Sie aus dem Gutachten ersehen haben werden, eine große Reihe von wichtigen Problemen. Aber schon aus den Ausführungen meines Herrn Mitberichterstatters werden Sie entnommen haben, daß es doch im wesentlichen zwei Kernfragen sind, um die sich die ganze Diskussion drehen wird, besonders soweit sie sich mit der Reformbedürftigkeit des geltenden Rechts beschäftigen. Diese beiden Kardinalfragen sind einmal die Frage nach der Haftung der nichtrechtsfähigen Berufsvereine und auf der anderen Seite das Problem der beschränkten oder unbeschränkten Haftung. Und da die Stunde bereits vorgerückt ist und ich als zweiter Berichterstatter in der angenehmen Lage bin, mich vor allen Dingen, was das geltende Recht betrifft, auf die ausgezeichneten Darlegungen des Gutachters und des ersten Herrn Berichterstatters beziehen zu können, so bitte ich Sie um die freundliche Rücksicht, Ihre Aufmerksamkeit auf diese beiden eben genannten Hauptpunkte konzentrieren zu dürfen.

Die Haftung der nichtrechtsfähigen Berufsvereine begegnet schon seit sehr langer Zeit einer lebhaften Kritik, und darüber sind Herr Prof. Dr. Sinzheimer und ich als Mitberichterstatter mit dem Gutachter vollständig einig: hier ist Remedur unbedingt am Platze. Sie wissen, daß die Stellung der nichtrechtsfähigen Berufsvereine im Rechtsleben und in ihrer Haftung nach geltendem Recht ganz anderen Grundsätzen unterliegt als die Haftung der rechtsfähigen Vereine, und Sie wissen, daß unter den Berufsvereinen namentlich die Arbeitnehmerverbände es sind, die bisher von der Möglichkeit, die Rechtsfähigkeit zu erwerben, keinen Gebrauch gemacht haben. Lassen Sie mich noch einmal kurz im Anschluß an das Gutachten die Punkte aufzählen, die hier besonders zur Kritik herausgefordert haben. Es wird zunächst die allgemeine Bemerkung gemacht, daß die Rechtsform des nichtrechtsfähigen Vereins im Widerspruche steht zu der sozialen und wirtschaftlichen Bedeutung der Berufsvereine. Es wird im besonderen darauf hingewiesen, daß die nichtrechtsfähigen Vereine für Handlungen und Unterlassungen ihrer Organe nicht unbedingt nach § 31 BGB., sondern nur nach § 831 mit der Möglichkeit des Entlastungsbeweises haften, der in der Regel sehr leicht zu erbringen sein wird. Man verweist weiter darauf, daß die Mitglieder der Vereins solidarisch für die Schuld haften, eine Haftung, die zwar bei Verträgen ausgeschaltet werden kann, die aber bei unerlaubten Handlungen unbedingt gilt und sich nur dadurch weniger bemerkbar macht, daß sie praktisch nicht zur Geltung kommt. Man verweist endlich auf die Personenhaftung nach § 54, und schließlich wäre in diesem Zusammenhange noch hinzuweisen auf das Fehlen der Parteifähigkeit.

Dieser kurzen Aufstellung bitte ich aber zu entnehmen, und das ist ein Punkt, in dem ich mit meinem Herrn Mitberichterstatter nicht übereinstimme, daß es in all den genannten Beziehungen die Beurteilung nicht beeinflußt, ob die Haftung des nichtrechtsfähigen Vereins sich gründet gerade auf eine unzulässige Kampfhandlung oder auf irgend einen anderen haftungsbegründenden Tatbestand. Für den Geschädigten ist es gleicherweise nachteilig, mag nun der Funktionär einer Gewerkschaft bei Proklamierung eines Streiks durch unwahre und verhetzende Flugblätter die Öffentlichkeit falsch orientieren und dadurch der Arbeitgeberseite Schaden zufügen und eine unerlaubte Handlung nach der Rechtsprechung begehen, oder ob derselbe Funktionär, auch in dieser seiner Eigenschaft und bei Ausübung seiner Verrichtung, aber ohne Zusammenhang mit einer Kampfhandlung, unwahre und kreditgefährdende Behauptungen über den Arbeitgeber in die Welt setzt. In beiden Fällen wird der Geschädigte äußerst unangenehm empfinden, daß ihm die Haftung nichts nützt. Genau dasselbe gilt in all den anderen Beziehungen. Es gilt für die solidarische Haftung der Mitglieder, es gilt für die der Abschlußpersonen. Immer begegnen wir hier den gleichen Schwierigkeiten in Ansehung der Haft des nichtrechtsfähigen Vereins, und deshalb bin ich, ich glaube in Übereinstimmung mit dem Gutachter, der Ansicht, daß hier Abhilfe nur dadurch durchgreifend geschaffen werden kann, daß man die nichtrechtsfähigen Vereine veranlaßt, die Rechtsfähigkeit zu erwerben, und auf diesem Wege dann die Grundsätze der Haftung rechtsfähiger Vereine, insbesondere die Anwendung des § 31 in allen Beziehungen auf sie überträgt. Die Form, in der das geschehen müßte, will ich hier im einzelnen nicht erörtern. Sie haben dem Gutachten entnommen, daß Nipperdey an eine Eintragungspflicht, eventuell eine Zwangseintragung in ein besonderes Vereinsregister denkt. Ich könnte mir vorstellen, daß die künftige Gesetzgebung keinen unmittelbaren, aber einen mittelbaren Zwang auf die Berufsvereine ausübt, indem sie gewisse Vorzugsrechte, die heute die Berufsvereine genießen, nur solchen Vereinen einräumt, die von der Möglichkeit der Eintragung in dieses Register Gebrauch machen und auf diese Weise im Besitze der Rechtsfähigkeit sind. Ich denke dabei sowohl an die zahlreichen Ernennungsrechte, die den Berufsvereinen zustehen, ich denke aber auch an die Tarifverträge. Ich könnte mir denken, daß die Tariffähigkeit nur den eingetragenen Berufsvereinen zuerkannt wird, um auf diese Weise einen Zwang in dieser Richtung auf sie auszuüben. Nun ergibt sich hier eine naheliegende Frage. Man könnte sagen: warum denn überhaupt ein Zwang? Die Rechtsordnung stellt den Vereinen, auch den Berufsvereinen, verschiedene Formen zur Verfügung, in denen sie sich im Rechtsleben betätigen können. Es ist ein Novum, wenn man den Berufsvereinen eine Nötigung auferlegen will, sich als rechtsfähiger Verein zu gebärden. Die Rechtsfähigkeit bringt Vorteile und Nachteile mit sich. Der Hauptvorteil besteht darin, daß die Haft auf das Vereinsvermögen beschränkt ist. Also Ausschluß des § 54! Der Hauptnachteil liegt in der unbeschränkten Haft für die Organe nach § 31. Warum soll man dem Berufsverein nicht das Recht geben, nach eigenem Ermessen abzuwägen zwischen diesen Vorteilen und Nachteilen und die Rechtsform zu wählen, die ihm am angenehmsten ist? Diese Frage halte ich für sehr berechtigt, und um sie zu beantworten, wird man sich die besonderen Organisationsformen der Berufsvereine, und namentlich der nichtrechtsfähigen Berufsvereine, also m. a. W. der Gewerkschaften, etwas näher ansehen müssen.

Im Gegensatze zu den Arbeitgeberverbänden, die in ihrer unübersehbaren Fülle meist auf kleiner Grundlage sich gebildet haben als gemischtwirtschaftliche Arbeitgeber- oder Branchenfachverbände, sind die meisten Gewerkschaften in Deutschland zentral organisiert. Es bestehen auf breitester räumliche Grundlage, meist für das Gebiet des ganzen Deutschen Reiches, große zentrale Gewerkschaften, die natürlich nun, um überhaupt ihre Aufgabe erfüllen zu können, genötigt sind, ihre Verwaltung in stärkstem Maße zu dezentralisieren und über das ganze Reich ein Netz von örtlichen und bezirklichen Verwaltungsstellen zu verbreiten. Es ist gleichfalls ganz natürlich, daß die Zentralleitung einer solchen Riesengewerkschaft sich darauf beschränken muß, die allgemeinen großen Fragen der Verbandspolitik zu bearbeiten, daß sie ihre Unterorganisationen instruiert, anleitet, anregt und ihre Tätigkeit in Übereinstimmung bringt, beispielsweise dafür zu sorgen, daß nicht gleichzeitig an verschiedenen Orten opfervolle Streiks aufflackern, daß die ganze Tätigkeit der Unterorganisationen in Einklang miteinander gebracht wird. Die eigentliche praktische Verbandsarbeit, das weiß jeder Kenner der Verhältnisse, wird und kann nicht an der Zentrale geleistet werden, sondern die erfolgt an der lokalen Stelle, bei den Ortsverwaltungen. Hier werden die Tarifverhandlungen geführt, hier werden die Tarifverträge abgeschlossen. Hier wird ihre Durchführung überwacht, hier werden die zahlreichen täglichen Streitigkeiten, die sich aus der Auslegung der Tarifverträge ergeben und sonst im arbeitsrechtlichen Leben, geschlichtet. Hier kommt es zu Kämpfen, zu Arbeitsstreitigkeiten, die dann schließlich zu Streiks und zu Aussperrungen führen. Ist es so weit gekommen, nun, dann wird der Streik wiederum von der örtlichen Verwaltungsstelle geleitet, durchgeführt und schließlich auch beendigt. Sie sehen, diese örtlichen Verwaltungsstellen sind, was die praktische Verbandsarbeit betrifft, die allerwichtigsten Organe der Gewerkschaften. Und nun ist es bemerkenswert, daß diese Organe, auf denen der Schwerpunkt der ganzen Verwaltungsarbeit lastet, nach den meisten Satzungen der Gewerkschaften vermögenslos sind. Das ist an sich durchaus begreiflich und berechtigt; denn wie kann eine bloße Verwaltungsstelle eigenes Vermögen haben. Sie ist ja bloß ein organisatorischer Teil des Gesamtverbandes. Wenn diese Auffassung allgemein verbreitet wäre, so würden in der Tat aus dieser Vermögenslosigkeit der Verwaltungsstellen keine Schwierigkeiten entstehen. Tatsache ist jedoch, daß die Rechtsprechung sehr leicht geneigt ist, die örtlichen Verwaltungsstellen anders zu beurteilen und in ihnen zwar auch Organe des Zentralverbandes zu erblicken, aber außerdem eigene nichtrechtsfähige Vereine, die in den großen Verein, den Zentralverband, organisatorisch eingegliedert sind. Daraus ergeben sich bedeutsame Folgerungen. Denn wenn diese lokalen Stellen selbst nichtrechtsfähige Vereine sind, dann sind sie passiv parteifähig, dann sind sie fähig, Tarifverträge im eigenen Namen abzuschließen, und wenn sie dabei im eigenen Namen auftreten, ergibt sich, daß der Zentralverband nicht Tarifpartei ist. Und so erleben wir es immer wieder, daß bei eklatanten Tarifbrüchen zwar die Gerichte dem klagenden Arbeitgeberverband, sagen wir einmal Recht geben und ihm eine Schadenssumme zusprechen, daß aber die Realisierung dieser Urteile auf die allergrößten Schwierigkeiten stößt und vor allem illusorisch werden kann, weil verurteilt ist die gänzlich vermögenslose Bezirksstelle, während der Zentralverband, der alles Geld besitzt, frei ausgeht, weil er nicht Tarifpartei ist. Meine Herrschaften! Dieser Übelstand besteht, und auf gesetzlichem Wege läßt sich hier kaum Abhilfe schaffen.

Viel schlimmer aber wird die Sache, wenn sich diese Schwierigkeiten nicht aus Vertragsverletzungen, sondern aus unerlaubten Handlungen ergeben. Es ist nun einmal so: wo gehobelt wird, da fliegen die Späne, und gehobelt wird nicht bei den Zentralleitungen, sondern in den Betrieben, wo täglich aus dem Zusammenarbeiten von Betriebsleitung und Belegschaft Differenzen entstehen können, Unruhen an den örtlichen Stellen; wo Differenzen sich auswirken, Lohnbewegungen einsetzen, muß das schließlich zu Arbeitskämpfen führen. Wenn Sie die Rechtsprechung verfolgen, werden Sie feststellen, daß verhältnismäßig sehr selten eine Gewerkschaft haftbar gemacht wird für unerlaubte Handlungen, die von der Mitgliedergesamtheit oder vom Zentralvorstande begangen worden sind, oder wenn schon, dann auf dem Wege von gewissen gekünstelten Konstruktionen. Meist liegt der Fall so, daß irgend ein ganz untergeordnetes Organ, ein Streikposten, sich Ausschreitungen zuschulden kommen läßt, oder die Streikleitung ihrer Überwachungspflicht nicht genügt, und daß auf Grund dieser Handlungen dann Schäden entstehen, deren Ersatz verlangt wird. Und hier haben Sie nun die Möglichkeit des Exkulpationsbeweises. Hier haben Sie die Tatsache, da die an den Handlungen beteiligten Organe des Berufsvereins nicht unmittelbar für diesen Verein wirken, daß der Exkulpationsbeweis ohne große Schwierigkeiten geführt werden kann. Ich halte es für ein bedenkliches Übel, wenn Handlungen dieser Organe tatsächlich den Geschädigten in eine Lage versetzen können, bei der ein Ersatz seines Schadens vollkommen unmöglich ist, und ich glaube, daß dies keinesfalls dem Sinne und dem Zwecke des Gesetzes entspricht. Abhilfe ist hier nur möglich auf dem vorgeschlagenen Wege, daß man diese nichtrechtsfähigen Berufsvereine haften läßt wie rechtsfähige. Aber hier befinde ich mich, glaube ich, im Gegensatze zum Gutachten. Ich glaube, und deshalb habe ich die Ausführungen über die Stellung der Ortsstellen der Gewerkschaften gemacht, ich glaube, daß man nicht auf halbem Wege, sondern auf dem ersten Zehntel des Weges stehen bleiben würde, wenn man die Anwendung des § 31 beschränken wollte auf Handlungen solcher Organe, die, wie Nipperdey sich ausdrückt, von dem höchsten willensbildenden Organ des Berufsvereins bestellt worden sind. Das höchste willensbildende Organ im Falle der Gewerkschaften wird in der Regel die Delegiertenversammlung sein. Mir ist keine Satzung bekannt, wonach die Delegiertenversammlung etwa die Leiter der Orts- und Bezirksstellen bestellt. Infolgedessen würden gerade diese praktisch wichtigsten Organe der Gewerkschaft, die Lokalstellen, die Bezirksleiter und die Leiter der Ortsverwaltungen, als etwas anderes behandelt werden, als sie tatsächlich sind, nämlich nicht als Organe, nicht als verfassungsmäßige Vertreter der Gewerkschaft, sondern als bloße Verrichtungsgehilfen mit der Möglichkeit des Exkulpationsbeweises. Deshalb bin ich der Ansicht, wer die Übelstände wirklich erkennt, der muß reinen Tisch machen und muß die Haftungsprinzipien des § 31 uneingeschränkt auf alle Organe der Gewerkschaften durchführen.

Schon Prof. Dr. Sinzheimer hat mit Recht darauf hingewiesen, daß, wenn die Gesetzgebung sich zu diesem Schritte entschließen sollte, an dem geltenden Rechtszustande nicht allzuviel geändert werden würde. Es ist Tatsache, daß die Rechtsprechung immer mehr dahin kommt, die Vorteile, die die Gewerkschaften sich dadurch verschaffen wollten, daß sie die Rechtsfähigkeit nicht erwarben, ihnen aus den Händen zu winden. Erwähnt wurden bereits die beiden bekannten Urteile des Oberlandesgerichts Düsseldorf und Hamburg, die bekanntlich den § 31 BGB. auf nichtrechtsfähige Vereine entsprechend anwenden wollen. Ich schließe mich der Kritik, die diese Urteile gefunden haben, durchaus an, glaube aber, daß sie trotzdem bemerkenswert sind, weil sie zeigen, nach welcher Richtung das Rechtsempfinden der Richter in diesem Falle geneigt hat. Es ist nicht uninteressant, daß das Reichsgericht einmal in einem Urteil, das aus dem Jahre 1913 stammt, bemerkt hat: Handlungen der Organe eines nichtrechtsfähigen Vereins wirken rechtlich ebenso, als wenn sie von sämtlichen Vereinsmitgliedern, also von ihnen selbst vorgenommen würden. Ja, meine Herrschaften! Was ist das eigentlich anderes als die Anwendung der Grundsätze des

§ 31 auf die nichtrechtsfähigen Vereine? Und wenn dann das Urteil auch noch auf anderen Erwägungen gestützt wird, so zeigt sich hier doch, in welcher Richtung die Entwicklung offenbar geht. Neuerdings operieren die Gerichte gern damit, daß sie dem nichtrechtsfähigen Verein eine haftungsbegründende Verletzung der Aufsichtspflicht vorwerfen. Bekanntlich wird in solchen Fällen angenommen, daß ein unmittelbarer Verstoß gegen § 823 vorliegt, und zwar dadurch, daß die Mitgliedergesamtheit es unterlassen hat, die Funktionen ihrer untergeordneten Organe genügend zu überwachen. In dem Gutachten ist ganz mit Recht einmal einleuchtend bemerkt, daß diese Aufsichtspflicht auf das höchste willensbildende Organ, die Mitglieder- oder Delegiertenversammlung, nicht erstreckt werden kann. Wie will die Mitgliederversammlung einer Gewerkschaft von hunderttausenden Mitgliedern überhaupt in dieser Beziehung in Funktion treten? Das ist eine Unmöglichkeit. Und wie sollen die Mitglieder, wie soll die Delegiertenversammlung überhaupt zu dieser Frage Stellung nehmen? So wird also die Haftung der Mitgliederversammlung auch nicht in Frage kommen. Und schließlich wird sehr häufig mit einer stillschweigenden Billigung der Handlungen der untergeordneten Organe operiert. Ich halte das aus dem gleichen Grunde für bedenklich. Es ist nichts weiter als eine Fiktion, die hier gepredigt wird, und zeigt deutlich, daß die Gerichte aus dem Bestreben, einen praktischen Ausweg zu finden, gezwungen sind, zu gekünstelten Konstruktionen zu greifen. Und deshalb glaube ich, daß es ein Gebot der Ehrlichkeit ist, wenn die Gesetzgebung in absehbarer Zeit erklärt: die nichtrechtsfähigen Berufsvereine sind dazu zu veranlassen, auf einem geeigneten Wege die Rechtsfähigkeit zu erwerben. Damit geschieht ihnen kein Unrecht. Damit wird der jetzige Rechtszustand auf eine gesunde Grundlage gestellt.

Ich erkenne die Gründe, die für eine Änderung des § 831 vorgebracht werden, durchaus an. Ich finde auch die Schrift von Weigert ganz ausgezeichnet. Hier ist die Wirkung des § 831 sehr treffend wiedergegeben. Der § 831 in seiner jetzigen Auslegung durch das Reichsgericht wirkt sich bei großen Unternehmungen viel störender aus als bei Berufsvereinen, vorausgesetzt, daß sie nach den Grundsätzen der rechtsfähigen Vereine haften. Dann wird man die obersten Organe, besonders auch die örtlichen Stellen, unter allen Umständen erfassen, und was dann weiter unten geschieht, nun, das kann unter Umständen schon mit der Aufsichtspflicht erfaßt werden.

Meine Herrschaften! Ich verlasse jetzt diese Frage der Haftung der nichtrechtsfähigen Berufsvereine und wende mich zu einem anderen Problem: der Beschränktheit oder Unbeschränktheit der Haftung. Herr Prof. Dr. Sinzheimer hat schon zu Beginn seiner Ausführungen ausdrücklich dargelegt, daß er es nicht für notwendig und opportun halte, hier noch einmal auf den Begriff der unzulässigen Kampfhandlungen einzugehen, da dieser Begriff, besonders vor diesem Forum, als feststehend vorausgesetzt werden dürfe, und ich wäre froh, wenn ich seinem Beispiele folgen könnte. Mir kommen aber da Bedenken, und zwar gerade im Hinblick darauf, daß wir uns mit dieser Frage zu beschäftigen haben. Wenn ich die Frage aufwerfe, ob an der Haftung für unzulässige Kampfhandlungen etwas geändert werden soll, muß ich mir darüber klar werden, ob überhaupt der Begriff der unzulässigen Kampfhandlungen so feststehend ist und sich so scharf abgrenzen läßt von anderen verwandten Tatbeständen, daß eine Sonderregelung für unzulässige Kampfhandlungen überhaupt praktisch durchführbar ist. Ich muß mich weiter fragen, ob dieser Tatbestand sich auch innerlich so stark unterscheidet von anderen haftungsbegründenden Tatbeständen, daß eine Sonderstellung sich rechtfertigen läßt; und erst wenn diese beiden Fragen beantwortet sind, kann ich zu einem weiteren Problem Stellung nehmen, ob ausreichende Gründe dafür sprechen, den geltenden Rechtszustand zu ändern und aus der jetzt unbeschränkten eine beschränkte Haftung zu machen. Wenn Sie sich nun in der arbeitsrechtlichen Literatur nach einer Begriffsbestimmung für die unzulässigen Kampfhandlungen umsehen, so werden Sie zu Ihrer Überraschung feststellen, daß eine scharfe Definition kaum gebracht wird, und daß unter den verschiedenen Schriftstellern ganz erhebliche Meinungsverschiedenheiten über diesen Begriff zu Tage treten. Daß man mit bloßen Umschreibungen nicht weiterkommt, daß es unsere Erkenntnis von dem Wesen der unzulässigen Kampfhandlungen nicht vertieft, wenn ich Kampfhandlungen als feindliche Maßnahmen bezeichne, darüber brauche ich nichts zu sagen. Am meisten begegnen wir statt einer Definition einer Unterteilung. Sie finden die Aufzählung der wichtigsten Kampfmittel, als welche Streiks, Aussperrungen, Boykott genannt werden, wobei man durchblicken läßt, daß auch andere denkbar seien. Man vergißt aber das charakteristische wesentliche Merkmal, das diese Handlungen erst zu Kampfhandlungen stempelt, und bei diesem Zustand ist es nicht weiter verwunderlich, daß auch darüber keine Einmütigkeit herrscht, ob jeder Streik, jede Aussperrung und jeder Boykott als Kampfhandlungen zu bezeichnen sind. Die herrschende Meinung bejaht die Frage. Jede gemeinsame Arbeitsniederlegung, selbst einer Mehrheit von Arbeitnehmern, jede Entziehung der Arbeitsmöglichkeit gegenüber den Arbeitnehmern sollen als Kampfhandlungen gelten. Sie sehen, daß in dieser Definition nicht nur der Lohnkampf, der Kampf um die Gestaltung der Arbeitsbedingungen unter den Begriff der Kampfhandlungen fällt, sondern beispielsweise auch der politische Streik, der sogenannte Demonstrationsstreik. Eine andere Ansicht, die namentlich von Kaskel vertreten wird, und die in der letzten Zeit an Boden gewonnen hat, schränkt den Begriff der Kampfhandlungen wesentlich ein. Als Kampfhandlungen im arbeitsrechtlichen Sinne sollen nur solche Kampfhandlungen gelten, die auf das Ziel gerichtet sind, günstigere Löhne und Arbeitsbedingungen herbeizuführen. Auf diese Weise ist es möglich, den Begriff des Arbeitskampfs in das System des Arbeitsrechts einzuordnen und ihn als einen Bestandteil der Arbeitsstreitigkeiten aufzufassen, und es sind in sachlich bedeutsamer Weise Arbeitskämpfe in Zusammenhang gebracht mit dem Wesen der Berufsvereine, deren Hauptaufgabe darin besteht, die Löhne und Arbeitsbedingungen ihrer Mitglieder zu verbessern.

Ich könnte mir denken, daß jemand für die Beschränkung der Haft eintritt, indem er sagt: Die Berufsvereine sind dazu da, ihren Mitgliedern günstigere Lohn- und Arbeitsbedingungen zu verschaffen. In erster Linie sollen sie das im Wege der friedlichen Verhandlungen tun. Das wird nicht immer möglich sein. Sie werden manchmal zu Kampfhandlungen schreiten. Ich könnte mir denken, daß es so kommt. Aber, meine Damen und Herren, wenn nun die Arbeiter die Fabriken verlassen, um für den Völkerfrieden zu demonstrieren, um das Andenken eines verstorbenen Führers zu ehren, um gegen irgendwelche Tat oder Untat zu protestieren, und bei dieser Gelegenheit kommt es zu Ausschreitungen, zu schadenstiftenden Handlungen, dann will es mir nicht einleuchten, warum ich den Berufsverein, falls er zu diesem Demonstrationsstreik aufgerufen hat, nur beschränkt haften lassen soll für Handlungen seiner Verrichtungsgehilfen, während ich die politischen Vereine, Parteien oder irgendwelche andere Organisationen, falls sie verantwortlich zeichnen, unbeschränkt haften lasse. Hier scheint mir kein innerer Grund für eine Unterscheidung vorzuliegen. Oder denken Sie an den Fall eines politischen Streiks, wenn die Berufsvereine zum Kampfe gegen die Regierung aufrufen, um die Regierung zu stürzen, soll hier wirklich der Berufsverein, wenn er dahintersteht, nur beschränkt haften?

Wäre es nicht viel natürlicher, wenn die Regierung den Kampf gegen ihre Autorität besonders streng bewertet? Ich glaube also, wenn man die Haftbeschränkung ernsthaft diskutieren will, kann man das nur tun in Bezug auf die Kämpfe, die sich auf den eigentlichen Arbeitsstätten der Berufsvereine bewegen. Ich verkenne nicht die Schwierigkeiten, eine klare Trennungslinie zu ziehen.

Ich glaube also, daß gewisse Bedenken gegen eine Sonderstellung der Kampfhandlungen schon aus der Schwierigkeit der Abgrenzung des Begriffs hervorgehen, und das tritt nun ganz besonders deutlich zu Tage, wenn es sich nicht um unerlaubte, sondern um tarifwidrige Kampfhandlungen handelt. Die Frage der tarifwidrigen Kampfhandlungen wird ja meist im Zusammenhange mit Erörterungen über den Inhalt der sogenannten Friedenspflicht behandelt, und diese Friedenspflicht, die man allgemein und mit Recht für so wesentlich hält, daß sie bei jedem Tarifvertrage stillschweigend gilt, diese Friedenspflicht besagt, daß alle Kampfmaßnahmen zu unterlassen sind, die sich gegen den Bestand des Tarifvertrags oder einzelne Bestimmungen wenden. Ich halte diese Bestimmung der Friedenspflicht entschieden für zu eng. Nicht nur eine Kampfhandlung, die gegen den Bestand des Tarifvertrags verstößt und dagegen angeht, bedeutet ein Verstoß gegen die Friedenspflicht. Ich halte es für richtig, daß kraft der Friedenspflicht die Anwendung aller Kampfmittel verboten ist, soweit mit dem Tarifvertrage in Widerspruch stehende Zwecke erreicht werden sollen. Aber auch hier bleibt die Frage ungelöst, was unter Kampfmitteln eigentlich zu verstehen ist, und ob wirklich nur dann ein Verstoß gegen die Friedenspflicht oder gegen organische Teile des Tarifvertrags vorliegt, wenn zur Erreichung tarifwidriger Zwecke Kampfmittel angewandt werden. Hier macht sich das Fehlen eines feststehenden Begriffs der Kampfhandlungen recht unangenehm bemerkbar. Ich bin der Überzeugung, daß es unrichtig ist, überhaupt einen Unterschied zu machen zwischen tarifwidrigen Kampfhandlungen und anderen Tarifstreitigkeiten. Sicherlich, der Tarifvertrag setzt nur die Bedingungen für das Arbeitsverhältnis fest und verpflichtet normalerweise die Arbeitgeber nicht, tarifbeteiligte Arbeiter einzustellen. Aber wenn ein Tarifvertrag abgeschlossen ist und ein Arbeitgeber weigert sich grundsätzlich und planmäßig und aus ganz bestimmten Gründen, tarifbeteiligte Arbeiter einzustellen, soll das Tariftreue sein? Soll es nicht möglich sein, einen solchen Arbeitgeber zur Raison zu bringen, ihn darauf hinzuweisen, daß dies dem Sinne und Zwecke des Tarifs widerspricht? Es ist vor einiger Zeit vorgekommen, daß ein Arbeitgeberverband nach Abschluß eines Tarifvertrages, eines Zwangsvertrages, durch Rundschreiben seine Mitglieder aufforderte, sich diesem Zwangstarife nicht zu unterwerfen, sondern die alten niedrigeren Gehälter weiter zu zahlen im Wege einer Vereinbarung mit den Angestellten, deren Zustandekommen ja in Zeiten wirtschaftlicher Depression nicht allzu schwierig sein dürfte. Der Gewerkschaftssekretär klagte gegen diesen Arbeitgeberverband wegen Verletzung der Friedenspflicht und wurde aus formalen Gründen abgewiesen. Ein sehr unbefriedigendes Ergebnis. Aber welches Kampfmittel, bitte ich mir freundlichst zu sagen, hat dieser Arbeitgeberverband nun eigentlich angewandt? Nach meiner Ansicht war es kein Kampfmittel, sondern eine gewöhnliche Tarifwidrigkeit, die allerdings rechtlich genau so anzusehen ist wie eine echte Kampfhandlung. Ich erinnere in diesem Zusammenhange daran, was Lehmann in seiner „Unterlassungspflicht" angeführt hat. Auch Nipperdey nimmt gelegentlich in seinen Beiträgen zum Tarifrecht in sehr interessanten Zusammenhängen auf diese Lehre Bezug.

Ich glaube, wir hätten uns die Erkenntnis so vieler Fragen, beispielsweise der Tarifkündigung, des Verzichts auf Tarifansprüche, wir hätten uns die Erkenntnis dieser Probleme wesentlich erleichtert, wenn wir hier den Begriff der Friedenspflicht nicht so eng gefaßt und nicht speziell auf Kampfhandlungen abgestellt hätten. Ich brauche mir gar keine Mühe zu geben, meine Gedanken über diesen Punkt Ihnen verständlich zu machen. Ich brauche Sie nur hinzuweisen auf das französische Recht, wo der Begriff der Friedenspflicht abgegrenzt ist. Danach sind, ich halte mich hier an das Gutachten, die Berufsvereine verpflichtet, nichts zu unternehmen, was geeignet wäre, die getreuliche Erfüllung des Tarifvertrages zu beeinträchtigen. Das ist es, was ich meine. Ich lasse dahingestellt, inwieweit diese sekundäre Unterlassungspflicht unter den Begriff der Friedenspflicht oder unter den des Tarifgehorsams zu bringen ist. Der Begriff des Tarifgehorsams scheint mir etwas verschwommen. Das Wesentliche scheint mir zu sein, daß man in keiner Beziehung die tarifwidrige Kampfhandlung und die gewöhnliche Tarifwidrigkeit auseinanderreißen darf, und daß, wenn man eine Haftungsbeschränkung einführen will, man sie selbstverständlich für beide Tatbestände einführen muß. Der Gefahr, es anders zu machen, ist das Gutachten in sehr geschickter Weise dadurch entgangen, daß es in der Frage der Haftungsbeschränkung von Tarifverletzungen spricht, wobei allerdings noch zu erörtern wäre, ob das sich auch auf den Tarifgehorsam beziehen soll.

Damit möchte ich diese beiden Fragen vorläufig als erledigt ansehen und mich nun dem heiklen Problem der Haftbeschränkung, der beschränkten oder unbeschränkten Haft, zuwenden. Mein verehrter Herr Mitberichterstatter ist mit so viel Temperament, Geist und Warmherzigkeit für die Einführung einer Haftbeschränkung eingetreten, daß ich vielleicht besser täte, die Segel gleich zu streichen. Aber, meine Herrschaften, nachdem mir einmal die hohe Ehre zuteil geworden ist, vor Ihnen über diese Fragen sprechen zu dürfen, haben Sie, glaube ich, das Recht, auch einmal die Gegengründe, sine ira et studio vorgetragen, zu hören. Herr Prof. Sinzheimer ist ja schon vor 18 Jahren für die Haftungsbeschränkung eingetreten. Er hat seine Gründe noch näher dargelegt im „arbeitsrechtlichen Tarifgesetze" 1916, und in dem hauptsächlich von ihm stammenden Tarifgesetze von 1921 hat er ihnen gesetzgeberische Gestalt verliehen. Er ist bisher fast nirgends auf Kritik gestoßen. Man darf vielleicht feststellen, daß eine ganze Reihe hervorragender Arbeitsrechtler ihm rückhaltlos beigestimmt haben, allerdings ohne wesentlich neue Gründe anzuführen und auch ohne seine Gründe einer Kritik zu unterziehen. Der einzige, der, soweit ich sehen kann, gegen diese Haftbeschränkung und für die Beibehaltung des jetzigen Zustandes eingetreten ist, ist Dr. Erdmann, der bekanntlich als Geschäftsführer der Vereinigung deutscher Arbeitgeberverbände angehört. Und so könnte man auf den Verdacht kommen, daß es sich hier vielleicht um eine sozialpolitische Streitfrage zwischen Arbeitgeber und Arbeitnehmer handelt, und daß unter allen Umständen die Arbeitgeber gegen die Haftbeschränkung eintreten müssen. Ganz unbegreiflich wäre es nicht, wenn die Arbeitgeber an der Aufrechterhaltung der unbeschränkten Haftung ein größeres Interesse hätten als die Arbeitnehmer. Ich denke dabei nicht an die verschiedene Vermögenslage der Berufsvereine, auf die ich zum Schluß noch eingehen möchte. Tatsache ist, daß sich die Arbeitnehmerseite häufiger in der Position des Angreifers befindet als die Arbeitgeberseite, die meist in Abwehrstellung bei Arbeitskämpfen sich befindet. Damit ist nicht gesagt, daß es die Berufsvereine der Arbeitnehmer mit der Tariftreue leicht nähmen. Das ist eine ganz natürliche Folge der wirtschaftlichen Konstellation. Im wesentlichen sind es die Arbeitnehmer, die nach oben drängen, und die Arbeitgeber, die diesem Drange Einhalt gebieten. Der Angreifer aber ist insofern in einer schlechteren Lage, als er natürlich viel leichter in die Lage kommt, vertragsbrüchig zu werden, oder, besonders bei der Verschiedenheit der Mitgliederschaften bei vielen Arbeitnehmerverbänden, für unerlaubte Handlungen aufkommen muß. Infolgedessen sind bei den Schadensprozessen die Arbeitgeber gewöhnlich die Kläger und werden ein geringes Interesse daran haben, daß die Haft beschränkt wird. Aber noch etwas anderes kommt hinzu. Die Interessenahme der Beteiligten gerade bei Tarifverträgen ist auf Arbeitgeber- und Arbeitnehmerseite eine ganz verschiedene. Das Hauptinteresse der Arbeitnehmer am Tarifvertrage besteht in der Festsetzung normativer Arbeitsbedingungen. Für die Arbeitgeber bedeutet das ein gewisses Opfer. Darum haben sie sich gegen den Tarif gestemmt. Denn selbstverständlich sind sie nunmehr nicht mehr in der Lage, die Arbeitsbedingungen elastisch den fortwährenden Schwankungen der Wirtschaftskurve anzupassen. Wenn trotzdem der Tarifgedanke bei den Arbeitgebern immer mehr Boden gewinnt, so hat das ganz begreifliche Gründe insofern, als der Arbeitgeber vom Tarifvertrage erhofft und verlangt, daß er eine angemessene sichere Produktionsgrundlage schafft. Stetige Produktionsbedingungen ermöglichen eine sichere Kalkulationsgrundlage. Er will für eine längere Zeit Ruhe haben. Diese Ruhe verschafft ihm der Tarifvertrag dadurch, daß er die Friedenspflicht enthält. Der Arbeitgeber hat an der Friedenspflicht ein starkes Interesse.

Aber, meine Herrschaften, ich gebe zu, das sind Argumente, die vielleicht psychologisch interessant sein mögen, die aber nicht ausschlaggebend sein können, wenn man nun zu diesen gesetzgeberischen Problemen Stellung nimmt. Ich darf mir, wenn ich jetzt die Gründe noch kurz erörtere, erlauben, auch solche mit in den Kreis der Erörterungen zu ziehen, die heute von Prof. Sinzheimer nicht angeführt worden sind, weil ich der Ansicht bin, daß nun auch ganze Sache gemacht werden soll und sämtliche Gründe, die mir zugänglich gemacht worden sind, einmal ganz kurze Revue passieren sollen.

Gerade aus der Stellung des Geschädigten heraus hat Prof. Sinzheimer in früheren Arbeiten angeführt, daß der Nachweis der Schadenshaftung oft auf große Schwierigkeiten stößt, und er hat damit bei einigen Schriftstellern Beifall gefunden. Zweifellos ist diese Bemerkung richtig. Die Schwierigkeiten werden von mir nicht verkannt. Sie können auf verschiedenen Gebieten liegen, insbesondere in der Frage des Kausalzusammenhangs. Die Gewerkschaft haftet nur, wenn ihr Verhalten den Schaden verursacht hat. Nun kann sie natürlich geltend machen: Der Streik ist ausgebrochen. Ich habe mich an seine Spitze gestellt, um weiteres Unheil zu verhüten, um für die Durchführung der Notstandsarbeiten zu sorgen, und außerdem würden sich die Arbeiter auch durch das beste Zureden nicht haben abhalten lassen, in den Streik einzutreten. Dieses Argument ist natürlich beachtlich. Ferner wird angeführt, daß der Arbeitgeber, um die Höhe des Schadens nachzuweisen, unter Umständen dem Gerichte einen nicht sehr angenehmen Einblick in die Interna seines Geschäftsbetriebs werde geben müssen. Ich glaube, alle diese Schwierigkeiten, obgleich sie nicht wegzuleugnen sind, sind keine Schwierigkeiten, die nun gerade der unzulässigen Kampfhandlung besonders eigentümlich sind. Bei jedem Schadensprozeß ist es unter Umständen schwierig, die Höhe des Schadens nachzuweisen, und deshalb hat ja gerade die Zivilprozeßordnung in § 287 hierfür ganz besondere Bestimmungen. Ich glaube, das wäre kein stichhaltiger Grund, an dem geltenden Rechte etwas zu ändern. Es wird weiter hingewiesen darauf, daß die Höhe des Schadens kaum vorherzusehen ist, und daß es unbillig ist, die Gewerkschaft in voller Höhe haften zu lassen. Bei der Schadenshaftung können sich indes immer Überraschungen ergeben.

Aber selbstverständlich wird auch noch schwereres Geschütz angefahren. Da wird zunächst hingewiesen auf die Doppelnatur gerade der Arbeitnehmer-Berufsvereine, die nicht nur dazu da sind, die Arbeitsbedingungen ihrer Mitglieder zu verbessern, sondern die auch in großem Umfange Wohlfahrts- und Bildungseinrichtungen schaffen zum Besten ihrer Mitglieder, und damit indirekt zum Besten der Allgemeinheit, und erhebliche Teile ihres Vermögens diesen Zwecken widmen. Derjenige Teil des Gewerkschaftsvermögens, der solchen Zwecken gewidmet sei, müsse von der Haftung ausgeschlossen werden. Es ist mir zunächst zweifelhaft, ob man einen allgemeinen Satz riskieren könnte etwa des Inhalts, daß ein den Zwecken der Wohlfahrtsfürsorge bestimmtes Vermögen nicht zur Abdeckung von Schäden verwendet werden darf, die der Träger dieses Vermögen in anderem Zusammenhange verursacht. Aber, meine Herrschaften, Scherz beiseite! Ich verkenne natürlich nicht, daß ein berechtigter Kern in diesen Argumenten steckt. Ich glaube jedoch, daß die Berufsvereine schon heute eine glatte Möglichkeit haben, um diejenigen Teile ihres Vermögens, die solchen Zwecken gewidmet sind, von der Haft auszunehmen. Ich darf in diesem Zusammenhange daran erinnern, daß wohl fast alle großen Angestelltenorganisationen eine große

Zahl von Wohlfahrts-, Fürsorge-, Bildungseinrichtungen unterhalten, Krankenkassen, Sterbekassen, Versicherung gegen Stellenlosigkeit, Erholungsheime usw. und fast alle diese Einrichtungen rechtlich selbständig sind, ihr eigenes Vermögen besitzen, ein Vermögen, daß infolgedessen nicht herangezogen werden kann, wenn die Gewerkschaft haftet. Ich gebe zu, daß das in manchen Fällen nicht ganz einfach durchzuführen sein mag, und daß die Arbeiterverbände aus psychologischen Gründen Bedenken tragen könnten, auf diesem Wege nachzufolgen. Sie möchten ihren Mitgliedern gerne zeigen, daß auch in Zeiten der Not, der Stagnation, die Gewerkschaft für sie nicht bedeutungslos ist. Aber ich weiß nicht, ob dieser mehr psychologische Grund die Gewerkschaft abhalten könnte, ihre Wohlfahrtseinrichtungen rechtlich zu verselbständigen, ob dieser Grund durchschlagkräftig ist. Vielleicht ließe sich eine Modalität finden, wobei sich diese beiden Probleme miteinander vereinigen ließen. Jedenfalls glaube ich, daß diese Ausschließung des Wohlfahrtsfonds in einer ganz reinlichen Scheidung durchgeführt werden muß, und wenn die Gewerkschaften das nicht wollen, dann müssen sie allerdings auch die Konsequenz dieses Zustandes auf sich nehmen und können nicht verlangen, daß die Rechtsordnung besondere Anstalten trifft, um ihnen die Vorteile zweier miteinander nicht vereinbarer Regelungen zu geben. Vielleicht erinnern Sie sich in diesem Zusammenhange daran, daß in der belgischen Gesetzgebung es den Berufsvereinen verboten ist, eigene Unterstützungskassen zu unterhalten, und daß gerade die belgischen Berufsvereine dazu übergegangen sind, daneben selbständige Hilfskassen einzurichten, und N i p p e r d e y sagt im Anschluß daran ganz mit Recht, daß natürlich infolgedessen nun diese Hilfskassen mit ihrem Vermögen nicht für schadenstiftende Handlungen der Gewerkschaften haften.

Vielfach wird nun weiter angeführt, daß gerade bei den Berufsda schadenstiftende Handlungen bei Arbeitskämpfen leicht vorkommen. Ich glaube, diese Gefahren sind nicht so groß, wie man sie oft darstellt, bei Vertragsverletzungen gewiß nicht. Ich kann mir einen Tarifbruch kaum vorstellen, bei dem nicht mindestens ein leitendes Organ der Gewerkschaft irgendwie im Spiele ist, wobei ich unter leitendem Organe die Ortsverwaltungen verstehe. Daß irgendein untergeordneter Erfüllungsgehilfe, für den die Gewerkschaft haften würde, einen Tarifbruch beginge, das ist für mich kaum vorstellbar. Anders ist es mit unerlaubten Handlungen. Aber der von den Streikposten angerichtete Schaden wird einmal nicht oder selten so übermäßig hoch sein, und außerdem ist ja der Gewerkschaft der Entlastungsbeweis gegeben, und wenn sie ihrer Verpflichtung auf Beaufsichtigung nachgekommen ist, kann ihr diese Haftung nicht allzu unbequem werden.

Viel gewichtiger ist die Frage: Ist es mit Rücksicht darauf, daß die Berufsvereine die Träger des Tarifvertrages sind, innerlich berechtigt, sie unter ein Ausnahmerecht zu stellen? Und das ist wohl ein Punkt, auf den mein Herr Mitberichterstatter ganz besonderen Wert legt. Zweifellos, Tarifverträge sind die Grundlagen des modernen Arbeitsrechts, das im Prinzip ein kollektives Arbeitsrecht ist. Zweifellos begünstigt unser modernes Arbeitsrecht den Abschluß der Tarifverträge, wie sich schon aus der Einrichtung des Schlichtungswesens ergibt. Es privilegiert die Tarifverträge in manchen Beziehungen (vgl. z. B. § 5 der Arbeitszeitverordnung). Aber kann man wirklich heute schon sagen, daß die Rechtsordnung unter allen Umständen die Erhaltung jedes einzelnen Tarifträgers sichern muß? Wenn das der Standpunkt unseres Rechtswesens wäre, daß die Rechtsordnung ein Interesse an der Erhaltung jedes einzelnen Berufsvereins hätte, wie könnte sie dann zulassen, daß die Bildung und Auflösung der Berufsvereine vollständig der privaten Initiative unterliegt? Müßte sie nicht dafür sorgen, daß in jedem Bezirk Träger des Tarifvertrages zur Verfügung stehen? Ich glaube, unser kollektives Arbeitsrecht wird nicht dadurch gefährdet, wenn wirklich einmal ein Berufsverein durch eigenes Verschulden über Bord geht. Man darf vor allen Dingen auch nicht vergessen, warum denn die Rechtsordnung eigentlich die Tarifverträge begünstigt. Doch ganz offenbar als wichtigstes Mittel zur Aufrechterhaltung des sozialen Friedens! Das ist doch wohl das Hauptinteresse der Allgemeinheit an den Tarifverträgen, und wenn ein solcher Berufsverein, der berufene Hüter des Tariffriedens, den Tarifvertrag bricht, ist es dann logisch zu sagen: jetzt behandeln wir ihn besonders schonend? Das ist ein gewisser logischer Widerspruch, der überdies, wenn ich recht sehe, in den Ausführungen des Herrn Prof. Sinzheimer auch sonst gelegentlich wiederkehrt.

Aber die Berufsvereine sind ja nicht nur Träger des Tarifvertrages, sie sind auch Träger wichtiger öffentlicher Funktionen. Das wird sehr oft mit Nachdruck hervorgehoben und dabei gleich gesagt, daß das Allgemeininteresse notleiden würde, wenn einmal ein Berufsverein auf Grund einer unzulässigen Kampfhandlung vernichtet würde. Die öffentlichrechtliche Natur der Berufsvereine ist bekanntlich nicht unbestritten. Sie sollen mit öffentlichen Aufgaben betraut sein und sollen von der Rechtsordnung

(Art. 165 der Reichsverfassung) als Vertreter des gesamten Berufs anerkannt sein. Daraus leite sich das öffentliche Interesse an ihrer Erhaltung. Wie liegt die Sache? Ihrem Ursprunge nach sind die Berufsvereine gewiß nicht öffentlich-rechtlich. Sie sind ohne jede Mitwirkung der Staatsgewalt entstanden, zum Teil direkt im Gegensatz zur Staatsgewalt, und sie haben sich bis auf den heutigen Tag von jeder Einmischung des Staates in ihre Geschäftsführung freigehalten. Sie verfolgen in allererster Linie die Interessen ihrer Mitglieder, und wenn sie dabei auf das Allgemeininteresse Rücksicht nehmen, so tun sie das aus taktischen Gründen. Die Berufsvereine sind, ich glaube das vertreten zu können, auch heute noch in erster Linie rein private Interessenvertretungen. Aber allerdings ergeben sich hier gewisse Modifikationen durch die Entwicklung der letzten Jahre. Es ist richtig, der Staat hat, nachdem die Arbeitgeber im berühmten Novemberabkommen 1918 vorangegangen waren, die Berufsvereine jetzt als Vertretung der Arbeitgeber und Arbeitnehmer anerkannt. Das heißt meiner Auffassung nach rechtlich nichts anderes, als er gesteht ihnen das Recht zu, im Namen der Arbeitgeber- und Arbeitnehmerschaft zu sprechen. Das ist, soweit die Berufsvereine für ihre Mitglieder auftreten, durchaus nichts Unerhörtes. Eine andere Frage ist es natürlich, ob der Verein gehört wird. Das hängt davon ab, welche Macht er sich erworben hat, welches Vertrauen er genießt. Hier hat sich eine gewaltige Wendung vollzogen. Die Arbeitgeberschaft stand zum größten Teil vor dem Kriege auf dem Standpunkte, daß die Gewerkschaften nicht die Vertreter der Arbeitnehmerschaft seien, und daß sie deshalb nicht als Verhandlungspartner anerkannt werden könnten. Soviel wird Ihnen jedoch vielleicht auch gerade nach den jüngsten Ausführungen des von Prof. Sinzheimer zitierten Herrn Dr. Silverberg klargeworden sein, daß sich in dieser Auffassung der Arbeitgeberschaft ein ganz bemerkenswerter Wandel vollzogen hat. Die Arbeitgeber hören jetzt die Berufsvereine und erkennen sie als Vertreter der Arbeitnehmerschaft an. Und dasselbe tut der Staat. Das ist ein Vorgang, der sich nicht eigentlich auf dem Gebiete des Rechts vollzogen, der sich vielmehr als eine Folge der sozialen Umwälzungen und des Wandels unserer ganzen sozialen Anschauungen ergeben hat. Aber die Berufsvereine sind nicht nur berufen, für ihre Mitglieder zu sprechen, sie sind auch berufen, für den ganzen Stand zu sprechen, und daraus könnte man etwas wie eine öffentlich-rechtliche Funktion lesen. Aber das muß man historisch werten. Es war ein Unterlassungsfehler, daß für die Arbeitnehmer keinerlei Standes- und Berufsvertretung geschaffen wurde, nichts, was etwa den Industrie-, Gewerbe- und Handelskammern entsprochen hätte. Und als dann mitten im Kriege sich die Notwendigkeit nicht länger verleugnen ließ, ein Sprachrohr für die Wünsche der Arbeitnehmerschaft zu schaffen, hatte man nichts anderes als die Gewerkschaften, und zum großen Erstaunen mancher Arbeitgeber wurden nun die Gewerkschaften als die offiziellen Vertretungen der Arbeitnehmer anerkannt, woraus sich von selbst ergab, daß sie mit den Arbeitgeberverbänden paritätisch herangezogen werden mußten, und daß dadurch die offiziellen Vertretungen für Handel und Gewerbe in den Hintergrund gerückt worden sind. Bei diesem Zustande stehen wir heute noch. Daß er von der Arbeitnehmerseite nicht als endgültige Lösung angesehen wird, scheint mir daraus hervorzugehen, daß die Arbeitnehmerseite so stark nach einer Beseitigung drängt. Es fehlt eben immer noch an einem Sprachrohr für die Arbeitnehmerschaft, durch welches sie Wünsche bei Gesetzgebungsvorschlägen zur Geltung bringen könnte.

Und so versehen diese Berufsvereine heute noch öffentliche Funktionen, aber im Grunde genommen sind das nicht Aufgaben, zu deren Erfüllung sie dem Staate gegenüber verpflichtet wären, sondern einfache öffentliche Rechte, die ich mit dem aktiven Wahlrecht jedes Deutschen vergleichen möchte. Von einer Eingliederung in den staatlichen Organismus, von der man gesprochen hat, kann ich nichts finden. Der ganze Zustand charakterisiert sich durch eine ausgesprochene Unfertigkeit im Aufbau unserer Berufsvertretung. Die künftige Entwicklung kann nach zwei Richtungen verlaufen. Entweder, wir kommen dazu, auch Standesorganisationen für Arbeitnehmer zu schaffen. Dann würden die Berufsvereine auf ihren eigentlichen Aufgabenkreis, auf die Vertretung der Interessen ihrer Mitglieder beschränkt. Die Entwicklung kann aber auch anders verlaufen. Es wäre möglich, daß aus diesen rein privaten Interessenvertretungen allmählich Organe des Staates herauswachsen, daß der Vergleich zwischen Berufsvereinen und Gemeinden und Gemeindeverbänden wirklich am Platze wäre. Aber, meine Herrschaften, dann, wenn die Entwicklung so weit ist oder vielleicht heute schon so weit wäre, darf man sich unmöglich mit einer Teillösung begnügen. Dann muß man die Frage grundsätzlich regeln. Dann muß man irgendwie die Geschäftsführung der Berufsvereine überwachen und dafür sorgen, daß sie die Aufgaben, die der Staat ihnen übertragen haben wird, auch wirklich erfüllen.

Ich glaube hiernach, die ganze Frage ist heute, da wir in einem Übergangszustande leben, noch nicht spruchreif. Jedenfalls halte ich es für überaus bedenklich, daß man dadurch, daß man ein Teilproblem unter dem Gesichtspunkte der öffentlich-rechtlichen Stellung der Berufsvereine aus dem Ganzen herauslöst, sich für die ganze künftige Regelung präjudiziert. Wenn wir die Haftungsbeschränkung der Berufsvereine einführen, dann müssen wir das aus zwingenden Gründen tun, und diese zwingenden Gründe können immer nur die Interessen der Allgemeinheit, des Staates, an den Berufsvereinen sein, und dieses Interesse, wenn es wirklich vorliegt, darf sich nicht auf die einzelnen Stellen beschränken, sondern muß die ganze Frage auf möglichst breiter Grundlage lösen. Herr Prof. Sinzheimer hatte die Freundlichkeit, mir besonders und ganz mit Recht vorzuhalten, daß man nicht Prinzipien reiten dürfe, und ich stimme durchaus mit ihm darin überein, wenn eine vernünftige Regelung durch ein Prinzip aufgehalten würde, dann müßte man dieses Prinzip über Bord werfen. Ich stimme ihm bei, daß das Recht sich vernünftigen sozialen Interessen anpassen muß.

Meine Herrschaften! Ich habe versucht, zu diesen Fragen kritisch Stellung zu nehmen. Ich möchte nur noch eins erwähnen. Man führt Vergleiche an. Man erwähnt beispielsweise die GmbH. Bei dieser liege ja auch eine Haftbeschränkung vor. Ich kann das, offen gesagt, nicht finden. Die GmbH. haftet doch ebenfalls mit ihrem ganzen Vermögen. Dann spricht man von den großen Verkehrsanstalten. Ich glaube, hier handelt es sich doch um ganz besondere Verhältnisse. Die großen Verkehrsanstalten haften meistens aus Verträgen, also unter Anwendung des § 278, und sie schließen täglich Einzelgeschäfte ab, deren jedes einzelne sie in schwere Haft verstricken kann. Gerade diese Vertragshaft, bei der es keinen Entlastungsbeweis gibt, ist für die Berufsvereine nicht so gefährlich, denn Tarifverletzungen durch Berufsvereine ohne Mitwirkung ihrer obersten Organe sind, wie gesagt, große Seltenheiten und kaum denkbar. Und dann hat man vielfach auf die beschränkte Haft der Halter von Fahrzeugen und Flugzeugen hingewiesen. Aber, meine Herrschaften, vergessen Sie doch nicht, was hier vorausgeht. Zunächst ist die Haft zu einer reinen Gefährdungshaft geworden, und dann sorgt der Staat gleichzeitig dafür, daß Schadensfälle nach Möglichkeit vermieden werden, und prüft Fahrzeug und Führer auf Zuverlässigkeit. Würde man etwa einer ähnlichen Regelung bei den Berufsvereinen das Wort reden wollen?

Zum Schluß möchte ich noch auf einen Gesichtspunkt hinweisen, der mir ein starker Gegengrund zu sein scheint. Die Berufsvereine vereinigen in sich eine gewaltige Macht. Ihre Handlungen und besonders ihre Arbeitskämpfe beeinflussen das ganze wirtschaftliche und soziale Leben auf das Tiefste. Eine große Aussperrung, ein großer Streik kann ganze Länder und Provinzen auf Wochen und Monate lahmlegen. Durch eine brutal durchgeführte Aussperrung können Zehntausende von Arbeiterfamilien in Not geraten, und der Staat selber wird in Mitleidenschaft gezogen, indem er dann im Wege der öffentlichen Fürsorge der schlimmsten Not steuern muß. Und trotzdem läßt der Staat diesen Kämpfen bei uns freies Spiel. Ist einmal ein Arbeitskampf ausgebrochen, so hütet er sich gewöhnlich ängstlich, durch eine Verbindlichkeitserklärung in dieses freie Spiel der Kräfte einzugreifen. Ich glaube, es wäre bei der allgemeinen Bedeutung dieser sozialen Kämpfe an sich nicht unverständlich, wenn der Staat irgendwie hier eingriffe. Und etwas Ähnliches gibt es ja auch in anderen Ländern. Aber es gibt ein Mittel, um den Kämpfenden ihre Verantwortlichkeit gegenüber der Allgemeinheit einzuschärfen, und das ist die Schadenshaftung. Der Staat verlange, daß sie sich in den Grenzen der für alle Staatsbürger geltenden Gesetze halten, und bei der ungeheuren Machtfülle, die die Berufsvereine in sich vereinigen, ist das notwendig und berechtigt und ist für die Berufsvereine schließlich immer noch das Erträglichere. Und schließlich noch ein Argument, das Sie mir nicht verübeln wollen, weil es rein empirischer Natur ist. Herr Prof. Sinzheimer hat früher schon die Befürchtung ausgesprochen, daß die Gewerkschaften es sich überlegen würden, ob sie dann noch Tarifverträge abschließen wollen. Seitdem sind 18 Jahre ins Land gegangen. Die Gewerkschaften haben sich ungeahnt entwickelt. Diese ganzen wertvollen Gebilde haben sich entwickelt unter dem angeblichen drakonischen Rechtszustande, der ihnen keine Entwicklungsmöglichkeit läßt. Meine Herrschaften, ich kann das nicht anerkennen. Die Seltenheit der Schadensprozesse, es sind immerhin doch seltene Fälle, mögen ein erfreuliches Zeichen für die Disziplin der Berufsvereine sein, vielleicht sind sie aber doch zu einem großen Teil darauf zurückzuführen, daß heute jeder das Risiko scheut, das mit unerlaubten Kampfhandlungen verbunden ist.

Endlich will ich noch eins sagen. Gegen Punkt 3 in den Leitsätzen meines verehrten Herrn Mitberichterstatters habe ich begründete Bedenken. Ich verkenne das, was er gesagt hat, nicht und ich empfinde es nicht als sehr angenehm, daß diese ganze Verschiedenheit in der Vermögenslage der Arbeitgeber- und Arbeitnehmerverbände besteht. Wie man sie aus der Welt schaffen soll, weiß ich nicht. Jedenfalls ist es nicht böser Wille, daß die Arbeitgeberverbände kein Geld aufhäufen. Aber ich glaube, solche bedauerlichen Einzelfälle, wie sie angeführt wurden, darf man nicht verallgemeinern. Heute ist die Sache doch so, wenn ein Arbeitgeberverband mit oder ohne Vermögen zu einer hohen Schadenssumme verurteilt wird, dann steht er vor der Wahl, diese Summe auf irgend eine Weise aufzubringen oder von der Bildfläche zu verschwinden. Also, ich meine, ein Arbeitgeberverband, der auf Reputation hält, wird sich nicht fruchtlos pfänden lassen.

Meine Damen und Herren! Ich bin am Schlusse meiner Ausführungen angelangt. Die prozessualen Fragen habe ich absichtlich übergangen, weil ich erst wissen möchte, ob es in Ihrer Absicht liegt, in diesem Stadium der Beratungen noch zu dieser doch immerhin heiklen und schwierigen Frage Stellung zu nehmen.

Nach einer Mittagspause wurde in die Diskussion eingetreten.

Schriftsteller Dr. Heinz Potthoff-München:

Meine sehr verehrten Damen und Herren! Ich hätte gern vorhin durch Verzicht auf das Wort dazu beigetragen, daß schon vor der Pause die Verhandlungen zum Abschluß gebracht würden, wenn es mir nicht doch bedenklich erschienen wäre, daß wir unmittelbar nach diesen beiden ausgezeichneten Referaten über die Leitsätze abstimmen, die doch zum großen Teil in Widerspruch miteinander stehen. Befürchten Sie aber nicht, daß ich nun das dritte Referat erstatten werde. Auch wenn der Versuch, mit den Herren Referenten, insbesondere mit den packenden Darlegungen von Prof. Dr. Sinzheimer, in Konkurrenz zu treten, nicht von vornherein zum Scheitern verurteilt wäre, würde ich es für eine Pflicht freundschaftlicher Höflichkeit halten, diesen Versuch nicht zu machen. Ich möchte mir ein paar kurze allgemeine Bemerkungen zu der Frage erlauben, ob überhaupt der gegenwärtige Augenblick schon dafür geeignet ist, mit ganz bestimmten Vorschlägen für die gesetzgeberische Neureglung der Haftung für unzulässige Kampfhandlungen von Berufsvereinen hervorzutreten.

Prof. Dr. Sinzheimer hat ja mit außerordentlichem Geschick, vielleicht nur aus Rücksicht auf die allgemeine Fragestellung, den

Versuch gemacht, es als bekannt vorauszusetzen, was in dieser Fragestellung nicht als Problem gestellt wird, einfach zu sagen: was eine unzulässige Kampfhandlung ist, setzen wir voraus, und wir fragen, wenn ein solcher Berufsverein eine solche unzulässige Kampfhandlung begeht, wie haftet er jetzt, und wie soll er haften. Er hat das glänzend durchgeführt, und trotzdem habe ich den Eindruck, besonders nach dem zweiten außerordentlich klaren Referat des Herrn Dr. Nikisch, daß es einfach nicht geht, daß man diese Voraussetzung nicht machen kann, sondern daß, wenn man an die Frage einer Veränderung der Haftung der Berufsvereine für unzulässige Kampfhandlungen herangeht, man ohne weiteres nach drei Seiten hin sofort die Grenzen überschreiten muß. Ich kann ja nicht entscheiden, ein Berufsverein soll in dieser oder jener Form haften, wenn ich vorher nicht klar darüber bin, wofür er haften soll. Der Begriff der unzulässigen Kampfhandlungen muß unbedingt mit in die Erörterung hereingezogen werden, um so mehr, als dieser Begriff absolut unbestimmt und unklar ist, und schließlich muß das ganze Recht der Tarifverträge mit hereingezogen werden.

Alle diese Dinge führen uns weit über die Grenze des Arbeitsrechts hinaus, denn die Gewerkschaften, das hat Herr Prof. Dr. Sinzheimer überzeugend dargelegt, sind heute nicht bloß arbeitsrechtliche Organisationen, sondern die Berufsvereine, insbesondere die großen Gewerkschaften, haben heute eine weit über die Regelung der Arbeitsbedingungen hinausgehende kulturelle sozialwirtschaftliche Bedeutung. Sie sind zum großen Teil die Träger und Organisatoren des kulturellen Aufstiegs von 20 Millionen Arbeitnehmern, und deswegen können wir auch nicht auf dem beschränkten Gebiete des Arbeitsrechts die Frage der Haftung dieser Berufsvereine regeln. Wir kommen hier ganz weit in die grundsätzliche Regelung der heutigen Bedingungen unseres gesellschaftlichen Lebens hinein. Und da hat Dr. Nikisch mit vollem Recht gesagt: das Wesen, der Zustand der Berufsvertretungen ist gegenwärtig absolut unfertig. Auch deswegen habe ich Bedenken, hier mit einer derartigen Teilregelung einzugreifen, ehe nicht auch die Gesamtauffassung und die Grundlagen unseres Arbeitsrechts fester gelegt sind.

Wir befinden uns doch in einer Wandlung der Grundanschauungen des Arbeitsrechts, die nach meiner Überzeugung noch nicht das wünschenswerte Ziel erreicht hat, und ich möchte in zwei Hinsichten der noch herrschenden Auffassung vom Arbeitsverhältnis und seinem Recht widersprechen. Das erste ist die Auffassung, daß das Arbeitsverhältnis ein Schuldverhältnis und der Tarifvertrag ein Schuldverhältnis sei, und wenn Prof. Sinzheimer und Nikisch übereinstimmend den ersten Satz aussprechen, wonach der Standpunkt des geltenden Rechts gebilligt wird, und Prof. Sinzheimer meint, diese allgemeine aus Verträgen und unerlaubten Handlungen sich ergebende Haftung werde kaum bezweifelt, so möchte ich mich als denjenigen bekennen, der einen starken Zweifel hegt. Ich halte das Arbeitsverhältnis und Tarifverhältnis für etwas so fundamental Verschiedenes von den übrigen Schuldverhältnissen, daß ich glaube, wir werden nicht zum Ziele kommen, wenn wir aus dem gewohnten schuldrechtlichen Rahmen heraus diese Dinge regeln werden. Wir werden das ganze Arbeitsverhältnis auf eine besondere sozialrechtliche Grundlage stellen müssen, und deswegen möchte ich den ersten Satz der Berichterstatter nicht annehmen und möchte glauben, daß wir unabhängig von dem Schuldrecht des Bürgerlichen Gesetzbuchs vorzugehen haben, wenn wir die Haftung aus Kampfhandlungen der Berufsvereine wirklich befriedigend regeln wollen. Und der zweite Widerspruch, der in unserem Arbeitsrecht liegt, ist der, daß heute doch immer noch das Arbeitsverhältnis als individuell aufgefaßt wird. Allerdings, die Regelung der Arbeitsbedingungen des Arbeitsrechts wird allgemein schon als kollektiv anerkannt. Wir müssen aber darüber hinaus erkennen, daß das Arbeitsverhältnis als solches kollektiv ist, daß es eine vollkommene Verkennung des Großbetriebes und der Verwaltung ist, wenn man glaubt, daß der einzelne Arbeitnehmer in einem individuell persönlichen Arbeitsvertragsverhältnis zu seinem Arbeitgeber steht, das sich losgelöst von den Verhältnissen der anderen regeln und beurteilen läßt. Dieses Verhältnis ist ein Kollektivverhältnis, ist abhängig von den Arbeitsverhältnissen der tausend anderen. Aus der Erkenntnis dieser Tatsache, die übrigens im Empfinden der Arbeitnehmer längst besteht, aus der Anerkennung dieser Tatsache, wird sich eine vollständige Regelung auch der rechtlichen Beurteilung der Kollektivhaft, insbesondere für Kampfhandlungen des Streikenden, ergeben. Und im Zusammenhange damit wird sich auch erst der richtige Boden für die Haftfrage ergeben und ergibt sich ohne weiteres daraus, daß diese ganze Entwicklung dazu führen wird, die Einzelpersönlichkeit auch in der Verantwortlichkeit für Kampfhandlungen zurücktreten und viel stärker die Gewerkschaft als eine Handelnde und als eine Haftende hervortreten zu lassen. Es hat gar keinen Zweck, die Augen davor zu verschließen, daß das kommen muß, und deswegen kann man nicht ohne Rücksicht darauf eine solche Regelung schon jetzt vorschlagen.

Nun hat diese Kollektivhaft, die Verstärkung der Kollektivhaftung, die Anerkennung des Kollektivhandelns auf Grund der gegenwärtigen Lage der Dinge eine außerordentlich bedenkliche Auswirkung. Sie verschiebt das Stärkeverhältnis zwischen Arbeitgeber und Arbeitnehmer. Es ist doch heute so, daß jeder einzelne Arbeitgeber individuell voll verantwortlich und greifbar ist. Der Arbeitgeber, der die Vertragspflichten bei der Aussperrung verletzt, wird auf Lohnzahlung verklagt und muß bezahlen. Der Arbeitnehmer, der unter Vertragsbruch streikt, braucht nicht zu bezahlen, weil er unpfändbar ist. Aber in demselben Maße, wie an Stelle der Einzelnen nun die Kollektivkörper als Handelnde und Haftende treten, wird der Arbeitnehmer greifbar; denn die Gewerkschaft hat Vermögen, und der Arbeitgeber wird ungreifbar; denn der Arbeitgeberverband hat kein Vermögen. Das ist die praktische Schwierigkeit, die wir auch irgendwie überwinden müssen, die heute nicht zur Sprache gekommen ist, und die es mir zweckmäßig erscheinen läßt, uns hier nicht vorzeitig festzulegen.

Ich würde am liebsten Ihnen den Vorschlag machen, gar nichts vorzuschlagen an gesetzgeberischen Änderungen, wenn nicht tatsächlich die Gefahr bestünde, daß durch eine Veränderung der Gesetzgebung sich eine schwere Schädigung und Gefährdung der Gewerkschaften in den nächsten Jahren herausbilden würde. Herr Prof. Sinzheimer hat es vorhin schon ausgesprochen, und ich teile seine Überzeugung durchaus, daß wir in den nächsten Jahren eine Veränderung der Rechtsprechung bekommen werden, eine Veränderung der Rechtsprechung, die einmal ganz allgemein den § 831 BGB. anders auslegt, eine Entwicklung, die ich für richtig halte in Übereinstimmung mit Dr. Weigert in seinem zitierten Buche, daß aber auf der anderen Seite auch eine gewisse Entwicklung sich zeigen wird, die großen Streiks einzudämmen, die dazu führen wird, die Gewerkschaften strenger haften zu lassen für die sogenannten unzulässigen Streiks und unzulässigen Kampfhandlungen. Wir werden die Entwicklung erleben — man kann das nicht wissen, man hat das im Gefühl —, die vor 40 Jahren in England einsetzte und zu dem bekannten Urteil führte, bei dem eine Gewerkschaft zu einem ungeheuren Schadenersatze für einen Streik verurteilt wurde, eine Entwicklung, wie sie gegenwärtig in Nordamerika ist, wo die Gerichte glatt die Gewerkschaften für alle Streikschäden, die von den Mitgliedern angerichtet worden sind, verantwortlich machen.

Hier scheint mir der wunde Punkt zu liegen, der allein den Juristentag veranlassen müßte, seine warnende Stimme zu erheben, daß hier nicht die Rechtsprechung in ihrer Entwicklung zu einem Ergebnis führt, das durchaus unerwünscht erscheinen muß. Und ich möchte den Vorschlag machen, ob nicht vielleicht eine Übereinstimmung der Anwesenden dahin erzielt werden könnte, daß man nicht im Augenblicke schon präzise Gesetzesvorschläge und Richtlinien für die Regelung dieser einen Teilfrage gibt, daß man aber doch mit einem kurzen Worte auf die Gefahren hinweist, die hier vermieden werden müssen. Ich habe eben versucht, das zu formulieren. Ich möchte diese Formulierung noch nicht als Antrag einbringen, sondern zunächst abwarten, ob etwa die Stimmung der Versammlung entsprechend ist, daß man Folgendes sagt:

„Die gesetzliche Neuregelung der Haftung der Berufsvereine für unzulässige Kampfhandlungen ist nur möglich im Zusammenhange mit der Regelung des Rechts der Berufsvereine, der Arbeitskämpfe und der Gesamtvereinbarungen. Die Inangriffnahme dieser lange vorbereiteten Regelung ist zu empfehlen. Vermieden muß werden, daß durch Haftungsprozesse den Berufsvereinen die Mittel zur Erfüllung ihrer sozialen Aufgaben entzogen werden."

Das Letzte ist allerdings eine sehr allgemein gefaßte Sache, und ich würde sie persönlich viel lieber präziser fassen, gebe aber zunächst anheim, ob überhaupt für eine derartige gemeinsame Beschlußfassung der Boden vorhanden ist. Das ist es, worauf es ankommt. Im übrigen glaube ich, hat die Sache ruhig noch einige Jahre Zeit, und wir sollten nicht durch die Beantwortung dieser Teilfrage uns irgendwie binden für die allgemeine Regelung des Kampfrechts, des Tarifrechts der Berufsvereine, die doch nicht mehr lange aufgeschoben werden kann.

Rechtsanwalt Dr. Baum-Berlin:

Meine Damen und Herren! Herr Dr. Potthoff hat bereits hervorgehoben, daß eine Regelung von Einzelfragen aus unserem heutigen Thema recht bedenklich erscheint, und daß die ganze Frage nur geregelt werden kann in Verbindung mit einer Gesamtregelung des Berufsvereinsrechts. Auch ich habe, und zwar vom Standpunkt des Vereinsrechtspraktikers, große Bedenken nicht nur gegen eine solche Einzelregelung, sondern vor allen Dingen gegen die Notwendigkeit einer

Einzelregelung. Denn wenn man eine solche Regelung als dringlich verlangt, müßte man doch zunächst einmal nachweisen, daß der bisherige Rechtszustand, der prinzipiell auch von den beiden Referenten als geeignete Grundlage anerkannt wird, wirklich zu erheblichen Mißständen geführt hat. Das habe ich eigentlich aus den Referaten der beiden Herren noch nicht ohne weiteres entnehmen können. Es wurde von Herrn Prof. Dr. Sinzheimer als einer der Hauptgründe der von ihm vorgeschlagenen Beschränkung der Haftung der Gewerkschaften hervorgehoben, daß die Gefahr bestünde, daß die Existenz der Gewerkschaften gefährdet und insbesondere die Verwendung des Gewerkschaftsvermögens zu anderen gemeinnützigen Zwecken verhindert würde. Demgegenüber habe ich mir auf Grund meiner doch ziemlich umfangreichen praktischen Erfahrung die Frage vorgelegt: Ist eigentlich überhaupt schon einmal der Fall vorgekommen, daß eine Gewerkschaft aus Arbeitskämpfen tatsächlich einen Schaden bezahlen muß? Ich habe in meiner bisherigen Praxis keinen solchen Fall erlebt, ich habe, soweit ich mich erkundigt habe, keinen solchen Fall gehört. Tatsächlich ist es immer so gewesen, daß zwar Prozesse bis zu einem gewissen Ziele durchgeführt worden sind, daß man sich nachher aber in irgend einer Form verständigt hat, so daß es zu einer Exekution, zu einer Pfändung nicht gekommen ist. Und das liegt sehr einfach daran, daß es hier nicht wie sonst bei unerlaubten Handlungen ist, wo sich zwei beliebige Gegner gegenüberstehen, bei denen diese unerlaubten Handlungen im einzigen Streitfalle, der zwischen ihnen mutmaßlich entstehen kann, begangen werden, sondern Arbeitgeber und Arbeitnehmer eben dauernd darauf angewiesen sind, in Beziehungen miteinander zu treten, und ihre Beziehungen regeln müssen, schneller, als der Ablauf und das Ende eines Prozesses es ermöglicht. Also vom Standpunkte der Erhaltung der Existenz der Gewerkschaften erscheint mir eine gesetzliche Regelung von einzelnen Fragen nicht unbedingt als dringlich.

Das Gleiche gilt auch hinsichtlich der anderen Frage, die Prof. Sinzheimer gegenüber den Arbeitgeberverbänden anschnitt, nämlich des Umstandes, daß die Arbeitgeberverbände in der Regel keine großen Vermögen haben und somit die Gefahr fruchtloser Vollstreckung besteht. Es ist mir auch bisher kein Fall bekannt geworden, in dem es wirklich einem Arbeitgeberverband gegenüber bis zur Leistung des Offenbarungseides gekommen ist. Der eine Fall, den Prof. Sinzheimer heute vortrug, kann sich aus allen möglichen Dingen, die jeder aus seiner Anwaltspraxis kennt, ereignet haben. Das ist sehr leicht der Fall, wenn etwas zu schnell gepfändet wird, daß auch bei Zahlungsfähigen unter Umständen eine Pfändung fruchtlos ausfällt. Deswegen braucht aber nicht der Fall einzutreten, daß das Urteil nicht realisiert werden kann. Also, auch aus diesem Grunde ist die Sache nicht absolut dringlich.

Immerhin würde hier vielleicht ein allgemeiner Gesichtspunkt hereinspielen, nämlich der, daß unter gewissen Umständen allerdings die Beschränkung der Haftung eines Vereins auf sein Vermögen ohne Rücksicht auf das Vorhandensein zahlungsfähiger Mitglieder zu Unbilligkeiten führen kann. Wir haben ja bei dem amerikanischen Aktienrecht gesehen, daß unter Umständen für die Arbeiter ein Zugriff auf das Vermögen der Aktionäre zulässig ist, ohne Rücksicht darauf, daß an sich natürlich die Aktiengesellschaft haftet, und im Zusammenhange eines Vorgehens gegen solche Mißstände wird sich vielleicht auch eine derartige Abänderung empfehlen, aber immerhin eine allgemeine, nicht eine Regelung lediglich auf Grund dieses einzelnen Problems. Und wenn man bezüglich der Beschränkung der Haftung eine Änderung für nötig hält, so kann es sich auch hier nur um einen allgemeinen Gesichtspunkt handeln. Es besteht allerdings vielleicht ein gewisses Bedürfnis dahingehend, zu verhindern, daß Körperschaften und sonstige juristische Personen infolge eines Schadensfalles um ihre gesamte Existenz kommen. Diese Frage kann aber meines Erachtens nur geregelt werden nicht unter dem Gesichtspunkte des speziellen Arbeitsrechts, sondern unter dem Gesichtspunkte der Regelung des Vollstreckungsrechts, des Prozeßrechts überhaupt. Die Fälle der Gefährdung der Gewerkschaft und des Gewerkschaftszwecks, die hier hervorgehoben worden sind, sind nicht die schlimmsten. Es sind zunächst noch Fälle, die bisher überhaupt nicht praktisch geworden sind. Auf anderen Gebieten sind sie zweifellos praktisch geworden. Denken Sie bloß an einen Fall, der hier vorgekommen ist, daß irgend ein Familienvater auf der Treppe eines Waisenhauses einen Unfall erleidet und dann eine Rente verlangt, die vielleicht so groß ist, daß sie die Existenz dieses Waisenhauses gefährdet. Auch dagegen gibt es nach geltendem Recht keinen Schutz. Und deshalb ist es allerdings dringend nötig, daß man vom Prinzip unserer Zivilprozeßordnung abweicht, die den Schutz gegen die Gefahren der Vollstreckung bisher nur Einzelpersonen gewährt hat. Es muß hier dazu übergegangen werden, diesen Schutz auch Körperschaften zu gewähren, und im Rahmen dieses Vollstreckungsschutzes kann man auch auf die besonderen Bedürfnisse der Gewerkschaften Rücksicht nehmen.

Ich hatte mir vorgenommen, ungefähr Folgendes zu formulieren:

„In Abänderung des geltenden Prozeßrechts ist nicht nur den Einzelpersonen, sondern auch den Körperschaften und Personenvereinigungen ein Vollstreckungsschutz zu gewähren. Hierbei sind die besonderen Verhältnisse der Berufsvereine zu berücksichtigen.“

Ich glaube, auch die Frage, die hier vorliegt, kann gelöst werden auf dem Wege eines Vollstreckungsschutzes. Es muß verhindert werden, daß die Vollstreckung so weit geht, daß der Berufsverein seine Existenz verliert. Gefährlich ist dagegen der vom ersten Referenten vorgeschlagene Weg der Haftungsbeschränkung, und zwar aus einem ganz besonderen Grunde. Bei der Haftung der Post, Eisenbahn usw. handelt es sich im wesentlichen um Haftung aus Verträgen und um Fälle, bei denen die Gefahr einer vorsätzlichen Schädigung nicht vorliegt. Hier dagegen, beim Arbeitskampfe, wo auch in den meisten Fällen nicht eine fahrlässige, sondern eine vorsätzliche Schädigung in Frage kommt, ist es zweifellos sehr bedenklich, daß derjenige, der sich überlegen muß, nehme ich eine bestimmte Handlung vor oder nicht, sich von vornherein sagen kann: wenn ich diese Handlung vornehme, und wenn ich schadensersatzpflichtig bin, dann kann mich das im allerschlimmsten Falle nur soundsoviel kosten. Das wird auf den ganzen Entschluß und das Vorgehen in einer unerwünschten Weise entscheidend einwirken, und deswegen möchte ich zusammenfassend sagen: ich sehe den Ausweg, wenn er überhaupt gefunden werden darf, nur auf dem Wege des Vollstreckungsschutzes, und dies auch nicht auf Grund einer Sonderregelung lediglich für die Berufsvereine, sondern auf dem einer allgemeinen Regelung, die ja bei der bevorstehenden Reform der Zivilprozeßordnung ohne weiteres getroffen werden könnte.

Vorsitzender Geh. Justizrat Dr. Heinitz:

Es ist mir folgender Antrag, unterzeichnet von den Herren Flatow, Rittweger, Fischer und Potthoff, überreicht worden:

„Der Deutsche Juristentag ist unter Anerkennung der besonderen Eigenart der Berufsvereine und ihrer notwendigen sozialen Funktionen der Auffassung, daß die Haftungsänderung nur im Zusammenhang mit einer Änderung des gesamten kollektiven Arbeitsrechts und der besonderen durch Artikel 165 der Reichsverfassung vorgesehenen Aufgaben erfolgen kann. Er erwartet, daß die auf diesem Gebiet in Aussicht genommenen gesetzgeberischen Arbeiten beschleunigt fortgeführt werden.“

Prof. Dr. Nipperdey-Köln:

Ich beabsichtige, nur ganz kurz zu einigen Punkten Stellung zu nehmen. Der zweite Referent, Dr. Nikisch, der mit viel Materialkenntnis zu dieser Frage Stellung genommen hat, schlägt doch in der Sache eine Verschärfung der geltenden Haftung vor. Das ist wohl in seinem Referat nicht genügend zum Ausdruck gekommen — nicht im Sinne eines Vorwurfs, daß er das unterschlagen habe —; aber ich glaube, daß man darauf hinweisen muß. Dr. Nikisch will schlechthin die nichtrechtsfähigen den rechtsfähigen Vereinen gleichstellen und lehnte andererseits den von mir gemachten Vorschlag einer gewissen Modifizierung und Einschränkung des § 31 ab. Die Sache liegt also so, daß bei den Orts- und Bezirksstellen, von denen Nikisch mit Recht sagt, daß sie im Vordergrunde des Kampfes stehen, eine Haftung der Zentrale nach § 31 nach seinen Vorschlägen auch dann eintreten würde, wenn diese Zentrale sich mit aller Kraft dagegen wehren würde, daß die Bezirksstellen den Kampf beginnen. Also, ich glaube, daß wir doch besonders beachten müssen, daß wir tatsächlich zu einer großen Verschärfung des geltenden Rechts kommen würden.

Wenn ich nun ganz kurz zu den Argumenten des Herrn Dr. Nikisch Stellung nehmen darf, mit denen er sich gegen eine Haftungsbeschränkung ausgesprochen hat, so darf ich vielleicht anknüpfen an das, was er zuletzt gesagt hat. Er sprach davon, daß wir ja in einer Reihe von Gesetzen heute tatsächlich eine Beschränkung der Schadenersatzpflicht haben. Wir haben sie im Automobilgesetze und im Luftverkehrsgesetze. Er hat mit Recht darauf hingewiesen, daß natürlich eine glatte Parallele nicht gezogen werden kann, daß es sich in der Tat im Automobil- und Luftverkehrsgesetze um eine Gefährdungshaft handelt. Aber wie liegen denn nun die Dinge? Ist denn nicht tatsächlich praktisch hier bei der Haftung der Berufsverbände weitgehend eine Gefährdungshaft vorhanden? Beide Referenten haben ja mit Recht gesagt, daß die Rechtsprechung des § 831 heute wohl auch für die Großbetriebe dahingeht, daß immer mehr die Haft der Gefährdungshaft sich nähert. Wir haben die Gefährdungshaft heute schon in § 278. Wir haben sie in § 31, und wir bekommen sie in § 831. Ich gebe ohne weiteres zu, daß diese Rechnung nicht ganz stimmt. Es ist nicht die vollständige Gefährdungshaft. Aber nun möchte ich doch die Frage aufwerfen, ob nicht die Gründe, die Herr Prof. Dr. Sinzheimer vorgebracht hat, dieses kleine Minus, was vielleicht an der Gefährdungshaft fehlt, so stark aufwiegen, daß wir aus den allgemeinen Gründen die Gewerkschaften, überhaupt Berufsvereine, so schützen können wie etwa einen Automobilbesitzer. D. h.: wollen wir nicht der Gefährdungshaft einen gewissen Gefährdungsschutz entgegensetzen? Meine Vorschläge, die die Berufsvereine nur für den äußersten Notfall vor dem Weißbluten schützen wollen, gehen dahin, daß wir — ohne uns auf Einzelheiten einzulassen, ohne Buße und Beschränkung der Schadensersetzung — grundsätzlich aussprechen sollten, daß eine gewisse Beschränkung der Haft erwünscht ist.

Wenn Herr Prof. Sinzheimer sich entschlösse, aus seinen Leitsätzen in Ziffer 1 die Worte „und zwar in der Form der Buße" zu streichen, und wir eine gewisse Haftbeschränkung aussprächen, ich glaube, daß wir damit einen großen Schritt vorwärts tun würden, und daß die Gefahr, die Dr. Nikisch uns hier vorgestellt hat, doch nicht in dem Maße vorhanden sein dürfte. Herr Dr. Nikisch hat eine große Reihe von Gesichtspunkten, die für die Haftbeschränkung angeführt werden, einer Prüfung unterzogen, er hat namentlich darauf verwiesen, daß wir gegenwärtig ja keinerlei Beschränkung in der Kampffreiheit hätten, und er meinte, wenn wir eine gewisse Beschränkung der Kampffreiheit hätten, dann würde die Sache erträglich sein. Ich weiß nicht, ob wir zu einer gewissen Beschränkung der Kampffreiheit kommen werden. Daß Männer wie Potthoff einer solchen Beschränkung sympathisch gegenüberstehen, gibt ja doch zu denken, und wir haben im Entwurfe der Schlichtungsordnung hier bereits Vorschläge einer gewissen Beschränkung. Ich meine, wenn wir diesen Gefährdungsgedanken, diesen Risikogedanken, ins rechte Licht setzen, dann sollten wir hier auf der anderen Seite einen gewissen Schutz aussprechen. Eben gerade weil es sich um ein Ventil handelt, weil nur im äußersten Notfalle die Sache überhaupt praktisch wird, können wir das machen.

Und wenn Herr Dr. Nikisch nun die Gründe, die für die Bedeutung der Berufsverbände gegeben worden sind, angefochten hat, so vermag ich ihm in weitgehenden Punkten nicht zuzustimmen. Gewiß ist es richtig, daß die Selbstauflösung eines Berufsvereins jederzeit möglich ist. Aber hier kann man doch keine Parallele ziehen. Das ist schließlich der Allgemeinheit doch gleichgültig, wenn ein solcher Verband sich freiwillig aus der Reihe der Träger der Tarifverträge ausschaltet.

Meine Herren! Ich komme zum Schluß. Und da möchte ich sagen: gestern sind hier an dieser Stelle alle Reformvorschläge zum Aktienrecht niedergestimmt worden, und ich habe nach dem, was ich heute hier gehört habe, sehr stark den Eindruck, daß es kein glücklicher Zug des Juristentages war. Wenn Sie heute in derselben Abteilung wieder in der gleichen Weise vorgehen, so ist es mir doch zweifelhaft, ob man dem Juristentage, dieser Abteilung, nicht den Vorwurf einer — ich spreche hier nicht politisch — reaktionären Gesinnung machen kann. Ich möchte das zu erwägen geben, ohne eine persönliche Note anschlagen zu wollen.

Vorsitzender Geh. Justizrat Dr. Heinitz:

Herr Amtsgerichtsrat Dr. Eberstadt stellt den Antrag:

„Für alle Streitigkeiten aus unzulässigen Kampfhandlungen sollen die Arbeitsgerichte, falls sie gesetzlich errichtet werden, zulässig sein."

Ich sehe keinen wesentlichen Unterschied zwischen diesem Antrage und Ziffer 4 der Sinzheimerschen Thesen.

Amtsgerichtsrat Dr. Eberstadt-Köln:

Ich hoffe, daß mein Antrag dasselbe zum Ausdruck bringt, was eigentlich Herr Prof. Sinzheimer meint. Und wenn er mit mir einig geht und das nur als redaktionelle Änderung seiner Ziffer 4 ansieht, so brauche ich nichts weiteres zu sagen. Ich habe das große Bedenken, daß, wenn die von Prof. Sinzheimer vorgeschlagene Fassung der Ziffer 4 angenommen wird, wir damit in die ganze Materie des Arbeitsgerichtsgesetzentwurfs hineingeführt werden. Und wir müssen das aufs Allerstrengste vermeiden. Es darf nicht den Anschein erwecken, wenn etwa Ziffer 4 der Fassung Sinzheimer angenommen wird, der Juristentag stünde auf dem Boden des Entwurfs. Wir müssen bedenken, in welcher Zeit wir leben, und daß die Vertrauenskrise, von der gesprochen worden ist, immer noch besteht. Und wir müssen uns an die wundervollen Worte des Herrn Prof. Kahl erinnern. Wir müssen alles vermeiden in einer Materie, die so schwerwiegend ist, und wir müssen vermeiden, daß Ziffer 4 den Anschein erweckt, als ob sie hier behandelt worden wäre. Und ich bin der Ansicht, daß wir dem entgehen, wenn die Ziffer 4 so lautet:

„Für alle Streitigkeiten aus unzulässigen Kampfhandlungen sollen die Arbeitsgerichte, falls sie gesetzlich errichtet werden, zuständig sein."

(Zuruf: Der Zwischensatz ist überflüssig.) Es handelt sich darum, ob man der Ansicht ist, daß Arbeitsgerichte errichtet werden sollen. Auch das können wir dahingestellt sein lassen.

Ministerialdirektor Geh. Justizrat Prof. Dr. Schlegelberger-Berlin:

Ich möchte mir noch eine Frage zum Antrage Flatow—Rittweger—Fischer—Potthoff gestatten. Dieser Antrag würde ja die ganze heute erörterte Angelegenheit erledigen. Nun ist so oft gesagt worden, es sei nicht gut, wenn man in einen Gesetzesparagraphen eine Verweisung aufnehme. Hier ist auch eine Verweisung, und ich weiß nicht, ob es klar ist, worauf verwiesen ist. Ist Art. 165 RVerf. in seiner Gesamtheit gemeint und wird er nicht ganz spruchreif, dann kann die Sache überhaupt niemals erledigt werden. Man kann auch wieder meinen, daß die Verweisung sich nur auf die zur Zeit spruchreifen Zeilen des Art. 165 bezieht, soweit ich Art. 165 in Erinnerung habe. Wenn also der Antrag so gestellt werden soll, so hieße das, man könnte die Dinge einheitlich regeln im Zusammenhange mit dem Ausbau des Rätesystems. Nun glaube ich nicht, daß die Antragsteller das gewünscht haben. Ich möchte aber nicht, daß der Anschein erweckt wird, als wenn der Juristentag die Erwartung ausspricht, daß nun die ganze Sache beschleunigt durchgeführt werden soll. Ich würde den Herren Antragstellern dankbar sein, wenn sie auseinandersetzen würden, wie das ganze Problem zu behandeln ist.

Dr. Potthoff:

Ich hatte meinen ursprünglichen Vorschlag so formuliert:

„Die Haftungsregelung soll möglichst im Zusammenhange mit der Regelung des Rechts der Berufsvereine, der Arbeitskämpfe und der Gesamtvereinbarungen erfolgen."

Vielleicht würden die Herren Flatow, Rittweger und Fischer einverstanden sein, wenn wir wieder diese Formulierung bringen.

Vorsitzender:

Ich verstehe die Herren so, daß der Antrag etwas abgeändert werden soll, und zwar dahin:

„Die Haftungsregelung soll möglichst im Zusammenhange mit der Regelung des Rechts der Berufsvereine, der Arbeitskämpfe und der Gesamtvereinbarungen erfolgen."

Der zweite Satz würde stehen bleiben. Der Antrag würde also nunmehr folgendermaßen lauten:

„Der Deutsche Juristentag ist unter Anerkennung der besonderen Eigenart der Berufsvereine der Auffassung, daß die Haftungsregelung nur im Zusammenhange mit einer Regelung des Rechts der Berufsvereine, der Arbeitskämpfe und der Gesamtvereinbarungen erfolgen kann. Er erwartet, daß die auf diesem Gebiete in Angriff genommenen gesetzgeberischen Arbeiten beschleunigt fortgeführt werden."

Ich gebe jetzt das Schlußwort dem zweiten Berichterstatter, Herrn Dr. Nikisch.

Syndikus Privatdozent Dr. Nikisch:

Meine Herren! Ich will mich kurz fassen. An einer Stelle meines Referats hatte ich mir erlaubt auszuführen, daß augenblicklich die ganze Frage unserer Berufsvertretungen einen ausgesprochen unfertigen Charakter trägt, und daß ich es für bedenklich hielte, in diesem Stadium ein Teilproblem zu lösen, das die künftige Entwicklung unter Umständen präjudizieren kann. Ich stelle mit großer Befriedigung fest, daß dieser Gedanke von einer Anzahl der Herren Diskussionsredner für richtig gehalten wird. Unter diesen Umständen trage ich kein Bedenken, dem Kompromißantrage der Herren Flatow u. Gen. bei der Abstimmung auch meine Stimme zu geben. Ich verhehle mir dabei nicht, daß ein wichtiges Problem, nämlich die Haftung der nichtrechtsfähigen Berufsvereine, in Zukunft eine Regelung nicht findet. Ich glaube, richtig ist es auch, hier diese Einzelfrage nicht aus dem Zusammenhange herauszulösen. Die Anmerkungen von Herrn Prof. Dr. Nipperdey können mich doch nicht bestimmen, meine grundsätzliche Stellung zur Frage der Haftungsbeschränkung zu ändern. Man kann diese Frage nur vom Standpunkte der Allgemeinheit betrachten. Derjenige, der haftet, wird selbstverständlich eine schwere Beeinträchtigung oder gar eine Vernichtung durch den Haftungsprozeß immer als etwas Mißliches ansehen. Das kann nicht den Ausschlag geben. Den Ausschlag muß geben, ob der Staat, die Allgemeinheit ein Interesse daran hat, daß die Berufsvereine erhalten bleiben. Ich glaube, daß es vom Standpunkte der Allgemeinheit gar keine Rolle spielt, auf welcher Ursache das Verschwinden beruht. Ich betone nochmals, daß ich der Kompromißlösung Flatow u. Gen. zustimmen kann.

Vorsitzender: Das Wort hat Herr Prof. Dr. Sinzheimer.

Rechtsanwalt Prof. Dr. Sinzheimer:

Verehrte Anwesende! Auch ich will mich kurz fassen. Zunächst das Eine: Ich möchte auf die verschiedenen Einzelheiten nicht eingehen, soweit sie nicht wesentlich sind im Gesamtrahmen der ganzen Diskussion. Ich möchte z. B. die verschiedenen Streitfragen, die der Herr Kollege Nikisch aufgeworfen hat wie die Definition des Begriffes „Kampf" usw., auf sich beruhen lassen; nicht, als ob ich sie für unwichtig hielte, sondern weil ich glaube, daß sie nicht unmittelbar mit den Hauptproblemen in Verbindung stehen müssen. Ich bin durchaus davon überzeugt, daß der Gesetzgeber, der die verantwortliche Pflicht hat, nunmehr die verschiedenen Materien einzugliedern in das Gesamtwerk der Gesetzgebung, unbedingt auch berücksichtigen muß, was der Herr Kollege Nikisch über die verschiedenen Interpretationen der angeführten Begriffe gesagt hat.

Ich darf mich zuerst direkt zur Betrachtung der Hauptthese wenden, nämlich ob die Haftung beschränkt werden soll oder nicht. Hierbei können geschichtliche Erinnerungen keinesfalls ausschlaggebend sein, da eine Wandlung der Probleme stattgefunden hat. Ich kann Ihnen sagen, daß ich damals mit aller Energie gegen ein Tarifgesetz war, weil ich damals von einem Tarifgesetze etwas erwartet habe, was ich heute, glaube ich, nicht mehr erwarten muß. Die Konstellation hat sich im allgemeinen geändert und damit ändert sich auch natürlich die Stellungnahme zu einem Gesetzgebungsproblem. Wertvoller scheint mir indes folgende Erinnerung zu sein, die sich auf die Frage der Beschränkung der Haftung bezieht: man möge doch nicht vergessen, daß in dem Arbeitstarifgesetzentwurfe, der allerdings nicht unter den Namen des Arbeitsministeriums in die Welt hinausgegangen ist, und der ja wohl die Grundlage des offiziellen Regierungsentwurfs bilden wird, in § 19 ausdrücklich bereits die Beschränkung der Haftung, wenigstens insoweit die vertragliche Haftung in Betracht kommt, ausgesprochen worden ist. Und auch die Erinnerung scheint mir doch recht wertvoll, daß in jener Kommission auch diejenigen Herren, die, sagen wir mal: — ich bitte das nicht mißzuverstehen — arbeitgeberfreundlich eingestellt waren, die aus allgemein-volkswirtschaftlichen Gründen bestimmt waren, den Arbeitgeberstandpunkt nicht außer Acht zu lassen, dort dieser Haftungsbeschränkung zugestimmt haben, daß gegen den Arbeitstarifgesetzentwurf überhaupt ein Widerspruch gar nicht erhoben worden ist, auch nicht gegen die Form der Regelung in Gestalt der Buße. Und ich meine, wenn ein Gesetzentwurf schon so weit vorgeschritten ist, daß die Beschränkung der Haftung auf einem Teilgebiete bereits unmittelbar vor der Tür steht, kann heute dieser Vertagungsantrag meines Erachtens nur eine Rückwärtsrevision der Gesetzgebung bedeuten, jedenfalls wenn man ihn so auffassen wollte, daß überhaupt keine Regelung der Haftung in Betracht gezogen werden soll, wenn das Gesamtproblem in toto geregelt wird. Wenn allerdings dieser Kompromißentwurf — wie ich ihn auffasse — dahin zu verstehen ist, daß einerseits angeregt wird, daß bei der Regelung der Haftung notwendig Rücksicht genommen werden muß auf die Eigenart der Berufsvereine und die besonderen Funktionen, und andererseits anerkannt wird, daß die Berufsvereine nicht wie eine Privatperson behandelt werden dürfen, so würde ich sowohl in der Vertagung wie auch in einer nicht so beschleunigten Gesetzgebung in dieser Materie kein Unglück sehen. Um so mehr, als ich von vornherein auf dem Boden stand, daß infolge der Formulierung des Themas durch den Juristentag keineswegs angenommen werden könnte und sollte, daß nun das, was wir hier durch Beschlüsse festlegen, unmittelbar in Gesetzgebungsform übergehen soll. Ich dachte mir, daß es Richtlinien des Juristentages in grundsätzlicher Beziehung sein sollten, Richtlinien an den Gesetzgeber, daß, wenn er zur Regelung kommen würde, er dann die Richtlinien des Juristentages beachten sollte. Die Thesen waren nicht als Grundlage eines Gesetzes, sondern nur als Meinungsäußerung des Juristentages zu der Materie überhaupt gedacht. Und wenn dann weiterhin dieser Antrag so aufzufassen ist, daß damit kein Stein in die Regelung des Entwurfs gerollt werden soll, dann glaube ich, daß dieser Vertagungsantrag kein Unglück wäre, da ja die Hauptgesichtspunkte damit in keiner Weise zurückgedrängt würden und der Gesetzgeber in keiner Weise negativ festgelegt werden würde.

Ich gestatte mir ferner, Herrn Kollegen Nikisch und die ganze Versammlung an ein anderes Problem zu erinnern, nämlich, so merkwürdig es klingt, an die Frage des Betriebsrisikos. Ich sage, die Gewerkschaften üben notwendige soziale Funktionen aus. Der Bestand einer Arbeitnehmerschaft, eines Berufes, ist gebunden an das Vorhandensein einer wirtschaftlichen Machtkörperschaft, nämlich des Berufsvereins. Ich erinnere mich an die Entscheidung des Reichsgerichts in Band 106. Das Argument, das man immer und immer wieder den Lohnansprüchen der Arbeitnehmer, deren Leistungen nicht vollzogen werden konnten, weil irgendwie von außen her in den Betrieb eingegriffen war, entgegenhielt, war: die Betriebe werden ja ruiniert, wenn hier tausende von Arbeitnehmern ihre Lohnansprüche geltend machen, auch wenn sie nicht arbeiten können; die Betriebe sind die ökonomische Basis für die Existenz dieser Arbeitnehmer; das Betriebsvermögen darf nicht ruiniert werden. Ist es da zu verwundern, wenn auf der anderen Seite die Frage der sozialen Funktionen der Gewerkschaften auftaucht?

Ich danke dem Korreferenten für sein außerordentlich klares Referat. Aber was er von sich sagt, muß ich auch von mir sagen: er hat mich nicht überzeugen können. Vielleicht, weil ich zu lange schon den Standpunkt vertrete. Je mehr ich über diese Dinge nachdenke, komme ich immer mehr zu der Vertretung dieses Standpunktes. Das eine muß ich sagen: einer der Grundgedanken, von dem ich ausgegangen bin, die Kollektivperson, ist durch die Bedenken des Herrn Kollegen Nikisch nicht berührt worden. Nicht so hitzig, junger Freund! Es wird ja gar nicht so hart auf hart kommen. Ja, ich bin Erkenntnistheoretiker. Ich glaube, daß Wirklichkeit das ist, was kommen kann. Und so lange ich, meine Damen und Herren, auf dem Standpunkte stehe, daß die Möglichkeit gegeben ist — und diese Möglichkeit hat Herr Nikisch nicht erschüttern können —, daß durch den Haftungsprozeß die Funktionen der Berufsvereine erschüttert werden, solange muß ich auf meinem Standpunkte stehen bleiben und muß sagen: diese Möglichkeit genügt mir; denn Wichtiges steht auf dem Spiel. Und wenn man noch so sehr die Macht der Koalition preist, so bin ich der Meinung, daß die Macht der Gegenkoalition viel stärker geworden ist, wie sich überhaupt die ganze Situation des Arbeitsrechts in kurzer Zeit ändern wird. Die Gegenmächte gruppieren sich international. Ich glaube, daß heute die Bedeutung des staatlichen Arbeitsrechts überhaupt zurückgegangen ist, daß wir uns auf ganz neue Formen und neue Gruppierungen gefaßt machen müssen.

Ich unterstütze auch die Argumente des Herrn Kollegen Nipperdey. Unsere Rechtsprechung macht praktisch keinen Unterschied zwischen

§ 31 und § 831. Und weil ich fürchte und erwarte, daß diese Haftungstendenz aus den Gründen, die ich angegeben habe, sich verstärken wird, glaube ich, daß ein Korrelat geschaffen werden muß, außer den Gründen, die Kollege Nipperdey angeführt hat. Dabei macht es gar nichts aus, wie wir uns im einzelnen diese Haftung denken. Ich will gerne den Satz, den Kollege Nipperdey bedenklich findet: „. . . . . und zwar in der Form einer Buße . . .“, in meiner These streichen. Denn es kommt mir nur auf den Grundsatz an; die technische Ausgestaltung steht meines Erachtens in zweiter Linie. So weit die Haftungsfrage.

Im übrigen möchte ich, was Ziffer 2 meiner Thesen anlangt, nur sagen, daß die Interpretation des Herrn Vorsitzenden richtig ist, daß diese These nur Bestand haben soll, wenn die Beschränkung der Haftung durchgeführt worden ist. Ich brauche darüber weiter nichts zu sagen, denn in der Kritik des herrschenden Rechtszustandes in Bezug auf rechtsfähige und nichtrechtsfähige Vereine sind wir ja einig. Wir wollen beide die gleiche Stellung herbeiführen.

Die These 3, meine Damen und Herren, möchte ich zunächst heute nicht aufrecht erhalten, wenn ich dem Herrn Vorsitzenden das sagen darf. Das ist die These, wonach die subsidiäre Haftung der Mitglieder neben der Vereinshaftung in Frage kommen soll. Und ich habe ja bereits heute morgen erklärt: diese These war vorgelegt, um eine Frage zu stellen. Herr Nikisch ist auf die Frage eingegangen. Ich glaube auch, daß es nicht in allen Fällen des Lebens auf den Rechtsvollzug, auf den Gerichtsvollzieher ankommt. Ich glaube auch, daß die soziale Exekution eine viel größere Rolle spielen kann als eine juristische Exekution.

Was nun die letzte These anlangt, gegen die Kollege Eberstadt Bedenken hatte, so lege ich persönlich auf diese These gar keinen großen Wert, und zwar, meine Damen und Herren, aus dem Grunde, weil diese These ja doch Gesetz wird. Ich hätte es gerne gehabt, wenn der Juristentag das, was der Gesetzgeber uns geben wird, mit Beifall begleiten würde. Ich hätte von dem Juristentage gerne das Bekenntnis gehabt, meine Herren, daß diese Rechtsstreitigkeiten auch vor das Arbeitsgericht gehören. Es genügt mir aber, daß gerade diese These Gesetz werden wird. Und soweit ich informiert bin, glaube ich, daß hier keine großen Schwierigkeiten mehr entstehen, daß eben auch dort die Arbeitskämpfe geregelt werden, wo sie hingehören. Ich lasse die These gerne fallen, nachdem Bedenken geäußert worden sind.

Und damit, meine Damen und Herren, bin ich am Schlusse. Ich habe allerdings, wie so oft als Jurist, das Gefühl gehabt, wir streiten uns soviel um Formulierungen und juristische Entscheidungen. Und im Grunde genommen hat das, was wir mit großer Mühe juristisch zustande bringen, für das Leben garnicht die Bedeutung, wie sie die Formulierungen für uns jahrelang gehabt haben. Wenn ich so das soziale Recht betrachte, so habe ich offen gestanden das Gefühl, daß das, was diesem Kollektivrecht den Wert und die Würde gibt, die inneren Kräfteverhältnisse sind, die innere Einstellung zu dem, was recht und billig ist. Das Gebot der Sozialpolitik, daß das Schicksal der Beteiligten einfach an dieselben Verhältnisse gebunden ist, ist eigentlich das, was diesem Kollektivrecht den Halt gibt. Es ist keine entscheidende Arbeit, die wir leisten, immerhin eine wesentliche Arbeit, aber nicht die entscheidende. Und darum sage ich, diese Sätze sind notwendig, damit die Beteiligten das Bewußtsein und das Gefühl haben, daß der Rechtsgedanke auch hier auf dem Boden des kollektiven Rechtsverkehrs steht. Aber schließlich, daß es zu nachmaligen großen Klagen kommt, daß all diese Fragen sich prozessual austragen werden und austragen müssen, glaube ich nicht. Die beste Gewähr dafür, daß uns der Aufbau des sozialen Werkes gelingt, wird nicht so sehr unser Bemühen sein, sondern die Überzeugung aller Beteiligten, daß sie, ob sie Arbeitgeber oder Arbeitnehmer sind, gebunden sind an gesellschaftliche Zustände, wo es auf der einen Seite einen wirtschaftlichen Aufstieg, auf der anderen Seite eine Sicherung aller menschlichen Existenzbedürfnisse gibt.

Ministerialdirektor Geh. Justizrat Prof. Dr. Schlegelberger:

Ich glaube, daß jetzt unmöglich schon eine Abstimmung über den Antrag Flatow—Rittweger—Fischer—Potthoff stattfinden kann, ehe sich die Versammlung darüber klar wird, wie sie den Antrag auffaßt. Nun muß ich gestehen, daß ich in der vorliegenden Fassung diesen Antrag anders auffasse. Ich glaube, man müßte diese Formulierung klar stellen. Man kann aus der Sache nicht recht klug werden. Im Wesentlichen stoße ich mich daran, daß die Frage geregelt werden soll mit dem Recht der Berufsvereine. Und da kommt dann eine lange Kette, nämlich der Arbeitskämpfe und der Gesamtvereinbarungen. Wünschen nun die Herren Antragsteller, daß alles zusammen erledigt werden muß, oder ist es den Herren Antragstellern auch recht, daß diese Angelegenheit allein erledigt werden soll? Ich muß aber auch weiter sagen, daß ich die Formulierung etwas stark ausweichend finde, und ich bitte zu prüfen, ob etwa folgende Formulierung annehmbar scheint. Ich denke mir, daß dieser Antrag sich wesentlich verbessern läßt, wenn man in Satz 1 sagen würde:

„Der Deutsche Juristentag ist der Auffassung, daß die Haftung der Berufsvereine im Zusammenhange mit dem allgemeinen Recht der Berufsvereine oder im Zusammenhange mit dem Recht der Gesamtvereinbarungen zu regeln und bei dieser Regelung der besonderen Eigenart der Berufsvereine und ihren notwendigen sozialen Funktionen Rechnung zu tragen ist."

Meine Herren, das ist etwas anderes als die andere Formulierung. Ich bitte einmal zu überlegen, ob man nicht in dieser Form die Dinge verbessern kann.

Vorsitzender:

Die erste Frage ist, wie die Antragsteller zu der von Herrn Geheimrat Schlegelberger angeregten Änderung stehen. (Die Antragsteller erklären ihre Zustimmung.)

Die Antragsteller erklären sich einverstanden. Dann würde also anstelle des Satzes 1 des Antrages Flatow u. Gen. der Antrag des Herrn Geheimrat Schlegelberger treten. Hieran würde sich der Satz 2 in seiner alten Fassung anschließen.

Herr Prof. Sinzheimer hat mit Recht hervorgehoben, daß der Juristentag keine gesetzgebende Körperschaft ist, und daß wir uns hier nicht in einem Parlament befinden, und daß die Beschlüsse des Juristentages nicht die Bedeutung haben, daß nunmehr diese Beschlüsse Gesetzeskraft erlangen; sondern die Beschlüsse des Juristentages sollen den Gesetzgeber nur gewisse Anregungen geben und die Stellungnahme der Juristen, wie sie im Juristentage vertreten sind, zum Ausdruck bringen. Und aus diesem Grunde muß ich sagen, würde ich es von meinem Standpunkte aus bedauern, wenn der Antrag Flatow u. Gen. — Schlegelberger, der allerdings durch die neue Redaktion verbessert ist, angenommen würde; denn viel Zweck hat dieser Antrag eigentlich nicht. Die Frage, die der Abteilung zur Entscheidung unterbreitet ist, wird überhaupt gar nicht beantwortet, und es kann vielleicht sogar die Antwort daraus entnommen werden, daß die Abteilung für eine Beschränkung der Haftung eintritt. Und ich gestehe offen, daß ich den Antrag in erster Linie so verstanden habe. Auch kann ich nicht umhin, zu bekennen, daß die Erklärung des Herrn Dr. Nikisch, er stimme für den Antrag, mich in Erstaunen gesetzt hat. Wenn vorher von irgendeinem der Herren dem Juristentage und dieser Abteilung speziell der Vorwurf der konservativen Stellungnahme gemacht worden ist, so ist dieser Antrag eigentlich das Konservativste, was sich denken läßt.

Prof. Dr. Nipperdey:

Es hat doch meines Erachtens wirklich keinen Zweck, vor dieser Frage den Kopf in den Sand zu stecken, und ich möchte doch bitten, abstimmen zu lassen.

Prof. Dr. Sinzheimer:

Das, was soeben Nipperdey gesagt hat, halte ich für vollkommen berechtigt. Ich persönlich nehme es einem Menschen übel, wenn er etwas weiß und glaubt und nicht sagt. Und das ist eines Gremiums, wie der Deutsche Juristentag es ist, nicht würdig. Um nun aber die Abstimmung einheitlich zu gestalten, möchte ich ausdrücklich bemerken, daß wir hier keine Vogelstraußpolitik betreiben wollen. Daher bitte ich meine Thesen zurückziehen zu dürfen zu Gunsten dieses allgemeinen Antrages.

Vorsitzender: Der Antrag Flatow u. Gen. — Schlegelberger soll nunmehr wie folgt lauten:

„Der Deutsche Juristentag ist der Auffassung, daß die Haftung der Berufsvereine im Zusammenhange mit dem allgemeinen Recht der Bersufsvereine oder im Zusammenhangee mit dem Recht der Gesamtvereinbarungen zu regeln und bei dieser Regelung der besonderen Eigenart der Berufsvereine und ihren notwendigen sozialen Funktionen Rechnung zu tragen ist. Er erwartet, daß die auf diesem Gebiete in Angriff genommenen gesetzgeberischen Arbeiten beschleunigt fortgeführt werden."

Ich stelle anheim, ihn evtl. anders zu formulieren.

Meine Herren, Herr Flatow u. Gen. haben das Bedenken gehabt, daß, wenn hier der Antrag Sinzheimer angenommen werden soll, dann der Juristentag gewissermaßen zum Ausdruck bringt, es solle nun ganz unabhängig von dieser Regelung die Klinke der Gesetzgebung ergriffen werden.

Dr. Nikisch:

Die verschiedenen Anträge, die hier vorgelegt worden sind, haben allmählich das ganze Bild verschoben. Als ich vor geraumer Zeit erklärte, daß ich mich mit dem Antrage Flatow u. Gen. identifizieren könnte, ließ ich mich von folgenden Erwägungen leiten: Ich glaube, daß die Entwicklung noch im Dunkeln liegt und möglicherweise in Bahnen kommen kann, die dem Berufsverein die richtige Form geben. Dieser Gedanke schien mir der Antrag Flatow u. Gen. zum Ausdruck zu bringen. Besonders sympathisch war mir an dem Antrage, daß er Artikel 165 RVerf. erwähnte. Durch die verschiedenen Abänderungsanträge ist aber Schritt für Schritt dieser Gedanke allmählich aus dem ursprünglichen Antrage herausgekommen, und er läuft nun auf das hinaus, was in den Leitsätzen des Herrn Prof. Sinzheimer enthalten ist.

In der folgenden Abstimmung wurde der erste Absatz der Sinzheimer'schen Thesen angenommen, Abs. 2 Ziff. 1 mit geringer Mehrheit abgelehnt, womit auch Ziff. 2 erledigt war. Ferner wurde Abs. 2 Ziff. 1—3 der Nikisch'schen Thesen mit geringer Mehrheit angenommen. Eine Abstimmung über den Antrag Flatow u. Gen. — Schlegelberger erübrigte sich damit.

Zum Berichterstatter für die Plenarversammlung wurde Dr. Nikisch ernannt.

Die von der Abteilung gefaßten Beschlüsse lauten somit wie folgt:

Der Standpunkt des geltenden Rechts, aus dem sich die Haftung der Berufsvereine für unzulässige Kampfhandlungen ergibt, ist grundsätzlich zu billigen:

Mit Rücksicht darauf, daß ein großer Teil der Berufsvereine bisher davon abgesehen hat, die Rechtsfähigkeit zu erwerben, und die Grundsätze, nach denen nichtrechtsfähige Vereine für Vertragsverletzungen und unerlaubte Handlungen haften, bei der Bedeutung der Berufsvereine, der Eigenart ihrer Organisation und ihrer Betätigung zu unangemessenen Ergebnissen führen, ist jedoch eine Änderung der geltenden Rechtsvorschriften zu empfehlen. Dabei sollen folgende Grundsätze maßgebend sein:

1. Die Haftung der Berufsvereine für unzulässige Kampfhandlungen ist grundsätzlich nicht anders zu regeln als ihre Haftung auf Grund sonstiger haftungsbegründender Tatbestände.
2. In allen Haftungsfragen sind die nichtrechtsfähigen Berufsvereine den rechtsfähigen Vereinen gleichzustellen.
3. Eine Beschränkung der Haftung der Höhe nach oder auf bestimmte Haftungsobjekte kann nicht empfohlen werden.

Zweite Plenarsitzung

am Mittwoch, den 15. September 1926
im
Großen Saale des Gürzenichs.

Der Vorsitzende Geh. Justizrat Prof. Dr. Kahl eröffnet die Sitzung mit folgender Ansprache:

Meine sehr verehrten Kollegen! Es bleibt im wesentlichen bei der Tagesordnung, wie sie schon in der Sitzung von Sonntag bekanntgegeben wurde. Es schiebt sich nur ein kleiner Punkt betreffend eine Statutenänderung ein.

Ich erbitte zunächst Ihre freundliche Aufmerksamkeit noch für ein paar Mitteilungen. Neulich noch nicht vertreten waren, aber inzwischen angemeldet sind: ein Vertreter der Juristen aus Danzig, ferner Vertreter vom Reichsministerium des Innern und vom preußischen Kultusministerium. Ich bitte, das hier nachträglich dankend feststellen und insbesondere den Danziger Juristen für die mit ihrem Erscheinen kundgegebene Geistes- und Rechtsgemeinschaft herzlichen Dank ausdrücken zu dürfen.

Es ist ferner eine größere Anzahl von Telegrammen eingegangen, von denen ich zwei bekanntgeben möchte. Das eine von Reichskanzler Dr. Marx. Ich darf mich für ermächtigt halten, ihm noch heute den Dank des Juristentages auszusprechen. Ferner möchte ich noch bekanntgeben eine Depesche, die uns mit der deutschen Jugend in Verbindung setzt. Auch diese werde ich mit herzlichem Dank noch heute beantworten.

Ich habe unter den Mitteilungen weiterhin auf Grund eines ausdrücklichen Beschlusses der Vertrauensmännerversammlung des heutigen Vormittags dem Plenum folgendes vorzutragen: Am Montag hat, wovon vielleicht viele keine Kenntnis genommen haben, eine öffentliche Versammlung hier in Köln stattgefunden über die viel besprochene Vertrauenskrise in der Rechtspflege. Zu dieser Versammlung wurde durch Anschläge eingeladen. Auf diesen Anschlägen standen als Mitveranstalter und offizielle Vertreter auch verzeichnet die Herren Mitglieder des

Deutschen Juristentages Prof. Dr. Radbruch und Prof. Dr. Sinzheimer. Ich bin gebeten worden, ausdrücklich festzustellen, daß die Nennung dieser Namen ohne Zustimmung der beiden Herren erfolgt ist und sie in keiner Beziehung zu dieser Versammlung gestanden haben. Die Vertrauensmännerversammlung hat aus naheliegenden Gründen mich beauftragt, hiervon mit Zustimmung der betreffenden Herren dem Plenum Mitteilung zu machen.

Ich habe dann zu danken für eine Reihe von Festgaben. Die Festgabe der Deutschen Juristenzeitung habe ich neulich schon erwähnt. Außerdem haben uns durch Festnummern geehrt: die Zeitschrift für Gerichtswesen, das Steuerblatt, die österreichische Anwaltszeitung usw. Außerdem haben einige Zeitungen dem Zusammentreten des Deutschen Juristentages besonders freundliche und ehrende Aufsätze gewidmet: die Vossische Zeitung, die Frankfurter Zeitung, die Kölnische Zeitung und die Kölnische Volkszeitung. Allen diesen Herausgebern und allen diesen Redakteuren und Organisationen spreche ich im Nachtrage zu dem, was ich neulich schon ausgeführt habe, den aufrichtigen Dank der Versammlung aus.

Unter den Mitteilungen habe ich noch das Folgende vorzutragen: In diesen Tagen ist eine große Zahl von Eingängen, teils an mich persönlich adressiert, teils an den Deutschen Juristentag unmittelbar, uns zugegangen, die zur Erledigung durch den Deutschen Juristentag nicht geeignet sind. Es beziehen sich diese Eingänge auf die Interessenvertretung der deutschen Liquidationsgeschädigten aus Elsaß-Lothringen; sie beziehen sich zum sehr großen Teil auf Aufwertungsansprüche, auf Beamtenabbau, kurz auf alle möglichen großen oder mittelgroßen Sorgen, die uns alle in diesen Zeiten bewegen. Ich erwähne das, um in den Schreibern nicht etwa den Eindruck zu erwecken, als ob eine Versammlung wie der Deutsche Juristentag derartigen Sorgen und Anliegen teilnahmlos gegenüberstünde. Davon kann keine Rede sein. Aber der Deutsche Juristentag ist nicht in der Lage, Einzelentscheidungen in bestimmten konkreten Fragen zu treffen. Der Juristentag steht in keiner Beziehung zu irgendwelchen Parlamenten oder zu irgendwelchen Behörden, sondern seit Anfang seiner Geschichte war seine Eigenart, daß er unabhängig von solcher Beziehung und in freier Weise zur Beratung der Gesetzgebung mitwirkt. Die Freunde, die sich an uns gewandt haben, mögen deshalb verstehen, daß wir ihre Anliegen hier nicht erörtern können. Wenn Anregungen in Beziehung auf den Gang der Gesetzgebung gewünscht werden, so sind diese an die

Ständige Deputation des Juristentages zu richten, die nicht verfehlen wird zu untersuchen, ob und inwieweit diese Anregungen zum Gegenstande von Verhandlungen, Diskussionen und Beschlüssen innerhalb des Deutschen Juristentages gemacht werden können. Durch diese Erklärung soll aber kundgetan werden, daß wir volles Verständnis haben für die Sorgen, die auch viele unter uns persönlich betreffen.

Das ist der Gegenstand der geschäftlichen Mitteilungen, die ich zu machen hatte. Ich habe noch einzuschieben eine ganz kurze Statutenänderung und bitte den Herrn Rechtsanwalt Dr. Ernst Wolff-Berlin das Wort zu nehmen, um sie zu begründen. Er ist der Schatzmeister.

Rechtsanwalt Dr. Ernst Wolff-Berlin:

Meine Damen und Herren! Es hat sich als eine Schwierigkeit erwiesen im Verkehr mit den Banken und Behörden und insbesondere im Verkehr mit der Post, daß unsere Satzung bisher keine Bestimmung darüber enthielt, wem die Vertretung des Deutschen Juristentages obliegt. Wir sind dieser Schwierigkeiten bisher einigermaßen Herr geworden. Es ist jedoch wünschenswert, dem durch eine Bestimmung in der Satzung zu begegenen. Es wird deshalb vorgeschlagen, dem § 11 der Satzung noch folgenden letzten Absatz anzufügen:

> „Die Vertretung des Deutschen Juristentages Dritten gegenüber erfolgt durch den Vorsitzenden (im Falle seiner Behinderung durch seinen Stellvertreter), den Schriftführer und den Schatzmeister gemeinschaftlich; insbesondere sind von diesen Urkunden zu vollziehen. Der Schatzmeister ist für sich allein berechtigt, über Bankguthaben zu verfügen, Zahlungen, Einschreib- und Wertsendungen anzunehmen und darüber zu quittieren. In Angelegenheiten, die der Geschäftskreis des Schriftführers gewöhnlich mit sich bringt, ist dieser für sich allein zeichnungsberechtigt."

Der Antrag hat die in § 13 vorgesehene Unterschrift von 20 Mitgliedern gefunden und kann in der Plenarversammlung zur Abstimmung gebracht werden.

Vorsitzender: Ich nehme an, daß der Statutenänderungsantrag kaum einer weiteren Erörterung bedarf. Wenn sich niemand meldet, nehme ich ohne Abstimmung an, daß diese Statutenänderung von der Plenarversammlung genehmigt ist.

Ich stelle fest, daß das geschehen ist.

Wir kommen nunmehr zu dem Hauptgegenstande unserer heutigen Sitzung, nämlich zur Entgegennahme der Berichte aus den einzelnen Abteilungen. Ich werde mir erlauben, mich hier der Reihenfolge anzuschließen, die in unserem kleinen Heft sich findet und jedermann bekannt ist.

Ich rufe also zunächst die öffentlich-rechtliche Abteilung auf, deren erstes Thema gelautet hat: „Empfiehlt sich eine Abänderung der Bestimmungen über parlamentarische Untersuchungsausschüsse, um den ungestörten Verlauf des Strafverfahrens und die Unabhängigkeit des Richtertums sicher zu stellen?“ Berichterstatter ist Herr Prof. Dr. Erwin Jacobi-Leipzig, dem ich hiermit das Wort erteile.

Professor Dr. Erwin Jacobi-Leipzig:

Meine Damen und Herren! Das Thema, das Ihnen soeben vorgelesen worden ist, hat den Juristentag vor eine Situation gestellt, die ich noch näher behandeln werde. Der 6. Richtertag in Augsburg hatte eine Resolution gefaßt, wonach lediglich Widerspruch gegen die parlamentarischen Untersuchungsausschüsse neben den ordentlichen Strafverfahren erhoben wurde und die Tätigkeit der Untersuchungsausschüsse als erschwerend bei der Wahrheitsermittlung durch die Rechtspflege bezeichnet wurde. Das ist in der Literatur von verschiedenen Seiten, nicht nur von richterlicher Seite, unterstrichen worden, und man hat von einer Gefährdung der Justiz gesprochen. Es ist ein Antrag im Reichstag gestellt auf Abänderung des Art. 34 der Reichsverfassung, der dem Rechnung tragen sollte, und so hat der Juristentag sich jetzt mit dieser Frage beschäftigt.

Zwei ausgezeichnete Gutachten von Reichsgerichtsrat Dr. Rosenberg-Leipzig und Rechtsanwalt Dr. Alsberg-Berlin lagen vor, die unter Erschöpfung des ganzen vorhandenen Materials wesentlich zur Beseitigung der sich zeigenden Schwierigkeiten beigetragen haben. Das Gutachten Rosenbergs kommt darauf hinaus, man müsse den Art. 34 dahin ändern, daß die Tätigkeit parlamentarischer Untersuchungsausschüsse vor Beendigung des gerichtlichen Strafverfahrens verboten ist. Damit deckt sich etwa der im Reichstage eingebrachte Entwurf. Demgegenüber kommt das Gutachten Dr. Alsbergs zu einer Ablehnung dieses Vorschlages und dazu, nur eine rechtssatzungsgemäße Einengung des Verfahrens durch eine Gruppe von einzelnen Vorschriften vorzuschlagen.

Unter Verwertung des großen in den Gutachten gesammelten Materials stellte der Berichterstatter seine Ausführungen unter den Grundgedanken, daß Untersuchungsausschüsse und Strafverfahren zwei große verschiedene Funktionen seien, die sich nur zum Teil deckten. Dabei trennte er die Fälle der verfassungsmäßig und verfassungswidrig eingesetzten Untersuchungsausschüsse. Besondere Würdigung fand die Frage der Aktengeheimhaltung, der Berufung des Ausschusses, die genaue Regelung der Zeugenvernehmung, insbesondere die der eidlichen Vernehmung, die Beschränkung der Fragestellung im Beisein der Angeklagten, die Aktenvorlegung und endlich die Klarstellung des gegenseitigen Verhältnisses der Untersuchungsausschüsse verschiedener Parlamente und das Verbot von Verhaftungen, Durchsuchungen und Beschlagnahmungen seitens der Untersuchungsausschüsse.

Die außerordentlich fruchtbare Diskussion war von ernstem Willen und Sachlichkeit getragen. Vorsitzende der Gerichte und der Untersuchungsausschüsse teilten ihre Erfahrungen mit. Besonders erörtert wurden die Fragen der sinngemäßen Anwendung der Strafprozeßordnung, der Stellung des Vorsitzenden, der eidlichen Vernehmung, der Öffentlichkeit und der Aktenvorlage. Von Seiten der Vorsitzenden der Untersuchungsausschüsse wurde der Wunsch nach einer gesetzlichen Regelung des Verfahrens zum Teil lebhaft unterstützt, und andererseits ließen die Richter erkennen, daß sie geneigt seien, die Sachlage jetzt ruhiger aufzufassen als zur Zeit der Augsburger Tagung und die Schwierigkeiten als überwindbar zur Erörterung zu stellen. Natürlich blieben deswegen die grundsätzlichen Gegensätze doch bestehen; von der einen Seite kam der Antrag, die gestellte Frage zu verneinen, auf der anderen Seite stand die Meinung, daß man die unbedingte Aussetzung parlamentarischer Untersuchungsverfahren während eines Strafverfahrens befürworten müsse.

Der Antrag, daß nichts geändert werden solle, ist von der Versammlung abgelehnt worden. Man einigte sich auf der mittleren Grundlage: „Es empfiehlt sich, in gesetzgeberische Erwägungen darüber einzutreten, ob und wie zwecks reibungsloser Tätigkeit der Untersuchungsausschüsse ihr Verfahren, wie insbesondere das Beeidigungsrecht, das Recht auf Aktenvorlage, die Stellung des Vorsitzenden usw., gesetzlich zu regeln ist. Hierzu werden die Gutachten von Rosenberg und Alsberg und die Leitsätze des Berichterstatters als Material den amtlichen Stellen vorgelegt." Ferner erklärte die Abteilung ausdrücklich ihr Einverständnis mit der von mir vorgeschlagenen These 1. Das

Wesentliche ist hierbei, daß die Zuständigkeit der Untersuchungsausschüsse nur soweit anerkannt ist, als das Parlament zuständig ist. Ebenfalls angenommen wurde die These 2. Auf diese beiden Grundsätze hat sich also die öffentlich-rechtliche Abteilung ausdrücklich festgelegt, während die übrigen Leitsätze als Material zur weiteren Bearbeitung überwiesen worden sind. Ein Zufallsergebnis war es endlich, daß nicht noch ein weiterer Antrag angenommen wurde, wonach nämlich der Juristentag erklärt, daß die Untersuchungsausschüsse sogar zur Lösung der Vertrauenskrise der Rechtspflege beitragen können. Während die bisherigen Ergebnisse einstimmig oder doch mit großer Mehrheit erzielt worden waren, ist die Abstimmung über letzteren Antrag mit 41 zu 35 ausgegangen, ein Beweis, daß sich eine feste Meinung hier noch nicht gebildet hat. Ich glaube, daß es gut ist, daß schließlich hier kein Beschluß gefaßt wurde; denn sonst würde vielleicht nach außen der Eindruck erweckt worden sein, als ob der Juristentag sich etwas an Optimismus übernommen hätte. Auch bin ich der Meinung, daß der Juristentag mit dem, was zur Beseitigung der unbedingt schädlichen Spannung zwischen Parlament und Strafjustiz erreicht worden ist, zufrieden sein kann.

Vorsitzender:

Zur zweiten Frage der öffentlich-rechtlichen Abteilung „Empfiehlt es sich, die Zuständigkeit des Staatsgerichtshofs auf andere als die im Art. 19 Abs. 1 der Reichsverfassung bezeichneten Verfassungsstreitigkeiten auszudehnen?“ erteile ich Herrn Geh. Justizrat Prof. Dr. Anschütz-Heidelberg das Wort.

Geh. Justizrat Prof. Dr. Anschütz-Heidelberg:

Ich habe die Ehre, Ihnen kurz über den Verlauf der Verhandlungen über das zweite Thema der öffentlich-rechtlichen Abteilung zu berichten, das Ihnen soeben der Herr Vorsitzende vorgelesen hat. Sinn und Zweck der Fragestellung des Themas werden erkennbar nur dann, wenn man sich im klaren darüber ist, in welchem Umfange bisher auf den verschiedenen Gebieten der Rechtsordnung Rechtsschutz gewährt worden ist. Wir haben bekanntermaßen auf dem Gebiete des bürgerlichen Rechts, des Strafrechts einen durchgreifenden, allen modernen Anforderungen entsprechenden Rechtsschutz. Ebenso kann man sagen, daß auf dem Gebiete des Verwaltungsrechts eine solche Rechtsschutzorganisation in befriedigendem Maße besteht, indem man auf Grund der freilich noch sehr verschiedenartigen Landesgesetzgebung Verwaltungsgerichte in den Ländern eingerichtet hat. Obwohl das Reichsverwaltungsgericht noch nicht besteht, ist hier in der Gestalt unabhängiger Verwaltungsgerichte auch ein Schutz gewährt gegen wirkliche oder behauptete Eingriffe der vollziehenden Gewalt in reichsverfassungsmäßig geschützte Grundrechte. Demgegenüber weist die Organisation des Rechtsschutzes in Bezug auf die Verfassung recht erhebliche Lücken auf. Wir haben zwar auf Grund des Artikels 19 und anderer Bestimmungen der Reichsverfassung bekanntermaßen einen Staatsgerichtshof für das Deutsche Reich, einen Staatsgerichtshof, der insbesondere auch diejenigen Funktionen erfüllt, die einem Verfassungsgerichtshof in engerem Sinne obliegen. Was die Zuständigkeit dieses Staatsgerichtshofs betrifft, so reicht sie immerhin beachtlich weit. Es sind, wenn von andern Spezialbestimmungen abgesehen wird, drei Gruppen von Zuständigkeiten, die dem Staatsgerichtshof durch Artikel 19 überwiesen sind. Erstens die Entscheidung von Verfassungsstreitigkeiten innerhalb eines Landes — also Landesverfassungsstreitigkeiten —, innerhalb dessen kein Gericht zu ihrer Beilegung besteht; zweitens Streitigkeiten öffentlich rechtlicher Art zwischen deutschen Ländern unter sich und den Ländern und dem Reich. Hinzu kommt noch eine Spezialbestimmung, auf die ich nicht einzugehen brauche. Zu beachten ist außerdem noch, daß es nicht allein der Staatsgerichtshof ist, dem nach der Verfassung die Schlichtung staatsrechtlicher Streitigkeiten obliegt, sondern daß nach Artikel 13, Abs. 2 der Reichsverfassung und seinen Ausführungsbestimmungen auch das Reichsgericht, der Reichsfinanzhof und andere oberste Gerichte dazu berufen sind, auf Antrag von Reichs- oder Landeszentralbehörden zu entscheiden über Vereinbarkeit oder Nichtvereinbarkeit von Landesgesetzen mit Reichsgesetzen. Nach dem gegenwärtig herrschenden Zustande entbehrt also die Reichsverfassung keineswegs etwa ganz eines gerichtlichen Schutzes. Aber dieser Rechtsschutz weist doch sehr erhebliche Lücken auf. Und gerade auf die nähere Untersuchung dieser Lücken, und ob eine Ausfüllung erforderlich wäre, darauf sollten sich die Arbeit der Berichterstatter und die Beratungen der öffentlich-rechtlichen Abteilung beziehen.

Die Hauptlücke, die insbesondere der Artikel 19 läßt, liegt darin, daß, während Streitigkeiten über Landesrecht, zwischen Regierung und Landtag etwa, unter die Rechtskontrolle des Staatsgerichtshofs gestellt sind und damit ein vollgültiger Rechtsschutz gewährt ist, es hieran hinsichtlich der Reichsverfassungsstreitigkeiten fehlt. Während Artikel 19 sagt:

„Über Landesverfassungsstreitigkeiten entscheidet der Staatsgerichtshof“, mangelt eine entsprechende Bestimmung in Bezug auf Verfassungsstreitigkeiten innerhalb des Reichs, desgleichen eine unabhängige streitentscheidende Instanz. Darin haben die Berichterstatter und auch die Versammlung, wie ich vorausgreifend bemerken darf, eine ausfüllungsbedürftige Lücke erblickt. Zum Beispiel: der Reichspräsident weigert sich, ein vom Reichstag beschlossenes Gesetz auszufertigen, weil seiner Meinung nach dieses Gesetz nicht verfassungsmäßig zustandegekommen ist, oder: der Reichsrat beschwert sich, daß er von der Reichsregierung übergangen worden sei, indem sie ihn nicht, wie Artikel 67 es vorschreibt, auf dem Laufenden gehalten habe, oder indem sie eine Zustimmung zu einer Verordnung nicht eingeholt habe, oder: der Reichspräsident überschreitet seine Befugnisse, oder: ein vom Reichstag eingesetzter Untersuchungsausschuß überschreitet wirklich oder behauptetermaßen die Schranken, die ihm gesetzt sind, er gerät in Streit mit der Reichsregierung oder einer Landesregierung, die ihm keine Akten verabfolgen will oder ihm verweigert, einen Augenschein einzunehmen, oder er gerät in Widerspruch mit der Minorität usw. Es kann ferner zu Streitigkeiten kommen zwischen Reichstag und Reichsrat, zum Beispiel über die Behandlung von Einsprüchen des Reichsrats gegen Gesetze des Reichstags durch den Reichstag. In solchen Fällen fehlt es an einer streitentscheidenden unparteiischen Instanz. Es sind dies alles Fälle, die zurzeit nur entweder im Wege des Kompromisses geschlichtet werden können oder durch Zwang des Stärkeren gegenüber den Schwächeren, ein Zustand, der mit den Anforderungen des Rechtsstaats nicht in Einklang steht.

Die beiden Berichterstatter hatten diesen Mißstand als vorliegend anerkannt und sich dahin geeinigt, die Frage, ob es sich empfiehlt, die Zuständigkeit des Staatsgerichtshofs zu erweitern, zu bejahen, und zwar dahin: Es empfiehlt sich, die Zuständigkeit des Staatsgerichtshofs zu erweitern, und zwar zu erweitern auf das ganze Gebiet der allgemeinen Streitigkeiten, die, gleichviel zwischen welchen Beteiligten und Parteien, sich ergeben über Auslegung und Anwendung der Reichsverfassung. Diese Bejahung der Frage sollte gesetzlich festgelegt werden in einem zweiten Absatze, der dem Artikel 19 eingefügt wird. Der bisherige zweite Absatz des Artikels 19 sollte dann der dritte werden. Als eine Teilfrage dieser allgemeinen Frage wurde die Frage behandelt, inwieweit insbesondere eine Zuständigkeit des Staatsgerichtshofs geschaffen werden sollte hinsichtlich der Prüfung der Verfassungsmäßigkeit von Reichsgesetzen. Es wurde damit die altbekannte, seit Jahrzehnten in der deutschen Rechtswissenschaft bestehende Streitfrage des richterlichen Prüfungsrechts gegenüber Vorschriften des Reichsrechts einer Diskussion unterzogen. Ein Gesetzentwurf der Reichsregierung liegt vor, welcher dieses Recht, angezweifelte Reichsgesetze auf ihre Verfassungsmäßigkeit zu prüfen, dem Staatsgerichtshof überträgt. Der erste Berichterstatter hatte dementsprechend noch einen Gesetzentwurf aufgestellt in Gestalt eines Ausführungsgesetzes zu Artikel 19 der Reichsverfassung, der in sehr wesentlichen Punkten von dem oben erwähnten Entwurfe der Reichsregierung betreffend Prüfung der Verfassungsmäßigkeit von Reichsgesetzen durch den Staatsgerichtshof erheblich abweicht. Soweit die Arbeit der Berichterstatter.

Die Diskussion, an der sich namentlich, wie ich hervorheben möchte, der Herr Reichsgerichtspräsident Dr. Simons fördernd und eingehend beteiligt hat, ergab eine erfreuliche allseitige Übereinstimmung darüber, daß die Lücke, die die Reichsverfassung läßt, also das Fehlen einer streitentscheidenden Instanz für die Gesamtheit aller Reichsverfassungsstreitigkeiten, ausfüllungsbedürftig sei. Hierin waren alle einig. Weiterhin ergab sich auch eine allgemeine Einigkeit darüber, daß die Teilfrage des richterlichen Prüfungsrechts geregelt werden müsse. In den Einzelpunkten ging aber die Meinung der Redner erheblich auseinander. Gerade diese Tatsache, daß erhebliche Meinungsverschiedenheiten in den Einzelheiten vorhanden waren, ließ es schließlich gegen das Ende der Debatte hin als zweckmäßig und erwünscht erscheinen, nicht über die Anträge der Berichterstatter im einzelnen absatzweise abzustimmen, weil sonst die Gefahr nahelag, daß die Stimmen zersplittert oder die Einzelheiten nacheinander abgelehnt würden und sich infolgedessen vielleicht ein rein negatives Resultat ergeben würde, das niemand befriedigte. Deshalb entschloß sich die Abteilung schließlich in voller Übereinstimmung mit den Berichterstattern, die Leitsätze der Berichterstatter betreffend Ergänzung des Artikels 19 und den Entwurf des ersten Berichterstatters betreffend Abänderung des Regierungsentwurfs über das Prüfungsrecht nicht zur Abstimmung zu stellen. Man einigte sich auf eine Resolution, die, was die beiden Berichterstatter von ihrem Standpunkte lediglich begrüßen konnten, im wesentlichen durchaus das enthielt, was beide Berichterstatter, teils gemeinsam, teils der erste allein, empfohlen hatten.

Ich schließe, indem ich Sie mit dem Wortlaut dieser Resolution bekannt mache.

Vorsitzender:

Das Wort hat nunmehr Prof. Dr. Walker-Wien zum ersten Thema der strafrechtlichen Abteilung „Gegenwärtiger Stand und künftige Ausgestaltung des Auslieferungsrechts."

Professor Dr. Walker-Wien:

Meine hochverehrten Damen und Herren! Die Beratungen der strafrechtlichen Abteilung über das Auslieferungsrecht wurden wesentlich vereinfacht durch das ausgezeichnete Gutachten des Herrn Ministerialrats Dr. Mettgenberg-Berlin, dessen Leitsätze fast genau so, wie sie von ihm ausgedacht und niedergelegt worden sind, angenommen werden konnten. Ich will die verehrten Anwesenden nicht ermüden mit der Verlesung der 11 Leitsätze, ich möchte nur erwähnen, daß bei einigen Leitsätzen einige Zusätze gemacht und von der Versammlung genehmigt worden sind.

Mein Herr Mitberichterstatter hat zu dem ersten Punkt einen Zusatz beantragt, daß bei der Ausgestaltung des Auslieferungsrechts im Deutschen Reiche dafür Sorge getragen werden sollte, daß bei der Vorbereitung und der Ausführung einer Auslieferung auch beiderseitig die Landesbehörden nicht ausgeschaltet werden. Dieser Zusatz ist angenommen worden.

Ein Antrag, der dahin geht, daß dafür Sorge getragen werden soll, daß deutscherseits eine Auslieferung nicht ohne generellen Vertrag zu gewähren sei, wurde mit einer sehr schwachen Mehrheit abgelehnt, und es war eine sehr starke Minderheit, die sich für diesen Antrag ausgesprochen hatte.

Ferner ist über die sehr wichtige Frage gesprochen worden, welche Behörde eigentlich entscheiden soll, das Gericht oder die Verwaltungsbehörde. Bisher ist in Deutschland die Entscheidung fast ganz den Verwaltungsbehörden überlassen worden. Die These Mettgenbergs geht dahin, daß in dem neuen deutschen Auslieferungsgesetze die Gerichte zu beteiligen sind. Es fragt sich, wie weit diese Beteiligung gehen soll. Wenn das Gericht die Auslieferung verneint, soll das Justizministerium die Möglichkeit haben, die Auslieferung zu bewilligen, oder im anderen Falle die Möglichkeit, sie zu verweigern? Das englische System geht dahin, daß dann, wenn das Gericht nein sagt, das Ministerium unbedingt daran gebunden ist. Das ist nun in der These dahin präzisiert worden, daß die Verwaltungsbehörden nur aus einem

Grunde verweigern können, der über die gesetzliche Zulässigkeit hinausgeht, also aus einem politischen Grunde.

Es ist, um zum Schluß zu kommen, auch noch über das politische Delikt gesprochen worden, und da ist die These Mettgenbergs nicht angenommen worden. Es ist in der Debatte die fast einstimmige Ansicht der Abteilung gewesen, daß eine Beschränkung des Asylrechts und nicht eine Erweiterung des Asylrechts notwendig ist. Alle Staaten müssen den Mord ächten. Diese Einengung des Asylrechts ist in der verschiedensten Weise in den einzelnen Staaten verwirklicht. Es geht die Rechtsentwicklung seit 1833 zweifellos dahin, daß Asylrecht einzuschränken, und zwar soll der Kreis immer enger gezogen werden. Es ist nämlich nicht immer richtig, daß man Verbrechen aus politischen Motiven als nicht ehrenrührig ansieht. Es ist der Gedanken des Schweizer Rechts, der jetzt immer mehr Verbreitung findet, daß die Abgrenzung zwischen den politischen Verbrechen und den gemeinen Verbrechen dahin geschehen soll, daß das Gericht festzustellen hat, was überwiegt, der politische Charakter oder das Gemeine, und dieses System, das aus Frankreich stammt, ist im Schweizer Auslieferungsgesetze von 1892 verwirklicht. Herr Prof. Radbruch hat nun zu diesem Punkte der Abgrenzung folgenden Zusatz gemacht, der angenommen wurde: „Die Abgrenzung der gemeinen, aber asylwürdigen Straftaten sollte einerseits von der Absicht, andererseits von den angewandten Mitteln abhängig gemacht werden.“ Das ist so ungefähr das, was das Schweizer Auslieferungsgesetz kennt.

Zum Schluß noch eine Bemerkung: das Auslieferungsgesetz und der Auslieferungsvertrag wie überhaupt das ganze Auslieferungswesen beruhen auf einer Kultur- und Rechtsgemeinschaft. Es ist eine allgemeine Rechtsgemeinschaft der Staaten, die Auslieferungsverträge miteinander schließen. Diese Kulturgemeinschaft ist durch den Krieg zerrissen worden und wird nun langsam wieder aufgebaut. Ein deutsches Auslieferungsgesetz würde wesentlich dazu beitragen, und darum ist ein deutsches Auslieferungsgesetz zweckmäßig und notwendig.

Über die Verhandlungen der strafrechtlichen Abteilung zu der zweiten Frage:

„Empfiehlt sich die Aufnahme der im § 71 des neuen Strafgesetzentwurfs enthaltenen Bestimmung, inhalts deren an Stelle von Zuchthaus oder Gefängnis „Einschließung“ treten soll, wenn der Täter sich zur Tat auf Grund seiner sittlichen, religiösen oder politischen Überzeugung für verpflichtet hielt?"

berichtete sodann Prof. Kohlrausch-Berlin, der Folgendes ausführte:

Die Abteilung war sich bewußt, daß sie, indem sie zu dieser Frage Stellung nahm, Stellung nahm zu dem unsterblichen Problem Recht und Moral, ob beide zu trennen seien, oder ob das Recht unter Umständen moralischen Erwägungen des Einzelnen wenn auch nicht zu weichen, so doch gewisse Konzessionen zu machen habe. Über die Frage lag ein schriftliches Gutachten vor von Dr. Höpler-Wien. Berichterstatter in der Abteilung waren Prof. Dr. Radbruch und Prof. Dr. Kohlrausch.

Die Erörterung hat sich in erster Linie um die Frage gedreht, ob eine custodia honesta nach Art unserer jetzigen Festungshaft, wenn auch mit anderm Namen, beibehalten werden soll. Diese wurde fast einstimmig gegen zwei Stimmen bejaht.

Die weitere Frage war, ob diese custodia honesta nicht schließlich unter Umständen für alle Straftaten in Frage kommen solle, wie es Prof. Radbruch in Übereinstimmung mit § 71 des Entwurfs vorgeschlagen hatte. Diese Frage wurde mit Stimmenmehrheit verneint. Es wurde vielmehr beschlossen, nur für einzelne, vom Gesetz aufzuzählende Verbrechen eine derartige custodia honesta in Betracht zu ziehen. Hierbei entstand die Frage, für welche Verbrechen. Und da muß der Bericht leider sagen, daß hier die Abteilung wohl in der Erkenntnis, daß das so schnell nicht zu erledigen sei, zu einem positiven Entschluß nicht gekommen ist; denn der Antrag, die custodia honesta nur bei politischen Verbrechen in Erwägung zu ziehen, wurde abgelehnt, während ein Antrag auf irgendwelche andere Abgrenzung nicht gestellt war. Es ist nicht ausgeschlossen, daß die Schwierigkeiten bezüglich der Abgrenzung des politischen Delikts für diese Abstimmung mit maßgebend waren.

Am eingehendsten wurde die Frage behandelt, unter welchen Voraussetzungen bei diesen noch nicht näher namhaft gemachten Verbrechen custodia honesta anstelle von Gefängnis- oder Zuchthaus treten könne. Das war die Frage, die an die Abteilung in erster Linie gerichtet war. Es war die Frage des § 71 des Entwurfs. Es war die Frage des sogenannten Überzeugungsverbrechers. Es standen im wesentlichen drei Meinungen einander gegenüber. Es war einmal die Meinung Prof. **Radbruchs**, der die Annahme des § 71 empfahl, wonach auf Einschließung dann zu erkennen ist, wenn das Motiv der Tat die Überzeugung war, aus sittlichen Gründen zu einer Rechtsverletzung verpflichtet zu sein. Es war zweitens eine Meinung, die sich in der Richtung des § 20 des heutigen Strafgesetzbuchs bewegte, also dahin ging, die Unterscheidung abzustellen darauf, ob der Täter ehrlos gehandelt habe oder nicht, oder ob er — das waren Ausdrücke, die anstelle von „ehrlos" gesetzt werden sollten — eine verächtliche Gesinnung gezeigt oder aus ethisch zu verwerfenden oder zu mißbilligenden Motiven gehandelt habe. Die dritte Meinung, die ich vertrat und auch in Leitsätzen zum Ausdruck brachte, ging dahin, daß auf Einschließung zu erkennen sei, wenn der Täter aus altruistischen Motiven gehandelt habe, das heißt, wenn die Handlung nicht aus einem eigensüchtigen Beweggrunde, sondern in der Überzeugung begangen wurde, durch sie das Wohl des Staates oder der Gesellschaft zu fördern. Diese Ansicht war von vornherein zugeschnitten auf politische Verbrechen und es hatte eine gewisse Schwierigkeit, sie zur Abstimmung zu bringen, nachdem ein Beschluß, die Sache auf politische Verbrechen zu beschränken, nicht zustandegekommen war. Die Erörterung über diese Frage war lebhaft und interessant und endete in der Abstimmung damit, daß sowohl die Idee des Überzeugungsverbrechers des § 71 des Entwurfs wie auch die dem § 20 des Strafgesetzbuchs zu Grunde liegende Idee abgelehnt wurden, daß dagegen die Versammlung meinem Vorschlage zustimmte. Wie die praktische Auswertung zu denken sein soll, falls nicht eine Beschränkung auf politische Verbrecher stattfindet, darüber konnte nicht weiter diskutiert werden, weil dieses zwiespältige Ergebnis nicht vorauszusehen war.

Das war im wesentlichen Gang und Ergebnis der Beratungen und der Beschlußfassung der Abteilung. Wir sind uns aber alle, die den § 71 ablehnen zu müssen glaubten, darüber einig gewesen, daß, wenn auch der § 71 des Entwurfs abzulehnen sei, das Problem des Überzeugungsverbrechers ein sehr ernstes und ein solches sei, das uns wohl alle und manchen Juristentag noch überleben werde.

Vorsitzender:

Wir kommen nun zu den Fragen, die die bürgerlich-rechtliche Abteilung behandelt hat. Dabei empfiehlt es sich wohl, zuerst den Berichterstatter Herrn Prof. Dr. James **Goldschmidt** zu hören.

Professor Dr. James Goldschmidt-Berlin:

Die Frage, ob es sich empfiehlt, im Zusammenhange mit der kommenden Strafrechtsreform die Vorschriften des bürgerlichen Rechts über Schuldfähigkeit, Schuld und Ausschluß der Rechtswidrigkeit zu ändern, hat Anlaß zu Zweifel gegeben, ob die Theorie unseres verewigten Otto v. Gierke über die Individualität der Gesamtpersönlichkeit wirklich zutreffend ist. Denn bei Behandlung dieses Themas zeigt die „bürgerlich-rechtliche" Abteilung des Juristentages eine Zusammensetzung, welche sie mehr als eine strafrechtliche erscheinen ließ. Sie hat sich denn auch für zuständig gehalten, Vorschläge zur Abänderung des Strafgesetzentwurfs zu machen.

Die Beratungen waren durch die Gutachten der Herren Professoren Reichel-Hamburg und Dölle-Bonn vortrefflich vorbereitet. Sie wurden durch die Berichte des zu Ihnen Sprechenden und des Herrn Ministerialrats Prof. Dr. Kadecka-Wien eingeleitet.

Einigkeit herrschte darüber, daß die Grenze zwischen Recht und Unrecht im bürgerlichen und Strafrecht dieselbe sein muß. Ein darauf bezüglicher Leitsatz wurde als Postulat an den Gesetzgeber angenommen. Dagegen bestand Zwiespältigkeit über den Schuldbegriff. Der zweite Berichterstatter entwickelte die völlige Verschiedenheit der bürgerlich-rechtlichen Schuld gegenüber der strafrechtlichen. Er gelangte zu dem Ergebnis, daß die bürgerlich-rechtliche Schuld nicht nur einen Willens-, sondern auch einen Verstandesfehler darstelle. Demgegenüber betonten die Herren Dölle, Graf Dohna, Leonhard und der erste Berichterstatter die Einheit des Schuldbegriffs, Dohna insbesondere unter Hinweis auf das auch im bürgerlichen Recht gegebene Erfordernis der Zurechnungsfähigkeit, Leonhard unter Forderung eines subjektiven Maßstabes auch für die zivilrechtliche Fahrlässigkeit. Eine besondere Kontroverse ergab sich in Bezug auf den Schuldbegriff zwischen Dölle und H. A. Fischer über die Auslegung des § 254 BGB. Dölle sieht hier ein Verschulden gegen sich selbst, während Fischer in § 254 eine Fortentwickelung des Grundgedankens einer exceptio doli generalis gegen den findet, der trotz eigenen Verschuldens einen Schadensersatzanspruch geltend macht. Die prinzipielle Frage nach der Einheit oder Zwiespältigkeit des Schuldbegriffs wurde ausgeschaltet, als sich zeigte, daß in den davon abhängigen praktischen Fragen ein weitgehendes Einverständnis zu erzielen war.

Nachdem sich die Berichterstatter geeinigt hatten, wurden ganz gegen meine Erwartung eine große Anzahl wichtiger Leitsätze als Richtschnur für den Gesetzgeber angenommen. Man kann sie wie folgt gruppieren:

I. Leitsätze, welche eine Angleichung des BGB. an den Strafgesetzentwurf zum Ziel haben.

a) § 14 Entw., der die pflichtwidrige Nichthinderung eines Erfolgs seiner Verursachung gleichstellt und eine Hinderunngspflicht dem auferlegt, der die Gefahr des Erfolgs herbeiführt, soll in das BGB. übernommen werden.

b) Die Notwehrbestimmung des § 227 BGB. soll dem § 21 Entw., der die Zulässigkeit der Notwehr auf die angemessene Verteidigung einschränkt, angeglichen werden.

In der Diskussion waren allerdings v. Hippel und Eb. Schmidt dem Gutachter Reichel beigetreten und hatten die Aufrechterhaltung des geltenden Rechts gefordert, während Heimberger, Dölle und die Berichterstatter für den Entwurf eintraten. Wenn die Abteilung dieser letzteren Meinung beigetreten ist, so ist sie davon ausgegangen, daß der Einschränkung der Notwehr durch den Entwurf nur die Bedeutung beizumessen ist, daß dem Notwehrübenden ein civiliter uti seines Rechts auferlegt wird.

II. Leitsätze, welche eine Fortbildung des BGB. enthalten.

a) Zunächst wurde hier eine Änderung der Vorschriften über die Ersatzpflicht beim Notstand empfohlen, wobei die Abteilung den Vorschlägen des Gutachters Reichel folgte. Die §§ 228, 904 BGB. legen die Ersatzpflicht dem Täter, also auch dem Nothelfer auf. Nach den Beschlüssen, die den strafrechtlichen Notstand einbeziehen, wird die Ersatzpflicht in erster Linie dem Gefährdeten auferlegt.

b) Geisteskranke sollen für alle rechtwidrigen Handlungen, die mit ihrer Geisteskrankheit in ursächlichem Zusammenhang stehen, ersatzpflichtig sein. Mit Annahme dieser These folge die Abteilung dem zweiten Herrn Berichterstatter, dessen Ausführungen durch Aschaffenburg unterstützt wurden. Daß damit das grundsätzliche Erfordernis der Zurechnungsfähigkeit auch für die bürgerlich-rechtliche Verantwortlichkeit stark erschüttert wird, wird kaum zu bestreiten sein.

c) Darüber hinaus beschloß die Abteilung noch die Ausdehnung der Billigkeitshaftung des § 829 BGB. auf alle Fälle unverschuldeter Schadensverursachung.

d) Die strafrechtlichen Formen der Beteiligung sollen für die bürgerlich-rechtliche Verantwortlichkeit ohne Bedeutung sein.

III. Leitsätze, welche eine Fortbildung des Strafgesetzentwurfs enthalten.

a) Die aus Aufregung oder Bestürzung erfolgte Überschreitung der Notwehr soll als Entschuldigungsgrund anerkannt werden.

b) In Anknüpfung an den österreichischen GE. forderte der erste Berichterstatter die Zerlegung des Notstandes in einen Rechtfertigungs- und einen Entschuldigungsgrund. Er fand die Unterstützung des zweiten Berichterstatters sowie der Herren Graf Dohna und Eb. Schmidt, während v. Hippel den Notstand ausschließlich als Rechtfertigungsgrund behandelt wissen wollte. Die Abteilung beschloß die Zerlegung des § 22 Entw. in zwei Bestimmungen. Die erste soll in Fortbildung des § 904 BGB. ein Notstands**recht** bei überwiegendem Interesse auch gegen andere als Sachgüter gewähren; doch darf dabei Leib und Leben nicht verletzt werden. Eine zweite soll darüber hinaus, in Fortbildung des § 54 StGB., den Notstand als Entschuldigungsgrund anerkennen, aber nur bei Gefahr für Leib oder Leben des Täters oder einer ihm nahestehenden Person. Eine besondere Bestimmung hielt die Abteilung daneben für nötig zur Rechtfertigung der Perforation und Unterbrechung der Schwangerschaft bei medizinischer Indikation.

c) Wurde damit den ärztlichen Interessen entsprochen, so hielt die Abteilung gegenüber § 238 Entw. zum Schutze des Publikums die Wiedereinstellung einer Strafvorschrift gegen eigenmächtige ärztliche Behandlung für nötig.

Abgelehnt wurde nur **ein** Leitsatz, der die Züchtigung fremder Kinder verbieten wollte. Gegen ihn hatten sich besonders v. Hippel und Heimberger gewandt. Aber die Ablehnung erfolgte nur mit Stimmengleichheit, und das Ergebnis wäre ein anderes gewesen, wenn ich gegen einen Kollegen, der gegen das Verbot stimmte, rechtzeitig den Einfluß seiner Frau hätte in Bewegung setzen können.

Über die Verhandlungen zum zweiten Thema: „Welche Hauptgrundsätze sind für die Neuregelung des Schiedsgerichtswesens zu empfehlen?" berichtete Prof. Dr. Nußbaum-Berlin:

Meine Damen und Herren! Für den Charakter der Schiedsgerichtsbarkeit ist der Ausbau der ständigen Schiedsgerichte bestimmend.

Solche Einrichtungen hatte man zu der Zeit, als die Zivilprozeßordnung geschaffen wurde, nicht gekannt, und es war daher schon im Jahre 1924 daran gedacht worden, die Vorschriften der Zivilprozeßordnung zu verbessern. Die Änderungen, die damals vorgenommen wurden, haben sich aber nicht als ausreichend erwiesen, und das ist der Anlaß geworden, weshalb die Ständige Deputation dieses Thema auf die Tagesordnung gesetzt hat.

Die Erörterung dieses Themas in der bürgerlich-rechtlichen Abteilung gestaltete sich sehr eingehend, die Frage wurde mit großem Interesse behandelt. Die Berichterstatter waren von Anfang an von den gleichen Auffassungen ausgegangen, und diese Übereinstimmung herrschte auch in der Diskussion vor. So konnten die Anträge der Berichterstatter fast durchweg zur Annahme gelangen. Nicht angenommen wurde mein Antrag, die Vollstreckung ausländischer Schiedssprüche von der Verbürgung der Gegenseitigkeit abhängig zu machen, weil diese Frage noch als nicht genügend geklärt erachtet wurde. Die Verhandlungen litten an dem Übermaß des Interesses, das dem Gegenstande entgegengebracht wurde. Die Diskussionsmeldungen und die Anträge häuften sich so, daß in spät vorgerückter Stunde die Rednerliste geschlossen werden und die Versammlung zu ihrem großen Leidwesen darauf verzichten mußte, eine Reihe von Herren zu hören, auf deren Meinung sicherlich großer Wert gelegt worden wäre. Es war nicht einmal mehr den Referenten möglich, zu den Anträgen Stellung zu nehmen, so daß schließlich die Lösung gewählt wurde, diese Anträge dem Plenum als Material zu überweisen. Es würde Ihre Zeit zu sehr in Anspruch nehmen, wenn ich diese Anträge eingehend mitteilen wollte. Ich kann nur einige interressante Punkte herausgreifen.

Da ist namentlich zu erwähnen eine Anregung des Herrn Geheimrat Heilberg, der den interessanten Vorschlag machte, Schiedsklauseln, die sich in Vereinsbedingungen, Kartellbedingungen usw. finden, einzuschränken, und zwar durch die sehr energische Vorschrift, daß sie nur dann Gültigkeit haben sollen, wenn die Vereinbarung nach Entstehen des Streitfalles getroffen wird. Das ist sehr weitgehend und wenn man auch den Grundgedanken dieses Vorschlages zustimmen kann, so wird man gegen eine soweit gehende Regelung Bedenken erheben müssen. Herr Rechtsanwalt Dr. Wrzesinski schlug vor, gegen jeden Schiedsspruch eine Rechtsbeschwerde zu gewähren. Demgegenüber ist ausgeführt worden, daß das das Ende der ganzen Schiedsgerichte zur Folge haben würde, und ich kann dem nur beipflichten. Weiter wurde von Herrn Rechtsanwalt Dr. Fischer-Hamburg angeregt, dem Beschlußrichter die Entscheidung darüber anzuvertrauen, ob das Schiedsgericht irgendwie gegen zwingende gesetzliche Vorschriften verstoßen habe. Heilberg hatte ferner für die Aufhebungsklage einen Vorschlag eingebracht, nämlich den, daß dem Aufhebungsbeklagten nach Ermessen des Gerichts die Möglichkeit gegeben werden sollte, vom Aufhebungskläger Sicherheitsleistung für die Prozeßkosten zu verlangen. Das wären die wesentlichsten Anträge, die eingebracht worden sind.

Im übrigen wäre aus den Verhandlungen lediglich noch hervorzuheben, daß das Beschlußverfahren allseitig als ein Fortschritt anerkannt wurde, und zwar dies im Gegensatze zu dem Gutachten des Herrn Dr. Leo, dessen Arbeit als eine ausgezeichnete Grundlage der Verhandlungen betrachtet worden ist. Es ist weiter zu betonen, daß Herr Oberlandesgerichtspräsident Mittelstein sich mit großer Entschiedenheit gegen eine allzuweit gehende Einmischung des Staates in das Schiedsgerichtswesen einsetzte und dabei zum Ausdruck brachte, daß dies die allgemeine Auffassung der Hamburger Juristen sei, eine Mahnung, die bei jeder Reform des Schiedsgerichtswesens beachtet werden muß. Endlich ist noch zu bemerken, daß die von den beiden Berichterstattern eingenommene sehr kritische Haltung gegenüber der Praxis der Verbandsschiedsgerichte von den Diskussionsrednern noch stärker unterstrichen worden ist als von den Berichterstattern selbst, so daß man auch in dieser Hinsicht wohl von einem deutlichen Ausdruck der Stimmung des Juristentages reden kann. Das wäre das Ganze. Es ist das erste Mal, daß das Problem des Schiedsgerichtswesens vor einem größeren Kreis in der Öffentlichkeit diskutiert worden ist, und wir alle, die wir an der Diskussion teilgenommen haben, werden den Eindruck daraus gewonnen haben, daß wirklich eine Bereicherung unserer Kenntnisse und eine Förderung unserer Ansichten erzielt worden ist. Und so glaube ich, daß wir der Ständigen Deputation unseren Dank abstatten müssen, daß diese uns Gelegenheit gegeben hat, diese für das Wirtschaftsleben wichtige Frage in unserem Kreise einmal behandeln zu können.

Hierauf erteilte der Vorsitzende Herrn Geh. Justizrat Prof. Dr. Ernst Heymann-Berlin das Wort, der als Berichterstatter der wirtschafts- und steuerrechtlichen Abteilung Folgendes ausführte:

Die Abteilung behandelte am Montag die Frage:

Soll bei einer künftigen Reform des Aktienrechts eine Annäherung an das englisch-amerikanische Recht in grundlegenden Fragen stattfinden?

Die Abteilung hat die Frage so aufgefaßt, daß damit zugleich die Notwendigkeit einer deutschen Aktienreform überhaupt erörtert werden sollte.

Es lag den Verhandlungen ein ausgezeichnetes Gutachten des Herrn Rechtsanwalts Dr. Julius Lehmann aus Frankfurt a. Main zu Grunde. Daneben war die Verhandlung durch eine Reihe in jüngster Zeit erschienener Schriften, namentlich der Arbeiten von Horrwitz, Giesecke, Kalisch, Nußbaum und v. Gierke vorbereitet worden.

Von den drei Referaten berücksichtigte Herr Justizrat Pinner vorzugsweise das englische Recht, Herr Direktor der Diskontogesellschaft Dr. Solmssen vorzugsweise das amerikanische Recht, während ich als dritter Referent mich bemühte, soweit es nach den wertvollen vorangegangenen Referaten noch notwendig war, auf beide Rechte einzugehen.

Herr Pinner neigte zu der Auffassung, daß eine Reform im ganzen erwünscht sei und machte dafür Vorschläge im einzelnen. Dagegen lehnten Herr Dr. Solmssen und ich eine allgemeine Reform des Aktienrechts als unnötig ab. Alle drei Referenten stimmten im wesentlichen darin überein, daß das englisch-amerikanische Recht hierfür keine geeigneten Vorbilder biete.

Es bestand zunächst Übereinstimmung darüber, daß das anglo-amerikanische Recht in viel geringerem Maße als das unsere den Aktionär und Gläubiger schützt und insbesondere unser Prinzip des von vornherein vorhandenen und unantastbaren Grundkapitals durch elastische Regeln ersetzt hat, so daß schon wegen dieser verschiedenen, auf dem Satze volenti non fit injuria aufgebauten Grundstruktur eine Nachahmung sich nicht empfiehlt.

Man war sich ferner im wesentlichen darüber einig, daß der englische board of directors mit abhängigen, bevollmächtigten managers eine Verschlechterung gegenüber unserem Nebeneinander von Vorstand und Aufsichtsrat bildet, daß insbesondere der Fortfall der Kontrollpflicht (die Pinner durch ein bloßes Kontroll recht ersetzen wollte) und der strengen Haftung unserer Aufsichtsratsmitglieder eine Verschlechterung bedeuten würde, zumal die Judikatur des Reichsgerichts eine vernünftige Arbeitsteilung der Aufsichtsratsmitglieder untereinander sowie die Heranziehung von Treuhandgesellschaften zu Revisionszwecken keineswegs hindert. Proportionalwahlrecht zum Aufsichtsrat, Erfordernis des Aktienbesitzes der Mitglieder von Vorstand und Aufsichtsrat würden Verschlechterungen sein. Die relativ hohe Unabhängigkeit des board von der Generalversammlung, insbesondere die grundsätzliche Unabsetzbarkeit der Mitglieder innerhalb ihres term, die teilweise Überlassung der Dividendenfeststellung an den board und die besonders in Amerika fast unterdrückte Berichterstattung des board erscheint ebenfalls unserem Rechte gegenüber nicht als Verbesserung, zumal auch bei uns eine weitgehende Unabhängigkeit der Verwaltung durchführbar ist.

Auch die Publizitätsvorschriften sind im angloamerikanischen Rechte nicht bessere. Die vielfach bei uns gewünschten Bilanzschemata — wenn überhaupt wünschenswert — finden dort kein geeignetes Vorbild. Die englische Anordnung der ständigen auditors, welche (als Dritte) Revisionen vornehmen und selbständig in der Generalversammlung berichten, ist dort dadurch eingeschränkt, daß diese auditors nicht den Wert der Vermögensstücke und nicht die Zweckmäßigkeit der Direktionshandlungen prüfen. Sie haben damit die Bedeutung guter Bücherrevisoren. Beseitigt man alle diese Beschränkungen, so wird die Berichterstattung an die Generalversammlung mit unserer Auffassung des Geschäftsgeheimnisses unvereinbar.

Die Kapitalbeschaffung auf Grund der Feststellung eines Maximalkapitals (sog. autorisiertes Kapital) im Memorandum, mit Einzahlung zunächst nur eines Teils und späterer allmählicher Aktienausgabe für den Rest, steht mit unserer Auffassung des Grundkapitals in Widerspruch, würde aber in seiner günstigen Wirkung durch die schon vom Heidelberger Juristentage geforderte Zulassung einer bedingten Kapitalerhöhung ersetzt werden können. Einheitlichkeit bestand wohl auch in der Ablehnung der in Amerika gebräuchlichen Quotenaktien, sowie darin, daß die Unter-pari-Emission nur in den schon jetzt zulässigen Grenzen möglich bleiben soll.

Diejenige Frage aber, in der die Meinungen erheblich auseinander gingen, ist die der Mehrstimmrechts- und Vorzugsaktien. Herr Dr. Solmssen glaubte, daß die Zulassungsstellen als Schiedsgerichte und die Rechtsprechung alle Schwierigkeiten beseitigen könnten, und Herr Justizrat Pinner wollte lediglich im Zusammenhange mit einer allgemeinen Aktienreform die Nichtigkeit dieser Aktien im Falle der Fraudulosität gesetzlich feststellen, die schon jetzt nach der Reichsgerichtsjudikatur anzunehmen ist. Dagegen glaube ich, daß ein alsbaldiges Eingreifen des Gesetzgebers durch ein Sondergesetz in diesem Punkte dringend notwendig ist.

Von 1595 Gesellschaften hatten im vorigen Jahre 867 Stimmrechtsaktien, das Stimmrecht ging zum Teil ins Tausendfache; durchschnittlich waren es 30—50 % der Gesamtstimmenzahl. Die Mehrstimmrechtsaktien gefährden die Stammaktionäre durch Beherrschung der Wahlen, der Geschäftsführung, insbesondere der Bilanzfeststellungen, durch die Möglichkeit von Kapitalerhöhungen, die nur zu Gunsten der Mehrstimmrechtsaktien erfolgen usw.; sie liefern überhaupt den Aktionär in Ansehung der Dividende der Verwaltung aus und verwässern seinen Kapitalanteil. Dem steht der Vorzug gegenüber, daß diese Aktien die Stabilität der Verwaltung sichern, und zwar gegen Überfremdung nach außen wie nach innen, insbesondere gegen Vertrustungsbestrebungen, gegen Börsenspekulationen, Zufallsmajoritäten usw. Man soll sie daher nicht ganz beseitigen — denn wir brauchen kraftvolle Unternehmer und kraftvolle Verwaltungen —, sondern man soll sie nur einschränken. Beschränken aber muß man sie, weil sie das Grundprinzip verletzen, daß die aktienrechtliche Macht auch einem Kapitalanteil und einem kapitalistischen Risiko entsprechen muß. Es wird hier eine einmal vorhandene Macht ohne Rücksicht auf die Fortdauer ihres kapitalistischen Fundaments verewigt, eine Macht, die noch dazu oft nur mit Hilfe der Deponentenaktien der geschädigten Stammaktionäre erlangt ist. Demgegenüber ist die bloße Nichtigkeit bei fraudulöser Entstehung der Mehrstimmrechtsaktien kein ausreichendes Heilmittel, schon weil diese Fraudulosität nur schwer nachweisbar ist und oft auch fehlt. Dagegen bietet sich ein Ausgleich in der Einschränkung der Stimmrechtsaktien auf eine Quote, z. B. 15 % der Gesamtstimmzahl. Völlig zu beseitigen wären die Inflationsaktien dieser Art; die Vorratsaktien wären in ähnlicher Weise einzuschränken.

Mein Antrag, diese Ergebnisse durch ein alsbald zu erlassendes Spezialgesetz zu erreichen, das zugleich die Weiterveräußerung der Verwaltungsaktien verbietet und die Haftung der Banken für ihre Abstimmung mit Deponentenaktien klarstellt, wurde besonders von Herrn Dr. Solmssen bekämpft. Herr Dr. Solmssen glaubte, daß die Mehrstimmrechts- und Vorratsaktien, soweit sie überhaupt gefährlich seien, in kurzer Zeit mit Hilfe der Zulassungsstellen und der Rechtssprechung von selbst verschwinden würden. Er hielt den Weg der Gesetzgebung wegen seiner Unübersehbarkeit für gefährlich.

Zudem stand fest, daß die Reichsregierung, die sich eingehend mit der Frage beschäftigt, zur Zeit ein Sondergesetz nicht zu erlassen geneigt ist. So schloß sich die Abteilung mit knapper Majorität der Auffassung des Berichterstatters Dr. Solmssen an und lehnte den Erlaß eines Sondergesetzes ab, während gleichzeitig der Antrag Solmssen—Heymann mit großer Mehrheit angenommen wurde:

> daß eine allgemeine Reform des deutschen Aktienrechts zur Zeit nicht erforderlich sei, und daß die Übertragung des englisch-amerikanischen Rechts sich für die deutschen Verhältnisse nicht eigne.

Auch ein Hilfsantrag, die Frage der Notwendigkeit einer Teilreform wenigstens sofort zu prüfen, wurde von derselben knappen Majorität abgelehnt.

Dagegen wurde nachträglich der Antrag Geiler angenommen:

> Die Ständige Deputation des Juristentages wird ersucht, eine aus Mitgliedern des Juristentages bestehende Kommission, mit dem Rechte der Kooptation auch von Nichtmitgliedern, zu bilden, die beauftragt wird, die Frage einer etwa notwendigen Reform des deutschen Aktienrechts zu prüfen. Der Juristentag regt außerdem die Bildung einer überstaatlichen kapitalistischen Organisationsform an, die wahlweise neben der innerstaatlichen Gesellschaftsform zur Verfügung stehen soll.

Dieser Beschluß bezweckt, daß die zur Zeit nicht notwendige allgemeine Aktienreform für die Zukunft nachgeprüft wird, und zwar in einer Kommission des Juristentages, die im Gegensatz zu einer (von Herrn Pinner beantragten) Regierungskommission von allen parteipolitischen Einflüssen frei ist und in die vor allem auch österreichische und sonstige auslandsdeutsche Juristen eintreten können. Auch die Reichsregierung wird die Einsetzung einer solchen Kommission begrüßen. Der Deutsche Juristentag soll also an dem Aktienwesen der Zukunft weiter arbeiten, was natürlich die weitere Nachprüfung auch der Verhältnisse der Mehrstimmrechts- und Vorratsaktien und der Frage des Erlasses von Sondergesetzen einschließt.

Die Beschlüsse der Abteilung haben gezeigt, daß Bestimmungen über wichtige legislatorische Fragen mit knappen Majoritäten nach siebenstündiger Verhandlung in einem fluktuierenden Gremium ein sicheres Ergebnis nicht zeitigen können. Ich halte es für meine Pflicht, in Übereinstimmung mit zahlreichen Mitgliedern der Abteilung hier wenigstens die Frage aufzuwerfen, ob nicht in Zukunft in geeigneten Fällen von einer Abstimmung abgesehen werden sollte und stattdessen eine allgemeine Zusammenfassung der Verhandlungsergebnisse durch den Vorsitzenden eintreten könnte. Trotz hingebender Bemühung des Abteilungsvorsitzenden, Herrn Geheimrat Heinitz, sind z. B. die Thesen Pinners bei der Abstimmung nicht hinreichend zur Geltung gekommen. Vielleicht ließe sich Ähnliches künftig vermeiden.

Vorsitzender:

Ich erteile nunmehr das Wort dem Syndikus des Verbandes der sächsischen Metallindustriellen Herrn Privatdozenten Dr. Nikisch-Dresden zum zweiten von der Abteilung behandelten Thema: „Inwieweit haftet ein Berufsverein der Arbeitgeber oder Arbeitnehmer für unzulässige Kampfhandlungen, und welche Änderungen des deutschen Rechts sind hier, zugleich unter Beobachtung ausländischer Vorbilder, empfehlenswert?"

Dr. Nikisch-Dresden:

Das Thema, das eben verlesen worden ist, zerfällt in zwei Teile. Der erste Teil behandelt die Frage nach dem geltenden Recht in Bezug auf die Haftung der Berufsvereine. Der zweite Teil beschäftigt sich mit einer Reformbedürftigkeit dieses Rechtes. Man könnte nun annehmen, daß bezüglich des geltenden Rechtes Meinungsverschiedenheiten vorhanden seien. Die Verhandlungen haben aber ergeben, daß solche Meinungsverschiedenheiten nicht zu Tage getreten sind. Es ergab sich im Gegenteil eine völlige Übereinstimmung der Berichterstatter über die Auslegung der bestehenden Bestimmungen.

Wie die Berichterstatter übereinstimmend ausführten, kann die Unzulässigkeit einer Kampfhandlung einmal darauf beruhen, daß der bestehende Tarifvertrag verletzt wird; die Kampfhandlung kann aber auch zweitens deswegen unzulässig sein, weil sie den Tatbestand einer unerlaubten Handlung darstellt. Dabei ist zu unterscheiden, ob die Berufsvereine rechtsfähig sind oder nicht, da sich die Haftung in beiden Fällen verschieden gestaltet. So findet z. B. § 31 BGB. nur auf erstere Vereine, nicht auch auf letztere Anwendung.

Eine Änderung erscheint hier dringend geboten, zumal die Berufsvereine der Arbeitnehmer, die Gewerkschaften, samt und sonders keine Rechtsfähigkeit besitzen. Demgemäß forderten beide Berichterstatter Gleichstellung der nichtrechtsfähigen Vereine mit den rechtsfähigen. Diese Stellungnahme wurde ihnen wesentlich erleichtert dadurch, daß der

Gutachter den gleichen Standpunkt eingenommen hatte und auch die Rechtsprechung in der letzten Zeit zu dieser Anschauung übergegangen ist. Eine einzige Abweichung zwischen den Berichterstattern in dieser Frage ergab sich daraus, daß der zweite Berichterstatter die Änderung unbedingt vorschlug, während Prof. Dr. Sinzheimer seinen Vorschlag an bestimmte Voraussetzungen knüpfen wollte, nämlich an eine Beschränkung der Haftung der Berufsvereine. In diesem Punkte war eine Verständigung unter den beiden Berichterstattern leider nicht möglich.

Die Gründe, mit denen Herr Prof. Sinzheimer eine Beschränkung der Haftung der Berufsvereine belegt, sind ganz kurz folgende: Prof. Sinzheimer weist besonders darauf hin, daß die Berufsvereine sich längst nicht mehr ausschließlich mit wirtschaftlichen Fragen und Verbesserung der Arbeitsbedingungen befassen, sondern in weit größerem Umfange für das materielle Wohl ihrer Mitglieder eintreten. Zu diesem Zwecke haben sie Wohlfahrtseinrichtungen geschaffen und unterhalten dieselben. Es sei daher eine Unbilligkeit, die Berufsvereine für die in Betracht kommenden Schädigungen unbeschränkt haften zu lassen. Zweitens seien die Berufsvereine der Arbeitgeber und Arbeitnehmer die Träger der Tarifverträge. Und drittens seien die Berufsvereine nicht nur Träger eines kollektiven Rechts, sondern auch Träger der sozialen Verwaltung. Die Berufsvereine seien mit öffentlichen Rechten begabt und ausgestattet. Endlich reiche die Bedeutung der Berufsvereine weit über das eigentliche Arbeitsrecht hinaus. Es entspreche nicht der Auslegung einer sozialen Rechtsordnung, die Berufsvereine ebenso zu behandeln wie irgendeinen Privatverein. Demgemäß verlangt Prof. Sinzheimer, daß die Haftung der Berufsvereine für unzulässige Kampfhandlungen beschränkt wird.

Als zweiter Berichterstatter habe ich mich dieser Ansicht nicht ausschließen können. Nach meiner Meinung ist der Begriff der unzulässigen Kampfhandlungen noch nicht genügend geklärt. Bei der großen Bedeutung der Kampfhandlungen gerade für die Allgemeinheit und für den Staat muß der Beschlußfassung über Reformvorschläge die Tragweite dieser Reformvorschläge in vollem Umfang ermessen werden. Außerdem scheint es mir, daß bei aller Anerkennung der sozialen und wirtschaftlichen Bedeutung der Berufsvereine der gegenwärtige Zeitpunkt noch nicht dazu drängt, das bestehende Recht im Hinblick auf die Berufsvereine zu ändern. Es ist ferner festzustellen, daß das geltende Recht nicht auf dem Standpunkte steht, daß jeder Berufsverein als Träger des sozialen Rechts erhalten bleiben muß. Wenn die Berufsvereine in den letzten Jahren mit gewissen wichtigen öffentlichen Rechten ausgestattet worden sind, so liegt dies daran, daß namentlich auf Seiten der Arbeitnehmer eine öffentliche Berufs- und Standesvertretung fehlt. Was nun den Anschein einer öffentlich-rechtlichen Organisation erweckt, ist eine Folge des Übergangszustandes, in dem wir gegenwärtig leben. Man kann nun heute die künftige Entwicklung noch nicht absehen. Möglicherweise werden entsprechend etwa den Industrie- und Gewerbekammern im Laufe der Zeit auch Berufsvertretungen der Arbeitnehmer geschaffen werden. Möglicherweise wird auch das Programm des Artikels 165 der Reichsverfassung mit seinem Reichsarbeiterrat usw. verwirklicht. In diesem Falle würden die Berufsvereine der Arbeitnehmer wieder auf ihr eigentliches Arbeitsgebiet zurückgewiesen werden. Wenn aber allmählich die Berufsvereine mit wirklichen staatlichen Aufgaben und staatlichen Rechten ausgestattet werden, dann ändert sich auch das große Problem ihrer Stellung, dann können auch die Fragen der Haftung usw. in einem größeren Zusammenhange behandelt werden. Zum Schlusse habe ich noch darauf hingewiesen, daß bei der ungeheuren Machtfülle, die sich heute in den Berufsvereinen vereinigt, bei der weittragenden Wirkung ihrer Kampfhandlungen, daß in der jetzigen Zeit, wo der Staat den Berufsvereinen volle Kampffreiheit gewährt, das Gefühl ihrer Verantwortlichkeit durch das Gefühl der Haftung unbedingt gestärkt werden müsse.

In der Aussprache innerhalb der Abteilung sind nun die Gegensätze nicht so heftig aufeinander geplatzt, wie man zuerst befürchtet hatte. Von verschiedenen Rednern wurde die Ansicht ausgesprochen, daß der gegenwärtige Zeitpunkt für eine endgültige Regelung dieser Materie noch nicht geeignet sei. Es wurde weiter auf die großen Schwierigkeiten hingewiesen, die sich der praktischen Durchführung entsprechender neuer Bestimmungen entgegenstellen. Es wurde demgemäß ein Kompromißantrag gestellt, der zunächst Aussicht auf Annahme zu haben schien, nach einer weiteren Aussprache aber zurückgezogen wurde. Ebenso zog Prof. Dr. Sinzheimer zwei der von ihm vorgeschlagenen Leitsätze: „Die Haftung der Berufsvereine ist durch eine subsidiäre gesamtschuldnerische Haftung der Vereinsmitglieder neben ihren Vereinen zu sichern", und: „Für alle Streitigkeiten aus unzulässigen Kampfhandlungen sollen die Arbeitsgerichte, dem vorliegenden Entwurf eines Arbeitsgerichtsgesetzes entsprechend, zuständig sein" zurück.

Die sich anschließende Abstimmung hatte folgendes Ergebnis: Die erste These Sinzheimers fand Zustimmung. Dagegen wurde seine These, die Haftung der Berufsvereine der Höhe nach zu beschränken, mit 37 gegen 34 Stimmen abgelehnt. Mit geringer Mehrheit (34:32, 27:24, 34:32) angenommen wurden meine Thesen, daß die Haftung der Berufsvereine für unzulässige Kampfhandlungen grundsätzlich nicht anders zu regeln sei als ihre Haftung auf Grund sonstiger haftungsbegründender Tatbestände, daß in allen Haftungsfragen die nichtrechtsfähigen Berufsvereine den rechtsfähigen gleichzustellen seien, und daß eine Beschränkung der Haftung der Höhe nach oder auf bestimmte Haftungsobjekte nicht empfohlen werden könne.

Das Bild aus diesen Abstimmungen ist, wie ich leider berichten muß, kein besonders erfreuliches. Es konnte den Anschein erwecken, als ob die Ansichten der Beteiligten sich in schroffem Gegensatze zueinander befänden. Aber wer den Verlauf der Ansprache genau verfolgt hat, wird die ganze Sachlage optimistischer beurteilen und eine Verständigung über diese Fragen nicht für alle Zeiten ausgeschlossen halten. So habe ich selbst meine Thesen nur auf Grund der jetzt gegebenen Verhältnisse aufgestellt.

Die Entwicklung der Verhältnisse wird uns zeigen, ob und wann das Problem einer Haftungsbeschränkung der Berufsvereine noch einmal in Angriff genommen werden muß.

Vorsitzender Geh. Justizrat Prof. Dr. Kahl:

Ich habe schon neulich bemerkt, daß die beiden Stunden, in denen uns die Abteilungen berichten, der Höhepunkt unserer ganzen Tagung sind. Nun ist vor unseren Augen vorübergezogen das Bild der fleißigen, tiefanregenden Arbeit, und ich glaube, ich spreche in Ihrer aller Namen, wenn ich den Abteilungen selbst, ihren Vorsitzenden, den Gutachtern und den Berichterstattern, vor allem auch denen des heutigen Tages, den wärmsten und herzlichsten Dank ausspreche. Die Berichterstatter heute haben es ganz meisterhaft verstanden, in kurz abgerundeten Bildern uns einen Eindruck zu geben von der Tiefe und Geistigkeit der Arbeit, die sich da abgespielt hat, und so hoffe ich, daß auch die Beschlüsse des diesmaligen Juristentages auf die Gesetzgebung einen bedeutenden Einfluß ausüben können. Die Anregungen, die an uns gekommen sind, wird sich die Ständige Deputation gewiß zu Herzen nehmen. Was die Kommissionsbildung und was alle die anderen

Anregungen und Abstimmungen betrifft, so werden diese Fragen noch einmal erwogen werden. Aber das sind gegenüber dem großen Ganzen Dinge, die ich für jetzt zurückstellen kann. Mir liegt nur daran, allen denen, die so erfreulich mitgewirkt haben, den herzlichsten Dank und vor allem die Anerkennung des Deutschen Juristentages auszusprechen.

Es folgt nunmehr der Kassenbericht, der, wie ich vermute, ebenso knapp ist wie die Mittel selbst.

Rechtsanwalt Dr. Ernst Wolff-Berlin:

Meine Herren! Seit dem Heidelberger Juristentag ist die finanzielle Lage des Juristentages nach wie vor eine kritische geblieben. Der Heidelberger Juristentag hat mit + — Null abgeschlossen. Die Einnahmen aus 1925 haben wir dazu benutzen müssen, um die Drucklegung der Heidelberger Verhandlungen zu bewirken; dazu haben diese Einnahmen gerade ausgereicht und es erwies sich deshalb als notwendig, für das Jahr 1926 von der satzungsgemäßen Befugnis Gebrauch zu machen, den Beitrag von dem satzungsmäßigen Mindestbeitrage von 10 Mark auf 20 Mark zu erhöhen. Es war dies vor allem dringend notwendig, weil diesmal zum ersten Male wieder für die Tagung gedruckte Gutachten vorbereitet worden sind. Es war notwendig, die Mittel dafür sicherzustellen. Das Ergebnis des laufenden Jahres und des diesjährigen Juristentages läßt sich noch nicht übersehen. Wir haben in Berlin rund 1 300 Mitglieder angemeldet; wieviele Mitglieder hier in Köln noch hinzugekommen sind, darüber weiß ich noch nichts Bestimmtes. Wir haben also eine Einnahme von rund 26 000 Mark. Wie ich hoffe, werden noch weitere Einnahmen aus dem Juristentage selbst hinzutreten. Die Teilnahme an der diesjährigen Versammlung war so groß, daß uns über 2 000 Anmeldungen zum Kölner Juristentage zugingen. Auch vom Standpunkte der Finanzgebarung des Juristentages können wir uns mithin zu der Wahl von Köln nur beglückwünschen. Die Mitgliederzahl von rund 1 300, die, wie ich hoffe, sich noch erhöhen wird, ist noch außerordentlich gering, wenn sie verglichen wird mit den Richtervereinen, Anwaltsvereinen usw. Ich darf daher meinen Bericht mit der Bitte schließen, daß jeder der Herren dafür werben möge, daß noch mehr der Juristen Deutschlands und Österreichs dem Juristentage beitreten, und ich darf diese Bitte insbesondere richten an diejenigen, die der Tagung beigewohnt haben, aber noch nicht als Mitglied beigetreten sind. Ich hoffe, daß alle diejenigen die Mitgliedschaft noch nachträglich erwerben. Je größer die Zahl der Mitglieder werden wird, desto eher wird es möglich sein, mit dem Mitgliedsbeitrag wieder auf den satzungsmäßigen Mindestbeitrag von 10 Mark zurückzugehen. Damit schließe ich meinen Kassenbericht, indem ich annehme, daß die Herren an den einzelnen Zahlen des Kassenberichts kein Interesse haben.

Vorsitzender:

Ich danke dem Herrn Schatzmeister für den Kassenbericht. Es liegt uns nun noch ob, die neue Ständige Deputation zu wählen auf Grund des § 9 der Satzung des Deutschen Juristentages. Aus den Wahlen des Heidelberger Juristentages von 1924 gingen als Mitglieder der Ständigen Deputation hervor:

1. Geh. Justizrat Prof. Dr. Anschütz-Heidelberg.
2. Ministerialrat Dr. Dorn-Berlin.
3. Oberreichsanwalt i. R. Dr. Ebermayer-Leipzig.
4. Handelsgerichtspräsident Dr. Engel-Wien.
5. Prof. Dr. Flechtheim-Berlin.
6. Prof. Dr. Graf Gleispach-Wien.
7. Rechtsanwalt Dr. Hachenburg-Mannheim.
8. Hofrat Prof. Dr. Hanausek-Graz.
9. Geh. Justizrat Dr. Ernst Heinitz-Berlin.
10. Geh. Justizrat Prof. Dr. Kipp-Berlin.
11. Senatspräsident am Reichsgericht Dr. Lobe-Leipzig.
12. Justizminister a. D. Dr. Klein-Wien.
13. Staatsrat Oberlandesgerichtspräsident Dr. Karl Meyer-München.
14. Oberlandesgerichtspräsident Dr. Mittelstein-Hamburg.
15. Staatssekretär a. D. Dr. Mügel-Berlin.
16. Landgerichtspräsident Dr. Neuenfeldt-Berlin.
17. Präsident des Sächsischen Oberverwaltungsgerichts Dr. von Nostiz-Dresden.
18. Bankdirektor Dr. Frhr. von Pechmann-München.
19. Vizepräsident des Deutschen Reichstags Geh. Justizrat Prof. Dr. Rießer-Berlin.
20. Kammergerichtspräsident i. R. Dr. von Staff-Berlin, stellv. Vorsitzender.
21. Geh. Justizrat Prof. Dr. Triepel-Berlin.
22. Senatspräsident Prof. Dr. Wieruszowski-Köln.

23. Geh. Justizrat Dr. Wildhagen-Leipzig.
24. Rechtsanwalt Dr. Ernst Wolff-Berlin.

Nun hat die Versammlung eine ganz neue Ständige Deputation zu wählen. Die bisherigen Mitglieder scheiden mit diesem Augenblick aus, sie sind neu wählbar und zu wählen. Dabei wird es für die weitere Behandlung der ganzen Frage von grundlegender Wichtigkeit sein, ob etwa von irgendeiner Seite gegen die noch vorhandenen und lebenden Mitglieder der jetzigen Ständigen Deputation ein Bedenken erhoben wird. Die Sachlage ist die, daß in den abgelaufenen zwei Jahren wir verloren haben Franz Klein und weiter verloren haben durch Rücktritt die beiden Herren Frhr. von Pechmann und Neuenfeldt, letzteren wegen Krankheit. Für das ausgeschiedene Mitglied, Frhr. von Pechmann, hat die Ständige Deputation von ihrem Recht aus der Satzung § 9 Abs. 3 Gebrauch gemacht und zu Pfingsten d. J. den Professor Dr. Graf zu Dohna gewählt. Hiernach sind unter der Voraussetzung, daß die nichtausgeschiedenen bisherigen Mitglieder der Ständigen Deputation bestätigt werden, zwei Neuwahlen zu vollziehen, die eine für den ausgeschiedenen Franz Klein. Es war uns nicht zweifelhaft, daß für Franz Klein wiederum zu wählen sei ein Österreicher, und es wurde dann von Seiten unserer österreichischen Freunde vorgeschlagen, daß an die Stelle von Franz Klein der Berichterstatter, den Sie vorhin selbst gehört haben, Herr Prof. Dr. Walker-Wien treten sollte. Dann bliebe noch eine reichsdeutsche Stelle für den ausgeschiedenen Landgerichtspräsidenten Dr. Neuenfeldt neu zu besetzen, und die heutige Vertrauensmännerversammlung hat sehr ernste Erwägungen nach den verschiedensten Richtungen hin angestellt, welche Persönlichkeit wir der Vollversammlung für diesen Posten vorschlagen sollten. Wir sind einstimmig sowohl in der Ständigen Deputation als in der heutigen Vertrauensmännerversammlung zu dem Ergebnis gelangt, der Versammlung die Wahl des Professors Dr. Radbruch in Heidelberg zu empfehlen. Ich stelle vor der Öffentlichkeit fest: politische Gesichtspunkte scheiden aus. Es ist mir wichtig, das festzustellen. Wir sind nach reiflichen Erwägungen einstimmig der Meinung, daß es dem Bedürfnis des Juristentages und der Ständigen Deputation entspricht, wenn die Versammlung diese Wahl vollziehen würde, die ich Ihnen hiermit empfehle.

Es sind nun zwei Fragen von mir zur Abstimmung zu bringen: 1. wird von irgendeiner Seite gegen die weitere Zugehörigkeit derjenigen

Mitglieder, die in Heidelberg gewählt und die inzwischen nicht ausgeschieden sind, Widerspruch erhoben? Das ist nicht der Fall. Dann erkläre ich die Mitglieder der Ständigen Deputation, gegen die kein Widerspruch erhoben worden ist, als wiedergewählt. Nun kommt die zweite Frage, die Ersatzwahl

1. für Franz Klein und
2. für Neuenfeldt.

Für Franz Klein ist vorzuschlagen der ebenerwähnte Professor Dr. Walker-Wien. Wird Widerspruch gegen diese Wahl erhoben? Wenn es nicht der Fall ist, erkläre ich Walker als gewählt. Ich frage Sie, nehmen Sie die Wahl an? (Prof. Dr. Walker: Ich nehme mit innigstem und ergebenstem Danke an.) Wird Einspruch erhoben gegen den von mir im Namen der Ständigen Deputation und der Vertrauensmännerversammlung vorgeschlagenen Professor Dr. Radbruch? Das ist nicht der Fall. Ich erkläre, daß Prof. Dr. Radbruch durch Zuruf gewählt ist, und sehe zu meiner großen Freude, daß er anwesend ist. (Prof. Dr. Radbruch: Ich nehme die Wahl mit herzlichstem Danke an.)

Ich bemerke, daß mir hier eine Eingabe zugestellt worden ist mit der Überschrift: „Interpellation über Organisation und Geschäftsführung der Ständigen Deputation" Unsere Satzung kennt die Form der Interpellationen nicht. Ich möchte aber keine Schwierigkeiten aus formalen Gründen machen, ich möchte die von Herrn Wertheimer vorgelegte Interpellation jetzt in der Weise erledigen, daß ich Sie ersuche, diese Interpellation an die Ständige Deputation zur Erledigung zu überweisen. Ist die Versammlung einverstanden? Das ist der Fall.

Soweit ich übersehe, liegen mir keine Gegenstände mehr vor und wir können zum Schluß kommen. Zuvor aber möchte ich noch Ausdruck geben meiner großen Freude und Genugtuung über den gesamten Verlauf des 34. Deutschen Juristentages.

Hierbei komme ich, anknüpfend an das äußerliche Bild, wie es der Herr Schatzmeister gestreift hat, zuerst auf die Zahl der Beteiligten. Aber die Frage der Zahl der Beteiligung ist nicht bloß etwas rein Äußerliches. Natürlich ist sie auch etwas Äußerliches, insofern als unser ganzer Bestand, unsere Finanzlage, die Möglichkeit, unsere Zwecke zu erfüllen, davon abhängig ist. Und insoweit unterstreiche ich die Worte meines Freundes Wolff dahin, daß noch eine zahlreichere Beteiligung in Zukunft stattfinden möge. Wir haben so manchmal die schmerzhafte Erfahrung gemacht, daß unmittelbar nach dem Juristentage eine Anzahl von Mitgliedern ausgeschieden ist. Liebe Freunde, wenn Sie es vermeiden können, dann scheiden Sie nicht gleich wieder aus. Gewisse Opfer sind damit verbunden, die nicht jedem zu tragen leicht sind. Auf der andern Seite möchte ich aber darauf aufmerksam machen, daß den unverhältnismäßig wenigen äußeren Opfern doch auch in der Zustellung des gesamten Materials eine gewisse geistige Bereicherung gegenübersteht. Ich werbe mit meinem ganzen Herzen für den Juristentag, an dem ich auf das Stärkste hänge. Es handelt sich nicht bloß um etwas Äußerliches, nicht bloß um Zahlen, sondern diese Zahlen sollen nur der Ausdruck sein einer innern großen Einheit und Einheitlichkeit. Darin liegt die Bedeutung der Sache.

Der Kölner Oberbürgermeister, Herr Dr. Adenauer, hat neulich bei unserm ersten Zusammensein, als er die Ständige Deputation begrüßte, gesagt, er sei der Überzeugung, die deutschen Juristen könnten einen viel größeren Einfluß ausüben im öffentlichen Leben, wenn sie sich mehr einheitlich organisiert zusammenschlössen. Ich möchte diesen dankenswerten Ausspruch unterstreichen, nicht um des Juristentages willen, sondern um der Unterstreichung des einheitlichen Gedankens, dem Juristentage treu zu sein. Kein Kulturgut — gewisse wirtschaftliche Dinge müssen ausscheiden — hat durch die letzten Jahre der Katastrophen so gelitten wie das Recht, und wir sind als seine Diener vor der Zukunft verantwortlich. Wir, meine Freunde, dürfen keine Partei sein in dieser materiellen Zeit, alles muß in den Dienst dieses großen Ganzen gestellt werden, dieses Kulturgut wieder aufzurichten.

Einen Rückblick auf die Tätigkeit des Juristentages brauche ich nicht mehr zu werfen. Das schöne große Bild ist in uns allen lebendig. Wir alle haben den Eindruck, daß etwas Bedeutendes in der geistigen Arbeit geleistet worden ist, und wir werden noch größere Freude haben, wenn wir in Halbjahresfrist in ruhiger geistiger Überlegung den Gesamtertrag dieser Arbeit noch einmal an uns vorüberziehen lassen. Am Herzen liegt mir folgendes: Ich möchte meiner Freude Ausdruck geben, daß die gesamten Verhandlungen so außerordentlich sachlich von Anfang bis zum Schluß gewesen sind. Es wird Ihnen nicht allen bekannt sein, daß man gewisse Befürchtungen in dieser Hinsicht gehegt hat mit Rücksicht auf die Themata, die mit ihrer zum Teil starken politischen Bedeutung leicht zu Explosionen und Zusammenstößen hätten führen können. Der

Ständigen-Deputation wurde schon Angst gemacht, und es wurde gefragt, wie man es wagen könne, solche explosiven Stoffe auf dem Deutschen Juristentage zur Sprache zu bringen. Aber die Ständige Deputation hatte Vertrauen, und dieses Vertrauen in die Sachlichkeit, in die vornehme Gesinnung und Ritterlichkeit, in die Beherrschung der Form und darin, daß auch die schwierigsten Themata in ruhiger und sachlicher Weise behandelt werden könnten ohne Rücksicht auf die Parteieinstellung, hat sich vollauf bewährt. In unserer Zeit des Gärens und Schwankens und des Krakeelens stelle ich das als einen besonderen Vorzug des Deutschen Juristentages hiermit vor der deutschen Öffentlichkeit ausdrücklich fest.

Nun noch zu dem, womit ich angefangen habe, zum Dank. Ich muß mich fragen: ja, wo mit danken anfangen und aufhören? Jede Minute, die ich hier zugebracht habe, hat mich zur Dankbarkeit verpflichtet. Ich möchte danken vor allem allen denen, die uns bei unserer Arbeit geholfen und uns unterstützt haben. Ich habe das bereits getan hinsichtlich der Abteilungsvorsitzenden, der Gutachter und der verschiedenen Berichterstatter, und ich wiederhole diesen Dank ausdrücklich. Aber ich habe ihn auszudehnen nach zwei Richtungen, nach den beiden Herren, die uns die Stunden von 9—10 an den beiden Tagen gestern und vorgestern ausgefüllt haben. Der Zufall fügt es, daß die beiden verehrten Herren nebeneinander sitzen. Ich darf nicht wagen, über den Vortrag des hochverehrten Herrn Reichsgerichtspräsidenten Dr. Simons etwas zu sagen. Sie wissen selbst, Herr Reichsgerichtspräsident, mit welchem Interesse und welcher Dankbarkeit die Versammlung Ihren Worten gelauscht hat. Dann gilt mein Dank besonders meinem teuren, altverehrten Freunde Prof. Dr. Rießer für die Erbauungsstunde, die er uns durch die Würdigung unseres dahingeschiedenen Freundes Franz Klein gegeben hat. Es ist mir Bedürfnis mitzuteilen, was wir gestern in der Ständigen Deputation beschlossen haben, nämlich einen Weg zu suchen, um diese Rede auf Franz Klein im Reich und namentlich in Österreich zu verbreiten. Wir hoffen, daß die erforderlichen Mittel uns zur Verfügung stehen oder zur Verfügung gestellt werden.

Welche Menschen, Namen und Völker soll ich noch nennen, wenn vom Danken die Rede ist. Ich erwähne der Presse neben andern, die unserer Aufgabe freundliches Interesse geschenkt haben. Insbesondere danke ich noch einmal der Stadt Köln und in Verbindung mit der Stadt Köln all den hochverehrten Männern und Frauen, die sich um uns solche Mühe gegeben haben. Ich weiß in der Tat nicht, soll ich mehr danken für die äußeren Veranstaltungen, die wunderbaren und herrlichen Räume, die Ausschmückung, die festlichen Stunden oder die Stunden wirklich innerer Erhebung und Erbauung, die uns in einer ungewöhnlichen Munifizenz, von der Stadt Köln geboten worden sind. Meine Erinnerung geht zurück an die herrlichen Orgeltöne, die uns alle so zu Herzen gegangen sind. Herr Senatspräsident Wieruszowski, nehmen Sie das an für sich und alle andern Freunde. Sie mögen versichert sein, daß sie einen unvergeßlichen Bau in uns errichtet haben, der nicht so bald wieder einstürzen wird.

Abschließend kann ich sagen: Es hat der 34. Deutsche Juristentag seinen Doppelzweck eines lebendigen wissenschaftlichen Meinungsaustauschs sowie der Pflege der persönlichen Beziehungen und eines vergeistigten Gemeinschaftslebens in der Tat erfüllt. Ein besseres und schöneres Zeugnis kann ich ihm nicht ausstellen. Ich würde nun in der Lage sein, jetzt sofort den Schluß des Juristentages auszusprechen, wenn mir nicht noch eine Wortmeldung überreicht worden wäre, eine Wortmeldung, die mir höchst verdächtig erscheint. Herr Rechtsanwalt Custodis-Köln hat sich zum Wort gemeldet.

Rechtsanwalt Custodis-Köln:

Meine sehr verehrten Damen und Herren! Quaero invidiam. Damit möchte ich meine Worte einleiten. Ich suche den Neid. Quaero invidiam. Ich möchte dieses Wort anwenden auf die Person unsers allverehrten Präsidenten. Es gibt da keinen Neid. Meister und Führer hat ihn der Herr Reichsgerichtspräsident genannt. Er ist der Meister des Wissens und der Form. Bei uns meistert er den Gegenstand und die Form gleichermaßen und auch die Gesellschaften. Darin hat er die Weltmeisterschaft. Und dafür, daß er diese Meisterschaft in den Dienst dieser Tage gestellt hat, dafür gebührt ihm unser aller bester Dank. Und ich kann nur schließen, indem ich ihm den Wunsch zurufe: Ad multos annos!

Vorsitzender:

Ich habe ja befürchtet, daß noch so etwas passieren könnte. Ich habe es befürchtet, weil auch das zu den so oft berühmten Gewohnheiten des Deutschen Juristentages geworden ist. Aber ich habe auch gemerkt, daß der verehrte Rechtsanwalt Custodis nicht die Absicht hatte, bloß einer Gewohnheit gemäß zu sprechen, sondern daß seine freundlichen Wünsche ihm aus dem ganzen Herzen kamen und auch aus dem der Versammlung. Ich darf Ihnen sagen, daß auch mein Dank aus tiefstem innersten Herzen kommt. Verdient habe ich ja eine derartige Auszeichnung des Juristentages in dieser Weise nicht, das bin ich mir bewußt. Es sind so viele Männer hier, die mir überlegen sind an Sach- und Rechtskenntnissen, aber ich nehme alles, wie ich hinzufügen darf, mit großer Bescheidenheit und herzlicher Dankbarkeit auf. Ich stehe am Abend meines Lebens, aber auch die Abendsonne kann erwärmen und erleuchten, und dies habe ich nun als einen erleuchtenden und erwärmenden Strahl der Abendsonne empfunden. Ob ich den Zuruf: Ad multus annos! annehmen kann, steht bei Gott und nicht bei mir. Ich kann nur das eine sagen: solange ich nach Wissen und Gewissen mit den von Gott mir belassenen Kräften arbeiten kann, wird diese Arbeit neben den anderen öffentlichen Pflichten allemal auch, soweit es möglich ist, in den Dienst des Juristentages gestellt sein. In diesem bescheidenen Sinn kann und will ich von Herzen gerne sagen: auf Wiedersehen — wo, weiß ich nicht, ich kann keine Geschäftsgeheimnisse verraten — entweder in Ostpreußen oder in Tirol! Sei es, wie es wolle, auf jeden Fall schließe ich den Wunsch ein, daß wir uns dann wie immer wiederum zu gemeinsamer, reger, im Geiste der Einheit gestellten Arbeit zusammenfinden, und damit schließe ich den 34. Deutschen Juristentag.

Der Allgemeine Teil des Rechts

Eine Darstellung der gemeinsamen Lehren des öffentlichen und des privaten Rechts

von

Dr. Karl Friedrichs

Justizrat

1927. Gr.-8°. Preis 12.— M., geb. 13.50 M.

Eine für alle Gebiete gültige Darstellung der Rechtsquellen, ein Beitrag über allgemeine Rechtslehre, insbesondere über die Frage, inwieweit der Allgemeine Teil des BGB. auch für die übrigen Rechtsgebiete gültige Normen enthält. Eine solche Arbeit fehlte bisher zweifellos in der juristischen Literatur. Friedrichs ist der bedeutendste Vertreter der Lehre, die einen Unterschied zwischen öffentlichem und Privatrecht zwar nicht leugnet, aber die Gegensätze in den Hintergrund schiebt, das Gemeinsame hervorhebt und als höchstes Ziel steht, einen Allgemeinen Teil des gesamten Rechts aufzustellen, und er ist daher wie kein anderer berufen, eine grundlegende Arbeit über dieses Gebiet zu schreiben.

www.ingramcontent.com/pod-product-compliance
Lightning Source LLC
LaVergne TN
LVHW092118300926
849161LV00002B/170